DIREITO DO TRABALHO E PROCESSO DO TRABALHO
Facilitados

O GEN | Grupo Editorial Nacional – maior plataforma editorial brasileira no segmento científico, técnico e profissional – publica conteúdos nas áreas de concursos, ciências jurídicas, humanas, exatas, da saúde e sociais aplicadas, além de prover serviços direcionados à educação continuada.

As editoras que integram o GEN, das mais respeitadas no mercado editorial, construíram catálogos inigualáveis, com obras decisivas para a formação acadêmica e o aperfeiçoamento de várias gerações de profissionais e estudantes, tendo se tornado sinônimo de qualidade e seriedade.

A missão do GEN e dos núcleos de conteúdo que o compõem é prover a melhor informação científica e distribuí-la de maneira flexível e conveniente, a preços justos, gerando benefícios e servindo a autores, docentes, livreiros, funcionários, colaboradores e acionistas.

Nosso comportamento ético incondicional e nossa responsabilidade social e ambiental são reforçados pela natureza educacional de nossa atividade e dão sustentabilidade ao crescimento contínuo e à rentabilidade do grupo.

Breno Lenza Cardoso

DIREITO DO TRABALHO E PROCESSO DO TRABALHO
Facilitados ✓

- O autor deste livro e a editora empenharam seus melhores esforços para assegurar que as informações e os procedimentos apresentados no texto estejam em acordo com os padrões aceitos à época da publicação, e todos os dados foram atualizados pelo autor até a data de fechamento do livro. Entretanto, tendo em conta a evolução das ciências, as atualizações legislativas, as mudanças regulamentares governamentais e o constante fluxo de novas informações sobre os temas que constam do livro, recomendamos enfaticamente que os leitores consultem sempre outras fontes fidedignas, de modo a se certificarem de que as informações contidas no texto estão corretas e de que não houve alterações nas recomendações ou na legislação regulamentadora.
- Fechamento desta edição: 23.07.2024
- O autor e a editora se empenharam para citar adequadamente e dar o devido crédito a todos os detentores de direitos autorais de qualquer material utilizado neste livro, dispondo-se a possíveis acertos posteriores caso, inadvertida e involuntariamente, a identificação de algum deles tenha sido omitida.
- **Atendimento ao cliente:** (11) 5080-0751 | faleconosco@grupogen.com.br
- Direitos exclusivos para o Brasil na língua portuguesa
  Copyright © 2024 by
  Editora Forense Ltda.
  Uma editora integrante do GEN | Grupo Editorial Nacional
  Travessa do Ouvidor, 11 – Térreo e 6º andar
  Rio de Janeiro – RJ – 20040-040
  www.grupogen.com.br
- Reservados todos os direitos. É proibida a duplicação ou reprodução deste volume, no todo ou em parte, em quaisquer formas ou por quaisquer meios (eletrônico, mecânico, gravação, fotocópia, distribuição pela Internet ou outros), sem permissão, por escrito, da Editora Forense Ltda.
- Capa: Bruno Zorzetto
- **CIP-BRASIL. CATALOGAÇÃO NA PUBLICAÇÃO**
  SINDICATO NACIONAL DOS EDITORES DE LIVROS, RJ

  C26d

  Cardoso, Breno Lenza
  Direito do trabalho e processo do trabalho facilitado / Breno Lenza Cardoso. - 1. ed. - Rio de Janeiro : Método, 2024.
  832 p. ; 23 cm.

  Inclui bibliografia
  ISBN 978-85-3099-515-7

  1. Direito do trabalho - Brasil. 2. Serviço público - Brasil - Concursos. I. Título.

  24-92433   CDU: 349.2(81)

  Meri Gleice Rodrigues de Souza - Bibliotecária - CRB-7/6439

APRESENTAÇÃO

Olá, querido(a) aluno(a)!

Como você está?

Caso você não me conheça, eu sou Breno Lenza Cardoso, professor das duas melhores matérias que existem: Direito do Trabalho e Direito Processual do Trabalho. Sou autor de diversos livros nessa área e estou aqui para auxiliá-lo a alcançar a tão sonhada aprovação. Eu posto diversas dicas no meu Instagram @brenolenza que, além desta obra, irão ajudá-lo nessa caminhada!

É motivo de muita honra integrar a seleta equipe da Editora Método e poder desenvolver obras com o objetivo de ajudá-lo a atingir o sucesso na carreira que tanto sonha.

Não se engane, para chegar lá, é necessário ter muita disciplina e resiliência, superar os momentos de dificuldades e estar sempre com o foco no grande prêmio. Você tem capacidade e competência para chegar lá, acredite!

Por isso, saiba que irei dar o meu máximo para que essas aulas sejam eficazes e que você consiga absorver todo o conhecimento necessário para a aprovação. Lembre-se: LEIA BEM. Não leia apenas por ler, mas, sim, para COMPREENDER e APREENDER o conhecimento. Esse é um diferencial, pois, na hora da prova, a banca irá tentar confundi-lo, mas, caso a sua leitura tenha sido atenta, você não cairá nas pegadinhas.

Por fim, conte comigo no que for preciso. Estou aqui para ajudá-lo e caminharei ao seu lado até o momento em que você irá dizer para todo mundo: DEU CERTO!

Breno Lenza Cardoso
@brenolenza

SUMÁRIO

DIREITO DO TRABALHO

1. **FONTES DO DIREITO DO TRABALHO** 3
   1. Introdução ao tema 3
   2. Classificação das fontes do Direito do Trabalho 4
      - 2.1. Fontes materiais (primárias, reais ou substanciais) 4
      - 2.2. Fontes formais 4
         - 2.2.1. Fontes formais autônomas (diretas, não estatais ou primárias) 5
            - 2.2.1.1. Convenção coletiva de trabalho 5
            - 2.2.1.2. Acordo coletivo de trabalho 5
            - 2.2.1.3. Costumes 6
         - 2.2.2. Fontes formais heterônomas (estatais ou imperativas) ... 6
            - 2.2.2.1. Constituição da República Federativa do Brasil ... 7
            - 2.2.2.2. Leis 7
            - 2.2.2.3. Medidas provisórias 7
            - 2.2.2.4. Tratados e convenções internacionais 7
            - 2.2.2.5. Regulamentos normativos 8
            - 2.2.2.6. Portarias, avisos, instruções normativas, circulares ... 8
            - 2.2.2.7. Sentença normativa 8
      - 2.3. Figuras especiais 8

2.3.1.	Laudo arbitral	8
2.3.2.	Regulamento empresarial	9
2.3.3.	Jurisprudência	10
2.3.4.	Analogia	10
2.3.5.	Contrato de trabalho	10
2.3.6.	Doutrina	10
2.3.7.	Equidade	11

3. Hierarquia das fontes normativas 11

4. Conflito entre fontes formais do Direito do Trabalho 12

5. Súmulas do TST 13

2. INTERPRETAÇÃO, INTEGRAÇÃO E APLICAÇÃO DO DIREITO DO TRABALHO 17

1. Interpretação do Direito do Trabalho: noções gerais 17

   1.1. Hermenêutica jurídica 18

2. Integração no Direito do Trabalho 19

   2.1. Conceituação 19

   2.2. Tipos de integração jurídica 20

   2.3. Jurisprudência 21

   2.4. Analogia 21

   2.5. Equidade 22

   2.6. Princípios e normas gerais de direito 23

   2.7. Usos e costumes 23

   2.8. Direito comparado 23

   2.9. Direito comum 23

3. Eficácia no tempo 23

4. Eficácia no espaço 25

5. Aplicação do Direito do Trabalho quanto às pessoas 26

3. PRINCÍPIOS DO DIREITO DO TRABALHO 29

1. Introdução ao tema 29

2. Diferenciação entre regras e princípios 30

3. Funções e classificações dos princípios 31

4. Princípios jurídicos gerais aplicáveis ao Direito do Trabalho 31

4.1.	Princípio da inalterabilidade contratual lesiva (*pacta sunt servanda*)	31
4.2.	Princípios da lealdade e da boa-fé	32
4.3.	Princípio da razoabilidade e da proporcionalidade	33
4.4.	Princípio da tipificação legal de ilícitos e penas	33
5.	Princípios constitucionais do Direito do Trabalho	34
5.1.	Princípio da dignidade da pessoa humana	34
5.2.	Princípio do valor social do trabalho e da livre-iniciativa	34
5.3.	Princípio da não discriminação	34
5.4.	Princípio da proteção ao trabalhador e prevalência da condição mais favorável (art. 7º, *caput*)	35
5.5.	Princípio da proteção contra a despedida arbitrária (art. 7º, I)	36
5.6.	Princípio da proteção ao salário (art. 7º, IV, VI, XXX)	36
5.7.	Princípio da proteção ao meio ambiente de trabalho (art. 7º, IV, VI, XXX)	36
5.8.	Princípio do reconhecimento das convenções e dos acordos coletivos (art. 7º, XXVI)	37
6.	Princípios específicos do direito individual do trabalho	37
6.1.	Princípio da proteção	37
6.1.1.	Princípio da norma mais favorável	39
6.1.2.	Princípio *in dubio pro operario*	40
6.1.3.	Princípio da condição mais benéfica	40
6.2.	Princípio da primazia da realidade	40
6.3.	Princípio da continuidade	41
6.4.	Princípio da inalterabilidade contratual lesiva	41
6.5.	Princípio da intangibilidade salarial	44
6.6.	Princípio da irrenunciabilidade	45
7.	Renúncia e transação no Direito do Trabalho	45

4. RELAÇÃO DE EMPREGO E RELAÇÃO DE TRABALHO 51

1.	Relação de emprego e relação de trabalho	51
2.	Caracterização da relação de emprego (elementos fático-jurídicos)	52
2.1.	Elementos/Pressupostos da relação de emprego	52
2.1.1.	Trabalho exercido por pessoa natural	52
2.1.2.	Pessoalidade	52

2.1.3.	Não eventualidade		53
2.1.4.	Onerosidade		55
2.1.5.	Subordinação		56
	2.1.5.1.	Conceito e caracterização da subordinação	56
	2.1.5.2.	Dimensões/Espécies	57

5. EMPREGADO E FORMAS DE TRABALHO 61

1. Empregado e empregado hipersuficiente 61
2. Trabalho autônomo 63
3. Trabalho eventual 64
4. Trabalho avulso 65
   - 4.1. Avulso portuário 66
   - 4.2. Avulso não portuário 69
5. Trabalho voluntário 71
6. Trabalho institucional 71
7. Estágio 71
8. Salão-parceiro/Profissional-parceiro 75

6. EMPREGADOR E PODERES DO EMPREGADOR 81

1. Empregador 81
   - 1.1. Características da figura do empregador 82
     - 1.1.1. Despersonalização 82
     - 1.1.2. Assunção dos riscos do empreendimento 82
2. Sucessão de empregadores 82
   - 2.1. Sócio retirante 84
   - 2.2. Casos especiais de incidência (ou não) da sucessão de empregadores 86
     - 2.2.1. Desmembramento de municípios 86
     - 2.2.2. Privatização da empresa 86
     - 2.2.3. Hasta pública, falência e recuperação judicial 86
     - 2.2.4. Concessão de serviço público 87
     - 2.2.5. Empregador doméstico 88
     - 2.2.6. Cartórios extrajudiciais 88
     - 2.2.7. Grupo econômico e sucessão 88

3.	Grupo econômico	89
	3.1. Consequências jurídicas do grupo econômico	90
4.	Consórcio de empregadores	90
5.	Poderes do empregador	91

7. TRABALHADOR RURAL E TRABALHADOR DOMÉSTICO ... 93

1.	Trabalhador rural	93
	1.1. Caracterização do empregado rural	93
	1.2. Elementos fático-jurídicos especiais	95
	1.3. Caracterização do empregador rural	96
	1.4. Direitos assegurados	98
2.	Trabalhador doméstico	100
	2.1. Definição	100
	2.2. Estrutura da relação empregatícia doméstica	101
	2.2.1. Elementos fático-jurídicos gerais	101
	2.2.2. Elementos fático-jurídicos especiais	102
	2.3. Direitos trabalhistas estendidos ao doméstico	103
	2.3.1. Fase de exclusão jurídica	103
	2.3.2. Fase de inclusão jurídica	103
	2.4. Direitos atualmente assegurados aos empregados domésticos....	105

8. TERCEIRIZAÇÃO E TRABALHO TEMPORÁRIO ... 123

1.	Terceirização	123
	1.1. Conceito e denominação	123
	1.2. Histórico	123
	1.3. Conceito: trabalho temporário e terceirização	125
	1.4. Responsabilidade subsidiária e solidária da empresa contratante.....	128
	1.5. Responsabilidade da Administração Pública	129
	1.6. Requisitos para funcionamento da empresa de prestação de serviços a terceiros	131
	1.7. Garantias aos trabalhadores terceirizados	132
2.	Empreitada e subempreitada	133
3.	Trabalho temporário	134
	3.1. Hipóteses de contratação do trabalho temporário	136

3.2.	Características do trabalho temporário	137
3.3.	Direitos dos trabalhadores temporários	139
3.4.	Hipóteses de rescisão justificada e injustificada do contrato de trabalho temporário	143
3.5.	Trabalho temporário e contratação no período de greve	143

9. CONTRATO DE TRABALHO: CONCEITO, CARACTERÍSTICAS, ELEMENTOS 147

1.	Conceito	147
2.	Características	148
3.	Elementos essenciais do contrato de trabalho	150
	3.1. Elementos acidentais do contrato de trabalho	155
4.	Obrigações principais e acessórias dos sujeitos contratantes	157

10. CONTRATO DE TRABALHO: FORMAS DE INVALIDADE E NULIDADES 161

1.	Formas de invalidade do contrato de emprego	161
	1.1. Capacidade das partes	161
	1.2. Licitude do objeto	163
	1.3. Forma regular ou não proibida	164
	1.4. Higidez na manifestação de vontade	165
2.	Efeitos da declaração da nulidade	166
3.	Fraudes na relação de emprego	167
	3.1. Natureza objetiva da fraude trabalhista	167

11. EFEITOS CONTRATUAIS CONEXOS 171

1.	Efeitos contratuais próprios e conexos	171
2.	Direitos intelectuais	173
3.	Indenização por dano moral e material	176
	3.1. Indenização por dano moral ou à imagem	176
	3.2. Dano material, dano moral e dano estético decorrentes de acidente do trabalho	178
	3.3. Momentos da configuração do dano moral	179
	3.4. Dano moral coletivo	181
	3.5. Assédio moral	184

3.6.	Assédio sexual	185
3.7.	Dano patrimonial provocado pelo empregado – ressarcimento do empregador	185
3.8.	Regulamentação do dano extrapatrimonial na CLT	185
3.9.	Requisitos do dano extrapatrimonial	187
3.10.	Responsabilidade na proporção da ação ou da omissão	188
3.11.	Tarifação do dano extrapatrimonial	188

12. TRABALHO INFANTIL E PROTEÇÃO DO TRABALHO ADOLESCENTE 193

1.	Conceito	193
2.	Doutrina da proteção integral	195
3.	Contrato de trabalho com o maior de 16 anos	196
4.	Emancipação	197
5.	Proibições ao trabalho do menor de 18 anos	197
6.	Prescrição	199
7.	Efeitos da inobservância das normas protetivas – contrato nulo	200
8.	Contrato de aprendizagem	200
9.	Contrato de estágio × aprendiz	202

13. DURAÇÃO DO TRABALHO E JORNADA NOTURNA 205

1.	Duração do trabalho – jornada de trabalho	205
	1.1. Limitação legal da jornada de trabalho	208
2.	Composição da jornada de trabalho	208
	2.1. Tempo à disposição do empregador	209
	2.2. Horas *in itinere*	210
	2.3. Sobreaviso e prontidão	213
3.	Controle da jornada de trabalho	216
	3.1. Gerentes exercentes de cargos de gestão	220
	3.2. Atividade externa	220
	3.3. Teletrabalho	221
	3.3.1. Principais aspectos acerca do teletrabalho	224
4.	Contrato por tempo parcial	225
5.	Turnos ininterruptos de revezamento	227

6. Jornada 12 × 36	230
7. Outras jornadas especiais	231
7.1. Bancários	232
8. Trabalho intermitente	235
9. Jornada noturna	237
9.1. Especificidades do rurícola	238
9.2. A hora noturna nas demais categorias de trabalhadores	239
9.3. Demais peculiaridades sobre o trabalho noturno	240

14. TRABALHO EM SOBREJORNADA 253

1. Trabalho em sobrejornada	253
1.1. Acordo de prorrogação de jornada	255
1.2. Prorrogação de jornada por necessidade imperiosa	256
2. Formas de compensação de jornada	258
2.1. Semana espanhola	260
2.2. 12 × 36	261
2.3. Semana inglesa	263
2.4. Banco de horas	263
3. Efeitos pecuniários do trabalho em sobrejornada	264

15. INTERVALOS, DESCANSO SEMANAL REMUNERADO E FERIADOS .. 269

1. Intervalos	269
1.1. Intervalos intrajornada	270
1.1.1. Consequências da supressão ou redução indevida do intervalo intrajornada	273
1.2. Intervalo interjornada	275
1.3. Descanso/Repouso semanal remunerado	277
2. Feriados	280

16. SALÁRIO E REMUNERAÇÃO 285

1. Salário e remuneração	285
2. Características do salário	286
3. Classificação do salário	287
4. Composição do salário e da remuneração	288

5. Meios de pagamento do salário 289

6. Salário *in natura* ou utilidade... 290

7. Tempo de pagamento do salário... 295

8. Local e forma de pagamento do salário... 296

17. EQUIPARAÇÃO SALARIAL 299

1. Introdução ao tema... 299

2. Requisitos... 301

   2.1. Identidade de funções... 302

   2.2. Mesmo empregador... 303

   2.3. Mesmo estabelecimento empresarial.. 304

   2.4. Exercício da função feito de forma simultânea........................... 305

   2.5. Trabalho de igual valor 305

   2.6. Diferença de tempos.. 306

   2.7. Inexistência de plano de cargos e salários e de quadro de carreira 307

3. Empregado readaptado.. 309

4. Equiparação em cadeia 309

5. Multa por conduta discriminatória 310

6. Equiparação salarial na Administração Pública..................................... 310

7. Prescrição da pretensão relativa à equiparação salarial........................ 311

8. Súmulas do TST... 312

18. PARCELAS SALARIAIS 317

1. Parcelas salariais 317

2. Adicionais 318

   2.1. Adicional de hora extra... 319

   2.2. Adicional noturno 322

   2.3. Adicional de insalubridade 323

   2.4. Adicional de periculosidade 326

   2.5. Aspectos processuais acerca dos adicionais de periculosidade e insalubridade... 329

   2.6. Adicional de risco portuário 331

   2.7. Adicional de transferência 331

2.8. Adicional de penosidade 332

3. Gratificações 332

3.1. Gratificação de função, tempo de serviço e quebra de caixa 334

4. Comissões 334

19. PARCELAS NÃO SALARIAIS 341

1. Parcelas não salariais 341

1.1. Ajuda de custo 342

1.2. Diárias para viagem 342

1.3. Participação nos lucros e resultados (PLR) 342

1.4. Verba de representação 343

1.5. Abono do PIS 344

1.6. *Stock options* 344

1.7. Salário-família 345

1.8. Vale-transporte 345

2. Parcelas não salariais após a reforma trabalhista 346

2.1. Prêmio ou bônus 346

2.2. Auxílio-alimentação 347

2.3. Gratificação de função, por tempo de serviço e quebra de caixa 347

2.3.1. Gratificação de função 348

2.3.2. Gratificação por tempo de função 348

2.3.3. Gratificação semestral 349

2.3.4. Quebra de caixa 349

20. SUSPENSÃO E INTERRUPÇÃO DO CONTRATO DE TRABALHO ... 353

1. Introdução ao tema 353

2. Suspensão do contrato de trabalho 354

2.1. Serviço militar obrigatório ou outro encargo público – art. 472 da CLT e Leis 4.072/1964 e 4.375/1964 355

2.2. Prisão temporária 356

2.3. Mandato sindical 356

2.4. Greve 356

2.5. Suspensão disciplinar 357

2.6.	Suspensão para responder a inquérito judicial para apuração de falta grave	357
2.7.	Suspensão por motivo de doença ou invalidez	357
2.8.	Cargo eletivo de diretoria de sociedade	358
2.9.	Suspensão negociada do contrato individual – *layoff*	358
3.	Interrupção do contrato de trabalho	358
3.1.	Ausências legais e licenças remuneradas	359
3.2.	Primeiros 15 dias de afastamento por acidente de trabalho ou doença (art. 60, § 3º, da Lei 8.213/1991)	360
3.3.	Empregado que atua na comissão de conciliação prévia	360
3.4.	*Lockout*	361
3.5.	Férias e feriados	361
3.6.	Repouso semanal remunerado	361
3.7.	Aborto comprovado por atestado médico oficial (art. 395 da CLT)	361
3.8.	Aviso-prévio	361
3.9.	Licença-maternidade	361
4.	Súmulas do TST	362

21. ALTERAÇÃO E MODALIDADES DO CONTRATO DE TRABALHO.... 367

1.	Modalidades do contrato de trabalho	367
1.1.	Contrato individual, contrato coletivo de trabalho e contrato por equipe	368
1.2.	Contrato expresso e contrato tácito	368
1.3.	Contrato por prazo indeterminado e contrato por prazo determinado	369
1.3.1.	Contrato por prazo indeterminado	369
1.3.2.	Contrato por prazo determinado	370
1.3.2.1.	Principais contratos por prazo determinado em espécie	374
1.4.	Contrato intermitente	377
2.	Alteração do contrato de trabalho	380
2.1.	*Jus variandi* e *jus resistentiae*	382
2.2.	Tipos de alteração do contrato de trabalho	382
2.2.1.	Alteração do horário de trabalho	382

2.2.2.	Redução da jornada de trabalho	383
2.2.3.	Alteração do local de trabalho – transferência do empregado	384
	2.2.3.1. Espécies de transferência	385
2.2.4.	Alteração da função – promoção e rebaixamento	386
2.2.5.	Alteração do regulamento da empresa	388

22. EXTINÇÃO DO CONTRATO DE TRABALHO 391

1. Extinção do contrato de trabalho 391

   1.1. Princípios 391

2. Extinção normal do contrato de trabalho 392

3. Extinção antecipada do contrato de trabalho 392

   3.1. Rescisão antecipada do contrato a termo em virtude de força maior ou culpa recíproca 394

4. Extinção por ato voluntário imotivado (resilição contratual) 395

   4.1. Por iniciativa do empregador 395

   4.2. Por iniciativa do empregado 396

5. Extinção por ato voluntário motivado (resolução contratual) 397

   5.1. Justa causa do empregado 397

      5.1.1. Faltas em espécie 398

      5.1.2. Efeitos da dispensa motivada 403

   5.2. Rescisão indireta do contrato – justa causa do empregador 403

      5.2.1. Hipóteses legais de justa causa do empregador 404

      5.2.2. Direitos do empregado na dispensa indireta 406

      5.2.3. Situações especiais previstas no art. 483 407

   5.3. Extinção do contrato por culpa recíproca 407

      5.3.1. Direitos na culpa recíproca 407

6. Distrato 408

   6.1. Verbas rescisórias pagas 409

7. Pagamento das verbas rescisórias 409

   7.1. Assistência à rescisão e homologação 410

   7.2. Formalização dos pagamentos rescisórios e limites da quitação ... 411

   7.3. Limites quanto à forma de pagamento das verbas rescisórias 412

   7.4. Limites a descontos nas parcelas rescisórias 412

7.5.	Prazo para pagamento das parcelas rescisórias	412
7.6.	Descumprimento do prazo para pagamento das parcelas rescisórias...	413
7.7.	Saque do FGTS e requerimento do seguro-desemprego	414
7.8.	Massa falida – inaplicabilidade	414
7.9.	Pessoas jurídicas de direito público – aplicabilidade	415
7.10.	Depósito bancário e ação de consignação	415
7.11.	Fundada controvérsia quanto à existência da obrigação	415
7.12.	Possibilidade ou não de parcelamento	415
8.	Dispensa em massa (art. 477-A da CLT)	416

23. ESTABILIDADE E GARANTIAS PROVISÓRIAS NO EMPREGO 421

1.	Introdução ao tema	421
2.	Estabilidade por tempo de serviço	421
3.	Garantia provisória no emprego	423
	3.1. Dirigente sindical	423
	3.2. Membro da Cipa	428
	3.3. Gestante	429
	3.4. Empregado acidentado	435
	3.5. Representantes dos trabalhadores no Conselho Nacional de Previdência Social (CNPS)	437
	3.6. Representantes dos trabalhadores no Conselho Curador do FGTS	437
	3.7. Empregado eleito diretor de cooperativa de consumo	437
	3.8. Representantes dos empregados nas CCPs	438
	3.9. Empregado portador de doença grave	438
	3.10. Representante dos empregados na empresa	439
4.	Efeitos jurídicos da dispensa irregular	440
5.	Prazo para ajuizar ação em face de dispensa arbitrária	441
6.	Extinção da estabilidade	441

24. SISTEMA DE GARANTIAS SALARIAIS 447

1.	Sistema de garantias salariais	447
	1.1. Proteção quanto ao valor (irredutibilidade salarial)	447
	1.2. Proteção quanto ao valor mínimo do salário	448

1.3. Proteção quanto aos possíveis abusos do empregador 451

1.4. Proteção quanto a atos do próprio empregado 456

25. PROTEÇÃO AO TRABALHO DA MULHER 459

1. Proteção ao trabalho da mulher 459

2. Métodos e locais de trabalho 459

3. Proteção à maternidade 461

    3.1. Práticas discriminatórias 461

    3.2. Lei Maria da Penha 463

    3.3. Licença-maternidade 463

    3.4. Aborto 466

    3.5. Garantia provisória no emprego 466

    3.6. Outros direitos 468

    3.7. Afastamento em atividades insalubres 469

26. FGTS 475

1. Breve histórico 475

2. Natureza jurídica 477

3. Regime do FGTS 478

4. Administração do FGTS 480

    4.1. Conselho Curador 480

    4.2. Órgão gestor 480

    4.3. Agente operador 480

5. Indenização adicional de 40% 481

6. Prescrição 482

27. FÉRIAS 487

1. introdução ao tema 487

2. Duração das férias 488

3. Abono de férias 490

4. Prazo para pagamento das férias 492

5. Efeitos da cessação do contrato de trabalho 493

6. Remuneração das férias 498

7. Súmulas do TST 502

28. AVISO-PRÉVIO 507

1. Introdução ao tema 507
2. Conceito e natureza jurídica 507
3. Cabimento 508
4. Espécies de aviso-prévio 509
5. Aviso-prévio proporcional 510
6. Prazo 511
7. Forma do aviso-prévio 512
8. Ausência do aviso-prévio 512
9. Base de cálculo 513
10. Redução de horário 513
11. Prescrição 514
12. Justa causa no curso do aviso-prévio 514
13. Estabilidade no curso do aviso-prévio 515
14. Súmulas do TST 516

PROCESSO DO TRABALHO

29. FONTES E PRINCÍPIOS 523

1. Fontes do Direito Processual do Trabalho e normas aplicáveis 523
   1.1. Fontes materiais e fontes formais 524
2. Princípios do processo do trabalho 526
   2.1. Conceito 526
   2.2. Funções dos princípios 526
   2.3. Principais princípios constitucionais do processo 526
       2.3.1. Devido processo legal 526
       2.3.2. Princípios do contraditório e da ampla defesa 527
       2.3.3. Princípio do juiz natural 527
       2.3.4. Princípio da igualdade 527
       2.3.5. Princípio da inafastabilidade da jurisdição (acesso à Justiça) 528
       2.3.6. Princípio do duplo grau de jurisdição 528
       2.3.7. Princípio da publicidade 528
       2.3.8. Princípio da duração razoável do processo 528
   2.4. Principais princípios do processo civil previstos na lei ordinária que são aplicáveis ao processo do trabalho 528

	2.4.1.	Princípio da ação, demanda ou da inércia do Judiciário	528
	2.4.2.	Princípio da disponibilidade ou dispositivo	528
	2.4.3.	Princípio do impulso oficial ou inquisitivo	529
	2.4.4.	Princípio da oralidade	529
	2.4.5.	Princípio da instrumentalidade das formas	529
	2.4.6.	Princípio da eventualidade	530
	2.4.7.	Princípio da lealdade ou da boa-fé	530
2.5.	Principais princípios peculiares do Direito Processual do Trabalho		530
	2.5.1.	Princípio da proteção	530
	2.5.2.	Informalidade e simplicidade	530
	2.5.3.	Conciliação	530
	2.5.4.	Princípio do *jus postulandi*	531
	2.5.5.	Princípio da extrapetição	531

30. ORGANIZAÇÃO DA JUSTIÇA DO TRABALHO 535

1. Acesso à magistratura do Trabalho ... 535
2. Órgãos da Justiça do Trabalho ... 535
   2.1. Juízes e Vara do Trabalho ... 536
   2.2. Tribunais Regionais do Trabalho ... 536
   2.3. Tribunal Superior do Trabalho ... 537
   2.4. Órgãos auxiliares da Justiça do Trabalho ... 538

31. JURISDIÇÃO E COMPETÊNCIA NA JUSTIÇA DO TRABALHO ... 543

1. Jurisdição ... 543
   1.1. Da lide ... 543
   1.2. Da pretensão ... 543
   1.3. Da demanda ... 543
   1.4. Conceito e características ... 543
   1.5. Princípios da jurisdição ... 544
   1.6. Espécies de jurisdição ... 544
   1.7. Imunidade de jurisdição. Organização ou organismo internacional ... 545
2. Competência ... 545

2.1.	Conceito	545
2.2.	Competência material da Justiça do Trabalho brasileira após a EC 45/2004 e competência em razão da pessoa	545
2.3.	Competência material da Justiça do Trabalho	546
	2.3.1. Controvérsias oriundas e decorrentes da relação de trabalho	546
2.4.	Competência para as ações que envolvem o exercício do direito de greve	548
	2.4.1. Da competência da Justiça do Trabalho para o julgamento da greve de servidores públicos	549
	2.4.2. Ações indenizatórias que decorrem da greve	549
	2.4.3. Ações sobre representação sindical	549
2.5.	*Habeas corpus*	549
2.6.	Mandado de segurança	550
2.7.	*Habeas data*	550
2.8.	Ações de indenização por danos morais e patrimoniais decorrentes da relação de trabalho	550
2.9.	Da competência da Justiça do Trabalho para apreciação dos danos morais e materiais decorrentes do acidente de trabalho e doença ocupacional	551
	2.9.1. Competência da Justiça do Trabalho para apreciar o dano moral em ricochete	551
2.10.	Penalidades administrativas impostas aos empregadores pelos órgãos da fiscalização do trabalho	551
2.11.	Execução, de ofício, das contribuições sociais das sentenças que proferir	552
2.12.	Da competência territorial (em razão do lugar) da Justiça do Trabalho brasileira	552
	2.12.1. Competência territorial na ação civil pública	553
	2.12.2. Exceção de incompetência territorial	553
2.13.	Competência funcional da Justiça do Trabalho	554
2.14.	Conflitos de competência entre órgãos que detêm jurisdição trabalhista	554
2.15.	Dicotomia competência absoluta *vs.* relativa	555
2.16.	Competência normativa da Justiça do Trabalho	555

2.17. Competência para homologação de acordo extrajudicial............ 556

32. PARTES E PROCURADORES.. 561

1. Conceito de parte.. 561

2. Capacidade de ser parte e capacidade processual na Justiça do Trabalho... 561

3. Da representação.. 562

4. Sucessão das partes no processo do trabalho............................. 564

5. Substituição das partes no processo do trabalho......................... 564

6. A substituição processual pelo sindicato no Direito Processual do Trabalho... 566

7. Substituição processual e interrupção da prescrição..................... 567

8. Irregularidade de representação... 567

9. Dos deveres das partes e dos procuradores............................... 570

10. Da responsabilidade por dano processual.................................. 571

11. Substituição do empregador em audiência................................. 572

12. Substituição do empregado em audiência.................................. 573

33. CAPACIDADE POSTULATÓRIA, *JUS POSTULANDI*, HONORÁRIOS ADVOCATÍCIOS E ASSISTÊNCIA JUDICIÁRIA GRATUITA ... 579

1. Capacidade postulatória e *jus postulandi*.................................. 579

   1.1. Do advogado. Da procuração. Procuração *apud acta*............ 580

   1.2. Dos honorários advocatícios.. 583

2. Assistência judiciária gratuita.. 586

   2.1. Distinção entre assistência judiciária gratuita e justiça gratuita..... 586

   2.2. Momento processual para requerimento do benefício da justiça gratuita.. 588

34. ATOS, TERMOS, PRAZOS PROCESSUAIS E NULIDADES PROCESSUAIS.. 595

1. Atos e termos processuais... 595

   1.1. Classificação dos atos processuais...................................... 595

   1.2 Forma de realização dos atos processuais............................. 596

   1.3. Momento de realização dos atos processuais........................ 598

   1.4. Da preclusão.. 599

	1.5.	Negócio jurídico	599
2.	Dos prazos processuais		600
	2.1.	Conceito	600
	2.2.	Princípios	601
	2.3.	Classificação	601
	2.4.	Contagem dos prazos	602
	2.5.	Prazos para o juiz	604
	2.6.	Prazos para a Fazenda Pública e o Ministério Público	605
	2.7.	Prazos para as partes	605
3.	Suspensão e interrupção dos atos processuais		606
4.	Comunicação dos atos processuais		607
	4.1.	Conceitos. Citação. Intimação	607
	4.2.	Formas de citação	608
	4.3.	Formas de intimação	609
5.	Nulidades processuais		610
	5.1.	Princípios das nulidades processuais	611

35. DISSÍDIO INDIVIDUAL E INQUÉRITO PARA APURAÇÃO DE FALTA GRAVE — 617

1.	Dissídio individual		617
	1.1.	Conceito de dissídio individual	617
	1.2.	Classificação do dissídio individual	618
	1.3.	Procedimento comum	618
2.	Procedimento sumário		619
3.	Procedimento sumaríssimo		620
	3.1.	Aplicabilidade do rito sumaríssimo	621
	3.2.	Requisitos da petição inicial no rito sumaríssimo e possibilidade de emenda da inicial	621
	3.3.	Citação por edital	622
	3.4.	Aspectos do procedimento sumaríssimo	622
	3.5.	Incidentes e exceções	624
	3.6.	Sentença no rito sumaríssimo	624
	3.7.	Recursos no rito sumaríssimo	624
4.	Inquérito para apuração de falta grave		627

4.1. Conceito.. 627

4.2. Trabalhadores destinatários do inquérito judicial........................ 627

4.3. Procedimento... 628

4.4. Natureza jurídica.. 629

4.5. Inquérito e reconvenção.. 629

36. RECLAMAÇÃO TRABALHISTA: REQUISITOS DA INICIAL, AUDIÊNCIA TRABALHISTA, RESPOSTAS DO RECLAMADO...................... 635

1. Reclamação trabalhista... 635

    1.1. Requisitos da petição inicial.. 637

    1.2. Valor da causa... 639

    1.3. Emenda e aditamento da inicial.. 640

    1.4. Indeferimento da inicial.. 641

2. Audiência 643

    2.1. Ausência das partes em audiência... 647

3. Respostas do reclamado.. 650

    3.1. Contestação.. 651

        3.1.1. Defesas processuais ou preliminares de mérito.............. 651

        3.1.2. Defesas de mérito... 652

    3.2. Revelia.. 652

    3.3. Reconvenção 653

    3.4. Exceções.. 654

    3.5. Exceção de incompetência territorial 654

37. DESPESAS PROCESSUAIS.. 663

1. Despesas processuais.. 663

2. Isenção de custas processuais 667

3. Honorários periciais.. 669

4. Quadro comparativo das mudanças da reforma trabalhista 670

5. Honorários de intérprete judicial... 671

38. TEORIA GERAL DAS PROVAS.. 677

1. Teoria geral das provas 677

    1.1. Objeto de prova... 677

1.2.	Classificação	679
1.3.	Princípios	680
2.	Prova emprestada	680
3.	Ônus da prova	681
4.	Jurisprudência sobre distribuição do ônus da prova	684
5.	Revelia	686

39. SENTENÇA ... 689

1.	Pronunciamentos do juiz	689
2.	Sentença	690
	2.1. Requisitos da sentença	690
	2.1.1. Relatório	690
	2.1.2. Fundamentação	691
	2.1.3. Dispositivo	693
3.	Classificação das sentenças	694
4.	Medidas indutivas, coercitivas e mandamentais nas sentenças condenatórias	695
5.	Limites da sentença	696
6.	Julgamento antecipado parcial de mérito	698
7.	Coisa julgada	699

40. TEORIA GERAL DOS RECURSOS ... 707

1.	Teoria geral dos recursos	707
	1.1. Classificação	707
	1.2. Princípios recursais	710
	1.3. Remessa de ofício	711
	1.4. Pressupostos recursais	712
	1.5. Efeitos recursais	722
	1.5.1. Efeito devolutivo	722
	1.5.2. Efeito suspensivo	723
	1.5.3. Efeito translativo	724
	1.5.4. Efeito obstativo	724
	1.5.5. Efeito expansivo	724
	1.5.6. Efeito regressivo	725

41. RECURSOS EM ESPÉCIE 731

1. Embargos de declaração 731
   1.1. Cabimento 731
   1.2. Do caráter infringente dos embargos de declaração 733
   1.3. Dos embargos de declaração protelatórios e da multa 733
2. Recurso ordinário 733
   2.1. Cabimento 734
3. Agravo de petição 734
4. Recurso de revista 736
   4.1. Pressupostos específicos 737
   4.2. Do prequestionamento 738
   4.3. Da transcendência 739
   4.4. Cabimento 739
   4.5. Recursos de revista na fase de execução 741
   4.6. Recursos de revista no rito sumaríssimo 742
   4.7. Efeitos do recurso de revista 742
5. Embargos no TST 742
6. Embargos infringentes 743
7. Embargos de divergência 743
8. Agravo de instrumento 744
   8.1. Pressupostos recursais do agravo de instrumento 744
9. Recurso adesivo 745

42. PRESCRIÇÃO E DECADÊNCIA 747

1. Prescrição 747
   1.1. Considerações iniciais 747
   1.2. Imprescritibilidade das pretensões meramente declaratórias 748
2. Distinção entre prescrição e decadência 749
3. Contagem do prazo prescricional 749
   3.1. Hipóteses de fixação do termo inicial da contagem da prescrição 749
4. Prescrição trabalhista – previsão legal e prazos 751
5. Prescrição total e parcial 751
6. Interrupção da prescrição 752

7.	Prescrição do FGTS	752
8.	Arguição da prescrição	753
	8.1. Pronúncia da prescrição de ofício	753
9.	Prescrição intercorrente	754

43. EXECUÇÃO TRABALHISTA 757

1.	Introdução	757
2.	Legitimidade	757
3.	Responsabilidade patrimonial do devedor	758
4.	Títulos executivos trabalhistas judiciais e extrajudiciais	758
5.	Execução provisória e definitiva	759
6.	Liquidação da sentença	760
7.	Execução por quantia certa contra devedor solvente – processamento	761
	7.1. Citação, pagamento, depósito para apresentação de embargos	761
	7.2. Nomeação de bens à penhora	762
	7.3. Penhora	763
	7.4. Execução por carta	763
	7.5. Embargos à execução	764
8.	Execução contra a Fazenda Pública	765
	8.1. Prazo para oferecimento de embargos	767
	8.2. Precatório	767
9.	Execução por prestações sucessivas	768
10.	Da certidão negativa de débitos trabalhistas	768

44. PROCEDIMENTOS ESPECIAIS 775

1.	Ação rescisória	775
	1.1. Requisitos	776
	1.2. Competência	777
	1.3. Legitimidade	778
	1.4. Juízo rescindente e rescisório	778
	1.5. Hipóteses de cabimento	779
	1.6. Petição inicial	779
	1.7. Processamento	780
	1.8. Prazo	782

1.9. Recurso 784

2. Mandado de segurança 784

2.1. Conceito.. 784

2.2. Natureza jurídica... 785

2.3. Competência 785

2.4. Condições específicas e hipóteses de cabimento......................... 786

2.4.1. Direito líquido e certo.. 786

2.4.2. Autoridade pública.. 787

2.4.3. Hipóteses de mandado de segurança na Justiça do Trabalho 787

2.5. Hipóteses de não cabimento do mandado de segurança............ 787

2.6. Processamento 788

3. Mandado de segurança coletivo.. 790

REFERÊNCIAS BIBLIOGRÁFICAS.. 799

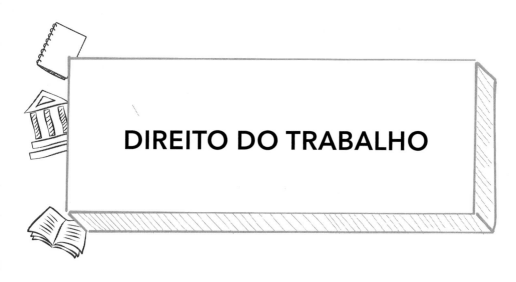
DIREITO DO TRABALHO

FONTES DO DIREITO DO TRABALHO

1. INTRODUÇÃO AO TEMA

As fontes do direito são os elementos diretos e indiretos de sua formação, ou seja, atributos de origem das normas jurídicas. Têm sua importância ligada à exigibilidade de determinada conduta por parte dos indivíduos em virtude da existência de um comando normativo. Especificamente quanto ao Direito do Trabalho, podemos afirmar que as suas fontes são o meio pelo qual este se origina e estabelece suas normas jurídicas.

FONTES – CONCEITO[1]
"A fonte do direito do trabalho é o meio pelo qual nasce a norma jurídica. Algumas fontes são obrigatórias, ou seja, os membros da sociedade devem respeitá-las (são normas cogentes e imperativas). Outras fontes, porém, atuam como fase preliminar das normas obrigatórias: são os movimentos sociais."[2]

Quanto ao tema, muita atenção ao que está previsto no art. 8º da CLT, pois ele é muito cobrado em provas e de intensa utilização pelos operadores do direito:

> Art. 8º As autoridades administrativas e a Justiça do Trabalho, na falta de disposições legais ou contratuais, decidirão, conforme o caso, pela jurisprudência, por analogia, por equidade e outros princípios e normas gerais de direito, principalmente do direito do trabalho, e, ainda, de acordo com os usos e costumes, o direito comparado, mas

---

[1] LENZA, Breno; SILVA, Fabrício Lima. *Direito do trabalho e processo do trabalho em tabelas.* São Paulo: Juspodivm, 2022. p. 27.

[2] CORREIA, Henrique. *Direito do trabalho.* 4. ed. Salvador: Juspodivm, 2018, p. 103.

sempre de maneira que nenhum interesse de classe ou particular prevaleça sobre o interesse público.

§ 1º O direito comum será fonte subsidiária do direito do trabalho.

§ 2º Súmulas e outros enunciados de jurisprudência editados pelo Tribunal Superior do Trabalho e pelos Tribunais Regionais do Trabalho não poderão restringir direitos legalmente previstos nem criar obrigações que não estejam previstas em lei.

§ 3º No exame de convenção coletiva ou acordo coletivo de trabalho, a Justiça do Trabalho analisará exclusivamente a conformidade dos elementos essenciais do negócio jurídico, respeitado o disposto no art. 104 da Lei nº 10.406, de 10 de janeiro de 2002 (Código Civil), e balizará sua atuação pelo princípio da intervenção mínima na autonomia da vontade coletiva.

2. CLASSIFICAÇÃO DAS FONTES DO DIREITO DO TRABALHO

As fontes do Direito do Trabalho são divididas em duas grandes categorias:

2.1. Fontes materiais (primárias, reais ou substanciais)

São os fatores econômicos, sociais, políticos e históricos que provocam o legislador a criar normas, ou seja, são as razões influenciadoras e justificadoras no desenvolvimento das normas jurídicas. Por contribuírem para a formação do direito material, entende-se que as fontes materiais do Direito do Trabalho estão em um estágio anterior à formação deste, sendo, assim, consideradas um antecedente lógico das fontes formais.

É possível afirmar que as primeiras fontes materiais do Direito do Trabalho advêm da época da Revolução Industrial, quando os trabalhadores tinham condições degradantes de trabalho e havia a necessidade de manutenção do sistema capitalista, o que resultou na edição de um direito social protetivo.

Atualmente, considera-se que a reforma trabalhista (Lei 13.467/2017) teve como fonte material, por exemplo, a crise econômica existente à época de sua edição e a necessidade de modernização das leis trabalhistas.

2.2. Fontes formais

São comandos gerais, abstratos, impessoais e imperativos. São a exteriorização das normas jurídicas, ou seja, manifestação do direito positivo; portanto, são normas de observância obrigatória pela sociedade. Podem ser elaboradas pelo Estado (fontes formais heterônomas) ou pelos próprios destinatários da norma, sem a participação do Estado (fontes formais autônomas). Exemplo: Constituição, leis, acordo coletivo, convenção coletiva.

A doutrina dividiu as fontes formais em dois sistemas e utilizou o centro de produção normativa como fator diferenciador.

Sistema monista: há um único centro produtor de norma, que é o Estado. Essa é a ideia de Hans Kelsen quando limita o fenômeno jurídico à matriz estatal.

Neste caso, só é reconhecida validade da norma que veio do Estado, centro único de produção normativa.

Sistema pluralista (majoritário): admite-se a existência de vários centros produtores de normas, que poderão advir tanto do Estado quanto dos atores da relação social.

2.2.1. Fontes formais autônomas (diretas, não estatais ou primárias)

Nesta classificação, entende-se que as fontes derivam dos próprios destinatários da norma, sem intervenção, por exemplo, do Estado. Para a nossa matéria, essas fontes são muito relevantes, dado o largo espectro de formação de normas jurídicas pelos próprios interessados, quais sejam, empregados e empregadores diretamente, ou por meio de seus sindicatos. Exemplos: convenção coletiva de trabalho, acordo coletivo de trabalho e costumes.

2.2.1.1. Convenção coletiva de trabalho

Instrumento coletivo firmado entre sindicatos – de um lado, representando os trabalhadores e, de outro, os empregadores de determinada categoria econômica.

> CLT, art. 611: Convenção Coletiva de Trabalho é o acordo de caráter normativo, pelo qual dois ou mais Sindicatos representativos de categorias econômicas e profissionais estipulam condições de trabalho aplicáveis, no âmbito das respectivas representações, às relações individuais de trabalho. (Redação dada pelo Decreto-lei nº 229, de 28.2.1967)

2.2.1.2. Acordo coletivo de trabalho

Instrumento coletivo firmado entre o sindicato dos trabalhadores e uma ou mais empresas de determinado segmento econômico, sem a participação do sindicato patronal.

> CLT, art. 611, § 1º: É facultado aos Sindicatos representativos de categorias profissionais celebrar Acordos Coletivos com uma ou mais empresas da correspondente categoria econômica, que estipulem condições de trabalho, aplicáveis no âmbito da empresa ou das acordantes respectivas relações de trabalho.

Para você nunca mais confundir os dois instrumentos anteriores, preste atenção nas tabelas a seguir.

Vogais e consoantes:

Acordo	**C**oletivo
Empresa	**S**indicato de empregados

Consoantes combinam:

Convenção	**C**oletiva
Sindicato de empregadores	**S**indicato de empregados

Não se esqueça que a Lei 13.467/2017, conhecida como reforma trabalhista, vedou a ultratividade dos acordos coletivos e das convenções coletivas de trabalho, sendo, então, o seu prazo máximo de vigência de apenas **dois anos**. Vejamos:

> CLT, art. 614, § 3º: Não será permitido estipular duração de convenção coletiva ou acordo coletivo de trabalho superior a dois anos, sendo vedada a ultratividade.

Assim, extinta a norma coletiva, mesmo que outra não seja ajustada, os benefícios concedidos podem ser suprimidos, salvo quanto ao reajuste salarial concedido, diante do princípio da irredutibilidade salarial. Superada, portanto, a Súmula 277 do TST[3] (que fora julgada inconstitucional pelo plenário do STF na ADPF 323).

2.2.1.3. Costumes

O costume é uma prática habitual adotada em um contexto mais amplo de certa empresa, categoria, região, firmando um modelo de conduta geral, impessoal e aplicável *ad futurum* a todos os trabalhadores integrados no mesmo tipo de contexto.

Para a doutrina trabalhista majoritária, os costumes são fontes formais autônomas do Direito do Trabalho e isso já até foi cobrado em prova!

Para que você não erre questões sobre o tema, complemente o seu estudo com a classificação majoritária dos costumes:

- **Costume *secundum legem* (segundo a lei):** a própria lei impõe que os costumes sejam considerados fontes, integrando, assim, a legislação (fonte primária).
- **Costume *praeter legem*:** a lei não disciplina toda a matéria, de modo que o costume desempenha função supletiva e a regula, preenchendo a lacuna existente. Embora não esteja previsto na legislação, não a afronta.
- **Costume *contra legem* (contra a lei):** o costume é contrário ao que dispõe a legislação, sendo, portanto, inaplicável. Apenas quando a lei se mostra incapaz de atender às necessidades sociais, é possível que o costume supra essa necessidade.

Como exemplo de costume incidente na área trabalhista, temos o art. 5º da Lei 5.889/1973 (Rurícola), que estabelece que o intervalo intrajornada será concedido observados os usos e costumes da região.

2.2.2. Fontes formais heterônomas (estatais ou imperativas)

As fontes formais heterônomas assim se caracterizam pelo fato de serem criadas por um terceiro (geralmente o Estado) diferente dos próprios destinatários da norma. Exemplos: Constituição Federal, leis, regulamentos normativos (expedidos mediante

---

[3] Súmula 277 do TST. Convenção coletiva de trabalho ou acordo coletivo de trabalho. Eficácia. Ultratividade. As cláusulas normativas dos acordos coletivos ou convenções coletivas integram os contratos individuais de trabalho e somente poderão ser modificadas ou suprimidas mediante negociação coletiva de trabalho. (Inconstitucional – ADPF 323)

decretos do Presidente da República), tratados e convenções internacionais favorecidos por ratificação e adesão internas, sentença normativa e súmulas vinculantes.

2.2.2.1. Constituição da República Federativa do Brasil

A CRFB encontra-se no ápice da hierarquia das normas jurídicas, pois ela confere fundamento e eficácia a todas as demais regras jurídicas existentes no País, restando clara, assim, a sua prevalência na ordem jurídica.

2.2.2.2. Leis

Lei em sentido material é toda regra de Direito geral, abstrata, impessoal, obrigatória, oriunda de autoridade competente e expressa em fórmula escrita (lei complementar/ordinária, medida provisória e decreto do Poder Executivo).

Já a lei em sentido formal é regra jurídica geral, abstrata, impessoal, obrigatória, emanada do Poder Legislativo, sancionada e promulgada pela Chefia do Poder Executivo (é a lei em sentido material aprovada segundo o rito institucional específico fixado na Carta Magna).

São elaboradas pelo Poder Legislativo, enquanto as leis trabalhistas são de competência privativa da União (art. 22, I, da CF/1988).

2.2.2.3. Medidas provisórias

Ato editado pelo chefe do Poder Executivo com força de lei, expedido em situações de relevância e urgência (arts. 59 e 62 da CF/1988).

Segundo o STF, as matérias trabalhistas enquadram-se nos requisitos de relevância e urgência das medidas provisórias. Cabe ressaltar que a EC 32/2001 não incluiu o Direito do Trabalho no grupo de matérias sobre as quais é vedado o exercício do poder legiferante da autoridade competente.

2.2.2.4. Tratados e convenções internacionais

Possuem o objetivo de uniformizar os direitos sociais entre os múltiplos países e organismos internacionais, garantindo, assim, um mínimo existencial, e, com isso, assegurar vantagens trabalhistas mínimas de forma universal.

- **Tratados:** documentos obrigacionais, normativos e programáticos, firmados entre dois ou mais Estados ou entes internacionais.

- **Convenções:** espécies de tratados, aprovados por entidade internacional, a que aderem voluntariamente seus membros (podem ser subscritas apenas por Estados, sem participação de entes internacionais). Podem ser fontes formais (fontes normativas heterônomas – lei em sentido material).

- **Recomendações:** propostas de política legislativa. Não têm força vinculante. As recomendações visam demonstrar para os países qual a linha axiológica a ser adotada na edição das normas trabalhistas. Podem ser utilizadas como fontes materiais do Direito do Trabalho, influenciando a criação de normas internas pelos países.

2.2.2.5. Regulamentos normativos

Considera-se regulamento o ato administrativo abstrato, geral, impessoal e com observância obrigatória, sendo expedido pelo chefe do Poder Executivo (presidente da República, governador ou prefeito), por meio de decreto com dois objetivos:

Decreto regulamentar	Decreto autônomo
Visa especificar ou pormenorizar regras que foram genericamente criadas, traçadas e limitadas pela lei, mas que dependem de regulamentação para organizar, executar e especificar o pensamento legislativo.	Equipara-se à lei, pois é expedido para dispor sobre matéria ainda não disciplinada em lei ou em seus vazios. Vigora enquanto o legislador não completa os claros da legislação, desde que não invada matéria reservada à lei.

2.2.2.6. Portarias, avisos, instruções normativas, circulares

A priori, não constituem fontes formais do Direito do Trabalho, podem se impor apenas aos funcionários a que se dirigem e nos limites da obediência hierárquica, ou seja, não se verificam as qualidades da lei em sentido material, quais sejam: generalidade, abstração e impessoalidade. Temos como exemplo o art. 193 da CLT, o qual dispõe que as atividades ou operações consideradas perigosas deverão ser especificadas em portaria do Ministério do Trabalho e Emprego.

2.2.2.7. Sentença normativa

As sentenças normativas são proferidas em dissídios coletivos (inclusive os de greve), nos termos do art. 114, § 2º, da CF/1988. Pelo fato de criarem regras gerais, abstratas, impessoais e obrigatórias, em regra, são consideradas fontes formais heterônomas do Direito do Trabalho. Têm forma de sentença, por se constituírem em ato do Poder Judiciário, porém equiparam-se materialmente à lei, já que criam normas jurídicas gerais, abstratas, impessoais e obrigatórias, para incidência sobre relações *ad futurum* ("corpo de sentença e alma de lei").

2.3. Figuras especiais

2.3.1. Laudo arbitral

Conforme se verifica do art. 114, § 1º, da CF/1988, é possível utilizar a arbitragem na seara trabalhista quando se tratar de dissídios coletivos. Vejamos:

> Art. 114, § 1º: Frustrada a negociação coletiva, as partes poderão eleger árbitros.

Já no âmbito do Direito Individual do Trabalho, a indisponibilidade dos direitos trabalhistas, a hipossuficiência do trabalhador e o princípio da irrenunciabilidade re-

Cap. 1 – FONTES DO DIREITO DO TRABALHO   9

forçavam a impossibilidade de arbitragem nos litígios individuais. Todavia, a reforma trabalhista passou a prever sua aplicação em casos específicos:

> CLT, art. 507-A: Nos contratos individuais de trabalho cuja remuneração seja superior a duas vezes o limite máximo estabelecido para os benefícios do Regime Geral de Previdência Social, poderá ser pactuada cláusula compromissória de arbitragem, desde que por iniciativa do empregado ou mediante a sua concordância expressa, nos termos previstos na Lei nº 9.307, de 23 de setembro de 1996.

Da arbitragem decorre o laudo arbitral, que possui caráter normativo, exarado por um árbitro escolhido pelas partes. Por criar uma norma jurídica aplicável à categoria e às partes envolvidas, é considerado como fonte formal do Direito do Trabalho. Em princípio, é fonte estritamente heterônoma, porque produzido por terceiro, árbitro ou comissão arbitral, sem a participação direta dos destinatários das normas contidas no laudo. Poderá, contudo, ter faceta autônoma, se decidida a arbitragem pela livre faculdade dos agentes destinatários das normas pretendidas e se absorver, na comissão arbitral, a representação direta dos destinatários das normas.

2.3.2. Regulamento empresarial

Aqui nós temos correntes divergentes e utilizadas pelas bancas.

Parcela doutrinária e jurisprudencial tem negado a natureza de fonte do Direito do Trabalho diante do **processo unilateral de criação e desenvolvimento** do regulamento empresarial. Dessa forma, mesmo se tratando de regras gerais, abstratas, impessoais e imperativas, por ser criado unilateralmente pelo empregador, o regulamento empresarial, em tese, não seria considerado uma fonte do Direito.

Todavia, para outra parcela doutrinária (Henrique Correia e Élisson Miessa, por exemplo), caso o regulamento empresarial atinja todos os trabalhadores, de forma impessoal e genérica, ou, ainda, se houver a participação dos empregados na elaboração do regulamento, poderá ser considerado **fonte formal autônoma**.

Entenda: a questão não é pacífica. O Cespe (ou Cebraspe), por exemplo, tem considerado, conforme precedentes de concursos anteriores, o regulamento empresarial como fonte formal. Se for fonte formal, será autônoma, pois emana de um dos sujeitos do contrato de trabalho.

POLÊMICA – O regulamento empresarial é considerado fonte formal?	
Sim	A parcela doutrinária que considera o regulamento empresarial uma fonte formal estabelece que, para isso, o regulamento deve ser elaborado com caráter geral e impessoal (Alice Monteiro de Barros, Sergio Pinto Martins, Gustavo Filipe Barbosa Garcia).
Não	Já essa parcela doutrinária entende que o regulamento empresarial não é fonte formal, pois seria elaborado de forma unilateral pela empresa.

2.3.3. Jurisprudência

A jurisprudência é a reiterada interpretação feita pelos tribunais quanto às normas jurídicas. Ela é considerada fonte do Direito?

–   **Primeira corrente (tradicional – majoritária):** por se tratar apenas da forma como os tribunais interpretam a legislação, aplicando-a ao caso concreto, em regra não haveria caracterização como fonte, pois não se trata de uma análise abstrata, impessoal e genérica.

–   **Segunda corrente (moderna – minoritária):** pelo fato de o juiz não ser mero aplicador/repetidor da legislação, há possibilidade de se reconhecer a jurisprudência como fonte do Direito, pois, abstratamente, a sentença regula o caso em concreto. Ademais, no Direito do Trabalho, o próprio art. 8º da CLT cuidou de enfatizar a jurisprudência como fonte normativa – ao menos supletiva. Para o TST, "Indubitavelmente, a jurisprudência é reconhecida e aceita como fonte do direito" (6ª Turma, Ag-AIRR 87-98.2012.5.06.0015, Rel. Min. Augusto César Leite de Carvalho, *DEJT* 29.09.2017).

Quanto às súmulas vinculantes, são fontes formais, visto que se dirigem a todos de forma geral, abstrata e impessoalmente.

> **cuidado**
>
> *Precedentes normativos não são jurisprudência no sentido clássico. Trata-se da consolidação de entendimentos reiterados do TST, no exercício de poder normativo – ou seja, no julgamento de dissídio coletivo. Nesses processos, portanto, o TST exerce função anômala legiferante, produzindo uma norma para aquelas partes; ele cria o direito naquela categoria. Não é aceito como fonte formal do direito, dado que, apesar de ser a compilação da criação do direito pelo TST, destina-se unicamente a uma categoria. Aplica-se, assim, exclusivamente para situação concreta de um dissídio coletivo.*

2.3.4. Analogia

Não é considerada uma fonte do Direito, pois classifica-se como mecanismo de pesquisa, encontro e aplicação de fonte subsidiária, e não uma fonte em si mesma.

2.3.5. Contrato de trabalho

Não é comando abstrato, geral e impessoal, regulando apenas a situação entre empregado e empregador, ou seja, as suas cláusulas são concretas, específicas e pessoais. Configura-se apenas como fonte de obrigações e direitos específicos, não havendo o que se falar em fonte do Direito.

2.3.6. Doutrina

Para Mauricio Godinho Delgado, as construções doutrinárias, apesar de sua inegável importância e influência, não são fontes normativas. Miguel Reale e Paulo de Barros Carvalho também entendem que a doutrina, por não alterar a estrutura do direito, mas apenas funcionar como ajuda em sua compreensão, é apenas uma forma de interpretação do direito, e não uma fonte. Já Maria Helena Diniz sustenta que o direito científico (doutrina), quando efetivamente influencia as decisões judiciais e é dominante, constitui-se em fonte material do direito ou fonte formal indireta.

2.3.7. Equidade

É necessário ter em mente uma diferenciação muito importante quanto à equidade:

1. **Julgamento POR equidade:** somente é autorizado ao juiz julgar POR equidade nos casos de autorização legislativa (art. 140, parágrafo único, do CPC). Assim, a regra é que a equidade não é fonte do direito, mas, nos casos autorizados, quando o juiz julgar POR equidade, é possível reconhecer essa natureza.
2. **Julgamento COM equidade:** TODO juiz deve julgar COM equidade, ou seja, de forma justa, imparcial e com equilíbrio. Assim, o julgamento COM equidade não é considerado fonte do direito, sendo, em tese, um método de integração da norma ao se analisar o caso concreto.

3. HIERARQUIA DAS FONTES NORMATIVAS

Dentro da perspectiva de um Estado Democrático de Direito, as normas jurídicas obedecem a um escalonamento hierárquico, respeitado o princípio da compatibilidade vertical. O fundamento de validade da norma de nível inferior é a sua concordância e compatibilização com a de nível superior.

No nosso ordenamento jurídico pátrio, o escalonamento das normas obedece à pirâmide Kelseniana, estabelecendo em seu vértice a Constituição, que confere validade a todo o ordenamento jurídico, seguida de leis complementares, leis ordinárias, medidas provisórias, decretos, decretos legislativos, resoluções.

Assim, consoante o critério do direito comum, a hierarquia seria a seguinte:

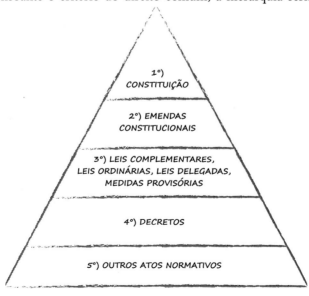

Na seara trabalhista, em razão da pluralidade das fontes formais e da matriz teleológica do Direito do Trabalho, consubstanciada no sentido de restaurar no plano jurídico um equilíbrio não verificável no plano da relação material, objetivando, ainda, a melhoria das condições do trabalhador, prevalecerá, fundamentalmente, a norma que melhor expresse e responda a esse objetivo preponderante, ou seja, a norma mais favorável ao trabalhador. Aqui podemos utilizar a expressão "hierarquia plástica das normas trabalhistas".

Nesse contexto, a hierarquia das normas jurídicas não será estática e imutável, mas, sim, variável/plástica, tendo como direcionador básico o princípio da norma mais favorável ao trabalhador (hierarquia dinâmica).

Exemplo: a Constituição Federal estabelece adicional de horas extras, no mínimo de 50% (art. 7º, XVI); havendo convenção coletiva de trabalho que fixe o adicional de 100%, esse instrumento deverá prevalecer em detrimento da CF.

4. CONFLITO ENTRE FONTES FORMAIS DO DIREITO DO TRABALHO

Pode ocorrer de um empregado alegar ser titular, ao mesmo tempo, de direitos previstos em várias normas que disciplinam a mesma matéria, embora de forma diversa. Como se resolve essa situação?

- **Teoria da acumulação (atomista ou soma):** observa-se cada item da norma, resultando naqueles mais favoráveis ao empregado. Esses itens são conjugados em uma só relação jurídica de trabalho, ignorando-se as desvantagens ao trabalhador. É a minoritária na doutrina.
- **Teoria do conglobamento (bloco ou conjunto):** realiza-se a comparação entre as fontes de forma integral por instrumento. Assim, será escolhida aquela que, no seu conjunto, é mais favorável ao trabalhador.
- **Teoria do conglobamento mitigado (intermediária):** determina-se a aplicação do conjunto de normas agrupadas sob a mesma forma de instituto jurídico, desde que mais favorável ao trabalhador, em detrimento daquela matéria prevista em outra fonte de direito também aplicável ao empregado. Essa teoria foi absorvida pela Lei 7.064/1982 (art. 3º, II) – trabalho do brasileiro no exterior.

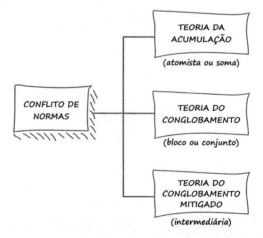

> ## atenção
>
> *E se o conflito for entre um acordo coletivo de trabalho e uma convenção coletiva de trabalho? Qual das teorias anteriores você deve aplicar?*
>
> *N-E-N-H-U-M-A.*
>
> *Com a Lei 13.467/2017 (reforma trabalhista), há regra expressa na CLT para resolução desse conflito. Vejamos:*
>
> *Art. 620. As condições estabelecidas em acordo coletivo de trabalho sempre prevalecerão sobre as estipuladas em convenção coletiva de trabalho.*

Nesse caso em específico, observamos uma hierarquia estática, fixa, o que prejudica a análise das três teorias supracitadas.

E quando se tratar de um conflito entre um instrumento coletivo de trabalho e a lei? Como se resolve?

Em regra, conforme as novas disposições da reforma trabalhista, deve prevalecer o previsto no acordo coletivo ou na convenção coletiva de trabalho, caso o mérito seja um dos temas previstos no art. 611-A da CLT.

> Art. 611-A. A convenção coletiva e o acordo coletivo de trabalho têm prevalência sobre a lei quando, entre outros, dispuserem sobre (...)
>
> (...).

As mudanças implementadas pela reforma trabalhista não têm caráter absoluto, ou seja, a negociação coletiva tem limites que devem ser observados. Os direitos assegurados pela Constituição Federal, excepcionadas as hipóteses que o próprio texto constitucional permite, NÃO são passíveis de flexibilização por meio de negociação coletiva. Ademais, foi acrescentado o art. 611-B à CLT, que estabelece direitos que não podem ser suprimidos ou reduzidos, pois constituem objeto ilícito de norma coletiva.

5. SÚMULAS DO TST

> **Súmula 51.** Norma regulamentar. Vantagens e opção pelo novo regulamento. Art. 468 da CLT.
>
> I – As cláusulas regulamentares, que revoguem ou alterem vantagens deferidas anteriormente, só atingirão os trabalhadores admitidos após a revogação ou alteração do regulamento. (ex-Súmula 51 – RA 41/1973, *DJ* 14.06.1973)
>
> II – Havendo a coexistência de dois regulamentos da empresa, a opção do empregado por um deles tem efeito jurídico de renúncia às regras do sistema do outro. (ex-OJ 163 da SBDI-1 – inserida em 26.03.1999)
>
> **Súmula 277.** Convenção coletiva de trabalho ou acordo coletivo de trabalho. Eficácia. Ultratividade.
>
> As cláusulas normativas dos acordos coletivos ou convenções coletivas integram os contratos individuais de trabalho e somente poderão ser modificados ou suprimidas mediante negociação coletiva de trabalho. (súmula julgada inconstitucional pelo STF)

Vamos de resumo em tabelas?[4]

FONTES		
Fontes materiais	**Fontes formais**	
Fatos políticos, econômicos, sociais e culturais aos quais a sociedade atribui certos valores que refletem na necessidade de sua regulação pelo direito. **Não são obrigatórias.**	**Autônomas**	**Heterônomas**
	Produzidas pelas partes envolvidas. Ex.: acordo coletivo.	Produzidas por terceiro estranho às partes envolvidas. Ex.: Leis.

FONTES FORMAIS – AUTÔNOMAS	
Acordo coletivo **(art. 611, § 1º, da CLT)**	Acordo realizado entre o sindicato profissional e a empresa respectiva.[5]
Convenção coletiva **(art. 611 da CLT)**	Acordo realizado entre o sindicato profissional e o sindicato da categoria econômica.
Costumes	Conduta praticada reiteradamente em determinada empresa/região.

HIERARQUIA DAS FONTES FORMAIS	
Direito do Trabalho	Por força do princípio da norma mais favorável, aplica-se a fonte mais benéfica ao trabalhador.
Demais ramos do Direito	Há forte hierarquia entre as fontes formais. Ex.: a Constituição deve prevalecer sobre as leis ordinárias.

CONFLITO ENTRE AS DEMAIS FONTES FORMAIS – TEORIAS	
Teoria do conglobamento – majoritária	Aplica-se apenas uma fonte em sua totalidade, ou seja, a análise é feita em conjunto.
Teoria da acumulação	Aplicam-se todas as fontes, mas despreza-se o que é desfavorável ao trabalhador, e aplicam-se os artigos e as cláusulas benéficos.
Teoria do conglobamento mitigado	Aplica-se a norma por instituto jurídico, ou seja, é aplicada a norma benéfica por assunto. Ex.: férias, remuneração.

---

[4] LENZA, Breno; SILVA, Fabrício Lima. *Direito do trabalho e processo do trabalho em tabelas.* São Paulo: Juspodivm, 2022.

[5] Art. 620. As condições estabelecidas em acordo coletivo de trabalho sempre prevalecerão sobre as estipuladas em convenção coletiva de trabalho.

Cap. 1 – FONTES DO DIREITO DO TRABALHO **15**

⌗ QUESTÕES PARA TREINO

1. **(MPT – 2017 – Procurador do Trabalho)** As Convenções da Organização Internacional do Trabalho ratificadas pelo Brasil são fontes formais heterônomas do Direito do Trabalho. Mesmo quando não ratificadas internamente, podem se enquadrar como fontes materiais do Direito do Trabalho.
   Certo.

2. **(MPT – 2017 – Procurador do Trabalho)** Na qualidade de fonte normativa autônoma do Direito do Trabalho, a sentença normativa somente pode ser prolatada, pelos Tribunais do Trabalho, em processos de dissídio coletivo de natureza econômica em que tenha havido comum acordo entre as partes relativamente ao ajuizamento da respectiva ação coletiva.
   Errado.

3. **(MPT – 2017 – Procurador do Trabalho)** A doutrina jurídica e a equidade, por força da especificidade do Direito do Trabalho, consubstanciam fonte formal desse campo jurídico, submetendo-se, naturalmente, ao princípio justrabalhista da norma mais favorável.
   Errado.

4. **(TRT-2 – 2016 – Juiz do Trabalho)** Os regulamentos empresariais não podem ser considerados como fontes formais do Direito do Trabalho uma vez que não conferem à regra jurídica o caráter de direito positivo.
   Errado.

5. **(TRT-2 – 2016 – Juiz do Trabalho)** No Direito do Trabalho são exemplos de fontes heterônomas a Constituição Federal e a Sentença Normativa e são exemplos de fontes autônomas a Convenção Coletiva de Trabalho e Acordo Coletivo de Trabalho.
   Certo.

6. **(TRT-2 – 2016 – Juiz do Trabalho)** Não há subversão da hierarquia da lei, em direito do trabalho, pois a norma de menor hierarquia repete a norma de posição hierárquica mais elevada e a supera na concessão da proteção ao trabalhador.
   Certo.

7. **(TRT-3 – 2016 – Juiz do Trabalho)** Os costumes trabalhistas são fontes não-estatais de direito do trabalho, que são válidos desde que não contrariem a lei.
   Certo.

8. **(TRT-3 – 2016 – Juiz do Trabalho)** A analogia não constitui uma fonte de direito, mas apenas uma técnica de integração, interpretação e aplicação de uma norma jurídica já existente no ordenamento jurídico.
   Certo.

9. (TRT-3 – 2016 – Juiz do Trabalho) Os regulamentos de empresa constituem imposições unilaterais de vontade do empregador, devendo o empregado optar, de forma consciente, pelo regulamento que mais lhe convenha, sob pena de renúncia a direitos.

Errado.

INTERPRETAÇÃO, INTEGRAÇÃO E APLICAÇÃO DO DIREITO DO TRABALHO

1. INTERPRETAÇÃO DO DIREITO DO TRABALHO: NOÇÕES GERAIS

Interpretar a norma jurídica é o mesmo que buscar seu sentido, seu real significado. A tarefa do intérprete é fundamental no momento da aplicação da norma jurídica ao caso concreto, conhecida como subsunção do fato à norma. Nesse aspecto, a interpretação dos textos legais visa à obtenção do seu correto significado de acordo com a "vontade da lei" (*voluntas legis*) ou a vontade do legislador (*voluntas legislatoris*).

Observe-se que a vontade da lei não se confunde com a vontade do legislador. A vontade da lei pode ir além da própria vontade do legislador, porque a lei, a partir de sua publicação, passa a ter autonomia, dissociando-se, com certa frequência, da vontade do legislador, quando então passa a sofrer influências de novas realidades decorrentes da evolução social.

Conforme destaca Mauricio Godinho Delgado, a interpretação consiste no processo intelectual mediante o qual se busca compreender e desvelar determinado fenômeno ou realidade da natureza ideal ou fática. É, portanto, uma dinâmica de caráter intelectual voltada a assegurar a seu agente uma aproximação e conhecimento da realidade circundante.

Destacam-se dois momentos fundamentais da interpretação jurídica: (a) quando da elaboração da norma; e (b) quando de sua aplicação.

a) Interpretação na fase de construção da norma: momento pré-jurídico – momento político.

Nas palavras do mestre Godinho, são características desta fase a procura e o desvelamento das contradições do sistema jurídico, suas falhas e lacunas, seu desajuste a valores que, politicamente, se considera que a sociedade erigiu como relevantes ao longo do instante de desenvolvimento da crítica pré-jurídica.

b) Interpretação no Direito construído: momento jurídico.

Nesta fase, não se discutem ideias, busca-se a análise da norma jurídica. Assim, aqui se sobressai a noção de coerência; ou seja, "a ciência do Direito, através de seu segmento especializado – Hermenêutica Jurídica –, busca fornecer o instrumental e regras para a garantia do alcance de um patamar mais elevado de concretização da interpretação jurídica, hábil a qualificá-la como científica".[1] Desse modo, busca-se interpretar o Direito de forma objetiva e com métodos próprios.

1.1. Hermenêutica jurídica

A. Distinções relevantes

1. **Interpretação e hermenêutica:** a interpretação é o processo, enquanto a hermenêutica é a ciência relacionada a esse processo, utilizando-se dos princípios, das teorias e dos métodos de concretização.

2. **Interpretação e integração:** interpretar é a busca da compreensão e reprodução intelectual de uma realidade conceitual ou normativa; já a integração é o processo de preenchimento de lacunas por meio da analogia, dos costumes, dos princípios gerais do direito, da doutrina, da equidade e do Direito comparado.

3. **Interpretação e aplicação:** a aplicação corresponde ao processo final depois de enfrentadas as etapas de interpretação-integração-aplicação; logo, é o momento de subsunção do fato à norma.

4. **Interpretação extensiva e analogia:** a analogia busca aplicar uma norma a um dado concreto para o qual ela não foi elaborada; já a interpretação extensiva é a operação por meio da qual o intérprete confere o máximo de potencial de sentido e abrangência da norma.

5. **Analogia e indução:** correspondem a processos lógico-comparativos; para a analogia, aplica-se uma norma a figuras semelhantes, mas de espécies distintas; a indução, por sua vez, ocorre entre figuras de uma mesma espécie.

B. Tipologia segundo os métodos de interpretação

1. **Método gramatical ou linguístico:** tem por objeto a análise literal do texto legal, a função gramatical das palavras da lei. Este método é centralizado na vontade do legislador, a qual é aferida a partir das palavras utilizadas. Trata-se de um importante método inicial de aplicação do processo de interpretação da norma jurídica, não devendo, contudo, ser utilizado isoladamente.

    – Críticas: considera as palavras isoladamente, fora de contexto, ignorando a noção do direito como sistema; a interpretação literal engessa o direito, não deixando espaço para a evolução da interpretação ao longo do tempo.

2. **Método lógico ou racional:** busca o sentido da norma a partir da lógica formal, ou seja, procura identificar o pensamento contido na lei, ainda que este tenha sido exteriorizado de forma incorreta sob o ponto de vista literal ou gramatical.

---

[1] DELGADO, Mauricio Godinho. *Curso de Direito do Trabalho*. 19. ed. São Paulo: LTr, 2020. p. 45.

3. **Método sistemático:** visa ao sentido da norma a partir da harmonização desta com o conjunto do sistema jurídico, considerando a unidade e coerência do sistema jurídico. É a maximização do processo lógico, de forma que se busca o "pensamento" contido no conjunto das normas jurídicas (sistema jurídico) sobre determinada matéria. Analisa-se, portanto, o sistema legal em seu conjunto, e não individualmente.

4. **Método teleológico (ou finalístico):** almeja o sentido da norma jurídica a partir dos seus fins. O intérprete deve, sob esse aspecto, identificar os objetivos visados pela legislação em análise para então extrair dela a melhor interpretação em consonância com tais objetivos. A LINDB, em seu art. 5º, privilegia a utilização do método teleológico, nos seguintes termos: "Na aplicação da lei, o juiz atenderá aos fins sociais a que ela se dirige e às exigências do bem comum". No mesmo sentido, o art. 8º da CLT dispõe que nenhum interesse de classe ou particular deve prevalecer sobre o interesse público.

5. **Método histórico:** busca reconstituir a vontade do legislador, baseando-se na investigação dos antecedentes da norma, como projeto de lei, exposição de motivos, contexto histórico, econômico, social etc. Assim como ocorre com o gramatical, não deve ser usado isoladamente, mas tão somente como instrumento auxiliar na tarefa do intérprete, no sentido de esclarecer as razões históricas e sociais que levaram à elaboração da norma de tal forma, permitindo, desse modo, que se extraia um sentido mais consentâneo com a realidade atual.

Os métodos de interpretação não se excluem nem devem ser utilizados isoladamente. Ao contrário, a melhor interpretação é sempre aquela que lança mão da utilização coordenada dos métodos gramatical, lógico-sistemático e teleológico.

Como regra geral, aplica-se ao ramo justrabalhista o conjunto de métodos de interpretação utilizados no direito comum. A única especificidade da seara laboral é a maior prevalência dos princípios e valores essenciais ao Direito do Trabalho no processo de interpretação. Valores sociais se sobrepõem aos valores particulares. Valores coletivos se sobrepõem aos valores individuais. Na aplicação dos princípios trabalhistas, terá especial relevância o critério da norma mais favorável.

O parágrafo único do art. 8º da CLT foi alterado, surgindo, em seu lugar, os §§ 1º, 2º e 3º. Anteriormente, previa que "O direito comum será fonte subsidiária do direito do trabalho, naquilo em que não for incompatível com os princípios fundamentais deste"; o § 1º do citado artigo da Consolidação passou a prever que "O direito comum será fonte subsidiária do direito do trabalho". Em que pese a alteração da redação, toda norma jurídica inserida em um microssistema deve ser necessariamente compatível com ele. Desse modo, não é possível a aplicação do direito comum sem que haja a compatibilização com os princípios de Direito do Trabalho.

2. INTEGRAÇÃO NO DIREITO DO TRABALHO

2.1. Conceituação

Integração jurídica é o processo de preenchimento das lacunas apresentadas nos sistemas jurídicos. Integrar é completar, inteirar ou colmatar lacunas presentes no ordenamento jurídico.

De acordo com o art. 8º da CLT, havendo lacuna na lei ou em normas coletivas, poder-se-á decidir, para o suprimento das lacunas, pela jurisprudência, pela analogia, pela equidade, pelos princípios gerais do direito (inclusive os princípios do Direito do Trabalho), pelos usos e costumes e pelo direito comparado. Ainda, como visto, o § 1º do referido artigo dispõe que o direito comum também poderá ser utilizado para colmatar as lacunas legais.

2.2. Tipos de integração jurídica

A integração se dá pela utilização de fontes normativas subsidiárias, também denominadas fontes supletivas. Há dois tipos de integração, quais sejam:

a) **autointegração** – o operador do direito se vale de norma supletiva integrante do próprio sistema. No caso do Direito do Trabalho, o intérprete utilizará as próprias normas do direito do trabalho, contidas na CLT, para suprir as lacunas;

b) **heterointegração** – o operador do direito se vale de norma supletiva que não integra as fontes principais do direito. O intérprete promove um diálogo de fontes normativas, utilizando-se de subsistemas normativos para colmatar as lacunas. São exemplos a jurisprudência, a equidade, o direito comparado e o direito comum.

Ressalta-se que a heterointegração somente poderá ser utilizada se o subsistema estiver em sintonia com as regras e os princípios do Direito do Trabalho.

A heterointegração pressupõe a existência não apenas das tradicionais lacunas normativas mas também das lacunas ontológicas (envelhecimento da norma) e axiológicas (valores da norma).

Maria Helena Diniz aponta as três principais espécies de lacunas:

a) **normativa** – há ausência de norma sobre determinado caso;

b) **ontológica** – existe a norma, mas ela sofre de um envelhecimento em relação aos fatos sociais, políticos e econômicos que inspiraram sua criação, ou seja, a norma não mais corresponde aos fatos sociais, econômicos e políticos atuais;

c) **axiológica** – há ausência de norma justa, isto é, existe um preceito normativo, mas, se for aplicado, a solução do caso será manifestamente injusta.

Art. 4º da LINDB: Quando a lei for omissa, o juiz decidirá o caso de acordo com a analogia, os costumes e os princípios gerais de direito.

Art. 140 do CPC: O juiz não se exime de decidir sob a alegação de lacuna ou obscuridade do ordenamento jurídico.

Parágrafo único. O juiz só decidirá por equidade nos casos previstos em lei.

Art. 8º da CLT: As autoridades administrativas e a Justiça do Trabalho, na falta de disposições legais ou contratuais, decidirão, conforme o caso, pela jurisprudência, por analogia, por equidade e outros princípios e normas gerais de direito, principalmente do direito do trabalho, e, ainda, de acordo com os usos e costumes, o direito comparado, mas sempre de maneira que nenhum interesse de classe ou particular prevaleça sobre o interesse público.

§ 1º O direito comum será fonte subsidiária do direito do trabalho.

§ 2º Súmulas e outros enunciados de jurisprudência editados pelo Tribunal Superior do Trabalho e pelos Tribunais Regionais do Trabalho **não poderão** restringir direitos legalmente previstos nem criar obrigações que não estejam previstas em lei.

§ 3º No exame de convenção coletiva ou acordo coletivo de trabalho, a Justiça do Trabalho analisará **exclusivamente** a conformidade dos elementos essenciais do negócio jurídico, respeitado o disposto no art. 104 da Lei nº 10.406, de 10 de janeiro de 2002 (Código Civil), e balizará sua atuação pelo princípio da intervenção mínima na autonomia da vontade coletiva. (destacamos)

2.3. Jurisprudência

A jurisprudência, em que pese não ser reconhecida por parte expressiva da doutrina como fonte de direito, foi guindada pela CLT à condição de fonte subsidiária ou supletiva do Direito do Trabalho.

a) **Súmulas:** representam o entendimento sedimentado do TST sobre determinada matéria. Embora não sejam vinculantes, carregam consigo o peso de um grande número de julgados anteriores no mesmo sentido, de forma que o operador do direito tem, de antemão, uma prévia do que acontecerá com uma demanda que chegue ao TST versando sobre aquele conteúdo.

b) **Orientações jurisprudenciais:** possuem o mesmo objetivo das súmulas, que é firmar o posicionamento do TST a respeito de determinados assuntos, mas se diferenciam pelo seu maior dinamismo que possuíam em relação às súmulas.

c) **Precedentes normativos:** são verbetes originados de decisões reiteradas em sentenças normativas (decisões dos dissídios coletivos), a fim de posterior uniformização. Se determinadas condições postuladas no dissídio coletivo são concedidas por diversas sentenças normativas, o precedente normativo é negativo.

2.4. Analogia

Consiste na aplicação de uma norma que regule um caso previsto em lei para outro caso semelhante não previsto em lei. A analogia compreende a analogia *legis* e a analogia *juris*.

A analogia *legis* consiste na aplicação de uma única norma existente para regular de modo semelhante um caso não previsto em lei. Já a analogia *juris* consiste na utilização de um conjunto de normas.

Exemplo: originalmente criada para a categoria dos ferroviários (art. 244, § 2º, da CLT), a figura do tempo de sobreaviso foi estendida, por analogia, aos eletricitários, conforme se depreende da Súmula 229 do TST:

Súmula 229 TST. Sobreaviso. Eletricitários. Por aplicação analógica do art. 244, § 2º, da CLT, as horas de sobreaviso dos eletricitários são remuneradas à base de 1/3 sobre a totalidade das parcelas de natureza salarial.

Analogia. Aplicação analógica do art. 72, CLT. Empregado rural. Atividade de corte de cana-de-açúcar. Pausa para descanso. Obrigatoriedade. Norma regulamentar nº 31 do Ministério do Trabalho e Emprego. Aplicação analógica do art. 72 da CLT. Possibilidade. Aos empregados rurais que trabalham no corte de cana-de-açúcar aplica-se, por analogia, o disposto no art. 72 da CLT, que garante um intervalo de dez minutos a cada período de noventa minutos de trabalho consecutivo nos serviços permanentes de mecanografia. Isso porque a Norma Regulamentar nº 31 do Ministério do Trabalho e Emprego, apesar de estabelecer a obrigatoriedade de concessão de pausas para descanso aos trabalhadores rurais que realizem atividades em pé ou submetam-se à sobrecarga muscular, não especifica as condições ou o tempo de duração dos períodos de repouso. Com base nesse entendimento, a SBDI-I, por unanimidade, conheceu dos embargos do reclamante, por divergência jurisprudencial, e, no mérito, deu-lhes provimento para acrescer à condenação o pagamento de 10 minutos a cada 90 minutos de trabalho como extras, com acréscimo de 50% sobre o valor da remuneração da hora normal de trabalho, com os reflexos postulados nas prestações contratuais vinculadas ao salário. (TST, SBDI-1, E-RR-912-26.2010.5.15.0156, Rel. Min. João Oreste Dalazen, 05.12.2013, *Informativo* 69 do TST)

2.5. Equidade

Segundo o *Dicionário Houaiss*, equidade significa, entre outras definições, julgamento justo. É importante não confundir a noção de julgamento "com equidade" com a de julgamento "por equidade".

Com efeito, toda causa deve ser julgada "com equidade", no sentido de que o Juiz deve decidi-la pautado pelo senso de justiça e de equanimidade. De forma diversa, o julgamento "por equidade" significa a possibilidade de o Juiz adaptar a norma ao caso concreto, podendo criar o direito e julgar conforme suas convicções pessoais.

O art. 140 do CPC dispõe que o "juiz só decidirá por equidade nos casos previstos em lei".

Assim, como regra, o julgamento por equidade não é admitido no direito brasileiro. Excepcionalmente, por exemplo, o art. 766 da CLT prevê hipótese de julgamento por equidade:

> Art. 766. Nos dissídios sobre estipulação de salários, serão estabelecidas condições que, assegurando justos salários aos trabalhadores, permitam também justa retribuição às empresas interessadas.

Também, os julgamentos dos dissídios coletivos de natureza econômica são decisões por equidade:

> Art. 114 da CRFB: Compete à Justiça do Trabalho processar e julgar:
>
> (...)
>
> § 2º Recusando-se qualquer das partes à negociação coletiva ou à arbitragem, é facultado às mesmas, de comum acordo, ajuizar dissídio coletivo de natureza econômica, podendo a Justiça do Trabalho decidir o conflito, respeitadas as disposições mínimas legais de proteção ao trabalho, bem como as convencionadas anteriormente.

2.6. Princípios e normas gerais de direito

Sobressai aqui a função integrativa dos princípios, segundo a qual os princípios preenchem as lacunas surgidas no caso concreto, assumindo, portanto, função normativa supletiva.

2.7. Usos e costumes

Os usos e os costumes devem ser também utilizados no preenchimento de lacunas no Direito do Trabalho, na falta de disposições legais e contratuais. Atente-se apenas para o fato de que os usos e os costumes constituem, para a doutrina majoritária, fonte formal do Direito do Trabalho. Exemplo: intervalo para repouso ou alimentação do rurícola.

2.8. Direito comparado

Pode-se recorrer ao direito estrangeiro como forma de suprir lacunas.

A grande dificuldade desse método é estabelecer os critérios para saber qual direito estrangeiro deverá ser utilizado. Como regra geral, fala-se em privilegiar o direito de origem romano-germânica (em contraposição ao direito costumeiro inglês) e o direito dos países que se encontram em estágio de desenvolvimento próximo ao do Brasil (para evitar distorções quanto ao fato social).

Mencionam-se, ainda, como importante diretriz de direito comparado, as recomendações da OIT, pois seu acervo é conhecido e acessível, bem como indica soluções bastante genéricas, de forma que podem ser adaptadas a cada país.

2.9. Direito comum

Pode-se utilizar no âmbito jus laboral qualquer norma de direito comum, desde que não seja incompatível com a principiologia própria do Direito do Trabalho. Nesse ponto, conforme já mencionado, vale destacar que, embora a Reforma Trabalhista tenha, de fato, removido a exigência da compatibilidade com os princípios do Direito do Trabalho para aplicação do Direito comum, essa compatibilidade ainda permanece, sob pena de desfigurar a própria essência do Direito do Trabalho.

A doutrina majoritária entende que os critérios não foram dispostos no art. 8º em qualquer ordem de preferência, podendo ser utilizados conforme a ordem que melhor atenda às necessidades do julgador, bem como podem ser utilizados em conjunto (mais de um ao mesmo tempo). A única condição legal é de que o interesse individual não prevaleça sobre o interesse coletivo.

3. EFICÁCIA NO TEMPO

Conforme destaca Mauricio Godinho Delgado, distinguem-se, no tocante ao conflito das leis no tempo, três tipos de consequências normativas:

1º) efeito retroativo – rege situações já consumadas;

2º) efeito imediato – rege situações em curso quando do surgimento da norma;

3º) efeito diferido – rege situações futuras.

A aplicação do Direito do Trabalho no tempo segue a regra geral do direito comum, isto é, aplica-se a lei nova de forma imediata e não retroativa, o que significa que a lei nova tem efeitos imediatos, mas não atinge o direito adquirido, a coisa julgada e o ato jurídico perfeito (art. 5º, XXXVI, da CRFB).

Assim, a eficácia da lei no tempo consagra o princípio da irretroatividade das leis, uma vez que a lei não pode retroagir para prejudicar. Um exemplo da importância de tal princípio na seara trabalhista é a inaplicabilidade do aviso-prévio proporcional aos contratos extintos antes da publicação da Lei 12.506, de 11.10.2011.

Também é consagrado o princípio da aplicação imediata dos direitos fundamentais (art. 5º, § 1º, da CRFB), uma vez que as normas que criam direitos fundamentais são aplicadas imediatamente.

Ainda quanto à aplicação imediata da lei nova, ressalte-se que, na prática, a lei normalmente entra em vigor na data de sua publicação, o que deve ser previsto na própria lei. Caso contrário, isto é, se a lei nova for omissa quanto ao prazo para entrada em vigor, este será de 45 dias, contados da publicação, nos termos do art. 1º da LINDB.

Observe, inclusive, que o art. 912 da CLT dispõe: "Os dispositivos de caráter imperativo terão aplicação imediata às relações iniciadas, mas não consumadas, antes da vigência desta Consolidação".

A revogação da lei trabalhista, por sua vez, também segue basicamente os mesmos mecanismos utilizados para revogação das leis no direito comum. A revogação pode ser tácita (quando a lei nova trata de forma diversa uma mesma matéria tratada pela lei anterior); ou expressa (quando a lei nova expressamente consigna a revogação da anterior). Em ambos os casos, pode a revogação ser total (também chamada de ab-rogação) ou parcial (denominada derrogação).

Lei geral não revoga, como regra, lei especial anterior, e as leis trabalhistas são, na maioria dos casos, leis especiais para a área trabalhista.

saiba mais

Questão: um empregado está com o contrato de trabalho em vigor, quando sobrevém regra nova que altera determinado direito daquele empregado. O que acontece? Para resolver a questão, há que se identificar a natureza da alteração:

1º) Se a alteração for de natureza contratual (cláusula contratual ou regulamento de empresa), não haverá a possibilidade de perda de direitos, dado o princípio da condição mais benéfica e a vedação à alteração contratual lesiva (art. 468 da CLT).

2º) Se a alteração for de natureza legal (fonte formal, portanto), a regra será a aplicação imediata e não retroativa. Em outras palavras, a alteração operará efeitos ex nunc.

Consoante lições de Carlos Henrique Bezerra Leite, as alterações produzidas pela Lei 13.467/2017 "só serão aplicadas (se propiciarem melhoria das condições sociais dos trabalhadores) aos contratos de trabalho celebrados depois de suas respectivas vigências e, ainda assim, deverão respeitar: a) as condições mais benéficas já incorporadas aos seus contratos de trabalho em vigor (ato jurídico perfeito); e b) as normas imperativas de ordem pública (CF, art. 7º, caput; CLT, art. 912) concernentes aos direitos fundamentais dos trabalhadores, especialmente os vinculados à saúde, à segurança e ao meio ambiente do trabalho".

4. EFICÁCIA NO ESPAÇO

Sobre eficácia da norma trabalhista no espaço, prevalecia o critério da territorialidade, segundo o qual a relação trabalhista é regida pelas leis vigentes no país da prestação dos serviços, não por aquelas do local da contratação.

A Lei 7.064/1982 regulou especificamente a situação de trabalhadores contratados no Brasil ou transferidos por empregadores para prestar serviços no exterior.

Em um primeiro momento, a referida lei aplicava-se tão somente aos trabalhadores da área de engenharia e congêneres. Atualmente, entretanto, a partir da Lei 11.962/2009, passou a reger qualquer espécie de atividade, tendo em vista que foi alterado o art. 1º da Lei 7.064/1982, tendo sido eliminada a parte que limitava o alcance da norma aos empregados da área de engenharia e afins.

Em resumo, são assegurados aos trabalhadores contratados no Brasil por empregador brasileiro ou transferidos para prestar serviços no exterior os direitos previstos na Lei 7.064/1982, a lei brasileira, se mais benéfica que a lei territorial (lei do local da execução dos serviços), conforme o art. 3º:

> Art. 3º A empresa responsável pelo contrato de trabalho do empregado transferido assegurar-lhe-á, independentemente da observância da legislação do local da execução dos serviços:
>
> I – os direitos previstos nesta Lei;
>
> II – a aplicação da legislação brasileira de proteção ao trabalho, naquilo que não for incompatível com o disposto nesta Lei, quando mais favorável do que a legislação territorial, no conjunto de normas e em relação a cada matéria. (CRITÉRIO DO CONGLOBAMENTO)
>
> Parágrafo único. Respeitadas as disposições especiais desta Lei, aplicar-se-á a legislação brasileira sobre Previdência Social, Fundo de Garantia por Tempo de Serviço – FGTS e Programa de Integração Social – PIS/PASEP.

Em sessão do Tribunal Pleno do TST realizada em 16.04.2012, a Súmula 207 foi **cancelada**, por meio da Resolução 181/2012 (*DEJT* divulgado em 19, 20 e 23.04.2012) – "a relação jurídica trabalhista é regida pelas leis vigentes no país da prestação de serviço e não por aquelas do local da contratação".

Atualmente, portanto, o critério para aplicação da lei trabalhista no espaço segue, como regra geral, o critério da norma mais favorável.

Observe-se, por oportuno, que, na hipótese de contratação de brasileiro por empresa estrangeira, não se aplica o disposto no art. 3º supramencionado, e sim a lei territorial, somada aos direitos previstos no Capítulo III da Lei 7.064/1982 (arts. 12 a 20).

 saiba mais

Outros casos da lei trabalhista no espaço:

– Marítimo: aplica-se a Lei do país da bandeira ou pavilhão da embarcação. Todavia, essa regra não é absoluta, há hipóteses em que se aplica o princípio do centro de gravidade, quando a causa tem uma ligação muito mais forte com o direito brasileiro.

Trabalho em navio estrangeiro – Empregado pré-contratado no Brasil – Conflito de leis no espaço – Legislação aplicável 1. O princípio do centro de gravidade, ou, como chamado no direito norte-americano, most significant relationship, afirma que as regras de Direito Internacional Privado deixarão de ser aplicadas, excepcionalmente, quando, observadas as circunstâncias do caso, verifica-se que a causa tem uma ligação muito mais forte com outro direito. É o que se denomina "válvula de escape", dando maior liberdade ao juiz para decidir qual o direito aplicável ao caso concreto. 2. Na hipótese, em se tratando de empregada brasileira, pré-contratada no Brasil, para trabalho parcialmente exercido no Brasil, o princípio do centro de gravidade da relação jurídica atrai a aplicação da legislação brasileira. (TST, 8ª Turma, ED-RR 12700-42.2006.5.02.0446, Rel. Min. Maria Cristina Irigoyen Peduzzi, DEJT 22.05.2009)

– Trabalho do técnico estrangeiro no Brasil: aplica-se a lei brasileira (critério territorial, portanto), porém com as especificidades previstas no Decreto-lei 691/1969, como exemplo: os contratos serão sempre firmados por prazo determinado; são garantidos ao estrangeiro direitos trabalhistas mínimos, estipulados pelo art. 2º; aplicam-se à rescisão os arts. 479 a 481 da CLT.

– Normas coletivas e base territorial: o alcance territorial da vigência dos instrumentos coletivos de trabalho (acordo coletivo de trabalho e convenção coletiva de trabalho) coincide com a base territorial comum aos contratantes coletivos. No caso do acordo coletivo de trabalho, a questão não tem grande interesse prático, tendo em vista que a norma valerá no âmbito da(s) empresa(s) representada(s). Já em relação às convenções coletivas de trabalho, a questão surge basicamente sempre que as bases territoriais dos sindicatos são distintas. Desse modo, se as bases territoriais dos sindicatos contratantes forem diferentes, a norma coletiva valerá no espaço geográfico correspondente à base territorial comum aos dois sindicatos.

Se um empregado for transferido para outro local dentro do Brasil, mas fora da base territorial original, aplicar-se-á a norma coletiva do novo local de execução do contrato.

5. APLICAÇÃO DO DIREITO DO TRABALHO QUANTO ÀS PESSOAS

Como regra geral, o Direito do Trabalho se aplica aos trabalhadores subordinados. Há, entretanto, várias exceções. Em apertada síntese, pode-se traçar o seguinte quadro:

a) Aplicação integral aos empregados (ou seja, aos trabalhadores subordinados) urbanos e rurais (art. 7º, *caput*, da CRFB/1988).

b) Aplicação integral aos trabalhadores avulsos que, embora não sejam empregados, foram constitucionalmente equiparados aos empregados para fins trabalhistas (art. 7º, XXXIV, da CRFB/1988).

c) Aplicação parcial aos domésticos, embora sejam empregados (art. 7º, XXXIV, da CRFB/1988).

d) Não aplicação aos servidores públicos civis (*stricto sensu*) e militares (arts. 39 e 42 da CRFB/1988).

Por fim, faz-se importante não confundir direito material com direito processual. Com efeito, a ampliação da competência da Justiça do Trabalho, levada a efeito pela EC 45/2004, passando a abranger também as ações oriundas das relações de trabalho (art. 114, I, da CRFB/1988), não autoriza a aplicação da lei material trabalhista a toda e qualquer relação de trabalho.

Vamos de resumo em tabelas?[2]

INTERPRETAÇÃO	INTEGRAÇÃO	APLICAÇÃO
Processo de compreensão e determinação do sentido e da extensão da norma.	Preenchimento das lacunas percebidas na ordem jurídica, mediante o recurso a fontes normativas subsidiárias.	Incidência e adaptação das normas ao caso concreto.

TIPOLOGIA/CLASSIFICAÇÃO DA INTERPRETAÇÃO	
Gramatical	Constrói-se a partir do exame literal do texto da norma.
Lógica	Busca o significado da norma socorrendo-se de técnicas de lógica formal.
Teleológica	Subordina a interpretação aos fins objetivados pela norma (art. 5º da LINDB[3]).
Sistemática	Busca a harmonização da norma ao conjunto do sistema jurídico.
Declarativa	Verifica-se quando a expressão linguística da norma corresponde à exata vontade e sentido da norma.
Extensiva	Amplia-se o sentido do texto formal para alcançar o real e efetivo sentido da norma.
Restritiva	Restringe-se o sentido do texto para alcançar o real e efetivo sentido da norma.
Histórica	Pesquisa as necessidades e intenções jurídicas presentes no instante da elaboração da norma, com o fito de compreender a sua razão de ser, seus fins e a vontade do legislador.
Autêntica	É produzida pelo mesmo órgão que construiu a norma.
Doutrinária	É oriunda de estudos e pareceres de juristas realizados em livros, artigos e publicações a respeito da norma.
Jurisprudencial	Trata-se de decisões judiciais que demonstram o mesmo entendimento sobre determinada matéria, caracterizando a forma de interpretação majoritária dos julgadores.[4]

REVOGAÇÃO	
Retirar a eficácia de uma norma, torná-la nula, uma vez que sua aplicabilidade é extraída do mundo jurídico.	
Ab-rogação	**Derrogação**
Revogação total da norma.	Revogação parcial da norma.

---

[2] LENZA, Breno; SILVA, Fabrício Lima. *Direito do trabalho e processo do trabalho em tabelas*. São Paulo: Juspodivm, 2022.

[3] Art. 5º Na aplicação da lei, o juiz atenderá aos fins sociais a que ela se dirige e às exigências do bem comum.

[4] CLT, Art. 8º (...) § 2º Súmulas e outros enunciados de jurisprudência editados pelo Tribunal Superior do Trabalho e pelos Tribunais Regionais do Trabalho não poderão restringir direitos legalmente previstos nem criar obrigações que não estejam previstas em lei.

\# QUESTÕES PARA TREINO

1. **(MPT – 2017 – Procurador do Trabalho)** O critério hierárquico de normas jurídicas no Direito do Trabalho brasileiro é informado, de maneira geral, pelo princípio da norma mais favorável, harmonizado pela teoria do conglobamento.

    Certo.

2. **(MPT – 2017 – Procurador do Trabalho)** A doutrina jurídica e a equidade, por força da especificidade do Direito do Trabalho, consubstanciam fonte formal desse campo jurídico, submetendo-se, naturalmente, ao princípio justrabalhista da norma mais favorável.

    Errado.

3. **(TRT-3 – 2016 – Juiz do Trabalho)** Não há subversão da hierarquia da lei, em direito do trabalho, pois a norma de menor hierarquia repete a norma de posição hierárquica mais elevada e a supera na concessão da proteção ao trabalhador.

    Certo.

4. **(TRT-3 – 2016 – Juiz do Trabalho)** Os regulamentos de empresa constituem imposições unilaterais de vontade do empregador, devendo o empregado optar, de forma consciente, pelo regulamento que mais lhe convenha, sob pena de renúncia a direitos.

    Errado.

5. **(TRT-21 – 2015 – Juiz do Trabalho)** É permitido, como regra, às autoridades administrativas e à Justiça do Trabalho, na falta de disposições legais ou contratuais, decidirem, conforme o caso, por equidade.

    Certo.

6. **(TRT-21 – 2015 – Juiz do Trabalho)** De acordo com a Consolidação das Leis do Trabalho, a analogia e a doutrina, na falta de disposições legais ou contratuais, poderão ser invocadas como fontes supletivas de aplicação do direito no caso concreto.

    Errado.

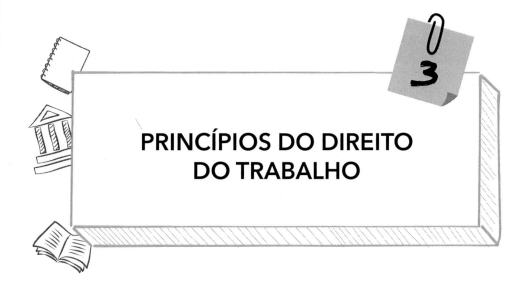

PRINCÍPIOS DO DIREITO DO TRABALHO

1. INTRODUÇÃO AO TEMA

Lato sensu, princípio é uma proposição fundamental que se forma na consciência das pessoas e dos grupos sociais a partir de certa realidade e, após formada, direciona-se à compreensão, à reprodução ou à recriação dessa realidade. Pode ser moral, religioso, político etc.

No direito, princípios jurídicos representam sínteses de orientações essenciais assimiladas por ordens jurídicas em determinados períodos históricos e despontam como sínteses conceituais de nítida inserção histórica, submetendo-se a uma inevitável dinâmica de superação e eclipsamento, como qualquer outro fenômeno cultural produzido. Segundo Mauricio Godinho Delgado:[1]

> Para ciência do direito os princípios conceituam-se como proposições fundamentais que informam a compreensão do fenômeno jurídico. São diretrizes centrais que se inferem de um sistema jurídico e que, após inferidas, a ele se reportam, informando-o.

Já para Vólia Bomfim Cassar,[2] "princípio é a postura mental que leva o intérprete a se posicionar desta ou daquela maneira".

Assim, podemos afirmar que os princípios são as normas fundamentais do sistema, que informam todo o ordenamento jurídico, bem assim a interpretação das demais nor-

---

[1] DELGADO, Mauricio Godinho. *Curso de Direito do Trabalho*. 19. ed. São Paulo: LTr, 2020. p. 226.

[2] CASSAR, Vólia Bomfim. *Direito do trabalho*. São Paulo: Método, 2018. p. 210.

mas-regra, já postas em vigência. Dessa forma, servem como fundamento e são responsáveis pela gênese de grande parte das regras que, por consequência, deverão ter sua interpretação e aplicação condicionadas por aqueles princípios, dos quais se originaram.

PRINCÍPIOS – DEFINIÇÃO DE CELSO ANTÔNIO BANDEIRA DE MELLO[3]
Mandamento nuclear de um sistema, verdadeiro alicerce deste, disposição fundamental que se irradia sobre diferentes normas comparando-lhes o espírito e servindo de critério para sua exata compreensão e inteligência, exatamente por definir a lógica e a racionalidade do sistema normativo, no que lhe confere a tônica e lhe dá sentido harmônico.

2. DIFERENCIAÇÃO ENTRE REGRAS E PRINCÍPIOS

Segundo Alexy, regras e princípios são normas, porque ambos dizem o que deve ser e ambos podem ser formulados por meio das expressões deônticas básicas do dever, da permissão e da proibição. A distinção entre regras e princípios é, portanto, uma distinção entre duas espécies de normas.[4]

- **Grau de abstração:** os princípios são normas de conteúdo mais amplo/vago, genérico e indeterminado. Exemplo: art. 1º, III, da CF/1988 – dignidade da pessoa humana. Já as regras são normas de conteúdo mais estrito, específico e preciso. Exemplo: regra de sucessão presidencial prevista no art. 80 da CF/1988.[5]

- **Conflito:** para as regras, vale a lógica "ou um, ou outro", assim, utilizam-se técnicas de solução de antinomias, afasta-se por completo a aplicação de uma delas. Já quanto aos princípios, em caso de conflito, não há exclusão completa de um ou outro, devendo o intérprete fazer um juízo de ponderação, à luz dos critérios da proporcionalidade. Pode-se afirmar que princípios não colidem, mas, sim, concorrem, uma vez que são mandamentos de otimização.

- **Capacidade normogenética (capacidade de gerar norma):** os princípios são fundamentos de regras, são normas que estão na base da criação das regras e, por isso, possuem função normogenética.

- **Grau de determinação da conduta concreta:** as regras geram uma consequência específica, ou seja, o seu comando é OBJETIVO. Já os princípios conduzem a consequências variadas, mas sempre no sentido de concretização de seus valores intrínsecos.

Ademais, em que pese todas essas considerações, o art. 8º da CLT atribui aos princípios força normativa supletiva. Vejamos:

---

[3] MELLO, Celso Antônio Bandeira de. *Curso de Direito Administrativo*. 22. ed. São Paulo: Malheiros Editores, 2007.

[4] ALEXY, Robert. *Teoria dos Direitos Fundamentais*. 2. ed. Trad. Virgílio Afosto da Silva. São Paulo: Malheiros, 2012. p. 87.

[5] MELLO, Celso Antônio Bandeira de. *Curso de Direito Administrativo*. 22. ed. São Paulo: Malheiros Editores, 2007.

Art. 8º da CLT: As autoridades administrativas e a Justiça do Trabalho, na falta de disposições legais ou contratuais, decidirão, conforme o caso, pela jurisprudência, por analogia, por equidade e outros princípios e normas gerais de direito, principalmente do direito do trabalho, e, ainda, de acordo com os usos e costumes, o direito comparado, mas sempre de maneira que nenhum interesse de classe ou particular prevaleça sobre o interesse público.

3. FUNÇÕES E CLASSIFICAÇÕES DOS PRINCÍPIOS

– **Fase pré-jurídica (ou política):** neste período, por serem fatores que influenciam, de forma limitada, a produção da ordem jurídica, são considerados fontes materiais do Direito.

– **Fase jurídica:** classificam-se de acordo com a função determinada que realizam. Podem ser:

a) **informativos** – auxiliam na interpretação do Direito, não atuando, assim, como fonte formal deste;

b) **normativos subsidiários** – consideram-se normas supletivas, ou seja, auxiliam na integração jurídica. Não se esqueça do famoso art. 8º da CLT quando pensar em integração, ok?;

c) **normativos próprios ou concorrentes** – possuem natureza de norma jurídica em si.

FUNÇÕES DOS PRINCÍPIOS		
Informadora	**Integradora**	**Normativa concorrente**
Auxílio na compreensão do fenômeno jurídico, mediante interpretação.	Utilização como fonte supletiva, em situação de lacunas nas fontes jurídicas principais do sistema.	Assunção da real natureza de norma jurídica, constituindo postulados formadores das normas trabalhistas e, concomitantemente, delas decorrentes.

4. PRINCÍPIOS JURÍDICOS GERAIS APLICÁVEIS AO DIREITO DO TRABALHO

4.1. Princípio da inalterabilidade contratual lesiva (*pacta sunt servanda*)

Este princípio civilista, tratado normalmente como *pacta sunt servanda*, ao ser aplicado ao Direito do Trabalho, recebe uma nova roupagem, sendo, então, o princípio da inalterabilidade contratual lesiva. No direito especializado, o empregador não pode, em tese, realizar qualquer alteração contratual que gere, direta ou indiretamente, prejuízo ao empregado, mesmo que haja o consentimento deste.

Tal princípio é mitigado pelo chamado *jus variandi* conferido ao empregador em decorrência do poder diretivo, uma vez que são válidas pequenas alterações não substanciais no contrato de trabalho, a fim de melhor organizar, sob critérios objetivos, o empreendimento, desde que siga o disposto nos arts. 444 e 468 da CLT. Vejamos:

Art. 444. As relações contratuais de trabalho podem ser objeto de livre estipulação das partes interessadas em tudo quanto não contravenha às disposições de proteção ao trabalho, aos contratos coletivos que lhes sejam aplicáveis e às decisões das autoridades competentes.

(...)

Art. 468. Nos contratos individuais de trabalho só é lícita a alteração das respectivas condições por mútuo consentimento, e ainda assim desde que não resultem, direta ou indiretamente, prejuízos ao empregado, sob pena de nulidade da cláusula infringente desta garantia.

§ 1º Não se considera alteração unilateral a determinação do empregador para que o respectivo empregado reverta ao cargo efetivo, anteriormente ocupado, deixando o exercício de função de confiança. (Redação dada pela Lei nº 13.467, de 2017)

§ 2º A alteração de que trata o § 1º deste artigo, com ou sem justo motivo, não assegura ao empregado o direito à manutenção do pagamento da gratificação correspondente, que não será incorporada, independentemente do tempo de exercício da respectiva função.

Fique atento(a) a algumas exceções que o entendimento do Tribunal Superior do Trabalho nos traz:

OJ 159 da SDI-1: Diante da inexistência de previsão expressa em contrato ou em instrumento normativo, a alteração de data de pagamento pelo empregador não viola o art. 468, desde que observado o parágrafo único, do art. 459, ambos da CLT.

OJ 244 da SDI-1: A redução da carga horária do professor, em virtude da diminuição do número de alunos, não constitui alteração contratual, uma vez que não implica redução do valor da hora-aula.

4.2. Princípios da lealdade e da boa-fé

Segundo o princípio da boa-fé, tanto o empregado quanto o empregador devem agir, em sua relação, pautados pela lealdade e pela boa-fé.

A ideia de responsabilidade pré-contratual, por exemplo, decorre do princípio da boa-fé. Com efeito, se a parte contratante não age com boa-fé e lealdade durante a fase das tratativas (negociações preliminares), pode ser condenada ao ressarcimento dos danos materiais, bem como de eventual dano moral ocasionado à parte lesada.

Ainda, a lealdade e a boa-fé podem ser identificadas em normas justrabalhistas que tratam dos limites impostos à conduta de uma parte em confronto com os interesses de outra parte contratual, a exemplo do que ocorre em figuras como a justa causa obreira, a incontinência de conduta, o mau procedimento, a desídia, a negociação habitual desleal etc.

BOA-FÉ OBJETIVA – FIGURAS IMPORTANTES		
Supressio	*Surrectio*	*Tu quoque*
Perda, por renúncia tácita, de um direito ou de uma posição jurídica, pelo seu não exercício com o passar dos tempos.	Ao mesmo tempo que o credor perde um direito por essa supressão, surge um direito a favor do devedor, por meio da *surrectio*, direito esse que não existia juridicamente até então.	Verifica-se quando um sujeito viola uma norma jurídica e, posteriormente, tenta tirar proveito da situação em benefício próprio, exercendo direito previsto nessa mesma norma ou recorrendo a ela em sua defesa.

BOA-FÉ OBJETIVA – FIGURAS IMPORTANTES		
Exceptio doli	*Venire contra factum proprium*	*Duty to mitigate the loss*
Defesa do réu contra ações dolosas, contrárias à boa-fé.	Impossibilidade de poder exercer um direito próprio contrariando um comportamento anterior.	Dever imposto ao credor de mitigar suas perdas, o próprio prejuízo.

4.3. Princípio da razoabilidade e da proporcionalidade

São princípios segundo os quais se espera que o indivíduo aja razoavelmente, ou seja, as suas condutas devem ser orientadas pelo bom senso, sempre que a lei não tenha previsto determinada circunstância surgida do caso concreto.

O núcleo da aplicação desses princípios é a conjugação das ideias de adequação, de necessidade e de proporcionalidade em sentido estrito.

ADEQUAÇÃO	NECESSIDADE	PROPORCIONALIDADE EM SENTIDO ESTRITO
Meio apto a atingir os resultados esperados.	Meio que atinge sua finalidade com a menor restrição possível ao direito alheio.	Verificação se ganhou mais do que se perdeu em termos de fundamentalidade dos valores em xeque.

Para o Direito do Trabalho, esses princípios têm especial importância, como no exercício do poder disciplinar pelo empregador, uma vez que, sempre que este aplica determinada penalidade disciplinar ao empregado, há que ser observado o critério da razoabilidade, sob pena da nulidade do ato.

4.4. Princípio da tipificação legal de ilícitos e penas

Princípio que advém do Direito Penal, estabelece que não haverá punições sem as suas correspondentes tipificações de condutas. No Direito do Trabalho, por exemplo, temos as faltas contratuais típicas positivadas nos arts. 482 e 483 da CLT.

Não obstante o acima escrito, a aplicabilidade desse princípio não é absoluta na área justrabalhista, uma vez que, por exemplo, a penalidade de advertência não tem previsão legal na CLT. Assim, essa punição é criada pelo costume trabalhista (lembra-se do nosso capítulo de fontes?!).

5. PRINCÍPIOS CONSTITUCIONAIS DO DIREITO DO TRABALHO

5.1. Princípio da dignidade da pessoa humana

Segundo Ingo Sarlet, dignidade da pessoa humana é:

> (...) qualidade intrínseca e distintiva de cada ser humano que o faz merecedor do mesmo respeito e consideração por parte do Estado e da comunidade, implicando, neste sentido, um complexo de direitos e deveres fundamentais que assegurem a pessoa tanto contra todo e qualquer ato de cunho degradante e desumano, como venham a lhe garantir as condições existentes mínimas para uma vida saudável, além de propiciar e promover sua participação ativa e corresponsável nos destinos da própria existência e da vida em comunhão com os demais seres humanos.[6]

Nos termos do art. 1º da CRFB/1988, "A República Federativa do Brasil, formada pela união indissolúvel dos Estados e Municípios e do Distrito Federal, constitui-se em Estado Democrático de Direito e tem como fundamentos: I – a soberania; II – a cidadania; III – a dignidade da pessoa humana; IV – os valores sociais do trabalho e da livre--iniciativa; (*Vide* Lei nº 13.874, de 2019) V – o pluralismo político".

O princípio da dignidade da pessoa humana, vetor axiológico do ordenamento jurídico pátrio, traz a noção de que o ser humano é um fim em si mesmo, não podendo ser utilizado como meio para atingir determinado objetivo. Veda-se, assim, a coisificação do homem e, no caso específico do direito laboral, a coisificação do trabalhador.

5.2. Princípio do valor social do trabalho e da livre-iniciativa

Nos termos do art. 1º da CRFB/1988, "A República Federativa do Brasil, formada pela união indissolúvel dos Estados e Municípios e do Distrito Federal, constitui-se em Estado Democrático de Direito e tem como fundamentos: I – a soberania; II – a cidadania; III – a dignidade da pessoa humana; IV – os valores sociais do trabalho e da livre--iniciativa; (*Vide* Lei nº 13.874, de 2019) V – o pluralismo político".

Consoante o art. 427 do Tratado de Versalhes e a Declaração de Filadélfia, o trabalho não é mera mercadoria. Ele tem um valor social e deve servir para propiciar a dignificação da pessoa por meio de um trabalho decente.

5.3. Princípio da não discriminação

Uma sociedade que pretenda ser democrática deve ser eminentemente pluralista e inclusiva. Forte nessa ideia, a Constituição cidadã de 1988 destaca o princípio da isonomia (tanto em seu aspecto formal quanto material) como uma de suas bases mestras ao prevê-lo no *caput* do art. 5º e repisá-lo ao longo de todo o seu texto (arts. 3º, I, III e IV; 5º, I, VIII, XLI, XLII; 7º, XX, XXX, XXXI, XXXII; 12, § 2º etc.).

---

[6] SARLET, Ingo Wolfgang. *Teoria dos Direitos Fundamentais*. 9. ed. São Paulo: Revista dos Tribunais, 2010.

Nesse sentido, inclusive, a Convenção 111 da OIT conceitua discriminação como: "qualquer outra distinção, exclusão ou preferência que tenha por efeito destruir ou alterar a igualdade de oportunidades ou tratamento em matéria de emprego ou profissão que poderá ser especificada pelo Membro interessado depois de consultadas as organizações representativas de empregadores e trabalhadores, quando estas existam, e outros organismos adequados".

Vejamos alguns entendimentos do TST e do STF quanto ao referido princípio.

> Súmula 683 do STF: O limite de idade para a inscrição em concurso público só se legitima em face do art. 7º, XXX, da Constituição, quando possa ser justificado pela natureza das atribuições do cargo a ser preenchido.

> Súmula 451 do TST: Fere o princípio da isonomia instituir vantagem mediante acordo coletivo ou norma regulamentar que condiciona a percepção da parcela participação nos lucros e resultados ao fato de estar o contrato de trabalho em vigor na data prevista para a distribuição dos lucros. Assim, inclusive na rescisão contratual antecipada, é devido o pagamento da parcela de forma proporcional aos meses trabalhados, pois o ex-empregado concorreu para os resultados positivos a empresa.

> OJ 383 da SDI-1 do TST: A contratação irregular de trabalhador, mediante empresa interposta, não gera vínculo de emprego com ente da Administração Pública, não afastando, contudo, pelo princípio da isonomia, o direito dos empregados terceirizados às mesmas verbas trabalhistas legais e normativas asseguradas àqueles contratados pelo tomador dos serviços, desde que presente a igualdade de funções. Aplicação analógica do art. 12, "a", da Lei nº 6.019, de 03.01.1974.

> OJ 25 da SDC do TST: Não fere o princípio da isonomia salarial (art. 7º, XXX, da CF/88) a previsão de salário normativo tendo em vista o fator tempo de serviço.

5.4. Princípio da proteção ao trabalhador e prevalência da condição mais favorável (art. 7º, *caput*)

A Constituição Federal prescreve um catálogo mínimo de direitos trabalhistas e autoriza a aplicação de outros direitos que propiciem a melhoria das condições de vida dos trabalhadores. Ademais, o próprio *caput* do art. 7º nos traz o princípio da vedação ao retrocesso social (efeito *cliquet*), ou seja, determina que não há possibilidade de se retroagir a situações em que os direitos são protegidos de formas inferiores, reduzindo, assim, a sua proteção e o seu alcance, garantindo a progressividade dos direitos sociais trabalhistas.

O STF assentou que o princípio da vedação de retrocesso social não chega ao ponto de impedir as futuras intervenções legislativas restritivas de direitos fundamentais, recuando, em alguma medida, no nível de proteção já concretizado, desde que, no limite, seja respeitado o núcleo essencial dos direitos fundamentais em jogo. Ao legislador ordinário deve ser resguardado um espaço razoável de atuação, de acordo com as circunstâncias do momento, para alterar os regimes jurídicos de proteção, aumentando ou diminuindo alguns dos direitos, desde que mantidos, no conjunto, os direitos fun-

DIREITO DO TRABALHO E PROCESSO DO TRABALHO FACILITADOS – *Lenza*

damentais já implementados, já que a efetivação do sistema de proteção tem custos, que não podem ser desconsiderados.

5.5. Princípio da proteção contra a despedida arbitrária (art. 7º, I)

A Constituição Federal protege a relação empregatícia contra a dispensa arbitrária ou sem justa causa, em harmonia com a Convenção 158 da OIT.

5.6. Princípio da proteção ao salário (art. 7º, IV, VI, XXX)

Este princípio garante o salário mínimo (digno) capaz de atender às necessidades básicas e vitais do trabalhador e de sua família, com reajustes periódicos que asseguram o poder aquisitivo, a irredutibilidade salarial (salvo por negociação coletiva) e a isonomia salarial.

> Súmula Vinculante 4: Salvo nos casos previstos na Constituição, o salário mínimo não pode ser usado como indexador de base de cálculo de vantagem de servidor público ou de empregado, nem ser substituído por decisão judicial.
>
> Súmula Vinculante 6: Não viola a Constituição o estabelecimento de remuneração inferior ao salário mínimo para as praças prestadoras de serviço militar inicial.
>
> Súmula Vinculante 15: O cálculo de gratificações e outras vantagens do servidor público não incide sobre o abono utilizado para se atingir o salário mínimo.
>
> Súmula Vinculante 16: Os arts. 7º, IV, e 39, § 3º (redação da EC 19/1998), da Constituição referem-se ao total da remuneração percebida pelo servidor público.

5.7. Princípio da proteção ao meio ambiente de trabalho (art. 7º, IV, VI, XXX)

Há um conjunto de artigos da CF que asseguram a proteção ao meio ambiente de trabalho (arts. 7º, XIII, XIV, XV, XVI, XVII, XXII, XXIII, XXVII, XXVIII, 200, VIII, e 225).

> Súmula 736 do STF: Compete à Justiça do Trabalho julgar as ações que tenham como causa de pedir o descumprimento de normas trabalhistas relativas à segurança, higiene e saúde dos trabalhadores.
>
> Súmula Vinculante 22: A Justiça do Trabalho é competente para processar e julgar as ações de indenização por danos morais e patrimoniais decorrentes de acidente de trabalho propostas por empregado contra empregador, inclusive aquelas que ainda não possuíam sentença de mérito em primeiro grau quando da promulgação da EC 45/2004.
>
> Súmula 454 do TST: Competência da Justiça do Trabalho. Execução de ofício. Contribuição social referente ao Seguro de Acidente de Trabalho (SAT). Arts. 114, VIII, e 195, I, "a", da Constituição da República. Compete à Justiça do Trabalho a execução, de ofício, da contribuição referente ao Seguro de Acidente de Trabalho (SAT), que tem natureza de contribuição para a seguridade social (arts. 114, VIII, e 195, I, "a",

da CF), pois se destina ao financiamento de benefícios relativos à incapacidade do empregado decorrente de infortúnio no trabalho (arts. 11 e 22 da Lei nº 8.212/1991). O art. 927, parágrafo único, do Código Civil é compatível com o art. 7º, XXVIII, da Constituição Federal, sendo constitucional a responsabilização objetiva do empregador por danos decorrentes de acidentes de trabalho nos casos especificados em lei ou quando a atividade normalmente desenvolvida, por sua natureza, apresentar exposição habitual a risco especial, com potencialidade lesiva, e implicar ao trabalhador ônus maior do que aos demais membros da coletividade. (STF, Plenário, RE 828040/DF, Rel. Min. Alexandre de Moraes, j. 12.03.2020, repercussão geral – Tema 932, *Info* 969)

5.8. Princípio do reconhecimento das convenções e dos acordos coletivos (art. 7º, XXVI)

A Constituição Federal reconhece as convenções e os acordos coletivos como instrumentos de ampliação do catálogo dos direitos fundamentais sociais dos trabalhadores.

Súmula 451: Participação nos lucros e resultados. Rescisão contratual anterior à data da distribuição dos lucros. Pagamento proporcional aos meses trabalhados. Princípio da isonomia. Fere o princípio da isonomia instituir vantagem mediante acordo coletivo ou norma regulamentar que condiciona a percepção da parcela participação nos lucros e resultados ao fato de estar o contrato de trabalho em vigor na data prevista para a distribuição dos lucros. Assim, inclusive na rescisão contratual antecipada, é devido o pagamento da parcela de forma proporcional aos meses trabalhados, pois o ex-empregado concorreu para os resultados positivos da empresa.

OJ 1-383 da SDI-1: Terceirização. Empregados da empresa prestadora de serviços e da tomadora. Isonomia. Art. 12, "a", da Lei nº 6.019, de 03.01.1974. A contratação irregular de trabalhador, mediante empresa interposta, não gera vínculo de emprego com ente da Administração Pública, não afastando, contudo, pelo princípio da isonomia, o direito dos empregados terceirizados às mesmas verbas trabalhistas legais e normativas asseguradas àqueles contratados pelo tomador dos serviços, desde que presente a igualdade de funções. Aplicação analógica do art. 12, "a", da Lei nº 6.019, de 03.01.1974.

OJ 25 da SDC: Salário normativo. Contrato de experiência. Limitação. Tempo de serviço. Possibilidade. Não fere o princípio da isonomia salarial (art. 7º, XXX, da CF/88) a previsão de salário normativo tendo em vista o fator tempo de serviço.

6. PRINCÍPIOS ESPECÍFICOS DO DIREITO INDIVIDUAL DO TRABALHO

6.1. Princípio da proteção

Este princípio também é chamado de princípio protetor ou tutelar. A relação de emprego é essencialmente desigual, ou seja, de um lado, encontra-se o empregador na condição de detentor (monopólio) dos meios de produção. Já do outro lado temos o empregado, que detém apenas a sua força de trabalho disponível.

Esse fator implica uma desigualdade natural entre o empregado e o empregador, que torna o empregado hipossuficiente e dependente econômica e juridicamente do empregador. Assim, o direito do trabalho surge para atuar do lado fraco da balança, com o escopo de equalizar essa diferença, protegendo o empregado nessa relação.

Podemos afirmar que há ampla predominância, no Direito do Trabalho, de regras essencialmente protetivas, estabelecedoras de vantagens jurídicas retificadoras da diferenciação social. Igualmente, podemos afirmar que, sem a ideia protetivo-retificadora, o Direito Individual do Trabalho não se justificaria histórica e cientificamente.

É cediço que esse princípio se erige como o mais importante e fundamental para construção, interpretação e aplicação do Direito do Trabalho. Segundo Arnaldo Süssekind, a proteção social aos trabalhadores constitui a raiz sociológica do Direito do Trabalho e é imanente a todo o seu sistema jurídico.

O princípio da proteção está previsto no *caput* do art. 444 da CLT. Vejamos.

> Art. 444. As relações contratuais de trabalho podem ser objeto de livre estipulação das partes interessadas em tudo quanto não contravenha às disposições de proteção ao trabalho, aos contratos coletivos que lhes sejam aplicáveis e às decisões das autoridades competentes.

Não obstante, a Lei 13.467/2017, popularmente conhecida como reforma trabalhista, mitigou o princípio da proteção para uma "classe específica" de empregados: os "hiperssuficientes". Vejamos o que dispõe o parágrafo único do art. 44 da CLT:

> Art. 444, parágrafo único: A livre estipulação a que se refere o *caput* deste artigo aplica-se às hipóteses previstas no art. 611-A desta Consolidação, com a mesma eficácia legal e preponderância sobre os instrumentos coletivos, no caso de empregado portador de diploma de nível superior e que perceba salário mensal igual ou superior a duas vezes o limite máximo dos benefícios do Regime Geral de Previdência Social.

Vamos fazer uma relação com o direito constitucional?

Acreditava-se, a princípio, que a incidência dos direitos fundamentais se limitava às relações entre o particular e o Estado (teoria da "eficácia vertical"). Tal pensamento, entretanto, se modificou no século XX, quando surgiu a teoria da "eficácia horizontal", conforme a qual os direitos fundamentais deveriam incidir também sobre relações entre particulares. Desse modo, entende-se, hoje, que os direitos fundamentais devem ser aplicados tanto às relações travadas entre o Estado e o cidadão ("eficácia vertical") quanto às relações privadas ("eficácia horizontal").

O chileno Sergio Gamonal Contreras evidenciou uma terceira espécie de eficácia dos direitos, a EFICÁCIA DIAGONAL. Conforme a sua concepção, além de incidirem sobre os dois tipos de relações supracitados (Estado-particular e particular-particular), os direitos fundamentais recaem sobre as relações jurídico-privadas marcadas pelo DESEQUILÍBRIO. Consoante falamos anteriormente, a relação trabalhista é caracterizada pela presença de partes materialmente desiguais, uma vez que o trabalhador, em regra, é hipossuficiente – portanto, econômica e socialmente mais frágil do que o empregador. Nesse sentido, a eficácia diagonal se evidencia no princípio da proteção do empregado, o qual impõe ao ordenamento trabalhista a previsão legal de garantias compensatórias da hipossuficiência do obreiro.

Forçoso ressaltar que o princípio da proteção se subdivide em três outros princípios: princípio da norma mais favorável, do *in dubio pro operario* e da condição mais benéfica.

6.1.1. Princípio da norma mais favorável

De acordo com essa vertente do princípio, tem-se que, havendo mais de uma norma aplicável ao caso, deve-se optar por aquela que seja mais favorável ao trabalhador. Assim, entende-se que há mais de uma norma igualmente válida e aplicável àquele empregado.

Não obstante, há dimensões para análise e aplicação desse princípio:

- **fase pré-jurídica (política):** dimensão informadora, sem caráter normativo, ou seja, no instante de elaboração da norma, de modo que esse princípio atua como orientador da ação legislativa, na qualidade de fonte material;

- **fase jurídica:** atua ora como critério de hierarquia (elege-se como regra prevalecente a mais favorável ao trabalhador – art. 7º da CRFB/1988 –, tendo como base a teoria do conglobamento puro ou, no máximo, por institutos), ora como critério interpretativo/normativo (escolha da interpretação mais favorável, caso presentes duas ou mais consistentes alternativas de interpretação, respeitados os rígidos critérios hermenêuticos. Muitos enquadram essa situação como *in dubio pro misero*).

Aqui vai uma informação muito importante, sobre esse princípio, que já vimos no nosso capítulo FONTES DO DIREITO DO TRABALHO:

CONFLITO ENTRE AS DEMAIS FONTES FORMAIS – TEORIAS	
Teoria do conglobamento – majoritária	Aplica-se apenas uma fonte em sua totalidade, ou seja, a análise é feita em conjunto.
Teoria da acumulação	Aplicam-se todas as fontes, mas despreza-se o que é desfavorável ao trabalhador, e aplicam-se os artigos e as cláusulas benéficos.
Teoria do conglobamento mitigado	Aplica-se a norma por instituto jurídico, ou seja, é aplicada a norma benéfica por assunto. Ex.: férias, remuneração.

Não se esqueça de que a reforma trabalhista mitigou, por mais uma vez, o princípio da norma mais favorável, ao afirmar, no art. 620 da CLT, que "As condições estabelecidas em acordo coletivo sempre prevalecerão sobre as estipuladas em convenção coletiva de trabalho".

NÃO SE APLICARÁ O PRINCÍPIO da norma mais favorável	
Quando se tratar de decretos *contra legem*.	Quando a norma coletiva estiver fora do prazo de vigência.
Quando se tratar de norma de flexibilização do trabalho pela via coletiva.	Quando se tratar das previsões dos arts. 444, parágrafo único, e 620 da CLT.
Quando a norma contrariar a ordem pública.	Quando lei estadual contrariar lei federal.

6.1.2. Princípio *in dubio pro operario*

Este princípio também é denominado *in dubio pro misero*. Ele informa que, se determinada regra permitir duas ou mais interpretações, estará o intérprete vinculado à escolha daquela que se mostrar mais favorável ao empregado.

6.1.3. Princípio da condição mais benéfica

Este princípio impõe que as condições mais benéficas previstas no contrato de trabalho ou no regulamento de empresa deverão prevalecer diante da edição de normas que estabeleçam patamar protetivo menos benéfico ao empregado. Liga-se o princípio, portanto, à ideia de direito adquirido, nos termos preconizados pela CRFB (art. 5º, XXXVI).

Diferentemente do princípio da norma mais favorável, esse princípio analisa a condição de cláusula contratual mais benéfica/favorável ao trabalhador.

Ele está positivado no art. 468, *caput*, da CLT, bem como foi consagrado pela jurisprudência, consoante se depreende dos seguintes verbetes:

> Súmula 288 do TST: A complementação dos proventos da aposentadoria é regida pelas normas em vigor na data da admissão do empregado, observando-se as alterações posteriores desde que mais favoráveis ao beneficiário do direito.

> Súmula 51 do TST: Norma regulamentar. Vantagens e opção pelo novo regulamento. Art. 468 da CLT.

> I – As cláusulas regulamentares, que revoguem ou alterem vantagens deferidas anteriormente, só atingirão os trabalhadores admitidos após a revogação ou alteração do regulamento.

> II – Havendo a coexistência de dois regulamentos da empresa, a opção do empregado por um deles tem efeito jurídico de renúncia às regras do sistema do outro.

6.2. Princípio da primazia da realidade

Nesta matéria maravilhosa que é o Direito do Trabalho, prevalecem os acontecimentos fáticos provados no processo, sobre a forma ou o documento produzido pelas partes. Sendo assim, o que interessa é o que aconteceu no plano da realidade, não obstante eventual conteúdo de documento confeccionado durante a relação (cartão de ponto, contrato trabalho, recibo de pagamento, TRCT etc.). Alguns autores usam a expressão contrato-realidade para denominar tal princípio.

Esse princípio foi consagrado pelo art. 9º da CLT, segundo o qual "Serão nulos de pleno direito os atos praticados com o objetivo de desvirtuar, impedir ou fraudar a aplicação dos preceitos contidos na presente Consolidação".

6.3. Princípio da continuidade

Em regra, no Direito do Trabalho, há presunção de que os contratos tenham sido pactuados por prazo indeterminado. Todavia, admite-se, de forma excepcional, a negociação de contratos de trabalho por prazo. Vejamos o que nos diz o art. 443 da CLT:

> Art. 443. O contrato individual de trabalho poderá ser acordado tácita ou expressamente, verbalmente ou por escrito, por prazo determinado ou indeterminado, ou para prestação de trabalho intermitente.
>
> § 1º Considera-se como de prazo determinado o contrato de trabalho cuja vigência dependa de termo prefixado ou da execução de serviços especificados ou ainda da realização de certo acontecimento suscetível de previsão aproximada.
>
> § 2º O contrato por prazo determinado só será válido em se tratando:
>
> a) de serviço cuja natureza ou transitoriedade justifique a predeterminação do prazo;
>
> b) de atividades empresariais de caráter transitório;
>
> c) de contrato de experiência.

Ademais, as garantias provisórias no emprego (como acontece com a gestante, o empregado acidentado e o dirigente sindical, por exemplo), de certa forma, atuam no sentido de manter a ideia de continuidade do contrato de trabalho.

No sentido do princípio em análise, a Súmula 212 do TST:

> Súmula 212: Despedimento. Ônus da prova. O ônus de provar o término do contrato de trabalho, quando negados a prestação de serviço e o despedimento, é do empregador, pois o princípio da continuidade da relação de emprego constitui presunção favorável ao empregado.

Sempre que o contrato tiver sido pactuado por prazo, essa circunstância deverá ser provada, a fim de afastar a presunção de indeterminação de prazo decorrente do princípio da continuidade.

O princípio da continuidade também se relaciona à sistemática da sucessão de empregadores, situação na qual a mudança da pessoa do empregador, em regra, não extingue ou altera o contrato de trabalho, conforme os arts. 10 e 448 da CLT.

6.4. Princípio da inalterabilidade contratual lesiva

Por este princípio são, em regra, vedadas as alterações do contrato de trabalho que tragam prejuízo ao empregado. Ao contrário, as alterações favoráveis ao empregado são permitidas e inclusive incentivadas pela legislação. Nesse sentido, os arts. 444 e 468 da CLT:

> Art. 444. As relações contratuais de trabalho podem ser objeto de livre estipulação das partes interessadas em tudo quanto não contravenha às disposições de proteção ao trabalho, aos contratos coletivos que lhes sejam aplicáveis e às decisões das autoridades competentes.
>
> Parágrafo único. A livre estipulação a que se refere o caput deste artigo aplica-se às hipóteses previstas no art. 611-A desta Consolidação, com a mesma eficácia legal e preponderância sobre os instrumentos coletivos, no caso de empregado portador de diploma de nível superior e que perceba salário mensal igual ou superior a 2 vezes o limite máximo dos benefícios do Regime Geral de Previdência Social.
>
> (...)
>
> Art. 468. Nos contratos individuais de trabalho só é lícita a alteração das respectivas condições por mútuo consentimento, e ainda assim desde que não resultem, direta ou indiretamente, prejuízos ao empregado, sob pena de nulidade da cláusula infringente desta garantia.

Vale destacar que não cabe no Direito do Trabalho, em regra, a cláusula civilista de revisão dos contratos em razão de fatos supervenientes que tornem sua execução excessivamente onerosa para uma das partes (*rebus sic stantibus*), tendo em vista que os riscos do empreendimento cabem exclusivamente ao empregador, nos termos do art. 2º, *caput*, da CLT.

O princípio da inalterabilidade contratual, todavia, é mitigado pelo chamado *jus variandi* conferido ao empregador em decorrência do poder diretivo. O *jus variandi* torna lícito ao empregador efetuar pequenas alterações não substanciais no contrato de trabalho, a fim de melhor organizar, sob critérios objetivos, o seu empreendimento. São permitidas, em geral, alterações do horário de trabalho, definição da cor e do modelo do uniforme dos empregados, entre outras. O importante é que essas alterações não atinjam o núcleo das cláusulas contratuais, causando prejuízo ao empregado.

Vale destacar, por fim, a existência de previsão legal expressa de alterações prejudiciais lícitas, como a reversão (§ 1º do art. 468 da CLT) e as alterações salariais mediante negociação coletiva (art. 7º, VI, da CRFB). Obviamente, são válidas, visto que a lei pode excepcionar a si mesma.

Constituem também exceções ao princípio:

EXCEÇÃO 1 – art. 468 da CLT e Súmula 372 do TST: é lícita a reversão do empregado que ocupava cargo de confiança, a qualquer tempo, com ou sem motivo específico, lembrando que, com a reforma trabalhista, a remuneração, independentemente do tempo de exercício no cargo de confiança, não incorpora o salário.

> "Art. 468. (...)
>
> § 1º NÃO se considera alteração unilateral a determinação do empregador para que o respectivo empregado reverta ao cargo efetivo, anteriormente ocupado, deixando o exercício de função de confiança.
>
> § 2º A alteração de que trata o § 1º deste artigo, com ou sem justo motivo, NÃO ASSEGURA ao empregado o direito à manutenção do pagamento da

gratificação correspondente, QUE NÃO SERÁ INCORPORADA, independentemente do tempo de exercício da respectiva função." (destacamos).

Súmula 372 do TST: Gratificação de função. Supressão ou redução. Limites (conversão das Orientações Jurisprudenciais nos 45 e 303 da SBDI-1) – Res. 129/2005, *DJ* 20, 22 e 25.04.2005. I – Percebida a gratificação de função por dez ou mais anos pelo empregado, se o empregador, sem justo motivo, revertê--lo a seu cargo efetivo, não poderá retirar-lhe a gratificação tendo em vista o princípio da estabilidade financeira.

II – Mantido o empregado no exercício da função comissionada, não pode o empregador reduzir o valor da gratificação. (Súmula superada pela alteração no § 2º do artigo 468 da CLT)

EXCEÇÃO 2 – art. 469 da CLT: admite a transferência do empregado, sem a sua anuência, desde que sem mudança de domicílio. Essa modificação de local de trabalho é livre, pois faz parte do *jus variandi* do empregador. A mudança com alteração de domicílio, por outro lado, dependerá da anuência do empregado, em regra, de maneira que exceda o *jus variandi* do empregador.

"Art. 469 Ao empregador é vedado transferir o empregado, sem a sua anuência, para localidade diversa da que resultar do contrato, não se considerando transferência a que não acarretar necessariamente a mudança do seu domicílio.

§ 1º Não estão compreendidos na proibição deste artigo: os empregados que exerçam cargo de confiança e aqueles cujos contratos tenham como condição, implícita ou explícita, a transferência, quando esta decorra de real necessidade de serviço.

§ 2º É lícita a transferência quando ocorrer extinção do estabelecimento em que trabalhar o empregado.

§ 3º Em caso de necessidade de serviço o empregador poderá transferir o empregado para localidade diversa da que resultar do contrato, não obstante as restrições do artigo anterior, mas, nesse caso, ficará obrigado a um pagamento suplementar, nunca inferior a 25% (vinte e cinco por cento) dos salários que o empregado percebia naquela localidade, enquanto durar essa situação."

Súmula 43 do TST: Presume-se ABUSIVA a transferência de que trata o § 1º do art. 469 da CLT, sem comprovação da necessidade do serviço. (Destacamos).

OJ 113 da SDI-1 do TST: Adicional de transferência. Cargo de confiança ou previsão contratual de transferência. Devido. Desde que a transferência seja provisória. O fato de o empregado exercer cargo de confiança ou a existência de previsão de transferência no contrato de trabalho não exclui o direito ao adicional. O pressuposto legal apto a legitimar a percepção do mencionado adicional é a transferência provisória.

Forçoso ressaltar que, com a reforma trabalhista, referido princípio será mitigado cada dia mais, pois há valorização do negociado sobre o legislado, especialmente nas hipóteses previstas no art. 611-A da CLT. Além disso, a Lei 13.467/2017 amplia as hipóteses de acordo individual entre empregado e empregador, o que também relativiza a aplicação do princípio em análise.

6.5. Princípio da intangibilidade salarial

Não se admite o impedimento ou a restrição à livre disposição do salário pelo empregado. Tal princípio tem como pedra de toque a natureza alimentar do salário.

Considera-se que o salário, por seu caráter alimentar, não deve sofrer descontos indevidos (integralidade); não deve ser tocado (intangibilidade) para garantia de créditos de terceiros ou do próprio empregador; tampouco deve sofrer reveses em seu valor (irredutibilidade).

Por esse motivo, a lei assegura ao trabalhador o montante e a disponibilidade do salário, utilizando-se, para tanto, de mecanismos específicos, dos quais podemos mencionar, exemplificativamente, os seguintes:

- irredutibilidade salarial, salvo o disposto em convenção ou acordo coletivo, conforme previsto no art. 7º, VI, da CRFB;

- prazo para pagamento dos salários (art. 459 e 466 da CLT);

- modo e local para pagamento dos salários (art. 465 da CLT);

- vedação a descontos indevidos (art. 462 da CLT);

- impenhorabilidade dos salários como regra (art. 833, IV, do CPC);

- preferência dos créditos trabalhistas no caso de falência do empregador (Lei 11.101/2005).

Importante mencionar que a exceção ao princípio da irredutibilidade salarial constante do art. 7º, VI, da CRFB ("salvo o disposto em convenção ou acordo coletivo") constitui exemplo da hipótese de ponderação de interesses ante a colisão de princípios.

Esse princípio protege o valor nominal do salário, e não o seu valor real. Assim, a redução da capacidade financeira do empregado, em virtude de o seu salário não se encontrar em patamar igualitário de atualização com os índices inflacionários, não possui previsão protecionista na lei. Ao longo do tempo, é possível admitir-se que o empregado perca o seu patamar financeiro por conta de planos econômicos, não sendo admitido, apenas, que o valor nominal do salário seja reduzido.

> Súmula 248 do TST: Adicional de insalubridade. Direito adquirido. A reclassificação ou a descaracterização da insalubridade, por ato da autoridade competente, repercute na satisfação do respectivo adicional, sem ofensa a direito adquirido ou ao princípio da irredutibilidade salarial.

Com a Lei 13.467/2017, caso venha a ser pactuada cláusula que reduza o salário do empregado, deverá haver garantia de que ele não será dispensado sem justa causa no prazo de vigência do instrumento coletivo, nos termos do art. 611-A, § 3º, da CLT.

> Art. 611-A, § 3º, da CLT: Se for pactuada cláusula que reduza o salário ou a jornada, a convenção coletiva ou o acordo coletivo de trabalho deverão prever a proteção

dos empregados contra dispensa imotivada durante o prazo de vigência do instrumento coletivo.

6.6. Princípio da irrenunciabilidade

Também denominado princípio da indisponibilidade de direitos, princípio da inderrogabilidade ou princípio da imperatividade das normas trabalhistas, determina o caráter de irrenunciáveis, indisponíveis e inderrogáveis dos direitos trabalhistas, em regra.

É cediço que as normas trabalhistas são imperativas, ou seja, são de ordem pública, impedindo, assim, que os direitos trabalhistas sejam livremente dispensados pelos empregados. Diante desse fato, entende-se que há mitigação do princípio civilista de cunho liberal consistente na autonomia da vontade.

Dessa forma, há proteção digna ao empregado, que, na maioria das vezes, sofre ou teme sofrer coação pelo empregador, sempre no sentido de renunciar a direitos e, consequentemente, reduzir os custos do negócio empresarial.

Pela ligação que apresenta com o princípio da primazia da realidade, também se encontra consagrado no art. 9º da CLT. Temos como exemplo desse princípio o aviso--prévio. Com efeito, é corriqueiro que, em casos de demissão sem justa causa, o empregado seja induzido a "abrir mão" do aviso-prévio, direito que lhe é assegurado por força do art. 7º, XXI, da CRFB, bem como do art. 487 da CLT. Nesse caso, aplica-se a Súmula 276 do TST, *in verbis*:

> Súmula 276 do TST: Aviso-prévio – Renúncia pelo empregado. O direito ao aviso-prévio é irrenunciável pelo empregado. O pedido de dispensa de cumprimento não exime o empregador de pagar o respectivo valor, salvo comprovação de haver o prestador dos serviços obtido novo emprego.

Cumpre destacar que a reforma trabalhista ampliou a possibilidade de ajuste individual entre empregado e empregador, sendo permitida a livre negociação em determinadas matérias, como aconteceu, por exemplo, com o intervalo especial para amamentação previsto no art. 396 da CLT, e com os empregados hipersuficientes (art. 444, parágrafo único, da CLT).

7. RENÚNCIA E TRANSAÇÃO NO DIREITO DO TRABALHO

Conforme vimos anteriormente, entre os princípios que regem o Direito do Trabalho encontra-se o princípio da irrenunciabilidade.

Muito cuidado, querido(a) aluno(a), pois renúncia e transação não se confundem.

– **Renúncia:** ato jurídico composto de declaração unilateral de vontade, relativa a direito certo e atual, produzindo como efeito a extinção desse direito. Estão envolvidos três elementos: a declaração de vontade, o direito e a extinção desse direito.

Pode ser expressa ou tácita: a tácita é a que pode ser deduzida de certos comportamentos que evidenciem o propósito de privar-se de certos direitos. Jurisprudência e doutrina exigem, em tais casos, que se faça de forma clara e precisa, não sendo lícito deduzi-la de expressões de duvidosa significação, ou de parágrafos fragmentários. Nesse sentido, a renúncia não se presume. Não se pode qualificar como ato de renúncia tácita o não exercício definitivo do direito.

– **Transação:** ato jurídico bilateral (ou plurilateral) que tem por objeto questões fáticas ou jurídicas duvidosas, direito duvidoso (*res dubia*). Produz como efeito o acerto de direitos e obrigações entre as partes, além da prevenção do litígio. Instrumentaliza-se mediante concessões recíprocas.

A transação se refere sempre a duas prestações que se reduzem por mútuo acordo a uma só, por cessão mútua, em que se deduz a existência, quanto a tais prestações, respectivamente, de direitos incertos ou que se chocam. A *res dubia* – elemento essencial da transação – deve ser entendida em um sentido subjetivo, isto é, dúvida razoável sobre a situação jurídica objeto do precitado acordo.

Essa distinção pode ser mais bem percebida na Justiça do Trabalho. Nesta, as partes são induzidas, sempre que possível, à conciliação, dada a natureza alimentar das prestações supostamente devidas pelo empregador. Ainda assim, o juiz pode recusar a homologação da proposta de acordo que importe renúncia, quando diante da certeza do direito e de seu fato gerador. Quando há incerteza/controvérsia sobre o direito/fato gerador, opera-se a transação válida, apta a pôr fim ao litígio.

ART. 611-A DA CLT	ART. 611-B DA CLT
Indisponibilidade relativa	**Indisponibilidade absoluta**
Podem ser negociados.	Não podem ser negociados.
–	Há interesse público envolvido.
–	Trata-se de patamar civilizatório mínimo.

Vamos de resumo em tabelas?[7]

FUNÇÕES DOS PRINCÍPIOS		
Informadora	**Integradora**	**Normativa concorrente**
Auxílio na compreensão do fenômeno jurídico, mediante interpretação.	Utilização como fonte supletiva, em situação de lacunas nas fontes jurídicas principais do sistema.	Assunção da real natureza de norma jurídica, constituindo postulados formadores das normas trabalhistas e, concomitantemente, delas decorrentes.

---

[7] LENZA, Breno; SILVA, Fabrício Lima. *Direito do trabalho e processo do trabalho em tabelas*. São Paulo: Juspodivm, 2022.

PRINCÍPIOS – MAURICIO GODINHO DELGADO[8]	
Princípio da proteção	Objetiva atenuar, no plano jurídico, o desequilíbrio verificado no plano fático do contrato de trabalho. Divide-se em três dimensões, *in dubio pro operario*, **norma mais favorável** e **condição mais benéfica.**
Princípio da norma mais favorável[9]	O operador do direito deve optar pela regra favorável ao obreiro em três situações: (1) na elaboração da regra (orientador da ação legislativa); (2) no confronto de regras (orientador da hierarquia das normas); (3) no contexto da interpretação das regras.
Princípio da imperatividade das normas trabalhistas	Informa que deve haver prevalência das normas trabalhistas, não podendo as partes, em regra, afastá-las mediante declaração bilateral de vontades, caracterizando, assim, restrição à autonomia das partes no ajuste das condições contratuais trabalhistas.
Princípio da indisponibilidade	Inviabiliza que o trabalhador disponha, por simples manifestação de vontade, das vantagens e da proteção asseguradas pela ordem jurídica e pelo contrato.[10]
Princípio da condição mais benéfica	Garantia de preservação, ao longo do contrato, das cláusulas contratuais mais vantajosas, que adquirem o caráter de direito adquirido. Não se aplica na interpretação de normas, mas de cláusulas contratuais.
Princípio da inalterabilidade contratual lesiva	Decorre do princípio da condição mais benéfica. Assim, tem-se que a vontade das partes não poderá ser alterada em prejuízo do trabalhador, mesmo se este concordar (art. 468 da CLT).
Princípio da intangibilidade contratual objetiva	O conteúdo do contrato não pode ser mudado, mesmo que ocorra alteração no plano do sujeito empresarial. O contrato é intangível do ponto de vista objetivo, embora mutável do ponto de vista subjetivo (empregador).
Princípio da intangibilidade salarial	Assegura a irredutibilidade salarial, revelando-se como espécie do gênero da inalterabilidade contratual lesiva.

---

[8] DELGADO, Mauricio Godinho. *Curso de Direito do Trabalho*. 16. ed. São Paulo: LTr, 2017.

[9] Importante destacar que a Lei 13.467/2017 deu nova redação ao art. 620 da CLT, passando a estabelecer que: "Art. 620. As condições estabelecidas em acordo coletivo de trabalho sempre prevalecerão sobre as estipuladas em convenção coletiva de trabalho".

[10] Mauricio Godinho distingue os direitos trabalhistas protegidos por **indisponibilidade absoluta** dos protegidos por **indisponibilidade relativa**. Diz que a indisponibilidade absoluta se trata dos direitos protegidos por uma tutela de interesse público, por traduzir um patamar civilizatório mínimo, relacionado à dignidade da pessoa humana, ou do direito protegido por norma de interesse abstrato da categoria (ex.: assinatura de carteira de trabalho, salário mínimo, medicina e segurança do trabalho etc.). Já a indisponibilidade relativa ele considera como o direito que traduz interesse individual ou bilateral simples, que não caracterize um padrão civilizatório mínimo (ex.: modalidade de salário, compensação de jornada etc.), permitindo às parcelas dessa indisponibilidade a transação (não a renúncia) desde que não resulte em efetivo prejuízo ao empregado.

PRINCÍPIOS – MAURICIO GODINHO DELGADO	
Princípio da primazia da realidade	Deve-se atentar mais à intenção dos agentes do que ao envoltório formal pelo qual transpareceu a manifestação da vontade. Deve ser investigada a prática concreta efetivada ao longo da prestação dos serviços, independentemente da eventual vontade manifestada pelas partes na relação jurídica (art. 9º da CLT).
Princípio da continuidade da relação de emprego	Gera presunções favoráveis ao trabalhador: (1) presunção da ruptura mais onerosa (ruptura imotivada do contrato de trabalho); (2) presunção da continuidade do contrato, que pressupõe como regra o contrato por prazo indeterminado.

PRINCÍPIOS CONTROVERTIDOS – MAURICIO GODINHO DELGADO	
Princípio *in dubio pro operario*	Sua temática já estaria acobertada pelo princípio da norma mais favorável. Entra em choque com o princípio do juiz natural. Sua versão processual seria inconcebível, já que, em havendo dúvida em face do conjunto probatório, deverá ser decidido em desfavor de quem tinha o ônus de produzi-la.
Princípio do maior rendimento	Segundo este princípio, o empregado está obrigado a desenvolver suas energias normais em prol da empresa, prestando serviços de forma regular, disciplinar e funcional, objetivando o seu maior rendimento. No entanto, conforme Mauricio Godinho Delgado, tal princípio nada mais é do que decorrência dos princípios gerais de lealdade e boa-fé, não sendo específico do Direito do Trabalho.

CONFLITO ENTRE AS DEMAIS FONTES FORMAIS – TEORIAS	
Teoria do conglobamento – majoritária	Aplica-se apenas uma fonte em sua totalidade, ou seja, a análise é feita em conjunto.
Teoria da acumulação	Aplicam-se todas as fontes, mas despreza-se o que é desfavorável ao trabalhador, e aplicam-se os artigos e as cláusulas benéficos.
Teoria do conglobamento mitigado	Aplica-se a norma por instituto jurídico, ou seja, é aplicada a norma benéfica por assunto. Ex.: férias, remuneração.

QUESTÕES PARA TREINO

1. **(Funpresp-Exe – 2022 – Analista Previdenciário)** João possui uma rede de restaurantes com mais de 100 funcionários e, no ano de 2019, em razão da crise econômica vivenciada no Brasil, a qual atingiu diretamente a empresa, João reuniu-se com os funcionários, restando acordada a redução temporária de salários, conforme documento reduzido a termo assinado pelos funcionários. Considerando essa situação hipotética,

julgue o item a seguir com base no direito constitucional dos trabalhadores e nos princípios que regem o direito do trabalho.

É válido o termo assinado pelos funcionários porque a redução temporária dos salários visa à valorização do princípio da continuidade da relação de emprego.

Errado.

2. **(PGE-GO – 2021 – Procurador do Estado)** De acordo com o princípio da intangibilidade contratual objetiva, o conteúdo do contrato de emprego pode ser modificado, caso ocorra efetiva mudança no plano do sujeito empresarial.

Errado.

3. **(PGE-GO – 2021 – Procurador do Estado)** O princípio da irrenunciabilidade informa que o Direito do Trabalho impede a supressão de direitos trabalhistas em face do exercício, pelo devedor trabalhista, de prerrogativa legal.

Errado.

4. **(PGE-GO – 2021 – Procurador do Estado)** Não há nenhum dispositivo expresso que atribui aos princípios uma função integrativa ou que indique a primazia do interesse público na Consolidação das Leis do Trabalho, porque a mesma regula o contrato individual nas relações de trabalho.

Errado.

5. **(PGE-GO – 2021 – Procurador do Estado)** Em razão do princípio da primazia da realidade sobre a forma, o Juiz do Trabalho privilegia a situação de fato, devidamente comprovada, em detrimento dos documentos ou do rótulo conferido à relação de direito material.

Certo.

6. **(Prefeitura de Bagé-RS – 2020 – Professor-Direito)** Sempre que uma ou mais empresas, tendo, embora, cada uma delas, personalidade jurídica própria, estiverem sob a direção, controle ou administração de outra, ou ainda quando, mesmo guardando cada uma sua autonomia, integrarem grupo econômico, serão responsáveis solidariamente pelas obrigações decorrentes da relação de emprego.

Certo.

7. **(Prefeitura de Bagé-RS – 2020 – Professor-Direito)** Não se distingue entre o trabalho realizado no estabelecimento do empregador, o executado no domicílio do empregado e o realizado a distância, desde que estejam caracterizados os pressupostos da relação de emprego. Contudo, os meios telemáticos e informatizados de comando, controle e supervisão não se equiparam, para fins de subordinação jurídica, aos meios pessoais e diretos de comando, controle e supervisão do trabalho alheio, exigindo-se a adoção de ferramentas próprias.

Errado.

8. **(Prefeitura de Bagé-RS – 2020 – Professor-Direito)** Nos contratos individuais de trabalho só é lícita a alteração das respectivas condições por mútuo consentimento,

e ainda assim desde que não resultem, direta ou indiretamente, prejuízos ao empregado, sob pena de nulidade da cláusula infringente dessa garantia.

Certo.

9. **(Prefeitura de Bagé-RS – 2020 – Professor-Direito)** Considera-se empregado toda pessoa física que prestar serviços de natureza não eventual a empregador, sob a dependência deste e mediante salário, não havendo distinções relativas à espécie de emprego e à condição de trabalhador, nem entre o trabalho intelectual, técnico e manual.

Certo.

10. **(Prefeitura de Bagé-RS – 2020 – Professor-Direito)** A falta de prova ou inexistindo cláusula expressa a tal respeito, entender-se-á que o empregado se obrigou a todo e qualquer serviço compatível com a sua condição pessoal.

Certo.

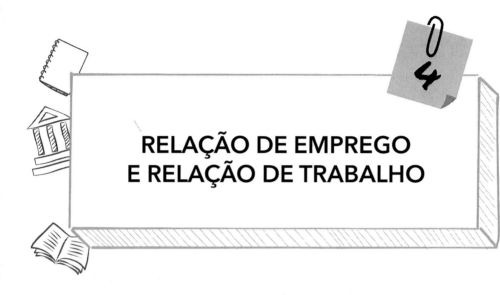

RELAÇÃO DE EMPREGO E RELAÇÃO DE TRABALHO

1. RELAÇÃO DE EMPREGO E RELAÇÃO DE TRABALHO

O Direito do Trabalho cuida de uma relação jurídica específica, que é a *relação de emprego, espécie* pertencente ao *gênero* relação de trabalho. A relação de trabalho é genérica e serve para designar todas as relações jurídicas caracterizadas por terem como prestação essencial o *labor humano, com finalidade produtiva – resultado útil –, em favor de outrem.*

Entretanto, **nem toda relação de trabalho é relação de emprego**, pois esta depende da presença de requisitos, pressupostos ou elementos caracterizadores próprios.

São **relações de trabalho não empregatícias** o *autônomo,* o *eventual,* o *avulso* e outras modalidades de pactuação da força de trabalho (por exemplo, para alguns, o estágio).

Como se nota, a relação de emprego, do ponto de vista técnico-jurídico, é apenas uma das modalidades específicas de relação de trabalho que pode se configurar juridicamente. É um **tipo legal próprio e específico**, inconfundível com as demais modalidades de relação de trabalho.

Para Godinho, a relação de emprego é, do ponto de vista econômico-social, a modalidade mais relevante de pactuação de prestação de trabalho existente nos últimos 200 anos, desde a instauração do sistema econômico contemporâneo (o capitalismo). Foi em razão dessa relevância e singularidade que se estruturou o Direito do Trabalho.

Ainda, segundo o mesmo autor, o ramo é designado por Direito do Trabalho, e não direito do emprego, pelos seguintes motivos: (a) **relevância** – por ser a relação de emprego a relação de trabalho mais importante, quer sob a perspectiva econômico-social, quer sob a jurídica; (b) **tendência expansionista** – porque a relação de emprego tende a se generalizar ao conjunto do mercado de trabalho, demarcando seu caráter e tendência expansionistas, voltados à submissão às suas regras da vasta maioria de fórmulas de utilização da força de trabalho na economia contemporânea, reduzindo espaço às demais relações de trabalho ou assimilando às suas normas situações fáticas originariamente não formuladas como tal.

Pelos motivos anteriores é que se firmou na tradição jurídica a tendência de se designar a espécie mais importante (*relação de emprego*) pela denominação cabível ao gênero (*relação de trabalho*). Embora a denominação seja criticável do ponto de vista técnico-jurídico, já está hoje absolutamente consolidada. A consolidação de tal tendência, repita-se, se originou da incontestável hegemonia fático-jurídica da relação empregatícia no universo de todas as relações de trabalho.

2. CARACTERIZAÇÃO DA RELAÇÃO DE EMPREGO (ELEMENTOS FÁTICO--JURÍDICOS)

2.1. Elementos/Pressupostos da relação de emprego

A relação de emprego se dá com a presença concomitante de alguns elementos ou pressupostos, sem os quais não se configura esse tipo específico de relação de trabalho:

RELAÇÃO DE TRABALHO	RELAÇÃO DE EMPREGO
Gênero	Espécie
Trata-se de toda modalidade de contratação de trabalho humano modernamente admissível. Engloba, desse modo, a relação de emprego, a relação de trabalho autônomo, a relação de trabalho eventual, de trabalho avulso e outras modalidades de pactuação de prestação de labor (como trabalho de estágio etc.).	Engloba apenas as relações em que presentes os requisitos contidos nos arts. 2º e 3º da CLT: **A) trabalho por pessoa física;** **B) pessoalidade;** **C) não eventualidade;** **D) onerosidade;** **E) subordinação.**

Tais elementos ocorrem no mundo dos fatos (elementos fáticos) e são captados pelo direito, que lhes atribui valor e consequências jurídicas (elementos fático-jurídicos).

2.1.1. Trabalho exercido por pessoa natural

O empregado é sempre pessoa natural. Não existe relação de emprego firmada com pessoa jurídica. Se houver algum contrato firmado com pessoa jurídica, mas, na prática, estiverem presentes os elementos fático-jurídicos da relação de emprego, haverá fraude (pejotização) e nulidade (art. 9º da CLT), e, com fulcro no princípio da primazia da realidade, o vínculo de emprego deverá ser reconhecido, independentemente da denominação que se atribuiu ao contrato fraudulento.

2.1.2. Pessoalidade

É essencial para caracterização da relação de emprego que a prestação do trabalho, pela pessoa natural, tenha efetivo **caráter de infungibilidade** no que tange à figura do trabalhador. A relação jurídico-trabalhista deve ter caráter *intuitu personae* em relação ao prestador, que não poderá, como regra, se fazer substituir por outra pessoa ao longo da concretização dos serviços pactuados, sob pena de se tornar impessoal e fungível a figura específica do trabalhador enfocado e, por consequência, descaracterizando-se a relação de emprego, por ausência de um dos elementos fático-jurídicos.

Exceções: (a) substituição esporádica ou eventual (seja mais longa, seja mais curta), com o consentimento do contratante dos serviços; (b) substituições autorizadas normativamente (via norma autônoma ou heterônoma) (ex.: férias, licença-gestante, afastamento para cumprimento de mandato sindical, casos em que ocorrerá a suspensão ou interrupção do contrato).

Em relação ao empregado substituto, se da mesma empresa, aplica-se o disposto no art. 450 da CLT e na Súmula 159, item I, do TST.

> Art. 450. Ao empregado chamado a ocupar, em comissão, interinamente, ou em substituição eventual ou temporária, cargo diverso do que exercer na empresa, serão garantidas a contagem do tempo naquele serviço, bem como volta ao cargo anterior.
>
> **Súmula 159 do TST: Substituição de caráter não eventual e vacância do cargo.**
> I – Enquanto perdurar a substituição que não tenha caráter meramente eventual, inclusive nas férias, o empregado substituto fará jus ao salário contratual do substituído.
> II – Vago o cargo em definitivo, o empregado que passa a ocupá-lo não tem direito a salário igual ao do antecessor.

Por ser personalíssima, a obrigação de prestar o trabalho não se transmite para herdeiros e sucessores, de modo que a morte do empregado provoca a extinção automática do contrato de emprego.

cuidado

O elemento "pessoalidade" também é aplicável ao empregador?

*Não. **Tal elemento diz respeito apenas ao empregado**. Vigora, no Direito do Trabalho, a ideia de **despersonalização da figura do empregador**. Por isso, na relação de emprego, pode ocorrer a constante alteração subjetiva (da parte) do empregador, e isso não afetará em nada o contrato, pois devem ser mantidas em vigor as regras contratuais anteriores com relação ao mesmo empregado, conforme dicção dos arts. 10, 448 e 448-A da CLT (sucessão trabalhista).*

2.1.3. Não eventualidade

Para que haja relação empregatícia é necessário que o trabalho prestado tenha caráter de permanência (ainda que por um curto período determinado), não se qualificando como esporádico. A legislação trabalhista não se aplica ao trabalhador eventual, embora possa ser subordinado.

> **cuidado**
>
> O que se entende como "não eventualidade"?
>
> Este é um dos conceitos mais controvertidos do Direito do Trabalho e há diversas teorias que tentam traçar os seus parâmetros. O art. 3º, ao definir a figura do empregado urbano, usa a expressão "serviços de natureza não eventual". Já a legislação do doméstico (art. 1º, caput, da LC 150/2015) vale-se da expressão "serviços de forma contínua".

Vejamos as teorias existentes:

1 – Teoria da descontinuidade

Para esta teoria, eventual é o trabalho descontínuo e interrupto com relação ao tomador enfocado, ou seja, um trabalho fracionado/fragmentado no tempo, verificando-se sua ocorrência de modo disperso e sem fluidez temporal sistemática, com rupturas e espaçamentos temporais significativos com respeito ao tomador.

Um exemplo poderá aclarar: imagine-se um garçom que presta serviços em um clube apenas aos domingos ou um professor que ministra aulas apenas aos sábados, não seriam empregados à luz da teoria da descontinuidade, pois houve fragmentação do espaço-temporal da prestação dos serviços. No entanto, como tal teoria foi rejeitada pela CLT, eles são, sim, empregados, desde que presentes, é óbvio, os demais elementos (pessoalidade, onerosidade, subordinação e pessoa natural).

Há quem defenda que o art. 443, § 3º, da CLT (incluído pela Reforma Trabalhista) acolheu a **teoria da descontinuidade** ao definir o trabalhador intermitente:

> Art. 443, § 3º: Considera-se como intermitente o contrato de trabalho no qual a prestação de serviços, com subordinação, não é contínua, ocorrendo com alternância de períodos de prestação de serviços e de inatividade, determinados em horas, dias ou meses, independentemente do tipo de atividade do empregado e do empregador, exceto para os aeronautas, regidos por legislação própria. (Incluído pela Lei nº 13.467, de 2017)

Para essa corrente de pensamento, se o trabalhador, dito intermitente, laborar **mais de 2 (dois) dias na semana**, estará desconfigurado o trabalho intermitente, visto que, nos termos do art. 1º da LC 150/2015, serviços de forma contínua são aqueles prestados por mais de 2 (dois) dias por semana.

2 – Teoria do evento

Será eventual o trabalhador admitido na empresa em virtude de determinado e específico fato, acontecimento ou evento, ensejador de certa obra ou serviço. O trabalho terá a duração do evento esporádico ocorrido. Contudo, não poderá ser considerado como eventual um acontecimento ou serviço que resulte em dilação temporal mais ampla.

3 – Teoria dos fins do empreendimento ou fins da empresa

Para Godinho, "é talvez a formulação teórica mais prestigiada entre as quatro enfocadas".[1] Informa que eventual **será o trabalhador chamado a realizar tarefa não inserida nos fins normais da empresa** – tarefas que, por essa mesma razão, serão esporádicas e de estreita duração.

4 – Teoria da fixação jurídica

É eventual o trabalhador que não se fixa em uma fonte de trabalho única, enquanto empregado é o trabalhador que se fixa em uma fonte de trabalho. Eventual não é fixo. Empregado é fixo. A fixação é jurídica.

Para Mauricio Godinho Delgado,[2] não se deve perquirir a figura do trabalhador eventual tomando-se um exclusivo critério entre os apresentados, mas combinando-se os elementos dele resultantes. Para ele, pode-se formular a seguinte caracterização do trabalho de natureza eventual:

a) descontinuidade da prestação do trabalho, entendida como a não permanência em uma organização com ânimo definitivo;

b) não fixação jurídica em uma única fonte de trabalho, com pluralidade variável de tomadores de serviços;

c) curta duração do trabalho prestado;

d) natureza do trabalho com tendência a ser concernente a evento certo, determinado e episódico no tocante à regular dinâmica do empreendimento do tomador dos serviços;

e) em consequência, natureza do trabalho prestado tendente a não corresponder também ao padrão dos fins normais do empreendimento.

É bom esclarecer que a prestação pode ser descontínua, mas permanente, caso em que haverá relação de emprego, pois deixa de haver eventualidade. Ex.: professor que dá aulas quinzenalmente para uma instituição de ensino. Ademais, será difícil configurar a eventualidade do trabalho pactuado se a atuação do trabalhador contratado inserir-se na dinâmica normal da empresa.

2.1.4. Onerosidade

O contrato de trabalho é bilateral, sinalagmático e oneroso, por envolver um conjunto diferenciado de prestações e contraprestações recíprocas entre as partes, economicamente mensuráveis.

A onerosidade não deve ser enfocada sob a perspectiva do trabalho prestado ou mesmo sob a perspectiva do tomador dos serviços. Todo trabalho, mesmo o mais simples, é passível de mensuração econômica e sempre terá valor econômico para

---

[1] DELGADO, Mauricio Godinho. *Curso de Direito do Trabalho.* 19. ed. São Paulo: LTr, 2020. p. 215.

[2] DELGADO, Mauricio Godinho. *Curso de Direito do Trabalho.* 19. ed. São Paulo: LTr, 2020. p. 253.

quem recebe o serviço prestado. Por isso, **deve a onerosidade ser enfocada sob a perspectiva do prestador de serviços**. Somente nessa perspectiva é que ela constitui elemento fático-jurídico da relação de emprego. Assim, onerosidade quer dizer, *grosso modo*, que há um **intuito contraprestativo e uma expectativa de recebimento de pagamento por parte do trabalhador**.

Segundo Mauricio Godinho Delgado,[3] a pesquisa do elemento onerosidade deve envolver duas dimensões diferenciadas, mas combinadas: um plano objetivo de análise ao lado de um plano subjetivo de análise.

a) **Plano objetivo:** a onerosidade manifesta-se pelo pagamento, pelo empregador, de parcelas dirigidas a remunerar o empregado em função do contrato empregatício. A CLT se refere ao elemento fático-jurídico da onerosidade, por meio da expressão "mediante salário" (art. 3º, *caput*). Do ponto de vista objetivo, a onerosidade é de fato constatação, porque perceptível aos olhos. É um dado objetivo.

b) **Plano subjetivo:** de maneira geral, torna-se desnecessária a pesquisa da dimensão subjetiva da onerosidade. Essa dimensão subjetiva emerge como suposta, em virtude da clara transparência do dado objetivo do pagamento. Contudo, existem algumas raras situações em que a pesquisa da dimensão subjetiva da onerosidade será a única via hábil para se constatar a existência (ou não) desse elemento.

Há situações fronteiriças, entretanto, em que a ordem jurídica não considera viável pactuar-se (mesmo expressamente) vínculo empregatício, negando, assim, possibilidade jurídica de intenção onerosa empregatícia ao trabalho efetivamente prestado. É o que se passa com a situação da esposa ou companheira com relação ao marido ou ao companheiro, em face do trabalho doméstico: aqui não se acolhe onerosidade empregatícia doméstica, embora a mesma ordem jurídica entenda existir, nesse exemplo, a onerosidade própria à comunhão societária.

2.1.5. Subordinação

Só haverá relação de emprego diante da síntese indissolúvel dos cinco elementos fático-jurídicos. Todavia, é a subordinação, entre todos, o elemento mais importante, que ganha mais proeminência na conformação do tipo legal da relação empregatícia.

2.1.5.1. Conceito e caracterização da subordinação

Subordinação deriva de *sub* (baixo) e *ordinare* (ordenar), ou seja, a ideia de estar abaixo das ordens de alguém. Conceitua-se como a situação jurídica derivada do contrato de trabalho, pela qual o empregado compromete-se a acolher o poder de direção empresarial quanto ao modo de realização de sua prestação de serviços.

---

[3] DELGADO, Mauricio Godinho. *Curso de Direito do Trabalho*. 19. ed. São Paulo: LTr, 2020. p. 267.

No Direito do Trabalho, a subordinação é encarada sob um prisma objetivo: ela atua sobre o modo de realização do trabalho, e não sobre a pessoa do trabalhador, sendo incorreta a visão subjetiva do fenômeno, que compreenda a subordinação como atuante sobre a pessoa do trabalhador, criando-lhe certo estado de sujeição (*status subjectionis*). A propósito, a visão subjetiva é incapaz, por exemplo, de captar a presença de subordinação na hipótese de trabalhadores intelectuais e altos empregados. Por isso, para o consistente operador jurídico em que a CLT escreve "sob a dependência deste" deve-se interpretar "mediante subordinação" (*caput* do art. 3º).

2.1.5.2. Dimensões/Espécies

a) Clássica (ou tradicional): é a subordinação consistente na situação jurídica derivada do contrato de trabalho, pela qual o trabalhador compromete-se a acolher o poder de direção empresarial no tocante ao modo de realização de sua prestação laborativa. Manifesta-se pela intensidade de ordens do tomador de serviços sobre o respectivo trabalhador. É a dimensão original da subordinação, aquela que mais imediatamente na História substituiu a anterior servidão na realidade europeia. Continua, hoje, como a mais comum e recorrente modalidade de subordinação.

b) Objetiva: é a subordinação que se manifesta pela integração do trabalhador nos fins e objetivos do empreendimento do tomador de serviços. A integração do obreiro e seu labor aos objetivos empresariais é pedra de toque decisiva a esta dimensão.

c) Estrutural: é a subordinação em que o trabalhador é inserido na dinâmica do tomador de serviços, não dependendo a sua prestação de serviços de ordens diretas por, efetivamente, estar inserido na dinâmica empresarial. Nesta dimensão da subordinação, não importa que o trabalhador se harmonize (ou não) aos objetivos do empreendimento nem que receba ordens diretas das específicas chefias: o fundamental é que esteja estruturalmente vinculado à dinâmica operativa da atividade do tomador de serviços. O trabalhador acopla-se, estruturalmente, à organização e à dinâmica operacional da empresa tomadora, qualquer que seja sua função ou especialização, incorporando, necessariamente, a cultura cotidiana empresarial ao longo da prestação de serviços realizada. Desse modo, ele se harmoniza com a organização, a dinâmica e a cultura do empreendimento que lhe capta os serviços. A crítica é que o conceito é muito amplo e permite a abrangência de trabalhadores verdadeiramente autônomos.

d) Algorítmica ou virtual: é a subordinação mediante o controle por meio de aplicativos, na modalidade chamada algorítmica, por comandos ou por programação. Nela, ainda que inexista o direcionamento de comandos diretos e expressos partidos de um superior hierárquico (subordinação clássica), a consolidação do controle via aplicativo revela um direcionamento ainda mais intenso. Há uma gestão algorítmica de dados coletados pelos aplicativos. Inversamente, os trabalhadores têm pouco acesso às informações sobre o sistema, seu contato com a empresa é bastante limitado.

e) Subordinação integrativa: é um conceito que **conjuga a noção de subordinação objetiva com os critérios que excluem a autonomia.** Portanto, na análise de algum caso concreto, para o correto exame da existência ou não da relação de emprego, deve o intérprete percorrer o seguinte caminho: primeiro, verifica-se se o trabalhador se insere nos fins do empreendimento, ou seja, na dinâmica do negócio (subordinação objetiva). Presente a subordinação objetiva, passa-se então à verificação das diversas formas de "ajenidad" ou alienação. Se qualquer uma delas estiver ausente, o indivíduo não será empregado, mas sim, autônomo. Dito de outro modo, só haverá relação de emprego se, na relação fática, o empregado estiver alheio aos riscos, aos meios de produção, ao mercado e aos frutos do trabalho.

QUESTÕES PARA TREINO

1. **(Ibade – SES-MG – Direito –2022 – adaptada)** Na relação de emprego, o vínculo empregatício pressupõe que o trabalho seja prestado por uma pessoa jurídica.
   Errado.

2. **(Fundatec – Ceasa-RS – Analista – Advocacia – 2022 – adaptada)** Analise a seguinte afirmação sobre o Direito do Trabalho:
   A relação de emprego é gênero, sendo a relação de trabalho uma de suas espécies.
   Errado.

3. **(Fundatec – Ceasa-RS – Analista – Advocacia – 2022 – adaptada)** Analise a seguinte afirmação sobre o Direito do Trabalho:
   O trabalho desenvolvido com pessoalidade, não eventualidade, subordinação e mediante remuneração caracteriza uma relação de emprego.
   Certo.

4. **(Fundatec – Ceasa-RS – Analista – Advocacia – 2022 – adaptada)** Analise a seguinte afirmação sobre o Direito do Trabalho:
   As atividades de trabalho com mercadorias a granel e ensacados poderão ser exercidas para as empresas tomadoras dos serviços por trabalhadores com vínculo empregatício ou no regime de trabalho avulso.
   Certo.

5. **(Fundatec – Prefeitura de Ivoti-RS – Advogado – 2021 – adaptada)** Sobre os sujeitos da relação de emprego, analise a seguinte afirmativa:
   Considera-se empregador a empresa, individual ou coletiva, que, assumindo os riscos da atividade econômica, admite, assalaria e dirige a prestação pessoal de serviço, excetuados os profissionais liberais, as instituições de beneficência, as associações recreativas ou outras instituições sem fins lucrativos, mesmo quando admitirem trabalhadores como empregados.
   Errado.

6. **(Fundatec – Prefeitura de Ivoti-RS – Advogado – 2021 – adaptada)** Sobre os sujeitos da relação de emprego, analise a seguinte afirmativa:

Sempre que uma ou mais empresas, tendo, embora, cada uma delas, personalidade jurídica própria, estiverem sob a direção, controle ou administração de outra, ou ainda quando, mesmo guardando cada uma sua autonomia, integrem grupo econômico, serão responsáveis solidariamente pelas obrigações decorrentes da relação de emprego, caracterizando-se o grupo pela mera identidade dos sócios.

Errado.

7. **(Fundatec – Prefeitura de Ivoti-RS – Advogado – 2021 – adaptada)** Sobre os sujeitos da relação de emprego, analise a seguinte afirmativa:

Considera-se empregado toda pessoa física, ou jurídica, que prestar serviços de natureza não eventual a empregador, sob a dependência deste e mediante salário.

Errado.

8. **(Fundatec – Prefeitura de Ivoti-RS – Advogado – 2021 – adaptada)** Sobre os sujeitos da relação de emprego, analise a seguinte afirmativa:

Qualquer alteração na estrutura jurídica da empresa não afetará os direitos adquiridos por seus empregados, só sendo lícita, nos contratos individuais de trabalho, a alteração das respectivas condições por mútuo consentimento, e ainda assim desde que não resultem, direta ou indiretamente, prejuízos ao empregado, sob pena de nulidade da cláusula infringente desta garantia.

Certo.

9. **(Fundatec – Prefeitura de Ivoti-RS – Advogado – 2021 – adaptada)** Sobre os sujeitos da relação de emprego, analise a seguinte afirmativa:

É considerada alteração unilateral a determinação do empregador para que o respectivo empregado reverta ao cargo efetivo, anteriormente ocupado, deixando o exercício de função de confiança.

Errado.

10. **(Fundatec – Comur de Novo Hamburgo-RS – Agente – 2021 – adaptada)** Analise a seguinte afirmativa:

Considera-se empregado toda pessoa física que prestar serviços de natureza não eventual a empregador, sob a dependência deste e mediante salário.

Certo.

EMPREGADO E FORMAS DE TRABALHO

1. EMPREGADO E EMPREGADO HIPERSUFICIENTE

Tratando-se o contrato de trabalho de gênero do qual o contrato de emprego é a espécie, **nem todo trabalhador será empregado. Entretanto, todo empregado será trabalhador.**

O empregado é o trabalhador subordinado, que preenche outros requisitos fático-jurídicos, quais sejam, pessoa física, pessoalidade, onerosidade e não eventualidade. Assim, diz o art. 3º da CLT:

> Art. 3º Considera-se empregado toda pessoa física que prestar serviços de natureza não eventual a empregador, sob a dependência deste e mediante salário.

Há, ainda, parcela doutrinária que destaca que o conceito de empregado é composto de **quatro elementos essenciais ou obrigatórios** (subordinação, pessoalidade, onerosidade e não eventualidade) e dois **elementos acidentais ou facultativos** (continuidade, permanência absoluta na empresa e exclusividade, prestação do serviço para um só tomador).

EMPREGADO (ELEMENTOS ESSENCIAIS OU OBRIGATÓRIOS)	
Pessoa física	**O empregado é pessoa física.** Assim, exclui-se da figura do empregado a pessoa jurídica (empresa, associação, cooperativa etc.).
Pessoalidade ATENÇÃO! Para os concursos da FCC, infungibilidade é sinônimo de pessoalidade, logo um requisito caracterizador da relação de emprego.	A relação de emprego é marcada pela natureza *intuitu personae* do empregado em relação ao empregador. Isso quer dizer que **o empregador contrata o empregado para que este lhe preste serviços pessoalmente**, sendo vedado ao empregado se fazer substituir por outro, exceto em caráter esporádico, e, ainda assim, com a aquiescência do empregador.

EMPREGADO (ELEMENTOS ESSENCIAIS OU OBRIGATÓRIOS)	
Não eventualidade	**É necessário que o trabalho realizado não seja eventual, ocasional.** A não eventualidade pressupõe repetição do serviço, com previsão de repetibilidade futura. O contrato de trabalho é de trato sucessivo, ou seja, há continuidade no tempo. **ATENÇÃO!** A não eventualidade na prestação dos serviços não se confunde com trabalho realizado diariamente.
Onerosidade	**Em regra, presume-se que a prestação de serviços é onerosa, pois, de um lado, o empregado assume a obrigação de prestar serviços, e, de outro, o empregador, a obrigação de pagar salário.** Ressalta-se que a forma de pagamento do salário é irrelevante para a configuração da onerosidade. Portanto, o empregado pode receber o salário fixo, variável, por comissão e percentagem ou mesmo *in natura*. Em todas essas hipóteses, estará configurada a onerosidade.
Subordinação	A subordinação é tida como o elemento mais marcante para a configuração da relação de emprego. **Ela se verifica quando o empregador tem poder diretivo sobre o trabalho do empregado, dirigindo, coordenando e fiscalizando a prestação dos serviços executados pelo trabalhador.** A doutrina identifica três teorias para explicar a subordinação, quais sejam: **1. subordinação técnica:** segundo esta teoria, a subordinação seria técnica porque seria do empregador o conhecimento técnico do processo produtivo; **2. subordinação econômica:** conforme esta teoria, a subordinação seria econômica porque o empregado dependeria do poder econômico do empregador; **3. subordinação jurídica:** é a tese aceita atualmente. A subordinação do empregado decorre de lei. De acordo com esta teoria, a subordinação seria jurídica porque o contrato de trabalho, assim como o poder diretivo do empregador, tem caráter jurídico.

ELEMENTOS ACIDENTAIS OU FACULTATIVOS	
Exclusividade	Não há na CLT exigência de que o empregado preste serviços com exclusividade. Não é um requisito para configurar vínculo empregatício que ele trabalhe para apenas um único empregador.
Local da prestação de serviços	**O local da prestação de serviços também é irrelevante para configurar o vínculo de emprego.** Henrique Correia cita como exemplo o trabalhador que presta serviços em domicílio desenvolvendo programas de computador, uma vez que, nessa situação, se houver a presença dos requisitos da relação empregatícia (habitualidade, onerosidade e subordinação), será configurada a relação de emprego, com o pagamento de todos os direitos trabalhistas.
Profissionalidade	A profissionalidade é outro elemento não essencial à caracterização da relação de emprego. Nesse sentido, será empregado tanto o trabalhador braçal quanto o alto executivo, desde que presentes os quatro requisitos do vínculo empregatício (pessoa física, habitualidade, onerosidade e subordinação).

Nesse contexto, a reforma trabalhista introduziu a figura do "empregado hipersuficiente":

> Art. 444 da CLT: As relações contratuais de trabalho podem ser objeto de livre estipulação das partes interessadas em tudo quanto não contravenha às disposições de proteção ao trabalho, aos contratos coletivos que lhes sejam aplicáveis e às decisões das autoridades competentes
>
> Parágrafo único. A **livre estipulação** a que se refere o caput deste artigo aplica-se às hipóteses previstas no art. 611-A desta Consolidação, com a mesma eficácia legal e preponderância sobre os instrumentos coletivos, no caso **de empregado portador de diploma de nível superior** e que perceba salário mensal *igual* ou *superior* a **duas vezes** o limite máximo dos benefícios do Regime Geral de Previdência Social. (destacamos)

Nos termos do art. 444 da CLT, a hipersuficiência do trabalhador é aferida mediante dois singelos critérios, a saber:

✓ **O empregado é "portador de diploma de nível superior"; e**
✓ **o salário mensal do trabalhador é igual ou superior a duas vezes o teto dos benefícios do RGPS.**

Nesse caso, tais trabalhadores poderão, em princípio, "negociar livremente" com o empregador as condições de trabalho em relação às matérias previstas no art. 611-A da CLT. Significa, ainda em princípio, que o empregado hipersuficiente poderá, sem a interveniência da entidade sindical, "pactuar", por exemplo, a redução do intervalo intrajornada ou a modalidade de registro da jornada de trabalho. Tudo isso com preponderância sobre eventuais normas mais favoráveis ao trabalhador, sejam elas heterônomas (leis), sejam autônomas (normas coletivas).

A doutrina aponta a inconstitucionalidade do dispositivo por violação aos arts. 1º, III e IV, 3º, IV, 7º, *caput* e XXXII, e 170 da CF, que enaltecem a dignidade da pessoa humana, o valor social do trabalho, a função social da empresa e do contrato de trabalho e a proibição de discriminação de qualquer natureza e qualquer "distinção entre trabalho manual, técnico ou intelectual ou entre os profissionais respectivos". No entanto, até que eventualmente seja declarada a inconstitucionalidade do dispositivo legal em estudo, cabe ao candidato conhecê-lo bem, em sua literalidade, assim como seus desdobramentos mais importantes.

2. TRABALHO AUTÔNOMO

O trabalho autônomo é modalidade de relação de trabalho em que **não há subordinação jurídica** entre o trabalhador e o tomador de seus serviços. Logo, ainda que preste o serviço com pessoalidade, onerosidade e não eventualidade, não se configurará relação de emprego.

Em geral, o trabalhador autônomo presta serviços com profissionalismo e habitualidade, porém se ativa **por conta própria**, assumindo o risco da atividade desenvolvida. A habitualidade, no caso, se refere à repetição do trabalho do autônomo, e não à frequência com que presta serviços a cada um dos tomadores. Quanto à assunção dos riscos do empreendimento, o autônomo pode se ativar excepcionalmente com alteridade, por exemplo, no caso do consultor de empresas. Entretanto, o traço distintivo característico ante a relação de emprego é mesmo a ausência de subordinação.

O autônomo não disponibiliza sua energia de trabalho para terceiros. É sempre dono da própria energia de trabalho. Os contratos de prestação de serviços que firma com terceiros são **contratos de resultado**, e não contratos de atividade.

Autônomo propriamente dito é aquele que trabalha por conta própria, assumindo os riscos do negócio. Vale dizer, o trabalhador autônomo não transfere para terceiro o poder de organização de sua atividade, pois a desenvolve com discricionariedade, iniciativa e organização próprias, escolhendo o lugar, o modo, o tempo e a forma de execução dos serviços. É o que ocorre com os profissionais liberais, como o médico em seu consultório, o advogado em seu escritório, o representante comercial autônomo ou qualquer outro profissional que trabalha por conta própria.

Já o empreiteiro é uma espécie de trabalhador autônomo que figura como um dos sujeitos no contrato de empreitada. Dito de outro modo, o empreiteiro trabalha por conta própria, assumindo os riscos econômicos da atividade econômica que desenvolve. O contrato de empreitada pode ser para entrega de obra, de trabalho ou de obra e trabalho. No contrato de empreitada, portanto, o que importa é a coisa feita, a obra executada, o resultado, e não a figura (pessoalidade) do trabalhador.

A reforma trabalhista inseriu na CLT o art. 442-B:

> Art. 442-B. A contratação do autônomo, cumpridas por este todas as formalidades legais, com ou sem exclusividade, de forma contínua ou não, afasta a qualidade de empregado prevista no art. 3º desta Consolidação.

Observe-se, todavia, que, ainda que tenham sido observadas as formalidades legais presentes no citado dispositivo, eventual conduta fraudulenta do empregador, com o objetivo de desvirtuar, impedir ou fraudar a aplicação da legislação protetiva que rege a relação de emprego, deve ser descaracterizada, em homenagem ao princípio da primazia da realidade (art. 9º da CLT).

3. TRABALHO EVENTUAL

Eventual é aquele trabalho que não se enquadra no conceito de trabalho não eventual (habitual), que presta serviços em caráter transitório, acidental.

Há quatro teorias principais que procuram explicar a diferença entre o empregado e o trabalhador eventual, quais sejam:

a) **do evento** – eventual é aquele trabalhador contratado apenas em razão de determinado fato/acontecimento/evento em decorrência de obra ou serviço;

b) **dos fins da empresa** – eventual é o trabalhador contratado para executar atividades não inseridas nos fins normais da empresa;

c) **da descontinuidade** – eventual é o trabalhador esporádico, ocasional, que trabalha de vez em quando e para diversos tomadores, ao passo que empregado é um trabalhador permanente.

d) **da fixação jurídica na empresa** – eventual é o trabalhador que não se fixa em uma fonte de trabalho. Essa fixação é jurídica.

4. TRABALHO AVULSO

Avulso é o **trabalhador eventual** subordinado, que, de forma descontínua, oferece sua energia de trabalho, por curtos períodos de tempo, a distintos tomadores, sem se fixar especificamente em nenhum deles.

O avulso é destinatário de todos os direitos outorgados aos empregados, por força do art. 7º, XXXIV, da CF:

> Art. 7º São direitos dos trabalhadores urbanos e rurais, além de outros que visem à melhoria de sua condição social:
>
> (...)
>
> XXXIV – igualdade de direitos entre o trabalhador com vínculo empregatício permanente e o trabalhador avulso.

Não obstante a CRFB (art. 7º, XXXIV) equiparar os avulsos aos empregados para fins de proteção trabalhista, o avulso continua não sendo empregado.

A definição de trabalhador avulso pode ser extraída da Lei 8.212/1991:

> Art. 12. São segurados obrigatórios da Previdência Social as seguintes pessoas físicas:
>
> (...)
>
> VI – como trabalhador avulso: quem presta, a diversas empresas, sem vínculo empregatício, serviços de natureza urbana ou rural definidos no regulamento;
>
> (...).

Destaca-se que o trabalho avulso necessariamente é intermediado pelo Órgão Gestor de Mão de Obra (OGMO) ou pelo sindicato.

---

cuidado

Não confundir a necessária intermediação do avulso pelo sindicato (ou pelo OGMO) com a necessária sindicalização. São coisas absolutamente inconfundíveis, frise-se. Com efeito, a CRFB/1988 assegura a liberdade associativa e sindical, dispondo que "ninguém será obrigado a filiar-se ou a manter-se filiado a sindicato" (art. 8º, V). Logo, também o avulso tem plena liberdade de não se filiar ao sindicato da respectiva categoria, fazendo jus, ainda assim, à intermediação da oferta de seu trabalho pelo sindicato ou pelo OGMO, conforme o caso.

O avulso pode ser tanto portuário quanto não portuário. O avulso não portuário é aquele que trabalha a diversos tomadores, sem vínculo de emprego, obrigatoriamente intermediado pelo sindicato da categoria. O avulso não portuário, por sua vez, é conhecido vulgarmente como "chapa". Não se confunde, entretanto, com os "chapas" que ficam sozinhos na entrada das cidades, os quais são trabalhadores eventuais não intermediados pelo sindicato.

4.1. Avulso portuário

O trabalho portuário, antes monopolizado pelos sindicatos profissionais dos estivadores, que escalavam os avulsos que operariam nos portos, é hoje realizado tanto por empregados celetistas quanto por trabalhadores avulsos, nos termos da Lei 12.815/2013.

> Art. 40. O trabalho portuário de capatazia, estiva, conferência de carga, conserto de carga, bloco e vigilância de embarcações, nos portos organizados, será realizado por trabalhadores portuários com vínculo empregatício por prazo indeterminado e por trabalhadores portuários avulsos.

O art. 40 da Lei 12.815 estabelece as fainas típicas do trabalho portuário: capatazia, estiva, conferência de carga, conserto de carga, vigilância de embarcações e bloco. Esses trabalhadores constituem categorias profissionais diferenciadas (Lei 12.815, art. 40, § 1º).

> Art. 40. (...)
>
> § 1º Para os fins desta Lei, consideram-se:
>
> I – capatazia: atividade de movimentação de mercadorias nas instalações dentro do porto, compreendendo o recebimento, conferência, transporte interno, abertura de volumes para a conferência aduaneira, manipulação, arrumação e entrega, bem como o carregamento e descarga de embarcações, quando efetuados por aparelhamento portuário;
>
> II – estiva: atividade de movimentação de mercadorias nos conveses ou nos porões das embarcações principais ou auxiliares, incluindo o transbordo, arrumação, peação e despeação, bem como o carregamento e a descarga, quando realizados com equipamentos de bordo;
>
> III – conferência de carga: contagem de volumes, anotação de suas características, procedência ou destino, verificação do estado das mercadorias, assistência à pesagem, conferência do manifesto e demais serviços correlatos, nas operações de carregamento e descarga de embarcações;
>
> IV – conserto de carga: reparo e restauração das embalagens de mercadorias, nas operações de carregamento e descarga de embarcações, reembalagem, marcação, remarcação, carimbagem, etiquetagem, abertura de volumes para vistoria e posterior recomposição;
>
> V – vigilância de embarcações: atividade de fiscalização da entrada e saída de pessoas a bordo das embarcações atracadas ou fundeadas ao largo, bem como da movimentação de mercadorias nos portalós, rampas, porões, conveses, plataformas e em outros locais da embarcação; e
>
> VI – bloco: atividade de limpeza e conservação de embarcações mercantes e de seus tanques, incluindo batimento de ferrugem, pintura, reparos de pequena monta e serviços correlatos.

Para que se entenda a dinâmica do trabalho nos portos, faz-se necessário conhecer alguns conceitos básicos, os quais são extraídos da Lei 12.815/2013:

Art. 2º Para fins desta Lei, consideram-se:

I – porto organizado: bem público construído e aparelhado para atender a necessidades de navegação, de movimentação de passageiros ou de movimentação e armazenagem de mercadorias, e cujo tráfego e operações portuárias estejam sob jurisdição de autoridade portuária;

(...)

III – instalação portuária: instalação localizada dentro ou fora da área do porto organizado, utilizada em movimentação de passageiros, em movimentação ou armazenagem de mercadorias, destinadas ou provenientes de transporte aquaviário;

(...)

XIII – operador portuário: pessoa jurídica pré-qualificada para exercer as atividades de movimentação de passageiros ou movimentação e armazenagem de mercadorias, destinadas ou provenientes de transporte aquaviário, dentro da área do porto organizado.

O operador portuário deverá, então, criar o chamado OGMO, o qual será encarregado do fornecimento e controle da mão de obra necessária ao funcionamento dos portos, conforme os arts. 32 e 39:

Art. 32. Os operadores portuários devem constituir em cada porto organizado um órgão de gestão de mão de obra do trabalho portuário, destinado a:

I – administrar o fornecimento da mão de obra do trabalhador portuário e do trabalhador portuário avulso;

II – manter, com exclusividade, o cadastro do trabalhador portuário e o registro do trabalhador portuário avulso;

III – treinar e habilitar profissionalmente o trabalhador portuário, inscrevendo-o no cadastro;

IV – selecionar e registrar o trabalhador portuário avulso;

V – estabelecer o número de vagas, a forma e a periodicidade para acesso ao registro do trabalhador portuário avulso;

VI – expedir os documentos de identificação do trabalhador portuário; e

VII – arrecadar e repassar aos beneficiários os valores devidos pelos operadores portuários relativos à remuneração do trabalhador portuário avulso e aos correspondentes encargos fiscais, sociais e previdenciários.

Parágrafo único. Caso celebrado contrato, acordo ou convenção coletiva de trabalho entre trabalhadores e tomadores de serviços, o disposto no instrumento precederá o órgão gestor e dispensará sua intervenção nas relações entre capital e trabalho no porto.

(...)

Art. 39. O órgão de gestão de mão de obra é reputado de utilidade pública, sendo-lhe vedado ter fins lucrativos, prestar serviços a terceiros ou exercer qualquer atividade não vinculada à gestão de mão de obra no porto.

Portanto, cabe ao OGMO recrutar, selecionar, treinar, cadastrar, registrar, organizar em escala, escalar e remunerar o trabalhador portuário. Não obstante, dispõe o parágrafo único do art. 32 da Lei 12.815 que, se houver contrato, convenção ou acordo coletivo entre o sindicato de trabalhadores portuários avulsos e o tomador do serviço, o trabalho portuário será regulado pelo respectivo instrumento coletivo.

Há três tipos de trabalhadores portuários, a saber:

a) empregados celetistas contratados por prazo indeterminado pelo operador portuário;

b) portuários avulsos registrados (são registrados pelo OGMO e escalados para trabalhar sempre que o operador portuário requisitar o trabalho);

c) portuários avulsos cadastrados (são chamados a trabalhar na falta dos registrados).

A lei prevê um procedimento para que o trabalhador ingresse nos quadros do OGMO, que seria, de forma simplificada, o seguinte:

a) o trabalhador portuário deve, primeiro, se habilitar junto ao OGMO;

b) a partir do momento em que está habilitado (treinado), é hora de se cadastrar junto ao OGMO;

c) depois, de acordo com a disponibilidade de vagas e com a ordem cronológica de inscrição no cadastro, e na forma prevista pelo OGMO, será registrado como avulso portuário;

d) dos registrados serão recrutados aqueles que serão contratados como empregados por prazo indeterminado pelo operador portuário.

A inscrição no cadastro e o registro do trabalhador portuário extinguem-se por morte ou cancelamento.

O operador portuário deve pagar ao OGMO o valor referente à remuneração e aos demais direitos trabalhistas dos avulsos portuários. O OGMO, por sua vez, pagará aos trabalhadores sob sistema de rateio. Assim dispõe a Lei 9.719/1998:

> Art. 2º Para os fins previstos no art. 1º desta Lei:
>
> I – cabe ao operador portuário recolher ao órgão gestor de mão de obra os valores devidos pelos serviços executados, referentes à remuneração por navio, acrescidos dos percentuais relativos a décimo terceiro salário, férias, Fundo de Garantia do Tempo de Serviço – FGTS, encargos fiscais e previdenciários, no prazo de 24 horas da realização do serviço, para viabilizar o pagamento ao trabalhador portuário avulso;
>
> II – cabe ao órgão gestor de mão de obra efetuar o pagamento da remuneração pelos serviços executados e das parcelas referentes a décimo terceiro salário e férias, diretamente ao trabalhador portuário avulso.
>
> § 1º O pagamento da remuneração pelos serviços executados será feito no prazo de 48 horas após o término do serviço.

§ 2º Para efeito do disposto no inciso II, o órgão gestor de mão de obra depositará as parcelas referentes às férias e ao décimo terceiro salário, separada e respectivamente, em contas individuais vinculadas, a serem abertas e movimentadas às suas expensas, especialmente para este fim, em instituição bancária de sua livre escolha, sobre as quais deverão incidir rendimentos mensais com base nos parâmetros fixados para atualização dos saldos dos depósitos de poupança.

§ 3º Os depósitos a que se refere o parágrafo anterior serão efetuados no dia 2 do mês seguinte ao da prestação do serviço, prorrogado o prazo para o primeiro dia útil subsequente se o vencimento cair em dia em que não haja expediente bancário.

§ 4º O operador portuário e o órgão gestor de mão de obra são solidariamente responsáveis pelo pagamento dos encargos trabalhistas, das contribuições previdenciárias e demais obrigações, inclusive acessórias, devidas à Seguridade Social, arrecadadas pelo Instituto Nacional do Seguro Social – INSS, vedada a invocação do benefício de ordem.

§ 5º Os prazos previstos neste artigo podem ser alterados mediante convenção coletiva firmada entre entidades sindicais representativas dos trabalhadores e operadores portuários, observado o prazo legal para recolhimento dos encargos fiscais, trabalhistas e previdenciários.

§ 6º A liberação das parcelas referentes a décimo terceiro salário e férias, depositadas nas contas individuais vinculadas, e o recolhimento do FGTS e dos encargos fiscais e previdenciários serão efetuados conforme regulamentação do Poder Executivo.

Compete ao OGMO, ao operador portuário e ao empregador, conforme o caso, cumprir e fazer cumprir as normas relativas à saúde e à segurança do trabalhador.

4.2. Avulso não portuário

Avulso não portuário é o trabalhador avulso não intermediado pelo OGMO, e sim pelo sindicato da categoria profissional respectiva. Exemplo atual é o dos trabalhadores avulsos em atividades de movimentação de mercadorias em geral, cuja situação jurídica foi regulamentada pela Lei 12.023/2009, os quais serão necessariamente intermediados pelo sindicato respectivo, nos seguintes termos:

Art. 1º As atividades de movimentação de mercadorias em geral exercidas por trabalhadores avulsos, para os fins desta Lei, são aquelas desenvolvidas em áreas urbanas ou rurais sem vínculo empregatício, mediante intermediação obrigatória do sindicato da categoria, por meio de Acordo ou Convenção Coletiva de Trabalho para execução das atividades.

Parágrafo único. A remuneração, a definição das funções, a composição de equipes e as demais condições de trabalho serão objeto de negociação entre as entidades representativas dos trabalhadores avulsos e dos tomadores de serviços.

Além destes, também é possível vislumbrar outros avulsos não portuários, bastando para tal que sejam trabalhadores que ofereçam sua força de trabalho a diversos tomadores, por breves períodos de tempo, intermediados pelo sindicato da categoria.

O art. 2º define as atividades abrangidas pela Lei 12.023/2009 nos seguintes termos:

Art. 2º São atividades da movimentação de mercadorias em geral:

I – cargas e descargas de mercadorias a granel e ensacados, costura, pesagem, embalagem, enlonamento, ensaque, arrasto, posicionamento, acomodação, reordenamento, reparação da carga, amostragem, arrumação, remoção, classificação, empilhamento, transporte com empilhadeiras, paletização, ova e desova de vagões, carga e descarga em feiras livres e abastecimento de lenha em secadores e caldeiras;

II – operações de equipamentos de carga e descarga;

III – pré-limpeza e limpeza em locais necessários à viabilidade das operações ou à sua continuidade.

As atividades supramencionadas deverão ser exercidas, alternativamente, por dois tipos de trabalhadores: (a) empregados dos tomadores; ou (b) avulsos intermediados pelo sindicato da categoria profissional.

Cabe ao sindicato organizar a escala de trabalho (garantindo a isonomia entre os trabalhadores) e a folha de pagamento dos avulsos, especificando o trabalho realizado. Também é dever do sindicato repassar aos trabalhadores, em 72 horas úteis, contadas do pagamento pelo tomador dos serviços, a remuneração dos avulsos, sob pena de responsabilização pessoal e solidária dos dirigentes.

A observância das normas de higiene, saúde e segurança do trabalho fica a cargo tanto do sindicato quanto dos tomadores dos serviços.

Além disso, cabe aos tomadores de serviço repassar ao sindicato, no prazo de 72 horas úteis, contadas do término do trabalho, a remuneração contratada, aí incluídas as demais parcelas a que fazem jus os avulsos, como décimo terceiro e férias, entre outras, ficando o tomador solidariamente responsável pelo efetivo pagamento aos trabalhadores.

O tomador de serviços deverá efetuar o pagamento para o sindicato dos valores devidos pelos serviços prestados ou dias trabalhados, acrescidos dos percentuais relativos a repouso remunerado, 13º salário e férias acrescidas de 1/3, no prazo máximo de 72 horas úteis, contadas a partir do encerramento do trabalho requisitado, além de efetuar o recolhimento do FGTS e encargos sociais.

O art. 8º da Lei 12.023 reconhece expressamente que as empresas tomadoras do trabalho avulso respondem solidariamente pela efetiva remuneração do trabalho contratado, e o art. 9º estabelece que as empresas tomadoras do trabalho avulso são responsáveis pelo fornecimento dos equipamentos de proteção individual e por zelar pelo cumprimento das normas de segurança no trabalho.

Ademais, o art. 7º, XXXIV, da CRFB garante a igualdade de direitos entre o trabalhador avulso e o trabalhador com vínculo empregatício permanente, razão pela qual são garantidos aos avulsos todos os direitos trabalhistas constantes da CRFB.

Observe-se, inclusive, que tal paridade de direitos tem levado a jurisprudência a estender ao avulso outros direitos trabalhistas, ainda que assegurados apenas no plano infraconstitucional. A título de exemplo, mencione-se julgado da SDI-1 do TST:

(...) 2 – Vale-transporte. Trabalhador avulso. Nos termos do art. 7º, XXXIV, da Constituição Federal, ao trabalhador avulso foram assegurados todos os direitos compatíveis do trabalhador com vínculo de emprego permanente, incluído o vale-transporte. Precedentes. Afora isso, a partir do cancelamento da Orientação Jurisprudencial 215 da SBDI-1 do TST, impõe-se o entendimento de que é do empregador o ônus de comprovar que o trabalhador não satisfaz os requisitos indispensáveis à obtenção do vale-transporte. Recurso de revista não conhecido. (TST, 2ª Turma, RR 11200-61.2008.5.02.0254, Rel. Min. Delaíde Miranda Arantes, *DEJT* 26.09.2014)

5. TRABALHO VOLUNTÁRIO

Trabalho voluntário é, nos termos do art. 1º da Lei 9.608/1998, "a atividade não remunerada prestada por pessoa física a entidade pública de qualquer natureza ou a instituição privada de fins não lucrativos que tenha objetivos cívicos, culturais, educacionais, científicos, recreativos ou de assistência à pessoa. Parágrafo único. O serviço voluntário não gera vínculo empregatício, nem obrigação de natureza trabalhista previdenciária ou afim".

A grande distinção entre a relação de trabalho voluntário e a relação de emprego é a ausência da intenção onerosa na primeira, isto é, a prestação de serviços com intenção graciosa ou benevolente, ao passo que, na relação de emprego, há sempre intenção onerosa (*animus contrahendi*).

O serviço voluntário será exercido mediante a celebração de termo de adesão entre a entidade, pública ou privada, e o prestador do serviço voluntário, dele devendo constar o objeto e as condições de seu exercício (Lei 9.608, art. 2º).

Destaque-se que é possível ressarcimento do trabalho de eventuais despesas que comprovadamente foram realizadas no trabalho voluntário. Essas despesas devem estar expressamente autorizadas pela entidade a que for prestado o serviço.

Art. 3º O prestador do serviço voluntário poderá ser ressarcido pelas despesas que comprovadamente realizar no desempenho das atividades voluntárias.

Parágrafo único. As despesas a serem ressarcidas deverão estar expressamente autorizadas pela entidade a que for prestado o serviço voluntário.

6. TRABALHO INSTITUCIONAL

É a relação de trabalho de natureza estatutária mantida com a Administração Pública. Nessa relação jurídica, não se forma vínculo de emprego, e sim vínculo estatutário, o qual é regido pelo Direito Administrativo.

Não se aplicam a servidores públicos estatutários as normas de proteção ao empregado, e sim as normas próprias previstas nos estatutos, os quais impõem aos servidores públicos regimes jurídicos diferenciados.

7. ESTÁGIO

A Lei 11.788/2008 conceitua o estágio nos seguintes termos:

Art. 1º Estágio é ato educativo escolar supervisionado, desenvolvido no ambiente de trabalho, que visa à preparação para o trabalho produtivo de educandos que estejam frequentando o ensino regular em instituições de educação superior, de educação profissional, de ensino médio, da educação especial e dos anos finais do ensino fundamental, na modalidade profissional da educação de jovens e adultos.

O estágio faz parte do projeto pedagógico do curso e poderá ser **obrigatório** ou **não obrigatório**, conforme previsão na grade do curso. Será *obrigatório* se constituir pré-requisito para conclusão e obtenção de certificado do curso. Por sua vez, será *não obrigatório* se previsto no programa do curso como atividade opcional, que, se realizada, será acrescida à carga horária obrigatória.

As atividades de extensão, de monitorias e de iniciação científica na educação superior, desenvolvidas pelo estudante, poderão ser equiparadas ao estágio em caso de previsão no projeto pedagógico do curso.

> Art. 2º O estágio poderá ser obrigatório ou não obrigatório, conforme determinação das diretrizes curriculares da etapa, modalidade e área de ensino e do projeto pedagógico do curso.
>
> § 1º Estágio obrigatório é aquele definido como tal no projeto do curso, cuja carga horária é requisito para aprovação e obtenção de diploma.
>
> § 2º Estágio não obrigatório é aquele desenvolvido como atividade opcional, acrescida à carga horária regular e obrigatória.
>
> § 3º As atividades de extensão, de monitorias e de iniciação científica na educação superior, desenvolvidas pelo estudante, somente poderão ser equiparadas ao estágio em caso de previsão no projeto pedagógico do curso.

O estágio, se regular, não cria vínculo de emprego com o tomador. A lei estipula os requisitos para configuração do estágio lícito:

> Art. 3º O estágio, tanto na hipótese do § 1º do art. 2º desta Lei quanto na prevista no § 2º do mesmo dispositivo, não cria vínculo empregatício de qualquer natureza, observados os seguintes requisitos:
>
> I – **matrícula e frequência regular do educando em curso** de educação superior, de educação profissional, de ensino médio, da educação especial e nos anos finais do ensino fundamental, na modalidade profissional da educação de jovens e adultos e atestados pela instituição de ensino;
>
> II – **celebração de termo de compromisso** entre o educando, a parte concedente do estágio e a instituição de ensino;
>
> III – **compatibilidade entre as atividades desenvolvidas no estágio e aquelas previstas no termo de compromisso.**
>
> § 1º O estágio, como ato educativo escolar supervisionado, **deverá ter acompanhamento efetivo pelo professor orientador da instituição de ensino e por supervisor da parte concedente**, comprovado por vistos nos relatórios referidos no inciso IV do *caput* do art. 7º desta Lei e por menção de aprovação final.
>
> § 2º **O descumprimento** de qualquer dos incisos deste artigo ou de qualquer obrigação contida no termo de compromisso **caracteriza vínculo de emprego** do educando com a parte concedente do estágio para todos os fins da legislação trabalhista e previdenciária. (destacamos)

O § 2º do art. 3º deixa claro que o descumprimento de qualquer dos incisos desse artigo ou de qualquer obrigação contida no termo de compromisso caracteriza vínculo de emprego do educando com a parte concedente do estágio.

A Lei do Estágio prevê a possibilidade de estrangeiro, portador de visto temporário de estudante, matriculado em curso superior no Brasil, ser estagiário. Sobre esse assunto, a Lei 13.445/2017 (Lei de Migração) dispôs:

> Art. 14. § 4º: O visto temporário para estudo poderá ser concedido ao imigrante que pretenda vir ao Brasil para frequentar curso regular ou **realizar estágio** ou intercâmbio de estudo ou de pesquisa. (destacamos)

É facultativa a presença do agente de integração quando da formalização do contrato de estágio, vedada, entretanto, a cobrança de qualquer valor do estudante.

> Art. 5º, § 3º, da Lei 11.788/2008: Os agentes de integração serão responsabilizados civilmente se indicarem estagiários para a realização de atividades não compatíveis com a programação curricular estabelecida para cada curso, assim como estagiários matriculados em cursos ou instituições para as quais não há previsão de estágio curricular.

Portanto, no caso de estágio irregular, os agentes de integração não respondem no âmbito trabalhista (reconhecimento do vínculo de emprego e efeitos patrimoniais daí advindos), mas somente na esfera cível, de forma regressiva.

Também é importante mencionar que a lei proíbe que o agente de integração atue como representante de uma das partes (normalmente o fazia como representante da entidade concedente), e o admite como mero intermediário na contratação, cuidando do recrutamento, da contratação do seguro contra acidentes pessoais, da formalização do termo de compromisso etc.

O estágio deverá ser supervisionado tanto pela instituição de ensino quanto pela parte concedente. Será destacado pela instituição de ensino, entre os profissionais vinculados à área de atuação do estagiário, o orientador, que ficará responsável pelo acompanhamento e pela avaliação do estagiário. O aluno deve apresentar, no mínimo a cada seis meses, relatório de atividades.

A parte concedente, por sua vez, deve indicar empregado que tenha formação ou experiência na área de atuação do estagiário, a fim de que oriente e supervisione até dez estagiários de cada vez. Além disso, deve enviar à instituição de ensino, no mínimo a cada seis meses, relatório das atividades do estagiário.

i) Direitos do estagiário

Conforme se extrai da Lei 11.788/2008, são direitos do estagiário:

a) Seguro contra acidentes pessoais contratado pela parte concedente, que deve ser compatível com os valores de mercado (art. 9º, IV).

O parágrafo único do art. 9º da Lei 11.788 dispõe que, no caso de estágio obrigatório, a responsabilidade pela contratação do seguro contra acidentes pessoais poderá, alternativamente, ser assumida pela instituição de ensino.

b) Limitação de jornada, que deve ser compatível com as atividades escolares, nos seguintes termos:

> Art. 10. A jornada de atividade em estágio será definida de comum acordo entre a instituição de ensino, a parte concedente e o aluno estagiário ou seu representante legal, devendo constar do termo de compromisso ser compatível com as atividades escolares e não ultrapassar:
>
> I – 4 (quatro) horas diárias e 20 (vinte) horas semanais, no caso de estudantes de educação especial e dos anos finais do ensino fundamental, na modalidade profissional de educação de jovens e adultos;
>
> II – 6 (seis) horas diárias e 30 (trinta) horas semanais, no caso de estudantes do ensino superior, da educação profissional de nível médio e do ensino médio regular.
>
> § 1º O estágio relativo a cursos que alternam teoria e prática, nos períodos em que não estão programadas aulas presenciais, poderá ter jornada de até 40 (quarenta) horas semanais, desde que isso esteja previsto no projeto pedagógico do curso e da instituição de ensino.
>
> § 2º Se a instituição de ensino adotar verificações de aprendizagem periódicas ou finais, nos períodos de avaliação, a carga horária do estágio será reduzida pelo menos à metade, segundo estipulado no termo de compromisso, para garantir o bom desempenho do estudante.

c) Duração do estágio não superior a 2 anos, exceto quando se tratar de estagiário com deficiência (art. 11).

d) Obrigatoriedade da concessão de bolsa e auxílio-transporte no caso de realização de estágio não obrigatório (art. 12). Observe-se que a lei não se refere a vale-transporte, nos termos em que o benefício é conhecido na seara trabalhista, e sim a auxílio-transporte. Logo, é vedado qualquer desconto a esse título.

e) Concessão de outros benefícios, tais como transporte, alimentação e saúde, sem configurar vínculo empregatício, desde que observados os demais requisitos legais para configuração do estágio lícito (art. 12, § 1º).

f) Recesso de 30 dias para os estágios iguais ou superiores a um ano (art. 13, *caput*). Observe-se bem que não se trata de férias, e sim de recesso, pelo que indevido o adicional de 1/3 de férias. Para estágio pactuado por período inferior a um ano, o recesso deve ser concedido de forma proporcional. Em qualquer modalidade de estágio, se o estagiário receber bolsa (ou outra forma de contraprestação), o recesso deverá ser remunerado.

g) Garantia, pela parte concedente do estágio, da implementação da legislação relacionada à segurança e à saúde do trabalhador (art. 14). Trata-se de garantir ao estagiário a proteção mínima no que diz respeito à saúde e à segurança do trabalhador, como realização de exame médico admissional, fornecimento e uso de equipamentos de proteção individual etc.

ii) Da descaracterização do estágio

Descumprido qualquer um dos requisitos para caracterização lícita do estágio, restará configurada a relação de emprego entre o estagiário e a parte concedente, pelo que cabe à fiscalização do trabalho a lavratura de auto de infração por falta de registro.

No caso de reincidência específica, confirmada em processo administrativo, a parte concedente fica proibida de admitir estagiários pelo período de dois anos (art. 15, § 1º).

A lei estabelece a seguinte relação, exceto em relação a estagiários de nível superior e médio profissional (art. 17, § 4º):

Quantidade de empregados do estabelecimento (art. 17, I a IV)	Nº máximo de estagiários admitido
de 1 a 5	1
de 6 a 10	2
de 11 a 25	5
acima de 25	até 20%

Para fins de fixação da cota para estagiários, considera-se quadro de pessoal o conjunto de trabalhadores empregados existentes no estabelecimento do estágio.

Além disso, 10% das vagas de estágio oferecidas pela parte concedente devem ser destinadas às pessoas com deficiência (PcD).

8. SALÃO-PARCEIRO/PROFISSIONAL-PARCEIRO

A Lei 12.592/2012, com as alterações efetuadas pela Lei 13.352/2016, passa a dispor sobre o contrato de parceria entre os profissionais que exercem as atividades de cabeleireiro, barbeiro, esteticista, manicure, pedicure, depilador e maquiador e pessoas jurídicas registradas como salão de beleza.

O que prevê a Lei 12.592/2012?

A Lei 12.592/2012 prevê que os salões de beleza poderão celebrar contratos de parceria, **por escrito**, com cabeleireiros, barbeiros, esteticistas, manicures, pedicures, depiladores e maquiadores, por meio dos quais esses profissionais trabalharão no salão **sem vínculo empregatício**, recebendo uma cota-parte dos valores pagos pelos clientes, e a outra cota-parte ficará com o salão.

Essa lei deixa expresso que "O profissional-parceiro não terá relação de emprego ou de sociedade com o salão-parceiro enquanto perdurar a relação de parceria" (art. 1º-A, § 11).

cuidado

A referida lei não se aplica a todos os empregados de salão. Ela será aplicada especificamente aos empregados que trabalham como cabeleireiro, barbeiro, esteticista, manicure, pedicure, depilador e maquiador, não se aplicando a recepcionista, caixa etc.

O salão-parceiro será responsável pela centralização dos pagamentos e recebimentos decorrentes das atividades de prestação de serviços de beleza realizadas pelo profissional-parceiro e realizará a retenção de sua cota-parte percentual, fixada no contrato de parceria, bem como dos valores de recolhimentos de tributos e contribuições sociais e previdenciárias devidos pelo profissional-parceiro incidentes sobre a cota-parte que a este couber parceria.

O profissional-parceiro não poderá assumir as responsabilidades e obrigações decorrentes da administração da pessoa jurídica do salão-parceiro, de ordem contábil, fiscal, trabalhista e previdenciária incidentes, ou quaisquer outras relativas ao funcionamento do negócio.

O contrato de parceria de que trata a Lei 12.592/2012 será firmado entre as partes, mediante ato escrito, homologado pelo sindicato da categoria profissional e laboral e, na ausência destes, pelo órgão local competente do MTE, perante duas testemunhas (art. 1º-A, § 8º). Estamos diante de um contrato de natureza cível.

Qual é a natureza jurídica do valor que fica para o salão?

A cota-parte que ficará para o salão-parceiro (art. 1º-A, § 4º) ocorrerá a título de:

- atividade de aluguel de bens móveis e de utensílios para o desempenho das atividades de serviços de beleza; e/ou
- serviços de gestão, de apoio administrativo, de escritório, de cobrança e de recebimentos de valores transitórios recebidos de clientes das atividades de serviços de beleza.

Em outras palavras, o salão-parceiro recebe uma parte do pagamento pelo fato de ceder a sua estrutura física e/ou por oferecer ao profissional todo o apoio administrativo para que este realize seus serviços.

Qual é a natureza jurídica do valor que fica para o profissional?

A cota-parte destinada ao profissional-parceiro será feita como retribuição pelo fato de ele ter realizado os serviços de beleza em favor dos clientes. Assim, o profissional receberá uma espécie de "comissão", e não "salário", considerando que não é empregado.

Requisitos do contrato de parceria

O contrato de parceria deverá ser:

a) feito por ato escrito;
b) homologado pelo sindicato da categoria profissional e laboral e, na ausência destes, pelo órgão local competente do Ministério do Trabalho e Emprego;
c) celebrado perante duas testemunhas, que também assinarão o pacto.

OBS.: o profissional-parceiro poderá celebrar o contrato como pessoa física (microempreendedor individual) ou como pessoa jurídica (pequenos empresários ou microempresários). Mesmo que inscrito como pessoa jurídica, o profissional-parceiro será assistido pelo seu sindicato de categoria profissional e, na ausência deste, pelo órgão local competente do Ministério do Trabalho e Emprego.

São **cláusulas obrigatórias** do contrato de parceria:

a) **Percentual das retenções pelo salão-parceiro dos valores recebidos por cada serviço prestado pelo profissional-parceiro.**

Atente-se para o fato de o contrato não estabelecer um percentual mínimo para o trabalhador. Dessa forma, é possível que seja contratado um cabeleireiro e estipulado no contrato que 80% fiquem para o salão e 20% para o profissional-parceiro.

b) Obrigação, por parte do salão-parceiro, de retenção e recolhimento dos tributos e contribuições sociais e previdenciárias devidos pelo profissional-parceiro em decorrência da atividade deste na parceria.

c) Condições e periodicidade do pagamento do profissional-parceiro, por tipo de serviço oferecido.

d) Direitos do profissional-parceiro quanto ao uso de bens materiais necessários ao desempenho das atividades profissionais, bem como sobre o acesso e a circulação nas dependências do estabelecimento.

e) Possibilidade de rescisão unilateral de contrato, no caso de não subsistir interesse na sua continuidade, **mediante aviso-prévio de, no mínimo, 30 dias**.

f) Responsabilidade de ambas as partes com a manutenção e higiene de materiais e equipamentos, das condições de funcionamento do negócio e do bom atendimento dos clientes.

g) Obrigação, por parte do profissional-parceiro, de manutenção da regularidade de sua inscrição perante as autoridades fazendárias.

O profissional-parceiro não terá relação de emprego ou de sociedade com o salão-parceiro enquanto perdurar a relação de parceria. Todavia, haverá vínculo empregatício quando não existir contrato de parceria formalizado na forma descrita na lei ou o profissional-parceiro desempenhar funções diferentes das descritas no contrato de parceria.

> Ação direta de inconstitucionalidade. Lei Federal n. 13.352, de 27 de outubro de 2016, conhecida como Lei do Salão-Parceiro. Constitucionalidade.
>
> 1. São válidos os contratos de parceria celebrados entre trabalhador do ramo da beleza (cabeleireiro, barbeiro, esteticista, manicure, pedicure, depilador e maquiador), denominado "profissional-parceiro", e o respectivo estabelecimento, chamado "salão-parceiro", em consonância com as normas contidas na Lei federal n. 13.352/2016.
>
> 2. A higidez do contrato é condicionada à conformidade com os fatos, de modo que é nulo instrumento com elementos caracterizadores de relação de emprego.
>
> 3. Estando presentes elementos que sinalizam vínculo empregatício, este deverá ser reconhecido pelo Poder Público, com todas as consequências legais decorrentes, previstas especialmente na Consolidação da Leis do Trabalho.
>
> 4. Pedido julgado improcedente.
>
> (STF, Plenário, ADI 5625/DF, Rel. Min. Edson Fachin, Red. do Acórdão Min. Nunes Marques, j. 28.10.2021, *DJe* 29.03.2022)

Vamos de resumo em tabelas?

EMPREGADO	
Conceito	Art. 3º Considera-se empregado toda pessoa física que prestar serviços de natureza não eventual a empregador, sob a dependência deste e mediante salário.
Requisitos	O conteúdo da relação laboral é irrelevante para configuração do vínculo. O que distingue a relação de emprego é o modo de concretização da obrigação de fazer (realizada por pessoa física, pessoalmente, mediante subordinação, com não eventualidade e com intuito oneroso).

ALTOS EMPREGADOS	
Cargos ou funções de confiança ou gestão	Enquadrados no inciso II do art. 62 da CLT: excluídos do regime de jornada. Padrão salarial mais elevado (acréscimo de 40% sobre o salário efetivo).
Empregados ocupantes de cargos ou funções de confiança do segmento bancário	Enquadrados no § 2º do art. 224 da CLT: funções de direção, gerência, fiscalização, chefia e equivalentes ou que desempenhem outros cargos de confiança. Padrão salarial mais elevado (não inferior a um terço do salário do cargo efetivo).
Diretor empregado	Compatibilidade controversa entre a possibilidade do diretor e a do empregado. 4 vertentes: (a) com a assunção ao cargo de diretor, há extinção do contrato empregatício, dada a incompatibilidade das situações; (b) a incompatibilidade de situações provocaria tão somente a suspensão do contrato de emprego; (c) há invocação da mera interrupção da prestação de serviços, de modo que o período ocupado na diretoria é computado no tempo de serviço do empregado; (d) não há alteração da situação jurídica do empregado, que continua a desfrutar dos direitos inerentes a essa condição.
Sócio empregado	Não há, em princípio, incompatibilidade entre as figuras de sócio e empregado, que podem estar sintetizadas na mesma pessoa física. Tudo dependerá da intensidade de sua participação na empresa, perdendo a qualidade de empregado quando, pela sua interferência nos interesses da sociedade, sobrepujar a figura do sócio, ou seja, prevalência da *affectio societatis*.
Trabalhador hipersuficiente[1]	Empregado portador de diploma de nível superior e que perceba salário mensal igual ou superior a duas vezes o limite máximo dos benefícios do Regime Geral de Previdência Social. Tem poder para negociar com o empregador nos mesmos moldes que o sindicato (art. 444, parágrafo único, da CLT).
Trabalhadores intelectuais	Art. 3º, parágrafo único: Não haverá distinções relativas à espécie de emprego e à condição de trabalhador, nem entre o trabalho intelectual, técnico e manual.

---

[1] ATENÇÃO! Para pactuação de **cláusula compromissória de arbitragem**, apenas é necessário que o trabalhador perceba remuneração mensal superior a duas vezes o limite máximo dos benefícios do RGPS.

QUESTÕES PARA TREINO

1. **(MPT – MPT – Procurador do Trabalho – 2022 – adaptada)** Acerca do teletrabalho ou trabalho remoto, é **incorreto** afirmar:

   Em razão da natureza do trabalho desenvolvido por estagiários e aprendizes, não lhes é permitida a adoção do regime de teletrabalho ou trabalho remoto.

   Errado.

2. **(MPT – MPT – Procurador do Trabalho – 2022 – adaptada)** Sobre o trabalho em frigoríficos, é **incorreto** afirmar:

   As câmaras frias devem possuir dispositivo que possibilite abertura das portas pelo interior sem muito esforço, e alarme ou outro sistema de comunicação, que possa ser acionado pelo interior, em caso de emergência.

   Certo.

3. **(MPT – MPT – Procurador do Trabalho – 2022 – adaptada)** Sobre o trabalho em frigoríficos, é INCORRETO afirmar:

   Para os trabalhadores que exercem suas atividades em ambientes artificialmente frios e para os que movimentam mercadorias do ambiente quente ou normal para o frio e vice-versa, depois de uma hora e quarenta minutos de trabalho contínuo, será assegurado um período mínimo de vinte minutos de repouso.

   Certo.

4. **(MPT – MPT – Procurador do Trabalho – 2022 – adaptada)** Sobre o trabalho em frigoríficos, é **incorreto** afirmar:

   Para que o trabalhador que movimenta mercadorias entre os ambientes normais ou quentes para o ambiente artificialmente frio ou vice-versa faça jus à pausa psicofisiológica deve estar configurada, na passagem de um ambiente para o outro, a variação de temperatura superior a dez graus Celsius.

   Errado.

5. **(MPT – MPT – Procurador do Trabalho – 2022 – adaptada)** Sobre o trabalho em frigoríficos, é **incorreto** afirmar:

   Empregado submetido a trabalho contínuo em ambiente artificialmente frio, ainda que não labore em câmara frigorífica, tem direito ao intervalo intrajornada, nos termos do art. 253 da Consolidação das Leis do Trabalho.

   Certo.

6. **(MPT – MPT – Procurador do Trabalho – 2022 – adaptada)** Acerca da jurisprudência do Supremo Tribunal Federal em matéria de Direito do Trabalho, analise a seguinte assertiva:

São válidos os contratos de parceria celebrados entre trabalhador do ramo da beleza, denominado "profissional-parceiro", e o respectivo estabelecimento, chamado "salão-parceiro", em consonância com as normas contidas na Lei 13.352/2016, mas serão nulos se presentes os elementos caracterizadores de relação de emprego.

Certo.

7. **(MPT – MPT – Procurador do Trabalho – 2022 – adaptada)** Acerca da jurisprudência do Supremo Tribunal Federal em matéria de Direito do Trabalho, analise a seguinte assertiva:

    A aplicação do princípio da ultratividade das normas coletivas é inconstitucional.

    Certo.

8. **(MPT – MPT – Procurador do Trabalho – 2022 – adaptada)** Acerca da jurisprudência do Supremo Tribunal Federal em matéria de Direito do Trabalho, analise a seguinte assertiva:

    É ilícita a terceirização ou qualquer outra forma de divisão do trabalho entre pessoas jurídicas com o mesmo objeto social.

    Errado.

9. **(MPT – MPT – Procurador do Trabalho – 2022 – adaptada)** Acerca da jurisprudência do Supremo Tribunal Federal em matéria de Direito do Trabalho, analise a seguinte assertiva:

    O Supremo Tribunal Federal decidiu que é constitucional a denúncia da Convenção 158 da Organização Internacional do Trabalho, que trata do Término da Relação de Trabalho por Iniciativa do Empregador, pelo Decreto 2.100, de 1996.

    Errado.

10. **(Quadrix – Prodam-AM – Analista de Recursos Humanos – 2022 – adaptada)** Considerando os sujeitos envolvidos no contrato de trabalho, é correto afirmar:

    Equiparam-se ao empregador, para os efeitos exclusivos da relação de emprego, os profissionais liberais, as instituições de beneficência, as associações recreativas ou outras instituições sem fins lucrativos que admitirem trabalhadores como empregados.

    Certo.

EMPREGADOR E PODERES DO EMPREGADOR

1. EMPREGADOR

A CLT conceitua a figura jurídica do empregador nos seguintes termos:

> Art. 2º Considera-se empregador **a empresa**, individual ou coletiva, que, assumindo os riscos da atividade econômica, admite, assalaria e dirige a prestação pessoal de serviço.
>
> § 1º Equiparam-se ao empregador, para os efeitos exclusivos da relação de emprego, os profissionais liberais, as instituições de beneficência, as associações recreativas ou outras instituições sem fins lucrativos, que admitirem trabalhadores como empregados. (destacamos)

O empregado não divide os riscos da atividade econômica com o empregador. Assim sendo, momentos de crise mundial, baixa produtividade e vendas abaixo das expectativas não autorizam, em regra, que o empregador reduza ou desconte os salários de seus empregados. Não poderia ser diferente, pois as empresas não estão obrigadas a dividir os lucros com seus trabalhadores, logo os prejuízos também não poderão ser repartidos.

A redução salarial não pode ser realizada de forma individual pelo empregador, salvo quanto ao período de vigência da Lei 14.020/2020, que, excepcionalmente, autorizou a redução por acordo individual, fato esse chancelado pelo STF. No entanto, há possibilidade de redução da jornada de trabalho e do salário por acordo ou convenção coletiva. Nesse sentido, o art. 7º, VI, da CF/1988 e o art. 611-A, § 3º, da CLT:

> CF/1988, art. 7º, VI: irredutibilidade do salário, salvo o disposto em convenção ou acordo coletivo; (...).
>
> CLT, art. 611-A, § 3º: Se for pactuada cláusula que reduza o salário ou a jornada, a convenção coletiva ou o acordo coletivo de trabalho deverão prever a proteção dos

empregados contra dispensa imotivada durante o prazo de vigência do instrumento coletivo. (Incluído pela Lei 13.467, de 2017)

A responsabilidade exclusiva da empresa pelos prejuízos ou pelo fracasso do empreendimento é chamada de **princípio da alteridade**.

1.1. Características da figura do empregador

São características do empregador (ou, ainda, efeitos jurídicos decorrentes de sua existência) a sua **despersonalização** e a **assunção dos riscos do empreendimento** (princípio da alteridade) e do próprio trabalho contratado.

1.1.1. Despersonalização

Quando do estudo da pessoalidade como requisito da relação de emprego, verifica-se que esse caráter infungível é essencial em relação à figura do emprega-do, não havendo em relação à figura do empregador. **O empregado se vincula ao empreendimento, e não à pessoa do empregador**, permitindo assim que se afirme que a mudança subjetiva na empresa (mudança dos sócios, por exemplo) não afe-tará os contratos de trabalho vigentes. **Logo, em relação à pessoa do empregador predomina a *impessoalidade*, o que viabiliza a aplicação concreta do princípio da continuidade da relação de emprego.**

1.1.2. Assunção dos riscos do empreendimento

Ao atribuir exclusivamente ao empregador os riscos do empreendimento (art. 2º), **a CLT proíbe que sejam distribuídos eventuais prejuízos entre os empregados.** O contrato de trabalho não é um contrato de resultado, e sim um contrato de prestação (atividade). A parte que cabe ao empregado nesse contrato é simplesmente colocar à disposição do empregador sua energia de trabalho e cumprir as ordens patronais quanto ao modo de execução do trabalho.

A *alheabilidade* da prestação dos serviços é uma característica da relação de emprego. Nesse diapasão, se o empreendimento resulta em lucros, não será dividido com os empregados esse resultado positivo, sendo certo que os obreiros continuarão a receber seus salários normais. Em contrapartida, se o empreendimento resulta em perdas ou prejuízos, também não caberá ao empregado suportar tal resultado negativo.

2. SUCESSÃO DE EMPREGADORES

Conforme visto anteriormente, empregador é a empresa individual ou coleti-va que assume os riscos da atividade econômica. O contrato de trabalho não está vinculado à figura do empregador, mas, sim, à figura da empresa. Se, por um lado, a pessoalidade é requisito indispensável para configurar o empregado, por outro, a impessoalidade é traço marcante para o empregador, pois as mudanças na estrutura jurídica da empresa não afetam os contratos de trabalho em curso.

O fundamento legal da sucessão trabalhista está previsto nos seguintes artigos da CLT:

> Art. 10. Qualquer alteração na estrutura jurídica da empresa não afetará os direitos adquiridos por seus empregados.
>
> (...)
>
> Art. 448. A mudança na propriedade ou na estrutura jurídica da empresa não afetará os contratos de trabalho dos respectivos empregados.

O fundamento doutrinário da sucessão de empregadores é extraído dos **princípios da intangibilidade objetiva do contrato de emprego** (manutenção das cláusulas mesmo com a sucessão, porque o contrato não pode ser alterado), da **continuidade da relação de emprego** e da **despersonalização do empregador.** Isso porque a relação de emprego tem como requisito a infungibilidade quanto à pessoa do empregado, mas não quanto à pessoa do empregador. Assim, o empregado se vincula à empresa, ao empreendimento, e não ao titular desse empreendimento, razão pela qual a alteração do titular (ou da estrutura jurídica da empresa) não acarreta prejuízos aos direitos dos empregados nem coloca em risco a manutenção dos contratos de trabalho

A Lei 13.467/2017 introduziu dispositivo na CLT específico sobre a responsabilidade da empresa sucessora:

> Art. 448-A. Caracterizada a sucessão empresarial ou de empregadores prevista nos arts. 10 e 448 desta Consolidação, **as obrigações trabalhistas, inclusive as contraídas à época em que os empregados trabalhavam para a empresa sucedida, são de responsabilidade do sucessor.**
>
> Parágrafo único. A empresa sucedida responderá **solidariamente** com a sucessora quando ficar comprovada **fraude** na transferência. (destacamos)

A reforma trabalhista acrescentou o citado artigo à CLT para prever a responsabilidade do sucessor e do sucedido caso configurada a sucessão trabalhista. Antes da reforma trabalhista, a responsabilidade das empresas era determinada pela doutrina e pela jurisprudência, que já estabeleciam a responsabilidade do sucessor pelos débitos trabalhistas. O sucessor, portanto, assumia o bônus (riquezas produzidas pela empresa sucedida) e o ônus (débitos trabalhistas) decorrentes da sucessão.

De acordo com a redação do artigo supramencionado, as obrigações trabalhistas, inclusive aquelas contraídas à época em que os empregados trabalhavam para a empresa sucedida, são de responsabilidade do sucessor. **Portanto, o sucessor terá a responsabilidade sobre todos os débitos trabalhistas, ainda que a verba se refira ao momento de prestação de serviços para o sucedido.**

O parágrafo único do art. 448-A estabelece uma única exceção para que haja responsabilidade tanto do sucessor quanto do sucedido. Ambos responderão **solidariamente** quando ficar constatada **fraude na transferência das empresas.** Exemplo: se a empresa sucedida efetuar a transferência para evitar o pagamento dos débitos trabalhistas ou para dificultar sua exigência em juízo, responderá solidariamente com a empresa sucessora.

A celebração do contrato de exclusão de responsabilidade, prevendo que o comprador do estabelecimento não será responsável pelo passivo trabalhista, fiscal e previdenciário, **não tem efeito na Justiça do Trabalho**, pois há expressa previsão em lei sobre a sucessão. Os arts. 10, 448 e 448-A da CLT são imperativos, não cabendo transação entre as partes. É importante ressaltar que será cabível o ajuizamento de ação de regresso por uma empresa em relação a outra, devendo tal ação ser ajuizada na Justiça Comum.

Tantos empregadores urbanos quanto rurais sujeitam-se à sucessão trabalhista e a seus efeitos. Nesse sentido, dispõe o art. 1º da Lei 5.889/1973 que "As relações **de trabalho rural serão reguladas por esta Lei e, no que com ela não colidirem, pelas normas da Consolidação das Leis do Trabalho".**

A **exceção** fica por conta do **empregador doméstico**, que não se sujeita à sucessão trabalhista em razão das peculiaridades da relação empregatícia firmada; a uma, porque existe no vínculo de emprego doméstico certa pessoalidade também em relação ao empregador; e a duas, porque o trabalho doméstico não visa ao resultado lucrativo ou econômico, e a energia de trabalho não é tomada por "empresa", mas apenas por pessoa física e/ou grupo familiar. Se não existe empresa, não pode haver fixação do empregado no empreendimento, logo não se cogita da sucessão.

Mencione-se que, embora a Lei Complementar 150/2015 disponha no sentido da aplicação subsidiária da CLT ao doméstico, a condiciona à observância das peculiaridades do trabalho doméstico. No caso, pelas razões mencionadas anteriormente, não há que se falar em compatibilidade dos arts. 10 e 448 do texto consolidado com as peculiaridades do trabalho doméstico.

2.1. Sócio retirante

Em que pese a CLT não ter trazido o conceito de sócio retirante, é possível encontrar sua definição no Código Civil. De acordo com o art. 1.029 do CC, qualquer sócio pode retirar-se da sociedade. Se a sociedade for celebrada por prazo indeterminado, deve ser realizada a notificação dos demais sócios, com antecedência mínima de 60 dias. Por sua vez, se for de prazo determinado, deve ser demonstrada judicialmente justa causa para a sua retirada da sociedade.

> CC, art. 1.029: Além dos casos previstos na lei ou no contrato, qualquer sócio pode retirar-se da sociedade; se de prazo indeterminado, mediante notificação aos demais sócios, com antecedência mínima de sessenta dias; se de prazo determinado, provando judicialmente justa causa.
>
> Parágrafo único. Nos trinta dias subsequentes à notificação, podem os demais sócios optar pela dissolução da sociedade.

Ressalta-se que, durante os 30 dias subsequentes à notificação, os demais sócios podem optar pela dissolução da sociedade. Essa dissolução pode ocorrer no caso de eventual inviabilidade na continuação da exploração da atividade econômica sem o sócio retirante.

A possibilidade de retirar-se da sociedade encontra fundamento no art. 5º, XX, da CF/1988, que determina que nenhuma pessoa é obrigada a se associar ou manter associada:

> CF/1988, art. 5º, XX: ninguém poderá ser compelido a associar-se ou a permanecer associado;
>
> (...).

O sócio retirante é aquele que se retira da sociedade mediante notificação prévia aos demais sócios, devendo ocorrer alteração no contrato social da empresa. Nesse caso, salvo disposição contratual em sentido contrário, o valor de sua cota deve ser liquidado com base na situação patrimonial da sociedade à data da resolução.

> CC, art. 1.031: Nos casos em que a sociedade se resolver em relação a um sócio, o valor da sua quota, considerada pelo montante efetivamente realizado, liquidar-se-á, salvo disposição contratual em contrário, com base na situação patrimonial da sociedade, à data da resolução, verificada em balanço especialmente levantado.

De acordo com o art. 10-A da CLT, acrescentado pela reforma trabalhista, o sócio retirante responde subsidiariamente pelas obrigações trabalhistas da sociedade relativas ao período em que figurou como sócio:

> CLT, art. 10-A: O sócio retirante responde subsidiariamente pelas obrigações trabalhistas da sociedade relativas ao período em que figurou como sócio, somente em ações ajuizadas até dois anos depois de averbada a modificação do contrato, observada a seguinte ordem de preferência:
>
> I – a empresa devedora;
>
> II – os sócios atuais; e
>
> III – os sócios retirantes.
>
> Parágrafo único. O sócio retirante responderá solidariamente com os demais quando ficar comprovada fraude na alteração societária decorrente da modificação do contrato.

Para a responsabilização do sócio, será necessário que a reclamação trabalhista seja ajuizada no período de até 2 anos depois de averbada a modificação do contrato. A responsabilidade subsidiária é determinada por um benefício de ordem, ou seja, o empregado somente poderá exigir dos sócios retirantes caso siga a ordem de preferência exigida pela lei:

1) **Empresa devedora:** deve ser cobrada em primeiro lugar, pois é a empregadora.

2) **Atuais sócios da empresa devedora:** devem ser cobrados caso não sejam encontrados bens suficientes para o pagamento dos débitos, visto que eles permanecem na sociedade empresarial (desconsideração da personalidade jurídica).

3) **Sócios retirantes:** devem ser os últimos a serem cobrados, e a responsabilidade dessas pessoas somente ocorrerá se a ação for ajuizada em até dois anos depois de averbada a modificação do contrato, contendo sua retirada da sociedade empresarial.

Portanto, antes de exigir o pagamento das verbas trabalhistas aos sócios retirantes, é necessário cobrar os valores da empresa devedora. Caso não sejam encontrados bens suficientes para a satisfação do crédito, é possível a cobrança dos atuais sócios da empresa e, por fim dos sócios retirantes, desde que, para estes últimos, a ação seja ajuizada em até 2 anos depois de averbada a modificação do contrato.

2.2. Casos especiais de incidência (ou não) da sucessão de empregadores

2.2.1. Desmembramento de municípios

Não há sucessão de empregadores no caso de desmembramento de municípios, isto é, quando se cria um município, cada empregador é responsável pelos créditos trabalhistas do período em que figurou como empregador. A razão da não incidência dos efeitos da sucessão trabalhista, no caso, seria a autonomia político-administrativa de tais entes, nos termos do art. 18, *caput*, da CF/1988.

> OJ 92 da SDI-1 do TST: Em caso de criação de novo município, por desmembramento, cada uma das novas entidades responsabiliza se pelos direitos trabalhistas do empregado no período em que figurarem como real empregador.

2.2.2. Privatização da empresa

A privatização ocorre quando uma empresa pública é adquirida pelo setor privado. Na hipótese de privatização, as antigas contratações sem o prévio concurso público serão convalidadas, pois não se exige, na iniciativa privada, o requisito do concurso. Assim, o servidor que antes estava trabalhando de forma irregular, por ausência do prévio concurso público, após a privatização terá todos os direitos trabalhistas garantidos. Consequentemente, o novo adquirente (sucessor) assumirá TODOS os débitos trabalhistas do antigo proprietário (Estado). Deverá pagar os contratos de trabalho, inclusive dos empregados admitidos sem concurso público.

> Súmula 430 do TST: Convalidam-se os efeitos do contrato de trabalho que, considerado nulo por ausência de concurso público, quando celebrado originalmente com ente da Administração Pública Indireta, continua a existir após a sua privatização.

Cabe destacar que o empregado NÃO terá direito à estabilidade em razão da privatização do ente estatal!

2.2.3. Hasta pública, falência e recuperação judicial

Não obstante a existência de alguma controvérsia doutrinária e jurisprudencial, predomina o entendimento no sentido de que da arrematação de empresa em hasta pública não decorre a sucessão trabalhista. Dois são os argumentos principais. O primeiro deles seria a diferença existente entre a arrematação judicial e o contrato de compra e venda, e a expropriação é forçada e advém de ato processual unilateral do Estado, sem qualquer participação do devedor, a quem o Juiz não representa. O segundo argumento é de ordem legal, consoante o qual a Lei 11.101/2005 (Lei de Recuperação e Falências) afasta expressamente a responsabilidade trabalhista do sucessor pelos débitos do sucedido, nos seguintes termos:

Lei 11.101/2005, art. 60: Se o plano de recuperação judicial aprovado envolver alienação judicial de filiais ou de unidades produtivas isoladas do devedor, o juiz ordenará a sua realização, observado o disposto no art. 142 desta Lei.

Parágrafo único. O objeto da alienação estará livre de qualquer ônus e não haverá sucessão do arrematante nas obrigações do devedor de qualquer natureza, incluídas, mas não exclusivamente, as de natureza ambiental, regulatória, administrativa, penal, anticorrupção, tributária e trabalhista, observado o disposto no § 1º do art. 141 desta Lei.

No caso de falência decretada judicialmente, não haverá sucessão em relação ao adquirente da massa falida:

Lei 11.101/2005, art. 141, II: o objeto da alienação estará livre de qualquer ônus e não haverá sucessão do arrematante nas obrigações do devedor, inclusive as de natureza tributária, as derivadas da legislação do trabalho e as decorrentes de acidentes de trabalho.

Assim, havendo compra da empresa ou de suas filiais, sob qualquer modalidade, ainda que haja a continuidade da prestação do serviço, implicará novo contrato de trabalho em relação ao comprador e extinção sem justa causa em relação ao falido.

2.2.4. Concessão de serviço público

Ocorrendo substituição de concessionário de serviço público, incidirá a sucessão de empregadores quando o novo concessionário adquirir não só as atribuições do primeiro mas também o acervo de bens corpóreos ou incorpóreos, em parte ou totalmente, do antigo concessionário. Ainda a respeito do assunto, cabe mencionar o conteúdo da OJ 225 da SDI-1 do TST, *in verbis*:

OJ 225 da SDI-1: Contrato de concessão de serviço público. Responsabilidade trabalhista (nova redação, *DJ* 20.04.2005).

Celebrado contrato de concessão de serviço público em que uma empresa (primeira concessionária) outorga a outra (segunda concessionária), no todo ou em parte, mediante arrendamento, ou qualquer outra forma contratual, a título transitório, bens de sua propriedade:

I – em caso de rescisão do contrato de trabalho após a entrada em vigor da concessão, a segunda concessionária, na condição de sucessora, responde pelos direitos decorrentes do contrato de trabalho, sem prejuízo da responsabilidade subsidiária da primeira concessionária pelos débitos trabalhistas contraídos até a concessão;

II – no tocante ao contrato de trabalho extinto antes da vigência da concessão, a responsabilidade pelos direitos dos trabalhadores será exclusivamente da antecessora.

Segundo alguns autores, a OJ 225 aparentemente teria sido superada pelo art. 448-A da CLT, incluído pela Lei 13.467/2017, porquanto tal dispositivo afastou qualquer responsabilidade da sucedida, salvo na hipótese de fraude. Todavia, há vozes no sentido de que se trata de situação específica, autêntica tutela de questão de direito administrativo, o que justificaria a manutenção do verbete. Visando à preparação para concursos, para todos os efeitos os verbetes continuam "valendo" até que sejam cancelados pelo TST.

A regra é simples:

✓ **Extinção contratual posterior à concessão** → responsabilidade do sucessor + responsabilidade subsidiária do sucedido.

✓ **Extinção contratual anterior à concessão** → apenas a sucedida responde.

2.2.5. Empregador doméstico

O empregador doméstico também **não se sujeita à sucessão trabalhista** em razão das peculiaridades da relação empregatícia firmada: **há a existência de pessoalidade em relação à figura do empregador + não existe a possibilidade de transferência de estabelecimento**.

2.2.6. Cartórios extrajudiciais

Há divergência na doutrina e na jurisprudência em relação à existência de sucessão no caso de cartório extrajudicial, já que tais serviços públicos são exercidos mediante delegação do Poder Público.

O art. 20 da Lei 8.935/1994 preceitua que os notários e os oficiais de registro poderão contratar escreventes e auxiliares como empregados. Eles são regidos pela CLT.

> Art. 20. Os notários e os oficiais de registro poderão, para o desempenho de suas funções, contratar escreventes, dentre eles escolhendo os substitutos, e auxiliares como empregados, com remuneração livremente ajustada e sob o regime da legislação do trabalho.

Para aqueles que entendem que não há possibilidade de sucessão trabalhista, argumenta-se no sentido de que não há ato negocial entre o antecessor e o novo titular, porque ocorre por meio de aprovação e concurso público.

Todavia, tem prevalecido, no TST, o entendimento no sentido de que a transferência da titularidade de um cartório extrajudicial enseja a transferência de todos os elementos do estabelecimento, especialmente pelo fato de que a CRFB definiu que "Os serviços notariais e de registro são exercidos em caráter privado, por delegação do Poder Público" (art. 236). **Assim, a doutrina entende que o notário assume os riscos do empreendimento, pelo que se sujeita ao disposto nos arts. 10 e 448 da CLT, desde que tenha havido a continuidade na prestação dos serviços**.

2.2.7. Grupo econômico e sucessão

A formação do grupo econômico gera a responsabilidade solidária entre pessoas jurídicas que compõem o grupo. Desse modo, há discussão em torno da responsabilidade solidária entre o sucessor (novo empregador) que adquiriu apenas das empresas pertencentes ao grupo e o grupo econômico, por débitos de empresas não adquiridas. **O TST entendeu que não há responsabilidade solidária do novo empregador com o grupo econômico, exceto se comprovada má-fé ou fraude na sucessão:**

OJ 411 da SDI-1: O sucessor não responde solidariamente por débitos trabalhistas de empresa não adquirida, integrante do mesmo grupo econômico da empresa sucedida, quando, à época, a empresa devedora direta era solvente ou idônea economicamente, ressalvada a hipótese de má-fé ou fraude na sucessão.

3. GRUPO ECONÔMICO

O grupo econômico é instituto trabalhista que prevê a solidariedade das empresas integrantes de um conglomerado empresarial em relação aos créditos trabalhistas dos empregados de qualquer das empresas do grupo. Gera um efeito garantidor do crédito trabalhista, que é denominado solidariedade passiva.

A sustentação legal da figura do grupo econômico é encontrada tanto no art. 2º, § 2º, da CLT quanto no art. 3º, § 2º, da Lei 5.889/1973 (Lei do Trabalho Rural).

CLT, art. 2º, § 2º: Sempre que uma ou mais empresas, tendo, embora, cada uma delas, personalidade jurídica própria, estiverem sob a direção, controle ou administração de outra, ou ainda quando, mesmo guardando cada uma sua autonomia, integrem grupo econômico, serão responsáveis solidariamente pelas obrigações decorrentes da relação de emprego.

Lei 5.889/1973, art. 3º, § 2º: Sempre que uma ou mais empresas, embora tendo cada uma delas personalidade jurídica própria, estiverem sob direção, controle ou administração de outra, ou ainda quando, mesmo guardando cada uma sua autonomia, integrem grupo econômico ou financeiro rural, serão responsáveis solidariamente nas obrigações decorrentes da relação de emprego.

Com a aprovação da reforma trabalhista, a redação do § 2º do art. 2º da CLT estabelece o reconhecimento de duas formas de grupo econômico.

A reforma trabalhista também acrescentou o § 3º ao art. 2º da CLT, conforme o qual não há caracterização do grupo econômico apenas pela mera identidade de sócios entre as empresas, sendo necessária a demonstração da existência de interesse integrado, da efetiva comunhão de interesses e da atuação conjunta das empresas integrantes do grupo econômico.

CLT, art. 2º, § 3º: Não caracteriza grupo econômico a mera identidade de sócios, sendo necessárias, para a configuração do grupo, a demonstração do interesse integrado, a efetiva comunhão de interesses e a atuação conjunta das empresas dele integrantes.

Note-se, portanto, que o grupo pode ser formado entre empresas que guardam autonomia em relação às outras, desde que demonstrada a coordenação, a atuação conjunta entre elas.

atenção

O efeito da solidariedade ativa no grupo econômico é também chamado de "teoria do empregador único", no sentido de que todas as empresas integrantes do grupo econômico são empregadoras (ou mesmo um único empregador) de todos os empregados de quaisquer delas, tanto sob o aspecto passivo (garantir os créditos trabalhistas) quanto sob o aspecto ativo (usufruir da energia de trabalho do empregado).

3.1. Consequências jurídicas do grupo econômico

A consequência jurídica do grupo econômico é a existência de responsabilidade solidária entre as empresas, ou seja, se uma delas não quitar os débitos trabalhistas, as demais serão responsáveis integralmente pela dívida. Outro aspecto importante para caracterizar grupo econômico é a finalidade lucrativa, ou seja, o grupo deve exercer atividade econômica. Assim, a união de pessoas jurídicas que não explorem atividade econômica, por exemplo, hospital universitário e faculdade de medicina, não acarretará a formação do grupo econômico para fins trabalhistas (tema não pacífico).

Para que haja a caracterização de grupo econômico é necessário que haja pelo menos duas ou mais empresas que estejam sob o comando único ou que sejam coordenadas entre si. Essas do mesmo grupo econômico serão solidariamente responsáveis pelos débitos trabalhistas das demais.

Portanto, se uma das empresas não quitar as verbas rescisórias de um ex-empregado, este poderá ingressar na Justiça do Trabalho contra todas as demais, pois são solidariamente responsáveis, ou seja, obrigadas a pagar integralmente o débito trabalhista. Ademais, se um empregado for contratado por uma das empresas, mas seu trabalho estiver sendo aproveitado pelas demais, ainda assim este só terá um contrato de trabalho, ou seja, sua carteira de trabalho não será assinada pelas outras empresas integrantes do grupo que estejam usufruindo da prestação de serviços, sendo assinada apenas por uma das empresas.

Desse modo, mesmo que preste serviços para mais de uma empresa integrante do grupo, a jurisprudência do TST tem entendido tratar-se de empregador único, ou seja, o grupo é o empregador (Súmula 129 do TST).

4. CONSÓRCIO DE EMPREGADORES

O consórcio de empregadores é a reunião de empregadores para contratação de empregados, a fim de que estes prestem serviços a todos os integrantes do consórcio, na medida de suas necessidades. A figura surgiu no meio rural, como solução para a questão da informalidade, adaptando os interesses dos empregadores rurais à necessidade de proteção do trabalhador que se ativa no campo. A partir do consórcio, diversos empregadores se reúnem para dividir os custos decorrentes da contratação formal de empregados.

A figura do consórcio de empregadores rurais foi positivada com o acréscimo do art. 25-A à Lei 8.212/1991, nos seguintes termos:

> Art. 25-A. Equipara-se ao empregador rural pessoa física o consórcio simplificado de produtores rurais, formado pela união de produtores rurais pessoas físicas, que outorgar a um deles poderes para contratar, gerir e demitir trabalhadores para prestação de serviços, exclusivamente, aos seus integrantes, mediante documento registrado em cartório de títulos e documentos.
>
> § 1º O documento de que trata o *caput* deverá conter a identificação de cada produtor, seu endereço pessoal e o de sua propriedade rural, bem como o respectivo registro

no Instituto Nacional de Colonização e Reforma Agrária – INCRA ou informações relativas a parceria, arrendamento ou equivalente e a matrícula no Instituto Nacional do Seguro Social – INSS de cada um dos produtores rurais.

§ 2º O consórcio deverá ser matriculado no INSS em nome do empregador a quem hajam sido outorgados os poderes, na forma do regulamento.

§ 3º Os produtores rurais integrantes do consórcio de que trata o *caput* serão responsáveis solidários em relação às obrigações previdenciárias.

5. PODERES DO EMPREGADOR

O poder do empregador está previsto no art. 2º da CLT, pois o empregador "dirige a prestação pessoal de serviços". Como ele assume, exclusivamente, os riscos da atividade econômica, há necessidade de organizar e controlar a prestação de serviços, mesmo que, para isso, seja necessária a aplicação de penalidades aos trabalhadores. Se de um lado há presença do Poder de Direção, por parte do empregado há também a presença da subordinação.

É importante frisar que esses poderes conferidos ao empregador NÃO são absolutos. Há limites previstos na CLT e na CF/1988, como respeitar a intimidade e a dignidade do empregado. Aliás, se for transmitida uma ordem ilegal (comprar entorpecentes), alheia ao contrato (empregado contratado como professor de Inglês ao qual é exigida a limpeza do estabelecimento), ou desproporcional (trabalhar 18 horas por dia), o empregado poderá se recusar a cumprir a ordem dada. Nesse caso, ao exercer seu direito de resistência (*jus resistentiae*), o empregado não poderá ser punido pelo descumprimento da ordem.

O poder de direção, que é a forma como o empregador define como serão desenvolvidas as atividades do empregado decorrentes do contrato de trabalho, é dividido, pela doutrina, em três aspectos:

PODER DE DIREÇÃO DO EMPREGADOR	
1) Poder de organização	**Consiste na distribuição de tarefas aos empregados, fixação do horário de trabalho, utilização de uniformes etc.** Em virtude desse poder, o empregado está obrigado a respeitar o regulamento interno da empresa. Entretanto, se houver modificação desse regulamento, causando-lhe prejuízos, essa alteração será nula, por força do art. 468 da CLT. **a) Uso do uniforme:** com a reforma trabalhista, é direito do empregador definir o padrão de vestimento no meio ambiente de trabalho, sendo lícita a inclusão no uniforme dos empregados de logomarcas da própria empresa ou de empresas parceiras e de outros itens relacionados à atividade desempenhada (art. 456-A da CLT). **b) Lavagem do uniforme:** de acordo com o parágrafo único do art. 456-A da CLT, a higienização do uniforme é, em regra, responsabilidade do empregado, SALVO nas hipóteses em que forem necessários procedimentos ou produtos diferentes daqueles usados para a limpeza de vestimentas de uso comum.

DIREITO DO TRABALHO E PROCESSO DO TRABALHO FACILITADOS – *Lenza*

	PODER DE DIREÇÃO DO EMPREGADOR
2) Poder de controle	**Por meio do controle, o empregador fiscaliza as tarefas executadas, verifica o cumprimento da jornada de trabalho e protege o seu patrimônio, mediante o controle de estoque, produtividade etc.** É permitida a fiscalização do e-mail do empregado? Prevalece o entendimento de que se o e-mail é da empresa (corporativo), utilizado como ferramenta de trabalho, há possibilidade de fiscalização, pois é responsabilidade da própria empresa verificar o conteúdo dessas mensagens. No entanto, o correio eletrônico não pode recair sobre o correio eletrônico pessoal/particular do trabalhador, sob pena de afronta à intimidade.
3) Poder disciplinar	**O empregado está subordinado às ordens dadas pelo empregador, como forma de dinamizar e organizar os trabalhos desenvolvidos na empresa.** Se verificada a desobediência às regras impostas, caberão as seguintes penalidades: **a) Advertência verbal** Embora não esteja prevista na CLT, é admitida pela doutrina e pela jurisprudência. Ressalta-se que a advertência não pode constar na CTPS, sob pena de configurar anotação desabonadora. **b) Suspensão disciplinar de, no máximo, 30 dias consecutivos (art. 474 da CLT)** Nesse caso, o empregado ficará afastado das suas atividades e não receberá remuneração nem terá contado seu tempo de serviço para adquirir férias, por exemplo. Ademais, não há depósito de FGTS durante esse período. CUIDADO! Se a suspensão ultrapassar 30 dias é possível a rescisão indireta do contrato. **c) Dispensa sem justa causa (art. 482 da CLT)** Essa é a penalidade mais grave, colocando fim ao contrato de trabalho. **d) Multa por descumprimento de acordo em trabalho intermitente (art. 452-A, § 4º, da CLT).** CUIDADO! ✓ Não há obrigatoriedade de uma passagem gradual entre as penalidades. ✓ Entre a aplicação da penalidade e a falta cometida pelo empregado não pode transcorrer longo período, sob pena de configuração de **perdão tácito**. ✓ É vedado ao empregador a aplicação de duas penalidades em virtude da mesma falta cometida. ✓ A Justiça do Trabalho julga apenas a validade da punição aplicada, ou seja, manter ou anular a punição. O Juiz do Trabalho não poderá interferir no poder diretivo do empregador, para reduzir ou ampliar a punição imposta. ✓ **São vedadas as seguintes penalidades: redução salarial, transferência do empregado como modo de punição e rebaixamento do cargo.**

TRABALHADOR RURAL E TRABALHADOR DOMÉSTICO

1. TRABALHADOR RURAL

1.1. Caracterização do empregado rural

Trabalhador rural é expressão que designa o gênero de que são espécies o trabalhador rural típico (ou empregado rural) e o trabalhador rural atípico que não é empregado, mas goza de proteção da Lei 5.889/1973.

Embora exista controvérsia acerca dos requisitos caracterizadores do emprego rural, para doutrina majoritária, deverão estar sempre presentes os seguintes requisitos: **subordinação, onerosidade, pessoalidade, não eventualidade** e **alteridade**.

Onde residiria então a controvérsia? Observe-se, nesse sentido, que o empregado, em si mesmo, é o empregado descrito na CLT. O traço distintivo da relação rural (e responsável por cindir os entendimentos doutrinários) é, portanto, **o empregador**, pois é o elemento diferenciador do trabalhador previsto na CLT daquele que é protegido pela lei do rural.

- **Critério celetista:** a controvérsia a esse respeito fora instaurada em virtude da redação do art. 7º, *b*, da CLT, senão vejamos:

> Art. 7º Os preceitos constantes da presente Consolidação salvo quando for em cada caso, expressamente determinado em contrário, não se aplicam:
>
> (...)
>
> b) aos trabalhadores rurais, assim considerados aqueles que, exercendo funções diretamente ligadas à agricultura e à pecuária, não sejam empregados em atividades que, pelos métodos de execução dos respectivos trabalhos ou pela finalidade de suas operações, se classifiquem como industriais ou comerciais;
>
> (...).

Por esse texto da CLT, **o empregado rural se caracterizava a partir da atividade por ele desenvolvida junto ao seu empregador, com base nos métodos de execução do seu trabalho ou pela finalidade de suas operações**. O foco caracterizador estava no empregado, considerada a atividade, o serviço, por ele prestada em favor do empregador. Nessa esteira de pensamento, se a atividade era na agricultura e pecuária, e não comercial ou industrial, havia o enquadramento como empregado rural.

Essa definição era substancialmente diversa do critério adotado para o enquadramento dos demais empregados, que considera a preponderância da atividade econômica do empregador, conforme o art. 511, § 2º, da CLT.

Entretanto, o entendimento consolidado pelo STF considerou o enquadramento do empregado conforme a atividade preponderante do empregador. Assim, **se o empregador fosse rural, o empregado seria rural**.

> STF, Súmula 196: Ainda que exerça atividade rural, o empregado de empresa industrial ou comercial é classificado de acordo com a categoria do empregador.

• **Critério da Lei 5.889/1973:** a Lei 4.214/1963 (art. 2º) e a Lei 5.889/1973 (art. 2º) adotaram a definição do empregado rural tendo como base o segmento da atividade do empregador. Assim, será rurícola todo aquele que estiver vinculado a um empregador rural, vejamos:

> Lei 5.889/1973, art. 2º: Empregado rural é toda pessoa física que, em propriedade rural ou prédio rústico, presta serviços de natureza não eventual a empregador rural, sob a dependência deste e mediante salário.

O texto da lei especial trouxe um elemento que inovou a controvérsia anterior: **o local de trabalho, que deve ser uma propriedade rural ou prédio rústico**. Vê-se, pois, que, para a Lei 5.889/1973, é irrelevante a natureza dos serviços prestados por esta espécie de trabalhador.

Portanto, o enquadramento do empregado rural passou a seguir a atividade econômica preponderante do empregador, que define o enquadramento categorial do trabalhador rural.

Observe, contudo, que a jurisprudência traz uma exceção a esse critério, o caso das empresas de florestamento e reflorestamento, registradas como urbanas, mas cujos empregados são tidos como rurais.

> OJ 38 da SDI-1 do TST: empregado que exerce atividade rural. Empresa de reflorestamento. Prescrição própria do rurícola (Lei nº 5.889/73, art. 10 e Decreto nº 73.626/74, art. 2º, § 4º). O empregado que trabalha em empresa de reflorestamento, cuja atividade está diretamente ligada ao manuseio da terra e de matéria-prima, é rurícola e não industriário, nos termos do Decreto n.º 73.626, de 12.02.1974, art. 2º, § 4º, pouco importando que o fruto de seu trabalho seja destinado à indústria. Assim, aplica-se a prescrição própria dos rurícolas aos direitos desses empregados.

Em outubro de 2015, o TST **cancelou** a OJ 419 da SDI-1, que estabelecia que o empregado seria rurícola independentemente da atividade desenvolvida, tendo em vista a atividade preponderante da empresa que determina o enquadramento. O TST fundamentou o cancelamento da OJ, pois ela não mencionava enquadramento sindical desses trabalhadores.

Ressalta-se que permanece a regra de que o trabalhador que prestar serviços ao empregador rural será empregado rural.

> OJ 419 da SDI-1 do TST: enquadramento. Empregado que exerce atividade em empresa agroindustrial. Definição pela atividade preponderante da empresa (cancelada). Considera-se rurícola, a despeito da atividade exercida, empregado que presta serviços a empregador agroindustrial (art. 3º, § 1º, da Lei nº 5.889, de 08.06.1973), visto que, neste caso, é a atividade preponderante da empresa que determina o enquadramento.

Na mesma data, o TST também cancelou a OJ 315 da SDI-1, que estabelecia que o motorista de empresa que desenvolve atividade rural era empregado rural, por conflitar com a Súmula 117 do TST, que estabelece que o motorista de banco não é considerado bancário por integrar categoria profissional diferenciada. Assim, o motorista de empregador rural não pode ser considerado empregado rural, mas pertencente à categoria diferenciada.

> OJ 315 da SDI-1 do TST: Motorista. Empresa. Atividade predominantemente rural. Enquadramento como trabalhador rural (cancelada). É considerado trabalhador rural o motorista que trabalha no âmbito de empresa cuja atividade é preponderantemente rural, considerando que, de modo geral, não enfrenta o trânsito das estradas e cidades.

> Súmula 117 do TST. Bancário. Categoria diferenciada (mantida). Não se beneficiam do regime legal relativo aos bancários os empregados de estabelecimento de crédito pertencentes a categorias profissionais diferenciadas.

1.2. Elementos fático-jurídicos especiais

Feitas essas considerações, nas palavras de Mauricio Godinho Delgado,[1] conceitua-se trabalhador rural como a pessoa que presta serviços ao tomador rural, em imóvel rural ou prédio rústico, enquanto o empregado rural é a pessoa física que acrescente a esses dois elementos fático-jurídicos especiais (prestação de trabalho a empregador rural e em imóvel rural ou prédio rústico) os demais elementos comuns a qualquer relação de trabalho (subordinação, pessoalidade, onerosidade, não eventualidade e alteridade).

Conforme destaca Henrique Correia, o importante para identificar o trabalhador rural é definir quem é o empregador rural. De acordo com a Lei 5.889/1973, é a pessoa física ou jurídica que explore a atividade agroeconômica. Assim, mesmo que o prédio esteja localizado em área urbana, se sua destinação envolver exploração agrícola ou pecuária, o empregador será rural.

---

[1] DELGADO, Mauricio Godinho. *Curso de Direito do Trabalho*. 19. ed. São Paulo: LTr, 2020.

REQUISITOS CARACTERIZADORES	
Trabalhador rural	**Empregado rural**
Vinculação a um tomador de serviços rural.	Vinculação a um tomador de serviços rural.
Trabalho prestado em imóvel rural ou prédio rústico.	Trabalho prestado em imóvel rural ou prédio rústico.
	Subordinação, onerosidade, pessoalidade, não eventualidade e alteridade.

1.3. Caracterização do empregador rural

A **propriedade rural** seria aquela na qual os meios de produção são formados por maquinário moderno e tecnológico, sem aparência rústica, mas localizada no âmbito rural. Já o **prédio rústico** corresponde ao local situado geograficamente no espaço urbano, mas que realiza atividade tipicamente agropastoril; é o estabelecimento de caráter rudimentar, com pouca ou nenhuma tecnologia e de edificações simples.

Essa caracterização não decorreu da CLT, ocorrendo apenas com a Lei 4.214/1963, art. 3º, que definiu o empregador rural como "a pessoa física ou jurídica, proprietária ou não, que explore atividades agrícolas, pastoris ou na indústria rural, em caráter temporário ou permanente, diretamente ou através de prepostos".

A Lei 5.889/1973 incorporou essa definição (arts. 3º e 4º), vejamos:

> Art. 3º Considera-se empregador rural, para os efeitos desta Lei, a pessoa física ou jurídica, proprietário ou não, que explore atividade agroeconômica, em caráter permanente ou temporário, diretamente ou através de prepostos e com auxílio de empregados.
>
> (...)
>
> Art. 4º Equipara-se ao empregador rural, a pessoa física ou jurídica que, habitualmente, em caráter profissional, e por conta de terceiros, execute serviços de natureza agrária, mediante utilização do trabalho de outrem.

Nessa lógica, considera-se indústria rural aquela que mantém o aspecto *in natura* da matéria-prima. Com relação à pessoa do empregador, a lei trouxe expressamente a previsão de ser ele uma pessoa física ou jurídica.

A lei do rural também criou a figura do consórcio de empregadores rurais. O consórcio de empregadores rurais nasce da reunião de empregadores, pessoas físicas, com a finalidade de contratar um empregado (Portaria 1.964/1999 do GM/MTE). Esse consórcio deve eleger um representante que vai representar o grupo e assinar a carteira de trabalho do empregado. Entretanto, todos são solidariamente responsáveis por todos os créditos trabalhistas.

Grupo econômico rural: à semelhança do grupo de empregadores urbanos, deve reunir três características, a saber:

> • **pluralidade de empregadores** – só forma grupo se há mais de um empregador;
>
> • **não tem forma** – o grupo não exige uma forma específica. A única ressalva é a de que todos devem ser empregadores rurais;
>
> • **relação de coordenação** – segundo a lei rural, o grupo se forma por uma relação de coordenação. Os empregadores estão coordenados entre si. A responsabilidade é solidária entre os empregadores.

Destaca-se, ainda, a novidade introduzida na Lei 5.889/1973 pela Lei 13.171/2015, que passou a prever que o turismo realizado de forma assessória à exploração agroeconômica também se caracteriza como trabalho rural (art. 3º, § 1º), *in verbis:*

> Lei 5.889/1973, art. 3º: Considera-se empregador, rural, para os efeitos desta Lei, a pessoa física ou jurídica, proprietário ou não, que explore atividade agroeconômica, em caráter permanente ou temporário, diretamente ou através de prepostos e com auxílio de empregados.
>
> § 1º Inclui-se na atividade econômica referida no *caput* deste artigo, além da exploração industrial em estabelecimento agrário não compreendido na Consolidação das Leis do Trabalho – CLT, aprovada pelo Decreto-Lei nº 5.452, de 1º de maio de 1943, a exploração do turismo rural ancilar à exploração agroeconômica. (Redação dada pela Lei nº 13.171, de 2015)

Por todo o exposto, pode-se dizer que os trabalhadores rurais podem ser empregados ou não empregados, conforme tenham o seu vínculo reconhecido e formalizado, ou não. Nesse sentido é o art. 17, que dispõe: "As normas da presente Lei são aplicáveis, no que couber, aos trabalhadores rurais não compreendidos na definição do art. 2º, que prestem serviços a empregador rural".

Sendo empregados, o vínculo poderá ser por prazo indeterminado (empregado rural) ou por prazo determinado (safrista).

Safrista: *é* a contratação do empregado rural por pequeno prazo. Trata-se se de contrato de trabalho por prazo determinado. Encontra-se previsto no art. 14-A da Lei 5.889/1973.

O curto período significa duração de até 2 meses, para cada ano, sob pena de considerar-se por prazo indeterminado.

O contrato por prazo determinado, por ser exceção à regra de indeterminação do prazo, deve ser formal. A sua formalização poderá ocorrer de duas formas:

1) com a assinatura da carteira de trabalho;

2) mediante contrato escrito em duas vias. Pode haver a dispensa da assinatura da carteira de trabalho, mas o empregado não deixa de ter nenhum direito, só não haverá o ato formal de preencher a carteira. Esta última opção é possível desde que:

   a) tenha autorização na norma coletiva;

   b) haja qualificação do empregador e do imóvel rural fazendo constar inclusive a matrícula do imóvel;

   c) haja qualificação do empregado.

1.4. Direitos assegurados

Com a Constituição Federal de 1988, os trabalhadores urbanos e rurais foram equiparados. Os rurais possuem os mesmos direitos dos urbanos, mas o exercício desses direitos pode ser diferente, consideradas as suas peculiaridades.

a) Aviso-prévio: o rural tem direito à liberação de 1 dia para cada semana de aviso-prévio para buscar novo emprego, sem prejuízo da sua remuneração.

O trabalhador urbano, quando o aviso-prévio for trabalhado, poderá reduzir 7 dias corridos ou 2 horas a cada dia de trabalho. Note-se que os dois têm direito a aviso-prévio, inclusive o proporcional, e a distinção repousa no exercício do direito.

b) Intervalo intrajornada: para o trabalhador rural, a lei não previu a concessão de intervalo, quando a jornada fosse igual ou inferior a 6 horas; por outro lado, para as jornadas superiores a 6 horas, será de acordo com os usos e costumes da região.

O intervalo do trabalhador urbano será de, no mínimo, 1 e, no máximo, 2 horas, quando a jornada for superior a seis horas; para as jornadas superiores a 4 horas e inferiores ou iguais a 6 horas, será de 15 minutos.

> **cuidado**
>
> *Em que pese a Lei 5.889/1973, em seu art. 5º, estabelecer que, na jornada superior a seis horas, o intervalo para repouso ou alimentação observará os usos e costumes da região, o Decreto 10.854/2021 estabelece que o intervalo intrajornada, para jornadas superiores a 6 horas, será, no mínimo, de 1 hora.*

Art. 87. Os contratos de trabalho rural, individuais ou coletivos, estabelecerão, conforme os usos, as praxes e os costumes de cada região, o início e o término normal da jornada de trabalho, cuja duração não poderá exceder a oito horas diárias.

§ 1º Será obrigatória, em qualquer trabalho contínuo de duração superior a seis horas, a concessão de intervalo mínimo de uma hora para repouso ou alimentação, observados os usos e os costumes da região.

§ 2º Os intervalos para repouso ou alimentação não serão computados na duração da jornada de trabalho.

Info 69: Empregado rural. Atividade de corte de cana-de-açúcar. Pausa para descanso. Obrigatoriedade. Norma regulamentar nº 31 do Ministério do Trabalho e Emprego. Aplicação analógica do art. 72 da CLT. Possibilidade. Aos empregados rurais que trabalham no corte de cana-de-açúcar aplica-se, por analogia, o disposto no art. 72 da CLT, que garante um intervalo de dez minutos a cada período de noventa minutos de trabalho consecutivo nos serviços permanentes de mecanografia. Isso porque a Norma Regulamentar nº 31 do Ministério do Trabalho e Emprego, apesar de estabelecer a obrigatoriedade de concessão de pausas para descanso aos trabalhadores rurais que realizem atividades em pé ou submetam-se à sobrecarga muscular, não especifica as condições ou o tempo de duração dos períodos de repouso. Com base nesse entendimento, a SBDI-I, por unanimidade, conheceu dos embargos do reclamante, por divergência jurisprudencial, e, no mérito, deu-lhes provimento para acrescer à condenação o pagamento de 10 minutos a cada 90 minutos de trabalho como extras, com acréscimo de 50% sobre o valor da remuneração da hora normal de trabalho, com os reflexos postulados nas prestações contratuais vinculadas ao salário. (TST, SBDI-1, E-RR-912-26.2010.5.15.0156, Rel. Min. João Oreste Dalazen, 05.12.2013)

Em relação aos trabalhadores rurais, a lei especial prevê que o intervalo será concedido com base nos usos e costumes da região. Com base em tal dispositivo legal, o TST, no julgamento em comento, entendeu ser possível o fracionamento, com a concessão de dois intervalos, em respeito aos costumes da região, que previam um intervalo para almoço e outro para o café. (TST, E-RR-932-60.2010.5.09.0325, *Informativo* 158)

c) Intervalo de, no mínimo, 5 horas nos serviços intermitentes (art. 6º da Lei 5.889/1973 e art. 10 do Decreto 73.626/1974): serviço intermitente é aquele realizado em duas ou mais etapas. Essa condição de serviço intermitente deve estar anotada na carteira de trabalho do empregado rural. Anotada a condição, o empregador deverá, entre uma etapa e outra, conceder um intervalo mínimo de 5 horas.

Lei 5.889/1973, art. 6º: Nos serviços, caracteristicamente intermitentes, não serão computados, como de efeito exercício, os intervalos entre uma e outra parte da execução da tarefa diária, desde que tal hipótese seja expressamente ressalvada na Carteira de Trabalho e Previdência Social.

Decreto 10.854/2021, art. 91: Nos serviços intermitentes, não serão computados como de exercício efetivo os intervalos entre uma e outra parte da execução da tarefa diária, o que deverá ser expressamente ressalvado nos registros referentes à Carteira de Trabalho e Previdência Social.

Parágrafo único. Considera-se serviço intermitente aquele que, por sua natureza, seja normalmente executado em duas ou mais etapas diárias distintas, desde que haja interrupção da jornada de trabalho de, no mínimo, cinco horas, entre uma e outra parte da execução da tarefa.

d) Adicional noturno e hora noturna: o trabalhador rural tem adicional noturno de 25% e não tem direito à redução ficta da hora noturna. Também se diferenciam pelo conceito da hora noturna. Enquanto, para os urbanos, considera-se hora noturna aquela compreendida entre as 22h de um dia e as 05h do dia subsequente; para os rurais, considera-se hora noturna aquela compreendida entre as 21h e as 05h, quando agricultores, ou entre as 20h e as 04h, quando pecuaristas.

TRABALHADOR URBANO	TRABALHADOR RURAL	
	Pecuária	Agricultura
52 minutos e 30 segundos	60 minutos	60 minutos
das 22h às 5h	das 20h às 4h	das 21h às 5h
20%	25%	25%

e) Salário-utilidade: o salário poderá ser pago em dinheiro ou, ainda, em utilidades, como alimentação e moradia. É possível o desconto decorrente da disponibilização dessas utilidades, e o desconto com a **alimentação poderá equivaler a até 25% do salário mínimo e a moradia até 20%**, dependendo de prévia anuência do trabalhador.

Especificamente quanto à moradia, o art. 9º, § 3º, da Lei 5.889/1973 esclarece que, uma vez rescindido o contrato, o empregado terá o dever de desocupar a casa no prazo de 30 dias. Tratando-se de moradia coletiva, o desconto com o salário-utilidade será proporcional ao número de empregados incluídos na moradia.

> **atenção**
> Em qualquer hipótese, é vedada a moradia coletiva de famílias.

Para os trabalhadores urbanos, os limites máximos permitidos são: 25% para moradia e 20% para alimentação.

f) Salário-família do empregado rural: segue-se a mesma regra dos demais indivíduos que recebem o benefício, ou seja, será concedido o salário-família para: (a) o trabalhador de baixa renda; b) que possua filhos menores de 14 anos, ou inválidos de qualquer idade. Não possui natureza salarial, pois é benefício previdenciário.

Súmula 344. TST: Salário-família. Trabalhador rural. O salário-família é devido aos trabalhadores rurais somente após a vigência da Lei nº 8.213, de 24.07.1991.

	EMPREGADOS URBANOS	**EMPREGADOS RURAIS**
Aviso-prévio	Redução de 2 horas diárias ou 7 dias consecutivos.	Redução de 1 dia por semana.
Intervalo intrajornada	No mínimo, 1 e, no máximo, 2 horas, quando a jornada for superior a seis horas; para as jornadas superiores a 4 horas e inferiores ou iguais a 6 horas, será de 15 minutos.	Jornada superior a 6 horas: Usos e costumes da região.
Adicional noturno e hora noturna	Das 22 horas às 5 horas. Duração da hora noturna: 52 minutos e 30 segundos. Adicional noturno: 20%.	Pecuária: das 20h às 4h. Agricultura: das 21h às 5h. Duração da hora noturna: 60 minutos. Adicional noturno: 25%.
Salário-utilidade	Alimentação limitada a 20% e moradia a 25%.	Alimentação limitada a 25% e moradia a 20%.

2. TRABALHADOR DOMÉSTICO

2.1. Definição

O conceito de empregado doméstico encontrava-se no art. 1º da Lei 5.859/1972, que definia o trabalhador doméstico como "aquele que presta serviços de natureza contínua e de finalidade não lucrativa à pessoa ou à família no âmbito residencial destas".

Com a promulgação da EC 72/2013, que assegurou a igualdade de direitos trabalhistas entre os trabalhadores domésticos e os trabalhadores urbanos, houve a regulação do trabalho doméstico pela LC 150/2015, que passou a definir o trabalhador doméstico como:

> LC 150/2015, art. 1º: Ao empregado doméstico, assim considerado aquele que presta serviços de forma contínua, subordinada, onerosa e pessoal e de finalidade não lucrativa à pessoa ou à família, no âmbito residencial destas, por mais de 2 (dois) dias por semana, aplica-se o disposto nesta Lei.

O empregado doméstico se caracteriza por apresentar os quatro principais elementos fático-jurídicos presentes na relação jurídica de qualquer empregado (pessoa física; pessoalidade; onerosidade; subordinação), agregando ainda os elementos fático-jurídicos exclusivos dessa relação de emprego, quais sejam: continuidade (difere-se da não eventualidade); finalidade não lucrativa dos serviços; apropriação dos serviços apenas por pessoa física ou família; efetuação dos serviços em função do âmbito residencial dos tomadores; pessoa física com idade mínima de 18 anos.

ELEMENTOS CARACTERIZADORES DO EMPREGADO DOMÉSTICO	
Características gerais (elementos fático-jurídicos gerais)	**Características específicas (elementos fático-jurídicos específicos)**
Pessoa física	Continuidade
Pessoalidade	Finalidade não lucrativa dos serviços
Onerosidade	Apropriação dos serviços apenas por pessoa física ou família
Subordinação	Efetuação dos serviços em função do âmbito residencial dos tomadores
	Pessoa física com idade mínima de 18 anos

2.2. Estrutura da relação empregatícia doméstica

2.2.1. Elementos fático-jurídicos gerais

a) Pessoa física

Tanto o empregado quanto o empregador doméstico deverão ser pessoas físicas. Não se admite, portanto, que o empregador seja uma pessoa jurídica, nem mesmo que seja um profissional liberal ou pessoa sem personalidade jurídica.

Essa característica se potencializa na relação empregatícia doméstica porque aqui se encontra elevada fidúcia com relação à figura do trabalhador.

Relação de emprego entre cônjuges ou companheiros: não se reconhece vínculo de emprego doméstico das relações geridas pelo vínculo de afeto, seja ela a sociedade de direito (casamento), seja sociedade de fato (união estável). Conforme leciona Godinho,[2] admitir-se relação de emprego em tais situações será acatar-se a existência de subordinação de um dos cônjuges ou companheiros perante o outro – o que é incompatível com a noção de sociedade de fato ou em comum.

b) Pessoalidade

O trabalhador doméstico deve prestar pessoalmente o serviço (pessoalidade). A pessoalidade no emprego doméstico é a mesma exigida para o emprego celetista (art. 3º da CLT). A peculiaridade é somente um fortalecimento da pessoalidade, pois o depósito de confiança feito no empregado é ainda maior, dada a proximidade da relação.

Apenas em casos excepcionais, com consentimento, tácito ou expresso, do empregador doméstico, pode ser admitida a substituição eventual do empregado doméstico.

c) Subordinação

Não se distingue daquela do empregado celetista. Será empregado doméstico aquele que estiver diretamente subordinado às ordens emanadas do seu empregador, como consequência direta do contrato de trabalho firmado entre as partes.

d) Onerosidade

Assim como o empregado urbano, o empregado doméstico presta serviços em busca de uma contraprestação. De igual sorte, o ajuste do pagamento poderá ser feito com periodicidade máxima mensal. Logo, o trabalho prestado a título gratuito, voluntário, com laços de afinidade ou por mera caridade descaracteriza o trabalho doméstico.

2.2.2. Elementos fático-jurídicos especiais

a) Continuidade

A LC 150/2015 previu expressamente que o trabalhador doméstico é "aquele que presta serviços de forma contínua", expressão diversa daquela utilizada pela CLT (art. 3º – "prestar serviços de natureza não eventual").

A questão foi pacificada com o art. 1º da LC 150/2015, que inseriu na conceituação do empregado doméstico a expressão *"por mais de 2 (dois) dias por semana"*, estabelecendo um critério temporal para identificação da natureza contínua da prestação do trabalho doméstico.

b) Finalidade não lucrativa dos serviços

Do ponto de vista econômico, pode-se afirmar que o doméstico produz, exclusivamente, valor de uso, jamais valor de troca. Existindo sistema de produção para venda habitual de bens de terceiros, descaracteriza-se a natureza doméstica.

Há controvérsia, todavia, se estaria vedado o lucro ou a exploração de qualquer atividade econômica, ainda que não lucrativa?

---

[2] DELGADO, Mauricio Godinho. *Curso de Direito do Trabalho.* 19. ed. São Paulo: LTr, 2020.

- **1ª corrente:** o art. 7º, *a*, da CLT conceituou o doméstico antes da Lei 5.859/1972, e, nesse artigo, a CLT mencionou "atividade não econômica". Sendo assim, prevalece a CLT e o empregado não poderá se vincular a nenhuma atividade econômica.

- **2ª corrente:** o art. 1º da Lei 5.859/1972 havia revogado o art. 7º, *a*, da CLT, tendo sido mantida a mesma redação pela LC 150/2015. Assim, é apenas atividade não lucrativa, podendo ser atividade econômica, desde que não lucrativa.

c) Prestação do serviço a uma pessoa ou família

Não há possibilidade de o empregado doméstico trabalhar em pessoa jurídica (empresa, associação, cooperativa, massa falida etc.). É necessário que o empregador seja uma pessoa ou uma entidade familiar. Entende-se que o espólio não pode ser empregador doméstico – afinal, não é pessoa física.

d) Âmbito residencial

A prestação do serviço deve ocorrer no âmbito residencial. É possível que o empregado preste serviços fora do âmbito residencial, mas, ainda assim, será doméstico, a exemplo do que ocorre com o motorista. O empregado deverá trabalhar para a família – como visto –, mas não há necessidade de que seja no âmbito residencial.

O que se considera essencial é que o espaço de trabalho se refira ao interesse pessoal ou familiar, apresentando-se aos sujeitos da relação de emprego em função da dinâmica estritamente pessoal ou familiar do empregador.

Nesse sentido, a casa de campo/praia utilizada apenas para o lazer é considerada extensão da residência, havendo a possibilidade de contratar empregados domésticos para trabalhar nesses locais.

e) Pessoa física com idade mínima de 18 anos

O trabalhador tem de ser pessoa física com idade mínima de 18 anos. Essa nova exigência legal é decorrente da Convenção 182 da OIT, bem como do Decreto 6.481/2008, que aprovou a "Lista das Piores Formas de Trabalho Infantil" (Lista TIP); o serviço doméstico, por ser considerado uma das piores formas de trabalho infantil, é proibido para os menores de 18 anos.

2.3. Direitos trabalhistas estendidos ao doméstico

2.3.1. Fase de exclusão jurídica

Até o advento da Lei 5.859/1972, os empregados domésticos não receberam qualquer tipo de proteção, porque o Decreto-lei 3.078/1941, que garantiu alguns direitos, não era autoaplicável, pois dependia de regulamentação que nunca ocorreu.

2.3.2. Fase de inclusão jurídica

a) Lei 5.859/1972 e regras do vale-transporte

A Lei 5.859/1972 estabeleceu três direitos: férias anuais remuneradas de 20 dias úteis, após cada 12 meses de trabalho; anotação de CTPS; e inscrição do empregado como segurado obrigatório da Previdência Oficial.

Em seguida, receberam a guarida expressa da legislação do vale-transporte (Lei 7.418/1985, e Decreto 95.247/1987).

DIREITOS GARANTIDOS COM A LEI 5.859/1972 E REGRAS DO VALE-TRANSPORTE
Férias anuais remuneradas (20 dias úteis)
Anotação de CTPS
Inscrição do empregado como segurado obrigatório da Previdência Oficial
Vale-transporte

b) Constituição Federal de 1988: oito novos direitos

DIREITOS ACRESCIDOS COM A CONSTITUIÇÃO FEDERAL DE 1988
Salário mínimo
Irredutibilidade de salário
13º salário
Repouso semanal remunerado
Gozo de férias, acrescidas de um terço
Licença-maternidade (120 dias) e licença-paternidade, nos termos da lei
Aviso-prévio proporcional, de, no mínimo, 30 dias
Aposentadoria

c) Lei 10.208/2001

Estendeu o direito ao FGTS para o empregado doméstico, mas decorrente de ato voluntário do empregador, e, se inserido no sistema do FGTS, também passaria a ter direito ao seguro-desemprego.

DIREITOS ACRESCIDOS COM A LEI 10.208/2001
FGTS
Seguro-desemprego

d) Lei 11.324/2006: nova extensão

DIREITOS ACRESCIDOS COM A LEI 11.324/2006
Descanso semanal remunerado em feriados
30 dias corridos de férias
Garantia de emprego à gestante desde a confirmação da gravidez até 5 meses após o parto
Vedação de descontos salariais em razão do fornecimento de alimentação, vestuário, higiene ou moradia

e) EC 72/2013: nova extensão

DIREITOS ACRESCIDOS COM A EC 72/2013: MAIS 15 DIREITOS
Garantia de salário, nunca inferior ao mínimo, para quem recebe remuneração variável – **efeito imediato e imperativo**
Proteção do salário na forma da lei – **efeito imediato e imperativo**
Duração do trabalho normal não superior a 8 horas diárias e 44 horas semanais – **efeito imediato e imperativo**
Remuneração de serviço extraordinário superior, no mínimo, em 50% à do normal – **efeito imediato e imperativo**
Redução dos riscos inerentes ao trabalho – **efeito imediato e imperativo**
Reconhecimento das convenções e dos acordos coletivos de trabalho – **efeito imediato e imperativo**
Proibição de diferenças de salários, de exercício de funções e de critério de admissão por motivo de sexo, idade, cor ou estado civil – **efeito imediato e imperativo**
Proibição de qualquer discriminação no tocante a salários e critérios de admissão do trabalhador com deficiência – **efeito imediato e imperativo**
Relação de emprego protegida contra despedida arbitrária ou sem justa causa – **precisa de regulamentação legal**
Seguro-desemprego – **precisa de regulamentação legal (regulamentado pela LC 150/2015)**
FGTS – **precisa de regulamentação legal (regulamentado pela LC 150/2015)**
Remuneração do salário noturno superior à do diurno – **precisa de regulamentação legal (regulamentado pela LC 150/2015)**
Salário-família – **precisa de regulamentação legal**
Assistência gratuita aos filhos e dependentes desde o nascimento até cinco anos de idade em creches e pré-escolas – **precisa de regulamentação legal**
Seguro contra acidentes de trabalho, a cargo do empregador – **precisa de regulamentação legal**

2.4. Direitos atualmente assegurados aos empregados domésticos

Conforme dito anteriormente, o empregado doméstico era regido pela Lei 5.859/1972. Após essa lei, os direitos foram ampliados pelo originário parágrafo único da Constituição Federal de 1988. Em seguida, adveio a Lei 11.324/2006, responsável por prosseguir com o intuito ampliativo, trazendo outros direitos aos trabalhadores domésticos.

Após a EC 72/2013, responsável por alterar significativamente o parágrafo único do art. 7º da CF/1988, o rol de direitos dos empregados domésticos foi ainda mais estendido, tendo sido inseridos direitos de aplicação imediata e outros ainda carentes de regulamentação.

A regulamentação do texto constitucional foi efetivada com a edição da Lei Complementar 150/2015, que foi responsável não apenas por ampliar direito, mas também por proporcionar um regramento explícito dessa relação de emprego.

Os direitos estendidos aos empregados domésticos encontram-se no **art. 7º, parágrafo único, da CRFB/1988**, com posterior regulamentação de alguns direitos pela LC 150/2015.

> Art. 7º (...)
>
> (...)
>
> Parágrafo único. São assegurados à categoria dos trabalhadores domésticos os direitos previstos nos incisos IV, VI, VII, VIII, X, XIII, XV, XVI, XVII, XVIII, XIX, XXI, XXII, XXIV, XXVI, XXX, XXXI e XXXIII e, atendidas as condições estabelecidas em lei e observada a simplificação do cumprimento das obrigações tributárias, principais e acessórias, decorrentes da relação de trabalho e suas peculiaridades, os previstos nos incisos I, II, III, IX, XII, XXV e XXVIII, bem como a sua integração à previdência social.

a) Salário mínimo (IV): este direito foi garantido com a edição da CRFB/1988. Como consequência dessa previsão, o doméstico tem direito a que seja observado o pagamento do salário mínimo de forma proporcional ao seu tempo de serviço – que pode ser ajustado pelo número de horas trabalhadas. Assim, valendo-se do conteúdo da OJ 358 da SDI-1 do TST, é possível ao empregador fazer o ajuste proporcional do salário, observado o tempo de serviço contratado.

> OJ 358 da SDI-1 do TST: Salário mínimo e piso salarial proporcional à jornada reduzida. Possibilidade. I – Havendo contratação para cumprimento de jornada reduzida, inferior à previsão constitucional de oito horas diárias ou quarenta e quatro semanais, é lícito o pagamento do piso salarial ou do salário mínimo proporcional ao tempo trabalhado. II – Na Administração Pública direta, autárquica e fundacional não é válida remuneração de empregado público inferior ao salário mínimo, ainda que cumpra jornada de trabalho reduzida. Precedentes do Supremo Tribunal Federal. (RE 565.621)

Há direito a que esse pagamento seja feito contra recibo, com periodicidade máxima mensal, até o quinto dia útil subsequente ao mês da prestação (arts. 464 e 459 da CLT).

O salário poderá ser pago em pecúnia ou em utilidades (observado o direito a perceber, no mínimo, 30% do salário mínimo em pecúnia – art. 82, parágrafo único, da CLT).

Não são permitidos os descontos com alimentação, vestuário, higiene ou moradia, consoante o art. 18 da LC 150/2015.

O desconto com a moradia será admitido em **caráter excepcional**, apenas quando reunidos dois requisitos, cumulativos: (i) moradia diversa do local de prestação de serviço; (ii) desconto ajustado no momento da contratação.

O inciso V do art. 7º da CF/1988, referente ao piso constitucional, não foi inserido na EC 72/2013. Todavia, a norma constitucional autoriza a criação de pisos estaduais, superiores ao nacional, na forma da lei. A regulamentação desse dispositivo constitucional encontra-se na LC 103/2000, que permitiu aos Estados e ao Distrito Federal a regulamentação do seu piso salarial, inclusive em relação aos empregados domésticos.

Essa garantia de observância ao salário mínimo será devida também quando o empregado perceber remuneração variável, dada a inserção do inciso VII no parágrafo único do art. 7º da CRFB/1988.

Admite-se o desconto no salário para a inclusão do empregado em planos de assistência médico-hospitalar e odontológica, de seguro e de previdência privada. Esse desconto, entretanto, deverá ser ajustado por escrito e, ainda, observará o limite máximo de 20% do salário do empregado.

b) Irredutibilidade salarial (VI): trata-se de garantia ao empregado de que o valor do seu salário não será reduzido, nem o seu empregador poderá praticar qualquer ato atentatório à percepção do salário. Assim, a hipótese será, mais uma vez, de aplicação das regras da CLT que garantem a manutenção e higidez no pagamento do salário, sendo vedados descontos que não sejam aqueles autorizados no art. 462 da CLT e na LC 150/2015.

c) 13º salário (VIII): a garantia ao doméstico da percepção do 13º salário atrai, para o empregador, o dever de observância do regramento constante das leis 4.090/1962 e 4.749/1965. Nesses termos, o empregador tem o dever de realizar o pagamento em duas parcelas, a primeira delas entre fevereiro e novembro, e a segunda até 20 de dezembro de cada ano. O valor obedecerá ao valor da remuneração em dezembro.

d) Proteção ao salário na forma da lei, sendo vedada a sua retenção dolosa (X): a previsão deste inciso reforça a ideia de que, para os empregados domésticos, se estendem todas as garantias de proteção do salário previstas na CLT para os demais empregados.

e) Duração do trabalho normal não superior a oito horas diárias e quarenta e quatro semanais, facultada a compensação de horários e redução da jornada, mediante acordo ou convenção coletiva de trabalho (XIII): trata-se de inovação marcante da EC 72/2013, que garantiu a jornada máxima aos domésticos de 8 horas diárias e 44 semanais, anteriormente alijados desse direito.

A LC 150/2015, complementando, previu expressamente a obrigação do empregador de manutenção de controle de jornada, o qual poderá ser manual, mecânico ou eletrônico (art. 12).

> Art. 2º A duração normal do trabalho doméstico não excederá 8 (oito) horas diárias e 44 (quarenta e quatro) semanais, observado o disposto nesta Lei.
>
> § 1º A remuneração da hora extraordinária será, no mínimo, 50% (cinquenta por cento) superior ao valor da hora normal.
>
> (...)
>
> Art. 12. É obrigatório o registro do horário de trabalho do empregado doméstico por qualquer meio manual, mecânico ou eletrônico, desde que idôneo.

Também foi prevista a possibilidade de compensação da jornada de trabalho, inclusive com o estabelecimento de acordo individual escrito de compensação de jornada entre empregado e empregador:

Art. 2º (...)

(...)

§ 4º Poderá ser dispensado o acréscimo de salário e instituído regime de compensação de horas, mediante acordo escrito entre empregador e empregado, se o excesso de horas de um dia for compensado em outro dia.

§ 5º No regime de compensação previsto no § 4º:

I – será devido o pagamento, como horas extraordinárias, na forma do § 1º, das primeiras 40 (quarenta) horas mensais excedentes ao horário normal de trabalho;

II – das 40 (quarenta) horas referidas no inciso I, poderão ser deduzidas, sem o correspondente pagamento, as horas não trabalhadas, em função de redução do horário normal de trabalho ou de dia útil não trabalhado, durante o mês;

III – o saldo de horas que excederem as 40 (quarenta) primeiras horas mensais de que trata o inciso I, com a dedução prevista no inciso II, quando for o caso, será compensado no período máximo de 1 (um) ano.

A lei dividiu o regime de compensação em duas hipóteses, quais sejam:

- **Compensação dentro do mesmo mês** – se as horas extras forem compensadas dentro do mês em que prestadas, não haverá pagamento correspondente, ou seja, realiza-se exclusivamente a compensação;
- **Compensação em outros meses** – nesse caso, as primeiras 40 horas serão pagas como extra e apenas as horas excedentes poderão ser enviadas ao banco de horas para a compensação em até um ano.

Como ocorre com o banco de horas dos empregados em geral, na hipótese de rescisão do contrato, antes da compensação das horas destinadas ao banco de horas, as horas serão pagas como extras, considerando o valor da remuneração vigente na data da rescisão – art. 2º, § 6º.

A compensação de 12 × 36 veio expressamente prevista na LC 150/2015, possibilitando a instituição dessa jornada por meio de acordo individual entre o empregado e empregador:

Art. 10. É facultado às partes, mediante acordo escrito entre essas, estabelecer horário de trabalho de 12 (doze) horas seguidas por 36 (trinta e seis) horas ininterruptas de descanso, observados ou indenizados os intervalos para repouso e alimentação.

§ 1º A remuneração mensal pactuada pelo horário previsto no caput deste artigo abrange os pagamentos devidos pelo descanso semanal remunerado e pelo descanso em feriados, e serão considerados compensados os feriados e as prorrogações de trabalho noturno, quando houver, de que tratam o art. 70 e o § 5º do art. 73 da Consolidação das Leis do Trabalho (CLT), aprovada pelo Decreto-Lei nº 5.452, de 1º de maio de 1943, e o art. 9º da Lei nº 605, de 5 de janeiro de 1949.

A previsão legal caminhou no sentido oposto àquele da Súmula 444 do TST. De acordo com a LC 150/2015, a utilização da compensação pode ser ajustada por acordo individual. Além disso, quando a escala recair em feriado, não implicará pagamento em dobro, tendo em vista que esse dia já está inserido na compensação regular do sistema. Outrossim, foi prevista a possibilidade de respeitar ou de indenizar os intervalos para repouso e alimentação.

Note-se que serão enviadas para a compensação em um ano apenas aquelas horas que excedem a 40ª hora mensal. Na formação dessas 40 horas, serão inseridas aquelas destinadas à compensação dentro do mesmo mês – e que, portanto, dispensam pagamento – como, ainda, as horas destinadas a compensação em outro mês – que, assim, serão pagas como extras (art. 2º, § 5º, III).

A reforma trabalhista, em seu art. 59-A, trouxe a mesma hipótese de jornada de 12 × 36 aos demais empregados, por meio de acordo individual ou instrumento coletivo, prevendo também que a remuneração pactuada abrange feriados e descanso semanal remunerado, à semelhança da regulamentação dos domésticos.

O art. 3º trouxe a possibilidade de aplicação do regime de jornada por tempo parcial. A previsão da jornada em tempo parcial é diversa da constante no art. 58-A da CLT para os empregados em geral.

EMPREGADO DOMÉSTICO (LC 150/2015)	EMPREGADO CELETISTA
Art. 3º Considera-se trabalho em regime de tempo parcial aquele cuja duração não exceda **25 (vinte e cinco) horas** semanais.	Art. 58-A. Considera-se trabalho em regime de tempo parcial aquele cuja duração não exceda a **trinta horas** semanais, sem a possibilidade de horas suplementares semanais, ou, ainda, aquele cuja duração não exceda a **vinte e seis horas** semanais, com a possibilidade de acréscimo de até **seis horas suplementares semanais**.
§ 1º O salário a ser pago ao empregado sob regime de tempo parcial será proporcional a sua jornada, em relação ao empregado que cumpre, nas mesmas funções, tempo integral.	§ 1º O salário a ser pago aos empregados sob o regime de tempo parcial será proporcional à sua jornada, em relação aos empregados que cumprem, nas mesmas funções, tempo integral.
§ 2º A duração normal do trabalho do empregado em regime de tempo parcial poderá ser acrescida de **horas suplementares, em número não excedente a 1 (uma) hora diária**, mediante acordo escrito entre empregador e empregado, aplicando-se-lhe, ainda, o disposto nos §§ 2º e 3º do art. 2º, com o limite máximo de 6 (seis) horas diárias.	
	§ 2º Para os atuais empregados, a adoção do regime de tempo parcial será feita mediante opção manifestada perante a empresa, na forma prevista em instrumento decorrente de negociação coletiva.
	§ 3º As horas suplementares à duração do trabalho semanal normal serão pagas com o acréscimo de 50% (cinquenta por cento) sobre o salário-hora normal.

EMPREGADO DOMÉSTICO (LC 150/2015)	EMPREGADO CELETISTA
	§ 4º Na hipótese de o contrato de trabalho em regime de tempo parcial ser estabelecido em número inferior a vinte e seis horas semanais, as horas suplementares a este quantitativo serão consideradas horas extras para fins do pagamento estipulado no § 3º, estando também limitadas a seis horas suplementares semanais.
	§ 5º As horas suplementares da jornada de trabalho normal poderão ser compensadas diretamente até a semana imediatamente posterior à da sua execução, devendo ser feita a sua quitação na folha de pagamento do mês subsequente, caso não sejam compensadas.
	§ 6º É facultado ao empregado contratado sob regime de tempo parcial converter um terço do período de férias a que tiver direito em abono pecuniário.
§ 3º Na modalidade do regime de tempo parcial, após cada período de 12 (doze) meses de vigência do contrato de trabalho, o empregado terá direito a férias, na seguinte proporção:	§ 7º As férias do regime de tempo parcial são regidas pelo disposto no art. 130 desta Consolidação.
I – 18 (dezoito) dias, para a duração do trabalho semanal superior a 22 (vinte e duas) horas, até 25 (vinte e cinco) horas;	
II – 16 (dezesseis) dias, para a duração do trabalho semanal superior a 20 (vinte) horas, até 22 (vinte e duas) horas;	
III – 14 (quatorze) dias, para a duração do trabalho semanal superior a 15 (quinze) horas, até 20 (vinte) horas;	
IV – 12 (doze) dias, para a duração do trabalho semanal superior a 10 (dez) horas, até 15 (quinze) horas;	
V – 10 (dez) dias, para a duração do trabalho semanal superior a 5 (cinco) horas, até 10 (dez) horas;	
VI – 8 (oito) dias, para a duração do trabalho semanal igual ou inferior a 5 (cinco) horas.	
ATENÇÃO! O empregado sob o regime de tempo parcial que tiver mais de sete faltas injustificadas ao longo do período aquisitivo terá o seu período de férias reduzido à metade.	

f) **Repouso semanal remunerado, preferencialmente aos domingos (XV):** a regulamentação do direito ao repouso semanal segue o quanto disposto na Lei 605/1949. Assim, o repouso deverá ocorrer, no máximo, após seis dias consecutivos de trabalho, devendo recair, de forma preferencial, nos domingos. A aplicação da lei atrai também a necessidade de que o empregado preencha os requisitos necessários para receber o pagamento desse intervalo, quais sejam, a assiduidade e a pontualidade na semana que antecede ao repouso – caso contrário, irá gozar o repouso, mas não terá direito ao pagamento do dia equivalente. No caso específico dos domésticos, prevalece a desnecessidade de escala de revezamento aos domingos, tendo em vista a ausência de atividade econômica do empregador, que afasta a incidência dos arts. 67 e 68 da CLT.

O direito ao gozo de feriados, por outro lado, apenas foi inserido com o advento da Lei 11.324/2006. Destarte, após 20.07.2006, a não concessão de repouso em feriado, assim como a violação do direito do repouso semanal remunerado, importará no pagamento da dobra correspondente àquele dia.

Ainda de acordo com a LC 150/2015, em seu art. 2º, § 7º, o tempo em que o empregado se encontre no local de trabalho, mas em gozo de descanso, não será considerado para efeito de jornada.

> Art. 2º, § 7º: Os intervalos previstos nesta Lei, o tempo de repouso, as horas não trabalhadas, os feriados e os domingos livres em que o empregado que mora no local de trabalho nele permaneça não serão computados como horário de trabalho.

g) Remuneração do serviço extraordinário superior, no mínimo, em 50% à do normal (XVI).

> Art. 2º, § 1º: A remuneração da hora extraordinária será, no mínimo, 50% (cinquenta por cento) superior ao valor da hora normal.

h) Férias anuais remuneradas acrescidas de 1/3 (XVII): o acréscimo de 1/3 sobre o valor das férias foi inserido com o advento da CRFB/1988. Apenas com a Lei 11.324/2006, restou expressamente previsto o direito a 30 dias corridos de férias, assim como para os demais trabalhadores urbanos.

A LC 150/2015 não apenas contemplou, expressamente, o direito às férias, após 12 meses consecutivos de trabalho, acrescidas de 1/3, como também previu o direito às férias proporcionais (arts. 3º, § 3º, e 17, § 6º).

> Art. 3º Considera-se trabalho em regime de tempo parcial aquele cuja duração não exceda 25 (vinte e cinco) horas semanais.
>
> (...)
>
> § 3º Na modalidade do regime de tempo parcial, após cada período de 12 (doze) meses de vigência do contrato de trabalho, o empregado terá direito a férias, na seguinte proporção:
>
> I – 18 (dezoito) dias, para a duração do trabalho semanal superior a 22 (vinte e duas) horas, até 25 (vinte e cinco) horas;
>
> II – 16 (dezesseis) dias, para a duração do trabalho semanal superior a 20 (vinte) horas, até 22 (vinte e duas) horas;
>
> III – 14 (quatorze) dias, para a duração do trabalho semanal superior a 15 (quinze) horas, até 20 (vinte) horas;

IV – 12 (doze) dias, para a duração do trabalho semanal superior a 10 (dez) horas, até 15 (quinze) horas;

V – 10 (dez) dias, para a duração do trabalho semanal superior a 5 (cinco) horas, até 10 (dez) horas;

(...)

Art. 17. O empregado doméstico terá direito a férias anuais remuneradas de 30 (trinta) dias, salvo o disposto no § 3º do art. 3º, com acréscimo de, pelo menos, um terço do salário normal, após cada período de 12 (doze) meses de trabalho prestado à mesma pessoa ou família.

§ 1º Na cessação do contrato de trabalho, o empregado, desde que não tenha sido demitido por justa causa, terá direito à remuneração relativa ao período incompleto de férias, na proporção de um doze avos por mês de serviço ou fração superior a 14 (quatorze) dias.

§ 2º O período de férias poderá, a critério do empregador, ser fracionado em até 2 (dois) períodos, sendo 1 (um) deles de, no mínimo, 14 (quatorze) dias corridos.

§ 3º É facultado ao empregado doméstico converter um terço do período de férias a que tiver direito em abono pecuniário, no valor da remuneração que lhe seria devida nos dias correspondentes.

§ 4º O abono de férias deverá ser requerido até 30 (trinta) dias antes do término do período aquisitivo.

§ 5º É lícito ao empregado que reside no local de trabalho nele permanecer durante as férias.

§ 6º As férias serão concedidas pelo empregador nos 12 (doze) meses subsequentes à data em que o empregado tiver adquirido o direito.

Dois direitos foram previstos de modo diferente dos demais empregados, a saber:

1º) o fracionamento das férias – em que pese ser possível em até dois períodos, não poderá um destes ser inferior a 14 dias;

2º) a possibilidade de conversão de até 1/3 das férias em abono pecuniário – tal pedido de conversão deve ser realizado até 30 dias antes do final do período aquisitivo. A CLT exige para os demais empregados a antecedência de, no mínimo, 15 dias antes do término do período aquisitivo.

Na hipótese de o empregado residir no local de trabalho, é assegurado o direito de nele permanecer durante o período de férias.

i) Licença-maternidade, com duração de 120 dias (XVIII): trata-se do direito concedido à empregada doméstica de se licenciar, por 120 dias, contados a partir do parto – admitido o afastamento até 28 dias antes, a critério de determinação médica. Durante o período de licença, a empregada tem direito à manutenção do seu emprego, sendo o valor do salário, desse período, pago diretamente pelo INSS (art. 73, I, da Lei 8.213/1991). Consequência direta desse direito é o direito à licença também em caso de adoção, na forma do art. 392-A da CLT, bem como o direito à licença em caso de aborto, art. 395 da CLT, assim considerado o evento ocorrido até a 23ª semana de gestação.

O direito à **estabilidade gestante** está previsto expressamente na LC 150/2015, que esclarece, inclusive, que ele será garantido ainda que a confirmação da gravidez ocorra durante o aviso-prévio, trabalhado ou indenizado.

j) Licença-paternidade (XIX): trata-se de benefício que autoriza o empregado doméstico, pai, a se afastar pelo período previsto em lei (5 dias). Durante esse período, os salários serão pagos diretamente pelo empregador, sem qualquer interferência do órgão previdenciário.

k) Aviso-prévio proporcional ao tempo de serviço, sendo de, no mínimo, 30 dias, na forma da lei (XXI): a atração do aviso-prévio para o contrato de trabalho doméstico significa a atração de toda a regulamentação atinente a este instituto, residente na CLT. Nessa esteira, a primeira conclusão que nos salta aos olhos é de que o empregado terá esse direito, mas, assim como consta da CLT, será também devido para o empregador em caso de pedido de demissão.

> LC 150/2015, art. 23: Não havendo prazo estipulado no contrato, a parte que, sem justo motivo, quiser rescindi-lo deverá avisar a outra de sua intenção.
>
> § 1º O aviso-prévio será concedido na proporção de 30 (trinta) dias ao empregado que conte com até 1 (um) ano de serviço para o mesmo empregador.
>
> § 2º Ao aviso-prévio previsto neste artigo, devido ao empregado, serão acrescidos 3 (três) dias por ano de serviço prestado para o mesmo empregador, até o máximo de 60 (sessenta) dias, perfazendo um total de até 90 (noventa) dias.
>
> § 3º A falta de aviso-prévio por parte do empregador dá ao empregado o direito aos salários correspondentes ao prazo do aviso, garantida sempre a integração desse período ao seu tempo de serviço.
>
> § 4º A falta de aviso-prévio por parte do empregado dá ao empregador o direito de descontar os salários correspondentes ao prazo respectivo.
>
> § 5º O valor das horas extraordinárias habituais integra o aviso-prévio indenizado.

De igual sorte, a importação da CLT naquilo que se refere ao aviso-prévio implicará adoção dos conceitos de despedida justa e injusta. Observe-se: só se fala em aviso-prévio no caso de despedida injusta, de onde se infere que haverá a possibilidade de ocorrência da despedida justificada, em que não será devido o aviso-prévio. As hipóteses de justa causa vieram expressas na LC 150/2015, acompanhadas, igualmente, das hipóteses de rescisão indireta:

> Art. 27. Considera-se justa causa para os efeitos desta Lei:
>
> I – submissão a maus-tratos de idoso, de enfermo, de pessoa com deficiência ou de criança sob cuidado direto ou indireto do empregado;
>
> II – prática de ato de improbidade;
>
> III – incontinência de conduta ou mau procedimento;
>
> IV – condenação criminal do empregado transitada em julgado, caso não tenha havido suspensão da execução da pena;
>
> V – desídia no desempenho das respectivas funções;
>
> VI – embriaguez habitual ou em serviço;

VII – (vetado);

VIII – ato de indisciplina ou de insubordinação;

IX – abandono de emprego, assim considerada a ausência injustificada ao serviço por, pelo menos, 30 (trinta) dias corridos;

X – ato lesivo à honra ou à boa fama ou ofensas físicas praticadas em serviço contra qualquer pessoa, salvo em caso de legítima defesa, própria ou de outrem;

XI – ato lesivo à honra ou à boa fama ou ofensas físicas praticadas contra o empregador doméstico ou sua família, salvo em caso de legítima defesa, própria ou de outrem;

XII – prática constante de jogos de azar.

Parágrafo único. O contrato de trabalho poderá ser rescindido por culpa do empregador quando:

I – o empregador exigir serviços superiores às forças do empregado doméstico, defesos por lei, contrários aos bons costumes ou alheios ao contrato;

II – o empregado doméstico for tratado pelo empregador ou por sua família com rigor excessivo ou de forma degradante;

III – o empregado doméstico correr perigo manifesto de mal considerável;

IV – O empregador não cumprir as obrigações do contrato;

V – O empregador ou sua família praticar, contra o empregado doméstico ou pessoas de sua família, ato lesivo à honra e à boa fama;

VI – O empregador ou sua família ofender o empregado doméstico ou sua família fisicamente, salvo em caso de legítima defesa, própria ou de outrem;

VII – o empregador praticar qualquer das formas de violência doméstica ou familiar contra mulheres de que trata o art. 5º da Lei nº 11.340, de 7 de agosto de 2006.

O instituto da justa causa também implica a aceitação de que poderá haver contrato com e sem prazo determinado. Dessa forma, o aviso-prévio será devido quando o doméstico tiver um contrato sem prazo determinado, ou com prazo determinado e com cláusula assecuratória.

O cumprimento desse aviso poderá ocorrer de forma trabalhada ou indenizada. Sendo trabalhado, o empregado terá direito à redução de duas horas por dia de trabalho, ou de sete dias corridos, no período do aviso.

O prazo do aviso-prévio, à semelhança dos demais empregados, será de 30 dias, acrescido de 3 dias para cada ano completado, na forma da Nota Técnica CGRT/SRT/MTE 184, de 17.05.2012. Assim, além do aviso-prévio de 30 dias, o empregado terá direito a até mais 60 dias de aviso-prévio, contabilizados a partir de cada ano de serviço completado para o seu empregador.

l) Redução dos riscos inerentes ao trabalho, por meio de normas de saúde, higiene e segurança (XXII).

m) Aposentadoria (XXIV): LC 150/2015.

Na condição de segurado obrigatório da Previdência Social, o doméstico recolhe, mensalmente, **a sua parcela de contribuição (de 8% a 11%)**, bem assim o seu **empregador (8%) – art. 34 da Lei Complementar 150/2015.**

n) Reconhecimento das convenções e dos acordos coletivos de trabalho (XXVI): trata-se de previsão inovadora da EC 72/2013.

o) Proibição de diferença de salários, de exercício de funções e de critério de admissão por motivo de sexo, idade, cor ou estado civil (XXX): trata-se de importação do princípio da igualdade – inclusive quanto aos salários – também na relação doméstica. Nessa esteira, da leitura do trecho constitucional, o que se tem é que, reunidos os requisitos do art. 461 da CLT, não será possível a discriminação salarial também entre empregados domésticos.

p) Proibição de qualquer discriminação no tocante a salário e critérios de admissão do trabalhador com deficiência (XXXI).

q) Proibição de trabalho noturno, perigoso ou insalubre a menores de 18 e de qualquer trabalho a menores de 16 anos, salvo na condição de aprendiz, a partir de 14 anos (XXXIII): no particular, a norma constitucional pareceu contradizer a vedação do trabalho doméstico para menores de 18 anos.

> Parágrafo único. É vedada a contratação de menor de 18 (dezoito) anos para desempenho de trabalho doméstico, de acordo com a Convenção nº 182, de 1999, da Organização Internacional do Trabalho (OIT) e com o Decreto nº 6.481, de 12 de junho de 2008.

r) Relação de emprego protegida contra despedida arbitrária ou sem justa causa, nos termos de lei complementar, que preverá indenização compensatória, entre outros direitos (I): a previsão em exame, em que pese carente de uma norma geral, regulamentadora da vedação da dispensa pelo empregador, possui, ainda assim, influência direta no contrato de trabalho. Nesse cenário, pode-se concluir que o contrato de emprego doméstico é também influenciado pelo princípio da continuidade da relação de emprego. Ademais, a previsão da possibilidade de proteção a emprego por uma lei geral não impede que outras normas criem situações de garantia de emprego para os domésticos, como ocorreu com a estabilidade da gestante, garantida pela Lei 150/2015.

s) Seguro-desemprego, em caso de desemprego involuntário (II): de acordo com a lei, passa o empregado doméstico a ter direito ao seguro-desemprego, desde que reúna requisitos cumulativos (arts. 26, 28 e 29, LC 150/2015), como:

- mínimo de 15 meses de contrato de trabalho doméstico, nos últimos 24 meses;
- dispensa sem justa causa;
- declaração de que não está em gozo de benefício de prestação continuada da Previdência Social, exceto auxílio-acidente e pensão por morte;
- declaração de que não possui renda própria de qualquer natureza suficiente à sua manutenção e de sua família.
- requerimento do benefício de 7 a 90 dias, contados da dispensa.

Presentes os requisitos, o empregado terá direito ao seguro-desemprego, a ser custeado pelo FAT (Fundo de Amparo ao Trabalhador), na razão de três parcelas equivalentes ao salário mínimo.

t) Fundo de Garantia do Tempo de Serviço – FGTS (III): antes da LC 150/2015, a legislação deixava a cargo do empregador a escolha, ou não, pelo recolhimento do FGTS dos seus empregados. No sistema anterior, uma vez optando pelo recolhimento, o direito aderia ao contrato de trabalho, e, dessa forma, o empregador não mais podia deixar de recolher o equivalente a 8% da remuneração do empregado.

Com o advento da LC 150/2015, o recolhimento do FGTS passou a ser obrigatório para todos os empregados, observando-se os seguintes percentuais:

> Art. 22. O empregador doméstico depositará a importância de 3,2% (três inteiros e dois décimos por cento) sobre a remuneração devida, no mês anterior, a cada empregado, destinada ao pagamento da indenização compensatória da perda do emprego, sem justa causa ou por culpa do empregador, não se aplicando ao empregado doméstico o disposto nos §§ 1º a 3º do art. 18 da Lei nº 8.036, de 11 de maio de 1990.

Desse modo, além dos 8% a que tem obrigação todo empregador, o empregador doméstico depositará, ainda, 3,2%, como adiantamento da multa rescisória do FGTS. Assim, esse valor é liberado para o empregado nas hipóteses rescisórias em que cabível o pagamento de indenização, ao passo que, nas hipóteses de dispensa por justa causa ou a pedido, de término do contrato de trabalho por prazo determinado, de aposentadoria e de falecimento do empregado doméstico, os valores previstos no *caput* serão movimentados pelo empregador. Por fim, havendo culpa recíproca, o valor será dividido entre o empregado e o empregador.

u) Adicional noturno (IX): atendendo ao comando constitucional, o art. 14 da LC 150/2015, à semelhança da previsão do trabalhador urbano, previu expressamente que será considerado como trabalho noturno aquele compreendido entre as 22 horas de um dia e 5 horas do dia subsequente. Acresceu, ainda, o direito à redução ficta da hora noturna, que terá duração de 52 minutos e 30 segundos.

Quanto ao adicional, restou fixado em 20% sobre o valor da hora normal, devendo a média salarial, do empregado contratado para o horário noturno, constar da sua CTPS. Essas disposições aplicam-se, igualmente, aos empregados que tenham jornada mista (diurna e noturna), sempre que trabalharem nos horários noturnos.

> Art. 14. Considera-se noturno, para os efeitos desta Lei, o trabalho executado entre as 22 horas de um dia e as 5 horas do dia seguinte.
>
> § 1º A hora de trabalho noturno terá duração de 52 (cinquenta e dois) minutos e 30 (trinta) segundos.
>
> § 2º A remuneração do trabalho noturno deve ter acréscimo de, no mínimo, 20% (vinte por cento) sobre o valor da hora diurna.
>
> § 3º Em caso de contratação, pelo empregador, de empregado exclusivamente para desempenhar trabalho noturno, o acréscimo será calculado sobre o salário anotado na Carteira de Trabalho e Previdência Social.
>
> § 4º Nos horários mistos, assim entendidos os que abrangem períodos diurnos e noturnos, aplica-se às horas de trabalho noturno o disposto neste artigo e seus parágrafos.

v) **Salário-família pago em razão do dependente do trabalhador de baixa renda (XII):** a extensão do salário-família para os empregados domésticos foi inovação da EC 72/2013. Ele foi instituído pela Lei 4.266/1963, regulamentado pela Portaria Interministerial MPS/MF nº 2, de 11 de janeiro de 2024.

É devido a todos os empregados, avulsos e rurais, ativos ou aposentados, desde que possuam: (i) filhos de até 14 anos; (ii) filhos inválidos de qualquer idade; (iii) enteados ou tutelados que comprovem dependência econômica.

> Art. 65 da Lei 8.213/1991: O salário-família será devido, mensalmente, ao segurado empregado, inclusive o doméstico, e ao segurado trabalhador avulso, na proporção do respectivo número de filhos ou equiparados nos termos do § 2º do art. 16 desta Lei, observado o disposto no art. 66. (Redação dada pela Lei Complementar nº 150, de 2015).

O benefício é pago em razão de cada filho que preencha uma das situações anteriores, sendo os credores o pai e a mãe, quando ambos forem empregados, avulsos ou rurais, ainda que aposentados.

O pagamento do benefício é feito na razão de uma cota, em favor de cada criança, devendo o empregado/avulso entregar a certidão de nascimento ao seu empregador/intermediador. O valor do benefício é pago diretamente pelo empregador, que é reembolsado mediante desconto das contribuições pagas ao INSS. Não se exige tempo mínimo de contribuição para a concessão do benefício.

w) **Assistência gratuita aos filhos e dependentes desde o nascimento até 5 (cinco) anos de idade em creches e pré-escolas (XXV).**

x) **Seguro contra acidentes de trabalho (SAT), a cargo do empregador, sem excluir a indenização a que este está obrigado, quando incorrer em dolo ou culpa (XXVIII):** art. 34, III, da LC 150/2015.

> Art. 34. O Simples Doméstico assegurará o recolhimento mensal, mediante documento único de arrecadação, dos seguintes valores:
>
> I – 8% (oito por cento) a 11% (onze por cento) de contribuição previdenciária, a cargo do segurado empregado doméstico, nos termos do art. 20 da Lei nº 8.212, de 24 de julho de 1991;
>
> II – 8% (oito por cento) de contribuição patronal previdenciária para a seguridade social, a cargo do empregador doméstico, nos termos do art. 24 da Lei nº 8.212, de 24 de julho de 1991;
>
> III – 0,8% (oito décimos por cento) de contribuição social para financiamento do seguro contra acidentes do trabalho;
>
> IV – 8% (oito por cento) de recolhimento para o FGTS;
>
> V – 3,2% (três inteiros e dois décimos por cento), na forma do art. 22 desta Lei; e
>
> VI – imposto sobre a renda retido na fonte de que trata o inciso I do art. 7º da Lei 7.713, de 22 de dezembro de 1988, se incidente.

y) Contrato por prazo determinado: está prevista a possibilidade de contrato de experiência, por prazo não superior a 90 dias; observado tal prazo máximo, admite-se apenas uma prorrogação do contrato – art. 5º da LC 150/2015.

A Lei ainda permite contrato por prazo determinado "para atender necessidades familiares de natureza transitória e para substituição temporária de empregado doméstico com contrato de trabalho interrompido ou suspenso", e, nesse caso, "a duração do contrato de trabalho é limitada ao término do evento que motivou a contratação, obedecido o limite máximo de 2 (dois) anos", conforme o art. 4º da LC 150/2015.

Assim, são três as hipóteses de contrato por prazo determinado do trabalho doméstico, quais sejam:

1) **contrato de experiência;**
2) **atendimento de necessidades familiares de natureza transitória;**
3) **substituição temporária de empregado doméstico com contrato de trabalho interrompido ou suspenso.**

O prazo de duração dos dois últimos contratos é de, no máximo, 2 anos.

Ocorrendo a extinção antecipada do contrato por prazo determinado, por iniciativa do empregador, e sem justo motivo, este deverá uma indenização ao empregado, equivalente à metade da remuneração a que teria direito até o termo do contrato. Sendo a extinção antecipada provocada por vontade do empregado, e também sem justo motivo, deverá o empregado indenizar o empregador dos prejuízos que isso lhe causar, e essa indenização ficará limitada ao valor a que teria direito, caso a finalização ocorra por vontade do empregador.

Ao contrário do estabelecido na CLT, não há previsão na LC 150/2015 da cláusula assecuratória do direito recíproco. Nesse sentido, o art. 8º estabelece expressamente que, durante a vigência dos contratos por prazo determinado, não será devido aviso-prévio a nenhuma das partes da relação jurídica. Portanto, não se aplica o art. 481 da CLT.

z) Trabalho do doméstico em viagens: o trabalho em viagens deve ser precedido de acordo escrito com essa finalidade, no qual o empregado concorde com a realização de trabalho dessa forma. Quando acompanhando os empregadores em viagem, o empregado doméstico terá computado para efeito de jornada de trabalho o tempo efetivamente trabalhado, sendo possível a compensação.

Durante a viagem, o empregado terá direito ao pagamento de um **adicional de 25%** sobre a hora normal de trabalho, o qual poderá ser convertido em horas de descanso. As despesas com a viagem, como transporte, hospedagem e alimentação, *não poderão ser descontadas do salário.*

aa) Intervalo intrajornada e interjornada: apesar de não previsto constitucionalmente, o direito à observância do intervalo intrajornada veio expressamente previsto da LC 150/2015.

A reforma trabalhista possibilitou a redução de intervalos intrajornada do empregado a 30 minutos somente por meio de negociação coletiva, nos termos do art. 611-A, III, da CLT.

Observe-se que, se o empregado residir no local de trabalho, será possível o fracionamento do intervalo intrajornada em dois períodos, desde que cada um deles tenha, no mínimo, 1 hora e, no máximo, 4 horas diárias, devendo, nesse caso, haver a anotação do intervalo no controle de jornada.

Destaca-se que, diante da aplicação subsidiária da CLT, autorizada pelo art. 19 da LC 150/2015, é aplicável aos domésticos a regra prevista na CLT para jornadas inferiores a 4 horas e superiores a 4 horas e inferiores a 6 horas diárias:

– Jornada de até 4 horas: não há previsão em lei de intervalo intrajornada.

– Jornada que excede 4 horas, com limite de 6 horas: intervalo de 15 minutos.

Se o empregador exigir horas extras habituais; excedendo a jornada de 6 horas diárias, deverá conceder intervalo mínimo de 1 hora.

No que tange ao intervalo interjornada, também especificou a lei a sua duração mínima de 11 horas consecutivas, do mesmo modo que os demais empregados.

> Art. 15. Entre 2 (duas) jornadas de trabalho deve haver período mínimo de 11 (onze) horas consecutivas para descanso.

⌗ QUESTÕES PARA TREINO

1. **(MPT – MPT – Procurador do Trabalho – 2022 – adaptada)** Sobre trabalho doméstico, analise a assertiva a seguir:

   O empregado doméstico que for dispensado sem justa causa fará jus ao benefício do seguro-desemprego, nos mesmos períodos e condições assegurados aos demais trabalhadores urbanos e rurais.

   Errado.

2. **(MPT – MPT – Procurador do Trabalho – 2022 – adaptada)** Sobre trabalho doméstico, analise a assertiva a seguir:

   É possível a celebração de contrato de trabalho doméstico por tempo determinado nos casos de contrato de experiência, para atender às necessidades de caráter transitório do empregador ou para substituição temporária de um trabalhador com contrato de trabalho interrompido ou suspenso.

   Certo.

3. **(MPT – MPT – Procurador do Trabalho – 2022 – adaptada)** Sobre trabalho doméstico, analise a assertiva a seguir:

   Caso o empregado resida no local de trabalho, o período de intervalo poderá ser desmembrado em dois períodos, desde que cada um deles tenha, no mínimo, uma hora, até o limite de quatro horas ao dia.

   Certo.

4. **(MPT – MPT – Procurador do Trabalho – 2022 – adaptada)** Sobre trabalho doméstico, analise a assertiva a seguir:

O empregador pode efetuar descontos no salário do empregado doméstico, mediante acordo escrito entre as partes, em razão de sua inclusão em planos de assistência médico-hospitalar e odontológica, de seguro e de previdência privada, não podendo a dedução ultrapassar vinte por cento do salário.

Certo.

5. **(Cebraspe/Cespe – TRT-18 – Analista Judiciário – Área Administrativa – 2022 – adaptada)** Analise a assertiva a seguir:

Sabendo-se que a relação de trabalho se distingue da relação de emprego, é correto afirmar que, entre as diversas formas de trabalho, aquele que labora diariamente para uma família, de forma subordinada, onerosa, pessoal, de finalidade não lucrativa, sob a dependência deste e mediante salário, será empregado como doméstico.

Certo.

6. **(FCC – TRT-4 – Analista Judiciário – Área Judiciária – 2022 – adaptada)** Analise a assertiva a seguir:

Mirtes foi contratada como empregada doméstica para prestar serviços de acompanhante de idoso, de segunda a sábado. Na residência do seu empregador há um tanque de óleo diesel para fazer funcionar um gerador que alimenta o aparelho que o idoso necessita, em caso de faltar energia elétrica. Nessa condição, com base no que prevê a Constituição Federal de 1988, Mirtes poderá vir a perceber adicional de insalubridade em grau médio, à base de 25% do salário mínimo, após laudo pericial que ateste a agressividade do ambiente.

Errado.

7. **(Ibade – Câmara de São Felipe d'Oeste-RO – Advogado – 2020 – adaptada)** Francisca trabalha na residência de Olivia três vezes na semana como passadeira. Normalmente, o combinado é comparecer ao trabalho às terças, às quintas e às sextas, mas, quando é necessário, mediante prévia comunicação, comparece em outro dia da semana, desde que não sejam sábados, domingos ou feriados, nem datas comemorativas. Sua remuneração é feita e calculada por dia de trabalho e sua CTPS não foi assinada. Quando Francisca não comparece, não recebe o pagamento e não sofre nenhum tipo de sanção; entretanto, Olivia sempre solicita que a ausência seja previamente comunicada. Francisca procura você como advogado(a), para sanar uma dúvida acerca da sua situação de relação de trabalho. Sobre essa situação, de acordo com a legislação específica em vigor, é correto afirmar:

Francisca é empregada eventual.

Errado.

8. **(Ibade – Câmara de São Felipe d'Oeste-RO – Advogado – 2020 – adaptada)** Francisca trabalha na residência de Olivia três vezes na semana como passadeira. Normalmente, o combinado é comparecer ao trabalho às terças, às quintas e às sextas, mas, quando é necessário, mediante prévia comunicação, comparece em outro dia da semana, desde que não sejam sábados, domingos ou feriados, nem datas comemorativas. Sua remuneração é feita e calculada por dia de trabalho e sua CTPS não foi assinada. Quando Francisca não comparece, não recebe o pagamento e

Cap. 7 – TRABALHADOR RURAL E TRABALHADOR DOMÉSTICO **121**

não sofre nenhum tipo de sanção; entretanto, Olivia sempre solicita que a ausência seja previamente comunicada. Francisca procura você como advogado(a), para sanar uma dúvida acerca da sua situação de relação de trabalho. Sobre essa situação, de acordo com a legislação específica em vigor, é correto afirmar:

Francisca é diarista, pois trabalha apenas 3 vezes na semana.

Errado.

9. **(MPT – MPT – Procurador do Trabalho – 2020 – adaptada)** Considerando as regras de aderência das normas coletivas e a Convenção 141 da Organização Internacional do Trabalho (OIT), que dispõe sobre a Organização de Trabalhadores Rurais, analise a seguinte proposição:

De acordo com a Convenção 141 da OIT, todas as categorias de trabalhadores rurais deverão ter o direito de constituir, sem autorização prévia, organizações de sua própria escolha, assim como o de se afiliar a essas organizações, com a única condição de se sujeitarem aos seus estatutos.

Certo.

10. **(MPT – MPT – Procurador do Trabalho – 2020 – adaptada)** Analise a assertiva a seguir:

A Lei Complementar 150/2015, que dispõe sobre o contrato de trabalho doméstico, prevê, em relação ao empregado responsável por acompanhar o empregador prestando serviços em viagem, que serão consideradas apenas as horas efetivamente trabalhadas no período, e que a remuneração-hora do serviço em viagem será, no mínimo, 25% superior ao valor do salário-hora normal.

Certo.

TERCEIRIZAÇÃO E TRABALHO TEMPORÁRIO

1. TERCEIRIZAÇÃO

1.1. Conceito e denominação

Segundo Henrique Correia,[1] a terceirização ocorre quando uma empresa, em vez de executar serviços diretamente com seus empregados, contrata outra empresa para que esta os realize, com seu pessoal sob sua responsabilidade. O empregado é contratado pela intermediadora (empregadora), mas presta serviços em outro local (empresa tomadora).

Desse modo, na terceirização, desloca-se o foco da tradicional relação bilateral entre empregador e empregado, criando verdadeira relação trilateral, abrangendo, em um dos vértices do triângulo, o trabalhador, que mantém vínculo de emprego com o prestador de serviços (terceiro ou empregador aparente), mas disponibiliza o resultado de sua energia de trabalho a um tomador de serviços (empregador real) diverso do seu empregador. Por fim, entre o prestador de serviços e o tomador de serviços, há uma relação de direito civil (contrato de prestação de serviços), ou ainda uma relação administrativa (contrato administrativo), se o tomador for a Administração Pública.

O conceito legal de terceirização foi dado pelo art. 4º-A da Lei 6.019/1974, com redação da Lei 13.467/2017, segundo o qual a terceirização é "a transferência feita pela contratante da execução de quaisquer de suas atividades, inclusive sua atividade principal, à pessoa jurídica de direito privado prestadora de serviços que possua capacidade econômica compatível com a sua execução".

1.2. Histórico

A primeira previsão em lei sobre a delegação de serviços se deu com o art. 455 da CLT, que trata da subempreitada.

---

[1] CORREIA, Henrique. *Direito do Trabalho*. 4. ed. Salvador: JusPodivm, 2018.

CLT, art. 455: Nos contratos de subempreitada responderá o subempreiteiro pelas obrigações derivadas do contrato de trabalho que celebrar, cabendo, todavia, aos empregados, o direito de reclamação contra o empreiteiro principal pelo inadimplemento daquelas obrigações por parte do primeiro.

Parágrafo único. Ao empreiteiro principal fica ressalvada, nos termos da lei civil, ação regressiva contra o subempreiteiro e a retenção de importâncias a este devidas, para a garantia das obrigações previstas neste artigo.

Posteriormente, a Lei 6.019/1974 tratou sobre o trabalho temporário, mas, até março de 2017, não havia regulamentação específica sobre a terceirização. A disciplina jurídica do trabalho terceirizado era realizada pela Súmula 331 do TST. De acordo essa súmula, o empregador que desejasse terceirização de serviços somente poderia terceirizar **atividades-meio ou atividades periféricas** da empresa, como serviços de vigilância e limpeza; além disso, entre o trabalhador e a empresa tomadora **não poderia haver pessoalidade e subordinação**.

Em resumo, a Súmula 331 do TST exigiu o cumprimento de dois requisitos: (a) ausência de pessoalidade e subordinação entre o trabalhador terceirizado e a empresa contratante (tomadora); e (b) vedação à terceirização das atividades-fim ou principais da empresa (excepcionalmente, as empresas poderiam fazer a terceirização de atividades-fim, desde que fosse para trabalho temporário).

Ex.: uma escola particular poderia terceirizar o serviço de vigilância armada. Logo, a escola poderia contratar uma empresa para fornecer vigilantes que iriam cuidar da segurança do colégio. Tais vigilantes iriam trabalhar na escola, mas não seriam funcionários dela, e sim da empresa prestadora do serviço (intermediadora). No entanto, ela não poderia terceirizar a contratação dos professores, pois como a atividade-fim da escola é o ensino, os professores obrigatoriamente tinham que ser empregados do colégio.

Súmula 331 do TST: contrato de prestação de serviços. Legalidade

I – A contratação de trabalhadores por empresa interposta é ilegal, formando-se o vínculo diretamente com o tomador dos serviços, salvo no caso de trabalho temporário (Lei nº 6.019, de 03.01.1974). (Item declarado inconstitucional pelo STF na ADPF 324/DF – Repercussão geral – *Info* 913)

II – A contratação irregular de trabalhador, mediante empresa interposta, não gera vínculo de emprego com os órgãos da Administração Pública direta, indireta ou fundacional (art. 37, II, da CF/1988).

III – Não forma vínculo de emprego com o tomador a contratação de serviços de vigilância (Lei nº 7.102, de 20.06.1983) e de conservação e limpeza, bem como a de serviços especializados ligados à atividade-meio do tomador, desde que inexistente a pessoalidade e a subordinação direta. (Item declarado inconstitucional pelo STF na ADPF 324/DF – Repercussão geral – *Info* 913)

IV – O inadimplemento das obrigações trabalhistas, por parte do empregador, implica a responsabilidade subsidiária do tomador dos serviços quanto àquelas obrigações, desde que haja participado da relação processual e conste também do título executivo judicial.

Cap. 8 – TERCEIRIZAÇÃO E TRABALHO TEMPORÁRIO | 125

V – Os entes integrantes da Administração Pública direta e indireta respondem subsi-diariamente, nas mesmas condições do item IV, caso evidenciada a sua conduta culposa no cumprimento das obrigações da Lei n.º 8.666, de 21.06.1993, especialmente na fis-calização do cumprimento das obrigações contratuais e legais da prestadora de serviço como empregadora. A aludida responsabilidade não decorre de mero inadimplemento das obrigações trabalhistas assumidas pela empresa regularmente contratada.

VI – A responsabilidade subsidiária do tomador de serviços abrange todas as verbas decorrentes da condenação referentes ao período da prestação laboral.

Em março de 2017, foi promulgada a Lei 13.429, que alterou e acrescentou dispositivos à Lei 6.019/1974 para tratar sobre a terceirização. É a primeira lei que regulamentou o fenômeno do trabalho terceirizado. Ressalte-se, todavia, que a Lei 13.429/2017 não restringiu os serviços passíveis de terceirização apenas à atividade--meio da empresa, o que levou à interpretação de que havia sido autorizada a ter-ceirização nas atividades-fim das empresas, inclusive pelos debates dos parlamentares que antecederam a votação do projeto.

Apesar da ampla possibilidade de terceirização, a legislação era omissa quanto à possibilidade de terceirização da atividade-fim e gerava insegurança jurídica, pois a imprecisão da norma em admitir (ou não) a terceirização em "atividade-fim levava à discussão sobre sua permissão ou não no ordenamento jurídico".[2]

Por fim, a reforma trabalhista (Lei 13.467/2017) alterou a regulamentação da terceirização para prever expressamente a possibilidade de terceirização das ativida-des-fim das empresas, acabando com a insegurança jurídica existente sobre o assunto.

Desse modo, não há mais qualquer dúvida de que, com essa Lei, passou a ser permitida a terceirização de atividades-fim da empresa, de forma que a lei teve como objetivo superar o entendimento jurisprudencial da Súmula 331 do TST.

1.3. Conceito: trabalho temporário e terceirização

A Lei 6.019/1974, com as alterações promovidas pelas leis 13.429/2017 e 13.467/2017, regulamenta: (a) as relações de trabalho temporário; e (b) as relações de trabalho na empresa de prestação de serviços a terceiros (terceirização).

Inicialmente, é importante destacar que o trabalho temporário não se confun-de com a terceirização. No trabalho temporário, há o fornecimento temporário de trabalhadores para atuação na empresa tomadora (intermediação de mão de obra), enquanto, na terceirização, a prestadora de serviços assume a tarefa da tomadora de fornecer produtos ou serviços.

Além disso, no trabalho temporário, há um contrato entre uma empresa (for-necedora) e outra (tomadora), pelo qual a primeira se obriga a fornecer à segunda trabalho temporário. Há, portanto, típica intermediação de mão de obra, havendo pessoalidade na contratação, o que não ocorre na terceirização de serviços.

---

[2] CORREIA, Henrique. *Direito do trabalho para concursos de analista do TRT, TST e MPU.* Salvador: Juspodivm, 2018. p. 360.

Na terceirização, há a transferência de atividades de uma empresa para outra empresa. Assim, a empresa tomadora (empresa-cliente), em vez de executar os serviços diretamente com seus empregados, contrata outra empresa (empresa de prestação de serviços a terceiros/empresa intermediadora) para executá-los, com o seu pessoal e sob sua responsabilidade. Portanto, não há pessoalidade entre os trabalhadores da empresa intermediadora e a empresa tomadora.

Ainda, na terceirização, desloca-se o foco da tradicional relação bilateral entre empregador e empregado, criando verdadeira relação trilateral, abrangendo, em um dos vértices do triângulo, o trabalhador, que mantém vínculo de emprego com o prestador de serviços (terceiro ou empregador aparente), mas disponibiliza o resultado de sua energia de trabalho a um tomador de serviços (empregador real) diverso do seu empregador. Ademais, entre o prestador de serviços e o tomador de serviços, há uma relação de direito civil (contrato de prestação de serviços), ou ainda uma relação administrativa (contrato administrativo), se o tomador for a Administração Pública.

Na terceirização, há três pessoas envolvidas na relação jurídica, quais sejam:

1. trabalhador terceirizado;
2. empresa de prestação de serviços a terceiros (intermediadora);
3. empresa contratante (tomadora/empresa-cliente).

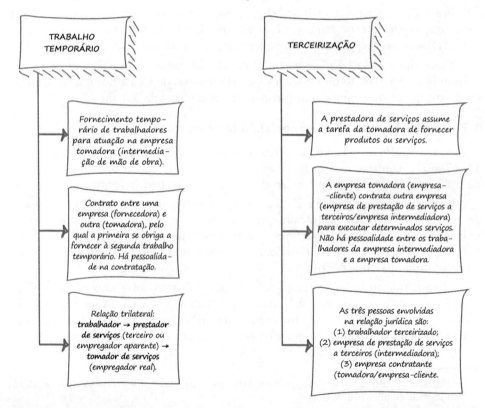

A empresa prestadora de serviços é a pessoa jurídica de direito privado que objetiva prestar à empresa contratante (pessoa natural ou jurídica) quaisquer serviços ligados às suas atividades, inclusive sua atividade principal.

Com a reforma trabalhista, não se fala mais em serviços determinados e específicos, passando-se a permitir a transferência da execução de quaisquer atividades, inclusive sua atividade principal, à empresa de prestação de serviços, desde que a prestadora possua capacidade econômica compatível com a sua execução.

Observe-se que a Súmula 331 do TST não permitia a terceirização das atividades-fim ou principais da empresa e determinava que não poderia haver pessoalidade e subordinação entre o trabalhador terceirizado e a empresa contratante (tomadora). Entretanto, por força da tese de repercussão geral (Tema 725) adotada pelo STF no RE 958.252 (Rel. Min. Luiz Fux): "É lícita a terceirização ou qualquer outra forma de divisão do trabalho entre pessoas jurídicas distintas, independentemente do objeto social das empresas envolvidas, mantida a responsabilidade subsidiária da empresa contratante".

Com as modificações trazidas pela Lei 13.429/2017 e com a reforma trabalhista, a Súmula 331 do TST deverá ser, em breve, cancelada ou revista pelo TST.

saiba mais

Em 30.08.2018, o STF declarou a inconstitucionalidade dos itens I e III da Súmula 331 do TST.

Em homenagem ao princípio da segurança jurídica, o STF modulou os efeitos da decisão, para assentar a aplicabilidade dos efeitos da tese jurídica fixada apenas aos processos que ainda estavam em curso na data da conclusão do julgado (30.08.2018), restando obstado o ajuizamento de ações rescisórias contra decisões transitadas em julgado antes da mencionada data que tenham a Súmula 331 do TST por fundamento.

Segundo a Corte Constitucional, mesmo antes da Lei 13.429/2017 e da Lei 13.467/2017, já era LÍCITA a terceirização de toda e qualquer atividade, meio ou fim, de forma que não se configura relação de emprego entre a contratante e o empregado da contratada. No entanto, de acordo com o STF, na terceirização, compete à contratante verificar a idoneidade e a capacidade econômica da terceirizada e responder subsidiariamente pelo descumprimento das normas trabalhistas, bem como por obrigações previdenciárias.

Apesar de permitir a terceirização para todas as atividades da empresa, principais ou acessórias, a reforma trabalhista trouxe novo requisito para a terceirização de serviço no caput do art. 4º-A da Lei 6.019/1974: capacidade econômica da empresa prestadora de serviços compatível com a sua execução.

A ausência desse requisito leva ao reconhecimento de vínculo direto com a empresa contratante. Assim, o inadimplemento das verbas trabalhistas pela empresa prestadora de serviços a terceiros demonstra que não possui o requisito da capacidade econômica, devendo a terceirização ser considerada ilícita.

Em resumo:

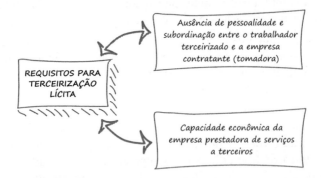

1.4. Responsabilidade subsidiária e solidária da empresa contratante

O art. 4º-A da Lei 6.019/1974 aduz, em seu § 2º, que "Não se configura vínculo empregatício entre os trabalhadores, ou sócios das empresas prestadoras de serviços, qualquer que seja o seu ramo, e a empresa contratante".

Assim, tratando-se de **terceirização lícita**, independentemente de os trabalhadores se aterem a atividades-fim ou acessórias da contratante, o vínculo empregatício somente se dará com a empresa de prestação de serviços.

O que acontece, no entanto, se o trabalhador terceirizado não for pago pela empresa prestadora dos serviços? Nesse caso, a empresa contratante poderá, de alguma forma, ser chamada a responder? SIM. Se a empresa prestadora de serviços não pagar os trabalhadores, a empresa contratante (tomadora dos serviços) poderá ser condenada a quitar os encargos trabalhistas. **Vale ressaltar que essa responsabilidade da empresa contratante é SUBSIDIÁRIA (não é solidária!).**

Esse era o entendimento do TST (item IV da Súmula 331) e foi também a solução adotada pelo legislador. Nesse sentido, dispõe o § 5º do art. 5º-A da Lei 6.019/1974:

> § 5º A empresa contratante é subsidiariamente responsável pelas obrigações trabalhistas referentes ao período em que ocorrer a prestação de serviços, e o recolhimento das contribuições previdenciárias observará o disposto no art. 31 da Lei nº 8.212, de 24 de julho de 1991.

Para que a tomadora de serviços responda de forma subsidiária, contudo, é necessário que tenha tido oportunidade de manifestar-se na fase de conhecimento, assegurando-se o contraditório e a ampla defesa.

> OBS.: o STF confirmou que essa responsabilidade subsidiária é constitucional e deve ser mantida. Assim, a empresa contratante (tomadora dos serviços) pode ser responsabilizada subsidiariamente pelas obrigações trabalhistas não adimplidas pela empresa prestadora de serviços. Além disso, possui responsabilidade pelo recolhimento das contribuições previdenciárias devidas por esta.

Todavia, é importante esclarecer que, tratando-se de **terceirização ilícita**, em razão do princípio da primazia da realidade e do art. 9º da CLT, haverá formação do vínculo empregatício entre a empresa PRIVADA contratante e os trabalhadores da empresa prestadora de serviços a terceiros. Nessa hipótese, caso se trate de uma empresa privada, haverá responsabilidade solidária entre a empresa contratante e a empresa prestadora de serviços pelos direitos trabalhistas inadimplidos no contrato.

1.5. Responsabilidade da Administração Pública

É necessário esclarecer, para melhor compreensão, os conceitos de culpa *in eligendo*, culpa *in vigilando* e culpa *in contrahendo*. A **culpa *in eligendo*** decorre da escolha equivocada feita pelo tomador, que assume a responsabilidade pela sua eventual má escolha; já a **culpa *in vigilando*** é resultado da negligência do tomador em fiscalizar o efetivo cumprimento do contrato pelo prestador, não apenas com relação ao seu objeto mas também com relação aos contratos de trabalho envolvidos naquela contratação; por fim, a **culpa *in contrahendo*** é decorrente do exercício da liberdade de contratar.

Com base nesses conceitos, a Súmula 331, V, do TST estabelece que a Administração Pública responderá **subsidiariamente** pelo inadimplemento das obrigações trabalhistas por parte da prestadora de serviços se ficar comprovado que não houve processo licitatório regular (culpa *in elegendo*), ou, ainda, se não fiscalizar o cumprimento do contrato durante a execução dos serviços (culpa *in vigilando*).

No caso da Administração Pública, tratando-se de **terceirização ilegal**, **não** é possível o **reconhecimento de vínculo com o Poder Público**, haja vista a inexistência de submissão ao concurso público – é o que se encontra previsto na Súmula 331 do TST.

Desse modo, se o tomador do serviço for a Administração Pública direta ou indireta (autarquias, fundações públicas, empresas públicas e sociedades de economia mista), ainda que ilícita a terceirização perpetrada pelo ente público, haverá óbice intransponível ao reconhecimento de vínculo empregatício, em virtude do preceito insculpido no art. 37, II, § 2º, da CF.

Vale dizer, a aprovação prévia em concurso público constitui condição *sine qua non* para investidura em cargo ou emprego público, "ressalvadas as nomeações para cargo em comissão declarado em lei de livre nomeação e exoneração".

Assim como ocorre na iniciativa privada, há possibilidade de a Administração Pública terceirizar serviços secundários, ou seja, sua atividade-meio. A terceirização no âmbito público em geral é realizada por meio de contratos administrativos de prestação de serviços, celebrados entre o ente público e o prestador privado.

A regra geral, de sede constitucional, é de que tais contratos sejam resultantes de um procedimento licitatório. Uma vez celebrado o contrato, a Lei 14.133/2021 atribuiu à Administração Pública o dever de fiscalizar os contratos administrativos que vier a celebrar:

> Lei 14.133/2021, art. 117: A execução do contrato deverá ser acompanhada e fiscalizada por 1 (um) ou mais fiscais do contrato, representantes da Administração especialmente designados conforme requisitos estabelecidos no art. 7º desta Lei, ou pelos respectivos substitutos, permitida a contratação de terceiros para assisti-los e subsidiá-los com informações pertinentes a essa atribuição.

Quanto à **terceirização lícita**, a discussão gravita em torno da responsabilidade do Estado na condição de tomador de serviços, considerando o conteúdo do art. 71, § 2º, da Lei 8.666/1993, que exclui qualquer responsabilidade da Administração Pública sobre os empregados contratados em virtude de terceirização, operada por licitação pública.

A matéria foi pacificada na ADC 16, cujo julgamento pelo STF, em 2010, foi no sentido de negar a responsabilidade da Administração Pública. Por tal motivo, é possível responsabilizar os entes públicos apenas quando incidirem em culpa *in vigilando*, ou seja, quando a Administração Pública não desempenha esforços para averiguar o efetivo cumprimento do contrato pela pessoa jurídica contratada.

> O inadimplemento dos encargos trabalhistas dos empregados do contratado **não transfere automaticamente** ao Poder Público contratante a responsabilidade pelo seu pagamento, seja em caráter solidário ou subsidiário, nos termos do art. 71, § 1º, da Lei nº 8.666/93. (STF, Plenário, RE 760.931/DF, Rel. orig. Min. Rosa Weber, Red. p/ o Acórdão Min. Luiz Fux, j. 26.04.2017, repercussão geral, *Informativo* 862)

Conclui-se, portanto, que o STF entendeu que a responsabilização do ente público apenas está autorizada quando comprovada a *ausência de fiscalização quanto ao cumprimento das obrigações trabalhistas pela prestadora*.

E quem detém o ônus de comprovar a realização da fiscalização? Ou de provar a inexistência de fiscalização sistemática? Até pouco tempo, entendia-se que a definição do ônus da prova caberia ao TST, diante de sua natureza eminentemente infraconstitucional. Nesse sentido, defendia o TST que a Administração Pública é quem detinha o ônus de provar que fiscalizou diligentemente os contratos por ela firmados. Não havendo tal comprovação, o Poder Público seria chamado a responder em caráter subsidiário.

Na prática, tal entendimento acabava apequenando o entendimento do STF no sentido de que a Administração não responderia automaticamente. Isso, porque, caso não houvesse provas de fiscalização adequada, haveria a responsabilização subsidiária do Poder Público "automaticamente". Em um desses casos, a União ingressou com reclamação dirigida ao STF alegando que houve afronta às decisões da Suprema Corte proferidas na ADC 16 e no RE 760.931-RG (Tema 246).

Assim, a Administração Pública tem o dever de fiscalizar se a empresa contratada (prestadora dos serviços) está cumprindo fielmente seus encargos trabalhistas, fiscais e comerciais.

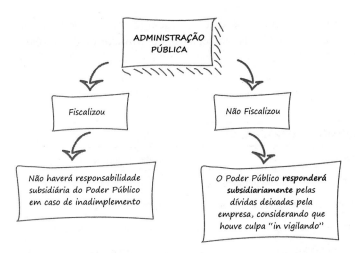

A fim de evitar a sua condenação subsidiária, a Administração Pública tem exigido que as empresas contratantes apresentem, mensalmente, comprovação de que estão cumprindo seus encargos, especialmente os trabalhistas e fiscais.

1.6. Requisitos para funcionamento da empresa de prestação de serviços a terceiros

A Lei 13.429/2017 estabeleceu alguns requisitos para o funcionamento da empresa de prestação de serviços a terceiros, que contrata e fornece mão de obra terceirizada, como inscrição no CNPJ, registro na Junta Comercial e capital social mínimo de acordo com o número de trabalhadores:

> Art. 4º-B. São requisitos para o funcionamento da empresa de prestação de serviços a terceiros:
>
> I – prova de inscrição no Cadastro Nacional da Pessoa Jurídica (CNPJ);
>
> II – registro na Junta Comercial;
>
> III – capital social compatível com o número de empregados, observando-se os seguintes parâmetros:
>
> a) empresas com até dez empregados – capital mínimo de R$ 10.000,00 (dez mil reais);
>
> b) empresas com mais de dez e até vinte empregados – capital mínimo de R$ 25.000,00 (vinte e cinco mil reais);
>
> c) empresas com mais de vinte e até cinquenta empregados – capital mínimo de R$ 45.000,00 (quarenta e cinco mil reais);
>
> d) empresas com mais de cinquenta e até cem empregados – capital mínimo de R$ 100.000,00 (cem mil reais); e
>
> e) empresas com mais de cem empregados – capital mínimo de R$ 250.000,00 (duzentos e cinquenta mil reais).

Pela análise desse dispositivo, verifica-se que a empresa de prestação de serviços a terceiros deve ser pessoa jurídica de direito privado, não podendo ser pessoa natural, sociedade não personificada, associação, fundação ou sociedade simples. Observa-se também que não há exigência de registro no Ministério do Trabalho e Emprego, como é exigido para empresa de trabalho temporário (art. 4º da Lei 6.019/1974).

Em relação ao requisito da capacidade social, nota-se que deverá haver compatibilidade com o número de empregados do estabelecimento comercial.

NÚMERO DE EMPREGADOS	CAPITAL SOCIAL
Até 10 empregados	Capital mínimo de R$ 10.000,00
Mais de 10 empregados e até 20 empregados	Capital mínimo de R$ 25.000,00
Mais de 20 empregados e até 50 empregados	Capital mínimo de R$ 45.000,00
Mais de 50 empregados e até 100 empregados	Capital mínimo de R$ 100.000,00
Mais de 100 empregados	Capital mínimo de R$ 250.000,00

1.7. Garantias aos trabalhadores terceirizados

O art. 4º-C da Lei 6.019/1974 estabelece garantias de condições de trabalho aos trabalhadores terceirizados. Veja que não havia qualquer menção na Súmula 331 do TST. Por sua vez, as alterações da Lei 13.429/2017 eram imprecisas e discriminatórias em relação à não extensão aos terceirizados do mesmo atendimento médico, ambulatorial e de refeição que as empresas contratantes fornecem aos próprios empregados (art. 5º-A, § 4º, da Lei 6.019/1974), em que pese a previsão de responsabilização do contratante em garantir as condições de segurança, higiene e salubridade aos trabalhadores terceirizados (art. 5º-A, § 3º, da Lei 6.019/1974).

> Art. 5º-A. (...)
>
> § 3º É responsabilidade da contratante garantir as condições de segurança, higiene e salubridade dos trabalhadores, quando o trabalho for realizado em suas dependências ou local previamente convencionado em contrato.
>
> § 4º A contratante poderá estender ao trabalhador da empresa de prestação de serviços o mesmo atendimento médico, ambulatorial e de refeição destinado aos seus empregados, existente nas dependências da contratante, ou local por ela designado.

Assim, com o advento da Lei 13.467/2017, que inseriu o art. 4º-C, passou-se a prever a obrigação de a contratante assegurar aos terceirizados as seguintes condições que devem ser observadas quando e enquanto os serviços forem prestados na dependência da tomadora de serviços:

a) mesmas condições referentes à alimentação garantida aos empregados da contratante, quando oferecida em refeitórios;

b) direito de utilizar os serviços de transporte;

Cap. 8 – TERCEIRIZAÇÃO E TRABALHO TEMPORÁRIO

c) atendimento médico ou ambulatorial existente nas dependências da contratante ou local por ela designado;

d) treinamento adequado, fornecido pela contratada, quando a atividade o exigir;

e) garantia das mesmas condições sanitárias, de medidas de proteção à saúde e de segurança no trabalho e de instalações adequadas à prestação do serviço.

Por sua vez, conforme prevê o § 2º do art. 4º-C da Lei 6.019/1974, nos contratos que impliquem mobilização de terceirizados em número igual ou superior a 20% dos empregados da contratante, devem ser asseguradas as mesmas condições de trabalho, mas os serviços de alimentação e atendimento ambulatorial podem ser disponibilizados em outro local para manter o pleno funcionamento dos serviços existentes.

Para alguns doutrinadores, o art. 5º-A, § 4º, da Lei 6.019/1974 foi revogado, uma vez que a reforma trouxe previsão específica.

Quanto ao salário, a reforma trabalhista abordou também o tópico acerca da garantia de salário equivalente entre terceirizados e empregados da tomadora de serviços (empresa contratante). Dessa maneira, se a contratante e a contratada assim entenderem, podem estabelecer salário equivalente aos terceirizados para receberem o mesmo valor pago aos empregados da contratante (art. 4º-C, § 1º).

Ainda, para evitar a dispensa dos trabalhadores e viabilizar a licitude da terceirização, a reforma trabalhista estabeleceu um prazo de quarentena de 18 meses para que os empregados ou trabalhadores sem vínculo empregatício possam figurar como sócios ou titulares da empresa contratada (art. 5º-C), além de os empregados demitidos não poderem prestar serviço para a mesma empresa na qualidade de empregado de empresa prestadora de serviços antes do prazo de 18 meses (art. 5º-D).

2. EMPREITADA E SUBEMPREITADA

Esta é a modalidade precursora da terceirização, prevista na CLT. Vejamos:

> CLT, Art. 455: Nos contratos de subempreitada responderá o subempreiteiro pelas obrigações derivadas do contrato de trabalho que celebrar, cabendo, todavia, aos empregados, o direito de reclamação contra o empreiteiro principal pelo inadimplemento daquelas obrigações por parte do primeiro.
>
> Parágrafo único. Ao empreiteiro principal fica ressalvada, nos termos da lei civil, ação regressiva contra o subempreiteiro e a retenção de importâncias a este devidas, para a garantia das obrigações previstas neste artigo.

Na subempreitada, o empreiteiro delega parte da sua atividade-fim. É uma distribuição de atividades, e a empreiteira é a responsável principal pela obra. Assim, o empreiteiro principal repassa parte da sua atividade-fim para outra empresa, que a assume.

O aspecto mais importante do estudo do art. 455 diz respeito à natureza da responsabilidade do empreiteiro, se solidária ou apenas subsidiária.

Há grande divergência doutrinária sobre a matéria. Uma importante corrente extrai do referido dispositivo a responsabilidade solidária do empreiteiro. Outra corrente, entretanto, defende que a responsabilidade do empreiteiro, no caso, é subsidiária.

> ### cuidado
>
> *O TST, no Incidente de Recurso de Revista Repetitivo (IRRR) 190-53.2015.5.03.0090 (Tema Repetitivo 0006), a respeito do conceito de dono da obra, adotou a segunda corrente ao fixar o 4º item da tese jurídica (data do julgamento: 11.05.2017):*
>
> *I) A exclusão de responsabilidade solidária ou subsidiária por obrigação trabalhista a que se refere a Orientação Jurisprudencial 191 da SDI-1 do TST não se restringe à pessoa física ou micro e pequenas empresas, compreende igualmente empresas de médio e grande porte e entes públicos (decidido por unanimidade).*
>
> *II) A excepcional responsabilidade por obrigações trabalhistas prevista na parte final da Orientação Jurisprudencial 191, por aplicação analógica do artigo 455 da CLT, alcança os casos em que o dono da obra de construção civil é construtor ou incorporador e, portanto, desenvolve a mesma atividade econômica do empreiteiro (decidido por unanimidade).*
>
> *III) Não é compatível com a diretriz sufragada na Orientação Jurisprudencial 191 da SDI-1 do TST jurisprudência de Tribunal Regional do Trabalho que amplia a responsabilidade trabalhista do dono da obra, excepcionando apenas "a pessoa física ou micro e pequenas empresas, na forma da lei, que não exerçam atividade econômica vinculada ao objeto contratado" (decidido por unanimidade).*
>
> **IV) Exceto ente público da Administração Direta e Indireta, se houver inadimplemento das obrigações trabalhistas contraídas por empreiteiro que contratar, sem idoneidade econômico--financeira, o dono da obra RESPONDERÁ SUBSIDIARIAMENTE POR TAIS OBRIGAÇÕES, em face de APLICAÇÃO ANALÓGICA DO ARTIGO 455 DA CLT e culpa in eligendo (decidido por maioria, vencido o ministro Márcio Eurico Vitral Amaro).**

Frise-se que, pela literalidade do art. 455, há responsabilidade de terceiro apenas no caso de subempreitada, e não nas hipóteses de empreitada simples. O dono da obra não responde pelos débitos do empreiteiro para com seus empregados.

Nesse sentido, a OJ 191 da SDI-I do TST:

> OJ 191 da SDI-1: Contrato de empreitada. Dono da obra de construção civil. Responsabilidade
>
> Diante da inexistência de previsão legal específica, o contrato de empreitada de construção civil entre o dono da obra e o empreiteiro não enseja responsabilidade solidária ou subsidiária nas obrigações trabalhistas contraídas pelo empreiteiro, salvo sendo o dono da obra uma empresa construtora ou incorporadora.

3. TRABALHO TEMPORÁRIO

Originalmente, a Lei 6.019/1974 tratava exclusivamente do trabalho temporário. Em 2017, entretanto, a Lei 13.429 e, posteriormente, a Lei 13.467 inseriram na Lei 6.019 diversos dispositivos referentes à prestação de serviços a terceiros (terceirização).

Dessa forma, é importante destacar que o trabalho temporário não se confunde com a terceirização. No trabalho temporário, há o fornecimento temporário de trabalhadores para atuação na empresa tomadora (intermediação de mão de obra), enquanto, na terceirização, a prestadora de serviços assume a tarefa da tomadora de fornecer produtos ou serviços.

No trabalho temporário, há um contrato entre uma empresa (fornecedora) e outra (tomadora), pelo qual a primeira se obriga a fornecer à segunda trabalho temporário. Há, portanto, típica intermediação de mão de obra, havendo pessoalidade na contratação, o que não ocorre na terceirização de serviços.

> **cuidado**
>
> *Parcela da doutrina defende que o trabalho temporário é uma espécie de terceirização. Assim, a terceirização comportaria duas variáveis: (a) a terceirização de trabalhadores ou de mão de obra (trabalho temporário); e (b) a terceirização de serviços (terceirização em sentido estrito).*

O trabalhador temporário é empregado da empresa de trabalho temporário, que é pessoa jurídica (urbana ou rural), registrada no Ministério do Trabalho e Emprego, responsável pela colocação de trabalhadores à disposição de outras empresas (tomadoras), de forma temporária para atender à necessidade de substituição transitória de pessoal permanente ou à demanda complementar de serviços.

A definição do trabalho temporário e da empresa de trabalho temporário é dada pelos arts. 2º e 4º da Lei 6.019/1974, com redação dada pela Lei 13.429/2017.

São requisitos para funcionamento e registro da empresa de trabalho temporário no Ministério do Trabalho e Emprego a prova de inscrição tanto no CNPJ quanto na Junta Comercial da localidade em que tenha sede e o capital social de, no mínimo, cem mil reais (art. 6º da Lei 6.019, com redação dada pela Lei 13.429/2017).

Por sua vez, a tomadora de serviços (empresa-cliente) é a pessoa jurídica ou entidade a ela equiparada que celebra contrato de prestação de trabalho temporário com a empresa de trabalho temporário.

> Art. 5º Empresa tomadora de serviços é a pessoa jurídica ou entidade a ela equiparada que celebra contrato de prestação de trabalho temporário com a empresa definida no art. 4º desta Lei.

Com as alterações introduzidas pela Lei 13.429/2017, observe que não é possível a contratação de trabalho temporário por pessoa física, somente sendo possível a contratação por pessoas jurídicas ou entidades equiparadas (como os entes despersonalizados).

O trabalho temporário somente poderá ser contratado quando tiver por finalidade:

- **substituir transitoriamente pessoal permanente do tomador dos serviços** (ex.: afastamento do empregado permanente em razão de férias); ou

- **atender demanda complementar de serviços**, sendo assim considerada aquela "oriunda de fatores imprevisíveis" ou "decorrente de fatores previsíveis, tenha natureza intermitente, periódica ou sazonal" (art. 2º, § 2º).

DIREITO DO TRABALHO E PROCESSO DO TRABALHO FACILITADOS – *Lenza*

Também é proibida a contratação de trabalho temporário para a substituição de trabalhadores em greve, salvo nos casos previstos em lei (art. 2º, § 1º), assim como a contratação de trabalhadores portuários sob o regime de trabalho temporário (art. 40, § 3º, da Lei 12.815/2013).

3.1. Hipóteses de contratação do trabalho temporário

A antiga redação do art. 2º previa duas hipóteses de contratação do trabalhador temporário quais sejam:

a) **necessidade transitória de substituição de seu pessoal regular e permanente** – a contratação é para a substituição dos empregados permanentes da empresa tomadora de serviços. Por exemplo, acidente de trabalho e férias;

b) **acréscimo extraordinário de serviços** – a contratação dos trabalhadores temporários é para situações excepcionais, em que há maior volume de trabalho.

Com as alterações promovidas pela Lei 13.429/2017, foi mantida a primeira hipótese de contratação (necessidade de substituição transitória de pessoal permanente). Todavia, houve alteração na segunda hipótese, passando a ser permitida a contratação de trabalho temporário em caso de demanda complementar de serviços.

No primeiro caso (necessidade de substituição transitória de pessoal permanente), está-se diante de uma situação de afastamento corriqueira dos funcionários, como férias e licenças – em caso de afastamento ocorrido em razão de greve, entretanto, a lei proíbe a contratação de trabalhadores temporários para substituição do pessoal efetivo.

Já a possibilidade de contratação de temporários em caso de demanda complementar de serviços foi consagrada pela Lei 13.429/2017, em substituição à expressão original da Lei 6.019 (acréscimo extraordinário de serviços). O § 2º do art. 2º da Lei do Trabalho Temporário esclarece que "Considera-se complementar a demanda de serviços que seja oriunda de fatores imprevisíveis ou, quando decorrente de fatores previsíveis, tenha natureza intermitente, periódica ou sazonal". Em princípio, podem ser mencionados os mesmos exemplos clássicos de acréscimo extraordinário de serviços, como a alta temporada do comércio (final de ano) ou da atividade hoteleira/lazer (época de férias e/ou verão).

Assim, será considerada como demanda complementar aquela que decorrer de:

a) **fatores imprevisíveis** – será possível a contratação de temporários quando se verificar a ocorrência de acréscimo de trabalho em virtude de eventos que não eram previstos pela empresa tomadora de serviços;

b) **fatores previsíveis, mas que tenham natureza intermitente, periódica ou sazonal** – será possível a contratação do trabalho temporário em caso de necessidade de complementação de mão de obra, ainda que seja previsível o acréscimo do trabalho, desde que tenha natureza intermitente, periódica ou sazonal.

O parágrafo único do art. 43 do Decreto 10.854/2021 estabeleceu que não se consideram demandas complementares de serviços as demandas contínuas ou permanentes, nem as demandas decorrentes da abertura de filiais.

É importante ressaltar que, nos dois casos, encerrada a situação que motivou a contratação temporária, o trabalho temporário cessará.

Como se pode perceber, as hipóteses de pactuação do contrato de trabalho temporário são restritas (substituição temporária de pessoal efetivo da empresa ou atendimento à demanda complementar de serviços, somente). Por isso, como forma de garantia de que tais requisitos serão observados, a legislação estabelece que, diferentemente do contrato de trabalho convencional, que pode ser verbal, os contratos de trabalho temporário devem ser escritos, sob pena de nulidade.

Ademais, os contratos de prestação de serviços celebrados entre as empresas envolvidas no processo também devem ser escritos, além de mencionarem especificamente o motivo que justifica a contratação temporária, os dados das partes envolvidas, o prazo da prestação de serviços, o valor a ser pago pela contratante, bem como disposições acerca da segurança e da saúde dos trabalhadores temporários.

3.2. Características do trabalho temporário

a) Pessoa jurídica

De acordo com o art. 4º da Lei 6.019/1974, dada pela Lei 13.429/2017, a empresa de trabalho temporário somente pode ser constituída por pessoa jurídica. A redação antiga permitia que pessoas físicas fossem consideradas empresas de trabalho temporário.

b) Registro no Ministério do Trabalho

A empresa de trabalho temporário deverá realizar o registro no Ministério do Trabalho e Emprego. Para realização do registro é necessário observar alguns requisitos:

> Art. 6º São requisitos para funcionamento e registro da empresa de trabalho temporário no Ministério do Trabalho:
>
> I – prova de inscrição no Cadastro Nacional da Pessoa Jurídica (CNPJ);
>
> II – prova do competente registro na Junta Comercial da localidade em que tenha sede;
>
> III – prova de possuir capital social de, no mínimo, R$ 100.000,00 (cem mil reais).

c) Admissão no meio urbano e rural

Outra alteração ainda foi introduzida no art. 4º da Lei 6.019/1974, que possibilitou o trabalho temporário em âmbito rural.

d) Contrato escrito

Os contratos celebrados pela empresa de trabalho temporário deverão ser obrigatoriamente escritos. Assim, tanto o contrato celebrado diretamente com cada um dos empregados colocados à disposição da tomadora quanto os contratos celebrados com as tomadoras deverão ser escritos.

> Art. 9º O contrato celebrado pela empresa de trabalho temporário e a tomadora de serviços será por escrito, ficará à disposição da autoridade fiscalizadora no estabelecimento da tomadora de serviços e conterá:

I – qualificação das partes;

II – motivo justificador da demanda de trabalho temporário;

III – prazo da prestação de serviços;

IV – valor da prestação de serviços;

V – disposições sobre a segurança e a saúde do trabalhador, independentemente do local de realização do trabalho.

e) Prazo – máximo de 270 dias (cerca de 9 meses)

Uma das principais alterações trazidas pela Lei 13.429/2017 no trabalho temporário está no prazo máximo de validade. O prazo deixa de ser de 3 meses prorrogáveis por mais 3 ou 6 meses (dependendo da hipótese) para ser de 180 dias prorrogáveis por mais 90 dias, consecutivos ou não, totalizando 270 dias (cerca de 9 meses).

> Art. 10. Qualquer que seja o ramo da empresa tomadora de serviços, NÃO EXISTE VÍNCULO DE EMPREGO entre ela e os trabalhadores contratados pelas empresas de trabalho temporário.
>
> § 1º O contrato de trabalho temporário, com relação ao mesmo empregador, NÃO PODERÁ EXCEDER AO PRAZO DE 180 DIAS, CONSECUTIVOS OU NÃO.
>
> § 2º O contrato poderá ser prorrogado por até 90 dias, consecutivos ou não, além do prazo estabelecido no § 1º deste artigo (180 dias), quando comprovada a manutenção das condições que o ensejaram. (destacamos).

f) Contrato de experiência

Após a contratação do trabalhador temporário, a empresa já tem conhecimento das capacidades dele, portanto, o contrato de experiência não se aplica ao trabalhador temporário.

> Art. 10. § 4º: NÃO SE APLICA ao trabalhador temporário, contratado pela tomadora de serviços, o contrato de experiência previsto no parágrafo único do art. 445 da Consolidação das Leis do Trabalho (CLT), aprovada pelo Decreto-Lei nº 5.452, de 1º de maio de 1943. (destacamos)

g) Contratos sucessivos

O trabalhador temporário que for contratado pelo período máximo de 270 dias (180 + 90) somente poderá ser colocado novamente à disposição da **mesma empresa tomadora de serviços** em um novo contrato de trabalho temporário após o prazo de 90 dias, contados do término do contrato anterior.

Caso o período da carência mínima de 90 dias não seja respeitado, ocorrerá a formação de vínculo empregatício direto com a empresa tomadora. Se o período contratado for menor, poderá o trabalhador ser várias vezes recontratado para laborar para o mesmo tomador até atingir o prazo de 270 dias.

> Art. 10. § 5º: O trabalhador temporário que cumprir o período estipulado nos §§ 1º e 2º deste artigo somente poderá ser colocado à disposição da mesma tomadora de serviços em novo contrato temporário, após 90 dias do término do contrato anterior.

§ 6º A contratação anterior ao prazo previsto no § 5º deste artigo CARACTERIZA VÍNCULO EMPREGATÍCIO COM A TOMADORA. (destacamos)

Conforme se verifica, o legislador estabeleceu uma espécie de quarentena (que é, na realidade, uma noventena), com vistas a evitar que determinada tomadora contrate o mesmo trabalhador mediante sucessivos contratos temporários.

h) Proibição de contratação de estrangeiros com visto provisório

Art. 17. É defeso às empresas de prestação de serviço temporário a contratação de estrangeiros com visto provisório de permanência no País.

i) Vedação à cobrança de valores ao trabalhador temporário

A Lei 6.019/1974 veda a cobrança de taxas do trabalhador, ainda que a título de intermediação (art. 18).

Art. 18. É vedado à empresa do trabalho temporário cobrar do trabalhador qualquer importância, mesmo a título de mediação, podendo apenas efetuar os descontos previstos em Lei.

Parágrafo único. A infração deste artigo importa no cancelamento do registro para funcionamento da empresa de trabalho temporário, sem prejuízo das sanções administrativas e penais cabíveis.

j) Vedação da cláusula de reserva

Será considerada nula qualquer cláusula de reserva que proíba a contratação de trabalhador temporário pela empresa tomadora dos serviços ao final do contrato de trabalho temporário:

Art. 11, parágrafo único: Será nula de pleno direito qualquer cláusula de reserva, proibindo a contratação do trabalhador pela empresa tomadora ou cliente ao fim do prazo em que tenha sido colocado à sua disposição pela empresa de trabalho temporário.

Em caso de efetivação do temporário pela tomadora dos serviços, é vedada a utilização do contrato de experiência, conforme expressamente estabelecido pelo art. 10, § 4º, da Lei 6.019.

3.3. Direitos dos trabalhadores temporários

O contrato individual de trabalho temporário deve conter os direitos do trabalhador e a indicação da empresa-cliente, onde o serviço será prestado. Como categoria especial de empregado que é, em princípio o trabalhador temporário não faz jus a todos os direitos trabalhistas, estando os direitos expressamente mencionados pelo art. 12 da Lei 6.019/1974:

Art. 12. Ficam assegurados ao trabalhador temporário os seguintes direitos:

a) remuneração equivalente à percebida pelos empregados de mesma categoria da empresa tomadora ou cliente, calculados à base horária, garantida, em qualquer hipótese, a percepção do salário mínimo regional; [salário mínimo nacionalmente unificado, conforme a CRFB/1988];

b) jornada de 8 horas, remuneradas as horas extraordinárias não excedentes de duas, com acréscimo de 20% (vinte por cento); [jornada de 44h semanais e hora extra com o acréscimo de, no mínimo, 50%, conforme a CRFB/1988]

c) férias proporcionais, nos termos do art. 25 da Lei nº 5.107, de 13.09.1966; [acrescidas de 1/3]

d) repouso semanal remunerado;

e) adicional por trabalho noturno;

f) indenização por dispensa sem justa causa ou término normal do contrato, correspondente a 1/12 (um doze avos) do pagamento recebido; [de acordo com o entendimento do TST, essa indenização é compatível com o regime do FGTS]

g) seguro contra acidente do trabalho;

h) proteção previdenciária nos termos do disposto na Lei Orgânica da Previdência Social, com as alterações introduzidas pela Lei nº 5.890, de 08.06.1973 (art. 5º, item III, letra "c" do Decreto nº 72.771, de 06.09.1973).

§ 1º Registrar-se-á na Carteira de Trabalho e Previdência Social do trabalhador sua condição de temporário.

§ 2º A empresa tomadora ou cliente é obrigada a comunicar à empresa de trabalho temporário a ocorrência de todo acidente cuja vítima seja um assalariado posto à sua disposição, considerando-se local de trabalho, para efeito da legislação específica, tanto aquele onde se efetua a prestação do trabalho, quanto a sede da empresa de trabalho temporário.

O dispositivo supramencionado deve ser interpretado em conjunto com as normas estabelecidas na CF/1988, de modo que devem ser realizadas correções quanto ao salário mínimo, que não é mais regionalizado no sistema constitucional vigente (art. 7º, IV, da CRFB/1988), ao adicional de horas extras, que deve ser considerado de 50%, tendo em vista o disposto no art. 7º, XVI, da CRFB/1988, e à jornada, que, na lei, é de 8 horas, devendo se adequar à CF/1988, com 8 horas diárias e 44 horas semanais (art. 7º, XIII, da CRFB/1988).

Entre os direitos do trabalhador temporário, podemos mencionar:

1) Remuneração equivalente à recebida pelos empregados da mesma categoria da tomadora de serviços

Tal direito é garantido devido ao fato de o Direito do Trabalho brasileiro proibir a discriminação de trabalhadores que exerçam a mesma função dentro de uma empresa; portanto, ainda que não sejam empregados da empresa-cliente, os trabalhadores temporários têm direito a receber remuneração equivalente à percebida pelos empregados efetivos da tomadora de serviços.

Além disso, todas as demais verbas trabalhistas recebidas pelos empregados da empresa tomadora que exercem a mesma função estendem-se aos trabalhadores temporários, como o 13º proporcional, adicionais de insalubridade e periculosidade, se for o caso, entre outras.

Os servidores temporários são contratados com base no art. 37, IX, da CF/88, que estabelece *"a lei estabelecerá os casos de contratação por tempo determinado para atender a necessidade temporária de excepcional interesse público".*

Para ser válida, a contratação com fundamento no inciso IX deve ser feita por *tempo determinado* (a lei prevê prazos máximos); com o objetivo de atender a uma *necessidade temporária*; e de *excepcional interesse público*. Repare que o inciso IX fala que LEI estabelecerá os casos de contratação. Não se trata de uma só lei. O que esse dispositivo está afirmando é que cada ente da Federação deverá editar a sua própria lei prevendo os casos de contratação por tempo determinado. Não poderia uma só lei dispor sobre o tema porque é preciso que se respeite a autonomia administrativa dos entes.

A Justiça competente para julgar litígios envolvendo servidores temporários (art. 37, IX, da CF/88) e a Administração Pública é a *JUSTIÇA COMUM* (estadual ou federal). A competência NÃO é da Justiça do Trabalho, ainda que o autor da ação alegue que houve desvirtuamento do vínculo e mesmo que ele formule os seus pedidos baseados na CLT ou na lei do FGTS.

(STF, Plenário, Rcl 4351 MC-AgR/PE, Rel. orig. Min. Marco Aurélio, Red. p/ o Acórdão Min. Dias Toffoli, j. 11.11.2015, *Info* 807)

Esses servidores temporários possuem direito a décimo terceiro salário, gozo de férias e adicional de terço de férias? Em regra, NÃO.

O STF fixou a seguinte tese:

Servidores temporários não fazem jus a décimo terceiro salário e férias remuneradas acrescidas do terço constitucional, salvo:

I) expressa previsão legal e/ou contratual em sentido contrário, ou

II) comprovado desvirtuamento da contratação temporária pela Administração Pública, em razão de sucessivas e reiteradas renovações e/ou prorrogações.

(STF, Plenário, RE 1066677, Rel. Marco Aurélio, Rel. p/ o Acórdão Min. Alexandre de Moraes, j. 22.05.2020, repercussão geral (Tema 551), *Info* 984 – *clipping*)

2) Férias

Os trabalhadores temporários também têm direito às férias (bem como ao terço constitucional), que serão calculadas na proporção do tempo de serviço, de modo que por cada mês trabalhado (ou fração superior a 15 dias) o trabalhador tem direito a 1/12 do valor do seu salário.

3) Pagamento de férias proporcionais, em caso de dispensa sem justa causa, pedido de demissão ou término normal do contrato

4) Fundo de Garantia do Tempo de Serviço (FGTS)

A Lei 8.036/1990, que instituiu o sistema FGTS, dispõe, em seu art. 20, inciso IX, que os trabalhadores temporários têm direito a realizar o saque do fundo de garantia ao fim do prazo estipulado para a duração do contrato, bem como nos casos de despedida sem justa causa.

5) Benefícios e serviços da Previdência Social

6) Indenização por dispensa sem justa causa ou término normal do contrato, correspondente a 1/12 do pagamento recebido

7) Seguro de acidente do trabalho

8) Anotação da condição de trabalhador temporário na CTPS, em anotações gerais

9) Jornada de, no máximo, 8 horas (poderá ser superior, se a empresa-cliente adotar jornada específica)

> **cuidado**
>
> *Havendo jornada especial (como ocorre no caso dos bancários, que trabalham 6 horas por dia), os trabalhadores temporários a ela se submeterão.*

10) Horas extras, no máximo 2h por dia, remuneradas com acréscimo de, no mínimo, 50%

11) Adicional noturno de, no mínimo, 20% da remuneração

12) Descanso semanal remunerado

Cumpre ressaltar que é da empresa contratante (tomadora) a responsabilidade de garantir as condições de segurança, higiene e salubridade dos trabalhadores, quando o trabalho for realizado em suas dependências ou em local por ela designado. Além disso, a empresa tomadora deverá estender ao trabalhador temporário o mesmo atendimento médico, ambulatorial e de refeição destinado aos seus empregados existente em suas dependências ou no local designado.

> Art. 55. É responsabilidade da empresa tomadora de serviços ou cliente garantir as condições de segurança, higiene e salubridade dos trabalhadores quando o trabalho for realizado em suas dependências ou em local por ela designado.

> Art. 56. A empresa tomadora de serviços ou cliente estenderá ao trabalhador temporário, colocado à sua disposição, os mesmos atendimentos médico, ambulatorial e de refeição destinados aos seus empregados existentes em suas dependências ou em local por ela designado.

O décimo terceiro salário, não obstante omitido no art. 12, foi estendido a todos os empregados pela Constituição de 1988, pelo que é devido também ao temporário. Igualmente, por expressa disposição nas respectivas leis instituidoras, o vale-transporte, o FGTS e o PIS foram estendidos aos temporários.

Para o TST, o trabalhador temporário NÃO tem direito à indenização de 40% sobre o FGTS, ao aviso-prévio, ao seguro-desemprego e à estabilidade provisória no emprego da trabalhadora temporária gestante.

> Assim, na hipótese de admissão mediante contrato por prazo determinado, não há direito à garantia provisória de emprego prevista no art. 10, inciso II, alínea "b", do ADCT. Superação do item III da Súmula 244 do TST pelo advento da tese do Tema

497 da repercussão geral do Supremo Tribunal Federal, em julgamento realizado no RE 629.053, na Sessão Plenária de 10/10/2018. (...) VII. Recurso de revista de que não se conhece. (TST, 4ª Turma, RR 1001345-83.2017.5.02.0041, Rel. Min. Alexandre Luiz Ramos, j. 24.11.2020. [Superando o entendimento da sua Súmula 244, III, o TST passou a entender que a empregada gestante NÃO tem direito à estabilidade caso seu contrato de trabalho seja de prazo determinado.])

3.4. Hipóteses de rescisão justificada e injustificada do contrato de trabalho temporário

Conforme o art. 13 da Lei 6.019/1974, aplicam-se ao temporário as hipóteses de justa causa (art. 482) e de despedida indireta (art. 483) previstas na CLT. Também é decorrência lógica da própria natureza do contrato que não se aplica o aviso-prévio. Em outras palavras, se o contrato tem um termo certo, não há que se falar em aviso--prévio para rescisão.

> Art. 13. Constituem justa causa para rescisão do contrato do trabalhador temporário os atos e circunstâncias mencionados nos artigos 482 e 483, da Consolidação das Leis do Trabalho, ocorrentes entre o trabalhador e a empresa de trabalho temporário ou entre aquele e a empresa-cliente onde estiver prestando serviço.

Ademais, conforme entendimento do TST, não é cabível a indenização do art. 479 da CLT ao contrato de trabalho temporário. A única indenização devida quando do término do contrato seria aquela prevista no art. 12, *f*, da Lei 6.019/1974.

Anote-se, todavia, que, embora a Lei 6.019/1974 tenha sido profundamente alterada, restou intocada a redação do art. 12 e, consequentemente, mantida a indenização prevista na alínea *f*.

3.5. Trabalho temporário e contratação no período de greve

A redação do art. 2º da Lei 6.019/1974 trouxe a proibição expressa da contratação de trabalhador temporário durante greve, salvo nos casos previstos em lei. Nesse sentido, o art. 7º da Lei 7.783/1989 admite a contratação de trabalhadores substitutos em caso de abusividade do movimento grevista e no caso de paralisação que resulte em prejuízo ao empregador.

> Art. 7º (...)
>
> Parágrafo único. É vedada a rescisão de contrato de trabalho durante a greve, bem como a contratação de trabalhadores substitutos, exceto na ocorrência das hipóteses previstas nos arts. 9º e 14.
>
> (...)
>
> Art. 9º Durante a greve, o sindicato ou a comissão de negociação, mediante acordo com a entidade patronal ou diretamente com o empregador, manterá em atividade equipes de empregados com o propósito de assegurar os serviços cuja paralisação resultem em prejuízo irreparável, pela deterioração irreversível de bens, máquinas e equipamentos, bem como a manutenção daqueles essenciais à retomada das atividades da empresa quando da cessação do movimento.

Parágrafo único. Não havendo acordo, é assegurado ao empregador, enquanto perdurar a greve, o direito de contratar diretamente os serviços necessários a que se refere este artigo.

(...)

Art. 14. Constitui abuso do direito de greve a inobservância das normas contidas na presente Lei, bem como a manutenção da paralisação após a celebração de acordo, convenção ou decisão da Justiça do Trabalho.

Parágrafo único. Na vigência de acordo, convenção ou sentença normativa não constitui abuso do exercício do direito de greve a paralisação que:

I – tenha por objetivo exigir o cumprimento de cláusula ou condição;

II – seja motivada pela superveniência de fatos novos ou acontecimento imprevisto que modifique substancialmente a relação de trabalho.

Vamos de resumo em tabelas?

DIFERENÇAS ENTRE TERCEIRIZAÇÃO E TRABALHO TEMPORÁRIO	
Terceirização	**Trabalho temporário**
Contratação por período indeterminado.	Prazo determinado de contratação.
Relação de trabalho triangular.	Relação entre empregado e empresa prestadora de serviços por meio da CLT.
Total expertise na atividade que desenvolve.	Sem expertise na atividade a ser realizada.
Supervisão realizada pela empresa prestadora de serviços.	Supervisão das atividades realizada pela tomadora dos serviços.

TERCEIRIZAÇÃO	
Lícita	**Ilícita**
É autorizada por lei e não viola regras estabelecidas sobre a matéria.	Viola os requisitos previstos na lei, com a possibilidade de reconhecimento de vínculo empregatício diretamente com o tomador de serviços (art. 9º da CLT).
Trata-se de responsabilidade **subsidiária** da empresa tomadora de serviços (art. 5º-A, § 5º, da Lei 6.019/1974).	Trata-se de responsabilidade **solidária** da tomadora de serviços e, dependendo do caso, possibilidade de reconhecimento do vínculo empregatício diretamente com a tomadora de serviços.

QUESTÕES PARA TREINO

1. Acerca da terceirização de serviços e do trabalho temporário, analise o item a seguir:

Considera-se prestação de serviços a terceiros a transferência feita pela contratante da execução de quaisquer de suas atividades, inclusive sua atividade principal, à pessoa jurídica de direito privado prestadora de serviços que possua capacidade econômica compatível com a sua execução.

Certo.

2. Acerca da terceirização de serviços e do trabalho temporário, analise o item a seguir:

A empresa prestadora de serviços contrata, remunera e dirige o trabalho realizado por seus trabalhadores, ou subcontrata outras empresas para realização desses serviços.

Certo.

3. Acerca da terceirização de serviços e do trabalho temporário, analise o item a seguir:

Não se configura vínculo empregatício entre os trabalhadores, ou sócios das empresas prestadoras de serviços, qualquer que seja o seu ramo, e a empresa contratante.

Certo.

4. Acerca da terceirização de serviços e do trabalho temporário, analise o item a seguir:

É proibida a contratação de trabalho temporário para a substituição de trabalhadores em greve, salvo nos casos previstos em lei.

Certo.

5. Acerca do trabalho rural, analise o item a seguir:

É vedada a terceirização no setor rural.

Errado.

6. Acerca do trabalho rural, analise o item a seguir:

É vedado o trabalho temporário no setor rural.

Errado.

7. A empresa prestadora de serviços a terceiros é a pessoa jurídica de direito privado destinada a prestar à contratante serviços determinados e específicos. Não se configura vínculo empregatício entre os trabalhadores, ou sócios das empresas prestadoras de serviços, qualquer que seja o seu ramo, e a empresa contratante. Nesse passo, contratante é a pessoa física ou jurídica que celebra contrato com empresa de prestação de serviços determinados e específicos. Caso a empresa prestadora de serviços a terceiros não pague salários aos seus trabalhadores no período em que ocorrer a prestação de serviços para a contratante, a responsabilidade da empresa contratante será:

a) inexistente.

b) solidária.

c) subsidiária.

d) exclusiva.

e) limitada.

Letra C.

8. (Cebraspe – 2019) De acordo com a jurisprudência consolidada do Tribunal Superior do Trabalho, julgue o item subsequente.

O tomador de serviços somente poderá ser responsabilizado subsidiariamente pelo não cumprimento de obrigações trabalhistas por parte do empregador quando tiver participado da relação processual e constar também do título executivo judicial.

Certo.

9. São asseguradas aos empregados da empresa prestadora de serviços a que se refere o art. 4º-A da Lei 6.019/1974, quando e enquanto os serviços, que podem ser de qualquer uma das atividades da contratante, forem executados nas dependências da tomadora, as mesmas condições relativas a:

a) alimentação garantida aos empregados da contratante, quando oferecida em refeitórios.

b) direito de utilizar os serviços de transporte.

c) atendimento médico ou ambulatorial existente nas dependências da contratante ou local por ela designado.

d) treinamento adequado, fornecido pela contratada, quando a atividade o exigir.

e) todas as anteriores.

Letra E.

10. O contrato de prestação de serviços regulamentado pela Lei 6.019 de 1974 sempre conterá, **exceto**:

a) qualificação das partes.

b) especificação do serviço a ser prestado.

c) prazo para realização do serviço.

d) valor.

Letra C.

CONTRATO DE TRABALHO: CONCEITO, CARACTERÍSTICAS, ELEMENTOS

1. CONCEITO

Segundo Ricardo Resende,[1] contrato de trabalho é o contrato qualificado pela presença dos requisitos caracterizadores da relação de emprego. Logo, o contrato de trabalho pode ser definido como o acordo de vontades, tácito ou expresso, pelo qual uma pessoa física (empregado) coloca seus serviços à disposição de uma pessoa física, jurídica ou ente despersonalizado (empregador), sendo estes serviços pessoais, não eventuais, onerosos e subordinados.

As **fases preliminares** do contrato de trabalho são aquelas referentes ao período em que as partes ajustam a sua intenção em contratar.

   a) **Negociações preliminares:** compõem esta fase discussões/debates/ajustes em que as partes demonstram suas expectativas. Nesta subfase da fase preliminar, não há, em regra, promessa real; assim, se não há promessa, não há direito criado para qualquer das partes. Se houver promessa real, excepcionalmente, caberá indenização em virtude de eventual promessa frustrada.

   b) **Pré-contrato:** no pré-contrato previsto em lei e regulamentado pelo direito civil, um dos requisitos é o registro em cartório, uma vez que ele tem por finalidade desenhar os contornos do contrato futuro. Nesse momento, há geração de direito e expectativa real, porque é depositada uma previsão do contrato, cujo conteúdo já comporta promessa real para ambas as partes acerca do futuro contrato que será firmado. *É nesse contexto que surge a indenização pela perda de uma chance.*

---

[1] Resende, Ricardo. *Direito do Trabalho*. 9. ed. São Paulo: Método, 2023.

c) **Policitação, proposta ou oferta:** não necessita de registro, sendo a fase em que é ofertado, concretamente, o emprego, com fundamentos específicos do contrato futuro. À semelhança do pré-contrato, cria uma expectativa real que, se aceita, obriga o proponente.

A definição de contrato de trabalho resulta da combinação dos arts. 2º, 3º e 442 da CLT:

Art. 2º Considera-se empregador a empresa, individual ou coletiva, que, assumindo os riscos da atividade econômica, admite, assalaria e dirige a prestação pessoal de serviço.

§ 1º Equiparam-se ao empregador, para os efeitos exclusivos da relação de emprego, os profissionais liberais, as instituições de beneficência, as associações recreativas ou outras instituições sem fins lucrativos, que admitirem trabalhadores como empregados.

§ 2º Sempre que uma ou mais empresas, tendo, embora, cada uma delas, personalidade jurídica própria, estiverem sob a direção, controle ou administração de outra, ou ainda quando, mesmo guardando cada uma sua autonomia, integrem grupo econômico, serão responsáveis solidariamente pelas obrigações decorrentes da relação de emprego.

§ 3º Não caracteriza grupo econômico a mera identidade de sócios, sendo necessárias, para a configuração do grupo, a demonstração do interesse integrado, a efetiva comunhão de interesses e a atuação conjunta das empresas dele integrantes.

Art. 3º Considera-se empregado toda pessoa física que prestar serviços de natureza não eventual a empregador, sob a dependência deste e mediante salário.

Parágrafo único. Não haverá distinções relativas à espécie de emprego e à condição de trabalhador, nem entre o trabalho intelectual, técnico e manual.

(...)

Art. 442. Contrato individual de trabalho é o acordo tácito ou expresso, correspondente à relação de emprego.

§ 1º Qualquer que seja o ramo de atividade da sociedade cooperativa, não existe vínculo empregatício entre ela e seus associados, nem entre estes e os tomadores de serviços daquela. (Redação dada pela Lei nº 14.647, de 2023)

§ 2º Não existe vínculo empregatício entre entidades religiosas de qualquer denominação ou natureza ou instituições de ensino vocacional e ministros de confissão religiosa, membros de instituto de vida consagrada, de congregação ou de ordem religiosa, ou quaisquer outros que a eles se equiparem, ainda que se dediquem parcial ou integralmente a atividades ligadas à administração da entidade ou instituição a que estejam vinculados ou estejam em formação ou treinamento. (Incluído pela Lei nº 14.647, de 2023)

§ 3º O disposto no § 2º não se aplica em caso de desvirtuamento da finalidade religiosa e voluntária. (Incluído pela Lei nº 14.647, de 2023)

2. CARACTERÍSTICAS

Os principais traços característicos do contrato de trabalho são:

a) **de direito privado** – tal característica deriva da natureza essencialmente privada dos **sujeitos pactuantes** (mesmo o Estado, quando contrata empregados, via

CLT, pois age como particular, sem prerrogativas especiais em face da legislação trabalhista), como também dos **interesses envolvidos** e, por fim, da própria *relação jurídica* central desse contrato;

b) **sinalagmático** – resultam do contrato empregatício obrigações contrárias, contrapostas. Sinalagma é uma relação que possui prestações opostas e equilibradas. Há reciprocidade entre as obrigações contratuais, ensejando equilíbrio **formal** entre as prestações onerosas. É sinalagmático porque dotado de direitos, deveres e obrigações contrárias, opostas e equilibradas, de modo que **a obrigação de um dos sujeitos seja fundamento jurídico da existência de outro direito**, dever ou obrigação. Nesse sentido, não havendo trabalho, não há como existir contraprestação; não havendo contraprestação, não há como continuar a ser prestado o trabalho;

> ### atenção
>
> *O sinalagma característico do contrato de trabalho é distintamente aferido caso comparado com os contratos civis em geral.*
>
> *No âmbito empregatício, ele é aferido **tomando-se o conjunto do contrato, e não apenas o contraponto de suas obrigações específicas** (trabalho versus salário, por exemplo). É que o instituto da interrupção contratual (pelo qual o obreiro não presta serviços, mas recebe as verbas integrais do contrato, como férias, ilustrativamente) eliminaria, por exemplo, o caráter sinalagmático do pacto empregatício, **caso a comparação fosse tópica, parcela contra parcela** (o mesmo efeito seria produzido pelo art. 4º da CLT, que admite a existência de obrigações contratuais empregatícias mesmo sem efetiva prestação de serviços). Aferindo-se tal característica **pelo conjunto contratual**, preserva-se a validade da característica sinalagmática do contrato empregatício.*

c) **consensual ou não solene, em regra** – não se sujeita a formalidades e solenidades imperativas, de modo que pode ser ajustado tacitamente, sem necessidade de qualquer manifestação expressa das partes. Assim, basta a mera execução dos serviços, dentro das características próprias ao contrato de emprego, para que se entenda validamente constituído o ajuste. Há, como **exceção**, contratações que impõem formalidades especiais, normalmente ligadas à construção de instrumentos escritos, entre as quais podem ser citadas a contratação do aprendiz (art. 428 da CLT), a contratação de trabalhador temporário (art. 11 da Lei 6.019/1974), a contratação de atleta profissional (art. 28 da Lei 9.615/1998) etc.;

d) *intuitu personae* **ou personalíssimo** – é celebrado considerando as características pessoais e os atributos intrínsecos do trabalhador. É figura estranha ao empregador, em relação a quem predomina a impessoalidade, isto é, a despersonalização de sua figura. Enquanto **o empregado é figura subjetivamente infungível** no contexto do contrato de trabalho – sob pena de descaracterizar-se esse contrato –, autoriza a ordem justrabalhista, em princípio, a plena fungibilidade da figura do empregador, que pode, assim, ser sucedido por outrem no contexto da mesma relação de emprego. A infungibilidade obreira supõe uma *fidúcia especial* em relação ao empregado. Além disso, é atividade pessoal, e tal atividade contratada (obrigação de fazer) é tida como *facienda necessitas*, isto é, trata-se da principal prestação do contrato;

e) **de trato sucessivo** – as prestações centrais do contrato (trabalho e verbas salariais) **sucedem-se continuadamente no tempo**, cumprindo-se e vencendo-se, seguidamente, ao longo do prazo contratual. A relação de trabalho é uma relação de **débito permanente**, que incorpora como seu elemento típico a continuidade, a duração. O contrato de emprego, consoante o dizer de Plá Rodríguez,[2] "não se esgota mediante a realização instantânea de certo ato, mas perdura no tempo. A relação empregatícia não é efêmera, mas pressupõe uma vinculação que se prolonga". Dessa forma, o **caráter da continuidade** e **permanência** – oposto ao aspecto instantâneo de uns contratos (compra e venda) ou episódico de outros (contrato de trabalho eventual) – é distintivo importante dos contratos empregatícios;

f) **oneroso** – pressupõe dispêndios de ambos os sujeitos contratantes. Cada parte contribui com uma ou mais obrigações economicamente mensuráveis. Há troca de sacrifícios e vantagens na dinâmica contratual, assim como há transferência recíproca, ainda que desigual, de riquezas entre as partes contratuais. A onerosidade é **analisada do ponto de vista do empregado**, e não do empregador;

g) **típico ou nominado** – é consolidado em lei, expressamente previsto em norma disciplinadora própria, que o pormenoriza;

h) **comutativo** – é aquele em que, desde o princípio, estão determinadas as obrigações (direitos e deveres) do ajuste. Contrato comutativo é o oposto de **aleatório**. Em outras palavras, são comutativos os contratos em que as prestações de ambas as partes **são de antemão conhecidas** e **guardam entre si uma relativa equivalência de valores**. Contudo, a doutrina civilista aponta que **não se exige a igualdade rigorosa destes**, podendo ser, portanto, **estimados desde a origem**; os contratantes estipulam a avença e fixam prestações que **aproximadamente se correspondem**;

i) **de atividade** – trata-se de característica que denota a qualidade de ser o contrato de emprego um pacto que tem como uma de suas obrigações centrais a prestação de fazer, que se cumpre continuamente no tempo. Do ponto de vista do empregado, a atividade contratada é a prestação principal (*facienda necessitas*); do ponto de vista do empregador, é a própria causa de formação do contrato;

j) **dotado de alteridade e alheabilidade** – a prestação laboral do tipo empregatício corre por conta alheia ao prestador e em favor de outro (*alter*) (alteridade = alheamento **dos frutos**). Do alheamento dos frutos, decorre o alheamento **dos riscos**. O risco inerente à prestação de serviços e ao seu resultado, além dos riscos do próprio empreendimento empresarial, **todos estranhos à figura do trabalhador**, recai sobre o adquirente de tais serviços. Tipificado como empregatício o contrato, a alteridade surge-lhe como marca característica, independentemente do ajuste tácito ou expresso fixado pelas partes contratuais a respeito dos riscos do empreendimento ou do trabalho efetivado. Trata-se de **elemento natural** do contrato de emprego.

3. ELEMENTOS ESSENCIAIS DO CONTRATO DE TRABALHO

O art. 104 do Código Civil define os elementos essenciais dos contratos em geral:

Art. 104. A validade do negócio jurídico requer:

I – agente capaz;

---

[2] Rodrigues, Americo Plá. *Princípios do Direito do Trabalho*. 3. ed. São Paulo: LTR, 2014.

Cap. 9 – CONTRATO DE TRABALHO: CONCEITO, CARACTERÍSTICAS, ELEMENTOS | 151

II – objeto lícito, possível, determinado ou determinável;

III – forma prescrita ou não defesa em lei.

a) Agente capaz: capacidade trabalhista é a aptidão do indivíduo para o exercício dos atos atinentes às relações laborais.

Em relação ao empregador, ante a falta de norma específica, a capacidade trabalhista coincide com a capacidade civil. Assim, o empregador deve ter, no mínimo, 18 anos (art. 5º do Código Civil) para que possa admitir empregado. Aplicam-se, contudo, as hipóteses de emancipação civil, previstas no art. 5º, parágrafo único, do CC.

Em relação ao empregado, por sua vez, a capacidade plena para os atos da vida trabalhista, em regra, é adquirida aos 18 anos. Há ainda a capacidade trabalhista relativa, entre 16 e 18 anos para o empregado, e a partir dos 14 anos para o aprendiz. No tocante ao empregado, e para os fins trabalhistas, não se aplicam as hipóteses de emancipação previstas na lei civil, tendo em vista que não há omissão do texto celetista, o qual regula expressamente a matéria específica (art. 402 c/c o art. 8º da CLT).

Apesar de o maior de 14 anos e menor de 18 anos ser relativamente incapaz, a lei trabalhista permite que ele firme recibo de quitação de salários, sendo, no entanto, necessária a assistência de seus responsáveis legais para o caso de quitação das verbas indenizatórias (CLT, art. 439).

Ademais, é importante relembrar que contra os menores de 18 anos não corre nenhum prazo de prescrição.

Todavia, recorde-se que o art. 7º, XXXIII, da CF veda o trabalho noturno, insalubre ou perigoso ao menor de 18 anos.

Algumas profissões exigem que o trabalhador tenha idade superior a 18 anos, como o vigilante, cuja idade mínima para o trabalho é 21 anos (Lei 7.102/1983, art. 16, II).

A **legitimidade**, embora não prevista expressamente no Código Civil, pode ser vislumbrada pela interpretação sistemática de algumas normas jurídicas. Para a legitimação não basta ter a pessoa capacidade. É preciso que não haja: (a) vedação legal para que possa trabalhar (ex.: ao estrangeiro com visto de turista é vedado o exercício de atividade remunerada no Brasil, nos termos do art. 13, § 1º, da Lei 13.445/2017); (b) exigência de habilitação legal (ex.: para exercer a profissão de vigilante, o trabalhador deve "ter instrução correspondente à 4ª série do 1º grau" e "ter sido aprovado em curso de formação de vigilante", realizado em estabelecimento com funcionamento autorizado nos termos da Lei 7.102/1983 (art. 16, III e IV). Ausente a legitimidade do trabalhador, o contrato de trabalho será **nulo de pleno direito**.

🖋️ cuidado

O pródigo – que é relativamente incapaz – pode celebrar contrato de trabalho livremente na condição de empregado? SIM. Tal se deve ao fato de que o pródigo tem a sua incapacidade limitada aos atos que evolvam disposição de direitos patrimoniais, ao passo que o contrato de trabalho gera aquisição de direitos. Sendo assim, a prodigalidade não impede que seja firmado o contrato de trabalho, sobre o qual não gera nenhum efeito.

b) Objeto lícito: o objeto será lícito quando for conforme a lei, a moral e os costumes. O trabalho em si mesmo é sempre lícito. A ilicitude, quando presente, estará na finalidade da prestação do serviço.

 cuidado

Ocorrido o trabalho ilícito, o que acontece?

1ª corrente: observa-se **exclusivamente a atividade do empregador**. Se ela for **ilícita**, o contrato será **nulo**. Sob essa ótica, o trabalhador não estaria inserto em um trabalho abrangido pela CLT e, por tal motivo, estaria completamente afastado da incidência da norma trabalhista, não tendo direito a nenhuma parcela ali constante.

Esse entendimento pareceu ser aquele adotado pelo TST na **OJ 199 da SDI-1 do TST**, ao analisar a condição do empregado no jogo do bicho, senão vejamos: "É nulo o contrato de trabalho celebrado para o desempenho de atividade inerente à prática do jogo do bicho, ante a ilicitude de seu objeto, o que subtrai o requisito de validade para a formação do ato jurídico".

2ª corrente: abstrai-se a atividade do empregador e **observa-se** exclusivamente a **atividade do empregado**. Assim, se o que o empregado faz é ilícito, o contrato é nulo.

3ª corrente (Rodrigues Pinto): contemporiza as críticas lançadas aos dois entendimentos anteriores. Este entendimento contempla a teoria da **dosagem da pena**. Segundo ele, para que a solução jurídica seja coerente, deve-se observar a ilicitude do empregador e a participação do empregado na atividade, permitindo um olhar amplo sobre a situação específica. Essa participação pode ocorrer em quatro graus:

- *1º grau:* **o empregado não sabe e não contribui**. Nesse caso, o contrato é **plenamente válido**, dado que o empregado desconhece a atividade ilícita e, ainda, não contribui com ela na sua atividade. Assim, o empregado tem direito ao reconhecimento da validade do seu contrato e, consequentemente, ao adimplemento de todos os direitos trabalhistas.

- *2º grau:* **o empregado sabe e não contribui**. Nesse caso, para os defensores desse entendimento, o empregado **só tem direito ao salário**.

- *3º grau:* **o empregado sabe e contribui**. Essa é a hipótese manifesta de ilicitude do contrato. Assim, reconhece-se a nulidade do contrato e, por ser assim, o **empregado não terá direito algum**.

- *4º grau:* **não sabe e contribui**. A solução aqui é a **teoria da aparência**. Fica no plano subjetivo, dado que o empregado poderia, simplesmente, fingir não saber. Dessa forma, se o negócio tiver a aparência de legal aos olhos do homem médio, o empregado terá direito a tudo.

Há uma distinção muito importante a fazer, que determinará a regra para a aplicação ou não da legislação trabalhista. Trata-se da distinção entre o trabalho ilícito e o trabalho proibido.

Trabalho ilícito é aquele que compõe um tipo penal ou concorre diretamente para a realização da conduta definida como crime.

Exemplo: o trabalhador é contratado como matador profissional, ou, ainda, como impressor de documentos falsos.

Trabalho proibido, por sua vez, é o trabalho irregular, no sentido de que é vedado pela lei, mas não constitui crime. Em outras palavras, o trabalho em si é lícito, mas, na circunstância específica em que é prestado, é vedado pela lei, a fim de proteger o trabalhador ou ainda o interesse público.

Exemplos: trabalho do menor de 14 anos, em qualquer hipótese; trabalho do menor de 18 anos em atividade noturna, insalubre ou perigosa; trabalho do estrangeiro sem o visto de trabalho concedido pelo MTE.

Com efeito, o trabalho ilícito retira do obreiro, em regra, qualquer proteção trabalhista. Se o sujeito comete um crime, naturalmente não pode ser recompensado por isso, impondo-se a sua punição.

> OJ 199 da SDI-1: Jogo do bicho. Contrato de trabalho. Nulidade. Objeto ilícito (título alterado e inserido dispositivo). *DEJT* divulgado em 16, 17 e 18.11.2010. É nulo o contrato de trabalho celebrado para o desempenho de atividade inerente à prática do jogo do bicho, ante a ilicitude de seu objeto, o que subtrai o requisito de validade para a formação do ato jurídico.

Ao contrário, o trabalho proibido costuma merecer a integral proteção trabalhista, desde que o trabalho não caracterize também tipo penal.

> Súmula 386: Policial militar. Reconhecimento de vínculo empregatício com empresa privada. Res. 129/2005, *DJ* 20, 22 e 25.04.2005. Preenchidos os requisitos do art. 3º da CLT, é legítimo o reconhecimento de relação de emprego entre policial militar e empresa privada, independentemente do eventual cabimento de penalidade disciplinar prevista no Estatuto do Policial Militar.

c) Forma prescrita ou não defesa em lei: forma jurídica é a maneira pela qual são exteriorizados os atos jurídicos em geral. Em regra, o contrato de trabalho **não possui forma específica**, podendo, inclusive, ser **expresso ou tácito. Excepcionalmente**, a lei poderá exigir **forma especial**. Ex.: contrato do atleta profissional (Lei 9.615/1998).

> CLT, Art. 442. Contrato individual de trabalho é o acordo tácito ou expresso, correspondente à relação de emprego.
>
> (...)
>
> CLT, Art. 443. O contrato individual de trabalho poderá ser acordado tácita ou expressamente, verbalmente ou por escrito, por prazo determinado ou indeterminado, ou para prestação de trabalho intermitente.

Ainda em relação à forma, é relevante a questão do empregado público. Conforme o art. 37, II, da CF/1988, a Administração Pública direta e indireta somente poderá contratar trabalhadores mediante aprovação prévia em concurso público. Isso é um requisito formal, pelo que seu descumprimento gerará consequências jurídicas. A exigência de prévia aprovação em concurso público visa atender ao interesse público, mais especificamente aos princípios que regem a Administração Pública, notadamente igualdade, impessoalidade e moralidade, quando da contratação de servidores públicos *lato sensu*. Portanto, a contratação de trabalhadores sem tal requisito formal será causa de nulidade contratual, com efeitos limitados. A questão é objeto de grande

DIREITO DO TRABALHO E PROCESSO DO TRABALHO FACILITADOS – *Lenza*

celeuma doutrinária, mas, sem maiores delongas, basta ao candidato atento conhecer a posição consolidada do TST:

> Súmula 363: Contrato nulo. Efeitos (nova redação). Res. 121/2003, *DJ* 19, 20 e 21.11.2003. A contratação de servidor público, após a CF/1988, sem prévia aprovação em concurso público, encontra óbice no respectivo art. 37, II e § 2º, somente lhe conferindo direito ao pagamento da contraprestação pactuada, em relação ao número de horas trabalhadas, respeitado o valor da hora do salário mínimo, e dos valores referentes aos depósitos do FGTS.

Todavia, a nulidade por vício de forma, em caso de ausência de concurso público, é convalidada em caso de privatização. Nesse sentido, o TST editou a Súmula 430:

> Súmula 430: Administração Pública indireta. Contratação. Ausência de concurso público. Nulidade. Ulterior privatização. Convalidação. Insubsistência do vício – Res. 177/2012, *DEJT* divulgado em 13, 14 e 15.02.2012
>
> Convalidam-se os efeitos do contrato de trabalho que, considerado nulo por ausência de concurso público, quando celebrado originalmente com ente da Administração Pública Indireta, continua a existir após a sua privatização.

Ainda, a doutrina refere-se a três planos relativos aos contratos em geral: existência, validade e eficácia.

A **existência** depende da manifestação da vontade, da presença de um agente, do objeto e da forma de exteriorização da vontade e do objeto. No contrato de trabalho, a existência depende, igualmente, da presença dos requisitos caracterizadores da relação de emprego, conforme os arts. 2º e 3º da CLT.

Por seu turno, a **validade** qualifica os elementos de existência. Assim, a manifestação da vontade deve ser livre, consciente, voluntária e de boa-fé, o agente deve ser capaz, o objeto lícito, possível, determinado ou determinável e a forma prescrita ou não defesa em lei.

Por fim, a **eficácia** se refere aos elementos acidentais: termo (inicial ou final), condição (suspensiva ou resolutiva) e encargo. A condição suspensiva e o termo inicial suspendem os efeitos do contrato de trabalho até a realização do evento previsto. Já a condição resolutiva e o termo final extinguem os efeitos do contrato com o advento do acontecimento previsto.

Assim, por exemplo, se a eficácia do contrato de trabalho estiver subordinada à condição suspensiva, enquanto esta não se verificar, não se terá contrato, ou, se for resolutiva a condição, enquanto esta não se realizar, vigorará o contrato de trabalho.

O **encargo**, por ser inerente aos negócios jurídicos a título gratuito, como a doação, é de difícil aplicação no contrato de trabalho, já que este é oneroso.

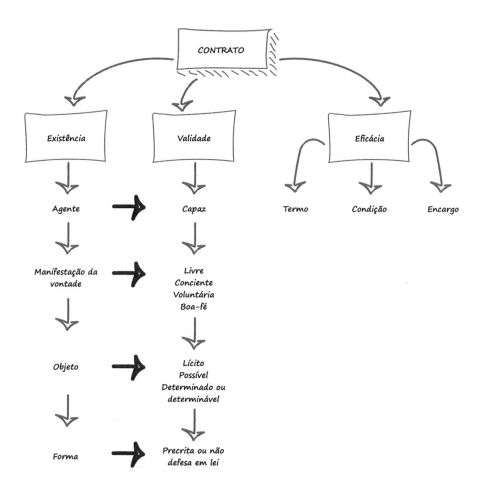

3.1. Elementos acidentais do contrato de trabalho

Elementos acidentais (ou particulares) são estipulações que facultativamente (decorrem, portanto, da vontade das partes) se adicionam ao ato para lhe modificar uma ou algumas de suas consequências naturais, como a **condição**, o **termo** e o **modo ou encargo**. Outro elemento acidental bem sistematizado, mas que não é estudado debaixo da rubrica do negócio jurídico, por somente se aplicar à matéria contratual, é a **cláusula penal**.

Os elementos acidentais são circunstanciais e episódicos na existência de tais contratos. Consistem em estipulações ou cláusulas acessórias, que os próprios contratantes podem ou não adicionar ao ajuste para modificar a sua eficácia (**dependem da vontade das partes**). Enquanto os elementos essenciais e naturais são legais, os acidentais são sempre voluntários. São, em última análise, autolimitações da vontade. Constitui exemplo de elemento adicional a condição de cumprimento de metas para o recebimento de um prêmio.

Os elementos acidentais são aqueles opostos pelas partes em um negócio jurídico concreto, sem serem próprios de todos os negócios ou de certos tipos de negócio. Esses elementos são sempre voluntários e considerados verdadeiros fatores de eficácia da declaração negocial de vontade.

É possível afirmar que, no Direito do Trabalho, surgem, como elementos acidentais do contrato empregatício, o termo e a condição, já que têm frequência francamente circunstancial e episódica no conjunto dos contratos celebrados.

A existência de termo (certo ou incerto) nos contratos de trabalho é situação excetiva, viável apenas se configuradas hipóteses legais tipificadas e expressas (art. 443 da CLT ou Lei 9.601/1998, por exemplo). A regra geral incidente (e presumida) no cotidiano trabalhista reporta-se aos contratos sem termo final prefixado. O tipo contratual dos pactos por tempo indeterminado considera-se presumido, caso não comprovada a lícita inserção de termo final no contrato em exame (Súmula 212 do TST).

Mais rara ainda é a presença da condição (pelo menos a expressa) nos contratos empregatícios. A CLT prevê uma hipótese (extremamente incomum) de condição resolutiva expressa em contrato de trabalho: trata-se do empregado substituto de trabalhador afastado por razões previdenciárias e que tenha especificada em seu pacto empregatício cláusula de rompimento contratual automático em face do simples retorno do titular do cargo, conforme o art. 475, § 2º, da CLT.

Registre-se, ademais, poder-se considerar não recepcionado o referido preceito, tacitamente, pela Constituição (art. 7º, I, da CR/1988), uma vez que a indenização ali referida é expressão que, no ramo justrabalhista, não pode sofrer interpretação ampliativa.

Pode-se ponderar que a condição resolutiva tácita comparece com mais frequência do que a expressa no cotidiano juslaboral. Ilustrativamente, ela estaria implicitamente vinculada a uma ou outra parcela contratual cuja percepção possa se frustrar em face da modalidade de ruptura do contrato empregatício correspondente (por exemplo, 13º salário proporcional em dispensas por justa causa).

Poder-se-ia também enxergar uma condição resolutiva implícita nos contratos por tempo indeterminado, hábil a subordinar a extinção do pacto contratual a evento futuro e incerto (por exemplo, à vontade de uma das partes: resilição unilateral; à vontade de ambas as partes: resilição bilateral ou distrato; à inadimplência contratual culposa de uma das partes ou de ambas: resolução contratual; à decretação de nulidade do pacto: rescisão).

O **encargo** é uma determinação acessória que impõe um ônus lícito e possível em detrimento da concessão de uma vantagem. Trata-se de um elemento acidental somente visível em negócios jurídicos celebrados a título gratuito, por exemplo, nos contratos de doação ou de comodato ou, ainda, em atos jurídicos de disponibilidade, como nas disposições testamentárias.

Os contratos de emprego são ajustes realizados a título oneroso, o que os torna imunes à determinação de encargos. Ademais, sendo sinalagmáticos os contratos de emprego, não há espaço para a imposição de ônus adicionais além daqueles que já integram o ajuste. Isso quebraria a lógica da contraposição equilibrada.

4. OBRIGAÇÕES PRINCIPAIS E ACESSÓRIAS DOS SUJEITOS CONTRATAN-TES

Reciprocamente consideradas, as obrigações se dividem em principais e acessórias. Obrigações principais são aquelas que existem por si só, ou seja, não dependem de nenhuma outra obrigação para ter sua real eficácia. Ex.: entregar a coisa no contrato de compra e venda. Já as obrigações acessórias são as que têm sua existência subordinada a outra relação jurídica; sendo assim, dependem da obrigação principal. Ex.: fiança, cláusula penal, juros etc.

Além do art. 184 do CC, outra consequência importante: prescrita a obrigação principal, ficam prescritas igualmente as obrigações acessórias. Pode ocorrer, todavia, prescrição da obrigação acessória, sem que se verifique a da principal.

Importante dizer que o caráter acessório ou principal da obrigação é uma qualidade que pode advir da lei ou da vontade das partes. Nesta última hipótese, pode ser convencionada conjunta ou posteriormente à celebração da obrigação principal.

Entre as obrigações principais das partes no contrato de emprego destacam-se: (a) para o empregado, trabalhar (obrigação de fazer); (b) para o empregador, pagar o salário. Pode-se dizer, com o perdão da redundância, que essas são as "principais" obrigações "principais".

As obrigações acessórias também são chamadas obrigações laterais de cumprimento ou deveres anexos, cujo inadimplemento pode até mesmo atrair a responsabilidade civil.

Como dito, a principal obrigação do empregador é pagar o salário no tempo e na forma ajustados, enquanto as obrigações acessórias correspondem ao fornecimento dos meios adequados à execução normal do trabalho, à prevenção dos danos que o empregado possa sofrer, à assistência e à indenização quando os danos ocorrerem, às férias anuais etc. Acima de tudo, o empregador tem a obrigação de respeitar a personalidade moral do empregado na sua dignidade como pessoa humana.

Já a principal obrigação do empregado é prestar o trabalho contratado com diligência, dando a ele o rendimento qualitativo e quantitativo que o empregador espera. O trabalho se destina ao proveito de quem o contrata (ou do terceiro indicado – descentralização/terceirização), e não ao benefício do próprio trabalhador.

Também tem o dever de obediência e de fidelidade (decorre do poder de direção do empregador). A fidelidade e a obediência estão intrinsecamente ligadas à boa-fé contratual. Quando falamos em fidelidade, seria não receber gratificações, presentes ou favores de terceiros que trabalham na empresa sem o conhecimento do empregador; não revelar segredos relativos à corporação; não fazer concorrência desleal nem colaborar com quem a faça, pois, a concorrência é inadmissível, por ser um dever elementar, ou seja, o trabalhador não pode servir a dois empregadores com interesses opostos. É uma questão de probidade.

Quanto ao dever de usar uniformes, duas questões foram enfrentadas pela reforma, quais sejam: (1) a questão do padrão de vestimenta no meio ambiente laboral, que caberá ao empregador definir, sendo lícita a inclusão no uniforme de logomarcas da própria empresa ou de empresas parceiras e de outros itens de identificação relacionados à atividade desempenhada (art. 456-A da CLT); (2) a questão da higienização do uniforme, que somente será atribuída ao empregador caso a lavagem do uniforme reclamar tratamento ou produtos especiais (parágrafo único do art. 456-A da CLT).

Vamos de resumo em tabelas?

CONTRATO DE EMPREGO	
Conceito	Art. 442. Contrato individual de trabalho é o acordo tácito ou expresso, correspondente à relação de emprego.

CONTRATO DE TRABALHO – CLASSIFICAÇÕES		
Tácito	Expresso	
Verbal	Escrito	
Prazo determinado	Prazo indeterminado	Intermitente

CONTRATO DE EMPREGO – ELEMENTOS ESSENCIAIS (EXTRÍNSECOS)	
a) Agente capaz	Dispõe a norma constitucional (art. 7º, XXXIII) que a capacidade plena é adquirida aos 18 anos. Entre 16 e 18 anos, o trabalho é admitido, mas com assistência do responsável legal (relativamente incapaz). O trabalho do menor de 16 anos não é admitido (absolutamente incapaz), exceto na condição de aprendiz, a partir dos 14 anos (relativamente incapaz).
b) Licitude do objeto	Enquadrada a prestação de serviço em um tipo legal criminal, não será válido o contrato de trabalho.
c) Forma prescrita ou não defesa em lei	O contrato de trabalho é pacto não solene, consensual, informal, podendo ser celebrado nas formas expressa ou tácita.

CONTRATO DE EMPREGO – ELEMENTOS ESSENCIAIS (INTRÍNSECOS)	
a) Consentimento	A manifestação de vontade não pode estar viciada. Nos vícios de consentimento, há manifestação da vontade sem corresponder ao seu íntimo e verdadeiro querer. São vícios da vontade: o erro, o dolo, a coação, o estado de perigo e a lesão.
b) Ausência de vícios sociais	Atos contrários à boa fé ou à lei, prejudicando terceiro. São vícios sociais: a fraude contra credores e a simulação.
c) Causa	A causa é a razão de ser do contrato de trabalho, caracterizando o exercício de uma atividade em troca de uma contraprestação.

CONTRATO DE EMPREGO – ELEMENTOS NATURAIS
Estão normalmente ligados à estipulação sobre as condições e formas da prestação dos serviços acordados no contrato de trabalho. Não são obrigatórios, mas costumam ser encontrados sempre. Decorrem da própria natureza do contrato, sem que exista a necessidade de previsão expressa na contratação. Exemplos: jornada máxima de trabalho e pagamento de, ao menos, um salário mínimo.

CONTRATO DE EMPREGO – ELEMENTOS ACIDENTAIS			
Termo		**Condição**	
Acontecimento **futuro** e **certo** determinante do início ou do fim da relação contratual.		Acontecimento **futuro** e **incerto** determinante do início ou do término da eficácia da relação contratual.	
Inicial	Final	Suspensiva	Resolutiva

⧉ QUESTÕES PARA TREINO

1. **(Cespe/Cebraspe – OAB-SP – Advogado – 2008 – adaptada)** Avalie a assertiva:

   Segundo a doutrina, são pressupostos de validade do negócio jurídico: manifestação de vontade; agente emissor de vontade; objeto; forma.

   Errado.

2. **(Cespe/Cebraspe – OAB-SP – Advogado – 2008 – adaptada)** Avalie a assertiva:

   Segundo a doutrina, são pressupostos de validade do negócio jurídico: agente emissor de vontade capaz e legitimado para o negócio; objeto lícito, possível e determinado, ou determinável; forma.

   Errado.

3. **(Cespe/Cebraspe – OAB-SP – Advogado – 2008 – adaptada)** Avalie a assertiva:

   Segundo a doutrina, são pressupostos de validade do negócio jurídico: manifestação de vontade livre; agente emissor de vontade capaz e legitimado para o negócio; objeto lícito, possível e determinado, ou determinável; forma legalmente prescrita ou não defesa em lei.

   Certo.

4. **(Cespe/Cebraspe – OAB-SP – Advogado – 2008 – adaptada)** Avalie a assertiva:

   Segundo a doutrina, são pressupostos de validade do negócio jurídico: manifestação de vontade de boa-fé; agente legitimado para o negócio; objeto lícito, possível e determinado, ou juridicamente determinável.

   Errado.

5. **(IBFC – EBSERH – Advogado – 2020 – adaptada)** Avalie a assertiva:

   O plano da validade compreende o exame dos requisitos do negócio jurídico, no sentido de verificar a carência de deficiência, vício ou defeito. Nesse sentido, são elementos de validade do negócio jurídico: agente incapaz e objeto indeterminável.

   Errado.

6. **(IBFC – EBSERH – Advogado – 2020 – adaptada)** Avalie a assertiva:

O plano da validade compreende o exame dos requisitos do negócio jurídico, no sentido de verificar a carência de deficiência, vício ou defeito. Nesse sentido, são elementos de validade do negócio jurídico: agente capaz e forma prescrita ou não defesa em lei.

Certo.

7. **(EPTC – Advogado – 2012 – adaptada)** Avalie a assertiva:

O termo é um elemento acidental do negócio jurídico.

Certo.

8. **(TRT-4 – TRT-4 – Juiz do Trabalho – 2016 – adaptada)** Analise a assertiva a seguir sobre empregado índio.

Será nulo o contrato de trabalho realizado com índios em vias de integração.

Errado.

9. **(TRT-4 – TRT-4 – Juiz do Trabalho – 2016 – adaptada)** Analise a assertiva a seguir sobre empregado índio.

No caso de prestação de serviços por indígenas integrados, o órgão de proteção ao índio exercerá permanente fiscalização das condições de trabalho, denunciando os abusos e providenciando a aplicação das sanções cabíveis.

Errado.

10. **(TRT-4 – TRT-4 – Juiz do Trabalho – 2016 – adaptada)** Analise a assertiva a seguir sobre empregado índio.

Os contratos de trabalho pactuados com indígenas habitantes de parques ou colônias agrícolas dependerão de prévia aprovação do órgão de proteção ao índio, obedecendo, quando necessário, a normas próprias.

Certo.

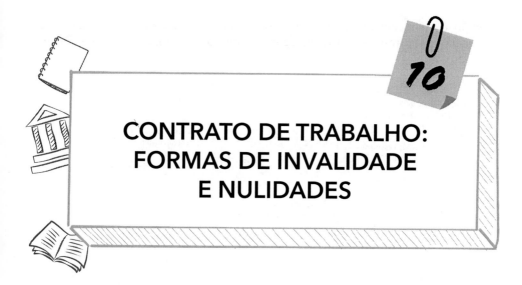

CONTRATO DE TRABALHO: FORMAS DE INVALIDADE E NULIDADES

1. FORMAS DE INVALIDADE DO CONTRATO DE EMPREGO

A doutrina civilista, quando estuda o plano de validade dos negócios jurídicos, comumente se vale das seguintes expressões principais: "elementos essenciais à validade" ou "requisitos de validade".

No Direito do Trabalho, a doutrina majoritária analisa os requisitos de validade como elementos jurídico-formais do contrato de trabalho, que nada mais são do que os essenciais à sua validade: (a) capacidade das partes; (b) objeto lícito, possível, determinado ou determinável; (c) forma prescrita ou não vedada por lei (art. 104, I a III, do CC). A esses três, classicamente acolhidos, soma-se a higidez da manifestação da vontade (ou consenso válido). Ausente qualquer desses requisitos, o contrato de trabalho será inválido/nulo, seja total, seja parcialmente.

1.1. Capacidade das partes

Capacidade é aptidão para adquirir direitos e exercer, por si ou por outrem, atos da vida civil. Todos possuem capacidade de direito, mas nem todos possuem capacidade de fato. A partir da ideia civilista, pode-se afirmar que capacidade trabalhista é a aptidão reconhecida pelo Direito do Trabalho para o exercício de atos da vida laborativa.

O Direito do Trabalho não introduz inovações específicas no que concerne à capacidade do empregador, preservando, por isso, o padrão jurídico já assentado no Direito Civil. Já no tocante à figura do empregado, há claras especificidades normativas na ordem justrabalhista.

A maioridade trabalhista começa, pois, aos 18 anos (art. 402 da CLT). Entre 16 e 18 anos situa-se capacidade/incapacidade relativa do obreiro para atos da vida trabalhista (14 anos, se vinculado ao emprego por meio de contrato de aprendiz).

Sendo relativa essa capacidade, pode o trabalhador praticar, validamente, sem a assistência de seu responsável legal, alguns tantos atos laborais. Sobre o menor de 18 (dezoito) anos:

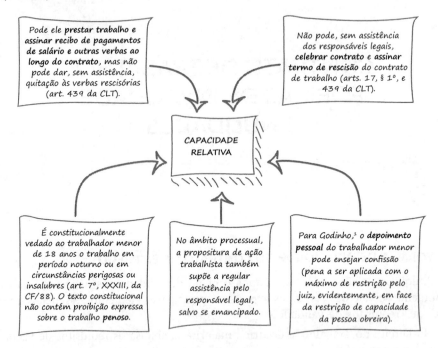

> **atenção**
>
> A Lei 13.874/2019, que instituiu a **Declaração de Direitos de Liberdade Econômica**, revogou o art. 17 da CLT, que tratava da emissão da CTPS do menor. Dispunha que, em se tratando de menor de 18 (dezoito) anos, as declarações previstas no caput do art. 17 seriam prestadas por seu responsável legal, o que não mais se exige.

> **atenção**
>
> A **cessação da incapacidade civil** pela existência de relação empregatícia **que assegure economia própria** ao menor com 16 anos completos (art. 5º, parágrafo único, V, do Código Civil) é dispositivo que não repercute no plano dos preceitos trabalhistas examinados. Afinal, a diretriz civilista não invade o Direito do Trabalho na seara em que este estabeleça regras imperativas específicas, em decorrência de fundamentos e objetivos próprios.

Ao se falar de capacidade, é necessário o estudo dos indígenas. Estes, conforme anunciado no parágrafo único do art. 4º do Código Civil, têm sua capacidade jurídica regulada por legislação especial, vale dizer, pela Lei 6.001/1973. Consta do

---

[1] DELGADO, Mauricio Godinho. *Curso de Direito do Trabalho.* 19. ed. São Paulo: LTr, 2020.

mencionado texto legislativo (*vide* art. 4º, I, II e III) registro no sentido de que os indígenas, quanto à capacidade jurídica para os atos da vida civil, podem ser divididos em três grupos, quais sejam:

a) **isolados** – quando vivem em grupos desconhecidos ou de que se possuem poucos e vagos informes por meio de contatos eventuais com elementos da comunhão nacional. Esses indígenas, na forma do art. 15 da Lei 6.001/1973, são **absolutamente incapazes**, sendo **nulo** de pleno direito o contrato de trabalho com eles celebrado;

b) **em vias de integração** – quando, em contato intermitente ou permanente com grupos estranhos, conservam menor ou maior parte das condições de sua vida nativa, mas aceitam algumas práticas e modos de existência comuns aos demais setores da comunhão nacional, da qual vão necessitando cada vez mais para o próprio sustento. Esses indígenas, na forma do *caput* do art. 16 da Lei 6.001/1973, são **relativamente capazes**, sendo **anuláveis** os contratos de trabalho com eles celebrados, caso não validados pela **assistência dos órgãos de proteção ao indígena**;

c) **integrados** – quando incorporados à comunhão nacional e reconhecidos no pleno exercício dos direitos civis, ainda que conservem usos, costumes e tradições característicos da sua cultura. Esses indígenas, na forma dos arts. 8º a 11 da Lei 6.001/1973, são plenamente **capazes**, sendo totalmente válidos os contratos de trabalho com eles celebrados, independentemente de qualquer assistência.

1.2. Licitude do objeto

Enquadrando-se a atividade prestada em um tipo legal penal, rejeita a ordem trabalhista reconhecimento jurídico à relação formada, negando-lhe qualquer repercussão de caráter trabalhista. Não será válido, pois, contrato laborativo que tenha por objeto atividade ilícita. Também não se reconhece proteção trabalhista ao partícipe de atividades ilícitas.

Contudo, há uma distinção fundamental a ser observada no tocante a esse tema. Trata-se da diferença entre ilicitude e irregularidade (proibição) do trabalho. Ilícito é o trabalho que compõe um tipo legal penal ou concorre diretamente para ele; **já** irregular (ou proibido) é o trabalho que se realiza em desrespeito a norma imperativa vedatória do labor em certas circunstâncias ou envolvente de certos tipos de empregados.

O Direito do Trabalho confere plenos efeitos trabalhistas à prestação empregatícia de trabalho irregular (ou trabalho proibido) – desde que a irregularidade não se confunda também com um tipo legal criminal. Isso porque a teoria trabalhista de nulidades incide firmemente em tais situações, garantindo plenas consequências trabalhistas ao contrato maculado por irregularidade em seu objeto.

atenção

A regra geral de negativa plena de efeitos jurídicos ao trabalho ilícito não enfraquece o exame em torno de algumas possibilidades concretas de atenuação da regra geral da ilicitude. Duas alternativas destoantes da regra geral de nulidade do trabalho ilícito têm sido apontadas pela doutrina, a saber:

a) a primeira consiste na situação comprovada de desconhecimento pelo trabalhador do fim ilícito a que servia a prestação laboral perpetrada.

b) a segunda alternativa consiste na nítida dissociação entre o labor prestado e o núcleo da atividade ilícita. Para esta tese, se os serviços prestados não estiverem diretamente entrosados com o núcleo da atividade ilícita, não serão tidos como ilícitos, para fins justrabalhistas (ex.: servente em prostíbulo). Esta também é a posição do Tribunal Superior do Trabalho.

Desse modo, a comprovação de qualquer dessas duas situações alternativas poderia ensejar, segundo tais concepções, a produção de efeitos trabalhistas ao prestador de serviços envolvido.

Importante conferir o posicionamento da jurisprudência do Tribunal Superior do Trabalho sobre o tema, que aceita a validade do ajuste nos casos em que a atividade é ilegal ou ilícita, mas o serviço prestado não diz respeito diretamente ao seu desenvolvimento. Nesse caso, cuida-se não de trabalho ilícito, mas, sim, de trabalho vulgarmente chamado de proibido; são serviços como segurança, faxineiros, garçons, ou seja, de pessoas que casualmente estão trabalhando em estabelecimento ilegal, mas que poderiam perfeitamente executar o mesmo trabalho em locais lícitos. Para o TST, negar a proteção do direito a esses trabalhadores seria injusto perante a ordem jurídica, porque corresponderia a beneficiar o empresário que atua ilegalmente, sonegando ao trabalhador honesto seus direitos trabalhistas.

1.3. Forma regular ou não proibida

Forma, no Direito, é a instrumentalização mediante a qual um ato jurídico transparece. A forma, pura e simplesmente, é elemento de existência. No entanto, a forma regular ou não proibida é requisito de validade do negócio.

No Direito Civil e no Direito Do Trabalho, a regra é a liberdade das formas (art. 107 do CC e art. 442 da CLT). Em princípio, não há qualquer instrumentalização específica obrigatória na celebração de um contrato empregatício.

O contrato de trabalho é pacto não solene. Em outras palavras, é contrato do tipo informal, consensual (forma-se unicamente pela vontade/consenso das partes, sem necessidade de forma específica), podendo ser licitamente ajustado até mesmo de modo apenas tácito:

Art. 107 do CC: A validade da declaração de vontade não dependerá de forma especial, senão quando a lei expressamente a exigir.

Art. 442 da CLT: Contrato individual de trabalho é o acordo tácito ou expresso, correspondente à relação de emprego.

atenção

O caráter meramente consensual do contrato de trabalho faz que sua existência se comprove mediante qualquer meio probatório juridicamente válido, inclusive indícios e presunções. A jurisprudência já pacificou que, evidenciada (ou incontroversa) a simples prestação de trabalho, presume-se entre as partes a existência de um contrato empregatício (Súmula 212 do TST), cabendo ao tomador de serviços o ônus de demonstrar que a relação percebida se estabeleceu sob diferente título jurídico ao da relação de emprego.

Todavia, há certas situações excepcionais e legalmente tipificadas em que o pacto contratual de trabalho deve respeitar um mínimo de instrumentalização formal: trata-se de uns tantos contratos trabalhistas solenes referenciados pela CLT ou legislação extravagante, como contratos relativos ao artista profissional, ao atleta profissional de futebol, contrato temporário da Lei 6.019/1974, contrato provisório da Lei 9.601/1998 etc. Estes dois últimos somente prevalecem como tal caso celebrados com a solenidade imposta por lei.

Contudo, mesmo a ausência de fiel observância à solenidade prescrita em lei não elimina por inteiro os efeitos trabalhistas do pacto estabelecido em inobservância da forma, em virtude das peculiaridades da teoria trabalhista de nulidades.

Por fim, vale dizer que a forma cumpre, no Direito do Trabalho, o importante papel de provar atos ou relações restritivos ou excetivos de direitos. Isso porque há atos de restrição de direitos trabalhistas que somente prevalecem caso pactuados com certa solenidade (ex.: o regime compensatório de jornada, que, tradicionalmente, sempre teve de ser pactuado, no mínimo, por escrito – conforme a Súmula 85, I, do TST).

Entretanto, cuidado: por exceção, a Lei 13.467/2017 (reforma trabalhista) permitiu a pactuação bilateral tácita do regime de compensação de jornada, desde que a compensação se realize no mesmo mês (§ 6º do art. 59 da CLT).

Em todas essas relações e atos excetivos ou restritivos, caso não seja seguida a solenidade legal, incidirá a regra geral dominante trabalhista – o modelo geral previsto na CLT –, normalmente mais favorável ao trabalhador.

Finalmente, há atos jurídicos trabalhistas que somente têm validade, cumprindo seus fins, caso formalizados por escrito. O mais relevante é o recibo de pagamento de verbas decorrentes do contrato de trabalho, nos termos do art. 464 da CLT:

> Art. 464. O pagamento do salário deverá ser efetuado contra recibo, assinado pelo empregado; em se tratando de analfabeto, mediante sua impressão digital, ou, não sendo esta possível, a seu rogo.
>
> Parágrafo único. Terá força de recibo o comprovante de depósito em conta bancária, aberta para esse fim em nome de cada empregado, com o consentimento deste, em estabelecimento de crédito próximo ao local de trabalho.

1.4. Higidez na manifestação de vontade

A higidez da manifestação da vontade (ou consenso livre de vícios) é requisito de validade dos contratos. Atualmente, prevalece, em detrimento das vertentes institucionalistas, as correntes teóricas que enxergam na vontade livre de vícios um elemento essencial à validade do contrato, inclusive no plano empregatício.

Os contratos empregatícios também se caracterizam, pois, pela internalização desse elemento jurídico-formal. Contudo, a aferição de sua presença no cotidiano trabalhista é menos relevante do que percebido no cotidiano regulado pelo Direito Civil.

Três fatores convergem nessa direção. Em primeiro lugar, a circunstância de o contrato empregatício ser um enfático contrato de adesão, para cujo conteúdo a vontade obreira, em rigor, pouco contribui. A livre manifestação da vontade dá-se mais no tocante ao momento de adesão ao pacto do que no de definição de suas cláusulas.

Em segundo lugar, a circunstância de o Direito do Trabalho já se construir tendo em consideração esse suposto de contingenciamento da vontade obreira no estabelecimento do contrato, prevendo, em contrapartida, regras imperativas voltadas a reequilibrar a relação entre as partes.

Em outras palavras, no quadro normativo característico do Direito do Trabalho já está suposta certa pressão sobre a vontade do trabalhador no instante da celebração do contrato, elegendo o Direito do Trabalho critérios próprios e automáticos de enfrentamento dessa situação de desequilíbrio de vontades (por meio de normas imperativas, que estabelecem um conteúdo mínimo para o próprio contrato).

Em terceiro lugar, a circunstância de ter o Direito do Trabalho solução mais prática e ágil do que a busca da anulação do contrato em situações de alegado vício de consentimento. É a solução da resilição contratual por ato de qualquer das partes, independentemente da prova de irregularidade em sua formação.

Não obstante essa menor importância deferida à pesquisa relativa à higidez da manifestação de vontade das partes, ela pode ganhar relevo em determinadas situações contratuais. De fato, principalmente em contratos a termo que tenham prazo relativamente longo – casos em que a ruptura do contrato por qualquer das partes torna-se sumamente onerosa à parte denunciante do pacto –, a investigação e a prova de ocorrência de vício de vontade podem ganhar mais interesse do que o usualmente percebido.

Em tais situações, se comprovado efetivo vício na manifestação da vontade (erro, dolo, coação), pode o contrato ser anulado, suplantando os ônus da ruptura contratual desmotivada por ato da parte lesada.

2. EFEITOS DA DECLARAÇÃO DA NULIDADE

Nulidade é a consequência jurídica prevista para o ato praticado em desconformidade com a lei que o rege, que consiste na supressão dos efeitos jurídicos que ele se destinava a produzir. A nulidade deriva da ausência de um dos elementos jurídico-formais do contrato.

Importa sobre o tema o estudo da teoria trabalhista de nulidades. O Direito do Trabalho construiu uma teoria específica com relação ao problema das nulidades.

Como se sabe, no Direito Civil, prevalece a conduta normativa geral indicadora de que, verificada a nulidade, o ato (ou seu componente viciado) deve ser suprimido do mundo sociojurídico, reposicionando-se as partes à situação fático-jurídica anterior. Segundo a diretriz civilista, aquilo que for tido como absolutamente nulo nenhum efeito jurídico poderá ensejar, eliminando-se, em consequência, até mesmo as repercussões faticamente já verificadas, nos termos do art. 182 do CC.

Vigora, pois, no tronco jurídico geral do Direito Comum, a regra da retroação da decretação da nulidade, o critério *ex tunc* da decretação da nulidade percebida.

O Direito do Trabalho, por sua vez, é distinto, nesse aspecto. Aqui vigora, em contrapartida, como regra geral, o critério da irretroatividade da nulidade decretada, a regra do efeito *ex nunc* da decretação judicial da nulidade percebida.

Nessa diretriz, conforme a teoria trabalhista, o contrato tido como nulo ensejará todos os efeitos jurídicos até o instante de decretação da nulidade – que terá, desse modo, o condão apenas de inviabilizar a produção de novas repercussões jurídicas, em face da anulação do pacto viciado.

TRABALHO PROIBIDO	
Conceito	Aquele prestado de forma contrária às normas de saúde e segurança do trabalhador.
Exemplos	Trabalho infantil; trabalho do menor em condições insalubres, periculosas ou em horário noturno; trabalho do menor de 16 anos em situação alheia à aprendizagem.
Efeitos da declaração da nulidade	Declaração do vínculo de emprego e pagamento de salários e demais verbas trabalhistas com o objetivo de evitar o enriquecimento ilícito do empregador.

TRABALHO ILÍCITO	
Conceito	A prestação do serviço é contrária à lei penal.
Exemplos	Tráfico de drogas; jogo do bicho;[2] matador de aluguel.
Efeitos da declaração da nulidade	Majoritariamente, não há reconhecimento do vínculo empregatício.

POLICIAL MILITAR E RECONHECIMENTO DE VÍNCULO EMPREGATÍCIO
Súmula 386 do TST: Policial militar. Reconhecimento de vínculo empregatício com empresa privada – Preenchidos os requisitos do art. 3º da CLT, é legítimo o reconhecimento de relação de emprego entre policial militar e empresa privada, independentemente do eventual cabimento de penalidade disciplinar prevista no Estatuto do Policial Militar.

3. FRAUDES NA RELAÇÃO DE EMPREGO

3.1. Natureza objetiva da fraude trabalhista

Enquanto, no Direito Civil, normalmente é necessária a prova do *consilium fraudis* para o reconhecimento do vício do ato jurídico, no Direito do Trabalho, em razão do estado de hipossuficiência jurídica do empregado (e, na predominância das relações de trabalho, hipossuficiência também econômica), adotou-se o instituto da nulidade, cristalizada no art. 9º da CLT, *in verbis*: "Serão nulos de pleno direito os atos praticados com o objetivo de desvirtuar, impedir ou fraudar a aplicação dos preceitos contidos na presente Consolidação".

---

[2] OJ 199 da SDI-1: Jogo do bicho. Contrato de trabalho. Nulidade. Objeto ilícito. É nulo o contrato de trabalho celebrado para o desempenho de atividade inerente à prática do jogo do bicho, ante a ilicitude de seu objeto, o que subtrai o requisito de validade para a formação do ato jurídico.

DIREITO DO TRABALHO E PROCESSO DO TRABALHO FACILITADOS – *Lenza*

A fraude objetiva no Direito do Trabalho é corolária do contrato-realidade, pois, uma vez presentes os requisitos da relação de emprego (pessoalidade, subordinação, não eventualidade, onerosidade e alteridade – arts. 2º e 3º da CLT), em determinada prestação ou relação de trabalho, é indiferente para o Direito do Trabalho a presença ou não do *consilium fraudis* entre as partes ou mesmo da *conscientia fraudis* por parte do empregador, com a consequente nulidade dos atos fraudulentos e o reconhecimento da relação de emprego entre as partes.

Diz-se objetiva a fraude nas relações de trabalho porque, ao contrário do que ocorre no Direito Civil, para a sua aferição basta a presença material dos requisitos da relação de emprego, independentemente da roupagem jurídica conferida à prestação de serviços (parceria, arrendamento, prestação de serviços autônomos, cooperado, contrato de sociedade, estagiário, representação comercial autônoma etc.), sendo irrelevante o aspecto subjetivo consubstanciado no *animus fraudandi* do empregador, bem como eventual ciência ou consentimento do empregado com a contratação irregular.

Pode-se mencionar, por exemplo, a irrelevância dos termos de adesão às falsas cooperativas pelos trabalhadores com vistas a alcançar um posto de trabalho dentro de determinada empresa; a inscrição e consequente prestação de serviços como autônomo ou representante comercial, apesar da existência de um vínculo empregatício; a exigência de constituição de pessoa jurídica ("pejotização") pelo trabalhador para ingressar no emprego etc., uma vez que constituem instrumentos jurídicos insuficientes para afastar o contrato-realidade entre as partes.

Nesse sentido, é irrelevante para a configuração da relação de emprego a natureza do ato de ingresso do trabalhador na prestação de serviços, pois a existência daquela dependerá objetivamente do *modus operandi* da prestação de serviços, e não dos aspectos formais que a revestem. Exatamente na fase de contratação se localiza um dos pontos de mais vulnerabilidade do empregado e da sua autonomia de vontade, sendo esse momento a porta privilegiada para submissão do empregado a formas dissimuladas de contratação.

QUESTÕES PARA TREINO

1. **(TRT-2 – TRT-2 – Juiz do Trabalho –2013 – adaptada)** Analise a seguinte proposição, considerando-se o posicionamento doutrinário:

   "Enquadrando-se a atividade prestada em tipo legal criminal, inválida a contratação que, assim, não tem qualquer repercussão trabalhista."

   Certo.

2. **(TRT-9 – TRT-9 – Juiz do Trabalho – 2012 – adaptada)** Analise a proposição a seguir:

   É nulo o contrato de trabalho celebrado por menor de 16 anos, e a decretação de nulidade gera efeitos *ex nunc*, de forma que é devida a anotação de todo o período trabalhado na CTPS.

   Certo.

Cap. 10 – CONTRATO DE TRABALHO: FORMAS DE INVALIDADE E NULIDADES | 169

3. **(TRT-9 – TRT-9 – Juiz do Trabalho – 2012 – adaptada)** Analise a proposição a seguir:

Viola o art. 442 da CLT ("Contrato individual de trabalho é o acordo tácito ou expresso, correspondente à relação de emprego") decisão que declara existência de vínculo empregatício entre o trabalhador sujeito à condição análoga à de escravo e o beneficiário do seu trabalho, por não estar presente manifestação de vontade livre do trabalhador.

Errado.

4. **(TRT-9 – TRT-9 – Juiz do Trabalho – 2012 – adaptada)** Analise a proposição a seguir:

Viola o art. 104, II, do Código Civil (segundo o qual é condição para a validade do negócio jurídico que seu objeto seja lícito) a decisão que reconhece vínculo empregatício entre o vigia do prostíbulo e o respectivo proprietário.

Errado.

5. **(TRT-24 – TRT-24 – Juiz do Trabalho – 2012 – adaptada)** Analise a proposição a seguir:

Mesmo preenchidos os requisitos do art. 3º da CLT, é ilegítimo o reconhecimento de relação de emprego entre policial militar e empresa privada, independentemente do eventual cabimento de penalidade disciplinar prevista no Estatuto do Policial Militar.

Errado.

6. **(IBFC – EBSERH – Advogado – 2020 – adaptada)** Analise a proposição a seguir

O plano da validade compreende o exame dos requisitos do negócio jurídico, no sentido de verificar a carência de deficiência, vício ou defeito. Nesse sentido, são elementos de validade do negócio jurídico: objeto lícito e forma especial para cada declaração de vontade.

Errado.

EFEITOS CONTRATUAIS CONEXOS

1. EFEITOS CONTRATUAIS PRÓPRIOS E CONEXOS

O contrato de trabalho é o negócio jurídico realizado entre empregado e empregador, que gera direitos e obrigações entre as partes pactuantes. Além, disso, ele pode gerar dois tipos de efeitos contratuais: (a) efeitos próprios ao contrato de trabalho; e (b) efeitos conexos ao contrato de trabalho.

Os efeitos próprios são aqueles inerentes ao vínculo empregatício, que decorrem da própria natureza do contrato de trabalho, do seu objeto e de suas cláusulas contratuais. Como exemplo, são efeitos próprios ao contrato de trabalho a obrigação do empregador de pagar a contraprestação pactuada, a obrigação de assinatura da CTPS, o dever de entrega dos EPIs necessários à prestação laboral e a obrigação do empregado de prestar serviços. A tabela a seguir foi retirada do livro *Direito do trabalho*, do professor Ricardo Resende, de 2020.[1]

EMPREGADO			EMPREGADOR
Deve prestar serviços e/ou se colocar à disposição para tal.	→	←	Deve pagar os salários e demais direitos trabalhistas assegurados ao empregado.
Deve proceder com boa-fé, diligência e assiduidade.	→	←	Deve anotar o contrato em CTPS.
Deve seguir as normas relativas à SST (utilizar EPIs, seguir orientações etc.).	→	←	Deve seguir as normas relativas à SST (adquirir e fornecer EPIs, orientar etc.).
Deve abster-se de praticar concorrência desleal ou de revelar segredo da empresa.	→	←	Detém o poder empregatício (direção, controle/fiscalização, disciplinamento).

---

[1] RESENDE, Ricardo. *Direito do trabalho*. Rio de Janeiro: Método, 2020.

A Lei 13.874/2019 alterou dispositivos na CLT relacionados com a Carteira de Trabalho e Previdência Social:

> Art. 13. A Carteira de Trabalho e Previdência Social é obrigatória para o exercício de qualquer emprego, inclusive de natureza rural, ainda que em caráter temporário, e para o exercício por conta própria de atividade profissional remunerada.
>
> (...)
>
> § 2º A Carteira de Trabalho e Previdência Social (CTPS) obedecerá aos modelos que o Ministério da Economia adotar.
>
> Art. 14. A CTPS será emitida pelo Ministério da Economia preferencialmente em meio eletrônico.
>
> Parágrafo único. Excepcionalmente, a CTPS poderá ser emitida em meio físico, desde que:
>
> I – nas unidades descentralizadas do Ministério da Economia que forem habilitadas para a emissão;
>
> II – mediante convênio, por órgãos federais, estaduais e municipais da administração direta ou indireta;
>
> III – mediante convênio com serviços notariais e de registro, sem custos para a administração, garantidas as condições de segurança das informações.
>
> Art. 15. Os procedimentos para emissão da CTPS ao interessado serão estabelecidos pelo Ministério da Economia em regulamento próprio, privilegiada a emissão em formato eletrônico.
>
> Art. 16. A CTPS terá como identificação única do empregado o número de inscrição no Cadastro de Pessoas Físicas (CPF).
>
> (...)
>
> Art. 29. O empregador terá o prazo de 5 (cinco) dias úteis para anotar na CTPS, em relação aos trabalhadores que admitir, a data de admissão, a remuneração e as condições especiais, se houver, facultada a adoção de sistema manual, mecânico ou eletrônico, conforme instruções a serem expedidas pelo Ministério da Economia.
>
> (...)
>
> § 6º A comunicação pelo trabalhador do número de inscrição no CPF ao empregador equivale à apresentação da CTPS em meio digital, dispensado o empregador da emissão de recibo.
>
> § 7º Os registros eletrônicos gerados pelo empregador nos sistemas informatizados da CTPS em meio digital equivalem às anotações a que se refere esta Lei.
>
> § 8º O trabalhador deverá ter acesso às informações da sua CTPS no prazo de até 48 (quarenta e oito) horas a partir de sua anotação.
>
> (...)
>
> Art. 40. A CTPS regularmente emitida e anotada servirá de prova:
>
> I – nos casos de dissídio na Justiça do Trabalho entre a empresa e o empregado por motivo de salário, férias ou tempo de serviço;
>
> II – (revogado);
>
> III – para cálculo de indenização por acidente do trabalho ou moléstia profissional.

Os efeitos contratuais conexos são aqueles que não resultam diretamente da natureza do contrato de trabalho, mas apresentam algum tipo de vinculação, conexão ou acessoriedade com a relação empregatícia. São efeitos que surgem em função ou em vinculação ao contrato de trabalho.

Os exemplos clássicos de efeitos contratuais conexos ao contrato de trabalho são os direitos intelectuais dos empregados que produzam obra intelectual, bem como as indenizações por dano moral ou material devidas pelo empregador em situações específicas.

2. DIREITOS INTELECTUAIS

Os direitos intelectuais são aqueles derivados da propriedade intelectual. Para o Direito do Trabalho, a preocupação está no direito às vantagens jurídicas concernentes aos interesses morais e materiais resultantes da produção mental do empregado.

No Brasil, a Constituição de 1988 estabelece diversas normas e princípios sobre o assunto (art. 5º, XXVII, XXVIII e XXIX, da CF/1988). Inclusive, a Declaração Universal dos Direitos do Homem, de 1948, em seu art. 27, item 2, assegura que: "Todo homem tem direito à proteção dos interesses morais e materiais decorrentes de qualquer produção científica, literária ou artística da qual seja autor".

Segundo Ricardo Resende,[2] a doutrina subdivide os direitos intelectuais em três espécies, conforme sua natureza e a lei de regência, quais sejam: **direitos autorais, direitos da propriedade intelectual** e **direitos intelectuais de criação e utilização de software**.

DIREITOS AUTORAIS (art. 5º, XXVII e XXVIII, da CF/1988 e Lei 9.610/1998 – Lei de Direitos Autorais)	**São assim considerados os direitos daquele que cria obra literária ou científica.** Como a Lei 9.610/1998 é omissa quanto aos efeitos dos direitos autorais no âmbito do contrato de trabalho, a doutrina defende a aplicação analógica do art. 4º da Lei 9.609/1998. Art. 4º Salvo estipulação em contrário, **pertencerão exclusivamente ao empregador**, contratante de serviços ou órgão público, os direitos relativos ao programa de computador, desenvolvido e elaborado durante a vigência de contrato ou de vínculo estatutário, expressamente destinado à pesquisa e desenvolvimento, ou em que a atividade do empregado, contratado de serviço ou servidor seja prevista, ou ainda, que decorra da própria natureza dos encargos concernentes a esses vínculos. (...) § 2º Pertencerão, com **exclusividade, ao empregado**, contratado de serviço ou servidor os direitos concernentes a programa de computador gerado sem relação com o contrato de trabalho, prestação de serviços ou vínculo estatutário, e sem a utilização de recursos, informações tecnológicas, segredos industriais e de negócios, materiais, instalações ou equipamentos do empregador, da empresa ou entidade com a qual o empregador mantenha contrato de prestação de serviços ou assemelhados, do contratante de serviços ou órgão público.
DIREITOS DA PROPRIEDADE INDUSTRIAL (art. 5º, XXIX, da CF/1988 e Lei 9.279/1996 – Lei de Patentes)	**São os direitos decorrentes da invenção ou da criação de modelo de utilidade.** A Lei de Patentes estabelece consequências diversas a depender de como se deu a atividade inventiva, a saber:

---

[2] RESENDE, Ricardo. *Direito do Trabalho*. 9. ed. São Paulo: Método, 2023.

	a) A invenção e o modelo de utilidade pertencerão exclusivamente ao empregador quando decorrerem de contrato de trabalho que tenha por objeto a pesquisa ou a atividade inventiva, ou resulte da natureza do serviço para o qual o empregado foi contratado. Nesse caso, salvo ajuste em contrário, o empregado somente receberá o salário ajustado. Art. 88. A invenção e o modelo de utilidade pertencem exclusivamente ao empregador quando decorrerem de contrato de trabalho cuja execução ocorra no Brasil e que tenha por objeto a pesquisa ou a atividade inventiva, ou resulte esta da natureza dos serviços para os quais foi o empregado contratado. § 1º Salvo expressa disposição contratual em contrário, a retribuição pelo trabalho a que se refere este artigo limita-se ao salário ajustado. § 2º Salvo prova em contrário, consideram-se desenvolvidos na vigência do contrato a invenção ou o modelo de utilidade, cuja patente seja requerida pelo empregado até 1 (um) ano após a extinção do vínculo empregatício. Art. 89. O empregador, titular da patente, poderá conceder ao empregado, autor de invento ou aperfeiçoamento, participação nos ganhos econômicos resultantes da exploração da patente, mediante negociação com o interessado ou conforme disposto em norma da empresa. Parágrafo único. A participação referida neste artigo não se incorpora, a qualquer título, ao salário do empregado. **b) A invenção e o modelo de utilidade pertencerão ao empregado, desde que resultem de atividade desvinculada do contrato de trabalho e não decorram da utilização de recursos, meios, dados, materiais, instalações ou equipamentos do empregador.** Art. 90. Pertencerá exclusivamente ao empregado a invenção ou o modelo de utilidade por ele desenvolvido, desde que desvinculado do contrato de trabalho e não decorrente da utilização de recursos, meios, dados, materiais, instalações ou equipamentos do empregador. **c) A invenção e o modelo de utilidade serão de propriedade comum quando o trabalho intelectual não constituir o objeto do contrato de trabalho, mas for favorecido pelos instrumentos colocados à disposição pelo empregador. Essa hipótese ocorrerá sempre que o empregado utilizar meios fornecidos pelo empregador (recursos, materiais, instalações etc.) para produzir o invento, ainda que este não tenha relação com a atividade contratualmente prevista.** **A licença de exploração é, nessa hipótese, direito exclusivo do empregador.** Art. 91. A propriedade de invenção ou de modelo de utilidade será comum, em partes iguais, quando resultar da contribuição pessoal do empregado e de recursos, dados, meios, materiais, instalações ou equipamentos do empregador, ressalvada expressa disposição contratual em contrário. § 1º Sendo mais de um empregado, a parte que lhes couber será dividida igualmente entre todos, salvo ajuste em contrário. § 2º É garantido ao empregador o direito exclusivo de licença de exploração e assegurada ao empregado a justa remuneração. § 3º A exploração do objeto da patente, na falta de acordo, deverá ser iniciada pelo empregador dentro do prazo de 1 (um) ano, contado da data de sua concessão, sob pena de passar à exclusiva propriedade do empregado a titularidade da patente, ressalvadas as hipóteses de falta de exploração por razões legítimas. § 4º No caso de cessão, qualquer dos cotitulares, em igualdade de condições, poderá exercer o direito de preferência.
DIREITOS DA PROPRIEDADE INDUSTRIAL (art. 5º, XXIX, da CF/1988 e Lei 9.279/1996 – Lei de Patentes)	

DIREITOS INTELECTUAIS DE CRIAÇÃO E UTILIZAÇÃO DE *SOFTWARE* (Lei 9.609/1998)	**São assim considerados os direitos daquele que cria obra literária ou científica.** Como a Lei 9.610/1998 é omissa quanto aos efeitos dos direitos autorais no âmbito do contrato de trabalho, a doutrina defende a aplicação analógica do art. 4º da Lei 9.609/1998. Art. 4º Salvo estipulação em contrário, **pertencerão exclusivamente ao empregador**, contratante de serviços ou órgão público, **os direitos relativos ao programa de computador, desenvolvido e elaborado durante a vigência de contrato ou de vínculo estatutário**, expressamente destinado à pesquisa e desenvolvimento, ou em que a atividade do empregado, contratado de serviço ou servidor seja prevista, ou ainda, que decorra da própria natureza dos encargos concernentes a esses vínculos. § 1º Ressalvado ajuste em contrário, a compensação do trabalho ou serviço prestado limitar-se-á à remuneração ou ao salário convencionado. § 2º Pertencerão, **com exclusividade, ao empregado**, contratado de serviço ou servidor os direitos concernentes a programa de computador gerado **sem relação com o contrato de trabalho**, prestação de serviços ou vínculo estatutário, **e sem a utilização de recursos, informações tecnológicas, segredos industriais e de negócios, materiais, instalações ou equipamentos do empregador, da empresa ou entidade com a qual o empregador mantenha contrato de prestação de serviços ou assemelhados**, do contratante de serviços ou órgão público.

A normatização a respeito dos direitos intelectuais pela CLT foi revogada pela Lei 5.772/1971, que foi substituída pela Lei 9.279/1996 (Lei de Patentes).

ESPÉCIES DE DIREITOS INTELECTUAIS	
Direitos industriais	**Direitos autorais**
Regulamentados pela Lei 9.279/1996, constituídos pela invenção, pelo **modelo de utilidade**, pelo **desenho industrial** e pela **marca**.	Regulamentados pela Lei 9.610/1998, dos quais são exemplos as **obras científicas, artísticas, literárias**, dentre outras.

ASPECTOS PATRIMONIAIS QUE ENVOLVEM A INVENÇÃO E O MODELO DE UTILIDADE REALIZADOS POR EMPREGADO OU PRESTADORES DE SERVIÇO	
Invenção, modelo de utilidade ou desenho industrial decorrem do contrato de trabalho (invenções de serviço)	Neste caso, a invenção ou o modelo de utilidade pertencem exclusivamente ao empregador, desde que a execução ocorra no Brasil e que tenha por objeto a pesquisa ou a atividade inventiva, ou resulte esta da natureza dos serviços para os quais foi o empregado contratado (art. 88, *caput*, da Lei 9.279/1996).
Invenção, modelo de utilidade ou desenho industrial desenvolvido pelo empregado desvinculado do contrato de trabalho e não decorrente da utilização de recursos, meios, dados, materiais, instalações ou equipamentos do empregador (invenções livres)	Nesta hipótese, pertencerá exclusivamente ao empregado a invenção ou o modelo de utilidade por ele desenvolvido (art. 90 da Lei 9.279/1996).

ASPECTOS PATRIMONIAIS QUE ENVOLVEM A INVENÇÃO E O MODELO DE UTILIDADE REALIZADOS POR EMPREGADO OU PRESTADORES DE SERVIÇO	
Invenção, modelo de utilidade ou desenho industrial desenvolvido com contribuição pessoal do empregado e de recursos, dados, meios, materiais, instalações ou equipamentos do empregador, sem que haja previsão contratual (invenções casuais)	Neste caso, a propriedade de invenção ou de modelo de utilidade será comum, em partes iguais (art. 91, caput, da Lei 9.279/1996). Sendo mais de um empregado, a parte que lhes couber será dividida igualmente entre todos, salvo ajuste em contrário. É garantido ao empregador o direito exclusivo de licença de exploração e assegurada ao empregado a justa remuneração. Nesse caso, a exploração do objeto da patente, na falta de acordo, deverá ser iniciada pelo empregador dentro do prazo de 1 (um) ano, contado da data de sua concessão, sob pena de passar à exclusiva propriedade do empregado a titularidade da patente, ressalvadas as hipóteses de falta de exploração por razões legítimas. Quanto à cessão, qualquer dos cotitulares, em igualdade de condições, poderá exercer o direito de preferência (art. 91, §§ 1º e ss., da Lei 9.279/1996).

3. INDENIZAÇÃO POR DANO MORAL E MATERIAL

Sempre que o empregado sofrer danos, materiais ou imateriais, em decorrência do contrato de trabalho, fará jus à indenização.

A jurisprudência consolidada do STJ permite expressamente a possibilidade de cumulação das indenizações por danos materiais e morais, desde que oriundos do mesmo fato, conforme a Súmula 37 do STJ: "São cumuláveis as indenizações por dano material e dano moral oriundos do mesmo fato".

No mesmo sentido, o art. 223-F da CLT estabelece a possibilidade de cumulação de pedidos atinentes ao dano extrapatrimonial e material sofrido, por meio da propositura de uma única ação, o que é reforçado, inclusive, pelos princípios da celeridade e efetividade processual.

A reforma trabalhista estabeleceu também que, ao proferir a decisão condenando uma das partes ao pagamento de danos morais e materiais, o juiz deve discriminar os seus valores separadamente, já que visam a objetivos distintos. Enquanto a indenização por dano material visa à recomposição do patrimônio da vítima, a indenização por dano extrapatrimonial almeja uma compensação pela violação aos direitos da personalidade do ofendido.

3.1. Indenização por dano moral ou à imagem

Dano moral é a violação de interesses juridicamente tutelados (direitos da personalidade) sem conteúdo pecuniário.

Dano à imagem, por sua vez, é o prejuízo direcionado ao juízo genérico ou ao conceito que possa existir sobre determinada comunidade ou coisa.

Assim, se o empregado sofrer dano moral ou à imagem, deverá o empregador indenizá-lo. Um exemplo clássico é o da **violação da intimidade e da dignidade do trabalhador mediante a prática de revistas íntimas**.

Cumpre observar, entretanto, que o simples descumprimento contratual não tem o condão de causar dano moral. Ainda que cause aborrecimentos e contrariedade, a jurisprudência não aceita, no caso de simples descumprimento, a configuração de dano moral, até mesmo para não banalizar o instituto. Do contrário, toda condenação material seria seguida por uma condenação por dano moral.

Diferente é a situação em que o descumprimento contratual provoca notório constrangimento ao empregado.

> (...) Dano moral. Restrição a apresentação de atestado médico. Folga aos sábados. O Tribunal Regional, com análise do conjunto fático, consignou, no voto vencido, e cuja narrativa fática amparou o voto do redator designado, que a penalização dos empregados pela apresentação de atestados médicos era prática corriqueira na reclamada. Todavia, por maioria, a Turma do Tribunal Regional entendeu que a punição aplicada pela reclamada, com a supressão da folga aos sábados pela apresentação de atestado médico, por si só, não gera dano moral a ser indenizado. Ocorre que, de acordo coma jurisprudência desta Corte, o dano moral, na hipótese em apreço, revela-se *in re ipsa*, pois decorre da natureza da situação vivenciada, não havendo necessidade de prova cabal para demonstrar o abalo sofrido pelo empregado. Assim, a conduta da empresa, que utilizava os atestados médicos apresentados pelos empregados para comprometer as suas avaliações e com isso puni-los com a supressão das folgas aos sábados, vai além dos limites do diretivo, na medida em que impede seus empregados de usufruírem seus direitos e expõe a saúde. Por outro lado, o artigo 927 do CC atribui àquele que pratica ato ilícito o dever de indenizar. Portanto, uma vez que restou comprovado o ato ilícito da empresa, a empregada faz jus a indenização por danos morais, nos termos do artigo 927 do CC. Precedentes. Recurso de revista conhecido por violação do artigo 927 do CC e provido. (TST, 3ª Turma, RR 4648-48.2017.5.10.0802, Rel. Min. Alexandre de Souza Agra Belmonte, j. 27.10.2021)

> Dano moral. Atraso no pagamento de verbas rescisórias. O mero atraso no pagamento das verbas rescisórias, por si só, não autoriza o reconhecimento automático de ofensa moral, de forma presumida, sendo necessária a prova efetiva da repercussão do fato na esfera íntima do empregado e da violação dos direitos da personalidade, a fim de viabilizar a caracterização do dever de indenizar, situação não evidenciada nos autos. Precedente. Agravo de instrumento conhecido e não provido. (8ª Turma, AIRR 1000604-42.2018.5.02.0612, Rel. Min. Dora Maria da Costa, *DEJT* 08.05.2020)

> Recurso de revista. Lei nº 13.015/2014. CPC/2015. Instrução Normativa nº 40 do TST. Lei 13.467/2017. Responsabilidade civil do empregador. Danos morais causados ao empregado. Caracterização. Ausência de anotação da CTPS. Transcendência política da causa constatada. A SBDI-1, órgão encarregado da uniformização da jurisprudência interna desta Corte, ratificou a tese de que a ausência de anotação na CTPS do empregado, por si só, não acarreta danos morais, devendo haver prova do prejuízo sofrido, o que não ficou demonstrado no presente caso. Recurso de revista conhecido e provido. (7ª Turma, RR 10309-53.2017.5.03.0074, Rel. Min. Cláudio Mascarenhas Brandão, *DEJT* 08.05.2020)

> I – Agravo de instrumento. Recurso de revista. Danos morais. Ausência de depósitos do FGTS e de recolhimentos previdenciários. Mostra-se prudente o provimento do agravo de instrumento para determinar o processamento do recurso de revista, ante a divergência jurisprudencial. Agravo de instrumento provido. II – Recurso de revista

interposto na vigência da Lei nº 13.015/2014. Danos morais. Ausência de depósitos do FGTS e de recolhimentos previdenciários. A jurisprudência desta Corte orienta que o mero descumprimento de obrigações trabalhistas, dentre elas a ausência de depósito de FGTS e recolhimento previdenciário, sem demonstração inequívoca de prejuízos, não evidencia dano moral. Do v. acórdão regional não se extrai a demonstração, de forma cabal, de prejuízos sofridos, ou de violação a direitos personalíssimos ou ainda de constrangimento pessoal. Recurso de revista conhecido e provido. (5ª Turma, RR 11356-35.2014.5.01.0038, Rel. Des. convocado João Pedro Silvestrin, *DEJT* 08.05.2020)

Atraso reiterado no pagamento de salários. Dano moral configurado. (...) 4.1. A dignidade da pessoa humana é princípio fundamental da República Federativa do Brasil (art. 1.º, inciso III, da CF/1988); o valor social do trabalho é fundamento da República (art. 1.º, inciso IV, CF/1988); a ordem econômica está fundada na valorização do trabalho humano, objetivando assegurar a todos existência digna (art. 170 da CF/1988); e a ordem social tem como base o primado do trabalho e como objetivo o bem-estar e a justiça social (art. 193). Assim, sob a ótica constitucional, o trabalho humano é um meio de efetivação da existência digna. 4.2. O art. 7.º, inciso IV, da CF/1988 afirma que o salário mínimo – capaz de atender a suas necessidades vitais básicas e às de sua família com moradia, alimentação, educação, saúde, lazer, vestuário, higiene, transporte e previdência social, com reajustes periódicos que lhe preservem o poder aquisitivo – é um direito fundamental do trabalhador, além de prever no inciso X a "proteção ao salário na forma da lei, constituindo crime sua retenção dolosa". A CLT, no § 1º do art. 459, estabelece que, no contrato individual de trabalho, é obrigação do empregador o pagamento tempestivo dos salários. 4.3. É patente, portanto, a relevância do salário, pois é por meio dele que o trabalhador tem a possibilidade de satisfazer suas necessidades básicas e as de seus dependentes e, consequentemente, ter garantidas condições mínimas de dignidade e de afirmação social. 4.4. Desse modo, nos termos dos arts. 5º, X, da CF/1988 e 186 e 927, *caput*, do Código Civil, entendo que o atraso no pagamento de salário se configura como um dano *in re ipsa*, pois o fato de o empregado ver-se privado, ainda que temporariamente, dos recursos necessários a sua subsistência enseja reparação por dano moral por acarretar situação evidente de constrangimento. 4.5. Na hipótese dos autos, o Tribunal Regional manteve condenação da reclamada ao pagamento de indenização por danos morais, ao fundamento de que o atraso no pagamento dos salários era reiterado, já que ocorreu durante todo o período contratual. Recurso de revista não conhecido. (TST, 7ª Turma, RR 81-26.2012.5.03.0096, Rel. Min. Delaíde Miranda Arantes, *DEJT* 01.07.2014)

3.2. Dano material, dano moral e dano estético decorrentes de acidente do trabalho

Ocorrendo acidente de trabalho ou o desenvolvimento de doença ocupacional, com consequentes lesões físico-mentais no empregado, que reduza ou impeça sua capacidade de cumprir a prestação de serviços, haverá a responsabilização do empregador.

As lesões acidentárias podem provocar danos diversos ao trabalhador (danos morais, materiais, estéticos, espirituais), e todas as lesões serão indenizáveis, ainda que decorrentes do mesmo fato. Desse modo, se um mesmo fato provocar dano material, dano moral e dano estético, o empregado fará jus a três indenizações, uma para cada dano provocado.

O dano material é aquele que traduz perda patrimonial à vítima. Aquilo que efetivamente se perdeu é chamado dano emergente, ao passo que aquilo que se deixou de ganhar é chamado de lucro cessante.

O empregado ainda poderá sofrer danos morais pela lesão acidentária, que consistem nos danos que atingem o patrimônio não pecuniário do empregado, mas seus direitos extrapatrimoniais, seus direitos da personalidade, como honra, dignidade, intimidade, imagem. Não se exige que haja dor do ofendido, não há vinculação a alguma reação psíquica do trabalhador, bastando que haja ofensa a tais direitos, ainda que sem dor, vexame ou sofrimento.

Por sua vez, o dano estético é aquele que atinge a imagem física do trabalhador, que será mensurado pelo juiz por equidade.

> O art. 927, parágrafo único, do Código Civil é compatível com o art. 7º, XXVIII, da Constituição Federal, sendo constitucional a responsabilização objetiva do empregador por danos decorrentes de acidentes de trabalho nos casos especificados em lei ou quando a atividade normalmente desenvolvida, por sua natureza, apresentar exposição habitual a risco especial, com potencialidade lesiva, e implicar ao trabalhador ônus maior do que aos demais membros da coletividade. (STF, Plenário, RE 828040/DF, Rel. Min. Alexandre de Moraes, j. 12.03.2020, repercussão geral (Tema 932), *Info 969)*

3.3. Momentos da configuração do dano moral

a) Dano moral na fase pré-contratual

Na fase pré-contratual, o dano moral pode ocorrer durante o processo de seleção, entrevista e treinamento, com coação por assédio sexual, exames físicos degradantes ou vexatórios, publicidade maliciosa ao candidato homossexual ou portador do vírus HIV.

Também pode caracterizar dano moral a discriminação para contratar trabalhadores por motivo de sexo, religião, raça, situação familiar etc.

> Agravo – Agravo de instrumento – Recurso de revista – Competência da Justiça do Trabalho – Concurso público – Fase pré-contratual – Rito sumaríssimo – Na hipótese, discute-se a ocorrência de preterição de candidata aprovada em concurso público, a partir do qual seriam contratados trabalhadores regidos pela Consolidação das Leis do Trabalho. Ainda que se trate de discussão relativa à fase pré-contratual do vínculo empregatício, não há dúvidas de que a controvérsia decorre da relação de trabalho. Por essa razão, e com base no artigo 114, I e IX, da Constituição Federal, deve ser reconhecida a competência da justiça do trabalho para processar e julgar a presente demanda. Precedentes. Banco do Brasil. Realização de concurso público para cadastro de reserva. Contratação de terceirizados. Preterição dos aprovados no concurso. No caso concreto, o tribunal regional, valorando a prova, consignou que ficou comprovado que o banco reclamado se utilizou de mão de obra terceirizada para atribuições idênticas ou similares àquelas previstas no edital do concurso público, evidenciando nítida preterição da reclamante. Nesse quadro, consignado no acórdão

regional que ficou comprovada a preterição na admissão de candidato aprovado em concurso público, em razão da contratação de empregados terceirizados para exercer as mesmas atividades para as quais foi aprovado o autor, para se chegar a conclusão diversa, seria necessário o reexame do conjunto fático-probatório dos autos, o que é vedado pela Súmula 126 do TST. Não merece reparos a decisão. Agravo não provido. (TST, 2ª Turma, AG-AIRR 0000194- 80.2015.5.07.0025, Rel. Min. Maria Helena Mallmann, *DEJT 10.05.2019*)

b) Dano moral durante o contrato de trabalho

No curso do contrato de trabalho, a própria CLT estabelece expressamente a possibilidade de o empregado cobrar um ressarcimento pelos prejuízos decorrentes do rompimento antecipado do contrato a termo (art. 480). Igualmente, entre as causas de rescisão contratual indireta, está a lesão à honra e à boa fama do empregado ou de pessoa de sua família (art. 483, *e*, da CLT), bem como a norma que assegura ao empregador a resolução do contrato de trabalho do empregado por atos lesivos à sua honra (art. 482, *j* e *k*, da CLT).

Ademais, as hipóteses de atos lesivos ao nome, à honra e à imagem do empregado, assédio sexual, assédio moral, revistas íntimas ou trabalho em condição de escravidão também ensejam a indenização por danos morais.

Não obstante isso, dá-se o dever de indenização por danos morais em todos os casos de discriminação (Lei 9.029/1995) praticados pelo empregador por motivo de raça, cor, sexo, idade, estado civil, religião, gravidez etc.

Nos casos de acidentes e doenças adquiridas no curso do contrato de trabalho, desde que tenham nexo de causalidade com a atividade desenvolvida pelo empregado, também podem implicar responsabilidade do empreg*ador pelos danos morais por lesões à integridade física ou psíquica do empregado.*

> Prescrição. Indenização por dano moral. Exposição a amianto. O termo *a quo* para a contagem do prazo prescricional na hipótese de pretensão à indenização por danos morais pelo risco de se desenvolver doença grave decorrente de exposição, durante o pacto laboral, ao amianto, substância nociva à saúde, é a data da rescisão do contrato de trabalho. Recurso de Revista de que não se conhece. (TST, 8ª Turma, RR 13001-34.2016.5.15.0039, Rel. Min. João Batista Brito Pereira, j. 28.10.2020, *Info* 228)

> (...) Dano moral. Atribuição de apelidos pejorativos e grosseiros por preposto do empregador. Dano *in re ipsa*. Controvérsia acerca da configuração de dano moral decorrente da atribuição de apelidos pejorativos ao empregado por preposto do empregador. A obrigação de indenizar por dano moral decorre da comprovação da prática de ato ilícito pelo empregador por ação ou omissão, culpa ou dolo, bem como da existência do nexo de causalidade entre o dano gerado e a conduta ilícita, na forma dos artigos 186 e 927 do Código Civil. A utilização de apelidos pejorativos em ambiente profissional é prática a ser coibida, porquanto contrária aos padrões aceitáveis de urbanidade e boa conduta, que devem imperar no ambiente de trabalho. Fere a proteção constitucional à honra e à imagem (CF/88, art. 5º, X), segundo a qual deve o empregador assegurar não só a incolumidade física de seus empregados, mas

também a emocional, abstendo-se de praticar condutas abusivas por atos de seus representantes ou prepostos ou impedindo que outros empregados assim procedam. O Regional consignou o teor da prova oral que confirma o emprego de apelidos pejorativos por parte da preposta em detrimento da reclamante. Indubitável, portanto, a ocorrência do ato ilícito e do nexo causal. De outra parte, desnecessária a comprovação de prejuízo advindo do dano moral, bastando que a parte comprove a violação de direito da personalidade, como ocorreu no caso em concreto, tendo em vista tratar-se de dano presumível. Registre-se que o baixo ou médio teor ofensivo das alcunhas pejorativas não permite que se releve o dano, influindo apenas em sua valoração. Recurso de revista conhecido e provido. (TST, 6ª Turma, RR 110878420145010041, Rel. Min. Augusto César Leite de Carvalho, j. 28.11.2018, *DEJT* 30.11.2018)

c) Dano moral na fase pós-contratual

Após a extinção do contrato de trabalho, o dano moral pode ocorrer quando o empregador fornece informações desabonadoras e inverídicas de seu ex-empregado à pessoa física ou jurídica que pretende contratá-lo ou quando o empregador realiza discriminação do empregado inserindo o seu nome nas chamadas "listas negras", "listas discriminatórias" ou "listas sujas", prejudicando o trabalhador na busca por nova colocação no mercado de trabalho.

(...) Recurso de revista. Indenização por danos morais pós-contratual. Informação prestada a terceiros interessados sobre ajuizamento de ação trabalhista. Dano *in re ipsa*. O Tribunal Regional, na condição de última instância avaliadora da prova, foi expresso ao registrar que "é possível inferir que a ré, ao ser indagada por representante de outra empresa acerca da vida laboral da autora, respondeu apenas que esta moveu uma ação trabalhista". Ainda que não haja na Lei proibição acerca das informações desabonadoras, é certo que determinados limites do poder potestativo devem ser observados. O comportamento de informar a terceiros que o autor ajuizou reclamação trabalhista se assemelha à formação de listas negras, ou à situação da anotação na Carteira de Trabalho no sentido de que o empregado teria sido demitido por justa causa. Resulta evidenciado o caráter ilícito do ato praticado pela reclamada, revelando-se o dano moral *in re ipsa*, passível de indenização, nos moldes dos arts. 5º, X, da Constituição Federal e 927 do Código Civil. Recurso de revista conhecido e provido. (TST, 2ª Turma, RR 1769-64.2014.5.12.0011, Rel. Min. Maria Helena Mallmann, *DEJT* 11.05.2018)

3.4. Dano moral coletivo

Além do dano moral individual, o nosso ordenamento jurídico prevê a possibilidade de dano moral coletivo. Este é categoria autônoma de dano. Sua configuração não depende de lesão aos atributos da pessoa humana (dor, sofrimento etc.).

O dano moral coletivo se configura nos casos em que há lesão à esfera extrapatrimonial de determinada comunidade e desde que fique demonstrado que a conduta agride, de modo intolerável, os valores fundamentais da sociedade, causando repulsa e indignação na consciência coletiva.

Preenchidos esses requisitos, o dano moral coletivo configura-se *in re ipsa*, ou seja, dispensando a demonstração de prejuízos concretos ou de efetivo abalo moral.

O Código de Defesa do Consumidor (art. 81, III) prevê o cabimento de ações coletivas para salvaguardar direitos ou interesses difusos, coletivos ou individuais homogêneos. Essa norma consumerista, por força do microssistema processual de acesso coletivo à Justiça (art. 21 da Lei 7.347/1985 c/c art. 90 do CDC), torna cabível a ação civil pública na esfera trabalhista quando se verifica lesão ou ameaça a direito difuso, coletivo ou individual homogêneo decorrente da relação de trabalho, consubstanciando tal ação coletiva um mecanismo de proteção dos direitos sociais constitucionalmente garantidos aos trabalhadores.

Quanto à destinação dos valores decorrentes da condenação por danos morais coletivos, dispõe o art. 13 da Lei 7.347/1985:

> Art. 13. Havendo condenação em dinheiro, a indenização pelo dano causado reverterá a um fundo gerido por um Conselho Federal ou por Conselhos Estaduais de que participarão necessariamente o Ministério Público e representantes da comunidade, sendo seus recursos destinados à reconstituição dos bens lesados.
>
> § 1º Enquanto o fundo não for regulamentado, o dinheiro ficará depositado em estabelecimento oficial de crédito, em conta com correção monetária.
>
> § 2º Havendo acordo ou condenação com fundamento em dano causado por ato de discriminação étnica nos termos do disposto no art. 1º desta Lei, a prestação em dinheiro reverterá diretamente ao fundo de que trata o caput e será utilizada para ações de promoção da igualdade étnica, conforme definição do Conselho Nacional de Promoção da Igualdade Racial, na hipótese de extensão nacional, ou dos Conselhos de Promoção de Igualdade Racial estaduais ou locais, nas hipóteses de danos com extensão regional ou local, respectivamente.

Não obstante a literalidade do preceptivo em causa, o juiz ou o tribunal, ao analisar as circunstâncias do caso concreto, poderá decidir por direcionar alternativamente o recurso arrecadado a título de dano moral coletivo. Essa situação é oportunizada pela presença de hipóteses excetivas. Nesse caso, deve-se permitir a participação deliberativa das partes e de terceiros atingidos (inclusive do Ministério Público), bem como vincular o resultado à recomposição dos bens lesados. Nesse sentido:

> (...) Indenização por dano moral coletivo – *Quantum* reparatório. Diferentemente do que afirma o BANCO BRADESCO S.A., a condenação em dano moral coletivo na primeira instância teve como único fundamento o comportamento da instituição financeira quanto à cobrança de metas. Assim, o fato de o Tribunal Regional ter afastado determinadas obrigações de fazer e de não fazer relacionadas à jornada de trabalho e aos acréscimos salariais proporcionais às funções exercidas não possui qualquer repercussão no exame da gravidade do ato ilícito em questão. Recorde-se que o entendimento pacífico no TST é o de que as quantias arbitradas a título de reparações por danos morais devem ser modificadas nesta esfera recursal apenas nas hipóteses em que as instâncias ordinárias fixarem valores teratológicos, ou seja, desprovidos de qualquer sentido de razoabilidade e proporcionalidade, para mais ou para menos. Nesse sentido, o montante de R$ 1.000.000,00 demonstra ser adequado à reparação do prejuízo perpetrado pelo réu, notadamente diante da

intensidade de sua conduta antijurídica. Depreende-se do acórdão recorrido que o banco "adotava uma espécie de gestão por estresse", metodologia que teve origem na gerência geral e que se irradiou entre as agências do Rio Grande do Norte, culminando no "adoecimento de diversos empregados, acometidos por síndrome do pânico e depressão". O Tribunal Regional ressaltou que as cobranças de metas eram desarrazoadas e que ocorriam, também, fora do horário de expediente e mesmo em períodos de greve. Destacou que as ameaças de demissão, os xingamentos, as coações contra empregadas gestantes, os obstáculos criados para que os empregados não aderissem às greves, dentre outras condutas reprováveis, eram expedientes sistematicamente utilizados pelos gerentes do banco. Acrescente-se, por fim, que o bem jurídico tutelado nos autos é o valor atribuído pela coletividade à saúde mental de todo e qualquer trabalhador, bem como à higidez de todo e qualquer ambiente do trabalho. Destarte e a par da decisão proferida pelo Supremo Tribunal Federal nos autos do RE 1.101.937/SP (tema 1.075 de repercussão geral), a aplicação do artigo 16 da Lei nº 7.347/1985 e da OJ da SBDI-2 nº 130 pelo Tribunal Regional não possui o alcance esperado pelo réu, na medida em que apenas limita a eficácia da sentença ao Estado do Rio Grande do Norte, inexistindo qualquer repercussão do referido dispositivo ou do mencionado verbete de jurisprudência nos critérios que auferem a extensão do prejuízo extrapatrimonial perpetrado contra toda a classe trabalhadora. Ou seja, não tem o condão de per si, influir no montante devido a título de indenização por dano moral coletivo. Por todo o exposto, resta preservada a literalidade dos artigos 5º, V e X, da CF, 186, 187, 927 e 944, caput e § 1º, do CCB. As ementas apresentadas ao confronto de teses são imprestáveis à demonstração de divergência jurisprudencial, tendo em vista que a proporcionalidade e a razoabilidade da importância arbitrada ao dano moral não podem ser avaliadas em tese, apenas no caso concreto. Agravo de instrumento conhecido e desprovido. (...). (TST, 3ª Turma, AIRR 969-96.2014.5.21.0007, Rel. Min. Alexandre de Souza Agra Belmonte, j. 27.04.2021, *Info* 251)

(...) 2. Ação civil pública. Propagandista de produtos farmacêuticos. Degustação de medicamentos das empresas concorrentes. Descumprimento de normas relativas à segurança e à saúde do trabalhador. Dano moral coletivo. Configuração. 2.1. O Tribunal Regional deu provimento ao recurso ordinário do MPT, para condenar a reclamada ao pagamento de indenização por dano moral coletivo, sob o fundamento de que restou demonstrado o descumprimento de normas relativas à segurança e à saúde do trabalhador. 2.2. No caso, o sistemático e reiterado desrespeito às normas trabalhistas (determinar aos propagandistas de produtos farmacêuticos a degustação de medicamentos de empresas concorrentes) demonstra que a lesão perpetrada foi significativa e que, efetivamente, ofendeu a ordem jurídica, ultrapassando a esfera individual. 2.3. As empresas que se lançam no mercado, assumindo o ônus financeiro de cumprir a legislação trabalhista, perdem competitividade em relação àquelas que reduzem seus custos de produção à custa dos direitos mínimos assegurados aos empregados. (...). (TST, 3ª Turma, RRAg 1559-84.2016.5.22.0004, Rel. Min. Alberto Luiz Bresciani de Fontan Pereira, j. 16.09.2020, *Info* 225)

Ação civil pública. Dano imaterial coletivo. Descumprimento da cota de aprendizes. Art. 429 da CLT. Regularização posterior ao ajuizamento da ação pelo MPT. Irrelevância.

Lesão à coletividade já caracterizada. Embargos desprovidos. Quantum indenizatório. Divergência jurisprudencial. Não conhecimento. O descumprimento pela empresa do percentual mínimo de contratação de aprendizes, prevista no art. 429 da CLT, mostra-se suficiente à configuração do dano moral coletivo, sendo despiciendo comprovar a repercussão do ato ilícito na consciência coletiva do grupo social. A regularização desse percentual de contratação pela empresa, após o ajuizamento da ação ou do inquérito proposto pelo Ministério Público do Trabalho, não extingue o feito sem julgamento de mérito, tampouco descaracteriza o dano imaterial coletivo decorrente do descumprimento da cota de aprendizes, visto que já caracterizada a lesão à coletividade. (TST-E-RR-822-68.2011.5.23.0056, SBDI-I, Rel. Min. Luiz Philippe Vieira de Mello Filho, 12.03.2020, *Info* 216)

3.5. Assédio moral

Assédio moral no trabalho é definido como qualquer conduta abusiva (gesto, palavras, comportamento, atitude) que atente, por sua repetição ou sistematização, contra a dignidade ou integridade psíquica ou física de uma pessoa, ameaçando o seu emprego ou degradando o clima de trabalho.

Geralmente, o objetivo do assédio moral é minar a resistência do empregado, a fim de que este se desligue do grupo, ou seja, peça demissão. Entretanto, nem sempre é assim. Com efeito, são conhecidos diferentes tipos de assédio moral no trabalho, a saber:

a) **assédio vertical descendente** – é o assédio moral "de cima para baixo", ou seja, praticado pelo superior hierárquico. Constitui abuso de direito, consubstanciado no abuso do exercício do poder empregatício pelo empregador ou por seus prepostos. Em razão da subordinação hierárquica, os danos ao empregado são ainda maiores, pois este acaba tentando suportar a pressão com medo de perder o emprego;

b) **assédio vertical ascendente** – é o assédio "de baixo para cima", praticado geralmente por um grupo de empregados contra o superior hierárquico. É relativamente comum um grupo de empregados passar a implicar com o chefe, discriminando-o, por exemplo, por alguma característica física ou por sua orientação sexual;

c) **assédio horizontal** – é praticado entre colegas que ocupam a mesma posição hierárquica dentro da empresa, geralmente estimulados pela competição por resultados;

d) **assédio moral organizacional** – é o assédio institucional, como um instrumento da gestão empresarial, com a finalidade de se obter o engajamento subjetivo dos empregados às políticas de metas da empresa, para que se atinja a produtividade e lucratividade desejada.

Em qualquer dos casos de assédio moral no ambiente de trabalho o empregador responde pelos danos morais, tendo em vista que "o empregador ou comitente" é responsável civilmente "por seus empregados, serviçais e prepostos, no exercício do trabalho que lhes competir, ou em razão dele" (art. 932, III, do CCB/2002). Além disso, no caso de o dano não ter sido provocado diretamente pelo empregador, **a responsabilidade é objetiva.**

3.6. Assédio sexual

No caso do assédio moral, a intenção do agente é implicar com a vítima, é reduzir-lhe o poder de resistência e, afinal, destruí-la emocionalmente, reduzindo a sua autoestima. No assédio sexual, por sua vez, a intenção do agente é obter favores sexuais da vítima, normalmente se utilizando da subordinação hierárquica.

No caso utilização do cargo (hierarquia) para a prática do assédio sexual, a conduta se enquadra como tipo penal, definido pelo art. 216-A do Código Penal:

> Art. 216-A. Constranger alguém com o intuito de obter vantagem ou favorecimento sexual, prevalecendo-se o agente da sua condição de superior hierárquico ou ascendência inerentes ao exercício de emprego, cargo ou função. Pena – detenção, de 1 (um) a 2 (dois) anos.

Entretanto, também pode ocorrer assédio sexual entre empregados de mesmo *status* hierárquico, bem como ascendente (do subalterno em relação ao chefe), hipóteses em que não restará configurado crime, o que não significa a ausência de efeitos no âmbito trabalhista, com a possível configuração de dano moral.

Tanto a hipótese de assédio moral quanto a hipótese de assédio sexual configuram razões para rescisão motivada do contrato de trabalho, seja pelo empregado (art. 483), seja pelo empregador (art. 482), conforme quem seja o agente ofensor.

3.7. Dano patrimonial provocado pelo empregado – ressarcimento do empregador

O § 1º do art. 462 da CLT dispõe que, "Em caso de dano causado pelo empregado, o desconto será lícito, desde que esta possibilidade tenha sido acordada ou na ocorrência de dolo do empregado".

A OJ 251 da SDI-1 do TST admite a responsabilização do empregado no caso de devolução de cheques sem fundos, quando o obreiro não observar as recomendações de conferência prévia do cheque. Obviamente, o desconto, no caso, depende de previsão contratual (ou de norma coletiva, como disposto no verbete), pois tem origem em ato culposo.

> OJ 251 da SDI-1: Descontos. Frentista. Cheques sem fundos (inserida em 13.03.2002).
>
> É lícito o desconto salarial referente à devolução de cheques sem fundos, quando o frentista não observar as recomendações previstas em instrumento coletivo.

3.8. Regulamentação do dano extrapatrimonial na CLT

A reforma trabalhista de 2017 acrescentou a possibilidade de reparação de danos de natureza extrapatrimonial decorrentes da relação de trabalho. Vejamos o título inserido na CLT:

TÍTULO II-A – DO DANO EXTRAPATRIMONIAL

Art. 223-A. Aplicam-se à reparação de danos de natureza extrapatrimonial decorrentes da relação de trabalho apenas os dispositivos deste Título.

Art. 223-B. Causa dano de natureza extrapatrimonial a ação ou omissão que ofenda a esfera moral ou existencial da pessoa física ou jurídica, as quais são as titulares exclusivas do direito à reparação.

Art. 223-C. A honra, a imagem, a intimidade, a liberdade de ação, a autoestima, a sexualidade, a saúde, o lazer e a integridade física são os bens juridicamente tutelados inerentes à pessoa física.

Art. 223-D. A imagem, a marca, o nome, o segredo empresarial e o sigilo da correspondência são bens juridicamente tutelados inerentes à pessoa jurídica.

Art. 223-E. São responsáveis pelo dano extrapatrimonial todos os que tenham colaborado para a ofensa ao bem jurídico tutelado, na proporção da ação ou da omissão.

Art. 223-F. A reparação por danos extrapatrimoniais pode ser pedida cumulativamente com a indenização por danos materiais decorrentes do mesmo ato lesivo.

§ 1º Se houver cumulação de pedidos, o juízo, ao proferir a decisão, discriminará os valores das indenizações a título de danos patrimoniais e das reparações por danos de natureza extrapatrimonial.

§ 2º A composição das perdas e danos, assim compreendidos os lucros cessantes e os danos emergentes, não interfere na avaliação dos danos extrapatrimoniais.

Art. 223-G. Ao apreciar o pedido, o juízo considerará:

I – a natureza do bem jurídico tutelado;

II – a intensidade do sofrimento ou da humilhação;

III – a possibilidade de superação física ou psicológica;

IV – os reflexos pessoais e sociais da ação ou da omissão;

V – a extensão e a duração dos efeitos da ofensa;

VI – as condições em que ocorreu a ofensa ou o prejuízo moral;

VII – o grau de dolo ou culpa;

VIII – a ocorrência de retratação espontânea;

IX – o esforço efetivo para minimizar a ofensa;

X – o perdão, tácito ou expresso;

XI – a situação social e econômica das partes envolvidas;

XII – o grau de publicidade da ofensa.

§ 1º Se julgar procedente o pedido, o juízo fixará a indenização a ser paga, a cada um dos ofendidos, em um dos seguintes parâmetros, vedada a acumulação:

I – ofensa de natureza leve, até três vezes o último salário contratual do ofendido;

II – ofensa de natureza média, até cinco vezes o último salário contratual do ofendido;

III – ofensa de natureza grave, até vinte vezes o último salário contratual do ofendido;

IV – ofensa de natureza gravíssima, até cinquenta vezes o último salário contratual do ofendido.

§ 2º Se o ofendido for pessoa jurídica, a indenização será fixada com observância dos mesmos parâmetros estabelecidos no § 1º deste artigo, mas em relação ao salário contratual do ofensor.

§ 3º Na reincidência entre partes idênticas, o juízo poderá elevar ao dobro o valor da indenização.

A discussão trazida à baila com a reforma trabalhista é quanto à aplicação tão somente das regras da CLT ou se ainda assim, diante de lacunas, poderíamos aplicar os demais dispositivos presentes no ordenamento jurídico, especialmente no CC, que permite viabilizar a completude da interpretação do instituto e evitar prejuízos aos trabalhadores, tendo em vista que, segundo a literalidade do art. 223-A da CLT, à reparação de danos de natureza extrapatrimonial decorrentes da relação de trabalho serão aplicados "apenas os dispositivos deste Título".

Todavia, os arts. 223-A a 223-G devem ser interpretados conforme os valores, os princípios e as regras da Constituição Federal. Assim, consoante já admite o art. 8º da CLT, será aplicável o direito comum sempre que implicar melhoria da condição social, econômica e ambiental dos trabalhadores (CF, arts. 1º, 5º, 7º, *caput*, 200, VIII, e 225). Nesse sentido, decidiu o STF, no julgamento das ADIs 6050, 6069 e 6082, que o tabelamento existente na CLT deve servir apenas como ORIENTADOR ao juízo, não servindo como uma limitação, sob pena de impossibilitar o magistrado de traduzir, de forma plena, a dor e o sofrimento da vítima em medida reparatória quantificável para além do teto estabelecido na lei.

3.9. Requisitos do dano extrapatrimonial

Conforme exposto no art. 223-A, o dano extrapatrimonial é gênero, do qual são espécies o dano moral, o estético e o existencial. Enquanto o dano estético é uma alteração corporal interna ou externa que causa desagrado ou repulsa à vítima, o dano moral ocorre dentro de uma ordem psíquica pessoal. Já o dano existencial é o prejuízo causado a uma atividade não remunerada da pessoa com a violação de um direito inviolável tutelado constitucionalmente.

Art. 223-B. Causa dano de natureza extrapatrimonial a ação ou omissão que ofenda a esfera moral ou existencial da pessoa física ou jurídica, as quais são as titulares exclusivas do direito à reparação.

De acordo com o art. 223-B, o dano imaterial pode ser cometido contra:

a) **pessoa física** – o empregado e o empregador pessoa física podem sofrer dano moral. Os bens juridicamente tutelados para as pessoas físicas estão regulamentados no art. 223-C;

b) **pessoa jurídica** – o empregador pessoa jurídica também está sujeito à indenização por danos morais, tendo seus bens juridicamente tutelados no art. 223-D da CLT.

O art. 223-B apenas previu na CLT o que já estava no nosso ordenamento jurídico e pacificado na jurisprudência, ou seja, ação ou omissão do agente, dano, nexo causal e culpa em sentido lato.

Quanto à titularidade, o mesmo dispositivo dispõe que é exclusiva daquele que sofreu o dano.

Cuidado aqui, uma vez que o entendimento pacificado é de que, no caso de falecimento da vítima, os reflexos patrimoniais do direito moral são transmitidos aos seus herdeiros, ou seja, a legitimidade *ad causam* para demandar pela indenização por danos morais se transmite com a morte do trabalhador aos seus herdeiros, conforme se verifica no art. 943 do Código Civil.

Ademais, o entendimento doutrinário majoritário é o de que a reforma trabalhista não alterou a possibilidade de se exigir reparação na Justiça do Trabalho do dano moral reflexo ou em ricochete (aquele dano em que a lesão é dirigida a uma pessoa, mas os efeitos da ofensa são recebidos por outra).

3.10. Responsabilidade na proporção da ação ou da omissão

A reforma trabalhista acrescentou o art. 223-E da CLT para prever que todos aqueles que tenham colaborado para a ofensa ao bem jurídico tutelado devem responder na proporção da ação ou da omissão causada. Note-se, portanto, que, caso tenha havido mais de um agente causador do dano, será possível a responsabilização de todos os envolvidos na proporção da ação ou da omissão causada. O artigo sugere a possibilidade de estabelecer valores diversos para cada agente causador do dano moral de acordo com a proporção da ação ou da omissão empreendida.

> Art. 223-E. São responsáveis pelo dano extrapatrimonial todos os que tenham colaborado para a ofensa ao bem jurídico tutelado, na proporção da ação ou da omissão.

A presença de grupo econômico é um exemplo que permite a responsabilização de mais de um agente pela prática do dano, cuja responsabilidade será aferida de acordo com a proporção da ação ou da omissão de cada uma das empresas integrantes. O mesmo raciocínio pode ser utilizado para um grupo de empregados que viola a imagem da empresa, devendo ser aferida a proporção da ação ou da omissão de cada um.

Referido dispositivo refere-se também à **teoria da responsabilidade subjetiva**, tendo em vista explicitar que a responsabilidade será estabelecida na proporção da ação ou da omissão do agente que praticou o ato ilícito.

3.11. Tarifação do dano extrapatrimonial

De acordo com o § 1º do art. 223-G da CLT, foi elaborado um sistema de tarifação do dano extrapatrimonial decorrente das relações de trabalho, com a imposição de limites aos valores de indenização conforme a gravidade da ofensa sofrida:

SISTEMA DE TARIFAÇÃO – LEI 13.467/2017	
Gravidade da ofensa	**Limitação da indenização**
Natureza leve	Até 3 vezes o último salário contratual
Natureza média	Até 5 vezes o último salário contratual
Natureza grave	Até 20 vezes o último salário contratual
Natureza gravíssima	Até 50 vezes o último salário contratual

No que tange à reincidência do ato ilícito, será possível a elevação em dobro do valor da condenação, mas apenas entre partes idênticas.

Todavia, o STF, nas ADIs 6050, 6069 e 6082, decidiu que o tabelamento das indenizações por dano extrapatrimonial ou danos morais trabalhistas previstos na CLT deverá ser observado pelo julgador como **critério orientador de fundamentação da decisão judicial**. Isso não impede, contudo, a fixação de condenação em quantia superior, desde que devidamente motivada.

Vamos de resumos em tabela?

DIREITOS AUTORAIS – LEI 9.610/1998	
Aspectos patrimoniais	**Aspectos morais**
Art. 28. Cabe ao autor o direito exclusivo de utilizar, fruir e dispor da obra literária, artística ou científica.	Art. 24. São direitos morais do autor: I – o de reivindicar, a qualquer tempo, a autoria da obra; II – o de ter seu nome, pseudônimo ou sinal convencional indicado ou anunciado, como sendo o do autor, na utilização de sua obra; III – o de conservar a obra inédita; IV – o de assegurar a integridade da obra, opondo-se a quaisquer modificações ou à prática de atos que, de qualquer forma, possam prejudicá-la ou atingi-lo, como autor, em sua reputação ou honra; V – o de modificar a obra, antes ou depois de utilizada; VI – o de retirar de circulação a obra ou de suspender qualquer forma de utilização já autorizada, quando a circulação ou utilização implicarem afronta à sua reputação e imagem; VII – o de ter acesso a exemplar único e raro da obra, quando se encontre legitimamente em poder de outrem, para o fim de, por meio de processo fotográfico ou assemelhado, ou audiovisual, preservar sua memória, de forma que cause o menor inconveniente possível a seu detentor, que, em todo caso, será indenizado de qualquer dano ou prejuízo que lhe seja causado.
São considerados bem móveis, podendo, assim, ser alienados ou transferidos a terceiros.	São inalienáveis e irrenunciáveis (art. 27 da Lei 9.610/1998).

QUESTÕES PARA TREINO

1. **(TRT-4 – TRT-4 – Juiz do Trabalho – 2016 – adaptada)** Considere a assertiva a seguir sobre efeitos conexos do contrato de trabalho.

   Pertencerá exclusivamente ao empregado a invenção ou o modelo de utilidade por ele desenvolvido com utilização das instalações do empregador, desde que desvinculado do contrato de trabalho.

   Errado.

2. **(TRT-4 – TRT-4 – Juiz do Trabalho – 2016 – adaptada)** Considere a assertiva a seguir sobre efeitos conexos do contrato de trabalho.

   Salvo prova em contrário, consideram-se desenvolvidos na vigência do contrato a invenção ou o modelo de utilidade, cuja patente seja requerida pelo empregado até 6 (seis) meses após a extinção do vínculo empregatício.

   Errado.

3. **(TRT-4 – TRT-4 – Juiz do Trabalho – 2016 – adaptada)** Considere a assertiva a seguir sobre efeitos conexos do contrato de trabalho.

   O empregador, titular da patente, poderá conceder ao empregado, autor de invento ou aperfeiçoamento, participação nos ganhos econômicos resultantes da exploração da patente, mediante negociação com o interessado ou conforme disposto em norma da empresa, o que não será incorporado ao salário.

   Certo.

4. **(FCC – TRT-18 – Juiz do Trabalho – 2014 – adaptada)** Analise a afirmativa:

   Entre os diversos efeitos conexos que o contrato de trabalho pode ter estão os direitos intelectuais devidos ao empregado em razão de invenção ou da execução de obra intelectual. Nesse contexto, e nos termos da legislação aplicável: o empregador, titular da patente, poderá conceder ao empregado, autor de invento, participação nos ganhos econômicos resultantes da exploração da patente, limitada a 10% do referido valor.

   Errado.

5. **(FCC – TRT-18 – Juiz do Trabalho – 2014 – adaptada)** Analise a afirmativa:

   Entre os diversos efeitos conexos que o contrato de trabalho pode ter estão os direitos intelectuais devidos ao empregado em razão de invenção ou da execução de obra intelectual. Nesse contexto, e nos termos da legislação aplicável: a propriedade da invenção desenvolvida será comum, em partes iguais, quando resultar da contribuição pessoal do empregado e de recursos, meios, dados, materiais, instalações ou equipamentos do empregador, ressalvada expressa disposição contratual em contrário.

   Certo.

Cap. 11 – EFEITOS CONTRATUAIS CONEXOS | 191

6. **(FCC – TRT-18 – Juiz do Trabalho – 2014 – adaptada)** Analise a afirmativa:

Entre os diversos efeitos conexos que o contrato de trabalho pode ter estão os direitos intelectuais devidos ao empregado em razão de invenção ou da execução de obra intelectual. Nesse contexto, e nos termos da legislação aplicável: a invenção decorrente do contrato de trabalho pertence exclusivamente ao empregador, tendo o empregado direito ao recebimento de parcela salarial denominada "propriedade intelectual", sobre a qual incidem todos os direitos trabalhistas.

Errado.

TRABALHO INFANTIL E PROTEÇÃO DO TRABALHO ADOLESCENTE

1. CONCEITO

É considerado trabalho infantil aquele desenvolvido antes da idade permitida. Assim, de acordo com o art. 7º, XXXIII, da CRFB/1988, é considerado trabalho infantil o exercício de qualquer trabalho por crianças ou adolescentes com idade inferior a 16 anos, salvo na condição de aprendiz, quando a idade mínima permitida passa a ser de 14 anos.

Além disso, a CRFB/1988 proíbe o trabalho noturno, perigoso ou insalubre aos menores de 18 anos e a CLT e o ECA vedam o trabalho dos adolescentes em locais que possam prejudicar a formação e o desenvolvimento físico, psíquico, moral e social e a frequência à escola (art. 403 da CLT e 67 do ECA).

Ainda, o Brasil ratificou a Convenção 182 da OIT, que visa à eliminação das piores formas de trabalho infantil. Nesse sentido, o Decreto 6.481/2008 estabelece a Lista das Piores Formas de Trabalho Infantil (Lista TIP), que contém a classificação das atividades, dos locais e dos trabalhos prejudiciais à saúde, à segurança e à moral dos adolescentes, sendo, portanto, vedado o exercício dessas atividades por menores de 18 anos. Nessa perspectiva, o art. 4º de referido decreto estabelece os parâmetros da Convenção para as piores formas de trabalho infantil:

> Art. 4º Para fins de aplicação das alíneas "a", "b" e "c" do artigo 3º da Convenção nº 182, da OIT, integram às piores formas de trabalho infantil:
>
> I – todas as formas de escravidão ou práticas análogas, tais como venda ou tráfico, cativeiro ou sujeição por dívida, servidão, trabalho forçado ou obrigatório;
>
> II – a utilização, demanda, oferta, tráfico ou aliciamento para fins de exploração sexual comercial, produção de pornografia ou atuações pornográficas;
>
> III – a utilização, recrutamento e oferta de adolescente para outras atividades ilícitas, particularmente para a produção e tráfico de drogas; e

IV – o recrutamento forçado ou compulsório de adolescente para ser utilizado em conflitos armados.

Com relação à idade mínima aceitável, a Convenção 138 estabelece que a idade mínima não será inferior à idade de conclusão da escolaridade compulsória ou, em qualquer hipótese, não inferior a 15 anos. Ressalve-se, contudo, que, nos países em que a economia e as condições do ensino não estiverem suficientemente desenvolvidas, poderá ser definida a idade mínima de 14 anos.

Nos casos de o trabalho desenvolvido prejudicar a saúde, a segurança e a moral do jovem, não será admitido trabalhador com idade inferior a 18 anos. A regra será relativizada, com permissão a partir dos 16 anos, nos casos em que se garanta proteção da saúde, da segurança e da moral dos jovens envolvidos, sendo-lhes proporcionada instrução ou formação adequada e específica no setor da atividade pertinente.

Tratando-se de serviços leves, poderá ser estabelecida a idade mínima entre 13 e 15 anos, e, nos países em que a economia e as condições do ensino não estiverem suficientemente desenvolvidas, poderá ser definida a idade mínima entre 12 e 14 anos.

CONVENÇÃO 138 DA OIT	
Idade mínima para o trabalho	15 anos
Idade mínima para o trabalho em países com economia e educação não desenvolvidas	14 anos
Idade mínima para o trabalho que possa prejudicar a saúde, a segurança e a moral	18 anos
Idade mínima nos casos acima, com autorização da autoridade competente e segurança para o menor	16 anos
Idade mínima para serviços leves que não prejudiquem a saúde e a escola	Entre 13 e 15 anos (depende da regulamentação do país)
Idade mínima para os serviços leves acima em países com educação e economia não desenvolvida	Entre 12 e 14 anos (depende da regulamentação do país)
O membro que ratificar a Convenção especificará, em declaração anexa, uma idade mínima para admissão a emprego ou trabalho em seu território e nos meios de transporte registrados em seu território – não será inferior à idade de conclusão da escolaridade obrigatória ou, em qualquer hipótese, não inferior a 15 anos (existem as exceções *supra*).	

cuidado

A Lei do Trabalho Doméstico (LC 150/2015) determina a idade mínima de 18 anos para o desempenho do trabalho doméstico.

Art. 1º, parágrafo único: É vedada a contratação de menor de 18 (dezoito) anos para desempenho de trabalho doméstico, de acordo com a Convenção 182, de 1999, da Organização Internacional do Trabalho (OIT) e com o Decreto nº 6.481, de 12 de junho de 2008.

NORMAS LEGAIS APLICÁVEIS	
Constituição Federal	**Art. 227.** É dever da família, da sociedade e do Estado assegurar à criança, ao adolescente e ao jovem, com absoluta prioridade, o direito à vida, à saúde, à alimentação, à educação, ao lazer, à profissionalização, à cultura, à dignidade, ao respeito, à liberdade e à convivência familiar e comunitária, além de colocá-los a salvo de toda forma de negligência, discriminação, exploração, violência, crueldade e opressão.
Constituição Federal	**Art. 7º, XXXIII:** proibição de trabalho noturno, perigoso ou insalubre a menores de dezoito e de qualquer trabalho a menores de dezesseis anos, salvo na condição de aprendiz, a partir de quatorze anos; (...).
CLT	Capítulo IV do Título III, que dispõe sobre as "Normas especiais de tutela do trabalho".
Lei 8.069/1990 – ECA	Capítulo V – Do direito à profissionalização e à proteção no trabalho.
Convenção 138 da OIT	Idades mínimas para o trabalho.
Convenção 182 da OIT e Decreto 6.481/2008	Piores formas de trabalho infantil.
Convenção sobre os Direitos da Criança – OIT	Regulamentação e proteção de diversos direitos referentes à criança.

2. DOUTRINA DA PROTEÇÃO INTEGRAL

A doutrina da proteção integral consiste em prestigiar a prioridade da criança e do adolescente, a garantir seus direitos, com a destinação de recursos para a produção do bem comum desses sujeitos, a fim de que o orçamento prestigie e proteja os direitos assegurados pela lei.

A Constituição Federal de 1988 positivou, no ordenamento jurídico brasileiro, a doutrina da proteção integral, como se depreende do art. 227 da CRFB/1988:

> Art. 227. É dever da família, da sociedade e do Estado assegurar à criança, ao adolescente e ao jovem, com absoluta prioridade, o direito à vida, à saúde, à alimentação, à educação, ao lazer, à profissionalização, à cultura, à dignidade, ao respeito, à liberdade e à convivência familiar e comunitária, além de colocá-los a salvo de toda forma de negligência, discriminação, exploração, violência, crueldade e opressão.

A doutrina da proteção integral se assenta em alguns eixos principais, a saber:

a) proteção integral – os direitos garantidos às crianças e aos adolescentes devem abranger todos os aspectos físicos, psíquicos, sociais, morais e culturais;

b) prioridade absoluta – prioridade da criança e do adolescente na garantia de seus direitos e na destinação de recursos para a produção do bem comum desses sujeitos;

c) respeito a condição peculiar de pessoa em desenvolvimento.

O art. 4º do ECA traz o conceito de prioridade absoluta:

> Art. 4º É dever da família, da comunidade, da sociedade em geral e do poder público assegurar, com absoluta prioridade, a efetivação dos direitos referentes à vida, à saúde, à alimentação, à educação, ao esporte, ao lazer, à profissionalização, à cultura, à dignidade, ao respeito, à liberdade e à convivência familiar e comunitária.
>
> Parágrafo único. A garantia de prioridade compreende:
>
> a) primazia de receber proteção e socorro em quaisquer circunstâncias;
>
> b) precedência de atendimento nos serviços públicos ou de relevância pública;
>
> c) preferência na formulação e na execução das políticas sociais públicas;
>
> d) destinação privilegiada de recursos públicos nas áreas relacionadas com a proteção à infância e à juventude.

Ademais, destaque-se que o art. 227 da CRFB/1988 estabelece que compete não somente ao Estado mas também à família e à sociedade colocar a salvo os direitos das crianças e dos adolescentes.

O sistema de proteção integral se baseia no direito fundamental ao não trabalho das crianças e ao trabalho protegido dos adolescentes, estabelecendo a proibição de qualquer tipo de negligência, discriminação, exploração, violência, crueldade e opressão em relação aos menores, vistos como sujeitos de direito, e não meros objetos de direito, com objetivo de preservar a fruição dos demais direitos fundamentais previstos no art. 227 da CRFB/1988, tais como a educação, a saúde e o lazer.

Há, assim, constitucionalmente, a regra geral do direito fundamental ao não trabalho da pessoa com idade inferior a 16 anos; ou para menores de 18 anos, quando o trabalho for noturno, perigoso ou insalubre e outras situações. Há também o direito fundamental ao trabalho protegido, a partir dos 16 até os 18 anos, e, excepcionalmente, a contar dos 14 anos, na condição de aprendiz.

3. CONTRATO DE TRABALHO COM O MAIOR DE 16 ANOS

Como visto, pela CRFB/1988, em seu art. 7º, XXXIII, da CRFB/1988, é permitido o trabalho por adolescentes com idade superior a 16 anos, salvo na condição de aprendiz, a partir dos 14 anos.

Observe-se que, em regra, o maior de 16 anos e menor de 18 anos possui capacidade relativa, devendo estar assistido por seu representante legal para prática dos atos da vida civil (art. 4º, I, do Código Civil), o que incluiria a assinatura do contrato de trabalho. No entanto, segundo a CLT, é lícito ao menor firmar recibo pelo pagamento dos salários. Tratando-se, porém, de rescisão do contrato de trabalho, é vedado ao menor de 18 (dezoito) anos dar, sem assistência dos seus responsáveis legais, quitação ao empregador pelo recebimento da indenização que lhe for devida (CLT, art. 439).

Vale destacar também o art. 793 da CLT, que dispõe que o menor de 18 anos terá sua reclamação movida por seus representantes legais e, na falta destes, pela

Procuradoria da Justiça do Trabalho, pelo sindicato, pelo Ministério Público estadual ou curador nomeado em juízo.

4. EMANCIPAÇÃO

O art. 5º, V, do Código Civil prevê como hipótese de emancipação a do menor entre 16 e 18 anos que tenha economia própria, pela existência da relação de emprego. Nesse passo, uma vez emancipado, o menor de 18 anos adquire capacidade civil plena, pelo que deixariam de ser aplicadas as regras restritivas que exigem a assistência dos pais ou representantes legais na relação empregatícia.

Contudo, a emancipação não tem o condão de afastar a aplicação das normas protetivas de saúde e segurança do trabalhador, uma vez que o empregado menor de 18 anos não perde sua condição de pessoa em desenvolvimento.

5. PROIBIÇÕES AO TRABALHO DO MENOR DE 18 ANOS

Ao menor de 18 anos são vedados o trabalho noturno e o trabalho em local insalubre ou perigoso. Ainda, em que pese a CRFB e a CLT não vedarem expressamente o trabalho do menor em condições penosas, o art. 67, II, do ECA o veda.

Quanto ao local de trabalho, a CLT veda o trabalho do menor de 18 anos em locais que sejam prejudiciais à sua moralidade.

> CLT, art. 405: Ao menor não será permitido o trabalho:
>
> (...)
>
> II – em locais ou serviços prejudiciais à sua moralidade.
>
> (...)
>
> § 3º Considera-se prejudicial à moralidade do menor o trabalho:
>
> a) prestado de qualquer modo em teatros de revista, cinemas, boates, cassinos, cabarés, dancings e estabelecimentos análogos;
>
> b) em empresas circenses, em funções de acrobata, saltimbanco, ginasta e outras semelhantes;
>
> c) de produção, composição, entrega ou venda de escritos, impressos, cartazes, desenhos, gravuras, pinturas, emblemas, imagens e quaisquer outros objetos que possam, a juízo da autoridade competente, prejudicar sua formação moral;
>
> d) consistente na venda, a varejo, de bebidas alcoólicas.

Importante ainda acrescentar que é vedado o trabalho de menores de 18 anos em subsolo (art. 301 da CLT), como propagandista e vendedor de produtos farmacêuticos (Lei 6.224/1975, art. 3º), e, como aeroviário, não se permite atividade em locais insalubres, perigosos, à noite e em sobretempo à jornada legal (Decreto 1.232/1962, arts. 29, 33 e 34).

TRABALHADOR	LEGISLAÇÃO	IDADE MÍNIMA	ESPECIFICIDADES
Vigilante	Lei 7.102/1983, art. 16, II	21 anos	Não há possibilidade de trabalho em idade inferior, nem mesmo com autorização.
Mãe social	Lei 7.644/1987, art. 9º, *a*	25 anos	–
Peão de rodeio	Lei 10.220/2001, art. 4º	21 anos	Entre 16 e 21 anos é possível trabalhar mediante autorização do representante legal.
Propaganda e venda de produtos farmacêuticos	Lei 6.224/1975, art. 3º	18 anos	–
Minas de subsolo	CLT, art. 301	21 anos	A idade máxima é de 50 anos.
Motoboy	Lei 12.009/2009, art. 2º	21 anos	–

Quanto à duração da jornada de trabalho, por força do art. 413 da CLT, é vedada a prorrogação da duração normal diária do trabalho do menor, salvo na hipótese de regime de compensação ou, excepcionalmente, por motivo de força maior.

Para efeito de compensação de jornada, o menor de 18 anos somente poderá ter a sua jornada prorrogada por até duas horas, se houver previsão em acordo ou convenção coletiva. De acordo com o art. 413, I, da CLT, mesmo quando ajustado de forma coletiva, não poderá ultrapassar o limite máximo de 48 horas semanais.

Por motivo de força maior, a jornada somente poderá ser estendida por até o máximo de 12 (doze) horas, com acréscimo salarial de, pelo menos, 50% (cinquenta por cento) sobre a hora normal, desde que o trabalho do menor seja indispensável ao funcionamento da empresa.

OBS.: apesar de, no inciso II do art. 413 da CLT, constar o percentual de 25% de acréscimo sobre a hora normal, é necessário que o artigo seja lido em conjunto com as normas constantes na CF/1988, que estabelece, em seu art. 7º, XVI, que a remuneração do serviço extraordinário será superior, no mínimo, em cinquenta por cento à remuneração normal.

Antes da prestação de horas extras, pelo menor, era necessário que fosse concedido um intervalo de 15 minutos, com arrimo no art. 384 da CLT. **O artigo foi revogado pela Lei 13.467/2017.**

Ressalte-se que, por força do art. 414 da CLT, quando o menor de 18 anos trabalhar em mais de um estabelecimento, o total das horas trabalhadas não poderá exceder 8 horas diárias. Nessa esteira, mesmo se tratando de empregadores distintos, a soma de cada contrato de trabalho do menor não poderá ultrapassar o seu limite diário de trabalho.

CLT, art. 414: Quando o menor de 18 (dezoito) anos for empregado em mais de um estabelecimento, as horas de trabalho em cada um serão totalizadas.

Observe-se que para maior segurança do trabalhador e para melhor garantia de sua saúde, a autoridade fiscalizadora poderá proibir que o menor permaneça nos locais de trabalho nos períodos de repouso (art. 409 da CLT).

Em relação às férias, o empregado adolescente, assim como o adulto, terá direito às férias anuais remuneradas acrescidas de 1/3 a mais de remuneração. A duração das férias irá variar de acordo com as faltas injustificadas ocorridas durante o período aquisitivo. A diferença, no entanto, consiste no direito de o trabalhador menor que esteja estudando fazer coincidir as férias no trabalho com o período de férias escolares (art. 136, § 2º, da CLT).

No que se refere ao salário do empregado adolescente, o art. 7º, XXX, da CF/1988 proíbe que os menores de 18 anos tenham salários diferentes no exercício de funções idênticas às de um empregado adulto. Nesse sentido:

> CF, art. 7º: São direitos dos trabalhadores urbanos e rurais, além de outros que visem à melhoria de sua condição social:
>
> (...)
>
> XXX – proibição de diferença de salários, de exercício de funções e de critério de admissão por motivo de sexo, idade, cor ou estado civil;
>
> (...).

Ademais, a própria jurisprudência do TST determina que não é possível a fixação de salário mínimo profissional diferenciado aos adolescentes:

> OJ 26 da SDC do TST: Os empregados menores não podem ser discriminados em cláusula que fixa salário mínimo profissional para a categoria.

6. PRESCRIÇÃO

A prescrição é o lapso temporal que o trabalhador possui para exigir, na Justiça do Trabalho, um direito que foi violado. O prazo prescricional para o adolescente é o mesmo dos demais trabalhadores, ou seja, 2 anos para ingressar com a ação judicial (reclamação trabalhista), após a extinção do contrato de trabalho, podendo pleitear os últimos 5 anos, a contar do ingresso da ação.

O que diferencia, entretanto, é o fato de que não corre prescrição contra o menor de 18 anos (art. 440 da CLT), ou seja, há uma causa impeditiva de contagem do prazo. Ressalta-se que não é vedado ao adolescente ingressar com reclamação trabalhista antes de completar 18 anos, porém, se ele preferir esperar a maioridade, não correrá prazo contra esse trabalhador até esse marco. Por outro lado, se quiser ingressar antes da maioridade, deverá ser assistido por seus representantes legais.

> CLT, art. 440: Contra os menores de 18 (dezoito) anos não corre nenhum prazo de prescrição.

> CC, art. 3º: São absolutamente incapazes de exercer pessoalmente os atos da vida civil os menores de 16 (dezesseis) anos.

CC, art. 198: Também não corre a prescrição:

I – contra os incapazes de que trata o art. 3º;

(...).

7. EFEITOS DA INOBSERVÂNCIA DAS NORMAS PROTETIVAS – CONTRATO NULO

No caso do contrato firmado com trabalhador menor de 16 anos, será o contrato declarado NULO, por faltar um dos seus elementos essenciais, ou seja, a capacidade de uma das partes.

Todavia, por se tratar de norma de ordem pública, proibitiva, que tem por finalidade evitar o trabalho de menores, garantindo o seu direito ao lazer e a integridade do seu desenvolvimento, aplica-se ao caso a TEORIA DAS NULIDADES TRABALHISTAS.

O contrato é nulo dado que não é possível desfazer a prestação concedida pelo empregado e que a vedação do trabalho ao menor de 16 anos, salvo na condição de aprendiz, é norma de ordem pública que visa à proteção das crianças e dos adolescentes. O contrato é nulo, mas devem ser pagos todos os direitos contratuais.

Observe-se que, declarar a nulidade absoluta do contrato de trabalho do incapaz seria aplicar a norma ao caso concreto de forma contrária ao princípio que ensejou a sua criação. Por isso, a nulidade é absoluta, mas com efeito de relativa. Daí que, para os defensores dessa corrente, o juiz declara a nulidade do contrato para frente (*ex nunc*) e reconhece a validade integral pelo tempo em que ele vigorou.

8. CONTRATO DE APRENDIZAGEM

A aprendizagem é uma das exceções à regra geral do limite mínimo de 16 anos para o trabalho, podendo ser exercida por adolescentes a partir dos 14 anos. É um instrumento de promoção do direito fundamental à profissionalização, que deve ser garantida ao adolescente, na forma do art. 227 da CRFB/1988.

Ressalta-se, contudo, que é necessário que a relação de trabalho seja, verdadeiramente, uma relação de aprendizagem profissional, a observar todos os requisitos especificados a partir do art. 428 da CLT.

A aprendizagem corresponde a uma relação de emprego especial, que se estabelece entre três atores principais, quais sejam: (a) o empregador; (b) o aprendiz; e (c) a entidade formadora, responsável pela realização do curso de aprendizagem, a ser realizado pelo aprendiz empregado.

Com efeito, o contrato de aprendizagem é um contrato de emprego – o empregador anotará a CTPS do adolescente, ressaltando, na parte relativa às anotações gerais, que se trata de uma relação de aprendizagem; é um contrato por prazo determinado (em regra, até o limite de 2 anos); especial; formal (por escrito); com incidência dos direitos trabalhistas clássicos, em que o empregador se compromete a matricular o adolescente em um programa de aprendizagem, para formação técnico-profissional metódica compatível com o seu desenvolvimento físico, moral e psicológico. O aprendiz, por outro lado, se compromete a executar com zelo e diligência as tarefas necessárias a essa formação.

Além das regras gerais (comuns aos demais contratos de emprego), é possível identificar regras especiais. Dentre estas, podemos citar:

a) FGTS na base de 2% (em vez de 8%);

b) inaplicabilidade das regras de extinção dos contratos a termo nos casos de extinção antecipada;

c) jornada de trabalho reduzida (6 horas), ou, excepcionalmente, 8 horas, computadas as horas destinadas à aprendizagem teórica, para os aprendizes que já tiverem completado o ensino fundamental;

d) vedação de prorrogação de jornada;

e) vedação de compensação de jornada de trabalho;

f) exigência para que os estabelecimentos empreguem aprendizes entre 5%, no mínimo, e 15%, no máximo.

De acordo com o art. 49 do Decreto 9.579/18, a formação técnico-profissional do aprendiz obedecerá aos seguintes princípios:

I – garantia de acesso e frequência obrigatória ao ensino básico;

II – horário especial para o exercício das atividades; e

III – qualificação profissional adequada ao mercado de trabalho.

Ao aprendiz com idade inferior a 18 anos é assegurado o respeito à sua condição peculiar de pessoa em desenvolvimento.

Em regra, o aprendiz deverá ter entre 14 e 24 anos, para a validade da contratação. Acresce-se, ainda, que a validade do contrato de aprendizagem pressupõe anotação na CTPS, matrícula e frequência do aprendiz à escola, caso não haja concluído o ensino MÉDIO (incluído pelo Decreto 11.061/2022), e inscrição em programa de aprendizagem desenvolvido sob a orientação de entidade qualificada em formação técnico-profissional metódica, como as instituições do sistema S (Senai, Senac etc.), de acordo com o art. 46 do Decreto 9.579/18.

O Decreto é claro no sentido de que qualquer descumprimento das disposições legais e regulamentares importará a nulidade do contrato de aprendizagem, nos termos do art. 9º da CLT, estabelecendo-se o vínculo empregatício diretamente com o tomador responsável pelo cumprimento da cota de aprendizagem, excepcionando-se quando se tratar de pessoa jurídica de direito público, pois, nesse caso, tal dispositivo não se aplica.

A lei obriga os estabelecimentos de qualquer natureza a empregar e matricular nos cursos dos serviços nacionais de aprendizagem número de aprendizes equivalente a 5%, no mínimo, e 15%, no máximo, dos trabalhadores existentes em cada estabelecimento, cujas funções demandem formação profissional.

As microempresas, empresas de pequeno porte e entidades sem fins lucrativos que tenham por objetivo a educação profissional não são obrigadas a contratar aprendizes.

Vejamos alguns regramentos específicos:

a) **remuneração** – ao aprendiz, salvo condição mais favorável, será garantido o salário mínimo-hora;

b) **jornada** – a duração do trabalho do **aprendiz não excederá 6 horas diárias**. O limite previsto poderá ser de até 8 horas diárias para os aprendizes que já tenham concluído o ensino fundamental, se nessa jornada forem computadas as horas destinadas à aprendizagem teórica, ou para os aprendizes que já tiverem completado o ensino médio. O tempo de trabalho semanal do aprendiz, quando inferior a 25 horas, **não** caracteriza o trabalho em tempo parcial de que trata o art. 58-A da CLT. São vedadas a prorrogação e a compensação de jornada.

c) **FGTS** – o depósito do FGTS será somente de **2% da remuneração** paga ou devida em cada mês (Lei 8.036/1990, art. 15, § 7º);

d) **férias** – as férias do aprendiz devem coincidir, preferencialmente, com as férias escolares, sendo vedado fixar período diverso daquele definido no programa de aprendizagem;

e) **13º salário** – embora não haja expressa previsão legal, aplica-se, em relação ao 13º salário, a regra genérica do art. 65 do Estatuto da Criança e do Adolescente, que assegura ao aprendiz todos os direitos trabalhistas;

f) **vale-transporte** – é assegurado ao aprendiz o direito ao benefício do vale--transporte (Lei 7.418/1985).

O contrato de aprendizagem extinguir-se-á no seu termo ou quando o aprendiz completar 24 anos, exceto na hipótese de aprendiz com deficiência ou de aprendiz inscrito em programa de aprendizagem profissional que envolva o desempenho de atividades vedadas a menores de 21 anos. Antes do prazo, entretanto, poderá ser extinto nas estritas hipóteses legais, quais sejam:

I – desempenho insuficiente ou inadaptação do aprendiz;

II – falta disciplinar grave (justa causa – art. 482 da CLT);

III – ausência injustificada à escola que implique perda do ano letivo; e

IV – a pedido do aprendiz.

O decreto sobre a aprendizagem também acrescentou, claramente, que não se aplica às hipóteses de extinção do contrato de aprendizagem a indenização do contrato a termo, prevista nos arts. 479 e 480 da CLT.

9. CONTRATO DE ESTÁGIO × APRENDIZ

O estágio de estudantes trata-se de contrato especial regido pela Lei 11.788/2008, que, caso observados os ditames legais, não gera vínculo de emprego, por expressa opção legislativa. Assim, enquanto o aprendiz é empregado, o estagiário não é empregado, mas uma modalidade especial de trabalhador.

Em razão de peculiaridade do vínculo de estágio, discute-se, inclusive, sobre a aplicabilidade de normas trabalhistas a esse tipo de contrato, a exemplo do prazo prescricional.

Uma primeira corrente sustenta a aplicação do art. 205 do Código Civil (prescrição decenal); a segunda corrente, majoritária, adotada inclusive no *Informativo* 85 do TST, é de que se aplica o art. 7º, XXIX, da CRFB/1988 (prescrição quinquenal).

⌗ QUESTÕES PARA TREINO

1. **(FCC – DPE-CE – Defensor Público – 2022 – adaptada)** Sobre o trabalho de crianças e adolescentes, é correto:

    A Constituição Federal veda qualquer trabalho antes dos 18 anos de idade.

    Errado.

2. **(FCC – DPE-CE – Defensor Público – 2022 – adaptada)** Sobre o trabalho de crianças e adolescentes, é correto afirmar:

    A Constituição Federal permite qualquer trabalho aos maiores de 16 anos de idade.

    Errado.

3. **(FCC – DPE-CE – Defensor Público – 2022 – adaptada)** Sobre o trabalho de crianças e adolescentes, é correto afirmar:

    A Constituição Federal veda o trabalho antes dos 18 anos de idade, salvo na condição de aprendiz, a partir dos 16 anos.

    Errado.

4. **(FCC – DPE-CE – Defensor Público – 2022 – adaptada)** Sobre o trabalho de crianças e adolescentes, é correto afirmar:

    A Constituição Federal admite o trabalho a partir dos 16 anos de idade, vedado o trabalho noturno, perigoso ou insalubre a menores de 18 anos.

    Certo.

5. **(FCC – DPE-CE – Defensor Público – 2022 – adaptada)** Sobre o trabalho de crianças e adolescentes, é correto afirmar:

    O trabalho infantil é possível em qualquer situação, desde que previamente justificado e autorizado judicialmente pela Vara da Infância e do Adolescente, vedado o trabalho noturno, perigoso ou insalubre.

    Errado.

6. **(Vunesp – Hortoprev-SP – Assessor Jurídico – 2022 – adaptada)** Determinado empregado aprendiz, com jornada das 6h00 às 12h00, celebrou acordo de prorrogação de horas com seu empregador, obrigando-se a trabalhar mais duas horas diárias por duas vezes na semana. Diante dessa situação, é correto afirmar:

    O acordo de prorrogação é legal, pois a jornada total corresponde ao máximo de 8 (oito) horas.

    Errado.

7. **(Vunesp – Hortoprev-SP – Assessor Jurídico – 2022 – adaptada)** Determinado empregado aprendiz, com jornada das 6h00 às 12h00, celebrou acordo de prorrogação de horas com seu empregador, obrigando-se a trabalhar mais duas horas diárias por duas vezes na semana. Diante dessa situação, é correto afirmar:

    O acordo de prorrogação é ilegal, mas serão devidas as horas extras laboradas além da sexta diária.

    Certo.

8. **(Vunesp – Hortoprev-SP – Assessor Jurídico – 2022 – adaptada)** Acerca do estágio, é correto afirmar:

    O estagiário terá direito ao salário mínimo mensal e a todas as vantagens concedidas aos demais empregados, na hipótese de estágio obrigatório.

    Errado.

9. **(Vunesp – Hortoprev-SP – Assessor Jurídico – 2022 – adaptada)** Acerca do estágio, é correto afirmar:

    A concessão da bolsa ou outra forma de contraprestação será compulsória, na hipótese de estágio não obrigatório.

    Certo.

10. **(Vunesp – Hortoprev-SP – Assessor Jurídico – 2022 – adaptada)** Acerca do estágio, é correto afirmar:

    A jornada de trabalho do estagiário não pode ultrapassar 4 (quatro) horas diárias e 20 (vinte) horas semanais, no caso de estudantes do ensino superior e da educação profissional de nível médio.

    Errado.

DURAÇÃO DO TRABALHO E JORNADA NOTURNA

1. DURAÇÃO DO TRABALHO – JORNADA DE TRABALHO

Duração do trabalho é o gênero do qual são espécies a jornada de trabalho, o horário de trabalho e os repousos trabalhistas. Compreende o lapso temporal em que o empregado presta serviços ao empregador, ou ainda se coloca à sua disposição, em virtude do contrato de trabalho.

Também integram a jornada de trabalho, além do trabalho prestado e do tempo à disposição do empregador, os intervalos remunerados previstos em lei.

Por fim, há que se observar que o conceito de *jornada de trabalho* não se confunde com o conceito de *horário de trabalho*, ao passo que este significa o lapso de tempo entre o início e o fim de uma jornada de trabalho, isto é, a fixação da jornada mediante a definição do horário de entrada e do horário de saída do obreiro.

DURAÇÃO DO TRABALHO	JORNADA DE TRABALHO	HORÁRIO DE TRABALHO
É o tempo em que o empregado coloca a sua mão de obra à disposição do empregador, prestando serviço efetivamente ou não. Pode ser medida por dia, semana, mês ou ano. É o gênero do qual são espécies jornada e horário de trabalho.	Compõe o tempo diário que o empregado põe à disposição do seu empregador, prestando serviços ou aguardando as suas ordens.	É o registro cronológico do início e final da jornada. Compõe-se do horário efetivo da entrada e saída, segundo registros momentâneos.

As regras/normas de duração do trabalho são baseadas em três **critérios**, quais sejam:

- **biológico** – neste critério, observou-se a condição humana, em seus aspectos físicos e biológicos, para estabelecer as normas de jornada de trabalho. Sob o aspecto biológico, constatou-se que as jornadas excessivas provocam a fadiga do trabalhador, com danos muitas vezes graves à sua saúde. O cansaço provocado pelo excesso de trabalho diário aumenta a incidência de doenças ocupacionais e facilita a ocorrência de acidentes de trabalho, o que viola a dignidade do obreiro;
- **social** – de acordo com este critério, o empregado precisa viver em sociedade. Por isso, a definição do tempo a ser despendido com o trabalho leva em consideração também a necessidade do empregado de convivência com a família, lazer e atividades diversas da prestação de serviço;
- **econômico** – por este critério, o tempo de trabalho deve observar a obtenção do máximo de produtividade possível de cada empregado (exaurimento saudável do ser humano).

atenção

O trabalhador tem direito à "desconexão", isto é, a se afastar totalmente do ambiente do trabalho, preservando seus momentos de relaxamento, de lazer, seu ambiente domiciliar contra novas técnicas invasivas que penetram na vida íntima do empregado.

DANO EXISTENCIAL: o TST já tem reconhecido o direito à indenização por dano existencial no caso de comprovada ofensa a um projeto de vida ou à vida de relações. Geralmente, a ocorrência desse dano está associada à prestação de serviços mediante jornada de trabalho exaustiva, com excesso de labor extraordinário, em prejuízo do referido "direito à desconexão".

A Lei 13.467/2017 estabeleceu a prevalência do negociado sobre o legislado no tocante à jornada de trabalho:

> Art. 611-A da CLT: A convenção coletiva e o acordo coletivo de trabalho têm prevalência sobre a lei quando, entre outros, dispuserem sobre:
> I – pacto quanto à jornada de trabalho, observados os limites constitucionais;
> (...).

Com a reforma trabalhista, a CLT passou a prever que as regras sobre duração do trabalho e intervalos não são consideradas normas de saúde, higiene e segurança do trabalho para fins do art. 611-B, o qual dispõe sobre os objetos ilícitos de acordos e convenções coletivas.

> Art. 611-B, parágrafo único, da CLT: Regras sobre duração do trabalho e intervalos não são consideradas como normas de saúde, higiene e segurança do trabalho para os fins do disposto neste artigo.

Portanto, a partir da reforma trabalhista passa a ser permitido que o pacto sobre a jornada de trabalho seja estipulado via acordo ou convenção coletiva, desde que respeitado o limite constitucional de 8 horas diárias e 44 horas semanais.

O art. 74 da CLT, com redação dada pela Lei 13.874/2019, dispõe que o "horário de trabalho será anotado em registro de empregados", sendo importante registrar que o art. 31 do Decreto 10.854/2021 prevê que "O registro eletrônico de controle de jornada (...) será realizado por meio de sistemas e de equipamentos que atendam aos requisitos técnicos, na forma estabelecida em ato do Ministro de Estado do Trabalho e Previdência, de modo a coibir fraudes, a permitir o desenvolvimento de soluções inovadoras e a garantir a concorrência entre os ofertantes desses sistemas".

Além disso, os equipamentos e os sistemas de registro eletrônico de jornada deverão registrar fielmente as marcações efetuadas e atenderão aos seguintes critérios:

> Art. 31, § 2º, do Decreto 10.854/2021
>
> § 2º (...):
>
> I – não permitir:
>
> a) alteração ou eliminação dos dados registrados pelo empregado;
>
> b) restrições de horário às marcações de ponto; e
>
> c) marcações automáticas de ponto, tais como horário predeterminado ou horário contratual;
>
> II – não exigir autorização prévia para marcação de sobrejornada; e
>
> III – permitir:
>
> a) pré-assinalação do período de repouso; e
>
> b) assinalação de ponto por exceção à jornada regular de trabalho.

Para fins de fiscalização, nos termos do art. 32 do Decreto 10.854/2021, os sistemas de registro eletrônico de jornada de que trata o art. 31 deverão:

> I – permitir a identificação de empregador e empregado; e
>
> II – possibilitar a extração do registro fiel das marcações realizadas pelo empregado.

Para os estabelecimentos com mais de 20 trabalhadores será obrigatória a anotação da hora de entrada e de saída, em registro manual, mecânico ou eletrônico, conforme instruções expedidas pelo Ministério do Trabalho e Emprego, permitida a pré-assinalação do período de repouso.

> CLT, art. 74:
>
> (...)
>
> § 2º Para os estabelecimentos com mais de 20 (vinte) trabalhadores será obrigatória a anotação da hora de entrada e de saída, em registro manual, mecânico ou eletrônico, conforme instruções expedidas pela Secretaria Especial de Previdência e Trabalho do Ministério da Economia, permitida a pré-assinalação do período de repouso.
>
> § 3º Se o trabalho for executado fora do estabelecimento, o horário dos empregados constará do registro manual, mecânico ou eletrônico em seu poder, sem prejuízo do que dispõe o caput deste artigo.
>
> § 4º Fica permitida a utilização de registro de ponto por exceção à jornada regular de trabalho, mediante acordo individual escrito, convenção coletiva ou acordo coletivo de trabalho.

O § 4º do art. 74 da CLT, acrescentado pela Lei 13.874/2109, trata da faculdade conferida às partes do contrato de trabalho para que o trabalhador anote apenas os horários que não coincidam com os regulares, ou seja, os trabalhadores poderão, após acordo, "bater ponto por exceção", registrando apenas os horários de entrada e saída fora do habitual.

1.1. Limitação legal da jornada de trabalho

A **regra geral** da jornada de trabalho está insculpida no **art. 7º, XIII, da CF/1988**: duração do trabalho normal não superior a oito horas diárias e quarenta e quatro semanais, facultada a compensação de horários e a redução da jornada, mediante acordo ou convenção coletiva de trabalho.

Da leitura do dispositivo em referência, nota-se que o legislador optou por insculpir **dois limites**: o limite **diário (8 horas)** e o limite **semanal (44 horas)**. Assim, a extrapolação de qualquer um deles implicará violação da jornada normal de trabalho.

Além disso, está igualmente obrigado o empregador a observar o dever de repouso semanal remunerado, conforme preceitua, de igual forma, o art. 7º, XV, da Carta Magna: repouso semanal remunerado, preferencialmente aos domingos.

A possibilidade de fixação de limite diverso desse padrão geral de oito horas diárias, entretanto, é aventada pela própria CLT, nos seguintes termos:

> Art. 58. A duração normal do trabalho, para os empregados em qualquer atividade privada, não excederá de 8 (oito) horas diárias, **desde que não seja fixado expressamente outro limite**.

Surgem, assim, as chamadas **jornadas especiais de trabalho**, fixadas em lei e válidas para categorias determinadas, seja pelas circunstâncias específicas da atividade desenvolvida, seja pelo maior poder político da categoria, caso típico do bancário.

> **atenção**
>
> CLT, art. 414: Quando o menor de 18 (dezoito) anos for empregado em mais de um estabelecimento, as horas de trabalho em cada um serão totalizadas.
>
> Isso significa dizer que, no caso do menor de 18 anos, a limitação da duração do trabalho a 8h abrange inclusive a hipótese de mais de um emprego, ou seja, somam-se as horas de trabalho de tantos quantos forem os contratos de trabalho mantidos pelo menor.

2. COMPOSIÇÃO DA JORNADA DE TRABALHO

COMPOSIÇÃO DA JORNADA DE TRABALHO
Jornada de trabalho
Trabalho efetivo
Tempo à disposição do empregador
Sobreaviso
Prontidão

2.1. Tempo à disposição do empregador

A jornada de trabalho do empregado abrange o tempo em que está à disposição do empregador, executando serviços ou aguardando ordens, de acordo com o art. 4º da CLT:

> Art. 4º Considera-se como de serviço efetivo o período em que o empregado esteja à disposição do empregador, aguardando ou executando ordens, salvo disposição especial expressamente consignada.

Assim, todo o tempo em que o empregado permanecer à disposição da empresa, trabalhado ou não, deverá ser computado na jornada, salvo quando a própria lei excepcionar. O tempo à disposição independe das atribuições que estão sendo ou não exercidas, ou até do local onde o empregado se encontre, isto é, dentro ou fora do estabelecimento.

Todavia, a lei preferiu contemporizar essa regra, quando adotou sistema menos rígido para os ferroviários e aeronautas (sobreaviso e prontidão). Isso, porque, nesses casos, a lei fixou valores inferiores para remunerar o trabalho (tempo à disposição). O mesmo ocorreu com os motoristas profissionais de passageiros e cargas regidos pela Lei 13.103/2015 (tempo de espera).

Para os domésticos, o art. 2º, § 7º, da LC 150/2015 considerou que:

> Art. 2º A duração normal do trabalho doméstico não excederá 8 (oito) horas diárias e 44 (quarenta e quatro) semanais, observado o disposto nesta Lei.
>
> (...)
>
> § 7º Os intervalos previstos nesta Lei, o tempo de repouso, as horas não trabalhadas, os feriados e os domingos livres em que o empregado que mora no local de trabalho nele permaneça não serão computados como horário de trabalho.

Por fim, com a inclusão do § 2º ao art. 4º da CLT, não é considerado tempo à disposição o período em que o empregado, fora do expediente e por sua escolha, se abriga na empresa para buscar **proteção pessoal** ou para executar **atividades particulares**, não prestando serviços nesse tempo. Vejamos a lista:

> Art. 4º (...)
>
> § 2º Por NÃO SE CONSIDERAR tempo à disposição do empregador, não será computado como período extraordinário o que exceder a jornada normal, ainda que ultrapasse o limite de 5 minutos previsto no § 1º do art. 58 desta Consolidação, quando o empregado, POR ESCOLHA PRÓPRIA, buscar proteção pessoal, em caso de insegurança nas vias públicas ou más condições climáticas, bem como adentrar ou permanecer nas dependências da empresa para exercer atividades particulares, entre outras (rol exemplificativo):
>
> I – práticas religiosas;
>
> II – descanso;

III – lazer;

IV – estudo;

V – alimentação;

VI – atividades de relacionamento social;

VII – higiene pessoal;

VIII – troca de roupa ou uniforme, quando não houver obrigatoriedade de realizar a troca na empresa. (destacamos)

2.2. Horas *in itinere*

A jornada *in itinere* se dava quando a empresa estava situada em local de difícil acesso ou o trajeto não possuía serviço público de transporte, e o empregador fornecia a condução. No TST, a Súmula 90 tratava da matéria:

> Súmula 90: Horas *in itinere*. Tempo de serviço. Res. 129/2005, *DJ* 20, 22 e 25.04.2005.[1]
>
> I – O tempo despendido pelo empregado, em condução fornecida pelo empregador, até o local de trabalho de difícil acesso, ou não servido por transporte público regular, e para o seu retorno é computável na jornada de trabalho.
>
> II – A incompatibilidade entre os horários de início e término da jornada do empregado e os do transporte público regular é circunstância que também gera o direito às horas *in itinere*.
>
> III – A mera insuficiência de transporte público não enseja o pagamento de horas *in itinere*.
>
> IV – Se houver transporte público regular em parte do trajeto percorrido em condução da empresa, as horas *in itinere* remuneradas limitam-se ao trecho não alcançado pelo transporte público.
>
> V – Considerando que as horas *in itinere* são computáveis na jornada de trabalho, o tempo que extrapola a jornada legal é considerado como extraordinário e sobre ele deve incidir o adicional respectivo.

Requisitos das horas *in itinere* antes da vigência da Lei 13.467/2017

a) Local de difícil acesso *ou* não servido por transporte público *regular*

É importante observar que não se exigia que o local de trabalho fosse de difícil acesso e não servido por transporte público, mas, sim, que ocorresse uma das duas situações. No tocante à definição do que venha a ser difícil acesso, a doutrina majoritária se inclina no sentido de que **é de difícil acesso o empreendimento localizado em área rural, e de fácil acesso o estabelecimento situado em área urbana.**

Quanto ao fato de não ser o local servido por transporte público, a jurisprudência entendia (Súmula 90, I, do TST) que, ainda que existente o transporte público, ocorreria tempo à disposição (horas *in itinere*) se esse transporte fosse irregular.

---

[1] Com atualização em 18.10.2022: embora incompatível com a reforma, essa súmula permanece em vigência, pois ainda não foi formalmente cancelada.

b) Fornecimento de condução pelo empregador

Não interessava se o empregador fornecia a condução diretamente (por meio de veículo próprio) ou mediante terceiros contratados para tal fim. Também era indiferente se o transporte era feito individualmente ou não, bem como o meio de transporte utilizado. Finalmente, não importava se o empregador cobrava pelo transporte do empregado (Súmula 320 do TST[2]). Para as microempresas *e* empresas de pequeno porte, o § 3º do art. 58 da CLT possibilitava a fixação, por meio de acordo ou da convenção coletiva, do tempo médio de hora *in itinere* a ser pago. De igual sorte, a mesma norma coletiva podia prever a forma de pagamento e a natureza desse pagamento. Esse parágrafo também foi revogado.

A reforma trabalhista tirou o texto que embasava as horas *in itinere*, constante do § 2º do art. 58, bem como revogou o § 3º, o que leva **à** superação das súmulas 90, 320 e 429 do TST.

Ocorre que a Lei 13.467/2017 deu nova redação ao § 2º do art. 58 da CLT e extinguiu as horas *in itinere*, nos seguintes termos:

REDAÇÃO ANTIGA	REDAÇÃO NOVA – LEI 13.467/2017
Art. 58. A duração normal do trabalho, para os empregados em qualquer atividade privada, não excederá de 8 (oito) horas diárias, desde que não seja fixado expressamente outro limite.	**MESMA REDAÇÃO.**
§ 1º Não serão descontadas nem computadas como jornada extraordinária as variações de horário no registro de ponto não excedentes de cinco minutos, observado o limite máximo de dez minutos diários.	**MESMA REDAÇÃO.**
§ 2º O tempo despendido pelo empregado até o local de trabalho e para o seu retorno, por qualquer meio de transporte, não será computado na jornada de trabalho, salvo quando, tratando-se de local de difícil acesso ou não servido por transporte público, o empregador fornecer a condução.	§ 2º O tempo despendido pelo empregado desde a sua **residência** até a **efetiva ocupação** do posto de trabalho e para o seu retorno, caminhando ou por qualquer meio de transporte, inclusive o fornecido pelo empregador, ***NÃO SERÁ COMPUTADO NA JORNADA DE TRABALHO***, **POR NÃO SER TEMPO À DISPOSIÇÃO DO EMPREGADOR.**
§ 3º Poderão ser fixados, para as microempresas e empresas de pequeno porte, por meio de acordo ou convenção coletiva, em caso de transporte fornecido pelo empregador, em local de difícil acesso ou não servido por transporte público, o tempo médio despendido pelo empregado, bem como a forma e a natureza da remuneração.	§ 3º (Revogado). (NR)

---

[2] Súmula 320 do TST: O fato de o empregador cobrar, parcialmente ou não, importância pelo transporte fornecido, para local de difícil acesso ou não servido por transporte regular, não afasta o direito à percepção das horas *in itinere*.

Por esse dispositivo, entende-se que a jornada de trabalho se inicia somente no momento em que o empregado chega ao seu efetivo posto de trabalho, **não considerando como jornada o tempo de deslocamento da portaria até o local de trabalho**. A referida lei também revogou expressamente o § 3º do art. 58 da CLT, que previa a possibilidade de horas *in itinere* diferenciadas nas micro e pequenas empresas.

Portanto, as súmulas 90 e 320 do TST encontram-se superadas a partir da vigência da Lei 13.467/2017. Naturalmente o entendimento jurisprudencial em referência continuará sendo aplicado àquelas hipóteses fáticas constituídas sob a égide da lei anterior, porém, para concursos públicos, interessa efetivamente a legislação em vigor, pelo que o candidato deve levar para a prova que não são mais devidas as horas *in itinere*, bem como que as súmulas 90 e 320 do TST encontram-se superadas em relação às situações constituídas na vigência da Lei 13.467/2017.

> ### atenção
>
> *Ainda há, na CLT, previsão expressa de pagamento das horas* in itinere *internas (deslocamento dentro do local de trabalho) para os trabalhadores em minas de subsolo.*
>
> *Art. 294. O tempo despendido pelo empregado da boca da mina ao local do trabalho e vice-versa será computado para o efeito de pagamento do salário.*
>
> *No entanto, segundo o entendimento do TST, o tempo de deslocamento da boca da mina ao local de trabalho e vice-versa NÃO é considerado para efeito de dilação do intervalo intrajornada!!!*
>
> *No processo RR-10198-85.2014.5.05.0311, o relator do recurso de revista, ministro Cláudio Brandão, explicou que o tema já foi discutido em maio de 2019 pelo Pleno do TST. De acordo com o entendimento fixado nesse julgamento, "o tempo gasto no percurso entre a boca da mina e a frente da lavra não pode ser computado na jornada de trabalho dos mineiros para efeito de concessão de intervalo intrajornada, como previsto no artigo 71 da CLT, pois os artigos 293 e 294 são absolutamente claros ao dispor que a jornada não ultrapassa as seis horas diárias e que o tempo de percurso será computado **apenas** para efeito de pagamento de salário, com regra própria e específica quanto ao intervalo".*

Mesmo após a reforma, o limite de tolerância de 10 minutos, previsto no art. 58, § 1º, da CLT, não poderá ser ampliado, ainda que haja previsão em negociação coletiva. É importante salientar que, excedido o limite residual previsto (5 minutos), **todo o tempo será considerado hora extraordinária**, inclusive os cinco minutos inicialmente irrelevantes.

Cumpre ainda esclarecer que a variação do horário que for inferior a 10 minutos no dia, mas superior a 5 minutos, na entrada ou na saída, será computada como tempo extraordinário, desde que não esteja relacionada com atividades particulares do empregado e seja exercida por vontade própria (art. 4º, § 2º).

> Súmula 366 do TST: Cartão de ponto. Registro. Horas extras. Minutos que antecedem e sucedem a jornada de trabalho (nova redação)
>
> Não serão descontadas nem computadas como jornada extraordinária as variações de horário do registro de ponto não excedentes de cinco minutos, observado o limite máximo de dez minutos diários. Se ultrapassado esse limite, será considerada como

extra a totalidade do tempo que exceder a jornada normal, pois configurado tempo à disposição do empregador, não importando as atividades desenvolvidas pelo empregado ao longo do tempo residual (troca de uniforme, lanche, higiene pessoal, etc.).

Também é interessante mencionar a Súmula 449 do TST, que considera inválida a cláusula de norma coletiva que flexibiliza o tempo residual previsto na CLT:

> Súmula 449: Minutos que antecedem e sucedem a jornada de trabalho. Lei nº 10.243, de 19.06.2001. Norma coletiva. Flexibilização. Impossibilidade.
>
> A partir da vigência da Lei nº 10.243, de 19.06.2001, que acrescentou o § 1º ao art. 58 da CLT, não mais prevalece cláusula prevista em convenção ou acordo coletivo que elastece o limite de 5 minutos que antecedem e sucedem a jornada de trabalho para fins de apuração das horas extras.

Consoante entendimento do TST, o intervalo concedido ao professor entre as aulas (recreio) deve ser considerado tempo à disposição do empregador, conforme ilustra o seguinte julgado, publicado no *Informativo* 88 do TST:

> Embargos em embargos de declaração em recurso de revista. Jornada de trabalho. Professor. Intervalo entre as aulas. Recreio. Tempo à disposição do empregador. Constitui tempo à disposição do empregador o intervalo entre aulas para recreio, de modo que o professor tem direito ao cômputo do respectivo período como tempo de serviço, nos termos do art. 4º da CLT. Embargos de que se conhece e a que se dá provimento. (TST, SDI-1, E-ED-RR-49900-47.2006.5.09.0007, Rel. Min. Márcio Eurico Vitral Amaro, *DEJT* 12.09.2014)

Ademais, é considerado tempo à disposição do empregador o tempo despendido pelo empregado, por **imposição** do empregador, em cursos de aperfeiçoamento.

2.3. Sobreaviso e prontidão

Diante das peculiaridades do trabalho dos ferroviários, a CLT estabeleceu os critérios específicos de remuneração do tempo à disposição desses trabalhadores, mitigando a regra do art. 4º celetista mediante a previsão do tempo de sobreaviso e de prontidão.

No **sobreaviso, o ferroviário esperava o chamado em casa**. Havia um mensageiro que ia chamar o empregado quando fosse necessário. A tecnologia evoluiu e passou a ser possível a utilização do telefone para fazer o chamado, seguido do *bip*, *pager* etc. No entanto, esse sobreaviso era sempre para o ferroviário, que estava em casa e, por isso, no momento de sobreaviso, era remunerado com o equivalente a **1/3 da hora normal**.

> CLT, art. 244, § 2º: Considera-se de "sobreaviso" o empregado efetivo, que permanecer em sua própria casa, aguardando a qualquer momento o chamado para o serviço. Cada escala de "sobreaviso" será, **no máximo, de vinte e quatro horas**, as horas de "sobreaviso", para todos os efeitos, serão contadas à razão de **1/3 (um terço) do salário normal**. (destacamos)

Apesar de o artigo tratar especificamente dos trabalhadores ferroviários, o regime de sobreaviso vem sendo aplicado analogicamente àqueles empregados que, pelo avanço da tecnologia, ficam aguardando o chamado do empregador a qualquer momento para retornar ao trabalho.

Note-se que, em que pese esse empregado encontre-se à disposição do seu empregador e aguardando as suas ordens, encontra-se na sua residência, tendo alguma liberdade para a execução de atividades pessoais. Por isso, sendo o empregado chamado e prestando o serviço, haverá hora efetiva de trabalho.

> ### atenção
>
> Há previsão específica de sobreaviso para os PETROLEIROS (art. 5º, § 1º, da Lei 5.811/1972) e também para os AERONAUTAS (art. 43 da Lei 13.475/2017).
>
> Art. 5º, § 1º, da Lei 5.811/1972: Entende-se por regime de sobreaviso aquele que o empregado permanece à disposição do empregador por um período de 24 (vinte quatro) horas para prestar assistência aos trabalhos normais ou atender as necessidades ocasionais de operação.
>
> § 2º Em cada jornada de sobreaviso, o trabalho efetivo não excederá de 12 (doze) horas.
>
> Art. 43 da Lei 13.475/2017: Sobreaviso é o período não inferior a 3 (três) horas e não excedente a 12 (doze) horas em que o tripulante permanece em local de sua escolha à disposição do empregador, devendo apresentar-se no aeroporto ou em outro local determinado, no prazo de até 90 (noventa) minutos, após receber comunicação para o início de nova tarefa.
>
> A jurisprudência fixou o sobreaviso para os ELETRICITÁRIOS (Súmula 229 do TST), que também se tratava de serviço público, essencial e contínuo.
>
> Súmula 229 do TST: Por aplicação analógica do art. 244, § 2º, da CLT, as horas de sobreaviso dos eletricitários são remuneradas à base de 1/3 sobre a totalidade das parcelas de natureza salarial.

Visto o entendimento sumulado, temos que, atualmente, o sobreaviso não apenas se aplica para os ferroviários, mas para os empregados de qualquer função, em aplicação extensiva do art. 244 da CLT.

No que diz respeito ao trabalhador que permanece conectado ao trabalho por meio de equipamentos eletrônicos, **anteriormente** predominava o entendimento no sentido de que "o uso de aparelho de intercomunicação, a exemplo de BIP, *pager* ou aparelho celular, pelo empregado, por si só, não caracteriza o regime de sobreaviso, uma vez que o empregado não permanece em sua residência aguardando, a qualquer momento, convocação para o serviço" (antiga redação da Súmula 428 – **ENTENDIMENTO SUPERADO!**).

Embora tal entendimento tenha sido mantido na atual redação do item I da referida súmula, é certo que o TST passou a admitir, desde que o empregado permaneça à distância, em plantão ou em regime equivalente, a possibilidade de caracterização de sobreaviso. Este é o sentido atual da Súmula 428, cuja redação foi alterada pela Resolução 185/2012 do TST:

> Súmula 428: Sobreaviso. Aplicação analógica do art. 244, § 2º, da CLT (redação alterada na sessão do Tribunal Pleno realizada em 14.09.2012) – Res. 185/2012 – *DEJT* divulgado em 25, 26 e 27.09.2012.

I – O uso de instrumentos telemáticos ou informatizados fornecidos pela empresa ao empregado, por si só, não caracteriza o regime de sobreaviso.

II – Considera-se em sobreaviso o empregado que, à distância e submetido a controle patronal por instrumentos telemáticos ou informatizados, permanecer em regime de plantão ou equivalente, aguardando a qualquer momento o chamado para o serviço durante o período de descanso.

Assim, de acordo com o entendimento cristalizado pelo TST, a ocorrência de sobreaviso dependerá do preenchimento dos seguintes **requisitos**:

a) **empregado a distância** – o empregado deve estar fora das dependências do seu empregador;

b) **submissão do empregado ao controle patronal por meios telemáticos ou informatizados** – não basta concessão, pelo empregador, desses instrumentos, é necessário que os utilize para efetivo controle do empregado;

c) **inclusão do empregado em regime de plantão;**

d) **possibilidade efetiva de que o empregado venha a ser convocado** – ou seja, expectativa no empregado de que, a qualquer tempo, possa ser convocado para o trabalho.

O empregado exercente de cargo de confiança tem direito a horas de sobreaviso? NÃO! De acordo com o TST, o empregado exercente do cargo de confiança previsto no art. 62, II, da CLT não tem direito a horas de sobreaviso, haja vista a necessidade de um controle dos horários de trabalho para sua concessão e a incompatibilidade entre a sistemática do controle de jornada e a atividade exercida pelo trabalhador inserido no referido dispositivo (*Informativo* 241 do TST).

A lei trouxe também a **PRONTIDÃO,** para o caso em que o ferroviário aguardava o chamado na linha do trem. Essa hora de prontidão, de espera, era remunerada no equivalente a **2/3 da hora normal.**

Para os **AERONAUTAS,** a prontidão chama-se reserva (art. 44 da Lei 13.475/2017) e é remunerada como hora normal.

Após a antiga Lei 12.619/2012 (hoje 13.103/2015), foram consideradas **TEMPO DE ESPERA** (art. 235-C, § 8º, da CLT) as horas em que o MOTORISTA PROFIS-SIONAL EMPREGADO fica aguardando carga ou descarga e o período gasto com fiscalização, devendo ser remunerada com 30% a hora normal, sem natureza salarial.

SOBREAVISO	PRONTIDÃO
Aqui o empregado **permanece em sua casa** ou em outro local aguardando ordens.	Aqui o empregador **fica nas dependências da empresa** aguardando ordens.
A **duração máxima** do tempo de sobreaviso é de **24 horas.**	A **duração máxima** da escala de prontidão é de **12 horas.**
Será remunerado à razão de **1/3 (um terço)** da hora normal de trabalho.	Será remunerado à razão de **2/3 (dois terços)** do valor da hora normal de trabalho.

O art. 611-A, VIII, da CLT autorizou a norma coletiva a dispor sobre o regime de sobreaviso. Logo, poderá excluir ou reduzir o respectivo pagamento. Destaca-se, ainda, que a CLT, com a reforma trabalhista, passou a prever que a convenção ou o acordo coletivo de trabalho terá força de lei quando dispuser sobre sobreaviso.

> Art. 611-A. A convenção coletiva e o acordo coletivo de trabalho têm prevalência sobre a lei quando, entre outros, dispuserem sobre: (Incluído pela Lei nº 13.467, de 2017)
> (...)
> VIII – teletrabalho, REGIME DE SOBREAVISO, e trabalho intermitente;
> (...).

> **atenção**
>
> *O tempo de concentração dos jogadores configura sobreaviso?* Segundo Henrique Correia,[3] *citando Alice Monteiro de Barros, prevalece que não, pois os fundamentos das normas referentes a sobreaviso e concentração não são os mesmos.*

3. CONTROLE DA JORNADA DE TRABALHO

Decorre do poder diretivo (sob os aspectos do poder de fiscalização e de controle) do empregador a possibilidade de controlar o tempo de prestação de serviços pelo empregado, ou seja, de controlar a jornada efetivamente praticada pelo obreiro. Somente mediante esse controle será possível aferir se o empregado prestou ou não horas extraordinárias.

São duas as modalidades de jornada de trabalho quanto ao controle, a saber: jornadas controladas e jornadas não controladas.

A) Jornadas controladas

Nas jornadas controladas, o tempo de trabalho prestado pelo empregado é controlado pelo empregador. Nesse caso, será devido o pagamento do adicional de horas extraordinárias sempre que a jornada extrapolar aquele limite contratualmente fixado, observados sempre os limites legais e o limite constitucional. A regra geral é a jornada controlada.

A partir da Lei 13.874/2019, somente são obrigados a manter controle de ponto os estabelecimentos que contem com mais de 20 empregados.

REDAÇÃO NOVA – LEI 13.874/2019
Art. 74. **O horário de trabalho será anotado em registro de empregados.**
§ 1º (Revogado).
§ 2º Para os estabelecimentos com **mais de 20 (vinte)** trabalhadores será obrigatória a anotação da hora de entrada e de saída, em registro manual, mecânico ou eletrônico, conforme instruções expedidas pela Secretaria Especial de Previdência e Trabalho do Ministério da Economia, permitida a pré-assinalação do período de repouso.

---

[3] CORREIA, Henrique. *Direito do Trabalho.* 4. ed. Salvador: JusPodivm, 2018.

REDAÇÃO NOVA – LEI 13.874/2019

§ 3º Se o trabalho for executado fora do estabelecimento, **o horário dos empregados constará do registro manual, mecânico ou eletrônico em seu poder**, sem prejuízo do que dispõe o *caput* deste artigo.

§ 4º Fica permitida a utilização de registro de ponto por exceção à jornada regular de trabalho, mediante acordo individual escrito, convenção coletiva ou acordo coletivo de trabalho.

Com a Lei 13.874/2019, a CLT deixa de conter previsão expressa acerca da obrigatoriedade de manutenção de quadro de horário e passa a prever apenas a necessidade de anotação do horário de trabalho em registro de empregados, como já era previsto no § 1º do dispositivo supratranscrito. Portanto, não há mais a necessidade de que o registro do horário seja realizado em local visível.

De acordo com o dispositivo citado, o horário de trabalho, que deve ser anotado no registro de empregados, é o horário contratual do empregado (ex.: das 08:00 às 12:00 e das 14:00 às 18:00). Além disso, no que tange ao controle dos horários praticados diariamente pelos empregados, em regra, os estabelecimentos que contem com mais de 20 empregados devem obrigatoriamente manter controle de jornada (controle de ponto).

Segundo as normas atuais, quando se trata de pequeno estabelecimento (menos de 20 empregados), não há a exigência de procedimento especial para o controle de jornada de trabalho. No entanto, cabe consignar que, embora o art. 51 da LC 123/2006 não exija que pequenas e microempresas fixem o quadro de horários em lugar visível, elas permanecem obrigadas a manter o controle de horários se contarem com mais de 20 empregados, aplicando-se a previsão da CLT.

Conforme dispõe o artigo supramencionado, o registro de trabalho poderá ser manual, mecânico ou eletrônico. O registro manual consiste em um livro ou folha de ponto, já o registro mecânico é o cartão de ponto, marcado em relógio de ponto. Por fim, o registro eletrônico ocorre pela marcação por cartão magnético pessoal do trabalhador ou crachá, sendo os dados armazenados digitalmente em *software* específico.

> OBS.: a quantidade de empregados, para determinar a obrigação do empregador, leva em consideração cada ESTABELECIMENTO, e não a empresa.

No que se refere à anotação de ponto por exceção à jornada regular de trabalho, o § 4º do art. 74 da CLT autoriza expressamente que o empregador efetue controle apenas da jornada extraordinária, desde que haja acordo coletivo ou individual. Dessa forma, a ideia do controle de ponto por exceção é de somente registrar atrasos, falta, trabalho em sábados, domingos e feriados, ou seja, situações que fujam da rotina de trabalho pactuada entre a empresa e o empregado. Nos demais dias, em que não houver qualquer alteração em relação aos horários habitualmente cumpridos pelo empregado, tampouco em relação aos dias laborados, não se exige a anotação do cartão de ponto.

É importante ressaltar que a adoção do ponto por exceção pode ser feita sem a participação do sindicato representante da categoria profissional do empregado, já que a própria lei permite sua instituição por "acordo individual" de trabalho entre o empregado e a empresa.

INFORMATIVO 194 DO TST: Ação anulatória. Acordo coletivo de trabalho. Sistema de registro de ponto por exceção. Validade. A SDC, por maioria, deu provimento a recurso ordinário para considerar **válida cláusula constante de acordo coletivo de trabalho que estabeleceu sistema de controle de jornada por exceção, no qual o empregado anota no registro de ponto somente situações excepcionais, como faltas, saídas antecipadas, atrasos, licenças e horas extras. Prevaleceu o entendimento de que o art. 74, § 2º, da CLT, ao atribuir ao empregador a obrigação de formar prova pré-constituída a respeito da jornada de trabalho de seus empregados, possui natureza eminentemente processual. Não se trata, portanto, de matéria de ordem pública, que asseguraria ao trabalhador determinado regime de marcação de ponto.** Assim, não há óbice a que os sujeitos coletivos negociem a forma pela qual o controle será realizado, desde que garantida aos empregados a verificação dos dados inseridos no sistema. Vencidos os Ministros Mauricio Godinho Delgado, relator, e Aloysio Corrêa da Veiga. (TST-AIRO-277-95.2015.5.17.0000, SDC, Rel. Min. Mauricio Godinho Delgado, Red. p/ Acórdão Min. Ives Gandra da Silva Martins Filho, 08.04.2019)

E o doméstico? O empregador doméstico deve manter controle de ponto independentemente do número de empregados.

Cumpre ressaltar que, conforme entendimento predominante no âmbito do TST, a assinatura do empregado não constitui requisito formal para validade dos cartões de ponto.

Informativo 92 do TST: Cartões de ponto sem assinatura. Validade. A assinatura do empregado não é elemento essencial para a validade formal dos cartões de ponto. O art. 74, § 2º, da CLT não traz qualquer exigência no sentido de que os controles de frequência devam contar com a assinatura do trabalhador para serem reputados válidos. Ademais, no caso concreto, os horários consignados nos espelhos de ponto sem assinatura se assemelham àqueles consignados nos documentos assinados trazidos à colação pela reclamada e que contam com a chancela do reclamante, não havendo nos autos qualquer elemento que aponte para existência de fraude a justificar a declaração de invalidade dos referidos registros de ponto. Com esse entendimento, a SBDI-I, por maioria, conheceu dos embargos interpostos pela reclamada, no tópico, por divergência jurisprudencial, e, no mérito, deu-lhes provimento para restabelecer a decisão do Regional que, ao validar os espelhos de ponto não assinados pelo reclamante, indeferiu o pedido de pagamento de horas extras diante da ausência de prova do labor extraordinário. Vencido o Ministro Alexandre Agra Belmonte, relator.

(TST-E-ED-RR-893-14.2011.5.05.0463, SBDI-I, Rel. Min. Alexandre Agra Belmonte, Red. p/ Acórdão Min. Renato de Lacerda Paiva, 16.10.2014)

Predomina na jurisprudência a tese segundo a qual a não manutenção dos controles de ponto pelo empregador, quando obrigatórios, e mesmo a manutenção de registros de pouca fidedignidade, como aqueles que apresentam marcações uniformes ("ponto britânico"), levam ao acatamento da jornada de trabalho alegada pelo obreiro na inicial, cabendo ao empregador produzir prova inequívoca em sentido contrário. Nesse diapasão, a Súmula 338 do TST, *in verbis*:

> Súmula 338: Jornada de trabalho. Registro. Ônus da prova.
>
> I – É ônus do empregador que conta com mais de 10 (dez) empregados o registro da jornada de trabalho na forma do art. 74, § 2º, da CLT. A não apresentação injustificada dos controles de frequência gera presunção relativa de veracidade da jornada de trabalho, a qual pode ser elidida por prova em contrário.
>
> II – A presunção de veracidade da jornada de trabalho, ainda que prevista em instrumento normativo, pode ser elidida por prova em contrário.
>
> III – Os cartões de ponto que demonstram horários de entrada e saída uniformes são inválidos como meio de prova, invertendo-se o ônus da prova, relativo às horas extras, que passa a ser do empregador, prevalecendo a jornada da inicial se dele não se desincumbir.

B) Jornadas não controladas

Alguns empregados são excluídos do controle de jornada de trabalho, nos moldes do art. 62 da CLT. Com o advento da CF/1988, corrente minoritária na doutrina passou a defender a não recepção de tal dispositivo celetista, com fundamento no fato de que o texto maior estabelece a jornada de 8 horas para todo e qualquer trabalhador, e que a existência de limitação da jornada é norma cogente, de ordem pública. Contudo, prevalece a recepção de tal dispositivo, tendo em vista a necessidade para determinadas situações e seu caráter excepcional, o que foi reformado com a inclusão do teletrabalho no art. 62, pela reforma trabalhista.

Se o trabalho do empregado não é controlado pelo empregador, não há que se falar em controle de jornada, e, consequentemente, também não há que se falar na possibilidade de prestação de horas extraordinárias.

A CLT destaca três categorias de empregados não sujeitos a controle de jornada. Nesse sentido, o art. 62 dispõe, *in verbis*:

> Art. 62. Não são abrangidos pelo regime previsto neste capítulo:
>
> I – os empregados que exercem atividade externa incompatível com a fixação de horário de trabalho, devendo tal condição ser anotada na Carteira de Trabalho e Previdência Social e no registro de empregados;
>
> II – os gerentes, assim considerados os exercentes de cargos de gestão, aos quais se equiparam, para efeito do disposto neste artigo, os diretores e chefes de departamento ou filial;

III – os empregados em regime de teletrabalho que prestam serviço por produção ou tarefa.

Parágrafo único. O regime previsto neste capítulo será aplicável aos empregados mencionados no inciso II deste artigo, quando o salário do cargo de confiança, compreendendo a gratificação de função, se houver, for inferior ao valor do respectivo salário efetivo acrescido de 40% (quarenta por cento).

atenção

Os empregados mencionados estão excluídos não só do direito às horas extraordinárias, mas também do direito aos descansos e às regras atinentes ao horário noturno. Fazem jus, contudo, ao descanso semanal remunerado, pois este é previsto em lei específica (Lei 605/1949), bem como na CRFB (art. 7º, XV).

3.1. Gerentes exercentes de cargos de gestão

Não há limitação da jornada para os gerentes que exerçam cargos de gestão e recebam gratificação de função não inferior a 40% do respectivo salário efetivo. Assim, a fiscalização de horário é incompatível com a função de gerência, devendo haver liberdade no horário de entrada e saída.

Discute-se na doutrina a abrangência da exceção prevista no art. 62, II, da CLT, isto é, a abrangência da expressão *gerente*. A corrente atualmente majoritária defende que, após a alteração promovida pela Lei 8.966/1994, o inciso II do art. 62 não mais exige poderes de representação, bastando que o gerente tenha poderes de gestão (e, eventualmente, de mando).

atenção

A lei equipara a gerente os diretores e chefes de departamento e/ou filial.

Além dos poderes especiais no âmbito da empresa, o gerente deve ter, ainda, para ser incluído na regra do art. 62, II, da CLT, padrão remuneratório no mínimo 40% superior ao do cargo efetivo.

No caso do bancário, a jurisprudência construiu presunção relativa de que o gerente geral da agência enquadra-se na regra do art. 62, II, conforme a Súmula 287 do TST.

3.2. Atividade externa

Existem atividades realizadas fora do ambiente da empresa que, por sua natureza, inviabilizam qualquer forma de fixação e, consequentemente, de controle do horário de trabalho, como o caso do vendedor viajante. Nesses casos, a jornada de trabalho não é controlada, devido à incompatibilidade entre o controle e a atividade exercida.

Conforme previsão na CLT, é necessária a anotação na CTPS e no registro de empregados. Se, na prática, houver a fiscalização ou o controle da jornada, haverá direito ao pagamento com adicional para as horas acima do limite máximo.

E os **motoristas profissionais?** Antes da Lei 13.103/2015, os motoristas profissionais eram o maior exemplo de trabalhadores em atividade externa para fins do art. 62 da CLT. Todavia, com a lei de 2015, tais profissionais passaram a ter direito ao controle de jornada.

> CLT, art. 235-C: A jornada diária de trabalho do motorista profissional será de 8 (oito) horas, admitindo-se a sua prorrogação por até 2 (duas) horas extraordinárias ou, mediante previsão em convenção ou acordo coletivo, por até 4 (quatro) horas extraordinárias.

Quanto à jornada do motorista, destaca-se também a possibilidade de pactuação da jornada 12 × 36 por meio de convenção coletiva e acordo coletivo e, ainda, o tempo de espera, que corresponde ao período em que o motorista aguarda carga e descarga do veículo, bem como o período gasto com a fiscalização da mercadoria. O tempo de espera não é computado da jornada, sendo indenizado no valor de 30% do salário-hora normal.

> **INFORMATIVO 153 DO TST:** Horas extras. Motorista. Rastreamento de veículo por satélite. Controle indireto da jornada de trabalho. Inaplicabilidade do art. 62, I, da CLT. **A adoção, pelo empregador, de recursos tecnológicos de rastreamento de veículo por satélite, para garantir a segurança ininterrupta da carga transportada, possibilita o controle indireto da jornada desempenhada pelo empregado motorista, razão pela qual não há falar em aplicação do art. 62, I, da CLT.** O direito ao pagamento de horas extraordinárias não subsiste apenas nas hipóteses em que seja absolutamente impossível fiscalizar os horários cumpridos pelo empregado. Sob esse entendimento, a SBDI-I, por unanimidade, conheceu do recurso de embargos, por divergência jurisprudencial, e, no mérito, por maioria, negou-lhe provimento. Vencidos os Ministros Walmir Oliveira da Costa, Ives Gandra Martins Filho, Guilherme Augusto Caputo Bastos e Márcio Eurico Vitral Amaro. (TST-E-RR-45900-29.2011.5.17.0161, SBDI-I, Rel. Min. Cláudio Mascarenhas Brandão, 23.02.2017)

Esse informativo é aplicado para as situações anteriores à Lei 13.103/2015, quando o art. 62 da CLT ainda era aplicado aos motoristas.

3.3. Teletrabalho

Antes da reforma trabalhista, o art. 62 parava nas duas hipóteses anteriores. Agora, o empregado em regime de teletrabalho também foi excluído do controle da jornada de trabalho. Portanto, o teletrabalhador não terá direito ao pagamento de horas extras, adicional noturno, intervalo, entre outros direitos.

> Art. 62. Não são abrangidos pelo regime previsto neste capítulo:
> (...)
> ~~III – os empregados em regime de teletrabalho. (Incluído pela Lei nº 13.467, de 2017)~~

III – os empregados em regime de teletrabalho que prestam serviço por produção ~~ou tarefa. (Redação dada pela Medida Provisória n° 1.108, de 2022)~~

III – os empregados em regime de teletrabalho que prestam serviço por produção ou tarefa.

Parágrafo único. O regime previsto neste capítulo será aplicável aos empregados mencionados no inciso II deste artigo, quando o salário do cargo de confiança, compreendendo a gratificação de função, se houver, for inferior ao valor do respectivo salário efetivo acrescido de 40% (quarenta por cento). (destacamos)

Tenha muita atenção: para a caracterização do regime de teletrabalho, precisamos verificar três características elementares, quais sejam:

a) trabalho prestado preponderantemente fora das dependências do empregador;
b) utilização de tecnologias de informação e de comunicação; e
c) não configuração do trabalho externo.

Destaca-se, outrossim, que foi inserido um capítulo inteiro tratando sobre o teletrabalho (arts. 75-A a 75-E):

ANTES DA LEI 14.442/2022	DEPOIS DA LEI 14.442/2022
Art. 75-A. A prestação de serviços pelo empregado em regime de teletrabalho observará o disposto neste Capítulo.	Art. 75-A. A prestação de serviços pelo empregado em regime de teletrabalho observará o disposto neste Capítulo. (Incluído pela Lei n° 13.467, de 2017)
Art. 75-B. Considera-se teletrabalho a prestação de serviços preponderantemente fora das dependências do empregador, com a utilização de tecnologias de informação e de comunicação que, por sua natureza, não se constituam como trabalho externo.	Art. 75-B. Considera-se **teletrabalho** ou **trabalho remoto** a prestação de serviços **fora** das dependências do empregador, de maneira preponderante ou não, com a utilização de tecnologias de informação e de comunicação, que, por sua natureza, não configure trabalho externo. (Redação dada pela Lei n° 14.442, de 2022)
Parágrafo único. O comparecimento às dependências do empregador para a realização de atividades específicas que exijam a presença do empregado no estabelecimento não descaracteriza o regime de teletrabalho.	§ 1° O comparecimento, ainda que de modo habitual, às dependências do empregador para a realização de atividades específicas que exijam a presença do empregado no estabelecimento **não** descaracteriza o regime de teletrabalho ou trabalho remoto. (Incluído pela Lei n° 14.442, de 2022)
Art. 75-C. A prestação de serviços na modalidade de teletrabalho deverá constar expressamente do contrato individual de trabalho, *que especificará as atividades que serão realizadas pelo empregado.*	§ 2° O empregado submetido ao regime de teletrabalho ou trabalho remoto poderá prestar serviços por jornada ou por produção ou tarefa. (Incluído pela Lei n° 14.442, de 2022)
§ 1° Poderá ser realizada a alteração entre regime presencial e de teletrabalho desde que haja mútuo acordo entre as partes, registrado em aditivo contratual.	§ 3° Na hipótese da prestação de serviços em regime de teletrabalho ou trabalho remoto por produção ou tarefa, **não se aplicará o disposto no Capítulo II do Título II desta Consolidação.** (Incluído pela Lei n° 14.442, de 2022)
§ 2° Poderá ser realizada a alteração do regime de teletrabalho para o presencial por determinação do empregador, garantido prazo de transição mínimo de quinze dias, com correspondente registro em aditivo contratual.	§ 4° O regime de teletrabalho ou trabalho remoto não se confunde nem se equipara à ocupação de operador de telemarketing ou de teleatendimento. (Incluído pela Lei n° 14.442, de 2022)
Art. 75-D. As disposições relativas à responsabilidade pela aquisição, manutenção ou fornecimento dos equipamentos tecnológicos e da infraestrutura necessária e adequada à prestação do trabalho remoto,	

ANTES DA LEI 14.442/2022	DEPOIS DA LEI 14.442/2022
bem como ao reembolso de despesas arcadas pelo empregado, serão previstas em contrato escrito. Parágrafo único. As utilidades mencionadas no *caput* deste artigo não integram a remuneração do empregado. Art. 75-E. O empregador deverá instruir os empregados, de maneira expressa e ostensiva, quanto às precauções a tomar a fim de evitar doenças e acidentes de trabalho. Parágrafo único. O empregado deverá assinar termo de responsabilidade comprometendo-se a seguir as instruções fornecidas pelo empregador.	§ 5º O tempo de uso de equipamentos tecnológicos e de infraestrutura necessária, bem como de softwares, de ferramentas digitais ou de aplicações de internet utilizados para o teletrabalho, fora da jornada de trabalho normal do empregado **não constitui tempo à disposição ou regime de prontidão ou de sobreaviso,** exceto se houver previsão em acordo individual ou em acordo ou convenção coletiva de trabalho. (Incluído pela Lei nº 14.442, de 2022) § 6º **Fica permitida a adoção do regime de teletrabalho ou trabalho remoto para estagiários e aprendizes.** (Incluído pela Lei nº 14.442, de 2022) § 7º Aos empregados em regime de teletrabalho aplicam-se as disposições previstas na legislação local e nas convenções e nos acordos coletivos de trabalho relativas à base territorial do estabelecimento de lotação do empregado. (Incluído pela Lei nº 14.442, de 2022) § 8º Ao contrato de trabalho do empregado admitido no Brasil que optar pela realização de teletrabalho fora do território nacional aplica-se a legislação brasileira, excetuadas as disposições constantes da Lei nº 7.064, de 6 de dezembro de 1982, salvo disposição em contrário estipulada entre as partes. (Incluído pela Lei nº 14.442, de 2022) § 9º **Acordo individual** poderá dispor sobre os horários e os meios de comunicação entre empregado e empregador, desde que assegurados os repousos legais. (Incluído pela Lei nº 14.442, de 2022) Art. 75-C. A prestação de serviços na modalidade de teletrabalho deverá constar expressamente do instrumento de contrato individual de trabalho. (Redação dada pela Lei nº 14.442, de 2022) § 1º Poderá ser realizada a alteração entre regime presencial e de teletrabalho desde que haja mútuo acordo entre as partes, registrado em aditivo contratual. (Incluído pela Lei nº 13.467, de 2017) § 2º Poderá ser realizada a alteração do regime de teletrabalho para o presencial por determinação do empregador, garantido prazo de transição mínimo de quinze dias, com correspondente registro em aditivo contratual. (Incluído pela Lei nº 13.467, de 2017) § 3º **O empregador não será responsável** pelas despesas resultantes do retorno ao trabalho presencial, na hipótese de o empregado optar pela realização do teletrabalho ou trabalho remoto fora da localidade prevista no contrato, salvo disposição em contrário estipulada entre as partes. (Incluído pela Lei nº 14.442, de 2022)

ANTES DA LEI 14.442/2022	DEPOIS DA LEI 14.442/2022
	Art. 75-D. As disposições relativas à responsabilidade pela aquisição, manutenção ou fornecimento dos equipamentos tecnológicos e da infraestrutura necessária e adequada à prestação do trabalho remoto, bem como ao reembolso de despesas arcadas pelo empregado, serão previstas em contrato escrito. (Incluído pela Lei nº 13.467, de 2017)
	Parágrafo único. As utilidades mencionadas no caput deste artigo não integram a remuneração do empregado. (Incluído pela Lei nº 13.467, de 2017)
	Art. 75-E. O empregador deverá instruir os empregados, de maneira expressa e ostensiva, quanto às precauções a tomar a fim de evitar doenças e acidentes de trabalho. (Incluído pela Lei nº 13.467, de 2017)
	Parágrafo único. O empregado deverá assinar termo de responsabilidade comprometendo-se a seguir as instruções fornecidas pelo empregador. (Incluído pela Lei nº 13.467, de 2017)
	Art. 75-F. Os empregadores deverão dar prioridade aos empregados com deficiência e aos empregados com filhos ou criança sob guarda judicial até 4 (quatro) anos de idade na alocação em vagas para atividades que possam ser efetuadas por meio do teletrabalho ou trabalho remoto. (Incluído pela Lei nº 14.442, de 2022)

Hipóteses de alteração do regime presencial para o teletrabalho e vice-versa:

ALTERAÇÃO	EXIGÊNCIA	FORMALIZAÇÃO
Presencial → Teletrabalho	Mútuo acordo entre as partes	Registro em aditivo contratual
Teletrabalho → Presencial	Determinação do empregador (*jus variandi*), com prazo de transição mínimo de 15 dias	Registro em aditivo contratual

3.3.1. Principais aspectos acerca do teletrabalho

- A prestação de serviços na modalidade de teletrabalho **deverá constar expressamente do contrato individual de trabalho**, que especificará as atividades que serão realizadas pelo empregado.
- Para que reste caracterizado o teletrabalho, a prestação de serviços fora das dependências do empregador **não** precisa mais ocorrer de maneira preponderante (redação dada pela Lei 14.442/2022).
- Caso o empregado compareça nas dependências do empregador para realizar atividades específicas, que exijam a sua presença, **não haverá descaracterização do regime de teletrabalho**.
- Deve haver previsão em contrato escrito acerca da responsabilidade pela aquisição, manutenção ou fornecimento dos equipamentos tecnológicos e da infraestrutura

necessária e adequada à prestação do trabalho remoto, bem como ao reembolso de despesas arcadas pelo empregado. Essas utilidades NÃO INTEGRAM a remuneração do empregado.

- O empregado submetido ao regime de teletrabalho ou trabalho remoto **poderá prestar serviços por jornada ou por produção ou tarefa** (incluído pela Lei 14.442/2022).

- No tocante à saúde do teletrabalhador, dispõe o art. 75-E da CLT que o empregador deverá instruir os empregados, de maneira expressa e ostensiva, quanto às precauções a tomar a fim de evitar doenças e acidentes de trabalho.

- O empregado deverá assinar termo de responsabilidade, comprometendo-se a seguir as instruções fornecidas pelo empregador (art. 75-E, parágrafo único, da CLT).

- O **empregador não será responsável pelas despesas resultantes do retorno ao trabalho presencial**, na hipótese de o empregado optar pela realização do teletrabalho ou trabalho remoto fora da localidade prevista no contrato (incluído pela Lei 14.442/2022).

- Os empregadores deverão dar **prioridade aos empregados com deficiência e aos empregados com filhos ou criança sob guarda judicial até 4 (quatro) anos de idade** na alocação em vagas para atividades que possam ser efetuadas por meio do teletrabalho ou trabalho remoto (incluído pela Lei 14.442/2022).

4. CONTRATO POR TEMPO PARCIAL

Apesar de, desde sempre, ter sido admitido o trabalho a tempo parcial, assim considerado aquele em que o empregado cumpre jornada inferior ao padrão (8h diárias e 44h semanais) e recebe, em contrapartida, salário proporcional àquele pago para a jornada completa, o regime específico de trabalho a tempo parcial consiste em figura relativamente recente no Direito do Trabalho brasileiro, tendo sido introduzido pela Medida Provisória 2.164-41/2001, a qual acrescentou à CLT o art. 58-A.

O objetivo da referida medida provisória foi, principalmente, abrir a possibilidade de alteração contratual para redução da jornada de trabalho, com a redução proporcional do salário, desde que autorizado em instrumento coletivo de trabalho.

Portanto, o empregado poderá ser contratado para tempo inferior àqueles limites constitucionais referenciados, devendo o empregador, quando do seu pagamento, observar a proporcionalidade entre o tempo trabalhado e o salário equivalente ao exercício da função em tempo integral (observado o salário mínimo).

A reforma trabalhista alterou profundamente a disciplina do assunto com a modificação do art. 58-A da CLT:

Art. 58-A. Considera-se TRABALHO EM REGIME DE TEMPO PARCIAL aquele cuja duração não exceda a 30 horas semanais, sem a possibilidade de horas suplementares semanais, ou, ainda, aquele cuja duração não exceda a 26 horas semanais, com a possibilidade de acréscimo de até 6 horas suplementares semanais.

§ 1º O salário a ser pago aos empregados sob o regime de tempo parcial será proporcional à sua jornada, em relação aos empregados que cumprem, nas mesmas funções, tempo integral.

§ 2º Para os atuais empregados, a adoção do regime de tempo parcial será feita mediante opção manifestada perante a empresa, na forma prevista em instrumento decorrente de negociação coletiva.

§ 3º As horas suplementares à duração do trabalho semanal normal serão pagas com o acréscimo de 50% sobre o salário-hora normal.

§ 4º Na hipótese de o contrato de trabalho em regime de tempo parcial ser estabelecido em número inferior a 26 horas semanais, as horas suplementares a este quantitativo serão consideradas horas extras para fins do pagamento estipulado no § 3º, estando também limitadas a seis horas suplementares semanais.

§ 5º As horas suplementares da jornada de trabalho normal poderão ser compensadas diretamente até a semana imediatamente posterior à da sua execução, devendo ser feita a sua quitação na folha de pagamento do mês subsequente, caso não sejam compensadas.

§ 6º É facultado ao empregado contratado sob regime de tempo parcial converter 1/3 do período de férias a que tiver direito em abono pecuniário.

§ 7º As férias do regime de tempo parcial são regidas pelo disposto no art. 130 desta Consolidação. (destacamos)

Com a redação dada ao **art. 58-A da CLT**, a figura do **contrato de trabalho a tempo parcial passou a existir em duas modalidades distintas**, a saber:

a) **jornada de trabalho superior a 26 horas limitadas a 30 horas semanais** – nesta hipótese, não é permitida a exigência de horas extras dos empregados. Note-se que houve ampliação da jornada de trabalho para a configuração do regime de tempo parcial, passando de 25 horas semanais para o limite de 30 horas semanais. Se houver trabalho acima de 30 horas semanais permitidas, o empregador estará obrigado ao pagamento do valor da hora normal acrescida do respectivo adicional de, no mínimo, 50%, pois os empregados não podem sofrer o prejuízo. Ademais, a empresa deverá ser multada pela fiscalização do trabalho por descumprimento da legislação trabalhista;

b) **jornada de trabalho até 26 horas semanais** – se previstas jornadas de até 26 horas semanais, é possível a prestação de até 6 horas extras semanais.

No que tange ao servidor público, interessante destacar que sua remuneração é composta do vencimento básico e das demais vantagens pecuniárias permanentes. Assim, a remuneração do servidor não pode ser inferior ao salário mínimo. Vejamos a Súmula Vinculante 16:

Súmula Vinculante 16: Os artigos 7º, IV, e 39, § 3º (redação da EC 19/98), da Constituição, referem-se ao total da remuneração percebida pelo servidor público.

Todavia, a previsão legislativa permitiu que, mesmo para os contratos em curso, com previsão de tempo integral, fosse reduzida a jornada de trabalho. Para tanto, considerando que implica redução de salário, é necessário autorização em norma coletiva (art. 58-A, § 2º, da CLT). Acresce-se a essa exigência a necessidade de anuência, pelo empregado, por escrito.

Quanto ao adicional de horas extras incluído pelo § 3º do art. 58-A da CLT, quando prestadas devem ser remuneradas com adicional de 50% sobre o salário-hora normal. Importante destacar que essa previsão inexistia antes da reforma trabalhista, pois o empregador não poderia exigir de seus trabalhadores a prestação de horas extras.

Assim, a jornada fixada em período igual ou inferior a 26 horas semanais em regime de tempo parcial possibilita a prestação de 6 horas extras por semana, que devem ser remuneradas com adicional de 50% sobre a hora normal. Se a jornada for superior a 26 horas e limitada a 30 horas, o empregador não poderá exigir a prestação de horas extras.

Além disso, há a possibilidade de compensação de jornada no regime de tempo parcial. Nesse regime, o empregado trabalhará além da jornada normal em alguns dias para descansar no sábado. Note-se que, na compensação, há verdadeira redistribuição de horas, não sendo devido o adicional de 50%, pois o trabalho prestado além do horário normal será compensado com descanso.

Ademais, quanto ao período de férias, houve revogação do art. 130-A da CLT, passando-se a estabelecer que as férias do empregado em regime de tempo parcial sujeitam-se à mesma duração dos demais empregados. A duração das férias está intimamente ligada às faltas injustificadas cometidas pelo empregado ao longo do período aquisitivo, e também passou a ser admitida a conversão de 1/3 das férias a que teria direito o empregado em regime de tempo parcial em abono pecuniário.

DURAÇÃO DAS FÉRIAS DO EMPREGADO	
Número de faltas	Dias de férias
até 5	30
de 6 a 14	24
de 15 a 23	18
de 24 a 32	12
acima de 32	sem férias a usufruir

5. TURNOS ININTERRUPTOS DE REVEZAMENTO

O art. 7º, XIV, da CRFB/1988 assegura aos trabalhadores urbanos e rurais o direito fundamental social à "jornada de seis horas para o trabalho realizado em turnos ininterruptos de revezamento, salvo negociação coletiva".

Assim, a jornada dos empregados que laboram em turnos ininterruptos de revezamento é de seis horas. Isso se dá em virtude do grande desgaste físico e psicológico provocado pela constante variação do turno de trabalho, notadamente entre dia e noite.

São dois os requisitos para que o empregado faça jus à jornada especial:

a) que trabalhe em turnos alterados periodicamente, trabalhando durante algum tempo de dia e algum tempo à noite, podendo, entretanto, esse tempo ser misto (uma parte durante o dia e outra à noite);

b) que a empresa desenvolva suas atividades necessitando da divisão do trabalho em turnos ininterruptos, isto é, que não possa interromper suas atividades.

Vale dizer que a concessão de intervalo intrajornada não afasta a incidência da figura jurídica da jornada especial do turno ininterrupto de revezamento, nos termos da Súmula 360 do TST:

> Súmula 360: Turnos ininterruptos de revezamento. Intervalos intrajornada e semanal (mantida).
>
> A interrupção do trabalho destinada a repouso e alimentação, dentro de cada turno, ou o intervalo para repouso semanal, não descaracteriza o turno de revezamento com jornada de 6 (seis) horas previsto no art. 7º, XIV, da CF/1988.

O TST não tem exigido sequer o trabalho em todos os momentos do dia e da noite, bastando, para configuração da jornada especial, que o obreiro labore de modo parcial em vários momentos distintos. Nesse sentido, a OJ 360 da SDI-1 do TST:

> OJ 360 da SDI-1: Turno ininterrupto de revezamento. Dois turnos. Horário diurno e noturno. Caracterização.
>
> Faz jus à jornada especial prevista no art. 7º, XIV, da CF/1988 o trabalhador que exerce suas atividades em sistema de alternância de turnos, ainda que em dois turnos de trabalho, que compreendam, no todo ou em parte, o horário diurno e o noturno, pois submetido à alternância de horário prejudicial à saúde, sendo irrelevante que a atividade da empresa se desenvolva de forma ininterrupta.

Nessa jornada especial, se houver trabalho após a 6ª hora, estará caracterizado o direito do obreiro ao recebimento de horas extras. Todavia, excepcionalmente, a própria Constituição Federal (art. 7º, XIV) autoriza que, via negociação coletiva, essa jornada seja aumentada. Assim, a súmula 423 do TST admite que, se ajustada por via coletiva, é possível a extensão da jornada para 8 horas em turnos ininterruptos de revezamento, e, nesse caso, a 7ª e a 8ª hora não serão pagas como extra.

> Súmula 423. Turno ininterrupto de revezamento. Fixação de jornada de trabalho mediante negociação coletiva. Validade.
>
> Estabelecida jornada superior a seis horas e limitada a oito horas por meio de regular negociação coletiva, os empregados submetidos a turnos ininterruptos de revezamento não tem direito ao pagamento da 7ª e 8ª horas como extras.

Por outro lado, cumpre destacar que o TST possui entendimento no sentido de que essa previsão coletiva não terá efeito retroativo:

OJ 420 da SDI-1 do TST: Turnos ininterruptos de revezamento. Elastecimento da jornada de trabalho. Norma coletiva com eficácia retroativa. Invalidade.

É inválido o instrumento normativo que, regularizando situações pretéritas, estabelece jornada de oito horas para o trabalho em turnos ininterruptos de revezamento.

Cumpre também ressaltar que o TST decidiu que o empregado submetido a turnos ininterruptos de revezamento com jornada de 8 horas, decorrentes de negociação coletiva, não pode prestar serviços após essa jornada (8 horas) para fins de compensação. Portanto, é inválida a cláusula de instrumento normativo que estipula jornada superior a 8 horas.

É igualmente importante destacar que não cabe a fixação, via norma coletiva, do regime 12 × 36 para turnos ininterruptos de revezamento, ou seja, caso se fixe o sistema 12 × 36, a empresa será condenada a pagar horas extras e reflexos a partir da 9ª hora trabalhada, pois a prorrogação da jornada em turnos ininterruptos de revezamento só é permitida até o limite de 8 horas diárias.

Sobre esse tema, válido ressaltar, inclusive, o conteúdo da OJ 395 da SDI-1 do TST, que esclarece que, quando o empregado, submetido a turnos ininterruptos de revezamento, estiver em jornada de horário noturno, assim concebido por lei, ele tem direito à hora noturna reduzida de 52 minutos e 30 segundos e, ainda, ao pagamento de adicional noturno. De fato, a alternância de turnos não pode ser capaz de afastar o prejuízo sofrido pelo empregado, compensado com o adicional.

> OBS.: o turno fixo em empresa que funciona ininterruptamente não dá ensejo à proteção constitucional em análise.

Por fim, cumpre esclarecer que **o empregador poderá alterar o contrato de trabalho, transferindo o empregado que trabalha com alternância de turnos (6 horas) para turnos fixos (8 horas), sem que isso configure alteração ilícita do contrato de trabalho,** pois essa modificação é mais benéfica ao trabalhador, uma vez que a alternância entre turnos diurnos e noturnos é notoriamente gravosa à saúde e à vida social. Todavia, caso essa alteração seja levada a efeito unilateralmente pelo empregador, sem a observância dos princípios da isonomia e da proporcionalidade, e com o fim de retaliar os empregados, será ela considerada inválida ante o claro abuso do *jus variandi*.

Súmula 391 do TST: Petroleiros. Lei nº 5.811/1972. Turno ininterrupto de revezamento. Horas extras e alteração da jornada para horário fixo.

I – A Lei nº 5.811/1972 foi recepcionada pela CF/88 no que se refere à duração da jornada de trabalho em regime de revezamento dos petroleiros.

II – A previsão contida no art. 10 da Lei nº 5.811/1972, possibilitando a mudança do regime de revezamento para horário fixo, constitui alteração lícita, não violando os arts. 468 da CLT e 7º, VI, da CF/1988.

Art. 10 da Lei 5.811/1972: A variação de horários, em escalas de revezamento diurno, noturno ou misto, será estabelecida pelo empregador com obediência aos preceitos desta lei.

Parágrafo único. Não constituirá alteração ilícita a exclusão do empregado do regime de revezamento, cabendo-lhe exclusivamente, nesta hipótese o pagamento previsto no art. 9º.

6. JORNADA 12 × 36

A jornada 12 × 36 trata-se de uma prática adotada há muito tempo em hospitais e no setor de vigilância, mas que também foi alargada aos bombeiros civis (Lei 11.901/2009), aos motoristas profissionais (Lei 13.103/2015) e aos trabalhadores domésticos (LC 150/2015).

A Lei 13.467/2017 igualmente inseriu na CLT o art. 59-A, *in verbis*:

Art. 59-A. Em exceção ao disposto no art. 59 desta Consolidação, é facultado às partes, mediante acordo individual escrito, convenção coletiva ou acordo coletivo de trabalho, estabelecer horário de trabalho de doze horas seguidas por trinta e seis horas ininterruptas de descanso, observados ou indenizados os intervalos para repouso e alimentação. (Incluído pela Lei nº 13.467, de 2017)

Parágrafo único. A remuneração mensal pactuada pelo horário previsto no caput deste artigo abrange os pagamentos devidos pelo descanso semanal remunerado e pelo descanso em feriados, e serão considerados compensados os feriados e as prorrogações de trabalho noturno, quando houver, de que tratam o art. 70 e o § 5º do art. 73 desta Consolidação. (Incluído pela Lei nº 13.467, de 2017)

Apesar de o inciso XIII do art. 7º da CF/1988 afirmar que a jornada normal de trabalho não pode ser superior a 8h diárias, esse inciso possibilita a alteração desse limite por meio de acordo ou convenção coletiva de trabalho com a compensação de horários, ou seja, o empregado trabalha mais que 8h em um dia, mas compensa trabalhando menos no outro.

CF/1988, art. 7º: São direitos dos trabalhadores urbanos e rurais, além de outros que visem à melhoria de sua condição social:

(...)

XIII – duração do trabalho normal não superior a oito horas diárias e quarenta e quatro semanais, facultada a compensação de horários e a redução da jornada, mediante acordo ou convenção coletiva de trabalho;

(...).

De acordo com o STF, apesar de o inciso XIII falar apenas na relativização por meio de acordo ou convenção coletiva, também é permitido que o limite máximo de 8h seja alterado mediante "lei", desde que haja compensação de horário.

O STF (ADI 4.842) decidiu que não é inconstitucional a jornada de 12h × 36h prevista no art. 5º da Lei federal 11.901/2009 para os bombeiros civis.

É constitucional o art. 5º da Lei nº 11.901/2009, que estipula que a jornada do Bombeiro Civil é de 12 (doze) horas de trabalho por 36 (trinta e seis) horas de descanso, num total de 36 (trinta e seis) horas semanais. (STF, Plenário, ADI 4.842/DF, Rel. Min. Edson Fachin, j. 14.09.2016, *Info* 839)

Fundamentos: Segundo o STF, a jornada de 12h de trabalho por 36h de descanso prevista no art. 5º da Lei 11.901/2009 tem respaldo (autorização) na parte final do inciso XIII. Isso, porque esse artigo garantiu aos bombeiros civis, em proporção razoável, descanso de 36h para cada 12h trabalhadas, bem como jornada semanal de trabalho não superior a 36h. Logo, a Lei 11.901/2009 previu uma jornada normal superior a 8h diárias, mas com compensação de horários, garantindo um descanso estendido para o trabalhador.

Acerca da constitucionalidade da jornada 12 × 36, o STF decidiu, no julgamento da ADI 4.842, que não há qualquer ofensa ao art. 196 da CF/1988, considerando que não há danos à saúde do trabalhador. Isso, porque a jornada de trabalho que ultrapassa a 8ª hora diária será compensada com 36h de descanso, havendo um limite de 36h semanais.

Por fim, cumpre ressaltar que não cabe a fixação, via norma coletiva, do regime 12 × 36 para turnos ininterruptos de revezamento, ou seja, caso se fixe o sistema 12 × 36, a empresa será condenada a pagar horas extras e reflexos a partir da 9ª hora trabalhada, pois a prorrogação da jornada em turnos ininterruptos de revezamento só é permitida até o limite de 8 horas diárias.

7. OUTRAS JORNADAS ESPECIAIS

Engenheiros	8h.
Médicos	8h.
Jornalista	5h, podendo ser prorrogada até 7h mediante acordo escrito.
Operador cinematográfico	6h, sendo 5h p/ trabalho na cabina e 1h para manutenção.
Professor	Poderá lecionar em um mesmo estabelecimento por mais de um turno, desde que não ultrapasse a jornada de trabalho semanal estabelecida legalmente, assegurado e não computado o intervalo para refeição (art. 318 da CLT, modificado pela Lei 13.415/2017).
Telefonistas	– 6h, 36h semanais. – Não se aplica aos operadores de *telex*. – Aplica-se extensivamente aos operadores de *telemarketing* (tendência atual da jurisprudência).
Minas de subsolo	6h, 36h semanais

7.1. Bancários

A jornada de trabalho do bancário é de 6 horas, com módulo semanal de 30 horas, conforme o art. 224 da CLT:

> Art. 224. A duração normal do trabalho dos empregados em bancos, casas bancárias e Caixa Econômica Federal será de 6 (seis) horas contínuas nos dias úteis, com exceção dos sábados, perfazendo um total de 30 (trinta) horas de trabalho por semana.

Essa mesma jornada especial da CLT é estendida aos chamados financistas (empregado de instituição financeira).

> Súmula 55 do TST: As empresas de crédito, financiamento ou investimento, também denominadas financeiras, equiparam-se aos estabelecimentos bancários para os efeitos do art. 224 da CLT.

Veja que o financista não se equipara ao bancário, ele apenas tem um dos direitos do bancário: a jornada especial. Todavia, esse benefício não se aplica aos empregados de cooperativa de crédito – OJ 379 da SDl-1.

> OJ 379 da SDI-1: Empregado de cooperativa de crédito. Bancário. Equiparação. Impossibilidade (*DEJT* divulgado em 19, 20 e 22.04.2010).
>
> Os empregados de cooperativas de crédito não se equiparam a bancário, para efeito de aplicação do art. 224 da CLT, em razão da inexistência de expressa previsão legal, considerando, ainda, as diferenças estruturais e operacionais entre as instituições financeiras e as cooperativas de crédito. Inteligência das Leis nº 4.594, de 29.12.1964, e 5.764, de 16.12.1971.

Também em sentido diverso ao dos empregados de financeira, os empregados de empresas distribuidoras e corretoras de títulos imobiliários não têm direito à jornada especial dos bancários – inteligência da Súmula 119 do TST.

> Súmula 119: Jornada de trabalho (mantida). Res. 121/2003, *DJ* 19, 20 e 21.11.2003.
>
> Os empregados de empresas distribuidoras e corretoras de títulos e valores mobiliários não têm direito à jornada especial dos bancários.

Observe que a própria lei prevê o sábado do bancário não trabalhado. Para a jurisprudência, trata-se de dia útil não trabalhado, e não de descanso remunerado. A diferença é que sobre o dia útil não trabalhado não há repercussão de horas extras habituais. Nesse sentido, a Súmula 113 do TST:

> Súmula 113: Bancário. Sábado. Dia útil (mantida). Res. 121/2003, *DJ* 19, 20 e 21.11.2003.
>
> O sábado do bancário é dia útil não trabalhado, não dia de repouso remunerado. Não cabe a repercussão do pagamento de horas extras habituais em sua remuneração.

Registre-se, por oportuno, que norma coletiva pode dispor em sentido contrário, ou seja, no sentido da repercussão das horas extras também sobre o sábado do bancário, bem como no sentido de que o sábado do bancário seja igualmente considerado dia de repouso remunerado, pois tal cláusula seria mais benéfica ao empregado.

Enquanto para o empregado em geral o divisor do salário é 220 (220h laboradas ao mês, já incluídos os DSRs), no caso do bancário o divisor depende da jornada. Este é o teor atual da Súmula 124 do TST:

> Súmula 124: Bancário. Salário-hora. Divisor
>
> I – o divisor aplicável para o cálculo das horas extras do bancário será:
>
> a) 180, para os empregados submetidos à jornada de seis horas prevista no *caput* do art. 224 da CLT;
>
> b) 220, para os empregados submetidos à jornada de oito horas, nos termos do § 2º do art. 224 da CLT.
>
> II – Ressalvam-se da aplicação do item anterior as decisões de mérito sobre o tema, qualquer que seja o seu teor, emanadas de Turma do TST ou da SBDI-I, no período de 27/09/2012 até 21/11/2016, conforme a modulação aprovada no precedente obrigatório firmado no Incidente de Recursos de Revista Repetitivos nº TST--IRR-849-83.2013.5.03.0138, *DEJT* 19.12.2016.
>
> TEMA 2 – RECURSOS DE REVISTA REPETITIVOS
>
> 1. O número de dias de repouso semanal remunerado pode ser ampliado por convenção ou acordo coletivo de trabalho, como decorrência do exercício da autonomia sindical (decidido por unanimidade);
>
> 2. O divisor corresponde ao número de horas remuneradas pelo salário mensal, independentemente de serem trabalhadas ou não (decidido por maioria);
>
> 3. O divisor aplicável para cálculo das horas extras do bancário, inclusive para os submetidos à jornada de oito horas, é definido com base na regra geral prevista no artigo 64 da CLT (resultado da multiplicação por 30 da jornada normal de trabalho), sendo 180 e 220, para as jornadas normais de seis e oito horas, respectivamente (decidido por maioria);
>
> 4. A inclusão do sábado como dia de repouso semanal remunerado, no caso do bancário, não altera o divisor, em virtude de não haver redução do número de horas semanais, trabalhadas e de repouso (decidido por maioria);
>
> 5. O número de semanas do mês é 4,2857, resultante da divisão de 30 (dias do mês) por 7 (dias da semana), não sendo válida, para efeito de definição do divisor, a multiplicação da duração semanal por 5 (decidido por maioria);
>
> 6. Em caso de redução da duração semanal do trabalho, o divisor é obtido na forma prevista na Súmula n. 431 (multiplicação por 30 do resultado da divisão do número de horas trabalhadas por semana pelos dias úteis) (decidido por maioria).

Para o gerente geral de agência, enquadrado na exceção legal do art. 62, II, da CLT, não há jornada de trabalho controlada, isto é, ele não se submete sequer a controle de horário; portanto, não faz jus a horas extras.

Os demais gerentes bancários (gerente de administração, gerente de contas, gerente de segmento, entre outros), bem como os empregados comissionados por exercerem função de confiança, e desde que recebam como gratificação de função valor não inferior a 1/3 da remuneração do cargo efetivo, não fazem jus à jornada especial de trabalho do bancário, submetendo-se à regra geral (8 horas diárias). Nesse sentido, o § 2º do art. 224:

> Art. 224. (...)
>
> (...)
>
> § 2º As disposições deste artigo não se aplicam aos que exercem funções de direção, gerência, fiscalização, chefia e equivalentes, ou que desempenhem outros cargos de confiança, desde que o valor da gratificação não seja inferior a 1/3 (um terço) do salário do cargo efetivo.
>
> Súmula 287: Jornada de trabalho. Gerente bancário (nova redação). Res. 121/2003, *DJ* 19, 20 e 21.11.2003.
>
> A jornada de trabalho do empregado de banco gerente de agência é regida pelo art. 224, § 2º, da CLT. Quanto ao gerente-geral de agência bancária, presume-se o exercício de encargo de gestão, aplicando-se-lhe o art. 62 da CLT.

O art. 224, § 2º, da CLT prevê que essa jornada especial não se aplica ao gerente de banco, também chamado de "gerentinho". Para que seja eleito a essa categoria de gerente, deve reunir dois requisitos, cumulativamente, a saber:

- **requisito subjetivo:** ser uma **autoridade na agência.** Não é a autoridade máxima, não estamos falando do gerente geral da agência. Ele precisa ter autoridade suficiente para determinar a própria jornada, porque tem poderes, mas são poderes restritos, limitados a determinada alçada;
- **requisito objetivo:** que receba **gratificação não inferior a 1/3 do salário do cargo efetivo.**

Tendo em vista esse dispositivo legal, os empregadores começaram a pagar a gratificação para empregados que não reuniam as características subjetivas – ou seja, exigiam o trabalho de 8 horas consecutivas, pagavam a gratificação, mas o empregado não reunia o requisito subjetivo.

Nesse caso, se, ao final do contrato, o empregado bancário vai postular na Justiça do Trabalho as duas horas extras prestadas, por não preencher o requisito para ser função de confiança, **não haverá direito à compensação** da eventual condenação em horas extras com a gratificação paga. Isso, porque, nessa situação, os bancos alegavam que pagavam 1/3 a mais para que o empregado trabalhasse as 2 horas a mais por dia, e daí requeriam para o juiz a compensação. O TST rechaçou essa possibilidade. Nesse sentido, a Súmula 109 do TST:

> Súmula 109. Gratificação de função (mantida). Res. 121/2003, *DJ* 19, 20 e 21.11.2003.
>
> O bancário não enquadrado no § 2º do art. 224 da CLT, que receba gratificação de função, não pode ter o salário relativo a horas extraordinárias compensado com o valor daquela vantagem.

8. TRABALHO INTERMITENTE

A reforma trabalhista criou a modalidade de trabalho intermitente, que é o contrato de trabalho por escrito no qual a prestação de serviços não é contínua. Nessa modalidade, há alternância de períodos de trabalho e de inatividade, independentemente do tipo de atividade do empregador ou da função do empregado.

O trabalho intermitente é uma jornada contratada com o empregado por hora de trabalho na qual há o pagamento tão somente das horas efetivamente laboradas. Uma das suas principais características é a imprevisibilidade de trabalho por parte do empregado, pois pode ou não ser convocado para prestar serviços.

> Art. 443. O contrato individual de trabalho poderá ser acordado **tácita ou expressamente, verbalmente ou por escrito, por prazo determinado ou indeterminado**, ou para prestação de **TRABALHO INTERMITENTE**.
>
> (...)
>
> § 3º Considera-se como intermitente o contrato de trabalho no qual a prestação de serviços, **com subordinação, não é contínua**, ocorrendo com alternância de períodos de prestação de serviços e de inatividade, determinados em horas, dias ou meses, independentemente do tipo de atividade do empregado e do empregador, exceto para os aeronautas, regidos por legislação própria.
>
> (...)
>
> Art. 452-A. **O CONTRATO DE TRABALHO INTERMITENTE** deve ser **celebrado por escrito** e deve conter especificamente o valor da hora de trabalho, que não pode ser inferior ao valor horário do salário mínimo ou àquele devido aos demais empregados do estabelecimento que exerçam a mesma função em contrato intermitente ou não.
>
> § 1º O empregador **convocará**, por qualquer meio de comunicação eficaz, para a prestação de serviços, informando qual será a jornada, com, pelo menos, **3 dias corridos de antecedência**.
>
> § 2º Recebida a convocação, o empregado terá o prazo de 1 dia útil para responder ao chamado, **presumindo-se, no silêncio, a recusa**.
>
> § 3º A recusa da oferta **não descaracteriza a subordinação** para fins do contrato de trabalho intermitente.
>
> § 4º Aceita a oferta para o comparecimento ao trabalho, a parte que descumprir, sem justo motivo, pagará à outra parte, no prazo de 30 dias, **multa de 50% da remuneração que seria devida**, permitida a compensação em igual prazo.
>
> § 5º O período de inatividade não será considerado tempo à disposição do empregador, podendo o trabalhador prestar serviços a outros contratantes.
>
> § 6º Ao final de cada período de prestação de serviço, o empregado receberá o pagamento imediato das seguintes parcelas:
>
> I – Remuneração;
>
> II – Férias proporcionais com acréscimo de um terço;
>
> III – Décimo terceiro salário proporcional;
>
> IV – Repouso semanal remunerado; e

V – Adicionais legais.

§ 7º O recibo de pagamento deverá conter a discriminação dos valores pagos relativos a cada uma das parcelas referidas no § 6º deste artigo.

§ 8º O empregador efetuará o recolhimento da contribuição previdenciária e o depósito do Fundo de Garantia do Tempo de Serviço, na forma da lei, com base nos valores pagos no período mensal e fornecerá ao empregado comprovante do cumprimento dessas obrigações.

§ 9º A cada 12 meses, o empregado adquire direito a usufruir, nos 12 meses subsequentes, um mês de férias, período no qual não poderá ser convocado para prestar serviços pelo mesmo empregador. (destacamos)

Em primeiro lugar, há que se destacar que o contrato de trabalho intermitente exige forma solene, devendo ser celebrado por escrito. Logo, se tal formalidade não for observada, dever-se-á considerar que o trabalhador foi contratado por prazo indeterminado (relação de emprego tradicional).

O valor mínimo da hora de trabalho, que deverá constar do contrato escrito, será o salário mínimo hora ou o salário-hora análogo, assim considerado aquele devido aos demais empregados do estabelecimento que exerçam a mesma função.

Para que a convocação do trabalhador intermitente seja considerada válida, deve ocorrer por qualquer meio eficaz, indicando a quantidade de horas demandadas, respeitando-se a antecedência mínima de 3 dias corridos. Recebida a convocação, o trabalhador poderá responder positivamente ou não ao chamado do empregador. Para tal, terá o empregado um dia útil, a partir do recebimento da convocação, para responder ao chamado. Quedando-se inerte o trabalhador, presumir-se-á a recusa.

Pactuado o contrato de trabalho intermitente, o trabalhador aguardará a convocação do empregador, a qual será realizada, naturalmente, conforme o interesse e a conveniência do patrão. Nesse sentido, a grande distinção entre o contrato de trabalho tradicional e o contrato de trabalho intermitente é a eliminação, neste último, do conceito de tempo à disposição do empregador.

Ademais, na hipótese de descumprimento do acordado, a CLT estabelece expressamente que a parte que der causa ao inadimplemento contratual deverá pagar à outra parte multa no valor de 50% da remuneração que seria devida. Cumpre destacar que esta é uma hipótese de multa inédita que pode ser aplicada tanto ao empregado quanto ao empregador, caso não haja a prestação de serviços. Esse dispositivo (art. 452-A, § 4º, da CLT) altera as balizas do poder disciplinar ao empregador, pois, até então, não havia penalidade de multa para o empregado. Todavia, é importante salientar que essa multa somente será devida caso o descumprimento ocorra sem justo motivo.

Tendo em vista a existência de vínculo de emprego, o trabalhador tem direito ao recebimento dos direitos trabalhistas previstos no art. 7º da CF/1988. Além disso, o § 6º do art. 452-A da CLT dispõe o rol de direitos que devem ser pagos ao trabalhador logo ao final de cada período de prestação de serviço, a saber:

- remuneração;
- férias proporcionais com acréscimo de um terço;

- décimo terceiro salário proporcional;
- repouso semanal remunerado; e
- adicionais legais.

O recibo de pagamento deverá conter a discriminação dos valores pagos relativos a cada uma das parcelas devidas ao final de cada prestação de serviço.

Registre-se que o art. 611-A da CLT, em seu inciso VIII, prevê que a norma coletiva terá prevalência sobre a lei quando dispuser sobre o trabalho intermitente. Assim, as normas que tratam dessa nova modalidade de trabalho constituem o parâmetro regulatório básico dessa nova figura contratual, mas poderão ser flexibilizadas, no caso concreto, mediante negociação coletiva de trabalho.

9. JORNADA NOTURNA

Tendo em vista a nocividade do trabalho noturno para a saúde do trabalhador, a CLT procurou criar mecanismos tanto para compensar o empregado pela condição mais gravosa de trabalho quanto para dissuadir o empregador de se utilizar desnecessariamente do trabalho noturno.

Ao menor de 18 anos é vedado o trabalho noturno (CF, art. 7º, XXXIII).

A CF/1988 assegura aos trabalhadores urbanos e rurais (art. 7º, IX), bem como aos trabalhadores avulsos (art. 7º, XXXIV), o direito fundamental social à "remuneração do trabalho noturno superior à do diurno". No entanto, ao contrário do que fez com o serviço extraordinário, ao fixar o adicional mínimo, em relação ao trabalho noturno o constituinte silenciou a respeito da remuneração, somente impondo a remuneração superior.

Portanto, continua em vigor a velha regra celetista, a qual fixa em **20% o adicional noturno para o trabalhador urbano**, conforme o art. 73, *caput*:

> Art. 73. Salvo nos casos de revezamento semanal ou quinzenal, o trabalho noturno terá remuneração superior à do diurno e, para esse efeito, sua remuneração terá um **acréscimo de 20% (vinte por cento)**, pelo menos, sobre a hora diurna. (destacamos)

Desse modo, o primeiro mecanismo de proteção ao trabalhador que se ativa à noite é a fixação da remuneração 20% superior à da hora diurna. Ademais, a hora noturna do trabalhador urbano é reduzida, ou seja, uma hora noturna será computada como de 52 minutos e 30 segundos. Trata-se da chamada "hora ficta noturna".

No que tange à definição de horário noturno, considera-se horário noturno aquele assim definido por lei, ou seja: a determinação de qual seja a hora a ser considerada "noturna" decorre de expressa previsão legal.

> CLT, art. 73, § 2º: Considera-se noturno, para os efeitos deste artigo, o trabalho executado entre as **22 horas de um dia e as 5 horas** do dia seguinte. (destacamos)

A transferência do trabalhador para o horário diurno, embora acarrete redução salarial, pois perderá direito ao adicional de 20%, **não configura alteração ilícita** do contrato de trabalho nem violação ao direito adquirido, visto que é benéfica à saúde do trabalhador. É o que se pode depreender do conteúdo da Súmula 265 do TST, com a seguinte redação:

> Súmula 265 do TST: Adicional noturno. Alteração de turno de trabalho. Possibilidade de supressão (mantida).
> **A transferência para o período diurno de trabalho implica na perda do direito ao adicional noturno.**

> OJ 97 da SDI-1: Horas extras. Adicional noturno. Base de cálculo (inserida em 30.05.1997).
> **O adicional noturno integra a base de cálculo das horas extras prestadas no período noturno.**

> OJ 259 da SDI-1: Adicional noturno. Base de cálculo. Adicional de periculosidade. Integração (inserida em 27.09.2002).
> **O adicional de periculosidade deve compor a base de cálculo do adicional noturno, já que também neste horário o trabalhador permanece sob as condições de risco.**

atenção

O adicional noturno pago de forma habitual integra o cálculo das demais parcelas trabalhistas.

Cumpre também esclarecer que o art. 611-B da CLT, acrescentado pela Lei 13.467/2017, preceitua que a supressão ou a redução da remuneração do trabalho noturno superior à do diurno é objeto **ilícito** de acordo ou convenção coletiva, *in verbis*:

> Art. 611-B. Constituem objeto ilícito de convenção coletiva ou de acordo coletivo de trabalho, exclusivamente, a supressão ou a redução dos seguintes direitos:
> (...)
> VI – remuneração do trabalho noturno superior à do diurno;
> (...).

9.1. Especificidades do rurícola

O trabalho noturno do rurícola é objeto de tratamento diferenciado. Em primeiro lugar, o horário noturno do trabalhador rural é diferente do horário do urbano, dadas as peculiaridades do trabalho no campo. Dessa forma, para o trabalhador rural que se ativa na pecuária, o horário noturno se estende das 20h às 4h. Por sua vez, para o trabalhador rural na agricultura, o horário noturno é aquele compreendido entre 21h e 5h. Nesse sentido:

> Lei 5.889/1973, art. 7º: Para os efeitos desta Lei, considera-se trabalho noturno o executado entre as **vinte e uma horas de um dia e as cinco horas** do dia

seguinte, na lavoura, e entre as **vinte horas de um dia e as quatro horas** do dia seguinte, na atividade pecuária. (destacamos)

A segunda distinção entre o trabalhador rural e o urbano diz respeito à não aplicabilidade da hora noturna reduzida para o rurícola. Conta-se, também à noite, a hora normal, de 60 minutos. Note-se que o lapso temporal do rural é maior do que o do urbano. O intervalo noturno do urbano é de 7 horas (das 22h às 5h) e do rural é de 8 horas (das 21h às 5h ou das 20h às 4h).

Por fim, o adicional noturno do rurícola é de 25% sobre o valor da hora normal, ao passo que o do empregado urbano é de 20%.

TRABALHADOR URBANO	TRABALHADOR RURAL	
	Pecuária	Agricultura
52min30s	60min	60min
Das 22h às 5h	Das 20h às 4h	Das 21h às 5h
20%	25%	25%

9.2. A hora noturna nas demais categorias de trabalhadores

Sobre a aplicação ou não da hora ficta noturna a diversas categorias de trabalhadores, o TST já firmou posição acerca de a hora noturna reduzida também ser devida ao **vigia noturno**. Todavia, os empregados rurais e os **trabalhadores que exercem atividades de exploração do petróleo** não possuem esse direito. Nesse sentido, as súmulas 65, 112 e 140 do TST, *in verbis*:

Súmula 65 do TST: Vigia (mantida).

O direito à hora reduzida de 52 minutos e 30 segundos aplica-se ao vigia noturno.

Súmula 112 do TST: Trabalho noturno. Petróleo (mantida).

O trabalho noturno dos empregados nas atividades de exploração, perfuração, produção e refinação do petróleo, industrialização do xisto, indústria petroquímica e transporte de petróleo e seus derivados, por meio de dutos, é regulado pela Lei nº 5.811, de 11.10.1972, **não se lhe aplicando a hora reduzida de 52 minutos e 30 segundos prevista no art. 73, § 2º, da CLT.**

Súmula 140 do TST: Vigia (mantida).

É assegurado ao vigia sujeito ao trabalho noturno o direito ao respectivo adicional.

> OBS.: **a hora noturna do portuário** é das 19h às 7h, sem redução ficta.
>
> *OJ 60, I, da SDI-1: A hora noturna no regime de trabalho no porto, compreendida entre dezenove horas e sete horas do dia seguinte, é de sessenta minutos.*

Já relativamente ao **empregado doméstico**, cumpre destacar que este também tem direito ao recebimento do adicional noturno, conforme previsto no art. 7º, parágrafo único, da CF/1988. A regulamentação desse direito foi efetuada pela Lei Complementar 150/2015, que traz a mesma previsão da CLT, com a jornada reduzida de 52 minutos e 30 segundos para aqueles que trabalham das 22 horas de um dia às 5 horas do outro, e a obrigação do pagamento de um adicional de, no mínimo, 20% sobre a hora normal.

> Art. 14. Considera-se noturno, para os efeitos desta Lei, o trabalho executado entre as 22 horas de um dia e as 5 horas do dia seguinte.
>
> § 1º A hora de trabalho noturno terá duração de 52 (cinquenta e dois) minutos e 30 (trinta) segundos.
>
> § 2º A remuneração do trabalho noturno deve ter acréscimo de, no mínimo, 20% (vinte por cento) sobre o valor da hora diurna.
>
> § 3º Em caso de contratação, pelo empregador, de empregado exclusivamente para desempenhar trabalho noturno, o acréscimo será calculado sobre o salário anotado na Carteira de Trabalho e Previdência Social.
>
> § 4º Nos horários mistos, assim entendidos os que abrangem períodos diurnos e noturnos, aplica-se às horas de trabalho noturno o disposto neste artigo e seus parágrafos.

Vamos revisar?

TIPO	CATEGORIA	HORÁRIO	HORA	ADICIONAL	AMPARO LEGAL
Urbano	Regra geral	22h-5h	52'30"	20%	Art. 73 da CLT
	Petroleiro	22h-5h	60'	20%	Súmula 112 do TST
	Portuário	19h-7h	60'	20%	OJ 60 da SDI-1 do TST
	Aeronauta	18h-6h no ar	52'30"	20%	Art. 38 da Lei 13.475/2017
	Engenheiro	22h-5h	60'	25%	Art. 7º da Lei 4.95-A/1966
Doméstico	Doméstico	22h-5h	52'30"	20%	Art. 15 da LC 150/2015
Rural	Agricultura	21h-5h	60'	25%	Art. 7º da Lei 5.889/1973
	Pecuária	20h-4h	60'	25%	Art. 7º da Lei 5.889/1973

9.3. Demais peculiaridades sobre o trabalho noturno

a) Turnos ininterruptos de revezamento

No tocante ao empregado que trabalha sob o regime de **turnos ininterruptos de revezamento**, cumpre destacar que a jurisprudência do TST garante a esses trabalhadores o direito à jornada reduzida de 6 horas e à hora reduzida de 52 minutos e 30 segundos, no período noturno. Portanto, são compatíveis jornada reduzida de 6 horas + hora reduzida de 52min30s. Nesse sentido, a SDI-1 do TST editou a OJ 395, *in verbis*:

OJ 395 da SDI-1: Turno ininterrupto de revezamento. Hora noturna reduzida. Incidência.

O trabalho em regime de turnos ininterruptos de revezamento não retira o direito à hora noturna reduzida, não havendo incompatibilidade entre as disposições contidas nos arts. 73, § 1º, da CLT e 7º, XIV, da Constituição Federal.

b) Horários mistos

Em relação aos **horários mistos**, que são aqueles em que o empregado presta serviço no período diurno e noturno, ou seja, o serviço começa a ser prestado em um período diurno e termina em um período considerado pela lei como noturno, **somente as horas noturnas serão remuneradas com o respectivo adicional**, e contadas como de 52'30" cada uma. Este é o sentido do art. 73, § 4º, da CLT:

> CLT, art. 73, § 4º: Nos horários mistos, assim entendidos os que abrangem períodos diurnos e noturnos, aplica-se às horas de trabalho noturno o disposto neste artigo e seus parágrafos.

c) Prorrogação de jornada

No que tange à **prorrogação de jornada**, que ocorre quando há continuidade da prestação do serviço além do limite previsto em lei (em regra, 5 horas da manhã), **os empregados continuarão a receber o adicional noturno e terão direito à hora reduzida (52min30s)**. Portanto, as horas trabalhadas depois das 5 da manhã também serão remuneradas com o adicional e calculadas à luz da hora ficta noturna. Nesse sentido, o art. 73, § 5º, da CLT c/c a Súmula 60 do TST:

> CLT, art. 73, § 5º: Às prorrogações do trabalho noturno aplica-se o disposto neste Capítulo.

> Súmula 60: Adicional noturno. Integração no salário e prorrogação em horário diurno.
>
> I – O adicional noturno, pago com habitualidade, integra o salário do empregado para todos os efeitos.
>
> II – Cumprida integralmente a jornada no período noturno e prorrogada esta, devido é também o adicional quanto às horas prorrogadas. Exegese do art. 73, § 5º, da CLT.

Cumpre destacar que, mesmo que a jornada do empregado tenha se iniciado um pouco após às 22 horas, mas preponderantemente trabalhada à noite (ex.: das 23:10 às 07:10), é devido o adicional noturno quanto às horas que se seguem no período diurno (*Informativo 24 do TST*).

d) Jornada 12 × 36

Com a reforma trabalhista, os empregados sujeitos a **jornada 12 × 36** não têm mais direito ao adicional noturno quanto às horas trabalhadas após às 5h, quando laboram na totalidade do período noturno.

> Art. 59-A da CLT: Em exceção ao disposto no art. 59 desta Consolidação, é facultado às partes, mediante acordo individual escrito, convenção coletiva ou acordo coletivo

de trabalho, estabelecer horário de trabalho de **doze horas seguidas por trinta e seis horas ininterruptas de descanso**, observados ou indenizados os intervalos para repouso e alimentação.

Parágrafo único. A remuneração mensal pactuada pelo horário previsto no *caput* deste artigo abrange os pagamentos devidos pelo descanso semanal remunerado e pelo descanso em feriados, **e serão considerados compensados os feriados e as PRORROGAÇÕES DE TRABALHO NOTURNO**, quando houver, de que tratam o art. 70 e o § 5º do art. 73 desta Consolidação. (destacamos)

Portanto, as prorrogações de horário noturno já são consideradas compensadas na remuneração dos empregados submetidos a essa modalidade de trabalho.

Vamos de resumo em tabelas?

JORNADA DE TRABALHO
Jornada de trabalho é o lapso temporal diário em que o empregado se coloca à disposição do empregador em virtude do respectivo contrato.[4]
A limitação da duração do trabalho é considerada uma das principais conquistas dos trabalhadores na história mundial e do Brasil, tendo como objetivo proteger os trabalhadores dos abusos dos empregadores, evitando que sejam fixadas cargas horárias exaustivas de trabalho.
Art. 58. (...) § 2º O tempo despendido pelo empregado desde a sua residência até a efetiva ocupação do posto de trabalho e para o seu retorno, caminhando ou por qualquer meio de transporte, inclusive o fornecido pelo empregador, não será computado na jornada de trabalho, por não ser tempo à disposição do empregador.

JORNADA DE TRABALHO – CONSTITUIÇÃO FEDERAL	
Jornada-padrão	A Constituição da República, em seu art. 7º, XIII, inclui, entre os direitos dos trabalhadores, a "duração do trabalho normal não superior a **oito horas diárias** e **quarenta e quatro semanais**, facultada a compensação de horários e a redução da jornada, mediante acordo ou convenção coletiva de trabalho".
Turnos ininterruptos de revezamento	O inciso XIV do art. 7º da Constituição da República prevê a "jornada de seis horas para o trabalho realizado em turnos ininterruptos de revezamento, **salvo negociação coletiva**".
Trabalho noturno	O inciso IX do art. 7º da Constituição da República estabelece a "remuneração do trabalho noturno superior à do diurno".
Remuneração do trabalho extraordinário	O inciso XVI do art. 7º da Constituição da República garante a "remuneração do serviço extraordinário superior, no mínimo, em cinquenta por cento à do normal".

---

[4] DELGADO, Mauricio Godinho. *Curso de Direito do Trabalho*. 16. ed. rev. e ampl. São Paulo: LTr, 2017. p. 974.

Cap. 13 – DURAÇÃO DO TRABALHO E JORNADA NOTURNA | 243

TRABALHO NOTURNO[5]	
Trabalhadores urbanos	Terão um acréscimo de **20% (vinte por cento)**, pelo menos, sobre a hora diurna.
	A hora do trabalho noturno é computada como de **52 minutos e 30 segundos**.
	Considera-se noturno, para os efeitos do art. 73, § 2º, da CLT, o trabalho executado entre as **22 horas** de um dia e as **5 horas** do dia seguinte.
Trabalhadores rurais	Terão um acréscimo de **25% (vinte e cinco por cento)** sobre a remuneração normal.
	A hora do trabalho noturno é computada como de **60 minutos**.

TEMPO À DISPOSIÇÃO – NÃO CARACTERIZAÇÃO
Art. 4º Considera-se como de serviço efetivo o período em que o empregado esteja à disposição do empregador, aguardando ou executando ordens, salvo disposição especial expressamente consignada.
§ 1º Computar-se-ão, na contagem de tempo de serviço, para efeito de indenização e estabilidade, os períodos em que o empregado estiver afastado do trabalho prestando serviço militar e por motivo de acidente do trabalho.
§ 2º Por não se considerar tempo à disposição do empregador, não será computado como período extraordinário o que exceder a jornada normal, ainda que ultrapasse o limite de cinco minutos previsto no § 1º do art. 58 desta Consolidação, quando o empregado, por escolha própria, buscar proteção pessoal, em caso de insegurança nas vias públicas ou más condições climáticas, bem como adentrar ou permanecer nas dependências da empresa para exercer atividades particulares, entre outras: I – práticas religiosas; II – descanso; III – lazer; IV – estudo; V – alimentação; VI – atividades de relacionamento social; VII – higiene pessoal; VIII – troca de roupa ou uniforme, quando não houver obrigatoriedade de realizar a troca na empresa.

QUESTÕES PARA TREINO

1. **(MPT – MPT – Procurador do Trabalho – 2022 – adaptada)** Os empregadores deverão dar prioridade aos empregados com deficiência e aos empregados com filhos ou criança sob guarda judicial até quatro anos de idade na alocação em vagas para atividades que possam ser efetuadas por meio do teletrabalho ou trabalho remoto.

Comentário

CLT, art. 75-F: Os empregadores deverão dar prioridade aos empregados com deficiência e aos empregados com filhos ou criança sob guarda judicial até 4 (quatro) anos de idade na alocação em vagas para atividades que possam ser efetuadas por meio do teletrabalho ou trabalho remoto.

Certo.

---

[5] Súmula 60, II, do TST: Cumprida integralmente a jornada no período noturno e prorrogada esta, devido é também o adicional quanto às horas prorrogadas.

2. **(MPT – MPT – Procurador do Trabalho – 2022 – adaptada)** Em razão da natureza do trabalho desenvolvido por estagiários e aprendizes, não lhes é permitida a adoção do regime de teletrabalho ou trabalho remoto.

Comentário

CLT, art. 75-B, § 6º: Fica permitida a adoção do regime de teletrabalho ou trabalho remoto para estagiários e aprendizes.

Errado.

3. **(MPT – MPT – Procurador do Trabalho – 2022 – adaptada)** Aos empregados em regime de teletrabalho aplicam-se as disposições previstas na legislação local e nas convenções e nos acordos coletivos de trabalho relativas à base territorial do estabelecimento de lotação do empregado.

Comentário

CLT, art. 75-B, § 7º: Aos empregados em regime de teletrabalho aplicam-se as disposições previstas na legislação local e nas convenções e nos acordos coletivos de trabalho relativas à base territorial do estabelecimento de lotação do empregado.

Certo.

4. **(MPT – MPT – Procurador do Trabalho – 2022 – adaptada)** O tempo de uso de equipamentos tecnológicos e de infraestrutura necessária, bem como de softwares, de ferramentas digitais ou de aplicações de internet utilizados para o teletrabalho, fora da jornada de trabalho normal do empregado não constitui tempo à disposição ou regime de prontidão ou de sobreaviso, exceto se houver previsão em acordo individual ou em acordo ou convenção coletiva de trabalho.

Comentário

CLT, art. 75-B, § 5º: O tempo de uso de equipamentos tecnológicos e de infraestrutura necessária, bem como de softwares, de ferramentas digitais ou de aplicações de internet utilizados para o teletrabalho, fora da jornada de trabalho normal do empregado não constitui tempo à disposição ou regime de prontidão ou de sobreaviso, exceto se houver previsão em acordo individual ou em acordo ou convenção coletiva de trabalho.

Errado.

5. **(Objetiva – Prefeitura de São Miguel do Passa Quatro-GO – Assessor Jurídico – 2022 – adaptada)** Considera-se como de serviço efetivo o período em que o empregado esteja à disposição do empregador, aguardando ou executando ordens, salvo disposição especial expressamente consignada.

Comentário

CLT, art. 4º: Considera-se como de serviço efetivo o período em que o empregado esteja à disposição do empregador, aguardando ou executando ordens, salvo disposição especial expressamente consignada.

Certo.

Cap. 13 – DURAÇÃO DO TRABALHO E JORNADA NOTURNA **245**

6. **(Objetiva – Prefeitura de São Miguel do Passa Quatro-GO – Assessor Jurídico – 2022 – adaptada)** Não haverá distinções relativas à espécie de emprego e à condição de trabalhador, mas haverá distinção entre o trabalho intelectual, técnico e manual.

Comentário

CLT, art. 3º, parágrafo único: Não haverá distinções relativas à espécie de emprego e à condição de trabalhador, nem entre o trabalho intelectual, técnico e manual.

Errado.

7. **(Cespe/Cebraspe – PGDF – Procurador – 2022)** A CLT permite o ajuste tácito e individual para compensação de jornada, desde que a compensação ocorra no mesmo mês.

Comentário

CLT, art. 59, § 6º: É lícito o regime de compensação de jornada estabelecido por acordo individual, tácito ou escrito, para a compensação no mesmo mês.

Certo.

8. **(FAU – Emdur de Toledo-PR – Advogado – 2022 – adaptada)** Entre 2 (duas) jornadas de trabalho haverá um período mínimo de 12 (doze) horas consecutivas para descanso.

Comentário

CLT, art. 66: Entre 2 (duas) jornadas de trabalho haverá um período mínimo de 11 (onze) horas consecutivas para descanso.

Errado.

9. **(FAU – Emdur de Toledo-PR – Advogado – 2022 – adaptada)** É lícito o regime de compensação de jornada estabelecido por acordo individual, tácito ou escrito, para a compensação no mesmo mês.

Comentário

CLT, art. 59, § 6º: É lícito o regime de compensação de jornada estabelecido por acordo individual, tácito ou escrito, para a compensação no mesmo mês.

Certo.

10. **(FAU – Emdur de Toledo-PR – Advogado – 2022 – adaptada)** A duração do trabalho sempre poderá exceder o limite legal ou convencionado.

Comentário

CLT, art. 61: Ocorrendo necessidade imperiosa, poderá a duração do trabalho exceder do limite legal ou convencionado, seja para fazer face a motivo de força maior, seja para atender à realização ou conclusão de serviços inadiáveis ou cuja inexecução possa acarretar prejuízo manifesto.

Errado.

11. **(FAU – Emdur de Toledo-PR – Advogado – 2022 – adaptada)** Os intervalos de descanso serão computados na duração do trabalho.

Comentário

CLT, art. 71, § 2º: Os intervalos de descanso não serão computados na duração do trabalho.

Errado.

246 | DIREITO DO TRABALHO E PROCESSO DO TRABALHO FACILITADOS – *Lenza*

12. **(FAU – Emdur de Toledo-PR – Advogado – 2022 – adaptada)** As horas de trabalho extraordinário, em nenhuma hipótese, serão compensadas.

Comentário

Conforme diversas normas na CLT trazidas nas questões anteriores, é possível, sim, compensar as horas extras, de forma mensal, semestral ou até mesmo anual. Todavia, há necessidade de observar os requisitos para cada forma de compensação.

Errado.

13. **(Fepese – Prefeitura de Florianópolis – Procurador Municipal – 2022 – adaptada)** É facultado ao empregado contratado sob regime de tempo parcial converter um terço do período de férias a que tiver direito em abono pecuniário.

Comentário

CLT, art. 58-A, § 6º: É facultado ao empregado contratado sob regime de tempo parcial converter um terço do período de férias a que tiver direito em abono pecuniário.

Certo.

14. **(Fepese – Prefeitura de Florianópolis – Procurador Municipal – 2022 – adaptada)** Entre duas jornadas de trabalho haverá um período mínimo de onze horas consecutivas para descanso.

Comentário

CLT, art. 66: Entre 2 (duas) jornadas de trabalho haverá um período mínimo de 11 (onze) horas consecutivas para descanso.

Certo.

15. **(Fepese – Prefeitura de Florianópolis – Procurador Municipal – 2022 – adaptada)** A hora do trabalho noturno será computada como de 50 minutos e 30 segundos.

Comentário

O correto são 52 minutos e 30 segundos.

Errado.

16. **(Fepese – Prefeitura de Florianópolis – Procurador Municipal – 2022 – adaptada)** Não serão descontadas nem computadas como jornada extraordinária as variações de horário no registro de ponto quando não excedentes a 10 minutos, observado o limite máximo de 20 minutos diários.

Comentário

CLT, art. 58, § 1º: Não serão descontadas nem computadas como jornada extraordinária as variações de horário no registro de ponto não excedentes de cinco minutos, observado o limite máximo de dez minutos diários.

Errado.

17. **(Instituto AOCP – Sanesul – Advogado – 2021 – adaptada)** O tempo despendido pelo empregado desde a sua residência até a efetiva ocupação do posto de trabalho e para o seu retorno, caminhando ou por qualquer meio de transporte, inclusive o

fornecido pelo empregador, não será computado na jornada de trabalho, por não ser tempo à disposição do empregador.

Comentário

CLT, art. 58, § 2º: O tempo despendido pelo empregado desde a sua residência até a efetiva ocupação do posto de trabalho e para o seu retorno, caminhando ou por qualquer meio de transporte, inclusive o fornecido pelo empregador, não será computado na jornada de trabalho, por não ser tempo à disposição do empregador.

Certo.

18. **(Instituto AOCP – Sanesul – Advogado – 2021 – adaptada)** As horas suplementares da jornada de trabalho normal poderão ser compensadas diretamente até a semana imediatamente posterior à da sua execução, devendo ser feita a sua quitação na folha de pagamento do mês subsequente, caso não sejam compensadas.

Comentário

CLT, art. 58-A, § 5º: As horas suplementares da jornada de trabalho normal poderão ser compensadas diretamente até a semana imediatamente posterior à da sua execução, devendo ser feita a sua quitação na folha de pagamento do mês subsequente, caso não sejam compensadas.

Certo.

19. **(Instituto AOCP – Sanesul – Advogado – 2021 – adaptada)** A duração diária do trabalho poderá ser acrescida de horas extras, em número não excedente de duas, desde que por meio de convenção coletiva ou acordo coletivo de trabalho.

Comentário

CLT, art. 59: A duração diária do trabalho poderá ser acrescida de horas extras, em número não excedente de duas, por acordo individual, convenção coletiva ou acordo coletivo de trabalho.

Errado.

20. **(Instituto AOCP – Sanesul – Advogado – 2021 – adaptada)** É inválido o regime de compensação de jornada estabelecido por acordo individual, tácito, para a compensação no mesmo mês.

Comentário

CLT, art. 59, § 6º: É lícito o regime de compensação de jornada estabelecido por acordo individual, tácito ou escrito, para a compensação no mesmo mês.

Errado.

21. **(Vunesp – Prefeitura de Várzea Paulista-SP – Procurador Municipal – 2021 – adaptada)** Nos termos da Consolidação das Leis do Trabalho, o tempo despendido pelo empregado desde a sua residência até a efetiva ocupação do posto de trabalho não será computado na jornada de trabalho, por não ser tempo à disposição do empregador.

Comentário

CLT, art. 58, § 2º: O tempo despendido pelo empregado desde a sua residência até a efetiva ocupação do posto de trabalho e para o seu retorno, caminhando ou por

DIREITO DO TRABALHO E PROCESSO DO TRABALHO FACILITADOS – *Lenza*

qualquer meio de transporte, inclusive o fornecido pelo empregador, não será computado na jornada de trabalho, por não ser tempo à disposição do empregador.
Certo.

22. **(Fundatec – PGE-RS – Procurador do Estado – 2021 – adaptada)** Por não se considerar tempo à disposição do empregador, não será computado como período extraordinário o que exceder a jornada normal, ainda que ultrapasse o limite de cinco minutos previsto na CLT, quando o empregado, por escolha própria, buscar proteção pessoal, em caso de insegurança nas vias públicas ou más condições climáticas, bem como adentrar ou permanecer nas dependências da empresa para exercer, entre outras razões, sua higiene pessoal.

Comentário

CLT, art. 4º, § 2º: Por não se considerar tempo à disposição do empregador, não será computado como período extraordinário o que exceder a jornada normal, ainda que ultrapasse o limite de cinco minutos previsto no § 1º do art. 58 desta Consolidação, quando o empregado, por escolha própria, buscar proteção pessoal, em caso de insegurança nas vias públicas ou más condições climáticas, bem como adentrar ou permanecer nas dependências da empresa para exercer atividades particulares, entre outras:

(...)

VII – higiene pessoal;

(...).

Certo.

23. **(Coseac – Presidente de Niterói-RJ – Analista Administrativa – 2021 – adaptada)** Devido à necessidade de realização de um trabalho de conscientização da população, quanto aos riscos à saúde causados por determinada enfermidade, será necessário que alguns assistentes administrativos da Fundação Estatal de Saúde de Niterói – FeSaúde, excedam, dentro dos limites permitidos em lei, sua carga horária normal e façam horas extras. A Fundação propôs a compensação das horas extras trabalhadas. De acordo com a Consolidação das Leis do Trabalho – CLT, poderá ser dispensado o acréscimo de salário, por força de acordo ou convenção coletiva de trabalho, se o excesso de horas, em um dia, for compensado pela correspondente diminuição em outro dia, de maneira que não exceda, no período máximo de seis meses, à soma das jornadas semanais de trabalho previstas, nem seja ultrapassado o limite máximo de dez horas diárias.

Comentário

CLT, art. 59, § 2º: Poderá ser dispensado o acréscimo de salário se, por força de acordo ou convenção coletiva de trabalho, o excesso de horas em um dia for compensado pela correspondente diminuição em outro dia, de maneira que não exceda, no período máximo de um ano, à soma das jornadas semanais de trabalho previstas, nem seja ultrapassado o limite máximo de dez horas diárias.

Errado.

Cap. 13 – DURAÇÃO DO TRABALHO E JORNADA NOTURNA **249**

24. **(Coseac – Presidente de Niterói-RJ – Analista Administrativo – 2021 – adaptada)**
Devido à necessidade de realização de um trabalho de conscientização da população, quanto aos riscos à saúde causados por determinada enfermidade, será necessário que alguns assistentes administrativos da Fundação Estatal de Saúde de Niterói – FeSaúde, excedam, dentro dos limites permitidos em lei, sua carga horária normal e façam horas extras. A Fundação propôs a compensação das horas extras trabalhadas. De acordo com a Consolidação das Leis do Trabalho – CLT, poderá ser dispensado o acréscimo de salário, por força de acordo ou convenção coletiva de trabalho, se o excesso de horas, em um dia, for compensado pela correspondente diminuição em outro dia, de maneira que não exceda, no período máximo de dez meses, à soma das jornadas semanais de trabalho previstas, nem seja ultrapassado o limite máximo de dez horas diárias.

Comentário

CLT, art. 59, § 2º: Poderá ser dispensado o acréscimo de salário se, por força de acordo ou convenção coletiva de trabalho, o excesso de horas em um dia for compensado pela correspondente diminuição em outro dia, de maneira que não exceda, no período máximo de um ano, à soma das jornadas semanais de trabalho previstas, nem seja ultrapassado o limite máximo de dez horas diárias.

Errado.

25. **(Coseac – Presidente de Niterói-RJ – Analista Administrativo – 2021 – adaptada)**
Devido à necessidade de realização de um trabalho de conscientização da população, quanto aos riscos à saúde causados por determinada enfermidade, será necessário que alguns assistentes administrativos da Fundação Estatal de Saúde de Niterói – FeSaúde, excedam, dentro dos limites permitidos em lei, sua carga horária normal e façam horas extras. A Fundação propôs a compensação das horas extras trabalhadas. De acordo com a Consolidação das Leis do Trabalho – CLT, poderá ser dispensado o acréscimo de salário, por força de acordo ou convenção coletiva de trabalho, se o excesso de horas, em um dia, for compensado pela correspondente diminuição em outro dia, de maneira que não exceda, no período máximo de dois anos, à soma das jornadas mensais de trabalho previstas, nem seja ultrapassado o limite máximo de dez horas diárias.

Comentário

CLT, art. 59, § 2º: Poderá ser dispensado o acréscimo de salário se, por força de acordo ou convenção coletiva de trabalho, o excesso de horas em um dia for compensado pela correspondente diminuição em outro dia, de maneira que não exceda, no período máximo de um ano, à soma das jornadas semanais de trabalho previstas, nem seja ultrapassado o limite máximo de dez horas diárias.

Errado.

26. **(Coseac – Presidente de Niterói-RJ – Analista Administrativo – 2021 – adaptada)**
Devido à necessidade de realização de um trabalho de conscientização da população, quanto aos riscos à saúde causados por determinada enfermidade, será necessário que alguns assistentes administrativos da Fundação Estatal de Saúde de Niterói – FeSaúde, excedam, dentro dos limites permitidos em lei, sua carga horária normal e façam horas extras. A Fundação propôs a compensação das horas extras trabalhadas. De acordo com a Consolidação das Leis do Trabalho – CLT, poderá ser dispensado o acréscimo de salário, por força de acordo ou convenção coletiva de trabalho, se o excesso de horas,

em um dia, for compensado pela correspondente diminuição em outro dia, de maneira que não exceda, no período máximo de dois anos, à soma das jornadas quinzenais de trabalho previstas, nem seja ultrapassado o limite máximo de doze horas diárias.

Comentário

CLT, art. 59, § 2º: Poderá ser dispensado o acréscimo de salário se, por força de acordo ou convenção coletiva de trabalho, o excesso de horas em um dia for compensado pela correspondente diminuição em outro dia, de maneira que não exceda, no período máximo de um ano, à soma das jornadas semanais de trabalho previstas, nem seja ultrapassado o limite máximo de dez horas diárias.

Errado.

27. **(Coseac – Presidente de Niterói-RJ – Analista Administrativo – 2021 – adaptada)** Devido à necessidade de realização de um trabalho de conscientização da população, quanto aos riscos à saúde causados por determinada enfermidade, será necessário que alguns assistentes administrativos da Fundação Estatal de Saúde de Niterói – FeSaúde, excedam, dentro dos limites permitidos em lei, sua carga horária normal e façam horas extras. A Fundação propôs a compensação das horas extras trabalhadas. De acordo com a Consolidação das Leis do Trabalho – CLT, poderá ser dispensado o acréscimo de salário, por força de acordo ou convenção coletiva de trabalho, se o excesso de horas, em um dia, for compensado pela correspondente diminuição em outro dia, de maneira que não exceda, no período máximo de um ano, à soma das jornadas semanais de trabalho previstas, nem seja ultrapassado o limite máximo de dez horas diárias.

Comentário

CLT, art. 59, § 2º: Poderá ser dispensado o acréscimo de salário se, por força de acordo ou convenção coletiva de trabalho, o excesso de horas em um dia for compensado pela correspondente diminuição em outro dia, de maneira que não exceda, no período máximo de um ano, à soma das jornadas semanais de trabalho previstas, nem seja ultrapassado o limite máximo de dez horas diárias.

Certo.

28. **(FCM – Iprev Mariana-MG – Advogado – 2022 – adaptada)** Um trabalhador possui jornada de trabalho de 8 horas diárias. Para esse trabalhador, nos termos da CLT, é correto afirmar:

Não serão descontadas nem computadas como jornada extraordinária as variações de horário no registro de ponto não excedentes de cinco minutos, observado o limite máximo de dez minutos diários.

Comentário

CLT, art. 58: A duração normal do trabalho, para os empregados em qualquer atividade privada, não excederá de 8 (oito) horas diárias, desde que não seja fixado expressamente outro limite.

§ 1º Não serão descontadas nem computadas como jornada extraordinária as variações de horário no registro de ponto não excedentes de cinco minutos, observado o limite máximo de dez minutos diários.

Certo.

Cap. 13 – DURAÇÃO DO TRABALHO E JORNADA NOTURNA

29. **(FCM – Iprev Mariana-MG – Advogado – 2022 – adaptada)** Um trabalhador possui jornada de trabalho de 8 horas diárias. Para esse trabalhador, nos termos da CLT, é correto afirmar:

Admite-se a realização de compensações, caso haja banco de horas estabelecido legalmente e desde que as compensações ocorram dentro da mesma semana.

Comentário

CLT, art. 59: A duração diária do trabalho poderá ser acrescida de horas extras, em número não excedente de duas, por acordo individual, convenção coletiva ou acordo coletivo de trabalho.

§ 5º O banco de horas de que trata o § 2º deste artigo poderá ser pactuado por acordo individual escrito, desde que a compensação ocorra no período máximo de seis meses.

Errado.

30. **(FCM – Iprev Mariana-MG – Advogado – 2022 – adaptada)** Um trabalhador possui jornada de trabalho de 8 horas diárias. Para esse trabalhador, nos termos da CLT, é correto afirmar:

No caso de prestação de horas extras de forma habitual fica descaracterizado o acordo para compensação de jornadas e banco de horas.

Comentário

CLT, art. 59-B, parágrafo único: A prestação de horas extras habituais não descaracteriza o acordo de compensação de jornada e o banco de horas.

Errado.

1. TRABALHO EM SOBREJORNADA

Embora exista uma limitação de jornada na Constituição Federal de 8 horas diárias e 44 horas semanais, é possível a prestação de serviços além da jornada máxima. O tempo trabalhado além da jornada-padrão é comumente denominado **sobrejornada**, **horas extraordinárias** ou **horas suplementares**. O trabalho extraordinário é lícito, desde que respeitados os limites legais.

> Art. 7º São direitos dos trabalhadores urbanos e rurais, além de outros que visem à melhoria de sua condição social:
>
> (...)
>
> XIII – duração do trabalho normal não superior a oito horas diárias e quarenta e quatro semanais, facultada a compensação de horários e a redução da jornada, mediante acordo ou convenção coletiva de trabalho;
>
> (...)
>
> XVI – remuneração do serviço extraordinário superior, no mínimo, em cinquenta por cento à do normal;
>
> (...).

O trabalho que ultrapassar a jornada normal será remunerado com adicional de, no mínimo, 50% sobre a hora normal. Tal direito encontra-se previsto expressamente no art. 7º, XVI, da CF/1988.

Consoante o disposto na CLT, a jornada normal pode ser prorrogada "por **acordo individual, convenção coletiva ou acordo coletivo de trabalho**", sendo, lícita, como regra geral e atendidas as hipóteses legais, a realização de até 2 horas extras diárias.

Cumpre ressaltar que o valor das horas extras prestadas reflete nas demais verbas trabalhistas, mas não integra, de forma definitiva, a sua remuneração.

Na redação anterior à reforma trabalhista, a CLT estabelecia o adicional de 20% sobre o valor da hora normal de trabalho para o caso de prestação de horas extras. Com a reforma trabalhista, o art. 59, § 1º, da CLT foi alterado apenas para se adequar à previsão constitucional acerca do adicional de hora extraordinária, passando o referido artigo a prever o adicional mínimo de 50%.

Havendo trabalho além da jornada normal, isto é, sobrejornada, há duas possibilidades, a saber:

- o empregador remunera o empregado com o valor da hora normal mais o adicional de, no mínimo, 50% (a própria lei, ou ainda um instrumento coletivo de trabalho, pode fixar percentual maior) sobre as horas extraordinárias;
- opera-se a compensação do tempo trabalhado a mais, de forma que o empregado trabalhe menos em outro dia.

O trabalho em sobrejornada, ainda que sem o devido acordo de prorrogação, deve ser remunerado como extraordinário. Da mesma forma, as horas extraordinárias prestadas além do limite legal, também por óbvio, devem ser remuneradas com o adicional. Nesse sentido, a Súmula 376 do TST:

> Súmula 376: Horas extras. Limitação. Art. 59 da CLT. Reflexos.
>
> I – A limitação legal da jornada suplementar a duas horas diárias não exime o empregador de pagar todas as horas trabalhadas.
>
> II – O valor das horas extras habitualmente prestadas integra o cálculo dos haveres trabalhistas, independentemente da limitação prevista no *caput* do art. 59 da CLT.

É possível ao empregador suprimir a prestação de serviços extraordinários, prestados de forma habitual, pelo empregado?

De um lado, considera-se que a prestação de hora extra *é* nociva à saúde do empregado. Fazem-se presentes, aqui, os princípios da proteção, da dignidade da pessoa humana e, enfim, todos os princípios que visam manter a saúde do empregado. De outro lado, há o princípio da estabilidade salarial, eis que o empregado que presta serviços extraordinários de forma habitual passa a contar com a elevação salarial decorrente de tal labor. O salário gera uma expectativa no empregado, para sua sobrevivência. Por isso, o salário deve ser estável. De mãos dadas com a estabilidade salarial, há o princípio da irredutibilidade salarial.

Para o TST, dada a nocividade da hora extra, *é* possível e legal a supressão da hora extra, a qualquer tempo. Tratando-se de hora extra habitual (assim considerada aquela que exceder um ano de prestação consecutiva), a sua supressão será seguida da observância da estabilidade salarial do empregado. **Desse modo, para cada ano ou fração de ano (assim considerados 6 meses ou mais), o empregado terá direito à manutenção do pagamento por um mês**. O valor é calculado com base na média dos últimos 12 meses imediatamente anteriores à subtração (Súmula 291 do TST):

Súmula 291 do TST: Horas extras. Habitualidade. Supressão. Indenização.
A supressão total ou parcial, pelo empregador, de serviço suplementar prestado com habitualidade, durante pelo menos 1 (um) ano, assegura ao empregado o direito à indenização correspondente ao valor de 1 (um) mês das horas suprimidas, total ou parcialmente, para cada ano ou fração igual ou superior a seis meses de prestação de serviço acima da jornada normal. O cálculo observará a média das horas suplementares nos últimos 12 (doze) meses anteriores à mudança, multiplicada pelo valor da hora extra do dia da supressão.

Do entendimento sumulado, extraem-se as seguintes **conclusões**:

a) É **possível a supressão** de horas extras, a qualquer tempo.

b) Consideram-se **horas extras habituais aquelas que superem 1 ano** de labor.

c) A supressão de horas extras implicará **manutenção do pagamento da média de horas extras dos 12 meses** que antecedem à supressão.

d) A manutenção do pagamento ocorrerá na razão de **1 mês para cada ano ou fração superior a 6 meses** trabalhados.

1.1. Acordo de prorrogação de jornada

Consoante dispõe o art. 59, *caput*, da CLT, com redação dada pela Lei 13.467/2017, a jornada normal pode ser prorrogada "por acordo individual, convenção coletiva ou acordo coletivo de trabalho".

A respeito da prorrogação, a jurisprudência considera inválida a pré-contratação de horas extras, isto é, o acordo de prorrogação embutido no próprio contrato de trabalho. Isso ocorre pelo fato de que o empregador, nesse caso, tornaria habitual o que, por natureza, deve ocorrer apenas excepcionalmente. Ademais, de certa forma, estipularia uma espécie de salário complessivo, o que não é admitido pela jurisprudência. Nesse sentido, a Súmula 199, I, do TST:

> Súmula 199: Bancário. Pré-contratação de horas extras.
>
> I – A contratação do serviço suplementar, quando da admissão do trabalhador bancário, é nula. Os valores assim ajustados apenas remuneram a jornada normal, sendo devidas as horas extras com o adicional de, no mínimo, 50% (cinquenta por cento), as quais não configuram pré-contratação, se pactuadas após a admissão do bancário.

cuidado

Você lembra o que é o salário complessivo? É o salário que engloba todas as parcelas recebidas, impossibilitando que o empregado tenha ciência do valor referente a cada uma delas. Possui previsão na Súmula 91 do TST, sendo considerado nulo:

Súmula 91: Nula é a cláusula contratual que fixa determinada importância ou percentagem para atender englobadamente vários direitos legais ou contratuais do trabalhador.

1.2. Prorrogação de jornada por necessidade imperiosa

A CLT prevê a hipótese de prorrogação de jornada por necessidade imperiosa, que ocorre nos casos de força maior ou em virtude da necessidade de conclusão de serviços inadiáveis ou cuja inexecução possa acarretar prejuízos ao empregador. Em resumo, são casos em que o empregado tem o dever de prestar hora extra e, portanto, é desnecessária a sua concordância com o trabalho extraordinário.

> CLT, art. 61: Ocorrendo necessidade imperiosa, poderá a duração do trabalho exceder do limite legal ou convencionado, seja para fazer face a motivo de força maior, seja para atender à realização ou conclusão de serviços inadiáveis ou cuja inexecução possa acarretar prejuízo manifesto.
>
> § 1º O excesso, nos casos deste artigo, pode ser exigido independentemente de convenção coletiva ou acordo coletivo de trabalho.

> **FORÇA MAIOR: ocorrendo fato que implique necessária prestação de hora extra.**

Como já foi dito anteriormente, a força maior é uma das espécies do gênero **necessidade imperiosa**. Entende-se por força maior todo acontecimento inevitável, em relação à vontade do empregador, e para a realização do qual este não concorreu, direta ou indiretamente. Exemplo: enchentes, incêndio etc. Nesse sentido, dispõe a CLT:

> Art. 501. Entende-se como força maior todo acontecimento inevitável, em relação à vontade do empregador, e para a realização do qual este não concorreu, direta ou indiretamente.
>
> § 1º A imprevidência do empregador exclui a razão de força maior.

Na hipótese de ocorrência de força maior que tenha trazido prejuízos à empresa sem a paralisação de sua atividade, o empregado prestará horas extras, independentemente de acordo ou convenção coletiva, pois não há como prever a necessidade do trabalho além do limite normal. Essas horas trabalhadas serão remuneradas como horas extras, sendo devido o adicional de, no mínimo, 50%.

Cumpre esclarecer que não há limitação de jornada para fins de força maior, apesar de parte da doutrina defender a aplicação do limite máximo de 12 horas diárias. Ademais, continua sendo desnecessária a realização de acordo ou convenção coletiva de trabalho para a prestação de horas extras nos casos de necessidade imperiosa.

Por fim, é importante mencionar que, com a reforma trabalhista, se excluiu a exigência de comunicação prévia à autoridade em matéria de trabalho.

cuidado

*O empregado adolescente **poderá** prestar horas extras na hipótese de ocorrência de força maior, acrescidas do adicional de, no mínimo, 50% sobre a jornada normal, limitada à totalidade de 12 horas (8 horas de jornada normal + 4 horas extras). Para que a prorrogação seja viabilizada,*

> *o trabalho do menor deve ser imprescindível ao funcionamento da empresa, nos termos do art. 413, II, da CLT:*
>
> > *Art. 413. É vedado prorrogar a duração normal diária do trabalho do menor, salvo:*
> >
> > *(...)*
> >
> > *II – Excepcionalmente, por motivo de força maior, até o máximo de 12 (doze) horas, com acréscimo salarial de, pelo menos, 25% (vinte e cinco por cento) sobre a hora normal e desde que o trabalho do menor seja imprescindível ao funcionamento do estabelecimento.*

> **SERVIÇOS INADIÁVEIS: são aqueles cuja paralisação gere significativo prejuízo para o empregador.**

Os **serviços inadiáveis** ou cuja inexecução possa acarretar prejuízo manifesto são caracterizados como situações nas quais o labor do empregado é emergencial para que não haja prejuízo ao empregador. Exemplo: descarregar o caminhão com produtos perecíveis é trabalho que não pode aguardar o dia seguinte.

Na hipótese em análise, a **jornada de trabalho é limitada a 12 horas diárias** (8 horas normais + 4 horas extras), independentemente de prévio acordo ou convenção coletiva.

> CLT, art. 61, § 2º: Nos casos de excesso de horário por motivo de força maior, a remuneração da hora excedente não será inferior à da hora normal. Nos demais casos de excesso previstos neste artigo, a remuneração será, pelo menos, 25% (vinte e cinco por cento) superior à da hora normal, e o trabalho não poderá exceder de 12 (doze) horas, desde que a lei não fixe expressamente outro limite.

Cumpre esclarecer que esse dispositivo NÃO FOI RECEPCIONADO PELA CF/1988 no tocante à remuneração das horas trabalhadas em sobrejornada. Observe-se que a CLT previa o trabalho em sobrejornada sem nenhum adicional, no caso de força maior. Portanto, o parágrafo deve ser lido à luz da Constituição de 1988, razão pela qual o adicional por serviço extraordinário será, em qualquer hipótese, de, no mínimo, 50%.

> **RECUPERAÇÃO DE HORAS: será possível a prestação de serviços além do horário normal, para recuperação de horas, em razão da paralisação da empresa resultante de causas acidentais ou de força maior.**

O § 3º do art. 61 da CLT prevê a realização de horas extras na hipótese de paralisação das atividades do empregador, em virtude de causas acidentais ou força maior. Nessa hipótese, a previsão celetista é no sentido de que a **jornada poderá ser majorada por 2 horas extras por dia, pelo limite máximo de 45 dias.**

Trata-se de uma majoração com o objetivo de **recuperar a empresa paralisada.** Assim, durante o período em que as atividades estão paradas, o empregado permanecerá em sua residência, à disposição, recebendo salário. Uma vez restabelecidas as condições de trabalho, mediante autorização do Ministério do Trabalho e Emprego (MTE), será possível exigir o labor extraordinário. O **texto celetista**, nessa passagem, dá a entender pela desnecessidade de pagamento sequer da hora de trabalho, como se fosse uma **espécie de compensação pelo tempo paralisado**.

> CLT, art. 61, § 3º: Sempre que ocorrer interrupção do trabalho, resultante de causas acidentais, ou de força maior, que determinem a impossibilidade de sua realização, a duração do trabalho poderá ser prorrogada pelo tempo necessário até o máximo de 2 (duas) horas, durante o número de dias indispensáveis à recuperação do tempo perdido, desde que não exceda de 10 (dez) horas diárias, em período não superior a 45 (quarenta e cinco) dias por ano, sujeita essa recuperação à prévia autorização da autoridade competente.

Essa hipótese é mais restrita que as anteriores. Com efeito, enquanto nas hipóteses do *caput* do art. 61 a prorrogação independe de comunicação ao MTE, neste caso **é necessário solicitar, antecipadamente, a autorização do MTE** para prorrogação da jornada.

2. FORMAS DE COMPENSAÇÃO DE JORNADA

No regime de compensação de jornada, o empregado trabalhará além da jogada normal em alguns dias, para descansar em outros (art. 59, § 2º, da CLT). Exemplo: trabalha-se uma hora a mais de segunda a quinta-feira para descansar no sábado.

A possibilidade de compensação de jornada está autorizada expressamente no inciso XIII do art. 7º da CF/1988:

> Art. 7º São direitos dos trabalhadores urbanos e rurais, além de outros que visem à melhoria de sua condição social:
>
> (...)
>
> XIII – duração do trabalho normal não superior a oito horas diárias e quarenta e quatro semanais, **facultada a compensação de horários e a redução da jornada, mediante acordo ou convenção coletiva de trabalho**;
>
> (...). (destacamos)

Note-se que, na compensação, há verdadeira redistribuição de horas, não sendo mais devido o adicional de 50%, pois o trabalho prestado além do horário normal será compensado com descanso.

É possível compensar o aumento da carga horária de trabalho em um dia com a sua diminuição em outro. Nesse sentido, previsão expressa do §§ 2º e 3º do art. 59 da CLT:

> Art. 59. (...)
>
> § 2º Poderá ser dispensado o acréscimo de salário se, por força de acordo ou convenção coletiva de trabalho, o excesso de horas em um dia for compensado pela

correspondente diminuição em outro dia, de maneira que não exceda, no período máximo de um ano, à soma das jornadas semanais de trabalho previstas, nem seja ultrapassado o limite máximo de dez horas diárias.

§ 3º Na hipótese de rescisão do contrato de trabalho sem que tenha havido a compensação integral da jornada extraordinária, na forma dos §§ 2º e 5º deste artigo, o trabalhador terá direito ao pagamento das horas extras não compensadas, calculadas sobre o valor da remuneração na data da rescisão.

Somente é possível falar-se em compensação diante de uma hipótese em que há violação dos limites legais, ou seja: na compensação, algum dos limites previstos em lei será violado. Por assim ser, há trabalho efetivamente extraordinário, que é compensado com um descanso excessivo (descanso a mais). O eventual ajuste de jornada diverso, sem a extrapolação desses limites, compõe ajuste contratual e, assim, não se fala em compensação.

A compensação de jornada pode ser ajustada de forma **fixa ou aleatória**. O conhecimento da sua jornada e da compensação pelo trabalhador deve ser prévio, devendo esse ajuste ser sempre escrito. Admite-se, entretanto, que seja individual ou coletivo. Quando for individual, não poderá contrariar a norma coletiva, de maneira que ela tem que autorizar ou ser omissa.

No regime de compensação de jornada, o empregado trabalhará além da jornada normal em alguns dias, para descansar em outros. Para que a compensação seja lícita, é necessário o cumprimento dos seguintes requisitos:

a) Acordo individual tácito ou escrito – conforme previsto na CF, é permitida a compensação mediante "acordo ou convenção coletiva". Antes da reforma trabalhista, já se admitia, além da negociação coletiva, o acordo individual escrito, firmado diretamente entre o empregado e empregador. Nesse sentido, estabelece a jurisprudência consolidada do TST:

> Súmula 85, I, do TST: A compensação de jornada de trabalho deve ser ajustada por acordo individual ESCRITO, acordo coletivo ou convenção coletiva. (destacamos)

Ocorre que o § 6º da CLT, acrescentado pela reforma trabalhista, prevê a possibilidade de o regime de compensação ser estabelecido por acordo individual tácito ou escrito entre empregado e empregador. Note-se, portanto, que, ainda que as partes não tenham formalizado documento permitindo a compensação de jornada, não haverá irregularidade, pois a CLT admite a compensação de forma tácita, desde que a compensação ocorra no mesmo mês. Trata-se de hipótese de total flexibilização individual das normas atinentes à duração do trabalho.

> CLT, art. 59, § 6º: É lícito o regime de compensação de jornada estabelecido por acordo individual, tácito ou escrito, para a compensação no mesmo mês.

b) Observância do limite máximo de 10 horas diárias – permanece a vedação a jornadas superiores a 10 horas diárias na hipótese de compensação de jornada.

Ainda que o empregado descanse o período trabalhado, os valores que ultrapassem as 10 horas diárias serão devidos como horas extras.

> **atenção**
>
> **Exceção:** Jornada 12 × 36, permitida expressamente pela CLT.

c) Compensação das horas trabalhadas no período de, no máximo, um mês – antes da reforma trabalhista, havia discussão acerca do prazo para a compensação de jornada: se deveria ocorrer no período máximo de uma semana ou de um mês. Com a inclusão do § 6º do art. 59, não há mais dúvida no sentido de que é possível a compensação individual dentro do período máximo de um mês. Dessa forma, a redistribuição de horas deverá respeitar o limite de 220 horas mensais. A prestação do trabalho extraordinário acima do limite permitido não desconfigura o sistema de compensação de acordo com o novo posicionamento do art. 59-B, parágrafo único, da CLT:

> Art. 59-B. (...)
>
> Parágrafo único. A prestação de horas extras habituais NÃO DESCARACTERIZA o acordo de compensação de jornada e o banco de hora. (destacamos).

A reforma trabalhista alterou o regime de tempo parcial, permitindo a prestação de 6 horas extras mensais na hipótese de jornadas de até 26 horas semanais. Além disso, permitiu-se a compensação de jornada nesse regime. De acordo com o art. 58-A, § 5º, da CLT, as horas extras realizadas em regime de tempo parcial poderão ser compensadas até a semana imediatamente posterior à sua execução. Portanto, se o empregado prestar horas extras em uma terça-feira, terá até a terça-feira seguinte para compensar essas horas suplementares. **O limite para a compensação deve ser limitado a 6 horas extras semanais. Para o regime de tempo parcial, não cabe a compensação mensal ou a celebração de banco de horas previsto no art. 59 da CLT.**

No caso das compensações fixas, em que a compensação é previamente conhecida, doutrinadores apontam no sentido de que essa compensação deve ocorrer **dentro da mesma semana ou mês**. É o entendimento que o TST tem apontado, ao admitir a validade da **semana espanhola (OJ 323 da SDI-1 do TST)** e do regime de **compensação de 12 horas de trabalho por 36 de descanso** (desde que previsto em norma coletiva e em caráter excepcional – **Súmula 444 do TST**), esta última agora prevista na CLT.

2.1. Semana espanhola

A inclusão do § 6º ao art. 59 não trouxe grandes mudanças, uma vez que a "semana espanhola" já era autorizada pela OJ 323 da SDI-1 do TST, apenas confirma a exigência da negociação coletiva.

> CLT, art. 59, § 6º: É lícito o regime de compensação de jornada estabelecido por acordo individual, tácito ou escrito, para a compensação no mesmo mês.

> OJ 323 da SDI-1: Acordo de compensação de jornada. "Semana espanhola". Validade (*DJ* 09.12.2003).
>
> É válido o sistema de compensação de horário quando a jornada adotada é a denominada "semana espanhola", que alterna a prestação de 48 horas em uma semana e 40 horas em outra, não violando os arts. 59, § 2º, da CLT e 7º, XIII, da CF/1988 o seu ajuste mediante acordo ou convenção coletiva de trabalho.

Portanto, o empregado trabalha 48 horas em uma semana e 40 horas na seguinte, e assim sucessivamente, de modo que a média será 44 horas semanais.

Esse sistema pode ser utilizado para que o empregado não trabalhe aos sábados.

2.2. 12 × 36

O regime de 12 × 36 horas é o popular regime de plantão, prática comum entre os profissionais da área de saúde. Nesse regime, o empregado trabalha durante 12 horas consecutivas, e, em seguida, folga durante 36 horas, e assim sucessivamente. Nesses casos, a jornada semanal não é ultrapassada e todos os repousos são garantidos.

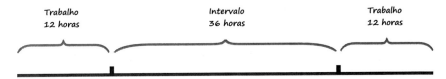

A jornada 12 × 36 é uma jornada de trabalho especial (TST), razão pela qual não é devido o adicional de 50%, pois o trabalho prestado além do horário normal será compensado com descanso. Portanto, os dias de DSR, feriados e a prorrogação do adicional noturno já estão compensados nas 36 horas de descanso concedidos aos trabalhadores.

Antes da reforma trabalhista, não havia regulamentação na CLT sobre o tema, razão pela qual, para suprir essa lacuna do legislador, o TST "regulamentou" o tema por meio da Súmula 444. Essa jurisprudência do TST, que deve sofrer alterações por conta da reforma, prevê que a jornada 12 × 36 seja pactuada apenas por norma coletiva e se houver previsão legal, assegurando a remuneração em dobro dos feriados trabalhados.

> Súmula 444: Jornada de trabalho. Norma coletiva. Lei. Escala de 12 por 36. Validade.
>
> É válida, em caráter excepcional, a jornada de doze horas de trabalho por trinta e seis de descanso, prevista em lei ou ajustada exclusivamente mediante acordo coletivo de trabalho ou convenção coletiva de trabalho, assegurada a remuneração em dobro dos feriados trabalhados. O empregado não tem direito ao pagamento de adicional referente ao labor prestado na décima primeira e décima segunda horas.

Contrariando o entendimento sumulado, a reforma trabalhista de 2017 estabeleceu a possibilidade ampla de instituição do regime de compensação 12 × 36, que, até então, era considerado excepcional pela jurisprudência (já julgado constitucional pelo STF). Com efeito, o art. 59-A da CLT, com redação dada pela Lei 13.467/2017, tratou do regime 12 × 36 nos seguintes termos:

> Art. 59-A. Em exceção ao disposto no art. 59 desta Consolidação, é facultado às partes, mediante acordo individual escrito, convenção coletiva ou acordo coletivo de trabalho, estabelecer horário de trabalho de doze horas seguidas por trinta e seis horas ininterruptas de descanso, observados ou indenizados os intervalos para repouso e alimentação. (Incluído pela Lei nº 13.467, de 2017)
>
> Parágrafo único. A remuneração mensal pactuada pelo horário previsto no caput deste artigo abrange os pagamentos devidos pelo descanso semanal remunerado e pelo descanso em feriados, e serão considerados compensados os feriados e as prorrogações de trabalho noturno, quando houver, de que tratam o art. 70 e o § 5º do art. 73 desta Consolidação. (Incluído pela Lei nº 13.467, de 2017)

Assim, diferentemente do previsto pelo TST, esse sistema pode ser estabelecido por:

a) acordo individual escrito; e

b) instrumentos coletivos de trabalho (convenção coletiva ou acordo coletivo de trabalho).

Dessa forma, esse regime pode ser instituído mediante acordo individual escrito, além de ter-se passado a exigir somente o acordo entre as partes para fixação da jornada 12 × 36, afastando-se o critério da excepcionalidade, e permitindo-se o ajuste dessa modalidade para todos os empregados.

O regime de escala 12 × 36 também pode ser aplicado ao empregado doméstico, mediante acordo escrito entre as partes. Para os domésticos, assim, desde a LC 150/2015, não se exigia convenção ou acordo coletivo de trabalho para contratação da jornada 12 × 36.

Há, ainda, previsão da jornada 12 × 36 para motorista profissional e bombeiro civil.

> Art. 235-F da CLT: Convenção e acordo coletivo poderão prever jornada especial de 12 (doze) horas de trabalho por 36 (trinta e seis) horas de descanso para o trabalho do motorista profissional empregado em regime de compensação.

> Art. 5º da Lei 11.901/2009: A jornada do Bombeiro Civil é de 12 horas de trabalho por 36 horas de descanso, num total de 36 horas semanais.

Por fim, o art. 60, parágrafo único, da CLT passa a dispor:

> Art. 60. Nas atividades insalubres, assim consideradas as constantes dos quadros mencionados no capítulo "Da Segurança e da Medicina do Trabalho", ou que neles venham a ser incluídas por ato do Ministro do Trabalho, Indústria e Comércio, quaisquer prorrogações só poderão ser acordadas mediante licença prévia das autoridades competentes em matéria de higiene do trabalho, as quais, para esse efeito, procederão aos necessários exames locais e à verificação dos métodos e processos de trabalho,

Cap. 14 – TRABALHO EM SOBREJORNADA **263**

quer diretamente, quer por intermédio de autoridades sanitárias federais, estaduais e municipais, com quem entrarão em entendimento para tal fim.

Parágrafo único. Excetuam-se da exigência de licença prévia as jornadas de doze horas de trabalho por trinta e seis horas ininterruptas de descanso.

2.3. Semana inglesa

Trata-se de modalidade de compensação da jornada de trabalho, por meio da qual há a supressão das horas trabalhadas aos sábados, com a respectiva distribuição das horas nos demais dias de semana, respeitado limite de 10 horas diárias e 44 semanais. Trata-se da modalidade compensatória mais corriqueira, habitualmente denominada regime de compensação semanal.

2.4. Banco de horas

Outra possibilidade de compensação de jornada é o banco de horas, na qual a compensação extrapola o período de um mês. O banco de horas atende ao *jus variandi* do empregador, que exigirá mais labor (hora extras) quando houver maior demanda do mercado e, ao revés, quando a produção ficar em ritmo mais lento, poderá dispensar o empregado de alguns dias de trabalho para compensar as horas positivas do banco, tudo isso sem pagamento de horas extraordinárias.

Quando houver a instituição válida do banco de horas, o valor correspondente às horas extras prestadas não será pago diretamente ao empregado, uma vez que se tornará um "crédito" para empregador, e, na hipótese de rescisão do contrato de trabalho sem que tenha havido a compensação integral das horas extras prestadas, fará o trabalhador jus ao pagamento dessas horas, que serão calculadas sobre o valor da remuneração na data da rescisão.

Para a modalidade de banco de horas, a Lei 13.467 criou a possibilidade de um banco de horas semestral, além do banco de horas anual, que já existia.

A) Banco de horas semestral

O banco de horas semestral pode ser estabelecido por meio de acordo individual escrito (até então, só podia se falar em "banco de horas" por meio de negociação coletiva):

> CLT, art. 59, § 5º: O banco de horas de que trata o § 2º deste artigo poderá ser pactuado por acordo individual escrito, desde que a compensação ocorra no período máximo de seis meses.

B) Banco de horas anual

Para o estabelecimento dessa modalidade de banco de horas, o § 2º do art. 59 da CLT prevê a necessidade de previsão em acordo ou convenção coletiva de trabalho, desde que o excesso de horas em um dia seja compensado em outro, de modo que a soma das jornadas semanais de trabalho seja observada. Além disso, é necessário o respeito ao limite de 10 horas diárias de trabalho.

CLT, art. 59, § 2º: Poderá ser dispensado o acréscimo de salário se, por força de acordo ou convenção coletiva de trabalho, o excesso de horas em um dia for compensado pela correspondente diminuição em outro dia, de maneira que não exceda, no período máximo de um ano, à soma das jornadas semanais de trabalho previstas, nem seja ultrapassado o limite máximo de dez horas diárias.

Finalmente, vale destacar que a CLT passou a prever que a convenção ou o acordo coletivo de trabalho que dispuser sobre banco de horas anual terá prevalência sobre a lei.

Art. 611-A. A convenção coletiva e o acordo coletivo de trabalho têm prevalência sobre a lei quando, entre outros, dispuserem sobre: (Incluído pela Lei nº 13.467, de 2017)

(...)

II – banco de horas anual; (Incluído pela Lei nº 13.467, de 2017)

(...).

Portanto, em relação ao banco de horas anual, poderiam ser estabelecidas outras regras, ainda que desvantajosas ao trabalhador.

3. EFEITOS PECUNIÁRIOS DO TRABALHO EM SOBREJORNADA

Salvo nos casos de compensação de horas, o trabalho em sobrejornada obriga o empregador ao pagamento do tempo trabalhado a maior com o respectivo adicional de horas extras, no mínimo 50% superior ao valor da hora normal de serviço.

Para a jurisprudência, o adicional de horas extras é calculado sobre o salário-base, somado às parcelas de natureza salarial. Nesse sentido, a Súmula 264 do TST:

Súmula 264: Hora suplementar. Cálculo (mantida).

A remuneração do serviço suplementar é composta do valor da hora normal, integrado por parcelas de natureza salarial e acrescido do adicional previsto em lei, contrato, acordo, convenção coletiva ou sentença normativa.

Nos casos em que o salário é variável, a remuneração do tempo extraordinário é calculada de forma peculiar. Sempre que o empregado é contratado por produção, inclusive o comissionista, as horas simples trabalhadas além da jornada-padrão já são remuneradas, pois ele recebe pela quantidade de trabalho, e não um valor fixo pelas horas regulamentares. Assim, no caso de salário variável (por produção), é devido apenas o adicional de horas extras em relação às horas laboradas além da jornada normal de trabalho. Esta é a inteligência da Súmula 340 e da OJ 235 da SDI-1, ambas do TST:

Súmula 340: Comissionista. Horas extras (nova redação).

O empregado, sujeito a controle de horário, remunerado à base de comissões, tem direito ao adicional de, no mínimo, 50% (cinquenta por cento) pelo trabalho em horas extras, calculado sobre o valor-hora das comissões recebidas no mês, considerando-se como divisor o número de horas efetivamente trabalhadas.

OJ 235 da SDI-1: Horas extras. Salário por produção. (redação alterada na sessão do Tribunal Pleno realizada em 16.04.2012) Res. 182/2012, *DEJT* divulgado em 19, 20 e 23.04.2012.

O empregado que recebe salário por produção e trabalha em sobrejornada tem direito à percepção apenas do adicional de horas extras, exceto no caso do empregado cortador de cana, a quem é devido o pagamento das horas extras e do adicional respectivo.

Se habitualmente prestadas, as horas extras integram a remuneração para todos os fins. É este o entendimento consolidado do TST, obtido a partir de vários verbetes de jurisprudência:

Súmula 45: Serviço suplementar (mantida).

A remuneração do serviço suplementar, habitualmente prestado, integra o cálculo da gratificação natalina prevista na Lei nº 4.090, de 13.07.1962.

Súmula 115: Horas extras. Gratificações semestrais (nova redação).

O valor das horas extras habituais integra a remuneração do trabalhador para o cálculo das gratificações semestrais.

Súmula 172: Repouso remunerado. Horas extras. Cálculo (mantida).

Computam-se no cálculo do repouso remunerado as horas extras habitualmente prestadas.

A forma de cálculo das horas extras habituais também é definida por construção jurisprudencial do TST:

Súmula 347: Horas extras habituais. Apuração. Média física (mantida).

O cálculo do valor das horas extras habituais, para efeito de reflexos em verbas trabalhistas, observará o número de horas efetivamente prestadas e a ele aplica-se o valor do salário-hora da época do pagamento daquelas verbas.

Por fim, é importante observar que todas as horas extraordinárias prestadas deverão ser remuneradas, tenham elas sido prestadas de forma regular ou não, tanto no tocante à formalização do acordo de vontades quanto no que diz respeito aos limites da duração do trabalho. Ademais, todas as horas extraordinárias habitualmente prestadas deverão integrar o cálculo de outras parcelas trabalhistas. Este é o sentido da Súmula 376 do TST:

Súmula 376: Horas extras. Limitação. Art. 59 da CLT. Reflexos.

I – A limitação legal da jornada suplementar a duas horas diárias não exime o empregador de pagar todas as horas trabalhadas.

II – O valor das horas extras habitualmente prestadas integra o cálculo dos haveres trabalhistas, independentemente da limitação prevista no *caput* do art. 59 da CLT.

Vamos de resumo em tabelas?

ACORDOS DE PRORROGAÇÃO E COMPENSAÇÃO DE JORNADA	
Acordo de prorrogação de jornada	Art. 59. A duração diária do trabalho poderá ser acrescida de horas extras, em número não excedente de duas, por acordo individual, convenção coletiva ou acordo coletivo de trabalho.
Acordo de compensação de jornada	Art. 59. (...) § 2º: Poderá ser dispensado o acréscimo de salário se, por força de acordo ou convenção coletiva de trabalho, o excesso de horas em um dia for compensado pela correspondente diminuição em outro dia, de maneira que não exceda, no período máximo de um ano, à soma das jornadas semanais de trabalho previstas, nem seja ultrapassado o limite máximo de dez horas diárias.

COMPENSAÇÃO DE JORNADA	
Não atendimento das exigências legais (acordo tácito)	Art. 59-B. O não atendimento das exigências legais para compensação de jornada, inclusive quando estabelecida mediante acordo tácito, não implica a repetição do pagamento das horas excedentes à jornada normal diária se não ultrapassada a duração máxima semanal, sendo devido apenas o respectivo adicional. Parágrafo único. A prestação de horas extras habituais não descaracteriza o acordo de compensação de jornada e o banco de horas.
Atividades insalubres	Art. 60. Nas atividades insalubres, assim consideradas as constantes dos quadros mencionados no capítulo "Da Segurança e da Medicina do Trabalho", ou que neles venham a ser incluídas por ato do Ministro do Trabalho, Indústria e Comércio, quaisquer prorrogações só poderão ser acordadas mediante licença prévia das autoridades competentes em matéria de higiene do trabalho, as quais, para esse efeito, procederão aos necessários exames locais e à verificação dos métodos e processos de trabalho, quer diretamente, quer por intermédio de autoridades sanitárias federais, estaduais e municipais, com quem entrarão em entendimento para tal fim. Parágrafo único. Excetuam-se da exigência de licença prévia as jornadas de doze horas de trabalho por trinta e seis horas ininterruptas de descanso.

BANCO DE HORAS	
Semestral	Poderá ser entabulado entre empresa e empregado, por acordo individual escrito (art. 59, § 5º, da CLT).
Anual	Poderá ser pactuado coletivamente, nos moldes do art. 59, § 2º, da CLT.

ESCALA 12 × 36	
Fundamento legal	Art. 59-A. Em exceção ao disposto no art. 59 desta Consolidação, é facultado às partes, mediante acordo individual escrito, convenção coletiva ou acordo coletivo de trabalho, estabelecer horário de trabalho de doze horas seguidas por trinta e seis horas ininterruptas de descanso, observados ou indenizados os intervalos para repouso e alimentação.
Direitos englobados na escala	Parágrafo único. A remuneração mensal pactuada pelo horário previsto no caput deste artigo abrange os pagamentos devidos pelo descanso semanal remunerado e pelo descanso em feriados, e serão considerados compensados os feriados e as prorrogações de trabalho noturno, quando houver, de que tratam o art. 70 e o § 5º do art. 73 desta Consolidação.

Cap. 14 – TRABALHO EM SOBREJORNADA

QUESTÕES PARA TREINO

1. **(MPT – MPT – Procurador do Trabalho – 2022 – adaptada)** Analise a assertiva:

    Os empregadores deverão dar prioridade aos empregados com deficiência e aos empregados com filhos ou criança sob guarda judicial até quatro anos de idade na alocação em vagas para atividades que possam ser efetuadas por meio do teletrabalho ou trabalho remoto.

    Certo.

2. **(MPT – MPT – Procurador do Trabalho – 2022 – adaptada)** Analise a assertiva:

    Em razão da natureza do trabalho desenvolvido por estagiários e aprendizes, não lhes é permitida a adoção do regime de teletrabalho ou trabalho remoto.

    Errado.

3. **(MPT – MPT – Procurador do Trabalho – 2022 – adaptada)** Analise a assertiva:

    Aos empregados em regime de teletrabalho aplicam-se as disposições previstas na legislação local e nas convenções e nos acordos coletivos de trabalho relativas à base territorial do estabelecimento de lotação do empregado.

    Certo.

4. **(MPT – MPT – Procurador do Trabalho – 2022 – adaptada)** Analise a assertiva:

    O tempo de uso de equipamentos tecnológicos e de infraestrutura necessária, bem como de softwares, de ferramentas digitais ou de aplicações de internet utilizados para o teletrabalho, fora da jornada de trabalho normal do empregado não constitui tempo à disposição ou regime de prontidão ou de sobreaviso, exceto se houver previsão em acordo individual ou em acordo ou convenção coletiva de trabalho.

    Errado.

5. **(Objetiva – Prefeitura de São Miguel do Passa Quatro-GO – Assessor Jurídico – 2022 – adaptada)** Analise a assertiva:

    Considera-se como de serviço efetivo o período em que o empregado esteja à disposição do empregador, aguardando ou executando ordens, salvo disposição especial expressamente consignada.

    Certo.

6. **(Objetiva – Prefeitura de São Miguel do Passa Quatro-GO – Assessor Jurídico – 2022 – adaptada)** Analise a assertiva:

    Não haverá distinções relativas à espécie de emprego e à condição de trabalhador, mas haverá distinção entre o trabalho intelectual, técnico e manual.

    Errado.

7. **(Cespe/Cebraspe – PGDF – Procurador – 2022)** Analise a assertiva:

    A CLT permite o ajuste tácito e individual para compensação de jornada, desde que a compensação ocorra no mesmo mês.

    Certo.

8. **(FAU – Emdur de Toledo-PR – Advogado – 2022 – adaptada)** Analise a assertiva:

Entre 2 (duas) jornadas de trabalho haverá um período mínimo de 12 (doze) horas consecutivas para descanso.

Errado.

9. **(FAU – Emdur de Toledo-PR – Advogado – 2022 – adaptada)** Analise a assertiva:

É lícito o regime de compensação de jornada estabelecido por acordo individual, tácito ou escrito, para a compensação no mesmo mês.

Certo.

10. **(FAU – Emdur de Toledo-PR – Advogado – 2022 – adaptada)** Analise a assertiva:

A duração do trabalho sempre poderá exceder o limite legal ou convencionado.

Errado.

INTERVALOS, DESCANSO SEMANAL REMUNERADO E FERIADOS

1. INTERVALOS

Os períodos de descanso, ou, ainda, os intervalos, são lapsos temporais, remunerados ou não, dentro ou fora da jornada, que têm a finalidade de permitir a reposição das energias gastas durante o trabalho, a fim de garantir, igualmente, a higidez física e mental do trabalhador.

São intervalos os períodos destinados ao repouso ou à alimentação ao longo da jornada de trabalho, também conhecidos como intervalos intrajornada, bem como os lapsos de tempo consecutivos de descanso entre duas jornadas de trabalho consecutivas, também chamados de intervalos interjornadas.

As normas sobre duração do trabalho e intervalos sempre foram consideradas pela doutrina como sendo normas de saúde, higiene e segurança do trabalho, razão pela qual não se admitia que fossem objeto de negociação coletiva. Trata-se de entendimento que, inclusive, era acolhido pelo Tribunal Superior do Trabalho, como pode ser visualizado na sua Súmula 437:

> Súmula 437: Intervalo intrajornada para repouso e alimentação. Aplicação do art. 71 da CLT (conversão das Orientações Jurisprudenciais n°s 307, 342, 354, 380 e 381 da SBDI-1) – Res. 185/2012, *DEJT* divulgado em 25, 26 e 27.09.2012.
>
> (...)
>
> II – É inválida cláusula de acordo ou convenção coletiva de trabalho contemplando a supressão ou redução do intervalo intrajornada porque este constitui medida de higiene, saúde e segurança do trabalho, garantido por norma de ordem pública (art. 71 da CLT e art. 7º, XXII, da CF/1988), infenso à negociação coletiva.

Contudo, com a reforma trabalhista, a CLT passou a dispor, expressamente, que as regras de duração do trabalho e intervalos não são consideradas normas de saúde, higiene e segurança do trabalho, sendo possível sua negociação coletiva.

DIREITO DO TRABALHO E PROCESSO DO TRABALHO FACILITADOS – *Lenza*

Art. 611-B, parágrafo único, da CLT: Regras sobre duração do trabalho e intervalos não são consideradas como normas de saúde, higiene e segurança do trabalho para os fins do disposto neste artigo.

1.1. Intervalos intrajornada

Intervalo intrajornada é aquele que ocorre durante a jornada de trabalho. Ele, em regra, não integra a jornada de trabalho. Contudo, excepcionalmente, é possível que ele seja computado na jornada. Dispõe o art. 71 da CLT, *in verbis*:

> Art. 71. Em qualquer trabalho contínuo, cuja duração exceda de 6 (seis) horas, é obrigatória a concessão de um intervalo para repouso ou alimentação, o qual será, no mínimo, de 1 (uma) hora e, salvo acordo escrito ou contrato coletivo em contrário, não poderá exceder de 2 (duas) horas.
>
> § 1º Não excedendo de 6 (seis) horas o trabalho, será, entretanto, obrigatório um intervalo de 15 (quinze) minutos quando a duração ultrapassar 4 (quatro) horas.

Atenção para a Súmula 437, item IV, do TST:

> Súmula 437. Intervalo intrajornada para repouso e alimentação. Aplicação do art. 71 da CLT (conversão das Orientações Jurisprudenciais n°s 307, 342, 354, 380 e 381 da SBDI-1) – Res. 185/2012, *DEJT* divulgado em 25, 26 e 27.09.2012
>
> (...)
>
> IV – Ultrapassada habitualmente a jornada de seis horas de trabalho, é devido o gozo do intervalo intrajornada mínimo de uma hora, obrigando o empregador a remunerar o período para descanso e alimentação não usufruído como extra, acrescido do respectivo adicional, na forma prevista no art. 71, *caput* e § 4º da CLT.

Quanto à possibilidade de redução do intervalo intrajornada, antes da reforma trabalhista, era admitida apenas excepcionalmente, conforme o art. 71, § 3º, da CLT:

> Art. 71. (...)
>
> § 3º O limite mínimo de uma hora para repouso ou refeição poderá ser reduzido por ato do Ministro do Trabalho, Indústria e Comércio, quando ouvido o Serviço de Alimentação de Previdência Social, se verificar que o estabelecimento atende integralmente às exigências concernentes à organização dos refeitórios, e quando os respectivos empregados não estiverem sob regime de trabalho prorrogado a horas suplementares.

O TST tem entendimento, consubstanciado na Súmula 437, II, do TST, de que não é possível negociar a redução do intervalo mínimo, ainda que por norma coletiva:

> Súmula 437: Intervalo intrajornada para repouso e alimentação. Aplicação do art. 71 da CLT (conversão das Orientações Jurisprudenciais nos 307, 342, 354, 380 e 381 da SBDI-1) – Res. 185/2012, *DEJT* divulgado em 25, 26 e 27.09.2012
>
> (...)

Cap. 15 – INTERVALOS, DESCANSO SEMANAL REMUNERADO E FERIADOS 271

II – É inválida cláusula de acordo ou convenção coletiva de trabalho contemplando a supressão ou redução do intervalo intrajornada porque este constitui medida de higiene, saúde e segurança do trabalho, garantido por norma de ordem pública (art. 71 da CLT e art. 7º, XXII, da CF/1988), infenso à negociação coletiva.

Contudo, com a Lei 13.467/2017, passou a haver previsão expressa na CLT autorizando a redução do intervalo intrajornada para 30 minutos, por meio de convenção ou acordo coletivo de trabalho:

Art. 611-A. A convenção coletiva e o acordo coletivo de trabalho têm prevalência sobre a lei quando, entre outros, dispuserem sobre:

(...)

III – intervalo intrajornada, respeitado o limite mínimo de trinta minutos para jornadas superiores a seis horas;

(...).

> OBS.: até o presente momento, o TST não modificou a Súmula 437.

Importa mencionar que o art. 71 da CLT é claro em mencionar que o intervalo será mínimo de uma hora "em qualquer trabalho contínuo". Nessa esteira, há de se notar que a norma não fez distinção quanto ao horário de trabalho. Assim, seja no horário diurno, seja no horário noturno, o empregado terá direito ao intervalo mínimo de 1 hora. Com isso, conclui-se que não há redução ficta do tempo de intervalo, mesmo havendo a redução ficta da hora noturna de trabalho (52'30").

Entre os intervalos intrajornada, temos aqueles não computados na jornada de trabalho (caracterizam suspensão do contrato), os quais constituem a regra geral (intervalos intrajornada comuns), mas temos também aqueles computados na jornada de trabalho (caracterizam interrupção do contrato), que é o caso, por exemplo, do intervalo de 10 minutos a cada 90 trabalhados, o qual é computado na jornada dos trabalhadores em serviços permanentes de mecanografia (art. 72 da CLT).

Art. 72 da CLT: Nos serviços permanentes de mecanografia (datilografia, escrituração ou cálculo), a cada período de 90 (noventa) minutos de trabalho consecutivo corresponderá um repouso de 10 (dez) minutos não deduzidos da duração normal de trabalho.

Além dos intervalos intrajornada comuns (15min e 1h a 2h), existem também os chamados intervalos intrajornada especiais, assim considerados aqueles aplicáveis, por força de lei, a categorias específicas de trabalhadores. Embora o art. 72 trate especificamente dos empregados em serviços permanentes de mecanografia, o TST vem estendendo tal intervalo, por analogia, aos digitadores. Este é o sentido da Súmula 346:

Súmula 346: Digitador. Intervalos intrajornada. Aplicação analógica do art. 72 da CLT (mantida). Res. 121/2003, *DJ* 19, 20 e 21.11.2003.

Os digitadores, por aplicação analógica do art. 72 da CLT, equiparam-se aos trabalhadores nos serviços de mecanografia (datilografia, escrituração ou cálculo), razão pela qual têm direito a intervalos de descanso de 10 (dez) minutos a cada 90 (noventa) de trabalho consecutivo.

Atualmente, o TST, utilizando-se da analogia como critério de integração jurídica, tem aplicado o art. 72 aos empregados rurais em atividade no corte de cana-de-açúcar, concretizando, assim, o direito às pausas estabelecidas pela NR-31 do Ministério do Trabalho e Emprego.

Outro exemplo é o caso dos trabalhadores em minas de subsolo, que fazem jus a um intervalo de 15 minutos a cada 3 horas consecutivas de trabalho, consoante o art. 298 da CLT:

> Art. 298. Em cada período de 3 (três) horas consecutivas de trabalho, será obrigatória uma pausa de 15 (quinze) minutos para repouso, a qual será computada na duração normal de trabalho efetivo.

Por fim, para os empregados que trabalham no interior de câmaras frigoríficas, bem como para aqueles que movimentam mercadorias de ambiente quente ou normal para outro frio, ou vice-versa, o art. 253 da CLT assegura intervalo de 20 minutos de repouso a cada 1h40min de trabalho. Esse intervalo é computado na jornada de trabalho, ou seja, é remunerado.

Atenção para a Súmula 438:

> Súmula 438: Intervalo para recuperação térmica do empregado. Ambiente artificialmente frio. Horas extras. Art. 253 da CLT. Aplicação analógica – Res. 185/2012, *DEJT* divulgado em 25, 26 e 27.09.2012.
>
> O empregado submetido a trabalho contínuo em ambiente artificialmente frio, nos termos do parágrafo único do art. 253 da CLT, ainda que não labore em câmara frigorífica, tem direito ao intervalo intrajornada previsto no *caput* do art. 253 da CLT.

Outra previsão **era** a contida no art. 384 da CLT, que dizia que a mulher tem direito a **15 minutos de intervalo antes de prestar hora extra**. Girava controvérsia em torno desse dispositivo concernente ao fato de ele violar, ou não, o princípio da isonomia previsto na CF/1988; ou seja, **se ele foi recepcionado, ou não, pela Constituição Federal**.

O TST e o STF tinham entendimento no sentido de que o artigo foi recepcionado, pois tratava-se de comando relacionado à igualdade material. Fundamentos: capacidade física inferior à do homem; a mulher, historicamente, exerce jornada dupla, tendo em vista que, além da sua função de trabalhadora, exerce função familiar.

No TST, o entendimento é majoritário, e, ainda, por meio do julgamento do TST-llN-RR-i.540/2005-046-12-00.5, ocorrido na sessão do Pleno de 17.11.2008, restou decidido que o art. 384 da CLT foi recepcionado pela Constituição da República. Todavia, a reforma trabalhista revogou o referido artigo.

Quanto ao rurícola, o intervalo não é fixado legalmente, sendo deixada sua aplicação conforme os usos e costumes. Assim dispõe o art. 5º da Lei 5.889/1973:

Art. 5º Em qualquer trabalho contínuo de duração superior a seis horas, será obrigatória a concessão de um intervalo para repouso ou alimentação observados os usos e costumes da região, não se computando este intervalo na duração do trabalho. Entre duas jornadas de trabalho haverá um período mínimo de onze horas consecutivas para descanso.

Não obstante, o decreto regulamentador inovou em relação à lei regulamentada e fixou em uma hora o intervalo mínimo intrajornada do rurícola, conforme o art. 5º do Decreto 73.626/1974 e a OJ 381 da SDI-1:

Art. 5º Os contratos de trabalho, individuais ou coletivos, estipularão, conforme os usos, praxes e costumes, de cada região, o início e o término normal da jornada de trabalho, que não poderá exceder de 8 (oito) horas por dia.

§ 1º Será obrigatória, em qualquer trabalho contínuo de duração superior a 6 (seis) horas, a concessão de um intervalo mínimo de 1 (uma) hora para repouso ou alimentação, observados os usos e costumes da região.

OJ 381 da SDI-1: A não concessão total ou parcial do intervalo mínimo intrajornada de uma hora ao trabalhador rural, fixado no Decreto n.º 73.626, de 12.02.1974, que regulamentou a Lei n.º 5.889, de 08.06.1973, acarreta o pagamento do período total, acrescido do respectivo adicional, por aplicação subsidiária do art. 71, § 4º, da CLT.

Contudo, com a reforma trabalhista, não há mais a obrigação de pagamento do período total quando há desrespeito à concessão do intervalo intrajornada:

Art. 71, § 4º, da CLT: A não concessão ou a concessão parcial do intervalo intrajornada mínimo, para repouso e alimentação, a empregados urbanos e rurais, implica o pagamento, de natureza indenizatória, apenas do período suprimido, com acréscimo de 50% (cinquenta por cento) sobre o valor da remuneração da hora normal de trabalho.

A jurisprudência do TST é no sentido de que os intervalos não previstos em lei constituem tempo à disposição do empregador, razão pela qual devem ser remunerados como tal. Nesse sentido, a Súmula 118 do TST:

Súmula 118: Jornada de trabalho. Horas extras (mantida). Res. 121/2003, *DJ* 19, 20 e 21.11.2003.

Os intervalos concedidos pelo empregador na jornada de trabalho, não previstos em lei, representam tempo à disposição da empresa, remunerados como serviço extraordinário, se acrescidos ao final da jornada.

1.1.1. Consequências da supressão ou redução indevida do intervalo intrajornada

De acordo com a redação anterior do § 4º do art. 71 da CLT e o posicionamento sumulado do TST, a supressão total ou parcial do intervalo, mesmo que via negociação coletiva, acarretaria duas consequências ao empregador. A primeira delas, multa administrativa imposta pela fiscalização do trabalho. Na segunda consequência, o empregador ficaria obrigado a pagar todo o período do intervalo (e não apenas o suprimido) com adicional de 50%. Caso o adicional de horas extras fosse fixado em valor superior em norma coletiva, por exemplo, 80% do valor da hora normal, todo esse percentual iria incidir para fins de cálculo do intervalo suprimido. Esse adicional possuía natureza salarial, isto é, haveria reflexo nas demais verbas trabalhistas:

> CLT, art. 71, § 4º: Quando o intervalo para repouso e alimentação, previsto neste artigo, não for concedido pelo empregador, este ficará obrigado a remunerar o período correspondente com um acréscimo de no mínimo 50% (cinquenta por cento) sobre o valor da remuneração da hora normal de trabalho. (**TEXTO ANTIGO**)

O TST reconheceu, por meio da antiga OJ 354, convertida no item III da Súmula 437, a natureza salarial de tal pagamento, pelo que ele repercute no cálculo de outras parcelas:

> Súmula 437. Intervalo intrajornada para repouso e alimentação. Aplicação do art. 71 da CLT (conversão das Orientações Jurisprudenciais nos 307, 342, 354, 380 e 381 da SBDI-1) – Res. 185/2012, *DEJT* divulgado em 25, 26 e 27.09.2012.
>
> (...)
>
> III – Possui natureza salarial a parcela prevista no art. 71, § 4º, da CLT, com redação introduzida pela Lei nº 8.923, de 27 de julho de 1994, quando não concedido ou reduzido pelo empregador o intervalo mínimo intrajornada para repouso e alimentação, repercutindo, assim, no cálculo de outras parcelas salariais.

Ainda, o TST entendia que a concessão parcial do intervalo equivale à não concessão, concedendo ao empregado o direito à remuneração por todo o período.

> Súmula 437, I: Após a edição da Lei nº 8.923/94, a não concessão ou a concessão parcial do intervalo intrajornada mínimo, para repouso e alimentação, a empregados urbanos e rurais, implica o pagamento total do período correspondente, e não apenas daquele suprimido, com acréscimo de, no mínimo, 50% sobre o valor da remuneração da hora normal de trabalho (art. 71 da CLT), sem prejuízo do cômputo da efetiva jornada de labor para efeito de remuneração.

A REFORMA TRABALHISTA PROMOVEU DUAS GRANDES ALTERAÇÕES NO § 4º: uma tocante à natureza da parcela devida na hipótese de supressão ou redução do intervalo, e a outra no que se refere ao período devido em razão dessa supressão, ou seja, natureza indenizatória e pagamento apenas do período suprimido.

> CLT, art. 71, § 4º: A não concessão ou a concessão parcial do intervalo intrajornada mínimo, para repouso e alimentação, a empregados urbanos e rurais, implica o pagamento, de natureza indenizatória, apenas do período suprimido, com acréscimo de 50% (cinquenta por cento) sobre o valor da remuneração da hora normal de Trabalho. (TEXTO NOVO)

1.2. Intervalo interjornada

O intervalo interjornada é aquele entre o final de uma jornada de trabalho e o início da jornada subsequente. A finalidade desse intervalo é a reposição de energia do empregado, para iniciar a sua próxima jornada de trabalho, como também garantir ao trabalhador um mínimo de convívio familiar e social fora do tempo em que se dedica ao trabalho.

O intervalo mínimo entre as jornadas é de 11 horas consecutivas – inteligência do art. 66 da CLT:

> Art. 66. Entre 2 (duas) jornadas de trabalho haverá um período mínimo de 11 (onze) horas consecutivas para descanso.

Nessa esteira, entre duas semanas de trabalho, esse intervalo deve somar-se ao repouso semanal remunerado de 24 horas e, assim, pelo menos uma vez por semana, o intervalo entre as jornadas será de 35 horas consecutivas. É o que se pode inferir do conteúdo da Súmula 110 do TST:

> Súmula 110 do TST: Jornada de trabalho. Intervalo (mantida) – Res. 121/2003, *DJ* 29, 20 e 21.11.2003
>
> No regime de revezamento, as horas trabalhadas em seguida ao repouso semanal de 24 horas, com prejuízo do intervalo mínimo de 11 horas consecutivas para descanso entre jornadas, devem ser remuneradas como extraordinárias, inclusive com o respectivo adicional.

A violação desse intervalo gera a obrigação de pagar cada hora suprimida também acrescida de, no mínimo, 50%. Esse entendimento está previsto na OJ 355 da SDI-1 do TST: O desrespeito ao intervalo mínimo interjornadas previsto no art. 66 da CLT acarreta, por analogia, os mesmos efeitos previstos no § 4º do art. 71 da CLT e na Súmula 110 do TST, devendo-se pagar a integralidade das horas que foram subtraídas do intervalo, acrescidas do respectivo adicional.

De forma geral, os intervalos interjornadas não são remunerados – nem os comuns, nem os especiais. Isso, porque não representam sequer tempo à disposição do empregador. Em outras palavras, o empregado tem liberdade para gastar esse tempo como bem entender.

No entanto, embora não seja, em princípio, um intervalo remunerado, o intervalo interjornadas não concedido deve ser remunerado como se hora extraordinária fosse.

INTERVALOS INTRAJORNADA		
Categoria de trabalhadores	**Tempo de intervalo**	**Remuneração**
Trabalhadores em geral cuja jornada seja superior a 4h, e de até 6h – art. 71, § 1º, da CLT	15min	NÃO
Trabalhadores em geral cuja jornada seja superior a 6h – art. 71, *caput*, da CLT	1h (mínimo) a 2h (máximo)	NÃO

INTERVALOS INTRAJORNADA

Categoria de trabalhadores	Tempo de intervalo	Remuneração
Rurícola cuja jornada seja superior a 6h – art. 5º da Lei 5.889/1973	Mínimo 1h (máximo conforme usos e costumes da região)	NÃO
Serviços permanentes de mecanografia (datilografia, escrituração e cálculo) e digitadores (processamento de dados) – art. 72 da CLT	10min a cada 90min de trabalho	SIM
Serviços no interior de câmaras frigoríficas ou em movimento de mercadorias de ambiente quente ou normal para o frio e vice-versa – art. 253 da CLT; serviços prestados em ambiente artificialmente frio, ainda que não em câmara frigorífica – Súmula 438 do TST	20min a cada 1h40min de trabalho	SIM
Motoristas profissionais, nas viagens de longa distância – art. 235-D, I, da CLT	30min a cada 4h de tempo ininterrupto de direção (podendo ser fracionados, tanto o tempo de direção quanto o intervalo, desde que não completadas as 4h ininterruptas de direção	NÃO
Serviços de telefonia, telegrafia submarina e subfluvial, radiotelegrafia e radiotelefonia (horários variáveis – jornada de 7h) – art. 229 da CLT	20min a cada 3h de esforço contínuo	SIM
Serviços em minas de subsolo – art. 298 da CLT	15min a cada 3h de trabalho contínuo	SIM
Mulher e menor, ao final da jornada normal, e antes do início da sobrejornada – art. 413, parágrafo único, da CLT	15min	NÃO
Mulher com filho de até 6 meses de idade, para amamentação – art. 396 da CLT	2 intervalos de 30min cada um	SIM
Intervalos não previstos em lei (concedidos por liberalidade do empregador) – art. 4º da CLT c/c Súmula 118 do TST		SIM

INTERVALOS INTERJORNADAS

Categoria de trabalhadores	Tempo de intervalo	Remuneração
Trabalhadores em geral – art. 66 da CLT	11h	NÃO
Serviços de telefonia, telegrafia submarina e subfluvial, radiotelegrafia e radiotelefonia (sujeitos a horários variáveis – jornada de 7h) – art. 229 da CLT	17h	NÃO
Operadores cinematográficos sujeitos a horário noturno de trabalho – art. 235, § 2º, da CLT	12h	NÃO
Jornalista – art. 308 da CLT	10h	NÃO
Cabineiros ferroviários – art. 245 da CLT	14h	NÃO

1.3. Descanso/Repouso semanal remunerado

O descanso/repouso semanal remunerado tem previsão expressa no art. 7º, XV, da Constituição Federal, sendo garantia dos trabalhadores urbanos, rurais, domésticos e avulsos:

> Art. 7º (...)
>
> XV – repouso semanal remunerado, preferencialmente aos domingos;
>
> (...).

A CLT dispõe que é objeto ILÍCITO de acordo coletivo ou convenção coletiva de trabalho a supressão ou redução de direitos relacionados ao repouso semanal remunerado.

> Art. 611-B. Constituem objeto ilícito de convenção coletiva ou de acordo coletivo de trabalho, exclusivamente, a supressão ou a redução dos seguintes direitos: (Incluído pela Lei nº 13.467, de 2017)
>
> (...)
>
> IX – repouso semanal remunerado;
>
> (...).

O repouso semanal remunerado, assim como os outros intervalos, é norma de saúde, segurança e medicina do trabalho, pois visa à reposição das energias do empregado, após um longo período consecutivo de trabalho.

Em razão disso, após, no máximo, 6 dias consecutivos de trabalho, o empregado adquire o direito a 24 horas de descanso. Frise-se que deve ser usufruído, no máximo, no 7º dia de trabalho e, preferencialmente, aos domingos. É um direito irrenunciável do empregado e constitui interrupção do contrato de trabalho (o empregado recebe para não trabalhar).

> OJ 410 da SDI-1: Repouso semanal remunerado. Concessão após o sétimo dia consecutivo de trabalho. Art. 7º, XV, da CF. Violação (*DEJT* divulgado em 22, 25 e 26.10.2010).
>
> Viola o art. 7º, XV, da CF a concessão de repouso semanal remunerado após o sétimo dia consecutivo de trabalho, importando no seu pagamento em dobro.
>
> Súmula 146 do TST: O trabalho prestado em domingos e feriados, não compensado, deve ser pago em dobro, sem prejuízo da remuneração relativa ao repouso semanal.

atenção

Com a OJ 410, o TST consagrou a tese do descanso hebdomadário, ou seja, do descanso no sétimo dia, após seis dias de trabalho.

> CLT, art. 67: Será assegurado a todo empregado um descanso semanal de 24 (vinte e quatro) horas consecutivas, o qual, salvo motivo de conveniência pública ou necessidade imperiosa do serviço, deverá coincidir com o domingo, no todo ou em parte.

Parágrafo único. Nos serviços que exijam trabalho aos domingos, com exceção quanto aos elencos teatrais, será estabelecida escala de revezamento, mensalmente organizada e constando de quadro sujeito à fiscalização.

atenção

A escala de revezamento é de livre estipulação pelo empregador. Assim, é necessário que o empregado se programe e, por esse motivo, o empregador tem o dever de dar publicidade prévia aos seus empregados, bem como ficando passível de fiscalização (art. 152 do Decreto 10.854/2021).

Art. 152. Todo empregado tem direito a um descanso semanal remunerado de vinte e quatro horas consecutivas, preferencialmente aos domingos e, nos limites das exigências técnicas das empresas, nos feriados civis e religiosos, de acordo com a tradição local.

A rigor, o descanso semanal remunerado (DSR) deve ser concedido aos domingos, exceto se a atividade explorada pelo empregador tiver autorização para funcionamento aos domingos. Nesses casos, as empresas deverão elaborar escala de revezamento, de forma que o trabalhador tenha o descanso semanal coincidente com o domingo ao menos de tempos em tempos.

As mulheres têm a seu favor o art. 386 da CLT, o qual estipula que, "Havendo trabalho aos domingos, será organizada uma escala de revezamento quinzenal, que favoreça o repouso dominical". Registre-se que as atividades do comércio em geral têm, hoje, autorização legal para funcionar no domingo, observada a legislação local, nos termos do art. 6º da Lei 10.101/2000:

Art. 6º Fica autorizado o trabalho aos domingos nas atividades do comércio em geral, observada a legislação municipal, nos termos do art. 30, inciso I, da Constituição.

Parágrafo único. O repouso semanal remunerado deverá coincidir, pelo menos uma vez no período máximo de três semanas, com o domingo, respeitadas as demais normas de proteção ao trabalho e outras a serem estipuladas em negociação coletiva.

Quanto às demais atividades, aplicam-se as regras do art. 68 da CLT:

Art. 68. O trabalho em domingo, seja total ou parcial, na forma do art. 67, será sempre subordinado à permissão prévia da autoridade competente em matéria de trabalho.

Parágrafo único. A permissão será concedida a título permanente nas atividades que, por sua natureza ou pela conveniência pública, devem ser exercidas aos domingos, cabendo ao Ministro do Trabalho, Indústria e Comércio, expedir instruções em que sejam especificadas tais atividades. Nos demais casos, ela será dada sob forma transitória, com discriminação do período autorizado, o qual, de cada vez, não excederá de 60 (sessenta) dias.

OBS.: os empregados excluídos do capítulo de jornada – art. 62 da CLT – não são afetados no que se refere ao repouso semanal remunerado. Assim, conquanto não tenham os direitos relativos à jornada, têm direito à observância do repouso semanal remunerado, que é regulamentado por lei própria.

Para o empregado adquirir o direito ao repouso semanal remunerado, deverá cumprir dois requisitos, quais sejam:

1) **Frequência** – deve ser observada a frequência do empregado na semana que antecede o repouso. Assim, o empregado que falta INJUSTIFICADAMENTE nessa semana perde o direito à remuneração do repouso. Não se perde o direito ao repouso, que é direito de saúde, segurança e medicina do trabalho, mas perde-se o direito à remuneração equivalente àquele dia.

2) **Pontualidade** – se, na semana que antecede o repouso, o empregado atrasa INJUSTIFICADAMENTE, perde o direito à remuneração do repouso, igualmente.

> Art. 6º da Lei 605/1949: Não será devida a remuneração quando, sem motivo justificado, o empregado não tiver trabalhado durante toda a semana anterior; cumprindo integralmente o seu horário de trabalho.

As horas extras habitualmente prestadas integram o cálculo da remuneração do DSR não só por força do dispositivo legal mencionado, mas também em virtude da Súmula 172 do TST:

> Súmula 172: Repouso remunerado. Horas extras. Cálculo (mantida). Res. 121/2003, *DJ* 19, 20 e 21.11.2003.
>
> Computam-se no cálculo do repouso remunerado as horas extras HABITUALMENTE prestadas.

Entretanto, havia necessidade de certo cuidado nos cálculos por conta da antiga redação da OJ 394 da SDI-1 do TST:

> OJ 394 da SDI-1: Repouso semanal remunerado – RSR. Integração das horas extras. Não repercussão no cálculo das férias, do décimo terceiro salário, do aviso-prévio e dos depósitos do FGTS (*DEJT* divulgado em 09, 10 e 11.06.2010).
>
> A majoração do valor do repouso semanal remunerado, em razão da integração das horas extras habitualmente prestadas, não repercute no cálculo das férias, da gratificação natalina, do aviso-prévio e do FGTS, sob pena de caracterização de *bis in idem*.

atenção

Esse tema foi afetado em recurso de revista repetitivo. O número do tema repetitivo é 9 e, após o seu julgamento, a súmula passou a ter uma nova redação:

OJ 394 da SDI-1: Repouso semanal remunerado. Integração das horas extras. Repercussão no cálculo das férias, décimo terceiro salário, aviso-prévio e depósitos do FGTS. (nova redação – IncJulgRREmbRep-10169-57.2013.5.05.0024, Tribunal Pleno, Relator Ministro Amaury Rodrigues Pinto Junior, DEJT 31/03/2023)

I – A majoração do valor do repouso semanal remunerado, decorrente da integração das horas extras habituais, deve repercutir no cálculo, efetuado pelo empregador, das demais parcelas que têm como base de cálculo o salário, não se cogitando de "bis in idem" por sua incidência no cálculo das férias, da gratificação natalina, do aviso-prévio e do FGTS;

II – O item I será aplicado às horas extras trabalhadas a partir de 20/3/2023.

No caso do bancário, o sábado é considerado dia útil não trabalhado, nos termos do art. 224, *caput*, da CLT c/c a Súmula 113 do TST. Em decorrência disso, o sábado não é remunerado como descanso semanal, e sim como se fosse dia normal de trabalho, incluído no salário mensal do empregado, pelo que não é integrado ao seu cálculo o valor das horas extras habitualmente prestadas.

Por sua vez, os adicionais de insalubridade e periculosidade não repercutem no cálculo do DSR, tendo em vista que já são calculados com base no salário mensal, o qual remunera o DSR.

Na hipótese de pagamento por produção, será devido, ao empregado, o pagamento do repouso semanal remunerado correspondente à produção.

Por outro lado, no caso de empregado que recebe o pagamento de gorjetas, não é devido o pagamento de repouso semanal remunerado sobre as gorjetas, que não integram a sua base de cálculo – inteligência da Súmula 354 do TST.

> Súmula 354 do TST: As gorjetas, cobradas pelo empregador na nota de serviço ou oferecidas espontaneamente pelos clientes, integram a remuneração do empregado, não servindo de base de cálculo para as parcelas de aviso-prévio, adicional noturno, horas extras e repouso semanal remunerado.

Ainda, de acordo com a Súmula 225 do TST, no caso de gratificações pagas mensalmente – por produtividade ou por tempo de serviço –, não é devido o pagamento de repouso semanal remunerado sobre elas:

> Súmula 225 do TST: Repouso semanal. Cálculo. Gratificações por tempo de serviço e produtividade (mantida) – Res. 121/2003, *DJ* 19, 20 e 21.11.2003
>
> As gratificações por tempo de serviço e produtividade, pagas mensalmente, não repercutem no cálculo do repouso semanal remunerado.

2. FERIADOS

Feriados são dias de descanso, assim estipulados por força de lei, seja por motivos cívicos, seja por motivos religiosos.

Desse modo, as hipóteses de autorização para trabalho em feriados, como regra, são também as mesmas do domingo, conforme o art. 68 da CLT.

atenção

> No comércio em geral, o trabalho em feriados é permitido, desde que exista previsão expressa em convenção coletiva de trabalho, nos termos da Lei 10.101/2000:
>
> > Art. 6º-A. É permitido o trabalho em feriados nas atividades do comércio em geral, desde que autorizado em convenção coletiva de trabalho e observada a legislação municipal, nos termos do art. 30, inciso I, da Constituição.

Note-se que a lei alude à convenção coletiva, e não à norma coletiva ou ao instrumento coletivo de trabalho. Logo, não vale a autorização em acordo coletivo de trabalho.

Admite-se, contudo, a concessão de folga compensatória ou pagamento em dobro, nos termos do art. 9º da Lei 605/1949:

Art. 9º Nas atividades em que não for possível, em virtude das exigências técnicas das empresas, a suspensão do trabalho, nos dias feriados civis e religiosos, a remuneração será paga em dobro, salvo se o empregador determinar outro dia de folga.

Finalmente, registre-se que, caso o feriado coincida com o dia do repouso semanal, as remunerações não se cumulam, pois a norma prevê apenas um descanso.

Vamos de resumo em tabelas?

INTERVALO INTRAJORNADA – CONSEQUÊNCIAS DA SUPRESSÃO OU REDUÇÃO INDEVIDA DO INTERVALO INTRAJORNADA	
Engloba empregados urbanos e rurais.	Pagamento apenas do período suprimido.
O pagamento tem natureza indenizatória.	É devido o acréscimo de 50%.

REPOUSO SEMANAL REMUNERADO (RSR)	
Previsão constitucional	Art. 7º, XV: repouso semanal remunerado, **preferencialmente** aos domingos.
Previsão celetista	Art. 67. Será assegurado a todo empregado um descanso semanal de 24 (vinte e quatro) horas consecutivas, o qual, salvo motivo de conveniência pública ou necessidade imperiosa do serviço, deverá coincidir com o domingo, no todo ou em parte. Parágrafo único. Nos serviços que exijam trabalho aos domingos, com exceção quanto aos elencos teatrais, será estabelecida escala de revezamento, mensalmente organizada e constando de quadro sujeito à fiscalização.

REPOUSO SEMANAL REMUNERADO – FIXAÇÃO DO DIA DE DESCANSO	
Previsão normativa	**Dia de descanso**
Constituição Federal de 1988	**Preferencialmente** aos domingos.
Convenção 14 da OIT	Se for possível, será nos dias consagrados pela tradição ou pelo costume do país/região.
Convenção 106 da OIT	Dia de repouso reconhecido pela tradição ou pelos usos do país/região.
Art. 67 da CLT (tacitamente revogado pelo art. 1º da Lei 605/1949)	Salvo motivo de conveniência pública ou necessidade imperiosa do serviço, deverá coincidir com o domingo, no todo ou em parte.
Lei 605/1949	Art. 1º (...) preferentemente aos domingos e, nos limites das exigências técnicas das empresas, nos feriados civis e religiosos, de acordo com a tradição local.
Decreto 27.048/1949 (revogado)	Preferencialmente aos domingos, feriados civis e religiosos, salvo exceções previstas no próprio decreto.
Lei 10.101/2000	Art. 6º, parágrafo único: O repouso semanal remunerado deverá coincidir, pelo menos uma vez no período máximo de três semanas, com o domingo, respeitadas as demais normas de proteção ao trabalho e outras a serem estipuladas em negociação coletiva.

REPOUSO SEMANAL REMUNERADO – TRABALHO NO DOMINGO E NOS FERIADOS		
Atividade	**Trabalho no domingo**	**Trabalho nos feriados**
Comércio em geral	Permitido, devendo ser observada a legislação municipal. O RSR deve coincidir no domingo a cada três semanas.	Permitido, devendo ser observada a legislação municipal e a autorização em negociação coletiva.
Outras atividades	Deve haver autorização individualizada pelo ministério correspondente.	Apenas quando a execução do serviço for imposta por exigência técnica da empresa (norma do Poder Executivo).

QUESTÕES PARA TREINO

1. **(Instituto Access – Celepar – Advogado – 2022 – adaptada)** Amarildo trabalha numa indústria e cumpre o horário de trabalho compreendido das 8h às 20h, com 2 horas de intervalo para descanso e refeição. Ocorre que, frequentemente, seu empregador não lhe permite o gozo do intervalo de duas horas, e Amarildo acaba por usufruir somente uma hora de intervalo intrajornada, motivo pelo qual procura um advogado para que o esclareça sobre os direitos que pode cobrar em eventual reclamação trabalhista.

    Pela análise da situação hipotética supradescrita, acerca do intervalo intrajornada, é correto afirmar que a não concessão ou a concessão parcial do intervalo intrajornada mínimo, para repouso e alimentação, a empregados urbanos e rurais implica o pagamento, de natureza salarial, apenas do período suprimido, com acréscimo de 50% (cinquenta por cento) sobre o valor da remuneração da hora normal de trabalho.

    Errado.

2. **(Instituto Access – Celepar – Advogado – 2022 – adaptada)** Amarildo trabalha numa indústria e cumpre o horário de trabalho compreendido das 8h às 20h, com 2 horas de intervalo para descanso e refeição. Ocorre que, frequentemente, seu empregador não lhe permite o gozo do intervalo de duas horas, e Amarildo acaba por usufruir somente uma hora de intervalo intrajornada, motivo pelo qual procura um advogado para que o esclareça sobre os direitos que pode cobrar em eventual reclamação trabalhista.

    Pela análise da situação hipotética supradescrita, acerca do intervalo intrajornada, é correto afirmar que a não concessão ou a concessão parcial do intervalo intrajornada mínimo, para repouso e alimentação, a empregados urbanos e rurais implica o pagamento, de natureza indenizatória, apenas do período suprimido, com acréscimo de 50% (cinquenta por cento) sobre o valor da remuneração da hora normal de trabalho.

    Certo.

3. **(Vunesp – Câmara de Orlândia – Procurador Jurídico – 2022 – adaptada)** Carlos conseguiu um novo emprego em janeiro de 2022, sendo contratado para trabalhar 8 (oito) horas por dia com 1 (uma) hora de almoço, mas, em determinado dia, fez

apenas 40 minutos de intervalo. Nessa situação, com base em texto expresso da CLT, é correto afirmar que o empregador de Carlos deverá pagar o valor de 1 (uma) hora extra "cheia" pelos 20 (vinte) minutos que foram suprimidos de seu intervalo, sendo essa de natureza indenizatória.

Errado.

4. **(Vunesp – Câmara de Orlândia – Procurador Jurídico – 2022 – adaptada)** Carlos conseguiu um novo emprego em janeiro de 2022, sendo contratado para trabalhar 8 (oito) horas por dia com 1 (uma) hora de almoço, mas, em determinado dia, fez apenas 40 minutos de intervalo. Nessa situação, com base em texto expresso da CLT, é correto afirmar que Carlos tem direito a receber o valor de 1 (uma) hora extra "cheia", com reflexos nas outras verbas trabalhistas (FGTS, 13º salário, férias etc.) e nas contribuições previdenciárias para fins de auxílio-doença e aposentadoria.

Errado.

5. **(Vunesp – Câmara de Orlândia – Procurador Jurídico – 2022 – adaptada)** Carlos conseguiu um novo emprego em janeiro de 2022, sendo contratado para trabalhar 8 (oito) horas por dia com 1 (uma) hora de almoço, mas, em determinado dia, fez apenas 40 minutos de intervalo. Nessa situação, com base em texto expresso da CLT, é correto afirmar que o empregador de Carlos deverá pagar apenas pelo equivalente aos 20 (vinte) minutos faltantes, gerando reflexos nas verbas trabalhistas somente em relação ao período suprimido.

Errado.

6. **(Vunesp – Câmara de Orlândia – Procurador Jurídico – 2022 – adaptada)** Carlos conseguiu um novo emprego em janeiro de 2022, sendo contratado para trabalhar 8 (oito) horas por dia com 1 (uma) hora de almoço, mas, em determinado dia, fez apenas 40 minutos de intervalo. Nessa situação, com base em texto expresso da CLT, é correto afirmar:

Carlos não terá direito a receber uma hora extra "cheia", mas apenas o período suprimido, sendo este de natureza indenizatória, com acréscimo de 50% (cinquenta por cento) sobre o valor da remuneração da hora normal de trabalho.

Certo.

7. **(Vunesp – Câmara de Orlândia – Procurador Jurídico – 2022 – adaptada)** Carlos conseguiu um novo emprego em janeiro de 2022, sendo contratado para trabalhar 8 (oito) horas por dia com 1 (uma) hora de almoço, mas, em determinado dia, fez apenas 40 minutos de intervalo. Nessa situação, com base em texto expresso da CLT, é correto afirmar:

Carlos não terá direito a receber uma hora extra "cheia", mas apenas o período suprimido, sendo este de natureza salarial, com acréscimo de 30% (trinta por cento) sobre o valor da remuneração da hora normal de trabalho.

Errado.

8. **(Avança SP – Câmara de Ribeirão Pires-SP – Analista de Gestão Pública – 2022 – adaptada)** Sobre o tema da duração do trabalho, a assertiva a seguir está em **desacordo** com a disciplina da Consolidação das Leis do Trabalho:

Em qualquer trabalho contínuo, cuja duração exceda de 6 (seis) horas, é obrigatória a concessão de um intervalo para repouso ou alimentação, o qual será, no mínimo, de 1 (uma) hora e, salvo acordo escrito ou contrato coletivo em contrário, não poderá exceder de 2 (duas) horas.

Certo.

9. **(Avança SP – Câmara de Ribeirão Pires-SP – Analista de Gestão Pública – 2022 – adaptada)** Sobre o tema da duração do trabalho, a assertiva a seguir está em **desacordo** com a disciplina da Consolidação das Leis do Trabalho:

Entre 2 (duas) jornadas de trabalho haverá um período mínimo de 11 (onze) horas consecutivas para descanso.

Certo.

10. **(Avança SP – Câmara de Ribeirão Pires-SP – Analista de Gestão Pública – 2022 – adaptada)** Sobre o tema da duração do trabalho, a assertiva a seguir está em **desacordo** com a disciplina da Consolidação das Leis do Trabalho:

Não serão descontadas nem computadas como jornada extraordinária as variações de horário no registro de ponto não excedentes de dez minutos, observado o limite máximo de vinte minutos diários.

Errado.

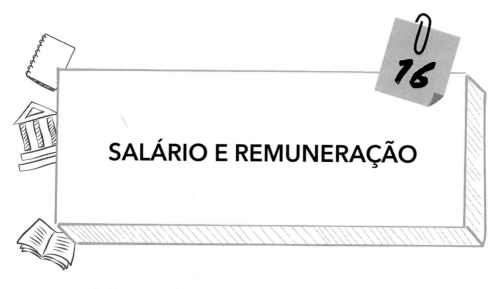

1. SALÁRIO E REMUNERAÇÃO

Salário é toda contraprestação ou vantagem, concedida em pecúnia ou em utilidade, paga diretamente pelo empregador ao empregado, em virtude da prestação do serviço. Já a remuneração é a soma dos pagamentos diretos (isto é, aqueles feitos pelo empregador) e dos pagamentos indiretos (feitos por terceiros) ao empregado em virtude do contrato de trabalho.

A remuneração é, pois, o gênero do qual o salário é uma espécie.

> Art. 457 da CLT: Compreendem-se na remuneração do empregado, para todos os efeitos legais, além do salário devido e pago diretamente pelo empregador, como contraprestação do serviço, as gorjetas que receber.

Pela redação do art. 457 da CLT, remuneração é o salário, acrescido da gorjeta, enquanto salário é a contraprestação devida e paga diretamente pelo empregador em face do contrato de trabalho.

Por sua vez, gorjeta é a importância paga por terceiro, de forma espontânea ou cobrada pela empresa na nota de serviço.

> Súmula 354 do TST: Gorjetas. Natureza jurídica. Repercussões. As gorjetas, cobradas pelo empregador na nota de serviço ou oferecidas espontaneamente pelos clientes, integram a remuneração do empregado, não servindo de base de cálculo para as parcelas de aviso-prévio, adicional noturno, horas extras e repouso semanal remunerado.

Observe-se, todavia, que as gorjetas não são a única forma de pagamento indireto, como exemplo, podem os empregados também receber gueltas, que são prêmios pagos pelos fornecedores ou distribuidores dos produtos aos empregados da empresa a título de incentivo de vendas.

A diferença é que as gorjetas são pagas pelos clientes, ao passo que as gueltas são pagas por fornecedores do empregador, com o consentimento deste.

O objetivo das gueltas é incentivar a venda de produtos ou de serviços de determinado fornecedor. Exemplo: farmácias e drogarias, cujos laboratórios fornecedores oferecem determinada quantia ou comissionamento aos vendedores para que comercializem seus produtos.

Entende-se, de forma majoritária, que as gueltas integram a remuneração, assim como ocorre com as gorjetas.

2. CARACTERÍSTICAS DO SALÁRIO

São características do salário:

a) caráter forfetário – o salário é predefinido, independentemente do resultado da atividade do empresário, ou seja, o empregado tem a certeza do quanto deverá receber, não assumindo os riscos do negócio;

b) caráter alimentar – em regra o salário é a fonte de subsistência do trabalhador e de sua família, razão pela qual lhe é reconhecido o caráter alimentar. Em razão dessa característica, o salário merece ampla proteção legal, sendo impenhorável, irredutível e irrenunciável;

c) crédito privilegiado – em caso de falência do empregador, os créditos trabalhistas gozam de preferência, exatamente em razão de sua natureza alimentar. Nesse sentido, a CF/1988 dispôs que, nos precatórios judiciais, os créditos de natureza alimentícia devem ter prevalência sobre os demais (art. 100):

> Art. 100. Os pagamentos devidos pelas Fazendas Públicas Federal, Estaduais, Distrital e Municipais, em virtude de sentença judiciária, far-se-ão exclusivamente na ordem cronológica de apresentação dos precatórios e à conta dos créditos respectivos, proibida a designação de casos ou de pessoas nas dotações orçamentárias e nos créditos adicionais abertos para este fim.
>
> § 1º Os débitos de natureza alimentícia compreendem aqueles decorrentes de salários, vencimentos, proventos, pensões e suas complementações, benefícios previdenciários e indenizações por morte ou por invalidez, fundadas em responsabilidade civil, em virtude de sentença judicial transitada em julgado, e serão pagos com preferência sobre todos os demais débitos, exceto sobre aqueles referidos no § 2º deste artigo.

d) indisponibilidade – significa que o salário não pode ser objeto de renúncia ou de transação prejudicial ao trabalhador, no contexto da relação de emprego. Alguns autores associam essa característica à irrenunciabilidade da verba salarial;

e) periodicidade – como o contrato de trabalho é de trato sucessivo, logicamente também o salário terá essa característica, de forma que é devido periodicamente, normalmente em módulo temporal não superior ao mês, conforme o art. 459 da CLT. A exceção fica por conta do salário pago à base de comissões, gratificações e percentagens, que também é periódico, mas não se limita ao parâmetro mensal:

Art. 459, CLT: O pagamento do salário, qualquer que seja a modalidade do trabalho, não deve ser estipulado por período superior a 1 (um) mês, salvo no que concerne a comissões, percentagens e gratificações.

f) persistência ou continuidade – o salário é pago, reiteradamente, ao longo de todo o contrato de trabalho, pelo que se pode dizer que o pagamento não é intermitente, e sim persistente, contínuo;

g) natureza composta – o salário é composto não só do salário-base mas também de outras parcelas acessórias, como adicionais, gratificações etc.;

h) pós-numeração – como regra, o salário é pago somente após a prestação dos serviços, conforme a modalidade contratada (por mês, por quinzena, por semana etc.). A característica é mitigada pelos adiantamentos geralmente previstos em instrumento coletivo, bem como pelo fornecimento de utilidades, cuja fruição normalmente se dá antes ou concomitantemente com a prestação dos serviços;

i) tendência à determinação heterônoma – na lição de Mauricio Godinho Delgado,[1] "o salário fixa-se, usualmente, mediante o exercício da vontade unilateral ou bilateral das partes contratantes, mas sob o concurso interventivo de certa vontade externa, manifestada por regra jurídica". Mencione-se como exemplo o salário mínimo, cuja fixação é estranha à vontade das partes contratuais.

3. CLASSIFICAÇÃO DO SALÁRIO

Pode-se classificar o salário quanto à:

a) forma de pagamento – salário por unidade de tempo, salário por unidade de obra ou por produção e salário por tarefa (combina o tempo e a produção);

b) espécie – salário-utilidade ou salário *in natura*, salário simples (pago em dinheiro) e salário composto (salário pago em dinheiro e em utilidades);

c) forma de cálculo – salário mínimo (art. 7º, IV, da CF/1988 e art. 76 da CLT), salário profissional (fixado especificamente para determinada categoria por meio de lei (ex.: médicos – Lei 3.999/1961; engenheiros – Lei 4.950-A/1966); salário normativo (fixado por meio de sentença normativa).

OJ 71 da SDI-2 do TST: Ação rescisória. Salário profissional. Fixação. Múltiplo de salário mínimo. Art. 7º, IV, da CF/88. A estipulação do salário profissional em múltiplos do salário mínimo não afronta o art. 7º, inciso IV, da Constituição Federal de 1988, só incorrendo em vulneração do referido preceito constitucional a fixação de correção automática do salário pelo reajuste do salário mínimo.

Súmula 143 do TST: Salário profissional. O salário profissional dos médicos e dentistas guarda proporcionalidade com as horas efetivamente trabalhadas, respeitado o mínimo de 50 (cinquenta) horas.

---

[1] DELGADO, Mauricio Godinho. *Curso de Direito do Trabalho*. 19. ed. São Paulo: LTr, 2020.

Súmula 358 do TST: Radiologista. Salário profissional. Lei nº 7.394, de 29.10.1985. O salário profissional dos técnicos em radiologia é igual a 2 (dois) salários mínimos e não a 4 (quatro).

Há ainda o salário complessivo, que corresponde ao valor fixado para o pagamento do salário básico e todas as demais prestações devidas ao empregado sob um único título.

Súmula 91 do TST: Nula é a cláusula contratual que fixa determinada importância ou percentagem para atender englobadamente vários direitos legais ou contratuais do trabalhador.

Conforme disposto na súmula anterior, a cláusula será considerada nula, o que implica concluir pela vedação ao salário complessivo em nosso ordenamento. Nessa esteira, caso o empregador proceda ao pagamento do empregado dessa forma – pague, em um único título, diversas parcelas trabalhistas –, pagará apenas o salário básico, sendo consideradas devidas as demais parcelas.

Observe-se que o salário pode ser ajustado livremente entre empregado e empregador, desde que respeitado, no mínimo, o pagamento do salário mínimo ou piso salarial da categoria. Diante disso, o ajuste pode implicar pagamento de salário fixo ou variável. É possível, então, que haja o pagamento de parcelas salariais, como fossem indenizatórias, com o fito de evitar a sua integração ao salário. São figuras denominadas, por Mauricio Godinho,[2] de "parcelas dissimuladas".

4. COMPOSIÇÃO DO SALÁRIO E DA REMUNERAÇÃO

O salário do empregado é formado não apenas pelo seu salário básico (ou salário fixo) mas também por todas as demais parcelas habituais pagas pelo empregador, que gravitam em torno do salário básico, formando o sobressalário (são os adicionais, as comissões, as gratificações etc.).

Art. 457 da CLT: Compreendem-se na remuneração do empregado, para todos os efeitos legais, além do salário devido e pago diretamente pelo empregador, como contraprestação do serviço, as gorjetas que receber.

§ 1º Integram o salário a importância fixa estipulada, as gratificações legais e as comissões pagas pelo empregador.

§ 2º As importâncias, ainda que habituais, pagas a título de ajuda de custo, auxílio-alimentação, vedado seu pagamento em dinheiro, diárias para viagem, prêmios e abonos não integram a remuneração do empregado, não se incorporam ao contrato de trabalho e não constituem base de incidência de qualquer encargo trabalhista e previdenciário.

Como se observa, os §§ 1º e 2º não estabelecem as percentagens, as gratificações não previstas em leis, a ajuda de custo, o auxílio-alimentação (vedado seu pagamento em dinheiro), as diárias para viagens, prêmios e os abonos com integrantes do complexo salarial.

---

[2] DELGADO, Mauricio Godinho. *Curso de Direito do Trabalho*. 19. ed. São Paulo: LTr, 2020.

As parcelas de natureza não salarial integram tão somente a remuneração, são parcelas, em regra, de natureza indenizatória, ressarcitória ou instrumental.

> **COMPLEXO SALARIAL = SALÁRIO-BASE + SOBRESSALÁRIOS**

Conforme a sua natureza, algumas parcelas repercutem no cálculo das demais. Essa repercussão é também denominada integração ou projeção.

São três os requisitos para que uma parcela integre o cálculo de outra, a saber:

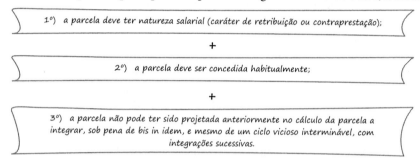

1º) a parcela deve ter natureza salarial (caráter de retribuição ou contraprestação);

+

2º) a parcela deve ser concedida habitualmente;

+

3º) a parcela não pode ter sido projetada anteriormente no cálculo da parcela a integrar, sob pena de bis in idem, e mesmo de um ciclo vicioso interminável, com integrações sucessivas.

A exceção aos dois primeiros requisitos é o FGTS, cuja base de cálculo é formada pela soma de todas as parcelas que tenham natureza remuneratória. Inclui, portanto, não só as gorjetas, mas também qualquer parcela que tenha sido paga mesmo uma única vez, salvo se indenizatória. Prescinde, desse modo, da habitualidade. Nesse sentido, o art. 15 da Lei 8.036/1990.

Situação diferente se dá com a incorporação de determinada parcela. Incorporar parcelas significa somá-las ao patrimônio jurídico do empregado, de forma que elas não possam mais ser suprimidas ao longo do contrato de trabalho, nos termos do art. 468 da CLT.

O que distingue a mera integração da incorporação é que esta última exige que a parcela tenha sido concedida incondicionalmente.

5. MEIOS DE PAGAMENTO DO SALÁRIO

Dispõe o art. 458, *caput*, da CLT:

> Art. 458. Além do pagamento em dinheiro, compreende-se no salário, para todos os efeitos legais, a alimentação, habitação, vestuário ou outras prestações "in natura" que a empresa, por força do contrato ou do costume, fornecer habitualmente ao empregado. Em caso algum será permitido o pagamento com bebidas alcoólicas ou drogas nocivas.

O salário dos obreiros pode ser pago em dinheiro e parte em utilidades. No salário-utilidade, também chamado *in natura*, ocorre substituição de parte paga em dinheiro por utilidades que seriam adquiridas pelo empregado, como moradia e alimentação.

Com efeito, o art. 463 da CLT determina que seja o pagamento do salário efetuado em moeda corrente do País, sob pena de ser considerado não pago. Assim, é vedado o pagamento em moeda estrangeira.

Também é vedado o chamado *truck system*, que consiste na contraprestação pelo trabalho apenas em bens, sem que uma parte seja paga em moeda corrente.

Tendo em vista que limita a liberdade de disposição do salário pelo trabalhador, bem como que propicia inclusive a servidão por dívidas, o *truck system* é ilícito, inclusive nos termos expressos do art. 462, §§ 2º e 3º, da CLT:

> Art. 462. (...)
>
> § 2º É vedado à empresa que mantiver armazém para venda de mercadorias aos empregados ou serviços estimados a proporcionar-lhes prestações *in natura* exercer qualquer coação ou induzimento no sentido de que os empregados se utilizem do armazém ou dos serviços.
>
> § 3º Sempre que não for possível o acesso dos empregados a armazéns ou serviços não mantidos pela Empresa, é lícito à autoridade competente determinar a adoção de medidas adequadas, visando a que as mercadorias sejam vendidas e os serviços prestados a preços razoáveis, sem intuito de lucro e sempre em benefício dos empregados.

Quanto à parte do salário paga em pecúnia, dispõe o art. 464, parágrafo único, da CLT, *in verbis:*

> Art. 464. Parágrafo único. Terá força de recibo o comprovante de depósito em conta bancária, aberta para esse fim em nome de cada empregado, com o consentimento deste, em estabelecimento de crédito próximo ao local de trabalho.

Portanto, conforme a CLT, é lícito ao empregador pagar o salário devido ao empregado por meio de depósito bancário, desde que abra conta específica para esse fim, com o consentimento do empregado, em estabelecimento bancário próximo ao local de trabalho.

Finalmente, o pagamento em cheque é admitido no meio urbano, desde que o empregador garanta ao empregado condições de descontar o cheque até o dia do vencimento.

6. SALÁRIO *IN NATURA* OU UTILIDADE

Consiste em bens, serviços ou produtos, suscetíveis de apreciação econômica, fornecidos pelo empregador para o empregado, em virtude do contrato de trabalho, de forma contraprestativa e com habitualidade. Dada a necessidade de ser contraprestativo, apenas se insere no conceito de salário-utilidade o bem, serviço ou produto fornecido PELO trabalho, e não PARA o trabalho.

Analiticamente, pode-se dizer que a utilidade terá natureza salarial somente se:

a) for habitual – ou seja, for prestada ou fornecida repetidamente, de forma que o empregado crie expectativa em relação àquela parcela, passando a contar com o fornecimento da utilidade em seu cotidiano;

Cap. 16 – SALÁRIO E REMUNERAÇÃO **291**

b) for benéfica ao empregado – o fornecimento de bebida alcoólica, drogas, cigarro, entre outros agentes nocivos à saúde, não constituirá salário *in natura*, nos termos do art. 458, *caput*, da CLT, c/c a Súmula 367, II, do TST;

c) tiver natureza de contraprestação – será salário *in natura* a utilidade fornecida PELO trabalho, e não aquela fornecida PARA o trabalho. Diz-se que não tem natureza salarial a utilidade de uso híbrido:

> Súmula 367: Utilidades *in natura*. Habitação. Energia elétrica. Veículo. Cigarro. Não integração ao salário.
>
> I – A habitação, a energia elétrica e veículo fornecidos pelo empregador ao empregado, quando indispensáveis para a realização do trabalho, não têm natureza salarial, ainda que, no caso de veículo, seja ele utilizado pelo empregado também em atividades particulares.

d) a natureza salarial não for afastada por lei – em alguns casos o legislador, visando estimular a concessão de utilidades, retirou expressamente a sua natureza salarial. Nesse sentido, o art. 458, § 2º, da CLT:

> Art. 458. (...)
>
> § 2º Para os efeitos previstos neste artigo, não serão consideradas como salário as seguintes utilidades concedidas pelo empregador:
>
> I – vestuários, equipamentos e outros acessórios fornecidos aos empregados e utilizados no local de trabalho, para a prestação do serviço;
>
> II – educação, em estabelecimento de ensino próprio ou de terceiros, compreendendo os valores relativos a matrícula, mensalidade, anuidade, livros e material didático;
>
> III – transporte destinado ao deslocamento para o trabalho e retorno, em percurso servido ou não por transporte público;
>
> IV – assistência médica, hospitalar e odontológica, prestada diretamente ou mediante seguro-saúde;
>
> V – seguros de vida e de acidentes pessoais;
>
> VI – previdência privada;
>
> VII – (vetado);
>
> VIII – o valor correspondente ao vale-cultura.

Aqui, cumpre ressaltar a inclusão do § 5º ao art. 458 pela reforma trabalhista.

> Art. 458. (...)
>
> § 5º O valor relativo à assistência prestada por serviço médico ou odontológico, próprio ou não, inclusive o reembolso de despesas com medicamentos, óculos, aparelhos ortopédicos, próteses, órteses, despesas médico-hospitalares e outras similares, mesmo quando concedido em diferentes modalidades de planos e coberturas, não integram o salário do empregado para qualquer efeito nem o salário de contribuição, para efeitos do previsto na alínea q do § 9º do art. 28 da Lei 8.212, de 24 de julho de 1991.

Com a inserção desse dispositivo, o legislador reformista estabeleceu que todos os valores referentes à assistência prestada por serviço médico ou odontológico não integram o salário do empregado, inclusive no tocante ao reembolso de despesas com medicamentos, óculos, aparelhos ortopédicos, próteses, órteses, despesas médico-hospitalares e outras similares.

Esclarece-se que a modalidade de plano de saúde e as coberturas previstas não influenciam a natureza da parcela que não integrará o salário do trabalhador. Com a nova previsão, é possível a concessão de plano de saúde cuja cobertura seja parcial ou ainda que exija complementação do valor, ou seja, mesmo se necessário o pagamento em coparticipação, a parcela não será considerada salário *in natura*.

Ademais, o § 5º do art. 458 da CLT foi além e previu que o valor pago não deve ser considerado nem mesmo para o cálculo do salário de contribuição do trabalhador para fins previdenciários.

A relação de utilidades, constante do art. 458, *caput*, da CLT (alimentação, habitação, vestuário ou outras parcelas *in natura*), é meramente exemplificativa, admitindo-se o fornecimento de qualquer bem ou serviço (ex.: viagem anual) que seja útil ao empregado, desde que atendidos os demais requisitos configuradores do salário-utilidade.

Contudo, não é possível pagar o empregado exclusivamente em utilidade, o empregador tem o dever de observância de pagamento de 30% do salário mínimo em pecúnia.

> Art. 82 da CLT: Quando o empregador fornecer, *in natura*, uma ou mais das parcelas do salário mínimo, o salário em dinheiro será determinado pela fórmula $Sd = Sm - P$, em que Sd representa o salário em dinheiro, Sm o salário mínimo e P a soma dos valores daquelas parcelas na região, zona ou subzona.
>
> Parágrafo único. O salário mínimo pago em dinheiro não será inferior a 30% (trinta por cento) do salário mínimo fixado para a região, zona ou subzona.
>
> OJ 18 da SDC do TST: Os descontos efetuados com base em cláusula de acordo firmado entre as partes não podem ser superiores a 70% do salário-base percebido pelo empregado, pois deve-se assegurar um mínimo de salário em espécie ao trabalhador.

A Consolidação das Leis Trabalhistas estabelece que devem ser respeitados os percentuais de 20% para alimentação e 25% para moradia, do salário contratual do empregado, para os trabalhadores urbanos.

> Art. 458, § 3º, da CLT: A habitação e a alimentação fornecidas como salário-utilidade deverão atender aos fins a que se destinam e não poderão exceder, respectivamente, a 25% (vinte e cinco por cento) e 20% (vinte por cento) do salário contratual.

Para os empregados rurais (art. 9º da Lei 5.889/1973), os percentuais são de 25% para alimentação e 20% para moradia, do salário mínimo.

Ademais, somente poderão ser descontadas as utilidades fornecidas mediante autorização expressa do empregado. As hipóteses legais de fornecimento de utilidade como parte do salário, ao contrário do que ocorre com o trabalhador urbano, são taxativas, limitando-se a moradia e alimentação "sadia e farta".

Os percentuais sempre incidirão sobre o salário mínimo, ainda que o empregado ganhe mais que esse valor.

Veja a previsão para o empregado doméstico na LC 150/2015:

> Art. 18. É vedado ao empregador doméstico efetuar descontos no salário do empregado por fornecimento de alimentação, vestuário, higiene ou moradia, bem como por despesas com transporte, hospedagem e alimentação em caso de acompanhamento em viagem.
>
> § 1º É facultado ao empregador efetuar descontos no salário do empregado em caso de adiantamento salarial e, mediante acordo escrito entre as partes, para a inclusão do empregado em planos de assistência médico-hospitalar e odontológica, de seguro e de previdência privada, não podendo a dedução ultrapassar 20% (vinte por cento) do salário.
>
> § 2º Poderão ser descontadas as despesas com moradia de que trata o caput deste artigo quando essa se referir a local diverso da residência em que ocorrer a prestação de serviço, desde que essa possibilidade tenha sido expressamente acordada entre as partes.
>
> § 3º As despesas referidas no *caput* deste artigo não têm natureza salarial nem se incorporam à remuneração para quaisquer efeitos.
>
> § 4º O fornecimento de moradia ao empregado doméstico na própria residência ou em morada anexa, de qualquer natureza, não gera ao empregado qualquer direito de posse ou de propriedade sobre a referida moradia.

A utilidade, em regra, integra o salário do empregado pelo seu valor de mercado, ressalvadas as hipóteses em que o empregado é remunerado com o valor do salário mínimo nacional, hipótese na qual deverão ser observados os percentuais de lei.

> Art. 458, § 1º, da CLT: Os valores atribuídos às prestações "in natura" deverão ser justos e razoáveis, não podendo exceder, em cada caso, os dos percentuais das parcelas componentes do salário mínimo (arts. 81 e 82).

> Súmula 258 do TST: "Os valores atribuídos às prestações *in natura* deverão ser justos e razoáveis, não podendo exceder, em cada caso, os dos percentuais das parcelas componentes do salário mínimo (arts. 81 e 82)" (art. 458, § 1º, da CLT), mas "os percentuais fixados em lei relativos ao salário *in natura* apenas se referem às hipóteses em que o empregado percebe salário mínimo, apurando-se, nas demais, o real valor da utilidade".

Especificamente quanto à alimentação, temos que, nos termos da nova redação do art. 457, § 2º, da CLT, o auxílio-alimentação é parcela de natureza indenizatória. Além disso, o dispositivo veda seu pagamento em dinheiro. Em resumo: se o empregador conceder auxílio-alimentação, não haverá integração ao salário, desde não seja realizado o pagamento em dinheiro. Quando concedida por meio de auxílio-alimentação, não integrará o salário. Contudo, mantém natureza salarial quando concedido o valor em dinheiro ou quando o empregador oferecer em contraprestação pelos serviços.

Diante de tal modificação, a doutrina ressalta que a inclusão do auxílio-alimentação como verba de natureza indenizatória faz com que a alimentação deixe, na maioria dos casos, de ser considerada salário *in natura*.

Anteriormente à Reforma Trabalhista, o entendimento que prevalecia era no sentido de que o auxílio-alimentação fornecido por meio do Programa de Alimentação do Trabalhador (PAT) não detinha natureza salarial. Nesse sentido:

> OJ 413 da SDI-1: Auxílio-alimentação. Alteração da natureza jurídica. Norma coletiva ou adesão ao PAT. A pactuação em norma coletiva conferindo caráter indenizatório à verba "auxílio-alimentação" ou a adesão posterior do empregador ao Programa de Alimentação do Trabalhador – PAT – não altera a natureza salarial da parcela, instituída anteriormente, para aqueles empregados que, habitualmente, já percebiam o benefício, a teor das Súmulas 51, I, e 241 do TST.

Entendimento em desconformidade com a reforma trabalhista – Súmula 241 do TST: Salário-utilidade. Alimentação. O vale para refeição, fornecido por força do contrato de trabalho, tem caráter salarial, integrando a remuneração do empregado, para todos os efeitos legais.

Nesse prisma, de acordo com posicionamentos doutrinários iniciais após a reforma, não será mais necessária a adesão ao PAT para a concessão do auxílio-alimentação, pois, em todas as suas modalidades, o auxílio-alimentação não terá natureza salarial. Dessa forma, o empregador pode conceder tíquete-refeição, tíquete-alimentação, alimentação *in natura*, vale-refeição, sem que essa parcela integre o salário e reflita nas demais verbas do contrato de trabalho.

atenção

Parcelas que não são salário-utilidade ou **in natura:**

1) pela sua nocividade – em caso algum será permitido o pagamento com bebidas alcoólicas ou drogas nocivas (art. 458 da CLT), assim como o cigarro não se considera salário-utilidade em face de sua nocividade à saúde (Súmula 367, II, do TST);

2) pela finalidade principal do bem ou serviço – habitação, energia elétrica e veículo fornecidos pelo empregador ao empregado, quando indispensáveis para a realização do trabalho (ou seja, são fornecidos PARA o trabalho), não têm natureza salarial, ainda que, no caso de veículo, seja ele utilizado pelo empregado também em atividades particulares (Súmula 367, I, do TST);

3) por determinação legal – o legislador quis incentivar a concessão de determinadas utilidades pelo empregador. O art. 458, § 2º, da CLT retira a natureza salarial dessas parcelas.

Quanto à possibilidade de a norma coletiva, além de estipular a obrigatoriedade de concessão de determinada utilidade, estabelecer a natureza indenizatória dessa prestação, ou seja, retirar-lhe a natureza salarial e os reflexos daí decorrentes, o TST tende a aceitá-la, notadamente em relação à alimentação. Nesse sentido, a OJ 123 da SDI-1:

> OJ 123 da SDI-1: Bancários. Ajuda alimentação. A ajuda alimentação prevista em norma coletiva em decorrência de prestação de horas extras tem natureza indenizatória e, por isso, não integra o salário do empregado bancário.

7. TEMPO DE PAGAMENTO DO SALÁRIO

O PAGAMENTO DO SALÁRIO pode ser ajustado sob diversas formas – por módulo de tempo, por produção ou por tarefa.

O salário é pago por unidade de tempo quando se refere ao período trabalhado pelo empregado (ou em que este se colocou à disposição do empregador). Pode o salário por unidade de tempo ser objeto de estipulação por mês (mais comum), por quinzena, por semana, por dia ou por hora. Excepcionalmente, como no caso do pagamento por comissões, pode o salário ser pago por módulo temporal superior ao mês.

Nessa modalidade, não interessa a produtividade do empregado, e sim apenas o passar do tempo, colocando-se o empregado à disposição do empregador ao longo dessa unidade de tempo predeterminada.

Por sua vez, o salário por produção (ou por unidade de obra) é calculado a partir do número de unidades produzidas pelo empregado. Não interessa quanto tempo o empregado gastou para produzir x peças, e sim o número de peças produzidas, e seu salário resultará da multiplicação do total da produção pelo valor unitário da peça produzida. Tal valor fixo estipulado por peça produzida é denominado tarifa.

Ao estipular o pagamento do salário por produção, o empregador se submete a dois limites, a saber:

a) deve garantir o salário mínimo mensalmente ao empregado, independentemente do resultado da produção;

b) não pode, na prática, reduzir drasticamente a quantidade de trabalho oferecida ao empregado, provocando redução importante no seu patamar salarial.

Por fim, o salário por tarefa é pago pela combinação do critério de unidade de tempo com o critério de unidade de obra (produção), de forma que o empregado tem determinada tarefa para cumprir em dada unidade de tempo. Cumprida a tarefa nesse tempo, das duas, uma: ou o empregado é dispensado do serviço até o fim da unidade de tempo; ou continua trabalhando e é remunerado destacadamente por esse acréscimo de produção.

A estipulação do salário, qualquer que seja a modalidade empregada (por unidade de tempo, por unidade de obra ou por tarefa), deve obedecer ao disposto no art. 459 da CLT:

> Art. 459. O pagamento do salário, qualquer que seja a modalidade do trabalho, não deve ser estipulado por período superior a 1 (um) mês, salvo no que concerne a comissões, percentagens e gratificações.
>
> § 1º Quando o pagamento houver sido estipulado por mês, deverá ser efetuado, o mais tardar, até o quinto dia útil do mês subsequente ao vencido.

As comissões e percentagens devem, em princípio, ser pagas mensalmente, mas poderão as partes, mediante acordo individual (ou seja, entre empregador e empregado), estipular outra periodicidade, que será, no máximo, trimestral, nos termos do disposto no art. 4º da Lei 3.207/1957.

> Súmula 381: Correção monetária. Salário. Art. 459 da CLT. O pagamento dos salários até o 5º dia útil do mês subsequente ao vencido não está sujeito à correção monetária. Se essa data limite for ultrapassada, incidirá o índice da correção monetária do mês subsequente ao da prestação dos serviços, a partir do dia 1º.

Portanto, se o salário for pago no prazo legal, não há de se falar em correção monetária. Esta incidirá, entretanto, caso haja atraso no pagamento, a partir do dia em que o salário for "adquirido", ou seja, a partir do primeiro dia do mês subsequente àquele em que os serviços foram prestados.

O empregador que deixa de pagar o salário no prazo legal encontra-se em débito salarial, conforme dispõe o art. 1º, parágrafo único, do Decreto-lei 368/1968.

Por sua vez, considera-se em mora contumaz o empregador que deixa de pagar os salários por período igual ou superior a três meses, sem motivo grave e relevante (art. 2º, § 1º).

O objetivo do Decreto-lei 368/1968 é imputar ao empregador que se encontra em débito salarial ou mora contumaz restrições de direitos, ante a gravidade do ato de sonegar aos seus empregados parcelas cuja natureza é alimentar. Assim, o art. 1º dispõe sobre os efeitos do débito salarial:

> Art. 1º A empresa em débito salarial com seus empregados não poderá:
> I – pagar honorário, gratificação, pro labore ou qualquer outro tipo de retribuição ou retirada a seus diretores, sócios, gerentes ou titulares da firma individual;
> II – distribuir quaisquer lucros, bonificações, dividendos ou interesses a seus sócios, titulares, acionistas, ou membros de órgãos dirigentes, fiscais ou consultivos;
> III – ser dissolvida.

Em relação à empresa que se encontra em situação de mora contumaz, além das proibições do art. 1º, não poderá ser favorecida com qualquer benefício de natureza fiscal, tributária ou financeira, por parte de órgãos da União, dos estados ou dos municípios, ou de que estes participem (art. 2º, *caput*).

Há que se esclarecer, por fim, que a mora salarial constitui hipótese de rescisão indireta do contrato de trabalho, nos termos do art. 483, *d*, da CLT. Consoante a Súmula 13 do TST, "O só pagamento dos salários atrasados em audiência não ilide a mora capaz de determinar a rescisão do contrato de trabalho.".

8. LOCAL E FORMA DE PAGAMENTO DO SALÁRIO

As regras quanto à forma e ao local de pagamento do salário constam dos arts. 464 e 465 da CLT:

> Art. 464. O pagamento do salário deverá ser efetuado contra recibo, assinado pelo empregado; em se tratando de analfabeto, mediante sua impressão digital, ou, não sendo esta possível, a seu rogo.

Parágrafo único. Terá força de recibo o comprovante de depósito em conta bancária, aberta para esse fim em nome de cada empregado, com o consentimento deste, em estabelecimento de crédito próximo ao local de trabalho.

Art. 465. O pagamento dos salários será efetuado em dia útil e no local do trabalho, dentro do horário do serviço ou imediatamente após o encerramento deste, salvo quando efetuado por depósito em conta bancária, observado o disposto no artigo anterior.

QUESTÕES PARA TREINO

1. **(Prefeitura de Viamão-RS – 2022 – Advogado)** Na relação de trabalho regida pela Consolidação das Leis do Trabalho (CLT), as diárias de viagem possuem natureza salarial.
    Errado.

2. **(Prefeitura de Viamão-RS – 2022 – Advogado)** Na relação de trabalho regida pela Consolidação das Leis do Trabalho (CLT), as diárias de viagem não integram o salário do empregado.
    Certo.

3. **(PGDF – 2022 – Procurador)** Nos termos da CLT, os valores recebidos pelo empregado a título de prêmio, abono, tíquete alimentação e ajuda de custo, ainda que habituais, não integram a remuneração, bem como não se incorporam ao contrato de trabalho.
    Certo.

4. **(CRMV-SP – 2022 – Técnico de Contabilidade)** Os adicionais por trabalho insalubre ou perigoso não serão computados no salário que servirá de base ao cálculo da remuneração das férias.
    Errado.

5. **(Presidente Florianópolis-SC – 2022 – Procurador Municipal)** Considera-se abono as liberalidades concedidas pelo empregador em forma de bens, serviços ou valor em dinheiro, em razão de desempenho superior àquele ordinariamente esperado no exercício das atividades pelo empregado.
    Errado.

EQUIPARAÇÃO SALARIAL

1. INTRODUÇÃO AO TEMA

A equiparação salarial é corolário do princípio da igualdade no âmbito da remuneração do empregado, sendo vedado o tratamento diferenciado para trabalhadores que exercem a mesma função. A igualdade salarial tem previsão constitucional no art. 7º, XXX e XXXI, da CR/1988:

> Art. 7º (...)
> XXX – proibição de diferença de salários, de exercício de funções e de critério de admissão por motivo de sexo, idade, cor ou estado civil;
> XXXI – proibição de qualquer discriminação no tocante a salário e critérios de admissão do trabalhador portador de deficiência;
> (...).

Tal princípio também está presente nos arts. 5º e 461 da CLT e na Lei 9.029/1995:

> Art. 5º A todo trabalho de igual valor corresponderá salário igual, sem distinção de sexo.

> Art. 461. Sendo idêntica a função, a todo trabalho de igual valor, prestado ao mesmo empregador, no mesmo estabelecimento empresarial, corresponderá igual salário, sem distinção de sexo, etnia, nacionalidade ou idade.

Igualmente tem previsão no Tratado de Versalhes e na Convenção 100 da OIT.

EQUIPARAÇÃO SALARIAL – PREVISÃO LEGAL – CONVENÇÕES DA OIT		
Convenção 100 da OIT	**Convenção 111 da OIT**	**Convenção 117 da OIT**
Prevê a igualdade de remuneração entre homens e mulheres.	Veda discriminação no emprego e qualquer distinção, exclusão ou preferência, baseada em sexo.	Dever de suprimir qualquer discriminação entre trabalhadores por motivo de raça, cor, sexo, crença, filiação sindical, no que se refere ao contrato de trabalho, inclusive à remuneração.

Esse tema sofreu significativas alterações com a publicação das leis 13.467/2017 (reforma trabalhista) e 14.611/2023. O art. 461 da CLT sofreu alteração redacional, tendo, ainda, sido inseridos os §§ 5º e 6º. Apenas o § 4º, que trata do trabalhador readaptado em nova função por motivo de deficiência física ou mental, não sofreu qualquer mudança de redação. Vejamos:

> Art. 461. Sendo idêntica a função, a todo trabalho de igual valor, prestado ao mesmo empregador, no mesmo estabelecimento empresarial, corresponderá igual salário, sem distinção de sexo, etnia, nacionalidade ou idade. (Redação dada pela Lei nº 13.467, de 2017)
>
> § 1º Trabalho de igual valor, para os fins deste Capítulo, será o que for feito com igual produtividade e com a mesma perfeição técnica, entre pessoas cuja diferença de tempo de serviço para o mesmo empregador não seja superior a quatro anos e a diferença de tempo na função não seja superior a dois anos. (Redação dada pela Lei nº 13.467, de 2017)
>
> § 2º Os dispositivos deste artigo não prevalecerão quando o empregador tiver pessoal organizado em quadro de carreira ou adotar, por meio de norma interna da empresa ou de negociação coletiva, plano de cargos e salários, dispensada qualquer forma de homologação ou registro em órgão público. (Redação dada pela Lei nº 13.467, de 2017)
>
> § 3º No caso do § 2º deste artigo, as promoções poderão ser feitas por merecimento e por antiguidade, ou por apenas um destes critérios, dentro de cada categoria profissional. (Redação dada pela Lei nº 13.467, de 2017)
>
> § 4º O trabalhador readaptado em nova função por motivo de deficiência física ou mental atestada pelo órgão competente da Previdência Social não servirá de paradigma para fins de equiparação salarial.
>
> § 5º A equiparação salarial só será possível entre empregados contemporâneos no cargo ou na função, ficando vedada a indicação de paradigmas remotos, ainda que o paradigma contemporâneo tenha obtido a vantagem em ação judicial própria. (Incluído pela Lei nº 13.467, de 2017)
>
> § 6º Na hipótese de discriminação por motivo de sexo, raça, etnia, origem ou idade, o pagamento das diferenças salariais devidas ao empregado discriminado não afasta seu direito de ação de indenização por danos morais, consideradas as especificidades do caso concreto. (Redação dada pela Lei nº 14.611, de 2023)
>
> § 7º Sem prejuízo do disposto no § 6º, no caso de infração ao previsto neste artigo, a multa de que trata o art. 510 desta Consolidação corresponderá a 10 (dez) vezes o valor do novo salário devido pelo empregador ao empregado discriminado, elevada ao dobro, no caso de reincidência, sem prejuízo das demais cominações legais. (Incluído pela Lei nº 14.611, de 2023)

Para você não cair em pegadinhas de provas e entender melhor sobre o assunto, eu desenvolvi este quadro comparativo para ser lido no dia anterior à prova, ok?

REDAÇÃO ANTERIOR	REDAÇÃO ATUAL
Art. 461. Sendo idêntica a função, a todo trabalho de igual valor, prestado ao mesmo empregador, na mesma localidade, corresponderá igual salário, sem distinção de sexo, nacionalidade ou idade.	Art. 461. Sendo idêntica a função, a todo trabalho de igual valor, prestado ao mesmo empregador, **no mesmo estabelecimento empresarial**, corresponderá igual salário, sem distinção de sexo, etnia, nacionalidade ou idade.

REDAÇÃO ANTERIOR	REDAÇÃO ATUAL
§ 1º Trabalho de igual valor, para os fins deste Capítulo, será o que for feito com igual produtividade e com a mesma perfeição técnica, entre pessoas cuja diferença de tempo de serviço não for superior a 2 (dois) anos.	§ 1º Trabalho de IGUAL VALOR, para os fins deste Capítulo, será o que for feito com igual produtividade e com a mesma perfeição técnica, entre pessoas cuja diferença de TEMPO DE SERVIÇO para o mesmo empregador **NÃO SEJA SUPERIOR A 4 ANOS** e a diferença de **TEMPO NA FUNÇÃO NÃO SEJA SUPERIOR A 2 ANOS.**
§ 2º Os dispositivos deste artigo não prevalecerão quando o empregador tiver pessoal organizado em quadro de carreira, hipótese em que as promoções deverão obedecer aos critérios de antiguidade e merecimento.	§ 2º Os dispositivos deste artigo não prevalecerão quando o empregador tiver pessoal organizado em quadro de carreira OU adotar, por meio de norma interna da empresa ou de negociação coletiva, plano de cargos e salários, **dispensada qualquer forma de homologação ou registro em órgão público.**
§ 3º No caso do parágrafo anterior, as promoções deverão ser feitas alternadamente por merecimento e por antiguidade, dentro de cada categoria profissional.	§ 3º No caso do § 2º deste artigo, as promoções poderão ser feitas por merecimento e por antiguidade, ou por apenas um destes critérios, dentro de cada categoria profissional.
Redação mantida.	§ 4º O trabalhador readaptado em nova função por motivo de deficiência física ou mental atestada pelo órgão competente da Previdência Social não servirá de paradigma para fins de equiparação salarial.
	§ 5º A equiparação salarial só será possível entre empregados contemporâneos no cargo ou na função, ficando vedada a indicação de paradigmas remotos, ainda que o paradigma contemporâneo tenha obtido a vantagem em ação judicial própria.
	§ 6º Na hipótese de discriminação por motivo de sexo, raça, etnia, origem ou idade, o pagamento das diferenças salariais devidas ao empregado discriminado não afasta seu direito de ação de indenização por danos morais, consideradas as especificidades do caso concreto.
	§ 7º Sem prejuízo do disposto no § 6º, no caso de infração ao previsto neste artigo, a multa de que trata o art. 510 desta Consolidação corresponderá a 10 (dez) vezes o valor do novo salário devido pelo empregador ao empregado discriminado, elevada ao dobro, no caso de reincidência, sem prejuízo das demais cominações legais.

Cabe ressaltar que, no âmbito do TST, temos a Súmula 06, que ainda não foi atualizada/modificada/cancelada diante das modificações da reforma trabalhista.

2. REQUISITOS

São requisitos cumulativos para o reconhecimento do direito à equiparação salarial:

1. mesma função;

2. mesmo empregador;
3. **mesmo estabelecimento empresarial (reforma trabalhista)**;
4. simultaneidade no exercício da função;
5. mesma perfeição técnica; ⎫ **Trabalho de**
6. **mesma produtividade;** ⎬ **igual valor**
7. até dois anos de diferença de tempo de serviço na função;
8. **até quatro anos de tempo de serviço para o mesmo empregador (reforma trabalhista);**
9. **inexistência de plano cargos e salários ou de quadro de carreira SEM necessidade de homologação por órgão público (reforma trabalhista).**

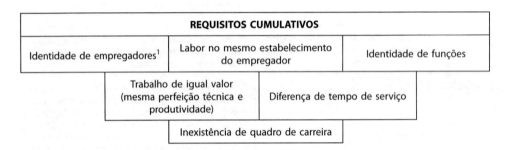

2.1. Identidade de funções

A identidade de função é analisada de acordo com o princípio da primazia da realidade. Isso quer dizer que o empregado e o paradigma devem exercer, no plano da realidade, as mesmas atividades, não interessando se o empregador deu nome diverso às funções exercidas, ou seja, independe da denominação do cargo de cada empregado. Assim:

> Súmula 6, III, do TST: A equiparação salarial só é possível se o em pregado e o paradigma exercerem a mesma função, desempenhando as mesmas tarefas, não importando se os cargos têm, ou não, a mesma denominação.

A priori, quaisquer funções dão ensejo à equiparação salarial, inclusive as funções de confiança e as funções intelectuais. Nesse sentido, o item VII da Súmula 6 do TST:

> Súmula 6, VII, do TST: Desde que atendidos os requisitos do art. 461 da CLT, é possível a equiparação salarial de trabalho intelectual, que pode ser avaliado por sua perfeição técnica, cuja aferição terá critérios objetivos.

---

[1] **Súmula 129 do TST: Contrato de trabalho. Grupo econômico.** A prestação de serviços a mais de uma empresa do mesmo grupo econômico, durante a mesma jornada de trabalho, não caracteriza a coexistência de mais de um contrato de trabalho, salvo ajuste em contrário.

2.2. Mesmo empregador

Somente se poderá falar em equiparação salarial se o empregador do paradigma (pessoa com quem se pretende a equiparação) e do paragonado (trabalhador que requer a equiparação) for o mesmo.

Em caso de grupo econômico, a jurisprudência dominante não admite, em regra, a equiparação salarial entre empregados de diferentes empresas do mesmo grupo econômico, sob o argumento de que falta o requisito do mesmo empregador, salvo nos casos em que o trabalhador presta serviços em favor do grupo econômico, considerado como empregador único. Nesse sentido, são esclarecedores os julgados do TST:

> Recurso de embargos. Equiparação salarial. Grupo econômico. Empresas distintas. Recurso de revista parcialmente provido. Requisito mesmo empregador. O fato de o reclamante e o empregado paradigma prestarem serviços a empresas distintas, ainda que integrantes do mesmo grupo econômico, impede o deferimento da equiparação salarial, notadamente quando o trabalho se realiza, independente do grupo, diretamente a uma e outra empresa integrante do grupo econômico, em locais diversos, com distinção de trabalho e função. Isso porque as empresas que formam o grupo econômico constituem empregadores distintos, têm personalidade jurídica própria, com organização e estrutura funcional independentes, impossibilitando a presença da identidade funcional, exigida por lei para o reconhecimento do direito à equiparação salarial. Todavia, diante da existência de trabalho direto ao grupo econômico, não é possível afastar o direito à equiparação salarial apenas pelo aspecto formal relativo ao contrato de trabalho realizado com empresas distintas, em face de paragonado e paradigma. Necessário verificar os requisitos do art. 461 da CLT, exatamente como entendeu a c. Turma, já que o conceito de mesmo empregador também pode alcançar o trabalho dirigido diretamente ao grupo econômico, quando efetivamente no local da prestação de serviços existe [sic] atribuição e função idêntica [sic]. Embargos conhecidos e desprovidos. (TST, SDI-1, E-ED-RR-30-24.2010.5.02.0254, Rel. Min. Aloysio Corrêa da Veiga, j. 06.06.2013, *DEJT* 14.06.2013)

> Recurso de revista do reclamante. Cerceamento do direito de defesa. Indeferimento de perguntas às testemunhas. Equiparação salarial. Paradigmas ocupantes de cargos em empresas integrantes do mesmo grupo econômico. Pretensão pautada na alegação de que havia exercício das mesmas funções no mesmo setor de trabalho. Necessidade de prova. Nulidade reconhecida. (...) 2. Ocorre que a jurisprudência tem reconhecido o direito à equiparação de salário quando paragonado e paradigma, ao invés de atuarem diretamente para sua contratante, atuam indistintamente para uma ou outra empresa do grupo econômico, sobretudo se a atividade é desenvolvida no mesmo setor de trabalho. 3. Em tal contexto, e tendo em vista que a pretensão veiculada na presente reclamatória pauta-se na alegação de que os paradigmas exerciam as mesmas funções e no mesmo setor de trabalho, revela-se necessária a produção da prova testemunhal requerida. (ARR-8307-33.2010.5.12.0001, 1ª Turma, Rel. Min. Hugo Carlos Scheuermann, *DEJT* 22.02.2019)

Ademais, é possível a equiparação salarial entre empregados terceirizados e empregados da contratante no caso de estabelecimento.

Lei 6.019/1974, art. 4º-C, § 1º: Contratante e contratada poderão estabelecer; se assim entenderem, que os empregados da contratada farão jus a salário equivalente ao pago aos empregados da contratante, além de outros direitos não previstos neste artigo.

Com relação aos trabalhadores temporários, há também expressa previsão para o recebimento da mesma remuneração percebida pelos empregados da tomadora dos serviços:

Lei 6.019/1974, art. 12: Ficam assegurados ao trabalhador temporário os seguintes direitos:

a) remuneração equivalente à percebida pelos empregados de mesma categoria da empresa tomadora ou cliente calculados à base horária, garantida, em qualquer hipótese, a percepção do salário mínimo regional;

(...).

2.3. Mesmo estabelecimento empresarial

A redação anterior à reforma trabalhista exigia o trabalho na mesma localidade. Diante disso, prevaleceu o entendimento de que mesma localidade se referia ao mesmo município ou a municípios diversos dentro da mesma região metropolitana. Nesse sentido, o inciso X da Súmula 6 do TST, que foi superado com o entendimento da reforma trabalhista.

Súmula 6, X, do TST: O conceito de "mesma localidade" de que trata o art. 461 da CLT refere-se, em princípio, ao mesmo município, ou a municípios distintos que, comprovadamente, pertençam à mesma região metropolitana.

A exigência atual é de trabalho no mesmo estabelecimento empresarial.

CLT, Art. 461. Sendo idêntica a função, a todo trabalho de igual valor, prestado ao mesmo empregador, no mesmo estabelecimento empresarial, corresponderá igual salário, sem distinção de sexo, etnia, nacionalidade ou idade. (Redação dada pela Lei nº 13.467, de 2017)

E o que se entende por mesmo estabelecimento empresarial?

"Mesmo estabelecimento empresarial" é expressão muito mais restrita do que "mesma localidade". Cabe, nesse ponto, diferenciar empresa e estabelecimento:

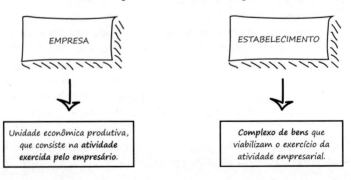

Assim, a princípio, se uma empresa tiver, em uma mesma cidade, dois estabelecimentos diferentes, não será assegurado o direito à equiparação salarial se o paradigma e o paragonado trabalharem em estabelecimentos diversos. O requisito para a equiparação salarial deixa de ser a localidade e passa a ser o estabelecimento onde são prestados os serviços.

A doutrina critica a restrição promovida pela reforma trabalhista, uma vez que possibilita que uma mesma empresa estabeleça salários diferentes entre filiais de um mesmo município, o que reforça a fragmentação da classe trabalhadora, prejudicando a atuação sindical ampla por melhorias salariais.

2.4. Exercício da função feito de forma simultânea

Os empregados devem ter exercido as funções idênticas no mesmo período, conjuntamente. Tal compreensão, embora não estivesse explicitada no antigo texto do art. 461 da CLT, era sufragada pela jurisprudência trabalhista.

Com a reforma trabalhista, tal previsão é expressa. Vejamos:

> CLT, art. 461, § 5º: A equiparação salarial só será possível entre empregados contemporâneos no cargo ou na função, ficando vedada a indicação de paradigmas remotos, ainda que o paradigma contemporâneo tenha obtido a vantagem em ação judicial própria.

Nesse sentido, o fato de trabalharem conjuntamente é essencial. Permanece, pois, intacto o entendimento de que não se exige que, ao tempo da reclamação, os empregados ainda estejam trabalhando conjuntamente.

Caso não mais trabalhem conjuntamente ou se o paradigma não mais for empregado, prosseguir-se-á o pagamento da diferença salarial em relação ao período em que trabalharam simultaneamente. Por isso, conclui-se que a prescrição é parcial. É possível declarar a identidade há mais de cinco anos, permanecendo o direito do pagamento das diferenças dos últimos cinco anos.

> Súmula 6, IV, do TST: É desnecessário que, ao tempo da reclamação sobre equiparação salarial, reclamante e paradigma estejam a serviço do estabelecimento, desde que o pedido se relacione com situação pretérita.

2.5. Trabalho de igual valor

É necessário que o trabalho exercido pelo paradigma e paragonado seja desempenhado com a mesma perfeição técnica (mesma qualidade) e mesma produtividade (quantidade), ou seja, o trabalho deve ser desenvolvido com igual valor.

Se o trabalho é desenvolvido por paradigma e paragonado com diferente perfeição técnica, não há que se falar em equiparação salarial, ainda que presentes todos os demais requisitos.

> OJ 296 da SBDI-I do TST: Equiparação salarial. Atendente e auxiliar de enfermagem. Impossibilidade.

DIREITO DO TRABALHO E PROCESSO DO TRABALHO FACILITADOS – *Lenza*

Sendo regulamentada a profissão de auxiliar de enfermagem, cujo exercício pressupõe habilitação técnica, realizada pelo Conselho Regional de Enfermagem, impossível a equiparação salarial do simples atendente com o auxiliar de enfermagem.

Súmula 301 do TST: Auxiliar de laboratório. Ausência de diploma. Efeitos (mantida).

O fato de o empregado não possuir diploma de profissionalização de auxiliar de laboratório não afasta a observância das normas da Lei nº 3.999, de 15.12.1961, uma vez comprovada a prestação de serviços na atividade.

Há que se ressaltar que é possível equiparação de trabalho intelectual desde que sejam estabelecidos critérios objetivos.

Súmula 6, VII, do TST: Desde que atendidos os requisitos do art. 461 da CLT, é possível a equiparação salarial de trabalho intelectual, que pode ser avaliado por sua perfeição técnica, cuja aferição terá critérios objetivos.

Se o paradigma tem maior produtividade (produção relativa em determinada unidade de tempo) que o equiparando, não há que se falar em equiparação salarial.

Da mesma forma, na aferição da perfeição técnica, é difícil, na prática, aferir diferença de produtividade, exceto nos casos em que o salário já é estipulado por unidade de obra (valor x por peças produzidas, por exemplo).

A jurisprudência tende a considerar a maior qualificação técnico-profissional do paradigma como indicador de maior produtividade.

2.6. Diferença de tempos

O empregado não pode ter mais de dois anos de diferença no exercício da função para ter direito à equiparação salarial. Veja que é na função, e não na empresa.

Súmula 6, II, do TST: Para efeito de equiparação de salários em caso de trabalho igual, conta-se o tempo de serviço na função e não no emprego.

Súmula 202 do STF: Na equiparação de salário, em caso de trabalho igual, toma-se em conta o tempo de serviço na função, e não no emprego.

Ressalta-se, no mais, que no caso de sucessão de empresas, por sua vez, considera-se também o tempo de serviço em que a função foi exercida na empresa sucedida, tendo em vista que a alteração da propriedade ou da estrutura jurídica da empresa não altera os contratos de trabalho em vigor, o que vale igualmente para a equiparação salarial.

Além da antiga diferença temporal no exercício da função não superior a dois anos, a Lei 13.467/2017 acrescentou à CLT outro requisito temporal, exigindo que o empregado não tenha tempo de serviço superior a quatro anos para o mesmo empregador.

CLT, art. 461, § 1º: Trabalho de igual valor, para os fins deste Capítulo, será o que for feito com igual produtividade E com a mesma perfeição técnica, entre pessoas cuja diferença de TEMPO DE SERVIÇO para o mesmo empregador NÃO SEJA SUPERIOR A 4 ANOS E a diferença de tempo na função não seja superior a 2 anos. (destacamos)

Em outras palavras, existe agora um somatório da antiguidade no específico contrato de trabalho perante o mesmo empregador (elemento novo: tempo superior a quatro anos) e da antiguidade na função (elemento já tradicional: tempo superior a dois anos).

Logo, ainda que o empregado tenha menos de 2 anos de diferença no exercício de determinada função, se houver diferença superior a 4 anos em relação ao tempo de serviço na empresa, não terá direito à equiparação.

Mais uma vez nos deparamos com novidade legislativa que restringe a possibilidade de êxito no pedido de equiparação salarial, pois o empregado terá que demonstrar esse novo requisito de diferença no tempo de serviço superior a 4 anos.

Não quer confundir mais esses períodos?! Preste atenção:

 Em.pre.ga.dor → quatro sílabas → 4 anos

Fun.ção → duas sílabas → 2 anos

2.7. Inexistência de plano de cargos e salários e de quadro de carreira

De acordo com a antiga redação do art. 461 da CLT, não era possível equiparação salarial quando a empresa possuísse quadro de pessoal organizado em carreira, devendo as promoções obedecer aos critérios de antiguidade e merecimento, além de o quadro ser homologado pelo Ministério do Trabalho e Emprego, com a finalidade de evitar fraude à possibilidade de equiparação.

Em relação à Administração Pública, em razão da presunção de legitimidade e dos princípios da legalidade e da publicidade dos atos administrativos, o quadro de carreira, aprovado por ato administrativo da autoridade competente, não necessitava da homologação do Ministério do Trabalho e Emprego.

Todavia, a reforma trabalhista, sobre esse assunto, alterou três pontos:

a) O quadro de carreira não precisa mais ser homologado ou registrado em órgão público.

Para a validade do quadro de carreira ou do plano de cargos e salários não é necessária mais a homologação do órgão público.

A exigência de homologação pelo MTE visava dar publicidade ao instrumento e evitar que as empresas fraudassem o quadro de carreiras. A crítica, portanto, é de que a alteração facilitará a ocorrência de fraudes pelo empregador.

b) Dois instrumentos diferentes impedem a equiparação: o quadro de carreira e, agora, o plano de cargos e salários, desde que adotado por meio de norma interna da empresa ou de negociação coletiva.

Dessa feita, se existente documento estabelecendo quadro de carreira ou plano de cargos e salários, fica excluída a possibilidade de equiparação salarial, ainda que os empregados exerçam a mesma função em trabalho de igual valor, para o mesmo empregador, em um mesmo estabelecimento.

Nesse prisma, há que se mencionar, com a redação ainda não alterada pós-reforma trabalhista:

> Súmula 127 do TST. Quadro de carreira (mantida). Quadro de pessoal organizado em carreira, aprovado pelo órgão competente, excluída a hipótese de equiparação salarial, não obsta reclamação fundada em preterição, enquadramento ou reclassificação.

c) As promoções poderão ser feitas por merecimento e por antiguidade, ou por apenas um desses critérios.

As promoções não mais precisam observar a alternância entre os critérios de merecimento e antiguidade, podendo o empregador adotar apenas um desses critérios isoladamente.

Nesse prisma, não se sustenta mais o entendimento da OJ 418, da SBDI-I, do TST.

> OJ 418 da SBDI-I do TST: Equiparação salarial. Plano de cargos e salários. Aprovação por instrumento coletivo. Ausência de alternância de critérios de promoção por antiguidade e merecimento. Não constitui óbice à equiparação salarial a existência de plano de cargos e salários que, referendado por norma coletiva, prevê critério de promoção apenas por merecimento ou antiguidade, não atendendo, portanto, o requisito de alternância dos critérios, previsto no art. 461, § 2º, da CLT.

Por sua vez, há que se ressaltar que situação diversa ocorre na hipótese em que o empregador modifica as funções originalmente conferidas ao empregado, atribuindo-lhe atividades normalmente mais complexas, sem o *plus* remuneratório correspondente. Nesse caso, ocorre o desvio de função.

A solução, no caso do desvio de função, é o pagamento das diferenças salariais, mas não o enquadramento na função efetivamente desempenhada, tendo em vista que, na realidade, outra pessoa já ocupa esse cargo no plano de cargos e salários. Este é o sentido da OJ 125 da SBDI-I do TST:

> OJ 125 da SBDI-I do TST: Desvio de função. Quadro de carreira. O simples desvio funcional do empregado não gera direito a novo enquadramento, mas apenas às diferenças salariais respectivas, mesmo que o desvio de função haja iniciado antes da vigência da CF/1988.

Nesse sentido, o inciso I da Súmula 6 do TST, que se encontra em desconformidade com a reforma trabalhista:

> Súmula 6, I, do TST: Para os fins previstos no § 2º do art. 461 da CLT, só é válido o quadro de pessoal organizado em carreira quando homologado pelo Ministério do Trabalho, excluindo-se, apenas, dessa exigência o quadro de carreira das entidades de direito público da administração direta, autárquica e fundacional aprovado por ato administrativo da autoridade competente.

3. EMPREGADO READAPTADO

O empregado com deficiência física ou mental poderá ser readaptado em outra função quando houver atestado por órgão previdenciário e ele participar de programa de reabilitação profissional. Tal obreiro não servirá de paradigma para alcance da equiparação salarial, em razão das peculiaridades de suas condições pessoais. Nesse sentido é o § 4º do art. 461 da CLT:

> CLT, art. 461. § 4º: O trabalhador readaptado em nova função por motivo de deficiência física ou mental atestada pelo órgão competente da Previdência Social não servirá de paradigma para fins de equiparação salarial.

Tal dispositivo restou incólume à reforma trabalhista.

4. EQUIPARAÇÃO EM CADEIA

A equiparação salarial em cadeia ocorre quando há sucessivos pedidos de equiparação salarial, não com o paradigma originário, mas com o último beneficiário da equiparação.

O art. 461, § 5º, foi acrescentado pela reforma trabalhista e alterou o posicionamento do TST acerca da equiparação salarial em cadeia.

> § 5º A equiparação salarial só será possível entre empregados contemporâneos no cargo ou na função, ficando vedada a indicação de paradigmas remotos, ainda que o paradigma contemporâneo tenha obtido a vantagem em ação judicial própria.

Nesses termos, a reforma trabalhista passou a proibir a equiparação salarial em cadeia, pois exige como requisito a contemporaneidade no cargo ou na função entre paradigma e equiparando, não sendo permitida a indicação de paradigma remoto.

Note-se que a equiparação salarial não será possível mesmo que o paradigma contemporâneo tenha obtido a vantagem em ação judicial própria.

Conforme a jurisprudência do TST, antes do advento da Lei 13.467/2017, o empregado, desde que atendidos todos os requisitos previstos, teria direito à equiparação salarial, mesmo que o paradigma tivesse obtido aumento salarial via decisão judicial.

Assim dispunha o item VI da Súmula 6 do TST:

> Súmula 6, VI, do TST: Presentes os pressupostos do art. 461 da CLT, é irrelevante a circunstância de que o desnível salarial tenha origem em decisão judicial que beneficiou o paradigma, exceto: a) se decorrente de vantagem pessoal ou de tese jurídica superada pela jurisprudência de Corte Superior; b) na hipótese de equiparação salarial em cadeia, suscitada em defesa, se o empregador produzir prova do alegado fato modificativo, impeditivo ou extintivo do direito à equiparação salarial em relação ao paradigma remoto, considerada irrelevante, para esse efeito, a existência de diferença de tempo de serviço na função superior a dois anos entre o reclamante e os empregados paradigmas componentes da cadeia equiparatória, à exceção do paradigma imediato.

Logo, não teria direito à equiparação salarial com o paradigma remoto quando fossem verificadas três exceções, colocadas pela jurisprudência do TST:

a. **vantagem pessoal do paradigma** – a decisão judicial apenas reconheceu ao paradigma conquistas pessoais que já estavam em seu patrimônio jurídico;

b. **tese jurídica já superada no TST;**

c. **comprovado fato impeditivo, modificativo e extintivo do direito do autor em relação ao paradigma remoto na equiparação salarial em cadeia.**

Além disso, entendia o TST que a diferença de tempo de serviço superior a 2 anos na mesma função devia ser analisada em relação ao paradigma próximo, sendo irrelevante em relação ao paradigma remoto. Assim o era, pois, se a análise do tempo de serviço fosse realizada em relação ao paradigma remoto, criaríamos uma imunização absoluta para as equiparações futuras.

5. MULTA POR CONDUTA DISCRIMINATÓRIA

A Lei 13.467/2017 introduziu uma grande inovação: estipulou uma multa no valor de 50% do limite máximo dos benefícios do Regime Geral de Previdência Social no caso de comprovada discriminação por motivo de sexo ou etnia. Evidenciada essa hipótese, o magistrado determinará, além do pagamento das diferenças salariais devidas, o pagamento da multa especificada.

> CLT, art. 461, § 6º: No caso de comprovada discriminação por motivo de sexo ou etnia, o juízo determinará, além do pagamento das diferenças salariais devidas, multa, em favor do empregado discriminado, no valor de 50% (cinquenta por cento) do limite máximo dos benefícios do Regime Geral de Previdência Social.

Todavia, com a Lei 14.611/2023, houve modificações no dispositivo e inclusão do § 7º. Vejamos:

> § 6º Na hipótese de discriminação por motivo de sexo, raça, etnia, origem ou idade, o pagamento das diferenças salariais devidas ao empregado discriminado não afasta seu direito de ação de indenização por danos morais, consideradas as especificidades do caso concreto. (Redação dada pela Lei nº 14.611, de 2023)
>
> § 7º Sem prejuízo do disposto no § 6º, no caso de infração ao previsto neste artigo, a multa de que trata o art. 510 desta Consolidação corresponderá a 10 (dez) vezes o valor do novo salário devido pelo empregador ao empregado discriminado, elevada ao dobro, no caso de reincidência, sem prejuízo das demais cominações legais. (Incluído pela Lei nº 14.611, de 2023)

6. EQUIPARAÇÃO SALARIAL NA ADMINISTRAÇÃO PÚBLICA

O instituto da equiparação salarial não é aplicável aos servidores da administração direta, autárquica e fundacional, nos termos do art. 37, XIII, da CR/1988:

> CF/1988, art. 37, VIII: A Administração Pública Direta e Indireta de qualquer dos Poderes da União, dos estados, do Distrito Federal e dos municípios obedecerá aos

Cap. 17 – EQUIPARAÇÃO SALARIAL **311**

princípios de legalidade, impessoalidade, moralidade, publicidade e eficiência e, também, ao seguinte: é vedada a vinculação ou equiparação de quaisquer espécies remuneratórias para o efeito de remuneração de pessoal público.

OJ 297 da SBDI-I do TST: Equiparação salarial. Servidor público da administração direta, autárquica e fundacional. Art. 37, XIII, da CF/1988. O art. 37, inciso XIII, da CF/1988, veda a equiparação de qualquer natureza para o efeito de remuneração do pessoal do serviço público, sendo juridicamente impossível a aplicação da norma infraconstitucional prevista no art. 461 da CLT quando se pleiteia equiparação salarial entre servidores públicos, independentemente de terem sido contratados pela CLT.

O reajuste salarial do servidor público é fixado por lei, portanto não comporta o instituto da equiparação salarial.

Por outro lado, é admitida a equiparação entre empregados de sociedade de economia mista e empresa pública, uma vez que assas empresas são organizadas conforme as regras das empresas privadas:

Súmula 455 do TST: Equiparação salarial. Sociedade de economia mista. Art. 37, XIII, da CF/1988. Possibilidade. À sociedade de economia mista não se aplica a vedação à equiparação prevista no art. 37, XIII, da CF/1988, pois, ao admitir empregados sob o regime da CLT, equipara-se a empregador privado, conforme disposto no art. 173 § 1º, II, da CF/1988.

Por fim, há que se destacar que é fato comum no serviço público a cessão de empregados de um órgão a outro, e tal conduta não obstará a equiparação salarial se os empregados forem remunerados pelo mesmo órgão, nos termos do item V da Súmula 6 do TST:

Súmula 6, V, do TST: A cessão de empregados não exclui a equiparação salarial, embora exercida a função em órgão governamental estranho à cedente, se esta responde pelos salários do paradigma e do reclamante.

Assim, se os vencimentos do cedido e paradigma são pagos pelo mesmo órgão, pelo mesmo empregador, cabe a equiparação salarial. Todavia, se os vencimentos são pagos por órgãos diversos, fica excluída a equiparação.

7. PRESCRIÇÃO DA PRETENSÃO RELATIVA À EQUIPARAÇÃO SALARIAL

A Súmula 6 do TST estabelece que a prescrição da pretensão à equiparação salarial é parcial, nos seguintes termos:

Súmula 6, IX, do TST: Na ação de equiparação salarial, a prescrição é parcial e só alcança as diferenças salariais vencidas no período de 5 (cinco) anos que precedeu o ajuizamento.

Na mesma linha, a Súmula 452 do TST:

Súmula 452 do TST. Diferenças salariais. Plano de cargos e salários. Descumprimento. Critérios de promoção não observados. Prescrição parcial. Tratando-se de pedido de pagamento de diferenças salariais decorrentes da inobservância dos critérios de promoção estabelecidos em Plano de Cargos e Salários criado pela empresa, a prescrição aplicável é a parcial, pois a lesão é sucessiva e se renova mês a mês.

Sobre esse tema, há que se destacar alteração introduzida pela reforma trabalhista. Há agora previsão expressa na CLT acerca da prescrição parcial e total:

> Art. 11. A pretensão quanto a créditos resultantes das relações de trabalho prescreve em cinco anos para os trabalhadores urbanos e rurais, até o limite de dois anos após a extinção do contrato de trabalho.
>
> (...)
>
> § 2º Tratando-se de pretensão que envolva pedido de prestações sucessivas decorrente de alteração ou descumprimento do pactuado, a prescrição é total, exceto quando o direito à parcela esteja também assegurado por preceito de lei.

8. SÚMULAS DO TST

Súmula 10: Professor. Dispensa sem justa causa. Término do ano letivo ou no curso de férias escolares. Aviso-prévio.

O direito aos salários do período de férias escolares assegurado aos professores (art. 322, *caput* e § 3º, da CLT) não exclui o direito ao aviso-prévio, na hipótese de dispensa sem justa causa ao término do ano letivo ou no curso das férias escolares.

Súmula 14: Culpa recíproca.

Reconhecida a culpa recíproca na rescisão do contrato de trabalho (art. 484 da CLT), o empregado tem direito a 50% (cinquenta por cento) do valor do aviso-prévio, do décimo terceiro salário e das férias proporcionais.

Súmula 44: Aviso-prévio.

A cessação da atividade da empresa, com o pagamento da indenização, simples ou em dobro, não exclui, por si só, o direito do empregado ao aviso-prévio.

Súmula 163: Aviso-prévio. Contrato de experiência.

Cabe aviso-prévio nas rescisões antecipadas dos contratos de experiência, na forma do art. 481 da CLT.

Súmula 182: Aviso-prévio. Indenização compensatória. Lei nº 6.708, de 30.10.1979.

O tempo do aviso-prévio, mesmo indenizado, conta-se para efeito da indenização adicional prevista no art. 9º da Lei nº 6.708, de 30.10.1979.

Súmula 230: Aviso-prévio. Substituição pelo pagamento das horas reduzidas da jornada de trabalho.

É ilegal substituir o período que se reduz da jornada de trabalho, no aviso-prévio, pelo pagamento das horas correspondentes.

Súmula 305: Fundo de Garantia do Tempo de Serviço. Incidência sobre o aviso-prévio.

O pagamento relativo ao período de aviso-prévio, trabalhado ou não, está sujeito a contribuição para o FGTS.

Súmula 348: Aviso-prévio. Concessão na fluência da garantia de emprego. Invalidade.

É inválida a concessão do aviso-prévio na fluência da garantia de emprego, ante a incompatibilidade dos dois institutos.

Súmula 354: Gorjetas. Natureza jurídica. Repercussões.

As gorjetas, cobradas pelo empregador na nota de serviço ou oferecidas espontaneamente pelos clientes, integram a remuneração do empregado, não servindo de base de cálculo para as parcelas de aviso-prévio, adicional noturno, horas extras e repouso semanal remunerado.

Súmula 371: Aviso-prévio indenizado. Efeitos. Superveniência de auxílio-doença no curso deste.

A projeção do contrato de trabalho para o futuro, pela concessão do aviso-prévio indenizado, tem efeitos limitados às vantagens econômicas obtidas no período de pré-aviso, ou seja, salários, reflexos e verbas rescisórias. No caso de concessão de auxílio-doença no curso do aviso-prévio, todavia, só se concretizam os efeitos da dispensa depois de expirado o benefício previdenciário.

Súmula 380: Aviso-prévio. Início da contagem. Art. 132 do Código Civil de 2002.

Aplica-se a regra prevista no "caput" do art. 132 do Código Civil de 2002 à contagem do prazo do aviso-prévio, excluindo-se o dia do começo e incluindo o do vencimento.

Súmula 441: Aviso-prévio. Proporcionalidade.

O direito ao aviso-prévio proporcional ao tempo de serviço somente é assegurado nas rescisões de contrato de trabalho ocorridas a partir da publicação da Lei nº 12.506, em 13 de outubro de 2011.

Vamos de resumo em tabelas?[2]

DIFERENÇA DE TEMPO DE SERVIÇO	
Tempo de serviço para o mesmo empregador	Tempo de serviço na mesma função
Não pode ser superior a **quatro** anos.	Não pode ser superior a **dois** anos.

O TRABALHADOR READAPTADO PODE SERVIR DE PARADIGMA PARA FINS DE EQUIPARAÇÃO?
• **Art. 461, § 4º, da CLT:** O trabalhador readaptado em nova função por motivo de deficiência física ou mental atestada pelo órgão competente da Previdência Social *não servirá* de paradigma para fins de equiparação salarial.

---

[2] LENZA, Breno; SILVA, Fabrício Lima. *Direito do trabalho e processo do trabalho em tabelas.* São Paulo: Juspodivm, 2022.

DIREITO DO TRABALHO E PROCESSO DO TRABALHO FACILITADOS – *Lenza*

EQUIPARAÇÃO SALARIAL NA ADMINISTRAÇÃO PÚBLICA
• **Art. 37, XIII, da CF/1988: é vedada a vinculação ou equiparação de quaisquer espécies remune-ratórias para o efeito de remuneração de pessoal do serviço público;** **(...).**
• **OJ 297 da SDI-1 do TST: Equiparação salarial. Servidor público da administração direta, autárquica e fundacional. Art. 37, XIII, da CF/1988.** O art. 37, inciso XIII, da CF/1988, veda a equiparação de qualquer natureza para o efeito de remuneração do pessoal do serviço público, sendo juridicamente impossível a aplicação da norma infraconstitucional prevista no art. 461 da CLT quando se pleiteia equiparação salarial entre servidores públicos, independentemente de terem sido contratados pela CLT.
• **Súmula 681 do STF:** É inconstitucional a vinculação do reajuste de vencimentos de servidores esta-duais ou municipais a índices federais de correção monetária.
• **Súmula 455 do TST: Equiparação salarial. Sociedade de economia mista. Art. 37, XIII, da CF/1988. Possibilidade.** À sociedade de economia mista não se aplica a vedação à equiparação prevista no art. 37, XIII, da CF/1988, pois, ao admitir empregados sob o regime da CLT, equipara-se a empregador privado, conforme disposto no art. 173, § 1º, II, da CF/1988.

EQUIPARAÇÃO SALARIAL NA ADMINISTRAÇÃO PÚBLICA	
Servidor público celetista da administração direta, autárquica e fundacional	**Empregado público de sociedade de economia mista**
Não é possível a equiparação salarial.	É possível a equiparação salarial.

⌗ QUESTÕES PARA TREINO

1. **(Ministério da Economia – 2020 – Técnico de Complexidade Intelectual)** Nos termos da CLT, para fins de equiparação salarial, considera-se de igual valor o trabalho feito em funções idênticas, no mesmo estabelecimento empresarial, com igual produtivi-dade e mesma perfeição técnica, entre pessoas cuja diferença de tempo de serviço para o mesmo empregador não seja superior a quatro anos e a diferença de tempo na função não seja superior a dois anos.

    Certo.

2. **(Prefeitura de Vila Velha – 2020 – Procurador Autárquico)** A equiparação só será possível entre empregados contemporâneos no cargo ou na função, ficando vedada a indicação de paradigma remoto, salvo de o paradigma ter obtido a vantagem em ação judicial própria.

    Errado.

3. **(Prefeitura de Vila Velha – 2020 – Procurador Autárquico)** Trabalho de igual valor, para fins de equiparação salarial, é aquele realizado com igual produtividade e com a mesma perfeição técnica, entre pessoas cuja diferença de tempo de serviço para o mesmo empregador não seja superior a quatro anos e a diferença de tempo na função não seja superior a dois anos.

    Certo.

Cap. 17 – EQUIPARAÇÃO SALARIAL **315**

4. **(Prefeitura de Vila Velha – 2020 – Procurador Autárquico)** Não é possível a equiparação salarial de trabalho intelectual, ainda que preenchidos os requisitos legais, mesmo que a aferição se dê mediante critérios objetivos.
    Errado.

5. **(Prefeitura de Vila Velha – 2020 – Procurador Autárquico)** É do empregado o ônus de provar fato impeditivo, modificativo ou extintivo da equiparação salarial.
    Errado.

6. **(Prefeitura de Vila Velha – 2020 – Procurador Autárquico)** Ainda que haja comprovada discriminação salarial por motivo de sexo ou etnia, não será cabível pedido de indenização, já que a reposição das diferenças salariais buscadas tem nítida feição indenizatória, sob pena de configurar *bis in idem*.
    Errado.

7. **(EBSERH – 2020 – Advogado)** Tício de Abreu, admitido pela Empresa Comercial ABC, no dia 05.12.2018, sempre teve salário inferior ao do colega Tales de Mileto, admitido um ano antes, para o exercício da mesma função. Considerando que ambos os empregados trabalham em filiais distintas, mas localizadas no mesmo município, assinale a alternativa correta em relação à eventual postulação de equiparação salarial de Tício de Abreu com Tales de Mileto. Não haverá direito à equiparação salarial, pois ambos trabalham em estabelecimentos distintos.
    Certo.

8. **(Prefeitura de São José – 2019 – Procurador Municipal)** O trabalhador readaptado em nova função poderá servir de paradigma para fins de equiparação salarial, salvo quando por motivo de deficiência mental atestada pelo órgão competente da Previdência Social.
    Errado.

9. **(Prefeitura de São José – 2019 – Procurador Municipal)** Trabalho de igual valor, será o que for feito com igual produtividade e com a mesma perfeição técnica, entre pessoas cuja diferença de tempo de serviço para o mesmo empregador não seja superior a quatro anos e a diferença de tempo na função não seja superior a dois anos.
    Certo.

10. **(Prefeitura de São José – 2019 – Procurador Municipal)** Sendo idêntica a função, a todo trabalho de igual valor, prestado ao mesmo empregador, no mesmo estabelecimento empresarial, corresponderá igual salário, sem distinção de sexo, etnia, nacionalidade ou idade. No caso de comprovada discriminação por motivo de sexo ou etnia, o juízo determinará, além do pagamento das diferenças salariais devidas, multa, em favor do empregado discriminado, no valor de 50% (cinquenta por cento) do limite máximo dos benefícios do Regime Geral de Previdência Social.
    Certo.

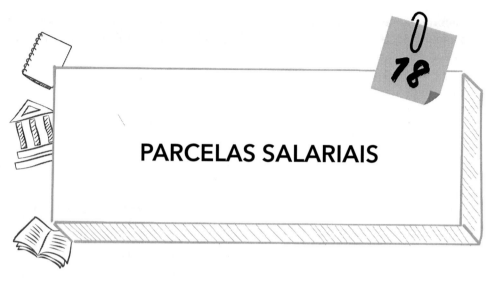

PARCELAS SALARIAIS

1. PARCELAS SALARIAIS

Para o estudo da remuneração torna-se imprescindível a diferenciação entre as parcelas salariais e as verbas recebidas sem natureza salarial, que são conhecidas como parcelas indenizatórias. Essa diferença se faz importante porque as primeiras refletem nas demais verbas trabalhistas, por exemplo, para o empregado que recebe horas extras, ocorrerá reflexo no valor das férias e nos depósitos do FGTS. Vejamos:

A noção de complexo salarial é extraída dos §§ 1º e 2º do art. 457 da CLT, consoante o qual:

> § 1º Integram O SALÁRIO a importância fixa estipulada, as gratificações legais e as comissões pagas pelo empregador.
>
> § 2º As importâncias, ainda que habituais, pagas a título de ajuda de custo, auxílio-alimentação, vedado seu pagamento em dinheiro, diárias para viagem, prêmios **e abonos** não integram a remuneração do empregado, não se incorporam ao contrato de trabalho e não constituem base de incidência de qualquer encargo trabalhista e previdenciário. (destacamos)

Parcelas salariais são aquelas que possuem natureza de contraprestação, ou seja, são pagas **pelo trabalho** realizado, de forma direta (pelo empregador). Essas diferentes parcelas não podem ser pagas de forma englobada em uma única rubrica, nos termos da já mencionada Súmula 91 do TST, que veda o pagamento complessivo.

A parcela salarial básica é o salário básico (ou salário-base), que é a contraprestação salarial fixa principal paga pelo empregador ao empregado. O salário pode ser fixado, por exemplo, à base somente de comissões (caso do comissionista puro, analisado na sequência), hipótese em que não há que se falar em salário-base.

Conforme a Reforma Trabalhista, além do salário-base, são parcelas salariais apenas a importância fixa estipulada, as gratificações legais e as comissões pagas pelo empregador. A redução é significativa, retirando a natureza salarial, por exemplo, das diárias e dos abonos pagos pelo empregador.

Em resumo, temos o seguinte quadro:

PARCELAS SALARIAIS	PARCELAS NÃO SALARIAIS
(Refletem nas demais verbas, como férias, 13º e aviso-prévio.)	(Não há reflexo nas demais parcelas. Sobre o valor não incidem depósitos do FGTS.)
• Comissões	• PLR (participação nos lucros e resultados)
• Gratificações legais	• Ajuda de custo
• Quebra de caixa	• Auxílio-alimentação (vedado o pagamento em dinheiro – reforma trabalhista)
• Adicionais salariais:	• Diárias para viagem
– Ad. de hora extra	• Abonos (reforma trabalhista)
– Ad. noturno	• Prêmios (reforma trabalhista)
– Ad. de transferência	• Vale-transporte
– Ad. de insalubridade	• Salário-família
– Ad. de periculosidade	• Seguro-desemprego
	• PIS/Pasep
	• Quebra de caixa (reforma trabalhista)

2.   ADICIONAIS

Os adicionais descritos a seguir são pagos *em razão de trabalho prestado* em situações prejudiciais à saúde ou, ainda, que prejudiquem o convívio familiar e social.

Enquanto são pagos, os adicionais integram o salário. Se deixar de existir a condição para seu pagamento (ex.: é neutralizada a insalubridade, ou o empregado é transferido para o turno diurno), seu pagamento deixará de ser obrigatório. Assim, não existe *incorporação* de adicionais, dada sua *natureza de prestação condicional*. Por isso, tais parcelas são também denominadas **salário-condição**.

Nesse sentido, a Súmula 248 do TST, segundo a qual "A reclassificação ou a descaracterização da insalubridade, por ato da autoridade competente, repercute na satisfação do respectivo adicional, sem ofensa a direito adquirido ou ao princípio da irredutibilidade salarial" e a Súmula 265 do TST: "A transferência para o período diurno de trabalho implica a perda do direito ao adicional noturno".

Desde que pagos com habitualidade, os adicionais integrarão o salário para todos os fins legais, ou seja, repercutirão no cálculo das horas extras, das férias, do décimo terceiro salário, do FGTS e do aviso-prévio. Nesse sentido, a Súmula 139 do TST:

> Súmula 139: Adicional de insalubridade. Res. 129/2005, *DJ* 20, 22 e 25.04.2005. Enquanto percebido, o adicional de insalubridade integra a remuneração para todos os efeitos legais.

A Súmula 80, por seu turno, não deixa qualquer margem a dúvidas a respeito do caráter condicional do adicional:

> Súmula 80: Insalubridade (mantida). Res. 121/2003, *DJ* 19, 20 e 21.11.2003. A eliminação da insalubridade mediante fornecimento de aparelhos protetores aprovados pelo órgão competente do Poder Executivo exclui a percepção do respectivo adicional.

Os adicionais ora derivam da lei (adicional noturno, adicional de insalubridade, adicional de periculosidade, adicional de penosidade, adicional de hora extra, adicional de transferência), ora de instrumento coletivo (adicional de produtividade), ora do contrato individual (adicional em virtude de área de difícil acesso ou adicional por tempo de serviço).

2.1. Adicional de hora extra

A duração normal do tempo de trabalho do empregado é de 8 horas diárias e 44 horas semanais. Se ultrapassado esse período, terá incidência de adicional, chamado de hora extraordinária ou suplementar – art. 7º, XVI, da Constituição.

A reforma trabalhista atualizou a Consolidação das Leis do Trabalhado, revogando expressamente a previsão do adicional de horas extras no importe de 20%, que estava em desconformidade com a Constituição Federal. Nesse sentido:

> Art. 59. A duração diária do trabalho poderá ser acrescida de horas extras, em número não excedente de duas, por acordo individual, convenção coletiva ou acordo coletivo de trabalho. (Redação dada pela Lei nº 13.467, de 2017).
>
> § 1º A remuneração da hora extra será, pelo menos, 50% (cinquenta por cento) superior à da hora normal. (Redação dada pela Lei nº 13.467, de 2017).

Observe-se que há determinadas categorias que, por força de lei, acordo ou convenção coletiva, recebem um adicional superior, como advogados, que recebem 100% do valor da hora normal, conforme a Lei 8.906/1994.

> Art. 20. A jornada de trabalho do advogado empregado, quando prestar serviço para empresas, não poderá exceder a duração diária de 8 (oito) horas contínuas e a de 40 (quarenta) horas semanais.
>
> § 1º Para efeitos deste artigo, considera-se como período de trabalho o tempo em que o advogado estiver à disposição do empregador, aguardando ou executando ordens, no seu escritório ou em atividades externas, sendo-lhe reembolsadas as despesas feitas com transporte, hospedagem e alimentação.
>
> **§ 2º As horas trabalhadas que excederem a jornada normal são remuneradas por um adicional não inferior a cem por cento sobre o valor da hora normal, mesmo havendo contrato escrito.**
>
> § 3º As horas trabalhadas no período das vinte horas de um dia até as cinco horas do dia seguinte são remuneradas como noturnas, acrescidas do adicional de vinte e cinco por cento. (destacamos)

A base de cálculo da hora extraordinária é o complexo salarial, e não somente o salário-base. Assim, o valor da hora normal é obtido pela soma de toda as parcelas de natureza salarial dividida pela quantidade de horas trabalhadas no mês.

> Súmula 264: Hora suplementar. Cálculo (mantida). Res. 121/2003, *DJ* 19, 20 e 21.11.2003.
>
> A remuneração do serviço suplementar é composta do valor da hora normal, integrado por parcelas de natureza salarial e acrescido do adicional previsto em lei, contrato, acordo, convenção coletiva ou sentença normativa.

atenção

Adicional de insalubridade e hora extra.

> OJ 47 da SDI-1: Hora extra. Adicional de insalubridade. Base de cálculo (alterada). A base de cálculo da hora extra é o resultado da soma do salário contratual mais o adicional de insalubridade.

atenção

Adicional de periculosidade – integração.

> Súmula 132: Adicional de periculosidade. Integração. Res. 129/2005, DJ 20, 22 e 25.04.2005.
>
> I – O adicional de periculosidade, pago em caráter permanente, integra o cálculo de indenização e de horas extras.
>
> II – Durante as horas de sobreaviso, o empregado não se encontra em condições de risco, razão pela qual é incabível a integração do adicional de periculosidade sobre as mencionadas horas.

atenção

Adicional noturno – integração nas horas extras.

> OJ 97 da SDI-1: Horas extras. Adicional noturno. Base de cálculo (inserida em 30.05.1997).
>
> O adicional noturno integra a base de cálculo das horas extras prestadas no período noturno.

Há sempre que se tomar cuidado, entretanto, para não incorrer em *bis in idem*. É preciso entender a lógica do cálculo de cada parcela, para que não sejam integradas parcelas duas vezes na mesma hipótese. Este é o sentido da **OJ 103 da SDI-1**, a qual dispõe que **"o adicional de insalubridade já remunera os dias de repouso semanal e feriados"**. Com efeito, o adicional de insalubridade é calculado sobre o salário (art. 192 da CLT). Por sua vez, o salário do mensalista já inclui o DSR (art. 7º, § 2º, da Lei 605/1949). Portanto, o adicional de insalubridade, por meio de sua própria base de cálculo (o salário, frise-se), já remunera o DSR, não cabendo integração no cálculo deste.

No mais, o pagamento da hora extraordinária será: hora normal acrescida de adicional de, no mínimo, 50%. Paga-se a hora normal, pois esta não foi combinada previamente com o empregado. Por exemplo: o salário combinado foi de RS 1.000,00. Logo, esse salário é referente à duração normal (8 horas diárias), e, havendo trabalho além do horário normal, deve-se pagar a hora (não combinada) acrescida do adicional de, no mínimo, 50%.

De outro turno, vale destacar o entendimento consubstanciado na Súmula 431 do TST, segundo a qual nos contratos de 40 horas semanais, o divisor a ser utilizado é 200:

> Súmula 431 do TST: Salário-hora. Empregado sujeito ao regime geral de trabalho (art. 58, *caput*, da CLT). 40 horas semanais. Cálculo. Aplicação do divisor 200 (redação alterada na sessão do tribunal pleno realizada em 14.09.2012) – Res. 185/2012, *DEJT* divulgado em 25, 26 e 27.09.2012
>
> Para os empregados a que alude o art. 58, *caput*, da CLT, quando sujeitos a 40 horas semanais de trabalho, aplica-se o divisor 200 (duzentos) para o cálculo do valor do salário-hora.

Há discussões acerca da incorporação ao salário das horas extras habitualmente e da possibilidade de sua supressão. Nesse sentido, a Súmula 291 dispunha que:

> Súmula 291 do TST: Horas extras. Habitualidade. Supressão. Indenização. A supressão total ou parcial, pelo empregador, de serviço suplementar prestado com habitualidade, durante pelo menos 1 (um) ano, assegura ao empregado o direito à indenização correspondente ao valor de 1 (um) mês das horas suprimidas, total ou parcialmente, para cada ano ou fração igual ou superior a seis meses de prestação de serviço acima da jornada normal. O cálculo observará a média das horas suplementares nos últimos 12 (doze) meses anteriores à mudança, multiplicada pelo valor da hora extra do dia da supressão.

Todavia, essa súmula foi criada por meio de construção jurisprudencial do TST, sem que houvesse norma legal prevendo o pagamento de indenização ao trabalhador em caso de supressão do adicional de hora extra. Ademais, o § 2º do art. 8º da CLT, acrescentado pela reforma trabalhista, passou a vedar que as súmulas ou os enunciados de jurisprudência criem obrigações que não estejam previstas em lei. Vejamos:

> § 2º Súmulas e outros enunciados de jurisprudência editados pelo Tribunal Superior do Trabalho e pelos Tribunais Regionais do Trabalho não poderão restringir direitos legalmente previstos nem criar obrigações que não estejam previstas em lei. (Incluído pela Lei nº 13.467, de 2017)

Além disso, importa destacar que a reforma trabalhista possibilitou a prestação de horas extras aos trabalhadores em regime de tempo parcial.

> Art. 58-A. Considera-se trabalho em regime de tempo parcial aquele cuja duração não exceda a trinta horas semanais, sem a possibilidade de horas suplementares semanais, ou, ainda, aquele cuja duração não exceda a vinte e seis horas semanais, com a possibilidade de acréscimo de até seis horas suplementares semanais. (Redação dada pela Lei nº 13.467, de 2017)

(...)

§ 3º As horas suplementares à duração do trabalho semanal normal serão pagas com o acréscimo de 50% (cinquenta por cento) sobre o salário-hora normal. (Incluído pela Lei nº 13.467, de 2017)

Tal possibilidade é restrita aos trabalhadores em regime de tempo parcial quando a duração de sua jornada não ultrapasse vinte e seis horas semanais, restrito ao limite de seis horas suplementares por semana.

Por fim, destacamos que constitui objeto ilícito da negociação coletiva a supressão ou redução da remuneração do serviço extraordinário superior a, no mínimo, 50% à remuneração do serviço normal.

Art. 611-B. Constituem objeto ilícito de convenção coletiva ou de acordo coletivo de trabalho, exclusivamente, a supressão ou a redução dos seguintes direitos: (Incluído pela Lei nº 13.467, de 2017)

(...)

X – remuneração do serviço extraordinário superior, no mínimo, em 50% (cinquenta por cento) à do normal; (Incluído pela Lei nº 13.467, de 2017)

(...).

2.2. Adicional noturno

O trabalho prestado no período noturno será remunerado em valor superior ao trabalho diurno. O valor do adicional varia entre os trabalhadores urbanos e rurais.

1) Urbanos: **20%** sobre a hora diurna. Lembrando que, para o empregado urbano, entende-se por trabalho noturno aquele realizado entre as 22 horas de um dia e as 5 horas do dia seguinte.

2) Rurais: **25%** sobre a remuneração normal. Para o empregado rural, considera-se trabalho noturno o executado entre as 21 horas de um dia e as 5 do dia seguinte, na lavoura, e entre as 20 horas de um dia e as 4 horas do dia seguinte, na atividade pecuária.

Súmula 265 do TST: Adicional noturno. Alteração de turno de trabalho. Possibilidade de supressão. A transferência para o período diurno de trabalho implica a perda do direito ao adicional noturno.

Não há, assim, que se falar em direito adquirido ao pagamento de adicional noturno, por se tratar de salário-condição.

Súmula 60 do TST: Adicional noturno. Integração no salário e prorrogação em horário diurno

I – O adicional noturno, pago com habitualidade, integra o salário do empregado para todos os efeitos.

II – Cumprida integralmente a jornada no período noturno e prorrogada esta, devido é também o adicional quanto às horas prorrogadas.

Cap. 18 – PARCELAS SALARIAIS **323**

OJ 388 da SDI-1 do TST: Jornada de trabalho 12 × 36. Jornada mista que compreenda a totalidade do período noturno. Adicional noturno. Devido. Súmula 60/TST. CLT, art. 73, § 5º. O empregado submetido à jornada de 12 horas de trabalho por 36 de descanso, que compreenda a totalidade do período noturno, tem direito ao adicional noturno, relativo às horas trabalhadas após as 5 horas da manhã.

Portanto, após a jornada noturna, as horas laboradas serão acrescidas do adicional de horas extraordinárias como se fossem noturnas.

Súmula 214 do STF: A duração legal da hora de serviço noturno (52 minutos e 30 segundos) constitui vantagem suplementar que não dispensa o salário adicional.

Observe-se que o empregado tem direito à redução da hora ficta noturna e ao adicional noturno. Aquele empregado que trabalhar à noite, e o empregador não observar a redução ficta da hora noturna, terá direito ao pagamento da hora extra pela inobservância da redução ficta, acrescido de adicional noturno.

2.3. Adicional de insalubridade

É o adicional devido ao empregado que trabalha em **condições insalubres**, pelo **contato com agentes químicos** (compostos de carbono), **físicos** (como o ruído excessivo) e **biológicos** (doenças encontradas nos hospitais).

O adicional de insalubridade possui fundamento constitucional, como se infere do art. 7º, XXIII, da CF/1988.

Conforme o art. 190 da CLT, cabe ao Ministério do Trabalho aprovar o quadro de atividades e operações consideradas insalubres, bem como os requisitos e os limites de tolerância para caracterização da insalubridade para cada um dos agentes nocivos.

Observe-se que os agentes **somente** serão reputados **insalubres** se contarem com previsão expressa na **norma regulamentar do Ministério do Trabalho e Emprego (no caso, Norma Regulamentadora 15 do MTE)**.

CLT, Art. 189. Serão consideradas atividades ou operações insalubres aquelas que, por sua natureza, condições ou métodos de trabalho, exponham os empregados a agentes nocivos à saúde, acima dos limites de tolerância fixados em razão da natureza e da intensidade do agente e do tempo de exposição aos seus efeitos.

CLT, Art. 190. O Ministério do Trabalho aprovará o quadro das atividades e operações insalubres e adotará normas sobre os critérios de caracterização da insalubridade, os limites de tolerância aos agentes agressivos, meios de proteção e o tempo máximo de exposição do empregado a esses agentes.

Se fornecido **equipamento de proteção individual**, devidamente **aprovado pelo ministério competente, que elimine o caráter insalubre**, poderá deixar de ser realizado o pagamento do adicional.

Súmula 80 do TST: Insalubridade. A eliminação da insalubridade mediante fornecimento de aparelhos protetores aprovados pelo órgão competente do Poder Executivo exclui a percepção do respectivo adicional.

Há de se notar, entretanto, que a **Súmula 289 do TST** chama a atenção para o fato de que o **mero fornecimento** do equipamento de proteção individual, pelo empregador, **não é suficiente** para eliminar o pagamento do adicional, caso o empregador não adote **medidas necessárias à fiscalização da efetiva utilização.**

> Súmula 289 do TST: Insalubridade. Adicional. Fornecimento do aparelho de proteção. Efeito. O simples fornecimento do aparelho de proteção pelo empregador não o exime do pagamento do adicional de insalubridade. Cabe-lhe tomar as medidas que conduzam à diminuição ou eliminação da nocividade, entre as quais as relativas ao uso efetivo do equipamento pelo empregado.

O **art. 258, parágrafo único, *b*, da CLT** prevê a possibilidade de aplicação de justa causa ao empregado que não cumpre as normas de saúde, segurança e medicina do trabalho dentre as quais está à utilização de EPI.

Além disso, ressalta-se que existe a **Norma Regulamentar 15**, que prevê, detalhadamente, quais agentes são considerados insalubres. Há classificação dos agentes em **graus de insalubridade**: leve, médio ou máximo. Tal classificação implica variação do percentual do adicional: **10% (leve); 20% (médio) e 40% (máximo).**

> Art. 192 da CLT: O exercício de trabalho em condições insalubres, acima dos limites de tolerância estabelecidos pelo Ministério do Trabalho, assegura a percepção de adicional respectivamente de 40% (quarenta por cento), 20% (vinte por cento) e 10% (dez por cento) do salário mínimo da região, segundo se classifiquem nos graus máximo, médio e mínimo.

O **art. 192 da CLT** estatui como base de cálculo do adicional de insalubridade o **salário mínimo.** Todavia, a **Súmula Vinculante 4** consolidou o entendimento do STF no sentido de que: "Salvo nos casos previstos na Constituição, **o salário mínimo não pode ser usado como indexador de base de cálculo** de vantagem de servidor público ou empregado, nem ser substituído por decisão judicial".

Diante dessa súmula vinculante, o TST fixou o entendimento da Súmula 228: "A partir de 09.05.2008, data da publicação da Súmula Vinculante 4 do Supremo Tribunal Federal, o adicional de insalubridade será calculado sobre o salário básico, salvo critério mais vantajoso fixado em instrumento coletivo".

A Súmula 228 do TST encontra-se suspensa por determinação do STF na Reclamação 6.266/DF, uma vez que também a base de cálculo não pode ser substituída por decisão judicial, conforme a Súmula Vinculante 4.

Diante desse quadro, até alteração da lei ou da convenção coletiva ou do acordo coletivo de trabalho que contenha expressamente dispositivo sobre a base de cálculo do adicional de insalubridade, a **base de cálculo continua a ser o salário mínimo.**

O adicional de insalubridade tem **natureza jurídica salarial** – Súmula 139 do TST. Nessa esteira, mesmo se tratando de parcela salarial, a **reclassificação ou desclassificação de um agente como insalubre retira ou modifica o pagamento do adicional** pelo seu empregador, sem qualquer direito adquirido a esse respeito – **Súmula 248 do TST.**

Vale destacar importante alteração introduzida pela reforma trabalhista. É possível agora estabelecer o enquadramento do grau de insalubridade por meio de convenção ou acordo coletivo de trabalho com prevalência sobre a lei. Antes da reforma trabalhista, a responsabilidade pela normatização e da fiscalização acerca do enquadramento do grau de insalubridade era do Ministério do Trabalho.

> Art. 611-A. A convenção coletiva e o acordo coletivo de trabalho têm prevalência sobre a lei quando, entre outros, dispuserem sobre: (Incluído pela Lei nº 13.467, de 2017)
>
> (...)
>
> XII – enquadramento do grau de insalubridade; (Incluído pela Lei nº 13.467, de 2017)
>
> (...).

Além do mais, o art. 611-B, XVII, da CLT prevê que as normas acerca de saúde, higiene e segurança do trabalho, inclusive aquelas previstas em normas regulamentadoras do Ministério do Trabalho, não podem ser objeto de negociação coletiva. Logo, estamos diante de flagrante contradição do legislador à previsão que permite a alteração do grau de insalubridade, pois é uma disposição que está prevista na NR-15 do Ministério do Trabalho.

> Art. 611-B. Constituem objeto ilícito de convenção coletiva ou de acordo coletivo de trabalho, exclusivamente, a supressão ou a redução dos seguintes direitos: (Incluído pela Lei nº 13.467, de 2017)
>
> (...)
>
> XVII – normas de saúde, higiene e segurança do trabalho previstas em lei ou em normas regulamentadoras do Ministério do Trabalho; (Incluído pela Lei nº 13.467, de 2017)
>
> (...).

No mais, destacamos as seguintes jurisprudências:

> **Súmula 448 do TST:** Atividade insalubre. Caracterização. Previsão na norma regulamentadora nº 15 da Portaria do Ministério do Trabalho nº 3.214/78. Instalações sanitárias. (conversão da Orientação Jurisprudencial nº 4 da SBDI-1 com nova redação do item II)
>
> I – Não basta a constatação da insalubridade por meio de laudo pericial para que o empregado tenha direito ao respectivo adicional, sendo necessária a classificação da atividade insalubre na relação oficial elaborada pelo Ministério do Trabalho.
>
> II – A higienização de instalações sanitárias de uso público ou coletivo de grande circulação, e a respectiva coleta de lixo, por não se equiparar à limpeza em residências e escritórios, enseja o pagamento de adicional de insalubridade em grau máximo, incidindo o disposto no Anexo 14 da NR-15 da Portaria do MTE nº 3.214/78 quanto à coleta e industrialização de lixo urbano.
>
> **OJ 173 da SDI-1: Adicional de insalubridade. Atividade a céu aberto. Exposição ao sol e ao calor.**
>
> I – Ausente previsão legal, indevido o adicional de insalubridade ao trabalhador em atividade a céu aberto, por sujeição à radiação solar (art. 195 da CLT e Anexo 7 da NR 15 da Portaria nº 3214/78 do MTE).

II – Tem direito ao adicional de insalubridade o trabalhador que exerce atividade exposto ao calor acima dos limites de tolerância, inclusive em ambiente externo com carga solar nas condições previstas no Anexo 3 da NR 15 da Portaria nº 3214/78 do MTE.

Súmula 47 do TST: Insalubridade. O trabalho executado em condições insalubres, em caráter intermitente, não afasta, só por essa circunstância, o direito à percepção do respectivo adicional.

OJ 165 da SDI-1 do TST: Perícia. Engenheiro ou médico. Adicional de insalubridade e periculosidade. Válido. Art. 195 da CLT (inserida em 26.03.1999)

O art. 195 da CLT não faz qualquer distinção entre o médico e o engenheiro para efeito de caracterização e classificação da insalubridade e periculosidade, bastando para a elaboração do laudo seja o profissional devidamente qualificado.

A Reforma Trabalhista incluiu parágrafo único ao art. 60 anteriormente tratado, criando exceção à necessidade de licença prévia das autoridades competentes nos casos de jornada diferenciada em atividades insalubres. É o caso da jornada 12 × 36.

Assim, com a Lei 13.467/2017, a prorrogação da jornada e o regime de compensação passam a ser admitidos em atividades insalubres independentemente da autorização dos órgãos fiscalizatórios competentes quando autorizados por instrumento coletivo de trabalho. Tal entendimento choca-se com o conteúdo da Súmula 85, VI, do TST, anteriormente elencada.

Art. 60. Nas atividades insalubres, assim consideradas as constantes dos quadros mencionados no capítulo "Da Segurança e da Medicina do Trabalho", ou que neles venham a ser incluídas por ato do Ministro do Trabalho, Indústria e Comércio, quaisquer prorrogações só poderão ser acordadas mediante licença prévia das autoridades competentes em matéria de higiene do trabalho, as quais, para esse efeito, procederão aos necessários exames locais e à verificação dos métodos e processos de trabalho, quer diretamente, quer por intermédio de autoridades sanitárias federais, estaduais e municipais, com quem entrarão em entendimento para tal fim.

Parágrafo único. Excetuam-se da exigência de licença prévia as jornadas de doze horas de trabalho por trinta e seis horas ininterruptas de descanso.

2.4. Adicional de periculosidade

O adicional de periculosidade é parcela salarial prevista no art. 193 da CLT e é devido pelo trabalho permanente em ambientes perigosos, em razão de:

1) contato com agentes inflamáveis, explosivos, radioativos, ionizantes e sistema elétrico de potência. Nesse sentido, vejamos as seguintes OJs do TST:

OJ 345 da SDI-1 do TST: Adicional de periculosidade. Radiação ionizante ou substância radioativa. Devido. A exposição do empregado à radiação ionizante ou à substância radioativa enseja a percepção do adicional de periculosidade, pois a regulamentação ministerial (Portarias do Ministério do Trabalho nºs 3.393, de 17.12.1987, e 518, de 07.04.2003), ao reputar perigosa a atividade, reveste-se de plena eficácia,

Cap. 18 – PARCELAS SALARIAIS **327**

porquanto expedida por força de delegação legislativa contida no art. 200, "caput", e inciso VI, da CLT. No período de 12.12.2002 a 06.04.2003, enquanto vigeu a Portaria nº 496 do Ministério do Trabalho, o empregado faz jus ao adicional de insalubridade.

OJ 324 da SDI-1 do TST: Adicional de periculosidade. Sistema elétrico de potência. Decreto nº 93.412/86, art. 2º, § 1º (*DJ* 09.12.2003). É assegurado o adicional de periculosidade apenas aos empregados que trabalham em sistema elétrico de potência em condições de risco, ou que o façam com equipamentos e instalações elétricas similares, que ofereçam risco equivalente, ainda que em unidade consumidora de energia elétrica.

OJ 347 da SDI-1 do TST: Adicional de periculosidade. Sistema elétrico de potência. Lei nº 7.369, de 20.09.1985, regulamentada pelo Decreto nº 93.412, de 14.10.1986. Extensão do direito aos cabistas, instaladores e reparadores de linhas e aparelhos em empresa de telefonia (*DJ* 25.04.2007)

É devido o adicional de periculosidade aos empregados cabistas, instaladores e reparadores de linhas e aparelhos de empresas de telefonia, desde que, no exercício de suas funções, fiquem expostos a condições de risco equivalente ao do trabalho exercido em contato com sistema elétrico de potência.

Ademais, essa hipótese não se aplica às quantidades de inflamáveis contidas nos tanques de combustíveis originais de fábrica e suplementares, para consumo próprio de veículos de carga e de transporte coletivo de passageiros, de máquinas e de equipamentos, certificados pelo órgão competente, e nos equipamentos de refrigeração de carga;

2) exposição a roubos ou outras espécies de violência física, na realização de segurança pessoal ou patrimonial (Lei 12.740/2012);

3) atividades de trabalhador em motocicleta (Lei 12.997/14);

4) atividades de trabalhador em motocicleta (Lei 12.997/2014);

5) atividades profissionais dos agentes das autoridades de trânsito.

Para a caracterização, exige-se que a **atividade esteja inserida na norma do MTE**, uma vez que, de acordo com o *caput* do art. 193 da CLT: "São consideradas atividades ou operações perigosas, **na forma da regulamentação aprovada pelo Ministério do Trabalho e Emprego,** aquelas que, por sua natureza ou métodos de trabalho, impliquem risco acentuado em virtude de exposição permanente do trabalhador" (destacamos).

Nessa esteira, as atividades perigosas estão inseridas na NR-16 do MTE, alterada em dezembro de 2013 – a fim de definir quais atividades geram o direito ao pagamento do referido adicional, com base na alínea *b* do art. 193 (anexo 3).

OBS.: a Súmula 39 do TST consolida o entendimento de que os empregados que trabalham com bomba de gasolina ou similares (frentistas) têm direito a adicional de periculosidade. Também têm direito ao adicional de periculosidade os empregados que exercem atividades em prédios de construção vertical com armazenamento de líquido inflamável (SBDI-1, OJ 385).

Por outro lado, aqueles que trabalham no **serviço aéreo não têm direito ao adicional de periculosidade** pelo fato de permanecerem **a bordo durante o abastecimento** da aeronave.

> **Súmula 447: Adicional de periculosidade. Permanência a bordo durante o abastecimento da aeronave. Indevido.** Os tripulantes e demais empregados em serviços auxiliares de transporte aéreo que, no momento do abastecimento da aeronave, permanecem a bordo não têm direito ao adicional de periculosidade a que aludem o art. 193 da CLT e o Anexo 2, item 1, "c", da NR 16 do MTE.

O adicional de periculosidade é devido no percentual de **30% sobre o salário básico**. O percentual de 30% é pago sobre salário mensal do empregado, portanto o cálculo é mensalista. Logo, não há necessidade de pagamento de repouso semanal remunerado sobre esse valor.

Acerca disso destacamos recente alteração jurisprudencial do TST:

> **Súmula 191: Adicional de periculosidade. Incidência. Base de cálculo (cancelada a parte final da antiga redação e inseridos os itens II e III)**
>
> I – O adicional de periculosidade incide apenas sobre o salário básico e não sobre este acrescido de outros adicionais.
>
> II – O adicional de periculosidade do empregado eletricitário, contratado sob a égide da Lei nº 7.369/1985, deve ser calculado sobre a totalidade das parcelas de natureza salarial. Não é válida norma coletiva mediante a qual se determina a incidência do referido adicional sobre o salário básico.
>
> III – A alteração da base de cálculo do adicional de periculosidade do eletricitário promovida pela Lei nº 12.740/2012 atinge somente contrato de trabalho firmado a partir de sua vigência, de modo que, nesse caso, o cálculo será realizado exclusivamente sobre o salário básico, conforme determina o § 1º do art. 193 da CLT.

Diante da modificação da redação da Súmula 191 do TST, o adicional de periculosidade será calculado de forma distinta em relação aos empregados contratados antes e após a revogação da Lei 7.369/1985 da seguinte forma:

1) **Empregados contratados na vigência da Lei 7.369/1985** – o pagamento do adicional de periculosidade deve ser calculado sobre a totalidade das parcelas de natureza salarial (salário + acréscimos). Nesse caso, não é válida norma coletiva que restringe a incidência apenas ao salário básico.

2) **Empregados contratados após a inserção da energia elétrica como atividade perigosa no art. 193 da CLT (revogação da Lei 7.369/1985)** – nesse caso, o cálculo do adicional de periculosidade para os eletricitários é realizado sobre o salário-base, ou seja, o cálculo não leva em conta outros acréscimos (art. 193, § 10, da CLT).

Por fim, cumpre destacar que fará *jus* ao recebimento do adicional de periculosidade o empregado exposto **permanentemente** (art. 193 da CLT) ou que, de forma **intermitente**, se expuser a condições de risco. **Indevido**, somente, quando o contato ocorrer de **forma eventual**, assim considerado o contato fortuito, ou o que, sendo habitual, ocorra por tempo extremamente reduzido – **Súmula 364 do TST**.

Cabe ressaltar que o entendimento do TST quanto à cumulatividade dos adicionais de periculosidade e insalubridade é pela sua IMPOSSIBILIDADE; no entanto, o empregado deve fazer a opção pelo que lhe for mais benéfico.

> OBS. 1: **Lei 7.394/1985** – para os técnicos em radiologia o adicional de insalubridade é de 40% sobre o salário mínimo regional (se houver) e o de periculosidade é de 40% sobre o piso da categoria.

> OBS. 2: serão descontados ou compensados do adicional outros da mesma natureza eventualmente já concedidos ao vigilante por meio de acordo coletivo (§ 3º do art. 193 da CLT).

2.5. Aspectos processuais acerca dos adicionais de periculosidade e insalubridade

Para o deferimento desses adicionais, o art. 193 da CLT exige a realização de perícia, para que seja aferida, por um expert, a presença, ou não, de agentes insalubres ou perigosos.

Somente será insalubre ou perigoso aquele ambiente que o MTE considerou insalubre/perigoso. Por mais que o perito considere prejudicial, ele não poderá classificar como insalubre/perigoso um agente que não está na norma regulamentar do MTE (Súmula 448 do TST).

Esse perito pode ser **médico** ou **engenheiro do trabalho** – art. 195 da CLT e OJ 165 da SDI-1 do TST.

 atenção

> Destaque-se que a indicação pelo reclamante na petição inicial de agente insalubre diverso daquele encontrado pelo perito não prejudica o deferimento do pedido do respectivo adicional – *Súmula 293 do TST*.

cuidado

> Isso não se aplica para o caso de ser pedido adicional de insalubridade e o perito encontrar periculosidade, ou vice-versa. Nesse caso, o pedido é indeferido.

A premissa é de que é imprescindível a perícia, de tal sorte que, mesmo no caso de revelia, não será acobertado o pedido pelo manto da confissão, devendo ser feita a prova técnica.

Destarte, no caso de impossibilidade de sua realização por extinção da empresa ou desativação do estabelecimento, o juiz poderá se valer de outras provas para a apreciação do pedido, dado que impossível a realização da perícia – OJ 278 da SDI-1 do TST.

Acerca do pagamento da perícia, cumpre destacar as alterações introduzidas pela reforma trabalhista:

> Art. 790-B. A responsabilidade pelo pagamento dos honorários periciais é da parte sucumbente na pretensão objeto da perícia, **ainda que beneficiária da justiça gratuita**. (Redação dada pela Lei nº 13.467, de 2017)
>
> § 1º Ao fixar o valor dos honorários periciais, o juízo deverá respeitar o limite máximo estabelecido pelo Conselho Superior da Justiça do Trabalho. (Incluído pela Lei nº 13.467, de 2017)
>
> § 2º O juízo poderá deferir parcelamento dos honorários periciais. (Incluído pela Lei nº 13.467, de 2017)
>
> § 3º O juízo não poderá exigir adiantamento de valores para realização de perícias. (Incluído pela Lei nº 13.467, de 2017)
>
> § 4º Somente no caso em que o beneficiário da justiça gratuita não tenha obtido em juízo créditos capazes de suportar a despesa referida no *caput*, ainda que em outro processo, a União responderá pelo encargo. (Incluído pela Lei nº 13.467, de 2017). (destacamos)

cuidado

*Tema: ADI 5766 – Discussão sobre a cobrança de custas e de honorários advocatícios dos beneficiários da justiça gratuita. **Tese firmada:** O Tribunal, por maioria, julgou parcialmente procedente o pedido formulado na ação direta, para declarar inconstitucionais os arts. 790-B, caput e § 4º, e 791-A, § 4º, da Consolidação das Leis do Trabalho (CLT), vencidos, em parte, os Ministros Roberto Barroso (Relator), Luiz Fux (Presidente), Nunes Marques e Gilmar Mendes. Por maioria, julgou improcedente a ação no tocante ao art. 844, § 2º, da CLT, declarando-o constitucional, vencidos os Ministros Edson Fachin, Ricardo Lewandowski e Rosa Weber. Redigirá o acórdão o Ministro Alexandre de Moraes. Plenário, 20.10.2021 (Sessão realizada por videoconferência – Resolução 672/2020/STF).*

Atenção com as novas disposições: a Súmula 457 do TST merece ser reanalisada, caso os tribunais superiores opinem pela constitucionalidade da exigência de pagamento, ainda que beneficiário da justiça gratuita:

> **Súmula 457 do TST:** Honorários periciais. Beneficiário da justiça gratuita. Responsabilidade da União pelo pagamento. Resolução nº 66/2010 do CSJT. Observância. A União é responsável pelo pagamento dos honorários de perito quando a parte sucumbente no objeto da perícia for beneficiária da assistência judiciária gratuita, observado o procedimento disposto nos arts. 1º, 2º e 5º da Resolução n.º 66/2010 do Conselho Superior da Justiça do Trabalho – CSJT.

Por fim, pago espontaneamente o adicional de periculosidade, não será necessária a realização de perícia no processo:

Súmula 453 do TST: Adicional de periculosidade. Pagamento espontâneo. Caracterização de fato incontroverso. Desnecessária a perícia de que trata o art. 195 da CLT.

O pagamento de adicional de periculosidade efetuado por mera liberalidade da empresa, ainda que de forma proporcional ao tempo de exposição ao risco ou em percentual inferior ao máximo legalmente previsto, dispensa a realização da prova técnica exigida pelo art. 195 da CLT, pois torna incontroversa a existência do trabalho em condições perigosas.

2.6. Adicional de risco portuário

O adicional de risco portuário está previsto na Lei 4.860/1965 e visa compensar o prejuízo sofrido pelo trabalhador nos portos. Abrange tanto a periculosidade quanto a insalubridade. É calculado na base de 40% sobre o salário hora. Ademais, é proporcional ao tempo de exposição.

> **OJ 60 da SDI-1 do TST: Portuários. Hora noturna. Horas extras. (Lei nº 4.860/65, arts. 4º e 7º, § 5º)**
>
> I – A hora noturna no regime de trabalho no porto, compreendida entre dezenove horas e sete horas do dia seguinte, é de sessenta minutos.
>
> II – Para o cálculo das horas extras prestadas pelos trabalhadores portuários, observar-se-á somente o salário básico percebido, excluídos os adicionais de risco e produtividade.

> **OJ 316 da SDI-1 do TST: Portuários. Adicional de risco. Lei nº 4.860/65 (DJ 11.08.2003)**
>
> O adicional de risco dos portuários, previsto no art. 14 da Lei nº 4.860/65, deve ser proporcional ao tempo efetivo no serviço considerado sob risco e apenas concedido àqueles que prestam serviços na área portuária.

> **OJ 402 da SDI-1 do TST: Adicional de risco. Portuário. Terminal privativo. Arts. 14 e 19 da Lei n.º 4.860, de 26.11.1965. Indevido. (mantida) – Res. 175/2011, DEJT divulgado em 27, 30 e 31.05.2011**
>
> O adicional de risco previsto no artigo 14 da Lei nº 4.860, de 26.11.1965, aplica-se somente aos portuários que trabalham em portos organizados, não podendo ser conferido aos que operam terminal privativo.

2.7. Adicional de transferência

O adicional de transferência é devido ao empregado em razão da transferência provisória para outro local, desde que importe mudança de domicílio – art. 469, § 3º, da CLT. Nas transferências definitivas não é devido o adicional.

É devido o adicional mesmo nas hipóteses em que se trate de empregado de confiança ou cujo contrato tenha previsão (explícita ou implícita) de transferência.

> **OJ 113 da SDI-1 do TST: Adicional de transferência. Cargo de confiança ou previsão contratual de transferência. Devido. Desde que a transferência seja provisória**
>
> O fato de o empregado exercer cargo de confiança ou a existência de previsão de transferência no contrato de trabalho não exclui o direito ao adicional. O pressuposto legal apto a legitimar a percepção do mencionado adicional é a transferência provisória.

O adicional será de 25% sobre o salário básico do empregado e deverá ser pago enquanto perdurar a situação de transferência do funcionário.

2.8. Adicional de penosidade

O adicional de penosidade encontra-se previsto no art. 7º, XXIII, da Constituição, o qual foi inserido juntamente com o adicional de insalubridade e periculosidade:

> Art. 7º (...)
>
> XXIII – adicional de remuneração para as atividades penosas, insalubres ou perigosas, na forma da lei;

No entanto, o adicional de penosidade ainda não foi regulamentado por legislação específica. Logo, por se tratar de norma de eficácia limitada, a ausência de lei que defina em que consiste a situação penosa, qual a base de cálculo e a alíquota a serem consideradas impede a aplicação da norma constitucional.

Destaca-se que a Lei 8.112/1990, em seu art. 71, traz o conceito de trabalho penoso para servidores públicos. Todavia, essa legislação não é aplicável aos empregados celetistas.

> Art. 71. O adicional de atividade penosa será devido aos servidores em exercício em zonas de fronteira ou em localidades cujas condições de vida o justifiquem, nos termos, condições e limites fixados em regulamento.

3. GRATIFICAÇÕES

As gratificações são instituídas por lei, norma coletiva ou pelo próprio empregador e têm como objetivo compensar algo de positivo feito pelo empregado. Dessa forma, sua finalidade é estimular, valorizar, incentivar alguma conduta do empregado.

A gratificação é habitualmente fornecida pelo empregador. O conceito de "habitualidade" é amplo, podendo ser mensal, semestral ou até mesmo anual. Parte da doutrina considera que a gratificação é uma espécie de **salário-condição**. Isso quer dizer que, implementada a condição prevista como fato gerador da gratificação, nasce para o empregado o direito de recebê-la.

Quanto à **gratificação natalina** ou ao **13º salário**, trata-se de gratificação instituída no nosso ordenamento jurídico por meio da **Lei 4.090/1962**, regulamentada pelos arts. 76 a 82 do Decreto 10.854/2021, e, por ser de fonte legal, é **compulsória**. É, portanto um direito do empregado **indisponível** – não pode transacionar nem renunciar. A Lei 4.749/1965 permitiu o parcelamento em duas vezes do pagamento do 13º salário:

> Art. 1º A gratificação salarial instituída pela Lei número 4.090, de 13 de julho de 1962, será paga pelo empregador até o dia 20 de dezembro de cada ano, compensada a importância que, a título de adiantamento, o empregado houver recebido na forma do artigo seguinte.
>
> Art. 2º Entre os meses de fevereiro e novembro de cada ano, o empregador pagará, como adiantamento da gratificação referida no artigo precedente, de uma só vez, metade do salário recebido pelo respectivo empregado no mês anterior.

A legislação previu que a **1ª parcela** deverá ser paga **entre fevereiro e novembro** de um ano, ao passo que a **2ª parcela** deve ser paga **até 20 de dezembro**. O empregador não **tem obrigação de pagar a todos os empregados no mesmo momento** – art. 2º, § 1º, da Lei 4.749/1965. Ele pode organizar o pagamento da forma que quiser. Entretanto, a lei permite que o empregado receba o adiantamento do **13º salário *junto* com as férias**, desde que assim o **requeira no mês de janeiro** – art. 2º, § 2º, da Lei 4.749/1965.

Caso o empregado não tenha laborado todos os meses do ano, receberá o décimo terceiro proporcional aos meses trabalhados, à razão de 1/12 da remuneração por mês trabalhado. Há de se lembrar que a fração igual ou superior a 15 (quinze) dias de trabalho será considerada como mês integral para os efeitos do pagamento proporcional ao tempo trabalhado – art. 1º, § 2º, da Lei 4.090/1962. Ainda, caso haja o **adiantamento** do pagamento do 13º salário e após ocorra a **rescisão contratual** do empregado, é possível o **desconto do valor excessivamente pago**.

Na hipótese de extinção do contrato, é devido o décimo terceiro proporcional, exceto no caso de dispensa por justa causa, hipótese na qual o empregado perde o direito ao décimo terceiro ainda não adquirido no ano corrente. Considera-se adquirido o décimo terceiro depois do dia 14 de dezembro de cada ano.

Na hipótese de extinção do contrato por culpa recíproca é devido apenas 50% do décimo terceiro proporcional aos meses trabalhados, nos termos da Súmula 14 do TST:

> Súmula 14. Culpa recíproca (nova redação). Res. 121/2003, *DJ* 19, 20 e 21.11.2003. Reconhecida a culpa recíproca na rescisão do contrato de trabalho (art. 484 da CLT), o empregado tem direito a 50% (cinquenta por cento) do valor do aviso-prévio, do décimo terceiro salário e das férias proporcionais.

Para os empregados que recebem remuneração variável, o décimo terceiro é calculado pela média duodecimal. Tal média, no caso, é obtida somando-se as parcelas variáveis de todo o ano e, ao final, dividindo-se o resultado por 12.

O décimo terceiro integra o cálculo apenas do FGTS, tendo em vista o parâmetro temporal utilizado para a base de cálculo das demais parcelas, isto é, nenhuma outra parcela trabalhista atualmente utiliza o ano como parâmetro para base de cálculo.

Não obstante, as demais parcelas, se pagas habitualmente, integram o cálculo do décimo terceiro. Com efeito, dispõe a Lei 4.090/1962 que "A gratificação corresponderá a 1/12 avos da **remuneração devida em dezembro**, por mês de serviço, do ano correspondente" (art. 1º, § 1º). Logo, o décimo terceiro é calculado sobre o *complexo salarial de dezembro*, e não apenas sobre o salário-base. Nesse sentido, vários verbetes do TST além dos já mencionados:

> Súmula 45. Serviço suplementar (mantida). Res. 121/2003, *DJ* 19, 20 e 21.11.2003. A remuneração do serviço suplementar, habitualmente prestado, integra o cálculo da gratificação natalina prevista na Lei nº 4.090, de 13.07.1962.

> Súmula 60. Adicional noturno. Integração no salário e prorrogação em horário diurno. Res. 129/2005, *DJ* 20, 22 e 25.04.2005.

I – O adicional noturno, pago com habitualidade, integra o salário do empregado para todos os efeitos.

II – Cumprida integralmente a jornada no período noturno e prorrogada esta, devido é também o adicional quanto às horas prorrogadas. Exegese do art. 73, § 5º, da CLT.

Súmula 139. Adicional de insalubridade. Res. 129/2005, *DJ* 20, 22 e 25.04.2005.

Enquanto percebido, o adicional de insalubridade integra a remuneração para todos os efeitos legais.

3.1. Gratificação de função, tempo de serviço e quebra de caixa

atenção

Com a reforma trabalhista, apenas as gratificações legais integram o salário.

Assim, as gratificações de função, por tempo de serviço, gratificação semestral e quebra de caixa, nos estritos termos da Lei 13.467/2017, com ressalvas da doutrina inicial, não dotam mais de natureza salarial e serão aprofundadas no capítulo específico para as **verbas de natureza não salarial**.

Portanto, se não houver previsão legal de referida gratificação, não será caracterizada como verba de natureza salarial. Nesse sentido, a redação do art. 457, § 1º, da CLT, ao dispor que integram o salário a importância fixa estipulada, as gratificações legais e de função e as comissões pagas pelo empregador.

A redação antiga do art. 457, § 1º, da CLT previa que as "gratificações ajustadas" integravam o salário, enquanto a nova redação do dispositivo apenas prevê a natureza salarial às gratificações legais. Logo, se a gratificação é paga ao trabalhador por determinação legal, integra o salário dos trabalhadores, caso contrário não tem natureza salarial.

Nesse sentido, restam em desacordo com a reforma trabalhista as súmulas a seguir, que poderão ser objeto de revisão pelos tribunais superiores.

A Súmula 207 do STF firma o entendimento no sentido de que a gratificação, ainda que tácita, integra o salário. Para essa súmula e a Súmula 152 do TST, predomina a corrente objetiva, de maneira que o que interessa é a habitualidade no pagamento.

Súmula 207 do STF: As gratificações habituais, inclusive a de Natal, consideram-se tacitamente convencionadas, integrando o salário.

Súmula 152 do TST: O fato de constar do recibo de pagamento de gratificação o caráter de liberalidade não basta, por si só, para excluir a existência de ajuste tácito (ex-Prejulgado nº 25).

4. COMISSÕES

As comissões constituem forma de pagamento propriamente dito, pelo que sua natureza é incontestavelmente salarial, sendo uma modalidade variável de salário. Em regra, são instituídas como um percentual sobre o valor do resultado da atividade desenvolvida pelo empregador.

Portanto, as comissões são o gênero, do qual as percentagens são espécies.

O pagamento do comissionista pode ser fixado exclusivamente por comissões ou não. Nesse sentido, temos dois *tipos de empregados comissionistas*, quais sejam:

a) **comissionista puro (ou próprio)** – é o empregado que recebe o salário exclusivamente à base de comissões;

b) **comissionista misto (ou impróprio)** – é o empregado que recebe uma parte fixa mais comissões, conforme a produção.

Em ambos os casos, é garantido ao comissionista o salário mínimo (ou piso convencional, se aplicável).

> Art. 78. (...)
>
> Parágrafo único. Quando o salário mínimo mensal do empregado a comissão ou que tenha direito a percentagem for integrado por parte fixa e parte variável, ser-lhe-á sempre garantido o salário mínimo, vedado qualquer desconto em mês subsequente a título de compensação.

Nos termos do disposto no art. 466, *caput*, da CLT, "**O pagamento de comissões e percentagens só é exigível depois de ultimada a transação a que se referem**". A doutrina e a jurisprudência majoritárias consideram ultimada a transação **quando aceito o negócio pelo *empregador***, independentemente do cumprimento do negócio e/ou do pagamento.

Como regra, o pagamento das comissões ao empregado deve ser feito mensalmente, nos termos do art. 4º, *caput*, da Lei 3.207/1957, salvo acordo escrito entre empregado e empregador, o qual pode elastecer o prazo para até três meses (art. 4º, parágrafo único).

Aliás, o art. 459, *caput*, da CLT já estabelece a exceção à periodicidade máxima mensal para pagamento do salário, ao determinar:

> Art. 459. O pagamento do salário, qualquer que seja a modalidade do trabalho, não deve ser estipulado por período superior a 1 (um) mês, **salvo no que concerne a comissões, percentagens e gratificações**. (destacamos)

No caso de realização de horas extras pelo comissionista puro, as horas em si já são remuneradas pelas comissões, sendo **devido apenas o respectivo adicional**, nos termos da Súmula 340 do TST:

> Súmula 340: Comissionista. Horas extras (nova redação). Res. 121/2003, *DJ* 19, 20 e 21.11.2003.
>
> O empregado, sujeito a controle de horário, remunerado à base de comissões, tem direito ao adicional de, no mínimo, 50% (cinquenta por cento) pelo trabalho em horas extras, calculado sobre o valor-hora das comissões recebidas no mês, considerando-se como divisor o número de horas efetivamente trabalhadas.
>
> OJ 397 da SDI-1: Comissionista misto. Horas extras. Base de cálculo. Aplicação da Súmula 340 do TST (*DEJT* divulgado em 02, 03 e 04.08.2010).
>
> O empregado que recebe remuneração mista, ou seja, uma parte fixa e outra variável, tem direito a horas extras pelo trabalho em sobrejornada. Em relação à parte fixa,

são devidas as horas simples acrescidas do adicional de horas extras. Em relação à parte variável, é devido somente o adicional de horas extras, aplicando-se à hipótese o disposto na Súmula 340 do TST.

O DSR do comissionista deve ser calculado à parte, tendo em vista que as comissões remuneram apenas as horas trabalhadas, e não as horas destinadas ao repouso remunerado. Assim, a Súmula 27 do TST:

> Súmula 27: Comissionista (mantida). Res. 121/2003, *DJ* 19, 20 e 21.11.2003.
>
> É devida a remuneração do repouso semanal e dos dias feriados ao empregado comissionista, ainda que pracista.

Quanto às férias do comissionista, são calculadas pela média das comissões recebidas nos doze meses que antecedem a concessão (e não do período aquisitivo, como ocorre em regra), nos termos do art. 142 da CLT.

Por fim, **a doutrina e a jurisprudência amplamente majoritárias não admitem a possibilidade de estabelecimento da cláusula** *star del credere* **no contrato de emprego**. Pela referida cláusula, o empregador pagaria ao empregado comissionista um *plus* remuneratório (uma comissão complementar) para que este, por sua vez, se tornasse solidariamente responsável pela solvabilidade e pontualidade dos compradores. Desse modo, o empregado teria que ressarcir o empregador de um percentual sobre as vendas não cumpridas pelo comprador.

Vamos de resumo em tabelas?

SALÁRIO	
Conceito	Conjunto de parcelas contraprestativas **pagas pelo empregador ao empregado** em função do contrato de trabalho. Tais verbas têm caráter contraprestativo, não necessariamente em razão da efetiva prestação de serviços, mas em virtude do contrato, uma vez que nos períodos de interrupção o salário continua sendo pago.
Etimologia	A palavra "salário" é originária do latim *salarium*, que é derivada da palavra *salis* (sal). O sal era utilizado como moeda de troca pelos romanos para pagamento de seus empregados e soldados.

REMUNERAÇÃO	
Conceito	Conjunto de prestações recebidas habitualmente pelo empregado em decorrência da prestação de serviços, em dinheiro ou em utilidades, pagas **pelo empregador ou por terceiros**, mas decorrentes do contrato de trabalho. Exemplos: gorjetas e gueltas.
CLT	Art. 457. Compreendem-se na remuneração do empregado, para todos os efeitos legais, além do salário devido e pago diretamente pelo empregador, como contraprestação do serviço, as gorjetas que receber.

GORJETAS – ESPÉCIES	
Próprias	São aquelas concedidas pelo cliente por livre e espontânea vontade, sem que tenha havido qualquer tipo de cobrança. Também denominadas de **facultativas** ou **espontâneas**.
Impróprias	Aquelas que, embora concedidas pelo cliente conforme sua vontade, são cobradas pelo estabelecimento na nota de serviço. Também denominadas de **obrigatórias**.

GORJETAS – REPERCUSSÕES

Não repercutem	Súmula 354 do TST: **Gorjetas. Natureza jurídica. Repercussões.** As gorjetas, cobradas pelo empregador na nota de serviço ou oferecidas espontaneamente pelos clientes, integram a remuneração do empregado, não servindo de base de cálculo para as parcelas de aviso-prévio, adicional noturno, horas extras e repouso semanal remunerado.
Repercutem	Férias, décimo terceiro salário, recolhimentos previdenciários e FGTS.

OUTRAS ESPÉCIES DE REMUNERAÇÃO

Salário básico	Trata-se da contraprestação salarial fixa principal paga pelo empregador ao empregado. Precisa respeitar a periodicidade mensal máxima (art. 459 da CLT). Todos os trabalhadores devem receber um salário básico, com exceção dos comissionistas puros (que recebem exclusivamente por produção). Todavia, aos comissionistas puros, é assegurada a percepção de um salário mínimo mensal, conforme o art. 7º, VII, da CF.
Comissões	São pagamentos acrescidos, conforme o desempenho do serviço pelo empregado, em decorrência de sua produção. Possuem natureza salarial. Existem duas espécies de comissionistas: (i) puros – cuja única forma de contraprestação seriam as comissões; (ii) mistos – aqueles que recebem um salário básico, acrescido de comissões.
Gratificação natalina	Trata-se da parcela contraprestativa paga pelo empregador ao empregado, em caráter de gratificação legal. É o pagamento feito, por força da Lei 4.090/1962, de 1/12 (um doze avos) da remuneração devida em dezembro, para cada mês com quinze dias de trabalho no mínimo, e em duas parcelas, a primeira por ocasião das férias ou até novembro e a segunda até vinte de dezembro.
Adicionais	São parcelas complementares ao salário, compensatórias de maior esforço do empregado, em virtude de condições de trabalho mais desgastantes do que as normais. São sempre suplementares à parcela salarial principal, não podendo ser a única maneira de contraprestação. Em regra, são calculados em percentuais sobre um parâmetro salarial. Possuem natureza jurídica salarial, todavia podem ser suprimidos se desaparecidas as circunstâncias que ensejaram o seu pagamento ("salário-condição").
Adicional de horas extras	É devido pelo trabalho extraordinário à razão de pelo menos 50% sobre a hora normal. Se as horas extras são pagas com habitualidade, elas integram o cálculo das demais verbas trabalhistas. O adicional de hora extra tem natureza salarial e não indenizatória, pois remunera o trabalho prestado após jornada normal de trabalho.
Adicional noturno	É devido ao: • empregado urbano que trabalha no período das 22 às 5 horas, no montante de 20% sobre a hora diurna; • empregado rural que trabalha na lavoura das 21 às 5 horas ou na pecuária das 20 às 4 horas, com adicional de 25% sobre a remuneração normal.
Adicional de insalubridade	É devido ao empregado que presta serviço em atividades insalubres, sendo calculado à razão de 10% no grau mínimo, 20% no grau médio e 40% no grau máximo sobre o salário mínimo.
Adicional de periculosidade	É devido ao empregado que presta serviços em contato permanente com elementos inflamáveis ou explosivos. O adicional é de 30% sobre o salário do empregado, sem os acréscimos resultantes de gratificações, prêmios ou participações nos lucros da empresa. Se o adicional for pago com habitualidade, integrará as férias, o 13º salário, o aviso-prévio, o FGTS, a indenização, mas não integrará o RSR, pois se trata de um pagamento mensal, que já o engloba.

OUTRAS ESPÉCIES DE REMUNERAÇÃO	
Adicional de transferência	É devido ao empregado quando provisoriamente transferido para outro local, desde que importe mudança de sua residência. Não é devido nas transferências definitivas. O percentual é de 25% sobre o salário.

QUESTÕES PARA TREINO

1. **(FGV – TRT-16 – Analista Judiciário – Área Administrativa – 2022 – adaptada)** Vanuzia trabalha em setor de uma empresa em que há risco acentuado de morte, daí por que recebe adicional de periculosidade. Seu esposo Vinicius trabalha em outra empresa e atua num setor no qual há um agente agressor à saúde em grau médio.

    Considerando a situação vivida pelo casal, e de acordo com a CLT, é correto afirmar: Vanuzia receberá 30% do salário mínimo e Vinicius, 40% sobre o seu salário-base.

    Errado.

2. **(FGV – TRT-16 – Analista Judiciário – Área Administrativa – 2022 – adaptada)** Vanuzia trabalha em setor de uma empresa em que há risco acentuado de morte, daí por que recebe adicional de periculosidade. Seu esposo Vinicius trabalha em outra empresa e atua num setor no qual há um agente agressor à saúde em grau médio.

    Considerando a situação vivida pelo casal, e de acordo com a CLT, é correto afirmar: Vanuzia receberá 30% do seu salário-base e Vinicius, 20% sobre o salário mínimo.

    Certo.

3. **(Cespe/Cebraspe – Prefeitura de Maringá-PR – Procurador Municipal – 2022 – adaptada)** Considerando o disposto pelo instituto da equiparação salarial, de que empregados que desempenhem simultaneamente a mesma função para um mesmo empregador e na mesma localidade devam receber salários equivalentes, e que há outros requisitos referentes a esse instituto que também devem ser observados, é correto afirmar:

    As normas de equiparação salarial fixadas pela CLT prevalecem ainda que o empregador organize seu pessoal em quadro de carreira, por meio de norma interna da empresa, de negociação coletiva ou plano de cargos e salários homologados pelo Ministério do Trabalho.

    Errado.

4. **(Cespe/Cebraspe – Prefeitura de Maringá-PR – Procurador Municipal – 2022 – adaptada)** Considerando o disposto pelo instituto da equiparação salarial, de que empregados que desempenhem simultaneamente a mesma função para um mesmo empregador e na mesma localidade devam receber salários equivalentes, e que há outros requisitos referentes a esse instituto que também devem ser observados, é correto afirmar:

    Na ação de equiparação salarial, a prescrição será parcial e alcançará apenas as diferenças salariais vencidas nos últimos dois anos que precederem o ajuizamento da reclamatória trabalhista.

    Errado.

Cap. 18 – PARCELAS SALARIAIS (339)

5. **(Fundatec – Prefeitura de Viamão-RS – advogada – 2022 – adaptada)** Na relação de trabalho regida pela Consolidação das Leis do Trabalho (CLT), as diárias de viagem possuem natureza salarial.
Errado.

6. **(Cespe/Cebraspe – PGDF – Procurador – 2022)** Segundo entendimento pacificado na jurisprudência do TST, o pedido de pagamento de adicional de insalubridade por motivo diverso daquele existente e constatado em perícia judicial eximirá o empregador do pagamento do respectivo adicional pleiteado, em face da vinculação do direito ao pedido.
Errado.

7. **(Cespe/Cebraspe – PGDF – Procurador – 2022)** Para fins de equiparação salarial, a CLT determina que será de igual valor o trabalho feito com igual produtividade, mesma perfeição técnica e entre pessoas que trabalhem para o mesmo empregador, com diferença de tempo no serviço para esta empresa de até quatro anos. A diferença de tempo na função não poderá ser superior a dois anos. Tais regras não serão observadas quando o empregador tiver pessoal organizado em quadro de carreira, ainda que sem homologação ou registro em órgão público.
Certo.

8. **(Cespe/Cebraspe – PGDF – Procurador – 2022)** Nos termos da CLT, os valores recebidos pelo empregado a título de prêmio, abono, tíquete-alimentação e ajuda de custo, ainda que habituais, não integram a remuneração, bem como não se incorporam ao contrato de trabalho.
Certo.

9. **(Fauel – Prefeitura de Apucarana-PR – advogado – 2022 – adaptada)** Em que pese a expressa proibição da cumulação de adicional de insalubridade e periculosidade, o Tribunal Superior do Trabalho possui entendimento consolidado no sentido de que, em razão de uma interpretação teleológica e com raízes nas normas constitucionais que estimulam adoções de normas tendentes a reduzir os riscos inerentes ao trabalho, admite-se, excepcionalmente, a cumulação quando efetivamente demonstrada a duplicidade de fatores de risco cujos fatos geradores sejam distintos e autônomos.
Errado.

10. **(Fepese – Casan – Advogado – 2022 – adaptada)** As partes deverão escolher uma das formas de procedimento a ser adotada para a implementação da participação nos lucros e resultados, seja por meio de comissão paritária, seja por meio de negociação coletiva.
Errado.

PARCELAS NÃO SALARIAIS

1. PARCELAS NÃO SALARIAIS

A Reforma Trabalhista trouxe mudanças sobre o tema, prevendo um maior número de parcelas sem natureza salarial.

A noção de complexo salarial é extraída dos §§ 1º e 2º do art. 457 da CLT, *in verbis*:

> § 1º Integram **o salário** a importância fixa estipulada, as gratificações legais e as comissões pagas pelo empregador.
>
> § 2º As importâncias, ainda que habituais, pagas a título de ajuda de custo, auxílio-alimentação, vedado seu pagamento em dinheiro, diárias para viagem, prêmios e abonos não integram a remuneração do empregado, não se incorporam ao contrato de trabalho e não constituem base de incidência de qualquer encargo trabalhista e previdenciário. (destacamos)

Em resumo, temos o seguinte quadro:

PARCELAS SALARIAIS	PARCELAS NÃO SALARIAIS
(Refletem nas demais verbas, como férias, 13º e aviso-prévio.)	(Não há reflexo nas demais parcelas. Sobre o valor não incidem depósitos do FGTS.)
• Comissões	• PLR (participação nos lucros e resultados)
• Gratificações legais	• Ajuda de custo
• Quebra de caixa	• Auxílio-alimentação (vedado o pagamento em dinheiro – reforma trabalhista)
• Adicionais salariais:	• Diárias para viagem
– Ad. de hora extra	• Abonos (reforma trabalhista)
– Ad. noturno	• Prêmios (reforma trabalhista)
– Ad. de transferência	

PARCELAS SALARIAIS	PARCELAS NÃO SALARIAIS
– Ad. de insalubridade – Ad. de periculosidade	• Vale-transporte • Salário-família • Seguro-desemprego • PIS/Pasep • Quebra de caixa (reforma trabalhista)

Passemos então a tratar especificadamente cada parcela de natureza não salarial.

1.1. Ajuda de custo

A ajuda de custo é parcela de natureza indenizatória que, consoante a doutrina majoritária, corresponde a um único pagamento, efetuado em situações excepcionais, em geral para fazer frente às despesas de transferência do empregado ocorridas no interesse do empregador; é, portanto, paga com o objetivo de ressarcir o empregado pelos gastos de movimentação em serviço.

Não se confunde com as diárias de viagem, uma vez que a ajuda de custo é quitada em uma única parcela para compensar os gastos realizados pelo empregado em razão do trabalho; já as diárias de viagem são pagas pelo tempo (dias, horas) de afastamento.

Tal parcela não teve sua natureza modificada com a reforma trabalhista, sendo considerada como verba de natureza não salarial desde sempre.

1.2. Diárias para viagem

Diárias são valores pagos ao empregado a título de ressarcimento de despesas provenientes de viagens a serviço.

Anteriormente à reforma, essa verba tinha a peculiaridade de que, para **não integrar o salário, não podia exceder de 50% do salário percebido pelo empregado**. Dotava, portanto, de classificação em razão de tal diferenciação, sendo denominadas *diárias próprias* aquelas limitadas a 50% do salário do obreiro, enquanto eram *impróprias* aquelas excedentes a esse valor.

Nesse sentido era o § 2º do art. 457 da CLT, que afirmava que não se incluíam nos salários as diárias para viagem que não excedam de 50% (cinquenta por cento) do salário percebido pelo empregado (antiga redação dada pela Lei 1.999, de 01.10.1953).

No entanto, a Lei 13.467/2017, SEM estabelecer qualquer percentual-limite, é clara ao afirmar que, ainda que habituais, as importâncias recebidas como diárias para viagens não integram o salário. Assim, inexiste percentual máximo para alteração da natureza jurídica dessa verba.

Assim, resta prejudicada as Súmulas 101 e 318 do TST, que podem ser objeto de cancelamento ou revisão por aquele tribunal.

1.3. Participação nos lucros e resultados (PLR)

Também denominada gratificação de balanço, é parcela paga de forma espontânea pelo empregador. Nesse sentido, a Lei 10.101/2000, que dispõe sobre a participação dos trabalhadores nos lucros ou resultados da empresa, não considera a PLR parcela compulsória, e sim dependente de negociação entre os empregados e o empregador (art. 2º da Lei 10.101/2000). Normalmente é instituída por norma coletiva.

Não tem natureza salarial por força de lei (art. 3º da Lei 10.101/2000) **e da própria Constituição** (art. 7º, XI, da CRFB), não tendo havido qualquer modificação desse entendimento com a reforma trabalhista. Verifica-se, ainda, que a PLR não substitui nem complementa a remuneração do empregado, pelo que não integra ou reflete em outras parcelas para qualquer efeito trabalhista.

O pagamento pode ser anual ou semestral, e o valor pode ser fixo ou variável, conforme negociado. Entretanto, o TST tem admitido o parcelamento (pagamento mensal) da participação nos lucros diante de previsão em norma coletiva.

Consoante estabelecido na OJ 390 da SDI-1 do TST, convertida na Súmula 451, é devida a participação nos lucros proporcional por ocasião da rescisão do contrato de trabalho:

> Súmula 451: Participação nos lucros e resultados. Rescisão contratual anterior à data da distribuição dos lucros. Pagamento proporcional aos meses trabalhados. Princípio da isonomia (conversão da Orientação Jurisprudencial nº 390 da SBDI-1).
>
> Fere o princípio da isonomia instituir vantagem mediante acordo coletivo ou norma regulamentar que condiciona a percepção da parcela participação nos lucros e resultados ao fato de estar o contrato de trabalho em vigor na data prevista para a distribuição dos lucros. Assim, inclusive na rescisão contratual antecipada, é devido o pagamento da parcela de forma proporcional aos meses trabalhados, pois o ex-empregado concorreu para os resultados positivos da empresa.

Apesar de nenhuma mudança quanto a sua natureza, a reforma trouxe inovação legislativa acerca desse tema prevendo que a convenção e o acordo coletivo que tratarem sobre participação nos lucros e resultados terão prevalência sobre a lei.

> Art. 611-A da CLT: A convenção coletiva e o acordo coletivo de trabalho têm prevalência sobre a lei quando, entre outros, dispuserem sobre:
>
> (...)
>
> XV – participação nos lucros ou resultados da empresa.

1.4. Verba de representação

É a importância concedida ao empregado com a finalidade de ressarcir despesas que este comprovadamente tenha incorrido em decorrência do relacionamento com os clientes do empregador. São exemplos de despesas dessa natureza aquelas referentes a jantares de negócio, almoço de trabalho, visitas a locais turísticos, entre outras. Trata-se de verba indenizatória, pelo que não tem caráter salarial.

Não houve qualquer impacto da reforma trabalhista em tal verba.

1.5. Abono do PIS

O abono salarial (mais conhecido como *abono do PIS/Pasep*), pago no valor de até um salário mínimo, era devido aos trabalhadores cadastrados há mais de cinco anos no Programa de Integração Social (PIS) ou no Programa de Formação do Patrimônio do Servidor Público (Pasep) e que tinham auferido, no ano anterior, remuneração média mensal de até dois salários mínimos, bem como trabalhado ininterruptamente (com a CTPS assinada) por pelo menos 180 dias no mesmo ano.

Tal parcela não tinha natureza salarial, tratando-se de benefício de direito público, advindo de fundo de natureza pública. Esse abono sem natureza salarial (ou indenizatória) não era de responsabilidade do empregador, tratando-se de verba paga pelo Estado. Assim, as obrigações das empresas eram de caráter exclusivamente fiscal, não gerando direitos de natureza trabalhista nem previdenciária.

Caso o empregado preenchesse os requisitos para a obtenção do abono do PIS, e não houvesse o efetivo cadastramento pelo empregador, ele poderia ser obrigado a indenizar o trabalhador.

> Súmula 300 do TST: Compete à Justiça do Trabalho processar e julgar ações ajuizadas por empregados em face de empregadores relativas ao cadastramento no Programa de Integração Social (PIS).
>
> – A receita auferida pelas cooperativas de trabalho decorrentes dos atos (negócios jurídicos) firmados com terceiros se insere na materialidade da contribuição ao PIS/PASEP. (STF, Plenário, RE 599362/RJ ED, Rel. Min. Dias Toffoli, j. 18.08.2016, repercussão geral, *Info* 835 do TST)
>
> – O Ministério Público tem legitimidade para propor ação civil pública objetivando a liberação do saldo de contas PIS/PASEP, na hipótese em que o titular da conta – independentemente da obtenção de aposentadoria por invalidez ou de benefício assistencial – seja incapaz e insusceptível de reabilitação para o exercício de atividade que lhe garanta a subsistência, bem como na hipótese em que o próprio titular da conta ou quaisquer de seus dependentes for acometido das doenças ou afecções listadas na Portaria Interministerial MPAS/MS 2.998/2001. Esse pedido veiculado diz respeito a direitos individuais homogêneos que gozam de relevante interesse social. Logo, o interesse tutelado referente à liberação do saldo do PIS/PASEP, mesmo se configurando como individual homogêneo, mostra-se de relevante interesse à coletividade, tornando legítima a propositura de ação civil pública pelo Ministério Público, visto que se subsume aos seus fins institucionais. (STJ, 2ª Turma, REsp 1.480.250-RS, Rel. Min. Herman Benjamin, j. 18.08.2015, *Info* 568 do STJ)

1.6. *Stock options*

O regime de *stock options* (opção de compra) configura oportunidade conferida pelo empregador para que seus empregados comprem ou subscrevam ações da companhia em condições vantajosas, normalmente com um custo bem inferior ao do mercado e ajustado previamente.

Tal possibilidade de compras das ações da empresa e a eventual obtenção de lucros pelo trabalhador não possuem natureza salarial, pois o valor dessa negociação está desvinculado do contrato. O empregado assume os riscos de obter eventual lucro com a aquisição dessas ações.

1.7. Salário-família

Trata-se de benefício previdenciário, assegurado pelo art. 7º, XII, da CRFB/1988 e regulado pelos arts. 65 a 70 da Lei 8.213/1991, bem como pelos arts. 81 a 92 do Decreto 3.048/1999.

Salário-família é um benefício previdenciário concedido aos segurados de baixa renda (arts. 65 a 70 da Lei 8.213/1991), em razão dos filhos menores de 14 anos, ou inválidos de qualquer idade. A sua finalidade é ajudar os pais a custear a educação dos filhos. Esse benefício não possui natureza salarial, e, para a sua obtenção, há necessidade de preencher 2 requisitos, quais sejam:

a) trabalhador de baixa renda, que é aquele que possui remuneração mensal abaixo do valor-limite para recebimento do salário-família (atualmente R$ 1.425,56). Diante disso, o empregado ou trabalhador avulso que possuir remuneração superior a essa não terá direito ao benefício;

b) filhos menores de 14 anos, ou inválidos de qualquer idade.

Os empregados domésticos, com a EC 72/2013, que alterou o art. 7º, parágrafo único, passaram a ter esse direito. A LC 150/2015 alterou a Lei 8.213/1991 para assegurar o benefício também aos domésticos.

Embora o salário-família seja pago mensalmente pelo empregador, juntamente com o salário, o valor é posteriormente compensado com as contribuições previdenciárias devidas, a exemplo do que ocorre com o salário-maternidade.

Desse modo, também não pairam dúvidas de que não se trata de salário, em que pese o nome.

> O requisito de baixa renda instituído para o salário-família pela EC 20/98 não se aplica para quem, na data da publicação da Emenda, já estava em gozo do benefício A alteração de regência constitucional do salário-família não repercute nas relações jurídicas existentes na data em que promulgada a Emenda Constitucional nº 20/1998. (STF, Plenário, RE 657989, Rel. Min. Marco Aurélio, j. 16.06.2020, repercussão geral (Tema 543), *Info* 987 – *clipping*)

1.8. Vale-transporte

Tal benefício é pago pelo empregador de forma antecipada e tem como objetivo cobrir as despesas de deslocamento da residência para o trabalho, por meio do sistema de transporte coletivo público. O empregador participará dos gastos de deslocamento do trabalhador com a ajuda de custo correspondente à parcela que exceder a 6% do salário básico do empregado. Assim, o empregado recebe o vale-transporte e tem, ao final do mês, 6% de seu salário descontado (art. 4º, parágrafo único, da Lei 7.418/1985).

A parcela recebida em razão da aquisição de vale-transporte, por expressa previsão em lei, não possui natureza salarial nem se incorpora à remuneração para quaisquer efeitos. Consequentemente, não é base de incidência de contribuição previdenciária ou de FGTS.

Por fim, importante ressaltar a recente legislação do empregado doméstico, que terá direito ao recebimento do vale-transporte previsto na Lei 7.418/1985, conforme estabelece o art. 19 da LC 150/2015. Contudo, é permitido ao empregador substituir a aquisição dos vales-transporte, obrigação prevista no art. 4º da Lei 7.418/1985, pelo pagamento em dinheiro, mediante recibo, dos valores necessários para a aquisição das passagens utilizadas para o deslocamento da residência ao trabalho e para seu retorno.

Acerca do tema destacamos ainda:

> Súmula 460 do TST: Vale-transporte. Ônus da prova.
>
> É do empregador o ônus de comprovar que o empregado não satisfaz os requisitos indispensáveis para a concessão do vale-transporte ou não pretenda fazer uso do benefício.
>
> Afronta o art. 7º, XXVI, da CF o acórdão do Regional que não reconhece a validade da cláusula convencional estipulando o pagamento do vale-transporte em pecúnia, pois a Lei nº 7.418/85, que instituiu o vale-transporte, com a alteração introduzida pela Lei nº 7.619/87, não veda, em nenhum dos seus dispositivos, a substituição do referido benefício por pagamento em espécie. Ademais, a liberdade de negociação coletiva no âmbito das relações trabalhistas encontra-se assegurada na Constituição da República, ainda que não de forma absoluta, não existindo nenhum óbice legal para que as partes, de comum acordo, negociem a substituição do vale-transporte por antecipação em dinheiro. (*Info* 25 do TST)

2.   PARCELAS NÃO SALARIAIS APÓS A REFORMA TRABALHISTA

Conforme alterações introduzidas pela reforma trabalhista, além do salário-base, passaram a ser parcelas salariais apenas a importância fixa estipulada, as gratificações legais e as comissões pagas pelo empregador. A redução é significativa, retirando a natureza salarial, por exemplo, dos prêmios e abonos pagos pelo empregador.

2.1.   Prêmio ou bônus

Consideram-se prêmios as liberalidades concedidas pelo empregador em forma de bens, serviços ou valor em dinheiro a empregado ou a grupo de empregados, em razão de desempenho superior ao ordinariamente esperado no exercício de suas atividades.

O antigo entendimento doutrinário e jurisprudencial era de que, embora o prêmio não tivesse sido contemplado pelo legislador, sua natureza era salarial, desde que pago com habitualidade. Nesse sentido, temos a Súmula 209 do STF, que merece revisão, segundo a qual "O salário-produção, como outras modalidades de salário-prêmio, é devido, desde que verificada a condição a que estiver subordinado, e não pode ser suprimido, unilateralmente, pelo empregador, quando pago com habitualidade".

Com a reforma trabalhista, os prêmios passaram a ser considerados parcelas sem natureza salarial por expressa previsão do § 2º do art. 457 da CLT, ainda que pagos com habitualidade. Além disso, houve a definição expressa do que se considera prêmio nos termos do § 4º:

> § 4º Consideram-se prêmios as liberalidades concedidas pelo empregador em forma de bens, serviços ou valor em dinheiro a empregado ou a grupo de empregados, em razão de desempenho superior ao ordinariamente esperado no exercício de suas atividades.

cuidado

"Bicho" é uma parcela paga aos jogadores profissionais de futebol como retribuição pela atuação exitosa da equipe, geralmente pela vitória de uma partida ou conquista de um campeonato ou torneio. Por assemelhar-se ao prêmio, em regra, não possuirá natureza salarial.

2.2. Auxílio-alimentação

Nos termos do art. 457, § 2º, da CLT, o auxílio-alimentação é parcela de natureza indenizatória. Além disso, o dispositivo veda seu pagamento em dinheiro. Em resumo: se o empregador conceder auxílio-alimentação, não haverá integração ao salário, desde que não seja realizado o pagamento em dinheiro.

Anteriormente à reforma, o entendimento que prevalecia era no sentido de que o auxílio-alimentação fornecido por meio do Programa de Alimentação do Trabalhador (PAT) não detinha natureza salarial. Nesse sentido:

> **OJ 413 da SDI-1:** Auxílio-alimentação. Alteração da natureza jurídica. Norma coletiva ou adesão ao PAT. (*DEJT* divulgado em 14, 15 e 16.02.2012)
>
> A pactuação em norma coletiva conferindo caráter indenizatório à verba "auxílio-alimentação" ou a adesão posterior do empregador ao Programa de Alimentação do Trabalhador – PAT – não altera a natureza salarial da parcela, instituída anteriormente, para aqueles empregados que, habitualmente, já percebiam o benefício, a teor das Súmulas n.ᵒˢ 51, I, e 241 do TST.

Entendimento em desconformidade com a reforma trabalhista:

> Súmula 241 do TST: Salário-utilidade. Alimentação (mantida) – Res. 121/2003, *DJ* 19, 20 e 21.11.2003. O vale para refeição, fornecido por força do contrato de trabalho, tem caráter salarial, integrando a remuneração do empregado, para todos os efeitos legais.

2.3. Gratificação de função, por tempo de serviço e quebra de caixa

Com a reforma trabalhista, apenas as gratificações legais integram o salário. Assim, as gratificações de função, por tempo de serviço, gratificação semestral e quebra de caixa, nos estritos termos da Lei 13.467/2017, com ressalvas da doutrina inicial, não dotam mais de natureza salarial.

A redação antiga do art. 457, § 1º, da CLT previa que as "gratificações ajustadas" integravam o salário, enquanto a atual redação do dispositivo apenas prevê a natureza salarial às gratificações legais. Logo, se a gratificação é paga ao trabalhador por determinação legal, integra o salário dos trabalhadores, caso contrário não tem natureza salarial.

2.3.1. Gratificação de função

É a gratificação criada espontaneamente pelo empregador com vistas a remunerar o exercício de função mais destacada na empresa. Normalmente é paga aos trabalhadores que exercem função de confiança.

Embora se trate de parcela condicional (salário-condição, portanto), no sentido de que somente será devida enquanto o empregado ocupar a função de confiança, a jurisprudência, baseada no princípio da estabilidade econômica, não admitia a supressão da gratificação de função de confiança quando percebida por dez anos ou mais.

Contudo, tal entendimento foi rechaçado com a reforma trabalhista, que passou a prever expressamente que o empregado que reverta ao cargo efetivo, deixando de exercer a função de confiança, não terá a gratificação incorporada ao seu salário, independentemente do tempo que exerceu a função:

> Art. 468, § 2º: A alteração de que trata o § 1º deste artigo, com ou sem justo motivo, não assegura ao empregado o direito à manutenção do pagamento da gratificação correspondente, que não será incorporada, independentemente do tempo de exercício da respectiva função.

Dessa forma, a reversão não configura alteração ilícita do contrato, conforme o art. 468, § 1º, da CLT, e pode se dar a qualquer tempo, e o valor recebido a título de gratificação de função não se incorpora ao salário do empregado. O valor não será, em hipótese alguma, incorporado ao salário do empregado, independentemente do tempo de exercício da função, ainda que o empregado trabalhe por períodos superiores a 10 anos em função de confiança.

2.3.2. Gratificação por tempo de função

É gratificação espontânea fixada em razão do tempo de serviço do empregado, privilegiando os mais antigos na empresa. Não tem regulamentação legal, podendo ser prevista em cláusula contratual, regulamentar ou norma coletiva. Pode ser concedida sob a forma de anuênio (um percentual para cada ano de serviço), biênio (para cada dois anos), quinquênio (para cada cinco anos), e assim sucessivamente.

A Súmula 202 do TST trata da possibilidade de existirem duas gratificações por tempo de serviço, uma outorgada pelo empregador e outra assegurada pela norma coletiva, hipótese em que o empregado receberá apenas uma delas.

> Súmula 202: Gratificação por tempo de serviço. Compensação (mantida). Res. 121/2003, DJ 19, 20 e 21.11.2003.

Existindo, ao mesmo tempo, gratificação por tempo de serviço outorgada pelo empregador e outra da mesma natureza prevista em acordo coletivo, convenção coletiva ou sentença normativa, o empregado tem direito a receber, exclusivamente, a que lhe seja mais benéfica.

Trata-se de gratificação não prevista em lei e, portanto, com a Lei 13.467/2017, deixou de ter natureza salarial.

2.3.3. Gratificação semestral

É a gratificação paga pelo empregador duas vezes ao ano, sendo cada uma em um semestre. É gratificação ajustada porque não tem previsão legal de obrigação do seu implemento e, assim, deixou de ter natureza salarial após a reforma trabalhista, de forma que não servirá de base de cálculo para o décimo terceiro como era previsto.

2.3.4. Quebra de caixa

É a gratificação espontânea concedida pelo empregador aos empregados que exercem a função de caixa, visando compensar eventuais diferenças encontradas quando do fechamento do caixa que, normalmente, observado o disposto no art. 462, § 1º, da CLT, são descontadas do salário do empregado responsável. A legalidade de tal desconto é atualmente pacífica na jurisprudência do TST, conforme aresto recente da SDI-1, publicado no *Informativo 87* do TST:

> (…) Percepção da parcela quebra de caixa. Diferenças no caixa. Descontos. Licitude. **A gratificação denominada quebra de caixa, percebida pelo empregado que exerce a função de caixa, tem por objetivo saldar diferenças verificadas no caixa sob sua responsabilidade. Por essa razão é lícito ao empregador efetuar os descontos no salário do empregado sempre que se constatar essa diferença e o empregado não demonstrar que esse evento resultou de fato estranho à sua atividade (*v.g.*, assalto). É que ao caixa são atribuídas a guarda e a responsabilidade pelo dinheiro a ser por ele manuseado.** Recurso de embargos de que se conhece em parte e a que se dá provimento (Ministro João Batista Brito Pereira). (TST, SDI-1, E--ED-RR-1658400-44.2003.5.09.0006, Rel. Min. Lelio Bentes Corrêa, *DEJT* 10.10.2014).

Conforme afirmado, trata-se de gratificação não prevista em lei e, portanto, com a Lei 13.467/2017, deixou de ter natureza salarial.

Vamos de resumo em tabelas?

SALÁRIO	
Conceito	Conjunto de parcelas contraprestativas **pagas pelo empregador ao empregado** em função do contrato de trabalho. Tais verbas têm caráter contraprestativo, não necessariamente em razão da efetiva prestação de serviços, mas em virtude do contrato, uma vez que nos períodos de interrupção o salário continua sendo pago.
Etimologia	A palavra salário é originária do latim *salarium*, que é derivada da palavra *salis* (sal). O sal era utilizado como moeda de troca pelos romanos para pagamento de seus empregados e soldados.

REMUNERAÇÃO	
Conceito	Conjunto de prestações recebidas habitualmente pelo empregado em decorrência da prestação de serviços, em dinheiro ou em utilidades, **pagas pelo empregador ou por terceiros**, mas decorrentes do contrato de trabalho. Exemplos: gorjetas e gueltas.
CLT	Art. 457. Compreendem-se na remuneração do empregado, para todos os efeitos legais, além do salário devido e pago diretamente pelo empregador, como contraprestação do serviço, as gorjetas que receber.

STOCK OPTIONS
As *stock options*, regra geral, são parcelas econômicas vinculadas ao risco empresarial e aos lucros e resultados do empreendimento. Nesta medida, melhor se enquadram na categoria não remuneratória da participação em lucros e resultados (art. 7º, XI, da CF) do que no conceito, ainda que amplo, de salário ou remuneração. De par com isso, a circunstância de serem fortemente suportadas pelo próprio empregado, ainda que com preço diferenciado fornecido pela empresa, afasta ainda mais a novel figura da natureza salarial prevista na CLT e na Constituição. (6ª Turma, AIRR 85740-33.2009.5.03.0023, Rel. Min. Mauricio Godinho Delgado, j. 15.12.2010, *DEJT* 04.02.2011)

LUVAS (*HIRING BONUS*)
"Hiring bonus". Luvas. Natureza salarial. Limites dos reflexos. Esta Corte Superior possui o entendimento de que a bonificação paga ao obreiro, no momento da sua contratação, possui natureza salarial, na medida em que equivale às "luvas" percebidas por atletas profissionais, independentemente de o pagamento realizar-se em parcela única. Contudo, tratando-se de parcela paga uma única vez, seus reflexos devem ser limitados, aplicando-se analogicamente a Súmula 253 do TST. Recurso de revista conhecido e parcialmente provido no aspecto. (TST, 3ª Turma, RR 3921720135040302, Rel. Mauricio Godinho Delgado, j. 05.12.2018, *DEJT* 07.12.2018)

BICHOS
Atleta profissional de futebol. "Luvas" e "bichos". Natureza jurídica salarial. Leis n. 9.615/98 E 12.395/2011. 3.1 A parcela "luvas", nos moldes em que foi legislativamente prevista, consiste na retribuição material paga pela entidade empregadora ao atleta profissional, em vista da celebração de seu contrato de trabalho, seja originalmente, seja por renovação. Tem sua natureza salarial reconhecida pelo Direito Brasileiro, tanto no art. 12 da antiga Lei 6.354/76 (revogada pela Lei nº 12.395/2011), como no art. 31, § 1º, da Lei 9.615/98. Assim, considerando que o pagamento se deu "em razão do contrato de trabalho", é inconteste a natureza salarial de que se reveste. Releva ponderar que a parcela, no caso em exame, não teve por escopo compensar ou ressarcir o Reclamante, na medida em que foi paga em parcelas a partir de sua admissão. Logo, por todos os ângulos que se analise a controvérsia, resulta afastado o caráter indenizatório e evidenciada a natureza contraprestativa, salarial. Julgados. 3.2 A mesma conclusão se aplica à parcela "bichos", que se trata de parcela econômica variável e condicional, usualmente paga ao atleta pela entidade empregadora em vista dos resultados positivos alcançados pela equipe desportiva (títulos alcançados, vitórias e, até mesmo, empates obtidos, se for o caso). A verba possui nítida natureza contraprestativa, sendo entregue como incentivo ao atleta ou em reconhecimento por sua boa prestação de serviços (ou boa prestação pelo conjunto da equipe desportiva). Observa-se, assim, que possui nítida característica de prêmio trabalhista e, por isso, é indubitável salário, em sentido amplo (art. 31, § 1º, da Lei Pelé; art. 457, *caput* e § 1º, da CLT). (3ª Turma, ARR 10149-08.2014.5.01.0068, Rel. Min. Mauricio Godinho Delgado, *DEJT* 04.10.2019)

PARCELAS SEM NATUREZA SALARIAL

Ajuda de custo	São indenizações de gastos do empregado no desempenho das respectivas atividades, por exemplo: despesas decorrentes de transferência; pagamento feito pelo uso do carro de empregado colocado a serviço do empregador (art. 457, § 2º, da CLT).
Auxílio- -alimentação	Trata-se de um benefício que, vedado seu pagamento em dinheiro, não possui natureza salarial. Com a vigência da Lei 13.467/2017, não há necessidade de adesão ao Programa de Alimentação do Trabalhador (art. 457, § 2º, da CLT).
Diárias	São valores atribuídos ao empregado, destinados a compensar despesas de viagem e os desconfortos dela derivadas (art. 457, § 2º, da CLT).
Abono de férias	Trata-se de expressão equivocada, uma vez que o montante recebido em razão da conversão de 1/3 das férias em dinheiro não possui natureza salarial, mas, sim, indenizatória (arts. 143 e 144 da CLT).
Abono constitucional	É aquele que o empregador deverá pagar obrigatoriamente ao seu empregado quando este for gozar férias. Esta parcela também consiste no pagamento da remuneração acrescida de um terço. Poderá assumir a natureza salarial, em se tratando de férias gozadas, ou a natureza indenizatória, em se tratando de férias indenizadas (art. 7º, XVII, da CF).
Prêmios	Consideram-se as liberalidades concedidas pelo empregador em forma de bens, serviços ou valor em dinheiro a empregado ou a grupo de empregados, em razão de desempenho superior ao ordinariamente esperado no exercício de suas atividades. **Não possuem natureza salarial** (art. 457, § 4º, da CLT).

SUSPENSÃO E INTERRUPÇÃO DO CONTRATO DE TRABALHO

1. INTRODUÇÃO AO TEMA

A interrupção e a suspensão do contrato de trabalho acontecem quando há cessação temporária dos principais efeitos do contrato de trabalho. O vínculo empregatício é mantido, e as partes – empregador e empregado – não se submetem às principais obrigações contratuais por certo espaço de tempo.

Em relação à **interrupção**, há apenas a sustação da prestação de serviços pelo empregado, estando vigentes normalmente as demais cláusulas contratuais (pagamento de salários, por exemplo). Já na **suspensão**, as duas obrigações contratuais principais são paralisadas: prestação de serviços + pagamento de salários.

Não confunda mais após ler e revisar com as tabelas a seguir:

INTERRUPÇÃO DO CONTRATO DE TRABALHO		
Trabalho	Salário	Contagem de tempo
X	✓	✓

SUSPENSÃO DO CONTRATO DE TRABALHO		
Trabalho	Salário	Contagem de tempo
X	X	X

Ainda quer mais uma dica para não confundir as duas hipóteses?

Suspensão = **S**em salário + **S**em contagem de tempo.

INnterrupção = **IN**clui salário e tempo.

2. SUSPENSÃO DO CONTRATO DE TRABALHO

Quais são as principais consequências da suspensão do contrato de trabalho?

- O empregado não presta serviços, não havendo o que se falar em tempo à disposição do empregador.
- O empregador não tem a obrigação de pagar os salários para o período.
- O período de suspensão NÃO É computado como tempo de serviço.

Então é possível afirmar que todas as obrigações contratuais estão suspensas?

NÃO! Subsistem, mesmo durante a suspensão, as chamadas **obrigações acessórias**, normalmente caracterizadas por **condutas omissivas das partes**. Para você entender melhor, preste atenção nestes exemplos:

- dever de não praticar concorrência desleal;
- dever de respeito, pelo empregado, à integridade física e moral do seu empregador;
- dever de não violação de segredo da empresa;
- dever de respeito, pelo empregador, à integridade física e moral do empregado.

Assim, qualquer dessas obrigações, caso venham a ser violadas, ensejam **ruptura motivada do vínculo** (demissão por justa causa, se descumprida obrigação pelo empregado; rescisão indireta, se descumprida obrigação pelo empregador).[1]

Vamos para outro exemplo de obrigação que permanece válida durante o período de suspensão? Atenção redobrada para a Súmula 440 do TST:

> **Súmula 440 do TST: Auxílio-doença acidentário. Aposentadoria por invalidez. Suspensão do contrato de trabalho. Reconhecimento do direito à manutenção de plano de saúde ou de assistência médica** – Assegura-se o direito à manutenção de plano de saúde ou de assistência médica oferecido pela empresa ao empregado, não obstante suspenso o contrato de trabalho em virtude de auxílio-doença acidentário ou de aposentadoria por invalidez.

Cabe ressaltar que, durante a vigência da causa de suspensão, o empregador não poderá rescindir injustificadamente o contrato. Isso não impede que o contrato venha a ser extinto por força maior, extinção da empresa ou justa causa, conforme já dito anteriormente.

---

[1] Embargos em recurso de revista interpostos na vigência da Lei nº 13.015/2014 – Suspensão do contrato de trabalho – Dispensa por justa causa – Momento da produção de efeitos A suspensão do contrato de trabalho, para percepção de benefício previdenciário, não impede a produção imediata de efeitos da sua rescisão por justa causa, sendo irrelevante que os fatos causadores tenham ocorrido antes ou durante o afastamento. Precedentes da C. SBDI-I (Processo TST-E--ED-RR-3164-91.2011.5.12.0045, Rel. Maria Cristina Irigoyen Peduzzi, j. 02.08.2018).

Nós temos duas hipóteses de suspensão do contrato de trabalho, quais sejam:

1) suspensão convencional – aquela ajustada pelas partes. Não obstante, não se olvidar que, durante a suspensão, o empregado não recebe o salário. Assim, a imposição da suspensão do contrato pelo empregador é ilegal, somente podendo se cogitar dessa hipótese quando houver interesse do empregado, sendo por ele solicitada em razão de benefício próprio;

2) suspensão legal – aquela imposta pela legislação. Pode ser ajustada pelas partes (suspensão convencional) ou pode ser imposta por lei (suspensão legal).

Cessada a causa de suspensão, o empregado deverá se reapresentar no trabalho no prazo de 30 dias, após o que o empregador poderá considerar rescindido o contrato de trabalho por justa causa – abandono de emprego. É o que se pode inferir do conteúdo da Súmula 32 do TST, com a seguinte redação:

> **Súmula 32 do TST: Justa causa. Abandono de emprego. Não retorno no prazo de 30 dias após a cessação do benefício previdenciário. Caracterização.** CLT, art. 482, "I". Presume-se o abandono de emprego se o trabalhador não retornar ao serviço no prazo de 30 (trinta) dias após a cessação do benefício previdenciário nem justificar o motivo de não o fazer.

Se o empregado, corretamente, retornar ao emprego no prazo, receberá de volta o seu cargo no estado em que se encontrar, ficando assegurados todos os direitos auferidos pela sua categoria durante o prazo de suspensão (art. 471 da CLT). Lembrando que os direitos auferidos durante a suspensão serão pagos da data do retorno para frente, não havendo o que falar de pagamento "retroativo", uma vez que o seu efeito é *ex nunc*.

> Art. 471, CLT: Ao empregado afastado do emprego, são asseguradas, por ocasião de sua volta, todas as vantagens que, em sua ausência, tenham sido atribuídas à categoria a que pertencia na empresa.

Agora vamos entender um pouco sobre as principais hipóteses de suspensão do contrato de trabalho, ok?

2.1. Serviço militar obrigatório ou outro encargo público – art. 472 da CLT e Leis 4.072/1964 e 4.375/1964

O encargo público aqui é o eletivo ou de designação. Já o serviço militar é necessariamente o serviço militar obrigatório.

O serviço militar facultativo é reputado como assunção de novo emprego, ou seja, nova profissão, motivo pelo qual não suspende o contrato, representando um pedido de demissão do empregado, que passará a assumir o novo trabalho por ele eleito.

Não se esqueça que é mantida a obrigação de recolhimento do FGTS, pelo empregador, no montante pago ao empregado na ativa e na mesma função, ou seja, no equivalente a 8% da remuneração que seria devida caso o empregado estivesse trabalhando (art. 28, I, do Decreto 99.684/1990).

Segundo as normas da CLT (art. 472), em regra, o serviço militar é hipótese de suspensão. Todavia, de maneira excepcional, poderá ser considerado interrupção quando o empregado for convocado para manobra, manutenção da ordem interna ou guerra, hipótese na qual é mantido o dever pelo empregador do pagamento equivalente a 2/3 do salário devido ao empregado.

O empregado deverá retornar após 30 dias da baixa do serviço, sob pena de justa causa. De acordo com o § 1º do art. 472 da CLT, o empregado tem o dever de comunicar ao empregador, por telegrama ou carta registrada, a sua intenção de retornar ao trabalho, dentro desse prazo. Já quanto as normas do § 2º do mesmo artigo, nos contratos por prazo determinado é possível o ajuste pela suspensão da contagem do prazo.

Vamos resumir, então?

SERVIÇO MILITAR OBRIGATÓRIO		
Prestação efetiva do serviço militar obrigatório (art. 472 da CLT)	Exigências do serviço militar (art. 473, VI, da CLT)	Convocação para manutenção da ordem interna ou guerra (art. 61, *caput*, da Lei 4.375/1964)
Suspensão	Interrupção	Interrupção

2.2. Prisão temporária

A justa causa pode ser aplicada somente em caso de prisão decorrente de condenação criminal transitada em julgado, nos termos do art. 482, *d*, da CLT. A prisão provisória constitui hipótese de suspensão contratual, não autorizando o rompimento do contrato por justa causa, uma vez que há impossibilidade física de cumprimento do contrato por parte do empregado, enquanto perdura a prisão, somada à responsabilidade pelo fato, que não pode ser imputada ao empregador.

2.3. Mandato sindical

De acordo com o art. 543, § 2º, da CLT, "Considera-se de licença não remunerada, salvo assentimento da empresa ou cláusula contratual, o tempo em que o empregado se ausentar do trabalho no desempenho das funções a que se refere este artigo".

Dessa forma, em regra, o afastamento para exercício de mandato sindical implica suspensão do contrato de trabalho, tendo em vista que será considerado uma licença não remunerada, ou seja, sem pagamento de salários para o período. Fica ressalvada, entretanto, a possibilidade de as partes estabelecerem o pagamento durante a ausência para o exercício de mandato de direção sindical, seja mediante cláusula contratual, seja, como ocorre com maior frequência, por meio de previsão em norma coletiva.

2.4. Greve

A priori, a paralisação dos serviços por motivo de greve constitui hipótese de suspensão do contrato de trabalho, nos termos do art. 7º da Lei 7.783/1989 (Lei de Greve):

Art. 7º Observadas as condições previstas nesta Lei, a participação em greve suspende o contrato de trabalho, devendo as relações obrigacionais, durante o período, ser regidas pelo acordo, convenção, laudo arbitral ou decisão da Justiça do Trabalho.

Todavia, fique atento ao fato de que pode ser negociado, durante a greve, que o período seja remunerado, retirando, assim, o caráter de suspensão, passando a ser tratado, então, como interrupção do contrato de trabalho.

2.5. Suspensão disciplinar

Trata-se da suspensão aplicada ao empregado, no exercício do poder disciplinar (aspecto do poder diretivo), como punição por falta cometida pelo obreiro. O prazo máximo é de 30 dias, sob pena de configuração da rescisão injusta do contrato de trabalho (será considerada uma demissão sem justa causa, ensejando o pagamento de todas as verbas normalmente).

CLT, Art. 474: A suspensão do empregado por mais de 30 (trinta) dias consecutivos importa na rescisão injusta do contrato de trabalho.

2.6. Suspensão para responder a inquérito judicial para apuração de falta grave

É a suspensão do empregado estável, que possui a prerrogativa de que a sua dispensa somente pode ser realizada a partir do cometimento de falta grave, devidamente apurada pelo Judiciário.

A partir da data da suspensão, o empregador tem o prazo decadencial de 30 dias para ingressar com o inquérito judicial para apuração de falta grave (art. 494 da CLT e Súmula 403 do STF).

Em caso de desobediência, pelo empregador, do prazo supracitado, há a perda do direito de dispensar o empregado estável que, supostamente, tenha cometido a falta grave. Assim, este retornará às atividades e deverá receber o pagamento dos salários do período em que esteve suspenso.

2.7. Suspensão por motivo de doença ou invalidez

No caso de afastamento do empregado por motivo de doença, precisamos diferenciar duas situações, quais sejam:

1) os primeiros 15 dias de afastamento – responsabilidade de pagamento pelo empregador, configurando, assim, interrupção do contrato de trabalho;

2) a partir do 16º dia – recebimento de benefício previdenciário pelo empregado, o que configura hipótese de suspensão contratual.

Tome cuidado com a regra específica do empregado doméstico, ok? A suspensão é imediata, pois o INSS paga o auxílio por incapacidade temporária desde o 1º dia de afastamento (art. 72 do Decreto 3.048/1999).

2.8. Cargo eletivo de diretoria de sociedade

Súmula 269 do TST: Diretor eleito. Cômputo do período como tempo de serviço. O empregado eleito para ocupar cargo de diretor tem o respectivo contrato de trabalho suspenso, não se computando o tempo de serviço desse período, salvo se permanecer a subordinação jurídica inerente à relação de emprego.

Observe-se, por oportuno, que, nos casos de eleição de dirigente sindical e/ou diretor de sociedade anônima, a suspensão ocorre a partir da posse.

2.9. Suspensão negociada do contrato individual – *layoff*

O empregado poderá se afastar do serviço pelo período de dois a cinco meses com o objetivo de frequentar curso de qualificação profissional oferecido pelo empregador, desde que essa hipótese esteja prevista em norma coletiva e autorizada expressamente (por escrito) pelo empregado. O contrato não poderá ser suspenso por mais de uma vez, por esse mesmo motivo, no período de 16 meses. Vejamos as principais informações organizadas em tabela:

QUALIFICAÇÃO PROFISSIONAL (*LAYOFF*) – ART. 476-A DA CLT	
Requisitos	Previsão em acordo ou convenção coletiva.
	Consentimento formal do empregado.
Período	De dois a cinco meses.[2]
Formalidades	Comunicação ao sindicato com 15 dias de antecedência.
	O contrato não pode ser suspenso por mais de uma vez em 16 meses.
	Empregador pode conceder ajuda compensatória, com natureza indenizatória.
Dispensa do trabalhador	Impossibilidade de dispensa do empregado dentro do período do curso e após 3 meses o seu término.
Fraude	Caso seja constatada fraude no afastamento para qualificação profissional, o período será considerado como interrupção do contrato de trabalho.

3. INTERRUPÇÃO DO CONTRATO DE TRABALHO

Quais são as principais consequências da suspensão do contrato de trabalho?

– O empregado não presta serviços e não se mantém à disposição do empregador.
– O empregador paga os salários normalmente.
– O período de interrupção é computado como tempo de serviço.

---

[2] O período pode ser prorrogado, desde que esteja previsto em negociação coletiva e com o consentimento do empregado e pagamento da bolsa de qualificação pelo empregador.

Cap. 20 – SUSPENSÃO E INTERRUPÇÃO DO CONTRATO DE TRABALHO **359**

– Não é possível a resilição contratual de forma unilateral pelo empregador (em regra).

Os efeitos jurídicos da interrupção contratual são basicamente os mesmos decorrentes da suspensão, a saber:

– garante-se ao empregado o retorno, cessada a causa da interrupção, ao cargo anteriormente ocupado (art. 471 da CLT);
– garante-se ao empregado a percepção de todas as vantagens que, em sua ausência, tenham sido atribuídas à categoria (art. 471 da CLT);
– o empregador não pode rescindir o contrato de trabalho durante a interrupção, exceto por justa causa.

Agora vamos tratar sobre as principais hipóteses legais de interrupção do contrato de trabalho.

3.1. Ausências legais e licenças remuneradas

O art. 473 da CLT prevê que "O empregado poderá deixar de comparecer ao serviço sem prejuízo do salário" em diversas hipóteses, as quais configuram, por óbvio, interrupção contratual. Com efeito, se não há prestação de serviços, mas há pagamento de salário, as hipóteses são de interrupção contratual.

Boa parte das questões das bancas giram em torno desse artigo, que colocarei aqui para você. Então, por favor, leia com muita atenção, principalmente pelo fato de haver novidade legislativa aqui.

> Art. 473. O empregado poderá deixar de comparecer ao serviço sem prejuízo do salário: (Redação dada pelo Decreto-lei nº 229, de 28.2.1967)
>
> I – até 2 (dois) dias consecutivos, em caso de falecimento do cônjuge, ascendente, descendente, irmão ou pessoa que, declarada em sua carteira de trabalho e previdência social, viva sob sua dependência econômica;
>
> II – até 3 (três) dias consecutivos, em virtude de casamento;
>
> III – por 5 (cinco) dias consecutivos, em caso de nascimento de filho, de adoção ou de guarda compartilhada;
>
> IV – por um dia, em cada 12 (doze) meses de trabalho, em caso de doação voluntária de sangue devidamente comprovada;
>
> V – até 2 (dois) dias consecutivos ou não, para o fim de se alistar eleitor, nos termos da lei respectiva;
>
> VI – no período de tempo em que tiver de cumprir as exigências do Serviço Militar referidas na letra "c" do art. 65 da Lei nº 4.375, de 17 de agosto de 1964 (Lei do Serviço Militar);
>
> VII – nos dias em que estiver comprovadamente realizando provas de exame vestibular para ingresso em estabelecimento de ensino superior;
>
> VIII – pelo tempo que se fizer necessário, quando tiver que comparecer a juízo;

IX – pelo tempo que se fizer necessário, quando, na qualidade de representante de entidade sindical, estiver participando de reunião oficial de organismo internacional do qual o Brasil seja membro;

X – dispensa do horário de trabalho pelo tempo necessário para acompanhar sua esposa ou companheira em até seis consultas médicas, ou exames complementares, durante o período de gravidez; (Redação dada pela Lei nº 14.457, de 2022)

XI – por 1 (um) dia por ano para acompanhar filho de até 6 (seis) anos em consulta médica; (Incluído dada pela Lei nº 13.257, de 2016)

XII – até 3 (três) dias, em cada 12 (doze) meses de trabalho, em caso de realização de exames preventivos de câncer devidamente comprovada.

Parágrafo único. O prazo a que se refere o inciso III do *caput* será contado a partir da data de nascimento do filho.

3.2. Primeiros 15 dias de afastamento por acidente de trabalho ou doença (art. 60, § 3º, da Lei 8.213/1991)

Dispõe a lei previdenciária que os primeiros 15 (quinze) dias de afastamento do empregado são remunerados pelo empregador (art. 60, § 3º, da Lei 8.213/1991). Logo, se não há prestação de serviços, mas há pagamento de salários, a hipótese é de interrupção contratual.

Entretanto, se ocorrer um novo afastamento, resultante da mesma doença, dentro de um intervalo de 60 dias, o empregador não será obrigado a pagar novamente os 15 primeiros dias de afastamento, correndo todo o período do segundo afastamento por conta do INSS (art. 75, § 3º, do Decreto 3.048/1999).

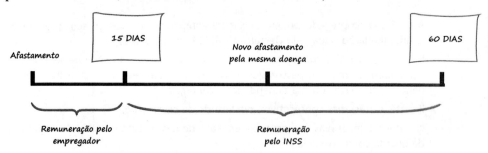

3.3. Empregado que atua na comissão de conciliação prévia

Vejamos o que nos traz o art. 625-B da CLT:

Art. 625-B. A Comissão instituída no âmbito da empresa será composta de, no mínimo, dois e, no máximo, dez membros, e observará as seguintes normas:

(...)

§ 2º O representante dos empregados desenvolverá seu trabalho normal na empresa afastando-se de suas atividades apenas quando convocado para atuar como conciliador, sendo computado como tempo de trabalho efetivo o despendido nessa atividade.

Dessa forma, o tempo despendido pelo empregado na função de conciliador na comissão de conciliação prévia, instituída no âmbito da empresa, é considerado tempo de trabalho, pelo que é remunerado. Logo, trata-se de hipótese de interrupção contratual.

3.4. Lockout

Ocorre o *lockout* (ou locaute) quando o empregador adota providências semelhantes às da greve, a fim de constranger os empregados a agirem de determinada maneira, e especialmente a fim de desmobilizar os trabalhadores, impedindo, por exemplo, o acesso destes ao prédio da empresa.

Esse instrumento é vedado pelo art. 17, *caput*, da Lei 7.783/1989 (Lei de Greve), e, diante de sua ocorrência, são devidos os salários e demais direitos contratuais (parágrafo único), razão pela qual se trata de interrupção contratual.

3.5. Férias e feriados

Nas férias e nos feriados não há prestação de serviços pelos funcionários, mas esses períodos são remunerados, sendo, assim, considerados como interrupção do contrato de trabalho.

3.6. Repouso semanal remunerado

Além dos feriados, configuram interrupção contratual o RSR e os demais descansos trabalhistas remunerados (intervalos intrajornada remunerados, como o do digitador, o intervalo para amamentação previsto no art. 396 da CLT etc.).

3.7. Aborto comprovado por atestado médico oficial (art. 395 da CLT)

O art. 395 da CLT prevê o afastamento por duas semanas no caso de aborto não criminoso:

> Art. 395. Em caso de aborto não criminoso, comprovado por atestado médico oficial, a mulher terá um repouso remunerado de 2 (duas) semanas, ficando-lhe assegurado o direito de retornar à função que ocupava antes de seu afastamento.

3.8. Aviso-prévio

O período de redução da jornada durante o aviso-prévio (duas horas ou sete dias corridos) é hipótese típica de interrupção, pois são devidos salários e conta como tempo de serviço.

3.9. Licença-maternidade

Licença-maternidade é o afastamento da mulher pelo prazo de 120 dias, contados do parto ou até 28 dias antes do parto, a critério do médico. Durante os 120 dias, a empregada se encontra em gozo de licença-maternidade – em relação ao contrato de trabalho – e recebe pagamento em virtude do salário-maternidade – que é um benefício previdenciário. Entretanto, discute a doutrina se a hipótese é de interrupção ou suspensão.

Defendendo a interrupção temos: Godinho, Sergio Pinto Martins e Amauri Mascaro.

Defendendo a suspensão temos: Alice Monteiro de Barros, Vólia Bomfim Cassar, Sussekind e Russomano.

Os argumentos favoráveis à suspensão pautam-se no fato de que, durante o prazo da licença, o empregador faz o repasse do benefício da empregada, de sorte que, em que pese seja o pagamento feito pelo empregador, ele desconta o valor daquele a ser recolhido em favor da previdência (art. 72, § 1º, da Lei 8.213/1991). Apenas no caso da empregada doméstica, esta deve se dirigir diretamente ao INSS para perceber o benefício.

Durante o período da licença-maternidade, é mantida para o empregador a obrigação de recolhimento do FGTS – art. 28, IV, do Decreto 99.684/1990. É garantido à empregada a percepção integral do valor do seu salário, independentemente de carência, ou seja, o salário-maternidade não tem teto, uma vez que a Constituição, art. 7º, XVIII, garantiu o pagamento dos salários do período de vigência.

Com base nesses dois fatores (FGTS e ausência de teto) é que se defende que a hipótese seria de interrupção, e não de suspensão do contrato de trabalho.

4. SÚMULAS DO TST

Súmula 51: Norma regulamentar. Vantagens e opção pelo novo regulamento. Art. 468 da CLT.

I – As cláusulas regulamentares, que revoguem ou alterem vantagens deferidas anteriormente, só atingirão os trabalhadores admitidos após a revogação ou alteração do regulamento. (ex-Súmula nº 51 – RA 41/1973, *DJ* 14.06.1973)

II – Havendo a coexistência de dois regulamentos da empresa, a opção do empregado por um deles tem efeito jurídico de renúncia às regras do sistema do outro. (ex-OJ nº 163 da SBDI-1 – inserida em 26.03.1999)

Súmula 277: Convenção coletiva de trabalho ou acordo coletivo de trabalho. Eficácia. Ultratividade.

As cláusulas normativas dos acordos coletivos ou convenções coletivas integram os contratos individuais de trabalho e somente poderão ser modificados ou suprimidas mediante negociação coletiva de trabalho. (súmula julgada inconstitucional pelo STF)

Vamos de resumo em tabelas?

HIPÓTESES DE INTERRUPÇÃO	
Descrição	**Prazo**
Falecimento de cônjuge, ascendente, descendente, irmão ou pessoa que, declarada em sua CTPS, viva sob a sua dependência	Até dois dias consecutivos[3]
Casamento civil	Até três dias consecutivos[4]
Doação voluntária do sangue	Um dia a cada 12 meses
Alistamento eleitoral	Até dois dias consecutivos ou não
Acompanhamento da esposa ou companheira em consulta ou exames durante a gravidez	Tempo necessário (no máximo, 6 consultas)
Acompanhamento do filho de até seis anos em consulta médica	Um dia por ano
Realização de exames preventivos de câncer devidamente comprovada	Três dias a cada 12 meses
– Cumprimento das exigências do serviço militar – Realização de provas de exame vestibular para ingresso em estabelecimento de ensino superior – Comparecimento em juízo – Representante de entidade sindical que estiver participando de reunião oficial de organismo internacional do qual o Brasil seja membro – Ausência decorrente das medidas para enfrentamento da emergência relacionada à covid-19 (Lei 13.979/2020)	Tempo necessário
Paralisação da empresa	Tempo de paralisação
Afastamento do empregado por doença ou acidente	Primeiros 15 dias
– Férias – RSR e feriados – Intervalos remunerados – Participação nas comissões de conciliação prévia – Prontidão e sobreaviso – *Lockout* – Participação no Conselho Curador do FGTS	Tempo respectivo
Licença-paternidade	5 dias, com possibilidade de prorrogação de 15 dias (total de 20 dias) caso a empresa seja participante do Programa Empresa Cidadã
Gestante	Tempo respectivo (no mínimo, 6 consultas)

---

[3] Quando se tratar de **professor**, o prazo será de 9 dias.

[4] Quando se tratar de **professor**, o prazo será de 9 dias.

HIPÓTESES DE SUSPENSÃO
Encargo público (durante os primeiros 90 dias de afastamento, o empregado recebe remuneração, ou seja, inicia-se como interrupção do contrato de trabalho[5])
Mandato sindical
Suspensão disciplinar (prazo máximo de 30 dias)
Greve
Empregado em gozo de benefício previdenciário
Diretor de sociedade anônima
Intervalos intra e interjornada
Prisão sem trânsito em julgado
Afastamento diante de violência doméstica
Inquérito para apuração de falta grave
Qualificação profissional (*layoff*)
Lei 14.020/2020 – redução e suspensão do contrato de trabalho – covid-19

QUESTÕES PARA TREINO

1. **(PGDF – 2021 – Analista Jurídico)** Os dias em que o empregado se ausentar do trabalho para prestar exame de vestibular para ingresso em curso superior são considerados como interrupção do contrato de trabalho.

   Certo.

2. **(Câmara de Teresina-PI – 2021 – Assessor Jurídico)** Pedro é celetista e foi afastado de seu emprego por motivo de doença pelo prazo de dez dias. Considerando o ocorrido, o caso de Pedro se enquadra em qual instituto e suas especificidades? Interrupção do contrato de trabalho, com pagamento de salários ao empregado, e o período será computado como tempo de serviço.

   Certo.

3. **(Prefeitura de Águas da Prata-SP – 2020 – Advogado)** Analise as frases e responda corretamente, conforme legislação celetista, à situação envolvendo dois

---

[5] Art. 472, § 5º: Durante os primeiros 90 (noventa) dias desse afastamento, o empregado continuará percebendo sua remuneração.

trabalhadores, o professor Carlos e o metalúrgico João: a licença casamento para o professor Carlos será de 9 dias; para o metalúrgico João, será de 3 dias.

Certo.

4. **(Prefeitura de Águas da Prata-SP – 2020 – Advogado)** Analise as frases e responda corretamente, conforme legislação celetista, à situação envolvendo dois trabalhadores, o professor Carlos e o metalúrgico João: no caso de falecimento da avó do professor Carlos, a licença será de 9 dias; para o metalúrgico João, será de 2 dias.

Errado.

5. **(Prefeitura de Águas da Prata-SP – 2020 – Advogado)** Analise as frases e responda corretamente, conforme legislação celetista, à situação envolvendo dois trabalhadores, o professor Carlos e o metalúrgico João: no caso de falecimento do filho do professor Carlos, a licença será de 9 dias; para o metalúrgico João, será de 3 dias.

Errado.

6. **(Prefeitura de Águas da Prata-SP – 2020 – Advogado)** Analise as frases e responda corretamente, conforme legislação celetista, à situação envolvendo dois trabalhadores, o professor Carlos e o metalúrgico João: no caso de falecimento da mãe do professor Carlos, a licença será de 9 dias; para o metalúrgico João, será de 2 dias.

Certo.

7. **(Prefeitura de Assis Chateaubriand – 2020 – Advogado)** O empregado poderá deixar de comparecer ao serviço sem prejuízo do salário por 1 (um) dia por semestre para acompanhar filho de até 6 (seis) anos em consulta médica.

Errado.

8. **(Prefeitura de Gravatá – 2020 – Advogado)** Em caso de aborto não criminoso, comprovado por atestado médico oficial, a mulher terá um repouso remunerado de 2 (duas) semanas, ficando-lhe assegurado o direito de retornar à função que ocupava antes de seu afastamento, conforme direito garantido pelo art. 395 do Decreto-lei 5.452, de 1943.

Certo.

9. **(Avareprev-SP – 2020 – Procurador Jurídico)** Em caso de aborto não criminoso, a gestante terá direito a licença de 3 (três) semanas.

Errado.

10. **(EBSERH – 2020 – Advogado)** A interrupção do contrato de trabalho por mais de 30 (trinta) dias consecutivos importa na rescisão injusta do contrato de trabalho.

Errado.

ALTERAÇÃO E MODALIDADES DO CONTRATO DE TRABALHO

1. MODALIDADES DO CONTRATO DE TRABALHO

O contrato de trabalho pode se classificar quanto à espécie, à duração, à qualidade do trabalho, à manifestação de vontade, à forma, ao fim econômico do empregador, aos sujeitos, ao lugar da prestação e ao modo de remuneração. Assim:

I – quanto à **espécie**, o contrato de trabalho é gênero do qual são espécies o contrato individual de trabalho (CLT, art. 442) ou o contrato coletivo de trabalho (CLT, art. 611);

II – quanto à **duração**, o contrato pode ser por tempo determinado (CLT, art. 443, §§ 1º e 2º – exceção) ou indeterminado (CLT, art. 443, *caput*);

III – quanto à **qualidade do trabalho**, o contrato pode ser manual, técnico ou intelectual, embora o nosso ordenamento jurídico abomine essa discriminação (CF, art. 7º, XXXII);

IV – quanto à **manifestação de vontade**, pode ser tácito ou expresso (CLT, art. 442);

V – quanto à **forma**, pode ser verbal ou por escrito (CLT, art. 443);

VI – quanto ao **fim econômico do empregador**, pode ser sem objetivo de lucro, quando o empregador for profissional liberal, instituição de beneficência, associação recreativa, condomínio de apartamentos, empregador doméstico ou outras entidades sem fins lucrativos (CLT, art. 2º, § 1º); ou com objetivo de lucro, como os contratos de trabalho firmados com empresas do setor industrial, agrícola, marítimo, comercial etc. (CLT, art. 2º, *caput*);

VII – quanto aos **sujeitos**, pode ser contrato individual ou de equipe;

VIII – quanto ao **lugar da prestação**, pode ser em domicílio ou realizado a distância (CLT, art. 6º) ou em local designado pelo empregador;

IX – quanto ao **modo de remuneração**, pode ser contrato de salário fixo; contrato de salário variável; contrato de salário fixo e variável.

Além dessa classificação, a Lei 13.467/2017 (reforma trabalhista) inseriu na CLT (arts. 443 e 452-A) uma nova modalidade contratual: o contrato de trabalho intermitente.

1.1. Contrato individual, contrato coletivo de trabalho e contrato por equipe

Contrato individual de trabalho é o negócio jurídico firmado entre o empregado e empregador, estabelecendo um conjunto de direitos e de obrigações.

> CLT, art. 442: Contrato individual de trabalho é o acordo tácito ou expresso, correspondente à relação de emprego.

O **contrato coletivo de trabalho**, por sua vez, corresponde à convenção coletiva de caráter normativo, cujo objeto reside na regulação das relações coletivas de trabalho no âmbito das categorias profissional e econômica (CLT, art. 611).

> Art. 611. Convenção Coletiva de Trabalho é o acordo de caráter normativo, pelo qual dois ou mais Sindicatos representativos de categorias econômicas e profissionais estipulam condições de trabalho aplicáveis, no âmbito das respectivas representações, às relações individuais de trabalho.

Há, ainda, quem entenda que se trata de sinônimo de **contrato por equipe**, que se caracteriza por ser um negócio jurídico que envolve, de um lado, um empregador e, de outro, uma pluralidade de empregados, estes, porém, enlaçados por uma unidade de interesses. É, pois, o contrato caracterizado pela presença de um feixe de contratos individuais e independentes entre si. São exemplos típicos de contratos por equipe os contratos mantidos com bandas de música, orquestras ou equipes de segurança.

1.2. Contrato expresso e contrato tácito

É **expresso** o contrato cuja manifestação volitiva foi externada, seja por escrito, seja verbalmente, pelos pactuantes.

Por sua vez, é **tácito** o contrato de trabalho que se forma pela presença dos elementos caracterizadores da relação de emprego, sem, contudo, que exista uma ação direta dos contratantes no sentido da expressão do pacto. O contrato se forma, nesse caso, pelo comportamento das partes, seja comissivo, seja omissivo, no sentido da vinculação empregatícia.

> Art. 442. Contrato individual de trabalho é o acordo tácito ou expresso, correspondente à relação de emprego.
>
> Art. 443. O contrato individual de trabalho poderá ser acordado tácita ou expressamente, verbalmente ou por escrito, por prazo determinado ou indeterminado, ou para prestação de trabalho intermitente.

É importante ressaltar que a informalidade na pactuação do contrato de trabalho é a regra geral, a qual, entretanto, comporta exceções, como no caso do trabalho temporário, do contrato de atleta profissional de futebol, do contrato de aprendizagem, entre outros, para os quais a lei exige a forma escrita como requisito da substância do ato.

Também é importante ressaltar que, não obstante poder o contrato de trabalho, de fato, ser pactuado verbalmente, ou até mesmo tacitamente, constitui obrigação administrativa do empregador a anotação do contrato de trabalho em CTPS (art. 29, *caput*, da CLT) e o registro em livro, ficha ou sistema eletrônico competente (art. 41, *caput*, da CLT).

1.3. Contrato por prazo indeterminado e contrato por prazo determinado

1.3.1. Contrato por prazo indeterminado

O contrato de trabalho por tempo indeterminado é o que se realiza sem fixação prévia de sua duração. Constitui a regra, sendo o contrato por tempo determinado a exceção.

No entanto, cumpre esclarecer que há situações em que a extinção do contrato por tempo indeterminado encontra limitações. É o que ocorre, por exemplo, quando a relação de emprego se encontra albergada pelos institutos da estabilidade ou da garantia no emprego, previstos em normas autônomas ou heterônomas.

A presunção de indeterminação dos contratos de trabalho decorre do princípio da continuidade da relação de emprego, no sentido de que qualquer relação empregatícia presumir-se-á avençada por prazo indeterminado e, apenas excepcionalmente, nas hipóteses legais, e com a devida comprovação, terá lugar a figura do contrato por prazo determinado. Nesse sentido, a Súmula 212 do TST:

> Súmula 212: Despedimento. Ônus da prova (mantida). O ônus de provar o término do contrato de trabalho, quando negados a prestação de serviço e o despedimento, é do empregador, pois o princípio da continuidade da relação de emprego constitui presunção favorável ao empregado.

PRINCIPAIS EFEITOS DO CONTRATO POR PRAZO INDETERMINADO

1) Aplicação plena das regras atinentes à suspensão e à interrupção contratuais, garantida ao empregado, durante o período de afastamento, a incolumidade do vínculo empregatício, nos termos do art. 471 da CLT.

2) Aplicação das garantias de emprego (estabilidades), haja vista que é exatamente o princípio da continuidade da relação de emprego, e, consequentemente, da presunção de indeterminação de prazo do pacto empregatício, que dá origem à ideia, em hipóteses especiais legalmente previstas, de garantia temporária do emprego. No caso do contrato por prazo determinado, a regra é a inaplicabilidade das chamadas "estabilidades", tendo em vista que o empregado já sabia, de antemão, acerca do término do contrato.

3) Efeitos rescisórios mais benéficos ao empregado. De forma geral, dependendo, é claro, do motivo da extinção contratual (pedido de demissão, dispensa sem justa causa, demissão por justa causa etc.), o empregado tem uma maior gama de direitos rescisórios no caso da extinção do contrato por prazo indeterminado, exatamente para compensar a surpresa da demissão. Dessa forma, especificamente em relação à demissão sem justa causa, o empregado terá a mais, no mínimo, a multa compensatória do FGTS (40%) e o aviso-prévio (com a repercussão no tempo de serviço e consequente integração no cálculo do 13º proporcional e das férias proporcionais).

1.3.2. Contrato por prazo determinado

Sempre que na relação de emprego as partes já manifestam, de antemão, que essa relação não vigorará indefinidamente, estar-se-á, a princípio, diante de um contrato por tempo determinado.

O contrato de trabalho não é determinado apenas quando possui termo final certo (ex.: empregado é contratado até 30.09.2010). Também o será quando pactuado para a realização de obra certa (ex.: empregado admitido para prestar serviços de construção de um prédio até o seu término) ou para durar até o advento de fato suscetível de previsão aproximada (ex.: empregado contratado para trabalhar no período de safra de café).

Nessa linha de entendimento, o § 1º do art. 443 da CLT dispõe que "Considera-se como de prazo determinado o contrato de trabalho cuja vigência dependa **de termo prefixado ou da execução de serviços especificados ou ainda da realização de certo acontecimento suscetível de previsão aproximada**" (destacamos).

Em havendo sucessão de contratos com intervalos inferiores a seis meses, somente na primeira hipótese (termo prefixado) é que ocorrerá a conversão do contrato por tempo determinado em contrato por tempo indeterminado (CLT, art. 452). Nas duas outras hipóteses (execução de serviços especificados ou realização de certo acontecimento suscetível de previsão aproximada) não ocorrerá a referida conversão.

De qualquer maneira, o contrato por tempo determinado só será válido com a estrita obediência à norma imperativa constante do § 2º do art. 443 da CLT, ou seja, em se tratando de:

- serviço cuja natureza ou transitoriedade justifiquem a predeterminação do prazo;
- atividades empresariais de caráter transitório;
- contrato de experiência.

Tendo em vista que, no ordenamento jurídico brasileiro, a regra é a do contrato por tempo indeterminado, alguns princípios devem ser observados pelo intérprete ao se deparar com um contrato por tempo determinado:

- Havendo dúvida sobre a duração do contrato, deve **prevalecer a indeterminação do prazo**.
- **Conversão do contrato** por tempo determinado em indeterminado, em algumas hipóteses.
- Presunção em favor do contrato por tempo indeterminado.
- Cláusula assecuratória do direito recíproco de rescisão antes do termo estipulado.
- Se esse direito for exercido, aplicam-se as regras alusivas à rescisão dos contratos sem determinação de prazo.
- Se não houver tal cláusula, a rescisão antecipada, pelo empregador, implicará pagamento do restante do contrato, pela metade (CLT, arts. 479, 480 e 481). Se

a iniciativa for do empregado, deverá este indenizar o empregador na mesma proporção a que teria direito, caso a iniciativa fosse deste último.

Como forma de contratação excepcional, o contrato a termo, além de ter o objeto enquadrado em uma das hipóteses legais, deve obedecer à limitação de prazo imposta pela lei.

O contrato de trabalho por prazo determinado **não** poderá ser estipulado **por mais de 2 anos** e, se for prorrogado dentro do período legal, tácita ou expressamente, mais de uma vez, passará a vigorar **sem** determinação de prazo. Em outras palavras, o prazo máximo é de 2 anos, prorrogável **uma única vez**, desde que não ultrapasse os 2 anos; se for prorrogado mais de uma vez no período legal (de 2 anos), passará a vigorar por prazo indeterminado.

> Art. 445. O contrato de trabalho por prazo determinado não poderá ser estipulado por mais de 2 (dois) anos, observada a regra do art. 451.
>
> Parágrafo único. O contrato de experiência não poderá exceder de 90 (noventa) dias.
>
> Art. 451. O contrato de trabalho por prazo determinado que, tácita ou expressamente, for prorrogado mais de uma vez passará a vigorar sem determinação de prazo.

A contagem desse prazo não é feita conforme o art. 132 do Código Civil. Conta-se o dia do começo *e* do final. Como mencionado, o prazo de 2 anos é a regra. Existem, entretanto, exceções, quais sejam:

- contrato temporário de trabalho – 180 dias (art. 10, § 1º, da Lei 6.019/1974);
- contrato de experiência – 90 dias (art. 445, parágrafo único, da CLT);
- atleta profissional – 5 anos (art. 30 da Lei 9.615/1998).

Consoante dispõe o art. 451 da CLT, a prorrogação pode ser expressa ou tácita, mas só poderá ser tácita se prevista genericamente sua possibilidade no contrato original. Caso contrário, há de ser expressa.

cuidado

O que fazer quando o contrato é firmado por prazo superior àquele legalmente previsto?

Tratando-se de situação em que o contrato é, desde o início, firmado em prazo superior ao legal, a cláusula de prazo, por afrontar a lei, é considerada nula e, assim, é substituída pela cláusula do contrato sem prazo determinado, ou seja, o contrato será um contrato de prazo indeterminado, dada a nulidade da cláusula.

A) Prorrogação do contrato por prazo determinado × Sucessão de contratos a termo

Na prorrogação, tem-se um mesmo contrato cujo término é prolongado no tempo, ou seja, a primeira data estipulada para término é adiada sem, entretanto, romper o contrato originalmente firmado.

No caso da sucessão de contratos a termo, por sua vez, há dois ou mais contratos por prazo determinado distintos que, entretanto, se sucedem no tempo em intervalos relativamente curtos.

Sobre a sucessão de contratos a termo, dispõe o art. 452 da CLT:

> Art. 452. Considera-se por prazo indeterminado todo contrato que suceder, dentro de 6 (seis) meses, a outro contrato por prazo determinado, salvo se a expiração deste dependeu da execução de serviços especializados ou da realização de certos acontecimentos.

A finalidade do dispositivo legal em referência é evitar fraudes, ou seja, coibir os empregadores de se utilizarem de sucessivos contratos a prazo quando, na verdade, deveriam contratar trabalhadores por tempo indeterminado. Assim, em regra, não poderá um contrato por prazo determinado ser sucedido por outro da mesma natureza (também a termo, portanto) antes de decorridos seis meses da extinção do primeiro. A consequência jurídica, caso isso ocorra, é a desconsideração da pactuação especial, ou seja, **prevalece a indeterminação do prazo no segundo contrato**.

Conforme se observa, para que exista a possibilidade de nova contratação por prazo determinado, deverá ser respeitado o interstício de 6 meses entre as contratações a termo. Cumpre destacar que o art. 452 da CLT estabelece duas exceções a essa regra, quais sejam:

- **Execução de serviços especializados** – neste caso, houve a necessidade de nova contratação por prazo determinado para a realização de serviços especializados, como a realização de novos consertos em máquinas que demandem alto conhecimento técnico.
- **Realização de certos acontecimentos** – neste caso, pode-se citar, como exemplo, o contrato de safra ou, ainda, a contratação de empregados em hotéis, em virtude do grande número de turistas na alta temporada.

> Trabalho por prazo determinado. A lei do contrato de trabalho por prazo determinado (Lei 9.601/98) é constitucional. Ao apreciar medida cautelar em ADI, o STF decidiu que a Lei nº 9.601/98, que dispõe sobre o contrato de trabalho por prazo determinado, não é inconstitucional. (STF, Plenário, ADI 1764 MC/DF, Rel. orig. Min. Sydney Sanches, Red. p/ o Acórdão Min. Cármen Lúcia, j. 11.04.2019, *Info* 937)

B) Término do contrato por prazo determinado

A **extinção normal** do contrato por prazo determinado ocorre pelo advento do seu prazo final, o **advento do termo**. Prevalece o entendimento de que, nesse caso, **não é necessária qualquer comunicação prévia** sobre a finalização contratual, dado que as partes conhecem o prazo final do contrato.

Nesse caso, podemos concluir que **não houve** para o empregado qualquer **surpresa** com a finalização do contrato, de tal sorte que são devidas as **verbas decorrentes do tempo trabalhado**: saldo de salário, férias proporcionais acrescidas de 1/3, 13º salário proporcional e liberação do FGTS do período.

Entretanto, há previsão de pagamento, na hipótese de **rescisão antecipada e imotivada do contrato a termo pelo empregador**, de indenização correspondente à metade do valor da remuneração a que teria direito o empregado até o final do contrato. Nesse sentido, o art. 479 da CLT:

> Art. 479. Nos contratos que tenham termo estipulado, o empregador que, sem justa causa, despedir o empregado será obrigado a pagar-lhe, a título de indenização, e por metade, a remuneração a que teria direito até o termo do contrato.

Portanto, caso ocorra extinção antecipada por iniciativa do empregador, serão devidos, além de saldo de salário, férias proporcionais (e vencidas, claro) e 13º salário proporcional, assim como a indenização prevista no art. 479 da CLT.

A grande discussão gira em torno da compatibilidade ou não dessa indenização com o regime do FGTS. O TST já pacificou a questão por meio da Súmula 125:

> Súmula 125: Contrato de trabalho. Art. 479 da CLT (mantida). O art. 479 da CLT aplica-se ao trabalhador optante pelo FGTS admitido mediante contrato por prazo determinado, nos termos do art. 30, § 3º, do Decreto nº 59.820, de 20.12.1966.

Logo, não há dúvida: pode-se afirmar com segurança que é devida a indenização do art. 479 + FGTS.

Ainda quanto à rescisão do contrato por prazo determinado, prevê o art. 480 da CLT que, no caso de rescisão antecipada pelo empregado, este deve indenizar o empregador pelos prejuízos experimentados em decorrência disso.

> Art. 480. Havendo termo estipulado, o empregado não se poderá desligar do contrato, sem justa causa, sob pena de ser obrigado a indenizar o empregador dos prejuízos que desse fato lhe resultarem.
>
> § 1º A indenização, porém, não poderá exceder àquela a que teria direito o empregado em idênticas condições.

Desse dispositivo podemos destacar que a indenização está vinculada aos prejuízos que o empregador sofrer em decorrência dessa antecipação do término do contrato, e essa indenização não poderá ser superior à metade da remuneração a que o demissionário teria direito até o termo do contrato.

Por fim, possibilita a lei que os contratos por prazo determinado contenham cláusula assecuratória do direito recíproco de rescisão antecipada. Nesse sentido, o art. 481 da CLT:

> Art. 481. Aos contratos por prazo determinado, que contiverem cláusula assecuratória do direito recíproco de rescisão antes de expirado o termo ajustado, aplicam-se, caso seja exercido tal direito por qualquer das partes, os princípios que regem a rescisão dos contratos por prazo indeterminado.

Essa cláusula, art. 481 da CLT, é a previsão contratual que assegura a ambas as partes o direito de rescindir o contrato antes do advento do termo ajustado. Nesse caso, ter-se-á criado no empregado uma expectativa de que o contrato pode terminar antes do prazo firmado pelas partes.

Se no contrato por prazo determinado existir a denominada CLÁUSULA ASSECURATÓRIA DO DIREITO RECÍPROCO DE RESCISÃO, em caso de rompimento imotivado antecipado do contrato, seja pelo empregado, seja pelo empregador, não se aplicará o disposto nos arts. 479 e 480 da CLT, utilizando-se apenas as regras atinentes aos contratos por prazo indeterminado. Nessa esteira, existindo a cláusula assecuratória, rompendo o empregador o contrato a termo sem justo motivo, concederá ao obreiro o aviso-prévio e pagará a multa de 40% do FGTS. Por outro lado, caso o empregado rompa o contrato, apenas terá que conceder aviso-prévio ao empregador, não precisando arcar com qualquer indenização ao patrão.

No que se refere à suspensão e à interrupção do contrato por prazo determinado, em regra, não afetarão o contrato, que sofrerá morte natural quando do seu termo.

Ademais, devido à natureza do contrato por prazo determinado e ao prévio conhecimento do seu término, não são aplicáveis, em regra, as normas que regulam as estabilidades provisórias, uma vez que o instituto da estabilidade é incompatível com a precariedade da predeterminação de prazo do contrato, pois o que se objetiva é a proteção do empregado contra a dispensa arbitrária. A garantia no emprego visa proteger o empregado contra a surpresa do desemprego, o que só poderia ser cogitado se o contrato fosse por prazo indeterminado; no contrato por prazo determinado, o empregado já tem ciência de quando o contrato vai acabar e de que a relação firmada é precária. Assim, a estabilidade não tem o condão de protrair o termo final do contrato.

1.3.2.1. Principais contratos por prazo determinado em espécie

a) Contrato de experiência

O contrato de experiência é o acordo bilateral firmado entre empregado e empregador com prazo máximo de 90 dias, em que as partes poderão aferir aspectos objetivos, subjetivos e circunstanciais relevantes à continuidade ou à extinção do vínculo empregatício.

O contrato de experiência pode ser fixado por período inferior e prorrogado uma única vez, desde que não ultrapasse, em um caso ou outro, o prazo de 90 dias. Findo esse prazo, se não houver denúncia de uma das partes, ele se converterá, automaticamente, em contrato de trabalho por tempo indeterminado. Além disso, só se permite uma prorrogação do contrato de experiência, e o descumprimento dessa regra faz que o contrato passe a vigorar sem determinação do prazo.

A previsão legal do contrato de experiência está no art. 443, § 2º, *c*, c/c o art. 445, parágrafo único, da CLT, nos seguintes termos:

> Art. 443. O contrato individual de trabalho poderá ser acordado tácita ou expressamente, verbalmente ou por escrito, por prazo determinado ou indeterminado, ou para prestação de trabalho intermitente.
>
> (...)

Cap. 21 – ALTERAÇÃO E MODALIDADES DO CONTRATO DE TRABALHO **375**

§ 2º O contrato por prazo determinado só será válido em se tratando: (...)

c) de contrato de experiência.

Art. 445. O contrato de trabalho por prazo determinado não poderá ser estipulado por mais de 2 (dois) anos, observada a regra do art. 451.

Parágrafo único. O contrato de experiência não poderá exceder de 90 (noventa) dias.

O contrato de experiência não pode ser denunciado impunemente por uma das partes antes de seu término. Quem o fizer ficará responsável pelo pagamento da indenização prevista nos arts. 479 ou 480 da CLT, conforme seja, respectivamente, o empregador ou o empregado desertor.

A despedida antes de findo o contrato de experiência confere ao empregado aviso-prévio, se contiver cláusula assecuratória de rescisão antecipada; ou pagamento, pela metade, dos salários correspondentes ao restante do contrato (CLT, arts. 479 e 481). Em caso de dúvida, opta-se pelo critério que for mais benéfico ao empregado.

Portanto, no contrato de experiência, o termo é o prazo que as partes ajustaram, e não a experiência em si, que nada mais é do que a motivação do contrato.

cuidado

O contrato de experiência é de, no máximo, 90 dias, e não 3 meses, com permissão de apenas uma prorrogação, desde que não ultrapasse o prazo de 90 dias. Findo esse prazo, se não houver denúncia de uma das partes, ele se converterá, automaticamente, em contrato de trabalho por tempo indeterminado.

Ainda sobre essa modalidade de contrato, importa destacar que, com o advento da Lei 11.644/2008, que acrescentou à CLT o art. 442-A, para fins de contratação, o empregador não exigirá do candidato a emprego comprovação de experiência prévia por tempo superior a 6 (seis) meses no mesmo tipo de atividade.

b) Contrato de safra e contrato sazonal

O contrato por safra é definido como "o que tenha sua duração dependente de variações estacionais da atividade agrária" (art. 14, parágrafo único, da Lei 5.889/1973).

O termo do contrato de safra é, pois, incerto porque não se sabe quando irá ocorrer o fim da safra.

Guarda o contrato de safra as mesmas características do contrato celetista por prazo determinado, sendo justificado por serviços cuja natureza ou transitoriedade justifique a predeterminação do prazo (art. 443, § 2º, da CLT).

A indenização equivalente a 1/12 avos do salário mensal por mês de serviço ou fração superior a 14 dias não mais subsiste, em face do advento do FGTS estendido aos empregados rurais (art. 7º, *caput*, da CF).

Há também o contrato sazonal ou por temporada, que é mais abrangente do que o contrato de safra. O contrato de safra tem sua limitação estabelecida na atividade agrária, enquanto o contrato sazonal abarca a atividade pecuária e a indústria rural, podendo compreender tanto os curtos períodos (ex.: durante a colheita, ou a semeadura) como os períodos extensos (ex.: durante a entressafra da carne, durante o período de desova da lagosta, durante as férias escolares, durante o verão etc.).

A lei não mencionou prazo máximo, de sorte que se aplica a regra geral de 2 anos. O art. 14 da Lei 5.889/1973 se limitou a mencionar que o contrato de safra ocorrerá por curto período, assim compreendido aquele de até 2 meses. Nessas hipóteses, havendo autorização em norma coletiva e desde que haja contrato escrito em duas vias, é possível ao empregador não assinar a carteira de trabalho do empregado, incluindo-o apenas na sua GFIP.

c) Contrato de trabalho temporário

O **"contrato de trabalho por prazo determinado" (previsto na CLT, art. 443) não se confunde com "trabalho temporário" (regulamentado na Lei 6.019/1974).** O trabalho temporário é disciplinado pela Lei 6.019/1974, que prevê, em seu art. 2º, que ele **se destina a "atender a necessidade de substituição transitória de pessoal regular e permanente ou à demanda complementar de serviços".**

No contrato de trabalho temporário, identificamos **três atores sociais envolvidos: a empresa de trabalho temporário, o trabalhador temporário e o tomador de serviços ou cliente.** A empresa de trabalho temporário atua como mera intermediadora de mão de obra, autorizada por lei a fornecer mão de obra aos tomadores de serviços, os quais não podem, diretamente, contratar obreiros como trabalhadores temporários.

Conforme disposição da Lei 6.019/1974, o contrato de trabalho temporário **somente pode ser utilizado no meio urbano**, não sendo aplicável no meio rural.

O trabalho temporário somente pode ser contratado quando tiver por finalidade (art. 2º, § 2º):

- substituir transitoriamente pessoal permanente do tomador dos serviços (ex.: afastamento do empregado permanente em razão de férias); ou
- atender demanda complementar de serviços, sendo assim considerada aquela "oriunda de fatores imprevisíveis" ou "decorrente de fatores previsíveis, de natureza intermitente, periódica ou sazonal".

O contrato de trabalho temporário, com relação ao mesmo empregador, **não poderá exceder ao prazo de 180 dias**, consecutivos ou não, **podendo ser prorrogado por até 90 dias**, consecutivos ou não, quando comprovada a manutenção das condições que o ensejaram.

A tomadora dos serviços **responde subsidiariamente** pelas obrigações trabalhistas referentes ao período em que ocorrer o trabalho temporário e **solidariamente pelo recolhimento das contribuições previdenciárias** (art. 10, § 7º, da Lei 6.019/1974). **No caso de falência da empresa de trabalho temporário**, no entanto, **responde solidariamente** também pelas obrigações trabalhistas relativas ao aludido período (art. 16).

É vedada a contratação de trabalho temporário para a substituição de trabalhadores em greve, salvo nos casos previstos em lei (art. 2º, § 1º), assim como a contratação de trabalhadores portuários sob o regime de trabalho temporário (art. 40, § 3º, da Lei 12.815/2013).

1.4. Contrato intermitente

Consoante as alterações introduzidas pela Lei 13.467/2017, o contrato de trabalho intermitente é definido pelo § 3º do art. 443 da CLT:

> Art. 443. (...)
>
> § 3º Considera-se como intermitente o contrato de trabalho no qual a prestação de serviços, com subordinação, não é contínua, ocorrendo com alternância de períodos de prestação de serviços e de inatividade, determinados em horas, dias ou meses, independentemente do tipo de atividade do empregado e do empregador, exceto para os aeronautas, regidos por legislação própria.

Nos termos definidos pela reforma trabalhista, o trabalho intermitente possui o seguinte regramento:

> Art. 452-A. O contrato de trabalho intermitente deve ser celebrado por escrito e deve conter especificamente o valor da hora de trabalho, que não pode ser inferior ao valor horário do salário mínimo ou àquele devido aos demais empregados do estabelecimento que exerçam a mesma função em contrato intermitente ou não.
>
> § 1º O empregador convocará, por qualquer meio de comunicação eficaz, para a prestação de serviços, informando qual será a jornada, com, pelo menos, três dias corridos de antecedência.
>
> § 2º Recebida a convocação, o empregado terá o prazo de um dia útil para responder ao chamado, presumindo-se, no silêncio, a recusa.
>
> § 3º A recusa da oferta não descaracteriza a subordinação para fins do contrato de trabalho intermitente.
>
> § 4º Aceita a oferta para o comparecimento ao trabalho, a parte que descumprir, sem justo motivo, pagará à outra parte, no prazo de trinta dias, multa de 50% (cinquenta por cento) da remuneração que seria devida, permitida a compensação em igual prazo.
>
> § 5º O período de inatividade não será considerado tempo à disposição do empregador, podendo o trabalhador prestar serviços a outros contratantes.
>
> § 6º Ao final de cada período de prestação de serviço, o empregado receberá o pagamento imediato das seguintes parcelas:
>
> I – remuneração;
>
> II – férias proporcionais com acréscimo de um terço;
>
> III – décimo terceiro salário proporcional;
>
> IV – repouso semanal remunerado;
>
> V – adicionais legais.
>
> § 7º O recibo de pagamento deverá conter a discriminação dos valores pagos relativos a cada uma das parcelas referidas no § 6º deste artigo.
>
> § 8º O empregador efetuará o recolhimento da contribuição previdenciária e o depósito do Fundo de Garantia do Tempo de Serviço, na forma da lei, com base nos valores pagos no período mensal e fornecerá ao empregado comprovante do cumprimento dessas obrigações.

§ 9º A cada doze meses, o empregado adquire direito a usufruir, nos doze meses subsequentes, um mês de férias, período no qual não poderá ser convocado para prestar serviços pelo mesmo empregador.

A reforma trabalhista criou um tipo de contrato de trabalho denominado intermitente, que compreende a modalidade de contratação do trabalho por horas, dias ou meses, havendo períodos alternados de prestação de serviços e de inatividade.

O art. 452-A da CLT foi inserido pela Lei 13.467/2017 para regulamentar o trabalho intermitente, apresentando suas especificidades e seus efeitos em relação de emprego. O *caput* estabelece algumas formalidades que devem ser observadas na celebração do contrato de trabalho.

O trabalho intermitente será de um contrato de trabalho solene, pois deverá ser necessariamente firmado por escrito e deverá conter o valor da hora de trabalho, que não poderá ser inferior ao valor do horário mínimo ou àquele devido aos demais empregados no estabelecimento que exerçam a mesma função em contrato intermitente.

→ Não obrigatoriedade da convocação

Contudo, é importante destacar que, no trabalho intermitente, o empregador não será obrigado a convocar o trabalho para prestar os serviços, o que poderá reduzir significativamente a remuneração desse empregado, ainda que seja proporcionalmente igual ao valor recebido pelos demais empregados.

a) Procedimento de convocação

De acordo com o § 1º do novo art. 452-A da CLT, o empregador deverá convocar o empregado para a prestação dos serviços com, pelos menos, três dias corridos de antecedência. A comunicação poderá ser realizada por qualquer meio de comunicação eficaz. Além disso, na própria convocação do empregado, deverá ser indicada a jornada de trabalho que será realizada pelo trabalhador na ocasião de sua prestação de serviços.

O § 2º assegura o prazo de um dia útil para que o empregado responda ao chamado. Caso permaneça em silêncio e não se manifeste quando da convocação, haverá presunção de recusa na prestação dos serviços.

Por sua vez, o § 3º determina que a recusa da oferta pelo empregado não descaracterizará a subordinação para fins do contrato de trabalho intermitente. Portanto, ainda que o empregado recuse a prestação de serviços, a subordinação permanece, assim como o vínculo empregatício entre as partes.

Outro efeito decorrente é a impossibilidade de dispensa por justa causa do empregado por ato de insubordinação diante da recusa na prestação dos serviços, pois é direito do trabalhador recusar sem que haja violação à subordinação.

b) Multa por descumprimento do acordado

Aceita a oferta de trabalho intermitente pelo empregado, a parte que descumprir o acordo, sem justo motivo, estará sujeita ao pagamento de multa à outra no valor de 50% da remuneração que seria devida no prazo de 30 dias, sendo possível a compensação no mesmo prazo.

c) Direitos do empregado em trabalho intermitente

Tendo em vista a existência de vínculo empregatício, o empregado terá direito ao recebimento dos direitos trabalhistas previstos no art. 7º da CF. O § 6º do art. 452-A da CLT dispõe o rol de direitos que deverão ser pagos ao trabalhador logo ao final de cada período de prestação de serviço, a saber:

- remuneração;
- férias proporcionais com acréscimo de um terço;
- 13º salário proporcional;
- RSR;
- adicionais legais.

Observe-se que, a cada doze meses, o empregado adquire direito a usufruir, nos doze meses subsequentes, um mês de férias, período no qual não poderá ser convocado para prestar serviços pelo mesmo empregador.

ESPÉCIES DE CONTRATO A TERMO (ART. 443 DA CLT)	
Art. 443. O contrato individual de trabalho poderá ser acordado tácita ou expressamente, verbalmente ou por escrito, por prazo determinado ou indeterminado, ou para prestação de trabalho intermitente. § 1º Considera-se como de prazo determinado o contrato de trabalho cuja vigência dependa de *termo prefixado* ou *da execução de serviços especificados* ou ainda da realização de certo acontecimento suscetível de previsão aproximada.	
Contrato a termo certo (*dies certus an et quando*)	Vigorará até data predeterminada ou evento futuro certo (ex.: um empregado contratado pelo período de 2 anos – art. 445 da CLT).
Contrato a termo incerto (*dies certus na et incertus quando*)	Depende de uma data futura e incerta, sendo fixado, geralmente, pela natureza do serviço a ser executado (ex.: contrato por obra certa ou de safra).
Contrato sob condição resolutiva (*dies incertus na et quando*)	Depende de um evento futuro e incerto (ex.: empregado contratado para substituir vaga de outro empregado afastado por doença – art. 475, § 2º, da CLT).

HIPÓTESES DE CONTRATAÇÃO A TERMO (ART. 443, § 2º, DA CLT)	
Serviços cuja natureza ou transitoriedade justifiquem a predeterminação	Trata-se de serviços especiais que somente ocorrerão por certo período (ex.: eletricista contatado para efetuar a instalação elétrica de uma empresa).
Atividades empresariais de caráter transitório	São aquelas atividades que, embora façam parte das atividades da empresa, ocorrerão por um período suscetível de previsão aproximada (ex.: contrato de safra).
Contrato de experiência	É o contrato firmado para verificação da aptidão do empregado para a função e da adaptação deste à empresa (avaliação subjetiva recíproca).
Mediante expressa autorização legal	Diz respeito a outras hipóteses expressamente previstas em legislações esparsas, como o contrato temporário (Lei 6.019/1974), os contratos de safra (Lei 5.889/1973) e a contratação de atletas profissionais (Lei 9.615/1998).

CONTRATO DE EXPERIÊNCIA (ART. 443, § 2º, C, DA CLT)	
Definição	Objetiva a avaliação da contratação por ambas as partes, envolvendo até aspectos pessoais das figuras do empregado e do empregador, desde que em relação ao objeto do contrato e sem discriminação, além da aferição pelo trabalhador da própria higidez moral e material do ambiente de trabalho e da empresa.
Prazo máximo	O prazo máximo é de 90 dias, admitida uma prorrogação, respeitado esse prazo.
Fraude	Nossa jurisprudência não admite a celebração de novo contrato de experiência para exercício das mesmas funções do contrato anterior, por meio do qual a empresa já teria condições de avaliar o desempenho do trabalhador.
Vedação	Em relação ao trabalho temporário, nos termos do art. 10 da Lei 13.429/2017, não é admitida a contratação por período de experiência (§ 4º).

2. ALTERAÇÃO DO CONTRATO DE TRABALHO

Existem três princípios que norteiam a alteração do contrato de trabalho: *pacta sunt servanda*, autonomia da vontade e inalterabilidade contratual lesiva.

Assim, em regra, as condições ajustadas pelas partes devem ser rigorosamente cumpridas, tendo em vista que as cláusulas e condições ajustadas fazem "lei" entre as partes (*pacta sunt servanda*) e tendo em vista que compete ao empregado e ao empregador regular suas relações jurídicas (princípio da autonomia da vontade), desde que em respeito à ordem jurídica e observadas as regras mínimas de proteção ao trabalho.

Um dos princípios que se destaca é o **princípio da inalterabilidade contratual lesiva**, segundo o qual a ordem justrabalhista não admite a alteração das condições pactuadas no contrato de trabalho, sempre que essa alteração acarrete prejuízo ao obreiro.

> Art. 468 da CLT: Nos contratos individuais de trabalho só é lícita a alteração das respectivas condições por mútuo consentimento, e ainda assim desde que não resultem, direta ou indiretamente, prejuízos ao empregado, sob pena de nulidade da cláusula infringente desta garantia.

Na balança do contrato de trabalho, de um lado, há o empregado e, do outro, o empregador. Do lado do empregado, há a subordinação e a possibilidade de resistir a ordens excessivas, abusivas ou ilegais do seu empregador (*jus resistentiae*). Do lado do empregador, há o poder diretivo e a assunção dos riscos do negócio (*jus variandi*). Para que a balança se tornasse mais equitativa a lei atuou protegendo o empregado, prevendo o princípio da inalterabilidade contratual lesiva.

Logo, alterar o contrato de trabalho significa levar em consideração três pilares dessa relação, quais sejam:

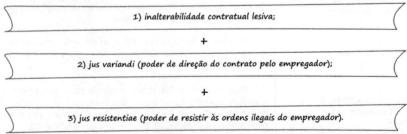

A regra contida no dispositivo consolidado é de que o contrato não poderá ser alterado unilateralmente (a exceção está no parágrafo único do mesmo artigo) nem gerar qualquer prejuízo ao empregado (alteração contratual *in pejus*) – princípio da proteção. Daí são extraídos dois requisitos cumulativos para a validade das alterações contratuais, a saber:

1) mútuo consentimento;

2) ausência de prejuízos diretos ou indiretos para o empregado.

O princípio da inalterabilidade contratual lesiva tem sido questionado pelo fenômeno da flexibilização e pelas inovações trazidas pela reforma trabalhista.

A CRFB/1988 permite a alteração do contrato de forma prejudicial apenas para redução salarial e para alteração da jornada de trabalho, desde que por meio de convenção ou acordo coletivo de trabalho (art. 7º, VI, XIII e XIV). Todavia, a reforma trabalhista (Lei 13.467/2017), na contramão, dispôs que:

> Art. 444 da CLT: As relações contratuais de trabalho podem ser objeto de livre estipulação das partes interessadas em tudo quanto não contravenha às disposições de proteção ao trabalho, aos contratos coletivos que lhes sejam aplicáveis e às decisões das autoridades competentes.
>
> Parágrafo único. A livre estipulação a que se refere o *caput* deste artigo aplica-se às hipóteses previstas no art. 611-A desta Consolidação, com a mesma eficácia legal e preponderância sobre os instrumentos coletivos, no caso de empregado portador de diploma de nível superior e que perceba salário mensal igual ou superior a duas vezes o limite máximo dos benefícios do Regime Geral de Previdência Social.

Ademais, passou o art. 468 da CLT a dispor que:

> Art. 468. (...)
>
> § 1º Não se considera alteração unilateral a determinação do empregador para que o respectivo empregado reverta ao cargo efetivo, anteriormente ocupado, deixando o exercício de função de confiança
>
> § 2º A alteração de que trata o § 1º deste artigo, com ou sem justo motivo, não assegura ao empregado o direito à manutenção do pagamento da gratificação correspondente, que não será incorporada, independentemente do tempo de exercício da respectiva função.

O TST entendeu que não é considerado uma alteração ilícita o retorno do empregado público à jornada inicialmente contratada, visto que sua jornada é definida em lei e no contrato de trabalho firmado entre as partes:

> OJ 308 da SDI-1: Jornada de trabalho. Alteração. Retorno à jornada inicialmente contratada. Servidor público (*DJ* 11.08.2003). O retorno do servidor público (administração direta, autárquica e fundacional) à jornada inicialmente contratada não se insere nas vedações do art. 468 da CLT, sendo a sua jornada definida em lei e no contrato de trabalho firmado entre as partes.

2.1. *Jus variandi* e *jus resistentiae*

Destaca-se que não se incluem com alteração ilícitas as alterações que decorrem do *jus variandi* do empregador, que é aquele que assume a integralidade dos riscos da prestação – art. 2º da CLT.

A exceção à inalterabilidade contratual insere-se no âmbito do poder diretivo do empregador, que possui alguma liberdade de alterar determinadas condições de trabalho de forma unilateral. Tal poder é chamado pela doutrina de *jus variandi*.

Assim, o *jus variandi* fundamenta alterações do contrato de trabalho relativas à organização do ambiente de trabalho, à função, ao salário e ao local da prestação de serviços.

O chamado *jus variandi* ordinário permite pequenas modificações quanto ao exercício da prestação do trabalho, sem nenhum prejuízo efetivo ao empregado. Normalmente, está ligado à organização do ambiente de trabalho, como a exigência do uso de uniforme, pequena alteração do horário de entrada e de saída dos trabalhadores, entre outros.

Por sua vez, o *jus variandi* extraordinário admite alterações prejudiciais ao empregado em hipóteses especiais, desde que observados os limites legais. Um exemplo é a reversão ao cargo efetivo do empregado que exerce função de confiança, nos termos expressamente autorizados pelo parágrafo único do art. 468 da CLT.

No mesmo sentido, como exemplo de exercício do *jus variandi* extraordinário, a jurisprudência admite a possibilidade de alteração unilateral da data de pagamento do salário pelo empregador, desde que respeitado o prazo legal para pagamento, nos termos da OJ 159 da SDI-1:

> OJ 159 da SDI-1: Data de pagamento. Salários. Alteração (inserida em 26.03.1999).
>
> Diante da inexistência de previsão expressa em contrato ou em instrumento normativo, a alteração de data de pagamento pelo empregador não viola o art. 468, desde que observado o parágrafo único, do art. 459, ambos da CLT.

Embora o *jus variandi* confira ao empregador a prerrogativa de proceder a pequenas alterações no contrato de trabalho, certamente tal poder é limitado. Assim, caso o empregador abuse desse exercício, poderá o empregado opor-se às modificações implementadas, inclusive pleiteando a rescisão indireta do contrato de trabalho, por descumprimento contratual, nos termos do art. 483 da CLT. Esse direito de resistência do empregado é denominado *jus resistentiae*.

É, pois, o *jus resistentiae* o direito do empregado de não cumprir as ordens ilegais, ilícitas ou contrárias às cláusulas previstas no contrato de trabalho.

2.2. Tipos de alteração do contrato de trabalho

2.2.1. Alteração do horário de trabalho

a) Alteração dentro do mesmo padrão de horário (de noturno para noturno e diurno para diurno): essa alteração está contida no poder diretivo do emprega-

Cap. 21 – ALTERAÇÃO E MODALIDADES DO CONTRATO DE TRABALHO **383**

dor, não podendo, em regra, o empregado se opor. A determinação dos horários de trabalho dos seus empregados está inserida no poder de comando do empregador.

b) Alteração do diurno para o noturno: presume-se lesiva e, por isso, o empregado pode resistir (pode, inclusive, alegar rescisão indireta do contrato – art. 483, *d*, da CLT).

c) Alteração de noturno para diurno: presume-se benéfica e retira o direito de resistência. É lícita a conduta do empregador que altera o horário de trabalho do empregado do turno noturno para o diurno, haja vista afigurar-se social e biologicamente mais benéfico ao empregado. Essa alteração implica perda do direito ao adicional noturno, sem qualquer direito adquirido.

> Súmula 265 do TST: Adicional noturno. Alteração de turno de trabalho. Possibilidade de supressão. A transferência para o período diurno de trabalho implica a perda do direito ao adicional noturno.

Todavia, em todos os casos, o empregado poderá opor-se à mudança do turno, desde que comprove a existência de prejuízo, tal como ocorre comumente com o empregado que trabalha durante o horário diurno e estuda à noite ou o empregado que tenha dois empregos.

2.2.2. Redução da jornada de trabalho

Desde que não seja reduzido o salário, nada impede que o empregador reduza a jornada de trabalho do empregado, tendo em vista que essa alteração é visivelmente mais benéfica ao trabalhador.

A redução de salário correspondente só tem cabimento em quatro hipóteses, a saber:

a) havendo previsão em instrumento coletivo de trabalho (convenção coletiva de trabalho ou acordo coletivo de trabalho), nos termos da CRFB/1988;

b) caso fique devidamente comprovado que o empregado tenha determinado interesse extracontratual na alteração e que, portanto, com ela consinta de forma absolutamente inequívoca;

c) no caso da redução da jornada do professor que receba por hora/aula, em virtude de redução do número de turmas da escola. Nesse sentido, a OJ 244 do TST:

> OJ 244 da SDI-1: Professor. Redução da carga horária. Possibilidade. A redução da carga horária do professor, em virtude da diminuição do número de alunos, não constitui alteração contratual, uma vez que não implica redução do valor da hora-aula.

d) para adoção do contrato sob o regime de tempo parcial, conforme o art. 58-A, § 2º, da CLT (contrato anteriormente de 8h, alterado para tempo parcial conforme o art. 58-A).

Ocorre que, caso o empregador resolva reduzir unilateralmente a jornada, não pode depois voltar a aumentá-la, pois aí a alteração seria lesiva ao empregado. A exceção fica por conta do servidor público, nos termos da OJ 308 do TST:

OJ 308 da SDI-1: Jornada de trabalho. Alteração. Retorno à jornada inicialmente contratada. Servidor público (*DJ* 11.08.2003).

O retorno do servidor público (administração direta, autárquica e fundacional) à jornada inicialmente contratada não se insere nas vedações do art. 468 da CLT, sendo a sua jornada definida em lei e no contrato de trabalho firmado entre as partes.

2.2.3. Alteração do local de trabalho – transferência do empregado

Art. 469 da CLT: Ao empregador é vedado transferir o empregado, sem a sua anuência, para localidade diversa da que resultar do contrato, não se considerando transferência a que não acarretar necessariamente a mudança do seu domicílio.

§ 1º Não estão compreendidos na proibição deste artigo: os empregados que exerçam cargo de confiança e aqueles cujos contratos tenham como condição, implícita ou explícita, a transferência, quando esta decorra de real necessidade de serviço

§ 2º É lícita a transferência quando ocorrer extinção do estabelecimento em que trabalhar o empregado.

§ 3º Em caso de necessidade de serviço o empregador poderá transferir o empregado para localidade diversa da que resultar do contrato, não obstante as restrições do artigo anterior, mas, nesse caso, ficará obrigado a um pagamento suplementar, nunca inferior a 25% (vinte e cinco por cento) dos salários que o empregado percebia naquela localidade, enquanto durar essa situação.

A CLT considera transferência do empregado apenas aquela que implica mudança de domicílio. Portanto, sem mudança de domicílio, a modificação do local de trabalho está integralmente inserida no poder de direção do empregador e o empregado deverá se submeter (não terá poder de resistência) a isso. Em que pese, nesse caso, o empregado não possa resistir, eventual acréscimo com transporte decorrente da modificação do local de trabalho será arcado pelo empregador.

Súmula 29 do TST: Transferência. Empregado transferido, por ato unilateral do empregador, para local mais distante de sua residência, tem direito a suplemento salarial correspondente ao acréscimo da despesa de transporte.

Por outro lado, havendo alteração de domicílio, ocorre o fenômeno da transferência do empregado.

A CLT estabelece dois requisitos cumulativos para a regularidade da transferência do empregado:

1) Anuência do empregado – dada a gravidade da transferência, em virtude da alteração do domicílio, o empregado deve concordar com a transferência para que ela seja válida. Assim, é possível a reversão da transferência em juízo, por meio de pedido liminar, quando esta **é** abusiva, conforme o art. 659, IX da CLT.

Entretanto, há cinco hipóteses em que o empregado não precisará concordar, ou seja, ele não poderá resistir à ordem de transferência e deverá aceitar a mudança do local de trabalho, sob pena de configurar-se pedido de demissão, quais sejam:

Cap. 21 – ALTERAÇÃO E MODALIDADES DO CONTRATO DE TRABALHO **385**

a) empregado cujo contrato preveja a possibilidade de transferência (essa previsão pode decorrer das condições do trabalho, ou seja, estar implícita no contrato);

b) empregado que exerce função de confiança;

c) quando houver extinção do estabelecimento. Nesse caso, o que mais importa é a manutenção do emprego, não interessa onde seja ele. Por isso, o empregado não poderá resistir, sob pena de se considerar rompido o contrato de trabalho por justa causa consubstanciada no disposto no art. 482, *h*, da CLT, ou pedir demissão. Equipara-se à extinção de estabelecimento o final de uma obra para empregados da construção civil. No caso de extinção de estabelecimento, mesmo os empregados intransferíveis perdem esse benefício (art. 469, § 2º, da CLT);

d) quando a transferência decorre da própria prestação do serviço;

e) necessidade imperiosa do empregador.

2) Real necessidade do serviço – deve haver efetiva necessidade de que o empregado seja transferido, conforme a Súmula 43 do TST, ainda que preenchido o requisito anterior.

2.2.3.1. Espécies de transferência

A transferência pode ser definitiva ou provisória. Primeiramente, é preciso alertar para o fato de que o § 3º do art. 469 da CLT não conceituou o que seja transferência provisória ou definitiva.

> Art. 469. Ao empregador é vedado transferir o empregado, sem a sua anuência, para localidade diversa da que resultar do contrato, não se considerando transferência a que não acarretar necessariamente a mudança do seu domicílio.
>
> (...)
>
> § 3º Em caso de necessidade de serviço o empregador poderá transferir o empregado para localidade diversa da que resultar do contrato, não obstante as restrições do artigo anterior, mas, nesse caso, ficará obrigado a um pagamento suplementar, nunca inferior a 25%, (vinte e cinco por cento) dos salários que o empregado percebia naquela localidade, enquanto durar essa situação.

O que determina uma ou outra forma de transferência é o ânimo de transferência: se o empregador, ao transferir o empregado, tinha a intenção de que fosse definitiva; ou, de outro lado, se a mudança era apenas por determinado tempo, para atender a alguma necessidade transitória do empregador.

A importância dessa determinação se deve ao fato de que apenas na transferência provisória o empregado tem direito ao adicional de transferência. O entendimento pacificado por meio da OJ 113 da SDI-1 do TST é de que o adicional de transferência é devido nas transferências provisórias.

O adicional de transferência equivale a 25% do salário básico do empregado, sendo parcela de manifesta natureza salarial.

Ainda com arrimo na OJ 113 da SDI-1 do TST, esse adicional pela transferência provisória será devido mesmo que se trate de empregado que exerça função de confiança ou quando houver previsão de possibilidade de transferência no contrato; inclusive, se o empregador comprovar a real necessidade do serviço, o adicional de transferência será devido.

Em qualquer hipótese (transferência provisória ou definitiva), as despesas com deslocamento são integralmente arcadas pelo empregador – art. 470 da CLT – tratando-se de pagamento de natureza indenizatória, por se tratar de ajuda de custo.

A CLT disciplina as transferências dentro do Brasil, pois a transferência para o exterior está disciplinada nas leis 7.064/1982 e 962/2009. De acordo com essa lei, a transferência do empregado para o exterior será realizada mediante "ajuste escrito".

TRANSFERÊNCIA	
Vedação	**Art. 469. Ao empregador é vedado transferir o empregado, sem a sua anuência, para localidade diversa da que resultar do contrato, não se considerando transferência a que não acarretar necessariamente a mudança do seu domicílio.**
Possibilidade	**Art. 469. (...) § 1º Não estão compreendidos na proibição deste artigo: os empregados que exerçam cargo de confiança e aqueles cujos contratos tenham como condição, implícita ou explícita, a transferência, quando esta decorra de real necessidade de serviço.**
	Art. 469. (...) § 2º É lícita a transferência quando ocorrer extinção do estabelecimento em que trabalhar o empregado.
Adicional de transferência	**Art. 469. (...) § 3º Em caso de necessidade de serviço o empregador poderá transferir o empregado para localidade diversa da que resultar do contrato, não obstante as restrições do artigo anterior, mas, nesse caso, ficará obrigado a um pagamento suplementar, nunca inferior a 25% (vinte e cinco por cento) dos salários que o empregado percebia naquela localidade, enquanto durar essa situação.**
	O fato de o empregado exercer cargo de confiança ou a existência de previsão de transferência no contrato de trabalho não exclui o direito ao adicional. O pressuposto legal apto a legitimar a percepção do mencionado adicional é a transferência provisória (OJ 113 da SDBI-I do TST).
Despesas com a transferência	**Art. 470. As despesas resultantes da transferência correrão por conta do empregador.**
	Súmula 29 do TST: **Transferência**. Empregado transferido, por ato unilateral do empregador, para local mais distante de sua residência, tem direito a suplemento salarial correspondente ao acréscimo da despesa de transporte.
Abusividade	Presume-se abusiva a transferência de que trata o § 1º do art. 469 da CLT, sem comprovação da necessidade do serviço (Súmula 43 do TST).

2.2.4. Alteração da função – promoção e rebaixamento

Função é o conjunto de atividades/tarefas que o empregado executa para o empregador. A função, portanto, é composta do conjunto de tarefas.

A alteração da função do empregado implicará a sua ascensão ou o seu rebaixamento, o que nem sempre será legal ou admitido.

O estabelecimento da função do empregado segue três regras:

Cap. 21 – ALTERAÇÃO E MODALIDADES DO CONTRATO DE TRABALHO 387

1. A função não necessariamente corresponde à qualificação profissional do empregado (exceção: quando a atividade por ele exercida exige uma qualificação profissional específica. Ex.: médico.).

> OJ 296 da SDI-I do TST: Equiparação salarial. Atendente e auxiliar de enfermagem. Impossibilidade. Sendo regulamentada a profissão de auxiliar de enfermagem, cujo exercício pressupõe habilitação técnica, realizada pelo Conselho Regional de Enfermagem, impossível a equiparação salarial do simples atendente com o auxiliar de enfermagem.

2. A função será aferida a partir da realidade, independentemente do nome que lhe tenha atribuído o empregador – considerado o princípio da primazia da realidade. É esta concepção que autoriza a equiparação salarial:

> Súmula 6 do TST: Equiparação salarial. Art. 461 da CLT.
>
> (...)
>
> III – A equiparação salarial só é possível se o empregado e o paradigma exercerem a mesma função, desempenhando as mesmas tarefas, não importando se os cargos têm, ou não, a mesma denominação.

Ausente descrição contratual, legal ou normativa, sobre quais tarefas compõem a função do empregado, presume-se que este, ao ser contratado, se obrigou a cumprir todas as tarefas que o empregador lhe determinou, dentro da sua capacidade.

Promoção: a promoção do empregado pode ou não significar alteração hierárquica do contrato. Isso se deve ao fato de que pode ser uma promoção horizontal ou vertical.

Na promoção horizontal, são modificadas as atividades, sem que haja mudança na hierarquia.

Na promoção vertical, há uma evolução ascendente do empregado na hierarquia do empregador.

Havendo plano de cargos e salários na empresa, é um direito do empregado a promoção, desde que preenchidos os requisitos estabelecidos no plano. Por outro lado, é seu dever atender à promoção, ou seja, o empregado não poderá se recusar à promoção. Inexistente o plano, não há nada que impeça que o empregado se negue a exercer a função ofertada, mesmo porque se trata de alteração do contrato de trabalho.

Hipóteses de alteração da função

a) Situações de substituição emergencial ou excepcional: nesta hipótese, o pedido do empregador para o empregado deve ser visto como um dever de colaboração deste em atender à necessidade do empregador. Assim, ele deve substituir o colega de trabalho, ainda que isso signifique trabalhar em função hierarquicamente inferior. Caso a função seja hierarquicamente superior, não é garantida a diferença salarial, conforme se depreende da leitura *a contrario sensu* da Súmula 159 do TST:

> Súmula 159 do TST: Substituição de caráter não eventual e vacância do cargo (incorporada a Orientação Jurisprudencial nº 112 da SBDI-1) – Res. 129/2005, *DJ* 20, 22 e 25.04.2005

I – Enquanto perdurar a substituição que não tenha caráter meramente eventual, inclusive nas férias, o empregado substituto fará jus ao salário contratual do substituído. (ex-Súmula nº 159 – alterada pela Res. 121/2003, *DJ* 21.11.2003).

b) Substituição temporária: ocorre por um tempo considerável, tendo em vista tratar-se de situação que compõe as necessidades normais de um empreendimento. O empregado, nesse caso, irá substituir o colega por um *lapso temporal* significativo, dado tratar-se de situação previsível e comum ao desenvolvimento do negócio. Nesse caso, a substituição é **devida** por ser hipótese de *jus variandi*. Todavia, se houver **diferença entre o patamar salarial do substituído** *e* **aquele do substituto** (diferença positiva), será **devida** a diferença salarial. As situações mais comuns são: substituição nas férias, nas licenças, afastamento para curso – Súmula 159 do TST.

> OBS.: essa situação não se confunde com a situação de vacância de cargo. Na vacância de cargo, ocorrendo a promoção de algum empregado do quadro efetivo, não há garantia de manutenção do patamar salarial daquele que o ocupava anteriormente.

c) Destituição de cargo ou função de confiança: representa o retorno do empregado que exerce função de confiança ao cargo efetivo – reversão. O empregador poderá reverter o empregado ao cargo efetivo a qualquer tempo, sempre que, ao seu modo, considerar inadequado mantê-lo na função de confiança – art. 468, parágrafo único, da CLT. Não existe nenhuma segurança quanto ao cargo de confiança, porque depende da relação de confiança entre as partes do contrato.

2.2.5. Alteração do regulamento da empresa

Como as cláusulas de regulamento de empresa aderem ao contrato de trabalho, a alteração do regulamento provoca também a alteração do contrato. Dessa forma, a alteração do regulamento de empresa somente surte efeito para os empregados contratados a partir da alteração. Nesse sentido, a Súmula 51 do TST:

> Súmula 51: Norma regulamentar. Vantagens e opção pelo novo regulamento. Art. 468 da CLT. Res. 129/2005, *DJ* 20, 22 e 25.04.2005.
>
> I – As cláusulas regulamentares, que revoguem ou alterem vantagens deferidas anteriormente, só atingirão os trabalhadores admitidos após a revogação ou alteração do regulamento.
>
> II – Havendo a coexistência de dois regulamentos da empresa, a opção do empregado por um deles tem efeito jurídico de renúncia às regras do sistema do outro.
>
> O aproveitamento de empregado em outra função com carga horária maior, e com o objetivo de preservar o emprego frente à automação de serviços (substituição das antigas máquinas de Telex por computadores) é lícito, devendo o período acrescido ser pago de forma simples, sem o adicional de horas extras. (*Info* 102 do TST)

Cap. 21 – ALTERAÇÃO E MODALIDADES DO CONTRATO DE TRABALHO

QUESTÕES PARA TREINO

1. **(Funatec – Câmara de Presidente Dutra-MA – Direito – 2022 – adaptada)** Segundo os termos da CLT, considera-se por prazo indeterminado todo contrato que suceder, dentro de _____, a outro contrato por prazo determinado, salvo se a expiração deste dependeu da execução de serviços especializados ou da realização de certos acontecimentos.

    A lacuna é corretamente preenchida por: um ano.

    Errado.

2. **(Funatec – Câmara de Presidente Dutra-MA – Direito – 2022 – adaptada)** Segundo os termos da CLT, considera-se por prazo indeterminado todo contrato que suceder, dentro de _____, a outro contrato por prazo determinado, salvo se a expiração deste dependeu da execução de serviços especializados ou da realização de certos acontecimentos.

    A lacuna é corretamente preenchida por: seis meses.

    Comentário

    CLT, art. 452: Considera-se por prazo indeterminado todo contrato que suceder, dentro de 6 (seis) meses, a outro contrato por prazo determinado, salvo se a expiração deste dependeu da execução de serviços especializados ou da realização de certos acontecimentos.

    Certo.

3. **(Instituto Access – Celepar-PR – Advogado – 2022 – adaptada)** Com base no texto expresso na CLT, é correto afirmar:

    Considera-se como alteração unilateral do contrato de trabalho a determinação do empregador para que o empregado reverta ao cargo efetivo, anteriormente ocupado, deixando o exercício da função de confiança.

    Errado.

4. **(Instituto Access – Celepar-PR – Advogado – 2022 – adaptada)** Com base no texto expresso na CLT, é correto afirmar:

    Recebendo a gratificação de função por mais de dez anos, o empregado, ainda que seja revertido ao cargo anterior, não poderá deixar de receber o valor da gratificação de função.

    Errado.

5. **(Instituto Access – Celepar-PR – Advogado – 2022 – adaptada)** Com base no texto expresso na CLT, é correto afirmar:

    É ilícita a transferência de empregado, mesmo quando decorrer de extinção do estabelecimento em que trabalha.

    Errado.

6. **(Instituto Access – Celepar-PR – Advogado – 2022 – adaptada)** Com base no texto expresso na CLT, é correto afirmar:

O empregador poderá transferir o empregado para localidade diversa da que resultar o contrato de emprego, em caso de necessidade de serviço, mas ficará obrigado a pagamento suplementar, nunca inferior a 25% (vinte e cinco por cento) dos salários do empregado, percebida naquela localidade, enquanto durar a situação.

Certo.

7. **(FCC – TRT-14 – Analista Judiciário – Área Judiciária – 2022 – adaptada)** Em razão do aumento das vendas durante o período de festividades de final de ano, a empresa Adega D'Ouro pretende contratar trabalhadores temporários. Considerando as regras legais sobre o trabalho temporário, a Adega D'Ouro não pode realizar a contratação pretendida, pois, a despeito da demanda complementar de serviços no período, ela não decorre de fator imprevisível, que seria a única hipótese autorizada para a contratação de trabalhadores.

Errado.

8. **(FCC – TRT-14 – Analista Judiciário – Área Judiciária – 2022 – adaptada)** Em razão do aumento das vendas durante o período de festividades de final de ano, a empresa Adega D'Ouro pretende contratar trabalhadores temporários. Considerando as regras legais sobre o trabalho temporário, a Adega D'Ouro não pode realizar a contratação pretendida, pois os serviços a serem realizados inserem-se no âmbito de sua atividade-fim, o que não é permitido.

Errado.

9. **(FCC – TRT-14 – Analista Judiciário – Área Judiciária – 2022 – adaptada)** Em razão do aumento das vendas durante o período de festividades de final de ano, a empresa Adega D'Ouro pretende contratar trabalhadores temporários. Considerando as regras legais sobre o trabalho temporário, a Adega D'Ouro será solidariamente responsável pelas obrigações trabalhistas referentes ao período em que ocorrer o trabalho temporário.

Errado.

EXTINÇÃO DO CONTRATO DE TRABALHO

1. EXTINÇÃO DO CONTRATO DE TRABALHO

O art. 7º, I, da CF consagra a proteção à "relação de emprego protegida contra despedida arbitrária ou sem justa causa, nos termos de lei complementar, que preverá indenização compensatória, dentre outros direitos". Assim, enquanto não editada essa lei complementar, vigora no ordenamento jurídico o direito potestativo do empregador de extinguir o contrato de forma não fundamentada, sendo devida indenização em caso de dispensa sem justa causa de 40% do total dos depósitos realizados na conta vinculada do FGTS do empregado.

1.1. Princípios

a) **Princípio da continuidade da relação de emprego:** torna regra os contratos por prazo indeterminado, exigindo a observância de certas condições/requisitos para caracterização dos contratos como de prazo determinado.

b) **Princípio da presunção favorável ao trabalhador (*in dubio pro operario*):** estabelece que, se houver dúvida sobre a previsão legal, por haver mais de uma interpretação possível para uma norma, a solução deverá se pautar pela escolha da regra mais favorável ao trabalhador. Assim, extrai-se que é presumida a indeterminação da duração do contrato e, na falta de prova inequívoca acerca da predeterminação do prazo do contrato, este será tido como por prazo indeterminado.

Ainda, por meio desse princípio é presumida, em caso de extinção contratual, a situação mais vantajosa, isto é, os efeitos da dispensa imotivada. Esse princípio foi consagrado pelo TST, mediante a Súmula 212:

> Súmula 212: Despedimento. Ônus da prova.
>
> O ônus de provar o término do contrato de trabalho, quando negados a prestação de serviço e o despedimento, é do empregador, pois o princípio da continuidade da relação de emprego constitui presunção favorável ao empregado.

c) Princípio da norma mais favorável: sustenta que, na existência concomitante de duas ou mais normas passíveis de aplicação ao caso concreto, prevalecerá a mais favorável. Assim, também, havendo dúvida na aplicação das normas, prevalecerá o contrato por prazo indeterminado.

2. EXTINÇÃO NORMAL DO CONTRATO DE TRABALHO

A extinção normal é aquilo que denominamos de morte natural do contrato. A morte natural acontece com o advento do termo.

Advindo o termo e finalizado o contrato, não há nenhuma surpresa para as partes. Logo, **não há que se falar em aviso-prévio e multa de 40% sobre o FGTS.**

Com isso, o empregado irá receber, a título de verbas rescisórias, pelo tempo trabalhado: saldo de salário, férias proporcionais + 1/3 e 13º proporcional.

O FGTS do período poderá ser sacado, visto que a finalização do contrato por prazo determinado constitui hipótese de movimentação da conta vinculada – art. 20, IX, da Lei 8.036/1990.

3. EXTINÇÃO ANTECIPADA DO CONTRATO DE TRABALHO

Ocorre quando o **contrato por prazo determinado** finaliza antes do advento do termo. A consequência jurídica para essa forma antecipada de extinção irá variar de acordo com o contrato.

Se for um contrato com **cláusula assecuratória do direito recíproco de rescisão**, nascerá o direito ao aviso-prévio. A existência da cláusula atrai, para a finalização do contrato, a incidência do art. 481 da CLT, que, por sua vez, determina a aplicação das regras dos contratos por prazo indeterminado. Assim, será necessário conceder o aviso-prévio quando da finalização antecipada do contrato.

> Art. 481. Aos contratos por prazo determinado, que contiverem cláusula assecuratória do direito recíproco de rescisão antes de expirado o termo ajustado, aplicam-se, caso seja exercido tal direito por qualquer das partes, os princípios que regem a rescisão dos contratos por prazo indeterminado.

Ainda, pagam-se todas as verbas rescisórias: **saldo de salários, férias proporcionais + 1/3, 13º proporcional, aviso-prévio** *e* **pagamento da indenização de 40% do FGTS. Há a liberação do FGTS depositado,** dado tratar-se de hipótese de finalização que se assemelha à finalização sem justa causa.

A jurisprudência esclarece que também no contrato de experiência, espécie de contrato por prazo determinado, e existindo a cláusula assecuratória de rescisão antecipada, igualmente se aplicam os princípios da rescisão dos contratos por prazo indeterminado. Isso conforme a Súmula 163 do TST:

> Súmula 163: Aviso-prévio. Contrato de experiência (mantida).
>
> Cabe aviso-prévio nas rescisões antecipadas dos contratos de experiência, na forma do art. 481 da CLT.

> OBS.: o sistema do art. 481 substitui a indenização do art. 479, não havendo que se falar em cumulação.
>
> Caso o contrato não tenha essa cláusula, ter-se-á o direito à indenização no caso de finalização antecipada do contrato. Se o empregador resolver extinguir o contrato de forma antecipada, deverá indenizar o empregado na forma do art. 479 da CLT. Essa indenização consiste no pagamento do período faltante pela metade. O período anterior à rescisão é pago normalmente. Ao valor do tempo trabalhado acresce-se o valor da indenização do art. 479 da CLT.

A grande discussão gira em torno da compatibilidade ou não dessa indenização com o regime do FGTS. O TST já pacificou a questão por meio da Súmula 125:

> Súmula 125: Contrato de trabalho. Art. 479 da CLT (mantida). O art. 479 da CLT aplica-se ao trabalhador optante pelo FGTS admitido mediante contrato por prazo determinado, nos termos do art. 30, § 3º, do Decreto nº 59.820, de 20.12.1966.

Atente-se para o fato de que a referência ao Decreto 59.820/1966 não mais subsiste, tendo em vista que esse decreto, que regulamentava o FGTS, foi revogado pelo Decreto 99.684/1990, que o faz até os dias atuais. Nesse sentido, o art. 14 do Regulamento do FGTS (Decreto 99.684/1990) define a questão:

> Art. 14. No caso de contrato a termo, a rescisão antecipada, sem justa causa ou com culpa recíproca, equipara-se às hipóteses previstas nos §§ 1º e 2º do art. 9º, respectivamente, sem prejuízo do disposto no art. 479 da CLT.

Por sua vez, o supramencionado art. 9º prevê o seguinte:

> Art. 9º Ocorrendo despedida sem justa causa, ainda que indireta, com culpa recíproca por força maior ou extinção normal do contrato de trabalho a termo, inclusive a do trabalhador temporário, deverá o empregador depositar, na conta vinculada do trabalhador no FGTS, os valores relativos aos depósitos referentes ao mês da rescisão e, ao imediatamente anterior, que ainda não houver sido recolhido, sem prejuízo das cominações legais cabíveis.
>
> § 1º No caso de despedida sem justa causa, ainda que indireta, o empregador depositará na conta vinculada do trabalhador no FGTS, importância igual a quarenta por cento do montante de todos os depósitos realizados na conta vinculada durante a vigência do contrato de trabalho atualizados monetariamente e acrescidos dos respectivos juros, não sendo permitida, para este fim a dedução dos saques ocorridos.
>
> § 2º Ocorrendo despedida por culpa recíproca ou força maior, reconhecida pela Justiça do Trabalho, o percentual de que trata o parágrafo precedente será de vinte por cento.

atenção

Parcelas devidas na ruptura antecipada do contrato a termo por iniciativa do empregador:
- *saldo de salários;*
- *férias integrais, se for o caso;*
- *férias proporcionais (ao tempo trabalhado até a data da ruptura, frise-se);*
- *décimo terceiro proporcional (ao tempo trabalhado até a data da ruptura);*
- *indenização do art. 479 da CLT;*
- *indenização do FGTS (40%);*
- *saque do FGTS.*

O art. 480 da CLT estipula que, se o empregado for quem finalizar antecipadamente o contrato a termo (que não possua cláusula assecuratória do direito recíproco de rescisão antecipada), ele também deverá indenizar o empregador, mas no caso de haver prejuízos em decorrência do seu desligamento prematuro. Em seu § 1º, salienta que essa indenização não poderá ser superior ao que lhe seria devido no caso de finalização antecipada a pedido do empregador.

> Art. 480. Havendo termo estipulado, o empregado não se poderá desligar do contrato, sem justa causa, sob pena de ser obrigado a indenizar o empregador dos prejuízos que desse fato lhe resultarem.
>
> § 1º A indenização, porém, não poderá exceder àquela a que teria direito o empregado em idênticas condições.

São devidas, portanto, na ruptura antecipada do contrato a termo por iniciativa do empregado as seguintes verbas rescisórias:

- saldo de salários;
- férias integrais, se for o caso;
- férias proporcionais (ao tempo trabalhado até a data da ruptura, frise-se);
- décimo terceiro proporcional (ao tempo trabalhado até a data da ruptura);
- indenização do art. 480 da CLT, desde que comprovados os prejuízos, e até o limite da indenização do art. 479.

3.1. Rescisão antecipada do contrato a termo em virtude de força maior ou culpa recíproca

Nessas duas hipóteses, a indenização do art. 479 é devida pela metade. Essa solução é expressa na lei para o caso de força maior, conforme o art. 502, *caput* e inciso III, da CLT:

> Art. 502. Ocorrendo motivo de força maior que determine a extinção da empresa, ou de um dos estabelecimentos em que trabalhe o empregado, é assegurada a este, quando despedido, uma indenização na forma seguinte:

(...)

III – havendo contrato por prazo determinado, aquela a que se refere o art. 479 desta Lei, reduzida igualmente à metade.

Já no caso de culpa recíproca a lei é omissa, mas tanto a doutrina quanto a jurisprudência utilizam analogicamente o comando genérico do art. 484 da CLT:

Art. 484. Havendo culpa recíproca no ato que determinou a rescisão do contrato de trabalho, o tribunal de trabalho reduzirá a indenização que seria devida em caso de culpa exclusiva do empregador, por metade.

Utilizou-se da mesma lógica o TST, por meio da Súmula 14:

Súmula 14: Culpa recíproca (nova redação). Reconhecida a culpa recíproca na rescisão do contrato de trabalho (art. 484 da CLT), o empregado tem direito a 50% (cinquenta por cento) do valor do aviso-prévio, do décimo terceiro salário e das férias proporcionais.

4. EXTINÇÃO POR ATO VOLUNTÁRIO IMOTIVADO (RESILIÇÃO CONTRATUAL)

4.1. Por iniciativa do empregador

A **dispensa do empregado é o exercício do poder potestativo do empregador**, que realiza uma declaração de vontade unilateral e receptícia, ou seja, a declaração de vontade de extinguir a relação de emprego é destinada ao empregado, independentemente de sua vontade.

Podem ser destacados requisitos de validade dessa comunicação: **capacidade das partes**, **legitimidade** daquele que emite a declaração e **manifestação livre da vontade**.

O art. 477, § 1º, da CLT, que previa a necessidade de homologação da rescisão junto ao órgão competente no caso de mais de um ano de relação de emprego, foi revogado pela Lei 13467/2017.

O empregador terá que pagar as seguintes verbas rescisórias: **aviso-prévio (se não for trabalhado), saldo de salário, férias proporcionais + 1/3, férias vencidas + 1/3 (se houver), 13º salário proporcional, liberação do FGTS, multa de 40% sobre o FGTS e liberação do seguro-desemprego.**

Será devida ainda, se for o caso, indenização adicional prevista no art. 9º da Lei 7.238/1984:

Art. 9º O empregado dispensado, sem justa causa, no período de 30 (trinta) dias que antecede a data de sua correção salarial, terá direito à indenização adicional equivalente a um salário mensal, seja ele optante ou não pelo Fundo de Garantia do Tempo de Serviço – FGTS.

A respeito da indenização adicional, é importante conhecer alguns verbetes da jurisprudência do TST.

Súmula 182: Aviso-prévio. Indenização compensatória. Lei nº 6.708, de 30.10.1979 (mantida).

O tempo do aviso-prévio, mesmo indenizado, conta-se para efeito da indenização adicional prevista no art. 9º da Lei nº 6.708, de 30.10.1979.

Súmula 242: Indenização adicional. Valor (mantida).

A indenização adicional, prevista no art. 9º da Lei nº 6.708, de 30.10.1979 e no art. 9º da Lei nº 7.238 de 28.10.1984, corresponde ao salário mensal, no valor devido na data da comunicação do despedimento, integrado pelos adicionais legais ou convencionados, ligados à unidade de tempo mês, não sendo computável a gratificação natalina.

Portanto, a base de cálculo da indenização adicional é o complexo salarial (salário-base + parcelas de sobressalário) recebido pelo empregado.

Por fim, a Súmula 314 do TST esclarece que a eventual antecipação do reajuste salarial quando do cálculo das verbas rescisórias não elide o direito à indenização adicional, desde que o desligamento tenha ocorrido no trintídio que antecede a data-base:

Súmula 314: Indenização adicional. Verbas rescisórias. Salário corrigido (mantida).

Se ocorrer a rescisão contratual no período de 30 (trinta) dias que antecede à data-base, observado a Súmula 182 do TST, o pagamento das verbas rescisórias com o salário já corrigido não afasta o direito à indenização adicional prevista nas Leis nos 6.708, de 30.10.1979 e 7.238, de 28.10.1984.

Além das três súmulas mencionadas, também a OJ 268 da SDI-1 trata da indenização adicional:

OJ 268 da SDI-1: Indenização adicional. Leis nos 6.708/1979 e 7.238/1984. Aviso-prévio. Projeção. Estabilidade provisória

Somente após o término do período estabilitário é que se inicia a contagem do prazo do aviso-prévio para efeito das indenizações previstas nos arts. 9º da Lei nº 6.708/1979 e 9º da Lei nº 7.238/1984.

4.2. Por iniciativa do empregado

Nesse caso, **é o empregado que exerce o poder potestativo de extinguir o contrato de trabalho,** também por meio de urna declaração de vontade unilateral e receptícia. A hipótese, portanto, é de resilição do contrato pelo exercício lícito de um direito. Quem é surpreendido com o final do contrato, nesse caso, é o empregador. Por esse motivo, o aviso-prévio agora será direito do empregador.

Se é um direito lícito pedir demissão, o empregado tem direito de receber por todo o tempo que trabalhou e o empregador não poderá negar o pedido, quando formulado. Assim, recebe os valores proporcionais, e, quanto às férias, as receberá ainda que não tenha completado doze meses de trabalho – Súmula 261 do TST.

O empregado terá o dever de conceder o aviso-prévio (que admite renúncia pelo empregador) e terá direito a receber, do empregador: **saldo de salário; férias proporcionais + 1/3; férias vencidas + 1/3 (se houver); e 13º salário proporcional.**

No pedido de demissão, **não há direito de movimentar a conta do FGTS.**

5. EXTINÇÃO POR ATO VOLUNTÁRIO MOTIVADO (RESOLUÇÃO CONTRATUAL)

5.1. Justa causa do empregado

Justa causa é a modalidade de finalização do contrato de trabalho pelo cometimento de falta grave por parte do empregado. Inicialmente, dado o princípio da continuidade da relação de emprego, a alegação de justa causa constitui fato impeditivo, que deve ser comprovado pelo réu, quando o alega – Súmula 212 do TST.

Ocorrendo a justa causa, o empregado terá direito a receber apenas as parcelas já vencidas: o saldo de salário e as férias vencidas acrescidas de 1/3 – estas últimas se houver direito.

Para a aplicação da penalidade da justa causa devem ser atendidos os seguintes requisitos:

a) tipicidade – só será falta grave se o fato cometido pelo empregado for tipicamente previsto em lei;

> OBS.: nem todas as hipóteses de justa causa estão no art. 482 da CLT. Há hipóteses em leis esparsas, como na própria CLT, a exemplo do art. 158.

> Art. 158. Parágrafo único. Constitui ato faltoso do empregado a recusa injustificada:
>
> a) à observância das instruções expedidas pelo empregador na forma do item II do artigo anterior;
>
> b) ao uso dos equipamentos de proteção individual fornecidos pela empresa.

b) autoria e materialidade – o empregador deve verificar a autoria do empregado que está cometendo a justa causa;

c) nexo de causalidade – é necessário que haja nexo de causalidade da falta cometida com a relação de emprego;

d) imediatidade – a reação do empregador deve ser imediatamente posterior à apuração dos três requisitos anteriores. Não é posterior ao fato! O empregador pode precisar de um tempo para apurar a falta grave e, com isso, não perderá a imediatidade. A reação do empregador há de ser imediatamente posterior ao momento em que verifica a presença dos demais requisitos. A falta de imediatidade configurará perdão tácito e o empregador não mais poderá punir aquele fato. A ideia da lei foi impedir que a possibilidade de aplicação de justa causa se tornasse instrumento de vingança ou posterior perseguição pelo empregador, causando uma situação de ainda maior insegurança para o empregado;

e) proporcionalidade – a reação do empregador ao fato típico deve ser proporcional à falta cometida;

f) singularidade da punição – somente pode ser aplicada uma penalidade para cada falta cometida (princípio do *non bis in idem*);

g) não alteração da punição – uma vez aplicada determinada penalidade, não pode o empregador substituí-la por outra mais grave. O contrário (substituição por pena mais branda) é, naturalmente, admitido, visto que a solução é mais benéfica ao empregado;

h) não discriminação – é vedado ao empregador aplicar penas diferentes a empregados que cometeram idêntica falta;

i) vinculação aos motivos da punição – para que possa aplicar a pena, o empregador tem que declinar o(s) motivo(s) que ensejou(aram) a punição e a ele(s) fica vinculado, não podendo substituí-lo(s) por outro(s) mais tarde. Assim, caso não consiga provar em juízo o motivo alegado, não pode substituí-lo por outro, ainda que tenha chegado a seu conhecimento uma nova falta do empregado.

5.1.1. Faltas em espécie

As faltas do obreiro que dão ensejo à dispensa motivada (justa causa) estão espalhadas em diversos dispositivos legais. Entretanto, o rol de justas causas, por excelência, é encontrado no art. 482 da CLT. Vejamos:

> Art. 482. Constituem justa causa para rescisão do contrato de trabalho pelo empregador:
>
> a) ato de improbidade;
>
> b) incontinência de conduta ou mau procedimento;
>
> c) negociação habitual por conta própria ou alheia sem permissão do empregador, e quando constituir ato de concorrência à empresa para a qual trabalha o empregado, ou for prejudicial ao serviço;
>
> d) condenação criminal do empregado, passada em julgado, caso não tenha havido suspensão da execução da pena;
>
> e) desídia no desempenho das respectivas funções;
>
> f) embriaguez habitual ou em serviço;
>
> g) violação de segredo da empresa;
>
> h) ato de indisciplina ou de insubordinação;
>
> i) abandono de emprego;
>
> j) ato lesivo da honra ou da boa fama praticado no serviço contra qualquer pessoa, ou ofensas físicas, nas mesmas condições, salvo em caso de legítima defesa, própria ou de outrem;
>
> k) ato lesivo da honra ou da boa fama ou ofensas físicas praticadas contra o empregador e superiores hierárquicos, salvo em caso de legítima defesa, própria ou de outrem;
>
> l) prática constante de jogos de azar.
>
> m) perda da habilitação ou dos requisitos estabelecidos em lei para o exercício da profissão, em decorrência de conduta dolosa do empregado.
>
> Parágrafo único. Constitui igualmente justa causa para dispensa de empregado a prática, devidamente comprovada em inquérito administrativo, de atos atentatórios à segurança nacional. (A doutrina amplamente majoritária considera o dispositivo – parágrafo único do art. 482 – não recepcionado pela CRFB, tendo em vista se tratar de resquício do regime militar.)

a) Ato de improbidade – é ato de desonestidade para com o empregador, atentando contra o seu patrimônio ou de terceiro. É irrelevante que o ato cause prejuízo ao empregador ou seja praticado no local de trabalho, visto que a conduta desonesta, independentemente do lugar onde é praticada, provoca a *quebra da confiança* essencial à relação de emprego. É improbidade, por exemplo, a conduta do empregado que falsifica atestado médico para justificar falta ao serviço.

b) Incontinência de conduta ou mau procedimento – ambas se referem à conduta do empregado contrária à moral, às regras de boa convivência, mas a *incontinência de conduta* constitui violação específica da moral sexual, ao passo que o *mau procedimento* é violação da moral genérica, excluída a moral sexual.

> OBS.: se a incontinência de conduta gerar assédio sexual e o empregador for condenado a indenizar o assediado, caberá ação de regresso do empregador contra o assediador, de competência da Justiça do Trabalho.

c) Negociação habitual – está ligada aos atos de comércio. São três tipos que geram a justa causa, quais sejam:

1) negociação proibida pelo empregador – nesse caso, o empregador, com o poder diretivo, não autoriza a negociação pelo empregado no ambiente de trabalho, o que deverá ser por ele observado;

2) negociação que institui ato de concorrência para o empregador – essa hipótese quebra a lealdade do contrato de trabalho e, por isso, gera a justa causa. Note-se que o empregado, nesse caso, pode negociar fora do ambiente de trabalho, e, ainda assim, ocorrerá a justa causa;

3) negociação que prejudica o desempenho da atividade – o empregado não pode praticar atos que perturbem o ambiente de trabalho e a prestação do serviço.

d) Condenação criminal – é a condenação que se mostre incompatível com a prestação do serviço, ou seja, em razão de condenação criminal transitada em julgado. Portanto, regime aberto, *sursis* e outras penalidades que não impliquem reclusão não geram essa hipótese de justa causa.

> OBS.: há que se ressaltar, entretanto, que, enquanto preso provisoriamente, antes do trânsito em julgado da condenação, o contrato de trabalho permanece suspenso, não sendo devidos salários, porém mantido o vínculo empregatício entre as partes.

e) Desídia – age desidiosamente o empregado preguiçoso, desinteressado, desmazelado. Aquele que não se compromete com o seu serviço, atuando com indiferença, de forma negligente. Dada a característica do comportamento, como regra, somente constitui falta grave se a conduta é reiterada. Admite-se, todavia, que, em casos extremos, um único ato dê azo à dispensa motivada por desídia.

f) Embriaguez – a CLT menciona embriaguez *"habitual"* ou *"em serviço"*. A **embriaguez habitual** entende-se como aquela que gera o consumo frequente de bebidas alcoólicas. Refere-se **não apenas à bebida**, mas a todas as substâncias químicas inebriantes, que viciam o empregado, tornando-o um sujeito que **perde a plenitude da faculdade mental**, sendo uma pessoa de julgamento condenado.

> OBS.: há entendimento doutrinário e jurisprudencial no sentido de que a embriaguez habitual não mais gera justa causa. É uma **patologia** e, por isso, hipótese de **suspensão do contrato de trabalho** para que o empregado realize tratamento. Entretanto, **para se cogitar da suspensão** do contrato de trabalho, o **empregado deverá estar internado** para tratamento, o que somente é possível por **vontade própria**.
>
> Recurso de revista. Dispensa arbitrária. Indício de alcoolismo crônico. Art. 482, *f*, da CLT. 1. O comparecimento do empregado ao serviço por três vezes consecutivas, em estado de embriaguez, ainda que decorrido lapso de tempo entre uma e outra ocorrência, desperta suspeita de alcoolismo, circunstância em que o empregador, por cautela, e considerando a classificação como doença crônica pelo Código Internacional de Doenças (CID) da Organização Mundial de Saúde OMS, deve encaminhá-lo ao órgão previdenciário para diagnóstico e tratamento, consoante lhe assegura o art. 20 da Lei nº 8.213/1991. 2. A evolução natural da sociedade propiciada pelo desenvolvimento científico realizado na área médica e de saúde pública permite novo enquadramento jurídico ao fato – embriaguez habitual ou em serviço –, cujas consequências não mais se restringem ao indivíduo e à relação jurídica empregado-empregador. Nesse quadro, o art. 482, *f*, da CLT deve ser interpretado em consonância com os princípios fundamentais tutelados pela Constituição Federal entre os quais da dignidade humana (art. 1º, III), efetivada, no caso, por meio do acesso universal e igualitário às ações e serviços que viabilizem a promoção, proteção e recuperação da saúde (art. 196 da CF/1988 c/c a Lei nº 8.213/1991). 3. Nesse contexto, revela-se juridicamente correto o acórdão recorrido ao concluir que o desfazimento do pacto laboral do autor, por iniciativa da reclamada, com fundamento no art. 482, *f*, da CLT, materializou procedimento obstativo ao direito de ser encaminhado ao INSS para tratamento da enfermidade e, em caso de irreversibilidade, a concessão de aposentadoria provisória, o que revela a arbitrariedade da dispensa efetivada. Recurso de revista conhecido e não provido. (TST, 1ª Turma, RR-194700-73.2007.5.09.0092, Rel. Min. Walmir Oliveira da Costa, *DEJT* 15.08.2014)

Tem-se admitido até mesmo o enquadramento do alcoolismo na diretriz da Súmula 443 do TST, conforme ilustra o seguinte aresto:

> Recurso de revista. Dispensa discriminatória. Síndrome de dependência alcoólica. Reintegração. Na diretriz da Súmula nº 443 do TST, presume-se discriminatória a despedida de empregado portador do vírus HIV ou de outra doença grave que suscite estigma ou preconceito. Inválido o ato, o empregado tem direito à reintegração no emprego. Desse modo, sendo o alcoolismo crônico catalogado no Código Internacional de Doenças – CID da Organização Mundial de Saúde (OMS) como doença grave, e, ficando evidenciada nos autos a dispensa discriminatória, o autor faz jus à reintegração postulada. Recurso de revista conhecido e provido. (TST, 4ª Turma, RR-156-23.2011.5.02.0001, Rel. Min. Maria de Assis Calsing, *DEJT* 04.08.2014)

Já a **embriaguez em serviço** é hipótese pontual de embriaguez, sendo aquele empregado que comparece para **trabalhar após a ingestão de substância química tóxica**. Essa conduta coloca em risco toda a atividade empresarial e, portanto, é situação de aplicação de justa causa.

g) Violação de segredo – trata-se de justa causa pautada na quebra de confiança que rege o contrato de trabalho. Significa publicar fato de que tenha o empregado conhecimento em virtude do contrato de trabalho.

h) Ato de indisciplina ou insubordinação – a **indisciplina é o descumprimento de ordens gerais**, emanadas em relação a todos os empregados da empresa. Tais ordens podem decorrer de qualquer meio, desde a própria lei (que ordena que o empregado utilize os equipamentos de proteção individual, por exemplo) até disposições contratuais ou regulamentares.

A **insubordinação**, por sua vez, **é o descumprimento de ordens individuais**. A ordem individual também pode ser veiculada por qualquer meio, mas normalmente é dada verbalmente pelo superior hierárquico.

> OBS.: no caso de **ordem excessiva, ilegal ou abusiva**, o empregado poderá **se negar a cumpri-la (*jus resistentiae*)**. De igual sorte, não tem o dever de cumprir ordens que não advenham dos prepostos legítimos, indicados pelo empregador.

i) Abandono de emprego – constitui a falta reiterada ao trabalho, por determinado período de tempo (**elemento objetivo**), combinada com a intenção do empregado de ver extinto o contrato de trabalho (**elemento subjetivo**). Distingue-se do pedido de demissão, uma vez que, neste, o empregado comunica sua intenção de deixar o emprego. De forma geral, consideram-se como prazo fatal 30 dias corridos consecutivos, conforme consolidado na Súmula 32 do TST:

> Súmula 32: Abandono de emprego (nova redação). Presume-se o abandono de emprego se o trabalhador não retornar ao serviço no prazo de 30 (trinta) dias após a cessação do benefício previdenciário nem justificar o motivo de não o fazer.

Se o empregado falta durante 30 dias ou mais, porém intercalados (não consecutivos), a falta não se enquadra como abandono de emprego, podendo ser considerada desídia.

É comum, na prática, o empregador convocar o empregado para retornar ao trabalho. Há duas observações a serem feitas, entretanto: o **empregador não possui qualquer obrigação de convocar** o seu empregado para trabalhar, haja vista ser o seu dever comparecer ao trabalho; além disso a **convocação**, se feita **por meios públicos**, deve ser cuidadosa o suficiente para **não prejudicar a imagem do trabalhador**.

> Agravo de instrumento. Recurso de revista. Processo sob a égide da Lei 13.015/2014 e anterior à Lei 13.467/2017. Rescisão do contrato de trabalho. Justa causa. Abandono de emprego. Não configuração. Reversão em juízo. Matéria fática. Súmula 126/TST. Para o Direito Brasileiro, "justa causa" é o motivo relevante,

previsto legalmente, que autoriza a resolução do contrato de trabalho por culpa do sujeito comitente da infração – no caso, o empregado. E, entre as infrações obreiras, a justa causa por abandono de emprego está inserida na alínea "i" do art. 482 da CLT. Do ponto de vista rigorosamente técnico-jurídico, a figura importa extinção do contrato por ato tácito de vontade do empregado. Contudo, a lei enquadrou-a no rol das justas causas, certamente com o objetivo de acentuar o ônus probatório do empregador, inviabilizando alegações de pedido de demissão tácito sem maior fundamento. Dois elementos comparecem à formação desta justa causa: o objetivo, consistente no real afastamento do serviço; e o subjetivo, consistente na intenção, ainda que implícita, de romper o vínculo. O elemento objetivo tem sido fixado, pela jurisprudência, regra geral, em 30 dias, a teor da Súmula nº 32 do TST e do próprio critério referido pelo art. 472, § 1º da CLT. O elemento subjetivo, que consiste na intenção de romper o contrato, desponta, às vezes, como de difícil evidenciação. A jurisprudência não tem conferido validade a convocações por avisos publicados em órgãos de imprensa, por se tratar, na verdade, de uma espécie de notificação ficta, de raríssimo conhecimento pelo trabalhador. Mais apropriado tem sido o envio de telegrama pessoal à residência do obreiro, com aviso de recebimento, alertando-o sobre sua potencial infração e convocando-o para o imediato retorno ao serviço. No caso em tela, o TRT, mantendo a sentença, consignou que não restaram configuradas as alegações de abandono de emprego, pois "a prova testemunhal é frágil e pouco contribuiu para o esclarecimento dos fatos". Portanto, o conjunto probatório delineado no acórdão regional desponta a ausência dos requisitos configuradores da justa causa prevista no art. 482, "i", da CLT. Ademais, para que se pudesse chegar, se fosse o caso, a conclusão fática diversa, seria necessário o revolvimento do conteúdo probatório constante dos autos, propósito insuscetível de ser alcançado nessa fase processual, diante do óbice da Súmula 126/TST. Agravo de instrumento desprovido. (TST, 3ª Turma, AIRR-1000850-91.2017.5.02.0056, Rel. Min. Mauricio Godinho Delgado, *DEJT* 18.10.2019)

j) Ofensas físicas – configuram justa causa as ofensas físicas perpetradas contra o empregador, colegas de trabalho ou terceiros. Trata-se de qualquer forma de agressão física. A CLT menciona que seria o ato "praticado no serviço", mas esse conceito há de ser ampliado para atingir também os atos praticados durante a prestação do serviço, ainda que fora do estabelecimento – no caso de vendedor externo, por exemplo.

> OBS.: essa justa causa não poderá ser aplicada quando restar comprovado que a atitude do empregado, ao agredir, foi em legítima defesa própria ou de terceiro.

k) Ato lesivo à honra ou à boa fama contra qualquer pessoa e ato lesivo à honra ou a boa fama contra o empregador – é o ato de ofensa a outrem. Pode ser praticado das mais variadas formas, dado que o empregado poderá se valer de palavras verbalmente externadas ou escritas. **Qualquer ato**, doloso ou culposo, que, subjetivamente, abale a honra e a boa fama do empregador será suficiente para o preenchimento da justa causa em exame.

l) **Prática constante de jogos de azar** – a doutrina não é unânime acerca do alcance da expressão "jogos de azar", se só se refere aos jogos ilícitos, ou a qualquer jogo de azar. A maioria afirma que pode ser qualquer jogo de azar, desde que praticado no âmbito do local de trabalho ou, se praticado fora, que repercuta negativamente no ambiente de trabalho. Do contrário, não caberia ao empregador julgar o comportamento do empregado em sua vida privada. A falta exige habitualidade da conduta, ou seja, o empregado deve jogar constantemente, de forma que sua atividade laboral reste inequivocamente prejudicada pelo vício.

m) **Perda da habilitação ou dos requisitos estabelecidos em lei para o exercício da profissão, em decorrência de *conduta dolosa* do empregado** – a reforma trabalhista introduzida no nosso ordenamento acrescentou essa hipótese, tendo em vista que a habilitação profissional é requisito imprescindível para o exercício de suas funções; assim, o empregado que não atender a tal exigência será demitido por justa causa.

Cabe destacar que, caso a perda da habilitação e dos requisitos legais decorra de conduta culposa ou por força maior, a legislação não autoriza a dispensa por justa causa do empregado.

5.1.2. Efeitos da dispensa motivada

A extinção do contrato de trabalho por justa causa do empregado acarreta a perda do direito às férias proporcionais, ao aviso-prévio, ao décimo terceiro proporcional, além de impedir o saque dos depósitos do FGTS e retirar o direito à indenização de 40% do FGTS e o direito ao seguro-desemprego.

Assim, terá direito apenas ao saldo de salários e às férias já adquiridas (simples ou vencidas).

5.2. Rescisão indireta do contrato – justa causa do empregador

Consiste na possibilidade dada ao empregado de considerar rescindido o seu contrato de trabalho em decorrência de falta grave cometida pelo seu empregador.

Tendo em vista que o empregado não detém poder punitivo, em caso de *falta grave do empregador*, cabe ao trabalhador ingressar perante a Justiça do Trabalho com ação de rescisão indireta do contrato de trabalho. Julgada procedente tal ação, estará extinto o vínculo e o empregador será condenado ao pagamento de todas as verbas rescisórias que seriam devidas em caso de despedida imotivada, ou seja, os efeitos serão os mesmos da demissão sem justa causa.

À semelhança da justa causa do empregado, para a configuração da presente hipótese, é necessário o preenchimento de alguns requisitos, como:

1) **tipicidade** – o fato cometido pelo empregador deverá ser típico e, assim, estar previsto em lei;

2) **imediatidade** – a reação do empregado para requerer a rescisão indireta do contrato deve ser imediatamente posterior à apuração do cometimento da falta

pelo seu empregador. A ausência de reação imediata irá significar o perdão tácito do empregado. Não obstante, o TST tem firmado entendimento no sentido de que a hipossuficiência do trabalhador é incompatível, muitas vezes, com a imediatidade;

3) **nexo de causalidade** – a falta praticada pelo empregador deve ser a causa real do rompimento do contrato pelo empregado. Assim, cumpre ao empregado comunicar ao empregador o motivo do seu afastamento, com o fundamento na falta grave por ele cometida.

> OBS.: a comunicação pelo empregado ao empregador já formaliza a finalização por rescisão indireta, não sendo necessário pronunciamento judicial. A ação judicial tem lugar apenas para que seja ofertado o pagamento relativo às parcelas rescisórias.

Boa parte da doutrina entende que o empregado deve se afastar do trabalho imediatamente, em todas as hipóteses do art. 483, salvo naquelas das alíneas *d* e *g*. Isso, porque o § 3º prevê o seguinte:

> Art. 483. (...)
>
> (...)
>
> § 3º Nas hipóteses das letras "d" e "g", poderá o empregado pleitear a rescisão de seu contrato de trabalho e o pagamento das respectivas indenizações, permanecendo ou não no serviço até final decisão do processo.

Exatamente por esse motivo, o empregado somente deve postular a rescisão indireta e continuar trabalhando nas seguintes hipóteses:

i) não cumprir o empregador as obrigações do contrato;

ii) o empregador reduzir o seu trabalho, sendo este por peça ou tarefa, de forma que afete sensivelmente a importância dos salários.

5.2.1. Hipóteses legais de justa causa do empregador

O art. 483 da CLT tipifica as condutas do empregador consideradas como motivo suficiente para a dispensa indireta:

> Art. 483. O empregado poderá considerar rescindido o contrato e pleitear a devida indenização quando:
>
> a) forem exigidos serviços superiores às suas forças, defesos por lei, contrários aos bons costumes, ou alheios ao contrato;
>
> b) for tratado pelo empregador ou por seus superiores hierárquicos com rigor excessivo;
>
> c) correr perigo manifesto de mal considerável;
>
> d) não cumprir o empregador as obrigações do contrato;
>
> e) praticar o empregador ou seus prepostos, contra ele ou pessoas de sua família, ato lesivo da honra e boa fama;

f) o empregador ou seus prepostos ofenderem-no fisicamente, salvo em caso de legítima defesa, própria ou de outrem;

g) o empregador reduzir o seu trabalho, sendo este por peça ou tarefa, de forma a afetar sensivelmente a importância dos salários.

§ 1º O empregado poderá suspender a prestação dos serviços ou rescindir o contrato, quando tiver de desempenhar obrigações legais incompatíveis com a continuação do serviço.

§ 2º No caso de morte do empregador constituído em empresa individual, é facultado ao empregado rescindir o contrato de trabalho.

§ 3º Nas hipóteses das letras "d" e "g", poderá o empregado pleitear a rescisão de seu contrato de trabalho e o pagamento das respectivas indenizações, permanecendo ou não no serviço até final decisão do processo.

a) Exigir serviços superiores às forças do empregado, defesos por lei, contrários aos bons costumes, ou alheios ao contrato: o empregado tem o dever de cumprir todas as tarefas relacionadas com o serviço que lhe foi contratado, não podendo o empregador exigir trabalho que supere as forças físicas e intelectuais do empregado, como também que comprometa a integridade psíquica do trabalhador. Tampouco poderá o empregador exigir o trabalho que seja contrário à lei, aos bons costumes ou diferentes do contratado.

Nesses casos, o empregado poderá deixar de cumprir a ordem manifestamente ilegal, imoral ou contrária aos bons costumes e postular a rescisão indireta do contrato de trabalho.

b) For tratado pelo empregador ou por seus superiores hierárquicos com rigor excessivo: é a atuação intransigente do empregador, tratando o empregado sem educação ou respeito devidos, diminuindo e desmerecendo a sua atuação. Afigura-se também pela aplicação de penalidades desnecessárias.

c) Correr perigo manifesto de mal considerável: essa situação não tem nenhuma relação com periculosidade. O perigo manifesto, mencionado pela CLT, é a exposição do empregado a situações de perigo que não sejam inerentes ao objeto do contrato e, ainda, que estejam acima da razoabilidade das condições normais.

d) Não cumprir o empregador as obrigações do contrato: não se encaixa no presente tipo qualquer descumprimento do empregador. Trata-se de descumprimento que se mostre grave o suficiente para significar o rompimento do contrato de trabalho.

Súmula 13 do TST. Mora (mantida)

O só pagamento dos salários atrasados em audiência não ilide a mora capaz de determinar a rescisão do contrato de trabalho.

e) Praticar ato lesivo da honra e boa fama contra o empregado ou pessoas de sua família: o tipo consiste na ofensa moral à pessoa do trabalhador ou à sua família, caracterizada por ato de injúria, calúnia ou difamação. Tanto faz seja a ofensa cometida diretamente pelo empregador como indiretamente, por meio de seus prepostos. Como a lei não faz restrição, nada impede que a ofensa seja verificada fora do ambiente de trabalho, hipótese em que também configurará a falta.

f) Praticar ofensa física contra o empregado, salvo em caso de legítima defesa, própria ou de outrem: aqui a ofensa é física, praticada pelo empregador ou por seus prepostos contra o empregado. A legítima defesa, seja do agressor, seja de outrem, elide a falta.

g) Reduzir o trabalho do empregado, por peça ou tarefa, de forma que afete sensivelmente a importância dos salários: se o empregado tiver o salário fixado por produção e o empregador reduzir significativamente a tarefa passada a ele, de forma a reduzir sensivelmente a sua remuneração, estará configurado o tipo legal. Observe-se que a redução de pequena monta não configurará o tipo.

> OJ 244 da SDI-1: Professor. Redução da carga horária. Possibilidade (inserida em 20.06.2001). A redução da carga horária do professor, em virtude da diminuição do número de alunos, não constitui alteração contratual, uma vez que não implica redução do valor da hora-aula.

h) Assédio sexual: a prática do assédio sexual pelo empregador ou por superior hierárquico do empregado enseja a postulação da rescisão indireta do contrato de trabalho. Não interessa se o assédio ocorre por intimidação (assédio ambiental), ou por chantagem ("isto por aquilo").

Quanto ao enquadramento do assédio sexual como justa causa do empregador, a doutrina costuma defender a possibilidade de enquadramento em várias alíneas do art. 483, principalmente nas alíneas *c*, *d* e *e*. Com efeito, a prática do assédio sexual denota descumprimento de obrigação contratual, porque cabe ao empregador zelar pela segurança e decência no local de trabalho, preservando o respeito à vida privada do empregado. Ademais, o assédio sexual pode lesar a honra e a boa fama do empregado (alínea *e*), bem como provocar sequelas psíquicas, que caracterizam perigo manifesto de mal considerável (alínea *c*).

Esclareça-se que também pode ocorrer assédio sexual de iniciativa do empregado em relação a colega de trabalho, ao empregador ou a terceiro ligado ao contrato de trabalho, hipóteses em que o empregado poderá ser dispensado por justa causa, pela prática de incontinência de conduta (art. 482, *b*, da CLT).

5.2.2. Direitos do empregado na dispensa indireta

Confirmada judicialmente a rescisão indireta, fará jus o empregado às mesmas parcelas devidas na demissão sem justa causa:

- saldo de salários;
- férias (vencidas, simples e proporcionais);
- décimo terceiro salário;
- aviso-prévio;

Cap. 22 – EXTINÇÃO DO CONTRATO DE TRABALHO **407**

- indenização de 40% do FGTS;
- saque do FGTS;
- seguro-desemprego.

5.2.3. Situações especiais previstas no art. 483

Prevê o art. 483 da CLT, além das faltas graves do empregador, as seguintes situações especiais:

a) O empregado poderá suspender a prestação dos serviços ou rescindir o contrato quando tiver de desempenhar obrigações legais incompatíveis com a continuação do serviço (§ 1º).

A doutrina menciona como exemplo a eleição do empregado para exercer cargo parlamentar. Nesse caso, ele pode escolher uma dentre duas soluções: (a) suspender a prestação dos serviços; (b) rescindir o contrato. Outros exemplos são a convocação para prestar serviço militar obrigatório ou para atuar no Tribunal do Júri.

b) No caso de morte do empregador constituído em empresa individual, é facultado ao empregado rescindir o contrato de trabalho (§ 2º).

Na hipótese do art. 485 da CLT, a morte do empregador faz cessar a atividade da empresa, e, em consequência, os contratos de trabalho dos empregados são extintos, com efeitos de dispensa imotivada. Diferentemente, no caso do § 2º do art. 483, a empresa continua, seja pelos herdeiros do empresário, seja por sucessão. Assim, **a lei apenas faculta ao empregado a rescisão indireta do contrato de trabalho**, razão pela qual não lhe serão devidas as verbas rescisórias aplicáveis à dispensa imotivada, fazendo jus às parcelas rescisórias devidas no pedido de demissão, com a única vantagem de ficar dispensado do cumprimento do aviso-prévio (ou de pagar a indenização do art. 480 da CLT, se o contrato for por prazo determinado).

Ressalta-se que essa regra será aplicável apenas quando o empregador for pessoa física ou constituído em empresa unipessoal.

5.3. Extinção do contrato por culpa recíproca

Ocorre a extinção contratual por culpa recíproca quando ambas as partes têm culpa na extinção do contrato, isto é, quando tanto empregado quanto empregador descumpriram suas obrigações contratuais e, portanto, concorreram culposamente para a cessação do contrato de trabalho.

Normalmente, a segunda falta tem conexão com a primeira; por isso, diz-se que a culpa é recíproca.

5.3.1. Direitos na culpa recíproca

Somente é possível a configuração dessa modalidade de extinção contratual mediante decisão judicial. Quanto às verbas rescisórias, a lei abre espaço para a solução encontrada a fim de reduzir à metade as parcelas devidas ao empregado. Nesse sentido, o art. 484 da CLT prevê que a antiga indenização por tempo de serviço seria paga pela metade no caso de culpa recíproca.

> Art. 484. Havendo culpa recíproca no ato que determinou a rescisão do contrato de trabalho, o tribunal de trabalho reduzirá a indenização à que seria devida em caso de culpa exclusiva do empregador, por metade.

Nesse mesmo sentido, o art. 18, §§ 1º e 2º, da Lei 8.036/1990:

> Art. 18. (…)
>
> § 1º Na hipótese de despedida pelo empregador sem justa causa, depositará este, na conta vinculada do trabalhador no FGTS, importância igual a quarenta por cento do montante de todos os depósitos realizados na conta vinculada durante a vigência do contrato de trabalho, atualizados monetariamente e acrescidos dos respectivos juros.
>
> § 2º Quando ocorrer despedida por culpa recíproca ou força maior, reconhecida pela Justiça do Trabalho, o percentual de que trata o § 1º será de 20 (vinte) por cento.

A solução também é adotada pela jurisprudência:

> Súmula 14: Culpa recíproca (nova redação). Res. 121/2003, *DJ* 19, 20 e 21.11.2003.
>
> Reconhecida a culpa recíproca na rescisão do contrato de trabalho (art. 484 da CLT), o empregado tem direito a 50% (cinquenta por cento) do valor do aviso-prévio, do décimo terceiro salário e das férias proporcionais.

Assim, são os seguintes os direitos do empregado na rescisão por culpa recíproca:

- saldo de salários (integral, porque já adquirido/trabalhado);
- metade do aviso-prévio;
- metade do décimo terceiro proporcional;
- metade das férias proporcionais;
- metade da multa do FGTS (20%);
- férias e décimo terceiro vencidos são devidos de forma integral, naturalmente;
- saque do FGTS (é óbvio que o saque é de todo o valor depositado na conta vinculada).

O seguro-desemprego não é devido porque o empregado concorreu para o desemprego. Ademais, o inciso I do art. 2º da Lei 7.998/1990 dispõe que "O Programa do Seguro-Desemprego tem por finalidade prover assistência financeira temporária ao trabalhador desempregado em virtude de dispensa sem justa causa, inclusive a indireta, e ao trabalhador comprovadamente resgatado em regime de trabalho forçado ou da condição análoga à de escravo".

6. DISTRATO

A Lei 13.467/2017 passou a admitir o distrato como forma de término do contrato de trabalho, o que deve prevenir o cometimento de fraudes na relação do trabalho. A regulamentação do distrato com o estabelecimento permite que as partes da relação de emprego tenham conhecimento dos limites para adoção dessa modalidade de extinção contratual.

A existência de consenso entre as partes da relação de emprego é o requisito fundamental e indispensável dessa modalidade de término do contrato de trabalho. A ausência de acordo ou o vício na manifestação de vontade dos trabalhadores inviabiliza o distrato e obriga o reconhecimento da dispensa sem justa causa.

Para os menores de 18 anos, à formalização do distrato, exige-se a assistência dos representantes legais, persistindo a obrigação do art. 439 da CLT:

> Art. 439. É lícito ao menor firmar recibo pelo pagamento dos salários. Tratando-se, porém, de rescisão do contrato de trabalho, é vedado ao menor de 18 (dezoito) anos dar, sem assistência dos seus responsáveis legais, quitação ao empregador pelo recebimento da indenização que lhe for devida.

Caso o distrato seja levado a juízo por meio do processo de jurisdição voluntária para homologação de acordo extrajudicial, previsto nos arts. 855-B a 855-E da CLT, haverá trânsito em julgado, não podendo o empregado rediscutir as questões firmadas no acordo extrajudicial.

6.1. Verbas rescisórias pagas

- 50% do aviso-prévio (se for trabalhado, será integral);
- 20% da multa sobre os depósitos do FGTS;
- 80% dos depósitos do FGTS;
- Saldo de salário;
- Décimo terceiro salário proporcional;
- Férias + 1/3 vencidas, se houver;
- Férias + 1/3 proporcionais.

Lembrando que o aviso-prévio é projetado para todos os fins do contrato de trabalho; assim, há redução da projeção desse aviso, caso seja indenizado. O empregado também não terá direito ao seguro-desemprego.

7. PAGAMENTO DAS VERBAS RESCISÓRIAS

Após o término do contrato de trabalho, cabe ao empregador cumprir algumas obrigações, como o pagamento das verbas rescisórias e a anotação na CTPS do trabalhador. Há, inclusive, obrigações que permanecem aos empregados, como o dever de lealdade e a proibição de revelação de segredo da empresa, ainda que não haja vínculo empregatício.

A reforma trabalhista estabeleceu as três principais obrigações aos empregadores após o término do contrato de trabalho, quais sejam:

a) anotação do término do contrato de trabalho na CTPS do empregado;

b) comunicação da dispensa aos órgãos competentes;

c) pagamento das verbas rescisórias no prazo estabelecido.

O correto é anotar como data de saída o último dia da projeção do aviso-prévio indenizado, uma vez que o aviso-prévio conta como tempo de serviço para todos os efeitos e, notadamente, para fins previdenciários, e a CTPS é o meio de prova por excelência para comprovação do tempo de serviço junto ao INSS. A jurisprudência do TST caminha no mesmo sentido, consoante dispõe a OJ 82 da SDI-1:

> OJ 82 da SDI-1: Aviso-prévio. Baixa na CTPS (inserida em 28.04.1997). A data de saída a ser anotada na CTPS deve corresponder à do término do prazo do aviso-prévio, ainda que indenizado.

7.1. Assistência à rescisão e homologação

A reforma trabalhista revogou os §§ 1º e 3º do art. 477, que previam a homologação das verbas rescisórias para os trabalhadores com mais de um ano de serviço, e passou a estabelecer apenas a necessidade de comunicação das dispensas aos órgãos competentes.

É importante salientar que as comissões de conciliação prévia (CCPs) não têm atribuição para prestar assistência à rescisão contratual, mas tão somente para realizar tentativa de conciliação de conflitos individuais do trabalho no âmbito extrajudicial, nos termos do art. 625-A da CLT.

Observe-se que, em relação às rescisões anteriores à reforma trabalhista, a assistência à rescisão não poderia ser cobrada, seja do empregador, seja do empregado. Nesse sentido, o § 7º do art. 477, segundo o qual "O ato da assistência na rescisão contratual (§§ 1º e 2º) será sem ônus para o trabalhador e empregador".

> OJ 16 da SDC: Taxa de homologação de rescisão contratual. Ilegalidade (inserida em 27.03.1998).
>
> É contrária ao espírito da lei (art. 477, § 7º, da CLT) e da função precípua do Sindicato a cláusula coletiva que estabelece taxa para homologação de rescisão contratual, a ser paga pela empresa a favor do sindicato profissional.

Antes da reforma trabalhista, discutia-se a consequência jurídica da rescisão do contrato de trabalho com mais de um ano sem a devida homologação. A doutrina se dividia a respeito: de um lado, parte dela afirmava que rescisão seria inválida, pelo que deveria ser considerada como não realizada (ato inexistente); de outro lado, outros doutrinadores, entre os quais Mauricio Godinho Delgado,[1] afirmavam que, no caso, despontará presunção relativa favorável ao obreiro, no sentido de que o contrato foi rompido unilateralmente pelo empregador, pois esta é a modalidade mais favorável ao empregado sob o ponto de vista do rol de parcelas a receber.

---

[1] DELGADO, Mauricio Godinho. *Curso de Direito do Trabalho*. 19. ed. São Paulo: LTr, 2020.

Cap. 22 – EXTINÇÃO DO CONTRATO DE TRABALHO **411**

De qualquer forma, a grande maioria dos doutrinadores, independentemente da corrente adotada, admite que, em homenagem ao princípio da primazia da realidade, caso reste demonstrado, por qualquer meio de prova, que o empregado efetivamente recebeu os valores constantes do recibo de quitação não homologado, não será devido novo pagamento, até mesmo a fim de evitar a ocorrência de enriquecimento sem causa do trabalhador.

> OBS.: a exigência de submissão do recibo de quitação à assistência e à homologação não se aplicava à Administração Pública direta, autárquica e fundacional, tendo em vista a presunção de legitimidade de seus atos (art. 1º, I, do Decreto-lei 779/1969). Tal exceção, entretanto, não alcançava as empresas públicas e as sociedades de economia mista, as quais se sujeitam ao regime jurídico próprio das empresas privadas, inclusive quanto aos direitos e às obrigações trabalhistas (art. 173, § 1º, II, da CRFB/1988).

7.2. Formalização dos pagamentos rescisórios e limites da quitação

Art. 477. (...)

§ 2º O instrumento de rescisão ou recibo de quitação, qualquer que seja a causa ou forma de dissolução do contrato, deve ter especificada a natureza de cada parcela paga ao empregado e discriminado o seu valor, sendo válida a quitação, apenas, relativamente às mesmas parcelas.

Esse parágrafo trata da formalização dos recibos de quitação das verbas rescisórias, veda os chamados pagamentos complessivos e esclarece que a quitação se dá apenas em relação às parcelas expressamente consignadas no Termo de Rescisão do Contrato de Trabalho (TRCT).

Em relação à vedação ao pagamento complessivo, não há maiores novidades, ou seja, não se admite a quitação de várias parcelas sob uma única rubrica, sob um único nome. A respeito, vale relembrar o teor da Súmula 91 do TST.

Quanto à homologação levada a efeito pelo sindicato, que era obrigatória antes das alterações promovidas pela reforma trabalhista, o TST entende que a eficácia liberatória do termo de quitação se refere à parcela na acepção de título de rubrica, e não de valor, salvo, literalmente, se houver ressalva expressa. Este é o sentido da Súmula 330:

Súmula 330: Quitação. Validade (mantida). Res. 121/2003, *DJ* 19, 20 e 21.11.2003.

A quitação passada pelo empregado, com assistência de entidade sindical de sua categoria, ao empregador, com observância dos requisitos exigidos nos parágrafos do art. 477 da CLT, tem eficácia liberatória em relação às parcelas expressamente consignadas no recibo, salvo se oposta ressalva expressa e especificada ao valor dado à parcela ou parcelas impugnadas.

I – A quitação não abrange parcelas não consignadas no recibo de quitação e, consequentemente, seus reflexos em outras parcelas, ainda que estas constem desse recibo.

II – Quanto a direitos que deveriam ter sido satisfeitos durante a vigência do contrato de trabalho, a quitação é válida em relação ao período expressamente consignado no recibo de quitação.

Portanto, se a homologação se deu no sindicato, a regra é clara: a eficácia liberatória se refere às rubricas constantes do TRCT (parcelas), e não apenas aos valores homologados. Abre-se, entretanto, a possibilidade de o agente homologador fazer constar, normalmente no verso do TRCT, ressalva em relação ao valor de determinada parcela.

7.3. Limites quanto à forma de pagamento das verbas rescisórias

O § 4º do art. 477 estabelece a forma e o meio de pagamento das verbas rescisórias, nos seguintes termos:

> Art. 477. (…)
>
> (...)
>
> § 4º O pagamento a que fizer jus o empregado será efetuado: (Redação dada pela Lei nº 13.467, de 2017)
>
> I – em dinheiro, depósito bancário ou cheque visado, conforme acordem as partes; ou (Incluído pela Lei nº 13.467, de 2017)
>
> II – em dinheiro ou depósito bancário quando o empregado for analfabeto. (Incluído pela Lei nº 13.467, de 2017)

A reforma excluiu a necessidade de pagamento das verbas rescisórias no ato da homologação da rescisão do contrato de trabalho. O empregado deve receber o valor em dinheiro, depósito bancário (novidade legislativa) ou cheque visado, na forma acordada entre as partes. Por sua vez, para os trabalhadores analfabetos, é obrigatório o pagamento em dinheiro ou depósito bancário.

7.4. Limites a descontos nas parcelas rescisórias

Existindo qualquer valor a descontar em decorrência do contrato de trabalho (adiantamentos, por exemplo), pode ser ele descontado das parcelas rescisórias devidas, desde que não ultrapasse o valor equivalente a um mês de remuneração. Nesse sentido, o § 5º do art. 477 da CLT:

> Art. 477. (…)
>
> § 5º Qualquer compensação no pagamento de que trata o parágrafo anterior não poderá exceder o equivalente a um mês de remuneração do empregado.

Caso o valor supere o limite, o que exceder passa a ser considerado dívida civil, não podendo ser descontado das parcelas rescisórias.

7.5. Prazo para pagamento das parcelas rescisórias

A antiga redação do § 6º do artigo em comento estabelecia dois prazos distintos para o pagamento das verbas rescisórias, quais sejam:

a) até o primeiro dia útil imediato ao término do contrato;

b) até o décimo dia, contado da data da notificação da demissão, quando da ausência do aviso-prévio, indenização deste ou dispensa de seu cumprimento.

Com a reforma trabalhista, o prazo foi unificado para dez dias contados a partir do término do contrato de trabalho, devendo o empregador dentro desse período:

a) realizar a entrega ao empregado de documentos que comprovem a comunicação da extinção do contrato de trabalho aos órgãos competentes; e

b) efetuar o pagamento dos valores constantes do instrumento de rescisão ou recibo de quitação.

A CLT estipula expressamente o prazo para pagamento das verbas rescisórias conforme a modalidade de extinção contratual e, mais precisamente, de acordo com o cumprimento ou não do aviso-prévio. Assim dispõe o § 6º do art. 477:

> Art. 477. (...)
>
> § 6º A entrega ao empregado de documentos que comprovem a comunicação da extinção contratual aos órgãos competentes bem como o pagamento dos valores constantes do instrumento de rescisão ou recibo de quitação deverão ser efetuados até 10 dias contados a partir do término do contrato.

A contagem do prazo obedece à regra geral do Código Civil, nos termos da OJ 162 da SDI-1:

> OJ 162 da SDI-1: Multa. Art. 477 da CLT. Contagem do prazo. Aplicável o art. 132 do Código Civil de 2002. *DJ* 20.04.2005.
>
> A contagem do prazo para quitação das verbas decorrentes da rescisão contratual prevista no art. 477 da CLT exclui necessariamente o dia da notificação da demissão e inclui o dia do vencimento, em obediência ao disposto no art. 132 do Código Civil de 2002 (art. 125 do Código Civil de 1916).

Insta salientar que o chamado aviso-prévio cumprido em casa equivale ao aviso--prévio indenizado, razão pela qual o prazo para pagamento, no caso, é até o décimo dia contado da notificação da dispensa. Em consonância com esse entendimento, a OJ 14 da SDI-1:

> OJ 14 da SDI-1: Aviso-prévio cumprido em casa. Verbas rescisórias. Prazo para pagamento. *DJ* 20.04.2005.
>
> Em caso de aviso-prévio cumprido em casa, o prazo para pagamento das verbas rescisórias é até o décimo dia da notificação de despedida.

7.6. Descumprimento do prazo para pagamento das parcelas rescisórias

O descumprimento, pelo empregador, do prazo para pagamento das verbas rescisórias é tratado pelo § 8º do art. 477, nos seguintes termos:

> Art. 477. (...)
>
> § 8º A inobservância do disposto no § 6º deste artigo sujeitará o infrator à multa de 160 BTN, por trabalhador, bem assim ao pagamento da multa a favor do empregado,

em valor equivalente ao seu salário, devidamente corrigido pelo índice de variação do BTN, salvo quando, comprovadamente, o trabalhador der causa à mora.

Atente-se para o fato de que a CLT estabelece duas multas distintas em virtude da irregularidade: a primeira, de natureza administrativa, aplicada pela fiscalização do trabalho; a segunda tem em vista, de certa forma, indenizar o empregado pelo atraso e é dirigida a ele próprio, sendo devida em valor fixo correspondente ao seu salário. As multas são distintas (uma devida ao empregado e outra ao Estado), razão pela qual o pagamento de uma não elide a obrigação de pagar a outra.

7.7. Saque do FGTS e requerimento do seguro-desemprego

A Lei 13.467/2017 acrescentou uma novidade, que consiste na obrigação de o empregador comunicar o término do contrato de trabalho aos órgãos competentes.

Nesse sentido, o novo § 10 do art. 477 da CLT prevê que a anotação da extinção do contrato de trabalho na CTPS é documento suficiente para que o empregado requeira o seguro-desemprego e a movimentação de sua conta vinculada ao FGTS. Ocorre que isso somente será possível caso o empregador tenha efetuado a comunicação da extinção do contrato de trabalho aos órgãos competentes – no caso, o Ministério do Trabalho e a CEF.

7.8. Massa falida – inaplicabilidade

Consoante a jurisprudência consolidada do TST, a massa falida não se sujeita à multa dos arts. 467 e 477 da CLT. Este é o teor da Súmula 388:

> Súmula 388: Massa falida. Arts. 467 e 477 da CLT. Inaplicabilidade. Res. 129/2005, *DJ* 20, 22 e 25.04.2005.
>
> A massa falida não se sujeita à penalidade do art. 467 e nem à multa do § 8º do art. 477, ambos da CLT.

Aliás, o art. 467 da CLT dispõe:

> Art. 467. Em caso de rescisão de contrato de trabalho, havendo controvérsia sobre o montante das verbas rescisórias, o empregador é obrigado a pagar ao trabalhador, à data do comparecimento à Justiça do Trabalho, a parte incontroversa dessas verbas, sob pena de pagá-las acrescidas de cinquenta por cento.
>
> Parágrafo único. O disposto no *caput* não se aplica à União, aos Estados, ao Distrito Federal, aos Municípios e as suas autarquias e fundações públicas.

No mesmo sentido, a Súmula 69 do TST:

> Súmula 69: Rescisão do contrato (nova redação). Res. 121/2003, *DJ* 19, 20 e 21.11.2003. A partir da Lei 10.272, de 05.09.2001, havendo rescisão do contrato de trabalho e sendo revel e confesso quanto à matéria de fato, deve ser o empregador condenado ao pagamento das verbas rescisórias, não quitadas na primeira audiência, com acréscimo de 50% (cinquenta por cento).

7.9. Pessoas jurídicas de direito público – aplicabilidade

As pessoas jurídicas de direito público, por sua vez, se sujeitam à multa por atraso no pagamento das verbas rescisórias, conforme a OJ 238 da SDI-1:

> OJ 238 da SDI-1: Multa. Art. 477 da CLT. Pessoa jurídica de direito público. Aplicável (inserido dispositivo). *DJ* 20.04.2005.
>
> Submete-se à multa do art. 477 da CLT a pessoa jurídica de direito público que não observa o prazo para pagamento das verbas rescisórias, pois nivela-se a qualquer particular, em direitos e obrigações, despojando-se do *jus imperii* ao celebrar um contrato de emprego.

7.10. Depósito bancário e ação de consignação

Caso o empregado não compareça na data agendada para o acerto (assistência e homologação) e não seja possível efetuar o depósito bancário no prazo legal (se, por exemplo, o empregado não possui conta bancária), cabe ao empregador providenciar a ação de consignação, a fim de cumprir o prazo e se liberar das multas do § 8º.

7.11. Fundada controvérsia quanto à existência da obrigação

Enquanto vigente, a OJ 351 da SDI-1 dispunha ser "Incabível a multa prevista no art. 477, § 8º, da CLT, quando houver fundada controvérsia quanto à existência da obrigação cujo inadimplemento gerou a multa". Entretanto, tal verbete foi cancelado pela Resolução 163/2009 do TST. A partir daí, o entendimento majoritário no TST tem sido no sentido de que apenas seria indevida a multa do art. 477 nos casos em que o empregado tivesse dado causa ao atraso do pagamento rescisório.

Na melhor das hipóteses (para o empregador), seria indevida a multa se houvesse efetivamente fundada controvérsia quanto à parcela ou mesmo à existência de relação de emprego, o que não se confunde com mero descumprimento da legislação trabalhista pelo empregador.

7.12. Possibilidade ou não de parcelamento

A lei (art. 477 da CLT) não faz qualquer menção à possibilidade de pagamento parcelado das verbas rescisórias, razão pela qual, em princípio, poderíamos dizer ser tal parcelamento inviável, por ausência de previsão legal.

Em que pese tal fato, a jurisprudência, embora não consolidada, admitia o pagamento parcelado das verbas rescisórias, desde que previsto em instrumento coletivo de trabalho ou que houvesse anuência expressa da entidade sindical representativa dos trabalhadores.

São inúmeros, no entanto, os julgados recentes em sentido contrário, por exemplo, o seguinte, da SDI-I, publicado *no Informativo* 91 do TST:

> (...) Multa prevista no art. 477 da CLT. Parcelamento acordado entre as partes. Indisponibilidade do direito à multa. O pagamento parcelado das verbas rescisórias,

mesmo com previsão em acordo coletivo, acarreta o pagamento da multa prevista no § 8º do art. 477 da CLT. Não há como se validar acordo firmado entre as partes prevendo o parcelamento das verbas, uma vez que se trata de direito indisponível do empregado. Considerar o previsto no acordo coletivo é possibilitar o pagamento de forma parcial das verbas rescisórias, o que não é possível, diante da determinação do art. 477, §§ 4º e 6º, consolidado, o que determina a inafastabilidade da multa pelo atraso do pagamento das parcelas, de natureza alimentar. Embargos conhecidos e desprovidos. (TST, SDI-1, E-ED-ED-RR-1285700-40.2008.5.09.0016, Rel. Min. Aloysio Corrêa da Veiga, *DEJT 17.10.2014*, *Informativo* 91)

Logo, a jurisprudência do TST tem deixado de admitir o parcelamento das verbas rescisórias, ainda que haja concordância sindical.

Destarte, em caso de pagamento parcelado das verbas rescisórias, é devida a multa do art. 477, § 8º, da CLT.

8. DISPENSA EM MASSA (ART. 477-A DA CLT)

A Lei 13.467/2017 estabeleceu que o empregador tem o direito potestativo de dispensar seus empregados independentemente da hipótese de dispensa, seja ela individual, plúrima ou coletiva. Dessa forma, excluiu-se expressamente a necessidade de negociação coletiva e estabelecimento de acordo ou convenção coletiva de trabalho para a dispensa em massa.

> Art. 477-A. As dispensas imotivadas individuais, plúrimas ou coletivas equiparam-se para todos os fins, não havendo necessidade de autorização prévia de entidade sindical ou de celebração de convenção coletiva ou acordo coletivo de trabalho para sua efetivação.

A intervenção sindical prévia é exigência procedimental imprescindível para a dispensa em massa de trabalhadores, que não se confunde com autorização prévia por parte da entidade sindical ou celebração de convenção ou acordo coletivo (STF, Plenário, RE 999435/SP, Rel. Min. Marco Aurélio, Red. do Acórdão Min. Edson Fachin, j. 08.06.2022, repercussão geral (Tema 638), *Info* 1058).

Vamos de resumo em tabelas?

CESSAÇÃO DO CONTRATO DE EMPREGO	
Por iniciativa do empregador	Dispensa sem justa causa do empregado.
	Dispensa por justa causa do empregado.
Por iniciativa do empregado	Pedido de demissão.
	Pedido de rescisão indireta.
Por acordo entre empregado e empregador	Art. 484-A. O contrato de trabalho poderá ser extinto por acordo entre empregado e empregador (...).

Cap. 22 – EXTINÇÃO DO CONTRATO DE TRABALHO 417

CESSAÇÃO DO CONTRATO DE EMPREGO	
Por culpa recíproca	Art. 484. Havendo culpa recíproca no ato que determinou a rescisão do contrato de trabalho, o tribunal de trabalho reduzirá a indenização à que seria devida em caso de culpa exclusiva do empregador, por metade.
Força maior	A força maior prevista no art. 501 da CLT é entendida como acontecimento inevitável em relação à vontade do empregador, não tendo ele concorrido – direta ou indiretamente – para a sua ocorrência.
Factum principis	Nos termos do art. 486 da CLT, *factum principis* (fato do príncipe) caracteriza-se pela paralisação temporária ou definitiva da prestação de serviços, em virtude da prática de ato administrativo por autoridade pública federal, estadual ou municipal.
Extinção da empresa	Tratamento semelhante ao da dispensa injusta. É decisão que se coloca dentro do âmbito do poder diretivo do empregador, sendo, em consequência, inerente ao risco do empresarial por ele assumido.
Morte do empregado	Provoca, necessariamente, o fim do contrato de trabalho.
Morte do empregador pessoa natural	Caso implique a efetiva terminação do empreendimento, há de provocar, automaticamente, a extinção do contrato de trabalho. A morte do empregador pessoa física, constituída em empresa individual, faculta ao trabalhador dar por terminado o respectivo contrato, ainda que o empreendimento continue por meio dos sucessores.
Termo final – contrato por prazo determinado	Término do prazo ou do evento estipulado entre as partes.
Aposentadoria	Conforme o entendimento sedimentado pelo C. TST, por meio da Orientação Jurisprudencial 361 da SDI-1, a aposentadoria espontânea não é causa da extinção do contrato de trabalho quando o trabalhador permanece prestando serviços após a jubilação.
	Art. 37, § 14º: A aposentadoria concedida com a utilização de tempo de contribuição decorrente de cargo, emprego ou função pública, inclusive do Regime Geral de Previdência Social, acarretará o rompimento do vínculo que gerou o referido tempo de contribuição. (Incluído pela Emenda Constitucional nº 103, de 2019).

DISPENSAS INDIVIDUAIS, PLÚRIMAS E COLETIVAS	
Dispensas em massa	Art. 477-A. As dispensas imotivadas individuais, plúrimas ou coletivas equiparam-se para todos os fins, não havendo necessidade de autorização prévia de entidade sindical ou de celebração de convenção coletiva ou acordo coletivo de trabalho para sua efetivação.
Plano de demissão voluntária	Art. 477-B. Plano de Demissão Voluntária ou Incentivada, para dispensa individual, plúrima ou coletiva, previsto em convenção coletiva ou acordo coletivo de trabalho, enseja quitação plena e irrevogável dos direitos decorrentes da relação empregatícia, salvo disposição em contrário estipulada entre as partes.

OBRIGAÇÕES DECORRENTES DA CESSAÇÃO DO CONTRATO DE EMPREGO	
Comunicação da dispensa	Art. 477. Na extinção do contrato de trabalho, o empregador deverá proceder à anotação na Carteira de Trabalho e Previdência Social, comunicar a dispensa aos órgãos competentes e realizar o pagamento das verbas rescisórias no prazo e na forma estabelecidos neste artigo.
Validade da quitação	Art. 477, § 2º: O instrumento de rescisão ou recibo de quitação, qualquer que seja a causa ou forma de dissolução do contrato, deve ter especificada a natureza de cada parcela paga ao empregado e discriminado o seu valor, sendo válida a quitação, apenas, relativamente às mesmas parcelas.
	Súmula 330: Quitação. Validade. A quitação passada pelo empregado, com assistência de entidade sindical de sua categoria, ao empregador, com observância dos requisitos exigidos nos parágrafos do art. 477 da CLT, tem eficácia liberatória em relação às parcelas expressamente consignadas no recibo, salvo se oposta ressalva expressa e especificada ao valor dado à parcela ou parcelas impugnadas.
	I – A quitação não abrange parcelas não consignadas no recibo de quitação e, consequentemente, seus reflexos em outras parcelas, ainda que estas constem desse recibo.
	II – Quanto a direitos que deveriam ter sido satisfeitos durante a vigência do contrato de trabalho, a quitação é válida em relação ao período expressamente consignado no recibo de quitação.
Forma de pagamento	Art. 477, § 4º: O pagamento a que fizer jus o empregado será efetuado:
	I – em dinheiro, depósito bancário ou cheque visado, conforme acordem as partes; ou
	II – em dinheiro ou depósito bancário quando o empregado for analfabeto.
Compensação	Art. 477, § 5º: Qualquer compensação no pagamento de que trata o parágrafo anterior não poderá exceder o equivalente a 1 (um) mês de remuneração do empregado.
Obrigações de fazer	Art. 477, § 6º: A entrega ao empregado de documentos que comprovem a comunicação da extinção contratual aos órgãos competentes bem como o pagamento dos valores constantes do instrumento de rescisão ou recibo de quitação deverão ser efetuados até dez dias contados a partir do término do contrato.
Multa	Art. 477, § 8º: A inobservância do disposto no § 6º deste artigo sujeitará o infrator à multa de 160 BTN, por trabalhador, bem assim ao pagamento da multa a favor do empregado, em valor equivalente ao seu salário, devidamente corrigido pelo índice de variação do BTN, salvo quando, comprovadamente, o trabalhador der causa à mora.
Baixa na CTPS	Art. 477, § 10: A anotação da extinção do contrato na Carteira de Trabalho e Previdência Social é documento hábil para requerer o benefício do seguro-desemprego e a movimentação da conta vinculada no Fundo de Garantia do Tempo de Serviço, nas hipóteses legais, desde que a comunicação prevista no *caput* deste artigo tenha sido realizada.

Cap. 22 – EXTINÇÃO DO CONTRATO DE TRABALHO | 419

QUESTÕES PARA TREINO

1. **Cespe/Cebraspe – PGE-RO – Procurador do Estado – 2022 – adaptada)** No que se refere ao aviso-prévio e à estabilidade e às garantias provisórias do emprego, é correto afirmar:

   Deve constar como data de saída na carteira de trabalho a data do término do aviso--prévio, desde que este não seja indenizado, caso em que a data deverá corresponder ao último dia trabalhado.

   Errado.

2. **(Cespe/Cebraspe – PGE-RO – Procurador do Estado – 2022 – adaptada)** No que se refere ao aviso-prévio e à estabilidade e às garantias provisórias do emprego, é correto afirmar:

   O aviso-prévio não pode ser concedido na fluência do prazo da garantia de emprego, haja vista os dois institutos serem incompatíveis.

   Certo.

3. **(Vunesp – Prefeitura de Presidente Prudente-SP – Procurador Municipal – 2022)** No que tange à renúncia e ao aviso-prévio, assinale a alternativa correta.

   a) O aviso-prévio é direito absolutamente irrenunciável.

   b) O pedido de dispensa de cumprimento pelo empregado exime o empregador de pagar o respectivo valor.

   c) O pedido de dispensa de cumprimento não exime o empregador de pagar o respectivo valor, salvo comprovação de haver o prestador dos serviços obtido novo emprego.

   d) O empregado pode renunciar o direito ao aviso-prévio, independentemente de haver obtido novo emprego durante referido período.

   e) Eventual renúncia pelo empregado poderá ser de forma tácita e corresponder somente ao período em que o trabalhador não poderá cumprir.

   Letra C.

4. **(Fundatec – IPE Saúde – Analista – Direito – 2022)** Jonas foi admitido, em 01 de janeiro de 2017, como entregador, pelo Supermercado Atacado Geral. Em razão das dificuldades financeiras decorrentes da pandemia de Covid-19, o empregador decidiu promover a dispensa do empregado em 12 de janeiro de 2021. Diante de tal quadro, é devido o aviso-prévio de:

   a) 30 dias.

   b) 33 dias.

   c) 36 dias.

   d) 39 dias.

   e) 42 dias.

   Letra E.

5. (Prefeitura de Tijucas – Prefeitura de Tijucas-SC – advogado – 2021 – adaptada)
A despedida indireta dispensa o empregador de conceder o aviso-prévio.
Errado.

6. (Prefeitura de Tijucas – Prefeitura de Tijucas-SC – advogado – 2021 – adaptada)
Durante o prazo de cumprimento do aviso-prévio o empregado gozará de estabilidade.
Errado.

7. (Prefeitura de Tijucas – Prefeitura de Tijucas-SC – advogado – 2021 – adaptada)
Durante o prazo do aviso-prévio poderá a parte notificante reconsiderar o ato, sendo facultado à outra parte aceitar ou não a reconsideração.
Certo.

8. (Prefeitura de Tijucas – Prefeitura de Tijucas-SC – advogado – 2021 – adaptada)
O horário normal de trabalho, durante o prazo do aviso-prévio, será acrescido de duas horas se a rescisão tiver sido motivada pelo empregado.
Errado.

9. (Quadrix – Crefito-4ª Região – Analista de Pessoal – 2021) De acordo com a legislação trabalhista, julgue o item.

Suponha-se que uma empresa tenha tomado a iniciativa de rescindir o contrato com um colaborador que tinha uma jornada de oito horas diárias. Nesse caso, é correto afirmar que, durante o prazo do aviso, o colaborador poderá reduzir duas horas diárias, sem prejuízo do salário integral.
Certo.

10. (Instituto AOCP – Câmara de Teresina-PI – Procurador – 2021) Angelina foi admitida em 01/04/2012 pela empresa "ASD" e, em 07/12/2018, a referida empresa rompeu o contrato de trabalho de Angelina sem justa causa. Considerando o caso narrado e as disposições acerca do aviso-prévio, é correto afirmar que Angelina terá direito:

a) a trinta dias de aviso-prévio.

b) a trinta e três dias de aviso-prévio.

c) a quarenta e cinco dias de aviso-prévio.

d) a quarenta e oito dias de aviso-prévio.

e) a cinquenta e um dias de aviso-prévio.

Letra D.

ESTABILIDADE E GARANTIAS PROVISÓRIAS NO EMPREGO

1. INTRODUÇÃO AO TEMA

A extinção do vínculo de emprego, em regra, é um direito potestativo do empregador. Contudo, há situações em que a lei (ou também outros atos normativos, como uma convenção coletiva de trabalho) limita esse direito potestativo, fazendo com que o empregador não possa dar fim ao contrato de trabalho, como é o caso da estabilidade, situação em que o trabalhador permanece no emprego contra a vontade do empregador.

Estabilidade × Garantia provisória: alguns autores diferenciam a estabilidade da garantia provisória de emprego. Para eles, a estabilidade é o direito de não ser dispensado, salvo se cometer uma falta grave, enquanto a garantia provisória é a garantia, por tempo determinado, de que o empregado não poderá ser dispensado, quando presentes as situações especiais previstas na norma jurídica para tanto. Todavia, atenção que existem provas que não fazem distinção entre os termos, usando "estabilidade" para ambas as situações.

2. ESTABILIDADE POR TEMPO DE SERVIÇO

A CLT previa, inicialmente, a denominada estabilidade decenal, segundo a qual os empregados, após 10 anos e efetivo serviço, não poderiam ser dispensados sem justa causa. Se houvesse a extinção antes dos 10 anos, o empregador tinha a obrigação de pagar uma indenização no valor de um mês de salário por ano, ou fração igual ou superior a 6 meses trabalhados.

O sistema da estabilidade decenal consistia na proteção do empregado contra o poder potestativo de dispensa do empregador. Após dez anos consecutivos de trabalho para o empregador, o empregado não mais poderia ser dispensado, senão se cometesse falta grave, devidamente apurada em inquérito judicial.

Art. 478, CLT: A indenização devida pela rescisão de contrato por prazo indeterminado será de 1 (um) mês de remuneração por ano de serviço efetivo, ou por ano e fração igual ou superior a 6 (seis) meses.

§ 1º O primeiro ano de duração do contrato por prazo indeterminado é considerado como período de experiência, e, antes que se complete, nenhuma indenização será devida.

Em 1966, surgiu o Fundo de Garantia do Tempo de Serviço (FGTS) e passou a ser faculdade do empregado optar entre o FGTS e a estabilidade decenal. Assim, a partir de 1966 e antes do advento da Constituição Federal de 1988, vigiam dois sistemas no ordenamento: o sistema da estabilidade decenal e, para aqueles que assim optassem, o sistema de FGTS.

Após o advento da CF/1988, o sistema de FGTS passou a ser obrigatório, ressalvando-se, apenas, o direito adquirido daqueles que, em 05.10.1988, já contassem com 10 anos de atividade e fossem não optantes.

O estabelecimento do sistema de FGTS, como regra, fragilizou as relações empregatícias, visto que, cumpridas as formalidades legais (concessão de aviso-prévio e pagamento de indenização de 40%), o empregador passa a poder dispensar o empregado, fazendo uso de um poder de característica potestativa.

Desse modo, hoje não existe mais estabilidade no serviço privado, ao menos não no sentido próprio do termo. A única estabilidade que persiste é aquela conferida aos servidores públicos, nos termos do art. 41 da CRFB/1988:

Art. 41. São estáveis após três anos de efetivo exercício os servidores nomeados para cargo de provimento efetivo em virtude de concurso público.

A estabilidade, no caso, se aplica somente aos servidores da administração direta, autárquica ou fundacional, pois a interpretação é restrita a servidores, que tecnicamente são estes, ao passo que os demais são chamados empregados públicos. Nesse sentido, a Súmula 390 do TST:

Súmula 390: Estabilidade. Art. 41 da CF/1988. Celetista. Administração direta, autárquica ou fundacional. Aplicabilidade. Empregado de empresa pública e sociedade de economia mista. Inaplicável.

I – O servidor público celetista da administração direta, autárquica ou fundacional é beneficiário da estabilidade prevista no art. 41 da CF/1988.

II – Ao empregado de empresa pública ou de sociedade de economia mista, ainda que admitido mediante aprovação em concurso público, não é garantida a estabilidade prevista no art. 41 da CF/1988.

Todavia, o Supremo Tribunal Federal, apreciando a matéria, decidiu que é necessária a motivação para dispensa de empregados públicos em geral, porém tal motivação não se confunde com a estabilidade prevista no art. 41 da CRFB/1988. Eis a ementa do julgamento:

Em atenção (...) aos princípios da impessoalidade e isonomia, que regem a admissão por concurso público, a dispensa do empregado de empresas públicas e sociedades de economia mista que prestam serviços públicos deve ser motivada, assegurando-se, assim, que tais princípios, observados no momento daquela admissão, sejam também respeitados por ocasião da dispensa. A motivação do ato de dispensa, assim, visa a resguardar o empregado de uma possível quebra do postulado da impessoalidade por parte do agente estatal investido do poder de demitir. Recurso extraordinário parcialmente provido para afastar a aplicação, ao caso, do art. 41 da CF, exigindo-se, entretanto, a motivação para legitimar a rescisão unilateral do contrato de trabalho. (STF, Plenário, RE 589.998, Rel. Min. Ricardo Lewandowski, j. 20.03.2013, DJe 12.09.2013)

Diante desse precedente do STF, a maioria das turmas do TST tem deixado de aplicar a OJ 247, a qual estabelece, como regra, a desnecessidade de motivação para dispensa de empregados públicos.

3. GARANTIA PROVISÓRIA NO EMPREGO

O legislador previu situações nas quais é garantido ao empregado o seu emprego, sendo, todas elas, situações que se referem a hipóteses específicas da lei que protegem o empregado desse poder potestativo de dispensa do empregador por um prazo específico – garantia de emprego.

A garantia no emprego é o gênero do qual a estabilidade é uma espécie. A garantia no emprego é um instituto político-social-econômico, enquanto a estabilidade é um instituto próprio do direito do trabalho material.

A estabilidade, então, significa que, por força de lei, o empregado somente poderá ser dispensado se cometer falta. Em algumas hipóteses é necessário que a justa causa seja apurada por meio de inquérito judicial para apuração de falta grave.

3.1. Dirigente sindical

O empregado eleito dirigente sindical goza de garantia de emprego desde o registro da candidatura até um ano após o término do mandato, nos termos do art. 8º, VIII, da CRFB/1988:

> Art. 8º (...)
>
> VIII – é vedada a dispensa do empregado sindicalizado a partir do registro da candidatura a cargo de direção ou representação sindical e, se eleito, ainda que suplente, até um ano após o final do mandato, salvo se cometer falta grave nos termos da lei.

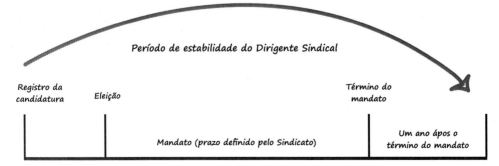

Aliás, o art. 543, § 3º, da CLT já previa a garantia de emprego do dirigente sindical, mas esta não foi completamente recepcionada pela CRFB/1988:

> Art. 543. (...) § 3º Fica vedada a dispensa do empregado sindicalizado ou associado, a partir do momento do registro de sua candidatura a cargo de direção ou representação de entidade sindical ou de associação profissional, até 1 (um) ano após o final do seu mandato, caso seja eleito inclusive como suplente, salvo se cometer falta grave devidamente apurada nos termos desta Consolidação.

Com efeito, a CRFB/1988 não recepcionou a garantia de emprego conferida aos dirigentes de associações profissionais, e sim apenas aos dirigentes dos sindicatos. Essa é a posição amplamente dominante na doutrina e na jurisprudência.

A garantia de emprego, no caso, mira a legítima representação da categoria, livre do temor de represálias por parte do empregador, ou seja, visa à garantia da liberdade sindical. Exatamente por esse motivo, a estabilidade provisória conferida ao dirigente sindical lhe confere certa imunidade pela função desempenhada, e não em virtude de características pessoais.

O dirigente sindical somente pode ser demitido, durante o período de garantia de emprego, por justa causa, apurada em inquérito judicial. Nesse sentido, a Súmula 379 do TST:

> Súmula 379: Dirigente sindical. Despedida. Falta grave. Inquérito judicial. Necessidade. Res. 129/2005, *DJ* 20, 22 e 25.04.2005. O dirigente sindical somente poderá ser dispensado por falta grave mediante a apuração em inquérito judicial, inteligência dos arts. 494 e 543, § 3º, da CLT.

No mesmo sentido, a súmula 197 do STF:

> Súmula 197: O empregado com representação sindical só pode ser despedido mediante inquérito em que se apure falta grave.

Naturalmente, deve ser dada ciência ao empregador acerca da candidatura do empregado ao cargo de dirigente sindical, pois, do contrário, o empregador não tem como saber quem está temporariamente imune à dispensa sem justa causa.

Nesse sentido, o § 5º do art. 543 da CLT estabelece o seguinte:

> Art. 543, § 5º: Para os fins deste artigo, a entidade sindical comunicará por escrito à empresa, dentro de 24 (vinte e quatro) horas, o dia e a hora do registro da candidatura do seu empregado e, em igual prazo, sua eleição e posse, fornecendo, outrossim, a este, comprovante no mesmo sentido. O Ministério do Trabalho e Previdência Social fará no mesmo prazo a comunicação no caso da designação referida no final do § 4º.

Todavia, o TST abrandou a exigência legal, passando a admitir que a referida comunicação se dê a qualquer tempo, desde que ainda vigente o contrato de trabalho. Este é o entendimento atual consubstanciado no item I da Súmula 369 do TST:

Súmula 369. Dirigente sindical. Estabilidade provisória (redação do item I alterada na sessão do Tribunal Pleno realizada em 14.09.2012) – Res. 185/2012, *DEJT* divulgado em 25, 26 e 27.09.2012.

I – É assegurada a estabilidade provisória ao empregado dirigente sindical, ainda que a comunicação do registro da candidatura ou da eleição e da posse seja realizada fora do prazo previsto no art. 543, § 5º, da CLT, desde que a ciência ao empregador, por qualquer meio, ocorra na vigência do contrato de trabalho.

Durante muito tempo se discutiu se, na vigência da CRFB/1988, em que vigora a ampla liberdade de atuação sindical, continuaria válida a limitação dos dirigentes sindicais a sete, nos termos do art. 522 da CLT. Boa parte da doutrina argumenta que essa limitação fere a liberdade sindical, e o número de dirigentes deveria ser determinado pelo estatuto da entidade. Na prática, o número ilimitado levou ao inchaço das entidades sindicais e à verdadeira "indústria de estáveis".

O TST pacificou a questão por meio do item II da Súmula 369, com a redação alterada pela Resolução 174/2011:

Súmula 369, II: O art. 522 da CLT foi recepcionado pela Constituição Federal de 1988. Fica limitada, assim, a estabilidade a que alude o art. 543, § 3º, da CLT, a sete dirigentes sindicais e igual número de suplentes.

Ademais, dispõe o item III da Súmula 369 do TST que o empregado de categoria diferenciada eleito dirigente sindical só gozará de estabilidade se exercer na empresa atividade pertinente à categoria profissional do sindicato para o qual foi eleito dirigente.

A garantia de emprego ao dirigente sindical visa assegurar o exercício da atividade sindical sem interferências do empregador. Assim, somente faz sentido a estabilidade se o empregado exerce função ligada diretamente à sua atividade sindical, pois esta última poderia estar comprometida pela pressão do empregador no cotidiano do trabalho.

É imperioso destacar que a estabilidade do dirigente não sobrevive no caso de extinção da atividade empresarial na base territorial do sindicato (Súmula 369, IV, do TST), força maior, fato do príncipe e na morte do empregador pessoa física. Quanto à primeira hipótese, há de se notar que consiste na extinção de toda a atividade empresarial na base territorial do sindicato. Assim, não basta a extinção de um único estabelecimento, mas a finalização da atividade empresarial por completo, em toda a extensão do sindicato.

Súmula 369, IV: Havendo extinção da atividade empresarial no âmbito da base territorial do sindicato, não há razão para subsistir a estabilidade.

Na hipótese em que o empregado tem a candidatura a dirigente sindical registrada no curso do aviso-prévio, não há se falar em estabilidade. Nesse sentido, a Súmula 369, item V, do TST:

Súmula 369, V: O registro da candidatura do empregado a cargo de dirigente sindical durante o período de aviso-prévio, ainda que indenizado, não lhe assegura a estabilidade, visto que inaplicável a regra do § 3º do art. 543 da Consolidação das Leis do Trabalho.

Quanto aos destinatários da garantia, a pergunta é: quem seria dirigente – portanto, estável – no âmbito sindical? A grande maioria da doutrina não trata do tema. Vejamos algumas regras a respeito.

> Art. 522. A administração do sindicato será exercida por uma diretoria constituída no máximo de sete e no mínimo de três membros e de um Conselho Fiscal composto de três membros, eleitos esses órgãos pela Assembleia Geral.
>
> § 1º A diretoria elegerá, dentre os seus membros, o presidente do sindicato.
>
> § 2º A competência do Conselho Fiscal é limitada à fiscalização da gestão financeira do sindicato.

Do dispositivo anterior se extrai que diretoria e conselho fiscal não se confundem, bem como que o conselho fiscal não tem por atribuição a prática de atos típicos de representação sindical. Por isso, a garantia de emprego não se estende aos membros do conselho fiscal do sindicato. Este é também o entendimento jurisprudencial dominante, conforme OJ 365 do TST:

> OJ 365 da SDI-1: Estabilidade provisória. Membro de Conselho Fiscal de sindicato. Inexistência (*DJ* z20, 21 e 23.05.2008). Membro de conselho fiscal de sindicato não tem direito à estabilidade prevista nos arts. 543, § 3º, da CLT e 8º, VIII, da CF/1988, porquanto não representa ou atua na defesa de direitos da categoria respectiva, tendo sua competência limitada à fiscalização da gestão financeira do sindicato (art. 522, § 2º, da CLT).

Da mesma forma, o TST firmou o entendimento no sentido de que os delegados sindicais também não têm garantido o emprego, nos termos da OJ 369:

> OJ 369 da SDI-1: Estabilidade provisória. Delegado sindical. Inaplicável (*DJe* divulgado em 03, 04 e 05.12.2008). O delegado sindical não é beneficiário da estabilidade provisória prevista no art. 8º, VIII, da CF/1988, a qual é dirigida, exclusivamente, àqueles que exerçam ou ocupem cargos de direção nos sindicatos, submetidos a processo eletivo.

O delegado sindical é aquele associado que representa a entidade sindical em uma seção ou delegacia sindical (em uma grande empresa, por exemplo), com vistas a aproximar o sindicato das massas de trabalhadores. Nos termos do art. 523 da CLT, os delegados sindicais são designados pela diretoria do sindicato. Como a estabilidade sindical é atribuída apenas aos representantes eleitos, a ela não fazem jus os delegados sindicais, nos termos da OJ 369, mencionada anteriormente.

Sobre essa temática, vale destacar, ainda, os seguintes comentários de Élisson Miessa:[1] "as regras ligadas à estabilidade do dirigente sindical também são aplicadas aos dirigentes eleitos para o Conselho de Representantes das Federações e Confede-

---

[1] MIESSA, Élisson. *Curso de Direito Processual do Trabalho*. Salvador: JusPodivm, 2018.

rações (*Informativo* 3 do TST). Por outro lado, os dirigentes das centrais sindicais e os dirigentes de associações profissionais, como Crea, CEM, OAB, não gozam de estabilidade. Em outubro de 2013, o TST estabeleceu a estabilidade provisória do dirigente de central sindical, sob a justificativa de que esses órgãos apresentam importante papel no movimento sindical brasileiro, uma vez que se desvincula do modelo corporativista adotado pela pirâmide sindical composta pelos sindicatos, federações e confederações" (TST, RR 50000-92.2008.5.17.0012).

> *Informativo* 3 do TST: Estabilidade provisória. Representante sindical e suplente eleitos para o Conselho de Representantes de federação ou confederação. Incidência dos arts. 8º, VIII, da CF e 543, § 3º, da CLT. A diretriz da Orientação Jurisprudencial n.º 369 da SBDI-I, que diz respeito a delegado sindical junto a empresas, não se aplica ao representante sindical eleito, e ao seu suplente, junto ao Conselho de Representantes de federação ou confederação (art. 538, "b", da CLT), uma vez que estes últimos gozam da estabilidade provisória disposta no inciso VIII do art. 8º da CF e no § 3º do art. 543 da CLT. Ademais, não há falar na incidência do limite quantitativo previsto no art. 522 da CLT e na Súmula n.º 369, II, do TST, visto que aplicável tão somente aos cargos da Diretoria e do Conselho Fiscal da entidade sindical, pois o Conselho de Representantes dispõe de número fixo de membros de cada sindicato ou federação, quais sejam dois titulares e dois suplentes (CLT, art. 538, § 4º). Com esse entendimento, a SBDI-I, por maioria, conheceu e deu provimento aos embargos para restabelecer a decisão do TRT que reconheceu a estabilidade pleiteada e determinou a reintegração do reclamante com pagamento dos salários do período do afastamento. Vencida a Ministra Maria Cristina Irigoyen Peduzzi. (TST, SBDI-1, E-ED-RR-125600-83.2003.5.10.0014, Rel. Min. Delaíde Miranda Arantes, 22.03.2012)

Embora seja pacífico o cabimento do registro do sindicato junto ao Ministério do Trabalho e Emprego (art. 8º, I, da CRFB/1988) como condição para aquisição da chamada personalidade sindical, há controvérsia sobre os reflexos de tal obrigatoriedade no âmbito da garantia de emprego em estudo.

Com efeito, seria necessário o prévio registro do sindicato no MTE para que o dirigente fosse contemplado pela estabilidade provisória?

O entendimento atual do TST é no sentido negativo, ou seja, a garantia de emprego do dirigente sindical não está vinculada ao prévio registro da entidade sindical no MTE.

A pendência de registro de entidade sindical junto ao Ministério do Trabalho e Emprego não afasta a garantia da estabilidade provisória de dirigente sindical, consoante atual jurisprudência do STF.

> A liberdade sindical tem previsão constitucional, mas não possui caráter absoluto. A previsão legal de número máximo de dirigentes sindicais dotados de estabilidade de emprego não esvazia a liberdade sindical. Essa garantia constitucional existe para que possa assegurar a autonomia da entidade sindical, mas não serve para criar situações de estabilidade genérica e ilimitada que violem a razoabilidade e a finalidade da norma constitucional garantidora do direito. (STF, Plenário, ADPF 276, Rel. Min. Cármen Lúcia, j. 15.05.2020, *Info* 980)

3.2. Membro da Cipa

A previsão dessa estabilidade do cipeiro está no art. 10, II, *a*, do ADCT e no art. 165 da CLT.

> ADCT, Art. 10. Até que seja promulgada a lei complementar a que se refere o art. 7º, 1, da Constituição:
>
> (...)
>
> II – fica vedada a dispensa arbitrária ou sem justa causa:
>
> a) do empregado eleito para cargo de direção de comissões internas de prevenção de acidentes, desde o registro de sua candidatura até um ano após o final de seu mandato; (...).
>
> CLT, Art. 165. Os titulares da representação dos empregados na(s) CIPA(s) não poderão sofrer despedida arbitrária, entendendo-se como tal a que não se fundar em motivo disciplinar, técnico, econômico ou financeiro.

O cipeiro é o membro eleito da Cipa (Comissão Interna de Prevenção de Acidentes e Assédio). Quem determina se – e como – uma empresa terá Cipa é o Ministério do Trabalho e Emprego, por meio da NR-05.

O membro da Cipa zela pelo cumprimento das normas de saúde, medicina e segurança do trabalho no estabelecimento do empregador.

A Cipa tem uma formação híbrida, com dois membros principais, a saber:

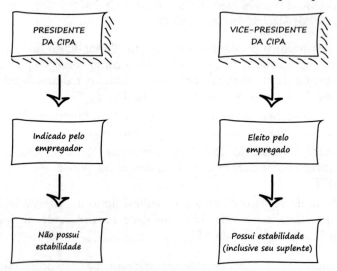

De acordo com Élisson Miessa,[2] "o art. 10, II, a, do ADCT não estende o direito à estabilidade ao suplente do diretor eleito, mas o TST possui entendimento majoritário, ampliando essa garantia de emprego ao suplente do empregado eleito para

---

[2] MIESSA, Élisson. *Curso de Direito Processual do Trabalho*. Salvador: JusPodivm, 2018.

Cap. 23 – ESTABILIDADE E GARANTIAS PROVISÓRIAS NO EMPREGO **429**

representar a Cipa. Aliás, sem essa garantia o suplente poderia sentir-se intimidado pelo empregador, comprometendo a sua atuação durante as substituições do cargo. A jurisprudência do STF também concedeu interpretação extensiva para assegurar a eficácia protetiva do art. 10 do ADCT".

> Súmula 676 do STF: A garantia da estabilidade provisória, prevista no art. 10, II, *a*, do ADCT, também se aplica ao suplente do cargo de direção de comissões internas de prevenção de acidentes (Cipa).

O prazo da estabilidade é desde o registro da candidatura até um ano após o mandato. Diante da duração da estabilidade, o empregado que não foi eleito tem estabilidade somente até a eleição. A estabilidade do cipeiro não constitui vantagem pessoal, mas garantia para as atividades do membro da Cipa, que apenas tem motivo de ser quando a empresa está em atividade. Logo, extinto o estabelecimento, extingue-se a estabilidade, ainda que o empregador tenha outro estabelecimento – Súmula 339, II, do TST. O mandato do cipeiro tem duração de um ano, permitida uma reeleição.

Em virtude da semelhança com o dirigente sindical, existe uma discussão doutrinária se há ou não direito ao inquérito judicial para apuração de falta grave. Prevalece o entendimento de que o inquérito não é necessário – por ausência de previsão legal expressa que traga essa garantia ao cipeiro (art. 5º, II, da CF/1988).

Há de se notar, da leitura do texto constitucional, que é vedada a dispensa do cipeiro de forma arbitrária.

O conceito de dispensa arbitrária encontra-se no art. 165 da CLT: "entendendo-se como tal a que não se fundar em motivo disciplinar, técnico, econômico ou financeiro". Da leitura desse dispositivo, tem-se que a garantia da estabilidade do cipeiro não autoriza a conclusão de que somente pode ser dispensado por falta grave, mas, sim, que não pode sofrer dispensa arbitrária.

Assim, a dispensa fundada em qualquer dos motivos referenciados no art. 165 da CLT mostra-se possível.

Extinto o estabelecimento, obviamente não há que se falar em garantia de emprego do cipeiro, pois a própria Cipa deixa de existir. Nesse sentido, a Súmula 339 do TST:

> Súmula 339: Cipa. Suplente. Garantia de emprego. CF/1988. Res. 129/2005, *DJ* 20, 22 e 25.04.2005. I – O suplente da Cipa goza da garantia de emprego prevista no art. 10, II, "a", do ADCT a partir da promulgação da Constituição Federal de 1988. II – A estabilidade provisória do cipeiro não constitui vantagem pessoal, mas garantia para as atividades dos membros da Cipa, que somente tem razão de ser quando em atividade a empresa. Extinto o estabelecimento, não se verifica a despedida arbitrária, sendo impossível a reintegração e indevida a indenização do período estabilitário.

3.3. Gestante

A gestante também tem o emprego garantido, desde a confirmação da gravidez até cinco meses após o parto. Nesse sentido, o art. 10, II, *b*, do ADCT da CRFB/1988:

> Art. 10. Até que seja promulgada a lei complementar a que se refere o art. 7º, I, da Constituição:

(...)

II – fica vedada a dispensa arbitrária ou sem justa causa:

(...)

b) da empregada gestante, desde a confirmação da gravidez até cinco meses após o parto.

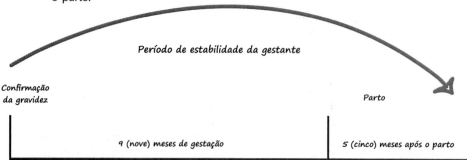

A garantia em referência vai além da proteção pessoal da mulher empregada, visando, principalmente, assegurar condições minimamente favoráveis ao nascituro, tanto durante a gestação quanto ao longo dos primeiros meses de vida. É exatamente por isso que normalmente não se admite a renúncia à garantia de emprego pela gestante, pois ela renunciaria a direito de terceiro. Nesse sentido decidiu o STF, bem como se posiciona o TST, por meio da OJ 30 da SDC:

> OJ 30 da SDC: Estabilidade da gestante. Renúncia ou transação de direitos constitucionais. Impossibilidade (republicada em decorrência de erro material) – *DEJT* divulgado em 19, 20 e 21.09.2011.

Nos termos do art. 10, II, *b*, do ADCT, a proteção à maternidade foi erigida à hierarquia constitucional, pois retirou do âmbito do direito potestativo do empregador a possibilidade de despedir arbitrariamente a empregada em estado gravídico. Portanto, a teor do art. 9º da CLT, torna-se nula de pleno direito a cláusula que estabelece a possibilidade de renúncia ou transação, pela gestante, das garantias referentes à manutenção do emprego e salário.

No mesmo sentido, decisão da SDI-2:

> Recurso ordinário. Ação rescisória. Gestante. Estabilidade provisória. Dispensa. Percepção do seguro-desemprego. Renúncia. Impossibilidade. 1. A estabilidade provisória da empregada gestante, assegurada no art. 10, II, "b", da CLT, configura uma garantia marcada pelo traço da irrenunciabilidade. Significa, portanto, dizer que a empregada não pode, unilateralmente, abrir mão da sua garantia no emprego, tendo em vista que tal direito visa, não só a proteger a própria trabalhadora contra o ato arbitrário de dispensa do empregador, mas, sobretudo, a resguardar e assegurar o bem-estar do nascituro. (...). (TST, SDI-2, RO 90800-07.2009.5.12.0000, Rel. Min. Guilherme Augusto Caputo Bastos, *DEJT* 25.02.2011)

> OBS.: anote-se, entretanto, que o TST não tem considerado renúncia a recusa, pela gestante, da oferta de retorno ao emprego.

Cap. 23 – ESTABILIDADE E GARANTIAS PROVISÓRIAS NO EMPREGO

Recurso de revista. Estabilidade da gestante. Recusa da empregada de retorno ao trabalho. Renúncia à estabilidade. Inexistência. A estabilidade da gestante encontra-se prevista no art. 10, II, letra *b*, do ADCT, que exige, para sua plena configuração, que a empregada esteja grávida na data da imotivada dispensa do emprego, ou seja, a estabilidade decorre do próprio fato da gravidez. Esta C. Corte adotou a teoria da responsabilidade objetiva, considerando que a garantia constitucional tem como escopo a proteção da maternidade e do nascituro. Nesse contexto, tendo em vista tratar-se a estabilidade provisória de gestante de uma garantia também ao nascituro, e não apenas à mãe, não há renúncia resultante da recusa da empregada de retornar ao trabalho, conforme entendimento da e. SBDI-1. Recurso de revista conhecido por violação do art. 10, II, *b*, do ADCT e provido. (TST, 3ª Turma, RR 553-35.2011.5.15.0029, Rel. Min. Alexandre de Souza Agra Belmonte, *DEJT* 03.10.2014)

Diverge a doutrina se a confirmação da gravidez precisa ser uma confirmação médica, ou seja, se a empregada precisava ter um exame confirmando o seu estado gestacional. O entendimento prevalecente é no sentido de que o texto constitucional abrange tanto a constatação feita por exames como a constatação feita pela própria empregada, no seu íntimo. Destarte, mesmo sendo o exame posterior ao final do vínculo contratual, se esse mesmo exame atesta uma concepção e, assim, uma gravidez, anterior à data da dispensa, a empregada tem pleno direito à estabilidade.

> **atenção**
>
> *Há que se tomar especial cuidado para não confundir a garantia de emprego conferida à gestante com a licença-maternidade, assim considerado o período em que a gestante permanece afastada do trabalho, recebendo benefício previdenciário (salário-maternidade). Tendo em vista a semelhança dos prazos, as bancas examinadoras costumam explorar esse ponto, objetivando abater o candidato desatento.*

GARANTIA DE EMPREGO	LICENÇA-GESTANTE
Desde a confirmação da gravidez até cinco meses após o parto.	120 dias, com início a partir de 28 dias antes do parto até a data deste, salvo quando houver internação do recém-nascido e/ou da mãe por tempo superior a duas semanas; nesse caso, o início da licença-maternidade será a partir da data da alta da mãe ou do(a) filho(a), o que acontecer por último (STF, ADI 6327).

A proteção consubstanciada no texto constitucional teve por finalidade garantir à gestante a higidez do momento da gestação, tentando protegê-la de atos discriminatórios que causassem, tanto à gestante quanto à criança, prejuízos irreparáveis.

Por isso, a comunicação da gravidez ao empregador não é uma obrigação da empregada, nem mesmo uma exigência para a aquisição da estabilidade – diversamente do que ocorre, por exemplo, com o estável sindical, de quem é exigida a comunicação da candidatura.

Destarte, o entendimento do TST foi no sentido de que o desconhecimento pelo empregador não é capaz de afastar o direito à estabilidade da empregada, dado que

DIREITO DO TRABALHO E PROCESSO DO TRABALHO FACILITADOS – *Lenza*

se trata de responsabilidade objetiva – ou seja, independe de culpa do empregador e, assim, de vontade de dispensar empregada estável.

> Súmula 244 do TST: Gestante. Estabilidade provisória (redação do item III alterada na sessão do Tribunal Pleno realizada em 14.09.2012) – Res. 185/2012, *DEJT* divulgado em 25, 26 e 27.09.2012. I – O desconhecimento do estado gravídico pelo empregador não afasta o direito ao pagamento da indenização decorrente da estabilidade (art. 10, II, "b" do ADCT).

A propósito, o empregador não pode obrigar a empregada a se submeter a exame médico para diagnosticar gravidez para a contratação ou permanência no emprego (art. 373-A, IV, da CLT).

> Art. 373-A, CLT. Ressalvadas as disposições legais destinadas a corrigir as distorções que afetam o acesso da mulher ao mercado de trabalho e certas especificidades estabelecidas nos acordos trabalhistas, é vedado:
>
> (...)
>
> IV – exigir atestado ou exame, de qualquer natureza, para comprovação de esterilidade ou gravidez, na admissão ou permanência no emprego;

Há divergência quanto à possibilidade de exigência de exame de gravidez no momento da extinção do contrato. Para uns, é possível a solicitação, pois medida de proteção da mulher, já que o empregador, sabendo da estabilidade, manterá a relação de emprego. Contudo, o entendimento majoritário é pela impossibilidade de EXIGÊNCIA do exame em qualquer circunstância.

> OBS.: é também com base nessa natureza objetiva da garantia que o TST alterou entendimento predominante até então e passou a admitir a estabilidade provisória da gestante que engravida durante o curso do aviso-prévio.

A nova redação do item III da Súmula 244 do TST já indicava não haver mais nenhuma dúvida acerca do cabimento da estabilidade da empregada cuja concepção se deu no curso do aviso-prévio. Tal entendimento se confirmou com a promulgação da Lei 12.812/2013, que acrescentou à CLT o art. 391-A, nos seguintes termos:

> Art. 391-A. A confirmação do estado de gravidez advindo no curso do contrato de trabalho, ainda que durante o prazo do aviso-prévio trabalhado ou indenizado, garante à empregada gestante a estabilidade provisória prevista na alínea *b* do inciso II do art. 10 do Ato das Disposições Constitucionais Transitórias.

A dispensa irregular da empregada gestante impõe a reintegração ao emprego, pois essa é a finalidade da norma. Ocorre que, não raro, a sentença é proferida depois de transcorrido todo o período da estabilidade. Nesse caso, visto que inviável a reintegração, a empregada deve ser indenizada pelo período em que teria o emprego garantido. Nesse sentido, o item II da Súmula 244 do TST:

> Súmula 244, II: A garantia de emprego à gestante só autoriza a reintegração se esta se der durante o período de estabilidade. Do contrário, a garantia restringe-se aos salários e demais direitos correspondentes ao período de estabilidade.

Essa questão foi pacificada pelo TST, com a edição da OJ 399:

> OJ 399 SDI-1: Estabilidade provisória. Ação trabalhista ajuizada após o término do período de garantia no emprego. Abuso do exercício do direito de ação. Não configuração. Indenização devida (*DEJT* divulgado em 02, 03 e 04.08.2010). O ajuizamento de ação trabalhista após decorrido o período de garantia de emprego não configura abuso do exercício do direito de ação, pois este está submetido apenas ao prazo prescricional inscrito no art. 7º, XXIX, da CF/1988, sendo devida a indenização desde a dispensa até a data do término do período estabilitário.

Em caso de indenização, serão devidos os salários e demais direitos correspondentes ao período compreendido entre a data da despedida e o final da estabilidade, nos termos da Súmula 396 do TST.

Contrato de trabalho por prazo determinado: de forma geral, as garantias de emprego são incompatíveis com os contratos por prazo determinado, visto que nestes já se sabe, de antemão, a data do seu término. Como o contrato de experiência é modalidade de contrato a termo (art. 443 da CLT), a regra também se aplica a este. Esse era o entendimento do TST, consubstanciado na antiga redação do item III da Súmula 244.

Entretanto, depois de vários julgados do STF assegurando a estabilidade à gestante mesmo em contratos a termo, o TST modificou seu entendimento, alterando, por meio da Resolução 185/2012, o item III da Súmula 244, o qual passou a ter a seguinte redação:

> Súmula 244, III: A empregada gestante tem direito à estabilidade provisória prevista no art. 10, inciso II, alínea "b", do Ato das Disposições Constitucionais Transitórias, mesmo na hipótese de admissão mediante contrato por tempo determinado.

Apenas tome cuidado em um ponto: se for uma empregada gestante com contrato de trabalho temporário (aquele regido pela Lei 6.019/1974), não haverá garantia provisória no emprego para o TST (majoritário). Todavia, conforme recente decisão do STF, há forte tendência de não mais se considerar essa proibição. Vejamos:

> *Tema 542 do STF: A trabalhadora gestante tem direito ao gozo de licença-maternidade e à estabilidade provisória, independentemente do regime jurídico aplicável, se contratual ou administrativo, ainda que ocupe cargo em comissão ou seja contratada por tempo determinado.*

No caso de aborto não criminoso, a empregada não terá direito à garantia de emprego, mas tão somente ao repouso remunerado durante duas semanas, conforme dispõe o art. 395 da CLT.

Por sua vez, se a criança nasce sem vida, ou falece depois do nascimento, há duas correntes:

a) O fato gerador da estabilidade é o parto; portanto, a mulher faz jus à garantia de emprego, ainda que a criança não tenha nascido viva. Nesse sentido, algumas decisões do TST:

> Estabilidade provisória. Gestante. Óbito filial. A pretensão à estabilidade postulada pela gestante é um direito de indisponibilidade absoluta, que se qualifica, em face de sua natureza jurídica, como direito social previsto constitucionalmente e que, por isso, não cabe interpretação da Carta Magna a fim de reduzir o alcance dos seus dispositivos, ou seja, é garantida à gestante a estabilidade prevista no art. 10, II, *b*, do ADCT, tanto nos casos em que a gestação se completa quanto nas hipóteses de natimorto. "O fato de a criança ter falecido não elide a pretensão. É que o dispositivo constitucional pertinente, o art. 392 consolidado e a lei previdenciária não exigem que a criança nasça com vida, para que a empregada tenha direito à licença-maternidade e à garantia de emprego. Logo, onde o legislador não distingue, não cabe ao intérprete fazê-lo." (Barros, 2006: 1.055). Recurso de revista conhecido e provido. (TST, 2ª Turma, RR 270500-84.2009.5.12.0050, Red. Des. Convocada Maria das Graças Silvany Dourado Laranjeira, j. 22.05.2013, *DEJT* 21.06.2013)

b) A hipótese seria equiparada ao aborto e, portanto, não ensejaria a garantia de emprego. O grande argumento desta segunda corrente é no sentido de que a proteção constitucional tem em vista, principalmente, o nascituro. Na falta deste, não há estabilidade. Mencione-se, a título de exemplo, o seguinte julgado:

> Recurso de revista. Gestante. Indenização correspondente ao período de estabilidade. Demora no ajuizamento da ação. Súmula 244, II, do TST. Óbito do nascituro. A garantia de emprego da gestante ou o recebimento de indenização correspondente ao período de estabilidade, é matéria que encontra-se pacificada no âmbito desta Corte Superior pela Súmula 244, II, a qual não faz qualquer referência ao prazo para ajuizamento da ação, decerto pelo fato de já estar regulamentado por preceito constitucional, deixando claro, por outro lado, que o estado gravídico da trabalhadora é a única condição exigida para assegurar o seu direito. Dessa forma, nenhum prejuízo pode sofrer a reclamante pela suposta demora no ajuizamento da reclamatória trabalhista, se respeitado o biênio prescricional. Entendimento diverso, como demonstrado pela Corte Regional, além de se contrapor ao mandamento constitucional insculpido no art. 7º, XXIX, da Constituição da República, contraria a Súmula 244, II, do TST. Todavia, no que respeita ao período de estabilidade até o final de cinco meses após o parto, mesmo diante do óbito do nascituro, não assiste razão à recorrente. Com efeito, a estabilidade à gestante foi reconhecida na Constituição mais em função de proteger o filho do que o interesse da empregada, visando a não privá-la, no estado de gestação, de um emprego que é vital para o nascituro. O nascimento com vida é, portanto, o suporte fático abstratamente previsto na letra "b" do inciso II do art. 10 do ADCT. Uma vez não consumado, em razão do óbito do nascituro, poucos dias após o parto, não faz jus a empregada à estabilidade provisória ou a eventual conversão do período estabilidade em indenização equivalente. Recurso de revista conhecido e provido, em parte. (TST, 8ª Turma, RR 142600-59.2005.5.15.0088, Rel. Min. Dora Maria da Costa, *DJ* 22.02.2008)

O parágrafo único do art. 391-A da CLT (acrescentado pela Lei 13.509, CLT de 22.11.2017) garantiu a estabilidade provisória também "ao empregado adotante ao qual tenha sido concedida guarda provisória para fins de adoção".

3.4. Empregado acidentado

Nos termos do art. 19, *caput*, da Lei 8.213/1991, "Acidente do trabalho é o que ocorre pelo exercício do trabalho a serviço da empresa ou pelo exercício do trabalho dos segurados referidos no inciso VII do art. 11 desta Lei, provocando lesão corporal ou perturbação funcional que cause a morte ou a perda ou redução, permanente ou temporária, da capacidade para o trabalho".

Além disso, a doença profissional e a doença do trabalho são consideradas acidente do trabalho (Lei 8.213/1991, art. 20), inclusive para os efeitos da estabilidade em questão.

Assim, o empregado pode se afastar para receber auxílio-doença previdenciário ou pode se afastar para receber o auxílio-doença acidentário. No auxílio-doença previdenciário, o empregado se afasta em virtude de doença própria ou acidente fora do ambiente de trabalho. O auxílio-doença acidentário, diferentemente, é aquele que decorre de doença ocupacional ou acidente de trabalho – arts. 19 a 21 da Lei 8.213/1991.

O empregado, para gozar da estabilidade do art. 118 da Lei 8.213/1991, deverá reunir dois requisitos:

> *Afastamento superior a 15 dias. Significa que ele terá que ter o contrato interrompido por 15 dias e suspenso no 16º dia para gozo do benefício.*
>
> +
>
> *O benefício deve ser o auxílio por incapacidade temporária acidentário (B91).*

Essa estabilidade do egresso do auxílio por incapacidade temporária acidentário está prevista no art. 118 da lei previdenciária.

> Art. 118. O segurado que sofreu acidente do trabalho tem garantida, pelo prazo mínimo de doze meses, a manutenção do seu contrato de trabalho na empresa, após a cessação do auxílio-doença acidentário, independentemente de percepção de auxílio-acidente.

A expressão "prazo mínimo de doze meses", utilizada pelo legislador, quer dizer que, na ausência de cláusula contratual ou norma coletiva mais benéfica, o emprego do acidentado será garantido por doze meses após a cessação do auxílio-doença acidentário. Significa também que sequer a norma coletiva pode reduzir tal prazo de estabilidade, tendo em vista a imperatividade da norma instituidora. Nesse sentido, a OJ 31 da SDC do TST:

> OJ 31 SDC: Estabilidade do acidentado. Acordo homologado. Prevalência. Impossibilidade. Violação do art. 118 da Lei nº 8.213/1991 (inserida em 19.08.1998). Não é possível a prevalência de acordo sobre legislação vigente, quando ele é menos benéfico do

que a própria lei, porquanto o caráter imperativo dessa última restringe o campo de atuação da vontade das partes.

A Lei 8.213/1991 é lei ordinária. O art. 7º, I, da CF/1988 nos informa que o empregado tem direito a proteção do emprego contra a dispensa arbitrária e sem justa causa, na forma da lei complementar.

Diante disso, surgiu um argumento de que o art. 118, por constar de lei ordinária, seria inconstitucional. A Súmula 378 do TST veio esclarecer a questão e estabeleceu que o artigo é constitucional, porque o TST consolidou o entendimento de que a lei ordinária pode, sim, ampliar os direitos trabalhistas. Além disso, a lei a que se refere o art. 7º, I, da CF/1988 seria um regramento geral contra a dispensa arbitrária, o que não impede a previsão pontual de estabilidades.

Ademais, o entendimento do TST esclarece que o direito a essa estabilidade ocorrerá ainda quando constatada a doença após a dispensa do empregado, desde que comprovado o seu nexo de causalidade com o trabalho – inteligência da Súmula 378, II, do TST. Finalmente, é possível o reconhecimento dessa estabilidade durante o contrato de trabalho por prazo determinado.

> Súmula 378 do TST: Estabilidade provisória. Acidente do trabalho. Art. 118 da Lei nº 8.213/1991. (inserido item 111) – Res. 185/2012, *DEJT* divulgado em 25, 26 e 27.09.2012.
>
> I – É constitucional o artigo 118 da Lei nº 8.213/1991 que assegura o direito à estabilidade provisória por período de 12 meses após a cessação do auxílio-doença ao empregado acidentado. (ex-OJ nº 105 da SBDI-1 – inserida em 01.10.1997)
>
> II – São pressupostos para a concessão da estabilidade o afastamento superior a 15 dias e a consequente percepção do auxílio-doença acidentário, salvo se constatada, após a despedida, doença profissional que guarde relação de causalidade com a execução do contrato de emprego. (primeira parte – ex-OJ nº 230 da SBDI-1 – inserida em 20.06.2001)
>
> III – O empregado submetido a contrato de trabalho por tempo determinado goza da garantia provisória de emprego decorrente de acidente de trabalho prevista no art. 118 da Lei nº 8.213/91.

O empregado que se acidenta no curso do aviso-prévio tem direito à estabilidade provisória!

Reitere-se, ainda, que a regra é a incompatibilidade entre as garantias provisórias de emprego e os contratos por prazo determinado.

Todavia, há duas exceções: gestante e acidentado. Depois de muita controvérsia, finalmente o TST pacificou a questão, inserindo o item III à Súmula 378, nos seguintes termos:

> Súmula 378: Estabilidade provisória. Acidente do trabalho. Art. 118 da Lei nº 8.213/1991. (inserido o item III) – Res. 185/2012, *DEJT* divulgado em 25, 26 e 27.09.2012.
>
> (...)

III – O empregado submetido a contrato de trabalho por tempo determinado goza da garantia provisória de emprego decorrente de acidente de trabalho prevista no art. 118 da Lei nº 8.213/91.

Por fim, é importante ressalvar que a estabilidade do acidentado decorre da sua condição pessoal, razão pela qual, no caso de extinção da atividade empresarial, deverá ser assegurada indenização do período de estabilidade.

3.5. Representantes dos trabalhadores no Conselho Nacional de Previdência Social (CNPS)

Os representantes dos empregados no conselho, titulares e suplentes, não poderão ser dispensados, desde a sua nomeação até um ano após o final do mandato – art. 3º, § 7º, da Lei 8.213/1991.

> § 7º Aos membros do CNPS, enquanto representantes dos trabalhadores em atividade, titulares e suplentes, é assegurada a estabilidade no emprego, da nomeação até um ano após o término do mandato de representação, somente podendo ser demitidos por motivo de falta grave, regularmente comprovada através de processo judicial.

O mandato não será superior a dois anos, sendo permitida uma recondução. Esses membros e seus suplentes são indicados pelas centrais sindicais ou confederações nacionais e nomeados pelo presidente da República.

Segundo a doutrina majoritária, é necessário o inquérito para apuração da falta grave.

3.6. Representantes dos trabalhadores no Conselho Curador do FGTS

Os representantes dos trabalhadores, titulares e suplentes, não poderão ser dispensados desde a sua nomeação até um ano após o fim do mandato – art. 3º, § 9º da Lei 8.036/1990. Exercem mandato de dois anos, permitida uma recondução. A justa causa deverá ser apurada em processo sindical não judicial.

> § 9º Aos membros do Conselho Curador, enquanto representantes dos trabalhadores, efetivos e suplentes, é assegurada a estabilidade no emprego, da nomeação até um ano após o término do mandato de representação, somente podendo ser demitidos por motivo de falta grave, regularmente comprovada através de processo sindical.

3.7. Empregado eleito diretor de cooperativa de consumo

O empregado eleito diretor de sociedade cooperativa criada pelos próprios trabalhadores (cooperativa de consumo) goza de garantia de emprego, nos mesmos moldes da garantia conferida ao dirigente sindical. Nesse sentido, o art. 55 da Lei 5.764/1971:

> Art. 55. Os empregados de empresas, que sejam eleitos diretores de sociedades cooperativas pelos mesmos criadas, gozarão das garantias asseguradas aos dirigentes sindicais pelo art. 543 da Consolidação das Leis do Trabalho (Decreto-Lei n.º 5.452, de 1º de maio de 1943).

Conforme interpretação jurisprudencial, a garantia não abrange os suplentes. Nesse sentido, a OJ 253 da SDI-1 do TST:

> OJ 253 da SDI-1: Estabilidade provisória. Cooperativa. Lei nº 5.764/1971. Conselho Fiscal. Suplente. Não assegurada (inserida em 13.03.2002). O art. 55 da Lei nº 5.764/1971 assegura a garantia de emprego apenas aos empregados eleitos diretores de Cooperativas, não abrangendo os membros suplentes.

Como a garantia é conferida nos mesmos moldes daquela assegurada ao dirigente sindical, tem-se o seguinte:

* destinatários da garantia – empregados eleitos representantes titulares dos trabalhadores;
* período estabilitário – desde o registro da candidatura até um ano após o término do mandato;
* apuração de falta grave em inquérito judicial;
* dever do empregado de comunicar sua candidatura ao empregador.

3.8. Representantes dos empregados nas CCPs

A Comissão de Conciliação Prévia (CCP) é de composição paritária, com representantes dos empregados e dos empregadores (mínimo de 2 e máximo de 10 membros). A instituição da referida comissão é facultativa.

É vedada a dispensa dos representantes dos empregados, titulares e suplentes, até um ano após o final do mandato – art. 625-B, § 1º, da CLT. A estabilidade tem duração durante o mandato (até um ano depois), e esse mandato será nunca superior a um ano. É permitida apenas uma recondução.

Quanto à necessidade de inquérito judicial para apuração de falta grave, há duas correntes:

> **1ª corrente**: diante da inexistência de clareza na lei e dada a situação analógica à do dirigente sindical, é necessário o inquérito judicial;
>
> **2ª corrente:** ninguém está obrigado a fazer ou deixar de fazer senão em virtude de lei, e assim a ausência de previsão legal impede a exigência de inquérito. Na prática prevalece esta corrente.

A lei não fala o momento do início da garantia de emprego, o que gera divergência na doutrina e na jurisprudência. Alguns entendem que se inicia com a eleição, enquanto outros dizem que é a partir do registro da candidatura.

3.9. Empregado portador de doença grave

Embora de forma indireta, o Tribunal Superior do Trabalho criou, por construção jurisprudencial, e baseado na função integradora e normativa dos princípios, autêntica hipótese de estabilidade relativa. Trata-se do estabelecimento de presunção de discriminação na dispensa sem justa causa de empregado portador de doença grave, nos termos da Súmula 443:

> Súmula 443: Dispensa discriminatória. Presunção. Empregado portador de doença grave. Estigma ou preconceito. Direito à reintegração – Res. 185/2012, *DEJT* divulgado em 25, 26 e 27.09.2012. Presume-se discriminatória a despedida de empregado portador do vírus HIV ou de outra doença grave que suscite estigma ou preconceito. Inválido o ato, o empregado tem direito à reintegração no emprego.

No caso, cabe ao empregador o ônus de comprovar que não dispensou o empregado de forma discriminatória, e a única forma de fazê-lo é provando a existência de algum motivo para dispensa. Logo, é vedada a dispensa arbitrária do empregado portador de doença grave.

Mencione-se, por oportuno, que a Lei 12.984/2014 estabeleceu que constitui crime punível com reclusão, de 1 (um) a 4 (quatro) anos, e multa, a conduta discriminatória contra o portador do HIV e o doente de aids, em razão da sua condição de portador ou de doente, consistente em exonerá-lo ou demiti-lo de seu cargo ou emprego (art. 1º, III).

3.10. Representante dos empregados na empresa

O art. 11 da CF estabelece que, nas empresas de mais de 200 empregados, é assegurada a eleição de um representante destes com a finalidade exclusiva de promover-lhes o entendimento direto com os empregados.

Não havia qualquer previsão em lei de estabilidade para esse representante, o que gerava discussão na doutrina e na jurisprudência.

Com a reforma trabalhista, passou a haver previsão expressa da estabilidade do membro da comissão de representante dos empregados, com garantia contra dispensa arbitrária.

> Art. 510-D. O mandato dos membros da comissão de representantes dos empregados será de um ano. (Incluído pela Lei nº 13.467, de 2017)
>
> § 1º O membro que houver exercido a função de representante dos empregados na comissão não poderá ser candidato nos dois períodos subsequentes. (Incluído pela Lei nº 13.467, de 2017)
>
> § 2º O mandato de membro de comissão de representantes dos empregados não implica suspensão ou interrupção do contrato de trabalho, devendo o empregado permanecer no exercício de suas funções. (Incluído pela Lei nº 13.467, de 2017)
>
> § 3º Desde o registro da candidatura até um ano após o fim do mandato, o membro da comissão de representantes dos empregados não poderá sofrer despedida arbitrária, entendendo-se como tal a que não se fundar em motivo disciplinar, técnico, econômico ou financeiro. (Incluído pela Lei nº 13.467, de 2017)
>
> § 4º Os documentos referentes ao processo eleitoral devem ser emitidos em duas vias, as quais permanecerão sob a guarda dos empregados e da empresa pelo prazo de cinco anos, à disposição para consulta de qualquer trabalhador interessado, do Ministério Público do Trabalho e do Ministério do Trabalho.

4. EFEITOS JURÍDICOS DA DISPENSA IRREGULAR

Se o empregador dispensa arbitrariamente um empregado protegido por garantia de emprego, esse ato é nulo, razão pela qual deverão retornar as partes ao *status quo ante*, isto é, à situação anterior ao ato desprezado pelo direito. Nas hipóteses em que não seja possível o retorno à situação anterior, seja pela incompatibilidade gerada entre as partes em virtude da demanda, seja pela extinção do estabelecimento, a questão será resolvida com o pagamento de indenização compensatória ao obreiro.

O primeiro ponto fundamental para que se entendam os efeitos jurídicos da dispensa arbitrária do empregado estável é que a lei garante ao trabalhador o emprego, e não o valor correspondente ao período estabilitário. Logo, a regra é (ou ao menos deveria ser) a reintegração, e não a indenização, que surgiria apenas nos casos isolados, conforme previsto no art. 496 da CLT:

> Art. 496. Quando a reintegração do empregado estável for desaconselhável, dado o grau de incompatibilidade resultante do dissídio, especialmente quando for o empregador pessoa física, o tribunal do trabalho poderá converter aquela obrigação em indenização devida nos termos do artigo seguinte.

À míngua de regulação legal das consequências jurídicas da dispensa arbitrária, nos casos de empregados protegidos por garantias de emprego, a doutrina e a jurisprudência estabelecem construções baseadas na interpretação analógica, principalmente.

Como já foi dito, sempre quando possível, será determinada a reintegração, pois a garantia é do emprego, notadamente naqueles casos de representação comunitária ou altruísta (ex.: cipeiro e dirigente sindical).

Há, entretanto, algumas situações que inviabilizam a reintegração, por exemplo:

a)   quando o período de estabilidade provisória já se encontra esgotado ao tempo da sentença;

b)   extinção da empresa ou do estabelecimento;

c)   hipóteses em que a reintegração seja desaconselhável, a critério do juiz (art. 496 da CLT);

d)   no caso da empregada doméstica, se o empregador não concordar com a reintegração, visto que a casa é asilo inviolável do indivíduo (art. 5º, XI, da CRFB/1988).

Nesses casos, só será possível a indenização, que será paga de forma simples (salários do período), porque a indenização dobrada prevista no art. 497 da CLT se aplica apenas ao estável decenal. Advirta-se que norma que impõe pena não pode ser interpretada ampliativamente nem utilizada em processo analógico.

Em consonância com esse entendimento, a Súmula 396 do TST:

> Súmula 396: Estabilidade provisória. Pedido de reintegração. Concessão do salário relativo ao período de estabilidade já exaurido. Inexistência de julgamento *extra petita*. Res. 129/2005, *DJ* 20, 22 e 25.04.2005.

I – Exaurido o período de estabilidade, são devidos ao empregado apenas os salários do período compreendido entre a data da despedida e o final do período de estabilidade, não lhe sendo assegurada a reintegração no emprego.

II – Não há nulidade por julgamento extra petita da decisão que deferir salário quando o pedido for de reintegração, dados os termos do art. 496 da CLT.

5. PRAZO PARA AJUIZAR AÇÃO EM FACE DE DISPENSA ARBITRÁRIA

Por muito tempo se discutiu qual seria o prazo para o empregado ajuizar a ação trabalhista reclamando de dispensa arbitrária durante a fluência de garantia de emprego. Em outras palavras, uma parte da doutrina defende que somente seria possível o ajuizamento da ação durante o período em que o empregado tivesse estabilidade, sob pena de abuso do direito de ação por parte do empregado. Essa corrente defende ainda que a indenização deve se limitar ao período compreendido entre a data do ajuizamento da ação e o final da garantia de emprego a que faria jus o empregado.

Não obstante, o TST não acolhe tal entendimento, tendo pacificado tese contrária, com a edição da OJ 399 da SDI-1:

OJ-SDI1-399. Estabilidade provisória. Ação trabalhista ajuizada após o término do período de garantia no emprego. Abuso do exercício do direito de ação. Não configuração. Indenização devida (*DEJT* divulgado em 02, 03 e 04.08.2010).

O ajuizamento de ação trabalhista após decorrido o período de garantia de emprego não configura abuso do exercício do direito de ação, pois este está submetido apenas ao prazo prescricional inscrito no art. 7º, XXIX, da CF/1988, sendo devida a indenização desde a dispensa até a data do término do período estabilitário.

6. EXTINÇÃO DA ESTABILIDADE

Várias são as circunstâncias que provocam a **extinção da estabilidade**. Podem ser mencionadas, de forma esquematizada, as principais hipóteses:

- decurso do prazo – transcorrido o tempo fixado em lei para a garantia de emprego, por óbvio esta se extingue;
- morte do empregado;
- pedido de demissão (observe-se que alguns empregados estáveis, como o dirigente sindical e o cipeiro, sujeitam-se à regra do art. 500 da CLT, consubstanciada na necessidade de assistência sindical ao pedido de demissão);
- extinção da empresa ou do estabelecimento (nesse caso, há controvérsias sobre os efeitos, notadamente o cabimento ou não da indenização, conforme a hipótese de garantia de emprego);
- morte do empregador pessoa física;
- dispensa por justa causa;
- extinção do contrato por culpa recíproca;
- hipóteses previstas no art. 165 da CLT, ou em outros dispositivos legais (ex.: casos de dispensa do aprendiz).

Quanto à renúncia, de forma geral não se admite a renúncia a garantias provisórias de emprego previstas em lei, tendo em vista que se trata de direito indisponível. Nesse sentido, a jurisprudência entende que o simples recebimento das verbas rescisórias e a quitação do TRCT não importam em renúncia tácita, conforme o seguinte julgado:

> Recurso de revista. Membro da Cipa. Estabilidade provisória. Renúncia tácita. O entendimento pacificado desta Corte é no sentido da inexistência de renúncia ao direito à estabilidade, pela percepção das verbas rescisórias, haja vista a natureza tutelar e protetiva dos direitos que envolvem a renúncia do empregado. Precedentes. Óbice do art. 896, § 4º, da CLT e da Súmula nº 333 do TST. Recurso de revista de que não se conhece. (...). (TST, 7ª Turma, RR 206600-49.2008.5.02.0242, Rel. Des. Convocado Valdir Florindo, j. 19.06.2013, *DEJT* 28.06.2013)

Há, entretanto, julgados em sentido contrário, admitindo a renúncia, notadamente quando o trabalhador foi assistido pela entidade sindical. A título de exemplo, mencione-se o seguinte aresto:

> Recurso de revista. Estabilidade provisória do cipeiro. Indenização substitutiva à garantia no emprego. Rescisão contratual homologada perante o sindicato da categoria profissional, sem ressalva quanto à indenização substitutiva. Quitação com eficácia liberatória. Súmula 330 do TST. Registrando o TRT que houve assistência sindical no ato da homologação da rescisão contratual e que a reclamada substituiu a garantia no emprego do cipeiro por indenização, reputa-se válida e eficaz, com eficácia liberatória, nos termos dos arts. 477 da CLT e 5º, XXXVI, da Constituição Federal, bem como da Súmula 330 do TST, a quitação do contrato de trabalho levada a efeito perante o sindicato da categoria profissional, sem qualquer ressalva. Recurso de revista conhecido e provido. (TST, 8ª Turma, RR 145400-22.2003.5.02.0014, Rel. Min. Márcio Eurico Vitral Amaro, *DEJT* 12.03.2010)

É claro que, mesmo se considerando irrenunciável a garantia de emprego, é sempre possível ao empregado pedir demissão, tendo em vista o princípio maior da liberdade de trabalho. A discussão acerca da possibilidade ou não de se renunciar ao direito envolve apenas a hipótese de demissão sem justa causa.

Vamos de resumo em tabelas?[3]

DIRIGENTE SINDICAL	
Período	**Possibilidade de dispensa**
Desde o registro da candidatura até um ano após o término do mandato.	**Súmula 379 do TST: Dirigente sindical. Despedida. Falta grave. Inquérito judicial. Necessidade.** O dirigente sindical somente poderá ser dispensado por falta grave mediante a apuração em inquérito judicial, inteligência dos arts. 494 e 543, § 3º, da CLT.

---

[3] LENZA, Breno; SILVA, Fabrício Lima. *Direito do trabalho e processo do trabalho em tabelas*. São Paulo: Juspodivm, 2022.

Cap. 23 – ESTABILIDADE E GARANTIAS PROVISÓRIAS NO EMPREGO

DIRIGENTE SINDICAL – ABRANGÊNCIA	
Regra geral	**Empregado pertencente à categoria profissional diferenciada**
Titular e suplente (englobando federações e confederações), com limite de 7 titulares e 7 suplentes (Súmula 369, II, do TST).	Para ter direito à garantia provisória deve prestar serviços na empresa de mesma atividade da categoria profissional do sindicato para o qual foi eleito dirigente.

GESTANTE	
Período	**Possibilidade de dispensa**
Desde a confirmação da gravidez até 5 meses após o parto.	Conforme **doutrina majoritária**, quando ocorrer falta grave, não haverá necessidade de se iniciar o inquérito para apuração de falta grave para a dispensa por justa causa da gestante.
	Cabe ressaltar que a empregada gestante pode pedir demissão a qualquer momento, desde que seja respeitado o disposto no art. 500 da CLT.[4]

GESTANTE – PECULIARIDADES
• **Súmula 244 do TST: Gestante. Estabilidade provisória.**
I – O desconhecimento do estado gravídico pelo empregador não afasta o direito ao pagamento da indenização decorrente da estabilidade (art. 10, II, "b" do ADCT).
II – A garantia de emprego à gestante só autoriza a reintegração se esta se der durante o período de estabilidade. Do contrário, a garantia restringe-se aos salários e demais direitos correspondentes ao período de estabilidade.
III – A empregada gestante tem direito à estabilidade provisória prevista no art. 10, inciso II, alínea "b", do Ato das Disposições Constitucionais Transitórias, mesmo na hipótese de admissão mediante contrato por tempo determinado.

EMPREGADO REPRESENTANTE DA CIPA		
Período	**Possibilidade de dispensa**	**Extinção do estabelecimento**
Desde o registro da candidatura até um ano após o término do mandato. É permitida uma reeleição.	Não há necessidade de prévio inquérito para apuração de falta grave. **Art. 165. Os titulares da representação dos empregados nas Cipa(s) não poderão sofrer despedida arbitrária, entendendo-se como tal a que não se fundar em motivo disciplinar, técnico, econômico ou financeiro.**	Não há motivos para subsistir a garantia provisória.

---

[4] Art. 500. O pedido de demissão do empregado estável só será válido quando feito com a assistência do respectivo Sindicato e, se não o houver, perante autoridade local competente do Ministério do Trabalho e Previdência Social ou da Justiça do Trabalho.

EMPREGADO ACIDENTADO		
Período	**Possibilidade de dispensa**	**Abrangência**
Mínimo de 12 meses, após a cessação do auxílio-doença acidentário, independentemente de percepção de auxílio-acidente.	**OJ 31 da SDC: Estabilidade do acidentado. Acordo homologado. Prevalência. Impossibilidade. Violação do art. 118 da Lei 8.213/1991.** Não é possível a prevalência de acordo sobre legislação vigente, quando ele é menos benéfico do que a própria lei, porquanto o caráter imperativo dessa última restringe o campo de atuação da vontade das partes.	Preenchimento cumulativo de (i) afastamento por mais de 15 dias e (ii) percepção de auxílio-doença acidentário. Todavia, quando o preenchimento dos requisitos exigidos pela Lei 8.213/1991 não são preenchidos por culpa do empregador, o TST tem entendido que é cabível a condenação dele pelo ato obstativo da estabilidade. **Empregado que labora em regime de contrato de trabalho por prazo determinado possui direito à garantia provisória no emprego (Súmula 378, III, do TST).**

QUESTÕES PARA TREINO

1. **(MPT – 2022 – Procurador do Trabalho)** O membro de conselho fiscal tem direito à estabilidade provisória porque representa e atua na defesa de direitos da categoria respectiva, incluindo a fiscalização da gestão financeira do sindicato.
   Errado.

2. **(Prefeitura de Maringá – 2022 – Procurador Municipal)** O afastamento superior a quinze dias e a percepção do auxílio-doença acidentário são pressupostos primários para a concessão da estabilidade provisória decorrente de acidente de trabalho.
   Certo.

3. **(Prefeitura de Maringá – 2022 – Procurador Municipal)** O registro da candidatura do empregado a cargo de dirigente sindical durante o período de aviso-prévio, ainda que indenizado, lhe assegura a estabilidade provisória.
   Errado.

4. **(Prefeitura de Maringá – 2022 – Procurador Municipal)** O empregado que tomar posse como dirigente sindical e não comunicar seu empregador sobre tal evento dentro de 24 h perderá o direito a estabilidade provisória.
   Errado.

5. **(Prefeitura de Maringá – 2022 – Procurador Municipal)** A estabilidade provisória da gestante se inicia no ato de comunicação do seu estado gravídico ao empregador e se estende até o quinto mês posterior ao parto.
   Certo.

6. **(Prefeitura de Maringá – 2022 – Procurador Municipal)** A falta grave atribuída ao empregado que ocupe cargo de dirigente sindical deverá ser comprovada em inquérito judicial de apuração no prazo de sessenta dias a contar da suspensão do obreiro.
   Errado.

Cap. 23 – ESTABILIDADE E GARANTIAS PROVISÓRIAS NO EMPREGO **445**

7. **(Afeam – 2022 – Direito)** As normas constitucionais conferem à empregada gestante a estabilidade provisória, desde a confirmação da gravidez até cinco meses após o parto.
Certo.

8. **(Afeam – 2022 – Direito)** O segurado que sofreu acidente do trabalho tem garantida, pelo prazo de 12 meses, a manutenção de seu contrato de trabalho na empresa, após a cessação do auxílio-doença acidentário, independente de percepção de auxílio--acidente.
Certo.

9. **(Afeam – 2022 – Direito)** O empregado eleito para o cargo de direção de comissões internas de prevenção de acidentes, desde o registro de sua candidatura até 2 (dois) anos após o final de seu mandato, não pode ser dispensado arbitrariamente ou sem justa causa.
Errado.

10. **(AGERGS – 2022 – Advogado)** O desconhecimento do estado gravídico pelo empregador não afasta o direito ao pagamento da indenização decorrente da estabilidade (art. 10, II, b, do ADCT).
Certo.

SISTEMA DE GARANTIAS SALARIAIS

1. SISTEMA DE GARANTIAS SALARIAIS

1.1. Proteção quanto ao valor (irredutibilidade salarial)

O princípio da irredutibilidade já estava implicitamente previsto no art. 468 da CLT, uma vez que não permite alterações contratuais em prejuízo do trabalhador:

> Art. 468. Nos contratos individuais de trabalho só é lícita a alteração das respectivas condições por mútuo consentimento, e ainda assim desde que não resultem, direta ou indiretamente, prejuízos ao empregado, sob pena de nulidade da cláusula infringente desta garantia.

No mesmo caminho, a CRFB, no seu art. 7º, VI, consagrou a vedação à redução do salário nominal do empregado, **salvo se realizada por meio de convenção e acordo coletivo de trabalho.**

Frise-se: **é irredutível, em regra, o *salário nominal*.** Não há, entretanto, garantia de manutenção do salário real, ou seja, do poder aquisitivo do salário.

Ainda, o art. 503 da CLT e a Lei 4.923/1965 (art. 2º) admitem a redução do salário por motivos decorrentes de força maior e dificuldades econômicas da empresa, respectivamente. No entanto, devem ser interpretados em conformidade com o art. 7º, VI, da CRFB/1988, pelo que também dependem de convenção ou acordo coletivo.

Destaque igualmente para a inovação trazida pela reforma trabalhista. Com o advento da Lei 13.467/2017, o art. 611-A, § 3º, da CLT estabeleceu que, em caso de **redução do salário**, o acordo e a convenção deverão prever a **proteção dos empregados por dispensa imotivada** no período em que vigorar o instrumento coletivo.

Art. 611-A da CLT: A convenção coletiva e o acordo coletivo de trabalho têm prevalência sobre a lei quando, entre outros, dispuserem sobre:

(...)

§ 3º Se for pactuada cláusula que reduza o salário ou a jornada, a convenção coletiva ou o acordo coletivo de trabalho deverão prever a proteção dos empregados contra dispensa imotivada durante o prazo de vigência do instrumento coletivo.

A *irredutibilidade salarial* encontra algumas **exceções**:

a) A regra não se aplica caso decorra de **negociação coletiva**, consubstanciada em instrumento coletivo de trabalho (ACT ou CCT). Nesse caso, a maioria da doutrina entende que é necessária uma *motivação tipificada*, conforme aponta Mauricio Godinho Delgado,[1] ou uma **contrapartida em prol da melhoria das condições sociais dos trabalhadores**, consoante aponta parcela doutrinária. Assim, não poderá haver um **despojamento unilateral de direitos, uma renúncia**, ou seja, o sindicato não poderá simplesmente acatar a redução salarial sem qualquer motivação e/ou contrapartida (vantagem) deferida ao trabalhador.

b) A irredutibilidade **não alcança parcelas de salário-condição**. Com efeito, parcelas pagas em virtude de determinada condição mais gravosa ao empregado (adicionais em geral), ou mesmo de uma circunstância temporária (gratificação por exercício de função de confiança), não aderem ao patrimônio jurídico do empregado, podendo ser suprimidas a qualquer tempo, assim que cessar a causa de seu pagamento.

1.2. Proteção quanto ao valor mínimo do salário

a) **Salário mínimo legal:** aplicável à generalidade dos trabalhadores na falta de outro piso mais vantajoso, já era previsto no art. 76 da CLT:

Art. 76 da CLT: Salário mínimo é a contraprestação mínima devida e paga diretamente pelo empregador a todo trabalhador, inclusive ao trabalhador rural, sem distinção de sexo, por dia normal de serviço, e capaz de satisfazer, em determinada época e região do País, as suas necessidades normais e alimentação, habitação, vestuário, higiene e transporte.

Observe-se que **a garantia do salário mínimo legal é obrigação do empregador, que deve fazê-lo diretamente**. Assim, se o empregado recebe um complexo salarial formado por salário-base mais sobressalários, a garantia do mínimo se refere ao total (complexo salarial), e não ao salário-base. Nesse sentido, a SDI-1 do TST editou a OJ 272, nos seguintes termos:

OJ 271 da SDI-1: Salário mínimo. Servidor. Salário-base inferior. Diferenças. Indevidas (inserida em 27.09.2002).

A verificação do respeito ao direito ao salário mínimo não se apura pelo confronto isolado do salário-base com o mínimo legal, mas deste com a soma de todas as parcelas de natureza salarial recebidas pelo empregado diretamente do empregador.

---

[1] DELGADO, Mauricio Godinho. *Curso de Direito do Trabalho*. 19. ed. São Paulo: LTr, 2020.

Também é relevante esclarecer que o salário mínimo fixado em lei é o mínimo que pode ser pago para a jornada-padrão de trabalho, qual seja, 8h por dia, 44h por semana e 220h por mês. Assim, caso o empregado cumpra jornada parcial, seu salário será proporcional, **salvo se beneficiário de jornada reduzida fixada por norma jurídica.** Nesse sentido, a OJ 358 do TST:

> OJ 358 da SDI-1: Salário mínimo e piso salarial proporcional à jornada reduzida. Possibilidade.
>
> I – Havendo contratação para cumprimento de jornada reduzida, inferior à previsão constitucional de oito horas diárias ou quarenta e quatro semanais, é lícito o pagamento do piso salarial ou do salário mínimo proporcional ao tempo trabalhado.
>
> II – Na Administração Pública direta, autárquica e fundacional não é válida remuneração de empregado público inferior ao salário mínimo, ainda que cumpra jornada de trabalho reduzida. Precedentes do Supremo Tribunal Federal. (RE 565.621)

Observe-se, todavia, que, nos termos da Súmula Vinculante 6 do STF, "**Não viola a Constituição o estabelecimento de remuneração inferior ao salário mínimo para as praças prestadoras de serviço militar inicial**". Os precedentes que deram origem a essa súmula vinculante baseavam-se no fato de que a CRFB não estendeu aos militares a garantia de remuneração não inferior ao salário mínimo, como o fez para outras categorias de trabalhadores, e o regime a que submetem os militares não se confunde com aquele aplicável aos servidores civis.

b) Pisos estaduais: embora tenha unificado o salário mínimo para todo o País, a CRFB deixou aberta a possibilidade de criação, desde que autorizada por Lei Complementar, de pisos estaduais em cada um dos Estados-membros, e desde que em valores superiores ao fixado para o salário mínimo legal.

A fim de não desnaturar a ideia de unificação do salário mínimo legal, **os pisos salariais definidos pelos Estados não podem fixar um valor único como salário mínimo estadual**, sob pena de retornar à situação anterior a 1988, em que existiam os salários mínimos regionais. A solução foi estipular vários pisos salariais, conforme a função desempenhada pelo trabalhador, e sempre em valores superiores ao do salário mínimo legal.

c) Salário profissional: é o piso salarial fixado em lei e válido para os trabalhadores integrantes de categoria profissional cujo ofício seja legalmente regulamentado.

> Súmula 370: Médico e engenheiro. Jornada de trabalho. Leis n° 3.999/1961 e 4.950-A/1966.
>
> Tendo em vista que as Leis n° 3.999/1961 e 4.950-A/1966 não estipulam a jornada reduzida, mas apenas estabelecem o salário mínimo da categoria para uma jornada de 4 horas para os médicos e de 6 horas para os engenheiros, não há que se falar em horas extras, salvo as excedentes à oitava, desde que seja respeitado o salário mínimo/horário das categorias.
>
> Súmula 358: Radiologista. Salário profissional. Lei n° 7.394, de 29.10.1985 (mantida).
>
> O salário profissional dos técnicos em radiologia é igual a 2 (dois) salários mínimos e não a 4 (quatro).

d) Salário normativo e salário convencional: salário normativo é o piso salarial estipulado em sentença normativa, válido para a categoria profissional envolvida no dissídio coletivo. Salário convencional, por sua vez, é o piso salarial estipulado em instrumento coletivo de trabalho (ACT ou CCT), válido para a respectiva categoria de trabalhadores.

e) Política salarial: a atual política salarial é estabelecida pela Lei 10.192/2001, que, em seu art. 10, dispõe que "Os salários e as demais condições referentes ao trabalho continuam a ser fixados e revistos, na respectiva data-base anual, por intermédio da livre negociação coletiva".

Com efeito, a política salarial é estabelecida como forma de balizar a atuação autônoma dos sindicatos, evitando danos à economia do País e notadamente coibindo a adoção de medidas que possam facilitar o crescimento do processo inflacionário.

Nesse diapasão, a Lei 10.192/2001 proíbe a estipulação ou fixação de cláusula de reajuste ou correção salarial automática vinculada a índice de preços (art. 13, *caput*), bem como a concessão de aumento salarial a título de produtividade sem fundamento em fatores objetivos (art. 13, § 2º).

Por isso, a Súmula 375 do TST estabelece que "Os reajustes salariais previstos em norma coletiva de trabalho não prevalecem frente à legislação superveniente de política salarial".

Nesse mesmo sentido, registre-se que o art. 623 da CLT, ainda em vigor, sempre tratou a questão de forma semelhante:

> Art. 623. Será nula de pleno direito disposição de Convenção ou Acordo que, direta ou indiretamente, contrarie proibição ou norma disciplinadora da política econômico-financeira do Governo ou concernente à política salarial vigente, não produzindo quaisquer efeitos perante autoridades e repartições públicas, inclusive para fins de revisão de preços e tarifas de mercadorias e serviços.

No tocante aos órgãos da Administração Pública que admitem empregados sob o regime celetista, assim dispõe a OJ 100 da SDI-1 do TST:

> OJ 100 da SDI-1: Salário. Reajuste. Entes públicos (título alterado e inserido dispositivo).
>
> Os reajustes salariais previstos em legislação federal devem ser observados pelos Estados-membros, suas Autarquias e Fundações Públicas nas relações contratuais trabalhistas que mantiverem com seus empregados.
>
> Lei estadual criou um benefício assistencial e previu que seu valor seria o do salário mínimo vigente. Tal previsão, em princípio, viola o art. 7º, IV, da CF/88, que proíbe que o salário mínimo seja utilizado como referência (parâmetro) para outras finalidades que não sejam a remuneração do trabalho. No entanto, o STF afirmou que seria possível conferir interpretação conforme a Constituição e dizer que o dispositivo previu que o valor do benefício seria igual ao salário mínimo vigente na época em que a lei foi editada (R$ 545). Após isso, mesmo o salário mínimo aumentando nos anos seguintes, o valor do benefício não pode acompanhar automaticamente os reajustes realizados sobre o salário mínimo, considerando que ele não pode servir como in-

dexador. Em suma, o STF determinou que a referência ao salário mínimo contida na lei estadual seja considerada como um valor certo que vigorava na data da edição da lei, passando a ser corrigido nos anos seguintes por meio de índice econômico diverso. Com isso, o benefício continua existindo e será necessário ao governo do Amapá apenas reajustar esse valor por meio de índices econômicos. (STF, Plenário, ADI 4726 MC/AP, Rel. Min. Marco Aurélio, j. 11.02.2015, *Info* 774)

1.3. Proteção quanto aos possíveis abusos do empregador

a) Retenção do salário: dispõe a CRFB/1988 que a retenção dolosa do salário é considerada crime (art. 7º, X). Assim, a partir da data do vencimento, o salário passa a pertencer ao empregado, pelo que o não pagamento constitui retenção e, portanto, **se houver dolo**, constituirá crime. A conduta é enquadrada por alguns doutrinadores como apropriação indébita, tipificada no art. 168 do Código Penal.

b) Descontos permitidos: prevalece no Direito do Trabalho o **princípio da intangibilidade salarial**. Toda norma que se refere a desconto salarial nasceu pautada nesse princípio, segundo o qual deve ser protegido o salário do empregado. De acordo com esse princípio, é defeso ao empregador praticar atos atentatórios ao salário e, como consequência, só são permitidos descontos legalmente previstos.

> Art. 462 da CLT: Ao empregador é vedado efetuar qualquer desconto nos salários do empregado, salvo quando este resultar de **adiantamentos**, de **dispositivos de lei** ou de **contrato coletivo**.
>
> § 1º Em caso de dano causado pelo empregado, o desconto será lícito, desde que esta possibilidade tenha sido **acordada** ou na ocorrência de **dolo do empregado**. (destacamos)
>
> Súmula 342 do TST: Descontos salariais efetuados pelo empregador, com a autorização prévia e por escrito do empregado, para ser integrado em planos de assistência odontológica, médico-hospitalar, de seguro, de previdência privada, ou de entidade cooperativa, cultural ou recreativo-associativa de seus trabalhadores, em seu benefício e de seus dependentes, não afrontam o disposto no art. 462 da CLT, salvo se ficar demonstrada a existência de coação ou de outro defeito que vicie o ato jurídico.

i. Adiantamento de salário: havendo adiantamento de salário, é possível, por consequência lógica, descontar o valor ao final. Em verdade, no caso de adiantamento do salário, *não há desconto, e sim pagamento antecipado*. Em qualquer caso, para que seja admitido o desconto futuro, o adiantamento deve sempre ser acompanhado de recibo subscrito pelo empregado.

ii. Contribuições previdenciárias: os descontos a título de contribuição previdenciária são aqueles realizados pelo empregador, em cumprimento a um dever legal. Aqui a hipótese é de **substituição tributária**. A omissão do empregador gera duas consequências, quais sejam:

1) terá que pagar à previdência;

2) o valor não descontado é considerado para o estabelecimento do valor do salário.

iii. Imposto de renda: é dever do empregador, em **substituição tributária**, reter o valor atinente ao imposto de renda, caso o empregado **supere a faixa de isenção**. Se ele descumprir o dever de retenção, o valor do repasse será por ele pago.

iv. Contribuições para o sindicato: contribuição sindical era um valor compulsoriamente pago pelo empregado, de natureza tributária, no valor equivalente a um dia de trabalho por ano. Por conta dessas características, era também chamado de imposto sindical, e devido independentemente de o empregado ser filiado, ou não, ao sindicato.

A contribuição sindical obrigatória foi a fonte de custeio do sindicato que mais sofreu alterações com a reforma trabalhista. Foi alterada a redação dos arts. 545, 578, 579, 582, 583, 587 e 602 da CLT, além de revogados os arts. 601 e 604 desse diploma legislativo, para prever que as contribuições destinadas aos sindicatos devem ser prévia e expressamente autorizadas pelos empregados, empregadores e profissionais liberais em suas respectivas categorias.

Faz-se importante ressaltar que a reforma trabalhista não revogou a contribuição sindical, sendo os artigos referentes a sua cobrança e destinação somente aplicados caso haja a prévia e expressa autorização dos integrantes das categorias profissionais, econômicas e de profissionais liberais. **A reforma trabalhista tornou, portanto, facultativa a contribuição sindical.**

Com a alteração na redação das disposições legislativas, a expressão "imposto sindical", anteriormente prevista, é substituída por "contribuição sindical", expressão que já era utilizada para designar a contraprestação efetuada pelo empregado, empregador ou trabalhador autônomo ao respectivo sindicato.

Diante disso, a doutrina afirma que o Brasil promoveu grande avanço na legislação trabalhista, já que a contribuição sindical obrigatória era vista como um entrave ao princípio da liberdade sindical, ao atribuir ao não sindicalizado obrigação contrária à sua vontade. Esse é um dos pontos pelos quais o Brasil é criticado em virtude da não ratificação da Convenção 87 da OIT.

Além disso, destaca-se que agora é possível que a Orientação Jurisprudencial 17 da SDC do TST seja aplicável também à contribuição sindical, devendo ser consideradas nulas as cláusulas coletivas que estabeleçam a compulsoriedade dessa contribuição:

> OJ 17 da SDC do TST: As cláusulas coletivas que estabeleçam contribuição em favor de entidade sindical, a qualquer título, obrigando trabalhadores não sindicalizados, são ofensivas ao direito de livre associação e sindicalização, constitucionalmente assegurado, e, portanto, nulas, sendo passíveis de devolução, por via própria, os respectivos valores eventualmente descontados.

Em suma, a contribuição sindical permanece vigente, inclusive quanto às regras acerca da data de desconto do salário e da distribuição dos valores arrecadados. No entanto, para que o desconto seja possível para os empregados, os empregadores e os profissionais liberais, é necessário prévia e expressa autorização, tornando-a facultativa. Ressalta-se que a norma coletiva, nesse caso, não pode suprir a vontade individual. Será ilegal a cobrança de todos os empregados via instrumento coletivo sem a prévia, expressa e individualizada autorização.

Por fim, cumpre apenas ressaltar a aplicação do art. 611, XXVI, da CLT ao antigo imposto sindical:

> Art. 611-B. Constituem objeto ilícito de convenção coletiva ou de acordo coletivo de trabalho, exclusivamente, a supressão ou a redução dos seguintes direitos:
>
> (...)
>
> XXVI – liberdade de associação profissional ou sindical do trabalhador, inclusive o direito de não sofrer, sem sua expressa e prévia anuência, qualquer cobrança ou desconto salarial estabelecidos em convenção coletiva ou acordo coletivo de trabalho;
>
> São compatíveis com a Constituição Federal os dispositivos da Lei nº 13.467/2017 (Reforma Trabalhista) que extinguiram a obrigatoriedade da contribuição sindical e condicionaram o seu pagamento à prévia e expressa autorização dos filiados. No âmbito formal, o STF entendeu que a Lei nº 13.467/2017 não contempla normas gerais de direito tributário (art. 146, III, "a", da CF/88). Assim, não era necessária a edição de lei complementar para tratar sobre matéria relativa a contribuições. Também não se aplica ao caso a exigência de lei específica prevista no art. 150, § 6º, da CF/88, pois a norma impugnada não disciplinou nenhum dos benefícios fiscais nele mencionados, quais sejam, subsídio ou isenção, redução de base de cálculo, concessão de crédito presumido, anistia ou remissão. Sob o ângulo material, o STF afirmou que a Constituição assegura a livre associação profissional ou sindical, de modo que ninguém é obrigado a filiar-se ou a manter-se filiado a sindicato (art. 8º, V, da CF/88). O princípio constitucional da liberdade sindical garante tanto ao trabalhador quanto ao empregador a liberdade de se associar a uma organização sindical, passando a contribuir voluntariamente com essa representação. Não há nenhum comando na Constituição Federal determinando que a contribuição sindical é compulsória. Não se pode admitir que o texto constitucional, de um lado, consagre a liberdade de associação, sindicalização e expressão (art. 5º, IV e XVII, e art. 8º) e, de outro, imponha uma contribuição compulsória a todos os integrantes das categorias econômicas e profissionais. (STF, Plenário, ADI 5794/DF, Rel. Min. Edson Fachin, Red. p/ o Acórdão Min. Luiz Fux, j. 29.06.2018, *Info* 908)

c) Contribuição assistencial: é devida apenas pelos associados e, por isso, é facultativa. Contudo, uma vez associado, o empregado sofrerá o desconto. Essa contribuição tem como finalidade compensar os custos decorrentes da participação nas negociações coletivas e, ainda, em razão da conquista de condições mais benéficas aos trabalhadores.

d) Contribuição assistencial prevista em norma coletiva: a norma coletiva é que disciplina sobre essa contribuição. Logo, fazendo parte da negociação coletiva, será lícito o desconto. O STF, recentemente, decidiu que é possível estabelecer a contribuição assistencial em norma coletiva, desde que seja garantido ao empregado o direito de oposição (Tema 935).

e) Contribuição confederativa: prevista no art. 80, IV, da CF/1988, é destinada às confederações, sendo somente devida pelos associados.

Súmula Vinculante 40: A contribuição confederativa de que trata o artigo 8º, IV, da Constituição Federal, só é exigível dos filiados ao sindicato respectivo.

v. Descontos por faltas injustificadas e suspensão disciplinar: o empregador poderá descontar o valor integral dos dias de faltas injustificadas, bem assim dos dias referentes à suspensão disciplinar aplicada. Se não há trabalho, não há salário. A exceção fica por conta das hipóteses de interrupção do contrato de trabalho, as quais devem estar previstas em lei, a fim de obrigar o empregador ao pagamento de salário, mesmo sem ter ocorrido o trabalho.

vi. Desconto com alimentação: a Lei 3.030/1956, o art. 458 da CLT e a Lei 5.889/1973 autorizam o empregador a fazer desconto referentes à alimentação fornecida pelo empregador.

Entretanto, esse desconto não *é* possível para **os empregados domésticos**, pois a LC 150/15 expressamente proíbe o desconto com alimentação. O desconto referente à alimentação será de, no máximo, 20% para os empregados urbanos e 25% para os rurais. A alimentação tem natureza salarial, salvo se o empregador for filiado ao Programa de Alimentação do Trabalhador (PAT), instituído pela Lei 6.321/1976.

vii. Vale-transporte:

Art. 4º da Lei 7418/1985: A concessão do benefício ora instituído implica a aquisição pelo empregador dos Vales-Transportes necessários aos deslocamentos do trabalhador no percurso residência-trabalho e vice-versa, no serviço de transporte que melhor se adequar.

Parágrafo único. O empregador participará dos gastos de deslocamento do trabalhador com a ajuda de custo equivalente à parcela que exceder a 6% (seis por cento) de seu salário básico.

O vale-transporte foi instituído pela Lei 7.118/1985, a qual fora regulamentada pelo Decreto 95.247/1987. Ambos os dispositivos autorizam o empregador a realizar descontos a esse título até o limite de 6% do valor do salário contratual.

viii. Descontos por danos causados ao empregador

Art. 462 da CLT: Ao empregador é vedado efetuar qualquer desconto nos salários do empregado, salvo quando este resultar de adiantamentos, de dispositivos de lei ou de contrato coletivo.

§ 1º Em caso de dano causado pelo empregado, o desconto será lícito, desde que esta possibilidade tenha sido acordada ou na ocorrência de dolo do empregado.

O art. 462 da CLT faz a seguinte divisão:

- **dano culposo** – o desconto somente será possível **se houver autorização contratual;**
- **dano doloso** – o desconto é sempre possível, independentemente de previsão em contrato.

Em todo caso, apenas é possível o **desconto por dano patrimonial**. O entendimento majoritário é no sentido de que o desconto deve observar o limite máximo de *30%* por mês, aplicando-se analogicamente a Lei 10.820/03.

No caso de dano causado ao empregador pelo empregado, tendo agido este com culpa (por imperícia, imprudência ou negligência), pode aquele descontar do salário o prejuízo experimentado, desde que o empregado tenha autorizado expressamente o desconto em tais hipóteses.

Na prática, quase todos os empregados autorizam o desconto por dano culposo no momento da admissão, ao assinar o famoso contrato de adesão imposto pelo empregador. Nessa hipótese de desconto por dano culposo, surge a polêmica questão da OJ 251 do TST:

> OJ 251 da SDI-1: Descontos. Frentista. Cheques sem fundos (inserida em 13.03.2002).
>
> É lícito o desconto salarial referente à devolução de cheques sem fundos, quando o frentista não observar as recomendações previstas em instrumento coletivo.

A interpretação que se dá a tal verbete é no sentido de que o TST flexibilizou o rigor do dispositivo celetista, passando a prever, ao menos nesse caso, a autorização genérica para desconto na própria norma coletiva, pelo que o desconto prescindiria de autorização contratual do empregado.

ix. Dívida imobiliária (Sistema Financeiro de Habitação – SFH): caso o empregado adquira imóvel no SFH, poderá, mediante requerimento, ver descontados em salário os valores relativos às prestações, nos termos da Lei 5.725/1971.

x. Empréstimo contratado pelo trabalhador: a Lei 10.820/2003 prevê que o empregado, ao contrair empréstimos, financiamentos e operações de arrendamento mercantil concedidos por instituições financeiras e sociedades de arrendamento mercantil, pode autorizar, de forma irrevogável e irretratável, o desconto dos valores referentes em folha de pagamento.

> Art. 1º Os empregados regidos pela Consolidação das Leis do Trabalho – CLT, aprovada pelo Decreto-Lei nº 5.452, de 1º de maio de 1943, poderão autorizar, de forma irrevogável e irretratável, o desconto em folha de pagamento ou na sua remuneração disponível dos valores referentes ao pagamento de empréstimos, financiamentos, cartões de crédito e operações de arrendamento mercantil concedidos por instituições financeiras e sociedades de arrendamento mercantil, quando previsto nos respectivos contratos.
>
> § 1º O desconto mencionado neste artigo também poderá incidir sobre verbas rescisórias devidas pelo empregador, se assim previsto no respectivo contrato de empréstimo, financiamento, cartão de crédito ou arrendamento mercantil, até o limite de 40% (quarenta por cento), sendo 35% (trinta e cinco por cento) destinados exclusivamente a empréstimos, financiamentos e arrendamentos mercantis e 5% (cinco por cento) destinados exclusivamente à amortização de despesas contraídas por meio de cartão de crédito consignado ou à utilização com a finalidade de saque por meio de cartão de crédito consignado.

xi. Descontos autorizados por norma coletiva: o TST tende a admitir os descontos autorizados por norma coletiva de forma geral. Assim o fez, por exemplo, na questão do frentista que recebe cheque sem provisão de fundos. Também é comum a norma coletiva prever descontos a título de plano de saúde, plano odontológico etc.

xii. Outros descontos autorizados expressamente pelo empregado: embora não conste do texto legal, a jurisprudência tem admitido que sejam descontados do salário do empregado valores relativos a prestações que melhorem sua condição social, desde que o desconto tenha sido prévia e expressamente autorizado pelo empregado, livre de qualquer coação para tal. Nesse sentido, a Súmula 342 do TST:

> Súmula 342: Descontos salariais. Art. 462 da CLT (mantida). Descontos salariais efetuados pelo empregador, com a autorização prévia e por escrito do empregado, para ser integrado em planos de assistência odontológica, médico-hospitalar, de seguro, de previdência privada, ou de entidade cooperativa, cultural ou recreativo-associativa de seus trabalhadores, em seu benefício e de seus dependentes, não afrontam o disposto no art. 462 da CLT, salvo se ficar demonstrada a existência de coação ou de outro defeito que vicie o ato jurídico.

Com relação à coação, o TST entende que ela não pode ser presumida, nos termos da OJ 160:

> OJ 160 da SDI-1: Descontos salariais. Autorização no ato da admissão. Validade (inserida em 26.03.1999).
> É inválida a presunção de vício de consentimento resultante do fato de ter o empregado anuído expressamente com descontos salariais na oportunidade da admissão. É de se exigir demonstração concreta do vício de vontade.

1.4. Proteção quanto a atos do próprio empregado

Observe-se que, nos termos do § 4º do art. 462 da CLT, observadas as exceções legais, é vedado às empresas limitar, de qualquer forma, a liberdade dos empregados de dispor do seu salário.

Todavia, é vedado ao empregado dispensar o seu próprio salário, razão pela qual se diz que o **salário é irrenunciável.**

Vamos de resumo em tabelas?

DESCONTOS SALARIAIS
Conforme o princípio da **intangibilidade salarial**, é vedada a realização de descontos por parte do empregador no salário obreiro.
Art. 462. Ao empregador é vedado efetuar qualquer desconto nos salários do empregado, salvo quando este resultar de adiantamentos, de dispositivos de lei ou de contrato coletivo.

Cap. 24 – SISTEMA DE GARANTIAS SALARIAIS **457**

DESCONTOS SALARIAIS AUTORIZADOS
Adiantamentos salariais (art. 462 da CLT).
Multa do jogador de futebol (art. 50, § 1º, VI, da Lei 9.615/1998).   **Art. 50. A organização, o funcionamento e as atribuições da Justiça Desportiva, limitadas ao processo e julgamento das infrações disciplinares e às competições desportivas, serão definidos nos Códigos de Justiça Desportiva, facultando-se às ligas constituir seus próprios órgãos judicantes desportivos, com atuação restrita às suas competições.**   **§ 1º As transgressões relativas à disciplina e às competições desportivas sujeitam o infrator a:**   **(...)**   **VI – multa;**
Descontos resultantes de dispositivos de lei.
Descontos autorizados por norma negocial coletiva (jurisprudência dominante tem compreendido a possibilidade de descontos de contribuições apenas nos casos dos empregados sindicalizados: art. 8º, IV, da CF; Súmula 666 do STF; OJ 17 da SDC; Precedente Normativo 119 do TST).
Descontos relativos a dano causado pelo empregado, ocorrendo dolo deste (art. 462, § 1º, da CLT).   **Art. 462. (...)**   **§ 1º Em caso de dano causado pelo empregado, o desconto será lícito, desde que esta possibilidade tenha sido acordada ou na ocorrência de dolo do empregado.**
Descontos relativos a dano causado pelo empregado, ocorrendo culpa deste e desde que essa possibilidade tenha sido pactuada (art. 462, § 1º, da CLT).
Descontos relativos a bens ou serviços colocados à disposição do empregado pelo empregador ou por entidade a este vinculada. Exemplo: previdência privada, saúde pessoal e familiar.[2]
Consignações relativas a empréstimos, financiamentos e operações de arrendamento mercantil concedidos por instituições financeiras (Lei 10.820/2003).[3]

---

[2] Súmula 342: Descontos salariais. Art. 462 da CLT. Descontos salariais efetuados pelo empregador, com a autorização prévia e por escrito do empregado, para ser integrado em planos de assistência odontológica, médico-hospitalar, de seguro, de previdência privada, ou de entidade cooperativa, cultural ou recreativo-associativa de seus trabalhadores, em seu benefício e de seus dependentes, não afrontam o disposto no art. 462 da CLT, salvo se ficar demonstrada a existência de coação ou de outro defeito que vicie o ato jurídico.

OJ 251 da SDI-1 do TST: Descontos. Frentista. Cheques sem fundos. É lícito o desconto salarial referente à devolução de cheques sem fundos, quando o frentista não observar as recomendações previstas em instrumento coletivo.

[3] Art. 1º Os empregados regidos pela Consolidação das Leis do Trabalho – CLT, aprovada pelo Decreto-Lei nº 5.452, de 1º de maio de 1943, poderão autorizar, de forma irrevogável e irretratável, o desconto em folha de pagamento ou na sua remuneração disponível dos valores referentes ao pagamento de empréstimos, financiamentos, cartões de crédito e operações de arrendamento mercantil concedidos por instituições financeiras e sociedades de arrendamento mercantil, quando previsto nos respectivos contratos.

§ 1º O desconto mencionado neste artigo também poderá incidir sobre verbas rescisórias devidas pelo empregador, se assim previsto no respectivo contrato de empréstimo, financiamento, cartão de crédito ou arrendamento mercantil, até o limite de 35% (trinta e cinco por cento), sendo 5% (cinco por cento) destinados exclusivamente para:

I – a amortização de despesas contraídas por meio de cartão de crédito; ou

II – a utilização com a finalidade de saque por meio do cartão de crédito.

§ 2º O regulamento disporá sobre os limites de valor do empréstimo, da prestação consignável para os fins do caput e do comprometimento das verbas rescisórias para os fins do § 1º deste artigo.

§ 3º Os empregados de que trata o *caput* poderão solicitar o bloqueio, a qualquer tempo, de novos descontos.

§ 4º O disposto no § 3º não se aplica aos descontos autorizados em data anterior à da solicitação do bloqueio.

PROTEÇÃO AO TRABALHO DA MULHER

1. PROTEÇÃO AO TRABALHO DA MULHER

A CRFB/1988, em seu art. 5º, I, assegura igualdade de tratamento entre homens e mulheres. Entretanto, há diferenças em relação às mulheres que justificam tratamento diferenciado, em especial à proteção à maternidade. É nesse caminho que a CRFB/1988 assegura, em seu art. 5º, XX, "proteção do mercado de trabalho da mulher, mediante incentivos específicos, nos termos da lei".

2. MÉTODOS E LOCAIS DE TRABALHO

No que se refere ao meio ambiente de trabalho, primeiramente cabe destacar que é permitido às mulheres prestar serviços em locais insalubres e perigosos e no período noturno, assim como aos demais trabalhadores do sexo masculino. Também é vedado qualquer tipo de discriminação em razão de sexo, cor, estado civil etc.

A CLT, em seu art. 389, III, dispõe que toda empresa é obrigada a instalar vestiários com armários individuais privativos das mulheres, exceto os estabelecimentos em que não seja exigida a troca de roupa e outros. Admite-se como suficientes gavetas ou escaninhos, onde possam as empregadas guardar seus pertences.

Ainda, o art. 389 da CLT dispõe, em seu § 1º, que deve a empresa providenciar local apropriado para as empregadas guardarem seus filhos no período da amamentação, quando trabalharem **pelo menos 30 mulheres** com **idade superior a 16 anos**. O empregador poderá eximir-se dessa obrigação se mantiver convênios ou prestar diretamente o serviço de creche.

> **CLT, art. 389**: Toda empresa é **obrigada**:
> (...)

III – a instalar vestiários com armários **individuais privativos** das mulheres, exceto os estabelecimentos comerciais, escritórios, bancos e atividades afins, em que não seja exigida a troca de roupa e outros, a critério da autoridade competente em matéria de segurança e higiene do trabalho, admitindo-se como suficientes as gavetas ou escaninhos, onde possam as empregadas guardar seus pertences;

(...)

§ 1º Os estabelecimentos em que trabalharem pelo menos 30 (trinta) mulheres com mais de 16 (dezesseis) anos de idade **terão local apropriado** onde seja permitido às empregadas **guardar sob vigilância e assistência os seus filhos no período da amamentação.**

§ 2º A exigência do § 1º poderá ser suprida por meio de creches distritais mantidas, diretamente ou mediante convênios, com outras entidades públicas ou privadas, pelas próprias empresas, em regime comunitário, ou a cargo do SESI, do SESC, da LBA ou de entidades sindicais. (destacamos)

Além disso, esses locais devem ser equipados com berçário, saleta de amamentação, cozinha dietética e instalação sanitária.

CLT, art. 400: Os locais destinados à guarda dos filhos das operárias durante o período da amamentação deverão possuir, no mínimo, um berçário, uma saleta de amamentação, uma cozinha dietética e uma instalação sanitária.

Info 244 do TST: (...) Ilegitimidade passiva *ad causam*. Obrigação de fazer. Instalação e disponibilização de creches (local destinado às empregadas para guarda, vigilância e amamentação dos filhos menores). Shopping center. Artigo 389, § 1º, da CLT. Aplicação da teoria da causa madura. Artigo 1.013, § 3º, do CPC/2015. Exame do mérito. (...)

Discute-se, no caso, a aplicação da exigência prevista no § 1º do artigo 389 da CLT aos shoppings centers, no que se refere à instalação de creches ou à disponibilização de local adequado às empregadas, destinado à guarda, à vigilância ou à amamentação de seus filhos menores. O referido dispositivo legal tem o seguinte teor:

"Art. 389. Toda empresa é obrigada: § 1º Os estabelecimentos em que trabalharem pelo menos 30 (trinta) mulheres com mais de 16 (dezesseis) anos de idade terão local apropriado onde seja permitido às empregadas guardar sob vigilância e assistência os seus filhos no período da amamentação."

Conforme se extrai da literalidade do § 1º do artigo 389 da CLT, a obrigatoriedade de disponibilização de local adequado para guarda, vigilância e amamentação dos filhos das empregadas não se refere exclusivamente ao empregador, mas a todos os estabelecimentos em que estejam trabalhando pelo menos 30 (trinta) mulheres com mais de 16 (dezesseis) anos de idade. Importante ressaltar que, embora os shoppings centers, enquanto estabelecimento comercial, não se enquadram propriamente na posição de empregador das empregadas contratadas diretamente pelos lojistas que integram o conglomerado, trata-se de empreendimentos que se relacionam e até se beneficiam da atividade econômica por eles desempenhadas, como, por exemplo, quando são realizadas promoções ou liquidação de produtos, em troca de prêmios ofertados pelo próprio centro comercial, cujo resultado final buscado e muitas vezes atingido é o aumento do faturamento tanto dos lojistas individualmente quanto do próprio shopping center. Considerando, portanto, a peculiaridade da relação jurídica firmada entre os shoppings centers e os lojistas, em respeito aos princípios da valoração do trabalho, insculpido no artigo 170 da Constituição da República, assim como a proteção ao trabalho da mulher e da criança em idade de amamentação, perfeitamente aplicável ao reclamado a exigência prevista no § 1º do artigo 389 da CLT. Precedentes. Recurso de revista conhecido e provido. (TST, 2ª Turma, RR 62-91.2013.5.09.0007, Rel. Min. José Roberto Freire Pimenta, j. 15.09.2021)

O art. 390 da CLT, por sua vez, dispõe que é vedado ao empregador impor serviço que demande força superior a 20 quilos para o trabalho contínuo, ou 25 quilos para o trabalho ocasional, exceto nos casos de remoção de material feita por impulsão ou tração de vagonetes sobre trilhos, de carros de mão ou quaisquer aparelhos mecânicos, em que não há limitação de peso.

> CLT, art. 390: Ao empregador é vedado empregar a mulher em serviço que demande o emprego de força muscular superior a 20 (vinte) quilos para o trabalho contínuo, ou 25 (vinte e cinco) quilos para o trabalho ocasional.
>
> Parágrafo único. Não está compreendida na determinação deste artigo a remoção de material feita por impulsão ou tração de vagonetes sobre trilhos, de carros de mão ou quaisquer aparelhos mecânicos.

Há também dispositivos na CLT que tratam de cursos de formação ofertados pelo Estado e empregadores privados, bem como projetos de incentivo ao trabalho da mulher.

> Art. 390-B. As vagas dos cursos de formação de mão de obra, ministrados por instituições governamentais, pelos próprios empregadores ou por qualquer órgão de ensino profissionalizante, serão oferecidas aos empregados de ambos os sexos.
>
> Art. 390-C. As empresas com mais de cem empregados, de ambos os sexos, deverão manter programas especiais de incentivos e aperfeiçoamento profissional da mão de obra.
>
> (...)
>
> Art. 390-E. A pessoa jurídica poderá associar-se a entidade de formação profissional, sociedades civis, sociedades cooperativas, órgãos e entidades públicas ou entidades sindicais, bem como firmar convênios para o desenvolvimento de ações conjuntas, visando à execução de projetos relativos ao incentivo ao trabalho da mulher.

3. PROTEÇÃO À MATERNIDADE

3.1. Práticas discriminatórias

O art. 373-A da CLT estabelece que é proibida a exigência de atestado de gravidez ou de atestado de esterilização, bem como qualquer prática discriminatória para não contratar, não promover, dispensar do trabalho, remunerar e oferecer oportunidades de ascensão profissional de forma diferenciada e/ou impedir o acesso para inscrição ou aprovação em concursos. É proibido também proceder o empregador ou preposto a revistas íntimas nas empregadas ou funcionárias.

CLT, art. 373-A: Ressalvadas as disposições legais destinadas a corrigir as distorções que afetam o acesso da mulher ao mercado de trabalho e certas especificidades estabelecidas nos acordos trabalhistas, é vedado:

I – publicar ou fazer publicar anúncio de emprego no qual haja referência ao sexo, à idade, à cor ou situação familiar, salvo quando a natureza da atividade a ser exercida, pública e notoriamente, assim o exigir;

II – recusar emprego, promoção ou motivar a dispensa do trabalho em razão de sexo, idade, cor, situação familiar ou estado de gravidez, salvo quando a natureza da atividade seja notória e publicamente incompatível;

III – considerar o sexo, a idade, a cor ou situação familiar como variável determinante para fins de remuneração, formação profissional e oportunidades de ascensão profissional;

IV – exigir atestado ou exame, de qualquer natureza, para comprovação de esterilidade ou gravidez, na admissão ou permanência no emprego;

V – impedir o acesso ou adotar critérios subjetivos para deferimento de inscrição ou aprovação em concursos, em empresas privadas, em razão de sexo, idade, cor, situação familiar ou estado de gravidez;

VI – proceder o empregador ou preposto a revistas íntimas nas empregadas ou funcionárias.

Parágrafo único. O disposto neste artigo não obsta a adoção de medidas temporárias que visem ao estabelecimento das políticas de igualdade entre homens e mulheres, em particular as que se destinam a corrigir as distorções que afetam a formação profissional, o acesso ao emprego e as condições gerais de trabalho da mulher.

Ainda, dispõe o art. 391 da CLT:

Art. 391. Não constitui justo motivo para a rescisão do contrato de trabalho da mulher o fato de haver contraído matrimônio ou de encontrar-se em estado de gravidez.

Parágrafo único. Não serão permitidos em regulamentos de qualquer natureza contratos coletivos ou individuais de trabalho, restrições ao direito da mulher ao seu emprego, por motivo de casamento ou de gravidez.

No mesmo caminho, a Lei 13.271/2016 traz disposições sobre vedação à revista íntima a funcionárias no local de trabalho.

Art. 1º As empresas privadas, os órgãos e entidades da administração pública, direta e indireta, ficam proibidos de adotar qualquer prática de revista íntima de suas funcionárias e de clientes do sexo feminino.

Art. 2º Pelo não cumprimento do art. 1º, ficam os infratores sujeitos a:

I – multa de R$ 20.000,00 (vinte mil reais) ao empregador, revertidos aos órgãos de proteção dos direitos da mulher;

II – multa em dobro do valor estipulado no inciso I, em caso de reincidência, independentemente da indenização por danos morais e materiais e sanções de ordem penal.

É inconstitucional lei ou ato normativo do Estado ou do Distrito Federal que disponha sobre proibição de revista íntima em empregados de estabelecimentos situados no respectivo território. (STF, Plenário, ADI 2947, Rel. Min. Cezar Peluso, j. 05.05.2010)

Ainda, há previsão, na Lei 9.029/1995, de outras regras de vedação de discriminação para fins de contratação ou manutenção do contrato de trabalho.

> Art. 1º É proibida a adoção de qualquer prática discriminatória e limitativa para efeito de acesso à relação de trabalho, ou de sua manutenção, por motivo de sexo, origem, raça, cor, estado civil, situação familiar, deficiência, reabilitação profissional, idade, entre outros, ressalvadas, nesse caso, as hipóteses de proteção à criança e ao adolescente previstas no inciso XXXIII do art. 7º da Constituição Federal.
>
> Art. 2º Constituem crime as seguintes práticas discriminatórias:
>
> I – a exigência de teste, exame, perícia, laudo, atestado, declaração ou qualquer outro procedimento relativo à esterilização ou a estado de gravidez;
>
> II – a adoção de quaisquer medidas, de iniciativa do empregador, que configurem:
>
> a) indução ou instigamento à esterilização genética;
>
> b) promoção do controle de natalidade, assim não considerado o oferecimento de serviços e de aconselhamento ou planejamento familiar, realizados através de instituições públicas ou privadas, submetidas às normas do Sistema Único de Saúde (SUS).
>
> Pena: detenção de um a dois anos e multa.
>
> Parágrafo único. São sujeitos ativos dos crimes a que se refere este artigo:
>
> I – a pessoa física empregadora;
>
> II – o representante legal do empregador, como definido na legislação trabalhista;
>
> III – o dirigente, direto ou por delegação, de órgãos públicos e entidades das administrações públicas direta, indireta e fundacional de qualquer dos Poderes da União, dos Estados, do Distrito Federal e dos Municípios.

3.2. Lei Maria da Penha

A Lei Maria da Penha (art. 9º, § 2º, II, da Lei 11.340/2006) estabeleceu, em casos de violência doméstica, entre as medidas judiciais necessárias à preservação da integridade física e psicológica da mulher, a possibilidade de afastamento da trabalhadora de seu local de trabalho, por no máximo 6 meses, mantido o vínculo trabalhista.

Observe-se que a Lei, ao garantir a manutenção do emprego, não deixou claro se a situação é de suspensão ou de interrupção do contrato de trabalho. Segundo o entendimento do STJ, a hipótese seria de interrupção do contrato de trabalho nos primeiros 15 dias do afastamento e, posteriormente, trata-se de suspensão do contrato de trabalho.

3.3. Licença-maternidade

O art. 7º, XVIII, da CRFB/1988 e a CLT, em seus arts. 392 e 393, asseguram, como direito fundamental, o afastamento de 120 dias da gestante, bem como garantia do seu emprego e do salário correspondente.

> CLT, art. 392: A empregada gestante tem direito à **licença-maternidade de 120 (cento e vinte) dias**, sem prejuízo do emprego e do salário.

§ 1º A empregada deve, mediante atestado médico, notificar o seu empregador da data do início do afastamento do emprego, que poderá ocorrer entre o 28º (vigésimo oitavo) dia antes do parto e ocorrência deste.

§ 2º Os períodos de repouso, antes e depois do parto, poderão ser aumentados de 2 (duas) semanas cada um, mediante atestado médico.

§ 3º Em caso de parto antecipado, a mulher terá direito aos 120 (cento e vinte) dias previstos neste artigo.

§ 4º É garantido à empregada, durante a gravidez, sem prejuízo do salário e demais direitos:

I – transferência de função, quando as condições de saúde o exigirem, assegurada a retomada da função anteriormente exercida, logo após o retorno ao trabalho;

II – **dispensa do horário de trabalho** pelo tempo necessário para a realização de, no mínimo, **seis consultas médicas e demais exames complementares**. (destacamos)

CLT, art. 393: Durante o período a que se refere o art. 392, a mulher terá direito ao salário integral e, quando variável, calculado de acordo com a média dos 6 (seis) últimos meses de trabalho, bem como os direitos e vantagens adquiridos, sendo-lhe ainda facultado reverter à função que anteriormente ocupava.

No período de licença-maternidade, interrompe-se o contrato de trabalho, e a remuneração devida à empregada (salários integrais) constitui o que se denomina salário-maternidade, benefício de natureza previdenciária (Lei 8.213/1991).

O salário-maternidade consiste na prestação previdenciária paga pela Previdência Social à segurada durante os 120 dias em que permanece afastada do trabalho em decorrência da licença-maternidade. Configura, portanto, verdadeiro benefício previdenciário.

A licença-maternidade (arts. 392-A e 392-B) e o salário-maternidade (art. 71 da Lei 8.213/1991), no caso de morte da genitora, serão assegurados a quem detiver a guarda da criança.

CLT, art. 392-A: À empregada que adotar ou obtiver guarda judicial para fins de adoção de criança ou adolescente será concedida licença-maternidade nos termos do art. 392 desta Lei.
(...)
§ 4º A licença-maternidade só será concedida mediante apresentação do termo judicial de guarda à adotante ou guardiã.
§ 5º A adoção ou guarda judicial conjunta ensejará a concessão de licença-maternidade a apenas um dos adotantes ou guardiães empregado ou empregada.

CLT, art. 392-B: Em caso de morte da genitora, é assegurado ao cônjuge ou companheiro empregado o gozo de licença por todo o período da licença-maternidade ou pelo tempo restante a que teria direito a mãe, exceto no caso de falecimento do filho ou de seu abandono.

CLT, art. 392-C: Aplica-se, no que couber, o disposto no art. 392-A e 392-B ao empregado que adotar ou obtiver guarda judicial para fins de adoção.

A Lei 11.770/2008 (Programa Empresa Cidadã) instituiu a prorrogação da duração da licença-maternidade por mais 60 dias, que também será garantida, na mesma proporção, à empregada que adotar ou obtiver guarda judicial para fins de adoção de criança.

> **cuidado**
>
> *Conforme o STF, no caso de internação da gestante e da criança, a licença-maternidade e o pagamento do salário-maternidade somente se iniciarão após a alta que acontecer por último, sempre que a internação for por período superior a duas semanas (ADI 6327).*

Destaca-se, por fim, que a supressão ou redução da licença-maternidade não pode ser objeto de convenção ou acordo coletivo de trabalho, bem como as normas de proteção do mercado de trabalho da mulher, nos termos do art. 611-B, XIII e XV, da CLT, acrescentado pela reforma trabalhista:

> Art. 611-B. Constituem objeto ilícito de convenção coletiva ou de acordo coletivo de trabalho, exclusivamente, a supressão ou a redução dos seguintes direitos:
>
> XIII – licença-maternidade com a duração mínima de cento e vinte dias;
>
> (...)
>
> XV – proteção do mercado de trabalho da mulher, mediante incentivos específicos, nos termos da lei;
>
> O art. 210 da Lei nº 8.112/90, assim como outras leis estaduais e municipais, prevê que o prazo para a servidora que adotar uma criança é inferior à licença que ela teria caso tivesse tido um filho biológico. De igual forma, este dispositivo estabelece que, se a criança adotada for maior que 1 ano de idade, o prazo será menor do que seria se ela tivesse até 1 ano. Segundo o STF, tal previsão é inconstitucional. Foi fixada, portanto, a seguinte tese:
>
> Os prazos da licença-adotante não podem ser inferiores ao prazo da licença-gestante, o mesmo valendo para as respectivas prorrogações. Em relação à licença-adotante, não é possível fixar prazos diversos em função da idade da criança adotada.
>
> (STF, Plenário, RE 778889/PE, Rel. Min. Roberto Barroso, j. 10.03.2016, repercussão geral, *Info* 817)
>
> Decisão: O Tribunal, por unanimidade, conheceu da ação direta de inconstitucionalidade como arguição de descumprimento de preceito fundamental e, ratificando a medida cautelar, julgou procedente o pedido formulado para conferir interpretação conforme à Constituição ao artigo 392, § 1º, da CLT, assim como ao artigo 71 da Lei n. 8.213/91 e, por arrastamento, ao artigo 93 do seu Regulamento (Decreto n. 3.048/99), de modo a se considerar como termo inicial da licença-maternidade e do respectivo salário-maternidade a alta hospitalar do recém-nascido e/ou de sua mãe, o que ocorrer por último, prorrogando-se em todo o período o benefício, quando o período de internação exceder as duas semanas previstas no art. 392, § 2º, da CLT, e no art. 93, § 3º, do Decreto n. 3.048/99, nos termos do voto do Relator. Falaram: pela requerente, a Dra. Sofia Cavalcanti Campelo; e, pela Advocacia-Geral da União, a Dra. Natália de Rosalmeida, Advogada da União. (Plenário, sessão virtual de 14.10.2022 a 21.10.2022)

3.4. Aborto

O art. 395 da CLT trata da hipótese de aborto, e, não se tratando de aborto criminoso, a mulher tem direito a um repouso remunerado de duas semanas, ficando-lhe assegurado o direito de retornar à função que ocupava antes de seu afastamento.

> CLT, art. 395: Em caso de aborto não criminoso, comprovado por atestado médico oficial, a mulher terá um repouso remunerado de 2 (duas) semanas, ficando-lhe assegurado o direito de retornar à função que ocupava antes de seu afastamento.

Em caso de natimorto, que é a denominação dada ao feto que morreu dentro do útero ou durante o parto, haverá o direito à licença-maternidade de modo integral, uma vez que a licença-maternidade da empregada gestante não está condicionada ao nascimento com vida do bebê.

Observe que o aborto é a interrupção do desenvolvimento do feto, durante a gravidez, desde que a gestação ainda não tenha chegado a vinte e duas semanas. O ponto crucial para distinguir o aborto do nascimento sem vida (natimorto) é a duração da gestação, visto que o INSS considera aborto o evento ocorrido antes do sexto mês (vigésima terceira semana) da gestação e parto sem vida se ocorrer a partir de então.

3.5. Garantia provisória no emprego

A garantia provisória de emprego veda que o empregador dispense arbitrariamente ou sem justa causa a empregada gestante, desde a confirmação da gravidez até cinco meses após o parto. A empregada somente perderá o direito à estabilidade se cometer falta grave, prevista no art. 482 da CLT; portanto, é possível que a gestante peça demissão. Contudo, será necessária a assistência do sindicato na homologação das verbas rescisórias (art. 500 da CLT).

> ADCT, art. 10. Até que seja promulgada a lei complementar a que se refere o art. 7º, I, da Constituição:
>
> (...)
>
> II – fica vedada a dispensa arbitrária ou sem justa causa:
>
> (...)
>
> b) da empregada gestante, desde a confirmação da gravidez até cinco meses após o parto.

Apesar de o dispositivo em questão prever que o termo inicial da estabilidade provisória da gestante será "a confirmação da gravidez", o STF, ao julgar o RE 629.053, fixou a tese de que "a incidência da estabilidade prevista no art. 10, inc. II, do ADCT, somente exige a anterioridade da gravidez à dispensa sem justa causa". Assim, o desconhecimento do estado gravídico, seja pela empregada, seja pelo empregador, não afasta o direito à estabilidade.

GARANTIA PROVISÓRIA NO EMPREGO DA GESTANTE

Duração	Inicia-se com a confirmação da gravidez e permanece até 5 meses após o parto.
Desconhecimento da gravidez pelo empregador	Não afasta o direito à estabilidade.
Contrato por prazo determinado	Segundo a Súmula 244 do TST, há garantia provisória no emprego. ATENÇÃO! De acordo com o STF, a trabalhadora gestante tem direito ao gozo de licença-maternidade e à estabilidade provisória, independentemente do regime jurídico aplicado, se contratual ou administrativo, ainda que ocupe cargo em comissão ou seja contratada por tempo determinado (Tema 542).
Gravidez durante o aviso-prévio, inclusive o indenizado	A gravidez durante o aviso-prévio gera direito à estabilidade (art. 391-A da CLT).
Empregada adotante	Também tem direito à estabilidade provisória no emprego.
Estabilidade remanescente	No caso do falecimento da empregada, a pessoa que estiver com a guarda da criança passa a ter estabilidade no emprego.
Dispensa sem justa causa	a) **Reintegração:** somente se a decisão ocorrer durante o período estabilitário. b) **Indenização:** se a decisão for dada após o período estabilitário.

CLT, art. 391-A: A confirmação do estado de gravidez advindo no curso do contrato de trabalho, ainda que durante o prazo do aviso-prévio trabalhado ou indenizado, garante à empregada gestante a estabilidade provisória prevista na alínea *b* do inciso II do art. 10 do Ato das Disposições Constitucionais Transitórias.

Parágrafo único. O disposto no *caput* deste artigo aplica-se ao empregado adotante ao qual tenha sido concedida guarda provisória para fins de adoção.

OJ 399 da SDI-1: Estabilidade provisória. Ação trabalhista ajuizada após o término do período de garantia no emprego. Abuso do exercício do direito de ação. Não configuração. Indenização devida.

O ajuizamento de ação trabalhista após decorrido o período de garantia de emprego não configura abuso do exercício do direito de ação, pois este está submetido apenas ao prazo prescricional inscrito no art. 7º, XXIX, da CF/1988, sendo devida a indenização desde a dispensa até a data do término do período estabilitário.

OJ 30 da SDC: Estabilidade da gestante. Renúncia ou transação de direitos constitucionais. Impossibilidade (republicada em decorrência de erro material)

Nos termos do art. 10, II, "b", do ADCT, a proteção à maternidade foi erigida à hierarquia constitucional, pois retirou do âmbito do direito potestativo do empregador a possibilidade de despedir arbitrariamente a empregada em estado gravídico. Portanto, a teor do artigo 9º da CLT, torna-se nula de pleno direito a cláusula que estabelece a possibilidade de renúncia ou transação, pela gestante, das garantias referentes à manutenção do emprego e salário.

3.6. Outros direitos

Durante a gestação, a empregada tem direito ao afastamento, sem prejuízo do salário, para a realização de, no mínimo, seis consultas médicas e, também, demais exames complementares que se mostrem necessários.

> CLT, art. 392, § 4º: É garantido à empregada, durante a gravidez, sem prejuízo do salário e demais direitos:
>
> I – transferência de função, quando as condições de saúde o exigirem, assegurada a retomada da função anteriormente exercida, logo após o retorno ao trabalho;
>
> II – dispensa do horário de trabalho pelo tempo necessário para a realização de, no mínimo, seis consultas médicas e demais exames complementares.

Ainda, é garantido o direito à transferência de função, sempre que assim exigirem as condições de saúde. Após o nascimento, fica assegurado à então gestante o retorno ao seu cargo de origem.

Ademais, para amamentar seu filho, inclusive se advindo de adoção, até que este complete 6 meses de idade, a mulher terá direito a dois descansos especiais de meia hora cada um, e os horários dos descansos deverão ser definidos em acordo individual entre a mulher e o empregador.

> CLT, art. 396: Para amamentar seu filho, inclusive se advindo de adoção, até que este complete 6 (seis) meses de idade, a mulher terá direito, durante a jornada de trabalho, a 2 (dois) descansos especiais de meia hora cada um.
>
> § 1º Quando o exigir a saúde do filho, o período de 6 (seis) meses poderá ser dilatado, a critério da autoridade competente.
>
> § 2º Os horários dos descansos previstos no *caput* deste artigo deverão ser definidos em acordo individual entre a mulher e o empregador.

A Lei 13.363/2016 estipulou direitos e garantias para a advogada gestante, lactante, adotante ou que der à luz e para o advogado que se tornar pai. De acordo com a norma alteradora do CPC e da Lei 8.906/1994, são assegurados os seguintes direitos:

a) suspensão do processo pelo prazo de 30 dias pelo parto ou pela concessão de adoção, quando a advogada responsável pelo processo constituir a única patrona da causa;

b) suspensão do processo pelo prazo de 8 dias, quando o advogado responsável pelo processo constituir o único patrono da causa e tornar-se pai (art. 313, IX e X e §§ 6º e 7º, do CPC);

c) previsão de direitos da advogada no Estatuto da OAB (Lei 890/1994):

> Art. 7º-A. São direitos da advogada:
>
> I – gestante:
>
> a) entrada em tribunais sem ser submetida a detectores de metais e aparelhos de raios X;
>
> b) reserva de vaga em garagens dos fóruns dos tribunais;

Cap. 25 – PROTEÇÃO AO TRABALHO DA MULHER **469**

II – lactante, adotante ou que der à luz, acesso a creche, onde houver, ou a local adequado ao atendimento das necessidades do bebê;

III – gestante, lactante, adotante ou que der à luz, preferência na ordem das sustentações orais e das audiências a serem realizadas a cada dia, mediante comprovação de sua condição;

IV – adotante ou que der à luz, suspensão de prazos processuais quando for a única patrona da causa, desde que haja notificação por escrito ao cliente.

§ 1º Os direitos previstos à advogada gestante ou lactante aplicam-se enquanto perdurar, respectivamente, o estado gravídico ou o período de amamentação.

§ 2º Os direitos assegurados nos incisos II e III deste artigo à advogada adotante ou que der à luz serão concedidos pelo prazo previsto no art. 392 do Decreto-Lei no 5.452, de 1o de maio de 1943 (Consolidação das Leis do Trabalho).

§ 3º O direito assegurado no inciso IV deste artigo à advogada adotante ou que der à luz será concedido pelo prazo previsto no § 6º do art. 313 da Lei no 13.105, de 16 de março de 2015 (Código de Processo Civil).

3.7. Afastamento em atividades insalubres

As empregadas grávidas ou lactantes (que estão amamentando) podem trabalhar em atividades insalubres?

A Constituição Federal de 1988 não disciplina o tema de forma expressa. Não existe no texto constitucional um dispositivo, como o art. 7º, XXXIII, proibindo textualmente que empregadas grávidas ou lactantes possam trabalhar em atividades insalubres.

E a CLT?

Em 2016, foi editada a Lei 13.287/2016, que inseriu o art. 394-A na CLT proibindo que a empregada gestante ou lactante exerça trabalho insalubre.

Ocorre que um ano depois, quando da publicação da Reforma Trabalhista (Lei 13.467/2017), a redação do art. 394-A foi alterada, permitindo-se expressamente que empregadas grávidas ou lactantes pudessem trabalhar em atividades insalubres, desde que cumpridos alguns requisitos e precauções.

CLT	
Antes da Lei 13.467/2017	**Depois da Lei 13.467/2017**
Art. 394-A. A empregada gestante ou lactante ser afastada, enquanto durar a gestação e a lactação, de quaisquer atividades, operações ou locais insalubres, devendo exercer suas atividades em local salubre. (Incluído pela Lei nº 13.287/2016)	Art. 394-A. Sem prejuízo de sua remuneração, nesta incluído o valor do adicional de insalubridade, **a empregada deverá ser afastada de:**
	I – **atividades consideradas insalubres em grau máximo, enquanto durar a gestação;**
	II – **atividades consideradas insalubres em grau médio ou mínimo**, quando apresentar atestado de saúde, emitido por médico de confiança da mulher, que recomende o afastamento durante a gestação; **(ADI 5938/DF)**

CLT	
Antes da Lei 13.467/2017	**Depois da Lei 13.467/2017**
Art. 394-A. A empregada gestante ou lactante ser afastada, enquanto durar a gestação e a lactação, de quaisquer atividades, operações ou locais insalubres, devendo exercer suas atividades em local salubre. (Incluído pela Lei nº 13.287/2016)	III – **atividades consideradas insalubres em qualquer grau,** quando apresentar atestado de saúde, emitido por médico de confiança da mulher, que recomende o afastamento durante a lactação. **(ADI 5938/DF)**
	§ 2º Cabe à empresa pagar o adicional de insalubridade à gestante ou à lactante, efetivando-se a compensação, observado o disposto no art. 248 da Constituição Federal, por ocasião do recolhimento das contribuições incidentes sobre a folha de salários e demais rendimentos pagos ou creditados, a qualquer título, à pessoa física que lhe preste serviço. (Redação dada pela Lei 13.467/17)
	§ 3º Quando não for possível que a gestante ou a lactante afastada nos termos do *caput* deste artigo exerça suas atividades em local salubre na empresa, a hipótese será considerada como gravidez de risco e ensejará a percepção de salário-maternidade, nos termos da Lei no 8.213, de 24 de julho de 1991, durante todo o período de afastamento. (Redação dada pela Lei 13.467/17)

ADI: A Confederação Nacional dos Trabalhadores Metalúrgicos ajuizou ADI contra o art. 394-A da CLT, com redação dada pela Lei 13.467/2017, alegando que essa permissão para o trabalho insalubre seria inconstitucional por violar a proteção que a Constituição Federal atribui à maternidade, à gestação, à saúde, à mulher ao nascituro, aos recém-nascidos ao trabalho e ao meio ambiente do trabalho equilibrado.

O que o STF decidiu? A ação foi julgada procedente?

SIM.

É inconstitucional a expressão "quando apresentar atestado de saúde, emitido por médico de confiança da mulher, que recomende o afastamento", contida nos incisos II e III do art. 394-A da CLT, inseridos pelo art. 1º da Lei nº 13.467/2017. Essa expressão, inserida no art. 394-A da CLT, tinha como objetivo autorizar que empregadas grávidas ou lactantes pudessem trabalhar em atividades insalubres. Ocorre que o STF entendeu que o trabalho de gestantes e de lactantes em atividades insalubres viola a Constituição Federal. O art. 6º da CF/88 proclama importantes direitos, entre eles a proteção à maternidade, a proteção do mercado de trabalho da mulher e redução dos riscos inerentes ao trabalho, por meio de normas de saúde, higiene e segurança. A proteção para que a gestante e a lactante não sejam expostas a atividades insalubres caracteriza-se como importante direito social instrumental que protege não apenas a mulher como também a criança (art. 227 da CF/88). A proteção à maternidade e a integral proteção à criança são direitos irrenunciáveis e não podem ser afastados pelo desconhecimento, impossibilidade ou a própria negligência da gestante ou lactante em apresentar um atestado médico, sob pena de prejudicá-la e prejudicar o recém-nascido. Em suma, é proibido o trabalho da gestante ou da lactante em atividades insalubres. (STF, Plenário, ADI 5938/DF, Rel. Min. Alexandre de Moraes, j. 29.05.2019, *Info* 942)

AFASTAMENTO EM ATIVIDADES INSALUBRES		
Empregada	**Grau de insalubridade**	**Afastamento**
Gestante	Insalubridade em grau máximo	Afastamento obrigatório
	Insalubridade em grau médio e mínimo ATENÇÃO! Com a decisão na ADI 5.938/DF, as empregadas gestantes e lactantes **SEMPRE** deverão ser afastadas das atividades insalubres, independentemente do grau de insalubridade.	Afastamento obrigatório
Lactante	Qualquer grau de insalubridade ATENÇÃO! Com a decisão na ADI 5.938/DF, as empregadas gestantes e lactantes **SEMPRE** deverão ser afastadas das atividades insalubres, independentemente do grau de insalubridade.	Afastamento obrigatório

No período de afastamento, a empregada continuaria recebendo sua remuneração, bem como o adicional de insalubridade, por expressa previsão legal (art. 394-A da CLT alterado pela reforma trabalhista).

Na impossibilidade de transferir a gestante ou a lactante para atividade salubre na empresa, a empregada terá direito à percepção de salário-maternidade, pois a gravidez será considerada de risco. Nesse caso, durante todo o período de afastamento a empregada perceberá o benefício previdenciário.

O STF, em 29.05.2019, na ADIN 5938, julgou procedente o pedido formulado na ação direta para declarar a inconstitucionalidade da expressão "quando apresentar atestado de saúde, emitido por médico de confiança da mulher, que recomende o afastamento", contida nos incisos II e III do art. 394-A da CLT, inseridos pelo art. 1º da Lei 13.467/2017, uma vez que a não exposição a risco de saúde por trabalho insalubre, em qualquer grau, é direito fundamental das grávidas e lactantes.

Vamos de resumo em tabelas?

PROTEÇÃO DO TRABALHO DA MULHER	
Proteção à maternidade	Empregada gestante tem **direito à dispensa** do horário para realização de, no **mínimo, 6 consultas médicas**.
	Transferência de função (motivo de saúde).
	Afastamento de atividades, operações e locais insalubres (art. 394-A da CLT). OBS.: **Reforma Trabalhista e ADIN 5938/DF**.
	Amamentação até 6 meses de idade: 2 intervalos de 30 minutos.
	Aborto não criminoso: 2 semanas de repouso.
Licença-maternidade	Duração: 120 dias.
	Prorrogação: 60 dias. a) Pessoa jurídica que aderiu ao Programa Empresa Cidadã. b) Pedido de prorrogação até o final do 1º mês após o parto.

PROTEÇÃO DO TRABALHO DA MULHER	
Estabilidade	Duração: início da gravidez até 5 meses após o parto.
	A gravidez durante o aviso-prévio gera direito à estabilidade (art. 391-A da CLT).
	Empregada adotante também tem direito à estabilidade provisória no emprego (art. 391-A, parágrafo único, da CLT).
	Empregada admitida mediante contrato por prazo determinado **TEM** direito à garantia provisória de emprego prevista no art. 10, II, *b*, do ADCT.
	Se houver dispensa sem justa causa, a empregada terá direito à reintegração (Súmula 244 do TST).
Meio ambiente do trabalho	Proibição de teste de gravidez na admissão e permanência no emprego.
	Afastamento da gestante em atividades insalubres.

QUESTÕES PARA TREINO

1. **(Funatec – Câmara de Presidente Dutra-MA – Direito – 2022 – adaptada)** Acerca das questões legais de proteção do trabalho da mulher, podemos afirmar corretamente o abaixo relacionado:

    Os estabelecimentos com pelo menos trinta mulheres com mais de dezesseis anos de idade devem ter local apropriado onde lhes seja permitido guardar, sob vigilância e assistência, os seus filhos no período da amamentação, que deverá possuir, no mínimo, um berçário, uma saleta de amamentação, uma cozinha dietética e uma instalação sanitária.

    Certo.

2. **(Funatec – Câmara de Presidente Dutra-MA – Direito – 2022 – adaptada)** Acerca das questões legais de proteção do trabalho da mulher, podemos afirmar corretamente o abaixo relacionado:

    É inconstitucional a assinatura de acordo coletivo de trabalho para permitir que empregadas grávidas trabalhem expostas a condições insalubres, ainda que essas empregadas consintam em permanecer atuando em atividades que as exponham a tais condições.

    Certo.

3. **(Funatec – Câmara de Presidente Dutra-MA – Direito – 2022 – adaptada)** Acerca das questões legais de proteção do trabalho da mulher, podemos afirmar corretamente o abaixo relacionado:

    À empregada que adotar ou obtiver guarda judicial para fins de adoção de criança ou adolescente será concedida licença-maternidade, exigindo-se da adotante ou guardiã somente a apresentação da certidão de nascimento da criança ou adolescente.

    Errado.

Cap. 25 – PROTEÇÃO AO TRABALHO DA MULHER **473**

4. **(Funatec – Câmara de Presidente Dutra-MA – Direito – 2022 – adaptada)** Acerca das questões legais de proteção do trabalho da mulher, podemos afirmar corretamente o abaixo relacionado:

    A Lei 11.340/2006 impõe ao juiz o dever de assegurar à mulher a manutenção do vínculo trabalhista, quando necessário o afastamento do local de trabalho, por até seis meses, e a prioridade de acesso à remoção quando se tratar de servidora pública da administração pública direta ou indireta.

    Certo.

5. **(FCC – TRT-5 – Técnico Judiciário – Área Administrativa – 2022 – adaptada)** Margarida, empregada registrada em CTPS na Loja de Armarinhos Tendetudo deu à luz uma menina, e ficará afastada em gozo de licença-maternidade. Conforme a Constituição Federal de 1988, Margarida terá garantia de emprego de 180 dias após o parto.

    Errado.

6. **(MPT – MPT – Procurador do Trabalho – 2022 – adaptada)** Sobre a proteção do trabalho da mulher, analise a assertiva a seguir:

    Todos os estabelecimentos com pelo menos trinta mulheres com mais de dezesseis anos de idade devem ter local apropriado onde lhes seja permitido guardar, sob vigilância e assistência, os seus filhos no período da amamentação, que deverá possuir, no mínimo, um berçário, uma saleta de amamentação, uma cozinha dietética e uma instalação sanitária.

    Certo.

7. **(MPT – MPT – Procurador do Trabalho – 2022 – adaptada)** Sobre a proteção do trabalho da mulher, analise a assertiva a seguir:

    À empregada que adotar ou obtiver guarda judicial para fins de adoção de criança ou adolescente será concedida licença-maternidade, exigindo-se da adotante ou guardiã somente a apresentação da certidão de nascimento da criança ou adolescente.

    Errado.

8. **(MPT – MPT – Procurador do Trabalho – 2022 – adaptada)** Sobre a proteção do trabalho da mulher, analise a assertiva a seguir:

    Está assegurado o direito de afastamento da trabalhadora gestante ou lactante de quaisquer atividades, operações ou locais insalubres enquanto durar a gestação e a lactação.

    Certo.

9. **(MPT – MPT – Procurador do Trabalho – 2022 – adaptada)** Sobre a proteção do trabalho da mulher, analise a assertiva a seguir:

    A Lei 11.340/2006, conhecida como Lei Maria da Penha, visando preservar a integridade física e psicológica da mulher em situação de violência doméstica, impõe ao juiz o dever de assegurar à mulher a manutenção do vínculo trabalhista, quando necessário o afastamento do local de trabalho, por até seis meses, e a prioridade de acesso à remoção quando se tratar de servidora pública da administração pública direta ou indireta.

Certo.

10. **(Cespe/Cebraspe – TRT-8 – Analista Judiciário – Área Administrativa – 2022 – adaptada)** Acerca do trabalho da mulher, é correto afirmar:

A confirmação da gravidez, durante o aviso-prévio indenizado, não gera estabilidade no emprego à gestante.

Errado.

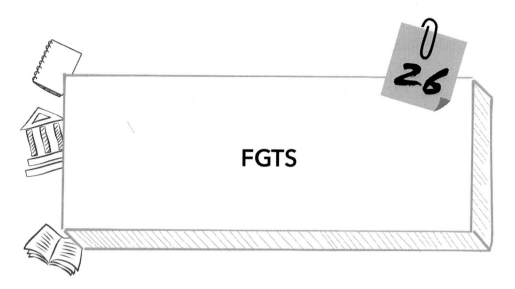

FGTS

1. BREVE HISTÓRICO

De 1943 a 1966: o empregado contratado por tempo indeterminado que tivesse entre um e dez anos de serviço na mesma empresa fazia jus a uma indenização correspondente a um mês de remuneração por ano de serviço efetivo ou fração igual a 6 meses. Ainda nesse período era outorgada uma garantia especial ao empregado contratado por tempo indeterminado que contasse com mais de 10 anos de serviço na mesma empresa. Para esse empregado era oferecida uma proteção intitulada estabilidade definitiva (ESTABILIDADE DECENAL).

De 1966 a 1988: instituiu-se o FGTS (Lei 5.107/1966, regulamentada pelo Decreto 61.405/1967 – hoje revogados). A lei permitia ao empregado estável decenal a opção pelo regime do FGTS, mediante declaração homologada perante a Justiça do Trabalho. A opção, todavia, não era um direito potestativo, porque dependia da concordância do empregador.

> OJ 39 da SBDI-1: Transitória, TST. FGTS. Opção retroativa. Concordância do empregador. Necessidade. A concordância do empregador é indispensável para que o empregado possa optar retroativamente pelo sistema do Fundo de Garantia por Tempo de Serviço.

Saliente-se, que, em relação a todos os empregados (optantes ou não), ficava o empregador obrigado ao depósito (8% sobre a remuneração do mês anterior) para a formação do Fundo de Garantia.

O FGTS surgiu com o objetivo de resolver dois problemas do governo, a saber:

a) eliminar progressivamente o sistema de estabilidade previsto na CLT, que, segundo os capitalistas, emperrava a economia;

b) constituir um fundo para financiar a habitação popular e o saneamento básico.

O art. 158, XIII, da Constituição de 1967 garantia "estabilidade com indenização ao trabalhador despedido, ou fundo de garantia equivalente", mantida pela Emenda de 1969. Com a criação do FGTS, muitos trabalhadores se acharam prejudicados com esse novo regime, já que (8% × 12 = 96%) não era o mesmo que os 100% que recebiam por ano de serviço no regime anterior (art. 478 da CLT). A matéria foi então pacificada pelo TST por meio da Súmula 98.

> Súmula 98 da TST: FGTS. Indenização. Equivalência. Compatibilidade
>
> I – A equivalência entre os regimes do Fundo de Garantia do Tempo de Serviço e da estabilidade prevista na CLT é meramente jurídica e não econômica, sendo indevidos valores a título de reposição de diferenças.
>
> II – A estabilidade contratual ou a derivada de regulamento de empresa são compatíveis com o regime do FGTS. Diversamente ocorre com a estabilidade legal (decenal, art. 492 da CLT), que é renunciada com a opção pelo FGTS.

De 1988 em diante: a CRFB/1988 eliminou o sistema de estabilidade decenal e a possibilidade de opção pelo FGTS, generalizando o FGTS para todo o mercado de trabalho, como direito extensível a todos, dentro do rol de direitos sociais.

Ressalva-se, contudo, que o empregado doméstico, inicialmente, foi excluído do sistema do FGTS. A adesão voluntária ao sistema somente foi possibilitada em 1999, por meio da Medida Provisória 1.986, convertida na Lei 10.208/2001. Atualmente, a LC 150/2015 tornou obrigatória a inclusão do empregado doméstico no FGTS.

> CRFB/1988, Art. 7º São direitos dos trabalhadores urbanos e rurais, além de outros que visem à melhoria de sua condição social:
>
> (...)
>
> III – Fundo de garantia do tempo de serviço;
>
> LC 150/2015, art. 21: É devida a inclusão do empregado doméstico no Fundo de Garantia do Tempo de Serviço (FGTS), na forma do regulamento a ser editado pelo Conselho Curador e pelo agente operador do FGTS, no âmbito de suas competências, conforme disposto nos arts. 5º e 7º da Lei nº 8.036, de 11 de maio de 1990, inclusive no que tange aos aspectos técnicos de depósitos, saques, devolução de valores e emissão de extratos, entre outros determinados na forma da lei.
>
> Parágrafo único. O empregador doméstico somente passará a ter obrigação de promover a inscrição e de efetuar os recolhimentos referentes a seu empregado após a entrada em vigor do regulamento referido no *caput*.

Além disso, a CRFB/1988 aumentou a indenização oferecida com base no FGTS para hipótese de resilição patronal de 10% para 40%, conforme o art. 10, I, do ADCT:

> Art. 10. Até que seja promulgada a lei complementar a que se refere o art. 7º, I, da Constituição:
>
> I – fica limitada a proteção nele referida ao aumento, para quatro vezes, da porcentagem prevista no art. 6º, caput e § 1º, da Lei nº 5.107, de 13 de setembro de 1966;

Logo após as alterações constitucionais, foram elaborados novos diplomas legais para regulamentar o FGTS. Em primeiro lugar, a Lei 7.839/1989 – que revogou a Lei 5.107/1966 –, atualmente revogada pela Lei 8.036/1990.

2. NATUREZA JURÍDICA

Quanto à natureza jurídica das contribuições do FGTS, a doutrina tenta explicar por meio de várias teorias, como:

a) **teoria do tributo** – os depósitos do FGTS têm natureza tributária, em face de sua compulsoriedade e seus fins sociais, com cobrança por execução fiscal. O fato gerador é o pagamento dos salários aos empregados;

b) **teoria da contribuição previdenciária (defendida por Gabriel Saad)** – inicialmente, o propósito do legislador era revestir o FGTS de caráter previdenciário, tendo a Lei 5.107/1966 confiado ao então INPS (posterior INSS) a sua fiscalização. Entretanto, com a Lei 8.036/1990, essa teoria perdeu consistência;

c) **teoria da indenização** – o FGTS, como substituto das indenizações de antiguidade do empregado, conservaria mesma natureza jurídica indenizatória;

d) **teoria do salário diferido (sustentada por Sussekind, Puech e Amauri Mascaro Nascimento)** – com a exclusão da indenização por antiguidade, o FGTS surge, em seu lugar, como um salário depositado para utilização futura;

e) **teoria da obrigação dualista** – para esta teoria, as contribuições têm natureza fiscal e os depósitos levantados natureza de salário social.

Até o advento da Lei 8.036/1990, as entidades filantrópicas estavam eximidas da obrigação de depósito mensal. Todavia, os seus empregados tinham direito ao FGTS. A distinção residia no fato de que, no momento da dispensa, a entidade indenizaria a integralidade do que era devido ao seu empregado. Isso está previsto no Decreto-lei 194/1967. Com o advento da Lei 8.036/1990, foi universalizado o sistema e todos os empregadores têm o dever de depósito. A finalidade do decreto-lei era financiar a filantropia, porque deixava a entidade com mais recursos na mão, a partir do momento em que não exigia o depósito ao início de cada mês.

Por fim, pode-se ainda dizer que o FGTS é uma contribuição social, já que tem que ser depositado na Caixa Econômica Federal, sendo utilizado para fins sociais do Estado. O Estado se utiliza dessa verba para a implementação de programas que favoreçam toda a comunidade, na qual se inclui o trabalhador. Diante dessa finalidade social, Mauricio Godinho Delgado[1] afirma que o FGTS é instituto de natureza multidimensional, complexa, que possui, no mínimo, uma tríplice função, por se tratar de obrigação compulsória, salário diferido e ainda ser uma contribuição social.

Cumpre frisar que o Supremo Tribunal Federal já assentou o entendimento de que o FGTS não possui natureza tributária ou previdenciária. Tal posicionamento foi reafirmado recentemente pelo Plenário dessa Corte no julgamento do ARE 709.212/DF, da relatoria do Ministro Gilmar Mendes.

---

[1] DELGADO, Mauricio Godinho. *Curso de Direito do Trabalho*. 19. ed. São Paulo: LTr, 2020.

3. REGIME DO FGTS

No regime do FGTS, existe a relação empregatícia, vinculando empregado e empregador, sendo este obrigado a efetuar a depositar, até vigésimo dia de cada mês, em conta bancária vinculada, a importância correspondente a 8% da remuneração paga ou devida, no mês anterior, inclusive sobre o 13º salário (art. 15 da Lei 8.036/1990).

Observe-se que têm direito ao FGTS todos os empregados urbanos e rurais, aí também inclusos os trabalhadores avulsos e empregados domésticos (LC 150/2015). O art. 15, § 2º, da Lei 8.036/1990 exclui do regime de FGTS os trabalhadores eventuais, autônomos e os servidores públicos civis e militares, sujeitos a regime jurídico próprio.

Na suspensão contratual não é devido o recolhimento do FGTS, salvo nos casos de afastamento por acidente de trabalho e para prestação do serviço militar obrigatório. Também é devido o depósito do FGTS nos casos de licença-maternidade e quando há a ocorrência de aborto não criminoso.

O depósito de FGTS deverá ser feito até o dia 20 do mês subsequente à prestação de serviço, na conta vinculada do empregado, que é uma conta de guarda exclusiva da Caixa Econômica Federal (CEF), que tem essa custódia desde 1991.

Ademais, o depósito é feito pelo empregador sem qualquer desconto para o empregado. A importância a ser depositada corresponde a 8% sobre a remuneração do empregado. Vale ressaltar que a Lei 9.601/1998 (Lei de Política de Incentivo de Novo Emprego) permitia que o empregador contratasse novos empregados, por prazo determinado, desde que isso significasse acréscimo no número de postos de trabalho. Nos 60 primeiros meses de vigência (acabou em 2003), a alíquota do FGTS desses contratos era de apenas 2%. De igual modo, a alíquota para os contratos de aprendizagem é de 2% (art. 15, § 7º, da Lei 8.036/1990).

O pagamento relativo ao aviso-prévio, trabalhado ou não, está sujeito à contribuição para o FGTS. Todavia, o cálculo da multa de 40% do FGTS deverá ser feito com base no saldo da conta vinculada na data do efetivo pagamento das verbas rescisórias, desconsiderada a projeção do aviso-prévio indenizado, por ausência de previsão legal.

Destaca-se que os depósitos de FGTS são calculados sobre as verbas de natureza salarial, consoante estabelecem os arts. 457 e 458 da CLT. Assim, incidirá o FGTS sobre horas extraordinárias e adicionais eventuais, enquanto pagos. Já as férias indenizadas não fazem base de cálculo para fins de FGTS, em face de sua natureza indenizatória.

Ainda, são devidos os depósitos de FGTS ainda que o contrato de trabalho seja declarado nulo na hipótese do art. 37, § 2º, da CRFB/1988, quando mantido o direito ao salário, sendo indevida a multa de 40%.

Nos termos do § 6º do art. 15, não se incluem na remuneração, para os fins da referida Lei, as parcelas elencadas no § 9º do art. 28 da Lei 8.212/1991.

Tenha cuidado com o seguinte ponto:

> Súmula 646 do STJ: É irrelevante a natureza da verba trabalhista para fins de incidência da contribuição ao FGTS, visto que apenas as verbas elencadas em lei (art. 28, § 9º, da Lei nº 8.212/1991), em rol taxativo, estão excluídas da sua base de cálculo, por

força do disposto no art. 15, § 6º, da Lei nº 8.036/1990. (STJ, 1ª Seção, aprovada em 10.03.2021, *DJe* 15.03.2021)

A importância paga pelo empregador sobre as seguintes verbas integra a base de cálculo do FGTS? O empregador terá que pagar 8% também sobre as seguintes verbas?

Férias gozadas	SIM
15 primeiros dias que antecedem o afastamento por motivo de doença	SIM
Férias indenizadas	NÃO
Auxílio-creche	NÃO

É irrelevante discutir se a natureza da verba trabalhista é remuneratória ou indenizatória/compensatória para fins de incidência da contribuição ao FGTS. O critério não é esse. O parâmetro é o da lei. Os 8% incidem sobre tudo o que é pago ao trabalhador, salvo aquilo que a lei expressamente excluir. Apenas em relação às verbas expressamente excluídas pela lei é que não haverá a incidência do FGTS.

> STJ, 2ª Turma, REsp 1436897-ES, Rel. Min. Mauro Campbell Marques, j. 04.12.2014 (*Info* 554).
>
> STJ, 2ª Turma, REsp 1448294-RS, Rel. Min. Mauro Campbell Marques, j. 09.12.2014 (*Info* 554).
>
> Súmula 63 do TST: Fundo de garantia. A contribuição para o Fundo de Garantia do Tempo de Serviço incide sobre a remuneração mensal devida ao empregado, inclusive horas extras e adicionais eventuais.
>
> OJ 232 da SBDI-1 do TST: FGTS. Incidência. Empregado transferido para o exterior. Remuneração. O FGTS incide sobre todas as parcelas de natureza salarial pagas ao empregado em virtude de prestação de serviços no exterior.
>
> OJ 195 da SBDI-1 do TST: Férias indenizadas. FGTS. Não incidência. Não incide a contribuição para o FGTS sobre as férias indenizadas.
>
> Súmula 363 do TST: Contrato nulo. Efeitos. A contratação de servidor público, após a CF/1988, sem prévia aprovação em concurso público, encontra óbice no respectivo art. 37, II e § 2º, somente lhe conferindo direito ao pagamento da contraprestação pactuada, em relação ao número de horas trabalhadas, respeitado o valor da hora do salário mínimo, e dos valores referentes aos depósitos do FGTS.

A conta do FGTS será corrigida monetariamente e sobre os valores capitalizarão juros anuais de 3%. Não é cobrada nenhuma taxa de administração por parte da CEF.

Ademais, as contas vinculadas em nomes dos trabalhadores são absolutamente impenhoráveis (art. 2º, § 2º, da Lei 8.036/1990). No entanto, a Lei 10.820/2003 autoriza que os empregados ofereçam em garantia um percentual dos depósitos de FGTS (até 10%) e até 100% da multa de 40% do FGTS.

No que tange aos expurgos inflacionários, o STF, em 2001, declarou que a CEF corrigiu erroneamente os valores existentes nas contas-correntes do FGTS de todos os trabalhadores em virtude dos planos Verão e Collor; em face disso, foi editada a LC 110/2001 com a proposta de repor o prejuízo. A lei previu que era de responsabilidade do Governo menos da metade do rombo, repassando ao empresário a responsabilidade pelo restante do valor.

Apesar da medida, que, para a alguns doutrinadores, é contrária à boa-fé, à ética e à finalidade, o entendimento que prevalece no TST vai ao encontro da determinação legal, conforme a OJ 341 da SDI-1 do TST.

> OJ 341 da SDI-1 do TST: FGTS. Multa de 40%. Diferenças decorrentes dos expurgos inflacionários. Responsabilidade pelo pagamento. É de responsabilidade do empregador o pagamento da diferença da multa de 40% sobre os depósitos do FGTS, decorrente da atualização monetária em face dos expurgos inflacionários.

> A remuneração das contas vinculadas ao FGTS tem disciplina própria, ditada por lei, que estabelece a TR como forma de atualização monetária, sendo vedado, portanto ao Poder Judiciário substituir o mencionado índice. (STJ, 1ª Seção, REsp 1614874-SC, Rel. Min. Benedito Gonçalves, j. 11.04.2018, recurso repetitivo, *Info* 625)

4. ADMINISTRAÇÃO DO FGTS

4.1. Conselho Curador

O Conselho Curador é o órgão máximo do sistema, incumbido, dentre outras funções, de estabelecer as normas gerais e o planejamento do Fundo para nortear a ação do órgão gestor da aplicação dos recursos do FGTS (atual Ministério do Desenvolvimento Regional) e do agente operador (Caixa Econômica Federal).

O Conselho é um colegiado tripartite composto de três representantes dos trabalhadores, três dos empregadores e seis representantes do Governo Federal.

Os representantes dos trabalhadores no Conselho Curador, titulares e suplentes, têm asseguradas: (a) estabilidade no emprego, desde a nomeação até um ano após o término do mandato, somente podendo ser demitidos por motivo de falta grave, regularmente comprovada mediante processo sindical (art. 3º, § 9º, da Lei 8.036/1990); (b) ausência justificada, no caso de comparecimento ao Conselho, computando-se como jornada efetivamente trabalhada para todos os fins e efeitos legais (art. 3º, § 7º, da Lei 8.036/1990).

4.2. Órgão gestor

Seu papel é gerir as aplicações dos recursos do FGTS em habitação popular, saneamento ambiental e infraestrutura. Compete-lhe, ainda, elaborar os orçamentos anuais e os planos plurianuais de aplicação dos recursos, assim como acompanhar as metas físicas propostas.

4.3. Agente operador

O agente operador dos recursos do FGTS é a Caixa Econômica Federal, o órgão executivo do sistema. Suas atribuições estão definidas no art. 7º da Lei 8.036/1990.

5. INDENIZAÇÃO ADICIONAL DE 40%

Na hipótese de dispensa injustificada e rescisão indireta será devido um acréscimo de 40% sobre a totalidade dos depósitos (art. 18, § 1º, da Lei 8.036/1990). Todavia, quando a rescisão se der por culpa recíproca ou força maior, o percentual será de 20% (art. 18, § 2º, da lei do FGTS).

Também será de 20% a indenização na hipótese do art. 484-A da CLT, que possibilita a extinção do contrato de trabalho por acordo entre empregado e empregador.

O cálculo da multa rescisória considerará o valor atual corrigido, inclusive observando os valores que tenham sido eventualmente sacados pelo empregado, desde que no período do contrato de trabalho com aquele empregador (OJ 42, I, da SDl-1 do TST).

Relembre que a multa de 40% do FGTS tem como base de cálculo o saldo da conta vinculada na data do efetivo pagamento das verbas rescisórias, desconsiderada a projeção do aviso-prévio indenizado, por ausência de previsão legal.

E o caso do empregado doméstico? O art. 22 da LC 150/2015 obriga o empregador ao pagamento mensal de 3,2% para garantia da indenização adicional de 40% sobre o FGTS.

No contrato por prazo determinado, em regra, não cabe o pagamento da multa rescisória de 40%, pois não há uma extinção do contrato de forma unilateral e injustificada por parte do empregador, mas a morte natural do contrato por decorrência do seu termo final.

Contudo, caso o empregador resolva finalizar o vínculo antes de chegar ao termo final (data de morte natural do contrato), será devida a multa rescisória?

Prevalece o entendimento de que a ruptura precoce do contrato de trabalho por prazo determinado implica pagamento da multa de 40% sobre o FGTS. Isso, porque a finalização antes do prazo é hipótese de dispensa sem justa causa do empregado.

O art. 14 do Decreto 99.684, de 08.11.1990, que regulamenta o FGTS, dispõe sobre o tema:

> Art. 14. No caso de contrato a termo, a rescisão antecipada, sem justa causa ou com culpa recíproca, equipara-se às hipóteses previstas nos §§ 1º e 2º do art. 9º, respectivamente, sem prejuízo do disposto no art. 479 da CLT.

Além disso, prevê o art. 9º do aludido decreto:

> Art. 9º Ocorrendo despedida sem justa causa, ainda que indireta, com culpa recíproca por força maior ou extinção normal do contrato de trabalho a termo, inclusive a do trabalhador temporário, deverá o empregador depositar, na conta vinculada do trabalhador no FGTS, os valores relativos aos depósitos referentes ao mês da rescisão e, ao imediatamente anterior, que ainda não houver sido recolhido, sem prejuízo das cominações legais cabíveis.
>
> § 1º No caso de despedida sem justa causa, ainda que indireta, o empregador depositará na conta vinculada do trabalhador no FGTS, importância igual a quarenta por cento do montante de todos os depósitos realizados na conta vinculada durante a

vigência do contrato de trabalho atualizados monetariamente e acrescidos dos respectivos juros, não sendo permitida, para este fim a dedução dos saques ocorridos.

§ 2º Ocorrendo despedida por culpa recíproca ou força maior, reconhecida pela Justiça do Trabalho, o percentual de que trata o parágrafo precedente será de vinte por cento.

Por seu turno, o art. 22 da Lei 8036/1990 prevê o pagamento de uma multa na hipótese de o empregador não realizar os depósitos ou fazê-los em atraso. Essa multa tem NATUREZA ADMINISTRATIVA e não é em favor do empregado, cabendo aos órgãos de fiscalização realizar a cobrança.

6. PRESCRIÇÃO

Conforme disposto no art. 23, § 5º, da Lei 8.036/1990, a prescrição do FGTS seria trintenária. Nos termos do entendimento há muito consolidado no âmbito do TST, embora se devesse observar o prazo prescricional bienal trabalhista (a ação deveria ser ajuizada até dois anos contados da extinção contratual), não se aplicaria ao FGTS a prescrição quinquenal trabalhista, e sim a prescrição trintenária, conforme a previsão da lei específica.

Nesse sentido, o entendimento jurisprudencial consubstanciado na Súmula 362 do TST, em sua antiga redação: ~~Súm. 362. FGTS. Prescrição. É trintenária a prescrição do direito de reclamar contra o não recolhimento da contribuição para o FGTS, observado o prazo de 2 (dois) anos após o término do contrato de trabalho.~~

Também havia precedentes no mesmo sentido no âmbito do STJ e do STF. Ocorre que, em 13.11.2014, ao julgar o ARE 709.212/DF, o STF declarou a inconstitucionalidade do art. 23, § 5º, da Lei 8.036/1990 e do art. 55 do Decreto 99.684/1990, na parte em que ressalvam o "privilégio do FGTS à prescrição trintenária", haja vista violarem o disposto no art. 7º, XXIX, da Carta de 1988.

> Tema 608: ARE 709212/DF. Repercussão geral. Recurso extraordinário. Direito do Trabalho. Fundo de Garantia por Tempo de Serviço (FGTS). Cobrança de valores não pagos. Prazo prescricional. Prescrição quinquenal. Art. 7º, XXIX, da Constituição. Superação de entendimento anterior sobre prescrição trintenária. Inconstitucionalidade dos arts. 23, § 5º, da Lei 8.036/1990 e 55 do Regulamento do FGTS aprovado pelo Decreto 99.684/1990. Segurança jurídica. Necessidade de modulação dos efeitos da decisão. Art. 27 da Lei 9.868/1999. Declaração de inconstitucionalidade com efeitos *ex nunc*. Recurso extraordinário a que se nega provimento.

> O Tribunal, decidindo o tema 608 da Repercussão Geral, por maioria, negou provimento ao recurso, vencido o Ministro Marco Aurélio que o provia parcialmente. Também por maioria declarou a inconstitucionalidade do art. 23, § 5º, da Lei nº 8.036/1990, e do art. 55 do Decreto nº 99.684/1990, na parte em que ressalvam o "privilégio do FGTS à prescrição trintenária", haja vista violarem o disposto no art. 7º, XXIX, da Carta de 1988, vencidos os Ministros Teori Zavascki e Rosa Weber, que mantinham a jurisprudência da Corte. Quanto à modulação, o Tribunal, por maioria, atribuiu à decisão efeitos ex nunc, vencido o Ministro Marco Aurélio, que não modulava os efeitos. Tudo nos termos do voto do Relator. Presidiu o julgamento o Ministro Ricardo Lewandowski. Plenário, 13.11.2014.

Cuidado com a modulação dos efeitos: o prazo prescricional para a cobrança judicial dos valores devidos relativos ao FGTS é de 5 anos. Isso, porque a verba de FGTS tem natureza trabalhista, devendo ser aplicado o art. 7º, XXIX, da CF/1988. Antes, entendia-se que esse prazo era de 30 anos. Como houve uma mudança brusca da jurisprudência, o STF, por razões de segurança jurídica, modulou os efeitos dessa decisão. Assim, esse novo prazo prescricional de 5 anos somente vale a partir do julgamento do STF que alterou a jurisprudência anterior (ARE 709212/DF). Dessa forma, o STF decidiu o seguinte:

- Para aqueles casos cujo termo inicial da prescrição – ou seja, a ausência de depósito no FGTS – ocorre após a data do julgamento do ARE 709212/DF, aplica-se, desde logo, o prazo de 5 anos.

- Por outro lado, para os casos em que o prazo prescricional já estava em curso antes do julgamento do ARE 709212/DF, aplica-se o que ocorrer primeiro: 30 anos, contados do termo inicial, ou 5 anos, a partir do julgamento do ARE 709212/DF.

STF, Plenário, ARE 709212/DF, Rel. Min. Gilmar Mendes, j. 13.11.2014 (repercussão geral) (Info 767); STF, Plenário, RE 522897/RN, Rel. Min. Gilmar Mendes, j. 16.03.2017 (*Info* 857).

Diante desse quadro, o TST modificou a redação da Súmula 362.

> Súmula 362 do TST: FGTS. Prescrição
>
> I – Para os casos em que a ciência da lesão ocorreu a partir de 13.11.2014, é quinquenal a prescrição do direito de reclamar contra o não recolhimento de contribuição para o FGTS, observado o prazo de dois anos após o término do contrato;
>
> II – Para os casos em que o prazo prescricional já estava em curso em 13.11.2014, aplica-se o prazo prescricional que se consumar primeiro: trinta anos, contados do termo inicial, ou cinco anos, a partir de 13.11.2014 (STF-ARE-709212/DF).

Com efeito, considerando que o acessório segue a sorte do principal, o TST já entendia que, se o depósito fundiário discutido se referisse a parcelas prescritas, também prescrita estaria a pretensão fundiária, entendimento esse consubstanciado na Súmula 206 do TST.

> Súmula 206 do TST: FGTS. Incidência sobre parcelas prescritas.
>
> A prescrição da pretensão relativa às parcelas remuneratórias alcança o respectivo recolhimento da contribuição para o FGTS.

DIREITO DO TRABALHO E PROCESSO DO TRABALHO FACILITADOS – *Lenza*

Vamos de resumo em tabelas?[2]

FGTS – EMPREGADOS ABRANGIDOS		
Após a promulgação da CF/1988, os empregados **urbanos, rurais e avulsos** têm direito ao FGTS.	Caso o empregado preste serviços no exterior, o FGTS incidirá sobre todas as parcelas de natureza salarial (OJ 232 da SDI-1 do TST).	Com a promulgação da EC 72/2013 e da Lei Complementar 150/2015, o **empregado doméstico** também passou a ter direito ao FGTS.

FGTS – FACULTATIVO
Diretor NÃO empregado
Súmula 269 do TST: Diretor Eleito. Cômputo do período como tempo de serviço. O empregado eleito para ocupar cargo de diretor tem o respectivo contrato de trabalho suspenso, não se computando o tempo de serviço desse período, salvo se permanecer a subordinação jurídica inerente à relação de emprego.
Art. 16 da Lei nº 8.036/1990: Para efeito desta lei, as empresas sujeitas ao regime da legislação trabalhista poderão equiparar seus diretores não empregados aos demais trabalhadores sujeitos ao regime do FGTS. Considera-se diretor aquele que exerça cargo de administração previsto em lei, estatuto ou contrato social, independente da denominação do cargo.

ALÍQUOTA E DATA PARA DEPÓSITO		
Regra geral	**Exceção**	**Data para depósito**
8% da remuneração do empregado.	Aprendiz: **2%** da sua remuneração.	Até o **dia 7** de cada mês.

INDENIZAÇÃO (MULTA 40%/20%/3,2%)		
Indenização de 40%[3]	**Indenização de 20%**	**Indenização de 3,2%**
Dispensa sem justa causa.	Culpa recíproca, força maior ou distrato.	Empregador doméstico – art. 22 da LC 150/2015.

---

[2] LENZA, Breno; SILVA, Fabrício Lima. *Direito do trabalho e processo do trabalho em tabelas.* São Paulo: Juspodivm, 2022.

[3] OJ 42 da SDI-1: FGTS. Multa de 40%. I – É devida a multa do FGTS sobre os saques corrigidos monetariamente ocorridos na vigência do contrato de trabalho. Art. 18, § 1º, da Lei nº 8.036/90 e art. 9º, § 1º, do Decreto nº 99.684/90. II – O cálculo da multa de 40% do FGTS deverá ser feito com base no saldo da conta vinculada na data do efetivo pagamento das verbas rescisórias, desconsiderada a projeção do aviso-prévio indenizado, por ausência de previsão legal.

Súmula 125 do TST: Contrato de trabalho. Art. 479 da CLT. O art. 479 da CLT aplica-se ao trabalhador optante pelo FGTS admitido mediante contrato por prazo determinado, nos termos do art. 30, § 3º, do Decreto nº 59.820, de 20.12.1966.

QUESTÕES PARA TREINO

1. **(PGE-PA – 2022 – Procurador do Estado)** O salário in natura é considerado remuneração para efeito de incidência do Fundo de Garantia do Tempo de Serviço.
Certo.

2. **(PGE-PA – 2022 – Procurador do Estado)** Segundo a jurisprudência do Supremo Tribunal Federal, nos contratos de trabalho firmados entre sujeitos de direito privado, o prazo prescricional aplicável à cobrança de valores não depositados no Fundo de Garantia do Tempo de Serviço é bienal, nos termos do art. 7º, XXIX, da Constituição da República Federativa do Brasil.
Errado.

3. **(PGE-PA – 2022 – Procurador do Estado)** Conforme entendimento firmado pelo Tribunal Superior do Trabalho, o ônus de comprovar a regularidade dos depósitos do Fundo de Garantia do Tempo de Serviço é do empregador.
Certo.

4. **(PGE-PA – 2022 – Procurador do Estado)** Em consonância com a Lei 8.036/1990, o dever de recolher os valores referentes ao Fundo de Garantia do Tempo de Serviço na conta vinculada do empregado é obrigação de dar coisa certa.
Errado.

5. **(Prefeitura de Guatambu-SC – 2022 – Procurador Municipal)** Para fins de apuração e lançamento, considera-se quitado o valor relativo ao FGTS pago diretamente ao trabalhador.
Errado.

6. **(Prefeitura de Guatambu-SC – 2022 – Procurador Municipal)** O contencioso administrativo interrompe o prazo prescricional para a cobrança de eventuais débitos.
Errado.

7. **(Funpresp-Jud – 2021 – Analista de Gestão)** O FGTS é um valor pago pela empresa e não deve ser descontado do colaborador.
Certo.

8. **(Crefito-4 – 2021 – Analista de Pessoal)** Em caso de falecimento do trabalhador, sua conta do FGTS poderá ser movimentada por dependentes habilitados ao recebimento de pensão fornecida por Instituto Oficial de Previdência Social ou alvará judicial indicando os sucessores do trabalhador falecido.
Certo.

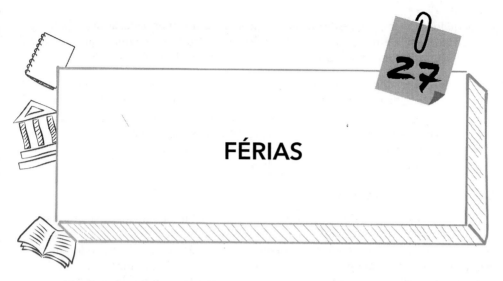

FÉRIAS

1. INTRODUÇÃO AO TEMA

Tal qual ocorre com os demais descansos trabalhistas, as normas relativas às férias são normas de saúde pública, razão pela qual também são imperativas (normas de ordem pública).

O direito às férias é um dos direitos constitucionais dos trabalhadores, conforme o art. 7º da CRFB:

> Art. 7º São direitos dos trabalhadores urbanos e rurais, além de outros que visem à melhoria de sua condição social:
> (...)
> XVII – gozo de férias anuais remuneradas com, pelo menos, um terço a mais do que o salário normal;
> (...).

Princípios básicos aplicáveis às férias (conforme Amauri Mascaro Nascimento[1]):

- **Anualidade para adquirir o direito:** o empregado somente faz jus ao gozo das férias após completar um ano na empresa (período aquisitivo).
- **Remunerabilidade:** as férias são concedidas sem prejuízo da remuneração do período; além disso, à remuneração se soma o terço constitucional.
- **Continuidade:** as férias devem, tanto quanto possível, ser concedidas em um único bloco, razão pela qual a lei restringe as possibilidades de fracionamento.

Com a Lei 13.467/2017, houve uma facilitação no fracionamento. Este, antes, poderia ocorrer apenas em situações excepcionais no caso de férias individuais e somente em

---

[1] NASCIMENTO, Amauri Mascaro. *Curso de Direito do Trabalho*. 29. ed. São Paulo: Saraiva, 2014.

DIREITO DO TRABALHO E PROCESSO DO TRABALHO FACILITADOS – *Lenza*

dois períodos. Atualmente, desde que haja concordância do empregado, as férias poderão ser usufruídas em até três períodos, e um deles não poderá ser inferior a quatorze dias corridos, enquanto os demais não poderão ser inferiores a cinco dias corridos, cada um.

– **Irrenunciabilidade:** o empregado não pode dispor das férias, tendo em vista se tratar de direito irrenunciável, amparado por norma de ordem pública;

– **Proporcionalidade:** sob um aspecto, pela proporcionalidade da duração das férias, conforme o número de faltas injustificadas do empregado; sob outro aspecto, pela proporcionalidade da indenização das férias não gozadas quando da cessação do contrato de trabalho.

2. DURAÇÃO DAS FÉRIAS

As férias são adquiridas pelo empregado a cada 12 meses consecutivos de trabalho – art. 130 da CLT. Esse período é chamado de aquisitivo. Serão concedidas, por ato do empregador, nos 12 meses subsequentes. Esse é o chamado período concessivo. Concomitantemente com o período concessivo, estará em curso outro período aquisitivo. O período de usufruto das férias é chamado período de gozo. As férias são hipótese de interrupção do contrato de trabalho e, por assim ser, o período de gozo compõe integralmente a contagem do período aquisitivo que esteja em curso, no momento da sua concessão.

Veja que a contagem não é feita por ano civil (de janeiro a dezembro), e sim por aniversário da data da admissão.

O padrão geral das férias, no Brasil, é de 30 dias corridos. Não obstante, se o empregado faltar injustificadamente várias vezes, durante o período aquisitivo, terá diminuído seu período de férias.

Com a nova redação do § 1º do art. 134 da CLT, alterado pela reforma trabalhista, as férias podem ser usufruídas em até três períodos, e um deles não poderá ser inferior a quatorze dias corridos, enquanto os demais não poderão ser inferiores a cinco dias corridos, cada um, desde que haja concordância do empregado.

> Art. 134, § 1º, CLT: Desde que haja concordância do empregado, as férias poderão ser usufruídas em até três períodos, sendo que um deles não poderá ser inferior a quatorze dias corridos e os demais não poderão ser inferiores a cinco dias corridos, cada um.

A reforma introduziu, ainda, o § 3º, que veda o início das férias no período de dois dias que antecede feriado ou dia de repouso semanal remunerado.

> Art. 134, § 3º, CLT: É vedado o início das férias no período de dois dias que antecede feriado ou dia de repouso semanal remunerado.

As férias concedidas no período próprio – na vigência do período concessivo – são chamadas férias simples: constituem interrupção do contrato, e, por isso, o empregado receberá salário, sem trabalhar, com o acréscimo de 1/3.

Depois de expirado o período concessivo, as férias são devidas em dobro, inclusive no que se refere ao pagamento do terço constitucional – art. 137 da CLT:

Art. 137. Sempre que as férias forem concedidas após o prazo de que trata o art. 134, o empregador pagará em dobro a respectiva remuneração.

§ 1º Vencido o mencionado prazo sem que o empregador tenha concedido as férias, o empregado poderá ajuizar reclamação pedindo a fixação, por sentença, da época de gozo das mesmas.

§ 2º A sentença cominará pena diária de 5% (cinco por cento) do salário mínimo da região, devida ao empregado até que seja cumprida.

§ 3º Cópia da decisão judicial transitada em julgado será remetida ao órgão local do Ministério do Trabalho, para fins de aplicação da multa de caráter administrativo.

Há que se ter o cuidado de observar que os dias de falta não podem ser simplesmente compensados, isto é, a cada dia de falta o empregador não pode descontar um dia das férias do empregado. Ao contrário, a CLT prevê uma progressiva redução do período de férias, de acordo com o número de faltas injustificadas do empregado. Vejamos:

Art. 130. Após cada período de 12 (doze) meses de vigência do contrato de trabalho, o empregado terá direito a férias, na seguinte proporção:

I – 30 (trinta) dias corridos, quando não houver faltado ao serviço mais de 5 (cinco) vezes;

II – 24 (vinte e quatro) dias corridos, quando houver tido de 6 (seis) a 14 (quatorze) faltas;

III – 18 (dezoito) dias corridos, quando houver tido de 15 (quinze) a 23 (vinte e três) faltas;

IV – 12 (doze) dias corridos, quando houver tido de 24 (vinte e quatro) a 32 (trinta e duas) faltas.

§ 1º É vedado descontar, do período de férias, as faltas do empregado ao serviço.

§ 2º O período das férias será computado, para todos os efeitos, como tempo de serviço.

FÉRIAS – QUANTIDADE DE DIAS[2]	
Quantidade de faltas injustificadas	**Dias de férias**
Até 5 faltas	30 dias corridos
De 6 a 14 faltas	24 dias corridos
De 15 a 23 faltas	18 dias corridos
De 24 a 32 faltas	12 dias corridos

---

[2] Para facilitar a memorização dos dias, lembre-se: na quantidade de faltas, some sempre o número 9. Na quantidade de dias de férias, diminua sempre 6 dias.

Ademais, cabe lembrar-se da revogação do art. 130-A da CLT pela reforma trabalhista, ou seja, os empregados contratados sob regime de tempo parcial usufruirão das férias na mesma proporção prevista no art. 130 da CLT para o "empregado comum".

A lei não é explícita, mas, se com até 32 faltas injustificadas o empregado tem direito ao mínimo de férias (12 dias), com mais de 32 faltas ele perderá o direito às férias. Isso é absolutamente pacífico na doutrina e na jurisprudência.

Com a alteração da reforma trabalhista, os empregados contratados sob regime de tempo parcial, a proporção da duração das férias refere-se ao número de faltas, conforme ocorre com o empregado comum, diante da revogação do art. 130-A da CLT.

Um ponto muito importante: há previsão específica na Lei Complementar 150/2015 (Lei dos Trabalhadores Domésticos) sobre a proporcionalidade dos dias de férias para os trabalhadores em regime de tempo parcial:

> Art. 3º da LC 150/2015: Considera-se trabalho em regime de tempo parcial aquele cuja duração não exceda 25 (vinte e cinco) horas semanais.
>
> § 1º O salário a ser pago ao empregado sob regime de tempo parcial será proporcional a sua jornada, em relação ao empregado que cumpre, nas mesmas funções, tempo integral.
>
> § 2º A duração normal do trabalho do empregado em regime de tempo parcial poderá ser acrescida de horas suplementares, em número não excedente a 1 (uma) hora diária, mediante acordo escrito entre empregador e empregado, aplicando-se-lhe, ainda, o disposto nos §§ 2o e 3º do art. 2º, com o limite máximo de 6 (seis) horas diárias.
>
> § 3º Na modalidade do regime de tempo parcial, após cada período de 12 (doze) meses de vigência do contrato de trabalho, o empregado terá direito a férias, na seguinte proporção:
>
> I – 18 (dezoito) dias, para a duração do trabalho semanal superior a 22 (vinte e duas) horas, até 25 (vinte e cinco) horas;
>
> II – 16 (dezesseis) dias, para a duração do trabalho semanal superior a 20 (vinte) horas, até 22 (vinte e duas) horas;
>
> III – 14 (quatorze) dias, para a duração do trabalho semanal superior a 15 (quinze) horas, até 20 (vinte) horas;
>
> IV – 12 (doze) dias, para a duração do trabalho semanal superior a 10 (dez) horas, até 15 (quinze) horas;
>
> V – 10 (dez) dias, para a duração do trabalho semanal superior a 5 (cinco) horas, até 10 (dez) horas;
>
> VI – 8 (oito) dias, para a duração do trabalho semanal igual ou inferior a 5 (cinco) horas.

3. ABONO DE FÉRIAS

A natureza jurídica das férias é de direito público subjetivo do empregado, compondo norma de saúde, segurança e medicina do trabalho. Por isso, o empregado não pode renunciar o direito a férias. É possível e admitido que o empregado converta em abono pecuniário apenas parte do seu período de férias, dentro do limite que a lei permite (transação parcial legalmente autorizada).

> Art. 143. É facultado ao empregado converter 1/3 (um terço) do período de férias a que tiver direito em abono pecuniário, no valor da remuneração que lhe seria devida nos dias correspondentes.

§ 1º O abono de férias deverá ser requerido até 15 (quinze) dias antes do término do período aquisitivo.

Lembre-se que, com a revogação do § 3º do art. 143, que vedava a conversão em abono dos empregados sob o regime de tempo parcial, atualmente – e em decorrência da reforma trabalhista de 2017 – os trabalhadores em regime de tempo parcial também podem converter férias em abono.

Ademais, não há qualquer vedação de conversão em abono para os menores de 18 anos ou maiores de 50 anos, e agora, com a reforma trabalhista, também não há mais a vedação ao fracionamento, portanto é possível fracionar as férias e ainda converter em abono.

Apenas tome cuidado com uma coisa: de acordo com o art. 144 da CLT, o abono de férias de que trata o artigo anterior, bem como o concedido em virtude de cláusula do contrato de trabalho, do regulamento da empresa, de convenção ou acordo coletivo, desde que não excedente de vinte dias do salário, não integrará a remuneração do empregado para os efeitos da legislação do trabalho.

Assim, prevalece no TST o entendimento de que esse abono não tem natureza salarial. Apesar disso, a jurisprudência tem se consolidado no sentido de que, em que pese a natureza indenizatória, sobre ele incidirá o terço constitucional, que deverá ser igualmente pago ao empregado.

> Anote isto aqui para revisar depois:
> 1. O abono inclui o terço constitucional de férias (cuidado para não confundir 1/3 de férias convertidas em pecúnia com o 1/3 de férias, ou seja, com o terço constitucional).
> 2. A maioria da doutrina defende que, embora omisso o texto legal, o empregado pode converter também menos de 1/3 das férias em pecúnia (quem pode o mais pode o menos). Assim, o empregado poderia optar em converter em pecúnia, por exemplo, apenas cinco dias de férias, de um total de 30 a que tem direito.
> 3. O abono de férias (no caso das férias individuais) é direito potestativo do empregado, pelo que o empregador não pode a ele se opor.
> 4. No caso de férias coletivas, somente poderá haver abono pecuniário se houver previsão em acordo coletivo.

Por disposição expressa de lei, o abono pecuniário tem natureza indenizatória, razão pela qual não é base de cálculo para as demais parcelas trabalhistas. Assim dispõe o art. 144 da CLT:

> Art. 144. O abono de férias de que trata o artigo anterior, bem como o concedido em virtude de cláusula do contrato de trabalho, do regulamento da empresa, de convenção ou acordo coletivo, desde que não excedente de vinte dias do salário, não integrarão a remuneração do empregado para os efeitos da legislação do trabalho.

Vamos para mais uma especificação do **empregado doméstico**? O prazo para que o doméstico faça requerimento do abono de férias distingue-se do prazo do empregado urbano, pois a LC 150/2015 prevê expressamente que deve ser requerido até 30 dias antes do término do período aquisitivo.

> Art. 17, § 3º, LC 150/2015. É facultado ao empregado doméstico converter um terço do período de férias a que tiver direito em abono pecuniário, no valor da remuneração que lhe seria devida nos dias correspondentes.
>
> (...)
>
> § 4º O abono de férias deverá ser requerido até 30 (trinta) dias antes do término do período aquisitivo.

Para você nunca mais esquecer:

> o abono do **DO**méstico é em **DO**bro (15 dias CLT × 30 dias LC 150)

Ainda sobre o abono de férias, destaca-se o *Informativo* 186 do TST, o qual prevê que a sua realização por imposição do empregador gera o pagamento em dobro das férias.

> *Informativo* 186 do TST: Férias. Conversão de 1/3 do período em abono pecuniário. Imposição do empregador. Aplicação da sanção do art. 137 da CLT. Pagamento em dobro devido. Dedução dos valores recebidos a título de abono pecuniário. A conversão de 1/3 do período de férias em abono pecuniário, conforme o art. 143 da CLT, é um direito potestativo do empregado, razão pela qual não pode ser imposta pelo empregador, sob pena de descumprimento dos arts. 134 e 143 da CLT e 7º, XVII, da CF. Ausente a livre escolha do trabalhador, aplica-se a sanção do art. 137 da CLT, que impõe o pagamento em dobro do período não usufruído, a fim de coibir a prática que compromete o direito ao descanso anual. Verificado, contudo, que o empregado já recebeu o abono pecuniário, esse montante deve ser considerado para efeito de aplicação da penalidade, evitando-se o pagamento em triplo da remuneração de férias e o consequente enriquecimento sem causa. Sob esses fundamentos, a SBDI-I, por unanimidade, conheceu dos embargos, por divergência jurisprudencial, e, no mérito, deu-lhes provimento para restabelecer o acórdão do Regional. (TST, SBDI-1, E-ED--RR-104300-96.2009.5.04.0022, Rel. Min. Luiz Philippe Vieira de Mello Filho, 08.11.2018)

4. PRAZO PARA PAGAMENTO DAS FÉRIAS

Dispõe o *caput* do art. 145 da CLT que "O pagamento da remuneração das férias e, se for o caso, o do abono referido no art. 143 serão efetuados até dois dias antes do início do respectivo período".

Nesse ponto, o STF, na ADPF 501, declarou a Súmula 450 do TST inconstitucional. Vejamos o que orientava a norma:

> Súmula 450: Férias. Gozo na época própria. Pagamento fora do prazo. Dobra devida. Arts. 137 e 145 da CLT. É devido o pagamento em dobro da remuneração de férias, incluído o terço constitucional, com base no art. 137 CLT, quando, ainda que gozadas na época própria, o empregador tenha descumprido o prazo previsto no art. 145 do mesmo diploma legal.

A maioria do Plenário acompanhou o entendimento do Ministro Alexandre de Moraes, relator do caso, de que o verbete ofende os preceitos fundamentais da legalidade e da separação dos Poderes. O Plenário também invalidou decisões judiciais não definitivas (sem trânsito em julgado) que, amparadas na súmula, tenham aplicado, por analogia, a sanção de pagamento em dobro com base no art. 137 da CLT.

> Art. 137. Sempre que as férias forem concedidas após o prazo de que trata o art. 134, o empregador pagará em dobro a respectiva remuneração.
>
> Art. 138. Durante as férias, o empregado não poderá prestar serviços a outro empregador, salvo se estiver obrigado a fazê-lo em virtude de contrato de trabalho regularmente mantido com aquele.

Dessa forma, no caso de atraso no pagamento da remuneração das férias dentro do prazo legal, não há mais o que se falar em pagamento em dobro, podendo o empregador ser condenado ao pagamento de multa (art. 153, CLT). CUIDADO! Ainda há o pagamento em dobro da remuneração das férias em caso de não respeito ao período concessivo, ou seja, não usufruir das férias ou usufruir em atraso.

5. EFEITOS DA CESSAÇÃO DO CONTRATO DE TRABALHO

Se, ainda, o empregado não completou o período aquisitivo (12 meses), mas advém a finalização do seu contrato de trabalho, as férias são devidas de forma proporcional – salvo na hipótese de justa causa, em que não são devidas, e na culpa recíproca, caso em que são devidos apenas 50% do valor (Súmula 14 do TST). Note-se que, no pedido de demissão, mesmo que o empregado não tenha completado um ano de vínculo, será devido o pagamento das férias proporcionais ao tempo trabalhado – inteligência da Súmula 261 do TST:

> Súmula 261 do TST: O empregado que se demite antes de complementar 12 (doze) meses de serviço tem direito a férias proporcionais.

cuidado

Advindo a rescisão do contrato, cada fração de tempo superior a 14 dias será computada como um mês de férias proporcionais a serem pagas (1/12), conforme preceitua o art. 146, parágrafo único, da CLT.

> *Art. 146. Na cessação do contrato de trabalho, qualquer que seja a sua causa, será devida ao empregado a remuneração simples ou em dobro, conforme o caso, correspondente ao período de férias cujo direito tenha adquirido.*
>
> *Parágrafo único. Na cessação do contrato de trabalho, após 12 (doze) meses de serviço, o empregado, desde que não haja sido demitido por justa causa, terá direito à remuneração relativa ao período incompleto de férias, de acordo com o art. 130, na proporção de 1/12 (um doze avos) por mês de serviço ou fração superior a 14 (quatorze) dias.*

Para os empregados intermitentes, as férias proporcionais são devidas após cada período de trabalho, e não com a extinção do contrato – art. 452-A, § 6º, II, da CLT:

Art. 452-A. (...)

§ 6º Ao final de cada período de prestação de serviço, o empregado receberá o pagamento imediato das seguintes parcelas:

(...)

II – férias proporcionais com acréscimo de um terço;

Se as férias não forem concedidas no período próprio, o empregado poderá ingressar com reclamação trabalhista, na qual pleiteará ao juiz que fixe o período de gozo das férias, sob pena de multa diária equivalente a 5% do salário mínimo, até que advenha a cumprimento pelo empregador – art. 137, §§ 1º e 2º, da CLT.

Para que se possa apurar o número de dias de férias a que o empregado tem direito, nos termos dos arts. 130 e 130-A da CLT, há que se ter em mente que as faltas justificadas não são computadas, mas tão somente as injustificadas. Isso é resolvido pelo art. 131:

Art. 131. Não será considerada falta ao serviço, para os efeitos do artigo anterior, a ausência do empregado:

I – nos casos referidos no art. 473;

No sentido do inciso I, ainda, a Súmula 89 do TST:

Súmula 89. Falta ao serviço (mantida). Se as faltas já são justificadas pela lei, consideram-se como ausências legais e não serão descontadas para o cálculo do período de férias.

O art. 133 da CLT trouxe um rol de hipóteses nas quais o empregado deixará de gozar as férias, pois suas energias já foram repostas de outra forma.

Art. 133 da CLT: Não terá direito a férias o empregado que, no curso do período aquisitivo:

I – deixar o emprego e não for readmitido dentro de 60 (sessenta) dias subsequentes à sua saída; (*accessio temporis*)

A *accessio temporis* é prevista no art. 453 da CLT, bem como na Súmula 138 do TST:

Art. 453. No tempo de serviço do empregado, quando readmitido, serão computados os períodos, ainda que não contínuos, em que tiver trabalhado anteriormente na empresa, salvo se houver sido despedido por falta grave, recebido indenização legal ou se aposentado espontaneamente.

Súmula 138: Readmissão (mantida). Em caso de readmissão, conta-se a favor do empregado o período de serviço anterior, encerrado com a saída espontânea.

Art. 133, II, da CLT: permanecer em gozo de licença, com percepção de salários, por mais de 30 (trinta) dias;

Informativo 84 do TST: Férias não gozadas. Licença remunerada superior a trinta dias. Terço constitucional. 1. De conformidade com o art. 133, inciso II, da CLT, não terá direito

Cap. 27 – FÉRIAS **495**

a férias o empregado que, no curso do período aquisitivo, desfrutar de mais de 30 dias de licença remunerada, iniciando-se o decurso de novo período aquisitivo quando o empregado retornar ao serviço, após o período de licença (§ 2º do art. 133). 2. Ao assim dispor, a lei quis apenas evitar a duplicidade de gozo de férias conquistadas no mesmo período aquisitivo. A licença remunerada, contudo, não significa que o empregado não faça jus ao terço constitucional sobre a remuneração proporcional ao período de férias a que o empregado teria direito não fora a licença remunerada. Ao retirar o duplo gozo de férias, a lei não poderia subtrair-lhe também o acréscimo remuneratório contemplado no inciso XVII do art. 7º da Constituição Federal. Essa não foi a intenção da lei, tanto que a Súmula nº 328 do TST assegura o terço constitucional mesmo em caso da remuneração atinente a férias, integrais ou proporcionais, gozadas ou não. Ademais, a não se interpretar assim a lei, haveria um indesejável estímulo a que o empregador frustrasse a aplicação do terço constitucional mediante a concessão de licença remunerada de 31 ou 32 dias. 3. Embargos de que se conhece, por divergência jurisprudencial, e a que se dá provimento para assegurar o terço constitucional sobre a remuneração proporcional ao período de férias a que o empregado teria direito não fora a licença remunerada. (TST, SDI-1, E-ED-RR-175700-12.2002.5.02.0463, Rel. Min. João Oreste Dalazen, *DEJT* 13.06.2014, *Informativo* 84)

Art. 133, III, da CLT: deixar de trabalhar, com percepção do salário, por mais de 30 (trinta) dias, em virtude de paralisação parcial ou total dos serviços da empresa;

Embargos em recurso de revista. Publicação do acórdão embargado anterior à vigência da Lei 11.496/2007. Acréscimo de um terço. CF, artigo 7º, XVII. Férias não usufruídas ante a concessão de licença remunerada por mais de trinta dias. Paralisação das atividades da empresa por força de interdição judicial. A concessão de licença remunerada superior a trinta dias (CLT, artigo 133, inciso II) não elide o direito à percepção do adicional à remuneração das férias, consagrado no artigo 7º, inciso XVII, da Carta Magna vigente, de, "pelo menos, um terço a mais do que o salário normal", porque à época em que editado o Decreto-lei 1.535/1977, que conferiu nova redação à aludida regra legal, era assegurado ao trabalhador o direito tão somente às "férias anuais remuneradas" (CF/69, art. 165, VIII), sem a vantagem pecuniária prevista no citado artigo 7º, inciso XVII, da CF/88. Assim, não tem aquela norma consolidada o condão de retirar do trabalhador – notadamente no caso em que esse se viu impelido, por força de interdição judicial da empresa, a licenciar-se – o direito ao terço constitucional, principalmente se examinada a questão sob a perspectiva da ampliação do rol de direitos fundamentais dos trabalhadores, instituída pela Carta Política vigente. Precedentes desta SDI-1/TST e da Suprema Corte. Recurso de embargos conhecido e provido. (TST, SDI-1, E-RR 42700-67.2002.5.02.0251, Rel. Min. Rosa Maria Weber, *DEJT* 28.09.2012)

Art. 133, IV, da CLT: tiver percebido da Previdência Social prestações de acidente de trabalho ou de auxílio-doença por mais de 6 (seis) meses, embora descontínuos.

A situação fática da exceção (inciso IV do art. 133) é o afastamento, com percebimento de prestações previdenciárias, por mais de seis meses ao longo do período aquisitivo, hipótese em que o empregado perde o direito às férias.

Caso ocorra qualquer das hipóteses dos incisos anteriores, inicia-se um novo período aquisitivo a partir da volta do empregado aos serviços (art. 133 da CLT).

As férias têm a peculiaridade de apresentar distintos períodos, um para aquisição do direito e outro para sua fruição. Nesse sentido, o art. 134 da CLT:

REDAÇÃO ANTIGA	REDAÇÃO ATUAL
Art. 134. As férias serão concedidas por ato do empregador, em um só período, nos 12 (doze) meses subsequentes à data em que o empregado tiver adquirido o direito. (Redação dada pelo Decreto-lei nº 1.535, de 13.4.1977)	
§ 1º Somente em casos excepcionais serão as férias concedidas em 2 (dois) períodos, um dos quais não poderá ser inferior a 10 (dez) dias corridos. (Incluído pelo Decreto-lei nº 1.535, de 13.4.1977)	§ 1º Desde que haja concordância do empregado, as férias poderão ser usufruídas em até três períodos, sendo que um deles não poderá ser inferior a quatorze dias corridos e os demais não poderão ser inferiores a cinco dias corridos, cada um.
§ 2º Aos menores de 18 (dezoito) anos e aos maiores de 50 (cinquenta) anos de idade, as férias serão sempre concedidas de uma só vez. (Incluído pelo Decreto-lei nº 1.535, de 13.4.1977)	**Revogado.**
Sem texto correspondente.	§ 3º É vedado o início das férias no período de dois dias que antecede feriado ou dia de repouso semanal remunerado.

A CLT é clara em mencionar que as férias são concedidas por ato do empregador. Compõe o poder diretivo do empregador escolher o melhor momento para que seu empregado se ausente. Não há dúvida, pela leitura dos dispositivos da CLT, de que é o empregador quem escolhe a data em que serão concedidas as férias.

> Art. 136 da CLT: A época da concessão das férias será a que melhor consulte os interesses do empregador.

O empregador tem o dever de avisar ao empregado a época da concessão das férias, por escrito, com antecedência mínima de 30 dias – art. 135 da CLT. É o documento ao que se dá o nome de "aviso de férias".

> Art. 135. A concessão das férias será participada, por escrito, ao empregado, com antecedência de, no mínimo, 30 (trinta) dias. Dessa participação o interessado dará recibo.
>
> § 1º O empregado não poderá entrar no gozo das férias sem que apresente ao empregador sua Carteira de Trabalho e Previdência Social, para que nela seja anotada a respectiva concessão.
>
> § 2º A concessão das férias será, igualmente, anotada no livro ou nas fichas de registro dos empregados.
>
> § 3º Nos casos em que o empregado possua a CTPS em meio digital, a anotação será feita nos sistemas a que se refere o § 7º do art. 29 desta Consolidação, na forma do regulamento, dispensadas as anotações de que tratam os §§ 1º e 2º deste artigo.

Caso o empregador não conceda as férias ao empregado dentro do período concessivo (doze meses imediatamente posteriores ao final do período aquisitivo), diz-se que as férias venceram, pelo que o empregador, em mora, deverá suportar a pena consistente no pagamento em dobro da remuneração das férias.

Art. 137. Sempre que as férias forem concedidas após o prazo de que trata o art. 134, o empregador pagará em dobro a respectiva remuneração.

OBS.: o pagamento em dobro inclui a dobra do terço de férias.

Súmula 328: Férias. Terço constitucional. O pagamento das férias, integrais ou proporcionais, gozadas ou não, na vigência da CF/1988, sujeita-se ao acréscimo do terço previsto no respectivo art. 7º, XVII.

Portanto, sempre que alguém falar em remuneração de férias, a qualquer título que seja, deverá estar presente o terço constitucional.

Se as férias são concedidas parcialmente fora do período concessivo, apenas esses dias serão remunerados em dobro. Nesse sentido, a Súmula 81 do TST:

Súmula 81. Férias. Os dias de férias gozados após o período legal de concessão deverão ser remunerados em dobro.

O pagamento das férias efetuado fora do prazo também ensejará a dobra, ainda que a concessão tenha ocorrido no período legal.

Por fim, os parágrafos do art. 137 estipulam a possibilidade de reclamação sempre que o empregador deixar de conceder as férias tempestivamente, nos seguintes termos:

Art. 137. (...)

§ 1º Vencido o mencionado prazo sem que o empregador tenha concedido as férias, o empregado poderá ajuizar reclamação pedindo a fixação, por sentença, da época de gozo das mesmas.

§ 2º A sentença cominará pena diária de 5% (cinco por cento) do salário mínimo da região, devida ao empregado até que seja cumprida.

§ 3º Cópia da decisão judicial transitada em julgado será remetida ao órgão local do Ministério do Trabalho, para fins de aplicação da multa de caráter administrativo.

Cuidado com as férias coletivas: pode o empregador optar por, em vez de conceder individualmente as férias a seus empregados, concedê-las coletivamente, seja para todos, seja para os empregados de determinado(s) estabelecimento(s), seja ainda para empregados de determinado(s) setor(es). Assim dispõe o art. 139 da CLT:

Art. 139. Poderão ser concedidas férias coletivas a todos os empregados de uma empresa ou de determinados estabelecimentos ou setores da empresa.

§ 1º As férias poderão ser gozadas em 2 (dois) períodos anuais desde que nenhum deles seja inferior a 10 (dez) dias corridos.

§ 2º Para os fins previstos neste artigo, o empregador comunicará ao órgão local do Ministério do Trabalho, com a antecedência mínima de 15 (quinze) dias, as datas de início e fim das férias, precisando quais os estabelecimentos ou setores abrangidos pela medida.

§ 3º Em igual prazo, o empregador enviará cópia da aludida comunicação aos sindicatos representativos da respectiva categoria profissional, e providenciará a afixação de aviso nos locais de trabalho.

É possível que, quando da concessão das férias coletivas, existam empregados que ainda não tenham completado os seus primeiros 12 meses aquisitivos de férias. Nesse caso, não há dúvida de que o empregado descansará no período das férias coletivas, considerando que a empresa ou o setor no qual presta serviços estará desativado. Quanto ao pagamento, será feito de forma proporcional, considerada a data da sua admissão até a data da concessão. Ao retornar das férias, iniciará o empregado um novo período aquisitivo.

6.   REMUNERAÇÃO DAS FÉRIAS

O empregado, durante as férias, perceberá a remuneração que lhe for devida na data de sua concessão – art. 142 da CLT. Qualquer que seja a modalidade de salário recebida pelo empregado (por unidade de tempo, tarefa, produção, comissão), a CLT estabeleceu que os componentes salariais, presentes no período aquisitivo das férias, deverão ser levados em conta para o cálculo do valor devido, ainda que no momento de sua concessão não mais subsistam. Em outros termos: o valor do salário a ser considerado é aquele da data da concessão das férias. Entretanto, os demais valores de natureza salarial que são percebidos durante o período aquisitivo serão levados em consideração para o cálculo desse valor. Essa regra geral aplica-se, então, para aqueles que recebem salário fixo, quando será considerado o valor do salário no momento da concessão das férias (art. 142 da CLT).

A Súmula 7 do TST, interpretando esse dispositivo, esclarece que, em caso de não concessão das férias, a indenização a ser paga ao empregado levará em consideração o valor da remuneração na data da propositura da reclamação ou na data da extinção do contrato, a depender do caso.

No entanto, além do salário normal devido, o empregado faz jus, a mais, em virtude das férias, somente ao terço constitucional, que é calculado à razão de 1/3 do salário à época da concessão das férias. Nesse sentido, o art. 142 da CLT:

> Art. 142. O empregado perceberá, durante as férias, a remuneração que lhe for devida na data da sua concessão.

Caso o salário do empregado seja variável, os parágrafos do art. 142 dispõem especificamente sobre a forma de cálculo:

> Art. 142. (...)
>
> § 1º Quando o salário for pago por hora com jornadas variáveis, apurar-se-á a média do período aquisitivo, aplicando-se o valor do salário na data da concessão das férias.

Apura-se a média das horas trabalhadas no período aquisitivo, mas o valor da hora será o da data da concessão. Portanto, pode-se estabelecer como regra a seguinte lógica: a base de cálculo é a do período aquisitivo, mas o valor é o do momento da concessão.

Art. 142. (...)

§ 2º Quando o salário for pago por tarefa tomar-se-á por base a média da produção no período aquisitivo do direito a férias, aplicando-se o valor da remuneração da tarefa na data da concessão das férias.

Igualmente, a média da produção se refere ao período aquisitivo, mas o valor por peça ou tarefa aplicável é o da data da concessão. A hipótese é idêntica à do parágrafo anterior, mudando apenas a forma de salário, de horista para tarefeiro. Nesse sentido, também a Súmula 149 do TST:

Súmula 149: Tarefeiro. Férias (mantida). A remuneração das férias do tarefeiro deve ser calculada com base na média da produção do período aquisitivo, aplicando-se-lhe a tarifa da data da concessão.

Art. 142. (...)

§ 3º Quando o salário for pago por percentagem, comissão ou viagem, apurar-se-á a média percebida pelo empregado nos 12 (doze) meses que precederem à concessão das férias.

Cuidado com esse parágrafo, porque aqui a regra muda. Em vez da média do período aquisitivo, apura-se a média dos 12 meses imediatamente anteriores à data da concessão. Além disso, a jurisprudência entende que o valor das comissões deve ser corrigido monetariamente, conforme a OJ 181 da SDI-1 do TST:

OJ 181 da SDI-1: Comissões. Correção monetária. Cálculo. O valor das comissões deve ser corrigido monetariamente para em seguida obter-se a média para efeito de cálculo de férias, 13º salário e verbas rescisórias.

Art. 142. (...)

§ 4º A parte do salário paga em utilidades será computada de acordo com a anotação na Carteira de Trabalho e Previdência Social.

Em tese, o valor das utilidades deve ser anotado em CTPS. Se não o for, entretanto, seu valor, também para o efeito de cálculo das férias, deverá corresponder ao real valor da utilidade, conforme a Súmula 258 do TST:

Súmula 258. Salário-utilidade. Percentuais. Os percentuais fixados em lei relativos ao salário "in natura" apenas se referem às hipóteses em que o empregado percebe salário mínimo, apurando-se, nas demais, o real valor da utilidade.

Observe-se que as utilidades integram o cálculo das férias, dada sua natureza salarial, exceto se continuarem sendo usufruídas pelo empregado durante o gozo de férias.

Art. 142. (...)

§ 5º Os adicionais por trabalho extraordinário, noturno, insalubre ou perigoso serão computados no salário que servirá de base ao cálculo da remuneração das férias.

Como dito, a remuneração das férias corresponde à remuneração do empregado na data da concessão das férias. Assim, todas as parcelas de sobressalário entrarão no cálculo. Observe-se que a expressão remuneração é utilizada como sinônimo de salário cheio, integradas as demais parcelas devidas. Dado o uso da expressão "remuneração" (art. 142, *caput*), entende-se que a média das gorjetas habitualmente recebidas também integra o cálculo da remuneração das férias.

> Art. 142. (...)
>
> § 6º Se, no momento das férias, o empregado não estiver percebendo o mesmo adicional do período aquisitivo, ou quando o valor deste não tiver sido uniforme será computada a média duodecimal recebida naquele período, após a atualização das importâncias pagas, mediante incidência dos percentuais dos reajustamentos salariais supervenientes.

O dispositivo reforça que os valores são os da data da concessão, mas, em regra, a base de cálculo (parcelas que integram o salário, produção etc.) se refere ao período aquisitivo.

No tocante às férias, para o caso de cessação do contrato de trabalho, a solução é dada pelo art. 146 da CLT, *in verbis*:

> Art. 146. Na cessação do contrato de trabalho, qualquer que seja a sua causa, será devida ao empregado a remuneração simples ou em dobro, conforme o caso, correspondente ao período de férias cujo direito tenha adquirido.

Portanto, no caso de cessação do contrato de trabalho, as férias já adquiridas são sempre indenizadas. Férias já adquiridas são aquelas cujo período aquisitivo já tenha se completado. Se ainda não venceram, são denominadas férias simples. Férias vencidas são aquelas adquiridas e não concedidas no prazo legal, as quais devem ser pagas em dobro. Observe-se que até mesmo na dispensa por justa causa as férias já adquiridas são devidas (apenas as proporcionais que não).

Quanto às férias ainda não adquiridas, também denominadas férias proporcionais, sua indenização é regulada pelo parágrafo único do art. 146 da CLT:

> Art. 146. (...)
>
> Parágrafo único. Na cessação do contrato de trabalho, após 12 (doze) meses de serviço, o empregado, desde que não haja sido demitido por justa causa, terá direito à remuneração relativa ao período incompleto de férias, de acordo com o art. 130, na proporção de 1/12 (um doze avos) por mês de serviço ou fração superior a 14 (quatorze) dias.

Não se esqueça: as férias proporcionais são devidas a todos, exceto aos demitidos por justa causa, que perdem o direito.

Entretanto, em relação aos **empregados que pedem demissão antes de um ano de serviço**, houve grande controvérsia, a partir da interpretação conjugada dos arts. 146, parágrafo único, e 147, que não previam a indenização das férias proporcionais nessa hipótese. Vejamos o art. 147:

Art. 147. O empregado que for despedido sem justa causa, ou cujo contrato de trabalho se extinguir em prazo predeterminado, antes de completar 12 (doze) meses de serviço, terá direito à remuneração relativa ao período incompleto de férias, de conformidade com o disposto no artigo anterior.

Portanto, dentre os empregados com menos de um ano de serviço, somente aquele que fosse demitido sem justa causa ou dispensado por término de contrato faria jus à indenização das férias proporcionais. Ao contrário, o empregado que pedisse demissão, nas mesmas circunstâncias, não teria direito às férias proporcionais.

Há que se ressaltar que o entendimento atual do TST a respeito das férias proporcionais é contrário ao texto expresso dos dispositivos legais mencionados, tendo em vista que despreza a circunstância de o empregado ter ou não menos de um ano de serviço. Nesse sentido, as Súmulas 261 e 171 do TST:

Súmula 261: Férias proporcionais. Pedido de demissão. Contrato vigente há menos de um ano (nova redação). O empregado que se demite antes de complementar 12 (doze) meses de serviço tem direito a férias proporcionais.

Súmula 171: Férias proporcionais. Contrato de trabalho. Extinção. Salvo na hipótese de dispensa do empregado por justa causa, a extinção do contrato de trabalho sujeita o empregador ao pagamento da remuneração das férias proporcionais, ainda que incompleto o período aquisitivo de 12 (doze) meses (art. 147 da CLT).

Finalmente, no caso de culpa recíproca, entende o TST que as férias são devidas pela metade, consoante dispõe a Súmula 14:

Súmula 14: Culpa recíproca (nova redação). Reconhecida a culpa recíproca na rescisão do contrato de trabalho (art. 484 da CLT), o empregado tem direito a 50% (cinquenta por cento) do valor do aviso-prévio, do décimo terceiro salário e das férias proporcionais.

A remuneração utilizada para o cálculo das férias indenizadas é aquela devida quando da extinção do contrato, seguindo a regra geral do cálculo com base na remuneração da época da concessão. Nesse sentido, a Súmula 7 do TST:

Súmula 7: Férias (mantida). A indenização pelo não deferimento das férias no tempo oportuno será calculada com base na remuneração devida ao empregado na época da reclamação ou, se for o caso, na da extinção do contrato.

As férias indenizadas têm natureza indenizatória, pelo que não constituem base de cálculo do FGTS. Nesse sentido, a OJ 195 da SDI-1:

OJ 195 da SDI-1: Férias indenizadas. FGTS. Não incidência (inserido dispositivo). *DJ* 20.04.2005. Não incide a contribuição para o FGTS sobre as férias indenizadas.

Somente em relação à garantia de preferência dos créditos trabalhistas a CLT cuidou de, expressamente, resguardar a natureza trabalhista das férias indenizadas. Nesse sentido, o art. 148:

502 DIREITO DO TRABALHO E PROCESSO DO TRABALHO FACILITADOS – *Lenza*

Art. 148. A remuneração das férias, ainda quando devida após a cessação do contrato de trabalho, terá natureza salarial, para os efeitos do art. 449.

De forma geral, pode-se dizer que, no tocante às férias, **não têm natureza salarial** as seguintes parcelas:

SEM NATUREZA SALARIAL
A **dobra** (**somente a dobra**, frise-se) relativa ao pagamento das férias vencidas. A remuneração normal ("original") tem natureza salarial, claro.
As **férias indenizadas**, com o respectivo adicional (1/3), pagas quando da extinção do contrato.
O **abono pecuniário de férias**.
As **parcelas suplementares** pagas ao empregado em virtude de contrato, regulamento ou norma coletiva, nos termos do art. 144 da CLT.

Dispõe o art. 149 da CLT que "A prescrição do direito de reclamar a concessão das férias ou o pagamento da respectiva remuneração é contada do término do prazo mencionado no art. 134 ou, se for o caso, da cessação do contrato de trabalho".

Quer dizer que a actio nata da prescrição das férias coincide com o término do período concessivo, pois somente aí as férias passam a ser exigíveis.

7. SÚMULAS DO TST

Súmula 7: Férias. A indenização pelo não deferimento das férias no tempo oportuno será calculada com base na remuneração devida ao empregado na época da reclamação ou, se for o caso, na da extinção do contrato.

Súmula 46: Acidente de Trabalho. As faltas ou ausências decorrentes de acidente do trabalho não são consideradas para os efeitos de duração de férias e cálculo da gratificação natalina.

Súmula 81: Férias. Os dias de férias gozados após o período legal de concessão deverão ser remunerados em dobro.

Súmula 89: Falta ao serviço. Se as faltas já são justificadas pela lei, consideram-se como ausências legais e não serão descontadas para o cálculo do período de férias.

Súmula 149: Tarefeiro. Férias. A remuneração das férias do tarefeiro deve ser calculada com base na média da produção do período aquisitivo, aplicando-se-lhe a tarifa da data da concessão.

Súmula 171: Férias proporcionais. Contrato de trabalho. Extinção. Salvo na hipótese de dispensa do empregado por justa causa, a extinção do contrato de trabalho sujeita o empregador ao pagamento da remuneração das férias proporcionais, ainda que incompleto o período aquisitivo de 12 (doze) meses (art. 147 da CLT).

Súmula 261: Férias proporcionais. Pedido de demissão. Contrato vigente há menos de um ano. O empregado que se demite antes de complementar 12 (doze) meses de serviço tem direito a férias proporcionais.

Súmula 328: Férias. Terço constitucional. O pagamento das férias, integrais ou proporcionais, gozadas ou não, na vigência da CF/1988, sujeita-se ao acréscimo do terço previsto no respectivo art. 7º, XVII.

Súmula 450: Férias. Gozo na época própria. Pagamento por fora. Dobra devida. Arts. 137 e 145 da CLT. É devido o pagamento em dobro da remuneração de férias, incluído o terço constitucional, com base no art. 137 da CLT, quando, ainda que gozadas na época própria, o empregador tenha descumprido o prazo previsto no art. 145 do mesmo diploma legal. **SÚMULA DECLARADA INCONSTITUCIONAL PELO STF!**

Vamos de resumo em tabelas?[3]

FÉRIAS – DURAÇÃO – PERÍODOS		
Período aquisitivo	**Período concessivo**	**Período de usufruto**
Férias adquiridas pelo empregado a cada 12 meses consecutivos de trabalho (art. 130 da CLT).	Férias concedidas, por ato e interesse do empregador, nos 12 meses subsequentes.	Período de gozo de férias.

FÉRIAS – QUANTIDADE DE DIAS[4]	
Quantidade de faltas injustificadas	**Dias de férias**
Até 5 faltas	30 dias corridos
De 6 a 14 faltas	24 dias corridos
De 15 a 23 faltas	18 dias corridos
De 24 a 32 faltas	12 dias corridos

---

[3] LENZA, Breno; SILVA, Fabrício Lima. *Direito do trabalho e processo do trabalho em tabelas.* São Paulo: Juspodivm, 2022.

[4] Para facilitar a memorização dos dias, lembre-se: na quantidade de faltas, some sempre o número 9. Na quantidade de dias de férias, diminua sempre 6 dias.

Ademais, cabe lembrar-se da revogação do art. 130-A da CLT pela reforma trabalhista, ou seja, os empregados contratados sob regime de tempo parcial usufruirão das férias na mesma proporção prevista no art. 130 da CLT para o "empregado comum".

DIREITO DO TRABALHO E PROCESSO DO TRABALHO FACILITADOS – *Lenza*

FÉRIAS – PARCELAMENTO			
	Férias individuais[5]	Férias individuais – empregado doméstico[6]	Férias coletivas
Períodos	Até três períodos	Até dois períodos	Até dois períodos
Tempo mínimo	14 dias corridos em um dos períodos	14 dias corridos em um dos períodos	10 dias corridos em um dos períodos
Tempo restante	Superiores a cinco dias corridos cada	–	–

ABONO DE FÉRIAS[7]			
	Férias individuais	Férias individuais – empregado doméstico	Férias coletivas
Proporção	1/3 do período de férias	1/3 do período de férias	1/3 do período de férias
Prazo para solicitação	Até 15 dias antes do término do período aquisitivo	Até 30 dias antes do término do período aquisitivo	Regra prevista na negociação coletiva

QUESTÕES PARA TREINO

1. **(Funpresp-Exe – 2022 – Analista Previdenciário)** Ao completar 12 meses de trabalho, o empregado passa a ter direito a férias de 30 dias corridos, a serem marcadas a seu critério, na época que melhor lhe convier, independentemente dos interesses do empregador.
    Errado.

2. **(Prefeitura de Florianópolis-SC – 2022 – Procurador Municipal)** Após cada período de 12 meses de vigência do contrato de trabalho, o empregado terá direito a férias de 18 dias corridos, quando tiver de 24 até 32 faltas.
    Errado.

3. **(Prefeitura de Florianópolis-SC – 2022 – Procurador Municipal)** Os períodos de férias não serão computados, para nenhuma finalidade, como tempo de serviço.
    Errado.

---

[5] Após a reforma trabalhista, há necessidade de concordância do empregado para a validade do parcelamento. Ademais, menores de 18 anos e maiores de 50 anos PODEM fracionar o período de férias diante da revogação do § 2º do art. 134 da CLT.

[6] Por critério do empregador.

[7] Direito público subjetivo do empregado, salvo em férias coletivas, dependendo, nesse caso, de autorização por norma coletiva. Tem natureza indenizatória.

Cap. 27 – FÉRIAS **505**

4. **(Prefeitura de Florianópolis-SC – 2022 – Procurador Municipal)** É vedado o início das férias no período de dois dias que antecede feriado ou dia de repouso semanal remunerado.
Certo.

5. **(Prefeitura de Florianópolis-SC – 2022 – Procurador Municipal)** O empregado estudante, menor de 18 anos, terá direito a fazer coincidir as suas férias com as férias escolares.
Certo.

6. **(Prefeitura de Varginha-MG – 2022 – Procurador Municipal)** É vedado, pela Consolidação das Leis do Trabalho, o início das férias no período de dois dias que antecede feriado ou dia de repouso semanal remunerado.
Certo.

7. **(Prefeitura de Varginha-MG – 2022 – Procurador Municipal)** Desde que haja concordância do empregador, as férias poderão ser usufruídas em até três períodos, e um deles não poderá ser inferior a quatorze dias corridos e os demais não poderão ser inferiores a cinco dias corridos cada um.
Errado.

8. **(Prefeitura de Varginha-MG – 2022 – Procurador Municipal)** As férias serão concedidas por ato do empregador, em um só período, nos 12 meses subsequentes à data em que o empregado tiver adquirido o direito.
Certo.

9. **(Prefeitura de Varginha-MG – 2022 – Procurador Municipal)** O empregado estudante, menor de 18 anos, terá direito a fazer coincidir suas férias com as férias escolares.
Certo.

10. **(Funpresp-Jud – 2021 – Analista de Gestão)** As férias podem ser fracionadas em até três períodos, sendo um de, no mínimo, quatorze dias corridos e os outros dois períodos de, no mínimo, cinco dias corridos.
Certo.

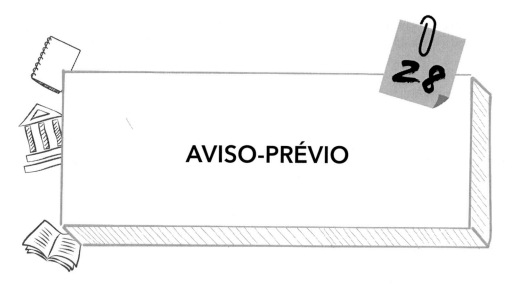

AVISO-PRÉVIO

1. INTRODUÇÃO AO TEMA

A origem do aviso-prévio, conforme a doutrina majoritária, se dá no Código Comercial de 1850, em seu art. 81, e no Código Civil de 1916, em seu art. 1.221, aplicado quando da extinção unilateral contratual.

No âmbito da legislação trabalhista, o primeiro diploma normativo a conceder o aviso-prévio foi o Decreto 16.107/1923, que regulava a locação de serviços domésticos. O que foi considerado uma grande inovação por parte desse decreto foi o cabimento do aviso também quando se tratava de contratos por prazo determinado.

Ato contínuo, a Lei 62/1935 fazia a exigência de que o empregado comunicasse a extinção unilateral do contrato ao empregador com antecedência mínima de 8 ou 30 dias. Todavia, ao contrário do que acontece nos dias atuais, não havia a obrigatoriedade de aviso-prévio, pelo empregador, ao empregado.

A CLT incorporou o texto contido da Lei 62/1935 (arts. 487 a 491), ampliando o direito também ao empregado. Com a CF/1988, tornou-se um direito constitucional trabalhista obrigatório tanto para o empregado quanto para o empregador.

2. CONCEITO E NATUREZA JURÍDICA

O aviso-prévio pode ser conceituado como uma declaração unilateral de vontade da parte que pretende extinguir o contrato de trabalho.

A doutrina costuma destacar as seguintes características do aviso-prévio:

a) **declaração receptícia de vontade** – o aviso-prévio somente se concretiza após a comunicação efetiva, não dependendo da aceitação do outro sujeito;
b) **natureza (des)constitutiva** – tendo em vista que põe fim ao contrato de trabalho;
c) **efeitos *ex nunc*** – produz efeitos a partir da comunicação, de forma não retroativa.

DIREITO DO TRABALHO E PROCESSO DO TRABALHO FACILITADOS – *Lenza*

Incontestavelmente, a finalidade primordial do aviso-prévio é impedir que uma das partes seja surpreendida com a ruptura, pela outra parte, no contrato por prazo indeterminado. No entanto, cabe ressaltar que, após a comunicação do aviso-prévio para a outra parte, a reconsideração, em caso de desistência deste, é uma faculdade da parte contrária.

Exemplo: Apollo comunicou à Isa a sua intenção de resilir o contrato. Entretanto, três dias depois se arrependeu do que fez. Assim, somente se Isa aceitar, o aviso-prévio será desconsiderado.

Ainda, é possível afirmar que o aviso-prévio tem **natureza híbrida**, ou seja, possui **natureza salarial**, quando há o trabalho durante o aviso, e **natureza indenizatória**, quando o aviso-prévio é indenizatório.

3.   CABIMENTO

Em regra, o aviso-prévio é cabível nos contratos por prazo indeterminado. De forma geral, a figura é incompatível com os contratos por prazo determinado, cuja extinção antecipada acarreta o pagamento de indenização (arts. 479 e 480 da CLT), dispensado o aviso-prévio.

> Art. 479. Nos contratos que tenham termo estipulado, o empregador que, sem justa causa, despedir o empregado será obrigado a pagar-lhe, a título de indenização, e por metade, a remuneração a que teria direito até o termo do contrato.
>
> Parágrafo único. Para a execução do que dispõe o presente artigo, o cálculo da parte variável ou incerta dos salários será feito de acordo com o prescrito para o cálculo da indenização referente à rescisão dos contratos por prazo indeterminado.
>
> Art. 480. Havendo termo estipulado, o empregado não se poderá desligar do contrato, sem justa causa, sob pena de ser obrigado a indenizar o empregador dos prejuízos que desse fato lhe resultarem.

Não obstante, nos contratos por prazo determinado que contenham cláusula assecuratória do direito recíproco de rescisão antecipada, nos termos do art. 481 da CLT, a rescisão antecipada do contrato enseja o cumprimento do aviso-prévio, uma vez que, nessa hipótese, o contrato será submetido aos princípios que regem a rescisão dos contratos por prazo indeterminado.

> Art. 481. Aos contratos por prazo determinado, que contiverem cláusula assecuratória do direito recíproco de rescisão antes de expirado o termo ajustado, aplicam-se, caso seja exercido tal direito por qualquer das partes, os princípios que regem a rescisão dos contratos por prazo indeterminado.

Se houver cláusula assecuratória do direito recíproco de rescisão antecipada e se esta for utilizada por uma das partes, caberá o aviso-prévio, ainda que o contrato seja de experiência, pois este é espécie do gênero contratos por prazo determinado. Nesse diapasão, a Súmula 163 do TST:

> **Súmula 163 do TST: Aviso-prévio. Contrato de experiência.** Cabe aviso-prévio nas rescisões antecipadas dos contratos de experiência, na forma do art. 481 da CLT.

Registre-se, inclusive, que é cabível o aviso-prévio nas hipóteses de rescisão indireta do contrato de trabalho (art. 487, § 4º, da CLT).

Art. 487, § 4º: É devido o aviso-prévio na despedida indireta.

De forma esquemática, o aviso-prévio tem cabimento nas seguintes situações:

AVISO-PRÉVIO	
Rescisão sem justa causa do contrato por prazo indeterminado, seja por iniciativa do empregador ou do empregado (naturalmente, o direito ao aviso-prévio será, no caso, da parte avisada).	Rescisão indireta do contrato de trabalho (conhecida como justa causa do empregador).
Rescisão antecipada do contrato a termo que contenha cláusula assecuratória do direito recíproco de rescisão antecipada (art. 481 da CLT).	Rescisão por culpa recíproca, hipótese em que é devido o aviso-prévio pela metade.
Rescisão por distrato, hipótese em que é devido pela metade o aviso-prévio, se for indenizado.	Ainda é cabível o aviso-prévio na hipótese de encerramento da atividade da empresa, conforme a Súmula 44 do TST.

Súmula 14 do TST: Culpa recíproca. Reconhecida a culpa recíproca na rescisão do contrato de trabalho (art. 484 da CLT), o empregado tem direito a 50% (cinquenta por cento) do valor do aviso-prévio, do décimo terceiro salário e das férias proporcionais.

CLT, art. 484-A: O contrato de trabalho poderá ser extinto por acordo entre empregado e empregador, caso em que serão devidas as seguintes verbas trabalhistas:

I – por metade:

a) o aviso-prévio, se indenizado; e

b) a indenização sobre o saldo do Fundo de Garantia do Tempo de Serviço, prevista no § 1º do art. 18 da Lei nº 8.036, de 11 de maio de 1990;

II – na integralidade, as demais verbas trabalhistas.

§ 1º A extinção do contrato prevista no *caput* deste artigo permite a movimentação da conta vinculada do trabalhador no Fundo de Garantia do Tempo de Serviço na forma do inciso I-A do art. 20 da Lei nº 8.036, de 11 de maio de 1990, limitada até 80% (oitenta por cento) do valor dos depósitos.

§ 2º A extinção do contrato por acordo prevista no *caput* deste artigo não autoriza o ingresso no Programa de Seguro-Desemprego.

4. ESPÉCIES DE AVISO-PRÉVIO

O aviso-prévio concedido pelo empregador pode ser:

a) **trabalhado** – hipótese em que o empregado presta serviços normalmente durante o prazo do aviso-prévio, salvo se optar pela redução de sete dias corridos;

b) **indenizado** – caso o empregador não queira que o obreiro permaneça na empresa trabalhando durante o prazo correspondente ao aviso-prévio, deverá indenizar o empregado no valor correspondente ao salário dos dias referentes ao aviso-prévio juntamente com as verbas rescisórias. Além disso, a projeção do aviso-prévio indenizado é computada como tempo de serviço, refletindo no cálculo de outras parcelas.

Tenha muita atenção à modificação introduzida pela reforma trabalhista. Alteração promovida no art. 477, § 6º, da CLT:

REDAÇÃO ANTIGA	REDAÇÃO ATUAL
§ 6º O pagamento das parcelas constantes do instrumento de rescisão ou recibo de quitação deverá ser efetuado nos seguintes prazos: a) até o primeiro dia útil imediato ao término do contrato; ou b) até o décimo dia, contado da data da notificação da demissão, quando da ausência do aviso-prévio, indenização do mesmo ou dispensa de seu cumprimento.	§ 6º A entrega ao empregado de documentos que comprovem a comunicação da extinção contratual aos órgãos competentes bem como o pagamento dos valores constantes do instrumento de rescisão ou recibo de quitação deverão ser efetuados até dez dias contados a partir do término do contrato. a) (revogada); b) (revogada).

5. AVISO-PRÉVIO PROPORCIONAL

Destaque-se que a CRFB/1988 elevou o aviso-prévio à categoria de direito fundamental dos trabalhadores, nos termos do art. 7º, XXI:

> Art. 7º São direitos dos trabalhadores urbanos e rurais, além de outros que visem à melhoria de sua condição social:
>
> (...)
>
> XXI – aviso-prévio proporcional ao tempo de serviço, sendo no mínimo de trinta dias, nos termos da lei;

Observe-se que a CRFB/1988 estipulou o prazo mínimo do aviso-prévio, que é de 30 dias. Não estabeleceu, entretanto, a proporção em relação ao tempo de serviço, deixando tal matéria para a regulamentação infraconstitucional.

Em 13 de outubro de 2011 entrou em vigência a Lei 12.506, regulamentado o aviso-prévio proporcional.

atenção

A Súmula 441 do TST esclarece que, até 23.10.2011, o aviso-prévio é simples em qualquer hipótese, ou seja: até o início da entrada em vigor da Lei 12.506/2011, os empregados apenas têm direito ao aviso-prévio de 30 dias, ressalvadas situações em que a convenção ou o acordo coletivo já garantissem a proporcionalidade do aviso-prévio.

Súmula 441 do TST: Aviso-prévio. Proporcionalidade. O direito ao aviso-prévio proporcional ao tempo de serviço somente é assegurado nas rescisões de contrato de trabalho ocorridas a partir da publicação da Lei nº 12.506, em 13 de outubro de 2011.

OJ 367 da SDI-1 do TST: Aviso-prévio de 60 dias. Elastecimento por norma coletiva. Projeção. Reflexos nas parcelas trabalhistas. O prazo de aviso-prévio de 60 dias, concedido por meio de norma coletiva que silencia sobre alcance de seus efeitos jurídicos, computa-se integralmente como tempo de serviço, nos termos do § 1º do art. 487 da CLT, repercutindo nas verbas rescisórias.

Veja o que diz o art. 1º da Lei 12.506/2011, *in verbis*:

> Art. 1º O aviso-prévio, de que trata o Capítulo VI do Título IV da Consolidação das Leis do Trabalho – CLT, aprovada pelo Decreto-lei nº 5.452, de 1º de maio de 1943, será concedido na proporção de 30 (trinta) dias aos empregados que contem até 1 (um) ano de serviço na mesma empresa.
>
> Parágrafo único. Ao aviso-prévio previsto neste artigo serão acrescidos 3 (três) dias por ano de serviço prestado na mesma empresa, até o máximo de 60 (sessenta) dias, perfazendo um total de até 90 (noventa) dias.

Será devido o acréscimo de 3 dias ao aviso-prévio por ano de trabalho na mesma empresa, até o máximo de 60 dias de acréscimo. Observe-se que não há garantia do aviso-prévio proporcional na fração de ano; ou seja, para adquirir a proporcionalidade de 3 dias, será necessário trabalhar o ano inteiro.

O aviso-prévio proporcional é aplicado somente em benefício do empregado. Essa posição está clara na redação do art. 1º da lei, ao estabelecer que o aviso-prévio proporcional será concedido "aos empregados", e é a posição que foi adotada pelo Ministério do Trabalho e pela maioria da doutrina e da jurisprudência. Assim, o empregador não tem o direito de exigir que o empregado permaneça trabalhando mais de 30 dias, quando houver pedido de demissão.

Em relação à possibilidade de redução da jornada de trabalho do empregado ao longo do aviso-prévio proporcional, nos termos do art. 488 da CLT, seja o aviso-prévio de 30 dias (mínimo), seja o de 90 dias (máximo), o empregado fará jus à redução da jornada durante 30 dias (art. 488, *caput*, da CLT), ou a faltar durante sete dias corridos (art. 488, parágrafo único, da CLT).

> Art. 488. O horário normal de trabalho do empregado, durante o prazo do aviso, e se a rescisão tiver sido promovida pelo empregador, será reduzido de 2 (duas) horas diárias, sem prejuízo do salário integral.
>
> Parágrafo único. É facultado ao empregado trabalhar sem a redução das 2 (duas) horas diárias previstas neste artigo, caso em que poderá faltar ao serviço, sem prejuízo do salário integral, por 1 (um) dia, na hipótese do inciso I, e por 7 (sete) dias corridos, na hipótese do inciso II do art. 487 desta Consolidação.

6. PRAZO

O aviso-prévio deve ser dado com antecedência mínima de 30 dias.

A contagem do prazo do aviso-prévio obedece à regra civilista clássica constante do art. 132 do Código Civil, segundo a qual, "Salvo disposição legal ou convencional em contrário, computam-se os prazos, excluído o dia do começo, e incluído o do vencimento". Vejamos o que nos orienta a Súmula 380 do TST.

> **Súmula 380 do TST: Aviso-prévio. Início da contagem. Art. 132 do Código Civil de 2002.** Aplica-se a regra prevista no *caput* do art. 132 do Código Civil de 2002 à contagem do prazo do aviso-prévio, excluindo-se o dia do começo e incluindo o do vencimento.

7. FORMA DO AVISO-PRÉVIO

A lei não estipula forma especial, razão pela qual seria válido, em tese, o aviso-prévio verbal. Todavia, o aviso-prévio firmado por escrito facilita, quando necessário, a produção de prova.

8. AUSÊNCIA DO AVISO-PRÉVIO

Se o empregador demitir o empregado sem justa causa, deverá conceder-lhe o aviso-prévio, sob pena de indenizar o período respectivo, o qual será contado como tempo de serviço para o cálculo das demais parcelas com repercussão pecuniária.

> CLT, art. 487, § 1º: A falta do aviso-prévio por parte do empregador dá ao empregado o direito aos salários correspondentes ao prazo do aviso, garantida sempre a integração desse período no seu tempo de serviço.

O empregado que pede demissão deve conceder o aviso-prévio ao empregador. Nessa hipótese, o aviso-prévio não é direito do empregado, e sim dever, pelo que a não concessão implica o direito de o empregador descontar, das parcelas rescisórias devidas ao trabalhador, o valor correspondente ao aviso-prévio não cumprido.

> CLT, art. 487, § 2º: A falta de aviso-prévio por parte do empregado dá ao empregador o direito de descontar os salários correspondentes ao prazo respectivo.

Tendo em vista que, no caso, o empregado é quem deve cumprir o aviso-prévio, é lícita a dispensa, pelo empregador, do seu cumprimento, cabendo exclusivamente ao empregador atender, ou não, à solicitação, uma vez que o Direito do Trabalho visa à proteção dos interesses do trabalhador, e não do empregador.

Dado o aviso-prévio pelo empregador, a parte notificante pode reconsiderar antes do término do prazo, sendo facultado à outra parte aceitar ou não a reconsideração. Caso aceita, o contrato continuará normalmente.

> CLT, art. 489: Dado o aviso-prévio, a rescisão torna-se efetiva depois de expirado o respectivo prazo, mas, se a parte notificante reconsiderar o ato, antes de seu termo, à outra parte é facultado aceitar ou não a reconsideração.
>
> Parágrafo único. Caso seja aceita a reconsideração ou continuando a prestação depois de expirado o prazo, o contrato continuará a vigorar, como se o aviso-prévio não tivesse sido dado.
>
> **Súmula 276 do TST: Aviso-prévio. Renúncia pelo empregado.** O direito ao aviso-prévio é irrenunciável pelo empregado. O pedido de dispensa de cumprimento não exime o empregador de pagar o respectivo valor, salvo comprovação de haver o prestador dos serviços obtido novo emprego.

9. BASE DE CÁLCULO

O aviso-prévio tem como base de cálculo o **salário** (art. 487, §§ 1º e 2º, da CLT), e não a remuneração. Assim, as gorjetas porventura recebidas não integram a base de cálculo do aviso-prévio.

> **Súmula 354 do TST: Gorjetas. Natureza jurídica. Repercussões.** As gorjetas, cobradas pelo empregador na nota de serviço ou oferecidas espontaneamente pelos clientes, integram a remuneração do empregado, não servindo de base de cálculo para as parcelas de aviso-prévio, adicional noturno, horas extras e repouso semanal remunerado.

Salário, no caso, inclui parcelas salariais em geral, sempre que pagas com habitualidade, como os adicionais. Se o salário do empregado for fixo, o aviso-prévio corresponderá ao próprio salário. Entretanto, se for variável, computar-se-á a média dos últimos 12 meses, conforme art. o 487, § 3º:

> Art. 487. (...)
>
> § 3º Em se tratando de salário pago na base de tarefa, o cálculo, para os efeitos dos parágrafos anteriores, será feito de acordo com a média dos últimos 12 (doze) meses de serviço.

O valor das horas extras habitualmente prestadas, que integra o salário para todos os fins legais, integra também o cálculo do aviso-prévio, inclusive indenizado, nos termos do § 5º do art. 487 da CLT c/c a Súmula 172 do TST.

> **Súmula 172 do TST: Repouso remunerado. Horas extras. Cálculo.** Computam-se no cálculo do repouso remunerado as horas extras habitualmente prestadas.

As gratificações semestrais, caso pagas, não integram a base de cálculo do aviso-prévio, nos termos da Súmula 253 do TST.

> **Súmula 253 do TST: Gratificação semestral. Repercussões.** A gratificação semestral não repercute no cálculo das horas extras, das férias e do aviso-prévio, ainda que indenizados. REPERCUTE, contudo, pelo seu duodécimo na indenização por antiguidade e na gratificação natalina. (destacamos)

Se sobrevier reajuste salarial concedido por norma coletiva na vigência do período do aviso-prévio, trabalhado ou indenizado, o empregado fará jus às diferenças salariais decorrentes do reajuste, bem como às diferenças das demais parcelas pagas na rescisão (art. 487, § 6º, da CLT).

> **Súmula 282 do TST: Aviso-prévio. Indenização compensatória. Lei nº 6.708, de 30.10.1979.** O tempo do aviso-prévio, mesmo indenizado, conta-se para efeito da indenização adicional prevista no art. 9º da Lei nº 6.708, de 30.10.1979.

10. REDUÇÃO DE HORÁRIO

Tendo o aviso-prévio a função de permitir que a parte surpreendida pela rescisão unilateral do contrato de trabalho se reorganize diante de tal decisão da parte

DIREITO DO TRABALHO E PROCESSO DO TRABALHO FACILITADOS – *Lenza*

contrária, seja arranjando novo emprego, no caso do trabalhador, seja substituindo o obreiro, no caso do empregador, é que o legislador criou um mecanismo especial para facilitar a reinserção do trabalhador no mercado de trabalho. Esse mecanismo consiste na redução da jornada de trabalho durante o curso do aviso-prévio, a fim de que o trabalhador tenha tempo de procurar nova colocação.

Há duas possibilidades, a respeito das quais cabe ao trabalhador a opção:

AVISO-PRÉVIO	
Ter a jornada reduzida em duas horas diárias ao longo de todo o prazo do aviso-prévio.	Faltar por sete dias corridos durante o prazo do aviso-prévio.

CLT, art. 488: O horário normal de trabalho do empregado, durante o prazo do aviso, e se a rescisão tiver sido promovida pelo empregador, será reduzido de 2 (duas) horas diárias, sem prejuízo do salário integral.

Parágrafo único. É facultado ao empregado trabalhar sem a redução das 2 (duas) horas diárias previstas neste artigo, caso em que poderá faltar ao serviço, sem prejuízo do salário integral, por 1 (um) dia, na hipótese do inciso I, e por 7 (sete) dias corridos, na hipótese do inciso II do art. 487 desta Consolidação.

11. PRESCRIÇÃO

No caso do aviso-prévio trabalhado, não há dúvida de que o termo inicial da prescrição (dois anos após a extinção do contrato) coincide com o término do aviso-prévio.

Entretanto, na hipótese de o aviso-prévio ter sido indenizado, sempre houve alguma divergência no sentido de fixar o dia da extinção do contrato, se o último dia trabalhado ou o último dia da projeção do aviso-prévio indenizado. A jurisprudência se inclinou neste último sentido, consoante dispõe a OJ 83 da SDI-1 do TST:

OJ 83 da SDI-1 do TST: Aviso-prévio. Indenizado. Prescrição. A prescrição começa a fluir no final da data do término do aviso-prévio. Art. 487, § 1º, CLT.

12. JUSTA CAUSA NO CURSO DO AVISO-PRÉVIO

Se, durante o prazo do aviso-prévio, o empregado praticar algum ato que se enquadre como justa causa (art. 482 da CLT), perderá o restante do prazo do aviso.

CLT, art. 491: O empregado que, durante o prazo do aviso-prévio, cometer qualquer das faltas consideradas pela lei como justas para a rescisão, perde o direito ao restante do respectivo prazo.

Súmula 73 do TST: Despedida. Justa causa. A ocorrência de justa causa, salvo a de abandono de emprego, no decurso do prazo do aviso-prévio dado pelo empregador, retira do empregado qualquer direito às verbas rescisórias de natureza indenizatória.

Há exceção para a hipótese de abandono de emprego em face da possibilidade de o empregado ter arranjado novo emprego, pelo que não teria como cumprir o aviso-prévio, e não seria razoável apená-lo com os efeitos da dispensa motivada.

Todavia, se a justa causa for praticada pelo empregador, deverá pagar a remuneração correspondente ao prazo do aviso-prévio, sem prejuízo da indenização devida.

> CLT, art. 490: O empregador que, durante o prazo do aviso-prévio dado ao empregado, praticar ato que justifique a rescisão imediata do contrato, sujeita-se ao pagamento da remuneração correspondente ao prazo do referido aviso, sem prejuízo da indenização que for devida.

13. ESTABILIDADE NO CURSO DO AVISO-PRÉVIO

Prevalece o entendimento no sentido de que, em regra, as garantias de emprego não se aplicam a fatos geradores ocorridos durante o cumprimento do aviso-prévio, tendo em vista que, a partir da comunicação, o empregado já tem conhecimento da data do rompimento do contrato, a exemplo do que ocorre em relação aos contratos por prazo determinado.

> **Súmula 371 do TST: Aviso-prévio indenizado. Efeitos. Superveniência de auxílio--doença no curso deste.** A projeção do contrato de trabalho para o futuro, pela concessão do aviso-prévio indenizado, tem efeitos limitados às vantagens econômicas obtidas no período de pré-aviso, ou seja, salários, reflexos e verbas rescisórias. No caso de concessão de auxílio-doença no curso do aviso-prévio, todavia, só se concretizam os efeitos da dispensa depois de expirado o benefício previdenciário.

> **Súmula 369 do TST: Dirigente sindical. Estabilidade provisória.** (...) V – O registro da candidatura do empregado a cargo de dirigente sindical durante o período de aviso-prévio, ainda que indenizado, não lhe assegura a estabilidade, visto que inaplicável a regra do § 3º do art. 543 da Consolidação das Leis do Trabalho.

Contudo, em relação à estabilidade provisória garantida à empregada gestante, o art. 391-A da CLT assegura a garantia provisória de emprego, ainda que durante o prazo do aviso-prévio.

> CLT, art. 391-A: A confirmação do estado de gravidez advindo no curso do contrato de trabalho, ainda que durante o prazo do aviso-prévio trabalhado ou indenizado, garante à empregada gestante a estabilidade provisória prevista na alínea *b* do inciso II do art. 10 do Ato das Disposições Constitucionais Transitórias.
>
> Parágrafo único. O disposto no *caput* deste artigo aplica-se ao empregado adotante ao qual tenha sido concedida guarda provisória para fins de adoção. (Incluído pela Lei nº 13.509, de 2017)

De forma semelhante, o TST tem entendido que o trabalhador que sofre acidente de trabalho durante o curso do aviso-prévio também tem direito à garantia provisória de emprego.

Súmula 378 do TST: Estabilidade provisória. Acidente do trabalho. Art. 118 da Lei nº 8.213/1991. (...) III – O empregado submetido a contrato de trabalho por tempo determinado goza da garantia provisória de emprego decorrente de acidente de trabalho prevista no art. 118 da Lei nº 8.213/91.

Solução distinta se dá para o afastamento do empregado por motivo de saúde. Nesse caso, embora o obreiro não tenha direito subjetivo à manutenção do emprego, o contrato de trabalho estará suspenso até a alta do empregado, quando então se dará a rescisão do contrato.

Por sua vez, se o empregado já estava em gozo de garantia provisória de emprego, é inválida a concessão do aviso-prévio, tendo em vista a incompatibilidade dos institutos. Nesse sentido, a Súmula 348 do TST:

Súmula 348 do TST: Aviso-prévio. Concessão na fluência da garantia de emprego. Invalidade. É inválida a concessão do aviso-prévio na fluência da garantia de emprego, ante a incompatibilidade dos dois institutos.

De acordo com a OJ 268 da SDI-1 do TST, somente após o término do período estabilitário é que se inicia a contagem do prazo do aviso-prévio para efeitos das indenizações previstas no art. 9º da Lei 6.708/1979 e no art. 9º da Lei 7.238/1984.

OJ 268 da SDI-1 do TST: Indenização adicional. Leis nos 6.708/79 e 7.238/84. Aviso-prévio. Projeção. Estabilidade provisória. Somente após o término do período estabilitário é que se inicia a contagem do prazo do aviso-prévio para efeito das indenizações previstas nos artigos 9º da Lei nº 6.708/79 e 9º da Lei nº 7.238/84.

14. SÚMULAS DO TST

Súmula 10: Professor. Dispensa sem justa causa. Término do ano letivo ou no curso de férias escolares. Aviso-prévio.
O direito aos salários do período de férias escolares assegurado aos professores (art. 322, *caput* e § 3º, da CLT) não exclui o direito ao aviso-prévio, na hipótese de dispensa sem justa causa ao término do ano letivo ou no curso das férias escolares.

Súmula 14: Culpa recíproca.
Reconhecida a culpa recíproca na rescisão do contrato de trabalho (art. 484 da CLT), o empregado tem direito a 50% (cinquenta por cento) do valor do aviso-prévio, do décimo terceiro salário e das férias proporcionais.

Súmula 44: Aviso-prévio.
A cessação da atividade da empresa, com o pagamento da indenização, simples ou em dobro, não exclui, por si só, o direito do empregado ao aviso-prévio.

Súmula 163: Aviso-prévio. Contrato de experiência.
Cabe aviso-prévio nas rescisões antecipadas dos contratos de experiência, na forma do art. 481 da CLT.

Súmula 182: Aviso-prévio. Indenização compensatória. Lei nº 6.708, de 30.10.1979.
O tempo do aviso-prévio, mesmo indenizado, conta-se para efeito da indenização adicional prevista no art. 9º da Lei nº 6.708, de 30.10.1979.

Súmula 230: Aviso-prévio. Substituição pelo pagamento das horas reduzidas da jornada de trabalho.

É ilegal substituir o período que se reduz da jornada de trabalho, no aviso-prévio, pelo pagamento das horas correspondentes.

Súmula 305: Fundo de Garantia do Tempo de Serviço. Incidência sobre o aviso-prévio.

O pagamento relativo ao período de aviso-prévio, trabalhado ou não, está sujeito a contribuição para o FGTS.

Súmula 348: Aviso-prévio. Concessão na fluência da garantia de emprego. Invalidade.

É inválida a concessão do aviso-prévio na fluência da garantia de emprego, ante a incompatibilidade dos dois institutos.

Súmula 354: Gorjetas. Natureza jurídica. Repercussões.

As gorjetas, cobradas pelo empregador na nota de serviço ou oferecidas espontaneamente pelos clientes, integram a remuneração do empregado, não servindo de base de cálculo para as parcelas de aviso-prévio, adicional noturno, horas extras e repouso semanal remunerado.

Súmula 371: Aviso-prévio indenizado. Efeitos. Superveniência de auxílio-doença no curso deste.

A projeção do contrato de trabalho para o futuro, pela concessão do aviso-prévio indenizado, tem efeitos limitados às vantagens econômicas obtidas no período de pré-aviso, ou seja, salários, reflexos e verbas rescisórias. No caso de concessão de auxílio-doença no curso do aviso-prévio, todavia, só se concretizam os efeitos da dispensa depois de expirado o benefício previdenciário.

Súmula 380: Aviso-prévio. Início da contagem. Art. 132 do Código Civil de 2002.

Aplica-se a regra prevista no "caput" do art. 132 do Código Civil de 2002 à contagem do prazo do aviso-prévio, excluindo-se o dia do começo e incluindo o do vencimento.

Súmula 441: Aviso-prévio. Proporcionalidade.

O direito ao aviso-prévio proporcional ao tempo de serviço somente é assegurado nas rescisões de contrato de trabalho ocorridas a partir da publicação da Lei nº 12.506, em 13 de outubro de 2011.

Vamos de resumo em tabelas?[1]

AVISO-PRÉVIO	
Conceito	O aviso-prévio tem sua origem no Direito Civil, representando a comunicação prévia de uma parte à outra do desejo de romper o contrato, estabelecendo um termo final à relação jurídica existente entre os contraentes. No Direito do Trabalho, em regra, o aviso-prévio é utilizado nos contratos por prazo indeterminado e nos contratos por prazo determinado com cláusula assecuratória do direito de rescisão antecipada, nas hipóteses de resilição contratual.

---

[1] LENZA, Breno; SILVA, Fabrício Lima. *Direito do trabalho e processo do trabalho em tabelas.* São Paulo: Juspodivm, 2022.

AVISO-PRÉVIO	
Prazo de aviso-prévio	Art. 7º, XXI, da CF: aviso-prévio proporcional ao tempo de serviço, sendo no mínimo de 30 dias, nos termos da lei.
Aviso-prévio proporcional	Lei 12.506/2011: acréscimo de 3 dias por ano de serviço prestado na mesma empresa, até o máximo de 60 dias, perfazendo-se o total de até 90 dias.
Direito intertemporal	Súmula 441 do TST: O direito ao aviso-prévio proporcional ao tempo de serviço somente é assegurado nas rescisões de contrato de trabalho ocorridas a partir da publicação da Lei 12.506, em 13 de outubro de 2011.

CONSEQUÊNCIAS DA FALTA DE AVISO-PRÉVIO	
Pelo empregador	Direito aos salários do período correspondente ao período de aviso, garantida sempre a integração desse período no seu tempo de serviço (art. 487, § 1º, da CLT).
Pelo empregado	Direito de descontar os salários correspondentes ao prazo respectivo (art. 487, § 2º, da CLT).

AVISO-PRÉVIO – REDUÇÃO DO PERÍODO TRABALHADO	
Redução do horário	Art. 488. O horário normal de trabalho do empregado, durante o prazo do aviso, e se a rescisão tiver sido promovida pelo empregador, será reduzido de 2 (duas) horas diárias, sem prejuízo do salário integral.
Redução dos dias trabalhados	Art. 488. (...) Parágrafo único. É facultado ao empregado trabalhar sem a redução das 2 (duas) horas diárias previstas neste artigo, caso em que poderá faltar ao serviço, sem prejuízo do salário integral, por 1 (um) dia, na hipótese do inciso I, e por 7 (sete) dias corridos, na hipótese do inciso II do art. 487 desta Consolidação.

AVISO-PRÉVIO – RECONSIDERAÇÃO E JUSTA CAUSA	
Reconsideração	Art. 489. Dado o aviso-prévio, a rescisão torna-se efetiva depois de expirado o respectivo prazo, mas, se a parte notificante reconsiderar o ato, antes de seu termo, à outra parte é facultado aceitar ou não a reconsideração. Parágrafo único. Caso seja aceita a reconsideração ou continuando a prestação depois de expirado o prazo, o contrato continuará a vigorar, como se o aviso--prévio não tivesse sido dado.
Justa causa pelo empregador	Art. 490. O empregador que, durante o prazo do aviso-prévio dado ao empregado, praticar ato que justifique a rescisão imediata do contrato, sujeita-se ao pagamen-to da remuneração correspondente ao prazo do referido aviso, sem prejuízo da indenização que for devida.
Justa causa pelo empregado	Art. 491. O empregado que, durante o prazo do aviso-prévio, cometer qualquer das faltas consideradas pela lei como justas para a rescisão, perde o direito ao restante do respectivo prazo.

QUESTÕES PARA TREINO

1. **(PGE-RO – 2022 – Procurador do Estado)** No que se refere ao aviso-prévio e à estabilidade e às garantias provisórias do emprego, é correto afirmar:

    Deve constar como data de saída na carteira de trabalho a data do término do aviso-prévio, desde que este não seja indenizado, caso em que a data deverá corresponder ao último dia trabalhado.

    Errado.

2. **(PGE-RO – 2022 – Procurador do Estado)** No que se refere ao aviso-prévio e à estabilidade e às garantias provisórias do emprego, é correto afirmar:

    O aviso-prévio não pode ser concedido na fluência do prazo da garantia de emprego, haja vista os dois institutos serem incompatíveis.

    Certo.

3. **(Prefeitura de Tijucas-SC – 2021 – Advogado)** A despedida indireta dispensa o empregador de conceder o aviso-prévio.

    Errado.

4. **(Prefeitura de Tijucas-SC – 2021 – Advogado)** Durante o prazo de cumprimento do aviso-prévio o empregado gozará de estabilidade.

    Errado.

5. **(Prefeitura de Tijucas-SC – 2021 – Advogado)** Durante o prazo do aviso-prévio poderá a parte notificante reconsiderar o ato, sendo facultado à outra parte aceitar ou não a reconsideração.

    Certo.

6. **(Prefeitura de Tijucas-SC – 2021 – Advogado)** O horário normal de trabalho, durante o prazo do aviso-prévio, será acrescido de duas horas se a rescisão tiver sido motivada pelo empregado.

    Errado.

7. **(Crefito-4 – 2021 – Analista de Pessoal)** Suponha-se que uma empresa tenha tomado a iniciativa de rescindir o contrato com um colaborador que tinha uma jornada de oito horas diárias. Nesse caso, é correto afirmar que, durante o prazo do aviso, o colaborador poderá reduzir duas horas diárias, sem prejuízo do salário integral.

    Certo.

8. **(GHC-RS – 2021 – Advogado)** João trabalhou para a empresa Juvenal Transportes pelo período de três anos e doze dias. Dispensado, sem justa causa, João faz jus ao aviso-prévio proporcional de trinta e nove dias.

    Certo.

9. **(CRM-MS – 2021 – Advogado)** O horário normal de trabalho do empregado, durante o prazo do aviso e se a rescisão tiver sido promovida pelo empregador, será reduzido de duas horas diárias, sem prejuízo do salário integral.

Certo.

10. **(CRM-MS – 2021 – Advogado)** O empregador que, durante o prazo do aviso-prévio dado ao empregado, praticar ato que justifique a rescisão imediata do contrato sujeita-se apenas ao pagamento da remuneração correspondente ao prazo do referido aviso.

Errado.

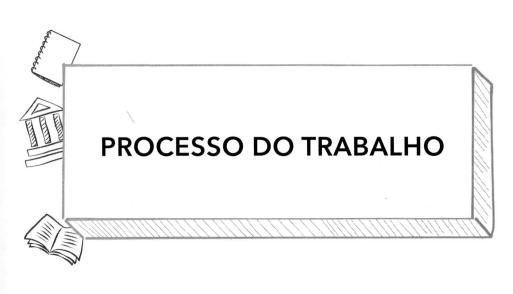

PROCESSO DO TRABALHO

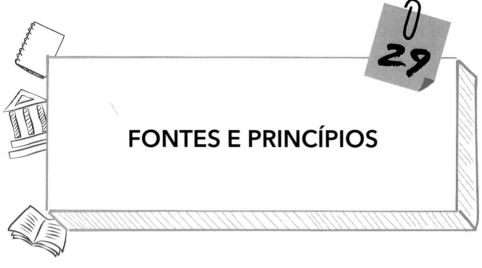

FONTES E PRINCÍPIOS

1. FONTES DO DIREITO PROCESSUAL DO TRABALHO E NORMAS APLICÁVEIS

No que tange às normas aplicáveis ao processo do trabalho, necessário entender as peculiaridades da disciplina. Isso, porque, na fase de conhecimento, aplica-se, inicialmente, a CLT, assim como a legislação esparsa, mas, se não houver norma em legislação trabalhista, o intérprete poderá se socorrer do CPC, se houver compatibilidade com o Direito do Trabalho. Nesse sentido, vejamos:

> CLT, art. 769: Nos casos OMISSOS [1º requisito], o direito processual comum será fonte subsidiária do direito processual do trabalho, exceto naquilo em que for incompatível com as normas deste Título [2º requisito: compatibilidade]. (destacamos)

Entretanto, no que se refere ao **processo de EXECUÇÃO**, a aplicação das normas subsidiárias é um **pouco diferente – primeiramente**, o intérprete vai buscar a **resposta na CLT** e na **legislação esparsa**, mas, se nada houver, aplica-se a **Lei de Execuções Fiscais**, e, apenas se nesta não houver resposta, o intérprete se socorrerá do **CPC,** *in verbis*:

> CLT, art. 889: Aos trâmites e incidentes do processo da execução são aplicáveis, naquilo em que não contravierem ao presente Título, os preceitos que regem o processo dos executivos fiscais para a cobrança judicial da dívida ativa da Fazenda Pública Federal.

ORDEM	FASE DE CONHECIMENTO (ART. 769 DA CLT)	FASE DE EXECUÇÃO (ART. 889 DA CLT)
1ª (fonte principal)	CLT	CLT
2ª (fonte subsidiária)	CPC (processo comum)	Lei de Execuções Fiscais
3ª (fonte subsidiária)		CPC (processo comum)

Por fim, conforme a doutrina clássica, haverá omissão quando existir lacuna normativa, ou seja, ausência de lei. Não obstante, com base na doutrina mais moderna, há três espécies de lacuna:

LACUNAS – DOUTRINA MODERNA	
Lacuna normativa	Quando não há norma para determinado caso.
Lacuna ontológica	Quando existe a norma, mas ela não corresponde à realidade social, como uma norma que se torna obsoleta diante da evolução tecnológica.
Lacuna axiológica	Quando existe uma norma, mas, se é aplicada, a solução do caso é injusta.

O CPC/2015 estabelece que, na ausência de normas que regulem processos eleitorais, trabalhistas ou administrativos, as disposições do CPC lhes serão aplicadas **supletiva e subsidiariamente** (art. 15).

APLICAÇÃO (ARTS. 769 E 889 DA CLT)	
Supletiva	Subsidiária
Existe a norma processual trabalhista, mas ela não é completa.	Não existe norma na CLT ou na legislação esparsa.

cuidado

Para a aplicação do direito comum ao processo do trabalho, há necessidade de **compatibilização** entre a norma e os princípios do Direito Processual do Trabalho (art. 769 da CLT), ou seja, não basta apenas a omissão.

1.1. Fontes materiais e fontes formais

As fontes do direito podem ser classificadas em **materiais e formais**.

FONTES	
Fontes materiais	Fontes formais
Fatos políticos, econômicos, sociais e culturais aos quais a sociedade atribui certos valores que refletem na necessidade de sua regulação pelo direito. **Não são obrigatórias.**	Formas de exteriorização das normas jurídicas.

As fontes do **Direito Processual do Trabalho** não se confundem com as fontes do **Direito do Trabalho**. As fontes formais do Direito Processual do Trabalho são normas que disciplinam o processo do trabalho e a Justiça do Trabalho, enquanto as normas de Direito do Trabalho são aquelas relativas à relação jurídica de direito material.

Conforme a doutrina majoritária, são fontes do Direito Processual do Trabalho:

a) Lei em sentido amplo:

I. **Constituição Federal** – é a norma fundamental do processo do trabalho. Nela estão as regras e os princípios fundamentais do processo (art. 5º); a estrutura do Poder Judiciário (art. 93 e ss.); e toda a estrutura do Judiciário trabalhista (arts. 111 a 116);

II. **leis processuais trabalhistas** – estão reguladas na CLT (art. 643 e ss.); Lei 5.584/1970 (disciplina as regras do processo do trabalho); a Lei 7.701/1988 (dispõe sobre a competência do TST) e a Lei Complementar 75/1993 (dispõe sobre a organização e as atribuições do MPU);

III. **CPC e leis processuais civis** – são as fontes subsidiárias do Direito Processual do Trabalho para o preenchimento das "lacunas normativas". Trata-se de toda a legislação processual compatível com os princípios do processo do trabalho; nesse sentido, realizam tal função o CPC, o CDC, a Lei de ACP (Lei 7.347/1985) e até mesmo o CPP.

b) Regimentos internos de tribunais: o art. 96, I, *a*, da CRFB prevê que compete aos tribunais elaborar seus regimentos com observância das normas de processo e das garantias processuais das partes. Trata-se de um ato administrativo que regula matérias administrativas, o funcionamento interno da Justiça do Trabalho, mas há também regulamentação das leis e resoluções, para cobrir-lhes as lacunas, completar os preceitos vagos ou genéricos, sobretudo quando consta remissão expressa, nesse sentido, na norma hierarquicamente superior.

c) Normas dos tribunais: os tribunais, muitas vezes, aprovam normas internas, instruções normativas, resoluções, que disciplinam o procedimento trabalhista e buscam uniformizar as práticas processuais. Não podem afrontar à CRFB e às leis.

d) Usos e costumes: os costumes podem ser *contra legem* (contrários à norma legal e, por isso, inválidos), *secundum legem* (previstos na própria lei) e *praeter legem* (aplicados em razão da omissão da lei). O costume tem sido utilizado no processo do trabalho (praxe forense), podendo ser exemplificado nos seguintes termos: (i) apresentação da contestação escrita em audiência; (ii) protesto em face de decisão interlocutória proferida pelo Juiz do Trabalho em audiência que cause gravame à parte (protesto antipreclusivo); (iii) procuração tácita passada em audiência ou *apud acta*.

e) Normas internacionais: as convenções internacionais também podem ser fonte do direito processual. Exemplificativamente, o Pacto de São José da Costa Rica proíbe a prisão do depositário infiel.

f) Princípios: principalmente os princípios constitucionais do processo e do Direito Processual do Trabalho, que norteiam a atividade do intérprete, servindo para preencher lacunas (art. 8º da CLT).

g) Jurisprudência: é o entendimento reiterado e uniforme dos tribunais. Não há consenso, na doutrina, de ser, efetivamente, a jurisprudência fonte de direito processual, pois o Brasil tem a tradição romano-germânica que prioriza o direito positivado na lei. No processo do trabalho, a própria CLT reconhece a jurisprudência como fonte, tanto do Direito do Trabalho quanto do Direito Processual do Trabalho (art. 8º). Especialmente após a introdução das súmulas vinculantes (EC 45/2004), com reforço do sistema de precedentes obrigatórios introduzido pelo CPC/2015 (arts. 489, § 1º, VI, e 927), é ressaltado o papel da jurisprudência como fonte do processo do trabalho.

h) Equidade: é fonte subsidiária tanto do Direito Processual Civil (art. 140, parágrafo único, do CPC) quanto do Direito Processual do Trabalho (art. 8º da CLT).

i) Doutrina: *não é uma fonte formal*. Mesmo não sendo fonte formal do direito processual do trabalho, é inegável a importância dos estudos doutrinários na aplicação e interpretação das normas processuais.

2. PRINCÍPIOS DO PROCESSO DO TRABALHO

2.1. Conceito

O sistema jurídico contém normas, que representam o gênero, do qual os princípios e as regras são espécies.

Princípios são normas que ordenam que algo seja realizado **na maior medida possível**, dentro das possibilidades fáticas e jurídicas, constituindo "**mandados de otimização**", enquanto as **regras** são normas que devem ser cumpridas **exatamente** como determinado, isto é, seu cumprimento só pode ser feito **de forma integral**.

2.2. Funções dos princípios

Os princípios representam a base do ordenamento jurídico. Segundo a doutrina clássica, os princípios têm três funções, quais sejam: informativa, interpretativa e integrativa.

FUNÇÕES DOS PRINCÍPIOS		
Informativa	**Interpretativa**	**Integrativa**
Inspira o legislador na elaboração das leis.	Auxilia os operadores do direito na compreensão e aplicação do sistema jurídico.	Trata-se de suprimento de lacunas.

Atualmente, porém, o pós-positivismo concedeu aos princípios o *status* de norma jurídica, conferindo-lhes eficácia normativa direta (**força normativa**), como se dá com as regras jurídicas (ex.: a lei). Em outras palavras, os princípios deixam de ter atuação apenas supletiva nessa nova concepção, para agir de forma autônoma, podendo inclusive contrariar uma regra jurídica.

2.3. Principais princípios constitucionais do processo

2.3.1. Devido processo legal

Expresso no art. 5º, LIV, da CF: "Ninguém será privado da liberdade ou de seus bens sem o devido processo legal". Consiste no direito que tem o cidadão de ser processado por regras já existentes e que sejam devidamente observadas pelo Judiciário.

2.3.2. Princípios do contraditório e da ampla defesa

Tais princípios são ambientados no art. 5º, LV, da CF. O contraditório encontra guarida ainda nos arts. 9º e 10 do CPC. Sustenta-se no caráter bilateral do processo e, conforme adverte a doutrina majoritária, tem como características: (i) o dever de **informação**; (ii) a possibilidade de **reação**; (iii) a previsibilidade dos atos processuais a serem praticados; (iv) a possibilidade de participar ativamente do procedimento **e influir na formação da convicção do julgador** (contraditório substancial).

Assim, o contraditório deixa de ser visto como um binômio, dever de informação às partes e possibilidade de reação (INFORMAÇÃO-REAÇÃO) e assume a feição de um trinômio, devendo ser capaz de influenciar de forma eficaz a decisão do julgador (INFORMAÇÃO-REAÇÃO-INFLUÊNCIA).

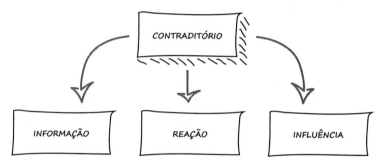

2.3.3. Princípio do juiz natural

O princípio do juiz natural encontra albergue no art. 5º, LIII, da CRFB. Corresponde a uma garantia tridimensional, pois significa que: (1º) **não haverá juízo ou tribunal *ad hoc*, de exceção** (art. 5º, XXXVII, da CRFB); (2º) todos têm direito de submeter-se a um julgamento por **juiz competente e pré-constituído** na forma da lei (art. 5º, LIII, da CRFB); (3º) o juiz competente tem que ser **imparcial**.

2.3.4. Princípio da igualdade

Deriva do princípio da isonomia, previsto no art. 5º, *caput*, da CRFB, mas também pode ser observado no art. 139 do CPC. Garante a paridade de armas no processo. Destaca-se que a doutrina e a jurisprudência entendem que os prazos processuais diferenciados estabelecidos para o MP e a Fazenda Pública não violam o princípio em comento, em razão da supremacia do interesse público, que norteia a atuação de tais entes no processo.

> **Você sabe diferenciar igualdade formal de igualdade material?**
>
> A **igualdade formal** é a igualdade perante a lei, consiste no tratamento igualitário conferido pela lei aos indivíduos, independentemente de qualquer particularidade (raça, cor, sexo etc.). Por sua vez, a **igualdade material** não se limita ao plano jurídico-formal, mas busca neutralizar desigualdades existentes no plano fático. Assim, a igualdade material tem por finalidade igualar os indivíduos que estão em posições desiguais ("tratar igualmente os iguais e desigualmente os desiguais").

2.3.5. Princípio da inafastabilidade da jurisdição (acesso à Justiça)

Expresso na CRFB (art. 5º, XXXV – *a lei não excluirá da apreciação do Poder Judiciário lesão ou ameaça ao direito*), refere-se a uma das garantias mais importantes do cidadão, uma vez que, modernamente, a acessibilidade ao Judiciário é um direito fundamental que qualquer pessoa tem para a efetivação de seus direitos. É preciso que, além de amplo, o procedimento seja justo e efetivo.

2.3.6. Princípio do duplo grau de jurisdição

A posição majoritária é de que não se trata de princípio constitucional, mas simples regra de organização judiciária. Assim, o direito de recorrer só se exerce nos termos e limites estabelecidos pela lei. Nesse sentido, são válidas as situações em que o legislador não previu a possibilidade de recursos, como na Lei 5.584/1970, que regulamenta o procedimento sumário.

2.3.7. Princípio da publicidade

O princípio da publicidade exige que os atos praticados no processo, em regra, sejam públicos. Não está expressamente previsto no art. 5ª da CRFB, já que repousa no art. 93, IX, desse diploma maior, mas é um direito fundamental, pois decorre do devido processo legal.

A publicidade, todavia, poderá ser restringida para proteção da intimidade e do interesse social. Nesse sentido, art. 5º, LX, da CF e art. 189 do CPC, aplicáveis ao processo do trabalho.

2.3.8. Princípio da duração razoável do processo

Art. 5º, LXXVIII, da CF e art. 765 da CLT.

Trata-se de um desdobramento do princípio do direito de ação (art. 5º, XXXV, da CF), devendo ser entendido como um direito fundamental a nortear toda a atividade jurisdicional, desde a criação até a interpretação da norma. No processo do trabalho, a observância do princípio tem ainda mais relevância, em razão das especificidades desse ramo do Direito, destacando-se: (i) a natureza alimentar da maioria das postulações; (ii) a hipossuficiência do trabalhador; (iii) a ideia de justiça social.

2.4. Principais princípios do processo civil previstos na lei ordinária que são aplicáveis ao processo do trabalho

2.4.1. Princípio da ação, demanda ou da inércia do Judiciário

Expresso no art. 2º do CPC, estabelece que o processo começa por iniciativa das partes, salvo as exceções previstas em lei.

2.4.2. Princípio da disponibilidade ou dispositivo

Corresponde à liberdade das partes em praticar ou não os atos processuais. Cabe à parte interessada procurar o Judiciário e dar andamento ao processo; devendo o juiz decidir de acordo com o que foi alegado e provado pelas partes. Assim, o juiz se mantém inerte até que seja provocado pelo interessado.

2.4.3. Princípio do impulso oficial ou inquisitivo

Art. 2º do CPC. Pelo princípio do impulso oficial, **uma vez iniciada a demanda**, cabe ao juiz encaminhá-la ao término dela, isto é, o processo começa por iniciativa da parte, mas se desenvolve pela iniciativa do juiz. Assim, o juiz deixa de ser mero espectador para atuar e chegar à decisão mais justa, por isso possui o poder de designar quaisquer diligências necessárias para o esclarecimento da causa. É o juiz quem dirige o processo, cujo princípio é totalmente compatível com a Justiça do Trabalho. No processo do trabalho, referido princípio está no art. 765 da CLT.

2.4.4. Princípio da oralidade

O princípio da oralidade consiste na prevalência da palavra falada sobre a palavra escrita. É um princípio que rege tanto o processo civil quanto o processo do trabalho, sendo, de acordo com a doutrina majoritária, mais relevante neste último.

No processo do trabalho, há possibilidade de: ajuizamento de uma inicial trabalhista verbal (art. 840 da CLT); contestação verbal (art. 847 da CLT); colhimento do depoimento pessoal das partes na audiência – também é dada especial importância à prova testemunhal (art. 848 da CLT); apresentação das razões finais oralmente (art. 850 da CLT).

É interessante observar que o princípio da oralidade se subdivide nos seguintes subprincípios:

PRINCÍPIO DA ORALIDADE	
Irrecorribilidade imediata das decisões interlocutórias	As decisões interlocutórias, no processo do trabalho, são recorríveis, apenas não podem ser impugnadas de imediato, **salvo o disposto na Súmula 214 do TST.**
Imediatidade	De acordo com esse princípio, as provas serão produzidas com a participação do juiz.
Identidade física do juiz	Era previsto no art. 132 do CPC/1973 e determinava a vinculação do órgão julgador àquele que concluiu a audiência de instrução. O CPC/2015 não tem dispositivo correspondente ao CPC/1973 determinando a identidade física do juiz, havendo divergências na doutrina quanto à sua existência no direito processual atual.
Concentração dos atos processuais	Objetiva que todos os atos processuais sejam praticados em audiência una (art. 849 da CLT).

2.4.5. Princípio da instrumentalidade das formas

Pelo princípio da instrumentalidade das formas, disposto nos arts. 188 e 277 do CPC e no art. 794 da CLT, temos que a existência do ato processual não é um fim em si mesmo, mas instrumento utilizado para se atingir determinada finalidade.

DIREITO DO TRABALHO E PROCESSO DO TRABALHO FACILITADOS – *Lenza*

Assim, ainda que com vício, os atos que não tenham a nulidade expressamente prevista serão considerados válidos se for alcançada a sua finalidade.

Na Justiça do Trabalho, esse princípio também é aplicável; no entanto, a regra geral é de que somente haverá declaração de nulidade quando houver prejuízo. Assim, na Justiça do Trabalho os atos realizados de forma diversa da prevista em lei NÃO serão declarados nulos, salvo manifesto prejuízo (art. 794 da CLT).

2.4.6. Princípio da eventualidade

Também chamado de princípio da concentração da defesa, disciplina que o réu deverá apresentar todas as defesas (de fato e de direito) que tiver contra o processo naquele momento, sob pena de preclusão (perda da faculdade de praticar um ato processual). Tal ataque deve ser processual e de mérito (pedido do autor), para que o magistrado, não reconhecendo o primeiro, eventualmente, adote o segundo.

2.4.7. Princípio da lealdade ou da boa-fé

As partes devem agir com lealdade e ética e ao juiz cabe reprimir qualquer ato atentatório à dignidade da Justiça. Daí a existência de condenação por litigância de má-fé. Por exemplo, interposição de recurso com intuito meramente protelatório ou alteração da verdade.

2.5. Principais princípios peculiares do Direito Processual do Trabalho

2.5.1. Princípio da proteção

O princípio da proteção que é do Direito do Trabalho pode ser aplicado ao processo do trabalho? A doutrina majoritária entende que é aplicável, porque o processo do trabalho é um instrumento de realização do direito material, devendo ser aplicado de modo temperado (princípio da proteção temperado ou mitigado).

Ressalta-se que ele **NÃO poderá ser utilizado no campo probatório**, inclusive para suprir deficiência probatória, **devendo ser observadas as regras do ônus da prova processual**. Esse protecionismo do trabalhador convive com o princípio da paridade de armas do processo do trabalho, de acordo com o qual as partes devem ter as mesmas oportunidades.

2.5.2. Informalidade e simplicidade

O procedimento a ser seguido na Justiça do Trabalho é, em regra, informal, permitindo que o processo do trabalho tenha mais flexibilidade, buscando a facilidade no acesso à Justiça, bem como na prestação jurisdicional, o que não dispensa a observância de determinadas formalidades. Ex.: documentação escrita do procedimento.

2.5.3. Conciliação

O art. 764, *caput*, da CLT prevê que "Os dissídios individuais ou coletivos submetidos à apreciação da Justiça do Trabalho serão sempre sujeitos à conciliação".

Segundo esse princípio, a solução do conflito deve ser, preferencialmente, alcançada por meio da conciliação.

A CLT determina que a conciliação seja tentada em dois momentos: na abertura da audiência inicial e **antes da apresentação da defesa/contestação** (art. 846) e **após as razões finais** (art. 850). Em virtude desse princípio, parte significativa da jurisprudência trabalhista tem sustentado a nulidade do processo, caso o Juiz do Trabalho não tente, ao menos, a última proposta de conciliação em audiência. De todo modo, é necessário averiguar se houve prejuízo, podendo o Juiz, a qualquer tempo, chamar as partes para tentar a conciliação.

2.5.4. Princípio do *jus postulandi*

O *jus postulandi* é o direito de postular em juízo sem ter advogado. No processo do trabalho, como regra, não há necessidade de advogado para se ajuizar uma demanda trabalhista ou para apresentar a defesa. A capacidade postulatória é conferida às partes, e não somente ao advogado.

Em alguns casos, o TST estabeleceu que não será aplicável o *jus postulandi* – ou seja, em alguns casos será obrigatória a participação do advogado.

> Súmula 425: *Jus postulandi* na Justiça do Trabalho. Alcance – Res. 165/2010, *DEJT* divulgado em 30.04.2010 e 03 e 04.05.2010 O *jus postulandi* das partes, estabelecido no art. 791 da CLT, limita-se às Varas do Trabalho e aos Tribunais Regionais do Trabalho, não alcançando a ação rescisória, a ação cautelar, o mandado de segurança e os recursos de competência do Tribunal Superior do Trabalho.

JUS POSTULANDI NA JUSTIÇA DO TRABALHO
Capacidade postulatória sem necessidade de advogado. Aplica-se apenas às Varas do Trabalho e nos TRTs.
NÃO SE APLICA: *a)* nos recursos de competência do TST; *b)* na hipótese de ação rescisória; *c)* no caso de ação cautelar; *d)* no MS; *e)* na reclamação; *f)* na homologação de acordo extrajudicial.

2.5.5. Princípio da extrapetição

A jurisdição tem como característica essencial a inércia, de modo que o Judiciário somente atuará quando provocado. É o que se denomina de princípio DISPOSITIVO ou princípio da demanda. Excepcionalmente, admite-se a atuação sem provocação.

O juízo poderá julgar mesmo que não haja pedido quando a própria lei estabelecer que é possível julgar sem pedido (ex.: caso de juros e correção monetária – é possível aplicar sem que tenha sido pedido).

DIREITO DO TRABALHO E PROCESSO DO TRABALHO FACILITADOS – *Lenza*

QUESTÕES PARA TREINO

1. **(FCC – TRT-4 – Técnico Judiciário – Área Administrativa – 2022 – adaptada)** De acordo com a Consolidação das Leis do Trabalho, no exame de uma convenção ou acordo coletivo, a Justiça do Trabalho balizará sua atuação pelo princípio da intervenção mínima na autonomia da vontade coletiva.

   Comentário

   CLT, art. 8º, § 3º: No exame de convenção coletiva ou acordo coletivo de trabalho, a Justiça do Trabalho analisará exclusivamente a conformidade dos elementos essenciais do negócio jurídico, respeitado o disposto no, e balizará sua atuação pelo **princípio da intervenção mínima na autonomia da vontade coletiva**.

   Certo.

2. **(FCC – TRT-4 – Técnico Judiciário – Área Administrativa – 2022 – adaptada)** De acordo com a Consolidação das Leis do Trabalho, no exame de uma convenção ou acordo coletivo, a Justiça do Trabalho balizará sua atuação pelo princípio da interpretação mais favorável ao empregado.

   Comentário

   CLT, art. 8º, § 3º: No exame de convenção coletiva ou acordo coletivo de trabalho, a Justiça do Trabalho analisará exclusivamente a conformidade dos elementos essenciais do negócio jurídico, respeitado o disposto no, e balizará sua atuação pelo **princípio da intervenção mínima na autonomia da vontade coletiva**.

   Errado.

3. **(FCC – TRT-4 – Técnico Judiciário – Área Administrativa – 2022 – adaptada)** De acordo com a Consolidação das Leis do Trabalho, no exame de uma convenção ou acordo coletivo, a Justiça do Trabalho balizará sua atuação pelo princípio da estrita legalidade, em detrimento da autonomia privada coletiva.

   Comentário

   CLT, art. 8º, § 3º: No exame de convenção coletiva ou acordo coletivo de trabalho, a Justiça do Trabalho analisará exclusivamente a conformidade dos elementos essenciais do negócio jurídico, respeitado o disposto no, e balizará sua atuação pelo **princípio da intervenção mínima na autonomia da vontade coletiva**.

   Errado.

4. **(FCC – TRT-4 – Técnico Judiciário – Área Administrativa – 2022 – adaptada)** De acordo com a Consolidação das Leis do Trabalho, no exame de uma convenção ou acordo coletivo, a Justiça do Trabalho balizará sua atuação pelo princípio da condição mais benéfica ao empregado, hipossuficiente na relação.

   Comentário

   CLT, art. 8º, § 3º: No exame de convenção coletiva ou acordo coletivo de trabalho, a Justiça do Trabalho analisará exclusivamente a conformidade dos elementos essenciais

do negócio jurídico, respeitado o disposto no, e balizará sua atuação pelo **princípio da intervenção mínima na autonomia da vontade coletiva.**
Errado.

5. **(FCC – TRT-4 – Técnico Judiciário – Área Administrativa – 2022 – adaptada)** De acordo com a Consolidação das Leis do Trabalho, no exame de uma convenção ou acordo coletivo, a Justiça do Trabalho balizará sua atuação pelo princípio da primazia da realidade.

Comentário

CLT, art. 8º, § 3º: No exame de convenção coletiva ou acordo coletivo de trabalho, a Justiça do Trabalho analisará exclusivamente a conformidade dos elementos essenciais do negócio jurídico, respeitado o disposto no, e balizará sua atuação pelo **princípio da intervenção mínima na autonomia da vontade coletiva.**
Errado.

6. **(FCC – Prefeitura de Teresina-PI – Procurador Municipal – 2022 – adaptada)** Em relação ao capítulo especial sobre a execução, no título que trata do Processo Judiciário do Trabalho, a Consolidação das Leis do Trabalho estabelece:

A decisão judicial transitada em julgado somente poderá ser levada a protesto, gerar inscrição do nome do executado em órgãos de proteção ao crédito ou no Banco Nacional de Devedores Trabalhistas (BNDT), depois de transcorrido o prazo de 15 dias a contar da citação do executado.

Comentário

CLT, art. 883-A: A decisão judicial transitada em julgado somente poderá ser levada a protesto, gerar inscrição do nome do executado em órgãos de proteção ao crédito ou no Banco Nacional de Devedores Trabalhistas (BNDT), nos termos da lei, depois de transcorrido o prazo de **quarenta e cinco dias** a contar da citação do executado, se não houver garantia do juízo.
Errado.

7. **(FCC – Prefeitura de Teresina-PI – Procurador Municipal – 2022 – adaptada)** Em relação ao capítulo especial sobre a execução, no título que trata do Processo Judiciário do Trabalho, a Consolidação das Leis do Trabalho estabelece:

Garantida a execução ou penhorados os bens, terá o executado 5 dias para apresentar embargos, sendo que tal exigência de garantia ou penhora se aplica às empresas privadas, públicas, entidades filantrópicas e/ou àqueles que compõem ou compuseram a diretoria dessas instituições.

Comentário

CLT, art. 884: Garantida a execução ou penhorados os bens, terá o executado 5 (cinco) dias para apresentar embargos, cabendo igual prazo ao exequente para impugnação. (...)

§ 6º A exigência da garantia ou penhora não se aplica às entidades filantrópicas e/ou àqueles que compõem ou compuseram a diretoria dessas instituições.
Errado.

8. **(FCC – Prefeitura de Teresina-PI – Procurador Municipal – 2022 – adaptada)** Em relação ao capítulo especial sobre a execução, no título que trata do Processo Judiciário do Trabalho, a Consolidação das Leis do Trabalho estabelece:

A execução será promovida pelas partes, permitida a execução de ofício pelo Juiz ou pelo Presidente do Tribunal ainda que as partes estiverem representadas por advogado.

Comentário

CLT, art. 878: A execução será promovida pelas partes, permitida a execução de ofício pelo juiz ou pelo Presidente do Tribunal apenas nos casos em que as partes não estiverem representadas por advogado.

Errado.

9. **(FCC – Prefeitura de Teresina-PI – Procurador Municipal – 2022 – adaptada)** Em relação ao capítulo especial sobre a execução, no título que trata do Processo Judiciário do Trabalho, a Consolidação das Leis do Trabalho estabelece:

Elaborada a conta e tornada líquida, o Juiz poderá abrir às partes prazo sucessivo de 10 dias para impugnação fundamentada com a indicação dos itens e valores objeto da discordância, sob pena de preclusão.

Comentário

CLT, art. 879, § 2º: Elaborada a conta e tornada líquida, o juízo deverá abrir às partes prazo comum de oito dias para impugnação fundamentada com a indicação dos itens e valores objeto da discordância, sob pena de preclusão.

Errado.

10. **(FCC – Prefeitura de Teresina-PI – Procurador Municipal – 2022 – adaptada)** Em relação ao capítulo especial sobre a execução, no título que trata do Processo Judiciário do Trabalho, a Consolidação das Leis do Trabalho estabelece:

O executado que não pagar a importância reclamada poderá garantir a execução mediante depósito da quantia correspondente, atualizada e acrescida das despesas processuais, apresentação de seguro-garantia judicial ou nomeação de bens à penhora, observada a ordem preferencial estabelecida no art. 835 do Código de Processo Civil.

Comentário

CLT, art. 882: O executado que não pagar a importância reclamada poderá garantir a execução mediante depósito da quantia correspondente, atualizada e acrescida das despesas processuais, apresentação de seguro-garantia judicial ou nomeação de bens à penhora, observada a ordem preferencial estabelecida no art. 835 da Lei nº 13.105, de 16 de março de 2015 – Código de Processo Civil.

Certo.

ORGANIZAÇÃO DA JUSTIÇA DO TRABALHO

1. ACESSO À MAGISTRATURA DO TRABALHO

Em primeiro grau de jurisdição, o acesso dar-se-á por meio de **concurso público de provas e títulos**, com a participação da OAB, exigindo-se do bacharel em Direito **três anos, no mínimo, de atividade jurídica** (conforme regulamentado pela Resolução 75/2009 do Conselho Nacional de Justiça – arts. 58 e 59).

Nos tribunais (TRTs e TST), há o chamado quinto constitucional, ou seja, **1/5** das vagas desses tribunais serão ocupadas por **advogados e membros dos MPTs**. Tal previsão surgiu na Constituição de 1967.

2. ÓRGÃOS DA JUSTIÇA DO TRABALHO

A Justiça do Trabalho, nos termos do art. 111 da CF/1988, possui os seguintes órgãos:

I – **o Tribunal Superior do Trabalho;**
II – **os Tribunais Regionais do Trabalho;**
III – **Juízes do Trabalho.**

> **cuidado**
>
> As bancas gostam de substituir, em questões, a expressão "Juízes do Trabalho" por "Varas do Trabalho", tentando confundir os/as candidatos(as). **VARA DO TRABALHO NÃO É ÓRGÃO.**

JUSTIÇA DO TRABALHO – ÓRGÃOS – ART. 111 DA CF/1988		
Primeiro Grau de Jurisdição	**Segundo Grau de Jurisdição**	**Corte Superior**
Juízes do trabalho que atuam nas Varas do Trabalho.	Tribunais Regionais do Trabalho compostos de juízes do TRT.	Tribunal Superior do Trabalho composto de ministros.

2.1. Juízes e Vara do Trabalho

O ingresso na magistratura do Trabalho é feito para o cargo de juiz do trabalho substituto (art. 654 da CLT), que atua como auxiliar, nas Varas do Trabalho, ou substituindo o juiz titular ou conforme designação do Presidente do TRT a que está vinculado (art. 656 da CLT).

Compete à lei federal criar as Varas da Justiça do Trabalho, de acordo com o art. 112 da CF e o art. 650 da CLT, podendo, nas comarcas não abrangidas por sua jurisdição, atribuí-la aos juízes de direito, com recurso para o respectivo Tribunal Regional do Trabalho.

> CF, art. 112: A lei criará varas da Justiça do Trabalho, podendo, nas comarcas não abrangidas por sua jurisdição, atribuí-la aos juízes de direito, com recurso para o respectivo Tribunal Regional do Trabalho. (Redação dada pela Emenda Constitucional nº 45, de 2004).

2.2. Tribunais Regionais do Trabalho

O art. 115 da CF prevê que os TRTs se compõem de, no mínimo, sete juízes, recrutados, quando possível, na respectiva região, e são nomeados pelo presidente da República (aqui não existe a sabatina pelo Senado) entre brasileiros com **mais de 30 e menos de 70 anos**, sendo o TRT integrado por 1/5 entre advogados com mais de 10 anos de efetiva atividade profissional e membros do MPT com mais de 10 anos de efetivo exercício (quinto constitucional) e os demais, mediante promoção de juízes do trabalho por antiguidade e merecimento, alternadamente.

> **cuidado**
>
> *É interessante notar que a promoção de juízes do trabalho para o TST não segue as regras de promoção por merecimento e antiguidade do art. 93 da CF, que se aplicam somente aos TRTs. No TST, há mera indicação pelo próprio Tribunal, não havendo necessidade da referida alternância.*

A **EC 45/2004** passou a prever que os TRTs instalarão a Justiça itinerante, com a realização de audiências e demais funções de atividade jurisdicional, nos limites territoriais da respectiva jurisdição, servindo-se de equipamentos públicos e comunitários.

> **cuidado**
>
> *Para instalação da Justiça itinerante é necessária somente a deliberação do TRT, não havendo a necessidade de lei para sua criação, pois serão aproveitados os servidores e juízes do respectivo regional.*

Além disso, podem os TRTs funcionar descentralizadamente, constituindo Câmaras regionais, a fim de assegurar o pleno acesso do jurisdicionado à Justiça em todas as fases do processo.

No Brasil, atualmente há 24 TRTs. Somente Acre, Tocantins, Roraima e Amapá não possuem Tribunal Regional isolado, sendo agregados a outros tribunais. Além disso, o estado de São Paulo é o único estado que possui dois Tribunais Regionais, um sediado na capital e outro em Campinas/SP.

2.3. Tribunal Superior do Trabalho

O TST é o órgão de cúpula do Poder Judiciário trabalhista, com **jurisdição em todo o território nacional**, sediado na capital do País, Brasília. Ele confere a palavra final em matéria trabalhista infraconstitucional, tendo a função de **uniformizar** a interpretação da legislação trabalhista no âmbito de sua competência.

O art. 111-A da CF, com a redação dada pela EC 122/2022, prevê que o TST se compõe de 27 ministros, escolhidos entre brasileiros com **mais de 35 e menos de 70 anos**, de notável saber jurídico e reputação ilibada, nomeados pelo presidente da República após aprovação pela maioria absoluta do Senado Federal, sendo 1/5 entre advogados com mais de 10 anos de efetiva atividade profissional e membros do MPT com mais de 10 anos de efetivo exercício (quinto constitucional) e os demais entre juízes dos TRTs, oriundos da magistratura da carreira, indicados pelo próprio TST.

Essa indicação, pelo TST, de desembargadores do Trabalho, membros do Ministério Público do Trabalho e advogados, para comporem o Tribunal, far-se-á em lista tríplice.

atenção

Nº de Ministros do **TST** = 27, ou seja, **T**rinta **S**em **T**rês = 27.

FUNCIONAM JUNTO AO TRIBUNAL SUPERIOR DO TRABALHO	
Enamat	Escola Nacional de Formação e Aperfeiçoamento de Magistrados do Trabalho, cabendo-lhe, entre outras funções, regulamentar os cursos oficiais para o ingresso e a promoção na carreira.
CSJT	Conselho Superior da Justiça do Trabalho, cabendo-lhe exercer, na forma da lei, a supervisão administrativa, orçamentária, financeira e patrimonial da Justiça do Trabalho de primeiro e segundo graus, como órgão central do sistema, cujas decisões terão efeito vinculante. *Não exerce atividade jurisdicional.*

A composição, as seções e o funcionamento das turmas do TST estão disciplinados na CLT e, principalmente, no Regimento Interno do TST.

JUSTIÇA DO TRABALHO – COMPOSIÇÃO		
Tribunal Superior do Trabalho	**Tribunais Regionais do Trabalho**	**Juízes do Trabalho**
Sede em Brasília, com jurisdição em todo o território nacional.	São 24 TRTs, que estão distribuídos pelo território nacional.	Nas localidades não abrangidas pela jurisdição das Varas do Trabalho, esta será exercida pelos juízes de direito.
Composto de **27 ministros**.	Compostos de, no mínimo, **7 juízes**.	A jurisdição será exercida por um juiz singular.

JUSTIÇA DO TRABALHO – COMPOSIÇÃO		
Tribunal Superior do Trabalho	**Tribunais Regionais do Trabalho**	**Juízes do Trabalho**
Os ministros devem ser brasileiros com **mais de 35 e menos de 70 anos**, nomeados pelo presidente da República.	Os juízes dos TRTs são recrutados, quando possível, na respectiva região, entre brasileiros **com mais de 30 e menos de 70 anos**, nomeados pelo presidente da República.	Ingresso na carreira como juiz substituto, após a aprovação em concurso de provas e títulos.
Há necessidade de aprovação pela maioria absoluta do Senado Federal.	Não há aprovação pela maioria absoluta do Senado Federal.	–
Os ministros devem possuir notável saber jurídico e reputação ilibada.	Não há previsão de comprovação de notável saber jurídico e reputação ilibada.	–
1/5 composto de advogados e integrantes do Ministério Público do Trabalho (quinto constitucional), com mais 10 anos de experiência e os demais entre juízes dos TRTs, oriundos da magistratura da carreira, indicados pelo próprio Tribunal Superior.	1/5 composto de advogados e integrantes do Ministério Público do Trabalho (quinto constitucional), com mais de 10 anos de experiência e os demais, mediante promoção de juízes do trabalho por antiguidade e merecimento, alternadamente.	Garantida a participação da Ordem dos Advogados do Brasil em todas as fases do Concurso, exigindo-se do bacharel em Direito, no mínimo, três anos de atividade jurídica.

2.4. Órgãos auxiliares da Justiça do Trabalho

Para o efetivo exercício da prestação jurisdicional é necessária a atuação de diversos órgãos e serviços auxiliares, além do magistrado.

O art. 96, I, *b*, da CF dispõe que compete privativamente aos tribunais "organizar suas secretarias e serviços auxiliares e os dos juízos que lhes forem vinculados, velando pelo exercício da atividade correicional respectiva".

Nesse sentido, a CLT, em seus arts. 710 a 721, regula os serviços auxiliares da Justiça do Trabalho.

Entre os órgãos que cumprem essa tarefa estão: as secretarias da Vara do Trabalho e dos Tribunais, o distribuidor e oficiais de justiça, além dos auxiliares da Justiça: perito, depositário, administrador e intérprete.

> CPC, art. 149: São auxiliares da Justiça, além de outros cujas atribuições sejam determinadas pelas normas de organização judiciária, o escrivão, o chefe de secretaria, o oficial de justiça, o perito, o depositário, o administrador, o intérprete, o tradutor, o mediador, o conciliador judicial, o partidor, o distribuidor, o contabilista e o regulador de avarias.

ÓRGÃOS AUXILIARES DA JUSTIÇA DO TRABALHO	
Secretarias	Responsáveis pelo recebimento, pelo andamento, pela guarda e pela conservação dos processos e de outros papéis que lhe forem encaminhados, mantendo o protocolo, registro das decisões, prestando informações às partes e aos seus procuradores, abertura de vistas, contagem de custas, fornecimento de certidões, entre outros.
	Com o advento do Processo Judicial Eletrônico, muitas das atividades desempenhadas passaram a ser realizadas diretamente no referido sistema.

	ÓRGÃOS AUXILIARES DA JUSTIÇA DO TRABALHO
Distribuidores	Responsáveis, entre outras atribuições, pela distribuição dos processos, nas localidades em que houver mais de uma Vara do Trabalho, observando rigorosamente a ordem de entrada dos processos. Com a implementação do Processo Judicial Eletrônico, a referida atribuição dos distribuidores foi esvaziada.
Cartórios dos juízos de Direito	Quando investidos na administração da Justiça do Trabalho, possuem a mesma competência das secretarias das Varas do Trabalho.
Secretarias dos Tribunais Regionais	Além de desempenharem as funções atribuídas às secretarias das Varas do Trabalho, são responsáveis pela conclusão de processos ao presidente do TRT e aos respectivos relatores, pela organização de jurisprudência e por outras atribuições que lhes forem conferidas pelo Regimento Interno.
Oficiais de justiça	Atuam, basicamente, na execução, realizando penhoras, avaliações e remoções de bens. Todavia, podem atuar na fase de conhecimento, cumprindo atos de constrição ou de notificação.

RESUMO

1) São órgãos da Justiça do Trabalho: o Tribunal Superior do Trabalho (TST), os Tribunais Regionais do Trabalho (TRTs) e os Juízes do Trabalho. VARA DO TRABALHO NÃO É ÓRGÃO DA JUSTIÇA DO TRABALHO. Repita isso por várias vezes, pois as bancas adoram confundir os candidatos.

2) Houve alteração da idade máxima para nomeação dos ministros do TST e desembargadores de TRT, passando, assim, para 70 anos.

3) Junto ao TST funcionam a Escola Nacional de Formação e Aperfeiçoamento de Magistrados do Trabalho (Enamat) e o Conselho Superior da Justiça do Trabalho (CSJT). Compete a Enamat, entre outras funções, regulamentar os cursos oficiais para o ingresso e a promoção na carreira e, ao CSJT, exercer a supervisão administrativa, orçamentária, financeira e patrimonial da Justiça do Trabalho de primeiro e segundo graus, como órgão central do sistema, cujas decisões terão efeito vinculante.

4) A EC 24/1999 excluiu a chamada Junta de Conciliação e Julgamento – então, quando ler na CLT "Junta de Conciliação e Julgamento", leia-se "Vara do Trabalho".

QUESTÕES PARA TREINO

1. **(Ipefae – Prefeitura de Andradas-MG – Advogado – 2020 – adaptada)** Sobre a composição e estrutura da Justiça do Trabalho, é correto afirmar:

Os Tribunais Regionais do Trabalho terão no mínimo 7 desembargadores, todos eles juízes de carreira, galgando o cargo por meio de promoção por merecimento e antiguidade, em lista alternada.

Comentário

CF/1988, art. 115: Os Tribunais Regionais do Trabalho compõem-se de, no mínimo, 7 juízes, recrutados, quando possível, na respectiva região, e nomeados pelo Presidente da República dentre brasileiros com mais de 30 e menos de 65 anos, sendo:

I – 1/5 dentre advogados com mais de 10 anos de efetiva atividade profissional e membros do Ministério Público do Trabalho com mais de 10 anos de efetivo exercício, observado o disposto no art. 94;

II – os demais, mediante promoção de juízes do trabalho por antiguidade e merecimento, alternadamente.

Errado.

2. **(Ipefae – Prefeitura de Andradas-MG – Advogado – 2020 – adaptada)** Sobre a composição e estrutura da Justiça do Trabalho, é correto afirmar:

Se em determinada cidade não houver Justiça do Trabalho e a competência para apreciar demandas trabalhistas não estiver atrelada a Justiça do Trabalho de cidades adjacentes, ante a competência residual, restará a Justiça Cível Federal a atribuição de apreciar a ação trabalhista. Atribuir a competência residual a Justiça Federal se justifica por que a Justiça Especial do Trabalho também é federal. A sentença proferida pela Justiça Cível Federal, nesse caso, será passível de apelação no prazo de 15 dias. O recurso, por sua vez, será recebido pela Justiça Cível Federal e remetido ao Tribunal Regional Federal, e não ao Tribunal Regional do Trabalho.

Comentário

CF/1988, art. 112: A lei criará varas da Justiça do Trabalho, podendo, nas comarcas não abrangidas por sua jurisdição, atribuí-la aos juízes de direito, com recurso para o respectivo Tribunal Regional do Trabalho.

Errado.

3. **(Ipefae – Prefeitura de Andradas-MG – Advogado – 2020 – adaptada)** Sobre a composição e estrutura da Justiça do Trabalho, é correto afirmar:

Os Tribunais Regionais do Trabalho, desde que compostos de no mínimo 2 turmas e por uma seção especial, poderão funcionar descentralizadamente, constituindo Câmaras regionais, a fim de assegurar o pleno acesso do jurisdicionado à Justiça em todas as fases do processo.

Comentário

CF/1988, art. 115, § 2º: Os Tribunais Regionais do Trabalho poderão funcionar descentralizadamente, constituindo Câmaras regionais, a fim de assegurar o pleno acesso do jurisdicionado à justiça em todas as fases do processo.

Errado.

4. **(Ipefae – Prefeitura de Andradas-MG – Advogado – 2020 – adaptada)** Sobre a composição e estrutura da Justiça do Trabalho, é correto afirmar:

Os juízes do trabalho são órgãos que compõem a Justiça do Trabalho.

Comentário

CF/1988, art. 111: São órgãos da Justiça do Trabalho:

I – o Tribunal Superior do Trabalho;

II – os Tribunais Regionais do Trabalho;

III – Juízes do Trabalho.

Certo.

Cap. 30 - ORGANIZAÇÃO DA JUSTIÇA DO TRABALHO | 541

5. **(Objetiva – Prefeitura de Antônio Prado-RS – Advogado – 2019 – adaptada)** De acordo com o Decreto-lei 5.452/1943 – CLT, que regulamenta os Tribunais Regionais do Trabalho, analise a afirmação a seguir:

Nos Tribunais Regionais constituídos de seis ou mais juízes togados, e menos de onze, um deles será escolhido dentre advogados, um dentre membros do Ministério Público da União junto à Justiça do Trabalho, e os demais dentre juízes cíveis.

Comentário

CF/1988, art. 115: Os Tribunais Regionais do Trabalho compõem-se de, no mínimo, 7 juízes, recrutados, quando possível, na respectiva região, e nomeados pelo Presidente da República dentre brasileiros com mais de 30 e menos de 65 anos, sendo:

I – 1/5 dentre advogados com mais de 10 anos de efetiva atividade profissional e membros do Ministério Público do Trabalho com mais de 10 anos de efetivo exercício, observado o disposto no art. 94;

II – os demais, mediante promoção de juízes do trabalho por antiguidade e merecimento, alternadamente.

Errado.

6. **(Objetiva – Prefeitura de Antônio Prado-RS – Advogado – 2019 – adaptada)** De acordo com o Decreto-lei 5.452/1943 da CLT, que regulamenta os Tribunais Regionais do Trabalho, analise a afirmação a seguir:

Nos Tribunais Regionais, as decisões tomar-se-ão pelo voto da maioria dos juízes presentes, inclusive, no Tribunal Pleno, na hipótese de declaração de inconstitucionalidade de lei ou ato do Poder Público.

Comentário

CLT, art. 672, § 2º: Nos Tribunais Regionais, as decisões tomar-se-ão pelo voto da maioria dos juízes presentes, ressalvada, no Tribunal Pleno, a hipótese de declaração de inconstitucionalidade de lei ou ato do poder público.

CF, art. 97: Somente pelo voto da maioria absoluta de seus membros ou dos membros do respectivo órgão especial poderão os tribunais declarar a inconstitucionalidade de lei ou ato normativo do Poder Público.

Errado.

7. **(Objetiva – Prefeitura de Antônio Prado-RS – Advogado – 2019 – adaptada)** De acordo com o Decreto-lei 5.452/1943 – CLT, que regulamenta os Tribunais Regionais do Trabalho, analise a afirmação a seguir:

No julgamento de recursos contra decisão ou despacho do Presidente, do Vice-Presidente ou de Relator, ocorrendo empate, deverá ser realizada nova sessão de julgamento.

Comentário

CLT, art. 672, § 4º: No julgamento de recursos contra decisão ou despacho do Presidente, do Vice-Presidente ou de Relator, ocorrendo empate, prevalecerá a decisão ou despacho recorrido.

Errado.

542 DIREITO DO TRABALHO E PROCESSO DO TRABALHO FACILITADOS – Lenza

8. **(GSA Concursos – Prefeitura de Jardinópolis-SC – Advogado – 2019)** Respeitando as normas constitucionais, a Consolidação das Leis Trabalhistas e demais normas que regulam a temática, no que diz respeito ao Tribunal Superior do Trabalho, para o funcionamento do Tribunal Pleno, quando a deliberação tratar de Emenda Regimental, será exigida a presença de, no mínimo:

a) quatorze de seus Ministros.

b) doze de seus Ministros.

c) sete de seus Ministros.

d) seis de seus Ministros.

Comentário

Regimento Interno do Tribunal Superior do Trabalho

(Publicado no *DJ* de 09.05.2008 – Resolução Administrativa 1.295/2008)

Art. 62. O Tribunal Pleno é constituído pelos Ministros da Corte.

§ 1º Para o funcionamento do Tribunal Pleno é exigida a presença de, no mínimo, quatorze Ministros, sendo necessário maioria absoluta quando a deliberação tratar de:

(...)

II – aprovação de Emenda Regimental;

Letra A.

9. **(CIEE – TRT-10 – Estágio – Direito – 2019 – adaptada)** No que tange à organização da Justiça do Trabalho, é correto afirmar:

Há dois órgãos na Justiça do Trabalho: Tribunal Superior do Trabalho e Tribunais Regionais do Trabalho.

Comentário

A Justiça do Trabalho compõe-se de três órgãos. Segundo o art. 111 da CF, são eles: o Tribunal Superior do Trabalho; os Tribunais Regionais do Trabalho e os Juízes do Trabalho.

Errado.

10. **(CIEE – TRT-10 – Estágio – Direito – 2019 – adaptada)** No que tange à organização da Justiça do Trabalho, é correto afirmar:

O Tribunal Superior do Trabalho é composto de 23 ministros.

Comentário

Conforme o art. 111-A da Constituição Federal de 1988, o TST é formado por 27 ministros. Lembre-se da regra TST = Trinta Sem Três = 27.

Errado.

JURISDIÇÃO E COMPETÊNCIA NA JUSTIÇA DO TRABALHO

1. JURISDIÇÃO

1.1. Da lide

A lide corresponde ao conflito de interesses qualificado pela pretensão resistida. O objeto da lide é a **pretensão posta em juízo**, que consiste em uma **obrigação de dar (coisa certa ou incerta), pagar, fazer ou não fazer**.

1.2. Da pretensão

A pretensão é o **ato de exigir a subordinação do interesse alheio ao interesse próprio**. Pode ser aduzida por quem tem (ou não tem) direito, podendo ainda ser fundada ou infundada. É o que impulsiona o autor a buscar a guarida judicial.

1.3. Da demanda

Prevista na CF (art. 5º, XXXV – princípio da inafastabilidade da jurisdição ou da demanda), a demanda é o **modo de exigir**; é o ato de ir ao Judiciário pedir a tutela jurisdicional, que não se confunde com o direito de ação, pois o direito de demandar é incondicionado.

1.4. Conceito e características

Entende-se por jurisdição a prerrogativa de "dizer o direito", prerrogativa essa que compete ao Estado como forma de resolução de conflitos e, consequentemente, de mantença da ordem jurídica e da autoridade da lei.

A jurisdição é forma de solução dos conflitos classificada como heterocomposição, isto é, solução de conflito por meio de terceira pessoa, a qual obriga as partes. Contudo, nem sempre tal prerrogativa é do Estado (juiz); em algumas situações, a legislação permite que as próprias partes elejam um árbitro (terceiro imparcial). Em resumo, é a função estatal exercida pelos juízes e tribunais, encarregada de solucionar os conflitos de interesses, aplicando o direito ao caso concreto.

1.5. Princípios da jurisdição

A jurisdição (dizer o direito) necessita de regras que o legitimem tendo em vista o Estado Democrático de Direito. Os princípios da jurisdição esclarecem bem essa atividade vinculada.

São princípios da jurisdição:

a) **inércia** – art. 2º do CPC. A jurisdição é uma atividade provocada;

b) **caráter publicista** – exercida pelo Estado e indelegável;

c) **inafastabilidade ou indeclinabilidade** – o juiz é obrigado a exercer a jurisdição quando acionado. Está prevista na CF (art. 5º, XXXV) e no CPC (art. 140); por meio dessa compreensão, pode haver lacuna na lei, mas jamais no Direito; portanto, uma vez entregue o conflito ao Poder Judiciário, a resposta deve ser entregue às partes;

d) **atividade substitutiva** – substitui as partes que devem obedecer ao comando judicial, pois são impedidas de exercer a justiça privada;

e) **imutabilidade** – uma vez exposta, a decisão judicial torna-se imutável, consolidando-se por meio da coisa julgada;

f) **territorialidade** – o limite da jurisdição é o território nacional (questão de soberania); assim, somente são válidas em outros territórios quando houver pactuação internacional para tal fim;

g) **juiz natural** – competente e imparcial;

h) **improrrogabilidade ou aderência ao território** – são os limites da jurisdição no plano interno. Este princípio veda ao juiz o exercício da função jurisdicional fora dos limites delineados pela lei. Admite exceções.

1.6. Espécies de jurisdição

a) **Contenciosa:** pressupõe a existência da lide, atua-se por meio do processo.

b) **Voluntária:** conforme define a doutrina, corresponde à Administração Pública de interesses privados; não há lide nem partes; em verdade, há interessados em consenso. Destaca Mauro Schiavi[1] que há exemplos raros na Justiça do Trabalho, como:

i. alvarás judiciais para saques do FGTS;

ii. homologação de pedido de demissão de empregados estáveis.

---

[1] SCHIAVI, Mauro. *Manual de Direito Processual do Trabalho.* 12. ed. São Paulo: LTR, 2017.

Cap. 31 – JURISDIÇÃO E COMPETÊNCIA NA JUSTIÇA DO TRABALHO **545**

1.7. Imunidade de jurisdição. Organização ou organismo internacional

IMUNIDADE DE JURISDIÇÃO		
Estados estrangeiros	Imunidade relativa	Segundo a jurisprudência do TST, a imunidade de jurisdição reconhecida aos Estados estrangeiros é relativa, restringindo-se aos atos de império. Por sua vez, em execução de sentença, somente estarão imunes à constrição judicial os bens comprovadamente vinculados ao exercício das atividades de representação consular e diplomática.
Organismos internacionais	Imunidade absoluta	**Tese de Repercussão Geral 947 do STF:** O organismo internacional que tenha garantida a imunidade de jurisdição em tratado firmado pelo Brasil e internalizado na ordem jurídica brasileira não pode ser demandado em juízo, salvo em caso de renúncia expressa a essa imunidade.

2. COMPETÊNCIA

2.1. Conceito

A jurisdição é una e indivisível, contudo, para mais efetividade, ela é **ramificada por meio da competência**, a qual delimita o exercício legítimo para "dizer o direito". A competência corresponde à distribuição da jurisdição entre os diversos juízes.

A doutrina brasileira informa que os critérios de competência são em razão:

a) da natureza da relação jurídica (competência em razão da matéria ou objetiva) – para a Justiça do Trabalho, tal disciplina encontra albergue no art. 114 da CF e no art. 652 da CLT;

b) da qualidade das partes envolvidas (competência em razão da pessoa);

c) da hierarquia dos órgãos judiciários (competência interna ou funcional) – no processo do trabalho, vem disciplinada na CLT e nos Regimentos Internos dos TRTs e do TST.

d) do lugar (competência territorial) – no processo do trabalho, é disciplinada no art. 651 da CLT; regra geral, utiliza-se o local da prestação do serviço;

e) do valor da causa – no processo do trabalho, serve para definir o rito processual (até 2 salários mínimos, rito sumário; de 2 a 40 salários mínimos, sumaríssimo; e acima de 40 salários mínimos, rito ordinário).

As *3 primeiras* são absolutas e de interesse público. As outras duas, por sua vez, são relativas à territorialidade e ao valor da causa, respectivamente; quanto a esta última, na Justiça laboral, se o rito processual cabível for o sumaríssimo, será considerada pela doutrina como absoluta.

2.2. Competência material da Justiça do Trabalho brasileira após a EC 45/2004 e competência em razão da pessoa

A EC 45/2004 trouxe significativas mudanças na competência material da Justiça do Trabalho brasileira; o critério, que *era* eminentemente pessoal, ou seja, *em razão* das pessoas de trabalhadores e empregadores, **passou a ser em razão de uma relação jurídica, que é a de trabalho.**

2.3. Competência material da Justiça do Trabalho

2.3.1. Controvérsias oriundas e decorrentes da relação de trabalho

a) Do conceito de relação de trabalho

Para a doutrina majoritária, "relação de trabalho" pressupõe trabalho prestado por conta alheia, em que o trabalhador (pessoa física) coloca sua força de trabalho em prol de outra pessoa (física ou jurídica), podendo o trabalhador correr ou não os riscos da atividade. Exclui-se da relação de trabalho quando este é prestado por pessoa jurídica.

Quanto ao requisito da onerosidade, a doutrina é tranquila ao indicar que não se trata de requisito essencial para a configuração de uma relação de trabalho. Já no que tange à subordinação, a relação de trabalho poder-se-á ocorrer com subordinação (relação de emprego) ou de forma autônoma (podendo ser um contrato de trabalho ou de prestação de serviços).

Por fim, no que toca ao requisito da eventualidade: (i) se eventual – contrato de trabalho; (ii) se não eventual – contrato de emprego.

Portanto, relação de trabalho é o trabalho prestado por conta alheia, em que o trabalhador (pessoa física) coloca, em caráter preponderantemente pessoal, de forma eventual ou não eventual, gratuita ou onerosa, de modo autônomo ou subordinado, sua força de trabalho em prol de outra pessoa física ou jurídica (de direito público ou privado), podendo o trabalhador correr ou não riscos da atividade que desempenhará.

b) Competência da Justiça do Trabalho para apreciar as lides oriundas da relação de trabalho

Inserem-se na competência da Justiça do Trabalho as ações que demandam qualquer espécie de prestação de trabalho humano, **preponderantemente pessoal**, qualquer que seja a modalidade de vínculo jurídico, realizada por pessoa natural para pessoa (jurídica ou natural). Apesar da aplicação de competência decorrente da EC 45/2004, não se inserem na competência material da Justiça do Trabalho as **relações de trabalho** regidas por legislação especial (*vide* servidores estatutários) e as regidas pela lei do consumidor.

c) Servidor público. Relação estatutária

O inciso I do art. 114 da CF ainda traz a competência em relação à pessoa ao incluir na esfera trabalhista as causas em que são partes entes de direito público externo e da administração direta e indireta da União, dos estados/DF e dos municípios.

A relação estatutária é aquela regulada por estatuto (lei) dos servidores públicos. A relação empregatícia, por seu turno, é aquela referente aos empregados públicos regidos pela CLT por ausência de estatuto ou previsão legal. Por fim, as relações de caráter jurídico-administrativo correspondem àquelas situações previstas pela lei, para contratação temporária de servidor público, que podem ser estatutárias ou celetistas, a depender da legislação respectiva.

Pois bem, a competência para julgar as relações de emprego é resolvida pelo STF e pelo TST, que declaram competente a Justiça do Trabalho nas causas em que há **relação de emprego**, isto é, os servidores denominados *empregados públicos são regidos pela CLT* (celetista). Do contrário, cabe à Justiça Comum as ações referentes às **relações estatutárias**, *inclusive* os cargos em comissão, e dos servidores temporários. Assim, cabe à Justiça Federal julgar os servidores estatutários federais e à Justiça Estadual os estaduais e municipais.

Inclusive, no uso da técnica da interpretação conforme a Constituição, o STF (ADI 3.395) reconheceu a **incompetência** da Justiça Obreira para *apreciar as causas que sejam instauradas entre o Poder Público e seus servidores*, a ele vinculados por típica relação de ordem estatutária ou de caráter jurídico-administrativo. Esse entendimento foi confirmado na Reclamação 6.568, em que o STF determinou o deslocamento da apreciação da ação de greve de policiais civis do Estado de São Paulo da Justiça do Trabalho para o Tribunal de Justiça (Justiça Comum).

> Compete à **Justiça comum** processar e julgar controvérsias relacionadas à fase pré--contratual de seleção e de admissão de pessoal e eventual nulidade do certame em face da Administração Pública, direta e indireta, nas hipóteses em que adotado o regime celetista de contratação de pessoal. (STF, Plenário, RE 960429/RN, Rel. Min. Gilmar Mendes, j. 04 e 05.03.2020, repercussão geral (Tema 992), *Info* 968)
>
> **Servidores públicos**. Regime temporário. Justiça do Trabalho. Incompetência. No julgamento da ADI 3.395MC/DF, este Supremo Tribunal suspendeu toda e qualquer interpretação do inciso I do art. 114 da CF (na redação da EC 45/2004) que inserisse, na competência da Justiça do Trabalho, a apreciação de causas instauradas entre o Poder Público e seus servidores, a ele vinculados por típica relação de ordem estatutária ou de caráter jurídico-administrativo. As contratações temporárias para suprir os serviços públicos estão no âmbito de relação jurídico-administrativa, sendo competente para dirimir os conflitos a Justiça comum e não a Justiça especializada. (Rcl. 4.872)

Ressalta-se que a alteração de regime celetista para estatutário limita a competência da Justiça do Trabalho ao período do regime celetista, inclusive a fase executória e a prescrição bienal, isto é, o empregado tem prazo de 2 anos contados da extinção para ajuizar reclamação trabalhista. Em outras palavras, a alteração do regime celetista para o estatutário limita a competência trabalhista ao período do contrato regido pela CLT.

> OJ 138 da SDI-1 do TST: Competência residual. Regime jurídico único. Limitação da execução. Compete à Justiça do Trabalho julgar pedidos de direitos e vantagens previstos na legislação trabalhista referente a período ANTERIOR à Lei nº 8.112/90, mesmo que a ação tenha sido ajuizada após a edição da referida lei. A superveniência de regime estatutário em substituição ao celetista, mesmo após a sentença, limita a execução ao período celetista. (destacamos)

Súmula 382 do TST: Mudança de regime celetista para estatutário. Extinção do contrato. Prescrição bienal. A transferência do regime jurídico de celetista para estatutário implica EXTINÇÃO DO CONTRATO DE TRABALHO, fluindo o prazo da prescrição bienal a partir da mudança de regime. (destacamos)

d) Os contratos de empreitada e a pequena empreitada

Para a maioria da doutrina, a competência da Justiça do Trabalho, nos contratos de empreitada, se circunscreve aos casos de pequeno empreiteiro.

e) Contratos de prestação de serviços

A partir da ampliação da competência da Justiça do trabalho, decorrente da EC 45/2004, é possível postular, com base em contrato de prestação de serviço, o reconhecimento de vínculo de emprego; caso tal situação seja impossível, será cabível pedido sucessivo para pagamento das verbas oriundas da prestação do serviço.

Caso não se atribua à Justiça do Trabalho, os contratos de prestação de serviços serão regidos pelo Código Civil (Justiça Comum).

f) Entes de direito público externo

ESTADOS ESTRANGEIROS, ABRANGENDO AS EMBAIXADAS E AS REPARTIÇÕES CONSULARES	ORGANISMOS INTERNACIONAIS
Não têm imunidade de jurisdição.	Têm imunidade absoluta de jurisdição.
Regra: têm imunidade de execução.	

2.4. Competência para as ações que envolvem o exercício do direito de greve

A greve, prevista na CF (art. 9º), é considerada **direito social e fundamental da classe trabalhadora**, contudo não é ilimitado, pois os abusos sujeitam os responsáveis às penas da lei. Não se trata de uma forma de solução de conflitos; em verdade, o direito de greve é uma forma de pressionar o empregador a negociar.

Sempre foi de competência da Justiça laboral julgar o dissídio coletivo de greve; todavia, com a EC 45/2004, o art. 114, II, ampliou essa competência para abranger também *as ações que envolvam o exercício do direito de greve*, e, para alguns autores, inserem-se igualmente nessa competência as *ações prévias (inibitórias)* – para assegurar o exercício do direito de greve; *as ações possessórias* – reintegração e manutenção da posse e interdito proibitório; *as ações indenizatórias* – para reparação de danos causados ao empregador quando do exercício de greve; *os danos causados a terceiros*; e *as obrigações de fazer* – medidas que evitem prejuízos ao empregador durante o exercício da greve pelos empregados.

Súmula 189: Greve. Competência da justiça do trabalho. Abusividade (nova redação) – Res. 121/2003, *DJ* 19, 20 e 21.11.2003 A Justiça do Trabalho é competente para declarar a abusividade, ou não, da greve.

Cap. 31 – JURISDIÇÃO E COMPETÊNCIA NA JUSTIÇA DO TRABALHO | 549

2.4.1. Da competência da Justiça do Trabalho para o julgamento da greve de servidores públicos

Em decisão proferida no Mandado de Injunção 712-8, o STF estabeleceu a disciplina no caso de dissídio de greve de servidores públicos estatutários, entendendo que "Até a devida disciplina legislativa, devem-se definir as situações provisórias de competência constitucional para a apreciação desses dissídios no contexto nacional, regional, estadual e municipal", aplicando-se analogicamente a Lei 7.701/1988. Assim, a Justiça do Trabalho não tem competência para apreciar as relações de trabalho envolvendo relações estatutárias; por consequência, também não poderá resolver conflitos relacionados ao direito de greve do servidor público estatutário, salvo se se tratar de servidores regidos pela CLT. Todavia, esse não é mais o entendimento prevalecente:

> A justiça comum, federal ou estadual, é competente para julgar a abusividade de greve de servidores públicos CELETISTAS da Administração pública direta, autarquias e fundações públicas. (STF, Plenário, RE 846854/SP, Rel. orig. Min. Luiz Fux, Red. p/ o Acórdão Min. Alexandre de Moraes, j. 01.08.2017, repercussão geral, *Info* 871) (destacamos)

> Súmula Vinculante 23: A Justiça do Trabalho é competente para processar e julgar ação possessória ajuizada em decorrência do exercício do direito de greve pelos trabalhadores da iniciativa privada.

Quanto à ação de **cobrança da contribuição sindical dos SERVIDORES PÚBLICOS**, conforme já decidido pelo STF, é de competência da **Justiça Comum (estadual ou federal)**.

No que diz respeito à contribuição sindical do **servidor celetista**, a competência é da **Justiça do Trabalho**.

2.4.2. Ações indenizatórias que decorrem da greve

O entendimento que prevalece na doutrina é de que tais ações são de competência da Justiça do Trabalho.

2.4.3. Ações sobre representação sindical

Dispõe a CF, no art. 114, que "Compete à Justiça do Trabalho processar e julgar: (...) III – as ações sobre representação sindical, entre sindicatos), entre sindicatos e trabalhadores, e entre sindicatos e empregadores". Nesse inciso, percebe-se claramente que em qualquer ação sobre representação sindical a competência recai sobre a Justiça do Trabalho. Assim, ações entre dois sindicatos, ações entre sindicato e empregados e ações entre sindicato e empregadores são de competência da Justiça do Trabalho, inclusive quando forem partes as confederações e federações, pois se trata de representação sindical, novidade trazida pela EC 45/2004, visto que, anteriormente, tal competência era da Justiça Comum (nesse sentido, a Súmula 222 do STJ).

2.5. *Habeas corpus*

O *habeas corpus* é remédio constitucional cabível sempre que alguém sofre ou se acha ameaçado de sofrer violência ou coação em sua liberdade de locomoção, por ilegalidade ou abuso de poder. Na esfera trabalhista, tal remédio era utilizado no caso de depositário infiel; contudo, com a declaração do STF de inconstitucionalidade sem redução de texto da prisão civil, atualmente, na Justiça do Trabalho, o uso de *habeas corpus* é de difícil incidência, apesar de parte da doutrina admiti-lo em casos de restrição de liberdade dos empregados pelos empregadores ou tomadores de serviços em casos de greve, por exemplo, ou, ainda, em casos de trabalho análogo a condições de escravo.

COMPETÊNCIA – JULGAMENTO – HC TRABALHISTA
Contra ato de particular – juiz do trabalho
Contra ato de juiz do trabalho – TRT
Contra ato do TRT – TST
Contra ato do TST – STF

2.6. Mandado de segurança

Remédio constitucional previsto no art. 5º, LXIX, da CF, o mandado de segurança (MS) corresponde a uma ação constitucional com rito especial (definido na Lei 12.016/2009) que visa defender direito líquido e certo, não amparado por *habeas corpus* e *habeas data*.

Na Justiça do Trabalho, a competência para o MS, após a EC 45, se fixa em razão da matéria; portanto, não se determina tendo por base a atividade coatora, mas a competência do órgão jurisdicional responsável por desfazer tal ato.

2.7. *Habeas data*

CF, art. 5º, LXXII. É remédio constitucional para assegurar o conhecimento de informações em banco de dados (públicos ou privados com caráter público) ou para retificação de informações nesses bancos de dados.

É pouco usado na Justiça do Trabalho; geralmente, resolve-se com o MS, mas pode ocorrer, por exemplo, no caso de empregadores que buscam informações sobre procedimento administrativo referente à penalidade administrativa.

2.8. Ações de indenização por danos morais e patrimoniais decorrentes da relação de trabalho

Apesar de apenas com a EC 45 ter recebido albergue constitucional (art. 114, VI – *Compete à Justiça do Trabalho processar e julgar: (...) VI – as ações de indenização por dano moral ou patrimonial, decorrentes da relação de trabalho*), a competência da Justiça do trabalho em tal matéria já estava devidamente firmada, tanto no TST quanto no STF.

> Súmula 392: Dano moral e material. Relação de trabalho. Competência da Justiça do Trabalho (redação alterada na sessão do Tribunal Pleno realizada em 27.10.2015) – Res. 200/2015, *DEJT* divulgado em 29.10.2015 e 03 e 04.11.2015. Nos termos do art. 114, inc.

Cap. 31 – JURISDIÇÃO E COMPETÊNCIA NA JUSTIÇA DO TRABALHO **551**

VI, da Constituição da República, a Justiça do Trabalho é competente para processar e julgar ações de indenização por dano moral e material, decorrentes da relação de trabalho, inclusive as oriundas de acidente de trabalho e doenças a ele equiparadas, ainda que propostas pelos dependentes ou sucessores do trabalhador falecido.

2.9. Da competência da Justiça do Trabalho para apreciação dos danos morais e materiais decorrentes do acidente de trabalho e doença ocupacional

As ações dessa natureza decorrentes de acidente de trabalho também serão de competência da Justiça do Trabalho, inclusive quando ajuizadas pelos sucessores e herdeiros, desde que sejam contra o empregador. Já as ações contra o INSS (autarquia federal) serão ajuizadas na Justiça Comum Estadual.

> Súmula Vinculante 22: A Justiça do Trabalho é competente para processar e julgar as ações de indenização por danos morais e patrimoniais decorrentes de ACIDENTE DE TRABALHO propostas por empregado contra empregador, inclusive aquelas que ainda NÃO possuíam sentença de mérito em primeiro grau quando da promulgação da Emenda Constitucional nº 45/04. (destacamos)

> Súmula 501 do STF: Compete à justiça ordinária estadual o processo e o julgamento, em ambas as instâncias, das causas de acidente do trabalho, ainda que promovidas contra a União, suas autarquias, empresas públicas ou sociedades de economia mista.

Assim, as ações por danos morais e materiais decorrentes de acidente de trabalho contra o empregador devem ser ajuizadas na Justiça do Trabalho. Por outro lado, as ações para benefício previdenciário por acidente de trabalho (auxílio-acidente) serão de competência da Justiça Comum Estadual.

AÇÕES ACIDENTÁRIAS – ACIDENTE DE TRABALHO – COMPETÊNCIA
Promovidas pelo trabalhador em face do INSS, para recebimento de benefício previdenciário (AUXÍLIO--ACIDENTE) – JUSTIÇA COMUM ESTADUAL (art. 109, I, da CF).
Ajuizadas pelo trabalhador em face do EMPREGADOR, postulando indenização por danos MORAIS ou PATRIMONIAIS – JUSTIÇA DO TRABALHO.

2.9.1. Competência da Justiça do Trabalho para apreciar o dano moral em ricochete

Insere-se na competência da Justiça do Trabalho em decorrência da previsão do art. 114, VI, da CF. É o dano reflexo que atinge pessoa diversa daquele que sofre diretamente o dano moral.

2.10. Penalidades administrativas impostas aos empregadores pelos órgãos da fiscalização do trabalho

Antes da EC 45, essas espécies de ações eram julgadas pela Justiça Federal. Atualmente, trata-se de matéria indiscutivelmente da competência da Justiça do Trabalho

DIREITO DO TRABALHO E PROCESSO DO TRABALHO FACILITADOS – *Lenza*

(art. 114, VII – Compete à Justiça do Trabalho processar e julgar: (...) VII – as ações relativas às penalidades administrativas impostas aos empregadores pelos órgãos de fiscalização das relações de trabalho).

2.11. Execução, de ofício, das contribuições sociais das sentenças que proferir

Prevista no art. 114, VIII, da CF (Compete à Justiça do Trabalho processar e julgar: VIII – a execução, de ofício, das contribuições sociais previstas no art. 195, I, *a*, e 195, II, e seus acréscimos legais, decorrentes das sentenças que proferir). O artigo mencionado refere-se às contribuições sociais devidas pelo empregador e pelo empregado para custeio da previdência social.

As contribuições sociais incidem sobre as parcelas de **natureza salarial**: salário, 13º, horas extras, adicionais etc. Desse modo, quando houver incidência de contribuições sociais na condenação de verbas trabalhistas, deverá o juiz executá-las de ofício (independentemente de provocação).

Prevalece a tese de limitação da cobrança das contribuições previdenciárias às sentenças de eficácia condenatória, ficando excluídas as sentenças declaratórias.

2.12. Da competência territorial (em razão do lugar) da Justiça do Trabalho brasileira

A competência territorial delimita a base geográfica da jurisdição. Ela depende de provocação por meio de exceção de incompetência, sob pena de tornar competente o juiz que anteriormente era incompetente (prorrogação de competência). Regra geral, a competência territorial é o **local da prestação de serviços**. Caso o serviço tenha sido em mais de um lugar, será competente o último local (corrente majoritária).

As exceções à regra geral da competência territorial (local da prestação dos serviços) estão disciplinadas nos parágrafos do art. 651 da CLT:

Art. 651. A competência das Juntas de Conciliação e Julgamento é determinada pela localidade onde o empregado, reclamante ou reclamado, prestar serviços ao empregador, ainda que tenha sido contratado noutro local ou no estrangeiro.

§ 1º Quando for parte de dissídio agente ou viajante comercial, a competência será da Junta da localidade em que a empresa tenha agência ou filial e a esta o empregado esteja subordinado e, na falta, será competente a Junta da localização em que o empregado tenha domicílio ou a localidade mais próxima.

§ 2º A competência das Juntas de Conciliação e Julgamento, estabelecida neste artigo, estende-se aos dissídios ocorridos em agência ou filial no estrangeiro, desde que o empregado seja brasileiro e não haja convenção internacional dispondo em contrário.

§ 3º Em se tratando de empregador que promova realização de atividades fora do lugar do contrato de trabalho, é assegurado ao empregado apresentar reclamação no foro da celebração do contrato ou no da prestação dos respectivos serviços.

2.12.1. Competência territorial na ação civil pública

Regra especial é dada à competência territorial da ação civil pública, prevista na Lei 7.347/1985, a qual busca a responsabilidade por danos morais e patrimoniais sobre direitos coletivos (de um grupo ou categoria, mas individual), difusos (de pessoas indeterminadas) ou homogêneos (divisíveis, mas de origem comum). A competência da ação civil pública é absoluta (funcional-territorial), sendo inderrogável e improrrogável por vontade das partes. Nesse sentido, dispõe o art. 2º que o foro competente será o local onde ocorrer o dano. Logo, é competente a Vara do Trabalho (juiz singular/1ª instância), veja-se:

> Art. 2º As ações previstas nesta Lei serão propostas no foro do local onde ocorrer o dano, cujo juízo terá competência funcional para processar e julgar a causa.
>
> Parágrafo único. A propositura da ação prevenirá a jurisdição do juízo para todas as ações posteriormente intentadas que possuam a mesma causa de pedir ou o mesmo objeto.

Definida a extensão do dano, passa-se a estabelecer o juízo competente, conforme dispões a OJ 130 da SDI-2 do TST:

> OJ 130 da SDI-2 do TST: Ação civil pública. Competência. Local do dano. Lei nº 7.347/1985, art. 2º. Código de Defesa do Consumidor, art. 93. I – A competência para a Ação Civil Pública fixa-se pela extensão do dano; II – Em caso de dano de abrangência REGIONAL, que atinja cidades sujeitas à jurisdição de mais de uma Vara do Trabalho, a competência será de QUALQUER DAS VARAS DAS LOCALIDADES ATINGIDAS, ainda que vinculadas a Tribunais Regionais do Trabalho distintos; III – Em caso de dano de abrangência SUPRARREGIONAL ou NACIONAL, há competência concorrente para a Ação Civil Pública das VARAS DO TRABALHO DAS SEDES DOS TRIBUNAIS REGIONAIS DO TRABALHO; IV – Estará prevento o juízo a que a primeira ação houver sido distribuída. (destacamos)

EXTENSÃO DO DANO	COMPETÊNCIA
Dano local	Vara do Trabalho do local do dano.
Dano regional	Qualquer das Varas das localidades atingidas, ainda que vinculadas a TRTs distintos.
Dano suprarregional ou nacional	Competência concorrente para ACP das Varas do Trabalho das sedes dos TRTs.

2.12.2. Exceção de incompetência territorial

A reforma trabalhista promovida pela Lei 13.467/2017 alterou o art. 800 da CLT de forma significativa, trazendo novidades no que tange à impugnação à competência territorial. Assim, há:

- **forma de alegação da incompetência territorial** – conforme dispõe o *caput*, "em peça que sinalize a existência desta exceção", a exceção de incompetência será apresentada em peça autônoma; portanto, diferente do que prevê o CPC, em que é possível suscitar as hipóteses de incompetência relativa junto com a contestação (inovação trazida pela CPC de 2015);

- **prazo para apresentação** – atualmente, o prazo é de 5 dias – que devem ser contados a partir da notificação e em dias úteis; caso contrário, haverá preclusão temporal, bem como a prorrogação da competência, já que se trata de prazo próprio e peremptório. Por fim, vale destacar que a exceção deve ser apresentada antes da audiência;

- **necessidade de indicação do juízo competente** – trata-se de pressuposto da exceção. Ademais, por consequência lógica, após a apresentação da exceção, o suscitante não poderá impugnar o juízo ao qual os autos foram direcionados;

- **suspensão do processo** – automática, todavia imprópria, pois o próprio incidente, por óbvio, não estará suspenso;

- **contraditório** – garantido pelo § 2º. Foi ampliado de 24 horas improrrogáveis para 5 dias;

- **produção de prova oral** – permitida, utilizando-se como parâmetro o mesmo número de testemunhas cabíveis para o procedimento aplicado ao processo principal sem obstar a oitiva destas na instrução do processo de referência.

2.13. Competência funcional da Justiça do Trabalho

Essa classificação decorre da divisão (hierarquia) existente na estrutura interna do Poder Judiciário trabalhista. Assim, a competência funcional se refere ao fato de a ação ser ajuizada na Vara do Trabalho, no TRT ou no TST, ou, ainda, sucessivamente nas três instâncias, em caso de vários recursos interpostos das decisões de cada órgão.

2.14. Conflitos de competência entre órgãos que detêm jurisdição trabalhista

Os conflitos podem ocorrer entre os próprios órgãos que compõem o Judiciário trabalhista, como os conflitos entre Varas do Trabalho ou entre juízes do trabalho e juízes de direito investidos de jurisdição trabalhista, e entre Tribunais Regionais do Trabalho. Em razão da hierarquia entre os órgãos que compõem a Justiça do Trabalho, não há conflito de jurisdição entre Varas e TRTs, nem entre TST e TRTs, pois prevalece o entendimento do tribunal hierarquicamente superior.

Entende-se por conflitos de competência sempre que dois ou mais juízes se dão por competentes (querem julgar a causa) ou incompetentes (não querem julgar a causa) ou, ainda, quando dois ou mais juízes divergem sobre a reunião ou separação de processos.

Os conflitos de competência podem ser suscitados pelos juízes e tribunais do trabalho, pelo Ministério Público do Trabalho e pela parte interessada ou por seu representante. Em caso de conflito de competência, o incidente é julgado pela instância superior e pela instância/órgão o mais imparcial possível.

O art. 808, *a*, da CLT dispõe que será competente o TRT quando houver conflito entre Vara do trabalho × Vara do Trabalho ou juiz de direito investido na jurisdição trabalhista (desde que abrangidos pelo mesmo TRT). Já a alínea *b* prevê a competência do TST para conflito entre TRT × TRT; TRT × Vara de outro TRT; Vara de TRT diverso × Vara de TRT diverso ou juiz de direito de TRT diverso.

Destaca-se que, entre os órgãos judiciais, **há hierarquia** e, diante disso, não há conflito de competência entre TRT e Vara do Trabalho a ele vinculada, pois a Vara (instância inferior) deve acatar a decisão do TRT (instância superior).

> Súmula 420: Competência funcional. Conflito negativo. TRT e Vara do Trabalho de idêntica região. Não configuração. Não se configura conflito de competência entre Tribunal Regional do Trabalho e Vara do Trabalho a ele vinculada.

Por sua vez, em caso de conflito entre Vara do Trabalho ou TRT × juiz de direito, TJ, juiz federal ou TRF, caberá ao STJ o julgamento (art. 105, I, *d*, da CF). Por fim, caberá ao STF decidir sobre conflitos de competência quando houver divergência entre TST × TJ, TRF, juiz de direito ou juiz federal (art. 102, I, *o*, da CF).

CONFLITO DE COMPETÊNCIA (JT)	ÓRGÃO JULGADOR
Entre duas Varas do Trabalho, ou entre juiz do trabalho e juiz de direito investido de jurisdição trabalhista	TRT (art. 808, *a*, da CLT)
Entre TRTs	TST (art. 808, *b*, da CLT)
Entre juiz do trabalho e juiz de direito, ou entre juiz do trabalho e juiz federal	STJ (art. 105, I, *d*, da CF)
Entre TST e TJ, ou TRF	STF (art. 102, I, *o*, da CF)

2.15. Dicotomia competência absoluta *vs.* relativa

COMPETÊNCIA	
Absoluta	**Relativa**
Atende ao interesse público.	Atende ao interesse particular da parte.
Competência em razão da matéria, da pessoa ou funcional.	Competência territorial.
A incompetência absoluta pode ser alegada em qualquer tempo e grau de jurisdição e deve ser declarada de ofício (art. 64, § 1º, do CPC).	Sujeita-se à preclusão, se o réu não a alegar, no prazo previsto no art. 800 da CLT.
Não é passível de prorrogação.	É passível de prorrogação.
Não pode ser alterada por conexão ou continência.	Pode ser alterada por conexão ou continência.

2.16. Competência normativa da Justiça do Trabalho

Por fim, no Direito do Trabalho, é possível a criação de normas jurídicas gerais (abstratas e genéricas) pelas partes envolvidas no conflito. É o que ocorre nas negociações coletivas (ACT e CCT). Contudo, quando as partes não chegam a um acordo, é instaurado o dissídio coletivo cuja função é legislativa, já que impõe normas abstratas e gerais aos interessados (poder normativo).

CF: Art. 114: (...)

§ 1º Frustrada a negociação coletiva, as partes poderão eleger árbitros.

§ 2º Recusando-se qualquer das partes à negociação coletiva ou à arbitragem, é facultado às mesmas, de comum acordo, ajuizar dissídio coletivo de natureza ECONÔMICA, podendo a Justiça do Trabalho decidir o conflito, respeitadas as disposições mínimas legais de proteção ao trabalho, bem como as convencionadas anteriormente.

§ 3º Em caso de greve em atividade essencial, com possibilidade de lesão do interesse público, o Ministério Público do Trabalho poderá ajuizar dissídio coletivo, competindo à Justiça do Trabalho decidir o conflito. (destacamos)

2.17. Competência para homologação de acordo extrajudicial

A reforma trabalhista alterou a redação do art. 652 da CLT, competindo às Varas do Trabalho decidir quanto à homologação de acordo extrajudicial em matéria de competência da Justiça do Trabalho (alínea *f*).

Destaca-se que, como se trata de homologação de acordo extrajudicial, há hipótese de jurisdição voluntária, sendo, em tese, competente qualquer juízo. Todavia, o entendimento predominante é de que – na proteção ao trabalhador – é incabível o foro de eleição na Justiça do Trabalho.

RESUMO

Nesta aula, você deve fixar os seguintes pontos:

1) A jurisdição é una e indivisível, contudo, para maior efetividade, ela é ramificada por meio da competência, a qual delimita o exercício legítimo para "dizer o direito". Por exemplo, nas ações de reconhecimento de vínculo empregatício, todos os juízes do território nacional possuem jurisdição, e apenas os juízes trabalhistas (exceto quando não houver Vara na localidade) têm competência para resolver o caso. A competência corresponde, portanto, à distribuição da jurisdição entre os diversos juízes.

2) A EC 45/2004 trouxe significativas mudanças na competência material da Justiça do Trabalho brasileira; o critério, que era eminentemente pessoal, ou seja, em razão das pessoas de trabalhadores e empregadores, passou a ser em razão de uma relação jurídica, que é a de trabalho. Apesar disso, a competência em razão da pessoa ainda foi mantida em algumas hipóteses (art. 114, § 3º, da CF): (a) entes de direito público interno e externo; (b) sindicatos; (c) órgãos de fiscalização das relações de trabalho e MPT.

3) Segundo a jurisprudência do TST, a imunidade de jurisdição reconhecida aos Estados estrangeiros é relativa, restringindo-se aos atos de império. Por sua vez, em execução de sentença, somente estarão imunes à constrição judicial os bens comprovadamente vinculados ao exercício das atividades de representação consular e diplomática

4) A incompetência absoluta pode ser alegada em qualquer tempo e grau de jurisdição e deve ser declarada de ofício (art. 64, § 1º, do CPC).

Cap. 31 – JURISDIÇÃO E COMPETÊNCIA NA JUSTIÇA DO TRABALHO 557

5) Na Justiça do Trabalho, o critério do valor da causa não é delimitador de competência, mas, sim, de rito processual (ordinário, sumaríssimo ou sumário).

QUESTÕES PARA TREINO

1. **(IBFC – Prefeitura de Cuiabá – Analista – Direito – 2023 – adaptada)** No que se refere à Justiça do Trabalho, é correto afirmar que a hipótese a seguir **não** é de sua competência:

   Ação de cobrança ajuizada por profissional liberal contra cliente.

   Comentário

   Súmula 363 do STJ: Compete à Justiça estadual processar e julgar a ação de cobrança ajuizada por profissional liberal contra cliente.

   Certo.

2. **(Vunesp – Câmara de Orlândia-SP – Procurador Jurídico – 2022 – adaptada)** Ajuizada a reclamação trabalhista em local diverso e apresentada a exceção de incompetência territorial pela reclamada, se acolhida pelo juiz a exceção de incompetência territorial determinando a remessa dos autos para vara do trabalho de outro Tribunal Regional do Trabalho, haverá uma decisão interlocutória, cabendo recurso de imediato.

   Comentário

   Súmula 214: Decisão interlocutória. Irrecorribilidade

   Na Justiça do Trabalho, nos termos do art. 893, § 1º, da CLT, as decisões interlocutórias não ensejam recurso imediato, salvo nas hipóteses de decisão:

   (...)

   c) que acolhe exceção de incompetência territorial, com a remessa dos autos para Tribunal Regional distinto daquele a que se vincula o juízo excepcionado, consoante o disposto no art. 799, § 2º, da CLT.

   Certo.

3. **(Vunesp – Câmara de Orlândia-SP – Procurador Jurídico – 2022 – adaptada)** Ajuizada a reclamação trabalhista em local diverso e apresentada a exceção de incompetência territorial pela reclamada, se acolhida pelo juiz a exceção de incompetência territorial determinando a remessa dos autos para vara do trabalho de outro Tribunal Regional do Trabalho, haverá uma sentença sem resolução de mérito, não cabendo recurso de imediato.

   Comentário

   Súmula 214: Decisão interlocutória. Irrecorribilidade

   Na Justiça do Trabalho, nos termos do art. 893, § 1º, da CLT, as decisões interlocutórias não ensejam recurso imediato, salvo nas hipóteses de decisão:

   (...)

   c) que acolhe exceção de incompetência territorial, com a remessa dos autos para Tribunal Regional distinto daquele a que se vincula o juízo excepcionado, consoante o disposto no art. 799, § 2º, da CLT.

   Errado.

4. **(Vunesp – Câmara de Orlândia-SP – Procurador Jurídico – 2022 – adaptada)** Ajuizada a reclamação trabalhista em local diverso e apresentada a exceção de incompetência territorial pela reclamada, se acolhida pelo juiz a exceção de incompetência territorial determinando a remessa dos autos para vara do trabalho de outro Tribunal Regional do Trabalho, haverá uma decisão interlocutória, não cabendo recurso de imediato.

Comentário

Súmula 214: Decisão interlocutória. Irrecorribilidade

Na Justiça do Trabalho, nos termos do art. 893, § 1º, da CLT, as decisões interlocutórias não ensejam recurso imediato, salvo nas hipóteses de decisão:

(...)

c) que acolhe exceção de incompetência territorial, com a remessa dos autos para Tribunal Regional distinto daquele a que se vincula o juízo excepcionado, consoante o disposto no art. 799, § 2º, da CLT.

Errado.

5. **(Vunesp – Câmara de Orlândia-SP – Procurador Jurídico – 2022 – adaptada)** Ajuizada a reclamação trabalhista em local diverso e apresentada a exceção de incompetência territorial pela reclamada, se acolhida pelo juiz a exceção de incompetência territorial determinando a remessa dos autos para vara do trabalho de outro Tribunal Regional do Trabalho, haverá uma sentença com resolução de mérito, cabendo recurso ordinário.

Comentário

Súmula 214: Decisão interlocutória. Irrecorribilidade

Na Justiça do Trabalho, nos termos do art. 893, § 1º, da CLT, as decisões interlocutórias não ensejam recurso imediato, salvo nas hipóteses de decisão:

(...)

c) que acolhe exceção de incompetência territorial, com a remessa dos autos para Tribunal Regional distinto daquele a que se vincula o juízo excepcionado, consoante o disposto no art. 799, § 2º, da CLT.

Errado.

6. **(Vunesp – Câmara de Orlândia-SP – Procurador Jurídico – 2022 – adaptada)** Ajuizada a reclamação trabalhista em local diverso e apresentada a exceção de incompetência territorial pela reclamada, se acolhida pelo juiz a exceção de incompetência territorial determinando a remessa dos autos para vara do trabalho de outro Tribunal Regional do Trabalho, haverá uma sentença sem resolução de mérito, cabendo recurso de natureza extraordinária de imediato.

Comentário

Súmula 214: Decisão interlocutória. Irrecorribilidade

Na Justiça do Trabalho, nos termos do art. 893, § 1º, da CLT, as decisões interlocutórias não ensejam recurso imediato, salvo nas hipóteses de decisão:

(...)

c) que acolhe exceção de incompetência territorial, com a remessa dos autos para Tribunal Regional distinto daquele a que se vincula o juízo excepcionado, consoante o disposto no art. 799, § 2º, da CLT.

Errado.

7. **(Fumarc – TRT-3 – Analista Judiciário – Área Judiciária – 2022 – adaptada)** Compete à Justiça do Trabalho processar e julgar ações possessórias ajuizadas em decorrência do exercício do direito de greve pelos trabalhadores da iniciativa privada.

    Comentário

    CF, art. 114: Compete à Justiça do Trabalho processar e julgar:

    (...)

    II – as ações que envolvam exercício do direito de greve;

    Súmula Vinculante 23: A Justiça do Trabalho é competente para processar e julgar ação possessória ajuizada em decorrência do exercício do direito de greve pelos trabalhadores da iniciativa privada.

    Certo.

8. **(Fumarc – TRT-3 – Analista Judiciário – Área Judiciária – 2022 – adaptada)** Compete à Justiça do Trabalho processar e julgar as ações de indenização por danos morais e patrimoniais decorrentes de acidente de trabalho propostas por empregado contra empregador.

    Comentário

    CF, art. 114. Compete à Justiça do Trabalho processar e julgar:

    (...)

    VI – as ações de indenização por dano moral ou patrimonial, decorrentes da relação de trabalho;

    Súmula Vinculante 22: A Justiça do Trabalho é competente para processar e julgar as ações de indenização por danos morais e patrimoniais decorrentes de acidente de trabalho propostas por empregado contra empregador, inclusive aquelas que ainda não possuíam sentença de mérito em primeiro grau quando da promulgação da Emenda Constitucional nº 45/04.

    Súmula 392 do TST: Nos termos do art. 114, inc. VI, da Constituição da República, a Justiça do Trabalho é competente para processar e julgar ações de indenização por dano moral e material, decorrentes da relação de trabalho, inclusive as oriundas de acidente de trabalho e doenças a ele equiparadas, ainda que propostas pelos dependentes ou sucessores do trabalhador falecido.

    Certo.

9. **(Fumarc – TRT-3 – Analista Judiciário – Área Judiciária – 2022 – adaptada)** Compete à Justiça do Trabalho processar e julgar as ações relativas às penalidades administrativas impostas aos empregadores pelos órgãos de fiscalização tributária.

    Comentário

    CF, art. 114: Compete à Justiça do Trabalho processar e julgar:

(...)

VII – as ações relativas às penalidades administrativas impostas aos empregadores pelos órgãos de fiscalização das relações de trabalho;

Errado.

10. **(Fumarc – TRT-3 – Analista Judiciário – Área Judiciária – 2022 – adaptada)** Compete à Justiça do Trabalho processar e julgar as ações sobre representação sindical, entre sindicatos, entre sindicatos e trabalhadores, e entre sindicatos e empregadores.

Comentário

CF, art. 114: Compete à Justiça do Trabalho processar e julgar:

(...)

III – as ações sobre representação sindical, entre sindicatos, entre sindicatos e trabalhadores, e entre sindicatos e empregadores;

Certo.

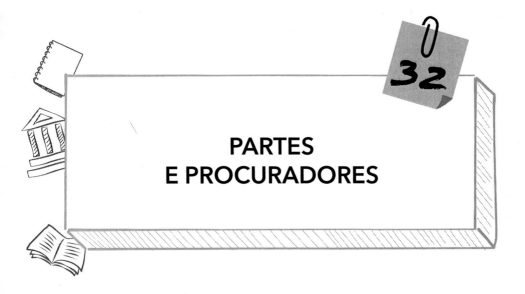

PARTES E PROCURADORES

1. CONCEITO DE PARTE

Considera-se parte em uma demanda judicial o **autor** (quem pleiteia o direito) e **réu** (a quem é pleiteado). Na Justiça do Trabalho, as denominações são diferentes, o autor é chamado de reclamante e o réu de reclamado; essa denominação advém da época em que a Justiça do Trabalho era administrativa.

Ademais, há critérios que legitimam as partes em uma demanda judicial. Eles estão ligados à capacidade delas, seja processual, seja postulatória.

2. CAPACIDADE DE SER PARTE E CAPACIDADE PROCESSUAL NA JUSTIÇA DO TRABALHO

A capacidade de ser parte refere-se à pessoa natural, isto é, pessoa física ou pessoa jurídica (a pessoa ficta), abrangendo toda pessoa que possua personalidade. É possível que entes despersonalizados possam figurar como parte, por exemplo, a massa falida e o espólio.

A capacidade processual é caracterizada quando ao titular do direito é permitido pleitear em juízo sem a necessidade de assistência ou representação.

Classifica-se a capacidade para fins processuais em:

a) **capacidade de direito ou de ser parte** – para toda pessoa que possui personalidade;
b) **capacidade de fato ou *ad processum*** – é a capacidade de estar em juízo. É a aptidão da pessoa de estar em juízo sem assistência ou representação. Com essa definição, conclui-se que os incapazes possuem capacidade de ser parte, mas não capacidade processual. Em âmbito trabalhista, a capacidade plena da pessoa é alcançada aos 18 anos. Doutrina majoritária admite as hipóteses de

emancipação, previstas pelo Código Civil, tanto para empregados quanto para empregador;

c) **capacidade postulatória ou *jus postulandi*** – capacidade para postular em juízo, em causa própria ou em favor de terceiros (tal assunto será objeto de estudo de forma aprofundada em outro capítulo).

> **Súmula 425.** *Jus Postulandi* na Justiça do Trabalho. Alcance. O *jus postulandi* das partes, estabelecido no art. 791 da CLT, limita-se às Varas do Trabalho e aos Tribunais Regionais do Trabalho, não alcançando a ação rescisória, a ação cautelar, o mandado de segurança e os recursos de competência do Tribunal Superior do Trabalho.

JUS POSTULANDI	
Definição	Faculdade conferida às partes, empregado ou empregador, para reclamar pessoalmente na Justiça do Trabalho e acompanhar as suas reclamações até o final (art. 791 da CLT).
Alcance	**Súmula 425:** *Jus postulandi* na Justiça do Trabalho. Alcance. O *jus postulandi* das partes, estabelecido no art. 791 da CLT, limita-se às Varas do Trabalho e aos Tribunais Regionais do Trabalho, não alcançando a ação rescisória, a ação cautelar, o mandado de segurança e os recursos de competência do Tribunal Superior do Trabalho.
Exclusão	Faculdade restrita às partes, e os terceiros que ingressam no processo não têm capacidade postulatória, devendo nomear advogados.

Lembrar do verbo HAMARR

H → *Homologação de acordo extrajudicial*
+
A → *Ação rescisória*
+
M → *Mandado de segurança*
+
A → *Ação cautelar*
+
R → *Recursos de competência do TST*
+
R → *Reclamação constitucional (informativo TST)*

O *jus postulandi* não se restringe às ações decorrentes de vínculos de emprego, mas a todas aquelas relacionadas à Justiça do Trabalho.

3. DA REPRESENTAÇÃO

a) Da representação e assistência das partes na Justiça do Trabalho

A capacidade processual poderá ser regularizada de forma representada ou assistida. Na representação, o representante age em nome próprio, mas no interesse do representado. Na assistência, ele apenas assiste os atos do representado.

Ressalta-se que a representação processual **não se confunde** com capacidade postulatória, aquela atribuição dada ao advogado de praticar atos inerentes aos processos judiciais.

REPRESENTAÇÃO	
Definição	Trata-se de figura jurídica criada para os casos de **incapacidade processual** das partes, podendo ser legal ou convencional.
Legal	Decorre de expressa **determinação legal**, como no caso de pessoas absolutamente incapazes.
Convencional	É fundamentada em previsão legal, que **faculta às partes** a representação em juízo, como no caso da nomeação de preposto pelas empresas (art. 843, § 1º, da CLT).

b) Da representação do empregador menor de 18 anos na Justiça do Trabalho

Em âmbito trabalhista, no direito material, considera-se menor a pessoa entre 14 anos e 18 anos. Entre 14 e 16 anos, o menor necessita de assistência de seu representante legal (representação), **cuja emancipação na esfera civil não influencia a esfera trabalhista para efeitos materiais do Direito do Trabalho.** Portanto, ainda que o menor seja emancipado, ele não poderá exercer atividade insalubre, perigosa ou noturna, nos termos do art. 7º, XXXIII, da CF/1988.

No processo do trabalho, aplicam-se as regras de menoridade do Direito Civil (CC/2002) às partes. Assim, a maioridade é alcançada aos 18 anos, salvo os casos de emancipação. O menor de 18 anos, mas maior de 16 anos, deverá ser assistido. Os menores de 16 anos deverão ser representados.

A CLT ainda traz a ordem sucessiva e rigorosa que deve ser observada na representação dos menores de 18 anos. Dispõe o art. 793 da CLT que, na falta de representantes legais (pais, tutores ou curadores), a representação será feita pelo: (1) MPT; (2) sindicato; (3) MP estadual; (4) curador nomeado.

REPRESENTANTES LEGAIS
PROCURADORIA DA JUSTIÇA DO TRABALHO (MPT)
SINDICATO DA CATEGORIA
MP ESTADUAL
CURADOR NOMEADO EM JUÍZO

c) Das pessoas jurídicas

São **fictícias**, por isso precisam de uma pessoa física para manifestação de sua vontade. **As pessoas jurídicas são presentadas em juízo.** Daí se exigir representantes em juízo, consoante o art. 75 do CPC.

Art. 75. Serão representados em juízo, ativa e passivamente:

I – A União, pela Advocacia-Geral da União, diretamente ou mediante órgão vinculado;

II – O Estado e o Distrito Federal, por seus procuradores;

III – o Município, por seu prefeito, procurador ou Associação de Representação de Municípios, quando expressamente autorizada;

IV – a autarquia e a fundação de direito público, por quem a lei do ente federado designar;

V – A massa falida, pelo administrador judicial;

VI – A herança jacente ou vacante, por seu curador;

VII – o espólio, pelo inventariante;

VIII – a pessoa jurídica, por quem os respectivos atos constitutivos designarem ou, não havendo essa designação, por seus diretores;

IX – a sociedade E a associação irregulares e outros entes organizados sem personalidade jurídica, pela pessoa a quem couber a administração de seus bens;

X – A pessoa jurídica estrangeira, pelo gerente, representante ou administrador de sua filial, agência ou sucursal aberta ou instalada no Brasil;

XI – o condomínio, pelo administrador ou síndico.

OJ 318 da SDI-1 do TST: Autarquia. Fundação pública. Legitimidade para recorrer. Representação processual. I – Os Estados e os Municípios não têm legitimidade para recorrer em nome das autarquias e das fundações públicas. II – Os procuradores estaduais e municipais podem representar as respectivas autarquias e fundações públicas em juízo somente se designados pela lei da respectiva unidade da federação (art. 75, IV, do CPC de 2015) ou se investidos de instrumento de mandato válido.

4. SUCESSÃO DAS PARTES NO PROCESSO DO TRABALHO

A sucessão processual corresponde à alteração da titularidade da ação – no polo ativo ou passivo –, podendo decorrer por ato *inter vivos* ou *causa mortis*. **Não se confunde com a representação, pois, nessa, o substituto pleiteia, em nome próprio, direito alheio.**

Na seara trabalhista, a jurisprudência tem admitido a habilitação dos sucessores do credor que estiverem admitidos como: **(a) dependentes perante a Previdência Social; ou (b) por alvará judicial obtido na Justiça Comum.**

No que tange à sucessão de empresas, destaca-se que a morte do sócio não altera o polo passivo, pois quem nele figura é a empresa (é a despersonalização da figura do empregador), salvo nas hipóteses de reclamado pessoa física ou firma individual, ocasião em que deverá o juiz suspender o processo até que se regularize o espólio.

Por fim, havendo sucessão de empresas, o sucessor responde integralmente, salvo em caso de fraude, hipótese em que haverá solidariedade entre sucedida e sucessora.

5. SUBSTITUIÇÃO DAS PARTES NO PROCESSO DO TRABALHO

Salienta-se que a **representação processual** não se confunde com a **substituição processual (legitimidade extraordinária)**. Nesta, **o substituto pleiteia, em nome próprio, direito alheio.** Naquela, **o substituto pleiteia direito alheio em nome alheio.**

SUBSTITUIÇÃO PROCESSUAL
A substituição processual confere **legitimação extraordinária**, cabendo ao substituto praticar todos os atos processuais, **sendo-lhe vedado apenas**, sem anuência do substituído, transigir, renunciar e reconhecer juridicamente o pedido, uma vez que o direito não lhe pertence.
Art. 18 do CPC. Ninguém poderá pleitear direito alheio em nome próprio, salvo quando autorizado pelo ordenamento jurídico. Parágrafo único. Havendo substituição processual, o substituído poderá intervir como assistente litisconsorcial.

SUBSTITUIÇÃO	REPRESENTAÇÃO
O substituto age em **nome próprio**, postulando **direito alheio**.	O representante age **em nome alheio**.

Em contrapartida à legitimidade extraordinária, há a legitimação ordinária, aquela em que o detentor do direito possui capacidade processual, isto é, não precisa ser assistido ou representado, já que tem capacidade plena.

- **Legitimidade ordinária:** o detentor do direito exerce a capacidade processual.
- **Legitimidade extraordinária:** a capacidade processual é exercida por outrem devidamente autorizado por lei.

Na Justiça do Trabalho, o substituto processual, por excelência, é o **sindicato**, mas também o **Ministério Público do Trabalho**, nos casos de direitos individuais homogêneos.

Quanto à representação processual, a Justiça do Trabalho traz regras peculiares, em especial aquela referente à audiência. Nesse sentido, regra geral, nas audiências trabalhistas, é obrigatória a presença das partes (empregado/empregador); as exceções ficam a cargo das disposições do art. 843 da CLT:

Art. 843. Na audiência de julgamento deverão estar presentes o reclamante e o reclamado, independentemente do comparecimento de seus representantes, salvo nos casos de **reclamatórias** PLÚRIMAS ou **ações de cumprimento**, quando os empregados poderão fazer-se representar pelo **sindicato** de sua categoria.

§ 1º É facultado ao empregador fazer-se substituir pelo gerente, ou qualquer outro **preposto** que tenha conhecimento do fato, e cujas declarações obrigarão o proponente.

§ 2º Se por doença ou qualquer outro motivo poderoso, devidamente comprovado, não for possível ao empregado comparecer pessoalmente, poderá fazer-se representar por **outro empregado que pertença à mesma profissão**, ou pelo seu **sindicato**.

§ 3º O preposto a que se refere o § 1º deste artigo não precisa ser empregado da parte reclamada. (destacamos)

Retira-se do dispositivo que há possibilidade de representação processual das partes em quatro hipóteses, quais sejam:

A reforma trabalhista acrescentou o § 3º ao art. 843 da CLT, trazendo inovação para a audiência trabalhista. Nesse sentido, passou-se a admitir que terceiro que não integre o quadro pessoal do empregador faça as vezes de preposto em audiência ("§ 3º O preposto a que se refere o § 1º deste artigo não precisa ser empregado da parte reclamada").

Destaca-se que, segundo Élisson Miessa,[1] "de qualquer maneira, o preposto deve ter conhecimento dos fatos. Não há necessidade de ter presenciado os fatos, podendo ter conhecimento por informações de terceiros. Contudo, não tendo o preposto conhecimento dos fatos, haverá incidência da confissão ficta (CPC/2015, arts. 386 e 389), que poderá ser afastada por meio de prova em contrário, nos termos da súmula 74, II, do TST".

Ademais, os atos do preposto limitam-se à audiência.

6. A SUBSTITUIÇÃO PROCESSUAL PELO SINDICATO NO DIREITO PROCESSUAL DO TRABALHO

Nos termos do art. 8º, III, da CF, ao sindicato cabe a defesa dos direitos e interesses coletivos ou individuais da categoria, inclusive em questões judiciais ou administrativas.

Diante desse dispositivo, nas palavras do mestre Mauricio Godinho Delgado,[2] alguns autores chegaram a defender a existência do chamado princípio da coletivização das ações no processo do trabalho, entendimento esse por muito tempo rechaçado pela jurisprudência (vide Súmula 310 do TST – hoje cancelada). Atualmente, o TST posiciona-se pela consagração da substituição processual pelo sindicato de forma ampla no processo do trabalho.

Destaca-se, ainda, que o posicionamento do STF faz concluir pela substituição processual dos membros da categoria para os direitos individuais homogêneos dos

---

[1] MIESSA, Élisson. *Processo do trabalho*. Salvador: Juspodivm, 2018. p. 319.

[2] DELGADO, Mauricio Godinho. *Curso de Direito do Trabalho*. 19. ed. São Paulo: LTr, 2020.

substituídos, entendidos estes como direitos de origem comum (decorrentes de uma mesma situação fática ou jurídica) e dotados de homogeneidade. Exemplos que podem ser objeto de ação pelos sindicatos: pedidos de pagamentos de adicionais de periculosidade e insalubridade a trabalhadores de uma empresa, pagamentos de horas extras etc.

Com a reforma trabalhista, passou-se a admitir o arbitramento de honorários advocatícios em situações em que não esteja presente o sindicato. Conforme estabelece o art. 791-A da CLT, "Ao advogado, ainda que atue em causa própria, serão devidos honorários de sucumbência, fixados entre o mínimo de 5% (cinco por cento) e o máximo de 15% (quinze por cento) sobre o valor que resultar da liquidação da sentença, do proveito econômico obtido ou, não sendo possível mensurá-lo, sobre o valor atualizado da causa".

Do rol de substituídos

Atualmente, nos casos de atuação do sindicato como substituto processual, não se exige que o rol de substituídos seja juntado com a inicial, em razão da autorização genérica da CF para a defesa dos direitos individuais homogêneos.

7. SUBSTITUIÇÃO PROCESSUAL E INTERRUPÇÃO DA PRESCRIÇÃO

As ações movidas pelos sindicatos – em substituição processual – têm o condão de **interromper a prescrição**; nesse sentido, vejamos a OJ 359 da SDI-1 do TST:

> OJ 359 SDI-1: Substituição processual. Sindicato. Legitimidade. Prescrição. Interrupção. A ação movida por sindicato, na qualidade de substituto processual, interrompe a prescrição, ainda que tenha sido considerado parte ilegítima "ad causam".

8. IRREGULARIDADE DE REPRESENTAÇÃO

Regra geral, havendo irregularidade na representação processual, a consequência será a extinção do processo sem resolução do mérito, por ausência de pressuposto processual de validade da relação jurídico-processual. Todavia, caso o magistrado identifique a mencionada irregularidade, deve dar a oportunidade de correção do defeito mencionado, concedendo prazo razoável (primazia da decisão de mérito).

No caso da Justiça do Trabalho, é comum os magistrados concederem o prazo de 48 horas para juntada da carta de preposição ou a procuração aos autos, quando esta não for apresentada em audiência; tal exigência, que não decorre da lei, visa proteger os interesses do empregador, em razão das consequências decorrentes da atuação do preposto em audiência.

Muito se discutia sobre a possibilidade de regularização da representação processual na fase recursal. Atualmente, o CPC – art. 76, § 2º – encerrou a controvérsia, pois é possível a regularização em comento, e tal previsão tem aplicação ao processo do trabalho. O TST reconheceu a aplicação do artigo em tela na Justiça do Trabalho por meio da IN 39/2016, *in verbis*: "Art. 3º Sem prejuízo de outros, aplicam-se ao processo do trabalho, em face de omissão e compatibilidade, os preceitos do Código de Processo Civil que regula os seguintes temas: I – art. 76, §§ 1º e 2º (saneamento de incapacidade processual ou de irregularidade de representação)". No mesmo sentido, a Súmula 383 do TST:

Súmula 383 do TST; Recurso. Mandato. Irregularidade de representação. CPC de 2015, arts. 104 e 76, § 2º (nova redação em decorrência do CPC de 2015). I – É inadmissível recurso firmado por advogado sem procuração juntada aos autos até o momento da sua interposição, salvo mandato tácito. Em caráter excepcional (art. 104 do CPC de 2015), admite-se que o advogado, independentemente de intimação, exiba a procuração no prazo de 5 (cinco) dias após a interposição do recurso, prorrogável por igual período mediante despacho do juiz. Caso não a exiba, considera-se ineficaz o ato praticado e não se conhece do recurso. II – Verificada a irregularidade de representação da parte em fase recursal, em procuração ou substabelecimento já constante dos autos, o relator ou o órgão competente para julgamento do recurso designará prazo de 5 (cinco) dias para que seja sanado o vício. Descumprida a determinação, o relator não conhecerá do recurso, se a providência couber ao recorrente, ou determinará o desentranhamento das contrarrazões, se a providência couber ao recorrido (art. 76, § 2º, do CPC de 2015).

Procuração. Mandato tácito

Há possibilidade de interposição de recurso por advogado que possua mandato tácito ou *apud acta* (art. 791, § 3º, da CLT), ou seja, se o nome do advogado consta na ata de audiência, sua representação já é válida até para fins recursais.

Tal situação não se confunde com a atuação urgente em que o patrono NÃO possui procuração, hipótese que está prevista na Lei 8.906/1994 (art. 5º) e já encontrava guarida no CPC de 1973 (para evitar decadência e prescrição); o CPC de 2015 foi mais além (art. 104) e passou a admitir também para os casos em que se visa evitar a preclusão, com a ressalva de haver a necessidade de apresentar a procuração no prazo de 15 dias, prorrogáveis, sob pena de ineficácia do ato.

CPC/2015, art. 104: O advogado não será admitido a postular em juízo sem procuração, salvo para evitar preclusão, decadência ou prescrição, ou para praticar ato considerado urgente.

§ 1º Nas hipóteses previstas no *caput*, o advogado deverá, independentemente de caução, exibir a procuração no prazo de 15 (quinze) dias, prorrogável por igual período por despacho do juiz.

§ 2º O ato não ratificado será considerado ineficaz relativamente àquele em cujo nome foi praticado, respondendo o advogado pelas despesas e por perdas e danos.

OJ 200 da SDI-1: Mandato tácito. Substabelecimento inválido. É inválido o substabelecimento de advogado investido de mandato tácito.

OJ 286 da SDI-1: Agravo de instrumento. Traslado. Mandato tácito. Ata de audiência. Configuração. I – A juntada da ata de audiência, em que consignada a presença do advogado, desde que não estivesse atuando com mandato expresso, torna dispensável a procuração deste, porque demonstrada a existência de mandato tácito. II – Configurada a existência de mandato tácito fica suprida a irregularidade detectada no mandato expresso.

OJ 151 da SDI-2: Ação rescisória e mandado de segurança. Irregularidade de representação processual verificada na fase recursal. Procuração outorgada com poderes específicos para ajuizamento de reclamação trabalhista. Vício processual insanável. A procuração outorgada com poderes específicos para ajuizamento de reclamação trabalhista NÃO AUTORIZA a propositura de ação rescisória e mandado de segurança. Constatado, todavia, o defeito de representação processual na fase recursal, cumpre ao relator ou ao tribunal conceder prazo de 5 (cinco) dias para a regularização, nos termos da Súmula nº 383, item II, do TST. (destacamos)

OJ 374 da SDI-1: Agravo de instrumento. Representação processual. Regularidade. Procuração ou substabelecimento com cláusula limitativa de poderes ao âmbito do Tribunal Regional do Trabalho. É regular a representação processual do subscritor do agravo de instrumento ou do recurso de revista que detém mandato com poderes de representação limitados ao âmbito do Tribunal Regional do Trabalho, pois, embora a apreciação desse recurso seja realizada pelo Tribunal Superior do Trabalho, a sua interposição é ato praticado perante o Tribunal Regional do Trabalho, circunstância que legitima a atuação do advogado no feito.

Súmula 395 do TST. Mandato e substabelecimento. Condições de validade. I – Válido é o instrumento de mandato com prazo determinado que contém cláusula estabelecendo a prevalência dos poderes para atuar até o final da demanda. II – Se há previsão, no instrumento de mandato, de prazo para sua juntada, o mandato só tem validade se anexado ao processo o respectivo instrumento no aludido prazo. III – São válidos os atos praticados pelo substabelecido, ainda que não haja, no mandato, poderes expressos para substabelecer (art. 667, e parágrafos, do Código Civil de 200230). IV – Configura-se a irregularidade de representação se o substabelecimento é anterior à outorga passada ao substabelecente. V – Verificada a irregularidade de representação nas hipóteses dos itens II e IV, deve o juiz suspender o processo e designar prazo razoável para que seja sanado o vício, ainda que em instância recursal.

OJ 371 da SDI-1: Irregularidade de representação. Substabelecimento não datado. Inaplicabilidade do art. 654, § 1º, do Código Civil. Não caracteriza a irregularidade de representação a ausência da data da outorga de poderes, pois, no mandato judicial, ao contrário do mandato civil, não é condição de validade do negócio jurídico. Assim, a data a ser considerada é aquela em que o instrumento for juntado aos autos, conforme preceitua o art. 409, IV, do CPC de 2015 (art. 370, IV, do CPC de 1973). Inaplicável o art. 654, § 1º, do Código Civil.

OJ 75 da SDI-1: Substabelecimento sem o reconhecimento de firma do substabelecente. Inválido (anterior à Lei nº 8.952/94). Não produz efeitos jurídicos recurso subscrito por advogado com poderes conferidos em substabelecimento em que não consta o reconhecimento de firma do outorgante. Entendimento aplicável antes do advento da Lei nº 8.952/94.

Súmula 436 do TST: Representação processual. Procurador da União, Estados, Municípios e Distrito Federal, suas autarquias e fundações públicas. Juntada de instrumento de mandato. I – A União, Estados, Municípios e Distrito Federal, suas autarquias e fundações públicas, quando representadas em juízo, ativa e passivamente, por seus procuradores, estão dispensadas da juntada de instrumento de mandato e de comprovação do ato de nomeação.

OJ 318 da SDI-1: Representação irregular. Autarquia. Os Estados e os Municípios não têm legitimidade para recorrer em nome das autarquias detentoras de personalidade jurídica própria, devendo ser representadas pelos procuradores que fazem parte de seus quadros ou por advogados constituídos.

OJ 255 da SDI-1: Mandato. Contrato social. Desnecessária a juntada. O art. 75, inciso VIII, do CPC de 2015 (art. 12, VI, do CPC de 1973) não determina a exibição dos estatutos da empresa em juízo como condição de validade do instrumento de mandato outorgado ao seu procurador, salvo se houver impugnação da parte contrária.

Súmula 456 do TST: Representação. Pessoa jurídica. Procuração. Invalidade. Identificação do outorgante e de seu representante. I – É inválido o instrumento de mandato firmado em nome de pessoa jurídica que não contenha, pelo menos, o nome do outorgante e do signatário da procuração, pois estes dados constituem elementos que os individualizam. II – Verificada a irregularidade de representação da parte na instância originária, o juiz designará prazo de 5 (cinco) dias para que seja sanado o vício. Descumprida a determinação, extinguirá o processo, sem resolução de mérito, se a providência couber ao reclamante, ou considerará revel o reclamado, se a providência lhe couber (art. 76, § 1º, do CPC de 2015). III – Caso a irregularidade de representação da parte seja constatada em fase recursal, o relator designará prazo de 5 (cinco) dias para que seja sanado o vício. Descumprida a determinação, o relator não conhecerá do recurso, se a providência couber ao recorrente, ou determinará o desentranhamento das contrarrazões, se a providência couber ao recorrido (art. 76, § 2º, do CPC de2015).

OJ 349 da SDI-1: Mandato. Juntada de nova procuração. Ausência de ressalva. Efeitos (*DJ* 25.04.2007) A juntada de nova procuração aos autos, sem ressalva de poderes conferidos ao antigo patrono, implica revogação tácita do mandato anterior.

OJ-TP/OE-9: Precatório. Pequeno valor. Individualização do crédito apurado. Reclamação trabalhista plúrima. Execução direta contra a Fazenda Pública. Possibilidade (*DJ* 25.04.2007) Tratando-se de reclamações trabalhistas plúrimas, a aferição do que vem a ser obrigação de pequeno valor, para efeito de dispensa de formação de precatório e aplicação do disposto no § 3º do art. 100 da CF/88, deve ser realizada considerando-se os créditos de cada reclamante.

9. DOS DEVERES DAS PARTES E DOS PROCURADORES

A regra geral do Direito Processual brasileiro exige que todos os sujeitos que nele atuam pautem-se dos deveres éticos e de honestidade, cuja aplicação no processo do trabalho é indiscutível. Assim, aplicam-se à Justiça laboral os dispositivos do CPC que tratam dos deveres das partes e dos procuradores, bem como da litigância de má-fé, preservando os princípios da lealdade e da boa-fé processual.

O assunto encontra guarida nos arts. 5º e 77 do CPC, que, como não há disposição semelhante na CLT, além de serem compatíveis com os princípios que regem o direito adjetivo trabalhista, se aplicam em sua íntegra à Justiça do Trabalho.

> Art. 5º Aquele que de qualquer forma participa do processo deve comportar-se de acordo com a boa-fé.

(...)

Art. 77. Além de outros previstos neste Código, são deveres das partes, de seus procuradores e de todos aqueles que de qualquer forma participem do processo:

I – Expor os fatos em juízo conforme a verdade;

II – Não formular pretensão ou de apresentar defesa quando cientes de que são destituídas de fundamento;

III – não produzir provas e não praticar atos inúteis ou desnecessários à declaração ou à defesa do direito;

IV – Cumprir com exatidão as decisões jurisdicionais, de natureza provisória ou final, e não criar embaraços à sua efetivação;

V – Declinar, no primeiro momento que lhes couber falar nos autos, o endereço residencial ou profissional onde receberão intimações, atualizando essa informação sempre que ocorrer qualquer modificação temporária ou definitiva;

VI – Não praticar inovação ilegal no estado de fato de bem ou direito litigioso.

§ 1º Nas hipóteses dos incisos IV e VI, o juiz advertirá qualquer das pessoas mencionadas no caput de que sua conduta poderá ser punida como ato atentatório à dignidade da justiça.

§ 2º A violação ao disposto nos incisos IV e VI constitui ato atentatório à dignidade da justiça, devendo o juiz, sem prejuízo das sanções criminais, civis e processuais cabíveis, aplicar ao responsável multa de até vinte por cento do valor da causa, de acordo com a gravidade da conduta.

§ 3º Não sendo paga no prazo a ser fixado pelo juiz, a multa prevista no § 2º será inscrita como dívida ativa da União ou do Estado após o trânsito em julgado da decisão que a fixou, e sua execução observará o procedimento da execução fiscal, revertendo-se aos fundos previstos no art. 97.

§ 4º A multa estabelecida no § 2º poderá ser fixada independentemente da incidência das previstas nos arts. 523, § 1º, e 536, § 1º.

§ 5º Quando o valor da causa for irrisório ou inestimável, a multa prevista no § 2º poderá ser fixada em até 10 (dez) vezes o valor do salário mínimo.

§ 6º Aos advogados públicos ou privados e aos membros da Defensoria Pública e do Ministério Público não se aplica o disposto nos §§ 2º a 5º, devendo eventual responsabilidade disciplinar ser apurada pelo respectivo órgão de classe ou corregedoria, ao qual o juiz oficiará.

§ 7º Reconhecida violação ao disposto no inciso VI, o juiz determinará o restabelecimento do estado anterior, podendo, ainda, proibir a parte de falar nos autos até a purgação do atentado, sem prejuízo da aplicação do § 2º.

§ 8º O representante judicial da parte não pode ser compelido a cumprir decisão em seu lugar.

10. DA RESPONSABILIDADE POR DANO PROCESSUAL

A reforma trabalhista de 2017 incluiu no Capítulo "Do Processo em Geral" a Seção IV-A e passou a prever a possibilidade de responsabilidade por dano processual em decorrência da litigância de má-fé. Nesse sentido, vejamos.

DIREITO DO TRABALHO E PROCESSO DO TRABALHO FACILITADOS – *Lenza*

Art. 793-A. Responde por perdas e danos aquele que litigar de má-fé como reclamante, reclamado ou interveniente.

Art. 793-B. Considera-se litigante de má-fé aquele que:

I – deduzir pretensão ou defesa contra texto expresso de lei ou fato incontroverso;

II – alterar a verdade dos fatos;

III – usar do processo para conseguir objetivo ilegal;

IV – opuser resistência injustificada ao andamento do processo;

V – proceder de modo temerário em qualquer incidente ou ato do processo;

VI – provocar incidente manifestamente infundado;

VII – interpuser recurso com intuito manifestamente protelatório.

Art. 793-C. De ofício ou a requerimento, o juízo condenará o litigante de má-fé a pagar multa, que deverá ser superior a 1% (um por cento) e inferior a 10% (dez por cento) do valor corrigido da causa, a indenizar a parte contrária pelos prejuízos que esta sofreu e a arcar com os honorários advocatícios e com todas as despesas que efetuou.

§ 1º Quando forem dois ou mais os litigantes de má-fé, o juízo condenará cada um na proporção de seu respectivo interesse na causa ou solidariamente aqueles que se coligaram para lesar a parte contrária.

§ 2º Quando o valor da causa for irrisório ou inestimável, a multa poderá ser fixada em até duas vezes o limite máximo dos benefícios do Regime Geral de Previdência Social.

§ 3º O valor da indenização será fixado pelo juízo ou, caso não seja possível mensurá-lo, liquidado por arbitramento ou pelo procedimento comum, nos próprios autos.

Art. 793-D. Aplica-se a multa prevista no art. 793-C desta Consolidação à testemunha que intencionalmente alterar a verdade dos fatos ou omitir fatos essenciais ao julgamento da causa.

Parágrafo único. A execução da multa prevista neste artigo dar-se-á nos mesmos autos.

INSTITUTO	O QUE MUDOU – REFORMA TRABALHISTA
Perdas e danos	A CLT passou a disciplinar expressamente no art. 793-A.
Litigância de má-fé	A CLT passou a disciplinar expressamente no art. 793-B, mas, mesmo antes da reforma, já se utilizava o art. 80 do CPC de forma subsidiária.
Multa por litigância de má-fé	A CLT passou a disciplinar expressamente no art. 793-C, mas, mesmo antes da reforma, já se utilizava o art. 80 do CPC de forma subsidiária.

11. SUBSTITUIÇÃO DO EMPREGADOR EM AUDIÊNCIA

Antes da reforma trabalhista, a substituição do **empregador** por gerente ou preposto somente era permitida desde que fossem cumpridos dois requisitos (regra geral): **tivesse conhecimento dos fatos e fosse empregado, EXCETO quando se tratasse de empregado doméstico ou micro ou pequeno empresário.** Ademais, tratava-se de uma faculdade do empregador, isto é, cabia a ele usar ou não dessa prerrogativa.

A reforma promovida pela Lei 13.467/2017 inseriu o § 3º ao art. 843, que indica: "§ 3º O preposto a que se refere o § 1º deste artigo não precisa ser empregado da parte reclamada".

Portanto, atualmente o preposto pode ou não ser empregado, qualquer que seja a espécie de empregador.

Os atos do preposto ou gerente se restringem à audiência trabalhista. Assim, eles podem prestar depoimento, evidentemente, mas também apresentar defesa, propor acordo e aduzir razões finais, mas **não** poderão interpor recurso ou realizar outros atos pós-audiência; estas últimas atribuições cabem ao advogado.

Ressalta-se que, nos termos do regulamento da OAB, o advogado não pode figurar simultaneamente como preposto. Apesar de tal proibição, o TST tem entendido que o advogado poderá ser preposto concomitantemente, desde que também seja empregado.

Chamamos a atenção inclusive para o fato de que **não** haverá aplicação da revelia quando ausente empregador ou preposto na audiência, desde que haja impossibilidade de locomoção do empregador ou preposto, nos termos da Súmula 122 do TST.

> Súmula 122 do TST: Revelia. Atestado médico. A reclamada, ausente à audiência em que deveria apresentar defesa, É REVEL, ainda que presente seu advogado munido de procuração, podendo ser ilidida à revelia mediante a apresentação de atestado médico, que deverá declarar, EXPRESSAMENTE, a impossibilidade de locomoção do empregador ou do seu preposto no dia da audiência. (destacamos)

Assim, somente a impossibilidade de locomoção do preposto ou empregador será justificativa para a inaplicabilidade dos efeitos da revelia em caso de ausência na audiência inaugural.

Atente-se para a reforma trabalhista e a alteração que ela provocou no art. 844 da CLT; dessa forma, hodiernamente, se o preposto não comparece a audiência, mas o advogado da parte reclamada comparece e apresenta contestação e documentos, devem estes ser considerados ("§ 5º Ainda que ausente o reclamado, presente o advogado na audiência, serão aceitos a contestação e os documentos eventualmente apresentados").

12. SUBSTITUIÇÃO DO EMPREGADO EM AUDIÊNCIA

Ao empregado também é possível se fazer substituir por outro empregado da mesma profissão ou pelo sindicato, quando, por doença ou outro motivo poderoso, não puder comparecer.

REPRESENTAÇÃO DA CLT	
Empregador	Art. 843, § 1º, da CLT: É facultado ao empregador fazer-se substituir pelo gerente, ou qualquer outro preposto que tenha conhecimento do fato, e cujas declarações obrigarão o proponente. (...) § 3º O preposto a que se refere o § 1º deste artigo não precisa ser empregado da parte reclamada.

REPRESENTAÇÃO DA CLT	
Empregado	Art. 843, § 2º, da CLT: Se por doença ou qualquer outro motivo poderoso, devidamente comprovado, não for possível ao empregado comparecer pessoalmente, poderá fazer-se representar por outro empregado que pertença à mesma profissão, ou pelo seu sindicato.[3]

RESUMO

1) A capacidade de ser parte refere-se à pessoa natural, isto é, pessoa física ou pessoa jurídica (a pessoa ficta), abrangendo toda pessoa que possua personalidade.

2) A capacidade processual é caracterizada quando ao titular do direito é permitido pleitear em juízo sem a necessidade de assistência ou representação.

3) Capacidade postulatória ou *jus postulandi*: capacidade para postular em juízo, em causa própria ou em favor de terceiros.

4) *Jus postulandi*: capacidade de reclamante e reclamado acompanharem pessoalmente a sua reclamação, sem a necessidade de serem acompanhados por advogado(a). Não cabe *jus postulandi*: HAMARR – Homologação de acordo extrajudicial + Ação rescisória + Mandado de segurança + Ação cautelar + Recursos de competência do TST + Reclamação constitucional (informativo TST).

5) A sucessão processual corresponde à alteração da titularidade da ação – no polo ativo ou passivo –, podendo decorrer por ato *inter vivos* ou *causa mortis*. Não se confunde com a representação, pois, nessa, o substituto pleiteia, em nome próprio, direito alheio.

QUESTÕES PARA TREINO

1. **(FCC – TRT-14 – Analista Judiciário – Área Judiciária – 2022 – adaptada)** Na audiência inicial designada na reclamação trabalhista movida por Davi em face de Fábrica de Tecidos São João Ltda., o autor deixou de comparecer, estando presente seu advogado. A Juíza do Trabalho determinou o arquivamento da reclamação, condenando o reclamante ao pagamento das custas processuais, calculadas em 2% do valor dado à causa. Nesse ato, seu advogado reiterou o pedido de concessão dos benefícios da justiça gratuita, formulado na petição inicial e instruído com declaração do autor de hipossuficiência, o que restou deferido pela Magistrada.

   De acordo com a CLT, Davi poderá ingressar com nova reclamação, não sendo condição da ação a comprovação do pagamento das custas processuais, justamente por ser beneficiário da justiça gratuita.

   Comentário

   CLT, art. 844: O não comparecimento do reclamante à audiência importa o arquivamento da reclamação, e o não comparecimento do reclamado importa revelia, além de confissão quanto à matéria de fato.

---

[3] Não se trata de verdadeira hipótese de representação, uma vez que não poderá ser colhido o depoimento. O único objetivo da previsão legal é evitar o arquivamento do feito, devendo a audiência ser adiada para data em que seja possível o comparecimento do trabalhador.

§ 1º Ocorrendo motivo relevante, poderá o juiz suspender o julgamento, designando nova audiência.

§ 2º Na hipótese de ausência do reclamante, este será condenado ao pagamento das custas calculadas na forma do art. 789 desta Consolidação, ainda que beneficiário da justiça gratuita, salvo se comprovar, no prazo de quinze dias, que a ausência ocorreu por motivo legalmente justificável.

Errado.

2. **(FCC – TRT-14 – Analista Judiciário – Área Judiciária – 2022 – adaptada)** Na audiência inicial designada na reclamação trabalhista movida por Davi em face de Fábrica de Tecidos São João Ltda., o autor deixou de comparecer, estando presente seu advogado. A Juíza do Trabalho determinou o arquivamento da reclamação, condenando o reclamante ao pagamento das custas processuais, calculadas em 2% do valor dado à causa. Nesse ato, seu advogado reiterou o pedido de concessão dos benefícios da justiça gratuita, formulado na petição inicial e instruído com declaração do autor de hipossuficiência, o que restou deferido pela Magistrada.

    De acordo com a CLT, a Juíza não poderia ter condenado Davi ao pagamento de custas processuais, uma vez que ele é beneficiário da justiça gratuita.

    Comentário

    CLT, art. 844: O não comparecimento do reclamante à audiência importa o arquivamento da reclamação, e o não comparecimento do reclamado importa revelia, além de confissão quanto à matéria de fato.

    § 1º Ocorrendo motivo relevante, poderá o juiz suspender o julgamento, designando nova audiência.

    § 2º Na hipótese de ausência do reclamante, este será condenado ao pagamento das custas calculadas na forma do art. 789 desta Consolidação, ainda que beneficiário da justiça gratuita, salvo se comprovar, no prazo de quinze dias, que a ausência ocorreu por motivo legalmente justificável.

    Errado.

3. **(FCC – TRT-14 – Analista Judiciário – Área Judiciária – 2022 – adaptada)** Na audiência inicial designada na reclamação trabalhista movida por Davi em face de Fábrica de Tecidos São João Ltda., o autor deixou de comparecer, estando presente seu advogado. A Juíza do Trabalho determinou o arquivamento da reclamação, condenando o reclamante ao pagamento das custas processuais, calculadas em 2% do valor dado à causa. Nesse ato, seu advogado reiterou o pedido de concessão dos benefícios da justiça gratuita, formulado na petição inicial e instruído com declaração do autor de hipossuficiência, o que restou deferido pela Magistrada.

    De acordo com a CLT, as custas processuais podem ser cominadas a Davi por ter dado causa ao arquivamento da reclamação, mas na proporção de 1% sobre o valor dado à causa, ainda que beneficiário da justiça gratuita, tendo em vista a proporcionalidade a ser observada com a reclamada.

    Comentário

    CLT, art. 844: O não comparecimento do reclamante à audiência importa o arquivamento da reclamação, e o não comparecimento do reclamado importa revelia, além de confissão quanto à matéria de fato.

§ 1º Ocorrendo motivo relevante, poderá o juiz suspender o julgamento, designando nova audiência.

§ 2º Na hipótese de ausência do reclamante, este será condenado ao pagamento das custas calculadas na forma do art. 789 desta Consolidação, ainda que beneficiário da justiça gratuita, salvo se comprovar, no prazo de quinze dias, que a ausência ocorreu por motivo legalmente justificável.

Errado.

4. **(FCC – TRT-14 – Analista Judiciário – Área Judiciária – 2022 – adaptada)** Na audiência inicial designada na reclamação trabalhista movida por Davi em face de Fábrica de Tecidos São João Ltda., o autor deixou de comparecer, estando presente seu advogado. A Juíza do Trabalho determinou o arquivamento da reclamação, condenando o reclamante ao pagamento das custas processuais, calculadas em 2% do valor dado à causa. Nesse ato, seu advogado reiterou o pedido de concessão dos benefícios da justiça gratuita, formulado na petição inicial e instruído com declaração do autor de hipossuficiência, o que restou deferido pela Magistrada.

    De acordo com a CLT, Davi terá o prazo de quinze dias para comprovar o motivo legalmente justificável de sua ausência, quando então ficará isento do pagamento das custas processuais por ter dado causa ao arquivamento da reclamação.

    Comentário

    CLT, art. 844: O não comparecimento do reclamante à audiência importa o arquivamento da reclamação, e o não comparecimento do reclamado importa revelia, além de confissão quanto à matéria de fato.

    § 1º Ocorrendo motivo relevante, poderá o juiz suspender o julgamento, designando nova audiência.

    § 2º Na hipótese de ausência do reclamante, este será condenado ao pagamento das custas calculadas na forma do art. 789 desta Consolidação, ainda que beneficiário da justiça gratuita, salvo se comprovar, no prazo de quinze dias, que a ausência ocorreu por motivo legalmente justificável.

    Certo.

5. **(FCC – TRT-14 – Analista Judiciário – Área Judiciária – 2022 – adaptada)** Na audiência inicial designada na reclamação trabalhista movida por Davi em face de Fábrica de Tecidos São João Ltda., o autor deixou de comparecer, estando presente seu advogado. A Juíza do Trabalho determinou o arquivamento da reclamação, condenando o reclamante ao pagamento das custas processuais, calculadas em 2% do valor dado à causa. Nesse ato, seu advogado reiterou o pedido de concessão dos benefícios da justiça gratuita, formulado na petição inicial e instruído com declaração do autor de hipossuficiência, o que restou deferido pela Magistrada.

    De acordo com a CLT, a Juíza não poderia ter condenado Davi ao pagamento das custas processuais, por se tratar de falta de comparecimento à audiência inicial. Tal cominação é prevista somente para a ausência do reclamante em audiência UNA ou de instrução.

    Comentário

    CLT, art. 844: O não comparecimento do reclamante à audiência importa o arquivamento da reclamação, e o não comparecimento do reclamado importa revelia, além de confissão quanto à matéria de fato.

§ 1º Ocorrendo motivo relevante, poderá o juiz suspender o julgamento, designando nova audiência.

§ 2º Na hipótese de ausência do reclamante, este será condenado ao pagamento das custas calculadas na forma do art. 789 desta Consolidação, ainda que beneficiário da justiça gratuita, salvo se comprovar, no prazo de quinze dias, que a ausência ocorreu por motivo legalmente justificável.

Errado.

6. **(Cespe/Cebraspe – PGM Recife – Procurador Jurídico – 2022 – adaptada)** No que concerne ao dissídio individual, é correto afirmar:

    Em audiência, é facultado ao reclamado fazer-se substituir por preposto que necessariamente seja seu empregado, sob pena de confissão.

    Comentário

    CLT, art. 843: Na audiência de julgamento deverão estar presentes o reclamante e o reclamado, independentemente do comparecimento de seus representantes salvo, nos casos de Reclamatórias Plúrimas ou Ações de Cumprimento, quando os empregados poderão fazer-se representar pelo Sindicato de sua categoria.

    § 1º É facultado ao empregador fazer-se substituir pelo gerente, ou qualquer outro preposto que tenha conhecimento do fato, e cujas declarações obrigarão o proponente.

    (...)

    § 3º O preposto a que se refere o § 1º deste artigo não precisa ser empregado da parte reclamada

    Errado.

7. **(Cespe/Cebraspe – PGM Recife – Procurador Jurídico – 2022 – adaptada)** No que concerne ao dissídio individual, é correto afirmar:

    A ausência do reclamante à audiência sem motivo legalmente justificável tem como consequência o arquivamento da reclamação, além de sua condenação ao pagamento das custas processuais.

    Comentário

    CLT, art. 844: O não comparecimento do reclamante à audiência importa o arquivamento da reclamação, e o não comparecimento do reclamado importa revelia, além de confissão quanto à matéria de fato.

    (...)

    § 2º Na hipótese de ausência do reclamante, este será condenado ao pagamento das custas calculadas na forma do art. 789 desta Consolidação, ainda que beneficiário da justiça gratuita, salvo se comprovar, no prazo de quinze dias, que a ausência ocorreu por motivo legalmente justificável.

    Certo.

8. **(Cespe/Cebraspe – PGM Recife – Procurador Jurídico – 2022 – adaptada)** No que concerne ao dissídio individual, é correto afirmar:

    A ausência do reclamado em audiência importará na aplicação dos efeitos da revelia, ainda que o litígio verse sobre direitos indisponíveis.

Comentário

CLT, art. 844, § 4º: A revelia não produz o efeito mencionado no caput deste artigo se:

I – havendo pluralidade de reclamados, algum deles contestar a ação;

II – o litígio versar sobre direitos indisponíveis;

III – a petição inicial não estiver acompanhada de instrumento que a lei considere indispensável à prova do ato;

IV – as alegações de fato formuladas pelo reclamante forem inverossímeis ou estiverem em contradição com prova constante dos autos.

Errado.

9. **(FCC – TRT-14 – Técnico Judiciário – Área Administrativa – 2022 – adaptada)** Bento possui 17 anos de idade e foi devidamente contratado e registrado em CTPS, podendo assinar os recibos de pagamento de seus salários. Ocorre que injustamente dispensado após um ano de contrato de trabalho, pretende ingressar com reclamação trabalhista contra sua ex-empregadora.

   De acordo com a CLT, Bento teria que ser representado somente se prestasse seus serviços na condição de aprendiz, o que não é o caso.

   ### Comentário

   CLT, art. 793: A reclamação trabalhista do menor de 18 anos será feita por seus representantes legais e, na falta destes, pela Procuradoria da Justiça do Trabalho, pelo sindicato, pelo Ministério Público estadual ou curador nomeado em juízo.

   Errado.

10. **(FCC – TRT-14 – Técnico Judiciário – Área Administrativa – 2022 – adaptada)** Bento possui 17 anos de idade e foi devidamente contratado e registrado em CTPS, podendo assinar os recibos de pagamento de seus salários. Ocorre que injustamente dispensado após um ano de contrato de trabalho, pretende ingressar com reclamação trabalhista contra sua ex-empregadora.

    De acordo com a CLT, Bento não precisa de representação para ingressar com reclamação trabalhista, pois, tendo sido contratado como empregado, adquiriu capacidade postulatória como se maior de idade fosse.

    ### Comentário

    CLT, art. 793: A reclamação trabalhista do menor de 18 anos será feita por seus representantes legais e, na falta destes, pela Procuradoria da Justiça do Trabalho, pelo sindicato, pelo Ministério Público estadual ou curador nomeado em juízo.

    Errado.

CAPACIDADE POSTULATÓRIA, *JUS POSTULANDI*, HONORÁRIOS ADVOCATÍCIOS E ASSISTÊNCIA JUDICIÁRIA GRATUITA

1. CAPACIDADE POSTULATÓRIA E *JUS POSTULANDI*

Entende-se por capacidade postulatória a possibilidade de ingressar em juízo (postular), isto é, praticar os atos processuais que dão andamento ao processo judicial.

No processo do trabalho, há o princípio do *jus postulandi*, o qual permite que a própria parte (empregado ou empregador) postule em juízo pessoalmente, **SEM a representação de advogado**. Nesse sentido, art. 791 da CLT, *in verbis*:

> Art. 791. Os empregados e os empregadores poderão **reclamar pessoalmente** perante a Justiça do Trabalho e acompanhar as suas reclamações até o final.
>
> § 1º Nos dissídios individuais os empregados e empregadores poderão fazer-se representar por intermédio do sindicato, advogado, solicitador, ou provisionado, inscrito na Ordem dos Advogados do Brasil.
>
> § 2º Nos dissídios coletivos é facultada aos interessados a assistência por advogado.
>
> § 3º A constituição de procurador com poderes para o foro em geral poderá ser efetivada, mediante simples registro em ata de audiência, a requerimento verbal do advogado interessado, com anuência da parte representada. (destacamos)

Contudo, esse *jus postulandi* tem limites. Assim, será exigida a presença de advogado nas **ações rescisórias, cautelares, mandado de segurança e recurso ao TST, homologação de acordo extrajudicial e reclamação constitucional**. Ademais, não será aplicável quando se extinguir a competência trabalhista na demanda, isto é, no caso de recursos ao STJ e ao STF.

> Súmula 425 do TST: *Jus postulandi* na Justiça do Trabalho. Alcance. O *jus postulandi* das partes, estabelecido no art. 791 da CLT, limita-se às Varas do Trabalho e aos Tribunais Regionais do Trabalho, não alcançando a ação rescisória, a ação cautelar, o mandado de segurança e os recursos de competência do Tribunal Superior do Trabalho.

JUS POSTULANDI	
Definição	Faculdade conferida às partes, empregado ou empregador, para reclamar pessoalmente na Justiça do Trabalho e acompanhar as suas reclamações até o final (art. 791 da CLT).
Alcance	**Súmula 425: *Jus postulandi* na Justiça do Trabalho. Alcance.** O *jus postulandi* das partes, estabelecido no art. 791 da CLT, limita-se às Varas do Trabalho e aos Tribunais Regionais do Trabalho, não alcançando a ação rescisória, a ação cautelar, o mandado de segurança e os recursos de competência do Tribunal Superior do Trabalho.
Exclusão	Faculdade restrita às partes, e os terceiros que ingressam no processo não têm capacidade postulatória, devendo nomear advogados.

1.1. Do advogado. Da procuração. Procuração *apud acta*

Embora a regra na Justiça do Trabalho seja o *jus postulandi*, há casos em que é imprescindível a representação por advogado. Aliás, apesar de ser a regra geral, o *jus postulandi* **não é obrigatório**, mas, sim, uma faculdade das partes, que ficam livres para optar pelo advogado de sua confiança.

A representação por advogado exige um **instrumento que outorgue poderes para a prática dos atos processuais**. Tal mandato é instrumentalizado pela **procuração**. No entanto, o mandato pode se dar de modo **expresso** ou **tácito** e **verbal** ou **escrito**.

O **mandato é expresso** quando os poderes são outorgados por meio da procuração, isto é, ocorre o registro escrito de concessão dos poderes.

Já o **mandato tácito** ocorre quando, SEM procuração escrita, **a parte comparece com o advogado à audiência e faz constar em ata a outorga**. O mandato tácito também é conhecido por *apud acta*, apesar de haver divergência conceitual na doutrina quanto à existência de diferenças entre os dois institutos.

Ressalta-se que **o mandato tácito só será válido quando o advogado comparecer com a parte à audiência**. Assim, ainda que o patrono, sem procuração escrita, assine a reclamação inicial, defesa ou qualquer peça processual, **é preciso constar na ata de audiência (*apud acta*) o registro com poderes para o foro em geral**.

A CLT permite o mandato *apud acta*, cite-se:

> CLT, art. 791, § 3º: A constituição de procurador com poderes para o foro em geral poderá ser efetivada, mediante simples registro em ata de audiência, a requerimento verbal do advogado interessado, com anuência da parte representada. (Incluído pela Lei nº 12.437, de 2011)

Atente-se para o fato de que, quando se tratar de mandato tácito, **não será permitido o substabelecimento**, nos termos da OJ 200 da SDI-1 do TST.

> OJ 200 da SDI-1: Mandato tácito. Substabelecimento inválido. É inválido o substabelecimento de advogado investido de mandato tácito.

Por fim, consigne-se que, sendo irregular a representação, o art. 13 do CPC permite sua regularização. Contudo, o TST não admite tal regularização **na fase recursal**, como se verifica pelo teor da Súmula 383:

Cap. 33 – CAPACIDADE POSTULATÓRIA, *JUS POSTULANDI*, HONORÁRIOS ADVOCATÍCIOS | **581**

> Recurso. Mandato. Irregularidade de representação. CPC de 2015, arts. 104 e 76, §
> 2º (nova redação em decorrência do CPC de 2015) – Res. 210/2016, *DEJT* divulgado
> em 30.06.2016 e 01 e 04.07.2016
>
> I – É inadmissível recurso firmado por advogado sem procuração juntada aos autos
> até o momento da sua interposição, salvo mandato tácito. Em caráter excepcional (art.
> 104 do CPC de 2015), admite-se que o advogado, independentemente de intimação,
> exiba a procuração no prazo de 5 (cinco) dias após a interposição do recurso, prorro-
> gável por igual período mediante despacho do juiz. Caso não a exiba, considera-se
> ineficaz o ato praticado e não se conhece do recurso.
>
> II – Verificada a irregularidade de representação da parte em fase recursal, em procu-
> ração ou substabelecimento já constante dos autos, o relator ou o órgão competente
> para julgamento do recurso designará prazo de 5 (cinco) dias para que seja sanado
> o vício. Descumprida a determinação, o relator não conhecerá do recurso, se a provi-
> dência couber ao recorrente, ou determinará o desentranhamento das contrarrazões,
> se a providência couber ao recorrido (art. 76, § 2º, do CPC de 2015).

É possível também haver a substituição do advogado ao longo da demanda.
Quando o advogado transfere a outro profissional os poderes anteriormente outorgados
se dá o nome de substabelecimento, o qual só pode ser realizado após o recebimento
válido do mandato anterior.

Não confundir mandato válido com exigência de data da outorga, já que o
mandato judicial é considerado válido com a sua apresentação no processo.

> OJ 371 da SDI-1 do TST: Irregularidade de representação. Substabelecimento não
> datado. Inaplicabilidade do art. 654, § 1º, do Código Civil. (Atualizada em decor-
> rência do CPC de 2015) – Res. 208/2016, *DEJT* divulgado em 22, 25 e 26.04.2016.
> Não caracteriza a irregularidade de representação a ausência da data da outorga de
> poderes, pois, no mandato judicial, ao contrário do mandato civil, não é condição
> de validade do negócio jurídico. Assim, a data a ser considerada é aquela em que
> o instrumento for juntado aos autos, conforme preceitua o art. 409, IV, do CPC de
> 2015 (art. 370, IV, do CPC de 1973). Inaplicável o art. 654, § 1º, do Código Civil.

Perante o juízo trabalhista, a juntada de nova procuração nos autos, sem ressalva de poderes conferidos ao antigo patrono, **implica revogação tácita do mandato
anterior**.

> OJ 349 da SDI-1 do TST: Mandato. Juntada de nova procuração. Ausência de ressal-
> va. Efeitos. A juntada de nova procuração aos autos, SEM RESSALVA DE PODERES
> CONFERIDOS AO ANTIGO PATRONO, implica revogação TÁCITA do mandato anterior.
> (destacamos)

Por sua vez, a Súmula 395 do TST afirma que são **válidos** os atos praticados pelo
substabelecido, ainda que inexistente previsão de poder expresso para substabelecer.

> Súmula 395 do TST: Mandato e substabelecimento. Condições de validade (nova
> redação dos itens I e II e acrescido o item V em decorrência do CPC de 2015) – Res.
> 211/2016, *DEJT* divulgado em 24, 25 e 26.08.2016

DIREITO DO TRABALHO E PROCESSO DO TRABALHO FACILITADOS – *Lenza*

I – Válido é o instrumento de mandato com prazo determinado que contém cláusula estabelecendo a prevalência dos poderes para atuar até o final da demanda (§ 4º do art. 105 do CPC de 2015).

II – Se há previsão, no instrumento de mandato, de prazo para sua juntada, o mandato só tem validade se anexado ao processo o respectivo instrumento no aludido prazo.

III – São válidos os atos praticados pelo substabelecido, ainda que não haja, no mandato, poderes expressos para substabelecer (art. 667, e parágrafos, do Código Civil de 2002

Assim, o substabelecimento só pode ser dado após a outorga do mandato anterior. Entretanto, **não se admite o substabelecimento de mandato tácito**. Ademais, são válidos os atos praticados pelo substabelecido, ainda que não haja poderes expressos para isso.

No caso de procuração outorgada por pessoa jurídica, a Súmula 456 do TST assim esclarece:

> Representação. Pessoa jurídica. Procuração. Invalidade. Identificação do outorgante e de seu representante. (inseridos os itens II e III em decorrência do CPC de 2015) – Res. 211/2016, *DEJT* divulgado em 24, 25 e 26.08.2016
>
> I – É inválido o instrumento de mandato firmado em nome de pessoa jurídica que não contenha, pelo menos, o nome do outorgante e do signatário da procuração, pois estes dados constituem elementos que os individualizam.
>
> II – Verificada a irregularidade de representação da parte na instância originária, o juiz designará prazo de 5 (cinco) dias para que seja sanado o vício. Descumprida a determinação, extinguirá o processo, sem resolução de mérito, se a providência couber ao reclamante, ou considerará revel o reclamado, se a providência lhe couber (art. 76, § 1º, do CPC de 2015).
>
> III – Caso a irregularidade de representação da parte seja constatada em fase recursal, o relator designará prazo de 5 (cinco) dias para que seja sanado o vício. Descumprida a determinação, o relator não conhecerá do recurso, se a providência couber ao recorrente, ou determinará o desentranhamento das contrarrazões, se a providência couber ao recorrido (art. 76, § 2º, do CPC de2015).

Cumpre salientar que é diferente a outorga de poderes para representação das pessoas jurídicas de direito público. Isso, porque tais pessoas são representadas em juízo por seus procuradores ou prefeito no caso de municípios.

O mesmo ocorre com as fundações e autarquias, as quais possuem seus próprios procuradores. Nesses casos, a representação é inerente à função por eles exercida, logo prescindível a juntada de mandato, nos termos da Súmula 436 do TST.

> Súmula 436 do TST: Representação processual. Procurador da União, estados, municípios e Distrito Federal, suas autarquias e fundações públicas. Juntada de instrumento de mandato (conversão da Orientação Jurisprudencial nº 52 da SBDI-I e inserção do item II à redação) – Res. 185/2012, *DEJT* divulgado em 25, 26 e 27.09.2012
>
> I – A União, Estados, Municípios e Distrito Federal, suas autarquias e fundações públicas, quando representadas em juízo, ativa e passivamente, por seus procuradores,

estão dispensadas da juntada de instrumento de mandato e de comprovação do ato de nomeação.

II – Para os efeitos do item anterior, é essencial que o signatário ao menos declare-se exercente do cargo de procurador, não bastando a indicação do número de inscrição na Ordem dos Advogados do Brasil.

1.2. Dos honorários advocatícios

A reforma trabalhista inseriu o art. 791-A na CLT, que passou a dispor sobre a possibilidade de pagamentos dos honorários advocatícios, fixados entre o **mínimo de 5% e o máximo de 15%** sobre o valor que resultar da liquidação da sentença, do proveito econômico obtido ou, não sendo possível mensurá-lo, sobre o valor atualizado da causa, **ainda que o advogado atue em causa própria**, bem como nas **ações contra a Fazenda Pública**, nos casos de **reconvenção**, de **sucumbência recíproca e em face do beneficiário da justiça gratuita**.

Para melhor análise da novidade legislativa, vejamos o dispositivo inserido na Consolidação das Lei do Trabalho, *in verbis*:

> Art. 791-A. Ao advogado, ainda que atue em causa própria, serão devidos honorários de sucumbência, fixados entre o mínimo de 5% (cinco por cento) e o máximo de 15% (quinze por cento) sobre o valor que resultar da liquidação da sentença, do proveito econômico obtido ou, não sendo possível mensurá-lo, sobre o valor atualizado da causa.
>
> § 1º Os honorários são devidos também nas ações contra a Fazenda Pública e nas ações em que a parte estiver assistida ou substituída pelo sindicato de sua categoria.
>
> § 2º Ao fixar os honorários, o juízo observará:
>
> I – o grau de zelo do profissional;
>
> II – o lugar de prestação do serviço;
>
> III – a natureza e a importância da causa;
>
> IV – o trabalho realizado pelo advogado e o tempo exigido para o seu serviço.
>
> § 3º na hipótese de procedência parcial, o juízo arbitrará honorários de sucumbência recíproca, vedada a compensação entre os honorários.
>
> § 4º Vencido o beneficiário da justiça gratuita, desde que não tenha obtido em juízo, ainda que em outro processo, créditos capazes de suportar a despesa, as obrigações decorrentes de sua sucumbência ficarão sob condição suspensiva de exigibilidade e somente poderão ser executadas se, nos dois anos subsequentes ao trânsito em julgado da decisão que as certificou, o credor demonstrar que deixou de existir a situação de insuficiência de recursos que justificou a concessão de gratuidade, extinguindo-se, passado esse prazo, tais obrigações do beneficiário.
>
> § 5º São devidos honorários de sucumbência na reconvenção.

O art. 791-A da CLT inaugurou um novo conceito a ser encarado na esfera trabalhista, visto que passou a prever honorários de sucumbência no percentual de 5% a 15%.

Primeiramente, há de se enfrentar sobre quem é o beneficiário dos honorários de sucumbência. O *caput* do artigo supratranscrito amplia o rol, antes restrito apenas aos empregados hipossuficientes, assistidos por seus sindicatos, cabendo *"ao advogado"* percentual sobre o valor da condenação.

Outro ponto importante a ser abordado é a previsão de honorários sucumbenciais em face da Fazenda Pública. Antes que se faça uma avaliação apressada e chegue-se à conclusão de que o CPC traz a mesma previsão, **AVISO! NÃO É BEM ASSIM!!! Prestemos atenção nos detalhes!**

A CLT diz que – só e somente só – *os honorários serão devidos nas ações contra a Fazenda Pública*; já o CPC prevê que *a fixação dos honorários ocorrerá nas causas em que a Fazenda Pública for parte em percentuais e gradação distinta.*

> CPC, art. 85, § 3º: Nas causas em que a Fazenda Pública for parte, a fixação dos honorários observará os critérios estabelecidos nos incisos I a IV do § 2º e os seguintes percentuais:
>
> I – mínimo de dez e máximo de vinte por cento sobre o valor da condenação ou do proveito econômico obtido até 200 (duzentos) salários mínimos;
>
> II – mínimo de oito e máximo de dez por cento sobre o valor da condenação ou do proveito econômico obtido acima de 200 (duzentos) salários mínimos até 2.000 (dois mil) salários mínimos;
>
> III – mínimo de cinco e máximo de oito por cento sobre o valor da condenação ou do proveito econômico obtido acima de 2.000 (dois mil) salários mínimos até 20.000 (vinte mil) salários mínimos;
>
> IV – mínimo de três e máximo de cinco por cento sobre o valor da condenação ou do proveito econômico obtido acima de 20.000 (vinte mil) salários mínimos até 100.000 (cem mil) salários mínimos;
>
> V – mínimo de um e máximo de três por cento sobre o valor da condenação ou do proveito econômico obtido acima de 100.000 (cem mil) salários mínimos.

Portanto, enquanto o CPC prevê uma redução do percentual dos honorários sucumbenciais a serem suportados pela Fazenda Pública, à medida que o valor da causa é ampliado, a CLT não trouxe o mesmo privilégio para o ente estatal.

INSTITUTO	O QUE MUDOU – REFORMA TRABALHISTA
Honorários advocatícios sucumbenciais	A CLT passou a disciplinar expressamente no art. 791-A; portanto, seu arbitramento não está mais restrito aos casos em que o vencedor da ação estava representado por sindicato **e** era beneficiário da justiça gratuita.
Valor dos honorários advocatícios	A CLT passou a disciplinar expressamente; portanto, não mais se aplica o CPC; com a reforma, os honorários são devidos entre 5% e 15% do valor que resultar na liquidação a sentença.
Procedência parcial	A CLT passou a disciplinar expressamente no art. 791-A, § 5º, podendo o juiz arbitrar os honorários, mas sendo vedada a compensação entre eles.

INSTITUTO	O QUE MUDOU – REFORMA TRABALHISTA
Honorários advocatícios e benefícios da justiça gratuita	Antes da reforma, o beneficiário da justiça gratuita não tinha obrigação de pagar os valores decorrentes da sucumbência; após ela, tais valores ficarão sob condição suspensiva, limitados a 2 anos, passíveis de execução se a condição do executado for alterada dentro desse lapso temporal.

Portanto, a antiga noção de que, no Direito Comum, basta ser vencido para surgir o dever de pagar honorários advocatícios ao vencedor, ou seja, a mera sucumbência legitima o pagamento/recebimento de honorários, e, no **processo do trabalho**, a **mera sucumbência não garante o pagamento dos honorários advocatícios** não deve ser mais o ponto de partida.

HONORÁRIOS ADVOCATÍCIOS	
Previsão legal	Art. 791-A. Ao advogado, ainda que atue em causa própria, serão devidos honorários de sucumbência, fixados entre o mínimo de 5% (cinco por cento) e o máximo de 15% (quinze por cento) sobre o valor que resultar da liquidação da sentença, do proveito econômico obtido ou, não sendo possível mensurá-lo, sobre o valor atualizado da causa.
Fazenda Pública	§ 1º Os honorários são devidos também nas ações contra a Fazenda Pública e nas ações em que a parte estiver assistida ou substituída pelo sindicato de sua categoria.
Critérios de fixação	§ 2º Ao fixar os honorários, o juízo observará: I – o grau de zelo do profissional; II – o lugar de prestação do serviço; III – a natureza e a importância da causa; IV – o trabalho realizado pelo advogado e o tempo exigido para o seu serviço.
Sucumbência recíproca	§ 3º Na hipótese de procedência parcial, o juízo arbitrará honorários de sucumbência recíproca, vedada a compensação entre os honorários.
Reconvenção	§ 5º São devidos honorários de sucumbência na reconvenção.
Suspensão de exigibilidade	Art. 791-A, § 4º: Vencido o beneficiário da justiça gratuita, desde que não tenha obtido em juízo, ainda que em outro processo, créditos capazes de suportar a despesa, as obrigações decorrentes de sua sucumbência ficarão sob condição suspensiva de exigibilidade e somente poderão ser executadas se, nos dois anos subsequentes ao trânsito em julgado da decisão que as certificou, o credor demonstrar que deixou de existir a situação de insuficiência de recursos que justificou a concessão de gratuidade, extinguindo-se, passado esse prazo, tais obrigações do beneficiário.[1]

---

[1] ATENÇÃO! O STF, no julgamento da ADI 5766, em 20 de outubro de 2021, julgou parcialmente procedente o pedido formulado na ação direta, para declarar inconstitucionais os arts. 790-B, *caput* e § 4º, e 791-A, § 4º, da Consolidação das Leis do Trabalho (CLT).

2. ASSISTÊNCIA JUDICIÁRIA GRATUITA

2.1. Distinção entre assistência judiciária gratuita e justiça gratuita

A assistência judiciária gratuita abrange o benefício da justiça gratuita. Contudo, muitas vezes, tanto a legislação quanto os enunciados jurisprudenciais não fazem a devida distinção e tratam como assistência judiciária.

A assistência judiciária gratuita é prestada pelo sindicato ao trabalhador que declara sua miserabilidade.

Por sua vez, o benefício da justiça gratuita é regulado pelo art. 790, § 3º, da CLT e consiste na possibilidade de a parte postular em juízo sem pagar custas processuais, isto é, taxas judiciais, emolumentos, custas, honorários de perito, despesas com editais etc., desde que perceba salário igual ou inferior a 40% (quarenta por cento) do limite máximo dos benefícios do Regime Geral de Previdência Social.

> CLT: Art. 790. (...)
>
> § 3º É facultado aos juízes, órgãos julgadores e presidentes dos tribunais do trabalho de qualquer instância conceder, a requerimento ou de ofício, o benefício da justiça gratuita, inclusive quanto a traslados e instrumentos, àqueles que perceberem salário igual ou inferior a 40% (quarenta por cento) do limite máximo dos benefícios do Regime Geral de Previdência Social.
>
> § 4º O benefício da justiça gratuita será concedido à parte que comprovar insuficiência de recursos para o pagamento das custas do processo.

Atualmente, para concessão de justiça gratuita, o CPC prevê:

> Art. 98. A pessoa natural ou jurídica, brasileira ou estrangeira, com insuficiência de recursos para pagar as custas, as despesas processuais e os honorários advocatícios tem direito à gratuidade da justiça, na forma da lei.
>
> § 1º A gratuidade da justiça compreende:
>
> I – as taxas ou as custas judiciais;
>
> II – os selos postais;
>
> III – as despesas com publicação na imprensa oficial, dispensando-se a publicação em outros meios;
>
> IV – a indenização devida à testemunha que, quando empregada, receberá do empregador salário integral, como se em serviço estivesse;
>
> V – as despesas com a realização de exame de código genético – DNA e de outros exames considerados essenciais;
>
> VI – os honorários do advogado e do perito e a remuneração do intérprete ou do tradutor nomeado para apresentação de versão em português de documento redigido em língua estrangeira;
>
> VII – o custo com a elaboração de memória de cálculo, quando exigida para instauração da execução;
>
> VIII – os depósitos previstos em lei para interposição de recurso, para propositura de ação e para a prática de outros atos processuais inerentes ao exercício da ampla defesa e do contraditório;

Cap. 33 – CAPACIDADE POSTULATÓRIA, *JUS POSTULANDI*, HONORÁRIOS ADVOCATÍCIOS **587**

IX – os emolumentos devidos a notários ou registradores em decorrência da prática de registro, averbação ou qualquer outro ato notarial necessário à efetivação de decisão judicial ou à continuidade de processo judicial no qual o benefício tenha sido concedido.

Ressalta-se que os honorários de advogado supramencionados se referem àquele da parte contrária. Logo, tanto a justiça gratuita quanto a assistência judiciária gratuita exigem o mesmo requisito: hipossuficiência.

Antes da reforma trabalhista, apenas na assistência judiciária gratuita (exercida pelo sindicato) haveria condenação ao pagamento de honorários advocatícios. Atualmente, nesse sentido, o art. 791-A da CLT estabelece:

> Art. 791-A. Ao advogado, ainda que atue em causa própria, serão devidos honorários de sucumbência, fixados entre o mínimo de 5% (cinco por cento) e o máximo de 15% (quinze por cento) sobre o valor que resultar da liquidação da sentença, do proveito econômico obtido ou, não sendo possível mensurá-lo, sobre o valor atualizado da causa.
>
> § 1º Os honorários são devidos também nas ações contra a Fazenda Pública e nas ações em que a parte estiver assistida ou substituída pelo sindicato de sua categoria.
>
> § 2º Ao fixar os honorários, o juízo observará:
>
> I – o grau de zelo do profissional;
>
> II – o lugar de prestação do serviço;
>
> III – a natureza e a importância da causa;
>
> IV – o trabalho realizado pelo advogado e o tempo exigido para o seu serviço.
>
> § 3º Na hipótese de procedência parcial, o juízo arbitrará honorários de sucumbência recíproca, vedada a compensação entre os honorários.
>
> § 4º Vencido o beneficiário da justiça gratuita, desde que não tenha obtido em juízo, ainda que em outro processo, créditos capazes de suportar a despesa, as obrigações decorrentes de sua sucumbência ficarão sob condição suspensiva de exigibilidade e somente poderão ser executadas se, nos dois anos subsequentes ao trânsito em julgado da decisão que as certificou, o credor demonstrar que deixou de existir a situação de insuficiência de recursos que justificou a concessão de gratuidade, extinguindo-se, passado esse prazo, tais obrigações do beneficiário.
>
> § 5º São devidos honorários de sucumbência na reconvenção.

Muita atenção ao que foi decidido na ADI 5766:

Tema: ADI 5766 – Discussão sobre a cobrança de custas e de honorários advocatícios dos beneficiários da justiça gratuita. **Tese firmada:** O Tribunal, por maioria, julgou parcialmente procedente o pedido formulado na ação direta, para declarar inconstitucionais os arts. 790-B, *caput* e § 4º, e 791-A, § 4º, da Consolidação das Leis do Trabalho (CLT), vencidos, em parte, os Ministros Roberto Barroso (Relator), Luiz Fux (Presidente), Nunes Marques e Gilmar Mendes. Por maioria, julgou improcedente a ação no tocante ao art. 844, § 2º, da CLT, declarando-o constitucional, vencidos os Ministros Edson Fachin, Ricardo Lewandowski e Rosa Weber. Redigirá o acórdão o Ministro Alexandre de Moraes. Plenário, 20.10.2021 (Sessão realizada por videoconferência – Resolução 672/2020/STF).

> **Súmula 463 do TST: Assistência judiciária gratuita. Comprovação**
>
> I – A partir de 26.06.2017, para a concessão da assistência judiciária gratuita à pessoa natural, basta a declaração de hipossuficiência econômica firmada pela parte ou por seu advogado, desde que munido de procuração com poderes específicos para esse fim (art. 105 do CPC de 2015);
>
> II – No caso de pessoa jurídica, não basta a mera declaração: é necessária a demonstração cabal de impossibilidade de a parte arcar com as despesas do processo.
>
> **OJ 269 da SBDI-I do TST: Justiça gratuita. Requerimento de isenção de despesas processuais. Momento oportuno**
>
> I – O benefício da justiça gratuita pode ser requerido em qualquer tempo ou grau de jurisdição, desde que, na fase recursal, seja o requerimento formulado no prazo alusivo ao recurso;
>
> II – Indeferido o requerimento de justiça gratuita formulado na fase recursal, cumpre ao relator fixar prazo para que o recorrente efetue o preparo (art. 99, § 7º, do CPC de 2015).

Quanto ao item I da Súmula 463 do TST, em que pese o enunciado fale que basta a declaração de hipossuficiência econômica firmada pela parte ou por seu advogado para a concessão da assistência judiciária gratuita à pessoa natural, o art. 790, § 4º, da CLT exige a comprovação da insuficiência de recursos.

Portanto, **após** a reforma trabalhista promovida pela Lei 13.467/2017, os requisitos para o deferimento da justiça gratuita foram alterados, sendo cabíveis para aqueles que:

1 – percebem salário igual ou inferior a 40% do limite de benefícios do RGPS; e/ou

2 – comprovem a hipossuficiência de recursos.

QUADRO COMPARATIVO – REQUISITOS PARA DEFERIMENTO DO BENEFÍCIO DA JUSTIÇA GRATUITA: *DESDE QUE A PARTE...*	
Antes da reforma	**Após a reforma**
• recebesse salário igual ou inferior ao dobro do mínimo legal; OU	• receba salário igual ou inferior a 40% do limite máximo para benefícios do RGPS; E/OU
• declarasse que não está em condições de arcar com as despesas processuais sem prejuízo do sustento próprio ou de sua família.	• comprove insuficiência de recursos para o pagamento das custas processuais.

2.2. Momento processual para requerimento do benefício da justiça gratuita

A justiça gratuita poderá ser concedida, a requerimento ou de ofício, a qualquer tempo e em qualquer instância (art. 790, § 3º, da CLT).

Cap. 33 – CAPACIDADE POSTULATÓRIA, *JUS POSTULANDI*, HONORÁRIOS ADVOCATÍCIOS 589

O CPC também destaca a possibilidade de requerer em qualquer tempo (art. 99):

CLT, art. 790, § 3º: É facultado aos juízes, órgãos julgadores e presidentes dos tribunais do trabalho de qualquer instância conceder, a requerimento ou de ofício, o benefício da justiça gratuita, inclusive quanto a traslados e instrumentos, àqueles que perceberem salário igual ou inferior a 40% (quarenta por cento) do limite máximo dos benefícios do Regime Geral de Previdência Social.

Art. 99 do CPC: O pedido de gratuidade da justiça pode ser formulado na petição inicial, na contestação, na petição para ingresso de terceiro no processo ou em recurso.

§ 1º Se superveniente à primeira manifestação da parte na instância, o pedido poderá ser formulado por petição simples, nos autos do próprio processo, e não suspenderá seu curso.

O TST apenas ressalva sobre o requerimento na fase recursal, indicando a possibilidade, desde que formulado **dentro do prazo recursal**, sob pena de deserção.

JUSTIÇA GRATUITA

• **OJ 269 da SDI-1: Justiça gratuita. Requerimento de isenção de despesas processuais. Momento oportuno**

I – O benefício da justiça gratuita pode ser requerido em qualquer tempo ou grau de jurisdição, desde que, na fase recursal, seja o requerimento formulado no prazo alusivo ao recurso;

II – Indeferido o requerimento de justiça gratuita formulado na fase recursal, cumpre ao relator fixar prazo para que o recorrente efetue o preparo (art. 99, § 7º, do CPC de 2015)

• **OJ 389 da SDI-1: Multa prevista no art. 1.021, §§ 4º e 5º, do CPC de 2015. Art. 557, § 2º, do CPC de 1973. Recolhimento. Pressuposto recursal. Beneficiário da justiça gratuita e Fazenda Pública. Pagamento ao final.**

Constitui ônus da parte recorrente, sob pena de deserção, depositar previamente a multa aplicada com fundamento nos §§ 4º e 5º, do art. 1.021, do CPC de 2015 (§ 2º do art. 557 do CPC de 1973), à exceção da Fazenda Pública e do beneficiário de justiça gratuita, que farão o pagamento ao final.

Art. 899, § 10: São isentos do depósito recursal os beneficiários da justiça gratuita, as entidades filantrópicas e as empresas em recuperação judicial.

QUESTÕES PARA TREINO

1. **(Cespe/Cebraspe – PG-DF – Procurador – 2022 – adaptada)** Com relação aos procedimentos nos dissídios individuais, julgue o item que se segue.

   De acordo com o entendimento do TST, o *jus postulandi* abrange a atuação nas Varas do Trabalho e nos TRT, inclusive no que se refere a mandados de segurança.

   Comentário

   Súmula 425 do TST: O *jus postulandi* das partes, estabelecido no art. 791 da CLT, limita-se às Varas do Trabalho e aos Tribunais Regionais do Trabalho, não alcançando a ação rescisória, a ação cautelar, o mandado de segurança e os recursos de competência do Tribunal Superior do Trabalho.

Errado.

2. **(FCC – TRT-4 – Analista Judiciário – Área Judiciária – 2022 – adaptada)** Demóstenes propôs ação trabalhista em face do seu ex-empregador a Churrascaria Boi no Prato, tendo sido a referida empresa condenada a pagar R$ 30.000,00 de verbas contratuais, rescisórias e diferenças de FGTS ao autor, acrescido de honorários sucumbenciais. Sabendo-se que Demóstenes celebrou com seu advogado particular contrato de honorários à base de 10% do valor da condenação, com base na Consolidação das Leis do Trabalho, o valor máximo da condenação em honorários sucumbenciais ao patrono do autor será de R$ 6.000,00, uma vez que os honorários contratados não atingiram o percentual máximo permitido em lei, que é de 30%.

Comentário

CLT, art. 791-A: Ao advogado, ainda que atue em causa própria, serão devidos honorários de sucumbência, fixados entre o mínimo de 5% (cinco por cento) e o máximo de 15% (quinze por cento) sobre o valor que resultar da liquidação da sentença, do proveito econômico obtido ou, não sendo possível mensurá-lo, sobre o valor atualizado da causa.

Errado.

3. **(FCC – TRT-4 – Analista Judiciário – Área Judiciária – 2022 – adaptada)** Demóstenes propôs ação trabalhista em face do seu ex-empregador a Churrascaria Boi no Prato, tendo sido a referida empresa condenada a pagar R$ 30.000,00 de verbas contratuais, rescisórias e diferenças de FGTS ao autor, acrescido de honorários sucumbenciais. Sabendo-se que Demóstenes celebrou com seu advogado particular contrato de honorários à base de 10% do valor da condenação, com base na Consolidação das Leis do Trabalho, não cabe honorários sucumbenciais na hipótese ao patrono do autor, eis que ele não está assistido pelo sindicato da categoria.

Comentário

CLT, art. 791-A: Ao advogado, ainda que atue em causa própria, serão devidos honorários de sucumbência, fixados entre o mínimo de 5% (cinco por cento) e o máximo de 15% (quinze por cento) sobre o valor que resultar da liquidação da sentença, do proveito econômico obtido ou, não sendo possível mensurá-lo, sobre o valor atualizado da causa.

Errado.

4. **(FCC – TRT-4 – Analista Judiciário – Área Judiciária – 2022 – adaptada)** Demóstenes propôs ação trabalhista em face do seu ex-empregador a Churrascaria Boi no Prato, tendo sido a referida empresa condenada a pagar R$ 30.000,00 de verbas contratuais, rescisórias e diferenças de FGTS ao autor, acrescido de honorários sucumbenciais. Sabendo-se que Demóstenes celebrou com seu advogado particular contrato de honorários à base de 10% do valor da condenação, com base na Consolidação das Leis do Trabalho, o valor máximo da condenação em honorários sucumbenciais ao patrono do autor será de R$ 4.500,00.

Comentário

CLT, art. 791-A: Ao advogado, ainda que atue em causa própria, serão devidos honorários de sucumbência, fixados entre o mínimo de 5% (cinco por cento) e o máximo de 15% (quinze por cento) sobre o valor que resultar da liquidação da sentença, do proveito econômico obtido ou, não sendo possível mensurá-lo, sobre o valor atualizado da causa.

Certo.

5. **(FCC – TRT-4 – Analista Judiciário – Área Judiciária – 2022 – adaptada)** Demóstenes propôs ação trabalhista em face do seu ex-empregador a Churrascaria Boi no Prato, tendo sido a referida empresa condenada a pagar R$ 30.000,00 de verbas contratuais, rescisórias e diferenças de FGTS ao autor, acrescido de honorários sucumbenciais. Sabendo-se que Demóstenes celebrou com seu advogado particular contrato de honorários à base de 10% do valor da condenação, com base na Consolidação das Leis do Trabalho, o valor mínimo da condenação em honorários sucumbenciais ao patrono do autor será de R$ 3.000,00.

Comentário

CLT, art. 791-A: Ao advogado, ainda que atue em causa própria, serão devidos honorários de sucumbência, fixados entre o mínimo de 5% (cinco por cento) e o máximo de 15% (quinze por cento) sobre o valor que resultar da liquidação da sentença, do proveito econômico obtido ou, não sendo possível mensurá-lo, sobre o valor atualizado da causa.

Errado.

6. **(FCC – TRT-4 – Analista Judiciário – Área Judiciária – 2022 – adaptada)** Demóstenes propôs ação trabalhista em face do seu ex-empregador a Churrascaria Boi no Prato, tendo sido a referida empresa condenada a pagar R$ 30.000,00 de verbas contratuais, rescisórias e diferenças de FGTS ao autor, acrescido de honorários sucumbenciais. Sabendo-se que Demóstenes celebrou com seu advogado particular contrato de honorários à base de 10% do valor da condenação, com base na Consolidação das Leis do Trabalho, não cabe honorários sucumbenciais na hipótese ao patrono do autor, eis que ele perceberá honorários contratados.

Comentário

CLT, art. 791-A: Ao advogado, ainda que atue em causa própria, serão devidos honorários de sucumbência, fixados entre o mínimo de 5% (cinco por cento) e o máximo de 15% (quinze por cento) sobre o valor que resultar da liquidação da sentença, do proveito econômico obtido ou, não sendo possível mensurá-lo, sobre o valor atualizado da causa.

Errado.

7. **(Cespe/Cebraspe – PGM Recife – Procurador Jurídico – 2022 – adaptada)** No que concerne ao dissídio individual, é correto afirmar:

A ausência do reclamante à audiência sem motivo legalmente justificável tem como consequência o arquivamento da reclamação, além de sua condenação ao pagamento das custas processuais.

Comentário

CLT, art. 844: O não comparecimento do reclamante à audiência importa o arquivamento da reclamação, e o não comparecimento do reclamado importa revelia, além de confissão quanto à matéria de fato.

(...)

§ 2º Na hipótese de ausência do reclamante, este será condenado ao pagamento das custas calculadas na forma do art. 789 desta Consolidação, ainda que beneficiário da justiça gratuita, salvo se comprovar, no prazo de quinze dias, que a ausência ocorreu por motivo legalmente justificável.

Certo.

8. **(Cespe/Cebraspe – PGM Recife – Procurador Jurídico – 2022 – adaptada)** No que concerne ao dissídio individual, é correto afirmar:

A ausência do reclamado em audiência importará na aplicação dos efeitos da revelia, ainda que o litígio verse sobre direitos indisponíveis.

Comentário

CLT, art. 844, § 4º: A revelia não produz o efeito mencionado no caput deste artigo se:

I – havendo pluralidade de reclamados, algum deles contestar a ação;

II – o litígio versar sobre direitos indisponíveis;

III – a petição inicial não estiver acompanhada de instrumento que a lei considere indispensável à prova do ato;

IV – as alegações de fato formuladas pelo reclamante forem inverossímeis ou estiverem em contradição com prova constante dos autos.

Errado.

9. **(FCC – TRT-14 – Técnico Judiciário – Área Administrativa – 2022 – adaptada)** Bento possui 17 anos de idade e foi devidamente contratado e registrado em CTPS, podendo assinar os recibos de pagamento de seus salários. Ocorre que, injustamente dispensado após um ano de contrato de trabalho, pretende ingressar com reclamação trabalhista contra sua ex-empregadora.

De acordo com a CLT, Bento teria que ser representado somente se prestasse seus serviços na condição de aprendiz, o que não é o caso.

Comentário

CLT, art. 793: A reclamação trabalhista do menor de 18 anos será feita por seus representantes legais e, na falta destes, pela Procuradoria da Justiça do Trabalho, pelo sindicato, pelo Ministério Público estadual ou curador nomeado em juízo.

Errado.

10. **(FCC – TRT-14 – Técnico Judiciário – Área Administrativa – 2022 – adaptada)** Bento possui 17 anos de idade e foi devidamente contratado e registrado em CTPS, podendo assinar os recibos de pagamento de seus salários. Ocorre que, injustamente dispensado após um ano de contrato de trabalho, pretende ingressar com reclamação trabalhista contra sua ex-empregadora.

De acordo com a CLT, Bento não precisa de representação para ingressar com reclamação trabalhista, pois, tendo sido contratado como empregado, adquiriu capacidade postulatória como se maior de idade fosse.

Comentário

CLT, art. 793: A reclamação trabalhista do menor de 18 anos será feita por seus representantes legais e, na falta destes, pela Procuradoria da Justiça do Trabalho, pelo sindicato, pelo Ministério Público estadual ou curador nomeado em juízo.

Errado.

ATOS, TERMOS, PRAZOS PROCESSUAIS E NULIDADES PROCESSUAIS

1. ATOS E TERMOS PROCESSUAIS

O processo é um complexo ordenado de atos processuais, que tem por finalidade a obtenção da solução jurisdicional do conflito.

Os **atos processuais objetivam a constituição, a extinção, a conservação, a modificação ou o desenvolvimento da relação processual** e podem ser praticados pelas partes (petição inicial, recurso, depoimentos, defesa etc.), pelo juiz (decisões, sentenças, supervisão de secretaria, atendimento a advogados, responsabilidade de presidir a audiência etc.) e pelos auxiliares da Justiça (diretor de secretaria, oficial de justiça avaliador, perito etc.).

A CLT aborda os atos processuais a partir do art. 770 e o CPC disciplina a matéria nos arts. 188 a 293.

Por sua vez, entende-se por **termo processual o ato processual reduzido por escrito**, como ocorre com o termo de audiência e a redução a termos dos depoimentos das partes e da oitiva das testemunhas.

1.1. Classificação dos atos processuais

a) Fatos processuais e atos processuais

A primeira distinção se dá entre os fatos jurídicos e os atos jurídicos e os fatos processuais dos atos processuais.

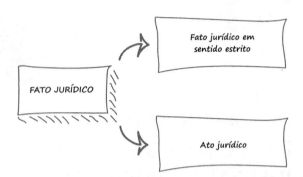

Os **fatos jurídicos em sentido estrito** são acontecimentos decorrentes da natureza que modificam, criam ou extinguem direitos, enquanto os **atos jurídicos** decorrem da vontade humana com o propósito de modificar, criar ou extinguir direitos.

Diante desse quadro, os **fatos processuais** são acontecimentos naturais que, **independentemente da vontade humana**, causam efeitos processuais, como a revelia e a morte das partes; já os **atos processuais** são decorrentes da vontade humana, **tendo por finalidade determinado efeito no desenvolvimento da relação jurídico-processual**.

b) Classificação subjetiva

Quanto aos sujeitos que praticam o ato, os atos processuais podem ser divididos entre **atos das partes** (autor, réu, terceiros juridicamente interessados, Ministério Público), atos do **juiz** e atos dos **auxiliares da Justiça** (escrivão, chefe de secretaria, oficial de justiça etc. – art. 149 do CPC).

O **CPC** classifica os atos processuais em **atos da parte** (arts. 200 a 202 do CPC), **pronunciamentos do juiz** (arts. 203 a 205 do CPC) e **atos do escrivão ou do chefe de secretaria** (arts. 206 a 211 do CPC).

c) Classificação objetiva

Quanto à natureza do ato, os atos processuais classificam-se em **atos postulatórios** (atos em que as partes apresentam pedidos ao juiz – petição inicial, contestação, réplica, recursos etc.), **atos probatórios** (destinam-se à instrução do processo), **atos dispositivos** (atos nos quais as partes transacionam ou abrem mão de seus direitos – transação, renúncia, desistência etc.), **atos de desenvolvimento** (atos que impulsionam o processo, atos meramente ordinatórios) e **atos decisórios** (sentenças, despachos e decisões interlocutórias proferidos pelo juiz).

1.2 Forma de realização dos atos processuais

Os atos e termos do processo devem ser praticados e redigidos em **língua portuguesa**. O documento que for redigido em língua estrangeira somente poderá ser juntado aos autos quando acompanhado de versão para a língua portuguesa **tramitada por via diplomática ou pela autoridade central, ou firmada por tradutor juramentado** (art. 192 do CPC).

Além disso, podem ser escritos a tinta, datilografados ou a carimbo (art. 771 da CLT), sendo possível, nos termos do art. 210 do CPC, o uso de taquigrafia, estenotipia ou qualquer outro método idôneo para registro dos atos e termos processuais.

Ressalta-se que, no caso de atos e termos processuais que **devam ser assinados pelas partes interessadas**, quando estas, por motivo justificado, **não puderem fazê-lo**, deverão ser praticados na presença de **duas testemunhas**, SE NÃO houver procurador legalmente constituído (art. 772 da CLT).

Ademais, os termos relativos à simples movimentação do processo serão registrados por meio de simples notas, datadas e rubricadas pelos diretores de Secretaria ou escrivães (art. 773 da CLT).

Importante destacar que não são admitidos espaços em branco (salvo os que forem inutilizados), entrelinhas, emendas ou rasuras, exceto se expressamente ressalvados, bem como cotas marginais e interlineares (arts. 202 e 211 do CPC).

Ainda a respeito da forma de realização dos atos processuais, o CPC traz de modo expresso a previsão de que os atos podem ser realizados total ou parcialmente digitais, para permitir que sejam produzidos, comunicados, armazenados e validados por meio eletrônico, na forma da lei (art. 193 do CPC).

Em relação à publicidade, os atos processuais são **públicos**; contudo, pode ser a publicidade restringida pelo juiz no caso de **interesse social (art. 770 da CLT)**. O CPC ainda traz outras hipóteses, no seu art. 189, nas quais o processo tramitará em segredo de justiça, entre as quais: **interesse público ou social; respeito à intimidade; que versem sobre arbitragem etc**.

Nas hipóteses de segredo de justiça, os autos somente podem ser consultados e podem ser pedidas certidões dos atos processuais pelas partes e pelos seus procuradores, mas o terceiro que demonstrar interesse jurídico pode requerer ao juiz certidão do dispositivo da sentença.

Os atos eletrônicos, do mesmo modo, devem respeitar a publicidade dos atos. Não há diferença processual quanto à publicidade no processo físico e eletrônico, aplicando-se também as regras de restrição à publicidade do art. 189 do CPC.

Para facilitar o acesso ao processo eletrônico, o art. 197 do CPC prevê que os tribunais devem divulgar as informações constantes de seu sistema de automação em página própria na internet, gozando a divulgação de presunção de veracidade e confiabilidade.

Ainda, prevê o art. 194 do CPC que deve ser assegurado o acesso e a participação das partes e de seus procuradores, inclusive nas audiências e sessões de julgamento, observadas as garantias da **acessibilidade** e **disponibilidade** (o sistema deve ser acessível e estar disponível), da **independência da plataforma computacional** (não deve o sistema estar vinculado a um programa ou sistema operacional) e da **interoperabilidade dos sistemas, serviços, dados e informações** que o Poder Judiciário administre no exercício de suas funções (comunicação entre os sistemas, serviços, dados e informações utilizados).

É em decorrência da necessidade de se manter o sistema acessível que há previsão de que as unidades do Poder Judiciário devem manter *gratuitamente*, à disposição dos interessados, equipamentos necessários à prática de atos processuais e à consulta e ao acesso ao sistema e aos documentos dele constantes (art. 198 do CPC), devendo ser garantida também acessibilidade às pessoas com deficiência (art. 199 do CPC).

1.3. Momento de realização dos atos processuais

Os atos processuais serão realizados em **dias úteis, das 6h às 20h (art. 770 da CLT)**; não confundir com os horários de **audiência na Justiça do Trabalho: das 8h às 18h**. Todavia, com autorização judicial, os atos processuais podem ser realizados fora desses limites, nos termos do **art. 770, parágrafo único, da CLT e do art. 212 do CPC**.

> Art. 770 da CLT: Os atos processuais serão públicos salvo quando o contrário determinar o interesse social, e realizar-se-ão nos dias úteis das 6 (seis) às 20 (vinte) horas.
>
> Parágrafo único. A **penhora** poderá realizar-se **em domingo ou dia feriado**, mediante autorização expressa do juiz ou presidente. (destacamos)
>
> Art. 212 do CPC: Os atos processuais serão realizados em dias úteis, das 6 (seis) às 20 (vinte) horas.
>
> **§ 1º Serão concluídos após as 20 (vinte) horas os atos iniciados antes, quando o adiamento prejudicar a diligência ou causar grave dano.**
>
> § 2º Independentemente de autorização judicial, *as* **citações, intimações e penhoras** poderão realizar-se no período de **férias forenses**, onde as houver, e nos **feriados ou dias úteis fora do horário** estabelecido neste artigo, observado o disposto no art. 5º, inciso XI, da Constituição Federal.
>
> § 3º Quando o ato tiver de ser praticado por meio de petição em autos não eletrônicos, essa deverá ser protocolada no horário de funcionamento do fórum ou tribunal, conforme o disposto na lei de organização judiciária local. (destacamos)

Perceba que os atos devem respeitar as disposições constitucionais sobre inviolabilidade de domicílio, isto é, no período noturno, não se pode adentrar na residência, mesmo com ordem judicial.

LIMITES TEMPORAIS PARA A PRÁTICA DO ATO	
Dias	Período
Úteis[1]	Das 6h às 20h

---

[1] CPC, art. 216: Além dos declarados em lei, são feriados, para efeito forense, os sábados, os domingos e os dias em que não haja expediente forense.

LIMITES TEMPORAIS PARA A PRÁTICA DO ATO – EXCEÇÕES	
CLT (art. 770, parágrafo único)	**CPC (art. 212, § 2º)**
A penhora poderá realizar-se em domingo ou dia feriado, **mediante autorização expressa do juiz ou presidente**.	**Independentemente de autorização judicial**, as citações, intimações e penhoras poderão realizar-se no período de férias forenses, onde as houver, e nos feriados ou dias úteis fora do horário, observado o disposto no art. 5º, inciso XI, da Constituição Federal.

LIMITE TEMPORAL – PJE – LEI 11.419/2006
Art. 3º da Lei 11.419/2006: Consideram-se realizados os atos processuais por meio eletrônico no dia e hora do seu envio ao sistema do Poder Judiciário, do que deverá ser fornecido protocolo eletrônico. Parágrafo único. Quando a petição eletrônica for enviada para atender prazo processual, serão consideradas tempestivas as transmitidas até as 24 (vinte e quatro) horas do seu último dia. Art. 213 do CPC: A prática eletrônica de ato processual pode ocorrer em qualquer horário até as 24 (vinte e quatro) horas do último dia do prazo. Parágrafo único. O horário vigente no juízo perante o qual o ato deve ser praticado será considerado para fins de atendimento do prazo.

1.4. Da preclusão

A **preclusão permite que o processo se desenvolva**, isto é, tenha um começo, meio e fim visando à composição da lide. *É a perda do direito de se praticar uma faculdade processual, evitando que o processo se prolongue ad eternum, aguardando a manifestação da parte.*

Há as seguintes preclusões:

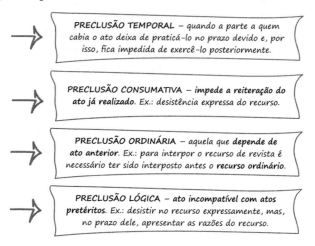

1.5. Negócio jurídico

Além dos atos processuais praticados unilateralmente, podem as partes, por acordo de vontade, praticar negócios processuais. O CPC/2015 trouxe, em seu art. 190, uma cláusula geral de negócios processuais, permitindo que as partes, por acordo processual, estipulem mudanças no procedimento, antes ou durante o processo, sem intermediação do juiz, desde que o processo verse sobre direito que admita autocomposição (negócios processuais atípicos).

Compete ao juiz, entretanto, controlar a validade do negócio jurídico processual, de ofício ou a requerimento da parte, podendo recusar a aplicação da negociação nos casos de nulidade ou de inserção abusiva em contrato de adesão ou em que alguma parte se encontre em manifesta situação de vulnerabilidade.

Tendo em vista que, no processo do trabalho, o direito material discutido é indisponível e o empregado encontra-se em situação de vulnerabilidade processual em face do empregador, o TST, fundamentado no princípio da proteção, se posicionou pela inaplicabilidade da autorregulação processual na seara trabalhista (art. 2º, II, da IN 39/2016).

> **cuidado**
>
> A Instrução Normativa 39 não tratou a respeito da calendarização processual, prevista no art. 191 do CPC. A calendarização processual é a possibilidade que tem as partes de fixar, em conjunto com o juiz, um calendário para a prática dos atos processuais, dispensando a intimação das partes para a prática do ato processual.

2. DOS PRAZOS PROCESSUAIS

2.1. Conceito

Entende-se por prazo processual o **período no qual o ato processual deve ser praticado**. Esse período pode ser estabelecido pela lei, pelo juiz ou pela parte, sob pena de preclusão temporal.

Nesse sentido, inclusive, o CPC estabelece que, após transcorrer o prazo, o direito de praticar ou de emendar o ato processual será extinto, independentemente de declaração judicial, exceto se a parte provar que houve justa causa para inércia (art. 223 do CPC).

Há, pois, um tempo determinado para a prática do ato processual. Em decorrência disso, entendia-se que o ato praticado antes do início do prazo era considerado extemporâneo (ex.: a Súmula 434 do TST, que foi cancelada). Todavia, esse entendimento foi alterado, passando o CPC a prever, de forma expressa, que é tempestivo o ato praticado antes do termo inicial do prazo (art. 218, § 4º), aplicável ao processo do trabalho.

A CLT cuida da contagem dos prazos nos arts. 774 a 776:

> Art. 774. Salvo disposição em contrário, os prazos previstos neste Título contam-se, conforme o caso, a partir da data em que for feita pessoalmente, ou recebida a notificação, daquela em que for publicado o edital no jornal oficial ou no que publicar o expediente da Justiça do Trabalho, ou, ainda, daquela em que for afixado o edital na sede da Junta, Juízo ou Tribunal.
>
> Parágrafo único. Tratando-se de notificação postal, no caso de não ser encontrado o destinatário ou no de recusa de recebimento, o Correio ficará obrigado, sob pena de

Cap. 34 – ATOS, TERMOS, PRAZOS PROCESSUAIS E NULIDADES PROCESSUAIS **601**

responsabilidade do servidor, a devolvê-la, no prazo de 48 (quarenta e oito) horas, ao Tribunal de origem.

Art. 775. Os prazos estabelecidos neste Título **serão contados em dias úteis**, com exclusão do dia do começo e inclusão do dia do vencimento.

§ 1º Os prazos podem ser prorrogados, pelo tempo estritamente necessário, nas seguintes hipóteses:

I – quando o juízo entender necessário;

II – em virtude de força maior, devidamente comprovada.

§ 2º Ao juízo incumbe dilatar os prazos processuais e alterar a ordem de produção dos meios de prova, adequando-os às necessidades do conflito de modo a conferir maior efetividade à tutela do direito.

Art. 775-A. Suspende-se o curso do prazo processual nos dias compreendidos entre 20 de dezembro e 20 de janeiro, inclusive.

§ 1º Ressalvadas as férias individuais e os feriados instituídos por lei, os juízes, os membros do Ministério Público, da Defensoria Pública e da Advocacia Pública e os auxiliares da Justiça exercerão suas atribuições durante o período previsto no caput deste artigo.

§ 2º Durante a suspensão do prazo, não se realizarão audiências nem sessões de julgamento.

Art. 776. O vencimento dos prazos será certificado nos processos pelos escrivães ou secretários. (destacamos)

2.2. Princípios

Os prazos processuais são guiados pelos princípios da: **utilidade** (devem ser úteis e adequados); **continuidade** (iniciado o prazo, não se interrompem ou suspendem, salvo previsão legal); **inalterabilidade** (válidos somente para os prazos peremptórios); **preclusão processual** (expirado o prazo, o ato não pode ser mais praticado).

2.3. Classificação

a) **Quanto à origem:** os prazos processuais podem ser legais, judiciais ou convencionais. Os **prazos legais** são estabelecidos em lei; os **prazos judiciais** são fixados pelo juiz; e os **prazos convencionais** são os que podem ser objeto de acordo pelas partes (ex.: suspensão do processo – art. 313, II, do CPC).

b) **Quanto à natureza:** entende-se por **prazos preclusivos**, fatais ou peremptórios aqueles que decorrem de normas cogentes ou de ordem pública, podendo, com anuência das partes, ser **reduzidos** pelo juiz (art. 222, § 1º, do CPC).

Já os **prazos dilatórios** são aqueles que decorrem de normas dispositivas e *PODEM ser fixados ou prorrogados pelas partes* ou *pelo juiz* (art. 190 do CPC).

c) **Quanto aos destinatários:** os prazos ainda podem ser classificados em impróprios e próprios. Os **prazos impróprios** são os legalmente previstos e destinados aos juízes e aos servidores do Poder Judiciário, e, quando

DIREITO DO TRABALHO E PROCESSO DO TRABALHO FACILITADOS – *Lenza*

descumpridos, *não causam efeitos processuais*, por exemplo, o prazo para o juiz sentenciar. Por sua vez, **os prazos processuais próprios** levam à perda do direito de praticá-los, provocando a **preclusão** (temporal, consumativa ou lógica).

O descumprimento reiterado e injustificado dos prazos processuais pelos juízes e pelos servidores pode implicar sanções de ordem disciplinar.

2.4. Contagem dos prazos

O início do prazo ocorre no momento em que o interessado toma ciência do ato processual a ser realizado. Portanto, recebida a notificação postal, publicado o edital no jornal oficial ou na data em que afixado o edital na sede do juízo ou tribunal, inicia-se o prazo (art. 774 da CLT). Igualmente, no caso de notificação por oficial de justiça, o prazo se inicia no momento da ciência do mandado.

Da mesma forma, o prazo para a o procurador, a Advocacia Pública, a Defensoria Pública e o Ministério Público deve ser contado da citação, da intimação ou da notificação (art. 230 do CPC).

Por sua vez, o início da contagem do prazo acontece no dia seguinte ao do início do prazo. Em outras palavras, exclui-se o dia do começo e inclui-se o dia do vencimento na contagem do prazo (art. 775 da CLT).

É preciso, pois, compreender que início de prazo não se confunde com início da contagem do prazo.

INÍCIO DO PRAZO	INÍCIO DA CONTAGEM DO PRAZO
O **início do prazo** começará com a **CIÊNCIA DO ATO, SE HOUVER EXPEDIENTE FORENSE.**	O **início da contagem do prazo** SE DARÁ NO DIA SUBSEQUENTE AO DA CIÊNCIA, SE HOUVER EXPEDIENTE FORENSE.*
* Isso porque os prazos que se iniciarem ou vencerem em sábado, domingo, dia feriado ou que não tiver expediente forense, bem como quando houver indisponibilidade da comunicação eletrônica, se prorrogarão para o primeiro dia útil seguinte (art. 775, §§ 1º e 2º, da CLT; art. 224, § 1º, do CPC; Súmula 262, I, do TST).	

Conclui-se, portanto, que o **início do prazo** ou **da contagem do prazo não começará ou terminará no sábado**. Isso quer dizer que é possível receber a notificação no sábado (ter ciência), mas o início do prazo se dará em dia que haja expediente forense.

Assim, se a parte tivesse ciência do ato na quinta-feira, o início do prazo se daria na quinta-feira. Já o início da contagem ocorreria na sexta-feira, porque é o dia imediatamente subsequente. Isso considerando ambos os dias como úteis. Por exemplo, intimação se dá no dia 10 (quinta-feira). O início da contagem é dia 11, sexta-feira. Se fosse na sexta-feira, o início do prazo seria sexta-feira. O da contagem, que é no dia imediatamente subsequente, não se daria no sábado, mesmo sendo dia útil. Não há expediente forense no sábado, por isso o início da contagem não pode se dar no sábado, prorrogando-se, dessa feita, para o dia imediatamente

Cap. 34 – ATOS, TERMOS, PRAZOS PROCESSUAIS E NULIDADES PROCESSUAIS 603

subsequente, desde que haja expediente forense. Portanto, o início da contagem se dará na segunda-feira. É dessa forma que a Súmula 1 do TST deve ser interpretada. Em resumo, se a intimação se der na sexta-feira, o prazo da contagem começará a correr na segunda-feira.

> **Súmula 1 do TST: Prazo judicial.** Quando a intimação tiver lugar na sexta-feira, ou a publicação com efeito de intimação for feita nesse dia, o prazo judicial será contado da segunda-feira imediata, inclusive, salvo se não houver expediente, caso em que fluirá no dia útil que se seguir.
>
> Súmula 262 do TST: Prazo judicial. Notificação ou intimação em sábado. Recesso forense.
>
> I – Intimada ou notificada a parte no sábado, o início do prazo se dará no primeiro dia útil imediato **[SEGUNDA-FEIRA, SE ÚTIL]** e a contagem, no subsequente **[TERÇA--FEIRA, SE ÚTIL]**;
>
> II – O recesso forense e as férias coletivas dos Ministros do Tribunal Superior do Trabalho (art. 177, § 1º, do RITST) suspendem os prazos recursais.

Quando notificado no sábado, o início da contagem do prazo será na terça-feira, se útil.

Ressalta-se que, no caso de recurso interposto por fac-símile, a **parte tem 5 dias** para a juntada dos originais, cujo início do prazo se dá do dia subsequente ao término do prazo recursal, **ainda que feriado, sábado ou domingo**.

> **Súmula 387 do TST: Recurso. Fac-símile. Lei nº 9.800/1999.**
>
> I – A Lei nº 9.800, de 26.05.1999, é aplicável somente a recursos interpostos após o início de sua vigência.
>
> II – A contagem do quinquídio para apresentação dos originais de recurso interposto por intermédio de fac-símile começa a fluir do dia subsequente ao término do prazo recursal, nos termos do art. 2º da Lei nº 9.800, de 26.05.1999, e não do dia seguinte à interposição do recurso, se esta se deu antes do termo final do prazo.
>
> III – **Não se tratando a juntada dos originais de ato que dependa de notificação, pois a parte, ao interpor o recurso, já tem ciência de seu ônus processual, não se aplica a regra do art. 224 do CPC de 2015 (art. 184 do CPC de 1973) quanto ao "dies a quo", podendo coincidir com sábado, domingo ou feriado.**
>
> IV – A autorização para utilização do fac-símile, constante do art. 1º da Lei nº 9.800, de 26.05.1999, somente alcança as hipóteses em que o documento é dirigido diretamente ao órgão jurisdicional, não se aplicando à transmissão ocorrida entre particulares. (destacamos)

Quando o juiz designar, em audiência de instrução, outra audiência de julgamento **para proferir sentença**, caberá às partes comparecer a esta última para tomar conhecimento da decisão. A ausência das partes não prorroga o início da intimação, o qual é considerado como a publicação da sentença, gerando presunção de que a parte foi intimada da decisão.

> **Súmula 197 do TST: Prazo.** O prazo para recurso da parte que, intimada, não comparecer à audiência em prosseguimento para a prolação da sentença, conta-se de sua PUBLICAÇÃO. (destacamos)

Todavia, o juiz deverá fazer juntada da ata de audiência em **48h**; não o fazendo nesse prazo, **as partes deverão ser intimadas**, para, então, iniciar-se o prazo do recurso. É o enunciado da Súmula 30 do TST.

> **Súmula 30 do TST: Intimação da sentença.** Quando não juntada a ata ao processo em 48 horas, contadas da audiência de julgamento (art. 851, § 2º, da CLT), o prazo para recurso será contado da data em que a parte receber a intimação da sentença.

Atente-se para os casos das intimações no processo eletrônico. A Lei 11.419/2006 regulamentou a informatização do processo e considerou como prazo inicial de intimação o dia da consulta, *prorrogando-se* para o primeiro dia útil seguinte em caso de não ser dia útil.

Por sua vez, o início da contagem na hipótese de intimação por diário oficial eletrônico também é diferenciado. Isso, porque não se conta o dia em que foi disponibilizada a decisão no diário. Assim, publicado no dia 10 (quarta-feira), a ciência é considerada como no dia seguinte ao da publicação (11) e o início da contagem do prazo se dá no subsequente a este dia (12, sexta-feira).

> **cuidado**
>
> *O art. 219 do CPC prevê a contagem de prazos em dias úteis. Após a entrada em vigor desse diploma legal, discutiu-se sobre sua (in)aplicabilidade no Direito Processual do Trabalho. Como forma de encerrar a discussão, o TST editou a IN 39/2016 (art. 2º, III), estabelecendo que não se aplicava ao processo do trabalho, em razão de inexistência de omissão ou por incompatibilidade, a contagem de prazos em dias úteis.*

A Lei 13.467/2017 alterou a CLT para fazer dispor no art. 775:

> CLT, art. 775: Os prazos estabelecidos neste Título serão contados em dias úteis, com exclusão do dia do começo e inclusão do dia do vencimento.

Portanto, a contagem de prazos no processo do trabalho será feita em dias úteis.

2.5. Prazos para o juiz

O art. 658, *d*, da CLT estabelece que um dos deveres dos juízes do trabalho é "despachar e praticar todos os atos decorrentes de suas funções, dentro dos prazos estabelecidos (...)". Diante disso, o art. 226 do CPC prevê que o juiz deve proferir: os despachos no prazo de cinco dias; as decisões interlocutórias no prazo de dez dias; e as sentenças no prazo de trinta dias.

Todavia, havendo motivo justificado, pode o juiz exceder, por igual tempo, os prazos a que está submetido (art. 227 do CPC). Relembre que os prazos para o juiz são impróprios e não impedem a prática dos atos processuais após o decurso do prazo.

Cap. 34 – ATOS, TERMOS, PRAZOS PROCESSUAIS E NULIDADES PROCESSUAIS **605**

Destaque-se que qualquer parte, o Ministério Público ou a Defensoria Pública poderá representar ao corregedor do tribunal ou ao Conselho Nacional de Justiça contra juiz ou relator que injustificadamente exceder os prazos previstos em lei, regulamento ou regimento interno (art. 235 do CPC).

2.6. Prazos para a Fazenda Pública e o Ministério Público

O art. 183, *caput*, do CP, prevê que "A União, os Estados, o Distrito Federal, os Municípios e suas respectivas autarquias e fundações de direito público gozarão de prazo em dobro para todas as suas manifestações processuais, cuja contagem terá início a partir da intimação pessoal".

Todavia, nos processos em curso na Justiça do Trabalho, há uma peculiaridade: de acordo com o Decreto-lei 779/1969, a União, os estados, o Distrito Federal, os municípios e as autarquias ou fundações de direito público federais, estaduais ou municipais que não explorem atividade econômica possuem o **quádruplo** do prazo para **contestar** e o prazo em **dobro para recorrer** (art. 1º, II e III), razão pela qual se afasta a incidência do art. 183 do CPC nessas hipóteses, tendo em vista a ausência de lacuna (art. 769 da CLT). Diante disso, deve ser de 20 dias o prazo entre a data de recebimento da notificação e a data da audiência (art. 841 da CLT).

> **OJ 192 da SBDI-1 do TST: Embargos declaratórios. Prazo em dobro. Pessoa jurídica de direito público. Decreto-lei nº 779/69.** É em dobro o prazo para a interposição de embargos declaratórios por pessoa jurídica de direito público.

Ainda, os arts. 180 e 186 do CPC estabelecem que o Ministério Público e a Defensoria Pública gozarão de prazo em dobro para todas as suas manifestações processuais, que terá início a partir de sua intimação pessoal, salvo se houver previsão legal de prazo específico para a prática do ato (ex.: o art. 5º da Lei 5.584/1970 prevê o prazo de oito dias para o MPT emitir parecer nos autos do processo trabalhista). Essa intimação pessoal deve ser feita por carga, remessa ou meio eletrônico (art. 183, § 1º, do CPC).

O disposto quanto ao prazo em dobro para a Defensoria se manifestar no processo, aplica-se também aos escritórios de prática jurídica das faculdades de Direito e às entidades que prestam assistência jurídica gratuita em razão de convênios firmados com a Defensoria Pública (art. 186, § 3º, do CPC).

2.7. Prazos para as partes

Os atos processuais são realizados pelas partes nos prazos prescritos em lei, todavia, quando a lei for omissa, o juiz determinará os prazos em consideração à complexidade do ato. Inexistindo preceito legal ou prazo determinado pelo juiz, incide a regra do art. 218, § 3º, do CPC, que estabelece que será de 5 (cinco) dias o prazo para a prática de ato processual a cargo da parte.

Ainda, em relação aos prazos das partes, o CPC, no art. 229, prevê que os litisconsortes que tiverem diferentes procuradores, de escritórios de advocacia distintos, deverão ter os prazos contados em dobro para todas as suas manifestações,

DIREITO DO TRABALHO E PROCESSO DO TRABALHO FACILITADOS – *Lenza*

não se aplicando essa disposição aos processos em autos eletrônicos. Contudo, a previsão de prazo em dobro para litisconsortes não se aplica ao processo do trabalho, em razão da incompatibilidade com o princípio da celeridade inerente à seara trabalhista.

> **OJ 310 da SBDI-1 do TST: Prazo em dobro. Litisconsórcio. Procuradores distintos. CPC/1973, art. 191. CPC/2015, art. 229, *caput* e §§ 1º e 2º. Inaplicável ao processo do trabalho.** Inaplicável ao processo do trabalho a norma contida no CPC/2015, art. 229, *caput* e §§ 1º e 2º – CPC/2015 (CPC/1973, art. 191 – CPC de 1973), em razão de incompatibilidade com a celeridade que lhe é inerente.

3. SUSPENSÃO E INTERRUPÇÃO DOS ATOS PROCESSUAIS

A **suspensão** dos atos processuais ocorre quando é paralisada a contagem do prazo processual e, cessada a causa suspensiva, **retoma-se** a contagem do prazo no estado em que parou. Já a **interrupção** dos atos processuais também paralisa a contagem do prazo, contudo, cessada a causa interruptiva, o prazo é devolvido integralmente ao interessado (ex.: os embargos de declaração interrompem o prazo recursal – art. 897-A, § 3º, da CLT).

Prevalece o entendimento de que os prazos processuais são suspensos durante o **recesso da Justiça do Trabalho**. Nesse sentido, a Súmula 262, II, do TST esclarece que: "O recesso forense e as férias coletivas dos Ministros do Tribunal Superior do Trabalho suspendem os prazos recursais".

Destaque-se que o art. 220 do CPC estabelece que fica suspenso o curso do prazo processual nos dias compreendidos entre 20 de dezembro e 20 de janeiro, e a mesma previsão foi inserida pela Lei 13.545/2017 na CLT:

> **CLT, art. 775-A:** Suspende-se o curso do prazo processual nos dias compreendidos entre 20 de dezembro e 20 de janeiro, inclusive.
>
> § 1º Ressalvadas as férias individuais e os feriados instituídos por lei, os juízes, os membros do Ministério Público, da Defensoria Pública e da Advocacia Pública e os auxiliares da Justiça exercerão suas atribuições durante o período previsto no caput deste artigo.
>
> § 2º Durante a suspensão do prazo, não se realizarão audiências nem sessões de julgamento.

Outrossim, suspende-se o curso do prazo processual por obstáculo criado em detrimento da parte ou ocorrendo qualquer das hipóteses do art. 313 do CPC (art. 221 do CPC).

> **CPC, art. 313:** Suspende-se o processo:
>
> I – pela morte ou pela perda da capacidade processual de qualquer das partes, de seu representante legal ou de seu procurador;
>
> II – pela convenção das partes; **[prazo máximo de 06 meses]**
>
> III – pela arguição de impedimento ou de suspeição;

Cap. 34 – ATOS, TERMOS, PRAZOS PROCESSUAIS E NULIDADES PROCESSUAIS **607**

IV – pela admissão de incidente de resolução de demandas repetitivas;

V – quando a sentença de mérito: **[prazo máximo de 01 ano]**

a) depender do julgamento de outra causa ou da declaração de existência ou de inexistência de relação jurídica que constitua o objeto principal de outro processo pendente;

b) tiver de ser proferida somente após a verificação de determinado fato ou a produção de certa prova, requisitada a outro juízo;

VI – por motivo de força maior;

VII – quando se discutir em juízo questão decorrente de acidentes e fatos da navegação de competência do Tribunal Marítimo;

VIII – nos demais casos que este Código regula.

IX – pelo parto ou pela concessão de adoção, quando a advogada responsável pelo processo constituir a única patrona da causa; **[prazo de 30 dias]**

X – quando o advogado responsável pelo processo constituir o único patrono da causa e tornar-se pai. **[prazo de 8 dias]**

Ainda, os prazos se suspendem durante a execução de programa instituído pelo Poder Judiciário para promover a conciliação, incumbindo aos tribunais especificar, com antecedência, a duração dos trabalhos (art. 221, parágrafo único).

4.   COMUNICAÇÃO DOS ATOS PROCESSUAIS

4.1.   Conceitos. Citação. Intimação

A comunicação dos atos processuais é o meio para dar conhecimento dos atos realizados no processo. No processo do trabalho, a CLT utiliza o termo notificação para abranger todas as modalidades de comunicação de atos processuais; a notificação, pois, abrange tanto a citação quanto a intimação, que apresentam conceitos distintos no processo civil.

A **citação** é o ato pelo qual se **dá ciência a alguém do ajuizamento de uma ação contra si**. Por meio de tal comunicação é que o réu, executado ou interessado, passará a integrar a relação jurídico-processual (art. 238 do CPC) e poderá apresentar sua defesa em juízo.

Por sua vez, a **intimação** é o ato pelo qual se dá informação a alguém de um ato ou termo processual, para que pratique ou deixe de praticar um ato (art. 269 do CPC). A citação no processo do trabalho é realizada automaticamente pela própria Secretaria da Vara do Trabalho, dentro do prazo de 48 horas do recebimento da reclamação, notificando, ao mesmo tempo, o reclamado para comparecer à audiência do julgamento, que será a primeira desimpedida, depois de 5 dias (art. 841 da CLT).

Além da citação e da intimação, a comunicação processual poderá se dar por meio de cartas precatórias, rogatórias de ordem e arbitral. Essas cartas decorrem dos limites territoriais da jurisdição de cada Vara do Trabalho ou Tribunal, bem como dos deveres de colaboração entre os órgãos judiciários e o juízo arbitral.

A **carta precatória** é a comunicação entre juízes, é a comunicação encaminhada a órgão jurisdicional de competência territorial diversa daquela onde se exerce a jurisdição, **sem hierarquia**, para que pratique ou determine o cumprimento de determinado ato. Já a **carta rogatória** é a comunicação do juízo brasileiro com órgão jurisdicional estrangeiro. Por sua vez, a **carta de ordem** é a comunicação hierárquica, isto é, o tribunal determina o cumprimento de um ato ao juiz a ele subordinado administrativamente. Por fim, a **carta arbitral** é a comunicação de um juízo arbitral para que o órgão do Poder Judiciário pratique ou determine o cumprimento de um ato na área de sua competência territorial (art. 237, IV, do CPC).

Ressalta-se que, em toda carta, o juiz fixará um prazo para cumprimento da diligência. Destaque-se, ainda, o **caráter itinerante** das cartas (art. 262 do CPC), isto é, se a carta for enviada a um juiz não competente, poderá ser reencaminhada ao juízo competente para a prática do ato.

COMUNICAÇÃO DOS ATOS PROCESSUAIS – ENTRE JUÍZOS			
Carta de ordem	**Carta precatória**	**Carta rogatória**	**Carta arbitral**
O tribunal se dirige a um órgão a ele subordinado hierarquicamente.	Comunicação entre juízes, sem hierarquia, dentro do território nacional.	Comunicação entre juízes, sendo um brasileiro e outro estrangeiro.	Prática ou determinação de cumprimento de ato advindo de pedido de cooperação judiciária formulado em juízo arbitral.

4.2. Formas de citação

A comunicação do reclamado para que **apresente defesa** pode se dar de **quatro maneiras**: *postal, por edital, por oficial de justiça* ou *por meio eletrônico*.

Não se aplica ao processo do trabalho a citação por hora certa, prevista no art. 254 do CPC.

a) Notificação postal: é aquela enviada pelos Correios. A citação e as intimações no processo do trabalho, em regra, são realizadas dessa maneira.

Ademais, a notificação postal não constitui notificação pessoal, uma vez que não se exige que seja recebida pessoalmente pelo reclamado, considerando-se válida a citação quando endereçada e recebida no endereço correto do réu, por qualquer pessoa presente no local.

Ressalta-se que o art. 774, parágrafo único, da CLT criou uma obrigação para os Correios, os quais devem **devolver em 48h a correspondência não entregue**. Com isso, criou se a presunção relativa de que a parte foi notificada após 48h da postagem da notificação.

> **Súmula 16 do TST: Notificação.** Presume-se recebida a notificação 48 horas depois de sua postagem. O seu não recebimento ou a entrega após o decurso desse prazo constitui ônus de prova do destinatário.

> **Súmula 427: Intimação. Pluralidade de advogados. Publicação em nome de advogado diverso daquele expressamente indicado. Nulidade.** Havendo pedido expresso de que as intimações e publicações sejam realizadas exclusivamente em

nome de determinado advogado, a comunicação em nome de outro profissional constituído nos autos é nula, salvo se constatada a inexistência de prejuízo.

Assim, a não devolução pelos Correios da notificação em 48h gera presunção relativa de que o reclamado foi citado/notificado.

b) Notificação por edital: pode ser feita em duas hipóteses, conforme o § 1º do art. 841 da CLT: (a) no caso de o reclamado criar embaraços ao recebimento da notificação; e (b) quando o reclamado não é encontrado, depois da notificação postal.

Perceba que a notificação por edital é realizada após a frustração da notificação postal. Também será admitida a notificação por edital na fase de execução, quando o executado, procurado por duas vezes dentro de 48h, não for encontrado (art. 880, § 3º).

c) Notificação por oficial de justiça: trata-se de **notificação pessoal**, isto é, o oficial de justiça entrega pessoalmente ao destinatário. Na Justiça do Trabalho, é **a regra na fase de execução.**

> **cuidado**
>
> **Não confundir:** apesar de o art. 841, § 1º, da CLT prever que, após a frustração da notificação postal, será realizada a notificação por edital, é comum, na fase de conhecimento, primeiro a tentativa por oficial de justiça, uma vez que se busca evitar eventual nulidade por cerceamento de defesa, sabendo-se que o réu dificilmente toma conhecimento da notificação por edital.

d) Notificação por meio eletrônico: as intimações realizam-se, sempre que possível, por meio eletrônico, na forma da lei (art. 270 do CPC). Nesta hipótese, a notificação, incluída a citação, será realizada por meio eletrônico, gerada pelo sistema, conforme certificação digital. Tal modalidade de notificação é considerada pessoal (Lei 11.419/2006).

Destaca-se que, com exceção das microempresas e das empresas de pequeno porte, **as empresas públicas (também se aplica à União, aos estados, ao DF, aos Municípios, às entidades da administração indireta, ao Ministério Público, à Defensoria e à Advocacia Pública) e privadas** são obrigadas a manter cadastro nos sistemas de processo em autos eletrônicos, para efeito de recebimento de citações e intimações, as quais serão efetuadas preferencialmente por esse meio (arts. 246 e 270 do CPC).

FORMAS DE CITAÇÃO	
Notificação por via postal	Notificação por edital
Notificação por oficial de justiça	Notificação por meio eletrônico

4.3. Formas de intimação

A comunicação de ato à parte para que faça ou deixe de fazer algo pode se dar de seis maneiras: **diário oficial, postal, oficial de justiça, eletrônica, edital** ou em **audiência.**

A intimação por **diário oficial** é regra geral; assim, publica-se o despacho ou a decisão no *Diário Oficial* ou *Diário da Justiça eletrônico*, **em nome do advogado das partes**.

> Súmula 427 do TST: Intimação. Pluralidade de advogados. Publicação em nome de advogado diverso daquele expressamente indicado. Nulidade. Havendo pedido expresso de que as intimações e publicações sejam realizadas exclusivamente em nome de determinado advogado, a comunicação em nome de outro profissional constituído nos autos é nula, salvo se constatada a inexistência de prejuízo.

Ressalta-se que **a intimação do Ministério Público é sempre pessoal**, com remessa dos autos (art. 18, II, *h*, da LC 75/1993), e não por diário oficial. Assim, os autos são encaminhados à procuradoria do MP para que o membro tenha ciência dos atos.

Já as **intimações postal** e por **oficial de justiça** serão utilizadas quando as partes estiverem postulando pessoalmente, isto é, no exercício do *jus postulandi*. Também é cabível a intimação por oficial de justiça por determinação do magistrado.

Caso necessário, a intimação pode ser efetuada por edital.

Ressalta-se que, na Justiça do Trabalho, regra geral, as testemunhas não são intimadas, pois cabem às partes levá-las à audiência. Contudo, quando não comparecerem, pode o juiz, de ofício ou por requerimento das partes, intimá-las para comparecimento, sob pena de condução coercitiva e multa.

A intimação eletrônica será admissível quando houver cadastro no banco de dados, nos termos da Lei 11.419/2006, cuja intimação pelo sistema dispensa aquela por diário oficial.

Quando em audiência houver necessidade de comunicação às partes para que faça ou não faça algo, elas se darão por intimadas, salvo no caso de revelia, cuja intimação será postal.

COMUNICAÇÃO DOS ATOS PROCESSUAIS – SEM SER ENTRE JUÍZOS[2]	
Citação	Intimação
Art. 238 do CPC: Citação é o ato pelo qual são convocados o réu, o executado ou o interessado para integrar a relação processual.	Art. 269 do CPC: Intimação é o ato pelo qual se dá ciência a alguém dos atos e dos termos do processo.

5. NULIDADES PROCESSUAIS

A necessidade de se observarem as formas processuais decorre do devido processo legal. Assim, ainda que vigore o princípio da simplicidade dos atos processuais e o princípio da instrumentalidade das formas, a forma é meio para garantir a obtenção de resultados no processo, garantindo-se o devido processo legal e a segurança jurídica.

---

[2] No processo do trabalho, a expressão **notificação** é utilizada como referência para citação e intimação.

Cap. 34 – ATOS, TERMOS, PRAZOS PROCESSUAIS E NULIDADES PROCESSUAIS **611**

Nesse contexto, a violação às formas processuais acarreta uma sanção, a nulidade do ato processual. Portanto, a nulidade do ato processual ocorre quando não é observada a forma exigida em lei necessária para a sua validade, o que acarreta a ausência de produção dos efeitos jurídicos típicos do ato praticado.

Ressalta-se que, no direito processual, a nulidade para ser reconhecida exige o pronunciamento judicial. Destarte, o ato processual produz os seus regulares efeitos até a decisão judicial que reconheça o vício.

A exemplo dos atos jurídicos em geral, os atos processuais podem estar eivados de vícios ou irregularidades que podem vir ou não a contaminar a sua validade. Assim, os vícios dos atos processuais podem ser classificados nas seguintes espécies: inexistência, nulidade absoluta, nulidade relativa e irregularidade.

A **inexistência do ato processual** é o vício de maior gravidade. O ato processual inexistente é aquele que não existe, não produzindo qualquer efeito, em face de uma circunstância que impede o seu nascimento. Exemplificativamente, é o caso da sentença proferida por quem não é juiz ou não assinada por este.

Já a **nulidade absoluta** será declarada toda vez que o ato processual viciado violar normas de interesse público. Em razão disso, pode ser declarada de ofício pelo magistrado, não se permitindo às partes dispor a respeito. Ainda, durante o trâmite processual, a nulidade absoluta não preclui, podendo a qualquer momento ser declarada.

Exemplificando, a incompetência absoluta deve ser declarada de ofício e pode ser alegada em qualquer tempo e grau de jurisdição, independentemente de exceção (art. 64, § 1º, do CPC/2015).

Quanto à nulidade relativa ou à anulabilidade, o vício do ato processual viola normas de interesse privado, dependendo sempre da provocação do interessado, não podendo ser declarada de ofício pelo magistrado, por se tratar de um vício considerado sanável. É o caso da incompetência relativa que pode ser prorrogada se não oposta exceção pelo reclamado no momento da apresentação da defesa (arts. 799 e 800 da CLT).

Destaque-se que a incompetência relativa pode ser alegada pelo Ministério Público nas causas em que atuar, seja como parte no processo, seja como fiscal da ordem jurídica (*custos iuris*) – art. 65, parágrafo único, do CPC/2015.

5.1. Princípios das nulidades processuais

O **princípio da legalidade** norteia o reconhecimento dos vícios processuais, uma vez que as nulidades dos atos processuais decorrem da inobservância do previsto em lei. Exemplificativamente, o art. 279 do CPC prevê que "É nulo o processo quando o membro do Ministério Público não for intimado a acompanhar o feito em que deva intervir", e essa nulidade somente será declarada após a intimação do membro do MP, que deve se manifestar sobre a (in)existência de prejuízo.

Por sua vez, o **princípio da instrumentalidade das formas** ou da finalidade preconiza que a forma é apenas um instrumento para se alcançar a finalidade do processo, não sendo, em regra, essencial para a validade do ato. **Logo, se a lei** prescrever que o ato tenha determinada forma, sem cominar nulidade, o juiz considerará válido o ato se, realizado de outra forma, lhe alcançar a finalidade (arts. 188 e 277 do CPC).

Já o princípio da **transcendência ou do prejuízo** está inserido no art. 794 da CLT, ao dispor que: "Nos processos sujeitos à apreciação da Justiça do Trabalho **só haverá nulidade quando resultar dos atos inquinados manifesto prejuízo às partes litigantes**" (destacamos). Desse modo, o ato não deve ser repetido, nem a sua falta suprida, quando não prejudicar a parte (art. 282, § 1º, do CPC).

Esse princípio relaciona-se com o **princípio da economia processual**, que preconiza que os atos processuais devem ser aproveitados, afastando-se a nulidade quando não houver prejuízo. O art. 796, *a*, da CLT, nessa linha, dispõe que a nulidade não será pronunciada quando for possível suprir a falta ou repetir o ato.

Da mesma forma, quando puder decidir o mérito a favor da parte a quem aproveite a decretação da nulidade, o juiz não a pronunciará, nem mandará repetir o ato ou suprir-lhe a falta (art. 282, § 2º, do CPC).

Nesse caminho, ainda prevê o art. 64, § 4º, do CPC que, "Salvo decisão judicial em sentido contrário, conservar-se-ão os efeitos de decisão proferida pelo juízo incompetente até que outra seja proferida, se for o caso, pelo juízo competente". Da mesma maneira, o art. 281 do CPC positiva que "a nulidade de uma parte do ato não prejudicará as outras que dela sejam independentes".

Em consequência, o **princípio da causalidade ou utilidade** determina que a nulidade do ato processual pode atingir outros que sejam dele dependentes, devendo o juiz declarar quais atos serão atingidos e ordenar as providências necessárias a fim de que sejam repetidos ou retificados (arts. 797 e 798 da CLT e 282 do CPC).

Por seu turno, o **princípio da convalidação ou da preclusão** está previsto no art. 795 da CLT, segundo o qual "**As nulidades não serão declaradas senão mediante provocação das partes, as quais deverão argui-las à primeira vez em que tiverem de falar em audiência ou nos autos**", sob pena de convalidação do ato. No mesmo sentido, o art. 278 do CPC estabelece que "A nulidade dos atos deve ser alegada na primeira oportunidade em que couber à parte falar nos autos, sob pena de preclusão".

Destaca-se que esse princípio somente se aplica às nulidades relativas, que dependem de provocação do interessado, e não se aplica às nulidades absolutas, que podem ser arguidas a qualquer tempo e de ofício pelo juiz.

Por fim, o **princípio do interesse** está previsto no art. 796, *b*, da CLT, que prescreve que **a nulidade do ato processual não será pronunciada quando arguida por quem lhe tiver dado causa, não podendo a parte obter vantagem prevalecendo-se de sua própria torpeza**. O princípio também está previsto no art. 276 do CPC.

RESUMO

1) Os atos processuais objetivam a constituição, a extinção, a conservação, a modificação ou o desenvolvimento da relação processual e podem ser praticados pelas partes (petição inicial, recurso, depoimentos, defesa etc.), pelo juiz (decisões,

Cap. 34 – ATOS, TERMOS, PRAZOS PROCESSUAIS E NULIDADES PROCESSUAIS **613**

sentenças, supervisão de secretaria, atendimento a advogados, responsabilidade de presidir a audiência etc.) e pelos auxiliares da Justiça (diretor de secretaria, oficial de justiça avaliador, perito etc.).

2) Termo processual é o ato processual reduzido por escrito, como ocorre com o termo de audiência e a redução a termos dos depoimentos das partes e da oitiva das testemunhas.

3) Os atos processuais serão realizados em dias úteis, das 6h às 20h (art. 770 da CLT); não confundir com os horários de audiência na Justiça do Trabalho: das 8h às 18h. Todavia, com autorização judicial, os atos processuais podem ser realizados fora desses limites, nos termos do art. 770, parágrafo único, da CLT e do art. 212 do CPC.

4) A citação é o ato pelo qual se dá ciência a alguém do ajuizamento de uma ação contra si. Por meio de tal comunicação, o réu, executado ou interessado passará a integrar a relação jurídico-processual (art. 238 do CPC) e poderá apresentar sua defesa em juízo.

5) A intimação é ato pelo qual se dá informação a alguém de um ato ou termo processual, para que pratique ou deixe de praticar um ato (art. 269 do CPC).

QUESTÕES PARA TREINO

1. **(Instituto Consuplan – PGE-ES – Estágio em Direito – 2022 – adaptada)** Com a reforma trabalhista (Lei 13.467/2017), a contagem de prazo em dias no processo do trabalho seguiu a disciplina dada pelo Código de Processo Civil, para considerar somente os dias úteis.
   Comentário
   CLT, art. 775: Os prazos estabelecidos neste Título serão contados em dias úteis, com exclusão do dia do começo e inclusão do dia do vencimento.
   Certo.

2. **(Instituto Consuplan – PGE-ES – Estágio em Direito – 2022 – adaptada)** A notificação postal, no caso de o destinatário não ser encontrado ou de ter seu recebimento recusado, terá de ser obrigatoriamente devolvida ao Tribunal, pelo Correio, no prazo de quarenta e oito horas.
   Comentário
   CLT, art. 774, parágrafo único: Tratando-se de notificação postal, no caso de não ser encontrado o destinatário ou no de recusa de recebimento, o Correio ficará obrigado, sob pena de responsabilidade do servidor, a devolvê-la, no prazo de 48 (quarenta e oito) horas, ao Tribunal de origem.
   Certo.

3. **(Instituto Consuplan – PGE-ES – Estágio em Direito – 2022 – adaptada)** Os Juízos e Tribunais do Trabalho terão ampla liberdade na direção do processo e velarão pelo andamento rápido das causas, podendo determinar qualquer diligência necessária ao esclarecimento delas. Assim sendo, faculta-se ao Juiz do Trabalho prorrogar um prazo não peremptório, pelo tempo estritamente necessário.

Comentário

CLT, art. 765: Os Juízos e Tribunais do Trabalho terão ampla liberdade na direção do processo e velarão pelo andamento rápido das causas, podendo determinar qualquer diligência necessária ao esclarecimento delas.

Certo.

4. **(Instituto Consuplan – PGE-ES – Estágio em Direito – 2022 – adaptada)** Suspende--se o curso do prazo processual nos dias compreendidos entre 20 de dezembro e 20 de janeiro (férias forenses coletivas), período no qual os juízes, os membros do Ministério Público, da Defensoria Pública e da Advocacia Pública e os auxiliares da Justiça também não poderão exercer suas atribuições.

    Comentário

    CLT, art. 775-A: Suspende-se o curso do prazo processual nos dias compreendidos entre 20 de dezembro e 20 de janeiro, inclusive.

    § 1º Ressalvadas as férias individuais e os feriados instituídos por lei, os juízes, os membros do Ministério Público, da Defensoria Pública e da Advocacia Pública e os auxiliares da Justiça **exercerão suas atribuições** durante o período previsto no caput deste artigo.

    § 2º Durante a suspensão do prazo, não se realizarão audiências nem sessões de julgamento.

    Errado.

5. **(Instituto Consuplan – PGE-ES – Estágio em Direito – 2022 – adaptada)** Diante das peculiaridades do caso concreto, admite-se a citação da parte ré por edital.

    Comentário

    CLT, art. 852-B: Nas reclamações enquadradas no procedimento sumaríssimo:

    (...)

    II – não se fará citação por edital, incumbindo ao autor a correta indicação do nome e endereço do reclamado;

    Errado.

6. **(Instituto Consuplan – PGE-ES – Estágio em Direito – 2022 – adaptada)** Todas as provas serão produzidas na audiência de instrução e julgamento, ainda que não requeridas previamente.

    Comentário

    CLT, art. 852-H: Todas as provas serão produzidas na audiência de instrução e julgamento, ainda que não requeridas previamente.

    Certo.

7. **(Instituto Consuplan – PGE-ES – Estágio em Direito – 2022 – adaptada)** É cabível nos dissídios individuais cujo valor não exceda a vinte vezes o salário mínimo vigente na data do ajuizamento da ação.

    Comentário

    CLT, art. 852-A: Os dissídios individuais cujo valor não exceda a quarenta vezes o salário mínimo vigente na data do ajuizamento da reclamação ficam submetidos ao procedimento sumaríssimo.

    Errado.

Cap. 34 – ATOS, TERMOS, PRAZOS PROCESSUAIS E NULIDADES PROCESSUAIS 615

8. **(FCC – TRT-14 – Analista Judiciário – Área Judiciária – 2022)** A Reclamada Confecções Beija Flor Ltda. foi sucumbente em parte dos pedidos requeridos por seu ex-gerente Augusto em sua reclamação trabalhista. No prazo legal, Augusto interpôs recurso ordinário pleiteando a reforma da sentença que indeferiu seu pedido de danos morais. A Reclamada deixou de interpor recurso ordinário no prazo legal, mas, no prazo em que deveria apresentar suas contrarrazões ao recurso ordinário interposto por Augusto, apresentou recurso adesivo pretendendo a reforma da decisão de 1º grau no tocante às diferenças de comissões sobre as vendas, parte em que Augusto ganhou a ação. Diante do exposto, e tendo em vista a legislação vigente e o entendimento sumulado do TST, o recurso adesivo:

    a) não é cabível no processo do trabalho, não havendo previsão de seu manejo no rol dos recursos elencados na CLT.

    b) é compatível com o processo do trabalho, mas deve o recorrente observar os requisitos para sua interposição, como o recolhimento das custas processuais e o valor do depósito recursal, como qualquer outro recurso principal.

    c) somente será considerado se a matéria nele veiculada estiver necessariamente relacionada com a do recurso ordinário anteriormente interposto por Augusto.

    d) é cabível no processo do trabalho somente nas hipóteses de recurso ordinário e de recurso de revista, não sendo conhecido em agravo de petição, embargos ao TST e recurso extraordinário.

    e) não será julgado, caso o recurso ordinário de Augusto, apesar de conhecido, tenha seu mérito sido julgado improcedente, pois a sua principal característica é a aderência ao recurso principal.

    Comentário

    Súmula 283 do TST: O recurso adesivo é compatível com o processo do trabalho e cabe, no prazo de 8 (oito) dias, nas hipóteses de interposição de recurso ordinário, de agravo de petição, de revista e de embargos, sendo desnecessário que a matéria nele veiculada esteja relacionada com a do recurso interposto pela parte contrária.

    Letra B.

9. **(FCC – TRT-14 – Analista Judiciário – Área Judiciária – 2022)** Na audiência inicial designada na reclamação trabalhista movida por Davi em face de Fábrica de Tecidos São João Ltda., o autor deixou de comparecer, estando presente seu advogado. A Juíza do Trabalho determinou o arquivamento da reclamação, condenando o reclamante ao pagamento das custas processuais, calculadas em 2% do valor dado à causa. Nesse ato, seu advogado reiterou o pedido de concessão dos benefícios da justiça gratuita, formulado na petição inicial e instruído com declaração do autor de hipossuficiência, o que restou deferido pela Magistrada.

    De acordo com a CLT, Davi poderá ingressar com nova reclamação, não sendo condição da ação a comprovação do pagamento das custas processuais, justamente por ser beneficiário da justiça gratuita.

    Comentário

    CLT, art. 844, § 2º: Na hipótese de ausência do reclamante, este será condenado ao pagamento das custas calculadas na forma do art. 789 desta Consolidação, ainda que beneficiário da justiça gratuita, salvo se comprovar, no prazo de quinze dias, que a ausência ocorreu por motivo legalmente justificável.

(...)

§ 3º O pagamento das custas a que se refere o § 2º é condição para a propositura de nova demanda.

Errado.

DISSÍDIO INDIVIDUAL E INQUÉRITO PARA APURAÇÃO DE FALTA GRAVE

1. DISSÍDIO INDIVIDUAL

Nos dissídios individuais, discutem-se **interesses concretos de pessoas determinadas**, visando à aplicação de normas jurídicas preexistentes.

Caracteriza-se o dissídio individual pela **natureza do conflito, independentemente do número de litigantes**. Assim, ainda que haja diversos reclamantes, desde que as pretensões sejam pessoais e concretas, tratar-se-á de um dissídio individual.

PROCEDIMENTOS COMUNS	
Sumário[1]	Aplicado às causas cujo valor não ultrapasse 2 salários mínimos (art. 2º, §§ 3º e 4º, da Lei 5.584/1970).
Sumaríssimo	Aplicado às causas cujo valor esteja acima de 2 e não ultrapasse 40 salários mínimos (art. 852-A e ss. da CLT).
Ordinário	Atribuído às causas cujo valor esteja acima de 40 salários mínimos.

1.1. Conceito de dissídio individual

É o processo judicial por meio do qual o Estado concilia ou decide os litígios entre empregado e empregador singularmente considerados. A finalidade da relação jurídica é dupla e sucessiva. Primeiro conciliar; não ocorrendo a primeira, há então o julgamento.

---

[1] Súmula 356 do TST: O art. 2º, § 4º, da Lei nº 5.584, de 26.06.1970, foi recepcionado pela CF/1988, sendo lícita a fixação do valor da alçada com base no salário mínimo.

1.2. Classificação do dissídio individual

a) **Segundo os sujeitos:**

- **dissídio individual simples** – envolve um único ator no polo ativo;
- **dissídio individual plúrimo** – caracteriza-se pela pluralidade de autores.

b) **Segundo o procedimento:**

- **dissídio individual comum ou ordinário** – é aquele que segue o rito previsto para o processo individual geral. Subdivide-se em ordinário, sumário e sumaríssimo;
- **dissídio individual especial** – é adotado para procedimentos especiais previstos na própria CLT, como o inquérito judicial para apuração de falta grave, o dissídio coletivo e a ação de cumprimento.

1.3. Procedimento comum

A reclamação trabalhista pode ser apresentada de maneira escrita ou verbal. Assim, há duas formas de iniciar o dissídio individual, o **termo de reclamação e a petição inicial**.

> **CLT, art. 840:** A reclamação poderá ser escrita ou verbal.
>
> § 1º Sendo escrita, a reclamação deverá conter a designação do juízo, a qualificação das partes, a breve exposição dos fatos de que resulte o dissídio, o pedido, que deverá ser certo, determinado e com indicação de seu valor, a data e a assinatura do reclamante ou de seu representante.
>
> § 2º Se verbal, a reclamação será reduzida a termo, em duas vias datadas e assinadas pelo escrivão ou secretário, observado, no que couber, o disposto no § 1º deste artigo.
>
> § 3º Os pedidos que não atendam ao disposto no § 1º deste artigo serão julgados extintos sem resolução do mérito.

a) **Termo de reclamação**

Sendo a reclamação verbal, será reduzida a termo (ato consistente em dar forma escrita à reclamação), em duas vias datadas e assinadas pelo escrivão ou secretário (art. 840, § 2º). Após, adota-se o mesmo procedimento das reclamatórias escritas.

A reclamação verbal será distribuída antes da sua redução a termo (art. 786, *caput*, da CLT). Sendo distribuída, o reclamante deverá, salvo motivo de força maior, apresentar-se no prazo de 5 dias ao cartório ou à secretaria para reduzi-la a termo, sob pena de perda, pelo **prazo de 6 meses** do direito de reclamar perante a Justiça do Trabalho (arts. 786 e 731 da CLT). Trata-se de uma hipótese da denominação **perempção trabalhista**.

b) **Petição inicial**

A petição inicial é o meio que **materializa a demanda**. É regida, no processo do trabalho, pelo **princípio da simplicidade**. O art. 840, § 1º, da CLT estabelece os requisitos da petição inicial trabalhista:

CLT, art. 840: A reclamação poderá ser escrita ou verbal.

§ 1º Sendo escrita, a reclamação deverá conter a designação do juízo, a qualificação das partes, a breve exposição dos fatos de que resulte o dissídio, o pedido, que deverá ser certo, determinado e com indicação de seu valor, a data e a assinatura do reclamante ou de seu representante.

§ 2º Se verbal, a reclamação será reduzida a termo, em duas vias datadas e assinadas pelo escrivão ou secretário, observado, no que couber, o disposto no § 1º deste artigo.

§ 3º Os pedidos que não atendam ao disposto no § 1º deste artigo serão julgados extintos sem resolução do mérito.

De acordo com a reforma trabalhista, é necessário que o **pedido seja certo, determinado e com indicação de seu valor**, devendo também ser líquido. Ademais, destaca-se que o § 3º dispõe que os pedidos da exordial que não tenham seu valor indicado serão extintos sem resolução de mérito.

saiba mais

O que quer dizer pedido certo e determinado?

Pedido certo é aquele expresso, definido. Pedido determinado, por seu turno, é o que possui delimitação quanto ao gênero, à quantidade e à qualidade. Por exemplo: é certo o pedido de adicional noturno e determinado quando se especifica que são 6 horas noturnas.

Cabe ressaltar que, com a Instrução Normativa 41 do TST, a indicação do valor pode ser por **mera estimativa** *(art. 12, § 2º).*

2. PROCEDIMENTO SUMÁRIO

O procedimento sumário no âmbito do processo laboral foi introduzido pela Lei 5.584/1970, cujo objetivo fundamental era empreender mais **celeridade** às causas trabalhistas de valor até dois salários mínimos.

A Lei n. 5.584/1970, portanto, instituiu a chamada "causa de alçada", que, na verdade, é uma ação submetida ao procedimento sumário, cuja regulação está prevista nos §§ 3º e 4º do art. 2º da referida lei.

Art. 2º Nos dissídios individuais, proposta a conciliação, e não havendo acordo, o Presidente, da Junta ou o Juiz, antes de passar à instrução da causa, fixar-lhe-á o valor para a determinação da alçada, se este for indeterminado no pedido.

(...)

§ 3º Quando o valor fixado para a causa, na forma deste artigo, não exceder de 2 (duas) vezes o salário mínimo vigente na sede do Juízo, será dispensável o resumo dos depoimentos, devendo constar da Ata a conclusão da Junta quanto à matéria de fato.

§ 4º Salvo se versarem sobre matéria constitucional, nenhum recurso caberá das sentenças proferidas nos dissídios da alçada a que se refere o parágrafo anterior, considerado, para esse fim, o valor do salário mínimo à data do ajuizamento da ação.

A característica principal desse procedimento é a celeridade, razão pela qual a ata da audiência é mais simplificada, devendo constar somente a **conclusão do juiz quanto à matéria fática**, sendo dispensado o resumo dos depoimentos. Não é admitida reconvenção ou intervenção de terceiros.

Além disso, nesse procedimento, não há possibilidade de recurso, salvo se versar sobre matéria constitucional. Ainda, admitem-se embargos de declaração, se presente uma das hipóteses do art. 1.022 do CPC e do art. 897-A da CLT.

PROCEDIMENTO SUMÁRIO – AÇÕES DE ALÇADA	
Previsão legal	Art. 2º, §§ 3º e 4º, da Lei 5.584/1970.
Cabimento	Quando o valor da causa for inferior a 2 salários mínimos, será dispensável o resumo dos depoimentos, devendo constar na ata a conclusão do juiz quanto à matéria de fato (§ 3º do art. 2º da Lei 5.584/1970).
Recursos	Não caberá nenhum recurso das sentenças proferidas nas ações sujeitas a esse procedimento, exceto se versar sobre matéria constitucional (§ 4º do art. 2º da Lei 5.584/1970).

3. PROCEDIMENTO SUMARÍSSIMO

Foi introduzido no processo do trabalho por força da Lei 9.957, de 13.01.2000, que acrescentou à CLT os arts. 852-A a 852-I. Houve *vacatio legis* de sessenta dias, razão pela qual a lei entrou em vigor em 13.03.2000.

Cabe ressaltar que o procedimento sumaríssimo não extinguiu o procedimento sumário previsto na Lei 5.584/1970, uma vez que, a par de não ter havido revogação expressa na lei nova, inexiste qualquer incompatibilidade entre os dois textos legais da qual se possa inferir a revogação tácita da norma mais antiga.

A ideologia que orientou a edição da Lei 9957/2000 foi a mesma da Lei 5.584/1970: **tornar o processo do trabalho mais simples e célere para proporcionar ao jurisdicionado mais rapidez e efetividade e, ao mesmo tempo, mais seguro em virtude dos novos critérios objetivos adotados pelo legislador.**

O legislador excluiu expressamente da incidência do procedimento sumaríssimo as causas em que figurem as pessoas de direito público em geral, ou seja, os órgãos da Administração direta, autárquica ou fundacional. **Não gozam desse privilégio os entes da administração indireta, a saber: as empresas públicas e as sociedades de economia mista.**

> CLT, art. 852-A: Os dissídios individuais cujo valor não exceda a quarenta vezes o salário mínimo vigente na data do ajuizamento da reclamação ficam submetidos ao procedimento sumaríssimo.
>
> Parágrafo único. Estão excluídas do procedimento sumaríssimo as demandas em que é parte a Administração Pública direta, autárquica e fundacional.

Os princípios processuais do rito sumaríssimo são os mesmos do processo do trabalho, destacando-se os da **oralidade, simplicidade, celeridade e mais poder do Juiz na direção do processo.**

Cap. 35 – DISSÍDIO INDIVIDUAL E INQUÉRITO PARA APURAÇÃO DE FALTA GRAVE | **621**

3.1. Aplicabilidade do rito sumaríssimo

Todas as matérias de índole da competência da Justiça do Trabalho, independentemente da complexidade da causa, ficam sujeitas ao rito sumaríssimo, **desde que o valor seja superior a 2 e inferior a 40 salários mínimos.** Não há exclusão de qualquer direito trabalhista que não possa ser postulado pelo rito sumaríssimo.

Todas as pretensões trabalhistas podem ser objeto de postulação pelo rito sumaríssimo, tanto os pedidos condenatórios quanto os referentes às obrigações de fazer, dar ou não fazer.

Ficam, no entanto, excluídas desse rito processual as demandas em que figuram como parte a **Administração Pública direta, autárquica e fundacional.**

As **ações coletivas** não são abrangidas por esse rito, pois, além de o art. 852-A da CLT fazer menção expressa a dissídios individuais, os dissídios coletivos têm procedimento próprio, o mesmo ocorrendo com as ações coletivas.

O inquérito judicial para apuração de falta grave, embora seja uma ação individual, é regido por rito próprio (arts. 853 a 855 da CLT), o que afasta a aplicabilidade do rito sumaríssimo.

Quanto às ações de cumprimento, por serem ações individuais e não havendo lei regulamentando procedimento específico para elas, se o valor não exceder a 40 salários mínimos, será aplicável o rito sumaríssimo.

3.2. Requisitos da petição inicial no rito sumaríssimo e possibilidade de emenda da inicial

No rito sumaríssimo, a petição inicial deve preencher os requisitos do art. 840 da CLT e dos incisos I e II do art. 852-B.

> Art. 852-B. Nas reclamações enquadradas no procedimento sumaríssimo:
>
> I – o pedido deverá ser certo ou determinado e indicará o valor correspondente;
>
> II – não se fará citação por edital, incumbindo ao autor a correta indicação do nome e endereço do reclamado;

O pedido deve ser **certo e determinado, devendo indicar o valor correspondente de cada pedido, bem como o valor da causa.** Pode ser utilizada a estimativa, máxime quando o pedido demandar mais complexidade.

Deve o reclamante indicar o nome correto do endereço do reclamado, sob pena de arquivamento da reclamação.

Em relação à possibilidade de emenda à petição inicial no procedimento sumaríssimo, existem duas correntes:

a) A primeira entende que não cabe emenda à Petição Inicial no processo do trabalho quando diante do procedimento sumaríssimo, uma vez que viola o princípio da celeridade, devendo ser arquivada a reclamação trabalhista quando lhe faltar requisitos ou apresentar defeitos e irregularidades sanáveis.

b) A outra corrente entende que pode haver emenda à petição inicial no procedimento sumaríssimo. Para tanto, ela justifica que é melhor a petição inicial ser emendada do que o reclamante ter que propor nova reclamação, sendo muito mais célere tal procedimento.

Para Mauro Schiavi,[2] tanto no caso de o pedido não ser certo ou determinado quanto no caso do não fornecimento correto do nome e do endereço do reclamado, o arquivamento somente será possível após concessão de prazo de 15 dias para emenda, nos termos do art. 321 do CPC c/c a Súmula 263 do TST:

> Art. 321. O juiz, ao verificar que a petição inicial não preenche os requisitos dos arts. 319 e 320 ou que apresenta defeitos e irregularidades capazes de dificultar o julgamento de mérito, determinará que o autor, no prazo de 15 (quinze) dias, a emende ou a complete, indicando com precisão o que deve ser corrigido ou completado.
>
> Parágrafo único. Se o autor não cumprir a diligência, o juiz indeferirá a petição inicial.
>
> Súmula 263: Petição inicial. Indeferimento. Instrução obrigatória deficiente (atualizada em decorrência do CPC de 2015) – Res. 208/2016, *DEJT* divulgado em 22, 25 e 26.04.2016 Salvo nas hipóteses do art. 330 do CPC de 2015 (art. 295 do CPC de 1973), o indeferimento da petição inicial, por encontrar-se desacompanhada de documento indispensável à propositura da ação ou não preencher outro requisito legal, somente é cabível se, após intimada para suprir a irregularidade em 15 (quinze) dias, mediante indicação precisa do que deve ser corrigido ou completado, a parte não o fizer (art. 321 do CPC de 2015).

3.3. Citação por edital

O § 1º do art. 852-B da CLT estabelece uma rigorosa sanção para o autor, pois, se ele não indicar corretamente o nome e o endereço do reclamado, terá a sua ação, ou melhor, o processo, extinta sem julgamento do mérito e será condenado ao pagamento de custas sobre o valor da causa.

Logo, deparando-se com uma situação em que a reclamada não é encontrada no endereço indicado, haverá três saídas para o juiz:

1) declarar a inconstitucionalidade *incidenter tantum* do disposto no art. 852-B, II, por violar o princípio da inafastabilidade da jurisdição (art. 5º, XXXV, da CF), e deferir a citação por edital;

2) converter o rito para ordinário (arts. 370 do CPC e 765 da CLT);

3) observar a disposição expressa do art. 852-B, § 1º, da CLT e extinguir o processo sem resolução do mérito.

3.4. Aspectos do procedimento sumaríssimo

O rito sumaríssimo não difere substancialmente do rito ordinário, principalmente na audiência; entretanto, tem peculiaridades próprias, por exemplo:

---

[2] SCHIAVI, Mauro. *Manual de Direito Processual do Trabalho*. 12. ed. São Paulo: LTR, 2017.

- a apreciação da reclamação deve ocorrer no prazo máximo de quinze dias do seu ajuizamento, podendo constar em pauta especial; Schiavi:[3] não se trata de prazo peremptório, pois deve ser considerado o número de processos e a quantidade de serviços de cada Vara;
- a audiência será una, ocasião em que se fará a instrução e o julgamento do processo. Em algumas hipóteses poderá haver necessidade de ser cindida, como no caso de prova pericial;
- o juiz tem mais poder para conduzir o processo (art. 852-D), buscando a celeridade da sua tramitação, bem como a efetividade processual. Vale lembrar que o legislador priorizou a aplicabilidade das regras de experiência comum do juiz na valoração da prova, buscando, sempre que possível, a verdade real (em consonância com o atual texto do art. 375 do CPC);
- na ata de audiência serão registrados resumidamente os atos essenciais, as afirmações fundamentais das partes e as informações úteis à solução da causa trazidas pela prova testemunhal (art. 852-F);
- serão decididos, de plano, todos os incidentes e exceções que possam interferir no prosseguimento da audiência e do processo. As demais questões serão decididas na sentença. Saneamento do processo na própria audiência;
- todas as provas serão produzidas na audiência, exceto a prova documental que é pré-constituída e a prova pericial que se realiza fora da audiência;
- a manifestação do reclamante sobre a defesa e os documentos deve ser realizada na própria audiência em quantidade de tempo razoável fixada pelo juiz (normalmente de 5 a 10 minutos). Se os documentos forem complexos e em grande quantidade, poderá o juiz conceder prazo para manifestação fora da audiência;
- as testemunhas comparecerão à audiência independentemente de intimação. Apenas serão intimadas as que, comprovadamente convidadas, deixarem de comparecer. Para alguns a comprovação do convite pode ser feita sob a forma de justificação verbal, pois a lei não exige forma específica. Para outros, essa prova deve ser por escrito.

No máximo, serão ouvidas duas testemunhas para cada parte. O limite máximo de testemunhas é para a parte, não para o juiz, que, se entender necessário, pode determinar a oitiva de outras testemunhas.

Somente quando a prova do fato o exigir, ou for legalmente imposta (ex.: verificação de ambiente insalubre ou perigoso), será deferida prova técnica, incumbindo ao juiz, desde logo, fixar prazo, o objeto da perícia e nomear perito. As partes serão intimadas a manifestar-se sobre o laudo, no prazo comum de 5 dias. Deve designar a próxima audiência no prazo máximo de 30 dias, salvo motivo relevante.

Na apreciação das provas, o juiz deverá "dar especial valor às regras de experiência comum ou técnica" (art. 852-D da CLT), o que, atualmente, está em consonância com a regra do art. 375 do CPC (que não mais fala em "falta de normas jurídicas particulares"):

> Art. 375. O juiz aplicará as regras de experiência comum subministradas pela observação do que ordinariamente acontece e, ainda, as regras de experiência técnica, ressalvado, quanto a estas, o exame pericial.

---

[3] SCHIAVI, Mauro. *Manual de Direito Processual do Trabalho*. 12. ed. São Paulo: LTR, 2017.

Nesse procedimento não cabe a intervenção de terceiros, tampouco a assistência, em razão dos princípios da celeridade e da simplicidade do procedimento (aplicação subsidiária da Lei 9.099/1995). Admite-se, entretanto, o litisconsórcio.

A reconvenção também não é admitida, por aplicação analógica do art. 31 da Lei 9.099/1995. Admite-se, contudo, o pedido contraposto.

3.5. Incidentes e exceções

Devem ser decididas **imediatamente** as questões que possam interferir no prosseguimento da audiência. As demais serão analisadas na sentença.

> CLT, art. 852-G: Serão decididos, de plano, todos os incidentes e exceções que possam interferir no prosseguimento da audiência e do processo. As demais questões serão decididas na sentença.

3.6. Sentença no rito sumaríssimo

Proferida na própria audiência, dispensado o relatório (basta o registro em ata, de forma resumida, dos atos, das afirmações e das informações úteis à solução da causa).

> CLT, art. 852-I: A sentença mencionará os elementos de convicção do juízo, com resumo dos fatos relevantes ocorridos em audiência, dispensado o relatório.
>
> § 1º O juízo adotará em cada caso a decisão que reputar mais justa e equânime, atendendo aos fins sociais da lei e as exigências do bem comum.
>
> § 2º (Vetado)
>
> § 3º As partes serão intimadas da sentença na própria audiência em que prolatada.

A sentença deverá ser proferida na própria audiência, **salvo em caso de complexidade ou conveniência**.

O valor da condenação não fica limitado ao valor atribuído à causa pelo reclamante. Também não pode ser interpretado como renúncia pelo empregado o valor que sobejar a 40 salários mínimos, em razão do princípio da irrenunciabilidade dos direitos trabalhistas.

Por fim, o § 1º do art. 852-I da CLT assevera a determinação para o juiz adotar em cada caso a decisão que reputar mais justa e equânime, atendendo aos fins sociais da lei e às exigências do bem comum. A presente regra não dispõe sobre o julgamento **por equidade**, e sim o julgamento **com equidade**, vale dizer: não poderá o Juiz desconsiderar as disposições legais, e sim interpretá-las de forma justa e razoável, abrandando o rigor da lei para que ela se encaixe ao caso concreto.

O procedimento sumaríssimo admite a oposição de embargos declaratórios, inclusive com efeito modificativo, quando na sentença houver omissão ou contradição (CLT, art. 897-A). Se os embargos de declaração tiverem efeito modificativo, o juiz deverá abrir vista dos autos à parte contrária para, querendo, oferecer resposta.

3.7. Recursos no rito sumaríssimo

Recurso ordinário: apreciado em 10 dias pelo relator, sem revisor, com parecer oral da Procuradoria e com acórdão consistente na própria certidão de julgamento.

CLT, art. 895: Cabe recurso ordinário para a instância superior:

I – das decisões definitivas ou terminativas das Varas e Juízos, no prazo de 8 (oito) dias; e

II – das decisões definitivas ou terminativas dos Tribunais Regionais, em processos de sua competência originária, no prazo de 8 (oito) dias, quer nos dissídios individuais, quer nos dissídios coletivos.

§ 1º Nas reclamações sujeitas ao procedimento sumaríssimo, o recurso ordinário:

I – (vetado);

II – será imediatamente distribuído, uma vez recebido no Tribunal, devendo o relator liberá-lo no prazo máximo de dez dias, e a Secretaria do Tribunal ou Turma colocá-lo imediatamente em pauta para julgamento, sem revisor;

III – terá parecer oral do representante do Ministério Público presente à sessão de julgamento, se este entender necessário o parecer, com registro na certidão;

IV – terá acórdão consistente unicamente na certidão de julgamento, com a indicação suficiente do processo e parte dispositiva, e das razões de decidir do voto prevalente. Se a sentença for confirmada pelos próprios fundamentos, a certidão de julgamento, registrando tal circunstância, servirá de acórdão.

§ 2º Os Tribunais Regionais, divididos em Turmas, poderão designar Turma para o julgamento dos recursos ordinários interpostos das sentenças prolatadas nas demandas sujeitas ao procedimento sumaríssimo.

Recurso de revista: restrito às hipóteses de contrariedade a súmula de jurisprudência uniforme do Tribunal Superior do Trabalho ou a súmula vinculante do Supremo Tribunal Federal e por violação direta da Constituição Federal.

CLT, art. 896: Cabe Recurso de Revista para Turma do Tribunal Superior do Trabalho das decisões proferidas em grau de recurso ordinário, em dissídio individual, pelos Tribunais Regionais do Trabalho, quando:

(...)

§ 9º Nas causas sujeitas ao procedimento sumaríssimo, somente será admitido recurso de revista por contrariedade a súmula de jurisprudência uniforme do Tribunal Superior do Trabalho ou a súmula vinculante do Supremo Tribunal Federal e por violação direta da Constituição Federal.

Súmula 442: Procedimento sumaríssimo. Recurso de revista fundamentado em contrariedade a orientação jurisprudencial. Inadmissibilidade. Art. 896, § 6º, da CLT, acrescentado pela Lei nº 9.957, de 12.01.2000 (conversão da Orientação Jurisprudencial nº 352 da SBDI-1) – Res. 185/2012, *DEJT* divulgado em 25, 26 e 27.09.2012

Nas causas sujeitas ao procedimento sumaríssimo, a admissibilidade de recurso de revista está limitada à demonstração de violação direta a dispositivo da Constituição Federal ou contrariedade a Súmula do Tribunal Superior do Trabalho, não se admitindo o recurso por contrariedade a Orientação Jurisprudencial deste Tribunal (Livro II, Título II, Capítulo III, do RITST), ante a ausência de previsão no art. 896, § 6º, da CLT.

Embargos: admissível apenas por divergência jurisprudencial entre as Turmas do TST ou com a SBDI-1.

> CLT, art. 894: No Tribunal Superior do Trabalho cabem embargos, no prazo de 8 (oito) dias:
>
> (...)
>
> II – das decisões das Turmas que divergirem entre si ou das decisões proferidas pela Seção de Dissídios Individuais, ou contrárias a súmula ou orientação jurisprudencial do Tribunal Superior do Trabalho ou súmula vinculante do Supremo Tribunal Federal.

> Súmula 458: Embargos. Procedimento sumaríssimo. Conhecimento. Recurso interposto após vigência da Lei nº 11.496, de 22.06.2007, que conferiu nova redação ao art. 894, da CLT. (conversão da Orientação Jurisprudencial nº 405 da SBDI-I com nova redação) – Res. 194/2014, *DEJT* divulgado em 21, 22 e 23.05.2014 Em causas sujeitas ao procedimento sumaríssimo, em que pese a limitação imposta no art. 896, § 6º [*rectius*: § 9º], da CLT à interposição de recurso de revista, admitem-se os embargos interpostos na vigência da Lei nº 11.496, de 22.06.2007, que conferiu nova redação ao art. 894 da CLT, quando demonstrada a divergência jurisprudencial entre Turmas do TST, fundada em interpretações diversas acerca da aplicação de mesmo dispositivo constitucional ou de matéria sumulada.

PROCEDIMENTO SUMARÍSSIMO	
Pedido	I – Deverá ser certo ou determinado e indicará o valor correspondente.
Citação por edital	II – Não se fará citação por edital, incumbindo ao autor a correta indicação do nome e do endereço do reclamado.
Prazo para apreciação	A apreciação da reclamação deverá ocorrer no **prazo máximo de quinze dias** do seu ajuizamento, podendo constar de pauta especial, se necessário.
Arquivamento	O não atendimento, pelo reclamante, do disposto nos incisos I e II *supra* importará no arquivamento da reclamação e na condenação ao pagamento de custas sobre o valor da causa. ATENÇÃO! Não se admite emenda à petição inicial.
Mudança de endereço	As partes e os advogados comunicarão ao juízo as mudanças de endereço ocorridas no curso do processo, reputando-se eficazes as intimações enviadas ao local anteriormente indicado, na ausência de comunicação.
Audiência una	No procedimento sumaríssimo, **a audiência é una**, ou seja, todos os atos da audiência inicial, bem como os de instrução e julgamento, realizar-se-ão em uma audiência (art. 852-C da CLT).
Ata de audiência	Na ata de audiência serão registrados resumidamente os atos essenciais, as afirmações fundamentais das partes e as informações úteis à solução da causa trazidas pela prova testemunhal (art. 852-F da CLT).
Provas	Todas as provas serão produzidas em audiência, ainda que não requeridas previamente (art. 852-H da CLT).
Réplica	A audiência una obriga a parte a impugnar todos os documentos apresentados pela parte contrária oralmente na sessão, salvo em caso de absoluta impossibilidade, a critério do juiz (art. 852-H, § 1º, da CLT).

	PROCEDIMENTO SUMARÍSSIMO
Testemunhas	Limite máximo de duas testemunhas por parte, as quais deverão comparecer em audiência independentemente de intimação (art. 852-H, § 2º, da CLT). Só será deferida intimação de testemunha que, comprovadamente convidada, deixar de comparecer. Não comparecendo a testemunha intimada, o juiz poderá determinar sua imediata condução coercitiva (art. 852-H, § 3º, da CLT).

4. INQUÉRITO PARA APURAÇÃO DE FALTA GRAVE

Em regra, o empregador tem o direito de dispensar o empregado por justa causa, sem que haja necessidade de intervenção do Judiciário. No entanto, determinados empregados, para que possam ser dispensados, dependem da demonstração de falta grave, a ser apurada e declarada pelo Judiciário, por meio do "inquérito para apuração de falta grave".

4.1. Conceito

O inquérito para apuração de falta grave é uma ação de rito especial de natureza constitutivo-negativa (desconstitutiva) destinada a apurar a falta grave de determinados empregados detentores de estabilidade ou garantia provisória de emprego, possibilitando a extinção do contrato de trabalho.

O inquérito para apuração de falta grave foi criado para possibilitar a extinção do contrato de trabalho do empregado decenal, nos termos do art. 492 da CLT. Assim, diz o art. 494 da CLT que "O empregado acusado de falta grave poderá ser suspenso de suas funções, mas a sua despedida só se tornará efetiva após o inquérito e que se verifique a procedência da acusação".

Com a CRFB/1988, o instituto da estabilidade decenal foi extinto e foi instituído o regime de FGTS. Não obstante, o inquérito judicial continua sendo utilizado para validar a dispensa de determinados empregados com garantia provisória de emprego.

Para não confundir, a estabilidade é de caráter geral e definitivo; já a garantia provisória de emprego tem caráter provisório e atende à situação especial do empregado.

4.2. Trabalhadores destinatários do inquérito judicial

A doutrina diverge sobre quais empregados devem ser submetidos ao inquérito:

- **1ª corrente** – apenas nos casos de **dirigente sindical** (art. 8º, VIII, da CRFB, art. 543, § 3º, da CLT e Súmula 379 do TST) e **estabilidade decenal** (art. 494 da CLT).

- **2ª corrente** – nas hipóteses de **dirigente sindical** (art. 8º, VIII, da CRFB, art. 543, § 3º, da CLT e Súmula 379 do TST); **estabilidade decenal** (art. 494 da CLT); **empregado eleito diretor de sociedade cooperativa**, uma vez que o art. 55 da Lei 5.764/1971 lhe concedeu as mesmas garantias do dirigente sindical; **membros do Conselho Nacional de Previdência Social**, enquanto representantes dos trabalhadores em atividade, titulares e suplentes (art. 3º, § 7º, da Lei 8.213/1991); **representantes dos trabalhadores no Conselho**

Curador do FGTS (art. 3º, § 9º, da Lei 8.036/1990); **representantes dos trabalhadores nas CCPs – Comissões de Conciliação Prévia** (art. 625-B, § 1º, da CLT); e **empregado público celetista**, salvo quando houver previsão de apuração da falta grave mediante procedimento administrativo ou sindicância administrativa em que seja assegurada a ampla defesa (art. 19 do ADCT c/c art. 41, § 1º, I, da CF).

Não é necessário o inquérito para apuração de falta grave para: empregado acidentado (art. 118 da Lei 8.213/1991); empregada gestante (art. 10, II, *b*, do ADCT); empregado eleito para cargo de direção da Cipa (art. 10, II, *a*, do ADCT), uma vez que, embora sejam detentores de garantia provisória de emprego, a lei não exige apuração judicial da falta grave para extinção do contrato de trabalho.

O art. 510-D, § 3º, da CLT fixa garantia provisória de emprego em favor dos empregados integrantes da comissão de representação dos empregados, assegurando: "Desde o registro da candidatura até um ano após o fim do mandato, o membro da comissão de representantes dos empregados não poderá sofrer despedida arbitrária, entendendo-se como tal a que não se fundar em motivo disciplinar, técnico, econômico ou financeiro". Trata-se da mesma garantia assegurada ao membro da Cipa; portanto, não haveria necessidade de instauração do inquérito para apuração de falta grave.

4.3. Procedimento

Verificada a falta grave, o empregador tem a faculdade de suspender o empregado de suas funções (art. 494 da CLT). No caso de suspensão, deverá ajuizar o inquérito para apuração de falta grave **no prazo decadencial de 30 dias**, contados da data da suspensão (art. 853 da CLT).

> **Súmula 403 do STF:** É de decadência o prazo de trinta dias para instauração do inquérito judicial, a contar da suspensão, por falta grave, de empregado estável.

O prazo de decadência do direito do empregador de ajuizar inquérito em face do empregado que incorre em abandono de emprego é contado a partir do momento em que o empregado pretendeu seu retorno ao serviço (Súmula 62 do TST).

A suspensão do empregado é mera faculdade do empregador, de modo que, na hipótese de não ocorrer a suspensão, a doutrina diverge quanto ao prazo para ajuizamento do inquérito. Entendem alguns que o prazo é prescricional, sendo de 2 anos, para uma parte da doutrina. A outra parte da doutrina reconhece que o prazo é decadencial de 2 anos. Por fim, há ainda aqueles que aplicam, também nesse caso, o prazo de 30 dias.

O inquérito para apuração de falta grave será ajuizado na Vara do Trabalho, seguindo o rito de uma ação ordinária, tendo, porém, duas peculiaridades:

a)   A petição inicial, obrigatoriamente, deverá ser escrita (art. 853 da CLT).

b)   Poderão ser ouvidas seis testemunhas (art. 821 da CLT).

Proposta a ação do inquérito, o empregado será notificado para comparecer em audiência, facultando-lhe apresentar contestação (escrita ou verbal). A audiência deve ser designada no prazo mínimo de 5 dias, após a notificação do empregado.

Aberta a audiência, o juiz proporá a conciliação. Se não aceita, o requerido apresentará contestação e se instruirá o processo, ouvindo-se até seis testemunhas para cada parte, e posteriormente proferirá a decisão.

4.4. Natureza jurídica

O inquérito para apuração de falta grave tem natureza dúplice; assim, a sentença proferida no inquérito para apuração de falta grave pode produzir efeitos diferentes:

Improcedência (não existiu falta grave)	Com suspensão do emprego	Sentença condenatória, determinando a reintegração de empregado.
	Sem suspensão do empregado	Sentença declaratória, mantendo o vínculo normalmente.
Procedência (ocorreu falta grave)	Com suspensão do emprego	Sentença desconstitutiva, extinguindo o contrato de trabalho na data da prolação da sentença. O período de afastamento será considerado como de suspensão do contrato.
	Sem suspensão do empregado	Sentença desconstitutiva, extinguindo o contrato de trabalho na data da prolação da sentença.

Reconhecida a inexistência de falta grave praticada pelo empregado, o empregador está obrigado a reintegrá-lo, devendo pagar-lhe os salários a que teria direito no período da suspensão (art. 495 da CLT), **independentemente de pedido de reconvenção**.

No entanto, quando a reintegração do empregado estável for desaconselhável, dado o grau de incompatibilidade resultante do dissídio, o tribunal do trabalho poderá converter aquela obrigação em indenização dobrada (arts. 496 e 497 da CLT). Nesse caso, o direito aos salários é assegurado até a data da primeira decisão que determinou essa conversão (Súmula 28 do TST).

Por derradeiro, o art. 855 da CLT estabelece que "**Se tiver havido prévio reconhecimento da estabilidade do empregado, o julgamento do inquérito pela Vara ou juízo não prejudicará a execução para pagamento dos salários devidos ao empregado, até a data da instauração do mesmo inquérito**". Em outras palavras, na hipótese de procedência do inquérito com suspensão do empregado, este tem direito de receber os salários do período entre a data da suspensão e a da instauração do inquérito, que poderá ser executado nos próprios autos do inquérito.

4.5. Inquérito e reconvenção

Em regra, não há interesse de agir na ação reconvencional, tendo em vista que o inquérito para apuração de falta grave tem a natureza dúplice. Todavia, se o empregado pretender outras verbas não vinculadas diretamente ao contrato de trabalho, como indenização por danos morais, tem a doutrina admitido a reconvenção.

RESUMO

Estão submetidas ao procedimento sumaríssimo as reclamações trabalhistas cujo valor da causa seja de até 40 salários mínimos (é o procedimento mais célere, criado pela Lei 9.957/2000 para as pequenas causas trabalhistas, dispensando, assim, para a Justiça do Trabalho, a criação de juizados especiais de pequenas causas, já que a própria Justiça do Trabalho é uma Justiça Especial).

Petição inicial

O pedido deve ser certo e determinado, indicando exatamente o que se pretende devido e no seu montante, com o valor correspondente (ex.: pedido de horas extras deve indicar exatamente quantas se postulam por dia e com que valor global).

Inexistência de citação por edital

Se o endereço estiver errado, a reclamação será arquivada, com custas para o reclamante.

Audiência única: deve ser realizada dentro de 15 dias do ajuizamento da ação, podendo ser o prazo dilatado para a realização de mais uma audiência, dentro de 30 dias, no caso de ser necessária prova pericial (celeridade processual).

Proposta conciliatória: pode ser feita em qualquer fase da audiência (deve o juiz envidar todos os esforços para consegui-la).

Testemunhas: apenas duas para cada parte, trazidas diretamente para a audiência (somente será intimada a testemunha que não comparecer quando devidamente convidada pela parte).

Incidentes e exceções: devem ser decididos imediatamente na audiência.

Sentença: proferida na própria audiência, dispensado o relatório (basta o registro em ata, de forma resumida, dos atos, das afirmações e das informações úteis à solução da causa).

Recursos no rito sumaríssimo

Recurso ordinário: apreciado em 10 dias pelo Relator, sem revisor, com parecer oral da Procuradoria e com acórdão consistente na própria certidão de julgamento.

Recurso de revista: restrito às hipóteses de contrariedade a Súmula do TST ou violação direta da Constituição Federal.

Embargos: admissível apenas por divergência jurisprudencial entre as Turmas do TST ou com a SBDI-1.

＃ QUESTÕES PARA TREINO

1. **(Fepese – Casan – Advogado – 2022 – adaptada)** Analise a afirmativa a seguir de acordo com o Direito Processual do Trabalho.

    No recurso ordinário interposto contra sentença proferida sob o rito sumaríssimo, o Ministério Público, após a sua intimação, deverá apresentar parecer no prazo máximo de dez dias, e a Secretaria da Turma deverá colocá-lo imediatamente em pauta para julgamento.

Cap. 35 – DISSÍDIO INDIVIDUAL E INQUÉRITO PARA APURAÇÃO DE FALTA GRAVE **631**

Comentário

CLT, art. 895, § 1º, III: terá parecer oral do representante do Ministério Público presente à sessão de julgamento, se este entender necessário o parecer, com registro na certidão; (...).

Errado.

2. **(Fepese – Casan – Advogado – 2022 – adaptada)** Analise a afirmativa a seguir de acordo com o Direito Processual do Trabalho.

    Os Tribunais Regionais, divididos em Turmas, poderão designar Turma para o julgamento dos recursos ordinários interpostos das sentenças prolatadas nas demandas sujeitas ao procedimento sumaríssimo.

    ### Comentário

    CLT, art. 895, § 2º: Os Tribunais Regionais, divididos em Turmas, poderão designar Turma para o julgamento dos recursos ordinários interpostos das sentenças prolatadas nas demandas sujeitas ao procedimento sumaríssimo.

    Certo.

3. **(Cespe/Cebraspe – Prefeitura de Pires do Rio-GO – Procurador Jurídico – 2022)** Os municípios não podem ser parte nas demandas ajuizadas que sigam o procedimento sumaríssimo.

    ### Comentário

    CLT, art. 852-A: Os dissídios individuais cujo valor não exceda a quarenta vezes o salário mínimo vigente na data do ajuizamento da reclamação ficam submetidos ao procedimento sumaríssimo.

    Parágrafo único. Estão excluídas do procedimento sumaríssimo as demandas em que é parte a Administração Pública direta, autárquica e fundacional.

    Certo.

4. **(Cespe/Cebraspe – Prefeitura de Pires do Rio-GO – Procurador Jurídico – 2022)** Acerca dos procedimentos nos dissídios individuais, julgue o item a seguir.

    Nas causas sujeitas ao procedimento sumaríssimo, será admitida a interposição de recurso de revista somente por contrariedade a súmula de jurisprudência do Tribunal Superior do Trabalho e violação direta à Constituição Federal.

    ### Comentário

    RR em sumaríssimo quando contrariar:

    – Súmula de jurisprudência uniforme do TST;

    – Súmula Vinculante (SV);

    – Constituição Federal (CF).

    CUIDADO! Não cabe diante de contrariedade de OJ (Súmula 422 TST).

    CLT, art. 896, § 9: Nas causas sujeitas ao procedimento sumaríssimo, somente será admitido recurso de revista por contrariedade a súmula de jurisprudência uniforme do Tribunal Superior do Trabalho ou a súmula vinculante do Supremo Tribunal Federal e por violação direta da Constituição Federal.

Errado.

5.   **(Fundatec – Prefeitura de Esteio-RS – Advogado – 2022 – adaptada)** Sobre o procedimento sumaríssimo, à luz do disposto na CLT, é correto afirmar:

Nas reclamações enquadradas no procedimento sumaríssimo o pedido deverá ser certo e determinado, dispensando-se, contudo, a indicação do valor correspondente.

Comentário

CLT, art. 852-B: Nas reclamações enquadradas no procedimento sumaríssimo:

I – o pedido deverá ser certo ou determinado e indicará o valor correspondente;

Errado.

6.   **(Fundatec – Prefeitura de Esteio-RS – Advogado – 2022 – adaptada)** Sobre o procedimento sumaríssimo, à luz do disposto na CLT, é correto afirmar:

Aberta a sessão, o juiz esclarecerá as partes presentes sobre as vantagens da concilia-ção e usará os meios adequados de persuasão para a solução conciliatória do litígio, em qualquer fase da audiência.

Comentário

CLT, art. 852-E: Aberta a sessão, o juiz esclarecerá as partes presentes sobre as vantagens da conciliação e usará os meios adequados de persuasão para a solução conciliatória do litígio, em qualquer fase da audiência.

Certo.

7.   **(Fundatec – Prefeitura de Esteio-RS – Advogado – 2022 – adaptada)** Sobre o procedimento sumaríssimo, à luz do disposto na CLT, é correto afirmar:

Nas reclamações enquadradas no procedimento sumaríssimo, a citação por edital observará o rito do Código de Processo Civil.

Comentário

CLT, art. 852-B: Nas reclamações enquadradas no procedimento sumaríssimo:

(...)

II – não se fará citação por edital, incumbindo ao autor a correta indicação do nome e endereço do reclamado;

Errado.

8.   **(Fundatec – Prefeitura de Esteio-RS – Advogado – 2022 – adaptada)** Sobre o procedimento sumaríssimo, à luz do disposto na CLT, é correto afirmar:

Aberta a sessão, o juiz esclarecerá as partes presentes sobre as vantagens da concilia-ção e usará os meios adequados de persuasão para a solução conciliatória do litígio, até a contestação.

Comentário

Art. 852-E. Aberta a sessão, o juiz esclarecerá as partes presentes sobre as vantagens da conciliação e usará os meios adequados de persuasão para a solução conciliatória do litígio, em qualquer fase da audiência.

Errado.

Cap. 35 – DISSÍDIO INDIVIDUAL E INQUÉRITO PARA APURAÇÃO DE FALTA GRAVE **633**

9. **(Fundatec – Prefeitura de Esteio-RS – Advogado – 2022 – adaptada)** Sobre o procedimento sumaríssimo, à luz do disposto na CLT, é correto afirmar:

Todas as provas serão produzidas na audiência de instrução e julgamento, desde que requeridas previamente.

Comentário

Art. 852-H. Todas as provas serão produzidas na audiência de instrução e julgamento, ainda que não requeridas previamente.

Errado.

10. **(Fepese – Prefeitura de Florianópolis-SC – Procurador Municipal – 2022 – adaptada)** Analise a assertiva a seguir de acordo com o processo do trabalho.

No procedimento sumaríssimo do dissídio individual não se admite a produção de prova pericial.

Comentário

CLT, art. 852-H, § 4º: Somente quando a prova do fato o exigir, ou for legalmente imposta, será deferida prova técnica, incumbindo ao juiz, desde logo, fixar o prazo, o objeto da perícia e nomear perito.

Errado.

RECLAMAÇÃO TRABALHISTA: REQUISITOS DA INICIAL, AUDIÊNCIA TRABALHISTA, RESPOSTAS DO RECLAMADO

1. RECLAMAÇÃO TRABALHISTA

O processo é regido por um princípio fundamental: **da inércia, do dispositivo ou demanda**, pelo que o Estado somente atua quando é provocado pela parte. Nesse sentido, o art. 2º do CPC estabelece que:

> Art. 2º O processo começa por iniciativa da parte e se desenvolve por impulso oficial, salvo as exceções previstas em lei.

A provocação da demanda é feita pela petição inicial, que é a peça inaugural do processo, também apelidada de "peça exordial", "peça vestibular", "peça de ingresso" ou "peça preambular". Portanto, a petição inicial é a peça formal que rompe a inércia do Judiciário, individualiza os sujeitos da lide e limita os pedidos da demanda; é o primeiro requerimento dirigido pela parte à autoridade judiciária. Na Justiça do Trabalho, a petição inicial é chamada de **reclamação**.

Além disso, a petição inicial é **pressuposto processual de existência**. Sem petição inicial, o processo não existe. Observe que, se a petição inicial for inepta, o caso será de pressuposto processual de validade (ou desenvolvimento) da relação processual.

A reclamação trabalhista poderá ser **escrita** ou **verbal** (art. 840 da CLT). A petição escrita, tão logo apresentada (em duas vias), será distribuída à Vara competente, para aguardar audiência inaugural.

Já a reclamação verbal será **distribuída** e, posteriormente, reduzida a termo, no prazo de 5 dias, com o comparecimento da parte interessada na Secretaria da Vara.

DIREITO DO TRABALHO E PROCESSO DO TRABALHO FACILITADOS – *Lenza*

Sempre que houver mais de uma vara, haverá um setor de distribuição aos cuidados do distribuidor, que respeitará a ordem rigorosa de apresentação para distribuir as reclamações.

> Art. 840. A reclamação poderá ser escrita ou verbal.
>
> § 1º Sendo escrita, a reclamação deverá conter a designação do juízo, a qualificação das partes, a breve exposição dos fatos de que resulte o dissídio, o pedido, que deverá ser certo, determinado e com indicação de seu valor, a data e a assinatura do reclamante ou de seu representante.
>
> § 2º Se verbal, a reclamação será reduzida a termo, em duas vias datadas e assinadas pelo escrivão ou secretário, observado, no que couber, o disposto no § 1º deste artigo.
>
> § 3º Os pedidos que não atendam ao disposto no § 1º deste artigo serão julgados extintos sem resolução do mérito.

A reforma trabalhista modificou o art. 840, que trata da forma como a reclamação trabalhista poderá ser apresentada, tendo mantido a possibilidade dos formatos escritos ou verbais. Portanto, vamos entender o novo texto da CLT.

REDAÇÃO ANTIGA	REDAÇÃO NOVA
Art. 840. A reclamação poderá ser escrita ou verbal.	**MANTIDA A REDAÇÃO ANTERIOR**
§ 1º Sendo escrita, a reclamação deverá conter a designação do Presidente da Junta, ou do juiz de direito a quem for dirigida, a qualificação do reclamante e do reclamado, uma breve exposição dos fatos de que resulte o dissídio, o pedido, a data e a assinatura do reclamante ou de seu representante.	§ 1º Sendo escrita, a reclamação deverá conter a designação do juízo, a qualificação das partes, a breve exposição dos fatos de que resulte o dissídio, **o pedido, que deverá ser certo, determinado e com indicação de seu valor**, a data e a assinatura do reclamante ou de seu representante.
§ 2º Se verbal, a reclamação será reduzida a termo, em 2 (duas) vias datadas e assinadas pelo escrivão ou secretário, observado, no que couber, o disposto no parágrafo anterior.	§ 2º Se verbal, a reclamação será reduzida a termo, em duas vias datadas e assinadas pelo escrivão ou secretário, observado, no que couber, o disposto no § 1º deste artigo.
SEM CORRESPONDENTE	§ 3º Os pedidos que não atendam ao disposto no § 1º deste artigo serão julgados extintos sem resolução do mérito.

saiba mais

No processo do trabalho, a exigência de indicação do valor correspondente na petição inicial ocorre apenas no procedimento sumaríssimo?

Não. A reforma trabalhista trouxe duas importantes inovações de conteúdo nos parágrafos do art. 840 da CLT, ao prever que: (i) o pedido deve ser "certo, determinado e com indicação de seu valor"; (ii) e deve haver julgamento sem resolução de mérito quanto aos pedidos que não atendam aos requisitos estabelecidos no § 1º do mesmo dispositivo.

No que tange à petição inicial, no que se refere à exigência de certeza, faz necessário determinar e indicar o valor do pedido. Caso assim não seja feito, a orientação é de que os pedidos sejam julgados extintos sem resolução do mérito. Cabe ressaltar que esse valor, conforme o art. 12, § 2º, da IN 41 do TST pode ser feito por mera **estimativa**.

1.1. Requisitos da petição inicial

Os requisitos da petição inicial são exigidos como condição de validade e viabilidade do prosseguimento da lide. Assim, a **petição apta** – aquela que preenche todos os requisitos – é **pressuposto processual de validade** do processo.

Tal é a importância dos requisitos da petição inicial que eles podem ser analisados a qualquer tempo, podendo acarretar a extinção do processo sem resolução do mérito.

A doutrina destaca que a petição inicial possui requisitos estruturais, extrínsecos e formais.

Os **requisitos estruturais** são aqueles dispostos no art. 319 do CPC, no que for compatível com a Justiça do Trabalho. A CLT traz os requisitos estruturais da petição inicial no art. 840.

> CPC, art. 319: A petição inicial indicará:
>
> I – o juízo a que é dirigida;
>
> II – os nomes, os prenomes, o estado civil, a existência de união estável, a profissão, o número de inscrição no Cadastro de Pessoas Físicas ou no Cadastro Nacional da Pessoa Jurídica, o endereço eletrônico, o domicílio e a residência do autor e do réu;
>
> III – o fato e os fundamentos jurídicos do pedido;
>
> IV – o pedido com as suas especificações;
>
> V – o valor da causa;
>
> VI – as provas com que o autor pretende demonstrar a verdade dos fatos alegados;
>
> VII – a opção do autor pela realização ou não de audiência de conciliação ou de mediação.
>
> § 1º Caso não disponha das informações previstas no inciso II, poderá o autor, na petição inicial, requerer ao juiz diligências necessárias a sua obtenção.
>
> § 2º A petição inicial não será indeferida se, a despeito da falta de informações a que se refere o inciso II, for possível a citação do réu.
>
> § 3º A petição inicial não será indeferida pelo não atendimento ao disposto no inciso II deste artigo se a obtenção de tais informações tornar impossível ou excessivamente oneroso o acesso à justiça.

Já os **requisitos extrínsecos** se referem à propositura da ação e aos elementos que devem compor a peça inicial, como os documentos, o preparo, a procuração etc., conforme dispõe o art. 320 do CPC e o art. 845 da CLT.

> CPC, art. 320: A petição inicial será instruída com os documentos indispensáveis à propositura da ação.

> CLT, art. 845: O reclamante e o reclamado comparecerão à audiência acompanhados das suas testemunhas, apresentando, nessa ocasião, as demais provas.

Por sua vez, os **requisitos formais** constituem a estrutura com que a petição inicial é apresentada. Na Justiça do Trabalho ela pode ser verbal ou escrita. Esta é normalmente elaborada por advogado, enquanto a petição verbal é reduzida a termo pelo servidor judiciário. Perceba que a petição inicial chega ao juiz sempre de modo escrito.

Ressalta-se que a petição inicial no **inquérito para apuração de falta grave** e dos **dissídios coletivos** deve ser necessariamente escrita, nos termos da CLT (arts. 853 e 856).

Da leitura do § 1º do art. 840, são requisitos da petição inicial escrita, além da **assinatura**:

→ **Endereçamento** – a reclamação deverá designar a Vara do Trabalho ou Tribunal (TRT ou TST) a quem é dirigida. Veja que a designação é ao órgão judiciário, e não ao seu ocupante (juiz), tendo em vista o caráter impessoal do exercício da jurisdição. É com a designação do órgão que o reclamante determina a competência em razão da matéria, da função e do lugar.

→ **Qualificação das partes** – a qualificação individualiza a demanda tanto no polo passivo quanto ativo. Assim, o reclamante deve indicar seu nome completo, CPF e RG, número da CTPS e endereço. Além disso, deve qualificar o reclamado, com nome, endereço, CPF ou CNPJ, conforme o caso.

→ **Causa de pedir** – entende-se como causa de pedir a exposição de fatos e os fundamentos jurídicos do pedido, os quais constituem, *grosso modo*, a narrativa dos fatos e o enquadramento deles na norma jurídica. Não confunda fundamentação jurídica com fundamentação legal. Esta é a indicação dos dispositivos legais.

→ **Pedido** – com o pedido, a lide fica delimitada em seu objeto. Este é o objetivo, a razão de existir do processo. O objeto é dividido em mediato (bem pretendido, por exemplo, o pagamento) e imediato (provimento jurisdicional, isto é, declarar, constituir ou condenar).

A delimitação do objeto vincula o juiz a dar provimento somente aquilo que foi pleiteado pela parte, consoante o princípio da congruência ou adstrição. Com isso, evita-se que a sentença seja *ultra petita*, *citra petita* ou *extra petita*.

> **cuidado**
>
> *Regra geral, o juiz se limita aos pedidos do reclamante (princípio da congruência); no entanto, há casos expressamente previstos em lei em que o juiz poderá julgar mais do que foi pedido ou conceder vantagem diversa daquela que foi requerida (princípio da extrapetição).*

Súmula 211 do TST: Juros de mora e correção monetária. Independência do pedido inicial e do título executivo judicial. Os juros de mora e a correção monetária incluem-se na liquidação, ainda que omisso o pedido inicial ou a condenação.

Súmula 396 do TST: Estabilidade provisória. Pedido de reintegração. Concessão do salário relativo ao período de estabilidade já exaurido. Inexistência de julgamento *extra petita*.

I – Exaurido o período de estabilidade, são devidos ao empregado apenas os salários do período compreendido entre a data da despedida e o final do período de estabilidade, não lhe sendo assegurada a reintegração no emprego;

Cap. 36 – RECLAMAÇÃO TRABALHISTA: REQUISITOS DA INICIAL, AUDIÊNCIA TRABALHISTA **639**

II – Não há nulidade por julgamento extra petita da decisão que deferir salário quando o pedido for de reintegração, dados os termos do art. 496 da CLT.

Ademais, o pedido deve ser **certo** e **determinado**, pois pedidos genéricos dificultam a defesa e a compreensão da lide. É indispensável que ambas as qualidades do pedido estejam presentes na petição inicial: certeza e determinação.

Apesar disso, caberão pedidos genéricos quando a lei expressamente permitir, nos termos do art. 324 do CPC.

Art. 324. O pedido deve ser determinado.

§ 1º É lícito, porém, formular pedido genérico:

I – nas ações universais, se o autor não puder individuar os bens demandados;

II – quando não for possível determinar, desde logo, as consequências do ato ou do fato;

III – quando a determinação do objeto ou do valor da condenação depender de ato que deva ser praticado pelo réu.

§ 2º O disposto neste artigo aplica-se à reconvenção.

Ressalta-se que, no **rito sumaríssimo**, o pedido, **além de certo e determinado, deve ser líquido**, isto é, conter o valor correspondente, sob pena de arquivamento e condenação de custas.

→ **Assinatura** – ao contrário do CPC, a CLT exige a assinatura da petição inicial pela parte ou pelo advogado, sob pena de considerá-la inexistente. Contudo, é recomendável, consoante economia processual, que o juiz conceda prazo de 10 dias para regularização da peça inaugural, caso em que se considera ajuizada a demanda na data da propositura.

REQUISITOS DA PETIÇÃO INICIAL TRABALHISTA[1]		
Poderá ser verbal ou escrita (art. 840 da CLT).	Designação do Juízo (art. 840, § 1º, da CLT).	Qualificação das partes (art. 840, § 1º, da CLT).
Breve exposição dos fatos de que resulte o dissídio (art. 840, § 1º, da CLT).	Pedido, que deverá ser certo, determinado e com indicação de seu valor (art. 840, § 1º, da CLT).[2]	Data e assinatura do reclamante ou de seu representante (art. 840, § 1º, da CLT).

1.2. Valor da causa

Quanto ao valor da causa, na Justiça do Trabalho, temos que tal requisito é utilizado apenas para determinar o rito processual (ordinário, sumário ou suma-

---

[1] O requerimento de provas com que o autor pretende demonstrar a verdade dos fatos alegados não é requisito previsto na CLT.

[2] Art. 12, § 2º, da IN 41/2018 do TST: "Para fim do que dispõe o art. 840, §§ 1º e 2º, da CLT, o valor da causa será estimado, observando-se, no que couber, o disposto nos arts. 291 a 293 do Código de Processo Civil".

ríssimo). Omissa a petição inicial quanto ao valor da causa, cabe ao juiz fixá-lo de ofício, ainda que na própria sentença.

- Ordinário: superior a 40 salários mínimos.
- Sumário: até 2 salários mínimos.
- Sumaríssimo: entre 2 e 40 salários mínimos.

Lembrando que, consoante o § 3º do art. 840 da CLT, com redação dada pela Lei 13.467/2017, a petição inicial que não contiver pedido certo, determinado e com indicação de seu valor será extinta sem resolução do mérito.

1.3. Emenda e aditamento da inicial

Entende-se por **emenda a correção da petição inicial e por aditamento o acréscimo de dados, informações ou pedidos**. A CLT é omissa quanto ao assunto; assim, aplica-se subsidiariamente o CPC.

A emenda será feita quando houver vício ou irregularidade, cabendo ao juiz conceder prazo de 15 dias para que o reclamante corrija a peça, nos termos do art. 321 do CPC.

> Art. 321. O juiz, ao verificar que a petição inicial não preenche os requisitos dos arts. 319 e 320 ou que apresenta defeitos e irregularidades capazes de dificultar o julgamento de mérito, determinará que o autor, no prazo de 15 (quinze) dias, a emende ou a complete, indicando com precisão o que deve ser corrigido ou completado.
>
> Parágrafo único. Se o autor não cumprir a diligência, o juiz indeferirá a petição inicial.
>
> Súmula 263: Petição inicial. Indeferimento. Instrução obrigatória deficiente (nova redação em decorrência do CPC de 2015) – Res. 208/2016, *DEJT* divulgado em 22, 25 e 26.04.2016.
>
> Salvo nas hipóteses do art. 330 do CPC de 2015 (art. 295 do CPC de 1973), o indeferimento da petição inicial, por encontrar-se desacompanhada de documento indispensável à propositura da ação ou não preencher outro requisito legal, somente é cabível se, após intimada para suprir a irregularidade em 15 (quinze) dias, mediante indicação precisa do que deve ser corrigido ou completado, a parte não o fizer (art. 321 do CPC de 2015).

No mandado de segurança, exige-se a presença de prova documental pré-constituída, sendo, por isso, inaplicável o prazo de 15 dias do art. 321 do CPC.

> Súmula 415 do TST: Mandado de segurança. Petição inicial. Art. 321 do CPC de 2015. Art. 284 do CPC de 1973. Inaplicabilidade. (atualizada em decorrência do CPC de 2015) – Res. 208/2016, *DEJT* divulgado em 22, 25 e 26.04.2016:
>
> Exigindo o mandado de segurança prova documental pré-constituída, inaplicável o art. 321 do CPC de 2015 (art. 284 do CPC de 1973) quando verificada, na petição inicial do "mandamus", a ausência de documento indispensável ou de sua autenticação. (ex-OJ nº 52 da SBDI-2 – inserida em 20.09.2000).

Com base no CPC, sem a anuência do réu, pode-se aditar a inicial antes da **citação do réu** (art. 329, I, do CPC). Por outro lado, a inicial poderá ser aditada ou emendada após a citação do réu, desde que este dê sua anuência (art. 329, II, do CPC), e até o saneamento do processo.

> Art. 329. O autor poderá:
>
> I – até a citação, aditar ou alterar o pedido ou a causa de pedir, independentemente de consentimento do réu;
>
> II – até o saneamento do processo, aditar ou alterar o pedido e a causa de pedir, com consentimento do réu, assegurado o contraditório mediante a possibilidade de manifestação deste no prazo mínimo de 15 (quinze) dias, facultado o requerimento de prova suplementar.
>
> Parágrafo único. Aplica-se o disposto neste artigo à reconvenção e à respectiva causa de pedir.

Todavia, consoante sistemática processual trabalhista, a defesa é apresentada somente na audiência; por isso, é permitido ao reclamante aditar a petição inicial até a audiência, porém antes da apresentação da contestação.

A CLT passou a prever expressamente que, **após oferecida a contestação, o reclamante não poderá desistir da ação sem o consentimento do reclamado** (alteração incluída pela Lei 13.467 de 2017).

> Art. 841, § 3º: Oferecida a contestação, ainda que eletronicamente, o reclamante não poderá, sem o consentimento do reclamado, desistir da ação.

Aditada ou emendada a peça, será dado ao reclamado prazo para resposta naquilo que foi alterado. Apresentada a defesa, somente caberá aditar ou emendar a petição inicial com a anuência do reclamado.

MODIFICAÇÃO DA PETIÇÃO INICIAL	
Emenda	**Aditamento**
Corrigir, consertar e expurgar defeitos e irregularidades da petição inicial.	Acrescentar algo ao pedido ou à causa de pedir.
Se não sanados os vícios, acarretará o indeferimento da exordial.	A ausência de aditamento não implica indeferimento da petição inicial.
No processo do trabalho, poderá o autor aditar ou alterar o pedido ou a causa de pedir, independentemente do consentimento do réu, até o momento da própria audiência, mas antes do recebimento da defesa (art. 847 da CLT). Deverá ser concedido o prazo para complementação da defesa, devendo a audiência ser adiada para tal finalidade, e a nova audiência ser designada em prazo não inferior a cinco dias (art. 841 da CLT).	

1.4. Indeferimento da inicial

A petição inicial será indeferida de plano quando houver **vício insanável**, por meio de sentença atacável por recurso ordinário, ocasião em que não haverá resolução de mérito – exceto prescrição e decadência, em que haverá com resolução de mérito.

O vício é insanável nos casos previstos pelo art. 330 do CPC, aplicado subsidiariamente ao regramento trabalhista. Do contrário, quando o vício for sanável, o juiz deverá conceder prazo de 10 dias para regularização.

> Art. 330. A petição inicial será indeferida quando:
>
> I – for inepta;
>
> II – a parte for manifestamente ilegítima;
>
> III – o autor carecer de interesse processual;
>
> IV – não atendidas as prescrições dos arts. 106 e 321.
>
> § 1º Considera-se inepta a petição inicial quando:
>
> I – lhe faltar pedido ou causa de pedir;
>
> II – o pedido for indeterminado, ressalvadas as hipóteses legais em que se permite o pedido genérico;
>
> III – da narração dos fatos não decorrer logicamente a conclusão;
>
> IV – contiver pedidos incompatíveis entre si.
>
> § 2º Nas ações que tenham por objeto a revisão de obrigação decorrente de empréstimo, de financiamento ou de alienação de bens, o autor terá de, sob pena de inépcia, discriminar na petição inicial, dentre as obrigações contratuais, aquelas que pretende controverter, além de quantificar o valor incontroverso do débito.
>
> § 3º Na hipótese do § 2º, o valor incontroverso deverá continuar a ser pago no tempo e modo contratados.

Ressalta-se que a impugnação, pelo reclamado, de vício insanável é realizada como preliminar de contestação.

Consoante princípio da celeridade no processo do trabalho, é possível a retratação do juiz no prazo de 5 dias para reformar a sua decisão de indeferimento, prevista no art. 331 do CPC:

> Art. 331. Indeferida a petição inicial, o autor poderá apelar, facultado ao juiz, no prazo de 5 (cinco) dias, retratar-se.
>
> § 1º Se não houver retratação, o juiz mandará citar o réu para responder ao recurso.
>
> § 2º Sendo a sentença reformada pelo tribunal, o prazo para a contestação começará a correr da intimação do retorno dos autos, observado o disposto no art. 334.
>
> § 3º Não interposta a apelação, o réu será intimado do trânsito em julgado da sentença.

INDEFERIMENTO DA PETIÇÃO INICIAL
Rejeição liminar da petição inicial, antes do recebimento da defesa.
Art. 321 do CPC: O juiz, ao verificar que a petição inicial não preenche os requisitos dos arts. 319 e 320 ou que apresenta defeitos e irregularidades capazes de dificultar o julgamento de mérito, determinará que o autor, no prazo de 15 (quinze) dias, a emende ou a complete, indicando com precisão o que deve ser corrigido ou completado. Parágrafo único. Se o autor não cumprir a diligência, o juiz indeferirá a petição inicial.

Cap. 36 – RECLAMAÇÃO TRABALHISTA: REQUISITOS DA INICIAL, AUDIÊNCIA TRABALHISTA · 643

INDEFERIMENTO DA PETIÇÃO INICIAL
Art. 840. A reclamação poderá ser escrita ou verbal. § 1º Sendo escrita, a reclamação deverá conter a designação do juízo, a qualificação das partes, a breve exposição dos fatos de que resulte o dissídio, o pedido, que deverá ser certo, determinado e com indicação de seu valor, a data e a assinatura do reclamante ou de seu representante. (...) § 3º Os pedidos que não atendam ao disposto no § 1º deste artigo serão julgados extintos sem resolução do mérito.
Súmula 263: Petição inicial. Indeferimento. Instrução obrigatória deficiente Salvo nas hipóteses do art. 330 do CPC de 2015 (art. 295 do CPC de 1973), o indeferimento da petição inicial, por encontrar-se desacompanhada de documento indispensável à propositura da ação ou não preencher outro requisito legal, somente é cabível se, após intimada para suprir a irregularidade em 15 (quinze) dias, mediante indicação precisa do que deve ser corrigido ou completado, a parte não o fizer (art. 321 do CPC de 2015).

2. AUDIÊNCIA

A audiência é ato solene e formal no qual se reúnem as partes e os demais integrantes do processo, o juiz, advogados, peritos e testemunhas. Na Justiça do Trabalho, a maioria dos atos processuais ocorre nela: defesa, instrução, razões finais e a própria sentença. Ademais, é nela que o juiz tem o primeiro contato com o processo, em regra, já que, no processo do trabalho, não há o despacho saneador, como no processo civil.

Segundo a sistemática da CLT, **após a tentativa de conciliação**, o reclamado apresentará a **defesa (20 minutos)**. Em seguida, há **instrução do processo – depoimentos pessoais, oitiva de testemunhas, peritos e assistentes técnicos**, nessa ordem. Por fim, as **razões finais, nova tentativa de conciliação**, para então, **sentença**.

Ao receber a inicial, o diretor da secretaria providenciará a **notificação** (citação) do reclamado e, na mesma oportunidade, designará a audiência, que deverá respeitar o prazo mínimo de 5 dias entre a ciência da audiência e a sua realização.

A Administração Pública, incluída autarquias e fundações públicas, a ECT e o Ministério Público possuem prazo em dobro para se defenderem, conforme o CPC; logo, esse prazo de 5 dias deve ser estendido para 10 dias.

Nos termos do art. 813 da CLT, **salvo interesse social**, as audiências serão públicas. Realizar-se-ão em **DIAS ÚTEIS, DAS 8H ÀS 18H, NÃO PODENDO ULTRAPASSAR 5H SEGUIDAS, salvo matéria urgente**.

No tocante ao local da audiência, em regra, será a sede do juízo ou tribunal, contudo, **em casos excepcionais e com notificação mínima de 24h antes do ato, PODERÁ SE REALIZAR EM OUTRO LOCAL ou, NO MESMO PRAZO DE 24H, PODERÁ SER CONVOCADA AUDIÊNCIA EXTRAORDINÁRIA** (art. 813, §§ 1º e 2º).

> Art. 813. As audiências dos órgãos da Justiça do Trabalho serão públicas e realizar-se-ão na sede do Juízo ou Tribunal em dias úteis previamente fixados, entre 8 (oito) e 18 (dezoito) horas, não podendo ultrapassar 5 (cinco) horas seguidas, salvo quando houver matéria urgente.

§ 1º Em casos especiais, poderá ser designado outro local para a realização das audiências, mediante edital afixado na sede do Juízo ou Tribunal, com a antecedência mínima de 24 (vinte e quatro) horas.

§ 2º Sempre que for necessário, poderão ser convocadas audiências extraordinárias, observado o prazo do parágrafo anterior.

O art. 815 da CLT prevê que haverá tolerância de 15 minutos no horário da audiência quando o **juiz** se atrasar. Esse limite de tolerância é aplicável apenas ao juiz, de modo que as partes devem chegar com antecedência, fazendo-se presentes no horário marcado. Todavia, com as modificações realizadas pela Lei 14.657/2023, agora há possibilidade expressa na CLT de os advogados e as partes se retirarem do local caso a audiência se atrase, injustificadamente, por mais de 30 minutos. Vejamos:

Art. 815. À hora marcada, o juiz ou presidente declarará aberta a audiência, sendo feita pelo secretário ou escrivão a chamada das partes, testemunhas e demais pessoas que devam comparecer.

§ 1º Se, até 15 (quinze) minutos após a hora marcada, o juiz ou presidente não houver comparecido, os presentes poderão retirar-se, devendo o ocorrido constar do livro de registro das audiências. (Incluído pela Lei nº 14.657, de 2023)

§ 2º Se, até 30 (trinta) minutos após a hora marcada, a audiência, injustificadamente, não houver sido iniciada, as partes e os advogados poderão retirar-se, consignando seus nomes, devendo o ocorrido constar do livro de registro das audiências. (Incluído pela Lei nº 14.657, de 2023)

§ 3º Na hipótese do § 2º deste artigo, a audiência deverá ser remarcada pelo juiz ou presidente para a data mais próxima possível, vedada a aplicação de qualquer penalidade às partes. (Incluído pela Lei nº 14.657, de 2023)

OJ 245 da SDI-1 do TST: Revelia. Atraso. Audiência. Inexiste previsão legal tolerando atraso no horário de comparecimento da parte na audiência.

A audiência é pública, mas pode ter seu acesso restrito às partes e aos advogados quando assim exigir o interesse social. Por exemplo, pode o juiz restringir o acesso da demanda quando ela tratar de assédio sexual, incontinência de conduta ou no caso de empregados com HIV.

A restrição pode se dar de ofício ou a requerimento das partes. A decisão deve ser fundamentada, tornando-se irrecorrível.

O princípio primordial das audiências trabalhistas consiste na presença obrigatória das partes. Daí a expressão doutrinária de que o processo do trabalho é um processo de partes.

Os arts. 843 e 844 da CLT exigem, regra geral, que reclamante e reclamado estejam na audiência, sob pena de arquivamento ou revelia e confissão, respectivamente. A substituição das partes será possível quando a lei assim autorizar.

A exigência das partes à audiência justifica-se pela maior possibilidade de conciliação, pois haverá ampla discussão sobre a lide, concedendo ao juiz maior compreensão da causa.

Cap. 36 – RECLAMAÇÃO TRABALHISTA: REQUISITOS DA INICIAL, AUDIÊNCIA TRABALHISTA **645**

> Art. 843. Na audiência de julgamento deverão estar presentes o reclamante e o reclamado, independentemente do comparecimento de seus representantes salvo, nos casos de Reclamatórias Plúrimas ou Ações de Cumprimento, quando os empregados poderão fazer-se representar pelo Sindicato de sua categoria.
>
> § 1º É facultado ao empregador fazer-se substituir pelo gerente, ou qualquer outro preposto que tenha conhecimento do fato, e cujas declarações obrigarão o proponente.
>
> § 2º Se por doença ou qualquer outro motivo poderoso, devidamente comprovado, não for possível ao empregado comparecer pessoalmente, poderá fazer-se representar por outro empregado que pertença à mesma profissão, ou pelo seu sindicato.
>
> § 3º O preposto a que se refere o § 1º deste artigo não precisa ser empregado da parte reclamada.

A reforma trabalhista modificou o texto do art. 844 da CLT, que passou a dispor da seguinte maneira:

> Art. 844. O não comparecimento do reclamante à audiência importa o arquivamento da reclamação, e o não comparecimento do reclamado importa revelia, além de confissão quanto à matéria de fato.
>
> § 1º Ocorrendo motivo relevante, poderá o juiz suspender o julgamento, designando nova audiência. (Redação dada pela Lei nº 13.467, de 2017)
>
> § 2º Na hipótese de ausência do reclamante, este será condenado ao pagamento das custas calculadas na forma do art. 789 desta Consolidação, ainda que beneficiário da justiça gratuita, salvo se comprovar, no prazo de quinze dias, que a ausência ocorreu por motivo legalmente justificável. (Incluído pela Lei nº 13.467, de 2017) (*Vide* ADIN 5766)
>
> § 3º O pagamento das custas a que se refere o § 2º é condição para a propositura de nova demanda. (Incluído pela Lei nº 13.467, de 2017)
>
> § 4º A revelia não produz o efeito mencionado no *caput* deste artigo se: (Incluído pela Lei nº 13.467, de 2017)
>
> I – havendo pluralidade de reclamados, algum deles contestar a ação; (Incluído pela Lei nº 13.467, de 2017)
>
> II – o litígio versar sobre direitos indisponíveis; (Incluído pela Lei nº 13.467, de 2017)
>
> III – a petição inicial não estiver acompanhada de instrumento que a lei considere indispensável à prova do ato; (Incluído pela Lei nº 13.467, de 2017)
>
> IV – as alegações de fato formuladas pelo reclamante forem inverossímeis ou estiverem em contradição com prova constante dos autos. (Incluído pela Lei nº 13.467, de 2017)
>
> § 5º Ainda que ausente o reclamado, presente o advogado na audiência, serão aceitos a contestação e os documentos eventualmente apresentados. (Incluído pela Lei nº 13.467, de 2017)

Na Justiça do Trabalho, a audiência é UNA, ou seja, com exceção da petição inicial, é recomendável que todos os atos possíveis à resolução da demanda sejam feitos na audiência designada: conciliação, defesa, instrução probatória, razões finais, conciliação e sentença.

Consoante o princípio da oralidade, a defesa, a oitiva de testemunhas e as razões finais serão apresentadas de forma oral. *Grosso modo*, os atos praticados em audiência pelas partes, pelos advogados e pelo juiz devem ser orais.

Contudo, não sendo possível encerrar os atos em uma única audiência (máximo de 5h seguidas), o juiz designará nova audiência para a primeira desimpedida, independentemente de notificação (art. 849 da CLT).

Em verdade, os juízes do trabalho, com base no art. 765 (ampla liberdade na direção do processo) e no art. 849, ambos da CLT, vêm adotando a praxe de dividir a audiência em 3 sessões, quais sejam:

- **audiência de conciliação** – também chamada de audiência inaugural, objetiva buscar a conciliação e, não sendo esta possível, a apresentação da defesa pela reclamada;
- **audiência de instrução** – também chamada de audiência em prosseguimento, tem como objetivo colher as provas;
- **audiência de julgamento** – tem o único objetivo de dar ciência da sentença às partes, mediante sua publicação em audiência. Normalmente, dá-se em gabinete com a respectiva publicação de sentença e com a dispensa de comparecimento das partes à audiência.

Quanto ao **princípio da inquisição**, este concede ao juiz a ampla liberdade na direção da audiência, inclusive no sentido de determinar que sejam retiradas pessoas que estejam perturbando.

> Art. 816. O juiz ou presidente manterá a ordem nas audiências, podendo mandar retirar do recinto os assistentes que a perturbarem.

Trata-se do exercício do poder de polícia pelo juiz, essencial para manutenção da ordem, do decoro e da segurança nas audiências e sessões dos tribunais. Nesse sentido, o art. 360 do CPC delimita o exercício do poder de polícia processual pelo magistrado, aplicável subsidiariamente ao processo do trabalho (art. 769 da CLT):

> Art. 360. O juiz exerce o poder de polícia, incumbindo-lhe:
>
> I – manter a ordem e o decoro na audiência;
>
> II – ordenar que se retirem da sala de audiência os que se comportarem inconvenientemente;
>
> III – requisitar, quando necessário, força policial;
>
> IV – tratar com urbanidade as partes, os advogados, os membros do Ministério Público e da Defensoria Pública e qualquer pessoa que participe do processo;
>
> V – registrar em ata, com exatidão, todos os requerimentos apresentados em audiência.

Ademais, **a conciliação é instituto fundamental da Justiça do Trabalho.** Tamanha é a importância desse princípio que a legislação celetista previu duas oportunidades obrigatórias de propositura da conciliação das partes: antes da defesa e antes da

Cap. 36 – RECLAMAÇÃO TRABALHISTA: REQUISITOS DA INICIAL, AUDIÊNCIA TRABALHISTA **647**

sentença (após as razões finais). Essa regra aplica-se ao rito ordinário (arts. 846 e 850 da CLT).

> Art. 846. Aberta a audiência, o juiz ou presidente proporá a conciliação.
>
> § 1º Se houver acordo lavrar-se-á termo, assinado pelo presidente e pelos litigantes, consignando-se o prazo e demais condições para seu cumprimento.
>
> § 2º Entre as condições a que se refere o parágrafo anterior, poderá ser estabelecida a de ficar a parte que não cumprir o acordo obrigada a satisfazer integralmente o pedido ou pagar uma indenização convencionada, sem prejuízo do cumprimento do acordo.
>
> (...)
>
> Art. 850. Terminada a instrução, poderão as partes aduzir razões finais, em prazo não excedente de 10 (dez) minutos para cada uma. Em seguida, o juiz ou presidente renovará a proposta de conciliação, e não se realizando esta, será proferida a decisão.
>
> Parágrafo único. O Presidente da Junta, após propor a solução do dissídio, tomará os votos dos vogais e, havendo divergência entre estes, poderá desempatar ou proferir decisão que melhor atenda ao cumprimento da lei e ao justo equilíbrio entre os votos divergentes e ao interesse social.

2.1. Ausência das partes em audiência

A ausência do reclamante na audiência inaugural provoca o **arquivamento** da reclamação (art. 844 da CLT).

Arquivada a ação, poderá o reclamante ajuizá-la novamente. Contudo, **dando causa o reclamante a dois arquivamentos seguidos por ausência a audiência inaugural**, ficará impossibilitado de ajuizá-la novamente pelo prazo de **6 meses**. Trata-se da **perempção trabalhista**.

Se, por doença ou qualquer outro motivo relevante, devidamente comprovado, não for possível ao empregado comparecer pessoalmente, poderá fazer-se representar por outro empregado que pertença à mesma profissão, ou pelo seu sindicato.

> Art. 843. Na audiência de julgamento deverão estar presentes o reclamante e o reclamado, independentemente do comparecimento de seus representantes salvo, nos casos de Reclamatórias Plúrimas ou Ações de Cumprimento, quando os empregados poderão fazer-se representar pelo Sindicato de sua categoria.
>
> § 1º É facultado ao empregador fazer-se substituir pelo gerente, ou qualquer outro preposto que tenha conhecimento do fato, e cujas declarações obrigarão o proponente.
>
> § 2º Se por doença ou qualquer outro motivo poderoso, devidamente comprovado, não for possível ao empregado comparecer pessoalmente, poderá fazer-se representar por outro empregado que pertença à mesma profissão, ou pelo seu sindicato.
>
> § 3º O preposto a que se refere o § 1º deste artigo não precisa ser empregado da parte reclamada.
>
> Art. 844. O não comparecimento do reclamante à audiência importa o arquivamento da reclamação, e o não comparecimento do reclamado importa revelia, além de confissão quanto à matéria de fato.

§ 1º Ocorrendo motivo relevante, poderá o juiz suspender o julgamento, designando nova audiência.

§ 2º Na hipótese de ausência do reclamante, este será condenado ao pagamento das custas calculadas na forma do art. 789 desta Consolidação, ainda que beneficiário da justiça gratuita, salvo se comprovar, no prazo de quinze dias, que a ausência ocorreu por motivo legalmente justificável.

§ 3º O pagamento das custas a que se refere o § 2º é condição para a propositura de nova demanda.

§ 4º A revelia não produz o efeito mencionado no caput deste artigo se:

I – havendo pluralidade de reclamados, algum deles contestar a ação;

II – o litígio versar sobre direitos indisponíveis;

III – a petição inicial não estiver acompanhada de instrumento que a lei considere indispensável à prova do ato;

IV – as alegações de fato formuladas pelo reclamante forem inverossímeis ou estiverem em contradição com prova constante dos autos.

§ 5º Ainda que ausente o reclamado, presente o advogado na audiência, serão aceitos a contestação e os documentos eventualmente apresentados.

Ressalta-se que essas sanções (arquivamento e perempção) SOMENTE OCORREM NA AUDIÊNCIA INAUGURAL. Isso, porque, **quando for designada posterior audiência de instrução (audiência de prosseguimento), o *não comparecimento do reclamante ou do reclamado gerará a CONFISSÃO FICTA* (presumem-se verdadeiros os fatos alegados).**

Súmula 9 do TST: Ausência do reclamante. A ausência do reclamante, quando adiada a instrução após contestada a ação em audiência, não importa arquivamento do processo.

Se houver a apresentação de defesa e a audiência for adiada, não haverá arquivamento do processo, pois nasceu para o reclamado, com a apresentação da defesa, o direito ao julgamento de mérito.

Súmula 74 do TST: Confissão (atualizada em decorrência do CPC de 2015) – Res. 208/2016, *DEJT* divulgado em 22, 25 e 26.04.2016.

I – Aplica-se a confissão à parte que, expressamente intimada com aquela cominação, não comparecer à audiência em prosseguimento, na qual deveria depor. (ex-Súmula nº 74 – RA 69/1978, *DJ* 26.09.1978)

II – A prova pré-constituída nos autos pode ser levada em conta para confronto com a confissão ficta (arts. 442 e 443, do CPC de 2015 – art. 400, I, do CPC de 1973), na o implicando cerceamento de defesa o indeferimento de provas posteriores. (ex-OJ nº 184 da SBDI-1 – inserida em 08.11.2000)

III – A vedação à produção de prova posterior pela parte confessa somente a ela se aplica, não afetando o exercício, pelo magistrado, do poder/dever de conduzir o processo.

Frise-se que o prazo para interposição do recurso pela parte que, intimada, não comparecer à audiência em prosseguimento para a prolação da sentença conta-se da sua publicação.

> Súmula 197 do TST: Prazo. O prazo para recurso da parte que, intimada, não comparecer à audiência em prosseguimento para a prolação da sentença, conta-se de sua publicação.

A ausência do reclamado na audiência inaugural também possui efeito fundamental à lide. A ausência da reclamada, em regra, acarreta **REVELIA e CONFISSÃO FICTA**. O § 1º do art. 843 da CLT, no entanto, faculta ao empregador fazer-se substituir pelo gerente ou qualquer outro preposto que tenha conhecimento do fato e cujas declarações obrigarão o preponente.

Salienta-se que a Reforma Trabalhista, em contrariedade à jurisprudência do TST, inseriu no art. 843 da CLT a previsão de que o preposto da reclamada não precisa ser empregado.

Ressalta-se, igualmente, que se aplica a revelia às pessoas jurídicas de direito público. Assim, temos que os entes públicos também se sujeitam aos efeitos da revelia prevista no art. 844 da CLT, bem como aos efeitos da confissão ficta.

> OJ 152 da SDI-1 do TST: Revelia. Pessoa jurídica de direito público. Aplicável. (Art. 844 da CLT). Pessoa jurídica de direito público sujeita-se à revelia prevista no artigo 844 da CLT.

A ausência do reclamado na audiência de instrução e julgamento (audiência de prosseguimento), tendo sido intimado para prestar depoimento após a apresentação de defesa, gera a confissão ficta, **devendo o juiz julgar a demanda conforme o ônus probatório**. A mesma confissão ficta será aplicada ao reclamante que não comparecer à mesma audiência.

> Súmula 74 do TST: Confissão (atualizada em decorrência do CPC de 2015) – Res. 208/2016, *DEJT* divulgado em 22, 25 e 26.04.2016.
>
> I – Aplica-se a confissão à parte que, expressamente intimada com aquela cominação, não comparecer à audiência em prosseguimento, na qual deveria depor. (ex-Súmula nº 74 – RA 69/1978, *DJ* 26.09.1978)
>
> II – A prova pré-constituída nos autos pode ser levada em conta para confronto com a confissão ficta (arts. 442 e 443, do CPC de 2015 – art. 400, I, do CPC de 1973), não implicando cerceamento de defesa o indeferimento de provas posteriores. (ex-OJ nº 184 da SBDI-1 – inserida em 08.11.2000)
>
> III – A vedação à produção de prova posterior pela parte confessa somente a ela se aplica, não afetando o exercício, pelo magistrado, do poder/dever de conduzir o processo.

Ocorrendo o não comparecimento simultâneo do autor e do réu à audiência inaugural, há controvérsia na doutrina. De um lado, parte da doutrina entende que o juiz deve julgar o processo no estado em que se encontra; se a matéria for uni-

650 · DIREITO DO TRABALHO E PROCESSO DO TRABALHO FACILITADOS – *Lenza*

camente de direito e fática, decidirá aplicando as regras de distribuição do ônus da prova. De outro lado, entende-se que o juiz deveria extinguir o feito sem resolução do mérito, determinando o arquivamento dos autos.

Há previsão de designação de nova audiência no caso de ausência das partes, ocorrendo motivo relevante, a critério do juiz (art. 844, § 1º, da CLT).

Frise-se que a condução coercitiva se aplica somente às testemunhas, e não às partes.

A tentativa de conciliação no rito ordinário será realizada após a abertura da audiência e antes da sentença. Realizado o acordo na audiência, torna-se o ato IRRECORRÍVEL, **exceto para a Previdência Social, no tocante às contribuições devidas**. Contudo, admite-se ação rescisória pelas partes para impugnação do acordo (art. 831 da CLT).

> Súmula 259 do TST: Termo de conciliação. Ação rescisória. Só por ação rescisória é impugnável o termo de conciliação previsto no parágrafo único do art. 831 da CLT.

ARQUIVAMENTO	DESISTÊNCIA
O art. 843 da CLT exige a presença do reclamante na audiência. O art. 844 da CLT assevera que o não comparecimento do reclamante importa em arquivamento do feito.	O art. 841, § 3º, da CLT dispõe que, oferecida a contestação, ainda que eletronicamente, o reclamante não poderá, sem o consentimento do reclamado, desistir da ação.
Na hipótese de ausência do reclamante, este será condenado ao pagamento das custas, **ainda que beneficiário da justiça gratuita**, salvo se comprovar, **no prazo de quinze dias**, que a ausência ocorreu por motivo legalmente justificável (art. 844, § 2º, da CLT).	Há divergência sobre a interpretação do dispositivo. Há entendimento de que a desistência poderia ocorrer se a defesa fosse apresentada em sigilo no PJE. Além disso, há entendimento de que, mesmo sem sigilo, a desistência poderia ocorrer até o recebimento da defesa em audiência.

3. RESPOSTAS DO RECLAMADO

O direito de resposta surge dos princípios do contraditório e da ampla defesa. Esses princípios constitucionais têm natureza dúplice, pois seus destinatários são o autor e o réu.

Contudo, o direito de defesa é uma faculdade do reclamado, podendo inclusive se manter inerte. É o contraste do reclamante, o qual também tem a faculdade de ajuizar sua pretensão ao Estado.

Optando pela defesa, o reclamado poderá fazê-la por duas modalidades de defesa, inclusive cumulativamente, consoante o CPC: contestação e reconvenção – o CPC/2015 extinguiu as exceções como modalidade de defesa. Na verdade, a reconvenção não constitui propriamente defesa, uma vez que se trata de ação do réu em face do autor dentro do mesmo processo.

A CLT só prevê expressamente a defesa (contestação) e duas modalidades de exceção com suspensão do processo: a exceção de suspeição e a exceção de incompetência (art. 799 da CLT). No entanto, admite-se a reconvenção, dada a omissão da CLT e a compatibilidade com os princípios que regem o processo do trabalho.

Alguns autores entendem que o reconhecimento jurídico do pedido, a ação declaratória incidental e a intervenção de terceiros também são formas de defesa. As duas primeiras são perfeitamente admitidas na Justiça do Trabalho, ao passo que há divergências quanto à intervenção de terceiros.

Na Justiça do Trabalho, a defesa deve ser apresentada na audiência e de forma oral (20 minutos). Lembre-se de que a audiência deve ser marcada com antecedência mínima de 5 dias, exceto para as pessoas jurídicas de direito público e privadas prestadoras de serviços públicos (Correios), e o MPT, ocasião em que será de 20 dias (DL 779/1969, art. 1º, II). Na prática trabalhista, a defesa é apresentada de forma escrita na própria audiência.

3.1. Contestação

A contestação é a forma de defesa processual por excelência. É meio próprio de opor a pretensão do autor perante o magistrado, sendo apresentada oralmente, por até 20 minutos, em audiência. Quando houver litisconsorte, cada um terá 20 minutos.

No processo eletrônico, a contestação pode ser apresentada até a audiência, conforme o parágrafo único do art. 847 da CLT, facultada a apresentação oral em audiência.

> Art. 847. Não havendo acordo, o reclamado terá vinte minutos para aduzir sua defesa, após a leitura da reclamação, quando esta não for dispensada por ambas as partes.
>
> Parágrafo único. A parte poderá apresentar defesa escrita pelo sistema de processo judicial eletrônico até a audiência.

A contestação possui dois princípios fundamentais, previstos pelo CPC: da impugnação específica e da eventualidade.

A impugnação específica consiste na exigência de o reclamado impugnar detalhadamente os fatos narrados na inicial, sob pena de serem presumidos verdadeiros. Portanto, é vedada a contestação por negativa geral, salvo ao MP, ao curador especial e ao advogado dativo.

A eventualidade disciplina que o réu deverá apresentar toda e qualquer defesa (de fato e de direito) que lhe for possível deduzir em juízo, sob pena de preclusão consumativa. Tal ataque deve ser processual e de mérito, para que o magistrado, em não conhecendo o primeiro, eventualmente acolha os argumentos de mérito.

O princípio da eventualidade não é aplicável às matérias que o juiz deva conhecer de ofício (objeções), aquelas relativas a direito superveniente ou, ainda, matérias que possam ser formuladas em qualquer tempo e juízo por expressa disposição legal.

3.1.1. Defesas processuais ou preliminares de mérito

São uma espécie de defesa indireta, porque visam embaraçar a outorga da tutela jurisdicional pretendida pelo autor mediante extinção do processo, **sem que seja apreciado o mérito pelo juiz.** Trata-se de toda defesa que se opõe à possibilidade de o pedido ser examinado. Ex.: alegação de incompetência, inépcia da petição inicial, carência da ação.

Atacam a natureza processual da demanda, sejam pressupostos processuais sejam ou condições da ação. A doutrina também as chama de exceções peremptórias ou defesas indiretas de cunho processual, as quais devem ser alegadas e analisadas antes do mérito da ação, já que visam à extinção do processo sem resolução de mérito.

As preliminares de mérito estão dispostas no art. 337 do CPC, utilizado subsidiariamente em âmbito trabalhista.

Na Justiça do Trabalho, a **compensação** e a **retenção** devem ser alegadas como **preliminar de mérito, sob pena de preclusão**. É o disposto na Súmula 48 do TST:

> Súmula 48 do TST: Compensação. A compensação só poderá ser arguida com a contestação.

Entende-se por **compensação** quando duas pessoas são, ao mesmo tempo, credor e devedor uma da outra. Já a **retenção** é o direito de o credor reter (conservar) sob sua posse a coisa de forma legítima para garantir o cumprimento de uma obrigação.

> Súmula 18 do TST: Compensação. A compensação, na Justiça do Trabalho, está restrita a dívidas de natureza trabalhista.

3.1.2. Defesas de mérito

Dá-se a defesa de mérito quando o réu ataca o fato jurídico (o pedido, a pretensão ou o bem da vida vindicado pelo autor) que constitui o mérito da causa (*causa petendi*). Trata-se de toda defesa que se contrapõe ao acolhimento do pedido. Ex.: exceção substancial; decadência; pagamento.

3.2. Revelia

A apresentação de contestação é uma faculdade do reclamado, mas, não a fazendo, sofrerá os efeitos da revelia, que podem ser materiais ou processuais.

Os efeitos materiais da revelia fazem presumir a veracidade dos fatos alegados na inicial; já os **processuais** permitem o **julgamento antecipado da lide**, assim como na **ausência de obrigatoriedade de intimação do reclamado**, exceto da sentença.

Observe-se que, em caso de revelia, não será nomeado curador especial ao reclamado revel nos termos do art. 72, II, do CPC, visto que a CLT prevê a penalidade de confissão ficta, não sendo omissão, pelo que tal medida é incompatível com o processo do trabalho.

Ressalta-se que os efeitos da revelia não serão aplicados quando: havendo pluralidade de reclamados, algum deles contestar a ação; o litígio versar sobre direitos indisponíveis; a petição inicial não estiver acompanhada de instrumento que a lei considere indispensável à prova do ato (art. 844, § 4º, da CLT).

A confissão se limita à matéria fática, uma vez que é um efeito da revelia (presunção de veracidade dos fatos alegados), e não instituto próprio. A confissão ficta pode ser ilidida por prova em contrário, pois é presunção relativa.

3.3. Reconvenção

Admite-se a reconvenção de forma subsidiária, já que a CLT é omissa e não há incompatibilidade. Apesar de ser tratada como defesa, a reconvenção constitui um contra-ataque, visto que, no mesmo processo, o reclamado ajuíza ação contra o reclamante. É efetivação do princípio da celeridade processual. Aliás, trata-se de ação autônoma conexa ao processo, a qual exige os seguintes requisitos de admissibilidade:

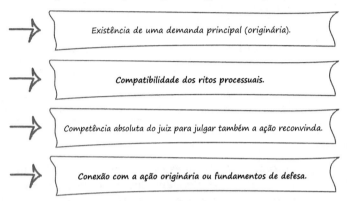

Atente-se para o fato de que o art. 343, § 3º, do CPC admite que a reconvenção seja proposta contra o autor e terceiro. Além disso, pode ser proposta pelo réu em litisconsórcio com o terceiro.

Em caso de substituto processual, o CPC/2015 passou a prever de forma expressa que a reconvenção poderá ser proposta em face do autor, também na qualidade de substituto processual, desde que o reconvinte afirme ser titular de direito em face do substituído.

Na Justiça do Trabalho, a reconvenção deve ser apresentada na audiência inaugural, ainda que não apresente defesa. Ademais, a reconvenção deve preencher os requisitos da petição inicial trabalhista.

Consoante o CPC, a reconvenção poderá ser oferecida no bojo da contestação, conforme o art. 343, *caput*, do CPC.

Apresentada a reconvenção, poderá o reclamante abster-se de defesa ou responder à ação (contestar) na própria audiência, quando possível. Do contrário, o juiz deverá designar nova audiência, com prazo mínimo de cinco dias.

De acordo com o art. 343, § 2º, do CPC, a desistência do reclamante da ação originária não impede o prosseguimento da reconvenção.

RECONVENÇÃO
A reconvenção possui a natureza de uma ação proposta pelo réu em face do autor, no mesmo processo em que está sendo demandado.
Destacamos que o Código de Processo Civil de 2015 modificou o regramento da reconvenção, a qual, a partir da sua vigência, deverá ser apresentada na própria contestação. O art. 343, *caput*, do CPC prevê que: "**Na contestação**, é lícito ao réu propor reconvenção para manifestar pretensão própria, conexa com a ação principal ou com o fundamento da defesa".

RECONVENÇÃO
A ação e a reconvenção são, portanto, ações autônomas, inobstante serem decididas mediante uma única sentença.
Assim, se o reconvinte for sucumbente na ação e na reconvenção, em caso de eventual recurso, deverá efetuar o preparo recursal em ambas, com o recolhimento das custas e de eventual depósito recursal, se existir condenação em pecúnia. Todavia, se não realizado o preparo em relação a um dos recursos, isso não impede o conhecimento do outro.

PRESSUPOSTOS PARA APRESENTAÇÃO DA RECONVENÇÃO		
Existência de uma causa pendente.	Observância do prazo de resposta.	Competência do juízo para ação e reconvenção.
Compatibilidade entre os procedimentos.	Conexão com a ação principal.	

3.4. Exceções

As **exceções processuais** constituem espécie de defesa do reclamado que objetiva resolver determinada questão pendente, **sem operar a extinção do processo com ou sem resolução do mérito**. Com efeito, as exceções processuais objetivam atacar a **imparcialidade do magistrado** ou a **competência do juízo a ele vinculado** para processar e julgar a demanda.

Nessa esteira, conforme previsto no CPC, qualquer das partes pode arguir, por meio de **preliminar de contestação**, a incompetência relativa, o impedimento e a suspeição do magistrado (art. 799, *caput*, da CLT). Apesar de o dispositivo celetista não mencionar a exceção de impedimento, entende-se aplicável de forma supletiva o CPC, já que não há incompatibilidade.

Diante do princípio da simplicidade da Justiça do Trabalho, admite-se a alegação **na própria contestação**, quando escrita, pois a regra disciplinada pela CLT é de que a defesa será apresentada oralmente.

A decisão que julga a exceção é de cunho interlocutório e não admite recurso de imediato, SALVO QUANDO TERMINATIVA DO FEITO (art. 799, § 2º, da CLT), sendo, portanto, desnecessária a autuação da exceção em separado.

A arguição de suspeição ou impedimento acarreta a suspensão do processo até que a questão seja decidida (art. 313, III, do CPC e art. 799 da CLT).

3.5. Exceção de incompetência territorial

Há dois tipos de competência: **absoluta** e **relativa**. A primeira, de ordem pública, em razão da matéria (ex.: justiça do trabalho), da funcionalidade (Vara ou Tribunal) e da pessoa (partes envolvidas), pode ser alegada a qualquer tempo e declarada de ofício. A parte pode alegá-la no bojo da contestação.

Já a segunda – competência relativa –, de interesse particular e alegada por uma das partes, refere-se ao lugar e ao valor da causa. Este último é critério que justifica o rito processual trabalhista.

Cap. 36 – RECLAMAÇÃO TRABALHISTA: REQUISITOS DA INICIAL, AUDIÊNCIA TRABALHISTA **655**

Observe-se que o art. 800 da CLT foi alterado pela reforma trabalhista, de modo que a apresentação da exceção de incompetência territorial implicará a suspensão do processo e não se realizará a audiência inaugural.

Art. 800. Apresentada exceção de incompetência territorial no prazo de cinco dias a contar da notificação, antes da audiência e em peça que sinalize a existência desta exceção, seguir-se-á o procedimento estabelecido neste artigo.

§ 1º Protocolada a petição, será suspenso o processo e não se realizará a audiência a que se refere o art. 843 desta Consolidação até que se decida a exceção.

§ 2º Os autos serão imediatamente conclusos ao juiz, que intimará o reclamante e, se existentes, os litisconsortes, para manifestação no prazo comum de cinco dias.

§ 3º Se entender necessária a produção de prova oral, o juízo designará audiência, garantindo o direito de o excipiente e de suas testemunhas serem ouvidos, por carta precatória, no juízo que este houver indicado como competente.

§ 4º Decidida a exceção de incompetência territorial, o processo retomará seu curso, com a designação de audiência, a apresentação de defesa e a instrução processual perante o juízo competente.

EXCEÇÃO DE INCOMPETÊNCIA	
Apresentação	Conforme o regramento estabelecido pela Lei 13.467/2017, a exceção de incompetência territorial deve ser apresentada no prazo de cinco dias a contar da notificação, antes da audiência inicial e em peça que deve sinalizar a existência da exceção (art. 800 da CLT).
Contagem do prazo	Por se tratar de um prazo processual, a sua contagem deverá ser feita em **dias úteis**, seguindo-se a previsão do art. 775 da CLT.
Suspensão do processo	Apresentada a petição, **o processo será suspenso** e não será realizada a audiência prevista no art. 843 da CLT até que seja decidida a exceção.
Prazo para resposta	Os autos serão imediatamente conclusos ao juiz, que intimará o reclamante e, se existentes, os litisconsortes, para manifestação no **prazo comum de cinco dias** (art. 800, § 2º, da CLT).
Provas	Se necessária a produção de prova oral, o juízo designará audiência, garantindo o direito de o excipiente e de suas testemunhas serem ouvidos, por carta precatória, no juízo que este houver indicado como competente (art. 800, § 3º, da CLT).
Prosseguimento	Após decidida a exceção de incompetência territorial, o processo retomará seu curso, com a designação de audiência, a apresentação de defesa e a instrução processual perante o juízo competente.
Recorribilidade	**Súmula 214: Decisão interlocutória. Irrecorribilidade.** Na Justiça do Trabalho, nos termos do art. 893, § 1º, da CLT, as decisões interlocutórias não ensejam recurso imediato, salvo nas hipóteses de decisão: (...) c) **que acolhe exceção de incompetência territorial**, com a remessa dos autos para **Tribunal Regional distinto** daquele a que se vincula o juízo excepcionado, consoante o disposto no art. 799, § 2º, da CLT.

RESUMO

1) A reclamação trabalhista poderá ser escrita ou verbal (art. 840 da CLT). A petição escrita, tão logo apresentada (em duas vias), será distribuída à Vara competente, para aguardar audiência inaugural.

2) A reforma trabalhista trouxe duas importantes inovações de conteúdo nos parágrafos do art. 840 da CLT, ao prever que: (i) o pedido deve ser "certo, determinado e com indicação de seu valor"; (ii) e deve haver julgamento sem resolução de mérito quanto aos pedidos que não atendam aos requisitos estabelecidos no § 1º do mesmo dispositivo. A mais significativa inovação da reforma no que tange à petição inicial diz respeito à exigência de certeza, determinação e indicação do valor do pedido. Pretendeu-se generalizar, com a nova lei, tal requisito, que era aplicável anteriormente apenas nos processos trabalhistas que tramitassem no rito sumaríssimo (CLT, art. 852-B, I). Assim, desde que a reforma trabalhista entrou em vigor, quando se tratar de obrigação pecuniária, o autor deve indicar na petição inicial, em princípio, o respectivo valor. Caso assim não seja feito, a orientação é de que os pedidos sejam julgados extintos sem resolução do mérito. **Cabe ressaltar que esse valor, conforme o art. 12, § 2º, da IN 41 do TST, pode ser feito por mera ESTIMATIVA.**

3) O CPC adotou a teoria da substanciação, isto é, a causa de pedir abrange a exposição dos fatos e os fundamentos jurídicos do pedido, em contrapartida à teoria da individualização, a qual exige apenas a afirmação da relação jurídico-material que fundamenta o pedido (apenas aponte os fundamentos jurídicos que embasam o seu direito).

4) Conforme o regramento estabelecido pela Lei 13.467/2017, a exceção de incompetência territorial deve ser apresentada no prazo de cinco dias a contar da notificação, antes da audiência inicial e em peça que deve sinalizar a existência da exceção (art. 800 da CLT).

5) Admite-se a reconvenção de forma subsidiária, já que a CLT é omissa e não há incompatibilidade. Apesar de ser tratada como defesa, a reconvenção constitui um contra-ataque, visto que, no mesmo processo, o reclamado ajuíza ação contra o reclamante. É efetivação do princípio da celeridade processual.

QUESTÕES PARA TREINO

1. **(Vunesp – Câmara de Orlândia-SP – Procurador do Trabalho – 2022 – adaptada)** Tratando-se a parte reclamada de pessoa jurídica de direito público, não estará sujeita à revelia em caso de não comparecimento à audiência.

    Comentário

    OJ 152 da SDI-1 do TST: Revelia. Pessoa jurídica de direito público. Aplicável. (Art. 844 da CLT) (inserido dispositivo) – Res. 129/2005, *DJ* 20, 22 e 25.04.2005. Pessoa jurídica de direito público sujeita-se à revelia prevista no artigo 844 da CLT.

    Errado.

2. **(Vunesp – Câmara de Orlândia-SP – Procurador do Trabalho – 2022 – adaptada)** A prova pré-constituída nos autos não poderá ser levada em conta para confrontar com a confissão ficta.

Comentário

Súmula 74 do TST: Confissão (atualizada em decorrência do CPC de 2015) – Res. n. 208/2016, *DEJT* divulgado em 22, 25 e 26.04.2016.

I – A prova pré-constituída nos autos pode ser levada em conta para confronto com a confissão ficta (arts. 442 e 443, do CPC de 2015 – art. 400, I, do CPC de 1973), não implicando cerceamento de defesa o indeferimento de provas posteriores.

II – A vedação à produção de prova posterior pela parte confessa somente a ela se aplica, não afetando o exercício, pelo magistrado, do poder/dever de conduzir o processo.

Errado.

3. **(Vunesp – Câmara de Orlândia-SP – Procurador do Trabalho – 2022 – adaptada)**
   A vedação à produção de prova posterior pela parte confessa somente a ela se aplica, não afetando o exercício, pelo magistrado, do poder/dever de conduzir o processo.
   Comentário
   Súmula 74 do TST: Confissão (atualizada em decorrência do CPC de 2015) – Res. n. 208/2016, *DEJT* divulgado em 22, 25 e 26.04.2016.

   I – A prova pré-constituída nos autos pode ser levada em conta para confronto com a confissão ficta (arts. 442 e 443, do CPC de 2015 – art. 400, I, do CPC de 1973), não implicando cerceamento de defesa o indeferimento de provas posteriores.

   II – A vedação à produção de prova posterior pela parte confessa somente a ela se aplica, não afetando o exercício, pelo magistrado, do poder/dever de conduzir o processo.

   Certo.

4. **(Vunesp – Câmara de Orlândia-SP – Procurador do Trabalho – 2022 – adaptada)**
   Ainda que ausente o reclamado e presente o advogado na audiência, não serão aceitos a contestação e os documentos eventualmente apresentados.
   Comentário
   CLT, art. 844, § 5º: Ainda que ausente o reclamado, presente o advogado na audiência, serão aceitos a contestação e os documentos eventualmente apresentados.
   Errado.

5. **(Vunesp – Câmara de Orlândia-SP – Procurador do Trabalho – 2022 – adaptada)**
   A revelia produzirá efeitos ainda que as alegações de fato formuladas pelo reclamante sejam inverossímeis ou estejam em contradição com prova constante dos autos.
   Comentário
   CLT, art. 844. O não comparecimento do reclamante à audiência importa o arquivamento da reclamação, e o não comparecimento do reclamado importa revelia, além de confissão quanto à matéria de fato.

   (...)

   § 4º A revelia não produz o efeito mencionado no *caput* deste artigo se:

   (...)

IV – as alegações de fato formuladas pelo reclamante forem inverossímeis ou estiverem em contradição com prova constante dos autos.

Errado.

6. **(FCC – TRT-14 – Analista Judiciário – Área Administrativa – 2022 – adaptada)** Na audiência inicial, compareceu o reclamante Marcelo e o Preposto da Metalúrgica Setembro S/A, onde o autor trabalhava, ambos acompanhados por seus respectivos advogados. Não houve conciliação entre as partes, tendo o Juiz do Trabalho recebido a defesa e dado vista ao reclamante para manifestação. Designada audiência de instrução, saindo cientes as partes que seriam tomados seus depoimentos pessoais e a oitiva de suas testemunhas, Marcelo, injustificadamente, não compareceu, tendo sido aplicada pelo Juiz a pena de confissão quanto à matéria de fato. O advogado de Marcelo, presente, consignou seus "protestos" no tocante à aplicação da confissão quanto à matéria de fato.

Nos termos da CLT e jurisprudência pacificada do TST, o Juiz agiu corretamente, pois nesse caso não é cabível a determinação do arquivamento da reclamação.

Comentário

Súmula 9 do TST: Ausência do reclamante

A ausência do reclamante, quando adiada a instrução após contestada a ação em audiência, não importa arquivamento do processo.

Súmula 74 do TST: Confissão

I – Aplica-se a confissão à parte que, expressamente intimada com aquela cominação, não comparecer à audiência em prosseguimento, na qual deveria depor.

II – A prova pré-constituída nos autos pode ser levada em conta para confronto com a confissão ficta (arts. 442 e 443, do CPC de 2015 – art. 400, I, do CPC de 1973), não implicando cerceamento de defesa o indeferimento de provas posteriores.

III – A vedação à produção de prova posterior pela parte confessa somente a ela se aplica, não afetando o exercício, pelo magistrado, do poder/dever de conduzir o processo.

Certo.

7. **(FCC – TRT-14 – Analista Judiciário – Área Administrativa – 2022 – adaptada)** Na audiência inicial, compareceu o reclamante Marcelo e o Preposto da Metalúrgica Setembro S/A, onde o autor trabalhava, ambos acompanhados por seus respectivos advogados. Não houve conciliação entre as partes, tendo o Juiz do Trabalho recebido a defesa e dado vista ao reclamante para manifestação. Designada audiência de instrução, saindo cientes as partes que seriam tomados seus depoimentos pessoais e a oitiva de suas testemunhas, Marcelo, injustificadamente, não compareceu, tendo sido aplicada pelo Juiz a pena de confissão quanto à matéria de fato. O advogado de Marcelo, presente, consignou seus "protestos" no tocante à aplicação da confissão quanto à matéria de fato.

Nos termos da CLT e jurisprudência pacificada do TST, o Juiz deveria ter determinado o arquivamento da reclamação, possibilitando a Marcelo o ajuizamento de nova ação.

Comentário

Súmula 9 do TST: Ausência do reclamante

Cap. 36 – RECLAMAÇÃO TRABALHISTA: REQUISITOS DA INICIAL, AUDIÊNCIA TRABALHISTA **659**

A ausência do reclamante, quando adiada a instrução após contestada a ação em audiência, não importa arquivamento do processo.

Súmula 74 do TST: Confissão

I – Aplica-se a confissão à parte que, expressamente intimada com aquela cominação, não comparecer à audiência em prosseguimento, na qual deveria depor.

II – A prova pré-constituída nos autos pode ser levada em conta para confronto com a confissão ficta (arts. 442 e 443, do CPC de 2015 – art. 400, I, do CPC de 1973), não implicando cerceamento de defesa o indeferimento de provas posteriores.

III – A vedação à produção de prova posterior pela parte confessa somente a ela se aplica, não afetando o exercício, pelo magistrado, do poder/dever de conduzir o processo.

Errado.

8. **(FCC – TRT-14 – Analista Judiciário – Área Administrativa – 2022 – adaptada)**
Na audiência inicial, compareceu o reclamante Marcelo e o Preposto da Metalúrgica Setembro S/A, onde o autor trabalhava, ambos acompanhados por seus respectivos advogados. Não houve conciliação entre as partes, tendo o Juiz do Trabalho recebido a defesa e dado vista ao reclamante para manifestação. Designada audiência de instrução, saindo cientes as partes que seriam tomados seus depoimentos pessoais e a oitiva de suas testemunhas, Marcelo, injustificadamente, não compareceu, tendo sido aplicada pelo Juiz a pena de confissão quanto à matéria de fato. O advogado de Marcelo, presente, consignou seus "protestos" no tocante à aplicação da confissão quanto à matéria de fato.

Nos termos da CLT e jurisprudência pacificada do TST, o Juiz não poderia ter aplicado a pena de confissão quanto à matéria de fato a Marcelo, uma vez que tal cominação se refere somente ao réu, quando revel.

Comentário

Súmula 9 do TST: Ausência do reclamante

A ausência do reclamante, quando adiada a instrução após contestada a ação em audiência, não importa arquivamento do processo.

Súmula 74 do TST: Confissão

I – Aplica-se a confissão à parte que, expressamente intimada com aquela cominação, não comparecer à audiência em prosseguimento, na qual deveria depor.

II – A prova pré-constituída nos autos pode ser levada em conta para confronto com a confissão ficta (arts. 442 e 443, do CPC de 2015 – art. 400, I, do CPC de 1973), não implicando cerceamento de defesa o indeferimento de provas posteriores.

III – A vedação à produção de prova posterior pela parte confessa somente a ela se aplica, não afetando o exercício, pelo magistrado, do poder/dever de conduzir o processo.

Errado.

9. **(FCC – TRT-14 – Analista Judiciário – Área Administrativa – 2022 – adaptada)**
Na audiência inicial, compareceu o reclamante Marcelo e o Preposto da Metalúrgica Setembro S/A, onde o autor trabalhava, ambos acompanhados por seus respectivos

advogados. Não houve conciliação entre as partes, tendo o Juiz do Trabalho recebido a defesa e dado vista ao reclamante para manifestação. Designada audiência de instrução, saindo cientes as partes que seriam tomados seus depoimentos pessoais e a oitiva de suas testemunhas, Marcelo, injustificadamente, não compareceu, tendo sido aplicada pelo Juiz a pena de confissão quanto à matéria de fato. O advogado de Marcelo, presente, consignou seus "protestos" no tocante à aplicação da confissão quanto à matéria de fato.

Nos termos da CLT e jurisprudência pacificada do TST, o advogado de Marcelo deveria ingressar com Agravo de Instrumento contra a decisão do Juiz e não apenas consignar seus "protestos".

Comentário

Súmula 9 do TST: Ausência do reclamante

A ausência do reclamante, quando adiada a instrução após contestada a ação em audiência, não importa arquivamento do processo.

Súmula 74 do TST: Confissão

I – Aplica-se a confissão à parte que, expressamente intimada com aquela cominação, não comparecer à audiência em prosseguimento, na qual deveria depor.

II – A prova pré-constituída nos autos pode ser levada em conta para confronto com a confissão ficta (arts. 442 e 443, do CPC de 2015 – art. 400, I, do CPC de 1973), não implicando cerceamento de defesa o indeferimento de provas posteriores.

III – A vedação à produção de prova posterior pela parte confessa somente a ela se aplica, não afetando o exercício, pelo magistrado, do poder/dever de conduzir o processo.

Errado.

10. **(FCC – TRT-14 – Analista Judiciário – Área Administrativa – 2022 – adaptada)** Na audiência inicial, compareceu o reclamante Marcelo e o Preposto da Metalúrgica Setembro S/A, onde o autor trabalhava, ambos acompanhados por seus respectivos advogados. Não houve conciliação entre as partes, tendo o Juiz do Trabalho recebido a defesa e dado vista ao reclamante para manifestação. Designada audiência de instrução, saindo cientes as partes que seriam tomados seus depoimentos pessoais e a oitiva de suas testemunhas, Marcelo, injustificadamente, não compareceu, tendo sido aplicada pelo Juiz a pena de confissão quanto à matéria de fato. O advogado de Marcelo, presente, consignou seus "protestos" no tocante à aplicação da confissão quanto à matéria de fato.

Nos termos da CLT e jurisprudência pacificada do TST, o advogado de Marcelo deveria impetrar Mandado de Segurança contra o ato do Juiz, por ser autoridade coatora.

Comentário

Súmula 9 do TST: Ausência do reclamante

A ausência do reclamante, quando adiada a instrução após contestada a ação em audiência, não importa arquivamento do processo.

Súmula 74 do TST. Confissão

I – Aplica-se a confissão à parte que, expressamente intimada com aquela cominação, não comparecer à audiência em prosseguimento, na qual deveria depor.

Cap. 36 – RECLAMAÇÃO TRABALHISTA: REQUISITOS DA INICIAL, AUDIÊNCIA TRABALHISTA

II – A prova pré-constituída nos autos pode ser levada em conta para confronto com a confissão ficta (arts. 442 e 443, do CPC de 2015 – art. 400, I, do CPC de 1973), não implicando cerceamento de defesa o indeferimento de provas posteriores.

III – A vedação à produção de prova posterior pela parte confessa somente a ela se aplica, não afetando o exercício, pelo magistrado, do poder/dever de conduzir o processo.

Errado.

DESPESAS PROCESSUAIS

1. DESPESAS PROCESSUAIS

Entende-se por despesas processuais **todas aquelas realizadas para o desenvolvimento, dentro ou fora do processo, as quais são arcadas pela parte**. Portanto, correspondem aos custos econômicos e financeiros do processo suportados pelas partes.

As despesas processuais são **gênero**, cujas espécies são: **custas, emolumentos, honorários, despesas com testemunhas, despesas com edital, multas** etc. Nesse sentido, o art. 84 do CPC estabelece:

> Art. 84. As despesas abrangem as custas dos atos do processo, a indenização de viagem, a remuneração do assistente técnico e a diária de testemunha.

DESPESAS PROCESSUAIS	
Custas	Emolumentos
Honorários periciais e assistentes	Outros gastos processuais

saiba mais

A ausência do reclamante à audiência importa o arquivamento da ação. Nesse caso, ele será condenado ao pagamento das custas, ainda que beneficiário da justiça gratuita?

*Sim. De acordo com o art. 844 da CLT, caso o reclamante não compareça à audiência, haverá o **arquivamento da ação**, com a consequente **condenação ao pagamento de custas, ainda que beneficiário da justiça gratuita**. No entanto, tal condenação poderá ser dispensada se o reclamante comprovar, no prazo de 15 (quinze) dias, que a ausência ocorreu por motivo justificável.*

*Tal mudança, trazida pela reforma trabalhista, visa **desestimular a litigância descompromissada**, visto que, além de ser responsabilizado pelo pagamento de custas, o reclamante que* *injustificadamente faltar à audiência deverá realizar o pagamento dessas custas para que possa propor nova demanda perante o Judiciário Trabalhista. Vejamos:*

> *CLT, art. 844: O não comparecimento do reclamante à audiência importa o arquivamento da reclamação, e o não comparecimento do reclamado importa revelia, além de confissão quanto à matéria de fato.*
> *§ 1º Ocorrendo motivo relevante, poderá o juiz suspender o julgamento, designando nova audiência.*
> *§ 2º Na hipótese de ausência do reclamante, este será condenado ao pagamento das custas calculadas na forma do art. 789 desta Consolidação, ainda que beneficiário da justiça gratuita, salvo se comprovar, no prazo de quinze dias, que a ausência ocorreu por motivo legalmente justificável.*
> *§ 3º O pagamento das custas a que se refere o § 2º é condição para a propositura de nova demanda.*

Ademais, cabe mencionar que o STF **declarou constitucional** o § 2º do art. 844 da CLT no julgamento da ADI 5766. Vejamos:

> Também por maioria, foi considerada válida a regra (artigo 844, § 2º da CLT) que impõe o pagamento de custas pelo beneficiário da justiça gratuita que faltar à audiência inicial de julgamento e não apresente justificativa legal no prazo de 15 dias. Esse entendimento foi seguido pelos ministros Alexandre de Moraes, Dias Toffoli, Roberto Barroso, Nunes Marques, Gilmar Mendes e Luiz Fux (presidente) e pela ministra Cármen Lúcia.

Algumas despesas são **facultativas**, como honorários dos assistentes técnicos, e outras são **obrigatórias**, como as custas e os emolumentos. As despesas processuais obrigatórias podem ser classificadas em: **custas processuais e emolumentos**.

Os **emolumentos** correspondem ao ressarcimento de despesas provocadas ao órgão de interesse do requerente, normalmente não jurisdicionais, por exemplo, certidões e traslados. Eles são suportados pelo **requerente**.

> CLT, art. 789-B: Os emolumentos serão suportados pelo Requerente, nos valores fixados na seguinte tabela:
> I – autenticação de traslado de peças mediante cópia reprográfica apresentada pelas partes – por folha: R$ 0,55 (cinquenta e cinco centavos de real);
> II – fotocópia de peças – por folha: R$ 0,28 (vinte e oito centavos de real);
> III – autenticação de peças – por folha: R$ 0,55 (cinquenta e cinco centavos de real);
> IV – cartas de sentença, de adjudicação, de remição e de arrematação – por folha: R$ 0,55 (cinquenta e cinco centavos de real);
> V – certidões – por folha: R$ 5,53 (cinco reais e cinquenta e três centavos).

Já as **custas processuais** possuem **natureza tributária** (natureza de taxa – art. 145, II, da CRFB/1988) e referem-se às despesas devidas ao Estado pelo exercício da jurisdição (serviços jurisdicionais).

As custas processuais na fase de conhecimento serão de 2%, sendo pagas após o trânsito em julgado, exceto no caso de recurso, hipótese na qual elas devem ser pagas e comprovadas dentro do prazo recursal. Na fase de execução, os valores são os fixados no art. 789-A da CLT, pagos ao final pelo executado (princípio da responsabilidade das custas pelo executado). A CLT assim prevê:

Art. 789. Nos dissídios individuais e nos dissídios coletivos do trabalho, nas ações e procedimentos de competência da Justiça do Trabalho, bem como nas demandas propostas perante a Justiça Estadual, no exercício da jurisdição trabalhista, as custas relativas ao processo de conhecimento incidirão à base de 2%, observado o mínimo de R$ 10,64 e o máximo de quatro vezes o limite máximo dos benefícios do Regime Geral de Previdência Social, e serão calculadas:

I – quando houver acordo ou condenação, sobre o respectivo valor;

II – quando houver extinção do processo, sem julgamento do mérito, ou julgado totalmente improcedente o pedido, sobre o valor da causa;

III – no caso de procedência do pedido formulado em ação declaratória e em ação constitutiva, sobre o valor da causa;

IV – quando o valor for indeterminado, sobre o que o juiz fixar.

§ 1º As custas serão pagas pelo vencido, após o trânsito em julgado da decisão. No caso de recurso, as custas serão pagas e comprovado o recolhimento dentro do prazo recursal.

§ 2º Não sendo líquida a condenação, o juízo arbitrar-lhe-á o valor e fixará o montante das custas processuais.

§ 3º Sempre que houver acordo, se de outra forma não for convencionado, o pagamento das custas caberá em partes iguais aos litigantes.

§ 4º Nos dissídios coletivos, as partes vencidas responderão solidariamente pelo pagamento das custas, calculadas sobre o valor arbitrado na decisão, ou pelo Presidente do Tribunal.

Art. 789-A. No processo de execução são devidas custas, sempre de responsabilidade do executado e pagas ao final, de conformidade com a seguinte tabela:

I – autos de arrematação, de adjudicação e de remição: 5% (cinco por cento) sobre o respectivo valor, até o máximo de R$ 1.915,38 (um mil, novecentos e quinze reais e trinta e oito centavos);

II – atos dos oficiais de justiça, por diligência certificada:

a. em zona urbana: R$ 11,06 (onze reais e seis centavos);

b. em zona rural: R$ 22,13 (vinte e dois reais e treze centavos);

III – agravo de instrumento: R$ 44,26 (quarenta e quatro reais e vinte e seis centavos);

IV – agravo de petição: R$ 44,26 (quarenta e quatro reais e vinte e seis centavos);

V – embargos à execução, embargos de terceiro e embargos à arrematação: R$ 44,26 (quarenta e quatro reais e vinte e seis centavos);

VI – recurso de revista: R$ 55,35 (cinquenta e cinco reais e trinta e cinco centavos);

VII – impugnação à sentença de liquidação: R$ 55,35 (cinquenta e cinco reais e trinta e cinco centavos);

VIII – despesa de armazenagem em depósito judicial – por dia: 0,1% (um décimo por cento) do valor da avaliação;

IX – cálculos de liquidação realizados pelo contador do juízo – sobre o valor liquidado: 0,5% (cinco décimos por cento) até o limite de R$ 638,46 (seiscentos e trinta e oito reais e quarenta e seis centavos).

A reforma trabalhista estabeleceu a limitação do valor das custas no máximo de **quatro vezes o limite máximo dos benefícios do Regime Geral de Previdência Social (RGPS)**.

CUSTAS PROCESSUAIS – ART. 789 DA CLT		
Alíquota	Mínimo	Máximo
2%	R$ 10,64	Quatro vezes o limite máximo dos benefícios do RGPS

Por sua vez, quando houver acordo, salvo outra forma estipulada, as custas serão pagas pelas partes, em percentual igual (art. 789, § 3º). Na procedência total ou parcial, cabe ao reclamado; no arquivamento e na desistência, cabe ao reclamante; e, no abandono, cabe à parte que abandonou. Já nos dissídios coletivos, as partes vencidas arcarão com as custas de forma **solidária** (art. 789, § 4º). Por fim, nas ações plúrimas (litisconsórcio), as custas incidem sobre o valor total dos pedidos.

O art. 832, § 2º, da CLT prescreve que a sentença deve sempre mencionar "as custas que devem ser pagas pela parte vencida".

CUSTAS PROCESSUAIS – ART. 789 DA CLT – 2% SOBRE	
O valor do acordo	O valor da condenação
O valor que o juiz delimitar (quando o valor for indeterminado).	O valor arbitrado na decisão quando se tratar de dissídio coletivo.
O valor da causa nos seguintes casos: extinção do processo sem resolução do mérito/improcedência dos pedidos/procedência dos pedidos em caso de ação declaratória ou constitutiva.	

Súmula 36 do TST: Custas. Nas ações plúrimas, as custas incidem sobre o respectivo valor global.

Súmula 53 do TST: O prazo para pagamento das custas, no caso de recurso, é contado da intimação do cálculo.

Na Justiça Comum, é possível a sucumbência recíproca, isto é, há procedência em parte dos pedidos caracterizando que ambos os litigantes são vencidos na demanda. Desse modo, as custas serão divididas entre as partes.

cuidado

*Na Justiça do Trabalho, regra geral, NÃO se aplica a sucumbência recíproca EM RELAÇÃO ÀS CUSTAS (não confundir com os honorários advocatícios!!!). Assim, nas relações de emprego, mesmo que o reclamante tenha cumulado vários pedidos, mas não obteve decisão de total procedência dos pedidos, sendo, exemplificativamente, apenas um pedido acolhido, **a sentença condenará o réu (empregador) ao pagamento total das custas**.*

Cap. 37 – DESPESAS PROCESSUAIS **667**

Tratando-se de ações relativas a **relações de trabalho diversas da relação de emprego**, aplicam-se as regras do CPC (art. 86), no que couber.

Como visto, na fase de conhecimento, se houver recurso, as custas deverão ser pagas quando da interposição do recurso. A respeito desse tema, a Súmula 25 do TST explica que:

> Súmula 25 do TST: Custas processuais. Inversão do ônus da sucumbência.
>
> I – A parte vencedora na primeira instância, se vencida na segunda, está obrigada, independentemente de intimação, a pagar as custas fixadas na sentença originária, das quais ficara isenta a parte então vencida;
>
> II – No caso de inversão do ônus da sucumbência em segundo grau, sem acréscimo ou atualização do valor das custas e se estas já foram devidamente recolhidas, descabe um novo pagamento pela parte vencida, ao recorrer. Deverá ao final, se sucumbente, reembolsar a quantia; (ex-OJ nº 186 da SBDI-I)
>
> III – Não caracteriza deserção a hipótese em que, acrescido o valor da condenação, não houve fixação ou cálculo do valor devido a título de custas e tampouco intimação da parte para o preparo do recurso, devendo ser as custas pagas ao final; (ex-OJ nº 104 da SBDI-I)
>
> IV – O reembolso das custas à parte vencedora faz-se necessário mesmo na hipótese em que a parte vencida for pessoa isenta do seu pagamento, nos termos do art. 790-A, parágrafo único, da CLT.

DESPESAS PROCESSUAIS	
Custas	**Emolumentos**
Têm natureza jurídica de taxa, sendo despesas devidas pelo exercício de jurisdição.	Trata-se de reembolso dos gastos realizados em atividades não jurisdicionais.

2. ISENÇÃO DE CUSTAS PROCESSUAIS

O art. 790-A da CLT prevê que são **isentos** das custas processuais os beneficiários da justiça gratuita, a administração direta, autarquias e fundações públicas que não explorem atividade econômica, bem como o MPT. Ainda prevê que a isenção das custas **não alcança** as **entidades fiscalizadoras do exercício profissional (OAB, Crea e similares)**.

> CLT, art. 790-A: São isentos do pagamento de custas, além dos beneficiários de justiça gratuita:
>
> I – a União, os Estados, o Distrito Federal, os Municípios e respectivas autarquias e fundações públicas federais, estaduais ou municipais que não explorem atividade econômica;
>
> II – o Ministério Público do Trabalho.
>
> Parágrafo único. A isenção prevista neste artigo não alcança as entidades fiscalizadoras do exercício profissional, nem exime as pessoas jurídicas referidas no inciso I da obrigação de reembolsar as despesas judiciais realizadas pela parte vencedora.

DIREITO DO TRABALHO E PROCESSO DO TRABALHO FACILITADOS – *Lenza*

Todavia, cuidado com o que entende o TST quanto à **sociedade de economia mista**:

> **Súmula 170 do TST: Sociedade de economia mista. Custas.** Os privilégios e isenções no foro da Justiça do Trabalho NÃO abrangem as sociedades de economia mista, ainda que gozassem desses benefícios anteriormente ao Decreto-Lei nº 779, de 21.08.1969. (destacamos)

São, ainda, isentos do pagamento de custas: a Empresa Brasileira de Correios e Telégrafos; os Estados estrangeiros, missões diplomáticas e repartições consulares.

> OBS.: tratando-se de empregado que não tenha obtido o benefício da justiça gratuita ou isenção de custas, o sindicato que houver intervindo no processo responderá **solidariamente** pelo pagamento das custas devidas.

Não se exige da **massa falida** o preparo (custas e depósitos), não gerando deserção a sua ausência.

> Súmula 86 do TST: Deserção. Massa falida. Empresa em liquidação extrajudicial. Não ocorre deserção de recurso da massa falida por falta de pagamento de custas ou de depósito do valor da condenação. Esse privilégio, todavia, não se aplica à empresa em liquidação extrajudicial.

Observe-se que, após a vigência da reforma trabalhista, mantém-se o posicionamento da Súmula 86, no sentido de que a isenção relativa às custas processuais não se aplica às empresas em recuperação judicial, mas apenas à massa falida. Todavia, as empresas em recuperação judicial passaram a ter isenção do depósito recursal (art. 899, § 10, da CLT).

CUSTAS PROCESSUAIS – ISENÇÕES	
Beneficiário da justiça gratuita (art. 790, § 3º, da CLT)	Ministério Público do Trabalho (art. 790-A, II, da CLT)
A União, os estados, os municípios, o Distrito Federal e suas respectivas autarquias e fundações públicas federais, estaduais ou municipais que não explorem atividade econômica (art. 790-A, I, da CLT)	Empresa Brasileira de Correios e Telégrafos (ECT)
Estados estrangeiros, missões diplomáticas e repartições consulares (Convenções de Viena de 1961 e 1963)	

CUSTAS PROCESSUAIS – RESPONSABILIDADE – EXCEÇÕES			
Acordo celebrado	**Fase de execução**	**Dissídio coletivo**	**Empregado não beneficiário da justiça gratuita**
Dividido entre as partes, caso não convencionem de forma diferente.	Executado.	As partes vencidas respondem solidariamente.	O sindicato que interveio no processo responde solidariamente.

3. HONORÁRIOS PERICIAIS

Em relação aos honorários, serão devidos honorários aos profissionais que realizarem perícia judicial, seja qual for a área: médica, contábil, ambiental. Há pouco tempo, a responsabilidade pelo pagamento era da parte sucumbente (vencida) na pretensão objeto da perícia, e não no processo, **ainda que beneficiária da justiça gratuita**.

Esse entendimento encontrava fundamento no art. 790-B da CLT, *in verbis*:

> Art. 790-B. A responsabilidade pelo pagamento dos honorários periciais é da parte sucumbente na pretensão objeto da perícia, ainda que beneficiária da justiça gratuita.
>
> § 1º Ao fixar o valor dos honorários periciais, o juízo deverá respeitar o limite máximo estabelecido pelo Conselho Superior da Justiça do Trabalho.
>
> § 2º O juízo poderá deferir parcelamento dos honorários periciais.
>
> § 3º O juízo não poderá exigir adiantamento de valores para realização de perícias.
>
> § 4º Somente no caso em que o beneficiário da justiça gratuita não tenha obtido em juízo créditos capazes de suportar a despesa referida no caput, ainda que em outro processo, a União responderá pelo encargo.

cuidado

*Você deve prestar **muita** atenção às teses delimitadas na ADI 5766, em que se discutiu sobre a cobrança de custas e de honorários advocatícios dos beneficiários da justiça gratuita. Qual a tese fixada?*

Tese firmada: O Tribunal, por maioria, julgou parcialmente procedente o pedido formulado na ação direta, para declarar inconstitucionais os arts. 790-B, *caput* e § 4º, e 791-A, § 4º, da Consolidação das Leis do Trabalho (CLT), vencidos, em parte, os Ministros Roberto Barroso (Relator), Luiz Fux (Presidente), Nunes Marques e Gilmar Mendes. Por maioria, julgou improcedente a ação no tocante ao art. 844, § 2º, da CLT, declarando-o constitucional, vencidos os Ministros Edson Fachin, Ricardo Lewandowski e Rosa Weber. Redigirá o acórdão o Ministro Alexandre de Moraes. Plenário, 20.10.2021 (Sessão realizada por videoconferência – Resolução 672/2020/STF).

Dessa forma, caso a parte sucumbente na pretensão objeto de perícia seja beneficiária da justiça gratuita, o pagamento dos honorários periciais ocorrerá por conta da União. Vejamos o que nos orienta a Súmula 457 do TST:

> Súmula 457 do TST: Honorários periciais. Beneficiário da justiça gratuita. Responsabilidade da União pelo pagamento. Resolução nº 66/2010 do CSJT. Observância. A União é responsável pelo pagamento dos honorários de perito quando a parte sucumbente no objeto da perícia for beneficiária da assistência judiciária gratuita, observado o procedimento disposto nos arts. 1º, 2º e 5º da Resolução nº 66/2010 do Conselho Superior da Justiça do Trabalho – CSJT.

Ressalta-se que o juízo pode deferir o parcelamento dos honorários periciais, não podendo exigir o adiantamento de valores para a realização de perícias.

É possível, ainda, a indicação de assistente técnico para acompanhar a perícia realizada pelo perito nomeado pelo juízo. Trata-se de uma faculdade das partes, que, fazendo-o, arcará com as custas de seus respectivos assistentes, independentemente de sucumbência (ser ou não vencida).

> Súmula 341 do TST: Honorários do assistente técnico. A indicação do perito assistente é faculdade da parte, a qual deve responder pelos respectivos honorários, ainda que vencedora no objeto da perícia.

HONORÁRIOS PERICIAIS – ART. 790-B – CARACTERÍSTICAS	
Para a sua fixação, o juiz deve observar o limite estabelecido pelo CSJT.	É possível o seu parcelamento.
É vedada a exigência de seu adiantamento.	O seu pagamento é de responsabilidade da parte sucumbente na pretensão objeto da perícia, ainda que beneficiária da justiça gratuita.
Foi reconhecida a inconstitucionalidade da previsão de que o beneficiário da justiça gratuita deveria ser condenado ao pagamento quando tivesse obtido, em juízo, ainda que em outro processo, créditos capazes de suportar a despesa (ADI 5766).	

4. QUADRO COMPARATIVO DAS MUDANÇAS DA REFORMA TRABALHISTA

REDAÇÃO ANTIGA	REDAÇÃO NOVA
Art. 789. Nos dissídios individuais e nos dissídios coletivos do trabalho, nas ações e procedimentos de competência da Justiça do Trabalho, bem como nas demandas propostas perante a Justiça Estadual, no exercício da jurisdição trabalhista, as custas relativas ao processo de conhecimento incidirão à base de 2% (dois por cento), observado o mínimo de R$ 10,64 (dez reais e sessenta e quatro centavos) e serão calculadas:	Art. 789. Nos dissídios individuais e nos dissídios coletivos do trabalho, nas ações e procedimentos de competência da Justiça do Trabalho, bem como nas demandas propostas perante a Justiça Estadual, no exercício da jurisdição trabalhista, as custas relativas ao processo de conhecimento incidirão à base de 2% (dois por cento), observado o mínimo de R$ 10,64 (dez reais e sessenta e quatro centavos) e o máximo de quatro vezes o limite máximo dos benefícios do Regime Geral de Previdência Social, e serão calculadas:
I – quando houver acordo ou condenação, sobre o respectivo valor; {.colspan2}	
II – quando houver extinção do processo, sem julgamento do mérito, ou julgado totalmente improcedente o pedido, sobre o valor da causa;	
III – no caso de procedência do pedido formulado em ação declaratória e em ação constitutiva, sobre o valor da causa;	
IV – quando o valor for indeterminado, sobre o que o juiz fixar.	
§ 1º As custas serão pagas pelo vencido, após o trânsito em julgado da decisão. No caso de recurso, as custas serão pagas e comprovado o recolhimento dentro do prazo recursal.	
§ 2º Não sendo líquida a condenação, o juízo arbitrar-lhe-á o valor e fixará o montante das custas processuais.	
§ 3º Sempre que houver acordo, se de outra forma não for convencionado, o pagamento das custas caberá em partes iguais aos litigantes. **REDAÇÃO MANTIDA**	

REDAÇÃO ANTIGA	REDAÇÃO NOVA
Art. 790. Nas Varas do Trabalho, nos Juízos de Direito, nos Tribunais e no Tribunal Superior do Trabalho, a forma de pagamento das custas e emolumentos obedecerá às instruções que serão expedidas pelo Tribunal Superior do Trabalho. § 1º Tratando-se de empregado que não tenha obtido o benefício da justiça gratuita, ou isenção de custas, o sindicato que houver intervindo no processo responderá solidariamente pelo pagamento das custas devidas. § 2º No caso de não pagamento das custas, far-se-á execução da respectiva importância, segundo o procedimento estabelecido no Capítulo V deste Título. **REDAÇÃO MANTIDA**	
§ 3º É facultado aos juízes, órgãos julgadores e presidentes dos tribunais do trabalho de qualquer instância conceder, a requerimento ou de ofício, o benefício da justiça gratuita, inclusive quanto a traslados e instrumentos, àqueles que perceberem salário igual ou inferior ao dobro do mínimo legal, ou declararem, sob as penas da lei, que não estão em condições de pagar as custas do processo sem prejuízo do sustento próprio ou de sua família.	§ 3º É facultado aos juízes, órgãos julgadores e presidentes dos tribunais do trabalho de qualquer instância conceder, a requerimento ou de ofício, o benefício da justiça gratuita, inclusive quanto a traslados e instrumentos, àqueles que perceberem salário igual ou inferior a 40% (quarenta por cento) do limite máximo dos benefícios do Regime Geral de Previdência Social.
SEM CORRESPONDENTE	§ 4º O benefício da justiça gratuita será concedido à parte que comprovar insuficiência de recursos para o pagamento das custas do processo.
Art. 790-B. A responsabilidade pelo pagamento dos honorários periciais é da parte sucumbente na pretensão objeto da perícia, salvo se beneficiária de justiça gratuita.	~~Art. 790-B. A responsabilidade pelo pagamento dos honorários periciais é da parte sucumbente na pretensão objeto da perícia, ainda que beneficiária da justiça gratuita.~~
SEM CORRESPONDENTE	§ 1º Ao fixar o valor dos honorários periciais, o juízo deverá respeitar o limite máximo estabelecido pelo Conselho Superior da Justiça do Trabalho. § 2º O juízo poderá deferir parcelamento dos honorários periciais. § 3º O juízo não poderá exigir adiantamento de valores para realização de perícias. § 4º ~~Somente no caso em que o beneficiário da justiça gratuita não tenha obtido em juízo créditos capazes de suportar a despesa referida no caput, ainda que em outro processo,~~ a União responderá pelo encargo.

5. HONORÁRIOS DE INTÉRPRETE JUDICIAL

Foi promulgada a Lei 13.660, de 8 de maio de 2018, que altera o § 2º do art. 819 da CLT, aprovada pelo Decreto-lei 5.452, de 1º de maio de 1943, para dispor sobre o pagamento dos honorários de intérprete judicial.

> CLT, art. 819: O depoimento das partes e testemunhas que não souberem falar a língua nacional será feito por meio de intérprete nomeado pelo juiz ou presidente.
>
> § 1º Proceder-se-á da forma indicada neste artigo, quando se tratar de surdo-mudo, ou de mudo que não saiba escrever.

§ 2º As despesas decorrentes do disposto neste artigo correrão por conta da parte sucumbente, salvo se beneficiária de justiça gratuita.

RESUMO

Nesta aula, você deve fixar os seguintes pontos:

1) São despesas processuais todas aquelas realizadas para o desenvolvimento, dentro ou fora do processo, as quais são arcadas pela parte. Portanto, correspondem aos custos econômicos e financeiros do processo suportados pelas partes.

2) As despesas processuais são gênero, cujas espécies são: custas, emolumentos, honorários, despesas com testemunhas, despesas com edital, multas etc.

3) Com a chegada da reforma trabalhista, as custas processuais no processo do trabalho são de 2%, observando o mínimo de R$ 10,64 e o máximo de quatro vezes o limite dos benefícios do Regime Geral de Previdência Social (RGPS).

4) Foi reconhecida a inconstitucionalidade da previsão de que o beneficiário da justiça gratuita deveria ser condenado ao pagamento quando tivesse obtido, em juízo, ainda que em outro processo, créditos capazes de suportar a despesa (ADI 5766).

5) Ademais, nesse mesmo julgamento, o STF reconheceu a constitucionalidade da condenação em custas do reclamante que não comparecer em audiência e não justificar dentro do prazo de 15 dias. Assim, para nova propositura da ação, é necessário realizar o pagamento dessas custas.

QUESTÕES PARA TREINO

1. **(MPT – MPT – Procurador do Trabalho – 2022 – adaptada)** A partir do julgamento da ADI 5766 pelo Supremo Tribunal Federal, que declarou inconstitucional o artigo 790-B, *caput*, da Consolidação das Leis do Trabalho, é correto afirmar que a responsabilidade pelo pagamento dos honorários periciais é da parte sucumbente na pretensão objeto da perícia, salvo se beneficiária da justiça gratuita.

   Comentário

   Na ADI 5766, houve declaração de inconstitucionalidade do *caput* e do § 4º do art. 790-B, o que faz repristinar a redação anterior: Art. 790-B. A responsabilidade pelo pagamento dos honorários periciais é da parte sucumbente na pretensão objeto da perícia, salvo se beneficiária de justiça gratuita.

   Certo.

2. **(MPT – MPT – Procurador do Trabalho – 2022 – adaptada)** O juízo poderá deferir parcelamento dos honorários periciais, mas não poderá exigir adiantamento de valores para realização de perícias, sendo cabível, no caso de exigência de depósito prévio de honorários periciais, mandado de segurança visando à realização da perícia sem o depósito, dada a incompatibilidade com o processo do trabalho.

   Comentário

   CLT, art. 790-B, § 2º: O juízo poderá deferir parcelamento dos honorários periciais.

OJ 98 da SDI-2 do TST: É ilegal a exigência de depósito prévio para custeio dos honorários periciais, dada a incompatibilidade com o processo do trabalho, sendo cabível o mandado de segurança visando à realização da perícia, independentemente do depósito. **Certo.**

3. **(Cespe/Cebraspe – PGE-MS – Procurador do Estado – 2021 – adaptada)** Empregado de sociedade de economia mista ajuizou demanda trabalhista no TRT da 23ª Região, em litisconsórcio passivo, contra sua empregadora e o estado de Mato Grosso do Sul. Na peça inicial, ele requereu a condenação subsidiária do referido estado, indenização por danos morais e o pagamento de diferenças de verbas rescisórias, uma vez que foi imotivadamente demitido, e atribuiu à causa o valor de R$ 35.000.

    Caso os pedidos sejam julgados procedentes, a empresa pública poderá ser condenada ao pagamento das custas processuais.

    Comentário

    > **PRESTE ATENÇÃO: EMPRESA PÚBLICA NÃO É ISENTA DO RECOLHIMENTO DE CUSTAS.**

    CLT, art. 790-A: São isentos do pagamento de custas, além dos beneficiários de justiça gratuita:

    I – a União, os Estados, o Distrito Federal, os Municípios e respectivas autarquias e fundações públicas federais, estaduais ou municipais que não explorem atividade econômica;

    II – o Ministério Público do Trabalho.

    Certo.

4. **(Gualimp – Prefeitura de Conceição de Macabu-RJ – Procurador – 2020)** Leia o trecho a seguir, extraído da Consolidação das Leis do Trabalho e assinale ao que segue:

    "Nos dissídios individuais e nos dissídios coletivos do trabalho, nas ações e procedimentos de competência da Justiça do Trabalho, bem como nas demandas propostas perante a Justiça Estadual, no exercício da jurisdição trabalhista, as custas relativas ao processo de conhecimento incidirão à base de _____, observado o mínimo de R$ 10,64 (dez reais e sessenta e quatro centavos) e o máximo de quatro vezes o limite máximo dos benefícios do Regime Geral de Previdência Social."

    Assinale a alternativa que preenche corretamente a lacuna do trecho:

    a) 3% (três por cento)

    b) 2% (dois por cento)

    c) 4% (quatro por cento)

    d) 6% (seis por cento)

    Comentário

    CLT, art. 789: Nos dissídios individuais e nos dissídios coletivos do trabalho, nas ações e procedimentos de competência da Justiça do Trabalho, bem como nas demandas propostas perante a Justiça Estadual, no exercício da jurisdição trabalhista, as custas relativas ao processo de conhecimento incidirão à base de 2%, observado o mínimo de R$ 10,64 e o máximo de 4 vezes o limite máximo dos benefícios do RGPS, e serão calculadas: (...).

Letra B.

5. **(Método Soluções Educacionais – Prefeitura de Nortelândia-MT – Advogado – 2019 – adaptada)** A responsabilidade pelo pagamento dos honorários periciais é da parte sucumbente na pretensão objeto da perícia, desde que não seja beneficiária da justiça gratuita.

Comentário

Na ADI 5766, houve declaração de inconstitucionalidade do *caput* e do § 4º do art. 790-B, o que faz repristinar a redação anterior: Art. 790-B. A responsabilidade pelo pagamento dos honorários periciais é da parte sucumbente na pretensão objeto da perícia, salvo se beneficiária de justiça gratuita.

Certo.

6. **(Método Soluções Educacionais – Prefeitura de Nortelândia-MT – Advogado – 2019 – adaptada)** É ilegal a exigência de depósito prévio para custeio dos honorários periciais.

Comentário

OJ 98 da SDI-2 do TST: Mandado de segurança. Cabível para atacar exigência de depósito prévio de honorários periciais.

É ilegal a exigência de depósito prévio para custeio dos honorários periciais, dada a incompatibilidade com o processo do trabalho, sendo cabível o mandado de segurança visando à realização da perícia, independentemente do depósito.

Certo.

7. **(COPS-UEL – Prefeitura de Londrina-PR – Procurador Municipal – 2019 – adaptada)** A chamada reforma trabalhista, estabelecida pela Lei 13.467/2017, trouxe algumas mudanças importantes, entre elas assuntos que já se encontravam na Consolidação das Leis do Trabalho e outros assuntos que foram incorporados na CLT com a reforma.

Considerando as novidades que foram incorporadas pela Lei 13.467/2017 na CLT quanto aos dissídios individuais, é correto afirmar:

No processo de execução, são devidas custas, de responsabilidade do executado, e pagas ao final do processo.

Comentário

CLT, art. 789-A. No processo de execução são devidas custas, sempre de responsabilidade do executado e pagas ao final, de conformidade com a seguinte tabela: (...).

Certo.

8. **(FCC – TRT-15 – Analista Judiciário – Oficial de Justiça Avaliador – 2019 – adaptada)** Nos dissídios individuais, nos dissídios coletivos, nas ações e procedimentos de competência da Justiça do Trabalho e nas demandas propostas perante a Justiça Estadual, no exercício da jurisdição trabalhista, as custas serão calculadas sobre o valor arbitrado pelo juiz, no caso de procedência do pedido formulado em ação declaratória.

Comentário

CLT, art. 789, III: no caso de procedência do pedido formulado em ação declaratória e em ação constitutiva, sobre o valor da causa; (...).

Errado.

9. **(FCC – TRT-15 – Analista Judiciário – Oficial de Justiça Avaliador – 2019 – adaptada)** Nos dissídios individuais, nos dissídios coletivos, nas ações e procedimentos de competência da Justiça do Trabalho e nas demandas propostas perante a Justiça Estadual, no exercício da jurisdição trabalhista, as custas serão calculadas sobre o valor arbitrado pelo juiz, no caso de procedência do pedido formulado em ação constitutiva.

    Comentário

    CLT, art. 789, III: no caso de procedência do pedido formulado em ação declaratória e em ação constitutiva, sobre o valor da causa; (...).

    Errado.

10. **(FCC – TRT-15 – Analista Judiciário – Oficial de Justiça Avaliador – 2019 – adaptada)** Nos dissídios individuais, nos dissídios coletivos, nas ações e procedimentos de competência da Justiça do Trabalho e nas demandas propostas perante a Justiça Estadual, no exercício da jurisdição trabalhista, as custas serão pagas, de forma solidária, pelas partes vencidas nos dissídios coletivos, e serão calculadas sobre o valor arbitrado na decisão, ou pelo Presidente do Tribunal.

    Comentário

    CLT, art. 789, § 4º: Nos dissídios coletivos, as partes vencidas responderão solidariamente pelo pagamento das custas, calculadas sobre o valor arbitrado na decisão, ou pelo Presidente do Tribunal.

    Certo.

TEORIA GERAL DAS PROVAS

1. TEORIA GERAL DAS PROVAS

A prova é a **demonstração da existência ou não de um fato jurídico necessário para o convencimento do juiz.**

Prova é o fato demonstrado como falso ou verdadeiro. **Meio de prova** é qualquer elemento utilizado para demonstrar a veracidade dos fatos alegados pelas partes, como documentos, confissão, perícia.

A CLT é bastante sucinta quanto às provas; logo, utiliza-se subsidiariamente o direito comum.

O CPC não traz o conceito de provas, limitando-se apenas a mencionar que os meios legais e os moralmente legítimos são hábeis para provar os fatos (art. 369 do CPC).

> **CPC, art. 369:** As partes têm o direito de empregar todos os meios legais, bem como os moralmente legítimos, ainda que não especificados neste Código, para provar a verdade dos fatos em que se funda o pedido ou a defesa e influir eficazmente na convicção do juiz.

1.1. Objeto de prova

O objeto da prova são os **fatos relevantes, pertinentes e controvertidos narrados pelas partes**. Os fatos **relevantes** são os que têm importância para a decisão do juízo; os fatos **pertinentes** são aqueles que têm relação com a causa; e os fatos **controvertidos** são aqueles alegados por uma das partes e negados pela parte contrária.

> Súmula 453 do TST: Adicional de periculosidade. Pagamento espontâneo. Caracterização de fato incontroverso. Desnecessária a perícia de que trata o art. 195 da CLT.

O pagamento de adicional de periculosidade efetuado por mera liberalidade da empresa, ainda que de forma proporcional ao tempo de exposição ao risco ou em percentual inferior ao máximo legalmente previsto, dispensa a realização da prova técnica exigida pelo art. 195 da CLT, pois torna incontroversa a existência do trabalho em condições perigosas.

Assim, em regra, **o direito não depende de prova**, uma vez que o juiz conhece o direito (princípio do *iura novit curia*), cabendo aos litigantes comprovar os fatos alegados e ao juiz aplicar as normas legais aplicáveis ao caso.

Excepcionalmente, consoante o art. 376 do CPC, será necessário a prova do direito consuetudinário, municipal, estadual, distrital e estrangeiro.

> Art. 376. A parte que alegar direito municipal, estadual, estrangeiro ou consuetudinário provar-lhe-á o teor e a vigência, se assim o juiz determinar.

No âmbito trabalhista, a parte também deve provar direito previsto em **instrumento de negociação coletiva** (ACT ou CCT), **regulamento de empresa** e **sentenças normativas**.

É importante observar que, nos termos do art. 374 do CPC, alguns fatos não dependem de provas, a saber:

> Art. 374. Não dependem de prova os fatos:
>
> I – notórios;
>
> II – afirmados por uma parte e confessados pela parte contrária;
>
> III – admitidos no processo como incontroversos;
>
> IV – em cujo favor milita presunção legal de existência ou de veracidade.

Fatos notórios	Os de conhecimento público, não limitados às partes do processo. Todavia, por se tratar a "notoriedade" de um conceito de complexa definição e limitação, havendo o desconhecimento pelas partes ou pelo juiz do fato alegado como notório, deverá ser permitido o contraditório e a ampla defesa.
Fatos confessados	Declarados por uma parte reconhecendo a verdade dos fatos afirmados pelo adversário e contrários ao confitente. É preciso que essa confissão seja expressa, pois a confissão ficta, por ser relativa, pode ser elidida por qualquer meio de prova.
Fatos incontroversos	Aqueles aceitos expressa (confissão) ou tacitamente pela parte contrária.

Sobre os fatos em que recai a **presunção legal de existência e veracidade**, há **uma presunção absoluta** (*juris et de jure*), não admitindo prova em contrário e, portanto, não dependendo de prova.

Ressalta-se que, na **presunção relativa** (*juris tantum*), se admite todo meio de prova permissível no Direito. Um exemplo de presunção legal é encontrado nos arts. 447 e 456 da CLT.

> CLT, art. 447: Na falta de acordo ou prova sobre condição essencial ao contrato verbal, esta se presume existente, como se a tivessem estatuído os interessados na conformidade dos preceitos jurídicos adequados à sua legitimidade.

CLT, art. 456: A prova do contrato individual do trabalho será feita pelas anotações constantes da carteira profissional ou por instrumento escrito e suprida por todos os meios permitidos em direito.

Súmula 12 do TST: Carteira profissional. As anotações apostas pelo empregador na carteira profissional do empregado não geram presunção "juris et de jure", mas apenas "juris tantum".

Súmula 16 do TST: Notificação. Presume-se recebida a notificação 48 (quarenta e oito) horas depois de sua postagem. O seu não recebimento ou a entrega após o decurso desse prazo constitui ônus de prova do destinatário.

Súmula 43 do TST. Transferência. Presume-se abusiva a transferência de que trata o § 1º do art. 469 da CLT, sem comprovação da necessidade do serviço.

Súmula 212 do TST. Despedimento. Ônus da prova. O ônus de provar o término do contrato de trabalho, quando negados a prestação de serviço e o despedimento, é do empregador, pois o princípio da continuidade da relação de emprego constitui presunção favorável ao empregado.

Súmula 443 do TST: Dispensa discriminatória. Presunção. Empregado portador de doença grave. Estigma ou preconceito. Direito à reintegração. Presume-se discriminatória a despedida de empregado portador do vírus HIV ou de outra doença grave que suscite estigma ou preconceito. Inválido o ato, o empregado tem direito à reintegração no emprego.

Salienta-se que o CPC previu um instituto denominado **máximas de experiência**, o qual consiste nos **conhecimentos adquiridos pelo juiz** na vida em sociedade e no exercício funcional que o permitem deduzir e/ou presumir situações ocorridas. A CLT ratifica tal instituto no art. 852-D:

Art. 852-D. O juiz dirigirá o processo com liberdade para determinar as provas a serem produzidas, considerado o ônus probatório de cada litigante, podendo limitar ou excluir as que considerar excessivas, impertinentes ou protelatórias, bem como para apreciá-las e dar especial valor às regras de experiência comum ou técnica.

As máximas de experiência são utilizadas principalmente para interpretar os conceitos genéricos, isto é, interpretar o Direito previsto abertamente pelo legislador, por exemplo, inimigo capital e amizade pessoal.

Além disso, o juiz pode usá-las para valorar as provas produzidas nos autos com base no conhecimento comum e técnico. **Quanto a este, ainda que o juiz possua conhecimento para tanto, referente à matéria da perícia, ele não pode dispensá-la.**

1.2. Classificação

As provas podem ser classificadas quanto ao fato, ao objeto, ao sujeito e à preparação.

a) **Quanto ao fato:** refere-se ao ato de produção da prova. Desse modo, podem ser **provas diretas**, que são relativas aos fatos principais (testemunho de que o fato ocorreu), **ou indiretas**, que se referem a fatos secundários (fatos provados de outra maneira levando à presunção de que o fato principal ocorreu – são os indícios).

b) **Quanto ao objeto:** relaciona-se com o meio de prova utilizado. As provas dividem-se em: **testemunhais** (mediante testemunho oral); **documentais** (por qualquer documento, inclusive gravações); e **materiais** (quaisquer outras que não estas duas últimas, por exemplo, inspeção judicial e perícia).

c) **Quanto ao sujeito:** trata-se das provas **pessoais** (afirmações feitas por alguém) ou **reais** (declarações constantes em algo, por exemplo, laudo pericial).

d) **Quanto à preparação:** consiste na produção da prova, se **casual** (no curso do processo) ou **pré-constituída** (antes do processo).

1.3. Princípios

PRINCÍPIOS	
Necessidade da prova	A necessidade da prova depende do encargo probatório das partes no processo e da avaliação das razões da inicial e da defesa (art. 818 da CLT e arts. 373 e 374 do CPC).
Contraditório e ampla defesa	As partes têm o direito de produzir todas as provas que a lei lhes oportuniza, tanto os meios legais quanto os moralmente legítimos (art. 369 do CPC), sendo-lhes assegurada igualdade de oportunidades.
Aquisição processual	O juiz poderá formar seu convencimento com qualquer elemento de prova produzido nos autos, independentemente de quem o produziu e também independentemente de quem possuía o ônus da prova.
Licitude e probidade da prova	A Constituição veda, em seu art. 5º, LVI, as provas obtidas por meios Ilícitos, e o art. 369 do CPC também veda as provas moralmente ilegítimas no processo.
Convencimento motivado do juiz	O juiz poderá formar o seu convencimento, livremente, sobre a verossimilhança dos fatos da causa, desde que apresente os motivos de sua convicção (arts. 371 do CPC e 93, IX, da CF).
Aptidão para a prova	Deverá produzir a prova quem detenha melhores condições materiais ou técnicas para produzir a prova em juízo.
Lealdade processual e boa-fé	As partes devem agir com lealdade na produção das provas, possibilitando que o magistrado chegue à verdade real (substancial).

2. PROVA EMPRESTADA

Entende-se por prova emprestada aquela produzida em um processo que pode ser utilizada em outro. Assim, inspeção judicial, documento, perícia, oitiva de testemunhas, confissão ou depoimento ou qualquer outra capaz de provar um fato em um processo pode ser usada em outro. Essa possibilidade ratifica o princípio da aquisição processual (que a prova não é das partes, mas, depois de produzida, é do processo).

A prova emprestada em âmbito trabalhista é bastante utilizada para os casos em que há a necessidade de comprovação de atividade insalubre e perigosa quando o local de trabalho já tenha sido desativado e em processos em que a prova oral não poderá ser mais produzida.

São requisitos para a utilização da prova emprestada:

- tenha sido produzida em processo entre as mesmas partes **ou uma delas** e terceiro;
- seja legítima e legal, isto é, observadas as formalidades em lei, principalmente o princípio do contraditório e da ampla defesa;
- seja relacionada aos mesmos fatos.

3. ÔNUS DA PROVA

Ônus deve ser entendido como encargo, gravame ou fardo. As regras do ônus da prova são direcionadas às partes, que têm o interesse de provar os fatos que alegam. O importante é ter a ideia de que o não cumprimento do ônus probatório apenas coloca em desvantagem a parte que deixou de fazê-lo. É obrigação de interesse próprio, isto é, a ausência desse encargo afeta o próprio alegante, que pode ter seu pedido julgado improcedente.

As regras do ônus probatório se aplicam efetivamente quando há uma questão incerta, sem provas suficientes para formação do convencimento do juiz, que julgará conforme o ônus da prova. Assim, a relevância do ônus da prova somente é considerada **quando ausentes provas nos autos ou quando a prova está dividida.** Sendo vedado ao juiz o não julgamento (*non liquet*), ante a inexistência de provas do fato, deverá julgar conforme a presunção do encargo de quem tinha o dever de produzir a prova, mas não o fez. Isso, porque a prova é obrigação de interesse próprio e o fato não provado torna-se incontroverso.

Conclusão: na ausência de provas nos autos, o juiz deverá julgar a causa conforme a distribuição do ônus da prova dirigido a cada parte.

A doutrina costuma classificar o ônus da prova em **subjetivo** (direcionado às partes que devem provar os fatos alegados) e **objetivo** (direcionado ao juiz, quando da valoração da prova, no julgamento).

Em qualquer caso, o ônus da prova está relacionado a um questionamento: quem deve provar? A resposta encontra-se nos arts. 818 da CLT e 373 do CPC, que determinam que cabe ao autor o ônus da prova dos fatos constitutivos de seu direito e ao réu o ônus da prova dos fatos modificativos, impeditivos ou extintivos do direito do autor.

CLT, art. 818: O ônus da prova incumbe

I – ao reclamante, quanto ao fato constitutivo de seu direito;

II – ao reclamado, quanto à existência de fato impeditivo, modificativo ou extintivo do direito do reclamante.

CPC, art. 373: O ônus da prova incumbe:

I – ao autor, quanto ao fato constitutivo de seu direito;

II – ao réu, quanto à existência de fato impeditivo, modificativo ou extintivo do direito do autor.

ÔNUS DA PROVA	
Reclamante	Reclamada
Quanto ao fato constitutivo de seu direito.	Quanto à existência de fato impeditivo, modificativo ou extintivo do direito do reclamante.

Assim, tanto a CLT quanto o CPC consagram, EM REGRA, o denominado **ônus estático da prova**, isto é, as regras delineadas serão aplicáveis **independentemente da natureza do processo** ou **dos fatos** da causa.

Exemplificativamente, é ônus do EMPREGADO provar a prestação pessoal de serviços e a jornada quando o empregador tem até 20 empregados (art. 74, § 2º, da CLT, com redação dada pela Lei 13.874/2019), pois são fatos constitutivos do direito do autor. Já ao EMPREGADOR cabe provar a compensação (fato modificativo), o não cumprimento para a equiparação salarial (fato impeditivo) e a prescrição ou decadência (fato extintivo).

Ainda, ao juiz é possibilitado aplicar o **princípio da aptidão para a prova**, distribuindo o ônus a quem tiver melhores condições de produzir a prova. Essa distribuição dinâmica do ônus da prova (**teoria dinâmica do ônus da prova**) foi expressamente consagrada no art. 373, § 1º, do CPC e no art. 818, § 1º, da CLT.

> CLT, art. 818: (...)
>
> § 1º Nos casos previstos em lei ou diante de peculiaridades da causa relacionadas à impossibilidade ou à excessiva dificuldade de cumprir o encargo nos termos deste artigo ou à maior facilidade de obtenção da prova do fato contrário, **poderá o juízo atribuir o ônus da prova de modo diverso, desde que o faça por decisão fundamentada, caso em que deverá dar à parte a oportunidade de se desincumbir do ônus que lhe foi atribuído.**
>
> § 2º A decisão referida no § 1º deste artigo deverá ser proferida antes da abertura da instrução e, a requerimento da parte, implicará o adiamento da audiência e possibilitará provar os fatos por qualquer meio em direito admitido.
>
> § 3º A decisão referida no § 1º deste artigo não pode gerar situação em que a desincumbência do encargo pela parte seja impossível ou excessivamente difícil. (destacamos)
>
> CPC, art. 373. O ônus da prova incumbe:
>
> (...)
>
> § 1º Nos casos previstos em lei ou diante de peculiaridades da causa relacionadas à impossibilidade ou à excessiva dificuldade de cumprir o encargo nos termos do caput ou à maior facilidade de obtenção da prova do fato contrário, **poderá o juiz atribuir o ônus da prova de modo diverso, desde que o faça por decisão**

fundamentada, caso em que deverá dar à parte a oportunidade de se desincumbir do ônus que lhe foi atribuído.

§ 2º A decisão prevista no § 1º deste artigo não pode gerar situação em que a desincumbência do encargo pela parte seja impossível ou excessivamente difícil.

§ 3º A distribuição diversa do ônus da prova também pode ocorrer por convenção das partes, salvo quando:

I – recair sobre direito indisponível da parte;

II – tornar excessivamente difícil a uma parte o exercício do direito.

§ 4º A convenção de que trata o § 3º pode ser celebrada antes ou durante o processo. (destacamos)

Assim, nas hipóteses de **impossibilidade ou excessiva dificuldade** de produzir a prova ou de **mais facilidade** de obtenção da prova, poderá o julgador, no caso concreto, atribuir o ônus da prova àquele que tem melhores condições de produzi-la.

Observe-se que a distribuição dinâmica do ônus da prova pode ser realizada em favor do reclamante ou do reclamado, devendo a decisão ser fundamentada.

Embora tenha a reforma trabalhista alterado o art. 818 da CLT para introduzir a teoria dinâmica do ônus da prova, essa forma de distribuir o ônus probatório já era aplicada à Justiça do Trabalho, por força da Instrução Normativa 39/2016 (art. 3º, VII).

Frise-se que a decisão que determinar a distribuição dinâmica do ônus da prova deverá ser proferida **antes da abertura da instrução**, e, se houver o requerimento da parte, haverá o adiamento da audiência para possibilitar a produção da prova dos fatos, sob pena de nulidade da decsão que inverter o ônus probatório sem permitir à parte desincumbir-se de seu ônus (art. 818, §§ 2º e 3º, da CLT).

A possibilidade de distribuição dinâmica do ônus da prova é **regra de instrução/ procedimento**, e não regra de julgamento, devendo o juiz possibilitá-la à parte a quem foi atribuído o encargo probatório da produção das provas e de suas alegações, sob pena de se gerar uma decisão surpresa, violando o contraditório e a ampla defesa.

Ainda, impende destacar que a distribuição do ônus da prova pelo juiz não pode gerar impossibilidade de desincumbência do encargo (prova diabólica). Nas hipóteses em que a inversão do ônus gerar prova diabólica para ambas as partes, deverá o juiz decidir em desfavor de quem teria inicialmente a incumbência de provar, seguindo a regra do ônus estático da prova.

Exemplo da aplicação da teoria da carga dinâmica do ônus da prova está na Súmula 443 do TST, que estabelece o ônus probatório do empregador na despedida presumida discriminatória. Mais comumente também são os casos de danos morais e assédio do trabalho.

Súmula 443 do TST: Dispensa discriminatória. Presunção. Empregado portador de doença grave. Estigma ou preconceito. Direito à reintegração.

Presume-se discriminatória a despedida de empregado portador do vírus HIV ou de outra doença grave que suscite estigma ou preconceito. Inválido o ato, o empregado tem direito à reintegração no emprego.

DISTRIBUIÇÃO DINÂMICA DO ÔNUS DA PROVA	
Hipóteses	Nos casos previstos em lei ou diante de peculiaridades da causa relacionadas à impossibilidade ou à excessiva dificuldade de cumprir o encargo nos termos do art. 818 da CLT ou à maior facilidade de obtenção da prova do fato contrário, poderá o juízo atribuir o ônus da prova de modo diverso, desde que o faça por decisão fundamentada, caso em que deverá dar à parte a oportunidade de se desincumbir do ônus que lhe foi atribuído.
Momento da decisão	A decisão deverá ser proferida antes da abertura da instrução e, a requerimento da parte, implicará o adiamento da audiência e possibilitará provar os fatos por qualquer meio em direito admitido.
Prova diabólica	A decisão não pode gerar situação em que a desincumbência do encargo pela parte seja impossível ou excessivamente difícil.

4. JURISPRUDÊNCIA SOBRE DISTRIBUIÇÃO DO ÔNUS DA PROVA

Vejamos o **posicionamento do TST sobre o ônus da prova em relação a alguns institutos trabalhistas:**

a) Equiparação salarial

A equiparação salarial pauta-se no princípio da isonomia e estabelece o dever de pagamento de salário igual ao dos que executem as mesmas funções (art. 461 da CLT).

Nesse caso, cabe ao **empregado o ônus de comprovar que exerce a mesma função que o paradigma**, pois é **fato constitutivo** do direito do reclamante.

Já ao **empregador**, por constituir **fato impeditivo**, cabe comprovar: (a) diferença de produtividade ou de perfeição técnica; (b) diferença de tempo de serviço para o mesmo empregador superior a 4 anos; (c) diferença de tempo na função superior a dois anos; (d) existência de quadro de carreira ou de plano de cargos e salários; (e) paradigma readaptado; e (f) empregados não contemporâneos no mesmo cargo ou na função.

Quanto ao **fato extintivo**, deve provar: (a) que a diferença salarial pleiteada foi paga; (b) que o paradigma recebe valor inferior ao do reclamante; (c) prescrição ou decadência.

Por fim, como **fato modificativo**, cabe ao empregador provar o pagamento parcial das diferenças pleiteadas.

> Súmula 6 do TST: Equiparação salarial. Art. 461 da CLT
>
> (...)
>
> VIII – É do empregador o ônus da prova do fato impeditivo, modificativo ou extintivo da equiparação salarial.

b) Recebimento da notificação

A Súmula 16 do TST estabelece a presunção de recebimento da notificação após 48h da sua postagem; o não recebimento ou a entrega fora desse prazo constitui encargo probatório do destinatário (em regra, o reclamado).

Súmula 16 do TST. Notificação. Presume-se recebida a notificação 48 (quarenta e oito) horas depois de sua postagem. O seu não recebimento ou a entrega após o decurso desse prazo constitui ônus de prova do destinatário.

c) Vínculo de emprego e término do contrato de trabalho

O **empregado** que alega a existência do vínculo de emprego deve comprovar a existência de seus elementos essenciais (pessoa física, pessoalidade, onerosidade, não eventualidade e subordinação jurídica) sempre que o reclamado se limitar a negar a existência do vínculo. Por exemplo, João alega que era empregado da empresa XLZ. Esta, em contestação, alegou que João não prestou qualquer serviço à empresa. Nesse caso, cabe a João comprovar o fato constitutivo, isto é, a existência dos elementos que caracterizem à relação de emprego.

Por outro lado, a empresa que admite a prestação de serviços, no entanto, alega algum fato impeditivo, modificativo ou extintivo – por exemplo, alegação de que o trabalho se dava de modo eventual – atrai para si o ônus da prova.

Ainda, compete ao **empregador** comprovar o término do contrato de trabalho, pois o princípio da continuidade da relação de emprego constitui presunção favorável ao empregado.

Súmula 212 do TST: Despedimento. Ônus da prova. O ônus de provar o término do contrato de trabalho, quando negados a prestação de serviço e o despedimento, é do empregador, pois o princípio da continuidade da relação de emprego constitui presunção favorável ao empregado.

d) Das horas extraordinárias

O ônus da prova da jornada suplementar apontada na petição inicial, em regra, é do **empregado**, pois se trata de fato constitutivo do direito às horas extras.

As horas suplementares à jornada de trabalho normal devem ser provadas pelo empregado, pois fato constitutivo do direito (uma vez provado que o empregado faz jus). Contudo, em duas situações o empregador atrai para si o ônus probatório, a saber: (a) empresa com mais de 20 empregados; (b) cartões de pontos britânicos (assinados pontualmente todos os dias).

Contudo, tratando-se de empresa com mais de 20 empregados, há a obrigatorie-dade de se realizar o controle de ponto (art. 74, § 2º, da CLT), e a não apresentação do cartão de registro enseja a presunção de veracidade das alegações do empregado. Trata-se, entretanto, de presunção relativa, que permite outros meios de prova.

Ainda, havendo a apresentação dos registros de ponto com horários uniformes, a consequência será a mesma que a não apresentação dos controles de ponto, com a presunção de veracidade das alegações do empregado. Referida presunção também pode ser afastada por outros meios de provas.

Art. 74. O horário de trabalho será anotado em registro de empregados.

§ 1º (Revogado).

§ 2º Para os estabelecimentos com mais de 20 (vinte) trabalhadores será obrigatória a anotação da hora de entrada e de saída, em registro manual, mecânico ou eletrônico, conforme instruções expedidas pela Secretaria Especial de Previdência e Trabalho do Ministério da Economia, permitida a pré-assinalação do período de repouso.

§ 3º Se o trabalho for executado fora do estabelecimento, o horário dos empregados constará do registro manual, mecânico ou eletrônico em seu poder, sem prejuízo do que dispõe o *caput* deste artigo.

§ 4º Fica permitida a utilização de registro de ponto por exceção à jornada regular de trabalho, mediante acordo individual escrito, convenção coletiva ou acordo coletivo de trabalho.

Súmula 338 do TST: Jornada de trabalho. Registro. Ônus da prova.

I – É ônus do empregador que conta com mais de 10 empregados o registro da jornada de trabalho na forma do art. 74, § 2º, da CLT. A não apresentação injustificada dos controles de frequência gera presunção relativa de veracidade da jornada de trabalho, a qual pode ser elidida por prova em contrário;

II – A presunção de veracidade da jornada de trabalho, ainda que prevista em instrumento normativo, pode ser elidida por prova em contrário;

III – Os cartões de ponto que demonstram horários de entrada e saída uniformes são INVÁLIDOS como meio de prova, INVERTENDO-SE O ÔNUS DA PROVA, RELATIVO ÀS HORAS EXTRAS, QUE PASSA A SER DO EMPREGADOR, prevalecendo a jornada da inicial se dele não se desincumbir. (destacamos)

O art. 12 da LC 150/2015, que dispõe sobre o contrato de trabalho doméstico, estabelece que "É obrigatório o registro do horário de trabalho do empregado doméstico por qualquer meio manual, mecânico ou eletrônico, desde que idôneo". Observe-se, pois, que não se aplica ao empregador doméstico a diferenciação de obrigatoriedade de registro de ponto quanto à quantidade de empregados. Assim, ainda que possua um empregado doméstico, deverá apresentar os controles de ponto, sob pena de presunção de veracidade das alegações do reclamante.

e) Vale-transporte

Súmula 460 do TST: Vale-transporte. Ônus da prova. É do EMPREGADOR o ônus de comprovar que o empregado não satisfaz os requisitos indispensáveis para a concessão do vale-transporte ou não pretenda fazer uso do benefício. (destacamos)

f) Dos valores do FGTS

Súmula 461 do TST: FGTS. Diferenças. Recolhimento. Ônus da prova. É do empregador o ônus da prova em relação à regularidade dos depósitos do FGTS, pois o pagamento é FATO EXTINTIVO do direito do autor (art. 373, II, do CPC de 2015). (destacamos)

5. REVELIA

A revelia consiste na preclusão do direito de defesa, de modo que gera apenas presunção relativa. Assim, ingressando na demanda, o reclamado poderá afastar a presunção de veracidade dos fatos alegados pelo reclamante. Todavia, não poderá provar fatos não alegados, isto é, fatos impeditivos, extintivos ou modificativos do direito do autor.

O revel poderá intervir no processo a qualquer momento e dele requerer provas para cassar a presunção de veracidade dos fatos alegados pelo reclamante, desde que não precluso o direito. Em qualquer caso, ainda que decretada a revelia, poderá o juiz, diante da plena direção do processo, requerer as provas que entender necessárias para o esclarecimento da causa.

> CPC, art. 349: Ao réu revel será lícita a produção de provas, contrapostas às alegações do autor, desde que se faça representar nos autos a tempo de praticar os atos processuais indispensáveis a essa produção.

> Súmula 231 do STF: O revel, em processo cível, pode produzir provas, desde que compareça em tempo oportuno.

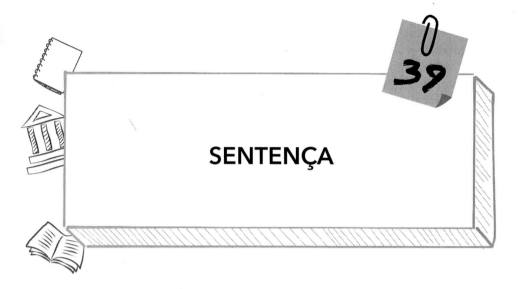

SENTENÇA

1. PRONUNCIAMENTOS DO JUIZ

O art. 203 do CPC estabelece que são pronunciamentos do juiz as sentenças, as decisões interlocutórias e os despachos. Nestes termos, o referido artigo define cada um dos atos judiciais:

> Art. 203. (...)
> § 1º Ressalvadas as disposições expressas dos procedimentos especiais, **sentença é o pronunciamento por meio do qual o juiz, com fundamento nos arts. 485 e 487, põe fim à fase cognitiva do procedimento comum, bem como extingue a execução.**
> § 2º **Decisão interlocutória é todo pronunciamento judicial de natureza decisória que não se enquadre no § 1º.**
> § 3º **São despachos todos os demais pronunciamentos do juiz praticados no processo, de ofício ou a requerimento da parte.** (destacamos)

Observe-se que, caso a decisão tenha caráter decisório, o ato processual, na verdade, será sentença ou decisão interlocutória, não despacho.

Ressalta, ainda, o art. 203, § 4º, do CPC que "Os atos meramente ordinatórios, como a juntada e a vista obrigatória, independem de despacho, devendo ser praticados de ofício pelo servidor e revistos pelo juiz quando necessário".

PRONUNCIAMENTOS JUDICIAIS	
Sentença	Decisão interlocutória
Despacho	Acórdão

2. SENTENÇA

A sentença é o **ato principal e exclusivo do juiz de primeiro grau**, por meio do qual decide sobre a demanda que lhe foi proposta, **extinguindo o processo sem resolução do mérito ou acolhendo ou não a pretensão requerida conforme os fatos e o direito apresentados pela parte.**

O conceito de sentença foi remodelado pelo art. 203, § 1º, do CPC, que passou a definir a sentença por uma análise conjunta: (a) conteúdo da decisão prolatada com fundamento nos arts. 485 (extinção sem resolução de mérito) e 487 (extinção com resolução de mérito); e (b) extinção do procedimento em primeiro grau de jurisdição ou da execução.

SENTENÇA – CONCEITO	
Previsão celetista	Não há previsão na CLT do conceito de sentença.
Previsão CPC/2015	Art. 203, § 1º: Ressalvadas as disposições expressas dos procedimentos especiais, sentença é o pronunciamento por meio do qual o juiz, com fundamento nos arts. 485 e 487, põe fim à fase cognitiva do procedimento comum, bem como extingue a execução.

SENTENÇA – CONCEITO	
Conteúdo da decisão	**Momento em que é proferida**
Trata-se da extinção do processo com/sem resolução do mérito.	Põe fim à fase cognitiva do procedimento comum ou extingue a execução.

2.1. Requisitos da sentença

Consoante previsto no art. 489 do CPC, a sentença deve ter requisitos essenciais e obrigatórios: **relatório, fundamentação e dispositivo**, de modo que a ausência de quaisquer deles impõe o reconhecimento da nulidade da sentença ou até mesmo a inexistência do ato judicial (art. 489, § 1º, do CPC e art. 3º, IX, da IN 39/2016 do TST).

O art. 832 da CLT também traz os requisitos essenciais da sentença: (a) o nome das partes e o resumo do pedido e da defesa (equivalente ao relatório); (b) a apreciação das provas e os fundamentos da decisão (equivalentes à fundamentação); e c) a respectiva conclusão (equivalente ao dispositivo).

> **cuidado**
>
> *No procedimento sumaríssimo, o art. 852-I da CLT determina que a sentença mencionará os elementos de convicção do juízo, com o resumo dos fatos relevantes ocorridos em audiência, dispensado o relatório.*

2.1.1. Relatório

O relatório é requisito que dá **transparência à decisão**, que demonstra que **o juiz examinou as questões discutidas** no processo e está apto a prolatar a sentença depois de ter obtido todas as informações necessárias para formação de sua convicção. **Para a doutrina majoritária, portanto, essa é a função do relatório.**

Devem constar do relatório os principais aspectos do processo: nome das partes, resumo dos pedidos e da defesa, bem como as principais ocorrências processuais, como perícias, provas, propostas de conciliação, razões finais.

Sentença sem relatório é nula, salvo se for prolatada em procedimento sumaríssimo.

2.1.2. Fundamentação

Na fundamentação, o juiz deverá **expor sua argumentação jurídica**, os **fundamentos fáticos e jurídicos** que motivaram a sua convicção na prolação da decisão. É a parte mais detalhada da sentença, já que analisa de forma analítica as questões processuais, as alegações das partes (as questões de fato) e as provas produzidas.

Relembre-se que a fundamentação das decisões é uma **garantia constitucional**, porquanto prevista no art. 93, IX, da CRFB/1988, cuja inobservância acarreta a nulidade absoluta da decisão judicial, diante da negativa de prestação jurisdicional.

> Art. 93. (...)
>
> IX – todos os julgamentos dos órgãos do Poder Judiciário serão públicos, e fundamentadas todas as decisões, sob pena de nulidade, podendo a lei limitar a presença, em determinados atos, às próprias partes e a seus advogados, ou somente a estes, em casos nos quais a preservação do direito à intimidade do interessado no sigilo não prejudique o interesse público à informação;

A fundamentação deve ser clara, objetiva e concisa, inclusive passível de ser compreendida pelo cidadão comum, carente de conhecimentos jurídicos, principalmente na Justiça do Trabalho, que admite o *jus postulandi*.

É dever do magistrado, ainda, enfrentar todos os argumentos deduzidos pelas partes que sejam capazes de influenciar a sua decisão (art. 489, § 1º, IV, do CPC). Todavia, isso não quer dizer que o juiz deva rebater ou apreciar todos os argumentos da inicial e da defesa, mas se manifestar sobre todos os fatos e direitos fundamentais para a sua conclusão.

A Instrução Normativa 39 do TST (art. 3º, IX) preceitua que o art. 489 do CPC, especialmente a parte que regulamenta a fundamentação da sentença, é aplicável ao processo do trabalho.

Importante destacar que o CPC/2015 deixou claro o dever de fundamentação exauriente (ou fundamentação analítica) das decisões proferidas, sob pena de nulidade da decisão:

> Art. 489. (...)
>
> § 1º Não se considera fundamentada qualquer decisão judicial, seja ela interlocutória, sentença ou acórdão, que:
>
> I – se limitar à indicação, à reprodução ou à paráfrase de ato normativo, sem explicar sua relação com a causa ou a questão decidida;

II – empregar conceitos jurídicos indeterminados, sem explicar o motivo concreto de sua incidência no caso;

III – invocar motivos que se prestariam a justificar qualquer outra decisão;

IV – não enfrentar todos os argumentos deduzidos no processo capazes de, em tese, infirmar a conclusão adotada pelo julgador;

V – se limitar a invocar precedente ou enunciado de súmula, sem identificar seus fundamentos determinantes nem demonstrar que o caso sob julgamento se ajusta àqueles fundamentos;

VI – deixar de seguir enunciado de súmula, jurisprudência ou precedente invocado pela parte, sem demonstrar a existência de distinção no caso em julgamento ou a superação do entendimento.

§ 2º No caso de colisão entre normas, o juiz deve justificar o objeto e os critérios gerais da ponderação efetuada, enunciando as razões que autorizam a interferência na norma afastada e as premissas fáticas que fundamentam a conclusão.

§ 3º A decisão judicial deve ser interpretada a partir da conjugação de todos os seus elementos e em conformidade com o princípio da boa-fé.

Ademais, a Instrução Normativa 39 do TST especificou como se dá a aplicação do art. 489 do CPC ao processo do trabalho.

IN 39, art. 15: O atendimento à exigência legal de fundamentação das decisões judiciais (CPC, art. 489, § 1º) no Processo do Trabalho observará o seguinte:

I – por força dos arts. 332 e 927 do CPC, adaptados ao Processo do Trabalho, para efeito dos incisos V e VI do § 1º do art. 489 considera-se "precedente" apenas:

a) acórdão proferido pelo Supremo Tribunal Federal ou pelo Tribunal Superior do Trabalho em julgamento de recursos repetitivos (CLT, art. 896-B; CPC, art. 1.046, § 4º);

b) entendimento firmado em incidente de resolução de demandas repetitivas ou de assunção de competência

c) decisão do Supremo Tribunal Federal em controle concentrado de constitucionalidade;

d) tese jurídica prevalecente em Tribunal Regional do Trabalho e não conflitante com súmula ou orientação jurisprudencial do Tribunal Superior do Trabalho (CLT, art. 896, § 6º);

e) decisão do plenário, do órgão especial ou de seção especializada competente para uniformizar a jurisprudência do tribunal a que o juiz estiver vinculado ou do Tribunal Superior do Trabalho.

II – para os fins do art. 489, § 1º, incisos V e VI do CPC, considerar-se-ão unicamente os precedentes referidos no item anterior, súmulas do Supremo Tribunal Federal, orientação jurisprudencial e súmula do Tribunal Superior do Trabalho, súmula de Tribunal Regional do Trabalho não conflitante com súmula ou orientação jurisprudencial do TST, que contenham explícita referência aos fundamentos determinantes da decisão (*ratio decidendi*).

III – não ofende o art. 489, § 1º, inciso IV do CPC a decisão que deixar de apreciar questões cujo exame haja ficado prejudicado em razão da análise anterior de questão subordinante.

IV – o art. 489, § 1º, IV, do CPC não obriga o juiz ou o Tribunal a enfrentar os fundamentos jurídicos invocados pela parte, quando já tenham sido examinados na formação dos precedentes obrigatórios ou nos fundamentos determinantes de enunciado de súmula.

V – decisão que aplica a tese jurídica firmada em precedente, nos termos do item I, não precisa enfrentar os fundamentos já analisados na decisão paradigma, sendo suficiente, para fins de atendimento das exigências constantes no art. 489, § 1º, do CPC, a correlação fática e jurídica entre o caso concreto e aquele apreciado no incidente de solução concentrada.

VI – é ônus da parte, para os fins do disposto no art. 489, § 1º, V e VI, do CPC, identificar os fundamentos determinantes ou demonstrar a existência de distinção no caso em julgamento ou a superação do entendimento, sempre que invocar precedente ou enunciado de súmula.

2.1.3. Dispositivo

O dispositivo é a **parte final** da sentença que traz o conteúdo decisório. É na parte dispositiva que o magistrado apresentará suas conclusões, acolhendo ou não a pretensão posta em juízo, ou, ainda, extinguindo o processo sem resolução de mérito.

O dispositivo deve observar o princípio da congruência, devendo a conclusão guardar relação com as demais partes da sentença, com os demais elementos que conduziram o raciocínio do juiz.

Observe-se que a ausência da parte dispositiva importa na **inexistência da sentença**.

No dispositivo também deve haver:

a) na hipótese de procedência do pedido, o prazo e as condições para o cumprimento da decisão (art. 832, § 1º, da CLT);

b) as custas devidas pela parte vencida (art. 832, § 2º, da CLT);

c) na hipótese de decisões cognitivas ou homologatórias, a natureza jurídica das parcelas constantes da condenação ou acordo homologado, inclusive o limite de responsabilidade de cada parte pelo recolhimento da contribuição previdenciária, se for o caso (art. 832, § 3º, da CLT).

SENTENÇA – REQUISITOS – ART. 832 DA CLT + ART. 489 DO CPC[1]		
Relatório[2]	**Fundamentação**	**Dispositivo**
Registro dos acontecimentos relevantes do processo.	Exposição das razões de decidir, analisando-se questões fáticas e de direito.	Proclamação do resultado em relação às questões levadas a juízo.

---

[1] Aplicável ao processo do trabalho – art. 3º, IX, da Instrução Normativa 39 do TST.

[2] Dispensável no procedimento sumaríssimo (art. 852-I da CLT). Art. 852-I. A sentença mencionará os elementos de convicção do juízo, com resumo dos fatos relevantes ocorridos em audiência, **dispensad**o **o relatório**.

SENTENÇA – REQUISITOS ESPECÍFICOS TRABALHISTAS – ART. 832 DA CLT		
Quando a decisão concluir pela procedência do pedido, determinará o prazo e as condições para o seu cumprimento.	A decisão mencionará sempre as custas que devam ser pagas pela parte vencida.	Indicar a natureza jurídica das parcelas constantes da condenação ou do acordo homologado, inclusive o limite de responsabilidade de cada parte pelo recolhimento da contribuição previdenciária, se for o caso.

3. CLASSIFICAÇÃO DAS SENTENÇAS

As sentenças podem ser classificadas segundo os efeitos que exercem no processo. Assim, as sentenças são classificadas em: (i) com resolução de mérito (decisão definitiva) e (ii) sem resolução de mérito (decisão terminativa).

SENTENÇA	
Terminativa	**Definitiva**
Sem resolução do mérito	Com resolução do mérito
Análise apenas da relação jurídico-processual	Análise da relação jurídico-material

Sentenças meramente declaratórias são aquelas que se limitam a declarar a existência de um fato, autenticidade ou não de documento, ou existência ou não de relação jurídica. A decisão é desprovida de sanção e execução, uma vez que, com a prolação da sentença, o autor obtém a tutela do direito postulado. A sentença de improcedência é declaratória negativa, pois nega a pretensão do autor.

Os efeitos da sentença declaratória são *ex tunc* (retroagem no tempo à data da celebração da relação jurídica).

> CPC, art. 19: O interesse do autor pode limitar-se à declaração:
>
> I – da existência, da inexistência ou do modo de ser de uma relação jurídica;
>
> II – da autenticidade ou da falsidade de documento.

A **sentença constitutiva**, por sua vez, declara a existência dos fatos ou do direito e acaba criando, modificando ou extinguindo uma relação jurídica. Julga procedente uma ação constitutiva. Seus efeitos são produzidos com o trânsito em julgado, não comportando execução. Ex.: procedência do pedido de rescisão indireta, procedência no inquérito para apuração de falta grave.

Já a **sentença condenatória**, além de declarar o direito, impõe obrigação pecuniária; e, por excelência, a **execução direta** por expropriação de bens.

Quanto à **sentença executiva *lato sensu***, é aquela que, além de declarar o direito, determina o que deve ser cumprido, ou seja, o comando jurisdicional determina, por si só, o cumprimento da pretensão postulada. Assim, nas ações que tenham por objeto o cumprimento de obrigação de fazer ou não fazer ou entrega de coisa, o juiz poderá determinar providências que assegurem a tutela específica ou o resultado prático equivalente ao adimplemento.

Para obtenção da efetivação da tutela específica ou a obtenção de tutela pelo resultado prático equivalente, o juiz poderá, de ofício ou a requerimento, determinar as medidas necessárias à satisfação do exequente (art. 536 do CPC), tais como busca e apreensão, remoção de pessoas e coisas, desfazimento de obras e impedimento de atividade nociva, se necessário com requisição de força policial.

Por fim, a **sentença mandamental** é aquela que, além de declarar um direito, na sentença, expede uma ordem, isto é, o reclamado é forçado a cumprir a ordem judicial. Tal decisão não comporta execução, visto que essa medida é feita na própria sentença.

A sentença mandamental não se confunde com a sentença executiva *lato sensu*. Ambas possuem natureza auto-operante, dispensando a execução da decisão. Contudo, a decisão executiva *lato sensu* já produz os efeitos entregando o bem litigioso postulado. É o caso da sentença que determina o despejo, a reintegração de posse e a imissão de posse. Por sua vez, na mandamental, o objeto da decisão é a imposição de uma ordem de conduta, determinando a imediata realização de um ato pela parte vencida. Por exemplo, reintegração de um funcionário.

A diferença básica, pois, é que, na decisão mandamental, o juiz age coativamente sobre a mente do réu (coerção indireta), para que ele mesmo cumpra a sua obrigação; já, na executiva *lato sensu*, o próprio Estado age (coerção direta), tomando a atitude de efetivar o direito a uma prestação.

Esta segunda classificação é conhecida como classificação quinária das sentenças, mas a doutrina clássica entende que bastaria a classificação trinária (condenatória, declaratória e constitutiva), tendo em vista que a sentença condenatória já abrangeria a sentença mandamental e a sentença executiva *lato sensu*.

SENTENÇA – CLASSIFICAÇÃO	
Sentença declaratória	Declara existência, inexistência ou modo de ser de uma relação jurídica ou autenticidade/falsidade de um documento.
Sentença constitutiva	Cria/modifica/extingue uma relação jurídica.
Sentença condenatória	Efetiva a tutela prestada por meio de pagamento de quantia certa.
Sentença executiva *lato sensu* – art. 536 do CPC	Visa à tutela do direito realizando-a por meio de execução direta.
Sentença mandamental – art. 537 do CPC	Tem determinada coerção para que o réu cumpra certa ordem, realizando-se de técnicas de execução indireta.

4. MEDIDAS INDUTIVAS, COERCITIVAS E MANDAMENTAIS NAS SENTENÇAS CONDENATÓRIAS

O art. 139, IV, do CPC possibilita ao juiz, ainda que se trate de obrigação pecuniária (sentença condenatória), "determinar todas as medidas indutivas, coercitivas, mandamentais ou sub-rogatórias necessárias para assegurar o cumprimento de ordem judicial, inclusive nas ações que tenham por objeto prestação pecuniária".

DIREITO DO TRABALHO E PROCESSO DO TRABALHO FACILITADOS – *Lenza*

Vê-se, assim, que o CPC/2015 autoriza o magistrado a **adotar as medidas e os instrumentos necessários para o cumprimento das ordens judiciais,** inclusive permitindo a imposição de astreintes em obrigações pecuniárias, o que é uma novidade trazida pelo código.

> **cuidado**
>
> *Decisão: O Tribunal, por unanimidade, conheceu da ação direta, com ressalva do Ministro André Mendonça, que dela não conhecia, no que tange ao art. 380, parágrafo único, do CPC. Por maioria, julgou improcedente o pedido, nos termos do voto do Relator, vencido, em parte, o Ministro Edson Fachin, que julgava parcialmente procedente a ação. Presidência da Ministra Rosa Weber. Plenário, 9.2.2023 (**ADI 5941**).*

5. LIMITES DA SENTENÇA

A sentença judicial se encontra subordinada ao princípio da congruência ou da correlação, ou, ainda, da adstrição, o qual dispõe que o juiz se limita a emitir provimento jurisdicional exatamente sobre aquilo que foi pleiteado nos autos (arts. 141 e 492 do CPC).

> CPC, art. 141: O juiz decidirá o mérito nos limites propostos pelas partes, sendo-lhe vedado conhecer de questões não suscitadas a cujo respeito a lei exige iniciativa da parte.
>
> CPC, art. 492: É vedado ao juiz proferir decisão de natureza diversa da pedida, bem como condenar a parte em quantidade superior ou em objeto diverso do que lhe foi demandado.
>
> Parágrafo único. A decisão deve ser certa, ainda que resolva relação jurídica condicional.

Na hipótese de o juiz não observar os limites da demanda, há as chamadas sentenças *citra petita*, *ultra petita* e *extra petita*.

Sentença *citra petita*, também chamada de *infra petita*, é aquela que decide menos do que foi pedido, com omissão na análise das matérias pleiteadas. Por exemplo, empregado pleiteia danos materiais e morais, além da estabilidade por acidente de trabalho. A sentença deixa de analisar os danos morais; logo, torna-se *citra petita* nessa parte, podendo ser corrigida por meio de embargos declaratórios.

> OJ 41 da SDI-2 do TST: Ação rescisória. Sentença "citra petita". Cabimento
>
> Revelando-se a sentença "citra petita", o vício processual vulnera os arts. 141 e 492 do CPC de 2015 (arts. 128 e 460 do CPC de 1973), tornando-a passível de desconstituição, ainda que não interpostos embargos de declaração.

Sentença *ultra petita*, por seu turno, é aquela que julga mais do que foi pedido, por exemplo, empregado requer apenas a rescisão contratual, sem, contudo, pedir as verbas rescisórias. A sentença reconhece a extinção contratual e condena o reclamado ao pagamento das verbas rescisórias não requeridas, tornando-se *ultra petita* no tocante a este último direito.

Já a sentença *extra petita* é aquela que julga pedido diverso do que foi pleiteado. Por exemplo, o empregado pleiteia horas extras e adicional de insalubridade, apenas. Nos autos, verifica-se que ele também faz jus ao adicional noturno e o juiz o concede. Quanto a este último, a sentença torna-se *extra petita*. Ressalta-se que não cabe correção, pois, para isso, o juiz deverá prolatar nova decisão; portanto, é impugnada por meio de recurso ordinário.

As sentenças *ultra, extra* ou *citra petita*, além de poderem ser impugnadas por recurso ordinário, podem ser passíveis de ataque por meio da ação rescisória (art. 966, V, do CPC), por violação dos arts. 141 e 492 do CPC.

A sentença *citra petita* também poderá ser corrigida após a oposição de embargos de declaração, o mesmo não ocorrendo em relação à sentença *extra* ou *ultra petita*.

Apesar dessas disposições sobre os limites da sentença, é possível que o magistrado julgue uma ação concedendo mais do que o reclamado pleiteou ou reconhecendo pedido diverso daquele pleiteado. **Em outros termos, há casos em que a sentença *ultra petita* e *extra petita* será válida.** Isso é possível diante do **princípio da ultrapetição ou extrapetição.**

Na Justiça do Trabalho, admite-se o princípio da extrapetição ou ultrapetição na hipótese do **art. 467 da CLT, que dispõe sobre a multa de 50% sobre as verbas incontroversas não pagas na audiência inaugural,** e do **art. 496 da CLT, que traz a conversão da reintegração em indenização.**

> CLT, art. 467: Em caso de rescisão de contrato de trabalho, havendo controvérsia sobre o montante das verbas rescisórias, o empregador é obrigado a pagar ao trabalhador, à data do comparecimento à Justiça do Trabalho, a parte incontroversa dessas verbas, sob pena de pagá-las acrescidas de cinquenta por cento.

> CLT, art. 496: Quando a reintegração do empregado estável for desaconselhável, dado o grau de incompatibilidade resultante do dissídio, especialmente quando for o empregador pessoa física, o tribunal do trabalho poderá converter aquela obrigação em indenização devida nos termos do artigo seguinte.

No mesmo sentido, o art. 322, § 1º, do CPC, aplicável ao processo do trabalho, permite que o juiz determine que sobre a condenação da parcela principal incidam juros, correção monetária, verbas de sucumbência e honorários advocatícios, mesmo que no rol de pedidos não conste tal requerimento.

> CPC, art. 322: O pedido deve ser certo.
>
> § 1º Compreendem-se no principal os juros legais, a correção monetária e as verbas de sucumbência, inclusive os honorários advocatícios.

> Súmula 396 do TST: Estabilidade provisória. Pedido de reintegração. Concessão do salário relativo ao período de estabilidade já exaurido. Inexistência de julgamento "extra petita"
>
> I – Exaurido o período de estabilidade, são devidos ao empregado apenas os salários do período compreendido entre a data da despedida e o final do período de estabilidade, não lhe sendo assegurada a reintegração no emprego.

II – Não há nulidade por julgamento "extra petita" da decisão que deferir salário quando o pedido for de reintegração, dados os termos do art. 496 da CLT.

Súmula 211 do TST: Juros de mora e correção monetária. Independência do pedido inicial e do título executivo judicial. Os juros de mora e a correção monetária incluem-se na liquidação, ainda que omisso o pedido inicial ou a condenação.

Quanto aos dissídios coletivos, a jurisprudência é tendenciosa a aceitar a validade da sentença *extra petita* ou *ultra petita* consoante critérios de julgamento utilizados de justiça e de equidade.

Ressalta-se que, quando existentes **direitos acessórios** relacionados àqueles principais, não há que se falar em violação do princípio da congruência, como no caso, por exemplo, do empregado que pleiteou férias e horas extras sem, contudo, requerer o terço constitucional e o pagamento do adicional, respectivamente. Ora, as férias são devidas sempre com o terço constitucional; logo, o juiz deverá reconhecer esse valor, mesmo que o reclamado não tenha solicitado. Do mesmo modo, o reconhecimento das horas extras enseja o pagamento do adicional de, no mínimo, 50% sobre a hora normal.

Outro exemplo ocorre quando há reconhecimento de vínculo empregatício, o qual tem por medida acessória a anotação da CTPS.

6. JULGAMENTO ANTECIPADO PARCIAL DE MÉRITO

O julgamento antecipado parcial do mérito está previsto no art. 356 do CPC:

Art. 356. O juiz decidirá parcialmente o mérito quando um ou mais dos pedidos formulados ou parcela deles:

I – mostrar-se incontroverso;

II – estiver em condições de imediato julgamento, nos termos do art. 355.

§ 1º A decisão que julgar parcialmente o mérito poderá reconhecer a existência de obrigação líquida ou ilíquida.

§ 2º A parte poderá liquidar ou executar, desde logo, a obrigação reconhecida na decisão que julgar parcialmente o mérito, independentemente de caução, ainda que haja recurso contra essa interposto.

§ 3º Na hipótese do § 2º, se houver trânsito em julgado da decisão, a execução será definitiva.

§ 4º A liquidação e o cumprimento da decisão que julgar parcialmente o mérito poderão ser processados em autos suplementares, a requerimento da parte ou a critério do juiz.

§ 5º A decisão proferida com base neste artigo é impugnável por agravo de instrumento.

Vê-se, pois, que o julgamento antecipado parcial de mérito tem cabimento nas hipóteses em que um ou mais pedidos formulados se mostrarem incontroversos ou estiverem em condições de imediato julgamento, não havendo a necessidade de produção de outras provas, ou se o réu for revel e sofrer o efeito de se considerarem verdadeiros os fatos alegados pela parte reclamante e não houver requerimento de provas (art. 355 do CPC).

O art. 356 do CPC é aplicável ao processo do trabalho, com exceção do § 5º, conforme determina a IN 39/2016, uma vez que, no processo do trabalho, a decisão de julgamento antecipado parcial de mérito será impugnável por recurso ordinário.

> IN 39/2016, art. 5º: Aplicam-se ao Processo do Trabalho as normas do art. 356, §§ 1º a 4º, do CPC que regem o julgamento antecipado parcial do mérito, cabendo recurso ordinário de imediato da sentença.

7. COISA JULGADA

Prolatada a sentença, poderá ainda ser impugnada por meio de recurso. Esgotadas todas as possibilidades de recurso ou esgotado o prazo legal sem a sua interposição, a decisão torna-se irrecorrível (transita em julgado), surgindo a denominada coisa julgada.

O objetivo maior da coisa julgada é dar encerramento à relação processual e possibilitar a execução da sentença. A doutrina costuma dizer que a coisa julgada é a preclusão máxima do processo, já que, quando atingida, torna a decisão imutável, em regra. **Entende-se por coisa julgada a decisão que NÃO pode mais ser alterada, por esgotamento dos recursos ou por estes, ainda que não esgotados, terem se tornado inviáveis por preclusão.**

O art. 502 do CPC assevera que **coisa julgada material** é aquela **entendida como a que projeta efeitos DENTRO e FORA do processo**, isto é, aquela decisão que analisa e resolve o mérito, seja acolhendo-o, seja rejeitando-o, tornando-a imodificável.

> CPC, art. 502: Denomina-se coisa julgada material a autoridade que torna imutável e indiscutível a decisão de mérito não mais sujeita a recurso.

Observe-se que apenas a **decisão judicial que resolve o mérito** (art. 487 do CPC) pode fazer **coisa julgada material**.

Em contrapartida, a **coisa julgada formal** projeta efeitos somente dentro da relação jurídica, causando preclusão naquela relação, sem impedir que seja ajuizada nova ação.

A decisão que extingue o processo **sem resolução do mérito** (art. 485 do CPC) apenas produz **coisa julgada formal**. Ressalta-se, todavia, que, quando uma decisão possuir efeito de coisa julgada material, ela, consequentemente, trará o efeito formal, pois são degraus do mesmo fenômeno.

A CLT traz a coisa julgada no art. 836.

> Art. 836. É vedado aos órgãos da Justiça do Trabalho conhecer de questões já decididas, excetuados os casos expressamente previstos neste Título e a ação rescisória, que será admitida na forma do disposto no Capítulo IV do Título IX da Lei nº 5.869, de 11 de janeiro de 1973 – Código de Processo Civil, sujeita ao depósito prévio de 20% (vinte por cento) do valor da causa, salvo prova de miserabilidade jurídica do autor.

Parágrafo único. A execução da decisão proferida em ação rescisória far-se-á nos próprios autos da ação que lhe deu origem, e será instruída com o acórdão da rescisória e a respectiva certidão de trânsito em julgado.

A coisa julgada tem seus limites divididos em **SUBJETIVOS** (partes) e **OBJETIVOS** (limites da lide).

Esses limites dão corpo aos efeitos da coisa julgada, definindo a relação jurídica. Os limites subjetivos da coisa julgada estão dispostos no art. 506 do CPC. A sentença faz coisa julgada às partes, cujos efeitos não beneficiam nem prejudicam terceiros.

CPC, art. 506: A sentença faz coisa julgada às partes entre as quais é dada, não prejudicando terceiros.

Assim, os limites subjetivos da coisa julgada alcançam os interessados que participaram da demanda. Contudo, como exceção, os efeitos da coisa julgada atingem pessoas que não participaram do processo, mas podem ser responsabilizadas por ele, por exemplo, grupo econômico e sócio da empresa.

Quanto aos limites objetivos da coisa julgada, primeiro é preciso relembrar que a sentença tem como requisitos essenciais o relatório, a fundamentação e o dispositivo.

O relatório e a fundamentação não fazem coisa julgada. Os motivos e a verdade dos fatos estabelecidos na decisão não adquirem imutabilidade.

CPC, art. 504: Não fazem coisa julgada:

I – os motivos, ainda que importantes para determinar o alcance da parte dispositiva da sentença;

II – a verdade dos fatos, estabelecida como fundamento da sentença.

Assim, os efeitos da coisa julgada atingem o dispositivo e a questão prejudicial decidida expressa e incidentemente no processo.

Entende-se por questão prejudicial aquela que o juiz deve enfrentar, declarando existente ou não, como condição para proferir decisão sobre os pedidos formulados na inicial. É anterior ao mérito e impede o julgamento deste sem que ela seja apreciada, por exemplo, declaração de vínculo empregatício. Ora, todas as verbas pleiteadas pelo reclamante na relação de emprego dependem de uma declaração de existência do vínculo, sem a qual todo o resto fica prejudicado.

A questão prejudicial poderá ter efeitos da coisa julgada material se: dessa resolução depender o julgamento do mérito; a seu respeito tiver havido contraditório prévio e efetivo, não se aplicando no caso de revelia; o juízo tiver competência em razão da matéria e da pessoa para resolvê-la como questão principal (art. 503, § 1º, do CPC).

CPC, art. 503: A decisão que julgar total ou parcialmente o mérito tem força de lei nos limites da questão principal expressamente decidida.

§ 1º O disposto no *caput* aplica-se à resolução de questão prejudicial, decidida expressa e incidentemente no processo, se:

I – dessa resolução depender o julgamento do mérito;

II – a seu respeito tiver havido contraditório prévio e efetivo, não se aplicando no caso de revelia;

III – o juízo tiver competência em razão da matéria e da pessoa para resolvê-la como questão principal.

§ 2º A hipótese do § 1º não se aplica se no processo houver restrições probatórias ou limitações à cognição que impeçam o aprofundamento da análise da questão prejudicial.

Há na doutrina quem entenda que, com o art. 503 do CPC/2015, não existe mais a necessidade de ação declaratória incidental para que a questão prejudicial produza os efeitos da coisa julgada. Ademais, vale mencionar que o art. 503 do CPC não exige o requerimento da parte para que o juiz decida a questão prejudicial com efeitos da coisa julgada, sendo possível que o magistrado, de ofício, realize tal ato. Assim, pode-se afirmar que o modelo de coisa julgada adotado pelo CPC/2015 é de formação cooperativa, porque é possível que o juiz também participe da delimitação da autoridade do julgado. Nesse sentido, o Enunciado 165 do Fórum Permanente de Processualistas Civis, segundo o qual a coisa julgada da decisão da questão prejudicial independe de pedido expresso da parte.

Pois bem, em virtude da coisa julgada, tornam-se imutáveis os efeitos da sentença, exceto quando a relação é continuativa (prolonga-se no tempo). Nesses casos, os efeitos podem ser objeto de revisão, como nos benefícios acidentários e nos casos previstos em lei (ex.: ação rescisória). Os descontos previdenciários e fiscais devem ser efetuados pelo juízo executório, ainda que a sentença exequenda tenha sido omissa sobre a questão, uma vez que os aludidos descontos não ofendem a coisa julgada.

> Súmula 401 do TST: Ação rescisória. Descontos legais. Fase de execução. Sentença exequenda omissa. Inexistência de ofensa à coisa julgada
>
> Os descontos previdenciários e fiscais devem ser efetuados pelo juízo executório, ainda que a sentença exequenda tenha sido omissa sobre a questão, dado o caráter de ordem pública ostentado pela norma que os disciplina. A ofensa à coisa julgada somente poderá ser caracterizada na hipótese de o título exequendo, expressamente, afastar a dedução dos valores a título de imposto de renda e de contribuição previdenciária.

RESUMO

1) A sentença é o ato principal e exclusivo do juiz de primeiro grau, por meio do qual decide sobre a demanda que lhe foi proposta, extinguindo o processo sem resolução do mérito ou acolhendo ou não a pretensão requerida conforme os fatos e o direito apresentados pela parte.

2) O relatório é requisito que dá transparência à decisão, que demonstra que o juiz examinou as questões discutidas no processo e está apto a prolatar a sentença depois de ter obtido todas as informações necessárias para formação de sua convicção.

3) Na fundamentação, o juiz deverá expor sua argumentação jurídica, os fundamentos fáticos e jurídicos que motivaram a sua convicção na prolação da decisão.

É a parte mais detalhada da sentença, já que analisa de forma analítica as questões processuais, as alegações das partes (as questões de fato) e as provas produzidas.

4) O dispositivo é a parte final da sentença que traz o conteúdo decisório. É na parte dispositiva que o magistrado apresentará suas conclusões, acolhendo ou não a pretensão posta em juízo, ou, ainda, extinguindo o processo sem resolução de mérito.

5) A sentença judicial se encontra subordinada ao princípio da congruência ou da correlação, ou, ainda, da adstrição, o qual dispõe que o juiz se limita a emitir provimento jurisdicional exatamente sobre aquilo que foi pleiteado nos autos (arts. 141 e 492 do CPC).

#QUESTÕES PARA TREINO

1. **(FCC – TRT-14 – Analista Judiciário – Área Judiciária – 2022 – adaptada)** O juiz proferiu sentença acolhendo a preliminar de prescrição arguida pelo réu em contestação, tendo decorrido o prazo legal sem a interposição de nenhum recurso contra ela, o que foi devidamente certificado nos autos.

   Nesse caso, de acordo com o Código de Processo Civil, essa sentença não importa resolução do mérito, nem faz coisa julgada, formal ou material.

   Comentário

   CPC, art. 487: Haverá resolução de mérito quando o juiz:

   (...)

   II – decidir, de ofício ou a requerimento, sobre a ocorrência de decadência ou prescrição;

   Errado.

2. **(FCC – TRT-14 – Analista Judiciário – Área Judiciária – 2022 – adaptada)** O juiz proferiu sentença acolhendo a preliminar de prescrição arguida pelo réu em contestação, tendo decorrido o prazo legal sem a interposição de nenhum recurso contra ela, o que foi devidamente certificado nos autos.

   Nesse caso, de acordo com o Código de Processo Civil, essa sentença não importa resolução do mérito, fazendo coisa julgada meramente formal.

   Comentário

   CPC, art. 487: Haverá resolução de mérito quando o juiz:

   (...)

   II – decidir, de ofício ou a requerimento, sobre a ocorrência de decadência ou prescrição;

   Errado.

3. **(FCC – TRT-14 – Analista Judiciário – Área Judiciária – 2022 – adaptada)** O juiz proferiu sentença acolhendo a preliminar de prescrição arguida pelo réu em contestação, tendo decorrido o prazo legal sem a interposição de nenhum recurso contra ela, o que foi devidamente certificado nos autos.

   Nesse caso, de acordo com o Código de Processo Civil, essa sentença importa resolução do mérito, fazendo coisa julgada material.

Cap. 39 – SENTENÇA 703

Comentário

CPC, art. 487: Haverá resolução de mérito quando o juiz:

(...)

II – decidir, de ofício ou a requerimento, sobre a ocorrência de decadência ou prescrição;

Certo.

4. **(Instituto Consulplan – PGE-ES – Residência Jurídica – 2022 – adaptada)** Em determinado processo foi deferida a prova pericial de engenharia. Entretanto, o assistente técnico da parte ré não foi intimado da data da perícia. Posteriormente, requereu esclarecimentos sobre o laudo, em quesitação suplementar, sem nada referir sobre a ausência de sua intimação. Todos os quesitos apresentados pelo assistente técnico do réu foram respondidos. Após a sentença, que foi de parcial procedência, o demandado alegou em seu recurso a nulidade da prova pericial, uma vez que não fora intimado da data da vistoria.

Nesse caso, sem prejuízo provado, não há por que anular a sentença, que é válida e eficaz.

Comentário

"Ainda que não haja formalmente a intimação quanto ao início da perícia, penso que nenhuma eiva pode ser carreada ao processado. Veja-se que em Processo Civil não se declara nulidades sem que de tal invalidade ou nulidade não decorra prejuízo concreto e expresso à parte. (...) Houvesse prejuízo efetivo na alegada ausência de intimação para o início da perícia, deveria o agravante manifestar sua inconformidade na primeira oportunidade me que falar nos autos. (...) Na presente peça recursal, de idêntica forma, o agravante discorre fartamente acerca da alegada nulidade, bem como cita diversas doutrinas e jurisprudência, mas não alega qualquer prejuízo. O prejuízo somente sobreveio quando lhe foi obstada a carga, por motivos óbvios e relevantes e somente a partir daí passou a esgrimir, como pérola achada, o alegado vício. (...) Antônio Janyr Dall'Aagnol Jr., em sua obra *Invalidades Processuais*, Ed. Lejur – Letras Jurídicas Editora, (p. 27), cita Luís Melíbio Uiraçaba Machado em *RJTJRS* 119/169: No direito civil as nulidades são cominadas abstratamente, as nulidades são declaradas abstratamente. No direito civil, estamos dispensados de examinar o problema do prejuízo e da finalidade, quando se tratar de nulidade absoluta, porque, nestes casos, a nulidade não é efeito, é causa. No Processo Civil, a nulidade é efeito do vício. Ela não é contemporânea ao ato. Porque é efeito do vício, deve ser um vício tal, que trouxe para as partes um prejuízo irreparável, que só se pode reparar pela repetição dos atos praticados. Por conseguinte é declarada em concreto. Ora, no conceito processualista, tal como deve ser encarado o recurso ora posto, nenhuma nulidade há de ser declarada se tal não trouxe à parte um prejuízo irreparável" (TJRS, 19ª Câmara Cível, AI 70011276441, Agravante: Antônio Henrich, Agravado: Agroban Agroindustrial Ltda, Rel. Guinther Spode, j. 31.05.2005).

Certo.

5. **(MPF – MPF – Procurador da República – 2022 – adaptada)** Segundo a processualística civil em vigor, haverá resolução do mérito quando o juiz: verificar a ausência de pressupostos de constituição e de desenvolvimento válido e regular do processo.

Comentário

CPC, art. 485: O juiz não resolverá o mérito quando:

(...)

IV – verificar a ausência de pressupostos de constituição e de desenvolvimento válido e regular do processo;

Errado.

6. **(MPF – MPF – Procurador da República – 2022 – adaptada)** Segundo a processualística civil em vigor, haverá resolução do mérito quando o juiz decidir, de ofício ou a requerimento, respeitado ou não o contraditório, sobre a ocorrência de decadência ou prescrição.

Comentário

CPC, art. 487. Haverá resolução de mérito quando o juiz:

(...)

II – decidir, de ofício ou a requerimento, sobre a ocorrência de decadência ou prescrição;

Certo.

7. **(MPF – MPF – Procurador da República – 2022 – adaptada)** Segundo a processualística civil em vigor, haverá resolução do mérito quando o juiz reconhecer a existência de perempção, de litispendência ou de coisa julgada.

Comentário

CPC, art. 485: O juiz não resolverá o mérito quando:

(...)

V – reconhecer a existência de perempção, de litispendência ou de coisa julgada;

Errado.

8. **(MPF – MPF – Procurador da República – 2022 – adaptada)** Segundo a processualística civil em vigor, haverá resolução do mérito quando o juiz verificar ausência de legitimidade ou de interesse processual.

Comentário

CPC, art. 485: O juiz não resolverá o mérito quando:

(...)

VI – verificar ausência de legitimidade ou de interesse processual;

Errado.

9. **(MPF – MPF – Procurador da República – 2022 – adaptada)** Em conformidade com a teoria geral dos precedentes judiciais, é correto afirmar:

Segundo a técnica do *distinguishing*, se os fatos fundamentais de um precedente, analisados no devido grau de generalidade, não coincidem com os fatos fundamentais do caso em julgamento, os casos devem ser considerados, pelo tribunal ou juiz do caso em julgamento, como distintos.

Comentário

Distinguishing é a não aplicação de um precedente, justificada pela distinção entre o objeto tratado nele e aquele enfrentado na segunda ação.

Certo.

10. **(MPF – MPF – Procurador da República – 2022 – adaptada)** Em conformidade com a teoria geral dos precedentes judiciais, é correto afirmar:

O *overruling* pode ser definido como a atitude de uma corte superior de estabelecer que um precedente seu ou de uma corte inferior, posto a seu conhecimento, era uma afirmação errada do direito e não deve mais ser considerado como precedente válido.

Comentário

Overruling é a mudança de entendimento do tribunal a respeito do tema, ocorrendo a superação do precedente.

Certo.

TEORIA GERAL DOS RECURSOS

1. TEORIA GERAL DOS RECURSOS

MEIOS DE IMPUGNAÇÃO DE DECISÕES		
Recursos	São exercíveis dentro da **mesma relação processual** que originou a decisão impugnada.	Embargos de declaração, recurso ordinário, recurso de revista, agravo de instrumento, agravo de petição, embargos e demais agravos previstos em lei e regimentos dos tribunais.
Ações autônomas de impugnação	Fazem nascer uma **nova relação processual**, diversa daquela em que a decisão impugnada foi proferida.	Mandado de segurança, ação rescisória, *querela nullitatis*, reclamação constitucional e *habeas corpus*.

RECURSOS	
Conceito	Meio voluntário de impugnação que objetiva, dentro de um mesmo processo, a reforma, a invalidação, o esclarecimento ou a integração de uma decisão judicial.[1]
Natureza jurídica	Extensão do direito de ação, exercido na mesma relação processual, considerado um ônus, uma vez que é condição para melhoria da sua situação processual da parte ou de terceiros atingidos pela decisão.

1.1. Classificação

Os recursos podem ser classificados quanto à autoridade à qual se dirigem, à finalidade/matéria, à fundamentação, à extensão e à independência.

---

[1] Assim, a remessa de ofício, impropriamente nominada por alguns de "recurso de ofício", não possui a natureza de recurso, uma vez que não possui voluntariedade.

Quanto à **autoridade** à qual se dirigem, os recursos podem ser **próprios** ou **impróprios**. Os recursos próprios são julgados por órgão de jurisdição superior, como o recurso ordinário, e os impróprios são julgados pelo mesmo órgão prolator da decisão impugnada, como os embargos de declaração.

Quanto à **finalidade/matéria**, os recursos podem ser **ordinários** ou **extraordinários**. No primeiro caso, há ampla discussão, inclusive probatória, para atacar o mérito e vícios processuais ou simplesmente buscar uma decisão justa. Daí se admitir como fundamento do recurso o mero inconformismo da decisão, possibilitando exame completo da matéria impugnada. Por exemplo, recurso ordinário.

Já os recursos com finalidade extraordinária buscam tutelar direito objetivo, isto é, a exata aplicação da lei. Nesse sentido, impedem a apreciação fática dos autos e o reexame de provas, limitando-se a questões exclusivamente de direito, como o recurso de revista. No direito comum, por excelência, o recurso extraordinário também é aplicável à Justiça do Trabalho.

> Súmula 126 do TST: Recurso. Cabimento. Incabível o recurso de revista ou de embargos (arts. 896 e 894, "b", da CLT) para reexame de fatos e provas.

A classificação quanto à **fundamentação** está dividida em **livre** ou **vinculada**. O recurso tem fundamentação livre quando o recorrente pode atacar todos os tópicos da decisão por mero inconformismo, sem atrelar a fundamentos jurídicos (não confunda com a adequação legal do recurso).

Por sua vez, tem fundamentação vinculada quando o recorrente deve apontar especificamente o vício ou a matéria impugnada. O exemplo clássico de recurso vinculado são os embargos de declaração, em que a parte deve apontar onde ocorre a omissão, contrariedade ou obscuridade da decisão.

No que diz respeito **à extensão** do recurso, ele pode ser **parcial** ou **total**. É parcial quando o vencido impugna **parte da pretensão sucumbente**, por exemplo, condenado ao pagamento de aviso-prévio, férias, 13º e horas extras, decide recorrer apenas sobre as horas extras, deixando incontroversas as outras parcelas.

Por outro lado, se a extensão do recurso fosse total, o vencido, no nosso exemplo, recorreria sobre **todas as parcelas** que restou sucumbente.

Por fim, quanto à **independência**, o recurso pode ser **principal** ou **subordinado**. Conforme os próprios nomes já denunciam, entende-se por recurso principal aquele atrelado exclusivamente a si, isto é, submete-se aos pressupostos recursais sem que outro recurso lhe dê vida.

Já o subordinado só tem razão de existir por dependência de outro recurso. Por excelência, o recurso adesivo é exemplo de instrumento recursal subordinado, admitido em âmbito trabalhista.

> Súmula 283 do TST: Recurso adesivo. Pertinência no processo do trabalho. Correlação de matérias. O recurso adesivo é compatível com o processo do trabalho e cabe, no prazo de 8 dias, nas hipóteses de interposição de recurso ordinário, de agravo de petição, de revista e de embargos, sendo desnecessário que a matéria nele veiculada esteja relacionada com a do recurso interposto pela parte contrária.

Cap. 40 – TEORIA GERAL DOS RECURSOS | **709**

CLASSIFICAÇÕES DOS RECURSOS	
Quanto ao alcance ou à abrangência das matérias impugnadas[2]	
Parcial	**Total**
Apenas parte da decisão é objeto da irresignação recursal.	O recurso abrange a integralidade da decisão.

CLASSIFICAÇÕES DOS RECURSOS	
Quanto à forma de interposição	
Principal	**Adesivo**
Recurso interposto de forma independente por quaisquer das partes ou terceiro interessado (art. 997, *caput*, do CPC).	Recurso interposto de forma dependente a um recurso interposto pela parte contrária (art. 997, §§ 1º e 2º, do CPC). Súmula 283 do TST: O recurso adesivo é compatível com o processo do trabalho e cabe, no prazo de 8 (oito) dias, nas hipóteses de interposição de recurso ordinário, de agravo de petição, de revista e de embargos, sendo desnecessário que a matéria nele veiculada esteja relacionada com a do recurso interposto pela parte contrária.

CLASSIFICAÇÕES DOS RECURSOS	
Quanto à fundamentação	
Livre	**Vinculada**
A argumentação recursal não possui previsão legal específica. Ex.: agravo de petição e recurso ordinário.	A argumentação recursal deve conter os requisitos específicos previstos em lei para a sua admissibilidade. Ex.: embargos de declaração, recurso de revista e recurso extraordinário.

CLASSIFICAÇÕES DOS RECURSOS	
Quanto às matérias discutidas	
Ordinário	**Extraordinário (em sentido amplo)**
São aqueles recursos julgados pelas instâncias ordinárias, geralmente possuindo fundamentação livre. Ex.: agravo de petição e recurso ordinário.	São recursos relacionados a questões de direito, de competência de tribunais superiores. Ex.: recurso de revista, embargos em recurso de revista e recurso extraordinário (em sentido estrito).

---

[2] Art. 1.002 do CPC: A decisão pode ser impugnada no todo ou em parte.

1.2. Princípios recursais

PRINCÍPIOS	
Duplo grau de jurisdição	Possibilidade de impugnar a decisão judicial, não se tratando de um princípio ilimitado, podendo a lei ou a própria CF restringir o cabimento de recursos.
Taxatividade	Os recursos são enumerados pela lei, em rol exaustivo.
Singularidade	Cabível um único tipo de recurso para cada decisão.[3]
Proibição da *reformatio in pejus*	Vedação de prolação de decisão pior ao único recorrente.
Irrecorribilidade das decisões interlocutórias	Regra geral, as decisões interlocutórias não são passíveis de recurso imediato. Súmula 214 do TST: **Decisão interlocutória. Irrecorribilidade**. Na Justiça do Trabalho, nos termos do art. 893, § 1º, da CLT, as decisões interlocutórias não ensejam recurso imediato, salvo nas hipóteses de decisão: a) de Tribunal Regional do Trabalho contrária à Súmula ou Orientação Jurisprudencial do Tribunal Superior do Trabalho; b) suscetível de impugnação mediante recurso para o mesmo Tribunal; c) que acolhe exceção de incompetência territorial, com a remessa dos autos para Tribunal Regional distinto daquele a que se vincula o juízo excepcionado, consoante o disposto no art. 799, § 2º, da CLT.
Contraditório	Necessidade de se oportunizar a apresentação de contrarrazões pela parte contrária. ***CLT, art. 900: Interposto o recurso, será notificado o recorrido para oferecer as suas razões, em prazo igual ao que tiver tido o recorrente.***
Fungibilidade	Havendo **dúvida objetiva** sobre qual o recurso cabível, e ***não existindo erro grosseiro***, pode-se conhecer o recurso erroneamente interposto. Súmula 421 do TST: I – Cabem embargos de declaração da decisão monocrática do relator prevista no art. 932 do CPC de 2015 (art. 557 do CPC de 1973), se a parte pretende tão somente juízo integrativo retificador da decisão e, não, modificação do julgado. II – Se a parte postular a revisão no mérito da decisão monocrática, cumpre ao relator converter os embargos de declaração em agravo, em face dos **princípios da fungibilidade** e celeridade processual, submetendo-o ao pronunciamento do Colegiado, após a intimação do recorrente para, no prazo de 5 (cinco) dias, complementar as razões recursais, de modo a ajustá-las às exigências do art. 1.021, § 1º, do CPC de 2015. OJ 412 da SDI-1 do TST: É incabível agravo interno (art. 1.021 do CPC de 2015, art. 557, § 1º, do CPC de 1973) ou agravo regimental (art. 235 do RITST) contra decisão proferida por Órgão colegiado. Tais recursos destinam-se, exclusivamente, a impugnar decisão monocrática nas hipóteses previstas. Inaplicável, no caso, o **princípio da fungibilidade** ante a configuração de **erro grosseiro**.

---

[3] "Conforme o princípio da unirrecorribilidade ou da singularidade dos recursos, cada decisão judicial pode ser impugnada mediante recurso específico, apresentável apenas uma vez" (TST, AIRR 10809420145020432, Rel. Kátia Magalhães Arruda, *DEJT* 19.12.2018). Exemplificativamente: não cabe a apresentação de recurso adesivo pela parte que já apresentou recurso no mesmo processo.

PRINCÍPIOS	
Fungibilidade	OJ 69 da SDI-2 do TST: Recurso ordinário interposto contra despacho monocrático indeferitório da petição inicial de ação rescisória ou de mandado de segurança pode, pelo **princípio de fungibilidade recursal**, ser recebido como agravo regimental. Hipótese de não conhecimento do recurso pelo TST e devolução dos autos ao TRT, para que aprecie o apelo como agravo regimental. OJ 152 da SDI-2 do TST: A interposição de recurso de revista de decisão definitiva de Tribunal Regional do Trabalho em ação rescisória ou em mandado de segurança, com fundamento em violação legal e divergência jurisprudencial e remissão expressa ao art. 896 da CLT, configura **erro grosseiro**, insuscetível de autorizar o seu recebimento como recurso ordinário, em face do disposto no art. 895, "b", da CLT.

1.3. Remessa de ofício

Também denominado de **reexame necessário**, a remessa de ofício ocorre nas seguintes situações:

Súmula 303 do TST: Fazenda Pública. Reexame necessário (nova redação em decorrência do CPC de 2015) – Res. 211/2016, *DEJT* divulgado em 24, 25 e 26.08.2016.

I – Em dissídio individual, está sujeita ao reexame necessário, mesmo na vigência da Constituição Federal de 1988, decisão contrária à Fazenda Pública, salvo quando a condenação não ultrapassar o valor correspondente a: a) 1.000 (mil) salários mínimos para a União e as respectivas autarquias e fundações de direito público; b) 500 (quinhentos) salários mínimos para os Estados, o Distrito Federal, as respectivas autarquias e fundações de direito público e os Municípios que constituam capitais dos Estados; c) 100 (cem) salários mínimos para todos os demais Municípios e respectivas autarquias e fundações de direito público.

II – Também não se sujeita ao duplo grau de jurisdição a decisão fundada em:

a) súmula ou orientação jurisprudencial do Tribunal Superior do Trabalho;

b) acórdão proferido pelo Supremo Tribunal Federal ou pelo Tribunal Superior do Trabalho em julgamento de recursos repetitivos;

c) entendimento firmado em incidente de resolução de demandas repetitivas ou de assunção de competência;

d) entendimento coincidente com orientação vinculante firmada no âmbito administrativo do próprio ente público, consolidada em manifestação, parecer ou súmula administrativa.

III – Em ação rescisória, a decisão proferida pelo Tribunal Regional do Trabalho está sujeita ao duplo grau de jurisdição obrigatório quando desfavorável ao ente público, exceto nas hipóteses dos incisos anteriores. (ex-OJ nº 71 da SBDI-1 – inserida em 03.06.1996)

IV – Em mandado de segurança, somente cabe reexame necessário se, na relação processual, figurar pessoa jurídica de direito público como parte prejudicada pela concessão da ordem. Tal situação não ocorre na hipótese de figurar no feito como impetrante e terceiro interessado pessoa de direito privado, ressalvada a hipótese de matéria administrativa. (ex-OJs nºs 72 e 73 da SBDI-1 – inseridas, respectivamente, em 25.11.1996 e 03.06.1996).

DIREITO DO TRABALHO E PROCESSO DO TRABALHO FACILITADOS – *Lenza*

A remessa de ofício devolve ao tribunal a matéria de forma ampla. Para o STJ, a apreciação **NÃO pode prejudicar a Fazenda Pública**; logo, aplica-se a **vedação do princípio do *reformatio in pejus***.

> Súmula 45, STJ: No reexame necessário é defeso, ao Tribunal, agravar a condenação imposta à Fazenda Pública.
>
> Súmula 253, STJ: O art. 557 do CPC, que autoriza o relator a decidir o recurso, alcança o reexame necessário.

1.4. Pressupostos recursais

A admissibilidade dos recursos está condicionada à satisfação, pelo recorrente, de pressupostos previstos em lei para que o recurso interposto possa ser conhecido. O não atendimento desses pressupostos recursais implica a inadmissibilidade (ou não conhecimento) do recurso.

Os pressupostos recursais são classificados em subjetivos (ou intrínsecos) e objetivos (ou extrínsecos). Há ainda alguns recursos que demandam o atendimento de pressupostos específicos, como o prequestionamento no recurso extraordinário.

a) Pressupostos subjetivos ou intrínsecos

Os pressupostos **subjetivos ou intrínsecos** dizem respeito aos **atributos do recorrente**, sendo classificados em: **legitimidade, capacidade, interesse recursal**.

A legitimidade recursal se refere à habilitação outorgada por lei à parte vencida, ao terceiro prejudicado e ao Ministério Público – quer tenha atuado como parte, quer tenha atuado como fiscal da ordem jurídica – de recorrer.

A **Administração Pública direta** (estados e municípios) **não é considerada terceira interessada nas ações em que participam suas autarquias, com personalidade própria**.

> OJ 318 da SDI-1 do TST: Representação irregular. Autarquia. Os Estados e os Municípios não têm legitimidade para recorrer em nome das autarquias detentoras de personalidade jurídica própria, devendo ser representadas pelos procuradores que fazem parte de seus quadros ou por advogados constituídos.

O Ministério Público tem legitimidade para recorrer, seja como parte processual, seja como fiscal da lei (*custos legis*), desde que tenha participado da lide. Em qualquer caso, independerá de demonstração de interesse jurídico.

Ressalta-se que o MPT **não tem** legitimidade para recorrer em defesa de in-**teresse patrimonial** privado, incluído o das empresas públicas e da sociedade de economia mista.

> OJ 237 da SDI-1: Ministério Público do Trabalho. Legitimidade para recorrer. Sociedade de economia mista. Empresa pública (incorporada a Orientação Jurisprudencial nº 338 da SBDI-I) – Res. 210/2016, *DEJT* divulgado em 30.06.2016 e 01 e 04.07.2016
>
> I – O Ministério Público do Trabalho não tem legitimidade para recorrer na defesa de interesse patrimonial privado, ainda que de empresas públicas e sociedades de economia mista.

Cap. 40 – TEORIA GERAL DOS RECURSOS (713)

II – Há legitimidade do Ministério Público do Trabalho para recorrer de decisão que declara a existência de vínculo empregatício com sociedade de economia mista ou empresa pública, após a Constituição Federal de 1988, sem a prévia aprovação em concurso público, pois é matéria de ordem pública.

Com relação à capacidade, destaca-se que, no momento da interposição do recurso, as partes devem ser plenamente capazes (CC, arts. 3º, 4º e 5º).

Quanto ao interesse, pontua-se que o recurso deve ser necessário ao recorrente, como meio de obter a anulação ou a reforma da decisão impugnada. Além disso, o recurso deve ser útil ao recorrente, pois, se o bem jurídico por ele perseguido for espontaneamente satisfeito pelo recorrido depois de proferida a decisão impugnada, não haverá utilidade do recurso. Do mesmo modo, se a parte ou o terceiro não tiver sucumbido ou sofrido qualquer prejuízo, não haverá interesse em recorrer.

PRESSUPOSTOS RECURSAIS	
Subjetivos	
Legitimidade (ou legitimação)	É a pertinência subjetiva para a interposição do recurso, que se estende às partes, ao terceiro prejudicado e ao Ministério Público, como parte ou como fiscal da ordem jurídica (art. 996 do CPC).[4]
	• OJ 237 da SDI-1 do TST: I – O Ministério Público do Trabalho não tem legitimidade para recorrer na defesa de interesse patrimonial privado, ainda que de empresas públicas e sociedades de economia mista. II – Há legitimidade do Ministério Público do Trabalho para recorrer de decisão que declara a existência de vínculo empregatício com sociedade de economia mista ou empresa pública, após a Constituição Federal de 1988, *sem a prévia aprovação em concurso público*, pois é matéria de ordem pública.
Capacidade	Trata-se da capacidade para estar em juízo, exercendo pessoalmente seus direitos (art. 70 do CPC). Não possuindo capacidade para estar em juízo, a parte deve ser representada ou assistida (art. 71 do CPC).
Interesse	Representa o binômio necessidade-utilidade do recurso interposto; a parte possui interesse recursal quando a decisão não lhe proporciona tudo o que poderia obter no processo.

b) Pressupostos objetivos ou extrínsecos

Os pressupostos objetivos se relacionam aos **aspectos extrínsecos dos recursos**, sendo eles: **o cabimento, a adequação, a tempestividade, a regularidade de representação, o preparo e a inexistência de fato impeditivo, modificativo ou extintivo do direito de recorrer.**

O **cabimento** é verificado pela possibilidade de ataque ao judicial por meio de recurso, ou seja, pela análise se o ato é recorrível. Com efeito, há alguns atos

---

4   Conforme o parágrafo único do art. 996 do CPC: "Cumpre ao terceiro demonstrar a possibilidade de a decisão sobre a relação jurídica submetida à apreciação judicial **atingir direito de que se afirme titular ou que possa discutir em juízo como substituto processual**" (destacamos). Segundo a jurisprudência do TST, o terceiro deve demonstrar seu efetivo **interesse juríd**ico, além de econômico, para ser configurada a legitimidade recursal.

judiciais que não são passíveis de recurso, por exemplo, as sentenças proferidas nas causas de alçada, salvo se o recurso versar matéria constitucional (art. 2º, § 4º, da Lei 5.584/1970).

Além de o ato judicial ser recorrível, deverá se verificar se o recurso utilizado é o previsto em lei para impugnar a decisão judicial que se objetiva. Assim, como exemplo, da sentença proferida pela Vara do Trabalho cabe recurso ordinário.

Relembre que há casos em que é possível aplicar o princípio da fungibilidade.

Por sua vez, a **tempestividade é requisito temporal** que estabelece que o recurso deve ser interposto no prazo previsto, sob pena de não recebimento. Na Justiça do Trabalho, os prazos são unificados em 8 dias. No entanto, os embargos de declaração e à execução serão interpostos no prazo de 5 dias, e o recurso extraordinário no prazo de 15 dias.

Decorrido o prazo para a interposição do recurso, ocorre a preclusão temporal do direito de recorrer.

Atente-se para o cancelamento da Súmula 434 do TST, que tratava do não conhecimento do recurso prematuro ou prepóstero, ou seja, consoante o art. 218, § 4º, do CPC, é tempestivo o recurso interposto antecipadamente.

> ~~Súmula 434 do TST: Recurso. Interposição antes da publicação do acórdão impugnado. Extemporaneidade.~~
>
> ~~I – É extemporâneo recurso interposto antes de publicado o acórdão impugnado;~~
>
> ~~II – A interrupção do prazo recursal em razão da interposição de embargos de declaração pela parte adversa não acarreta qualquer prejuízo àquele que apresentou seu recurso tempestivamente.~~

Quanto à **regularidade de representação**, sabe-se que, na Justiça do Trabalho, se admite o *jus postulandi* (desnecessidade de a parte estar representada por advogado), salvo nas exceções prevista pela Súmula 425 do TST.

> Súmula 425 do TST: *Jus postulandi* na Justiça do Trabalho. Alcance. O *jus postulandi* das partes, estabelecido no art. 791 da CLT, limita-se às Varas do Trabalho e aos Tribunais Regionais do Trabalho, não alcançando a AÇÃO RESCISÓRIA, a AÇÃO CAUTELAR, o MANDADO DE SEGURANÇA e os RECURSOS DE COMPETÊNCIA DO TST. (destacamos)

Com a reforma trabalhista, foi introduzida nova exceção à regra do *jus postulandi*: homologação de acordo extrajudicial.

> Art. 855-B. O processo de homologação de acordo extrajudicial terá início por petição conjunta, sendo obrigatória a representação das partes por advogado.
>
> § 1º As partes não poderão ser representadas por advogado comum.

Pois bem, esse direito não impede que a parte promova, em qualquer fase do processo, inclusive recursal, a nomeação de advogado para atuar na causa. Para que seja regular a representação é preciso constar nos autos o mandato, ainda que tacitamente (*apud acta*).

O mandato tácito ocorre com a simples presença do advogado na audiência (evidentemente, anterior à fase recursal). Já o mandato expresso ocorre quando há instrumento escrito – denominado procuração – juntado nos autos, o qual deve ser anexado no momento da interposição do recurso ou anterior a ele, nunca posterior, pois não cabe a aplicação do art. 104 do CPC (permite-se a juntada de procuração posteriormente à petição), visto que a interposição de recurso não é reputada ato urgente.

> Súmula 383 do TST: Recurso. Mandato. Irregularidade de representação. CPC de 2015, arts. 104 e 76, § 2º (nova redação em decorrência do CPC de 2015) – Res. 210/2016, *DEJT* divulgado em 30.06.2016 e 01 e 04.07.2016
>
> I – É inadmissível recurso firmado por advogado sem procuração juntada aos autos até o momento da sua interposição, salvo mandato tácito. Em caráter excepcional (art. 104 do CPC de 2015), admite-se que o advogado, independentemente de intimação, exiba a procuração no prazo de 5 (cinco) dias após a interposição do recurso, prorrogável por igual período mediante despacho do juiz. Caso não a exiba, considera-se ineficaz o ato praticado e não se conhece do recurso.
>
> II – Verificada a irregularidade de representação da parte em fase recursal, em procuração ou substabelecimento já constante dos autos, o relator ou o órgão competente para julgamento do recurso designará prazo de 5 (cinco) dias para que seja sanado o vício. Descumprida a determinação, o relator não conhecerá do recurso, se a providência couber ao recorrente, ou determinará o desentranhamento das contrarrazões, se a providência couber ao recorrido (art. 76, § 2º, do CPC de 2015).
>
> Súmula 164 do TST: Procuração. Juntada (cancelada) – Res. 210/2016, *DEJT* divulgado em 30.06.2016 e 01 e 04.07.2016.
>
> O não cumprimento das determinações dos §§ 1º e 2º do art. 5º da Lei nº 8.906, de 04.07.1994 e do art. 37, parágrafo único, do Código de Processo Civil importa o não conhecimento de recurso, por inexistente, exceto na hipótese de mandato tácito.

Assim, pode-se afirmar que não se admitia, em instância recursal, a apresentação tardia da procuração, pois não se reputava urgente a interposição de recurso. No entanto, atualmente a jurisprudência do TST aceita a juntada posterior da procuração, em 5 dias da interposição do recurso, aplicando o CPC/2015:

> Súmula 456 do TST – 08.03.2017: Advogado. Mandato. Sociedade. Irregularidade de representação. Pessoa jurídica. Procuração inválida. Ausência de identificação do outorgante e de seu representante. CCB/2002, art. 654, § 1º. CPC, art. 38. CPC/2015, art. 76, §§ 1º e 2º:
>
> I – É inválido o instrumento de mandato firmado em nome de pessoa jurídica que não contenha, pelo menos, o nome do outorgante e do signatário da procuração, pois estes dados constituem elementos que os individualizam.
>
> Res. 211, de 22/08/2016 – *DJ* 24, 25 e 26/08/2016 (Nova redação a súmula. Adaptação ao CPC/2015. Insere os itens II e III).

II – Verificada a irregularidade de representação da parte na instância originária, o juiz designará prazo de 5 (cinco) dias para que seja sanado o vício. Descumprida a determinação, extinguirá o processo, sem resolução de mérito, se a providência couber ao reclamante, ou considerará revel o reclamado, se a providência lhe couber (CPC/2015, art. 76, § 1º).

III – Caso a irregularidade de representação da parte seja constatada em fase recursal, o relator designará prazo de 5 (cinco) dias para que seja sanado o vício. Descumprida a determinação, o relator não conhecerá do recurso, se a providência couber ao recorrente, ou determinará o desentranhamento das contrarrazões, se a providência couber ao recorrido (CPC/2015, art. 76, § 2º).

O **preparo**, por seu turno, compreende o **depósito recursal** e as **custas processuais** (taxas judiciárias). **Sem o pagamento dessas parcelas** o recurso é considerado **deserto** e, consequentemente, **não conhecido**, salvo quando a parte é beneficiária da justiça gratuita, tornando-se isenta das custas no momento de recorrer.

O entendimento do TST era de que o recolhimento incompleto do preparo, ainda que ínfima a diferença, tornava o recurso deserto, sem exceção: ~~OJ 140 da SDI-1 do TST: Depósito recursal e custas. Diferença ínfima. Deserção. Ocorrência. Ocorre deserção do recurso pelo recolhimento insuficiente das custas e do depósito recursal, ainda que a diferença em relação ao quantum devido seja ínfima, referente a centavos.~~

No entanto, em 17.04.2017, o TST se rendeu à orientação do art. 1.007, § 2º, do CPC/2015:

> Art. 1.007. No ato de interposição do recurso, o recorrente comprovará, quando exigido pela legislação pertinente, o respectivo preparo, inclusive porte de remessa e de retorno, sob pena de deserção.
>
> (...)
>
> § 2º A insuficiência no valor do preparo, inclusive porte de remessa e de retorno, implicará deserção SE o recorrente, intimado na pessoa de seu advogado, NÃO vier a supri-lo no prazo de 5 (cinco) dias. (destacamos)

> OJ 140 da SBDI-1: Depósito recursal e custas processuais. Recolhimento insuficiente. Deserção (nova redação em decorrência do CPC de 2015) Em caso de recolhimento insuficiente das custas processuais ou do depósito recursal, SOMENTE HAVERÁ deserção do recurso se, concedido o prazo de 5 (cinco) dias previsto no § 2º do art. 1.007 do CPC de 2015, o recorrente não complementar e comprovar o valor devido. (destacamos)

As **custas processuais** são fixadas pela sentença e o seu pagamento depende do resultado da decisão. Quando procedente, **ainda que em parte**, o pagamento das custas será ônus do reclamado.

> Art. 790, CLT: (...)
>
> § 1º Tratando-se de empregado que não tenha obtido o benefício da justiça gratuita, ou isenção de custas, o sindicato que houver intervindo no processo responderá solidariamente pelo pagamento das custas devidas.

Cap. 40 – TEORIA GERAL DOS RECURSOS 717

(...)

§ 3º É facultado aos juízes, órgãos julgadores e presidentes dos tribunais do trabalho de qualquer instância conceder, a requerimento ou de ofício, o benefício da justiça gratuita, inclusive quanto a traslados e instrumentos, àqueles que perceberem salário igual ou inferior a 40% (quarenta por cento) do limite máximo dos benefícios do Regime Geral de Previdência Social.

§ 4º O benefício da justiça gratuita será concedido à parte que comprovar insuficiência de recursos para o pagamento das custas do processo.

De acordo com o que dispõe o art. 790-A da CLT, são isentos do pagamento de custas:

- os beneficiários de justiça gratuita;
- o Ministério Público do Trabalho;
- as pessoas jurídicas de direito público, ou seja, a União, os estados, o Distrito Federal, os municípios e as respectivas autarquias e fundações públicas federais, estaduais ou municipais que não explorem atividade econômica.

Súmula 86: Deserção. Massa falida. Empresa em liquidação extrajudicial. Não ocorre deserção de recurso da massa falida por falta de pagamento de custas ou de depósito do valor da condenação. Esse privilégio, todavia, não se aplica à empresa em liquidação extrajudicial.

Segundo o art. **789 da CLT**, nos dissídios individuais e nos dissídios coletivos do trabalho, nas ações e nos procedimentos de competência da Justiça do Trabalho, bem como nas demandas propostas perante a Justiça Estadual, no exercício da jurisdição trabalhista, as custas relativas ao processo de conhecimento incidirão à base de **2%**, observado o mínimo de R$ 10,64.

Com a reforma, a CLT passou a prever valor máximo para as custas: **quatro vezes o limite máximo dos benefícios do Regime Geral de Previdência Social.**

Art. 789. Nos dissídios individuais e nos dissídios coletivos do trabalho, nas ações e procedimentos de competência da Justiça do Trabalho, bem como nas demandas propostas perante a Justiça Estadual, no exercício da jurisdição trabalhista, as custas relativas ao processo de conhecimento incidirão à base de 2% (dois por cento), observado o mínimo de R$ 10,64 (dez reais e sessenta e quatro centavos) e o máximo de quatro vezes o limite máximo dos benefícios do Regime Geral de Previdência Social, e serão calculadas:

(...).

O § 1º desse artigo preconiza que as custas serão pagas pelo vencido, após o trânsito em julgado da decisão. No caso de recurso, o pagamento e a comprovação do recolhimento se darão dentro do prazo recursal.

Já o art. 832, § 2º, da CLT diz que a decisão mencionará sempre as custas que devam ser pagas pela parte vencida.

Nos termos da **Súmula 53 do TST**, caso a sentença **seja omissa** quanto ao valor da condenação e, consequentemente, das custas, a parte deverá ser intimada em momento posterior para pagá-las, quando só então começará a fluir o prazo para pagamento.

É recomendável que a parte apresente embargos de declaração pela omissão das custas, interrompendo o prazo recursal. Em não havendo intimação, a parte está dispensada, no prazo do recurso, de efetuar as custas processuais.

> Súmula 53 do TST: Custas. O prazo para pagamento das custas, no caso de recurso, é contado da intimação do cálculo.

> Súmula 25 do TST: Custas processuais. Inversão do ônus da sucumbência. (alterada a Súmula e incorporadas as Orientações Jurisprudenciais n°s 104 e 186 da SBDI-1) – Res. 197/2015 – *DEJT* divulgado em 14, 15 e 18.05.2015.

> I – A parte vencedora na primeira instância, se vencida na segunda, está obrigada, independentemente de intimação, a pagar as custas fixadas na sentença originária, das quais ficara isenta a parte então vencida;

> II – No caso de inversão do ônus da sucumbência em segundo grau, sem acréscimo ou atualização do valor das custas e se estas já foram devidamente recolhidas, descabe um novo pagamento pela parte vencida, ao recorrer. Deverá ao final, se sucumbente, reembolsar a quantia; (ex-OJ nº 186 da SBDI-I)

> III – Não caracteriza deserção a hipótese em que, acrescido o valor da condenação, não houve fixação ou cálculo do valor devido a título de custas e tampouco intimação da parte para o preparo do recurso, devendo ser as custas pagas ao final; (ex-OJ nº 104 da SBDI-I)

> IV – O reembolso das custas à parte vencedora faz-se necessário mesmo na hipótese em que a parte vencida for pessoa isenta do seu pagamento, nos termos do art. 790-A, parágrafo único, da CLT.

Atente-se para a inversão do ônus de sucumbência quando houver alteração da decisão impugnada. Assim, quando a parte vencedora na primeira instância for vencida na segunda, deverá pagar as custas fixadas na sentença originária, independentemente de intimação.

Por sua vez, quando o vencido tiver agravada a decisão para si (no caso de recurso da parte vencedora, por exemplo), não havendo acréscimo ou atualização do valor, não haverá que se falar em complementação do pagamento das custas já efetuadas.

Regra especial no direito comum, mas não aplicável na Justiça do Trabalho, é o pagamento de condenação por litigância de má-fé como pressuposto extrínseco para conhecimento de recurso.

> OJ 409 da SDI-1: Multa por litigância de má-fé. Recolhimento. Pressuposto recursal. Inexigibilidade. (nova redação em decorrência do CPC de 2015) – Res. 209/2016, *DEJT* divulgado em 01, 02 e 03.06.2016.

> O recolhimento do valor da multa imposta como sanção por litigância de má-fé (art. 81 do CPC de 2015 – art. 18 do CPC de 1973) não é pressuposto objetivo para interposição dos recursos de natureza trabalhista.

Com a reforma, a CLT passou a prever expressamente a responsabilidade por dano processual na litigância de má-fé nos arts. 793-A a 793-D.

Não confundir a multa imposta por litigância de má-fé com a multa pela oposição de embargos de declaração protelatórios. Esta pode cumular-se com a multa por litigância de má-fé. Ademais, reiterada a multa por oposição de embargos de declaração protelatórios, a parcela torna-se pressuposto recursal extrínseco/objetivo.

Observe-se que é inaplicável o art. 96 do CPC como fonte subsidiária, uma vez que, na Justiça do Trabalho, as custas estão reguladas pelo art. 789 da CLT.

O depósito recursal visa à garantia futura do juízo e somente é devido nas sentenças com condenação pecuniária.

Com a reforma trabalhista, o **depósito recursal** passa a ser depositado na **conta vinculada ao juízo** e a correção dá-se nos mesmos índices da poupança.

Ainda que haja vínculo de emprego, o depósito recursal não é mais realizado na conta vinculada ao FGTS.

> Art. 899, § 4º: O depósito recursal será feito em conta vinculada ao juízo e corrigido com os mesmos índices da poupança.

O **depósito recursal** consiste em pressuposto recursal para a interposição de certos recursos trabalhistas. É um valor pecuniário exigido do **empregador** (nunca do empregado), sendo devido somente quando há **condenação em pecúnia**, por se tratar de quantia destinada à **garantia de futura execução**. Portanto, nos casos de condenação em obrigações de fazer ou não fazer, bem como de sentenças declaratórias e constitutivas, **não** há exigência do depósito recursal.

> Súmula 161 do TST: Depósito. Condenação a pagamento em pecúnia. Se não há condenação a pagamento em pecúnia, descabe o depósito de que tratam os §§ 1º e 2º do art. 899 da CLT.
>
> Súmula 426 do TST: Depósito recursal. Utilização da guia GFIP. Obrigatoriedade. Nos dissídios individuais o depósito recursal será efetivado mediante a utilização da Guia de Recolhimento do FGTS e Informações à Previdência Social – GFIP, nos termos dos §§ 4º e 5º do art. 899 da CLT, admitido o depósito judicial, realizado na sede do juízo e à disposição deste, na hipótese de relação de trabalho não submetida ao regime do FGTS.

Como visto, com a reforma trabalhista, o depósito recursal é realizado na conta vinculada ao juízo, e não mais na conta vinculada ao FGTS. Assim, resta prejudicada a redação dessa súmula. Contudo, ela ainda não foi alterada pelo TST.

> A Oitava Turma do Tribunal Superior do Trabalho afastou a deserção do recurso ordinário do Condomínio Operacional do Shopping Só Marcas Outlet. O depósito recursal foi feito mediante Guia de Recolhimento do FGTS e Informações à Previdência Social (GFIP/SEFIP), mas o valor não foi depositado em conta vinculada ao juízo, como determina dispositivo da CLT alterado pela Lei 13.467/2017 (Reforma Trabalhista). Por unanimidade, os ministros relevaram o equívoco, uma vez que o objetivo do depósito recursal, que é a garantia da execução, foi alcançado.

Condenado em fevereiro de 2018 pelo juízo da 5ª Vara do Trabalho de Contagem (MG) em processo ajuizado por um agente de limpeza, o shopping, ao apresentar o recurso ordinário ao Tribunal Regional do Trabalho da 3ª Região, realizou o depósito recursal por meio da GFIP/SEFIP.

O TRT julgou o recurso deserto, porque o artigo 899, parágrafo 4º, da CLT, com a redação dada pela Lei 13.467/2017, determina que o depósito recursal seja feito em conta vinculada ao juízo, e não mais na conta do FGTS do empregado. Nos termos do artigo 20 da Instrução Normativa 41/2018 do TST, esse dispositivo da CLT se aplica aos recursos interpostos às decisões proferidas a partir de 11/11/2017, como no caso. O Tribunal Regional fundamentou ainda sua decisão no artigo 71 da Consolidação dos Provimentos da Corregedoria-Geral da Justiça do Trabalho, que passou a prever que o depósito recursal fosse feito por meio da guia de depósito judicial.

A relatora do recurso de revista do condomínio, ministra Dora Maria da Costa, assinalou que, a priori, o recurso ordinário estaria deserto pelo motivo exposto pelo TRT. Contudo, a Súmula 426 do TST, que permite o recolhimento do depósito recursal por meio da GFIP, não foi cancelada. Tal circunstância, a seu ver, resulta em "evidente e fundada controvérsia acerca da correta forma de se realizar o depósito recursal".

Segundo a relatora, considerando-se o contexto de transição da legislação trabalhista e os princípios da instrumentalidade das formas e da finalidade dos atos processuais, "seria desproporcional a conclusão de deserção do recurso ordinário interposto pouco tempo depois da alteração legislativa", uma vez que a Súmula 426 ampara a forma como se recolheu o depósito recursal. A ministra ressaltou ainda que o recolhimento cumpriu sua finalidade de garantir o juízo. Por unanimidade, a Oitava Turma acompanhou a relatora. (Processo: RR-10392-92.2017.5.03.0131)

OJ 264 da SDI-1 do TST: Depósito recursal. PIS/Pasep. Ausência de indicação na guia de depósito recursal. Validade. Não é essencial para a validade da comprovação do depósito recursal a indicação do número do PIS/Pasep na guia respectiva.

O depósito é devido no recurso ordinário, de revista, extraordinário e agravo de instrumento. Todavia, **não é devido no agravo de petição em fase de execução, desde que haja penhora garantindo o juízo integralmente.**

Súmula 128 do TST: Depósito recursal.

I – É ônus da parte recorrente efetuar o depósito legal, integralmente, em relação a cada novo recurso interposto, sob pena de deserção. Atingido o valor da condenação, nenhum depósito mais é exigido para qualquer recurso;

II – Garantido o juízo, na fase executória, a exigência de depósito para recorrer de qualquer decisão viola os incisos II e LV do art. 5º da CF/1988. Havendo, porém, elevação do valor do débito, exige-se a complementação da garantia do juízo;

III – Havendo condenação solidária de duas ou mais empresas, o depósito recursal efetuado por uma delas aproveita as demais, QUANDO A EMPRESA QUE EFETUOU O DEPÓSITO NÃO PLEITEIA SUA EXCLUSÃO DA LIDE. (destacamos)

Regra especial é dada ao agravo de instrumento quanto ao valor do depósito recursal, que será de **50% do valor referente ao recurso ao que se objetiva destrancar.**

Outra regra especial para o agravo de instrumento consiste na **comprovação do depósito recursal.** A regra comum é de que o depósito recursal deve ser recolhido no prazo do recurso a ser interposto, exceto para o agravo de instrumento, cujo recolhimento deve ser feito na data da interposição.

> Súmula 245 do TST: Depósito recursal. Prazo. O depósito recursal deve ser feito e comprovado no prazo alusivo ao recurso. A interposição antecipada deste não prejudica a dilação legal.

> OJ 217 da SDI-1 do TST: Agravo de instrumento. Traslado. Lei nº 9.756/98. Guias de custas e de depósito recursal. Para a formação do agravo de instrumento, não é necessária a juntada de comprovantes de recolhimento de custas e de depósito recursal relativamente ao recurso ordinário, desde que não seja objeto de controvérsia no recurso de revista a validade daqueles recolhimentos.

A reforma trabalhista trouxe situações expressas de redução do valor do depósito pela metade e, ainda, de isenção.

> Art. 899. (...)
>
> § 9º O valor do depósito recursal será reduzido pela metade para entidades sem fins lucrativos, empregadores domésticos, microempreendedores individuais, microempresas e empresas de pequeno porte.
>
> § 10. São isentos do depósito recursal os beneficiários da justiça gratuita, as entidades filantrópicas e as empresas em recuperação judicial.

REDUÇÃO PELA METADE	ISENÇÃO
Entidades sem fins lucrativos	Beneficiários da justiça gratuita
Empregadores domésticos	Entidades filantrópicas
Microempreendedores individuais	Empresas em recuperação judicial
Microempresas e empresas de pequeno porte	

Ressalta-se que a Fazenda Pública e o MP são isentos do recolhimento do depósito recursal, bem como a herança jacente. Já a **massa falida não se sujeita nem ao depósito nem às custas processuais**, ou seja, não recolhe o preparo para interposição de recursos.

Com a reforma, as empresas em recuperação judicial são **isentas do depósito recursal.**

A reforma também previu a **possibilidade de substituição do depósito recursal por fiança bancária ou seguro-garantia judicial.**

> Art. 899, § 11: O depósito recursal poderá ser substituído por fiança bancária ou seguro-garantia judicial.

DIREITO DO TRABALHO E PROCESSO DO TRABALHO FACILITADOS – *Lenza*

> ### ✏️ atenção
>
> Enquanto o depósito recursal pode ser substituído por fiança bancária ou seguro-garantia judicial, a garantia da execução, nos termos do art. 882 da CLT, só pode ser realizada por meio de seguro-garantia judicial.
>
> Art. 882. O executado que não pagar a importância reclamada poderá garantir a execução mediante depósito da quantia correspondente, atualizada e acrescida das despesas processuais, apresentação de seguro-garantia judicial ou nomeação de bens à penhora, observada a ordem preferencial estabelecida no art. 835 da Lei nº 13.105, de 16 de março de 2015 – Código de Processo Civil.

> ### ✏️ atenção
>
> **A reforma trabalhista regulamentou um pressuposto recursal intrínseco específico ao recurso de revista: transcendência.** Trata-se de pressuposto intrínseco, pois relacionado **à existência do direito de recorrer.**
>
> Art. 896-A. O Tribunal Superior do Trabalho, no recurso de revista, examinará previamente se a causa oferece transcendência com relação aos reflexos gerais de natureza econômica, política, social ou jurídica.
>
> § 1º São indicadores de transcendência, entre outros:
>
> I – econômica, o elevado valor da causa;
>
> II – política, o desrespeito da instância recorrida à jurisprudência sumulada do Tribunal Superior do Trabalho ou do Supremo Tribunal Federal;
>
> III – social, a postulação, por reclamante-recorrente, de direito social constitucionalmente assegurado;
>
> IV – jurídica, a existência de questão nova em torno da interpretação da legislação trabalhista.
>
> § 2º Poderá o relator, monocraticamente, denegar seguimento ao recurso de revista que não demonstrar transcendência, cabendo agravo desta decisão para o colegiado.
>
> § 3º Em relação ao recurso que o relator considerou não ter transcendência, o recorrente poderá realizar sustentação oral sobre a questão da transcendência, durante cinco minutos em sessão.
>
> § 4º Mantido o voto do relator quanto à não transcendência do recurso, será lavrado acórdão com fundamentação sucinta, que constituirá decisão irrecorrível no âmbito do tribunal.
>
> § 5º É irrecorrível a decisão monocrática do relator que, em agravo de instrumento em recurso de revista, considerar ausente a transcendência da matéria.
>
> § 6º O juízo de admissibilidade do recurso de revista exercido pela Presidência dos Tribunais Regionais do Trabalho limita-se à análise dos pressupostos intrínsecos e extrínsecos do apelo, não abrangendo o critério da transcendência das questões nele veiculadas.

1.5. Efeitos recursais

A CLT estabelece que os recursos trabalhistas tenham efeitos meramente devolutivos. Contudo, excepcionalmente, a pretensão recursal poderá ter seus efeitos suspensos, por meio de ajuizamento de cautelar (art. 899 da CLT).

1.5.1. Efeito devolutivo

É inerente a qualquer recurso, isto é, devolve a matéria ao tribunal. A doutrina entende que todos os outros recursos possuem **efeito devolutivo** (pois há a devolução da matéria impugnada para a apreciação do tribunal), **exceto os embargos de declaração, que são apreciados pelo próprio órgão prolator.**

A análise do efeito devolutivo se faz sob dois enfoques: a **extensão** (dimensão horizontal) e a **profundidade** (dimensão vertical).

O **efeito devolutivo quanto à extensão (dimensão horizontal)** relaciona-se com a quantidade de matérias a serem apreciadas pelo tribunal. Nesse sentido, **apenas as matérias que o recorrente impugnou devem ser analisadas pelo tribunal,** ou seja, o recurso limita-se aos pontos impugnados pelo recorrente, nos termos do art. 1.013 do CPC (*tantum devolutum quantum appellatum*).

Já o **efeito devolutivo** quanto à **profundidade (dimensão vertical)** relaciona-se com a **qualidade das matérias** a serem apreciadas pelo tribunal. Assim, o juízo *ad quem* analisará todas as questões discutidas (existentes no processo), ainda que o recorrente não as tenha alegado no recurso ou a sentença não tenha feito referência a elas. Isso, porque o juiz não precisa responder a todas as alegações e provas realizadas pelas partes, senão mencionar aquelas que formaram o seu convencimento. É importante não confundir essa desobrigação com o dever do juiz de analisar todos os pedidos, sob pena de nulidade.

1.5.2. Efeito suspensivo

Suspende a execução imediata da sentença impugnada. Conforme já mencionado, os recursos trabalhistas **não possuem efeito suspensivo, salvo situações excepcionais, como no recurso ordinário de sentença normativa,** quando concedido pelo presidente do tribunal, cuja cassação dos efeitos posteriormente retroage à data do despacho que o concedeu.

> Súmula 414 do TST: Mandado de segurança. Tutela provisória concedida antes ou na sentença (nova redação em decorrência do CPC de 2015) – Res. 217/2017 – *DEJT* divulgado em 20, 24 e 25.04.2017
>
> I – A tutela provisória concedida na sentença NÃO comporta impugnação pela via do mandado de segurança, por ser impugnável mediante recurso ordinário. É admissível a obtenção de EFEITO SUSPENSIVO ao recurso ordinário mediante requerimento dirigido ao tribunal, ao relator ou ao presidente ou ao vice-presidente do tribunal recorrido, por aplicação subsidiária ao processo do trabalho do artigo 1.029, § 5º, do CPC de 2015. [ATENÇÃO! Não é mais Ação Cautelar.]
>
> II – No caso de a tutela provisória haver sido concedida ou indeferida antes da sentença, cabe MANDADO DE SEGURANÇA, em face da inexistência de recurso próprio.
>
> III – A superveniência da sentença, nos autos originários, faz perder o objeto do mandado de segurança que impugnava a concessão ou o indeferimento da tutela provisória. (destacamos)

Por sua vez, o recurso de revista, dotado de efeito apenas devolutivo, será interposto perante o presidente do Tribunal Regional do Trabalho, que, por decisão fundamentada, poderá recebê-lo ou denegá-lo (art. 896, § 1º, da CLT).

Por fim, o recebimento de recurso trabalhista apenas no efeito devolutivo permite a execução provisória da sentença **até a penhora ou garantia do juízo.**

1.5.3. Efeito translativo

Consiste na possibilidade de o juízo *ad quem* apreciar, ainda que não impugnadas pelo recorrente, matérias de ordem pública, aquelas que podem ser reconhecidas de ofício, sobre as quais **não operam a preclusão.** Desse modo, as preliminares processuais (ex.: carência de ação) podem ser reconhecidas pelo tribunal, independentemente de alegação do recorrente.

1.5.4. Efeito obstativo

Com este efeito impede-se que a sentença transite em julgado, temporariamente, até que o recurso seja julgado, ressalvados os casos em que o recurso é interposto intempestivamente ou é manifestamente incabível.

> Súmula 100 do TST: Ação rescisória. Decadência. (...) III – Salvo se houver dúvida razoável, a interposição de recurso intempestivo ou a interposição de recurso incabível não protrai o termo inicial do prazo decadencial.

1.5.5. Efeito expansivo

Por meio do efeito expansivo é possível que a nova decisão **alcance** um **novo objeto** que não foi impugnado ou **novo sujeito** que não recorreu. Classifica-se em expansivo **objetivo** e expansivo **subjetivo.**

O efeito **expansivo objetivo** ocorre quando a decisão reconhece os efeitos da sentença para aqueles que não recorrem, por exemplo, em caso de litisconsórcio unitário – que ocorre quando a decisão judicial deve ser uniforme para todos os litisconsortes.

Observe-se que, se os interesses dos litisconsortes forem distintos, o recurso interposto por um não aproveitará aos demais, por ser o litisconsórcio meramente facultativo.

Já o **expansivo objetivo** ocorre quando a decisão *ad quem* reconhece um pedido indeferido pelo juízo *a quo.*

> Art. 1.005 do CPC: O recurso interposto por um dos litisconsortes a todos aproveita, salvo se distintos ou opostos os seus interesses.
>
> Parágrafo único. Havendo solidariedade passiva, o recurso interposto por um devedor aproveitará aos outros quando as defesas opostas ao credor lhes forem comuns.
>
> Súmula 128 do TST: Depósito recursal.
>
> (...)
>
> III – Havendo condenação solidária de duas ou mais empresas, o depósito recursal efetuado por uma delas aproveita as demais, quando a empresa que efetuou o depósito não pleiteia sua exclusão da lide.

1.5.6. Efeito regressivo

Trata-se de exceção à regra de que, com a sentença, termina o ofício jurisdicional do juiz no processo. Assim, referido efeito permite que o juiz prolator da decisão se retrate, nos casos previstos em lei.

São exemplos de retratação:

i. agravo de instrumento no processo comum (uma vez que, na Justiça do Trabalho, esse recurso visa destrancar recurso a que se negou prosseguimento);

ii. agravo regimental;

iii. indeferimento de petição inicial, devendo a retratação ser exercida no prazo de 5 dias (art. 331 do CPC);

iv. improcedência liminar do pedido, prevista no art. 332, § 3º, do CPC, no qual a retratação deverá ser exercida em 5 dias; e

v. embargos de declaração com efeitos modificativos.

RESUMO

1) Recurso é instrumento voluntário de impugnação de decisão judicial não transitada em julgado. Essa impugnação pode ser feita pela parte interessada (partes, Ministério Público ou terceiros) e tem por finalidade obter um novo julgamento (ex.: vício processual), reformar (questão de mérito) ou esclarecer (omissão, contradição, obscuridade) a decisão impugnada pela mesma ou por outra autoridade judiciária superior.

2) Quanto à autoridade à qual se dirigem, os recursos podem ser próprios ou impróprios. Os recursos próprios são julgados por órgão de jurisdição superior, como o recurso ordinário, e os impróprios são julgados pelo mesmo órgão prolator da decisão impugnada, como os embargos de declaração.

3) Quanto à finalidade/matéria, os recursos podem ser ordinários ou extraordinários. No primeiro caso, há ampla discussão, inclusive probatória, para atacar o mérito e vícios processuais ou simplesmente buscar uma decisão justa. Daí se admitir como fundamento do recurso o mero inconformismo da decisão, possibilitando exame completo da matéria impugnada. Por exemplo, recurso ordinário.

4) Quanto à extensão do recurso, ele pode ser parcial ou total. É parcial quando o vencido impugna parte da pretensão sucumbente, por exemplo, condenado ao pagamento de aviso-prévio, férias, 13º e horas extras, decide recorrer apenas sobre as horas extras, deixando incontroversas as outras parcelas.

5) Quanto à independência, o recurso pode ser principal ou subordinado. Conforme os próprios nomes já denunciam, entende-se por recurso principal aquele atrelado exclusivamente a si, isto é, submete-se aos pressupostos recursais sem que outro recurso lhe dê vida.

QUESTÕES PARA TREINO

1. **(IBFC – Prefeitura de Cuiabá-MT – Analista – Direito – 2023 – adaptada)** O recurso de revista, dotado de efeito apenas devolutivo, será interposto perante o Presidente

do Tribunal Regional do Trabalho, que, por decisão fundamentada, poderá recebê-lo ou denegá-lo.

Comentário

CLT, art. 896, § 1º: O recurso de revista, dotado de efeito apenas devolutivo, será interposto perante o Presidente do Tribunal Regional do Trabalho, que, por decisão fundamentada, poderá recebê-lo ou denegá-lo.

Certo.

2. **(IBFC – Prefeitura de Cuiabá-MT – Analista – Direito – 2023 – adaptada)** Das decisões proferidas pelos Tribunais Regionais do Trabalho ou por suas Turmas, em execução de sentença, inclusive em processo incidente de embargos de terceiro, não caberá Recurso de Revista, salvo na hipótese de ofensa direta e literal de norma da Constituição Federal.

    Comentário

    CLT, art. 896, § 2º: Das decisões proferidas pelos Tribunais Regionais do Trabalho ou por suas Turmas, em execução de sentença, inclusive em processo incidente de embargos de terceiro, não caberá Recurso de Revista, salvo na hipótese de ofensa direta e literal de norma da Constituição Federal.

    Certo.

3. **(IBFC – Prefeitura de Cuiabá-MT – Analista – Direito – 2023 – adaptada)** Das decisões proferidas pelos Tribunais Regionais do Trabalho ou por suas Turmas, em execução de sentença, inclusive em processo incidente de embargos de terceiro, não caberá Recurso de Revista, salvo na hipótese de ofensa direta e literal de norma da Constituição Federal.

    Comentário

    CLT, art. 896, § 7º: A divergência apta a ensejar o recurso de revista deve ser atual, não se considerando como tal a ultrapassada por súmula do Tribunal Superior do Trabalho ou do Supremo Tribunal Federal, ou superada por iterativa e notória jurisprudência do Tribunal Superior do Trabalho.

    Certo.

4. **(Instituto Access – Celepar-PR – Advogado – 2022 – adaptada)** Fábio é portador de estabilidade sindical e foi demitido sem motivo justificado, pretendendo ser reintegrado de imediato, motivo pelo qual ajuíza reclamação trabalhista, com pedido liminar de reintegração, que foi deferido pelo magistrado, mesmo sem a oitiva da parte contrária e determinada a sua reintegração imediata ao emprego. Um advogado foi procurado pelo empregador para reverter a situação.

    Analisando a situação hipotética anteriormente narrada, é correto afirmar que deverá ser interposto o recurso de agravo de instrumento.

    Comentário

    Súmula 414 do TST: Mandado de segurança. Tutela provisória concedida antes ou na sentença.

    I – A tutela provisória concedida na sentença não comporta impugnação pela via do mandado de segurança, por ser impugnável mediante recurso ordinário. É admissível a obtenção de efeito suspensivo ao recurso ordinário mediante requerimento dirigido ao tribunal, ao relator ou ao presidente ou ao vice-presidente do tribunal recorrido, por aplicação subsidiária ao processo do trabalho do artigo 1.029, § 5º, do CPC de 2015.

II – No caso de a tutela provisória haver sido concedida ou indeferida antes da sentença, cabe mandado de segurança, em face da inexistência de recurso próprio.

III – A superveniência da sentença, nos autos originários, faz perder o objeto do mandado de segurança que impugnava a concessão ou o indeferimento da tutela provisória.

OJ 65: Mandado de segurança. Reintegração liminarmente concedida. Dirigente sindical (inserida em 20.09.2000)

Ressalvada a hipótese do art. 494 da CLT, não fere direito líquido e certo a determinação liminar de reintegração no emprego de dirigente sindical, em face da previsão do inciso X do art. 659 da CLT.

Errado.

5.   **(Instituto Access – Celepar-PR – Advogado – 2022 – adaptada)** Fábio é portador de estabilidade sindical e foi demitido sem motivo justificado, pretendendo ser reintegrado de imediato, motivo pelo qual ajuíza reclamação trabalhista, com pedido liminar de reintegração, que foi deferido pelo magistrado, mesmo sem a oitiva da parte contrária e determinada a sua reintegração imediata ao emprego. Um advogado foi procurado pelo empregador para reverter a situação.

Analisando a situação hipotética anteriormente narrada, é correto afirmar que deverá ser impetrado mandado de segurança.

Comentário

Súmula 414 do TST: Mandado de segurança. Tutela provisória concedida antes ou na sentença.

I – A tutela provisória concedida na sentença não comporta impugnação pela via do mandado de segurança, por ser impugnável mediante recurso ordinário. É admissível a obtenção de efeito suspensivo ao recurso ordinário mediante requerimento dirigido ao tribunal, ao relator ou ao presidente ou ao vice-presidente do tribunal recorrido, por aplicação subsidiária ao processo do trabalho do artigo 1.029, § 5º, do CPC de 2015.

II – No caso de a tutela provisória haver sido concedida ou indeferida antes da sentença, cabe mandado de segurança, em face da inexistência de recurso próprio.

III – A superveniência da sentença, nos autos originários, faz perder o objeto do mandado de segurança que impugnava a concessão ou o indeferimento da tutela provisória.

OJ 65: Mandado de segurança. Reintegração liminarmente concedida. Dirigente sindical (inserida em 20.09.2000)

Ressalvada a hipótese do art. 494 da CLT, não fere direito líquido e certo a determinação liminar de reintegração no emprego de dirigente sindical, em face da previsão do inciso X do art. 659 da CLT.

Certo.

6. **(Instituto Access – Celepar-PR – Advogado – 2022 – adaptada)** Fábio é portador de estabilidade sindical e foi demitido sem motivo justificado, pretendendo ser reintegrado de imediato, motivo pelo qual ajuíza reclamação trabalhista, com pedido liminar de reintegração, que foi deferido pelo magistrado, mesmo sem a oitiva da parte contrária e determinada a sua reintegração imediata ao emprego. Um advogado foi procurado pelo empregador para reverter a situação.

Analisando a situação hipotética anteriormente narrada, é correto afirmar que deverá ser interposto recurso ordinário.

Comentário

Súmula 414 do TST: Mandado de segurança. Tutela provisória concedida antes ou na sentença.

I – A tutela provisória concedida na sentença não comporta impugnação pela via do mandado de segurança, por ser impugnável mediante recurso ordinário. É admissível a obtenção de efeito suspensivo ao recurso ordinário mediante requerimento dirigido ao tribunal, ao relator ou ao presidente ou ao vice-presidente do tribunal recorrido, por aplicação subsidiária ao processo do trabalho do artigo 1.029, § 5º, do CPC de 2015.

II – No caso de a tutela provisória haver sido concedida ou indeferida antes da sentença, cabe mandado de segurança, em face da inexistência de recurso próprio.

III – A superveniência da sentença, nos autos originários, faz perder o objeto do mandado de segurança que impugnava a concessão ou o indeferimento da tutela provisória.

OJ 65: Mandado de segurança. Reintegração liminarmente concedida. Dirigente sindical (inserida em 20.09.2000)

Ressalvada a hipótese do art. 494 da CLT, não fere direito líquido e certo a determinação liminar de reintegração no emprego de dirigente sindical, em face da previsão do inciso X do art. 659 da CLT.

Errado.

7. **(Instituto Access – Celepar-PR – Advogado – 2022 – adaptada)** Fábio é portador de estabilidade sindical e foi demitido sem motivo justificado, pretendendo ser reintegrado de imediato, motivo pelo qual ajuíza reclamação trabalhista, com pedido liminar de reintegração, que foi deferido pelo magistrado, mesmo sem a oitiva da parte contrária e determinada a sua reintegração imediata ao emprego. Um advogado foi procurado pelo empregador para reverter a situação.

Analisando a situação hipotética anteriormente narrada, é correto afirmar que deverá ser interposto recurso de apelação.

Comentário

Súmula 414 do TST: Mandado de segurança. Tutela provisória concedida antes ou na sentença.

I – A tutela provisória concedida na sentença não comporta impugnação pela via do mandado de segurança, por ser impugnável mediante recurso ordinário. É admissível a obtenção de efeito suspensivo ao recurso ordinário mediante requerimento dirigido ao tribunal, ao relator ou ao presidente ou ao vice-presidente do tribunal recorrido, por aplicação subsidiária ao processo do trabalho do artigo 1.029, § 5º, do CPC de 2015.

Cap. 40 – TEORIA GERAL DOS RECURSOS **729**

II – No caso de a tutela provisória haver sido concedida ou indeferida antes da sentença, cabe mandado de segurança, em face da inexistência de recurso próprio.

III – A superveniência da sentença, nos autos originários, faz perder o objeto do mandado de segurança que impugnava a concessão ou o indeferimento da tutela provisória.

OJ 65: Mandado de segurança. Reintegração liminarmente concedida. Dirigente sindical (inserida em 20.09.2000)

Ressalvada a hipótese do art. 494 da CLT, não fere direito líquido e certo a determinação liminar de reintegração no emprego de dirigente sindical, em face da previsão do inciso X do art. 659 da CLT.

Errado.

8. **(Instituto Access – Celepar-PR – Advogado – 2022 – adaptada)** Fábio é portador de estabilidade sindical e foi demitido sem motivo justificado, pretendendo ser reintegrado de imediato, motivo pelo qual ajuíza reclamação trabalhista, com pedido liminar de reintegração, que foi deferido pelo magistrado, mesmo sem a oitiva da parte contrária e determinada a sua reintegração imediata ao emprego. Um advogado foi procurado pelo empregador para reverter a situação.

    Analisando a situação hipotética anteriormente narrada, é correto afirmar que deverá ser ajuizada ação rescisória.

    Comentário

    Súmula 414 do TST: Mandado de segurança. Tutela provisória concedida antes ou na sentença.

    I – A tutela provisória concedida na sentença não comporta impugnação pela via do mandado de segurança, por ser impugnável mediante recurso ordinário. É admissível a obtenção de efeito suspensivo ao recurso ordinário mediante requerimento dirigido ao tribunal, ao relator ou ao presidente ou ao vice-presidente do tribunal recorrido, por aplicação subsidiária ao processo do trabalho do artigo 1.029, § 5º, do CPC de 2015.

    II – No caso de a tutela provisória haver sido concedida ou indeferida antes da sentença, cabe mandado de segurança, em face da inexistência de recurso próprio.

    III – A superveniência da sentença, nos autos originários, faz perder o objeto do mandado de segurança que impugnava a concessão ou o indeferimento da tutela provisória.

    OJ 65: Mandado de segurança. Reintegração liminarmente concedida. Dirigente sindical (inserida em 20.09.2000)

    Ressalvada a hipótese do art. 494 da CLT, não fere direito líquido e certo a determinação liminar de reintegração no emprego de dirigente sindical, em face da previsão do inciso X do art. 659 da CLT.

    Errado.

9. **(Instituto Access – Celepar-PR – Advogado – 2022 – adaptada)** Em reclamação trabalhista ajuizada pelo rito sumaríssimo, por Gildo em face de Raio de Sol Ltda., foram julgados procedentes todos os pedidos, e, após o recurso ordinário interposto não lhe ser favorável, a empresa empregadora pretende interpor recurso de revista.

Levando-se em consideração as normas constantes na CLT e o entendimento sumulado do TST para a interposição do recurso de revista, é correto afirmar que, nas causas sujeitas ao procedimento sumaríssimo, somente será admitido recurso de revista por contrariedade a súmula de jurisprudência uniforme do Tribunal Superior do Trabalho, e súmulas e orientações jurisprudenciais, súmula vinculante do Supremo Tribunal Federal e por violação direta da Constituição Federal.

Comentário

Art. 896. Cabe Recurso de Revista para Turma do Tribunal Superior do Trabalho das decisões proferidas em grau de recurso ordinário, em dissídio individual, pelos Tribunais Regionais do Trabalho, quando:

(...)

§ 9º Nas causas sujeitas ao procedimento sumaríssimo, somente será admitido recurso de revista por contrariedade a súmula de jurisprudência uniforme do Tribunal Superior do Trabalho ou a súmula vinculante do Supremo Tribunal Federal e por violação direta da Constituição Federal.

Errado.

10. **(Instituto Access – Celepar-PR – Advogado – 2022 – adaptada)** Em reclamação trabalhista ajuizada pelo rito sumaríssimo, por Gildo em face de Raio de Sol Ltda., foram julgados procedentes todos os pedidos, e, após o recurso ordinário interposto não lhe ser favorável, a empresa empregadora pretende interpor recurso de revista.

Levando-se em consideração as normas constantes na CLT e o entendimento sumulado do TST para a interposição do recurso de revista, é correto afirmar que, nas causas sujeitas ao procedimento sumaríssimo, somente será admitido recurso de revista por contrariedade a súmula de jurisprudência uniforme do Tribunal Superior do Trabalho ou a súmula vinculante do Supremo Tribunal Federal e por violação direta da Constituição Federal, não sendo possível quando houver contrariedade a orientações jurisprudenciais do TST.

Comentário

Art. 896. Cabe Recurso de Revista para Turma do Tribunal Superior do Trabalho das decisões proferidas em grau de recurso ordinário, em dissídio individual, pelos Tribunais Regionais do Trabalho, quando:

(...)

§ 9º Nas causas sujeitas ao procedimento sumaríssimo, somente será admitido recurso de revista por contrariedade a súmula de jurisprudência uniforme do Tribunal Superior do Trabalho ou a súmula vinculante do Supremo Tribunal Federal e por violação direta da Constituição Federal.

Certo.

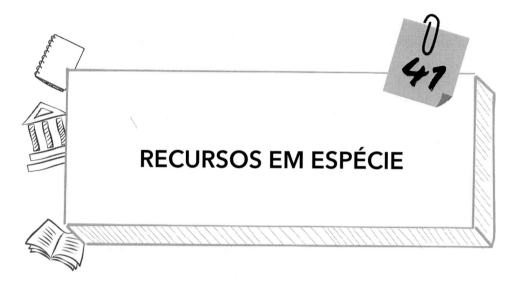

RECURSOS EM ESPÉCIE

1. EMBARGOS DE DECLARAÇÃO

Os embargos de declaração buscam **esclarecimento, complementação ou aperfeiçoamento** da decisão prolatada (sentença ou acórdão). Em princípio, não há intimação para contrarrazões aos embargos de declaração, **salvo se o juiz verificar a possibilidade de modificar a decisão embargada.**

1.1. Cabimento

A inserção dos embargos de declaração na CLT é recente; até então, utilizava-se o CPC como legislação supletiva. A inclusão expressa desse recurso no regramento celetista não alterou a subsidiariedade do direito comum. O *caput* do art. 897-A da CLT prevê ainda outra possibilidade, além da omissão e da contradição: **MANIFESTO EQUÍVOCO no exame dos pressupostos extrínsecos do recurso.**

DA DECISÃO OMISSA: entende-se por omissão a decisão que **deixa de apreciar algo pleiteado,** dando origem à sentença *citra petita*. Frise-se que a omissão **está relacionada com os pedidos ou a causa de pedir,** e não com todas as alegações feitas pelas partes.

> OJ 41 da SDI-2: Ação rescisória. Sentença "citra petita". Cabimento (atualizada em decorrência do CPC de 2015) – Res. 208/2016, *DEJT* divulgado em 22, 25 e 26.04.2016.
>
> Revelando-se a sentença "citra petita", o vício processual vulnera os arts. 141 e 492 do CPC de 2015 (arts. 128 e 460 do CPC de 1973), tornando-a passível de desconstituição, ainda que não interpostos embargos de declaração.

Percebe-se, pelo enunciado da OJ, que a inexistência de oposição de embargos declaratórios **não causa preclusão ao direito da rescisória,** devendo-se adotar mesmo entendimento para o recurso ordinário. Atente-se, no entanto, que haverá preclusão quando não forem opostos os declaratórios para atacar recurso de revista e embargos de divergência, pois é necessário o **PREQUESTIONAMENTO da matéria**.

> Súmula 184 do TST: Embargos declaratórios. Omissão em recurso de revista. Preclusão. Ocorre preclusão se não forem opostos embargos declaratórios para suprir omissão apontada em recurso de revista ou de embargos.

Entende-se por prequestionada **a matéria que tenha adotado explicitamente tese a respeito**. Aliás, cabe à parte opor embargos de declaração para obter o prequestionamento da matéria, desde que ela já tenha sido invocada no recurso principal.

> Súmula 297 do TST: Prequestionamento. Oportunidade. Configuração (nova redação) – Res. 121/2003, *DJ* 19, 20 e 21.11.2003.
>
> I. Diz-se prequestionada a matéria ou questão quando na decisão impugnada haja sido adotada, explicitamente, tese a respeito.
>
> II. Incumbe à parte interessada, desde que a matéria haja sido invocada no recurso principal, opor embargos declaratórios objetivando o pronunciamento sobre o tema, sob pena de preclusão.
>
> III. Considera-se prequestionada a questão jurídica invocada no recurso principal sobre a qual se omite o Tribunal de pronunciar tese, não obstante opostos embargos de declaração.

DA DECISÃO CONTRADITÓRIA: a contradição estará configurada quando houver **conflitos lógicos de pretensões deferidas**, por exemplo, é reconhecida a justa causa do empregado, mas são concedidas a ele todas as verbas rescisórias. Admitem-se efeitos modificativos quando os embargos de declaração atacam decisão contraditória.

DA DECISÃO OBSCURA: apesar de não estarem previstos expressamente na CLT, os embargos de declaração também poderão ser opostos quando a sentença for obscura, entendida como **aquela de difícil compreensão, em que falta clareza**.

DO MANIFESTO EQUÍVOCO NO EXAME DOS PRESSUPOSTOS EXTRÍNSECOS DO RECURSO: os pressupostos recursais são os requisitos legais que deve cumprir o recorrente para que seu recurso seja conhecido e julgado pelo tribunal. Estão divididos em subjetivos ou intrínsecos e objetivos ou extrínsecos. Os primeiros relacionam-se com a decisão recorrida, isto é, atributos do recorrente no momento da impugnação. Já os segundos relacionam-se com fatos externos à decisão, isto é, o modo de exercer o direito recursal.

DO ERRO MATERIAL: a decisão que contenha erros materiais, apesar da possibilidade de correção de ofício ou por simples petição, também pode ser retificada por meio de embargos de declaração. É o disposto no § 1º do art. 897-A da CLT.

Ressalta-se que o **erro material não transita em julgado**, não havendo obrigatoriedade de se oporem embargos de declaração.

DAS DECISÕES INTERLOCUTÓRIAS: conforme o art. 1.022 do CPC, cabem embargos de declaração **contra qualquer decisão judicial**. Quanto aos despachos, evidentemente que não cabem, pois são atos irrecorríveis.

1.2. Do caráter infringente dos embargos de declaração

A finalidade precípua dos embargos de declaração é esclarecer as matérias obscuras, contraditórias ou omissas da decisão, bem como erro material. Contudo, por vezes, ao analisar essas questões, **a decisão é modificada**, daí a existência dos embargos de declaração infringente.

Frise-se que o efeito modificativo deve corrigir erros quanto à clareza, à contradição ou à omissão da decisão impugnada, e nunca a reapreciação das provas ou do próprio mérito da causa.

1.3. Dos embargos de declaração protelatórios e da multa

A oposição de embargos de declaração tem o condão de interromper o prazo recursal de outros recursos. Desse modo, para evitar que os embargos de declaração sejam opostos unicamente com essa finalidade – interrupção de prazo –, o legislador previu multa **não excedente a 2% sobre o valor da causa (art. 1.026, § 2º, do CPC)**.

EMBARGOS DE DECLARAÇÃO	
Erros materiais	Os erros materiais poderão ser **corrigidos de ofício ou a requerimento** de qualquer das partes.
Efeitos modificativos	Eventual efeito modificativo dos embargos de declaração somente poderá ocorrer em virtude da correção de vício na decisão embargada e **desde que ouvida a parte contrária**, no prazo de 5 (cinco) dias (OJ 142 da SBDI-1 do TST).
Interrupção do prazo recursal	Os embargos de declaração **interrompem o prazo para interposição de outros recursos**, por qualquer das partes, salvo quando intempestivos, irregular a representação da parte ou ausente a sua assinatura.
Embargos protelatórios	Quando **manifestamente protelatórios** os embargos de declaração, o juiz ou o tribunal, em decisão fundamentada, **condenará o embargante a pagar ao embargado multa não excedente a dois por cento sobre o valor atualizado da causa** (art. 1.026, § 2º, do CPC).
Reiteração de embargos protelatórios	Na **reiteração de embargos de declaração manifestamente protelatórios**, **a multa será elevada a até dez por cento** sobre o valor atualizado da causa, e a **interposição de qualquer recurso ficará condicionada ao depósito prévio do valor da multa**, à exceção da Fazenda Pública e do beneficiário de gratuidade da justiça, que a recolherão ao final (art. 1.026, § 3º, do CPC).
Limitação	**Não serão admitidos** novos embargos de declaração **se os 2 (dois) anteriores houverem sido considerados protelatórios** (art. 1.026, § 4º, do CPC).

2. RECURSO ORDINÁRIO

A decisão de primeiro grau prolatada pelo juiz da Vara do Trabalho, **seja de mérito (definitiva), seja não de mérito (terminativa)**, é impugnável por meio de recurso ordinário (equivalente à apelação do direito comum), no prazo de 8 dias (art. 895 da CLT). Também caberá recurso ordinário das decisões terminativas ou definitivas dos Tribunais Regionais do Trabalho em processo de sua competência originária; portanto, não passam pela Vara do Trabalho. Isso quer dizer que o TST julga o recurso ordinário interposto contra decisão do TRT das ações originárias.

2.1. Cabimento

a) Das **sentenças terminativas** ou **definitivas** prolatadas pela Vara do Trabalho ou pelo juiz de direito no exercício da jurisdição trabalhista.

b) Das **decisões definitivas** ou **terminativas** prolatadas pelos Tribunais Regionais do Trabalho **em processos de sua competência originária** (mandado de segurança, ação rescisória, ação anulatória, dissídio coletivo, *habeas corpus* etc.), **seja nos dissídios individuais, seja nos coletivos**.

Neste último caso, lembre-se que as decisões interlocutórias terminativas do feito para a Justiça do Trabalho **são atacáveis por recurso ordinário**, por exemplo, **acolhimento de exceção de incompetência da Justiça do Trabalho com remessa para a Justiça Comum** (Súmula 214 do TST).

> Súmula 214 do TST: Decisão interlocutória. Irrecorribilidade (nova redação)
>
> Na Justiça do Trabalho, nos termos do art. 893, § 1º, da CLT, as decisões interlocutórias não ensejam recurso imediato, salvo nas hipóteses de decisão: a) de Tribunal Regional do Trabalho contrária à Súmula ou Orientação Jurisprudencial do Tribunal Superior do Trabalho; b) suscetível de impugnação mediante recurso para o mesmo Tribunal; c) que acolhe exceção de incompetência territorial, com a remessa dos autos para Tribunal Regional distinto daquele a que se vincula o juízo excepcionado, consoante o disposto no art. 799, § 2º, da CLT.

É com o recurso ordinário que se rediscute amplamente a decisão na 1ª instância – matéria de fato e de direito.

Insurge mencionar que o efeito de sua interposição segue a regra geral: meramente devolutivo, com possibilidade de ação cautelar para obter o efeito suspensivo.

Como é sabido, na interposição dos recursos há dois juízos de admissibilidade – *a quo* e *ad quem*.

Assim, o recurso ordinário é interposto no juiz prolator da decisão (*a quo*), que fará o primeiro juízo de admissibilidade e, acolhendo, intimará a parte contrária para contrarrazoar. Em seguida, serão os autos remetidos ao órgão superior (*ad quem*), o qual fará o segundo juízo de admissibilidade, para julgamento, conforme procedimento estipulado pelo regimento interno do tribunal.

3. AGRAVO DE PETIÇÃO

Cabe agravo de petição, no **prazo de 8 dias**, ao tribunal contra decisão de **primeira instância na fase de execução** (art. 897 da CLT).

Atente-se que, embora o dispositivo mencione "decisões", tal expressão deve ser interpretada sistematicamente. Assim, os despachos e, na Justiça do Trabalho, as decisões interlocutórias não são recorríveis.

Diferentemente do direito comum, em que a apelação é meio de impugnação tanto na fase de conhecimento quanto na executória, **na Justiça do Trabalho**, na fase de cognição, a decisão é impugnada por recurso ordinário e, na **fase de execução, é impugnada por agravo de petição**.

Cap. 41 – RECURSOS EM ESPÉCIE **735**

Por sua vez, há decisões na fase executiva que possuem recurso específico. É o que ocorre com os embargos à penhora e à execução, previstos pelos §§ 1º e 3º do art. 884 da CLT.

> Art. 884. (...)
>
> § 3º Somente nos embargos à penhora poderá o executado impugnar a sentença de liquidação, cabendo ao exequente igual direito e no mesmo prazo.

Portanto, *grosso modo*, **o agravo de petição somente é interposto após os embargos à execução ou à impugnação à sentença de liquidação, salvo quando, acolhida a exceção de pré-executividade, caso em que o juiz extinguirá a execução, por se tratar de decisão terminativa.**

Por sua vez, a CLT, no § 1º do art. 897, exige que a parte **delimite a matéria** e os **valores** impugnados no agravo de petição, **permitindo a execução dos valores incontroversos.** Entende-se por delimitação de matéria a impugnação do próprio direito, por exemplo, horas extras, 13º salário. Já a delimitação de valores corresponde aos valores devidos a referidas parcelas.

Não é exigido pagamento de **custas**, pois, **na execução, elas são pagas ao final. Por sua vez, se garantido o juízo, será dispensado o depósito recursal.**

Por fim, quando a matéria impugnada no agravo de petição versar apenas sobre as contribuições sociais devidas, serão extraditadas cópias dos processos e remetidas, em apartado, à instância superior para apreciação (art. 897, § 8º).

RECURSO ORDINÁRIO NO PROCEDIMENTO SUMARÍSSIMO
Art. 895, § 1º: Nas reclamações sujeitas ao procedimento sumaríssimo, o recurso ordinário: (...)
II – será imediatamente distribuído, uma vez recebido no Tribunal, **devendo o relator liberá-lo no prazo máximo de dez dias**, e a Secretaria do Tribunal ou Turma colocá-lo imediatamente em pauta para julgamento, **sem revisor;**
III – terá **parecer oral do representante do Ministério Público** presente à sessão de julgamento, **se este entender necessário** o parecer, com registro na certidão;
IV – **terá acórdão consistente unicamente na certidão de julgamento**, com a indicação suficiente do processo e parte dispositiva, e das razões de decidir do voto prevalente. **Se a sentença for confirmada pelos próprios fundamentos, a certidão de julgamento, registrando tal circunstância, servirá de acórdão.**

RECURSO ORDINÁRIO (TRAMITAÇÃO)	
1	O recurso ordinário é interposto perante o juízo *a quo*, de primeiro grau, no caso, a Vara do Trabalho ou, no caso de competência originária de segundo grau, perante os TRTs.
2	Nesse sentido, interposto o recurso ordinário, o juiz deve dar vista ao recorrido para responder, isto é, para apresentar contrarrazões, no prazo de 8 dias úteis. Em igual prazo, poderá o recorrido apresentar recurso adesivo.
3	O juízo *a quo* verifica, inicialmente, os pressupostos de admissibilidade do recurso ordinário no processo do trabalho (IN 39/2016 do TST).

> **MUITO IMPORTANTE!**
>
> Se a decisão da Vara do Trabalho **reconhece a incompetência da Justiça do Trabalho**, remetendo os autos a outro ramo do Poder Judiciário, também se entende cabível o recurso, no caso, ordinário (art. 799, § 2º, da CLT).
>
> O art. 5º da Instrução Normativa 39/2016 do TST dispõe que se aplicam ao processo do trabalho as normas do art. 356, §§ 1º a 4º, do CPC, que regem o **julgamento antecipado parcial do mérito, cabendo recurso ordinário de imediato da sentença.**

4. RECURSO DE REVISTA

Os recursos podem ser divididos em **recursos ordinários** ou **extraordinários**. No primeiro, discutem-se amplamente as matérias inseridas nos autos, seja de direito, seja de fato. Já os recursos com natureza extraordinária se limitam a discutir apenas matéria de direito, impedindo a discussão dos fatos e das provas, pois se prestam a corrigir injustiças específicas ligadas à uniformização da interpretação de dispositivos legais.

> Súmula 126 do TST: Recurso. Cabimento. Incabível o recurso de revista ou de embargos (arts. 896 e 894, "b", da CLT) para reexame de fatos e provas.

Outrossim, o recurso de revista possui fundamentação vinculada (exigência de indicação de vício específico), ao contrário dos recursos de natureza ordinária, que possuem fundamentação livre. As hipóteses de cabimento são **taxativas**.

> Art. 896. Cabe Recurso de Revista para Turma do Tribunal Superior do Trabalho das decisões proferidas em grau de recurso ordinário, em dissídio individual, pelos Tribunais Regionais do Trabalho, quando:
>
> a) derem ao mesmo dispositivo de lei federal interpretação diversa da que lhe houver dado outro Tribunal Regional do Trabalho, no seu Pleno ou Turma, ou a Seção de Dissídios Individuais do Tribunal Superior do Trabalho, ou contrariarem súmula de jurisprudência uniforme dessa Corte ou súmula vinculante do Supremo Tribunal Federal; (Redação dada pela Lei nº 13.015, de 2014)
>
> b) derem ao mesmo dispositivo de lei estadual, Convenção Coletiva de Trabalho, Acordo Coletivo, sentença normativa ou regulamento empresarial de observância obrigatória em área territorial que exceda a jurisdição do Tribunal Regional prolator da decisão recorrida, interpretação divergente, na forma da alínea a;
>
> c) proferidas com violação literal de disposição de lei federal ou afronta direta e literal à Constituição Federal.

Das decisões proferidas nos dissídios individuais pelo Tribunal Regional, em grau de recurso ordinário, é que será utilizado o recurso de revista.

Por consequência, em relação aos **dissídios coletivos, não há a possibilidade de utilização do recurso de revista, haja vista que são processos de competência originária dos tribunais** (Tribunal Regional do Trabalho ou Tribunal Superior do Trabalho).

Assim, nos termos do *caput* do art. 896 da CLT, pode-se concluir que o recurso de revista é o instrumento adequado para impugnar **acórdãos** proferidos pelo TRT em **dissídios individuais para unificar a interpretação de dispositivos legais**.

O recurso de revista é o último instrumento em âmbito trabalhista para a parte que teve uma decisão desfavorável. No entanto, não é o último "suspiro", pois – em determinadas situações – é possível a interposição de recurso extraordinário (natureza constitucional) ao STF.

Os dissídios coletivos têm sua competência originária fixada no TRT e, por isso, de suas decisões caberá recurso ordinário ao TST, não sendo admitido recurso de revista, pois não se iniciam no primeiro grau de jurisdição.

Nesse sentido, acertada orientação jurisprudencial de impossibilidade de interposição de recurso de revista pelo ente público que não interpôs recurso ordinário de decisão submetida ao reexame necessário.

Também não cabe recurso de revista contra acórdão regional em sede de agravo de instrumento, pois este tem por finalidade corrigir decisão que indeferiu o processamento de recurso.

> Súmula 218 do TST: Recurso de revista. Acórdão proferido em agravo de instrumento. É incabível recurso de revista interposto de acórdão regional prolatado em agravo de instrumento.

4.1. Pressupostos específicos

Além do preenchimento dos pressupostos genéricos dos recursos (intrínsecos e extrínsecos), o recurso de revista deve preencher mais dois pressupostos: o **prequestionamento** e a **transcendência**.

Ademais, ele somente será cabível quando invocar a divergência jurisprudencial ou a violação da lei federal ou da Constituição Federal.

O recorrente deve observar as disposições previstas no § 1º-A do art. 896 da CLT quanto à demonstração do prequestionamento, considerado pressuposto objetivo (extrínseco) do prequestionamento.

> § 1º-A. Sob pena de não conhecimento, é ônus da parte:
>
> I – indicar o trecho da decisão recorrida que consubstancia o prequestionamento da controvérsia objeto do recurso de revista;
>
> II – indicar, de forma explícita e fundamentada, contrariedade a dispositivo de lei, súmula ou orientação jurisprudencial do Tribunal Superior do Trabalho que conflite com a decisão regional;
>
> III – expor as razões do pedido de reforma, impugnando todos os fundamentos jurídicos da decisão recorrida, inclusive mediante demonstração analítica de cada dispositivo de lei, da Constituição Federal, de súmula ou orientação jurisprudencial cuja contrariedade aponte.

A reforma trabalhista inseriu mais um requisito, o inciso IV, que requer:

(...)

IV – transcrever na peça recursal, no caso de suscitar preliminar de nulidade de julgado por negativa de prestação jurisdicional, o trecho dos embargos declaratórios em que foi pedido o pronunciamento do tribunal sobre questão veiculada no recurso ordinário e o trecho da decisão regional que rejeitou os embargos quanto ao pedido, para cotejo e verificação, de plano, da ocorrência da omissão.

Quanto ao **preparo**, lembre-se de que o valor do depósito recursal é o dobro daquele previsto para o recurso ordinário, desde que não ultrapassado o valor total da condenação, e deve ser recolhido no prazo do recurso.

4.2. Do prequestionamento

Pelo prequestionamento, exige-se que a matéria invocada no recurso de revista já tenha sido debatida expressamente pelo órgão regional.

Os recursos de natureza extraordinária são, em regra, sucessivos a outro recurso anteriormente interposto. Nesse sentido, surge o **prequestionamento como pressuposto subjetivo/intrínseco** desses recursos, pois é obrigatório que a tese jurídica invocada pela parte já tenha sido debatida expressamente pelo órgão regional (recurso anterior), visto que o TST é órgão revisor.

O acórdão do TRT que **adota os fundamentos da decisão de primeiro grau**, por inexistência de juízo de valor, não é impugnável por recurso de revista, uma vez que falta prequestionamento.

> OJ 151 da SDI-1 do TST: Prequestionamento. Decisão regional que adota a sentença. Ausência de prequestionamento. Decisão regional que simplesmente adota os fundamentos da decisão de primeiro grau não preenche a exigência do prequestionamento, tal como previsto na Súmula 297.

Contudo, caso a parte tenha invocado a matéria no recurso principal, mas, nesse julgamento, o órgão tenha sido omisso, poderão ser opostos embargos de declaração para pronunciar o prequestionamento da matéria, conforme o inciso II da Súmula 297 do TST (supratranscrita). **Aliás, ainda que nos embargos de declaração não haja pronunciamento sobre o tema, será considerada prequestionada a matéria, configurando o denominado prequestionamento ficto.**

Atente-se que o prequestionamento é necessário **mesmo para as matérias de ordem pública.**

> OJ 62 da SDI-1 do TST: Prequestionamento. Pressuposto de admissibilidade em apelo de natureza extraordinária. Necessidade, ainda que se trate de incompetência absoluta. É necessário o prequestionamento como pressuposto de admissibilidade em recurso de natureza extraordinária, ainda que se trate de incompetência absoluta.

Todavia, nos termos da OJ 119 da SDI-1, será dispensável o prequestionamento quando a violação ocorrer na própria decisão impugnada.

> OJ 119 da SDI-1 do TST: Prequestionamento inexigível. Violação nascida na própria decisão recorrida. Súmula nº 297 do TST. Inaplicável. É inexigível o prequestionamento

quando a violação indicada houver nascido na própria decisão recorrida. Inaplicável a Súmula 297 do TST.

4.3. Da transcendência

A **transcendência**, prevista no art. 896-A da CLT, nada mais é do que a *repercussão geral* do recurso extraordinário.

> Art. 896-A. O Tribunal Superior do Trabalho, no recurso de revista, examinará previamente se a causa oferece transcendência com relação aos reflexos gerais de natureza econômica, política, social ou jurídica.
>
> § 1º São indicadores de transcendência, entre outros:
>
> I – econômica, o elevado valor da causa;
>
> II – política, o desrespeito da instância recorrida à jurisprudência sumulada do Tribunal Superior do Trabalho ou do Supremo Tribunal Federal;
>
> III – social, a postulação, por reclamante-recorrente, de direito social constitucionalmente assegurado;
>
> IV – jurídica, a existência de questão nova em torno da interpretação da legislação trabalhista.
>
> § 2º Poderá o relator, monocraticamente, denegar seguimento ao recurso de revista que não demonstrar transcendência, cabendo agravo desta decisão para o colegiado.
>
> § 3º Em relação ao recurso que o relator considerou não ter transcendência, o recorrente poderá realizar sustentação oral sobre a questão da transcendência, durante cinco minutos em sessão.
>
> § 4º Mantido o voto do relator quanto à não transcendência do recurso, será lavrado acórdão com fundamentação sucinta, que constituirá decisão irrecorrível no âmbito do tribunal.
>
> § 5º É irrecorrível a decisão monocrática do relator que, em agravo de instrumento em recurso de revista, considerar ausente a transcendência da matéria.
>
> § 6º O juízo de admissibilidade do recurso de revista exercido pela Presidência dos Tribunais Regionais do Trabalho limita-se à análise dos pressupostos intrínsecos e extrínsecos do apelo, não abrangendo o critério da transcendência das questões nele veiculadas.

Portanto, como ocorre no recurso extraordinário ao STF, a demanda não pode atingir somente as partes, mas ultrapassar esses limites (transcender) da relação processual.

4.4. Cabimento

O art. 896 da CLT prevê situações que justificam a interposição do recurso de revista:

a) Decisões que derem ao mesmo dispositivo de **lei federal INTERPRETAÇÃO DIVERSA** da que lhe houver dado **outro Tribunal Regional do Trabalho**, no seu Pleno ou Turma, ou a Seção de Dissídios Individuais do Tribunal Superior do Trabalho, ou **contrariarem súmula** de jurisprudência uniforme dessa Corte ou **súmula vinculante** do Supremo Tribunal Federal.

b) Decisões que derem ao mesmo dispositivo de **lei estadual, convenção coletiva de trabalho, acordo coletivo, sentença normativa ou regulamento empresarial de observância obrigatória** em área territorial que **exceda a jurisdição do Tribunal Regional prolator da decisão recorrida,** interpretação divergente, na forma da alínea *a*.

c) Decisões **proferidas com violação literal de disposição de lei federal ou afronta direta e literal à Constituição Federal.**

d) **Divergência jurisprudencial na interpretação de dispositivo de lei federal ou súmula.**

Caberá recurso de revista das **decisões divergentes entre órgãos distintos na estrutura trabalhista** e **da decisão que contrariar súmula ou OJ do TST ou súmula vinculante.**

Trata-se de existência de decisões conflitantes diante de fatos idênticos entre órgãos diferentes da estrutura trabalhista. A divergência limita-se à interpretação do dispositivo, e não dos argumentos da decisão.

> Súmula 296 do TST: Recurso. Divergência jurisprudencial. Especificidade.
>
> I – A divergência jurisprudencial ensejadora da admissibilidade, do prosseguimento e do conhecimento do recurso há de ser específica, revelando a existência de teses diversas na interpretação de um mesmo dispositivo legal, embora idênticos os fatos que as ensejaram;
>
> II – Não ofende o art. 896 da CLT decisão de Turma que, examinando premissas concretas de especificidade da divergência colacionada no apelo revisional, conclui pelo conhecimento ou desconhecimento do recurso.

Cumpre salientar que a divergência apta para reconhecimento do recurso de revista deve ser **ATUAL**, entendida como aquela não ultrapassada por súmula ou por notória jurisprudência do TST (art. 896, § 7º).

Por sua vez, nos termos da Súmula 337 do TST, o ônus de produzir prova de divergência jurisprudencial é do recorrente.

e) **Divergência jurisprudencial na interpretação de lei estadual, instrumento coletivo ou regulamento de empresa.**

Prevista na alínea *b* do art. 896 da CLT, trata-se de hipótese de divergência jurisprudencial, nos termos da alínea *a*.

Deverá demonstrar a divergência jurisprudencial entre tribunais na interpretação de lei estadual, convenção coletiva, acordo coletivo, sentença normativa ou regulamento de empresa, quando estes forem de aplicação na área de jurisdição de mais de um TRT. Referido dispositivo já teve questionada sua constitucionalidade, fato que originou a Súmula 312 do TST.

> Súmula 312 do TST: Constitucionalidade. Alínea "b" do art. 896 da CLT. É constitucional a alínea "b" do art. 896 da CLT, com a redação dada pela Lei nº 7.701, de 21.12.1988.

Assim, quando houver divergência jurisprudencial na interpretação de acordo coletivo, convenção coletiva, sentença normativa ou regulamento de empresa entre TRT e SDI do TST ou entre TRT e súmula do TST, caberá recurso de revista.

f) Violação literal de dispositivo de lei federal ou da Constituição Federal.

A última hipótese que justifica o conhecimento do recurso de revista é quase um precedente para interposição de recurso extraordinário. Para tanto, basta que a decisão viole dispositivo Federal ou a CF/1988, independentemente de divergência entre tribunais trabalhistas.

4.5. Recursos de revista na fase de execução

Nos termos do § 2º do art. 896 da CLT, apenas a **ofensa direta e literal da CF** autoriza a interposição de recurso de revista na **execução** de sentença.

> § 2º Das decisões proferidas pelos Tribunais Regionais do Trabalho ou por suas Turmas, em execução de sentença, inclusive em processo incidente de embargos de terceiro, não caberá Recurso de Revista, salvo na hipótese de ofensa DIRETA e LITERAL de norma da Constituição Federal. (destacamos)
>
> Súmula 266 do TST: Recurso de revista. Admissibilidade. Execução de sentença. A admissibilidade do recurso de revista interposto de acórdão proferido em AGRAVO DE PETIÇÃO, na LIQUIDAÇÃO DE SENTENÇA ou em PROCESSO INCIDENTE NA EXECUÇÃO, inclusive os EMBARGOS DE TERCEIRO, depende de demonstração inequívoca de violência DIRETA à Constituição Federal. (destacamos)

Ainda, é **importante** observar que a Lei 13.015/2014 ampliou o cabimento do recurso de revista na fase de execução em **duas hipóteses**, quais sejam:

1) **execução fiscal**;
2) controvérsias da fase de execução que envolvam a Certidão Negativa de Débitos Trabalhistas (CNDT).

Nesses dois casos, o recurso de revista será cabível por:

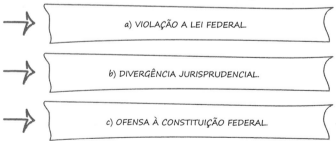

Art. 896, § 10: Cabe recurso de revista por violação a lei federal, por divergência jurisprudencial e por ofensa à Constituição Federal nas execuções fiscais e nas controvérsias da fase de execução que envolvam a Certidão Negativa de Débitos Trabalhistas (CNDT), criada pela Lei n 12.440, de 7 de julho de 2011.

4.6. Recursos de revista no rito sumaríssimo

O **rito sumaríssimo** é aquele cuja ação tem seu valor compreendido entre 2 e 40 salários mínimos. Lembre-se de que, quando o valor da causa for até 2 salários mínimos, o rito será sumário e não caberá recurso, salvo o extraordinário no caso de matéria constitucional.

> Art. 896 § 9º: Nas causas sujeitas ao procedimento sumaríssimo, somente será admitido recurso de revista por contrariedade a súmula de jurisprudência uniforme do Tribunal Superior do Trabalho ou a súmula vinculante do Supremo Tribunal Federal e por violação direta da Constituição Federal. (Incluído pela Lei nº 13.015, de 2014)

Pois bem, três são as hipóteses em que se admite o recurso de revista no rito sumaríssimo, a saber:

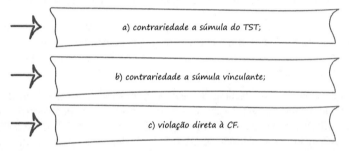

a) contrariedade a súmula do TST;
b) contrariedade a súmula vinculante;
c) violação direta à CF.

Não caberá recurso de revista no rito sumaríssimo quando a decisão for contrária a orientação jurisprudencial do TST.

4.7. Efeitos do recurso de revista

A legislação celetista é taxativa ao invocar **SOMENTE O EFEITO DEVOLUTIVO** do recurso de revista (art. 896, § 1º). Todavia, parte da doutrina tem aceitado o efeito translativo do recurso de revista, o qual **permite conhecer matérias não invocadas pelo recorrente, principalmente matéria de ordem pública**. A doutrina que não compartilha desse entendimento argumenta, com razão, que o recurso de revista é de fundamentação vinculada e **exige prequestionamento**.

5. EMBARGOS NO TST

Como a própria nomenclatura denuncia, os embargos no TST são recursos cabíveis **exclusivamente no âmbito do Tribunal Superior do Trabalho**, os quais têm por finalidade unificar a interpretação de suas turmas ou de decisões não unânime de competência originária.

Salienta-se que não mais existem os embargos de nulidade, os quais eram cabíveis quando houvesse violação a preceito de lei federal ou à CF.

A previsão legal desse recurso está no art. 894 da CLT

> Art. 894. No Tribunal Superior do Trabalho cabem embargos, no prazo de 8 dias:
> I – de decisão não unânime de julgamento que:

a) conciliar, julgar ou homologar conciliação em dissídios coletivos que excedam a competência territorial dos Tribunais Regionais do Trabalho e estender ou rever as sentenças normativas do Tribunal Superior do Trabalho, nos casos previstos em lei; e

b) vetado.

II – das decisões das Turmas que divergirem entre si ou das decisões proferidas pela Seção de Dissídios Individuais, ou contrárias a súmula ou orientação jurisprudencial do Tribunal Superior do Trabalho ou súmula vinculante do Supremo Tribunal Federal.

Conclui-se dos dispositivos que há duas espécies de embargos ao TST: embargos infringentes e embargos de divergência (à SDI).

6. EMBARGOS INFRINGENTES

Da **decisão não unânime no dissídio coletivo** (sentença normativa), prolatada de forma originária pelo TST, caberão embargos infringentes (Lei 7.701/1988, art. 2º, II, *c*), a serem julgados pela SDC, salvo se a decisão atacada estiver em consonância com precedente jurisprudencial do TST ou da súmula de sua jurisprudência predominante.

Os embargos infringentes serão cabíveis nos **dissídios coletivos**, desde que **a competência seja originária do TST de acórdão não unânime**.

O julgamento dos embargos infringentes será realizado pela **SDC** e, tendo natureza ordinária, comporta efeito devolutivo amplo, isto é, matéria fática e jurídica, mas limitado às cláusulas que tiveram julgamento não unânime.

7. EMBARGOS DE DIVERGÊNCIA

Esta modalidade de embargos no TST **visa unificar o entendimento divergente entre as Turmas do TST no âmbito dos dissídios individuais**, ou seja, a divergência interna do TST. Esse recurso, ao contrário dos embargos infringentes, possui **natureza extraordinária** e vinculada; portanto, não há reapreciação de matéria fática.

Perceba que o prazo dos embargos de divergência segue a regra geral, 8 dias, e seu julgamento será realizado pela Seção de Dissídios Individuais 1 do TST (SDI-1). Por sua vez, diante da natureza extraordinária, é exigido o prequestionamento e deve ser comprovada a divergência, nos termos da Súmula 337 do TST.

Assim, cabem embargos de divergência quando a Turma:

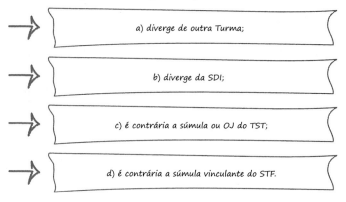

No **rito sumaríssimo**, somente quando a divergência consistir em **dispositivo constitucional** ou **matéria sumulada** será possível a oposição de embargos de divergência.

Quanto aos embargos de divergência na fase de execução, sabe-se que, nessa fase, os recursos são bem restritos, o mesmo ocorrendo com os embargos de divergência, os quais devem demonstrar **divergência entre Turmas ou entre Turmas e a SDI em relação a dispositivo constitucional**, segundo entendimento sumulado do TST.

8. AGRAVO DE INSTRUMENTO

A primeira lição deste **recurso** é que ele não tem similaridade com o agravo de instrumento do direito comum! Na Justiça do Trabalho, as decisões interlocutórias não são recorríveis imediatamente; portanto, não cabe interposição de agravo de instrumento para atacá-las.

Perceba, pelo disposto no art. 897 da CLT, que o agravo de instrumento serve para destrancar recursos cujo seguimento foi negado. Atente-se que a nomenclatura trazida pelo dispositivo supramencionado está equivocada, pois os despachos são irrecorríveis. Ademais, a decisão que indefere o prosseguimento de recurso não tem caráter de despacho, pois lesivo à parte; logo, natureza de decisão interlocutória.

O agravo de instrumento é interposto no prazo geral dos recursos trabalhistas, isto é, 8 dias, contados da decisão que negou prosseguimento ao recurso. O mesmo prazo será observado para as contrarrazões.

8.1. Pressupostos recursais do agravo de instrumento

O agravo de instrumento observa os pressupostos recursais subjetivos ou intrínsecos e os objetivos ou extrínsecos gerais dos recursos, com exceção do preparo, que tem peculiaridades próprias.

Lembre-se de que o preparo corresponde às **custas** e ao **depósito recursal**.

Pois bem, **NÃO é exigido o recolhimento de custas processuais no agravo de instrumento**.

Já o **depósito recursal corresponde a 50% do valor do depósito do recurso que se pretende destrancar** (art. 899, § 7º).

Todavia, **NÃO SERÁ EXIGIDO** depósito recursal quando o agravo de instrumento tiver como única finalidade: destrancar recurso de revista contra decisão que contrariar súmula do TST ou OJ, nos termos do § 8º do art. 899 da CLT.

Para encerrar os ensinamentos sobre o agravo de instrumento, **com exceção dos embargos no TST (infringente ou de divergência), cujo destrancamento se dá via agravo regimental/interno, todos os outros recursos trabalhistas podem ser destrancados pelo agravo de instrumento, inclusive ele próprio.**

Assim, temos que o agravo de instrumento destranca:

a)   recurso ordinário;

b)   recurso de revista;

c) agravo de petição;

d) recurso extraordinário;

e) recurso adesivo;

f) agravo de instrumento.

9. RECURSO ADESIVO

O recurso adesivo não tem previsão explícita na Consolidação das Leis do Trabalho, sendo aplicável, subsidiariamente, o art. 997 do CPC, conforme estabelecido na Súmula 283 do TST.

> Súmula 283 do TST: Recurso adesivo. Pertinência no processo do trabalho. Correlação de matérias. O recurso adesivo é COMPATÍVEL com o processo do trabalho e cabe, no prazo de 8 dias, nas hipóteses de interposição de recurso ordinário, de agravo de petição, de revista e de embargos, sendo DESNECESSÁRIO que a matéria nele veiculada esteja relacionada com a do recurso interposto pela parte contrária. (destacamos)

	RECURSO ADESIVO
1	Não é espécie de recurso, mas forma de interposição do recurso.
2	Nos termos do art. 997 do CPC, cada parte deve interpor o recurso independentemente, no prazo e observadas as exigências legais. Sendo, porém, vencidos autor e réu, ao recurso interposto por qualquer deles pode aderir o outro.
3	Necessidade de sucumbência recíproca.
4	O recurso adesivo não será conhecido se houver desistência do recurso principal ou se ele for considerado inadmissível.
5	Cabível nas hipóteses de recurso ordinário, agravo de petição, revista e embargos. Admite-se o recurso adesivo, ainda, no recurso extraordinário.
6	O recurso adesivo deve ser interposto no prazo que a parte dispõe para responder, ou seja, para apresentar as contrarrazões do recurso principal (art. 997, § 2º, I, do CPC).

PRESCRIÇÃO E DECADÊNCIA

1. PRESCRIÇÃO

1.1. Considerações iniciais

A CLT, em 1943, fixou os prazos prescricionais em dois anos, na forma da redação original do art. 11:

> Art. 11. Não havendo disposição especial em contrário nesta Consolidação, prescreve em dois anos o direito de pleitear a reparação de qualquer ato infringente de dispositivo nela contido.

A CRFB/1988, no seu art. 7º, XXIX, alterou o prazo de prescrição para os trabalhadores urbanos para cinco anos, desde que a ação fosse ajuizada em até dois anos após a extinção do contrato de trabalho, e previu a imprescritibilidade dos direitos dos trabalhadores rurais, desde que exigidos dentro do biênio subsequente à extinção do vínculo empregatício.

> CRFB, art. 7º, XXIX: ação, quanto a créditos resultantes das relações de trabalho, com prazo prescricional de:
> a) cinco anos para o trabalhador urbano, até o limite de dois anos após a extinção do contrato;
> b) até dois anos após a extinção do contrato, para o trabalhador rural;

Posteriormente, a EC 28/2000 igualou os prazos prescricionais dos trabalhadores urbanos e rurais.

> CRFB, art. 7º, XXIX: ação, quanto aos créditos resultantes das relações de trabalho, com prazo prescricional de **cinco anos para os trabalhadores urbanos e rurais**, até

o limite de dois anos após a extinção do contrato de trabalho; (Redação dada pela Emenda Constitucional nº 28, de 2000).(destacamos)

No mesmo sentido, a LC 150/2015 adequou a prescrição dos créditos trabalhistas dos empregados domésticos à previsão do art. 7º, XXIX, da CRFB/1988:

> LC 150/2015, art. 43: O direito de ação quanto a créditos resultantes das relações de trabalho prescreve em 5 (cinco) anos até o limite de 2 (dois) anos após a extinção do contrato de trabalho.

O art. 11 da CLT foi novamente alterado com a reforma trabalhista, que passou a prever que:

> CLT, art. 11: A pretensão quanto a créditos resultantes das relações de trabalho prescreve em cinco anos para os trabalhadores urbanos e rurais, até o limite de dois anos após a extinção do contrato de trabalho.

PRESCRIÇÃO	
Define-se prescrição (em sentido jurídico) como a perda da pretensão diante da inércia do credor por um período determinado. Seu objetivo é a pacificação social e a estabilidade das relações jurídicas.	
Prescrição aquisitiva	**Prescrição extintiva**
Aquisição de um direito pelo decurso do prazo. Ex.: usucapião.	Perda da exigibilidade de um direito.

PRAZOS PRESCRICIONAIS (BIENAL, QUINQUENAL E FGTS)
Art. 7º da CF/1988: São direitos dos trabalhadores urbanos e rurais, além de outros que visem à melhoria de sua condição social:
(...)
XXIX – ação, quanto aos créditos resultantes das relações de trabalho, com prazo prescricional de cinco anos para os trabalhadores urbanos e rurais, até o limite de dois anos após a extinção do contrato de trabalho;
Art. 11 da CLT: A pretensão quanto a créditos resultantes das relações de trabalho prescreve em cinco anos para os trabalhadores urbanos e rurais, até o limite de dois anos após a extinção do contrato de trabalho.
Art. 43 da LC 150/2015: O direito de ação quanto a créditos resultantes das relações de trabalho prescreve em 5 (cinco) anos até o limite de 2 (dois) anos após a extinção do contrato de trabalho.

1.2. Imprescritibilidade das pretensões meramente declaratórias

O § 1º do art. 11 da CLT informa que a prescrição trabalhista **não se aplica às ações que tenham por objeto anotações para fins de prova junto à Previdência Social,** e o principal exemplo na seara trabalhista é a ação que visa ao reconhecimento de vínculo empregatício, porém sem pleitear as parcelas eventualmente devidas em decorrência de tal relação. Essas verbas, sim, sujeitam-se à prescrição.

2. DISTINÇÃO ENTRE PRESCRIÇÃO E DECADÊNCIA

Tanto a prescrição quanto a decadência atuam em razão da inércia do titular do direito e do decurso do tempo, mas diferem os institutos em vários aspectos.

A **decadência** pode ser conceituada como a **perda de um direito potestativo** pelo decurso de prazo fixado em lei ou em contrato. Já a **prescrição** está ligada à perda da pretensão relacionada a **direitos prestacionais** (em que há, de um lado, uma pretensão do credor e, de outro, uma obrigação do devedor).

Decadência	Prescrição
Extinção do próprio direito	Extinção da pretensão (exigibilidade) vinculada ao direito
Perda de direitos potestativos	Relação com direitos prestacionais
Simultaneidade do nascimento do direito e da ação	Nascimento depois do direito, após sua violação
Prazos estabelecidos tanto por norma jurídica como pela vontade das partes	Prazos fixados pela lei
Prazo contínuo, sem interrupção, suspensão ou impedimento, salvo disposição legal em contrário (art. 207 do CC)	Possibilidade de ser interrompida ou suspensa nos casos legalmente especificados (arts. 197 a 204 do CC)
Não admissão de renúncia pelas partes no caso de decadência fixada em lei (art. 209 do CC)	Possibilidade de ser renunciada de forma expressa ou tácita depois de consumado seu prazo (art. 191 do CC)

3. CONTAGEM DO PRAZO PRESCRICIONAL

A data de início da contagem da prescrição é também chamada de **termo inicial da contagem** (*dies a quo*), que, em regra, coincide com a **ciência da lesão**. É o **princípio da *actio nata***, que estabelece que o nascimento da pretensão (exigibilidade) depende do conhecimento da violação do direito pelo titular (teoria subjetiva).

> Súmula 278 do STJ: O termo inicial do prazo prescricional, na ação de indenização, é a data em que o segurado teve ciência inequívoca da incapacidade laboral.

3.1. Hipóteses de fixação do termo inicial da contagem da prescrição

a) **Prescrição dos salários:** deve-se observar a data da exigibilidade do pagamento de salários, que não é propriamente o mês de aquisição, mas, regra geral, o quinto dia útil do mês subsequente (art. 459, § 1º, da CLT).

> Informativo 73 do TST: Prescrição quinquenal. Alcance. Art. 459, parágrafo único, da CLT. Considerando que a prescrição é a perda da exigibilidade do direito pela inércia do seu titular, é certo afirmar que o prazo para o exercício desse direito somente flui a partir de quando ele é exigível. Assim, as verbas salariais somente podem ser exigidas após o 5º dia útil do mês subsequente ao vencido. Desse modo, sendo incontroverso que a reclamação trabalhista foi ajuizada no dia 7 de dezembro de 2006,

a prescrição quinquenal não alcança aos salários de dezembro de 2001, porquanto, somente seriam exigíveis após o 5º dia útil do mês de janeiro de 2002. (...). (TST, SDI-1, E-ED-RR-118400-96.2006.5.10.0021, Rel. Min. João Batista Brito Pereira, *DEJT* 14.03.2014)

b) Prescrição do décimo terceiro salário: o décimo terceiro salário somente é exigível em 20 de dezembro, data definida em lei para o pagamento da parcela (art. 1º da Lei 4.749/1965).

c) Prescrição das férias: no caso das férias, o art. 149 da CLT determina que o início da contagem da prescrição coincida com o término do período concessivo ou, se for o caso, com o dia da cessação do contrato de trabalho, o que ocorrer primeiro.

d) Períodos descontínuos de trabalho: começa a fluir o prazo prescricional da pretensão em que se objetiva a soma de períodos descontínuos de trabalho da extinção do último contrato (Súmula 156 do TST).

e) Aviso-prévio indenizado: dispõe o art. 487, § 1º, da CLT que o aviso-prévio, mesmo indenizado, é sempre integrado no tempo de serviço. Logo, no caso do aviso-prévio indenizado, o termo inicial da prescrição coincide com o final da projeção do aviso-prévio. Nesse sentido, a OJ 83 da SDI-1 do TST.

> OJ 83 da SDI-1 do TST: Aviso-prévio. Indenizado. Prescrição. A prescrição começa a fluir no final da data do término do aviso-prévio. Art. 487, § 1º, CLT.

f) Expurgos inflacionários do FGTS: a Lei Complementar 110/2001 reconheceu aos trabalhadores o direito a um complemento sobre os depósitos fundiários (expurgos inflacionários) realizados entre 01.12.1988 e 28.02.1989 e durante abril de 1990. Neste caso, a pretensão em relação a tais acréscimos surgiu apenas com a publicação da referida lei (30.06.2001), que, então, é a *actio nata* ou o marco temporal para início da contagem do prazo prescricional. Nesse sentido, a OJ 344 da SDI-1 do TST:

> OJ 344 da SDI-1 do TST: FGTS. Multa de 40%. Diferenças decorrentes dos expurgos inflacionários. Prescrição. Termo inicial. O termo inicial do prazo prescricional para o empregado pleitear em juízo diferenças da multa do FGTS, decorrentes dos expurgos inflacionários, deu-se com a vigência da Lei Complementar nº 110, em 30.06.01, salvo comprovado trânsito em julgado de decisão proferida em ação proposta anteriormente na Justiça Federal, que reconheça o direito à atualização do saldo da conta vinculada.

g) Reparação por danos morais e materiais decorrentes de acidente de trabalho: em relação ao prazo prescricional da pretensão à reparação por danos morais e materiais decorrentes de acidente de trabalho, aplica-se o princípio da *actio nata*. Assim, a fluência do prazo prescricional tem início no momento em que o trabalhador teve ciência da lesão. Nesse sentido, a Súmula 278 do STJ, segundo a qual "O termo inicial do prazo prescricional, na ação de indenização, é a data em que o segurado teve ciência inequívoca da incapacidade laboral".

Quanto ao prazo prescricional propriamente dito, mencione-se, de passagem, que a questão ainda não está pacificada, havendo uma tendência de aplicação, aos processos oriundos da Justiça Comum deslocados para o TST por força da EC 45/2004, do prazo prescricional do direito comum, que é de 20 anos no CC/1916 e de 10 anos no CC/2002, cada um aplicável conforme o art. 2.028 do CC/2002.

No tocante aos processos ajuizados após a EC 45/2004, a doutrina majoritária defende a aplicação da prescrição trabalhista.

h) Parcelas oriundas de sentença normativa: sentença normativa é aquela exarada em dissídio coletivo. O início da fluência da prescrição em relação às parcelas oriundas de sentença normativa é a data do trânsito em julgado de tal sentença. Nestes termos, a Súmula 350 do TST:

> Súmula 350 do TST: Prescrição. Termo inicial. Ação de cumprimento. Sentença normativa.
>
> O prazo de prescrição com relação à ação de cumprimento de decisão normativa flui apenas da data de seu trânsito em julgado.

i) Mudança de regime jurídico de celetista para estatutário: a mudança do regime jurídico de celetista para estatutário implica extinção do contrato de trabalho, iniciando-se a partir de então a prescrição bienal.

> Súmula 382 do TST: Mudança de regime celetista para estatutário. Extinção do contrato. Prescrição bienal. A transferência do regime jurídico de celetista para estatutário implica extinção do contrato de trabalho, fluindo o prazo da prescrição bienal a partir da mudança de regime.

4. PRESCRIÇÃO TRABALHISTA – PREVISÃO LEGAL E PRAZOS

A particularidade da prescrição trabalhista é a existência de dois prazos: "**prazo prescricional de cinco anos para os trabalhadores urbanos e rurais, até o limite de dois anos após a extinção do contrato**". A Súmula 308 do TST esclarece a interpretação, no sentido de que os cinco anos são contados retroativamente a partir da data do ajuizamento da ação.

Conta-se dois anos PARA A FRENTE, a partir da extinção do contrato de trabalho, e então cinco anos PARA TRÁS, a partir da data do ajuizamento da ação.

5. PRESCRIÇÃO TOTAL E PARCIAL

Em primeiro lugar, é fundamental esclarecer que **a prescrição bienal será sempre total**, razão pela qual o conceito de prescrição parcial se aplica tão somente à prescrição quinquenal, que pode, pois, ser total ou parcial.

A construção da ideia de **prescrição parcial** parte de algumas premissas, as quais devem ser conhecidas ante a complexidade do tema:

a) Em um primeiro momento, a jurisprudência trabalhista acolheu a distinção civilista, no sentido de que **seria parcial a prescrição de parcelas de trato sucessivo e total a prescrição de parcelas decorrentes de ato único.**

Ato único seria aquele que não se desdobra no tempo, cujos efeitos não se renovam mês a mês. Exemplos seriam a compra e venda e o dano moral.

b) Diante da dificuldade muitas vezes encontrada para definir o que seria um ato único, o TST procurou tornar mais objetivo o critério distintivo entre a prescrição total e a parcial, estabelecendo como fundamento para a diferenciação o **título jurídico instituidor da parcela**, se preceito de lei ou não. Nesse sentido, a Súmula 294 do TST:

> Súmula 294 do TST: Prescrição. Alteração contratual. Trabalhador urbano.
>
> Tratando-se de ação que envolva pedido de prestações sucessivas decorrente de alteração do pactuado, a prescrição é total, exceto quando o direito à parcela esteja também assegurado por preceito de lei.

c) O § 2º do art. 11 da CLT, acrescentado pela reforma trabalhista, positivou a distinção, anteriormente já aplicada pela jurisprudência, da prescrição quinquenal em parcial e total. Contudo, a reforma ampliou a aplicação da prescrição total, uma vez que passou a incidir a prescrição total não só no caso de alteração mas também de descumprimento do pactuado.

> CLT, art. 11, § 2º: Tratando-se de pretensão que envolva pedido de prestações sucessivas decorrente de alteração ou descumprimento do pactuado, a prescrição é total, exceto quando o direito à parcela esteja também assegurado por preceito de lei.

A Súmula 294 do TST (ainda inalterada pelo TST) dispõe que a prescrição é total no caso de pedido que envolva prestações sucessivas decorrentes de **alteração do pactuado**, desde que a parcela não seja um direito previsto em lei. Exemplo: empregador concede a seus empregados, conforme regulamento empresarial, uma gratificação mensal de 20% do salário e, após alguns anos, altera o regulamento para que a gratificação seja de 5% do salário, aplicando tal modificação para os contratos em curso. **Trata-se de alteração do pactuado e, por isso, submete-se à prescrição total.**

6. INTERRUPÇÃO DA PRESCRIÇÃO

> CLT, art. 11, § 3º: A interrupção da prescrição somente ocorrerá pelo ajuizamento de reclamação trabalhista, mesmo que em juízo incompetente, ainda que venha a ser extinta sem resolução do mérito, produzindo efeitos apenas em relação aos pedidos idênticos.
>
> Súmula 268 do TST: Prescrição. Interrupção. Ação trabalhista arquivada. A ação trabalhista, ainda que arquivada, interrompe a prescrição somente em relação aos pedidos idênticos.

7. PRESCRIÇÃO DO FGTS

Conforme disposto no art. 23, § 5º, da Lei 8.036/1990, a prescrição do FGTS seria trintenária. Todavia, o Supremo Tribunal Federal, em 13.11.2014, ao julgar o ARE 709.212/DF, **com repercussão geral reconhecida, declarou a inconstitucionalidade do art. 23, § 5º, da Lei 8.036/1990** e do art. 55 do Decreto 99.684/1990, na parte em que ressalvam o "privilégio do FGTS à prescrição trintenária", haja vista violarem o disposto no art. 7º, XXIX, da CRFB/1988. Assim, se a Constituição regula a matéria, a lei ordinária não poderia tratar o tema de outra forma.

Portanto, o STF, alterando entendimento anterior, passou a considerar que a prescrição aplicável ao FGTS é quinquenal, nos termos do inciso XXIX do art. 7º da CRFB/1988.

> Súmula 362 do TST: FGTS. Prescrição.
>
> I – Para os casos em que a ciência da lesão ocorreu a partir de 13.11.2014, é quinquenal a prescrição do direito de reclamar contra o não recolhimento de contribuição para o FGTS, observado o prazo de dois anos após o término do contrato;
>
> II – Para os casos em que o prazo prescricional já estava em curso em 13.11.2014, aplica-se o prazo prescricional que se consumar primeiro: trinta anos, contados do termo inicial, ou cinco anos, a partir de 13.11.2014 (STF-ARE-709212/DF).

8. ARGUIÇÃO DA PRESCRIÇÃO

Consoante entendimento jurisprudencial cristalizado na Súmula 153 do TST, "Não se conhece de prescrição não arguida na instância ordinária". Considera-se instância ordinária a fase processual de contraditório amplo e de regular oportunidade de veiculação das matérias novas. Assim, cabe a arguição da prescrição até as razões recursais, inclusive.

8.1. Pronúncia da prescrição de ofício

A jurisprudência **havia se consolidado no sentido da inaplicabilidade da pronúncia de ofício pelo juiz**, sob o fundamento de que ela não se harmoniza com os princípios do direito do trabalho, especialmente o da proteção.

A reforma trabalhista trouxe expressamente tão apenas a possibilidade de declaração, de ofício, da prescrição intercorrente, nada dispondo acerca da prescrição comum.

PRONÚNCIA DA PRESCRIÇÃO DE OFÍCIO	
CPC	**Área trabalhista**
Há possibilidade do juízo, de ofício, pronunciar a prescrição, **desde que seja observado o princípio do contraditório efetivo.**	Conforme a **jurisprudência e doutrina majoritárias**, NÃO SE APLICA a pronúncia de ofício da prescrição na seara trabalhista, diante da prevalência do princípio protetivo sobre o princípio do interesse público, ressalvada a hipótese da prescrição intercorrente.[1]
Art. 332, § 1º, do CPC: *O juiz também poderá julgar liminarmente improcedente o pedido se verificar, desde logo, a ocorrência de decadência ou de prescrição.*	
Art. 487, parágrafo único, do CPC: *Ressalvada a hipótese do § 1º do art. 332, a prescrição e a decadência não serão reconhecidas sem que antes seja dada às partes oportunidade de manifestar-se.*	

---

[1] Art. 11-A, § 2º, da CLT: A declaração da prescrição intercorrente pode ser requerida ou declarada de ofício em qualquer grau de jurisdição.

9. PRESCRIÇÃO INTERCORRENTE

Prescrição intercorrente é aquela verificada no próprio processo, sempre que o autor abandone a demanda e deixe de impulsionar o processo.

PRESCRIÇÃO INTERCORRENTE		
Antes da reforma trabalhista		
Inexistência de autorização expressa quanto à aplicação da prescrição intercorrente no processo do trabalho. Todavia, havia forte divergência jurisprudencial entre STF e TST quanto à referida aplicação. Vejamos: **Súmula 327 do STF:** O direito trabalhista admite a prescrição intercorrente. (Cabe ressaltar que esse enunciado foi explanado em época na qual o STF ainda analisava e julgava matérias infraconstitucionais.) **Súmula 114 do TST: Prescrição intercorrente.** É inaplicável na Justiça do Trabalho a prescrição intercorrente. (Decidiu o TST, à época, que, como o processo do trabalho é impulsionado pelo princípio do impulso oficial, o juiz poderia, em tese, iniciar, de ofício, a execução.)		
A partir da vigência da Lei 13.467/2017		
A prescrição intercorrente passou a ser aplicável ao processo do trabalho, segundo o art. 11-A da CLT.		
Prazo	**Início da contagem**	**Pronúncia de ofício**
2 anos	Quando o exequente deixa de cumprir determinação judicial no curso da execução.	É possível a pronúncia de ofício em qualquer grau de jurisdição.

RESUMO

1) A pretensão quanto a créditos resultantes das relações de trabalho prescreve em cinco anos para os trabalhadores urbanos e rurais, até o limite de dois anos após a extinção do contrato de trabalho (art. 11 da CLT).

2) A prescrição é a perda da pretensão de reparação do direito violado, em virtude da inércia do seu titular, no prazo previsto pela lei, e a pretensão é o poder de exigir de outrem coercitivamente o cumprimento de um dever jurídico. Observe-se que a prescrição incide sobre direitos subjetivos, que são direitos em que o titular de um direito tem a faculdade de exigir o cumprimento de uma prestação positiva ou negativa por outra pessoa. Assim, violado o direito subjetivo, nasce a pretensão de cumprimento da obrigação.

3) A decadência pode ser conceituada como a perda de um direito potestativo pelo decurso de prazo fixado em lei ou em contrato. Já a prescrição está ligada à perda da pretensão relacionada a direitos prestacionais (em que há, de um lado, uma pretensão do credor e, de outro, uma obrigação do devedor).

4) Prescrição intercorrente é aquela verificada no próprio processo, sempre que o autor abandone a demanda e deixe de impulsionar o processo, e, após a reforma trabalhista, passou a ser aplicável ao processo do trabalho.

5) Conforme a jurisprudência e doutrina majoritárias, não se aplica a pronúncia de ofício da prescrição na seara trabalhista, diante da prevalência do princípio protetivo sobre o princípio do interesse público, ressalvada a hipótese da prescrição intercorrente.

EXECUÇÃO TRABALHISTA

1. INTRODUÇÃO

O processo de execução objetiva assegura a satisfação do direito do credor imposto no comando sentencial.

Em função da Legislação vigente, a execução trabalhista encontra-se disciplinada por quatro normas legais a serem aplicadas na seguinte ordem:

1 – **Consolidação das Leis do Trabalho;**
2 – **Lei 5.584/1970;**
3 – **Lei 6.830/1980;**
4 – **Código de Processo Civil.**

Portanto, **primeiramente, aplica-se a Consolidação das Leis do Trabalho**, na sua omissão, utiliza-se a **Lei 5.584/1970**, que traz apenas um artigo (art. 13) dedicado à execução trabalhista, especificamente disciplinando o instituto da remição da execução pelo devedor.

Persistindo a omissão, determina o art. 889 da CLT a aplicação subsidiária, no que não for incompatível com a norma consolidada, dos preceitos que regem o processo dos executivos fiscais para a cobrança da dívida ativa da Fazenda Pública Federal, disciplinada na Lei 6.830/1980.

Por último, sendo também omissa a Lei 6.830/1980, utilizam-se, de forma subsidiária à execução trabalhista, os preceitos contidos no Código de Processo Civil.

2. LEGITIMIDADE

Quanto à legitimidade ativa, o art. 878 da CLT dispunha que a execução poderia ser promovida por qualquer interessado, ou *ex officio*, pelo próprio juiz ou pelo presidente do tribunal competente. **Portanto, uma das singularidades da execução**

trabalhista, anteriores à Lei 13.467/2017, era a possibilidade de ser promovida de ofício pelo magistrado trabalhista.

A reforma trabalhista alterou esse entendimento, em razão de mudança promovida na redação do art. 878 da CLT, vejamos.

REDAÇÃO ANTIGA	REDAÇÃO NOVA
Art. 878. A execução poderá ser promovida por qualquer interessado, ou *ex officio* pelo próprio Juiz ou Presidente ou Tribunal competente, nos termos do artigo anterior.	Art. 878. A execução será promovida pelas partes, permitida a execução de ofício pelo juiz ou pelo Presidente do Tribunal apenas nos casos em que as partes não estiverem representadas por advogado.
Parágrafo único. Quando se tratar de decisão dos Tribunais Regionais, a execução poderá ser promovida pela Procuradoria da Justiça do Trabalho.	Parágrafo único. (*Revogado*).

A partir da reforma trabalhista, a execução de ofício pelo juiz ou pelo presidente do tribunal, de acordo com o art. 878, tornou-se possível apenas nos casos em que "as partes não estiverem representadas por advogado", ou seja, quando as partes estiverem no exercício do *jus postulandi*. A reforma trabalhista, ainda, revogou o parágrafo único do art. 878, que permitia às Procuradorias do Trabalho a execução das decisões proferidas em TRT. Com isso, o Ministério Público somente poderá executar decisões quando for credor do título, nas hipóteses em que a lei lhe permite (CPC, art. 778, § 1º, I) e nos casos de termos de ajuste de conduta. Sobrevindo a morte do credor, **o juiz suspenderá a execução** (art. 921, I, do CPC) até que se formalize a habilitação do espólio, dos herdeiros ou dos sucessores.

O art. 878-A da CLT, por sua vez, também faculta ao devedor, na execução das contribuições previdenciárias devidas, o pagamento imediato da parte que entender devida à Previdência Social, sem prejuízo da cobrança de eventuais diferenças encontradas na execução *ex officio*.

No que se refere à legitimidade passiva, normalmente é o empregador (pessoa física ou jurídica) quem figura no polo passivo da execução trabalhista. Assim, será o empregador devedor a pessoa legalmente legitimada a responder pela execução.

A Lei 6.830/1980 (art. 4º), de aplicação subsidiária ao processo do trabalho (art. 889 da CLT), legitima como sujeitos passivos da execução o devedor, **o fiador, o espólio, a massa, o responsável tributário e os sucessores a qualquer título.**

3. RESPONSABILIDADE PATRIMONIAL DO DEVEDOR

Consoante menciona o art. 789 do CPC, "O devedor responde com **todos os seus bens presentes e futuros para o cumprimento de suas obrigações, salvo as restrições estabelecidas em lei**" (destacamos).

Portanto, a execução é sempre real, ensejando um dever para o devedor e uma responsabilidade para o seu patrimônio.

4. TÍTULOS EXECUTIVOS TRABALHISTAS JUDICIAIS E EXTRAJUDICIAIS

O art. 876 da CLT disciplina os títulos executivos trabalhistas, dividindo-os em judiciais e extrajudiciais, quais sejam:

a) judiciais:

- sentenças transitadas em julgado;
- sentenças sujeitas a recurso desprovido de efeito suspensivo;
- acordos judiciais não cumpridos;

b) extrajudiciais:

- termos de compromisso de ajustamento de conduta firmados perante o Ministério Público do Trabalho;
- termos de conciliação firmados perante a comissão de conciliação prévia.

> **atenção**
>
> Também são títulos executivos extrajudiciais, executados na Justiça do Trabalho, as certidões de inscrição na dívida ativa da União, relativas a multas administrativas impostas aos empregadores e tomadores de serviços pelos órgãos de fiscalização das relações de trabalho, uma vez que o art. 114, VII, da CF, com a redação dada pela EC 45/2004, estabelece que compete à Justiça do Trabalho julgar as "ações relativas às penalidades administrativas impostas aos empregadores pelos órgãos de fiscalização das relações de trabalho".

Ademais, vale lembrar que o próprio Tribunal Superior do Trabalho reconhece o cheque e a nota promissória como títulos executivos extrajudiciais (art. 13 da IN 39/2016 do TST).

Os títulos executivos extrajudiciais previstos no art. 876 consolidado dispensam o processo de conhecimento, ensejando, diretamente, a ação executiva.

As sentenças normativas também somente ensejam execução das custas e despesas processuais, uma vez que o seu descumprimento apenas faz nascer uma ação de cumprimento (mera ação de conhecimento proposta perante a Vara do Trabalho).

5. EXECUÇÃO PROVISÓRIA E DEFINITIVA

TIPOS DE EXECUÇÃO	
Provisória	**Definitiva**
Quando fundada em sentença transitada em julgado ou em título extrajudicial.	Quando a sentença for impugnada mediante recurso, recebido somente no efeito devolutivo.
Nas execuções provisórias, é permitido o prosseguimento da execução até a penhora, não sendo permitido, como regra, a atos de alienação de bens e liberação de valores ao credor.	Permitidos atos de constrição e liberação de valores.
A penhora em dinheiro é permitida na execução provisória, nos termos do art. 835, I e § 1º, do CPC.	Igualmente cabível a penhora de dinheiro. *Vide* Súmula 417 do TST.
As execuções provisórias e definitivas não podem, como regra, ser iniciadas de ofício pelo juiz, dependendo de requerimento do interessado. Somente será permitida execução de ofício nos casos em que as partes não estiverem representadas por advogado (art. 899 do CPC).	

6. LIQUIDAÇÃO DA SENTENÇA

A execução para cobrança de crédito fundar-se-á sempre em título **líquido, certo e exigível**, devendo a liquidação ser realizada quando a sentença não determinar o valor ou não individualizar o objeto da condenação.

No processo do trabalho, nem todas as decisões proferidas podem ser executadas de imediato, dependendo algumas de prévia apuração dos respectivos valores contidos no comando obrigacional.

> Art. 879. Sendo ilíquida a sentença exequenda, ordenar-se-á, previamente, a sua liquidação, que poderá ser feita por cálculo, por arbitramento ou por artigos.
>
> § 1º Na liquidação, não se poderá modificar, ou inovar, a sentença liquidanda nem discutir matéria pertinente à causa principal.
>
> § 1º-A. A liquidação abrangerá, também, o cálculo das contribuições previdenciárias devidas.
>
> § 1º-B. As partes deverão ser previamente intimadas para a apresentação do cálculo de liquidação, inclusive da contribuição previdenciária incidente.
>
> § 2º Elaborada a conta e tornada líquida, o juízo deverá abrir às partes prazo comum de oito dias para impugnação fundamentada com a indicação dos itens e valores objeto da discordância, sob pena de preclusão.
>
> § 3º Elaborada a conta pela parte ou pelos órgãos auxiliares da Justiça do Trabalho, o juiz procederá à intimação da União para manifestação, no prazo de 10 (dez) dias, sob pena de preclusão.
>
> § 4º A atualização do crédito devido à Previdência Social observará os critérios estabelecidos na legislação previdenciária.
>
> § 5º O Ministro de Estado da Fazenda poderá, mediante ato fundamentado, dispensar a manifestação da União quando o valor total das verbas que integram o salário de contribuição, na forma do art. 28 da Lei nº 8.212, de 24 de julho de 1991, ocasionar perda de escala decorrente da atuação do órgão jurídico.
>
> § 6º Tratando-se de cálculos de liquidação complexos, o juiz poderá nomear perito para a elaboração e fixará, depois da conclusão do trabalho, o valor dos respectivos honorários com observância, entre outros, dos critérios de razoabilidade e proporcionalidade.
>
> § 7º A atualização dos créditos decorrentes de condenação judicial será feita pela Taxa Referencial (TR), divulgada pelo Banco Central do Brasil, conforme a Lei nº 8.177, de 1º de março de 1991.

cuidado

*É **inconstitucional** a previsão da TR como índice de correção monetária dos débitos trabalhistas e dos depósitos recursais no âmbito da Justiça do Trabalho. É inadequada a aplicação da Taxa Referencial (TR) para a correção monetária de débitos trabalhistas e de depósitos recursais no âmbito da Justiça do Trabalho. Devem ser utilizados na Justiça Trabalhista os mesmos índices de correção monetária vigentes para as condenações cíveis em geral: o Índice Nacional de Preço ao Consumidor Amplo Especial (IPCA-E), na fase pré-judicial, e, a partir da citação, a taxa referencial do Sistema Especial de Liquidação e Custódia (Selic) (STF, Plenário, ADC 58/DF, ADC 59/DF, ADI 5867/DF e ADI 6021/DF, Rel. Min. Gilmar Mendes, j. 18.12.2020, Info 1003).*

Cap. 43 – EXECUÇÃO TRABALHISTA 761

Houve modificação dessa decisão para alterar a parte "a partir da citação" para "a partir do ajuizamento".

7. EXECUÇÃO POR QUANTIA CERTA CONTRA DEVEDOR SOLVENTE – PROCESSAMENTO

7.1. Citação, pagamento, depósito para apresentação de embargos

Tornada a dívida líquida e certa, com a respectiva homologação dos cálculos, inicia-se a execução trabalhista.

O objetivo da execução por quantia certa é expropriar bens do devedor a fim de satisfazer o direito do credor, respondendo o executado com seu patrimônio, presente ou futuro, para o cumprimento das obrigações.

Nesse contexto, achando-se a dívida já com seu valor líquido e certo, será expedido o mandado executivo, denominado mandado de citação, penhora e avaliação (CPA), a ser cumprido pelo oficial de justiça.

> Art. 880. Requerida a execução, o juiz ou presidente do tribunal mandará expedir mandado de citação do executado, a fim de que cumpra a decisão ou o acordo no prazo, pelo modo e sob as cominações estabelecidas ou, quando se tratar de pagamento em dinheiro, inclusive de contribuições sociais devidas à União, para que o faça em 48 (quarenta e oito) horas ou garanta a execução, sob pena de penhora.

Vale salientar que a citação do devedor na execução trabalhista, ao contrário do que ocorre no processo de cognição, é pessoal, sendo realizada pelos oficiais de justiça. O mandado de citação deverá conter a decisão exequenda ou o termo de acordo não cumprido (art. 880, § 1º, da CLT).

Conforme determina o art. 880, § 3º, da CLT, se o executado, procurado por duas vezes no espaço de 48 horas, não for encontrado, far-se-á a citação por edital, publicado no jornal oficial ou, na falta deste, afixado na sede da Vara ou Juízo, durante cinco dias.

Embora pouco aplicado ao processo do trabalho, alguns doutrinadores entendem que o art. 830 do CPC (mencionando a possibilidade de o oficial de justiça proceder ao arresto em caso de não localização do devedor) tem aplicação subsidiária ao processo do trabalho.

Nesse caso, se o oficial de justiça não encontrasse o devedor (procurado por duas vezes), poderia arrestar tantos bens quantos bastassem para garantir a execução, certificando a respeito das diligências empreendidas para localizá-lo e devolvendo o mandado à Vara do Trabalho para realização da citação por edital.

Aperfeiçoada a citação e transcorrido o prazo de pagamento, o arresto converter-se-á em penhora, independentemente de termo (art. 830, § 3º, do CPC).

Realizada a citação, o oficial de justiça, de posse do mandado, aguardará o decurso do prazo de 48 horas, podendo o executado, nesse interregno, adotar três posicionamentos, quais sejam:

762 DIREITO DO TRABALHO E PROCESSO DO TRABALHO FACILITADOS – *Lenza*

- efetuar o pagamento do valor da execução, conforme previsto no art. 881 da CLT;
- depositar em juízo o valor da execução objetivando a garantia do juízo e a oposição de embargos à execução (art. 882, primeira parte, da CLT);
- nomear bens à penhora, objetivando a garantia do juízo e a oposição de embargos à execução (art. 882, parte final, da CLT).

7.2. Nomeação de bens à penhora

> Art. 882. O executado que não pagar a importância reclamada poderá garantir a execução mediante depósito da quantia correspondente, atualizada e acrescida das despesas processuais, apresentação de seguro-garantia judicial ou nomeação de bens à penhora, observada a ordem preferencial estabelecida no art. 835 da Lei nº 13.105, de 16 de março de 2015 – Código de Processo Civil.

Portanto, uma das alternativas do executado, no intervalo de 48 horas após a citação, é nomear bens à penhora objetivando garantir o juízo e possibilitando a este embargar a execução.

A gradação legal para nomeação de bens à penhora está prevista no art. 835 do CPC.

Vale acentuar que o executado deverá nomear os bens dentro do prazo de 48 horas, sob pena de preclusão, mesmo que a penhora ainda não tenha sido realizada.

Outrossim, a gradação legal prevista no art. 835 do CPC deve ser observada tão somente pelo executado que nomeia bens à penhora, e não, necessariamente, pelo exequente, pelo juiz ou pelo oficial de justiça que realizar a penhora em caso de inércia do devedor, não estando o meirinho adstrito à ordem prevista no digesto processual civil, podendo penhorar qualquer bem, desde que seja de maior e/ou melhor liquidez no leilão.

Estabelece o art. 848 do CPC que a parte poderá requerer a substituição da penhora se:

> I – ela não obedecer à ordem legal;
>
> II – ela não incidir sobre os bens designados em lei, contrato ou ato judicial para o pagamento;
>
> III – havendo bens no foro da execução, outros tiverem sido penhorados;
>
> IV – havendo bens livres, ela tiver recaído sobre bens já penhorados ou objeto de gravame;
>
> V – ela incidir sobre bens de baixa liquidez;
>
> VI – fracassar a tentativa de alienação judicial do bem; ou
>
> VII – o executado não indicar o valor dos bens ou omitir qualquer das indicações previstas em lei.

O exequente será notificado para manifestar ou não sua aceitação aos bens nomeados à penhora, devendo eventual impugnação pelo credor ser fundamentada, indicando a existência de outros bens penhoráveis sobre os quais deverá incidir a penhora.

Requerida a substituição do bem penhorado, o executado deve indicar onde se encontram os bens sujeitos à execução, exibir a prova de sua propriedade e a certidão negativa ou positiva de ônus, bem como se abster de qualquer atitude que dificulte ou embarace a realização da penhora (art. 847, § 2º, do CPC).

Caso uma das partes aceite a estimativa de valor dos bens feita pela outra, não será realizada a avaliação de bens pelo oficial de justiça (art. 871, I, do CPC).

Cumpridas as exigências legais, a nomeação será reduzida a termo, havendo-se por penhorados os bens, intimando-se o executado para vir assiná-lo como depositário, salvo se o exequente não concordar que os bens fiquem sob a guarda do executado (Lei 6.830/1980, art. 11, § 3º).

Nesse caso, os bens serão removidos para o depósito público (se existir), ou mesmo deverá o exequente indicar depositário particular, providenciando meios de transporte para a remoção dos bens.

7.3. Penhora

> Art. 883 da CLT: Não pagando o executado, nem garantindo a execução, seguir-se-á penhora dos bens, tantos quantos bastem ao pagamento da importância da condenação, acrescida de custas e juros de mora, sendo estes, em qualquer caso, devidos a partir da data em que for ajuizada a reclamação inicial.

Portanto, se o executado não pagar a dívida, não efetuar o depósito judicial para apresentação de embargos à execução ou não nomear bens à penhora, no prazo de 48 horas contado da citação, o oficial de justiça retornará ao local da execução e penhorará tantos bens quantos bastem para satisfazer o julgado, inclusive custas, juros de mora, correção monetária e a contribuição previdenciária (executada simultaneamente com o crédito trabalhista), salvo os bens impenhoráveis.

Com a penhora, será materializada a apreensão judicial dos bens do executado, para que sejam levados a hasta pública para a satisfação da condenação imposta.

A penhora será realizada onde se encontrarem os bens, ainda que sob a posse, detenção ou guarda de terceiros (art. 845 do CPC).

Por outro lado, dispõe o art. 836 do CPC que não se levará a efeito a penhora quando ficar evidente que o produto da execução dos bens encontrados será totalmente absorvido pelo pagamento das custas da execução (princípio da utilidade para o credor), cabendo ao oficial de justiça descrever, na certidão, os que guarnecem a residência ou o estabelecimento do devedor.

Ressalte-se, todavia, que a reforma trabalhista alterou algumas exigências; assim, nos termos do art. 884, § 6º, inserido na CLT e sem correspondente anterior, "A exigência da garantia ou penhora não se aplica às entidades filantrópicas e/ou àqueles que compõem ou compuseram a diretoria dessas instituições".

7.4. Execução por carta

Dispõe o art. 845, § 2º, do CPC que, se o executado não tiver bens no foro do processo, a execução será feita por carta precatória executória, penhorando-se, avaliando-se e alienando-se os bens no foro da situação.

DIREITO DO TRABALHO E PROCESSO DO TRABALHO FACILITADOS – *Lenza*

O art. 845, § 2º, do CPC está em consonância com o art. 236 do mesmo Código, ao mencionar que os atos processuais serão cumpridos por ordem judicial ou requisitados por carta, conforme hajam de realizar-se dentro ou fora dos limites territoriais da comarca.

Na execução por carta precatória, os embargos à execução serão protocolados perante o juízo deprecado ou deprecante, sendo, em regra, julgados pelo juízo deprecante.

Caso os embargos versem sobre vícios ou irregularidades de atos praticados pelo próprio juízo deprecado, como vícios na penhora e/ou avaliação de bens, caberá ao juízo deprecado o julgamento dos embargos (art. 20, parágrafo único, da Lei 6.830/1980).

Quando for indicado bem específico pelo juízo deprecante, a ser penhorado pelo juízo deprecado, os embargos à execução serão, em regra, julgados pelo juízo deprecante, salvo se o vício apontado for em decorrência de ato praticado pelo juízo deprecado, como no caso de questionamento (via embargos) do valor da avaliação do bem penhorado (avaliação essa que se constitui em um ato praticado pelo juízo deprecado).

7.5. Embargos à execução

O art. 884, § 1º, da CLT determina que a matéria de defesa nos embargos à execução será restrita às alegações de cumprimento da decisão ou do acordo, quitação ou prescrição da dívida (fatos esses ocorridos posteriormente à sentença).

Vale salientar que o art. 525, *caput* e § 1º, do CPC determina que o devedor poderá apresentar impugnação à execução, no prazo de 15 dias, estabelecendo que:

> Art. 525. Transcorrido o prazo previsto no art. 523 sem o pagamento voluntário, inicia-se o prazo de 15 (quinze) dias para que o executado, independentemente de penhora ou nova intimação, apresente, nos próprios autos, sua impugnação.
>
> § 1º Na impugnação, o executado poderá alegar:
>
> I – falta ou nulidade da citação se, na fase de conhecimento, o processo correu à revelia;
>
> II – ilegitimidade de parte;
>
> III – inexequibilidade do título ou inexigibilidade da obrigação;
>
> IV – penhora incorreta ou avaliação errônea;
>
> V – excesso de execução ou cumulação indevida de execuções;
>
> VI – incompetência absoluta ou relativa do juízo da execução;
>
> VII – qualquer causa modificativa ou extintiva da obrigação, como pagamento, novação, compensação, transação ou prescrição, desde que supervenientes à sentença.

Considerando as novas modalidades de execução (art. 876 da CLT) que permitem a execução de dois títulos executivos extrajudiciais na Justiça do Trabalho (termo de compromisso de ajustamento de conduta firmado perante o Ministério Público do Trabalho e termo de conciliação ajustado perante a comissão de conciliação prévia), em caso de embargos à execução os referidos doutrinadores entendem plenamente aplicável o art. 917 do CPC, que dispõe:

Art. 917. Nos embargos à execução, o executado poderá alegar:

I – inexequibilidade do título ou inexigibilidade da obrigação;

II – penhora incorreta ou avaliação errônea;

III – excesso de execução ou cumulação indevida de execuções;

IV – retenção por benfeitorias necessárias ou úteis, nos casos de execução para entrega de coisa certa;

V – incompetência absoluta ou relativa do juízo da execução;

VI – qualquer matéria que lhe seria lícito deduzir como defesa em processo de conhecimento.

A compensação ou a retenção não podem ser matéria de embargos à execução, uma vez que, nos moldes do art. 767 consolidado, tais matérias somente podem ser arguidas no processo cognitivo, em sede de contestação.

A possibilidade de o executado opor embargos à execução está condicionada à garantia prévia do juízo, conforme se depreende do inteiro teor dos arts. 884 da CLT e 16, § 1º, da Lei 6.830/1980. Logo, a garantia do juízo, por meio de depósito ou nomeação de bens à penhora ou após a penhora coativa, representa requisito indispensável ao regular exercício do direito do devedor de oferecer embargos à execução. Caso o juízo não esteja totalmente garantido, os embargos não serão admitidos.

A Fazenda Pública, com base no art. 910 do CPC, estará dispensada de garantir previamente o juízo para opor embargos à execução. Com efeito, determina o art. 884 da CLT que, garantida a execução ou penhorados os bens, terá o executado cinco dias para apresentar embargos, cabendo igual prazo ao exequente para impugnação.

Em relação à Fazenda Pública, a MP 2.180-35, de 24.08.2001, acrescentou à Lei 9.494/1997 o art. 1º-B, alterando o prazo previsto nos arts. 730 do CPC/1973 e 884 da CLT para 30 dias. Depois, o atual Código de Processo Civil também assegurou o prazo de 30 dias para a Fazenda embargar (art. 910 da CLT).

Caso considere necessário, o juiz poderá designar audiência para produção de provas, com oitiva de testemunhas arroladas pelo embargante, a qual será realizada dentro de cinco dias (art. 884, § 2º, da CLT).

Não tendo sido arroladas testemunhas nos embargos, o juiz proferirá a decisão, dentro de cinco dias, julgando subsistente ou insubsistente a penhora (art. 885 da CLT).

Caso tenham sido arroladas testemunhas, finda a sua inquirição em audiência, o processo será concluso ao juiz no prazo de 48 horas, e este proferirá sua decisão no prazo de cinco dias.

8. EXECUÇÃO CONTRA A FAZENDA PÚBLICA

Inicialmente, cabe esclarecer que estão compreendidas no conceito de Fazenda Pública todas as pessoas jurídicas de direito público interno, como a União, os estados, os municípios, o Distrito Federal, as autarquias e as fundações públicas instituídas pelo Poder Público.

Por conseguinte, as empresas públicas e sociedades de economia mista, por serem pessoas jurídicas de direito privado, não se encaixam no conceito de Fazenda Pública.

A execução contra a Fazenda Pública não se processa da mesma forma como se dá quando o devedor é pessoa física ou jurídica de direito privado, uma vez que os bens da Fazenda Pública são impenhoráveis e imprescritíveis (não sujeitos a usucapião).

Como dito, a Fazenda Pública, com base no art. 910 do CPC, estará dispensada de garantir previamente o juízo para opor embargos à execução.

Portanto, na execução por quantia certa, a Fazenda Pública não será citada para pagar ou nomear bens à penhora, mas, sim, para oferecer embargos, se desejar.

Vale ressaltar a OJ 343 da SDI-1 do TST, publicada no *DJ* de 22.06.2004, *in verbis*:

> OJ 343 da SDI-1 do TST: Penhora – Sucessão – Art. 100 da CF/1988 – Execução. É válida a penhora em bens de pessoa jurídica de direito privado, realizada anteriormente à sucessão pela União ou por Estado-membro, não podendo a execução prosseguir mediante precatório. A decisão que a mantém não viola o art. 100 da CF/1988.

Por outro lado, quanto às obrigações de fazer e não fazer e à obrigação de dar (coisa certa ou incerta), a execução contra a Fazenda Pública não difere das que se processam em relação aos devedores em geral.

O art. 535 do CPC dispõe sobre as matérias que poderão ser abordadas em caso de embargos propostos na execução contra a Fazenda Pública. Vejamos:

> Art. 535. A Fazenda Pública será intimada na pessoa de seu representante judicial, por carga, remessa ou meio eletrônico, para, querendo no prazo de 30 (trinta) dias e nos próprios autos, impugnar a execução, podendo arguir:
>
> I – falta ou nulidade da citação se, na fase de conhecimento, o processo correu à revelia;
>
> (...)
>
> IV – excesso de execução ou cumulação indevida de execuções;
>
> (...)
>
> VI – qualquer causa modificativa ou extintiva da obrigação, como pagamento, novação, compensação, transação ou prescrição, desde que supervenientes ao trânsito em julgado da sentença.

Cabe destacar, ainda, as seguintes orientações jurisprudenciais:

> OJ 382 da SDI-1: Juros de mora. Art. 1º-F da Lei nº 9.494, de 10.09.1997. Inaplicabilidade à Fazenda Pública quando condenada subsidiariamente. A Fazenda Pública, quando condenada subsidiariamente pelas obrigações trabalhistas devidas pela empregadora principal, não se beneficia da limitação dos juros, prevista no art. 1º-F da Lei nº 9.494, de 10.09.1997.

> OJ 7 do TP: Juros de mora. Condenação da Fazenda Pública (nova redação, Res. 175, de 24.05.2011).

I – Nas condenações impostas à Fazenda Pública, incidem juros de mora segundo os seguintes critérios:

a) 1% (um por cento) ao mês, até agosto de 2001, nos termos do § 1º do art. 39 da Lei nº 8.177, de 1.03.1991;

b) 0,5% (meio por cento) ao mês, de setembro de 2001 a junho de 2009, conforme determina o art. 1.º-F da Lei nº 9.494, de 10.09.1997, introduzido pela Medida Provisória nº 2.180-35, de 24.08.2001.

II – A partir de 30 de junho de 2009, atualizam-se os débitos trabalhistas da Fazenda Pública, mediante a incidência dos índices oficiais de remuneração básica e juros aplicados à caderneta de poupança, por força do art. 5º da Lei nº 11.960, de 29.06.2009.

III – A adequação do montante da condenação deve observar essa limitação legal, ainda que em sede de precatório.

8.1. Prazo para oferecimento de embargos

O art. 884 da CLT assim estabelece:

> Art. 884. Garantida a execução ou penhorados os bens, terá o executado cinco dias para apresentar embargos, cabendo igual prazo ao exequente para impugnação.

Por seu turno, o art. 910 do CPC assim disciplina:

> Art. 910. Na execução fundada em título extrajudicial, a Fazenda Pública será citada para opor embargos em 30 (trinta) dias.

O CPC está em consonância com a MP 2.180-35, de 24.08.2001, que acrescentou o art. 1º-B à Lei 9.494/1997, alterando o prazo previsto no art. 884 da CLT (5 dias), passando a Fazenda Pública a dispor de 30 dias para opor embargos à execução. Vejamos:

> Lei 9.494/1997, art. 1º-B: O prazo a que se refere o *caput* dos arts. 730 do Código de Processo Civil (art. 910 do NCPC) e 884 da CLT, aprovada pelo Dec.-lei n. 5.452, de 1º de maio de 1943, passa a ser de 30 (trinta) dias.

8.2. Precatório

Superada a fase de embargos, o juiz da execução mandará formar um processo denominado precatório, por meio da extração das principais peças do processo trabalhista, relacionado na IN 32/2007 do TST.

O precatório consiste na requisição, feita pelo Poder Judiciário ao Poder Executivo respectivo, de numerário suficiente para arcar com as condenações impostas à Fazenda Pública mediante sentença judicial contra a qual não caiba mais recurso.

Por meio do precatório assegura-se o efetivo respeito do Poder Público pelas decisões judiciais que lhe sejam contrárias, além de disciplinar uma ordem cronológica para os pagamentos a serem efetuados, assegurando-se aos credores dos entes públicos igualdade de tratamento, respeitando-se, outrossim, o princípio da impessoalidade.

Os pagamentos a cargo da Fazenda Pública serão, portanto, feitos segundo rigorosa ordem de apresentação dos precatórios, à conta dos créditos orçamentários, ou extraorçamentários, abertos para esse fim.

Observe-se, contudo, que o art. 100, §§ 1º e 2º, da CF cuida do pagamento dos débitos de natureza alimentícia, que possuem preferência sobre todos os demais débitos. Entre os débitos de natureza alimentícia, possuem preferência aqueles cujos titulares tenham 60 anos ou mais na data de expedição do precatório, ou sejam portadores de doença grave, ou pessoas com deficiência, definidos na forma da lei, limitado o seu valor ao equivalente ao triplo do fixado em lei como débito de pequeno valor, admitindo-se o fracionamento para essa finalidade, e o restante será pago na ordem cronológica de apresentação do precatório.

Formado o precatório (com a extração obrigatória de cópias das peças previstas na IN 32/2007 do TST), o juiz da execução o remeterá ao presidente do Tribunal Regional do Trabalho, onde o precatório será autuado e numerado, segundo a ordem cronológica de chegada, para efeito de precedência de seu cumprimento.

Caberá ao presidente do tribunal, no exercício de atividade administrativa, examinar as formalidades extrínsecas do precatório e ordenar diligências para regularização dos defeituosos, inclusive a correção das inexatidões materiais ou a retificação de erros de cálculo, seja de ofício, seja a requerimento da parte.

Não havendo qualquer irregularidade a ser sanada, ou mesmo não sendo impugnado o precatório pelo procurador público, o presidente do tribunal expedirá o precatório-requisitório determinando que o ente público providencie a inclusão no orçamento de dotação suficiente ao correspondente pagamento, lembrando que os precatórios apresentados até 1º de julho serão relacionados para pagamento dentro do exercício financeiro subsequente, quando terão seus valores atualizados monetariamente.

A data de recepção do ofício requisitório pelo ente público, certificada nos autos, tem sido considerada pela doutrina e jurisprudência como o termo que define a cronologia de cumprimento dos precatórios.

O art. 100 da CF/1988, bem como seus parágrafos, disciplina o precatório (importante sua leitura integral).

9. EXECUÇÃO POR PRESTAÇÕES SUCESSIVAS

Nos casos de execução por prestações sucessivas, o procedimento será o mesmo utilizado contra devedor solvente. Entretanto, apresenta peculiaridades em relação às prestações devidas, conforme disposto nos arts. 891 e 892 da CLT. Confira:

> Art. 891. Nas prestações sucessivas por tempo determinado, a execução pelo não pagamento de uma prestação compreenderá as que lhe sucederem.

> Art. 892. Tratando-se de prestações sucessivas por tempo indeterminado, a execução compreenderá inicialmente as prestações devidas até a data do ingresso na execução.

10. DA CERTIDÃO NEGATIVA DE DÉBITOS TRABALHISTAS

A Lei 12.440/2011 acrescentou à CLT o art. 642-A, instituindo a denominada Certidão Negativa de Débitos Trabalhistas (CNDT), objetivando comprovar a inexistência de débitos trabalhistas não quitados perante a Justiça Especializada trabalhista. Senão vejamos:

> Art. 642-A. É instituída a Certidão Negativa de Débitos Trabalhistas (CNDT), expedida gratuita e eletronicamente, para comprovar a inexistência de débitos inadimplidos perante a Justiça do Trabalho.
>
> § 1º O interessado não obterá a certidão quando em seu nome constar:
>
> I – o inadimplemento de obrigações estabelecidas em sentença condenatória transitada em julgado proferida pela Justiça do Trabalho ou em acordos judiciais trabalhistas, inclusive no concernente aos recolhimentos previdenciários, a honorários, a custas, a emolumentos ou a recolhimentos determinados em Lei; ou
>
> II – o inadimplemento de obrigações decorrentes de execução de acordos firmados perante o Ministério Público do Trabalho ou Comissão de Conciliação Prévia.
>
> § 2º Verificada a existência de débitos garantidos por penhora suficiente ou com exigibilidade suspensa, será expedida Certidão Positiva de Débitos Trabalhistas em nome do interessado com os mesmos efeitos da CNDT.
>
> § 3º A CNDT certificará a empresa em relação a todos os seus estabelecimentos, agências e filiais.
>
> § 4º O prazo de validade da CNDT é de 180 (cento e oitenta) dias, contado da data de sua emissão.

RESUMO

1) A execução trabalhista será promovida pelas partes, permitida a execução de ofício pelo juiz ou pelo presidente do tribunal apenas nos casos em que as partes não estiverem representadas por advogado, ou seja, após a reforma trabalhista, houve uma restrição à atuação de ofício pelo juiz do trabalho.

2) A execução provisória é cabível toda vez que a decisão exarada ainda pender de recurso desprovido de efeito suspensivo (art. 876 da CLT). Em outras palavras, a execução provisória pode ser utilizada quando a sentença condenatória ainda não tiver transitado em julgado, limitando-se esta a atos de constrição, e não de expropriação.

3) É inconstitucional a previsão da TR como índice de correção monetária dos débitos trabalhistas e dos depósitos recursais no âmbito da Justiça do Trabalho. É inadequada a aplicação da Taxa Referencial (TR) para a correção monetária de débitos trabalhistas e de depósitos recursais no âmbito da Justiça do Trabalho. Devem ser utilizados na Justiça Trabalhista os mesmos índices de correção monetária vigentes para as condenações cíveis em geral: o Índice Nacional de Preço ao Consumidor Amplo Especial (IPCA-E), na fase pré-judicial, e, a partir da citação, a taxa referencial do Sistema Especial de Liquidação e Custódia (Selic) (STF, Plenário, ADC 58/DF, ADC 59/DF, ADI 5867/DF e ADI 6021/DF, Rel. Min. Gilmar Mendes, j. 18.12.2020, *Info* 1003).

4) A Justiça do Trabalho é competente para determinar o recolhimento das contribuições fiscais. A competência da Justiça do Trabalho, quanto à execução das contri-

DIREITO DO TRABALHO E PROCESSO DO TRABALHO FACILITADOS – *Lenza*

buições previdenciárias, limita-se às sentenças condenatórias em pecúnia que proferir e aos valores, objeto de acordo homologado, que integrem o salário de contribuição.

5) A execução deve ser direcionada no sentido de que o exequente, efetivamente, receba o bem da vida pretendido, de forma célere e justa, e que as medidas adotadas sejam razoáveis, uma vez que somente o patrimônio do próprio devedor é atingido, preservando-se sempre a dignidade tanto da pessoa humana do exequente como do executado.

#QUESTÕES PARA TREINO

1. **(Instituto Access – Celepar-PR – Advogado – 2022 – adaptada)** Quanto à execução na Justiça do Trabalho, é correto afirmar:

   É competente para a execução das decisões o Juiz ou Presidente do Tribunal que tiver conciliado ou julgado originariamente o dissídio.

   Comentário

   CLT, art. 877: É competente para a execução das decisões o Juiz ou Presidente do Tribunal que tiver conciliado ou julgado originariamente o dissídio.

   Certo.

2. **(Instituto Access – Celepar-PR – Advogado – 2022 – adaptada)** Quanto à execução na Justiça do Trabalho, é correto afirmar:

   Qualquer interessado ou o juiz de ofício poderá promover a execução.

   Comentário

   CLT, art. 878: A execução será promovida pelas partes, permitida a execução de ofício pelo juiz ou pelo Presidente do Tribunal apenas nos casos em que as partes não estiverem representadas por advogado.

   Errado.

3. **(Instituto Access – Celepar-PR – Advogado – 2022 – adaptada)** Quanto à execução na Justiça do Trabalho, é correto afirmar:

   É proibido ao devedor efetuar o pagamento imediato da parte que entender devida à previdência social.

   Comentário

   CLT, art. 878-A: Faculta-se ao devedor o pagamento imediato da parte que entender devida à Previdência Social, sem prejuízo da cobrança de eventuais diferenças encontradas na execução *ex officio*.

   Errado.

4. **(Instituto Access – Celepar-PR – Advogado – 2022 – adaptada)** Quanto à execução na Justiça do Trabalho, é correto afirmar:

   Somente será executado título executivo judicial na Justiça do Trabalho.

   Comentário

   CLT, art. 876: As decisões passadas em julgado ou das quais não tenha havido recurso com efeito suspensivo; os acordos, quando não cumpridos; os termos de ajuste de conduta firmados perante o Ministério Público do Trabalho e os termos de conciliação firmados perante as Comissões de Conciliação Prévia serão executados pela forma estabelecida neste Capítulo.

Errado.

5. **(Instituto Access – Celepar-PR – Advogado – 2022 – adaptada)** Quanto à execução na Justiça do Trabalho, é correto afirmar:

    Não se aplica a prescrição intercorrente no processo do trabalho.

    Comentário

    CLT, art. 11-A: Ocorre a prescrição intercorrente no processo do trabalho no prazo de dois anos.

    Errado.

6. **(Instituto Access – Celepar-PR – Advogado – 2022 – adaptada)** Em sede de execução trabalhista, o juiz intimou a parte exequente para cumprir decisão, determinando que desse seguimento à execução, indicando os meios para seu prosseguimento, já que não foram encontrados bens no patrimônio do réu/executado. Levando-se em consideração que a decisão do magistrado ocorreu em 07.07.2019 e o processo encontra-se há mais de dois anos parado, é correto afirmar:

    O processo poderá permanecer parado, aguardando a manifestação do exequente, por período indefinido de tempo.

    Comentário

    CLT, art. 11-A: Ocorre a prescrição intercorrente no processo do trabalho no prazo de dois anos.

    § 1º A fluência do prazo prescricional intercorrente inicia-se quando o exequente deixa de cumprir determinação judicial no curso da execução.

    § 2º A declaração da prescrição intercorrente pode ser requerida ou declarada de ofício em qualquer grau de jurisdição.

    Errado.

7. **(Instituto Access – Celepar-PR – Advogado – 2022 – adaptada)** Em sede de execução trabalhista, o juiz intimou a parte exequente para cumprir decisão, determinando que desse seguimento à execução, indicando os meios para seu prosseguimento, já que não foram encontrados bens no patrimônio do réu/executado. Levando-se em consideração que a decisão do magistrado ocorreu em 07.07.2019 e o processo encontra-se há mais de dois anos parado, é correto afirmar:

    Poderá haver a declaração de prescrição intercorrente, mas somente se houver requerimento do exequente.

    Comentário

    CLT, art. 11-A: Ocorre a prescrição intercorrente no processo do trabalho no prazo de dois anos.

    § 1º A fluência do prazo prescricional intercorrente inicia-se quando o exequente deixa de cumprir determinação judicial no curso da execução.

§ 2º A declaração da prescrição intercorrente pode ser requerida ou declarada de ofício em qualquer grau de jurisdição.

Errado.

8. **(Instituto Access – Celepar-PR – Advogado – 2022 – adaptada)** Em sede de execução trabalhista, o juiz intimou a parte exequente para cumprir decisão, determinando que desse seguimento à execução, indicando os meios para seu prosseguimento, já que não foram encontrados bens no patrimônio do réu/executado. Levando-se em consideração que a decisão do magistrado ocorreu em 07.07.2019 e o processo encontra-se há mais de dois anos parado, é correto afirmar:

O juiz deverá intimar novamente a parte, a fim de dar início ao novo prazo prescricional.

Comentário

CLT, art. 11-A: Ocorre a prescrição intercorrente no processo do trabalho no prazo de dois anos.

§ 1º A fluência do prazo prescricional intercorrente inicia-se quando o exequente deixa de cumprir determinação judicial no curso da execução.

§ 2º A declaração da prescrição intercorrente pode ser requerida ou declarada de ofício em qualquer grau de jurisdição.

Errado.

9. **(Instituto Access – Celepar-PR – Advogado – 2022 – adaptada)** Em sede de execução trabalhista, o juiz intimou a parte exequente para cumprir decisão, determinando que desse seguimento à execução, indicando os meios para seu prosseguimento, já que não foram encontrados bens no patrimônio do réu/executado. Levando-se em consideração que a decisão do magistrado ocorreu em 07.07.2019 e o processo encontra-se há mais de dois anos parado, é correto afirmar:

Somente poderá haver declaração de prescrição intercorrente de ofício.

Comentário

CLT, art. 11-A: Ocorre a prescrição intercorrente no processo do trabalho no prazo de dois anos.

§ 1º A fluência do prazo prescricional intercorrente inicia-se quando o exequente deixa de cumprir determinação judicial no curso da execução.

§ 2º A declaração da prescrição intercorrente pode ser requerida ou declarada de ofício em qualquer grau de jurisdição.

Errado.

10. **(Instituto Access – Celepar-PR – Advogado – 2022 – adaptada)** Em sede de execução trabalhista, o juiz intimou a parte exequente para cumprir decisão, determinando que desse seguimento à execução, indicando os meios para seu prosseguimento, já que não foram encontrados bens no patrimônio do réu/executado. Levando-se em consideração que a decisão do magistrado ocorreu em 07.07.2019 e o processo encontra-se há mais de dois anos parado, é correto afirmar:

Cap. 43 – EXECUÇÃO TRABALHISTA **773**

Poderá haver a declaração de prescrição intercorrente a requerimento do exequente ou de ofício.

Comentário

CLT, art. 11-A: Ocorre a prescrição intercorrente no processo do trabalho no prazo de dois anos.

§ 1º A fluência do prazo prescricional intercorrente inicia-se quando o exequente deixa de cumprir determinação judicial no curso da execução.

§ 2º A declaração da prescrição intercorrente pode ser requerida ou declarada de ofício em qualquer grau de jurisdição.

Certo.

PROCEDIMENTOS ESPECIAIS

1. AÇÃO RESCISÓRIA

Trata-se de uma ação de conhecimento, de **natureza constitutivo-negativa**, objetivando a desconstituição ou anulação da coisa julgada material. Em outras palavras, a ação rescisória é uma **ação autônoma** que visa desconstituir ou anular sentença judicial transitada em julgado (ou acórdão).

O fundamento da ação rescisória é o **princípio da segurança jurídica**, que preconiza a estabilidade das relações jurídicas e sociais e encontra previsão no art. 5º, XXXVI, da CRFB/1988.

No Código de Processo Civil, a ação rescisória está regulada nos arts. 966 e ss.

A Instrução Normativa 39 do TST prevê a aplicação subsidiária do CPC no tocante à ação rescisória ao processo do trabalho (art. 3º, XXVI).

No âmbito laboral, com base no art. 836 da CLT, a parte que propuser ação rescisória – seja trabalhador, seja empregador – deverá efetuar, como pressuposto para propositura da ação, salvo demonstração de miserabilidade jurídica, **o depósito prévio de 20% do valor da causa, a título de multa, caso a ação seja, por unanimidade de votos, declarada inadmissível ou improcedente.**

> É constitucional a fixação de depósito prévio como condição de procedibilidade de ação rescisória. Esse depósito prévio, correspondente a 20% do valor da causa, é previsto no art. 836 da CLT, com redação dada pela Lei nº 11.495/2007. O depósito prévio para ajuizamento da ação rescisória é razoável e visa desestimular ações temerárias. (STF, Plenário, ADI 3995/DF, Rel. Min. Roberto Barroso, j. 13.12.2018, *Info* 927)

DIREITO DO TRABALHO E PROCESSO DO TRABALHO FACILITADOS – *Lenza*

AÇÃO RESCISÓRIA	
Previsão celetista	**Art. 836. É vedado aos órgãos da Justiça do Trabalho conhecer de questões já decididas, excetuados os casos expressamente previstos neste Título e a ação rescisória, que será admitida na forma do disposto no Capítulo IV do Título IX da Lei nº 5.869, de 11 de janeiro de 1973 – Código de Processo Civil, sujeita ao depósito prévio de 20% (vinte por cento) do valor da causa, salvo prova de miserabilidade jurídica do autor.**
Objetivo	Desconstituição de decisões judiciais que estão sob o efeito da coisa julgada material.
Natureza jurídica	Ação constitutivo-negativa.

1.1. Requisitos

Para o ajuizamento da ação rescisória, são necessários dois requisitos, a saber:

- sentença ou acórdão de mérito (ou decisão que, não sendo de mérito, impeça nova propositura da demanda ou admissibilidade do recurso correspondente);
- trânsito em julgado da decisão.

O CPC/2015 introduziu uma inovação permitindo a rescisão de decisão transitada em julgado que, **embora não seja de mérito**, impeça: (I) nova propositura da demanda; ou (II) admissibilidade do recurso correspondente. Ressalta-se que a ação rescisória pode ter por objeto apenas um capítulo da decisão.

A OJ 134 da SDI-2 do TST estabelece que "A decisão proferida em embargos à execução ou em agravo de petição que apenas declara preclusa a oportunidade de impugnação da sentença de liquidação não é rescindível, em virtude de produzir tão-somente coisa julgada formal".

> Súmula 412 do TST: Ação rescisória. Regência pelo CPC de 1973. Sentença de mérito. Questão processual. Sob a égide do CPC de 1973, pode uma questão processual ser objeto de rescisão desde que consista em pressuposto de validade de uma sentença de mérito.
>
> Vale destacar que, antes do CPC/15, o Tribunal Superior do Trabalho (Súmula 412) admitia que uma questão processual pudesse ser objeto de ação rescisória desde que consistisse em pressuposto de validade de uma sentença de mérito. Contudo, com o CPC/15, não é mais necessária a sentença de mérito para ajuizamento da Ação Rescisória. Por isso, o TST alterou a redação da súmula 412.
>
> Súmula 413 do TST: Ação rescisória. Sentença de mérito. Violação do art. 896, "a", da CLT (nova redação em decorrência do CPC de 2015). É incabível ação rescisória, por violação do art. 896, "a", da CLT, contra decisão transitada em julgado sob a égide do CPC de 1973 que não conhece de recurso de revista, com base em divergência jurisprudencial, pois não se cuidava de sentença de mérito (art. 485 do CPC de 1973).

Em relação ao segundo requisito, não é admitida ação rescisória preventiva, sendo condição indispensável para o seu ajuizamento a prova do trânsito em julgado da decisão rescindenda.

Cap. 44 – PROCEDIMENTOS ESPECIAIS 777

O corte rescisório não pode ser utilizado antes do trânsito em julgado da sentença ou do acórdão, visto não ser admissível ação rescisória preventiva, conforme entendimento consubstanciado na Súmula 299 do TST. Desse modo, o trânsito em julgado da decisão deve ser comprovado no momento do ajuizamento da ação rescisória.

AÇÃO RESCISÓRIA – PRESSUPOSTOS	
Trânsito em julgado	Decisão de mérito
	Decisão não meritória, mas que impeça nova propositura da demanda ou admissibilidade do recurso correspondente

1.2. Competência

Em relação à **competência funcional**, a ação rescisória é de **competência originária dos tribunais**, no âmbito laboral, sendo julgada pelo Tribunal Regional do Trabalho respectivo ou pelo Tribunal Superior do Trabalho, dependendo da sentença ou do acórdão a ser rescindido.

Assim, o TRT é competente para o julgamento de ação rescisória em face de uma sentença de 1º grau ou acórdão do próprio TRT e o TST é competente para o julgamento de ação rescisória em face de acórdão do próprio TST.

AÇÃO RESCISÓRIA – COMPETÊNCIA		
Tribunal Regional do Trabalho		**Tribunal Superior do Trabalho**
Rescindir seus próprios julgamentos.	Rescindir as decisões proferidas pelas Varas do Trabalho a ele vinculadas.	Rescindir seus próprios julgamentos.

AÇÃO RESCISÓRIA – DECISÃO PROFERIDA PELO PRÓPRIO TST – COMPETÊNCIA	
SDI-2	**SDC**
Decisões em dissídios individuais	Decisões em dissídio coletivo

AÇÃO RESCISÓRIA – COMPETÊNCIA
Súmula 192 do TST: Ação rescisória. Competência.
I – Se não houver o conhecimento de recurso de revista ou de embargos, a competência para julgar ação que vise a rescindir a decisão de mérito é do Tribunal Regional do Trabalho, ressalvado o disposto no item II.
II – Acórdão rescindendo do Tribunal Superior do Trabalho que não conhece de recurso de embargos ou de revista, analisando arguição de violação de dispositivo de lei material ou decidindo em consonância com súmula de direito material ou com iterativa, notória e atual jurisprudência de direito material da Seção de Dissídios Individuais (Súmula nº 333), examina o mérito da causa, cabendo ação rescisória da competência do Tribunal Superior do Trabalho.
III – Sob a égide do art. 512 do CPC de 1973, é juridicamente impossível o pedido explícito de desconstituição de sentença quando substituída por acórdão do Tribunal Regional ou superveniente sentença homologatória de acordo que puser fim ao litígio.
IV – Na vigência do CPC de 1973, é manifesta a impossibilidade jurídica do pedido de rescisão de julgado proferido em agravo de instrumento que, limitando-se a aferir o eventual desacerto do juízo negativo de admissibilidade do recurso de revista, não substitui o acórdão regional, na forma do art. 512 do CPC.
V – A decisão proferida pela SBDI, em agravo regimental, calcada na Súmula nº 333, substitui acórdão de Turma do TST, porque emite juízo de mérito, comportando, em tese, o corte rescisório.

1.3. Legitimidade

O art. 967 do CPC estabelece os legitimados a propor ação rescisória. Assim, são legitimados para ajuizar ação rescisória: (a) qualquer uma das partes do processo originário, ou o seu sucessor a título universal ou singular; (b) o terceiro juridicamente interessado; (c) o Ministério Público; e (d) aquele que não foi ouvido no processo em que lhe era obrigatória a intervenção.

Quanto à legitimidade para o Ministério Público propor ação rescisória, a Súmula 407 do TST esclarece que a legitimidade *ad causam* do Ministério Público do Trabalho para propor ação rescisória não está limitada às hipóteses em que não foi ouvido no processo quando sua intervenção era obrigatória, mas também quando a sentença é o resultado da colusão entre as partes e em outros casos em que se imponha sua atuação (art. 967, III, *a*, *b* e *c*, do CPC). Em outras palavras, o diploma processual estabelece que também será cabível a ação rescisória, pelo Ministério Público, em caso de simulação e em outros casos em que se imponha sua atuação.

> Súmula 407 do TST: Ação rescisória. Ministério Público. Legitimidade "ad causam" prevista no art. 967, III, "a", "b" e "c" do CPC de 2015. Art. 487, III, "a" e "b", do CPC de 1973. Hipóteses meramente exemplificativas (nova redação em decorrência do CPC de 2015).
>
> A legitimidade "ad causam" do Ministério Público para propor ação rescisória, ainda que não tenha sido parte no processo que deu origem à decisão rescindenda, não está limitada às alíneas "a", "b" e "c" do inciso III do art. 967 do CPC de 2015 (art. 487, III, "a" e "b", do CPC de 1973), uma vez que traduzem hipóteses meramente exemplificativas.

AÇÃO RESCISÓRIA – LEGITIMIDADE – ART. 967 do CPC	
Quem foi parte no processo ou o seu sucessor a título universal ou singular.	Terceiro juridicamente interessado.
Aquele que não foi ouvido no processo em que lhe era obrigatória a intervenção.	Ministério público quando: (I) não foi ouvido em intervenção obrigatória; (II) em caso de simulação/colusão entre as partes para fraudar a lei; (III) outros casos em que a lei imponha a sua atuação.

1.4. Juízo rescindente e rescisório

O autor da ação deve cumular ao **pedido principal de rescisão do julgado pleito de novo julgamento da causa pelo mesmo tribunal que apreciou a rescisória.** Com efeito, em várias hipóteses previstas no art. 966 do CPC, o tribunal exercerá também, além do juízo rescindente, o juízo rescisório (*iudicium resdssorium*), proferindo novo julgamento da causa.

Logo, apenas em poucas situações, o tribunal exercerá somente o chamado juízo rescindente (*iudicium rescindens*), limitando-se a atuação da Corte Trabalhista a rescindir o julgado, como nas hipóteses do art. 966, II e IV, do CPC.

Ademais, não se pode esquecer que o art. 968, I, do CPC elenca como requisito obrigatório da petição inicial cumular ao pedido de rescisão, se for o caso, o de novo julgamento do processo, não sendo possível considerar implícito o pedido de novo julgamento.

AÇÃO RESCISÓRIA	
Juízo rescindendo	**Juízo rescisório**
Tem o objetivo de desconstituir a decisão transitada em julgado.	Visa promover novo julgamento sobre a matéria objeto de análise.

1.5. Hipóteses de cabimento

As hipóteses de cabimento da ação rescisória estão previstas no art. 966 do CPC, de forma taxativa:

> Art. 966. A decisão de mérito, transitada em julgado, pode ser rescindida quando:
>
> I – se verificar que foi proferida por força de prevaricação, concussão ou corrupção do juiz;
>
> II – for proferida por juiz impedido ou por juízo absolutamente incompetente;
>
> III – resultar de dolo ou coação da parte vencedora em detrimento da parte vencida ou, ainda, de simulação ou colusão entre as partes, a fim de fraudar a lei;
>
> IV – ofender a coisa julgada;
>
> V – violar manifestamente norma jurídica;
>
> VI – for fundada em prova cuja falsidade tenha sido apurada em processo criminal ou venha a ser demonstrada na própria ação rescisória;
>
> VII – obtiver o autor, posteriormente ao trânsito em julgado, prova nova cuja existência ignorava ou de que não pôde fazer uso, capaz, por si só, de lhe assegurar pronunciamento favorável;
>
> VIII – for fundada em erro de fato verificável do exame dos autos.

1.6. Petição inicial

Preceitua o art. 968 do CPC que a petição inicial será elaborada com observância dos requisitos essenciais do art. 319 do próprio CPC (requisitos da petição inicial), devendo o autor cumular ao pedido de rescisão, quando for o caso, o de novo julgamento da causa.

> CLT, art. 319: A petição inicial indicará:
>
> I – o juízo a que é dirigida;
>
> II – os nomes, os prenomes, o estado civil, a existência de união estável, a profissão, o número de inscrição no Cadastro de Pessoas Físicas ou no Cadastro Nacional da Pessoa Jurídica, o endereço eletrônico, o domicílio e a residência do autor e do réu;
>
> III – o fato e os fundamentos jurídicos do pedido;
>
> IV – o pedido com as suas especificações;
>
> V – o valor da causa;
>
> VI – as provas com que o autor pretende demonstrar a verdade dos fatos alegados;

VII – a opção do autor pela realização ou não de audiência de conciliação ou de mediação.

§ 1º Caso não disponha das informações previstas no inciso II, poderá o autor, na petição inicial, requerer ao juiz diligências necessárias a sua obtenção.

§ 2º A petição inicial não será indeferida se, a despeito da falta de informações a que se refere o inciso II, for possível a citação do réu.

§ 3º A petição inicial não será indeferida pelo não atendimento ao disposto no inciso II deste artigo se a obtenção de tais informações tornar impossível ou excessivamente oneroso o acesso à justiça.

Assim, o autor deverá fazer dois pedidos cumulativos, quando for cabível, quais sejam:

1º) **juízo rescindente** – pedido de desconstituição da coisa julgada material; e

2º) **juízo rescisório** – pedido de novo julgamento da causa.

O primeiro pedido constará em qualquer petição inicial de ação rescisória; já o segundo pedido será realizado exceto nas hipóteses dos incisos II e IV do art. 966, do CPC.

O art. 836 da CLT, com a redação alterada pela Lei 11.495/2007, prevê a possibilidade de ajuizamento de ação rescisória no âmbito da Justiça do Trabalho, determinando a aplicação dos dispositivos do Código de Processo Civil, exigindo-se para a sua propositura o depósito prévio de 20% do valor da causa, salvo prova de miserabilidade jurídica do autor. Em virtude da referida alteração legal, o TST determinou o cancelamento da Súmula 194 (Res. 142/2007).

Ressalta-se que a petição inicial será indeferida, além dos casos previstos no art. 330, do CPC, se não for efetuado o depósito exigido (art. 968, § 3º, do CPC).

Como documentos indispensáveis à propositura da ação rescisória, podemos destacar a **decisão rescindenda** e a sua **prova do trânsito em julgado**, conforme demonstram a Súmula 299 e a OJ 84 da SDI-2, ambas do TST.

Quanto ao valor da causa a ser fixado na ação rescisória, o Tribunal Superior do Trabalho editou a Instrução Normativa 31/2007 (arts. 2º e 3º) e cancelou a OJ 147 da SDI-2.

> IN 31/2007, art. 2º: O valor da causa da ação rescisória que visa desconstituir decisão da fase de conhecimento corresponderá:
>
> I – no caso de improcedência, ao valor dado à causa do processo originário ou aquele que for fixado pelo Juiz;
>
> II – no caso de procedência, total ou parcial, ao respectivo valor arbitrado à condenação.
>
> IN 31/2007, art. 3º: O valor da causa da ação rescisória que visa desconstituir decisão da fase de execução corresponderá ao valor apurado em liquidação de sentença.

1.7. Processamento

Distribuída a peça vestibular da ação **rescisória, poderá o juiz relator, de forma monocrática, indeferir** a petição inicial, com base no art. 330 do CPC, decisão essa sujeita ao recurso denominado **agravo regimental**.

O Código de Processo Civil, em seu art. 969, estabelece que "A propositura da ação rescisória não impede o cumprimento da decisão rescindenda, ressalvada a concessão de tutela provisória". Logo, passou a ser plenamente possível, desde que preenchidos os pressupostos previstos em lei, a concessão de antecipação de tutela suspendendo o cumprimento da sentença.

Recebida regularmente a petição inicial da ação rescisória, determinará o relator a **citação do réu** a fim de que, no prazo fixado entre **15 e 30 dias**, apresente sua resposta (art. 970 do CPC), contando-se o prazo em dobro quando o reclamado se tratar de pessoa jurídica de direito público ou o Ministério Público do Trabalho.

Vale ressaltar que a ausência de defesa do réu não gera a aplicação dos efeitos da revelia, nos termos da Súmula 398 do TST.

> Súmula 398 do TST: Ação rescisória. Ausência de defesa. Inaplicáveis os efeitos da revelia (alterada em decorrência do CPC de 2015). Na ação rescisória, o que se ataca é a decisão, ato oficial do Estado, acobertado pelo manto da coisa julgada. Assim, e considerando que a coisa julgada envolve questão de ordem pública, a revelia não produz confissão na ação rescisória.

Oferecida a resposta pelo demandado, caso os fatos alegados dependam de prova (em geral, prova testemunhal), o relator poderá **delegar a competência ao órgão que proferiu a decisão rescindenda, fixando prazo de um a três meses para devolução dos autos (art. 972 do CPC).**

Posteriormente, o relator determinará a abertura de prazo sucessivo de 10 dias para autor e réu ofertarem **razões finais** (art. 973 do CPC), quando, finalmente, serão os autos submetidos a julgamento pelo tribunal respectivo.

Perceba, por fim, que, mesmo antes da reforma trabalhista, era cabível a condenação ao pagamento de honorários advocatícios em ação rescisória, conforme a Súmula 219, II, do TST. A possibilidade de condenação da parte sucumbente em honorários advocatícios na ação rescisória era uma das exceções à regra. Com a reforma, contudo, passou a ser aplicável na Justiça do Trabalho, como regra geral, a condenação da parte sucumbente ao pagamento dos honorários advocatícios.

> Súmula 219 do TST: Honorários advocatícios. Cabimento (alterada a redação do item I e acrescidos os itens IV a VI em decorrência do CPC de 2015)
>
> I – Na Justiça do Trabalho, a condenação ao pagamento de honorários advocatícios não decorre pura e simplesmente da sucumbência, devendo a parte, concomitantemente: a) estar assistida por sindicato da categoria profissional; b) comprovar a percepção de salário inferior ao dobro do salário mínimo ou encontrar-se em situação econômica que não lhe permita demandar sem prejuízo do próprio sustento ou da respectiva família. (art. 14, § 1º, da Lei nº 5.584/1970). (ex-OJ nº 305 da SBDI-I).
>
> II – É cabível a condenação ao pagamento de honorários advocatícios em ação rescisória no processo trabalhista.
>
> III – São devidos os honorários advocatícios nas causas em que o ente sindical figure como substituto processual e nas lides que não derivem da relação de emprego.

IV – Na ação rescisória e nas lides que não derivem de relação de emprego, a responsabilidade pelo pagamento dos honorários advocatícios da sucumbência submete-se à disciplina do Código de Processo Civil (arts. 85, 86, 87 e 90).

V – Em caso de assistência judiciária sindical ou de substituição processual sindical, excetuados os processos em que a Fazenda Pública for parte, os honorários advocatícios são devidos entre o mínimo de dez e o máximo de vinte por cento sobre o valor da condenação, do proveito econômico obtido ou, não sendo possível mensurá-lo, sobre o valor atualizado da causa (CPC de 2015, art. 85, § 2º).

VI – Nas causas em que a Fazenda Pública for parte, aplicar-se-ão os percentuais específicos de honorários advocatícios contemplados no Código de Processo Civil.

AÇÃO RESCISÓRIA – PROCEDIMENTO				
1º passo	**2º passo**	**3º passo**	**4º passo**	**5º passo**
Apresentação da petição inicial	Citação do réu para apresentação de resposta no prazo de 15 a 30 dias	Instrução processual, caso necessária, no prazo de um a três meses	Prazo sucessivo de dez dias para apresentação de razões finais	Julgamento

1.8. Prazo

Institui o art. 975 do CPC que o direito à rescisão se extingue em dois anos, contados do trânsito em julgado da última decisão proferida no processo. Portanto, transitada em julgado a decisão meritória, o interessado terá o **prazo decadencial** (não sujeito à interrupção ou à suspensão) de **dois anos** para propor a atinente ação rescisória.

A respeito do prazo para ajuizamento da ação rescisória, cabe destacar a Súmula 100 do TST e a OJ 80 da SDI-2 do TST:

Súmula 100 do TST: Ação rescisória. Decadência.

I – O prazo de decadência, na ação rescisória, conta-se do dia imediatamente subsequente ao trânsito em julgado da última decisão proferida na causa, seja de mérito ou não.

II – Havendo recurso parcial no processo principal, o trânsito em julgado dá-se em momentos e em tribunais diferentes, contando-se o prazo decadencial para a ação rescisória do trânsito em julgado de cada decisão, salvo se o recurso tratar de preliminar ou prejudicial que possa tornar insubsistente a decisão recorrida, hipótese em que flui a decadência a partir do trânsito em julgado da decisão que julgar o recurso parcial.

III – Salvo se houver dúvida razoável, a interposição de recurso intempestivo ou a interposição de recurso incabível não protrai o termo inicial do prazo decadencial.

IV – O juízo rescindente não está adstrito à certidão de trânsito em julgado juntada com a ação rescisória, podendo formar sua convicção através de outros elementos dos autos quanto à antecipação ou postergação do "dies a quo" do prazo decadencial.

V – O acordo homologado judicialmente tem força de decisão irrecorrível, na forma do art. 831 da CLT. Assim sendo, o termo conciliatório transita em julgado na data da sua homologação judicial.

VI – Na hipótese de colusão das partes, o prazo decadencial da ação rescisória somente começa a fluir para o Ministério Público, que não interveio no processo principal, a partir do momento em que tem ciência da fraude.

VII – Não ofende o princípio do duplo grau de jurisdição a decisão do TST que, após afastar a decadência em sede de recurso ordinário, aprecia desde logo a lide, se a causa versar questão exclusivamente de direito e estiver em condições de imediato julgamento.

VIII – A exceção de incompetência, ainda que oposta no prazo recursal, sem ter sido aviado o recurso próprio, não tem o condão de afastar a consumação da coisa julgada e, assim, postergar o termo inicial do prazo decadencial para a ação rescisória.

IX – Prorroga-se até o primeiro dia útil, imediatamente subsequente, o prazo decadencial para ajuizamento de ação rescisória quando expira em férias forenses, feriados, finais de semana ou em dia em que não houver expediente forense. Aplicação do art. 775 da CLT.

X – Conta-se o prazo decadencial da ação rescisória, após o decurso do prazo legal previsto para a interposição do recurso extraordinário, apenas quando esgotadas todas as vias recursais ordinárias.

OJ 80 da SDI-2 do TST: Ação rescisória. Decadência. "Dies a quo". Recurso deserto. Súmula nº 100 do TST

O não conhecimento do recurso por deserção não antecipa o "dies a quo" do prazo decadencial para o ajuizamento da ação rescisória, atraindo, na contagem do prazo, a aplicação da Súmula nº 100 do TST.

De acordo com o atual entendimento do TST, cada pedido deve ser analisado como se fosse uma **reclamação trabalhista independente, e o trânsito em julgado verifica-se em relação a cada um deles,** ocorrendo em momentos e tribunais distintos. Assim, se formulados dois pedidos na mesma reclamatória e da sentença só houver recurso referente a um deles, essa decisão transitará em julgado em relação ao outro, e o prazo decadencial para a propositura da ação rescisória já terá início.

Com o CPC/2015, houve algumas novidades em relação à contagem do prazo para ajuizamento da ação rescisória?

A) Se a ação se fundar na existência de prova nova que possa, por si só, assegurar pronunciamento favorável, nos termos do art. 966, VII, do CPC, o prazo será contado da data da descoberta da prova nova, mas será observado o prazo máximo de 5 anos, contado do trânsito em julgado da última decisão proferida no processo.

CPC, art. 975, § 2º: Se fundada a ação no inciso VII do art. 966, o termo inicial do prazo será a data de descoberta da prova nova, observado o prazo máximo de 5 (cinco) anos, contado do trânsito em julgado da última decisão proferida no processo.

CPC, art. 966: A decisão de mérito, transitada em julgado, pode ser rescindida quando:

(...)

VII – obtiver o autor, posteriormente ao trânsito em julgado, prova nova cuja existência ignorava ou de que não pôde fazer uso, capaz, por si só, de lhe assegurar pronunciamento favorável;

B) No caso de título executivo judicial fundado em lei ou ato normativo considerado pelo STF, posteriormente ao seu trânsito em julgado, inconstitucional ou incompatível com a CF/1988, o prazo de 2 anos para o corte rescisório é contado do trânsito em julgado da decisão do STF.

> CPC: Art. 525. (...)
>
> § 12. Para efeito do disposto no inciso III do § 1º deste artigo, considera-se também inexigível a obrigação reconhecida em título executivo judicial fundado em lei ou ato normativo considerado inconstitucional pelo Supremo Tribunal Federal, ou fundado em aplicação ou interpretação da lei ou do ato normativo tido pelo Supremo Tribunal Federal como incompatível com a Constituição Federal, em controle de constitucionalidade concentrado ou difuso.
>
> (...)
>
> § 15. Se a decisão referida no § 12 for proferida após o trânsito em julgado da decisão exequenda, caberá ação rescisória, cujo prazo será contado do trânsito em julgado da decisão proferida pelo Supremo Tribunal Federal.

AÇÃO RESCISÓRIA – PRAZO	
Natureza	Decadencial
Prazo	Dois anos
Contagem inicial	A partir do dia imediatamente subsequente ao trânsito em julgado da última decisão, de mérito ou não, proferida no processo (Súmula 100, I, do TST)

1.9. Recurso

Quando a ação rescisória for julgada originariamente pelo **Tribunal Regional do Trabalho**, o apelo cabível em face do acórdão prolatado será o **recurso ordinário**, que será julgado pelo **Tribunal Superior do Trabalho** (SDI-2 ou SDC, de acordo com a matéria), conforme estabelecido no art. 898, II, da CLT e na Súmula 158 do TST.

Caso a ação rescisória seja proposta originariamente no **Tribunal Superior do Trabalho**, poderá haver a interposição de **embargos no TST** e, eventualmente, **recurso extraordinário para o Supremo Tribunal Federal**.

Em relação ao acórdão proferido nos autos da ação rescisória, sendo ele prolatado pelo Tribunal Regional do Trabalho ou Tribunal Superior do Trabalho, sempre caberão **embargos de declaração**, nos casos previstos no art. 897-A da CLT.

2. MANDADO DE SEGURANÇA

2.1. Conceito

O mandado de segurança está disciplinado na Constituição Federal de 1988, no **art. 5º, LXIX**, e pode ser definido como o instrumento, constitucionalmente

Cap. 44 – PROCEDIMENTOS ESPECIAIS **785**

previsto, que pode ser utilizado por pessoa, física ou jurídica, ou mesmo por ente despersonalizado com capacidade processual, objetivando a proteção de direito individual ou coletivo, líquido e certo, não amparado por *habeas corpus* ou *habeas data*, toda vez que esse direito for lesionado ou ameaçado por ato de autoridade pública ou de agente de pessoa jurídica no exercício de atribuições do Poder Público.

2.2. Natureza jurídica

A natureza jurídica do mandado de segurança é de **ação de conhecimento**, sendo seu objeto mandamental, em que o juiz determina à autoridade coatora o cumprimento imediato da ordem judicial.

O art. 1º da Lei 12.016/2009 estabelece que "Conceder-se-á mandado de segurança para **proteger direito líquido e certo, não amparado por *habeas corpus* ou *habeas data*, sempre que, ilegalmente ou com abuso de poder, qualquer pessoa física ou jurídica sofrer violação ou houver justo receio de sofrê-la por parte de autoridade, seja de que categoria for e sejam quais forem as funções que exerça"** (destacamos).

2.3. Competência

Em regra, o *writ* será processado na Justiça do Trabalho quando o ato ilegal for prolatado pelas autoridades da Justiça Laboral. Essa é a posição adotada pelo TST.

O art. 114, IV, da CF/1988, com redação dada pela EC 45/2004, estabeleceu como **competência da Justiça do Trabalho** processar e julgar os mandados de segurança, *habeas corpus* e *habeas data*, quando o ato questionado envolver matéria sujeita à sua jurisdição.

Uma das grandes novidades é a possibilidade de impetração de mandado de segurança perante a Vara do Trabalho (primeiro grau de jurisdição) **quando o ato questionado envolver matéria sujeita à sua jurisdição**, por exemplo, um mandado de segurança interposto em face de ato de auditor fiscal do trabalho (como na hipótese de interdição ou embargos de obras) será processado perante a **Justiça do Trabalho**, e não mais perante a Justiça Federal, como era anteriormente, tendo em vista que o ato questionado envolve matéria sujeita à jurisdição trabalhista (no caso, medicina e segurança do trabalho).

Assim, a competência originária para julgamento do mandado de segurança, dependendo da hipótese, poderá ser das **Varas do Trabalho, dos Tribunais Regionais do Trabalho ou do Tribunal Superior do Trabalho**, conforme a autoridade que praticou o ato lesivo.

Nesse aspecto, caberá ao Tribunal Regional do Trabalho o julgamento do mandado de segurança quando a autoridade coatora for:

- juiz da Vara do Trabalho, titular ou suplente, diretor de secretaria e demais funcionários;

786 DIREITO DO TRABALHO E PROCESSO DO TRABALHO FACILITADOS – *Lenza*

* juiz de direito investido na jurisdição trabalhista;
* juízes e funcionários do próprio Tribunal Regional do Trabalho.

Em relação ao TST, a Lei 7.701/1988 e o Regimento Interno do TST (Res. Adm. 1.295/2008) fixaram a competência para julgar o *mandamus*, conforme a seguir identificado:

* SDC – julga originariamente os mandados de segurança contra os atos praticados pelo Presidente do Tribunal ou por qualquer dos Ministros integrantes da seção especializada em processo de dissídio coletivo (art. 2º, I, *d*, da Lei 7.701/1988);
* SDI – julga os mandados de segurança de sua competência originária (art. 3º, I, *b*, da Lei 7.701/1988), na forma da Lei;
* Órgão Especial – julga os mandados de segurança impetrados contra atos do Presidente ou de qualquer Ministro do Tribunal, ressalvada a competência das Seções Especializadas (art. 69, I, *b*, do Regimento Interno aprovado pela Resolução Administrativa 1.295/2008).

Outrossim, compete aos Tribunais do Trabalho julgar o mandado de segurança contra os seus próprios atos administrativos, como os atos de nomeação, exoneração, punição, promoção ou reclassificação de funcionários.

2.4. Condições específicas e hipóteses de cabimento

2.4.1. Direito líquido e certo

O *writ*, para ser admitido, deve atender a **condições específicas**, cabendo ao impetrante demonstrar, **de imediato**, o direito líquido e certo violado e a ilegalidade ou o abuso de poder praticados pela autoridade pública.

> Súmula 625 do STF: Controvérsia sobre matéria de direito não impede concessão de mandado de segurança.

Vê-se, pois, que o mandado de segurança não admite a dilação probatória, uma vez que os fatos já devem estar provados na petição inicial (provas pré-constituídas).

Contudo, o art. 6º, § 1º, da Lei 12.016/2009 excepciona a obrigação de prova pré-constituída ao dispor que, se documento necessário à prova do alegado estiver em repartição ou estabelecimento público ou em poder de autoridade que se recuse a fornecê-lo, o juiz deverá ordenar a exibição desse documento.

> Lei 12.016/2009, art. 6º, § 1º: No caso em que o documento necessário à prova do alegado se ache em repartição ou estabelecimento público ou em poder de autoridade que se recuse a fornecê-lo por certidão ou de terceiro, o juiz ordenará, preliminarmente, por ofício, a exibição desse documento em original ou em cópia autêntica e marcará, para o cumprimento da ordem, o prazo de 10 (dez) dias. O escrivão extrairá cópias do documento para juntá-las à segunda via da petição.

2.4.2. Autoridade pública

O conceito de autoridade pública é amplo, **abrangendo não apenas os agentes da administração direta e indireta, como também os agentes políticos dos Poderes Executivo, Legislativo e Judiciário.**

2.4.3. Hipóteses de mandado de segurança na Justiça do Trabalho

Inúmeras são as hipóteses de cabimento de mandado de segurança na Justiça do Trabalho para atacar ato de autoridade que:

- defere liminar em ação de reintegração no emprego ou em reclamação trabalhista para tornar sem efeito transferência ilegal de empregado;
- defere tutela antecipada em reclamação trabalhista;
- determina penhora de crédito do devedor;
- nega assento à direita a membro do Ministério Público;
- cerceia direito de defesa da parte;
- antecipa honorários periciais nas causas concernentes à relação de emprego;
- não admite agravo de instrumento (primeiro juízo de admissibilidade);
- proíbe a retirada dos autos pelo advogado, sem que exista impedimento ou incompatibilidade;
- determina penhora de bem público, ignorando o art. 100 da CF/1988;
- desrespeita o direito de preferência do devedor (remição) ou do credor (adjudicação).

2.5. Hipóteses de não cabimento do mandado de segurança

O art. 5º da Lei 12.016/2009 estabelece que:

> Art. 5º Não se concederá mandado de segurança quando se tratar:
>
> I – de ato do qual caiba recurso administrativo com efeito suspensivo, independentemente de caução;
>
> II – de decisão judicial da qual caiba recurso com efeito suspensivo;
>
> III – de decisão judicial transitada em julgado.

O art. 1º, § 2º, da Lei 12.016/2009 revela que não cabe mandado de segurança contra os atos de gestão comercial praticados pelos administradores de empresas públicas, de sociedade de economia mista e de concessionárias de serviço público.

O STF, a respeito do tema, entende ser incabível a utilização do mandado de segurança para atacar lei em tese (Súmula 266 do STF). Ainda, veja a Súmula 267 do STF e a OJ 92 da SDI-2 do TST, *in verbis:*

> Súmula 266 do STF: Não cabe mandado de segurança contra lei em tese.

> Súmula 267 do STF: Não cabe mandado de segurança contra ato judicial passível de recurso ou correição.

OJ 92 da SDI-2 do TST: Mandado de segurança. Existência de recurso próprio. Não cabe mandado de segurança contra decisão judicial passível de reforma mediante recurso próprio, ainda que com efeito diferido.

2.6. Processamento

Conforme previsto no art. 23 da Lei 12.016/2009, o direito de requerer mandado de segurança será **extinto decorridos 120 dias da ciência do ato impugnado pelo interessado**.

Logo, a petição inicial do *writ* deverá ser apresentada no prazo de **120 dias** contados da ciência do ato ilegal, em duas vias, observados os requisitos da petição inicial, previstos no art. 319 do CPC, com os documentos necessários, e indicará, além da autoridade coatora, a pessoa jurídica que esta integra, à qual se acha vinculada ou da qual exerce atribuições.

No caso em que o documento necessário à prova do alegado se ache em repartição ou estabelecimento público ou em poder de autoridade que se recuse a fornecê-lo por certidão ou de terceiro, o juiz ordenará, preliminarmente, por ofício, a exibição desse documento em original ou em cópia autêntica e marcará, para o cumprimento da ordem, o prazo de 10 (dez) dias. O escrivão extrairá cópias do documento para juntá-las à segunda via da petição.

Na inicial, poderá haver pedido de liminar pelo impetrante, sendo deferida, caso restem comprovadas a possibilidade do prejuízo irreparável (perigo da demora) e a plausibilidade do direito.

Assim, estabelece o art. 7º da Lei 12.016/2009 que o juiz, ao despachar a inicial, ordenará:

> Art. 7º (...)
>
> I – que se notifique o coator do conteúdo da petição inicial, enviando-lhe a segunda via apresentada com as cópias dos documentos, a fim de que, no prazo de 10 (dez) dias, preste as informações;
>
> II – que se dê ciência do feito ao órgão de representação judicial da pessoa jurídica interessada, enviando-lhe cópia da inicial sem documentos, para que, querendo, ingresse no feito;
>
> III – que se suspenda o ato que deu motivo ao pedido, quando houver fundamento relevante e do ato impugnado puder resultar a ineficácia da medida, caso seja finalmente deferida, sendo facultado exigir do impetrante caução, fiança ou depósito, com o objetivo de assegurar o ressarcimento à pessoa jurídica.

Os efeitos da medida liminar, salvo se revogada ou cassada, persistirão até a sentença. Deferida a medida liminar, o processo terá prioridade para julgamento.

Segundo o disposto no art. 8º da Lei 12.016/2009, se o impetrante criar obstáculo ao normal andamento do processo ou deixar de promover, por mais de 3 dias úteis, os atos e as diligências que lhe cumprirem, será decretada a peremção ou caducidade da medida liminar, *ex officio* ou a requerimento do Ministério Público.

Observe-se que a inicial será desde logo indeferida quando não for o caso de mandado de segurança ou lhe faltar algum dos requisitos legais ou quando decorrido o prazo legal para a impetração. Havendo o indeferimento da inicial pelo juiz de primeiro grau, caberá, na seara laboral, recurso ordinário. Se a competência para o julgamento do mandado de segurança couber originariamente ao TRT, caberá agravo regimental para o órgão competente do tribunal que integre.

Findo o prazo de 10 dias para a autoridade coatora prestar informações, o juiz ouvirá o representante do Ministério Público, que opinará, dentro do prazo improrrogável de 10 dias. Com ou sem o parecer do Ministério Público, os autos serão conclusos ao juiz, para a decisão, a qual deverá ser necessariamente proferida em 30 dias.

Concedido o mandado de segurança, o juiz transmitirá em ofício, por intermédio do oficial do juízo, ou pelo correio, mediante correspondência com aviso de recebimento, o inteiro teor da sentença à autoridade coatora e à pessoa jurídica interessada. Em caso de urgência, poderá o juiz dar ciência à autoridade coatora e à pessoa jurídica interessada por meio de telegrama, radiograma, fax ou meio eletrônico.

Proferida a decisão pelo Juiz do Trabalho ou pelo Tribunal Regional do Trabalho competente, caberá recurso ordinário para instância superior.

Vale ressaltar que a Lei do Mandado de Segurança, Lei 12.016/2009, estabelece que, concedida a segurança no mandado de segurança, a sentença estará sujeita obrigatoriamente ao duplo grau de jurisdição (art. 14, § 1º), estendendo-se à autoridade coatora o direito de recorrer.

Se o mandado de segurança for julgado originariamente pelo TST, em caso de denegação de segurança, o apelo cabível será o recurso ordinário (prazo de 15 dias – art. 1.003, § 5º, do CPC) a ser julgado pelo STF, em função do disposto no art. 102, II, *a*, da CF/1988.

Saliente-se que o art. 18 da Lei 12.016/2009 estabelece que das decisões em mandado de segurança proferidas em única instância pelos tribunais cabe recurso especial e extraordinário, nos casos legalmente previstos, e recurso ordinário, quando a ordem for denegada.

A sentença que conceder o mandado de segurança poderá ser executada provisoriamente, salvo nos casos em que for vedada a concessão da medida liminar.

Por outro lado, a sentença ou o acórdão que denegar mandado de segurança, sem decidir o mérito, não impedirá que o requerente, por ação própria, pleiteie os seus direitos e os respectivos efeitos patrimoniais.

Cabe destacar que os processos de mandado de segurança e os respectivos recursos terão prioridade sobre todos os atos judiciais, salvo *habeas corpus*.

O presidente do tribunal ao qual couber o conhecimento do respectivo recurso poderá suspender, em decisão fundamentada, a execução da liminar e da sentença quando, a requerimento da pessoa jurídica de direito público interessada ou do Ministério Público, houver possibilidade de grave lesão à ordem, à saúde, à segurança e à economia públicas.

3. MANDADO DE SEGURANÇA COLETIVO

A Lei 12.016/2009 disciplina o mandado de segurança coletivo nos arts. 21 e 22. Observe-se, primeiro, que o mandado de segurança coletivo integra o microssistema de processo coletivo, em conjunto com a LACP, o CDC e demais diplomas, tendo também base constitucional:

> CRFB/1988, art. 5º, LXX: o mandado de segurança coletivo pode ser impetrado por:
>
> a) partido político com representação no Congresso Nacional;
>
> b) organização sindical, entidade de classe ou associação legalmente constituída e em funcionamento há pelo menos um ano, em defesa dos interesses de seus membros ou associados;

Verifica-se, pois, que são legitimados a propor o mandado de segurança coletivo: (a) partidos políticos – com representação no Congresso Nacional, na defesa de seus interesses legítimos relativos a seus filiados ou à finalidade partidária; (b) organização sindical – não sendo exigida a constituição há pelo menos 1 ano, conforme decisão do STF; (c) entidade de classe ou associação – legalmente constituída e em funcionamento há, pelo menos, 1 ano, em defesa de direitos líquidos e certos da totalidade, ou de parte, dos seus membros ou associados, na forma dos seus estatutos e desde que pertinentes às suas finalidades, dispensada, para tanto, autorização especial (Súmulas 629 e 630 do STF).

> Súmula 629 do STF: A impetração de mandado de segurança coletivo por entidade de classe em favor dos associados independe da autorização destes.

> Súmula 630 do STF: A entidade de classe tem legitimação para o mandado de segurança ainda quando a pretensão veiculada interesse apenas a uma parte da respectiva categoria.

Ademais, estabelece o art. 21 da Lei 12.016/2009:

> Art. 21. O mandado de segurança coletivo pode ser impetrado por partido político com representação no Congresso Nacional, na defesa de seus interesses legítimos relativos a seus integrantes ou à finalidade partidária, ou por organização sindical, entidade de classe ou associação legalmente constituída e em funcionamento há, pelo menos, 1 (um) ano, em defesa de direitos líquidos e certos da totalidade, ou de parte, dos seus membros ou associados, na forma dos seus estatutos e desde que pertinentes às suas finalidades, dispensada, para tanto, autorização especial.

Nota-se que o art. 21 da Lei 12.016/2009 não elenca, entre os legitimados a impetrar o mandado de segurança coletivo, o Ministério Público do Trabalho. Contudo, o art. 129, III, da CRFB/1988 estabelece que o MPT tem legitimidade para promover qualquer ação para defesa dos interesses difusos e coletivos. No mesmo sentido, a Lei Complementar 75/1993, em seus arts. 6º, VI, 83, I, e 84, *caput*, estabelece de modo expresso a competência do MP para impetrar MS.

Art. 21. (...)

Parágrafo único. Os direitos protegidos pelo mandado de segurança coletivo podem ser:

I – coletivos, assim entendidos, para efeito desta Lei, os transindividuais, de natureza indivisível, de que seja titular grupo ou categoria de pessoas ligadas entre si ou com a parte contrária por uma relação jurídica básica;

II – individuais homogêneos, assim entendidos, para efeito desta Lei, os decorrentes de origem comum e da atividade ou situação específica da totalidade ou de parte dos associados ou membros do impetrante.

Diante disso, servindo o mandado de segurança coletivo para defesa dos direitos coletivos e individuais homogêneos, a sentença proferida somente fará coisa julgada limitadamente aos membros do grupo ou categoria substituídos pelo impetrante (art. 22).

Observe-se que a lei não traz entre as hipóteses de proteção os direitos difusos, mas apenas os coletivos e individuais homogêneos. Ainda, vale ressaltar que o mandado de segurança coletivo não induz litispendência para as ações individuais, mas os efeitos da coisa julgada não beneficiarão o impetrante a título individual se não requerer a desistência de seu mandado de segurança no prazo de 30 dias a contar da ciência comprovada da impetração da segurança coletiva (art. 22, § 1º).

O Código de Defesa do Consumidor estabelece que os autores das ações individuais deverão suspender em 30 dias suas ações para serem beneficiados pela ação coletiva.

Art. 104. As ações coletivas, previstas nos incisos I e II e do parágrafo único do art. 81, não induzem litispendência para as ações individuais, mas os efeitos da coisa julgada *erga omnes* ou *ultra partes* a que aludem os incisos II e III do artigo anterior não beneficiarão os autores das ações individuais, se não for requerida sua suspensão no prazo de trinta dias, a contar da ciência nos autos do ajuizamento da ação coletiva.

No mandado de segurança coletivo, a liminar só poderá ser concedida após a audiência do representante judicial da pessoa jurídica de direito público, que deverá se pronunciar no prazo de 72 horas.

RESUMO

1) A ação rescisória trata-se de uma ação de conhecimento, de natureza constitutivo-negativa, objetivando a desconstituição ou anulação da coisa julgada material. Em outras palavras, a ação rescisória é uma ação autônoma que visa desconstituir ou anular sentença judicial transitada em julgado (ou acórdão).

2) Em relação à competência funcional, a ação rescisória é de competência originária dos tribunais, no âmbito laboral, sendo julgada pelo Tribunal Regional do Trabalho respectivo ou pelo Tribunal Superior do Trabalho, dependendo da sentença ou do acórdão a ser rescindido. Assim, o TRT é competente para o julgamento de ação rescisória em face de uma sentença de 1º grau ou acórdão do próprio TRT e

o TST é competente para o julgamento de ação rescisória em face de acórdão do próprio TST.

3) O autor da ação pode cumular ao pedido principal de rescisão do julgado pleito de novo julgamento da causa pelo mesmo tribunal que apreciou a rescisória. Com efeito, em várias hipóteses previstas no art. 966 do CPC, o tribunal exercerá também, além do juízo rescindente, o juízo rescisório (*iudicium resdssorium*), proferindo novo julgamento da causa.

4) Quando a ação rescisória for julgada originariamente pelo Tribunal Regional do Trabalho, o apelo cabível em face do acórdão prolatado será o recurso ordinário, que será julgado pelo Tribunal Superior do Trabalho (SDI-2 ou SDC, de acordo com a matéria), conforme estabelecido no art. 898, II, da CLT e na Súmula 158 do TST.

5) O mandado de segurança pode ser definido como o instrumento, constitucionalmente previsto, que pode ser utilizado por pessoa, física ou jurídica, ou mesmo por ente despersonalizado com capacidade processual, objetivando a proteção de direito individual ou coletivo, líquido e certo, não amparado por *habeas corpus* ou *habeas data*, toda vez que esse direito for lesionado ou ameaçado por ato de autoridade pública ou de agente de pessoa jurídica no exercício de atribuições do Poder Público.

#QUESTÕES PARA TREINO

1. **(Instituto Access – Celepar-PR – Advogado – 2022 – adaptada)** Fábio é portador de estabilidade sindical e foi demitido sem motivo justificado, pretendendo ser reintegrado de imediato, motivo pelo qual ajuíza reclamação trabalhista, com pedido liminar de reintegração, que foi deferido pelo magistrado, mesmo sem a oitiva da parte contrária e determinada a sua reintegração imediata ao emprego. Um advogado foi procurado pelo empregador para reverter a situação.

   Analisando a situação hipotética anteriormente narrada, é correto afirmar que deverá ser interposto o recurso de agravo de instrumento.

   Comentário

   Súmula 414 do TST: Mandado de segurança. Tutela provisória concedida antes ou na sentença.

   I – A tutela provisória concedida na sentença não comporta impugnação pela via do mandado de segurança, por ser impugnável mediante recurso ordinário. É admissível a obtenção de efeito suspensivo ao recurso ordinário mediante requerimento dirigido ao tribunal, ao relator ou ao presidente ou ao vice-presidente do tribunal recorrido, por aplicação subsidiária ao processo do trabalho do artigo 1.029, § 5º, do CPC de 2015.

   II – No caso de a tutela provisória haver sido concedida ou indeferida antes da sentença, cabe mandado de segurança, em face da inexistência de recurso próprio.

   III – A superveniência da sentença, nos autos originários, faz perder o objeto do mandado de segurança que impugnava a concessão ou o indeferimento da tutela provisória.

Cap. 44 – PROCEDIMENTOS ESPECIAIS **793**

OJ 65: Mandado de segurança. Reintegração liminarmente concedida. Dirigente sindical (inserida em 20.09.2000)

Ressalvada a hipótese do art. 494 da CLT, não fere direito líquido e certo a determinação liminar de reintegração no emprego de dirigente sindical, em face da previsão do inciso X do art. 659 da CLT.

Errado.

2. **(Instituto Access – Celepar-PR – Advogado – 2022 – adaptada)** Fábio é portador de estabilidade sindical e foi demitido sem motivo justificado, pretendendo ser reintegrado de imediato, motivo pelo qual ajuíza reclamação trabalhista, com pedido liminar de reintegração, que foi deferido pelo magistrado, mesmo sem a oitiva da parte contrária e determinada a sua reintegração imediata ao emprego. Um advogado foi procurado pelo empregador para reverter a situação.

    Analisando a situação hipotética anteriormente narrada, é correto afirmar que deverá ser impetrado mandado de segurança.

    Comentário

    Súmula 414 do TST: Mandado de segurança. Tutela provisória concedida antes ou na sentença.

    I – A tutela provisória concedida na sentença não comporta impugnação pela via do mandado de segurança, por ser impugnável mediante recurso ordinário. É admissível a obtenção de efeito suspensivo ao recurso ordinário mediante requerimento dirigido ao tribunal, ao relator ou ao presidente ou ao vice-presidente do tribunal recorrido, por aplicação subsidiária ao processo do trabalho do artigo 1.029, § 5º, do CPC de 2015.

    II – No caso de a tutela provisória haver sido concedida ou indeferida antes da sentença, cabe mandado de segurança, em face da inexistência de recurso próprio.

    III – A superveniência da sentença, nos autos originários, faz perder o objeto do mandado de segurança que impugnava a concessão ou o indeferimento da tutela provisória.

    OJ 65: Mandado de segurança. Reintegração liminarmente concedida. Dirigente sindical (inserida em 20.09.2000)

    Ressalvada a hipótese do art. 494 da CLT, não fere direito líquido e certo a determinação liminar de reintegração no emprego de dirigente sindical, em face da previsão do inciso X do art. 659 da CLT.

    Certo.

3. **(Instituto Access – Celepar-PR – Advogado – 2022 – adaptada)** Fábio é portador de estabilidade sindical e foi demitido sem motivo justificado, pretendendo ser reintegrado de imediato, motivo pelo qual ajuíza reclamação trabalhista, com pedido liminar de reintegração, que foi deferido pelo magistrado, mesmo sem a oitiva da parte contrária e determinada a sua reintegração imediata ao emprego. Um advogado foi procurado pelo empregador para reverter a situação.

    Analisando a situação hipotética anteriormente narrada, é correto afirmar que deverá ser interposto recurso ordinário.

Comentário

Súmula 414 do TST: Mandado de segurança. Tutela provisória concedida antes ou na sentença.

I – A tutela provisória concedida na sentença não comporta impugnação pela via do mandado de segurança, por ser impugnável mediante recurso ordinário. É admissível a obtenção de efeito suspensivo ao recurso ordinário mediante requerimento dirigido ao tribunal, ao relator ou ao presidente ou ao vice-presidente do tribunal recorrido, por aplicação subsidiária ao processo do trabalho do artigo 1.029, § 5º, do CPC de 2015.

II – No caso de a tutela provisória haver sido concedida ou indeferida antes da sentença, cabe mandado de segurança, em face da inexistência de recurso próprio.

III – A superveniência da sentença, nos autos originários, faz perder o objeto do mandado de segurança que impugnava a concessão ou o indeferimento da tutela provisória.

OJ 65: Mandado de segurança. Reintegração liminarmente concedida. Dirigente sindical (inserida em 20.09.2000)

Ressalvada a hipótese do art. 494 da CLT, não fere direito líquido e certo a determinação liminar de reintegração no emprego de dirigente sindical, em face da previsão do inciso X do art. 659 da CLT.

Errado.

4. **(Instituto Access – Celepar-PR – Advogado – 2022 – adaptada)** Fábio é portador de estabilidade sindical e foi demitido sem motivo justificado, pretendendo ser reintegrado de imediato, motivo pelo qual ajuíza reclamação trabalhista, com pedido liminar de reintegração, que foi deferido pelo magistrado, mesmo sem a oitiva da parte contrária e determinada a sua reintegração imediata ao emprego. Um advogado foi procurado pelo empregador para reverter a situação.

Analisando a situação hipotética anteriormente narrada, é correto afirmar que deverá ser interposto recurso de apelação.

Comentário

Súmula 414 do TST: Mandado de segurança. Tutela provisória concedida antes ou na sentença.

I – A tutela provisória concedida na sentença não comporta impugnação pela via do mandado de segurança, por ser impugnável mediante recurso ordinário. É admissível a obtenção de efeito suspensivo ao recurso ordinário mediante requerimento dirigido ao tribunal, ao relator ou ao presidente ou ao vice-presidente do tribunal recorrido, por aplicação subsidiária ao processo do trabalho do artigo 1.029, § 5º, do CPC de 2015.

II – No caso de a tutela provisória haver sido concedida ou indeferida antes da sentença, cabe mandado de segurança, em face da inexistência de recurso próprio.

III – A superveniência da sentença, nos autos originários, faz perder o objeto do mandado de segurança que impugnava a concessão ou o indeferimento da tutela provisória.

OJ 65: Mandado de segurança. Reintegração liminarmente concedida. Dirigente sindical (inserida em 20.09.2000)

Ressalvada a hipótese do art. 494 da CLT, não fere direito líquido e certo a determinação liminar de reintegração no emprego de dirigente sindical, em face da previsão do inciso X do art. 659 da CLT.

Errado.

5. **(Instituto Access – Celepar-PR – Advogado – 2022 – adaptada)** Fábio é portador de estabilidade sindical e foi demitido sem motivo justificado, pretendendo ser reintegrado de imediato, motivo pelo qual ajuíza reclamação trabalhista, com pedido liminar de reintegração, que foi deferido pelo magistrado, mesmo sem a oitiva da parte contrária e determinada a sua reintegração imediata ao emprego. Um advogado foi procurado pelo empregador para reverter a situação.

    Analisando a situação hipotética anteriormente narrada, é correto afirmar que deverá ser ajuizada ação rescisória.

    Comentário

    Súmula 414 do TST: Mandado de segurança. Tutela provisória concedida antes ou na sentença.

    I – A tutela provisória concedida na sentença não comporta impugnação pela via do mandado de segurança, por ser impugnável mediante recurso ordinário. É admissível a obtenção de efeito suspensivo ao recurso ordinário mediante requerimento dirigido ao tribunal, ao relator ou ao presidente ou ao vice-presidente do tribunal recorrido, por aplicação subsidiária ao processo do trabalho do artigo 1.029, § 5º, do CPC de 2015.

    II – No caso de a tutela provisória haver sido concedida ou indeferida antes da sentença, cabe mandado de segurança, em face da inexistência de recurso próprio.

    III – A superveniência da sentença, nos autos originários, faz perder o objeto do mandado de segurança que impugnava a concessão ou o indeferimento da tutela provisória.

    OJ 65: Mandado de segurança. Reintegração liminarmente concedida. Dirigente sindical (inserida em 20.09.2000)

    Ressalvada a hipótese do art. 494 da CLT, não fere direito líquido e certo a determinação liminar de reintegração no emprego de dirigente sindical, em face da previsão do inciso X do art. 659 da CLT.

    Errado.

6. **(Instituto Access – Celepar-PR – Advogado – 2022 – adaptada)** Manuel da Silva ajuizou Reclamação Trabalhista em face de seu ex-empregador, sendo julgados procedentes os pedidos, sem que houvesse interposição de recurso algum por nenhuma das partes. Três meses após o trânsito em julgado, seu empregador ajuizou ação rescisória no TRT, tendo sido julgado improcedente o pedido rescisório. Não satisfeito, pretende recorrer para reexame e consequente reforma da decisão.

    Diante do exposto, é correto afirmar que o procedimento a ser adotado é o Recurso Ordinário para o TST.

    Comentário

    CLT, art. 895: Cabe recurso ordinário para a instância superior:

(...)

II – será imediatamente distribuído, uma vez recebido no Tribunal, devendo o relator liberá-lo no prazo máximo de dez dias, e a Secretaria do Tribunal ou Turma colocá-lo imediatamente em pauta para julgamento, sem revisor;

Certo.

7. **(Instituto Access – Celepar-PR – Advogado – 2022 – adaptada)** Manuel da Silva ajuizou Reclamação Trabalhista em face de seu ex-empregador, sendo julgados procedentes os pedidos, sem que houvesse interposição de recurso algum por nenhuma das partes. Três meses após o trânsito em julgado, seu empregador ajuizou ação rescisória no TRT, tendo sido julgado improcedente o pedido rescisório. Não satisfeito, pretende recorrer para reexame e consequente reforma da decisão.

    Diante do exposto, é correto afirmar que o procedimento a ser adotado é o Recurso de Revista para o TST.

    Comentário

    CLT, art. 895: Cabe recurso ordinário para a instância superior:

    (...)

    II – será imediatamente distribuído, uma vez recebido no Tribunal, devendo o relator liberá-lo no prazo máximo de dez dias, e a Secretaria do Tribunal ou Turma colocá-lo imediatamente em pauta para julgamento, sem revisor;

    Errado.

8. **(Instituto Access – Celepar-PR – Advogado – 2022 – adaptada)** Manuel da Silva ajuizou Reclamação Trabalhista em face de seu ex-empregador, sendo julgados procedentes os pedidos, sem que houvesse interposição de recurso algum por nenhuma das partes. Três meses após o trânsito em julgado, seu empregador ajuizou ação rescisória no TRT, tendo sido julgado improcedente o pedido rescisório. Não satisfeito, pretende recorrer para reexame e consequente reforma da decisão.

    Diante do exposto, é correto afirmar que o procedimento a ser adotado é o Recurso Ordinário para o TRT.

    Comentário

    CLT, art. 895: Cabe recurso ordinário para a instância superior:

    (...)

    II – será imediatamente distribuído, uma vez recebido no Tribunal, devendo o relator liberá-lo no prazo máximo de dez dias, e a Secretaria do Tribunal ou Turma colocá-lo imediatamente em pauta para julgamento, sem revisor;

    Errado.

9. **(Instituto Access – Celepar-PR – Advogado – 2022 – adaptada)** Em processo trabalhista com pedido de pagamento de adicional de periculosidade, o magistrado determinou a realização da prova pericial, nomeou perito, concedeu prazo para apresentação de quesitos e assistentes técnicos, e arbitrou os honorários do profissional em R$ 2.000,00, com o prazo de 15 dias para o reclamante comprovar o depósito dos valores, sob pena de perda da prova. O advogado do reclamante insurgiu-se acerca

Cap. 44 – PROCEDIMENTOS ESPECIAIS **797**

de tal decisão, argumentando que estava em desalinho com as regras da CLT e com o entendimento do TST, mas o magistrado insistiu na decisão.

Analisando a situação hipotética descrita, é correto afirmar, acerca do procedimento a ser adotado pelo advogado do reclamante, para reverter a decisão:

Deverá comprovar pagamento no prazo concedido pelo magistrado, para garantir o direito a produção da prova, uma vez que não há procedimento algum a ser adotado.

Comentário

OJ 98 da SBDI-2 do TST: Mandado de segurança. Cabível para atacar exigência de depósito prévio de honorários periciais (nova redação) – *DJ* 22.08.2005. É ilegal a exigência de depósito prévio para custeio dos honorários periciais, dada a incompatibilidade com o processo do trabalho, sendo cabível o mandado de segurança visando à realização da perícia, independentemente do depósito.

CLT, art. 790-B: A responsabilidade pelo pagamento dos honorários periciais é da parte sucumbente na pretensão objeto da perícia, ainda que beneficiária da justiça gratuita.

(...)

§ 3º O juízo não poderá exigir adiantamento de valores para realização de perícias.

Errado.

10. **(Instituto Access – Celepar-PR – Advogado – 2022 – adaptada)** Em processo trabalhista com pedido de pagamento de adicional de periculosidade, o magistrado determinou a realização da prova pericial, nomeou perito, concedeu prazo para apresentação de quesitos e assistentes técnicos, e arbitrou os honorários do profissional em R$ 2.000,00, com o prazo de 15 dias para o reclamante comprovar o depósito dos valores, sob pena de perda da prova. O advogado do reclamante insurgiu-se acerca de tal decisão, argumentando que estava em desalinho com as regras da CLT e com o entendimento do TST, mas o magistrado insistiu na decisão.

Analisando a situação hipotética descrita, é correto afirmar, acerca do procedimento a ser adotado pelo advogado do reclamante, para reverter a decisão:

Deverá impetrar mandado de segurança.

Comentário

OJ 98 da SBDI-2 do TST: Mandado de segurança. Cabível para atacar exigência de depósito prévio de honorários periciais (nova redação) – *DJ* 22.08.2005. É ilegal a exigência de depósito prévio para custeio dos honorários periciais, dada a incompatibilidade com o processo do trabalho, sendo cabível o mandado de segurança visando à realização da perícia, independentemente do depósito.

CLT, art. 790-B: A responsabilidade pelo pagamento dos honorários periciais é da parte sucumbente na pretensão objeto da perícia, ainda que beneficiária da justiça gratuita.

(...)

§ 3º O juízo não poderá exigir adiantamento de valores para realização de perícias.

Certo.

REFERÊNCIAS BIBLIOGRÁFICAS

BERNARDES, Felipe. *Manual de processo do trabalho*. Salvador: Juspodivm, 2018.

CASSAR, Vólia Bomfim. *Direito do trabalho*. São Paulo: Método, 2018.

CORREIA, Henrique. *Direito do trabalho para concursos de analista do TRT, TST e MPU*. Salvador: Juspodivm, 2018.

CORREIA, Henrique. *Direito do trabalho*. Salvador: Juspodivm, 2018.

CORREIA, Henrique; MIESSA, Élisson. *Manual da reforma trabalhista*. Salvador: Juspodivm, 2018.

DELGADO, Mauricio Godinho. *Curso de Direito do Trabalho*. 16. ed. rev. e ampl. São Paulo: LTr, 2017.

DELGADO, Mauricio Godinho. *Curso de Direito do Trabalho*. 19. ed. São Paulo: LTr, 2020.

DELGADO, Mauricio Godinho; DELGADO, Gabriela Neves. *A reforma trabalhista no Brasil*: com comentários à Lei n. 13.467/2017. São Paulo: LTr, 2017.

LEITE, Carlos Henrique Bezerra. *Curso de Direito do Trabalho*. 9. ed. São Paulo: Saraiva, 2018.

LENZA, Breno; SILVA, Fabrício Lima. *Direito do trabalho e processo do trabalho em tabelas*. São Paulo: Juspodivm, 2022.

MELLO, Celso Antônio Bandeira de. *Curso de Direito Administrativo*. 22. ed. São Paulo: Malheiros Editores, 2007.

MIESSA, Élisson. *Processo do trabalho*. Salvador: Juspodivm, 2018.

MIESSA, Élisson; CORREIA, Henrique. *Súmulas e OJs do TST comentadas e organizadas por assunto*. 7. ed. Salvador: Juspodivm, 2016.

MIZIARA, Raphael (org.). *Precedentes obrigatórios do Tribunal Superior do Trabalho*: anotados e organizados por assunto. São Paulo: Juspodivm, 2018.

MIZIARA, Raphael; BRAGA, Roberto Wanderley. *Informativos do TST comentados e organizados por assunto*. 2. ed. Salvador: Juspodivm, 2017.

MIZIARA, Raphael; CARDOSO, Breno Lenza. *Jurisprudência trabalhista*: principais decisões do TST, STF e STJ. 2. ed. São Paulo: Juspodivm, 2019.

MOURA, Marcelo. *Reforma trabalhista*: comentários à Lei 13.467/2017. Salvador: Juspodivm, 2018.

NASCIMENTO, Amauri Mascaro. *Curso de Direito do Trabalho*. 29. ed. São Paulo: Saraiva, 2014.

NEVES, Daniel Amorim Assumpção. *Novo Código de Processo Civil comentado*. Salvador: Juspodivm, 2016.

SCHIAVI, Mauro. *Manual de direito processual do trabalho de acordo com o novo CPC*. 12. ed. São Paulo: LTr, 2017.

SILVA, Homero Batista Mateus da. *CLT comentada*. São Paulo: RT, 2018.

RODRIGUES, Americo Pla. *Princípios do Direito do Trabalho*. 3. ed. São Paulo: LTR, 2014.